KB260532

아가페와
에로스

AGAPE
AND
EROS

The Christian Idea of Love

아가페와 에로스

안더스 니그렌

고구경 옮김

크리스찬
다이제스트

AGAPE AND EROS

The Christian

Idea of Love

ANDERS NYGREN

Translated by
PHILIP S. WATSON

The University of Chicago Press

차례

서론 – 아가페와 에로스의 문제

제Ⅱ편 종합의 준비 – 노모스, 에로스, 아가페

제17장 세 가지 주요유형들: 사도이후 시대의 기독교적 사랑 개념의 개관 ⋯⋯ 255

제18장 사도교부들과 변증가들의 노모스 유형 ⋯⋯ 262

제19장 영지주의의 에로스 유형 ⋯⋯ 299

제2편 종합의 완성(1) – 카리타스-종합

제25장 어거스틴의 종교사적 위치 ·········· 471

제26장 어거스틴의 사활적인 문제: 에로스 동기와 아가페 동기 사이의 논쟁 해결 ·········· 487

제27장 카리타스 개념의 분석 ·········· 500

제28장 어거스틴, 중세, 종교개혁 ·········· 592

제3편 종합의 완성(2) – 에로스 동기가 중세에 전해지다

제4편 종합의 완성(3) – 중세의 사랑 이론

저자 서문

나는 이 책의 서론에서 본서의 논의 주제가 신학 분야에서 가장 중심적이면서도 가장 등한시된다고 말했다. 내가 이 책을 처음 쓸 때는 그 말이 사실이었다.

하지만 지난 20년동안 상황이 일변했다. "아가페와 에로스"의 문제는 신학계의 중대한 관심을 끌게 되었고, 이 문제를 다루는 문헌도 무수하게 나왔다. 그런 책자나 논문들을 모두 열거해서 논평하자면 이야기가 너무 길어질 것이다.

이 책의 제1부는 1932년에 히버트(A. G. Hebert)에 의해서 (약간 요약된) 영어번역으로 출판되었다. 제2부는 와트슨(Philip S. Watson)이 1938-1939년에 두 권으로 내놓았다. 이제는 제1부의 완역판을 영어권 독자들에게 제공하는 것이 바람직하다고 여겨진다. 본인은 와트슨 교수가 그것을 준비해 온 것을 깊이 감사드린다. 오랫동안 절판되었던 이 책이 다시 완전판으로 출간되는 것이 매우 기쁘다.

나는 본서에 특별한 주목을 기울인 여러 영국 학자들과 이 서문에서 토론하고 싶은 생각도 있다. 본인은 특히 버나비(J. Burnaby)의 「하나님 사랑」(*Amor Dei*, 1938)과 다씨(M. C. D'arcy)의 「사랑의 정신과 마음」(*Mind and Heart of Love : A Study in Eros and Agape*, 1945)을 염두에 두고 있다. 이 중요하고 흥미로운 저서들이 본인의 저서와 다른 결론을 내리는 것은 그들의 출발전제가 다르기 때문이다. 따라서 그것을 유익하게 토론하려면 상당히 길어질 것이다. 이 서문에선 그것을 다룰 만한 여유가 없다. 그러므

로 나는 대단히 매력적인 그런 토론작업을 단념할 수밖에 없다. 이 주제에
대하여 지금까지 논의된 바를 살피건대, 나는 나의 원래 입장을 기각할 근
거를 하나도 발견하지 못했다. 그러므로 본서를 개정하지 않고 재출판하는
바이다.

안더스 니그렌(Anders Nygren)

영역자의 서문

이 책의 제1부는 신약성경에 있는 사랑 개념과 헬레니즘의 사랑 개념을 비교 연구한다. 동시에 기독교적 사랑 개념의 역사를 논하기 위한 출발점이 제시되며 그 역사에 영향을 준 두 가지 "근본동기들" 즉 아가페와 에로스 사이의 본질적인 구분도 제시된다. 제2부에선 "아가페와 에로스"의 문제가 종교개혁에서 그 당연한 해결을 얻기까지의 역사를 묘사한다. 그것은 대체로 이 두 동기의 종합이 어떻게 준비되며 완성되고 파괴되었는가 하는 이야기다. 제1부에 덧붙인 서문에서 저자는 종교개혁을 역사 서술의 종점(*terminus ad quem*)으로 삼은 이유를 말했다.[1] 그것은 종교개혁 이후로 기독교적 사랑이 아무런 역사도 갖지 못했기 때문도 아니고 "아가페와 에로스" 문제가 그 때에 해결을 본 이후로 재등장하지 않았기 때문도 아니다. 종교개혁을 서술의 종점으로 삼은 본래 이유는 기독교의 사상이 다소간 다른 방향으로 전진해서 "아가페와 에로스"라는 제목으로 논할 수 없게 되었기 때문이다.

이 책이 영어로 처음 소개된 이래로 그 주제에 대하여 많은 오해들이 나타났다. 여기서 사용된 술어를 설명하면 그런 오해가 제거될 것이다.[2] 우선 제목에 있는 아가페와 에로스를 보라. 두 단어는 그리스어로서 모두 "사랑"으로 번역된다. 본서에서 그것들은 두 개의 현저하게 구분되는 사랑 개념들로 사용된다. 즉 에로스(eros)로 불려지는 사랑 개념은 고대 헬레니즘 세계에서 유행하였고, 원시기독교에 특징적이었던 사랑은 아가페(agape)로 알려져 있었다. 이와같이 에로스와 아가페는 고도로 특화된 의미로 사용되었다. 하지만 이것은 그리스어의 에로스나 아가페란 단어들이 사용될 때 반드시 여기서 말한 바와 동일한 뜻으로 사용되었다는 것을 의미하진 않으며 그러한 뜻이 다른 단어들로써 표현될 수 없다는 것도 의미하지 않는다.[3]

또한 그것은 헬라 세계에 존재했고 일반적으로 비기독교권에 현존하는 모든 형태의 사랑을 에로스로 인정해야 한다는 의미도 아니다. 그것은 순수한 아가페가 기독교인들 사이에만 실재하는 사랑의 형태라고 주장하는 것처럼 어리석은 주장일 것이다. 우리의 당면 문제는 그리스인들이나 초대 기독교인들이 실지로 어떻게 사랑했느냐 하는 것이 아니라, 그들의 사랑에 관한 개념이나 사상이다.

본서에서 에로스는 아가페와 대조되는 특별한 사랑 개념이다. 그 고전적 예는 플라톤의 "천상적 에로스"이다. 이것은 신적인 것에 대한 인간의 사랑이다. 그러나 우리는 하나님에 대한 인간의 사랑으로 총칭되는 것들을 에로스와 동일시할 수 없다는 점에 유의해야 한다. 에로스는 욕구요 동경이다. 에로스는 그 대상에 내재된 매력적인 속성 때문에 발생한다. 인간은 에로스 사랑에서 하나님의 완전한 속성들을 소유하고 향유함으로써 자기의 영적 굶주림을 만족시키려 한다.

그러나 신약성경에서 말하는 하나님에 대한 인간의 사랑은 성격이 전혀 다르다. 그것은 인간이 정성을 다해서 하나님에게 자기를 바치는 것이며, 그럼으로써 기꺼이 하나님의 종이 되며, 하나님의 처분을 기다리는 것으로 만족하며, 하나님을 전적으로 신뢰하며 하나님의 뜻이 이루어지는 것만을 원한다. 이 사랑은 에로스와 달리 인간에게 결핍된 필요 대상을 동경하거나 추구하지 않는다. 오히려 신약성경의 사랑은 값없이 풍성하게 주어지는 하나님의 아가페에 대해서 감사하는 마음으로 응답하는 것이다. 물론 그것은 아가페로 불릴 수 있지만, (특히 사도 바울이 그랬듯이) "신앙"으로 묘사될 때 그것의 응답적 성격이 더 선명하게 드러난다. 하나님의 사랑(즉 아가페란 술어의 가장 완전한 의미의 사랑)은 에로스의 욕구적 성격도 신앙의 응답적 특색도 갖지 않는다. 그것은 외부로부터 오는 자극이나 동기와 전혀 무관하다. 하나님은 자신의 사랑의 본성 때문에 사랑하신다. 하나님의 사랑은 선(善)의 획득이 아니고 선의 실천으로 이뤄진다.

게다가 아가페는 "가치에 무관심하다"는 점에 있어서 에로스와 구별된다. 바꿔 말하면, 아가페는 사랑의 대상에 매력이 있어서 생기거나 매력이 없다고 소멸되지 않는다. 이것은 죄인들에 대한 하나님의 사랑에서 분명히 보여진다. 하나님은 죄인들의 죄에도 불구하고 그들을 사랑하신다. 이것은 하나님이 의인들보다 죄인들을 더 사랑한다든지 죄인들에게 하나님의 사랑을 받을 가치가 더 있다는 뜻이 아니다. 하나님의 사랑은 그 사랑하시는 사람들의 가치의 유무가 아니라 그분 자신의 사랑의 본성에 의해서 결정된다. 언제나 하나님은 먼저 사랑하신다. 사람은 이런 사랑을 하나님께 보여드릴 수 없다. 인간의 대신적(對神的) 사랑은 기껏해야 하나님이 먼저 인간을 사랑하신 것에 대한 응답을 넘지 못한다.

인간은 이런 사랑을 같은 인간들에게 보여줄 수 있다. 인간은 하나님 아버지의 자녀가 되어 그분의 원수 사랑을 본받을 수 있다. 이러한 원수 사랑은 원수들을 사랑하고 친구들을 무시함을 의미하는 것이 아니다. 왜냐하면 죄인들에 대한 성부의 사랑은 무죄한 성자에 대한 그분의 사랑을 배제하지 않기 때문이다. 하나님의 사랑은 다른 사람들이 자기에게 보여주는 우정이나 적의에 의해서 결정되지 않는다. 이와같이 아가페 사랑이 그 대상과의 관계에서 자유롭다는 점은 아가페가 "가치에 대해 무관심"하다는 말의 핵심요점이다.

그러나 가치에 대해서 무관심하다는 것이 응답에 무관심하다는 뜻은 아니다. 아가페가 어떤 대상에 주어질 때, 아가페는 그 대상이 자신을 받아들이길 원한다. 그렇지 않다면 무슨 까닭에 사랑을 보일 것인가? 하지만 에로스에겐 사랑받는 대상의 응답이 훨씬 덜 중요한 문제가 된다. 에로스는 전혀 "가치에 무관심하지" 않기 때문이다.[4] 에로스는 그 대상이 자신을 받아주기를 원하질 않고 자신이 그 대상을 소유하길 원한다.

이제 제2부에서는 두 가지 "근본동기들"인 에로스와 아가페에다가 세번째 동기인 "노모스"(nomos)가 첨가된다. 그리하여 본서의 전체 작업은 "동기들에 관한 연구" 혹은 일종의 "동기조사"(motif-research)로 간주된다. 그러면 이 용어들의 의미는 무엇인가? 동기조사란 어떤 사상의 전망이나 체계의 근본적인 동기를 발견하려는 의도로 이뤄지는 연구방법을 일컫는다. 그리고 근본동기는 어떤 특수한 견해나 체계에 여타의 모든 것들과 상이한 특징을 부여하는 요소를 의미한다. 외면적인 형태들과 표현들의 배후에는 그것들에게 의도를 부여하는 것이 근본적인 의도가 깔려있다. 이 근본의도는 전체에 일관성을 제공하고 전체를 성립시키는 구성요소이다. 전혀 다른 동기들이 유사하거나 동일한 형태들과 표현들 속에 숨어있을 때도 있으며, 크게 다른 형태들이 동일한 동기를 나타내는 수도 있다. 그러한 동기는 필수적인 본질의 문제 즉 근본적인 문제에 대한 해답으로 밝혀진다. 그 해답은 어떤 전망이나 체계에 의해서 제공된다. 동기조사는 그런 문제들을 질문하며 대답하려 한다. 지금 우리는 단지 종교적인 전망들이나 체계들만 고려하고 있다.

그러면 종교에선 어떤 것이 근본적 질문으로 지칭될 만큼 근본적으로 필수적인 것인가? 그 해답은 종교의 본성 자체에서 발견된다. 종교는 영원한 존재이신 하나님과의 교제이다. 그러므로 어떤 종교의 핵심 문제는 하나님과의 교제를 어떻게 생각하느냐 하는 것이다. 하나님과의 교제는 어떻게 실현되며 무엇으로 이뤄지는가? 이 질문에 대한 답변이 종교의 근본동기를 드러낸다. 왜냐하면 종교의 본질이 하나님과의 교제라면, 사실상의 역사적 종교의 궁극적인 결정 요인은 하나님과의 교제를 이해하는 방식임에 틀림없기 때문이다. 그런데 헬레니즘, 유대교 그리고 기독교가 이 질문에 반응하는 답변들은 각각 에로스와 노모스와 아가페란 용어들로 파악된다. 천상적인 것을 원하는 인간의 욕구, 인간의 율법 수행, 그리고 죄인에게 자유로이 수여된 하나님 자신의 사랑 — 이것들은 하나님과의 친교로 가는 세 가지 상이한 방법들이다. 즉 에로스와 노모스와 아가페는 각각 헬레니즘과 유대교와 기독교의 근본동기이다.

이렇게 하나님과의 교제로 가는 길은 세 가지이다. 그 세 길 가운데서 처음 두 길은 세번째 길과 첨예하게 또한 절대적으로 다르다. 이것은 아주 쉽게 눈에 띌 것이다. 처음 두 길은 사람에게 집중하는 자기중심적(自己中心的)인 것이며[5] 셋째 길은 하나님에게 집중하는 신중심적(神中心的)인 것이다.[6] 사실 신중심적 흔적이 전무(全無)한 종교는 아마도 없을 것이다.[7] 그러나 이런 흔적들은 근본동기를 구성하지 않으며 오히려 일시적 현상들로서 고립되어 있다. 기독교에서 최초로 구원 즉 하나님과의 교제의 신중심적인 길이 충분하게 계시되었다. 즉 구원은 하나님으로부터 나와서 하나님에게로 이른다. 그리고 하나님의 뜻은 무조건적으로 긍정된다. 이것이 아가페의 길이다. 비기독교적 문헌 중에서 신중심적 성향이 가장 강한 것은 구약성경이다. 하지만 유대교는 노모스를 근본동기로 삼고 있는 자기중심적 종교이다. 유대교는 사람이 율법 준수를 통해서 하나님과의 교제를 획득한다고 이해한다. 이것은 공로의 신학이다.[8] 그리고 헬라종교도 자기중심적이다. 왜냐하면 천상지향적 욕구인 에로스가 하나님 자신을 위하여 하나님을 추구하는 것이 아니라 인간의 필요와 결핍을 충족시킬 수 있는 최고선(*summum bonum*)으로서 하나님을 추구하기 때문이다. 즉 에로스는 자기만족이란 목적을 위한 수단으로서 하나님을 추구하며 본질적으로 하나님이 아니라 자신의 "최고선"을 추구한다. 단지 에로스는 이것을 우연히 하나님과 동일시할 뿐이다.

그런데 근본동기가 개입하는 사상의 전망이나 체계의 모든 측면들에는 그것의 특색이 잔존한다. 이것이 근본동기의 특징이다. 이에 대한 실례는 하나님의 창조·구속사에 관한 기독교 사상에 나타난다. 하나님이 인간을 창조하실 때, 인간의 도움은 부재했다. 즉 우리의 행동이나 공적이나 욕구는 하나님의 인간 창조 사역에서 배제되어 있었다. 그분은 우리를 무(無)로부터 창조하셨고 우리의 존재와 소유를 값없이 거저 주셨다. 이렇게 하시도록 하나님을 움직인 것은 무엇일까? 그에 대한 대답은 하나님이 아가페로써 우리를 사랑하셨다는 것이다. 인간들은 그 아가페를 받을 만한 공로도 없었고 그 공로를 소유할 가능성도 갖지 못했다. 어거스틴이 말하듯이, "이것은 창조의 은혜이다." 그러나 아가페가 "우리 주 예수 그리스도의 은혜" 안에서 나타나기까지 우리는 하나님의 아가페의 깊이를 완전히 알 수 없다. 여기서 하나님의 사랑은 멸망할 죄인의 구원으로 나타난다. 죄인들은 죄와 죽음에서 자신들을 구원할 수 없었다. 게다가 그들이 구원과 정반대되는 처사를 받는 것은 당연했다. 또 죄인들은 실제로 그들에게 제공된 구원과 같은 유의 구원을 추구하고 있었다고 할 수 없다. 그러므로 창조와 구원은 모두 "은총" 즉 값없이 관대하게 베푸는 아가페의 사역이다. 의로운 자와 불의한 자에게 태양을 비추시며 비를 내려주시는 거룩한 사랑과 우리 주 예수 그리스도 안에 있는 하나님의 사랑은 동일한 사랑이다. 게다가 이러한 사랑 개념은 모든 순수한 기독교 교리들 안에서 다양하게 표현된다. "너희가 거저 받았으니 거저 주어라"라는 기독교적 도덕 생활의 근본원칙은 그 사랑 개념에서 나왔다.

만일 이 점에 올바로 유의했더라면, 에로스와 아가페를 "자연과 은총"의 문제로 오해하는 일이 없었을 것이다. 여기서 은총은 하나님의 구원 활동을 나타내고 자연은 그의 창조활동을 의미하며 에로스는 그 자연의 영역에 속한다고 간주된다. 이것은 에로스가 하나님이 창조하신 대로의 인간본성의(혹은 아리스토텔레스 식으로, 보편적 본성의) 본질적 특색이라는 뜻에서 에로스가 인간에게 "본성적"이라는 점을 의미할 수 있다. 그런 경우엔 하나님이 에로스의 창시자시며, 에로스와 아가페가 다 동일한 하나님에게서 오므로, 둘 사이에 근본적인 충돌이 있을 수 없다. 그것들이 충돌하는 것처럼 보이면, 우리는 화해와 종합을 추구해야 한다. 하지만 이것은 이상한 논법이다. 그렇게 한다면, 우리는 하나님이 에로스의 창시자이듯이 죄의 창시자라고도 말해야 할 것이다. 죄는 어떤 의미에선 사람에게 너무도 "자연스러운" 것이기 때문이다. 만일 하나님이 아가페라면, 에로스는 하나님의 본성과 전적으로 반대된다. 아가페는 값없이 이타적으로 베풀기를 좋아하는 사랑이다. 에로스는 얻기를 좋아하는 사랑이며, 고도로 세련된 형태의 자기이익과 자기추구이다. 그러므로 "자기의 유익을 추구하지 않는" 아가페는 에로스를 죄로 간주할 수밖에 없다. 아가페는 모든 형태의 이기심에 반대한다. 그 이기심이 아무리 세련된 형태들을 취하고 있더라도 말이다. 인간적인 자기이익과 자기중심성의 모든 형태들이 (심지어 세련되고 영적인 종류의 형태도) 전부 에로스와 동일시될 순 없다. 신플라톤주의자는 그의 에로스 때문에 자기중심적이라면, 그에 못지않게 율법을 준수하는 자신의 의(義)를 근거로 하나님 나라에 참예하려고 갈망하는 바리새인도 자기중심적이다. 하지만 헬레니즘의 에로스 종교와 유대적인 노모스 종교는 결코 동일한 실체가 아니다. 물론 그 둘은 공통적으로 아가페 종교에 반대되긴 하지만 말이다.

에로스와 노모스의 자기중심적 입장에서 보면, 아가페는 "불합리"하다. 에로스는 하나님을 사랑할 이유를 풍성하게 발견한다. 왜냐하면 하나님이 인간에게 결핍된 필요한 것을 소유하기 때문이다. 그러나 인간에겐 하나님이 원하실 만한 것이 전혀 없으므로, 하나님이 인간을 사랑하실 이유는 전혀 없다. 노모스는 하나님이 의인을 사랑하실만한 훌륭한 이유를 발견한다. 의인들은 하나님의 인정을 받기 때문이다. 하지만 노모스는 하나님이 죄인들을 사랑하실 이유는 발견하지 못한다. 이러한 발상 자체가 어리석은 신성모독이다. 하지만 아가페에 대해서는 이 행복추구적·율법적인 이유들이 언급될 수 없다. 아가페의 하나님은 사랑의 본성을 지니고 계시기 때문에 사랑하신다. 그래서 하나님의 자녀들은 그 아버지를 닮아서 그분의 행위대로 실천하는 것을 기뻐하기 때문에 사랑한다. 어떤 비평가들이 단언했듯이, 아가페는 그 본성이 자기무시·자기희생적이기 때문에 (여하튼 자기중심적 견지에서 보면) 자기파멸이란 극도의 불합리를 내포한 것처럼 보일 수도 있다.

하지만 실제로 아가페는 자아의 죽음이 아니라 이기심의 죽음을 의미하며, 자아(selfhood)의 대적이 아니라 자기중심주의(self-centredness)의 대적이다. 자기중심주의는 진정한 개성의 치명적인 원수이다. 인간은 아가페에 의해서 그리고 아가페 안에서 살아갈 때에만 진정한 자아를 실현할 수 있다. 이 목적을 위해서 아가페이신 하나님이 사람을 창조하셨다. 사람이 자기중심적으로 자신에게만 사로잡히면, 그는 자신에게 예정된 바대로 될 수 없다. 그는 자기를 벗어버려야 하며, 자기 자신과 자기 일에 몰두해서 속박받는데서 해방되어야 한다. 사람이 아가페를 받아들이면 바로 이런 효과가 생긴다. 아가페는 인간을 자기중심주의의 감옥에서 구출해서 하나님의 자녀로서 찬란한 자유를 누리게 한다. 아가페의 관점에선, 에로스와 노모스의 합리성은 "자연인"의 합리성이다. 자연인은 자신에게 무익하게 대가없이 무슨 일을 한다는 것에서 아무런 의미도 발견하지 못한다. 오히려 그는 하나님의 아가페가 하나님의 자기애(自己愛)를 표현한다고 설명함으로써 아가페를 "합리화"하려고 한다.

지금까지 말한 것에 비추어볼 때, 노모스나 에로스 동기가 아가페와 만날 때, 반드시 (공개적이건 은폐적이건) 충돌이 있을 수밖에 없다. 아가페 동기는 이 둘 중의 어느 것과도 참으로 종합될 수 없다. 자기중심주의와 신중심주의는 양립할 수 없기 때문이다. 그러나 이 말이 유대교나 헬레니즘에 기독교인에게 가치있는 것이 전혀 부재한다는 뜻으로 해석되어선 안된다. 그러한 판단은 우스꽝스러운 생각이다. 기독교는 아가페 개념에서 필연적으로 발생한 종교적 동기 외에는 허용하지 않으며 하나님의 아가페적 방법 이외에 하나님을 예배하는 길을 인정하지 않는다. 이러한 의미에서 기독교는 절대적으로 배타적이다. 그러나 이 주장은 비기독교적 문화와 비기독교적 종교가 기독교적 관점에서 거짓되고 무가치한 것만을 지니고 있다고 치부하는 것과는 전혀 다르다. 유대교는 구약성경을 통하여 그리스도교회에 매우 귀중한 보배를 주었다. 또한 기독교와 양립할 수 없는 것은 종교로서의 헬레니즘이지 헬레니즘의 문화적 가치들이 아니다. 우리는 기독교가 유일한 구원방법 즉 오직 신중심적인 하나님과의 친교만을 인정하고 다른 모든 방법들을 배격한다고 말한다. 하지만 그러한 주장은 비기독교권에 선하고 가치있는 것이 부재한다는 것을 의미하진 않는다. 도리어 그와 반대로 기독교는 그 선하고 가치있는 것들을 재빨리 인식해서 하나님에게 영광을 돌린다. 모든 선한 것은 하나님의 무한한 아가페에서 나오기 때문이다.

하지만 본서는 이런 문화적 혹은 종교적 가치들을 논하지 않는다. 이 책의 목표는 기독교의 사랑 개념에 포함된 광범위한 의미들을 밝히려는 것이 아니라 그 개념을 이해하려는 것 뿐이다. 그러므로 이런 문제들을 논하는 것은 본서의 범위가 아니다. 본서는 엄격히 아가페 개념의 본성과 그 개념의 역사적 추이를 다루는데 국한될 것이다. 특정한 근본동기가 그 순수한 형태로 실천된 경우는 거의 발견되지 않는다. 하지만 근본동기들 사이엔 상호작용이 계속 있었다. 그러한 과정에서 한때는 이 동기가 다른 때는 저 동기가 주도권을 장악했고 그 동기의 지배를 받는 개인이나 학파의 전체 견해에 영향을 남긴 반면에, 다른 동기들은 그것에 종속되거나 심지어 그것에 봉사하도록 강요받음으로써 변형되기조차 했다. 이러한 과정은 교회사에 나타난 여러 가지 특출난 대표적 유형들에 관한 연구작업에 의해서 예시된다. 우리는 본론에서 그 내용을 다루게 될 것이다. 경쟁적인 동기들 사이에서 발생하는 일련의 갈등들 안에서 전혀 예기치 못한 교환들과 결합들이 드러난다. 기독교의 사랑 개념이 전개하는 역사는 맹렬한 적개심들과 이상한 동맹들로 이루어진 극적인 투쟁의 이야기와 같다.

　이런 종류의 저서에선 두 가지 원칙을 지켜야 한다. 첫째로, 형식적인 교리적 언명만으론 충분하지 않다. 우리는 형식적인 교리적 언명들의 이면에 깔려 있는 실제적 동인세력(動因勢力)들 즉 종교적 동기(動機)를 발견해야 한다. 둘째로, 우리는 이렇게 하는 동시에 그 자료에 이질적인 이론을 덮어씌워서는 안된다. 동기조사는 그 자료에 대한 더 나은 이해를 도와줄 경우에만 타당하다. 동기조사가 이것을 정당하게 다룰 수 있다면 그것의 타당성은 검증된 것이다. 이 두 가지 원리는 한결같이 중요하다. 그러므로 니그렌 교수는 원저자들 자신이 말하게 하고 그들에 대한 전통적인 분류나 기존의 평가를 가능한 한 언급하지 않는다. 그는 독자들이 원전과의 접촉을 상당히 의식하도록 모든 면에서 철두철미하게 노력했다.

　원전들에 관해선 가장 중요한 판본들이 각주에 지적되었다. 예외는 다음과 같다. 사도교부들에 대해선, *Patrum apostolicorum opera, rec. Gebhardt, Harnack, Zahn, ed. sexta minor, 1920*; 저스틴(Justin)과 타티안(Tatian)에 대해선, *Die ältesten Apologeten, Texte mit kurzen Einleitungen, hrsg. v. Edgar J.*

Goodspeed, 1914. 나머지 변증가들에 대해선, *Corpus Apologetarum, ed. Otto*; 알렉산드리아의 클레멘트(Clement), 오리겐(Origen), 히폴리투스(Hippolytus), 유세비우스(Eusebius), 메토디우스(Methodius) 및 에피파니우스(Epiphanius) 에 대해선, *Die griechischen Christlichen Schriftsteller der ersten drei Jahrhunderten, hrsg. von der Kirchenväter-Kommission der Königl. Preussischen Akademie der Wissenschaften.* 이레나이우스(Irenaeus)에 대해선 *Irenaei Quae supersunt omnia, ed. A. Stieren, Bd. I., 1853(Contra haereses)*과 *Bibliothek der Kirchenvater, Bd., IV., 1912 (S. Weder, "Epideixis"*의 번역)를 참고하시오. 터툴리안(Tertullian)에 대해선 비엔나(Vienna)에서 출판된 *Corpus scriptorum ecclesiasticorum latinorum*과 욀러(Fr. Oehler)가 편집한 작품들이 참고되었다. 욀러의 편집작품들은 비엔나(Vienna)판에 아직 없는 글이다.

원전들을 (영어로) 번역함에 있어서, 이미 영역본이 있는 것들은 그것들을 인용했다. 하지만 명증성이나 니그렌의 번역에 더 긴밀하게 일치시킬 필요가 있을 땐 기존의 영어번역본에 의존하지 않았다. 일반적인 독일어 원전들과 루터의 독어 및 라틴어 원전들이 나타나는 판본들은 언급되었지만, 그 원전들을 영어로 번역하는 것이 타당한 것 같았다. 원어 문장은 본서의 본문에 영역문이나 유사한 의역이 있는 경우에만 제시하였다.

제2부의 표어로 사용된 루터의 글은 1518년의 하이델베르크 논쟁(Heidelberg Disputation)의 제28논제에서 왔으며, 루터저작집 바이마르판(*Weimar Auflage*)의 제I권 365쪽에 있다. 이 논제는 본서에서 논한다.

필립 와트슨(Philip S. Watson)

Handworth Methodist College, Birmingham,

1951년 8월

주

1) *Den Kirstna Kälekstanken genom tiderna, Eros och Agape I.*(Svenska Kyrkans Diakonistyrelses Bokförlag, Stockholm, 1930), pp.3f. (제2부는 같은 출판사가 1936년에 출판했음.)

2) 또 *The Expository Times,*September 1938에 있는 "Some Theological Implications of Agape and Eros" 에 대한 나의 논문을 보라.

3) 영지주의에서 에로스가 플라톤의 소위 "비속(卑俗)한 에로스"가 되었고, 다른 데서는 아가페 개념을 예컨대 Philanthropia(인류애,人類愛)라고 했다.

4) 조금이라도 중요하다면, 그렇다는 말이다. 사랑을 받는 대상이 전연 움직이지 않을 수 있다. 아리스토텔레스의 하나님은 "사랑을 받음으로써 움직이게 하지"만 그 자신은 움직이지 않는다.

5) "자기 중심적"이라고 하는 것은, 하나님과 나와의 교제에 있어서 강조하는 것은 내가 하는 일과 내가 원하는 것이기 때문이다.

6) 하나님의 역사를 역설하기 때문이다.

7) 본서 212면을 보라

8) 구약성경을 기독교의 성경으로 믿는 신약성경의 입장에서 보면, 노모스를 동기로 삼는 유대교는 구약성경의 종교를 부패시킨 것이다. 율법의 참 본성과 기능을 전혀 이해하지 못했기 때문이다.

국역자의 서문

본 역자는 니그렌과 같은 위대한 복음주의 신학자의 저서를 번역하게 된 것을 기쁘게 여긴다. 안더스 니그렌(Anders Nygren, 1890-1978) 감독은 아울렌(Gustav Aulén) 및 융그렌(Gustaf Ljungren) 등과 함께 스웨덴 교회의 신학적 발전에 크게 공헌한 소위 룬트(Lund) 학파에 속하는 인물이다. 본서는 서양 고대와 중세의 사상가들과 신학자들의 견해를 소개하고 비평하기 때문에 일반 독자들에겐 너무 복잡하게 느껴질 수 있다. 하지만 본서는 '인간에 대한 하나님의 사랑'과 '하나님께 대한 인간의 사랑'을 체계적으로 논하기 때문에, 독자들이 천천히 읽어간다면 쉽게 이해할 수 있고 하나님의 사랑이 얼마나 위대한 은혜인가를 깨닫게 될 것이다. 저자의 주장에 대해서 분명한 예비지식을 얻고 싶은 독자들은 와트슨의 영역판 서문을 참고하기 바란다. 영역자의 서문은 원저자의 의견을 친절하게 설명해 준다. 마지막으로, 본 역서에선 인명이나 지명 등의 고유명사를 그 원어의 발음대로 옮긴다는 원칙을 준수했으나 이미 영어식으로 익숙해진 것들은 관례대로 표기했음을 밝혀두는 바이다.

고구경

서론

아가페와 에로스의 문제

제1장

문제의 본질

제1절 본 연구의 이중적 목적

본서는 이중적인 연구목적을 가지고 있다. 첫째는 기독교적 사랑 개념의 의미를 탐구하는 것이고, 둘째는 그 개념이 역사상 경험한 실례를 보여주는 것이다.

사람들은 신학자들이 이 문제들에 당연히 특별한 주의를 기울였을 것이라고 기대해왔다. 왜냐하면 사랑 개념은 종교적 혹은 도덕적 입장에서 볼 때, 기독교의 유일한 중심개념은 아닐지라도 하나의 중심위치를 차지하기 때문이다. 그러나 우리는 현대신학자들의 대부분이 이 주제를 소홀히 다뤘다는 사실을 쉽게 알 수 있다. 교리사에선 아주 지엽적인 세부사상들을 밝히기 위해선 광범위한 노력이 투여되었으나 이 중심적인 문제는 대체로 소홀히 다루어졌다. 아마도 이것은 기독교의 사랑 개념의 의미와 구조가 자명하고 명료하여 "사랑"이란 말만으로 충분하게 정의된다고 생각했거나 사랑의 의미가 모든 시대의 모든 기독교인들에게 동일할 거라고 생각했기 때문일 것이다. 우리의 시야가 기독교 윤리사에 돌려지더라도 상황은 별다르지 않다. 여기서도 세부사항은 종종 잘 연구되었고, 개별 사상가들은 시대적인 윤리 사상과 이상(ideals)을 변경하곤 했다. 그러면서도 기독교가 새로운 사랑 개념으로써 새로운 윤리학적 기초를 제공한 데 대해서는 별다른 언급이 없었다. 기독교의 사랑 개념은 윤리적 전망에서 역사상 유례없는 혁명을 일으켰다. 니체(Nietsche)는 이 변혁을 "모든 고대 가치들의 완전한 재평가"라고 정확하게 보았다. 이 기독교적 사랑 개념과 그것이 기독교사에서 겪은 우여곡절은 전통적인 윤리사에서 거의 언급되지 않았다.

신학자들이 이 문제들을 경시했다는 사실에 대한 실례는 가장 현대적인 신학참고서인 「종교의 역사와 현재」(*Die Religion in Geschichte und Gegenwart*)의 최근판에서 찾아볼 수 있다. 기독교적 사랑 개념의 의미에 대해서 안내를 받으려고 "사랑"(Liebe)이란 항목을 찾아보면, 몇 가지 주해와 함께 사랑에 대한 조직적 논술이 시도된다. 하지만 그 시도가 문제이다. 기독교의 사랑 개념의 깊이를 알아내려는 노력은 전혀 없고 사랑은 설명할 필요가 없는냥 처리된다. 그리고 주로 자기사랑을 근거로 한 자기존중에 의존하여 기독교의 사랑을 지지하려 한다.[1] 장구한 기독교 역사에서 기독교적 사랑에 어떤 일이 있었는가에 대해선 아무런 언급도 없다. 충돌과 극적인 변화가 가득했다는 사실에 대해선 한 마디의 암시도 없다.

「철학입문」(*Handbuch der Philosophie*)에 기술된 윤리사의 내용도 학계가 가장 거대하고 결정적인 윤리적 위기들이 어디에 있는지를 보지 못했다는 실례를 광범위하게 보여준다. 하지만 기독교의 사랑은 그러한 위기를 두 차례나 즉 원시기독교와 종교개혁에서 겪었다. 그러나 「철학입문」은 원시기독교를 중세기의 윤리론들의 배경으로 논할 뿐이고 루터를 스콜라철학의 붕괴와 관련해서 언급할 뿐이다.

기독교의 사랑 개념이 수세기동안 겪은 변천을 묘사하는 것은 궁극적으로 기독교의 내적 역사를 기술하는 것과 같을 것이다. 모든 세대는 기독교적 사랑의 문제에 직면해야 했으며, 새로운 시대는 그 개념의 역사에 특이한 공헌을 했다. 사실 이 공헌들이 항상 기독교적 사랑 개념의 새로운 측면을 나타낸 것은 아니다. 하지만 그것들은 각 시대의 구조와 영적 기질을 더욱 잘 나타낸다. 기독교적 사랑 개념의 역사 안에서 여러 시대의 특징들이 매우 선명하게 인식된다. 이것이 바로 그 역사에서 적지않게 흥미로운 특색이다.

그러나 우리의 목적은 기독교적 사랑 개념의 역사를 완전하고 광범위하게 논술하는 것이 아니다. 또한 기타의 여러 시대가 그 개념에 대해서 보여준 반응을 살피는 것도 우리의 목적은 아니다. 우리의 관심사는 여러 시대의 특색들이 아니라 기독교적 사랑 개념의 독특한 성격이다. 원시기독교와 종교개혁과 같이 기독교의 고유한 개념이 강력하게 활약한 때가 있었다. 하지만 그것은 불리한 입장에서 이질적인 사랑 개념들과 싸워서 존재를 유지해야 할 때도 있었다. 그러나 바로 이것들과 대립됨으로써 기독교적 개념은 그 자체의 독특한 속성을 얼마만큼 나타내지 않을 수 없었다. 우리의 연구는 그러한 시기들에 집중될 것이다. 그렇게 함으로써 우리가 설정한 두 가지 과제들은 서로 관련될 것이다. 기독교적 사랑 개념의 내면적 의미를 이해할 때라야 그 개념이 겪은 변화의 참 뜻을 이해할 수 있다. 하지만 우리는 이 변화들을 주목함으로써 그 개념의 본질적 의미가 무엇인가를 더 잘 알 수 있으며 다른 사랑 개념들에 대한 기독교적 개념의 반응들을 주시함으로써 그 내용과 구조를 분석하는 길을 닦을 수 있을 것이다.

제2절 두 가지 근본동기들의 대립

기독교적 사랑 개념은 아가페(agape)이다. 아가페에 대적하여 그것이 (사활걸린 투쟁이든 타협적인 해결이든간에) 어떤 결정을 짓지않을 수 없도록 만든 기타 제견해들 중에서 가장 중요한 것은 플라톤의 에로스(eros) 개념에서 가장 완전하고 고전적으로 표현된 사랑 개념이었다. 기독교의 아가페 개념이 처음으로 등장했을 땐 이미 아주 다른 종교적·윤리적 견해가 무대를 차지하고 있었다. 넓은 의미의 에로스 개념이 그 종교적·윤리적 견해를 철저히 지배하고 있었다. 고대세계의 이 근본적 종교성향과 기독교가 만난 것은 기독교의 운명적 시간으로 명명될 수 있다. 아가페는 "모든 고대 가치들을 변혁"했다. 하지만 아가페는 에로스와 만난 후에 불가피하게 어느 정도 그 가치들을 섭취하거나 고대의 가치체계에 흡수되었다. 그 어느 경우에도 아가페는 본래의 힘을 일부분 상실할 수밖에 없었다. 이리하여 에로스와 아가페의 문제가 대두된다. 이 문제는 그 이후로 기독교의 역사 전체를 통해서 상이한 맥락에서 무수한 형태로 자각되었다.

이 에로스와 아가페 문제에 조금만 친숙한 사람이라면 그것이 매우 독특한 것임을 쉽게 알 수 있을 것이다. 그것의 특수성은 다음과 같은 사실들에서 쉽게 보여진다. 첫째로, 에로스와 아가페는 원래 아무 상호관계가 없는 두 개념이었다. 둘째로, 그럼에도 불구하고 역사가 진행함에 따라 두 개념은 서로 얽히고 엮어져서, 한 쪽을 말할 때 다른 쪽을 생각하지 않을 수 없게 되었다. 그러므로 에로스와 아가페를 본질적으로 선명하게 구별하려고 하는 것은 그 본성상 하나인 것을 무리하게 인위적으로 나누려는 것처럼 보이기 쉽다.

이 서론적 단계에서 가장 중요한 것은 에로스와 아가페가 원래 아무런 상호관계도 없었다고 역설하는 것이다. 빌라모비츠 묄렌도르프(Wilamowitz-Möllendorff)가 플라톤에 대한 자신의 위대한 저서에서 플라톤의 에로스와 신약성경의 아가페를 혼돈하는 일반적인 관습에 대해서 경고했다. 그의 경고는 타당한 것이었다. 그는 다음과 같이 말했다.

"바울은 고린도전서 13장에서 자신의 '사랑의 찬가'를 아가페에 헌정했다. 이 아가페와 플라톤의 에로스가 혼동되는 오해가 있었다. 비록 그 오해가 오래되긴 하였지만 그것은 더 이상 한결같이 무해한 것만은 아니다. 그래서 우리는 간략하게나마 그러한 오해를 경고하려고 한다.… 아가페는 에로스를 전혀 몰랐고, 에로스도 아가페를 전혀 몰랐다. 이것들은 서로 상대로부터 배울 수 있었지만, 그 본성 때문에 그러지 못했을 것이다."[2]

에로스와 아가페는 서로 직통할 수 없는 상이한 두 정신세계들에 속했다. 이것은 의심할 여지가 없다. 이 둘은 각자의 맥락에서 대표하는 가치가 같지 않으며 따라서 어떤 경우에도 서로 대체될 수 없었다.

이런 관찰은 얼핏 보기엔 우리의 연구를 더 어렵게 만드는 것 같다. 우리의 목표는 에로스나 아가페를 비교하고 대조하는 것이다. 하지만 현재로선 그것들이 본질적으로 비동연적(incommensurable)이다. 왜냐하면 비교의 필수요점이 결여되어 보이기 때문이다. 하지만 처음부터 우리들은 에로스와 아가페 사이의 직접적인 유사성이나 동연성에 의존할 수 없다는 생각에 익숙해져야 한다. 이것은 매우 중요한 전제이다. 그래야만 우리는 문제를 편견없이 사실 그대로 볼 수 있을 것이다.

이 문제에 대한 우리의 견해를 왜곡하는 두 가지 영향력들이 있다. 첫째는 천년이 넘은 오랜 전통이다. 이 전통은 우리에게 에로스와 아가페는 하나이며 하나로 결합해야 한다고 말한다. 이런 전통의 구속력을 알리기 위해서 거창한 증거가 필요한 건 아니다. 기독교사의 어디에서든 에로스와 아가페는 가장 긴밀하게 결합되어 있어서, 이 결합은 불가피하게 자연스럽고 필연적이라는 인상을 준다. 둘째는 언어가 생각에 미치는 영향력인데, 이것도 전통보다 약하진 않다. 에로스와 아가페는 그리스어로서 둘 다 영어로 옮기면 사랑(love)이라는 뜻이다. 그렇다면 동일한 낱말 이면엔 동일 개념이 있으며 에로스와 아가페는 같은 사실이거나 적어도 긴밀히 연관된 사실들을 의미한다고 결론내리는 것이 당연하지 않겠는가? 에로스와 아가페의 상호관계가 무엇이든간에, 그 둘은 모두 "사랑"이므로 적어도 가장 본질적인 공통점이 있는 것처럼 보인다.[3] 이런 관점에서 그 둘은 동일한 것을 다르게 표시하는 것에 불과하다. 하지만 에로스와 아가페가 원래 상호 무관하다는 것을 깨달으면, 전통과 언어의 이중적 마력이 제거된다. 그렇게 되면, 에로스와 아가페 사이의 연관성은 더 이상 자명한 것이 아닌 문제가 된다.

에로스와 아가페는 세 가지 방법으로 상호대립될 수 있다. 첫째, 우리는 그것들을 단순히 단어로 받아들이고 그것들 사이의 연관성을 주로 언어학적 관점에서 고찰할 수 있다. 둘째 방법은 두 개념들을 (비교할 필요가 있는) 독자적으로 발전된 역사적 개념들로 간주하는 것이다. 그렇지 않고 셋째 방법은 그것들을 서로 다른 두 종교적·윤리적 근본동기, 즉 마음의 상이한 일반적 태도로 보는 것이다.

신약성경이 사랑을 말할 땐 아가페(ἀγάπη)란 술어를 많이 쓰며 에로스 (ἔρως)란 술어를 일절 사용하지 않는다. 이것은 명백한 사실이다. 이 놀라운 언어상의 특색은 우연한 일일 수 없고 분명한 의문들을 제안한다. 기독교가 생각하는 사랑에 대해서 두 단어 중의 하나는 적합하고 다른 것은 그렇지 않은 이유는 까닭인가? 두 단어의 원래 의미는 무엇이며 어원은 무엇인가? 두 단어에 각각 의미상의 특색을 부여하는 것은 무엇인가? 하지만 우리는 당면한 목적을 위해서 이런 추측적인 연구를 할 필요가 없다. 우리는 아가페와 에로스라는 말을 일반적인 언어학적 의미로 쓰는 것이 아니라 창조적인 정신들이 채워놓은 그 특수한 내용과 관련해서 사용하고 있다. 우리는 에로스의 경우엔 누구보다도 먼저 플라톤을 생각하고 아가페의 경우에는 바울을 생각할 수 있다. 하지만 우리는 그 단어들의 단순한 공통 의미로부터 플라톤의 에로스관(觀)이나 바울의 아가페관을 알아낼 수 없다. 그것들은 그들의 저술에 대한 연구를 통해서 알려진다. 플라톤과 바울의 저술들 안에서 에로스관이나 아가페관은 때때로 각각 현저하게 유연한 형태를 취하곤 했다.

이제 우리는 위에서 언급된 두번째 의미로 에로스와 아가페를 비교하겠다. 본서는 역사적으로 독립적인 두 개념들 즉 플라톤의 에로스와 소위 바울의 아가페를 서로 비교할 것이다. 하지만 우리는 곧 난관에 부딪힌다. 위에서 주목한 바와 같이, 원래 이 두 개념 사이에는 연관성이 없었는데 그 점이 비교연구에 극복할 수 없는 지장이 되지 않겠는가? 바울은 에로스를 전혀 몰랐고, 플라톤은 아가페를 전혀 몰랐는데, 이러한 의미에서 에로스와 아가페를 비교하는 것이 옳은가? 플라톤적 에로스와 바울적 아가페에는 이를테면 공통분모가 없다. 이 두 개념들은 동일한 질문에 대한 답변들이 아니다. 그렇다면 우리는 무슨 근거로 둘을 비교하는가? 상이한 조건에서 발생한 현상들을 비교하는 것은 자의적이며 따라서 무의미하지 않는가? 두 번째 방식으로 진술된 에로스와 아가페 사이의 관계에 대한 질문을 정확하게 답변하려면, 우리는 그것들 사이에 아무런 관계도 없다고 말해야 할 것이다.

위에서 말한 세번째 방법으로, 즉 에로스와 아가페를 인생에 대한 상이한 일반적 태도들이라는 의미에서 대조한다면, 입장이 아주 달라진다. 이런 의미에서는 둘 사이에 매우 확실한 관계가 있다. 에로스적 특색을 지닌 삶의 태도와 아가페적 특색을 지닌 삶의 태도에 대해서 각각 구체적인 증거가 존재한다. 그리고 이 두 가지 일반적 태도들은 서로 만나지 않는 평행선과 달리 끊임없이 서로 만난다. 영적인 생활의 역사 도처에는 두 태도들 사이의 관계에 대한 명백한 구체적 증거가 있다. 왜냐하면 두 태도들이 모두 정신생활 전체에 영향을 주려고 하기 때문이다. 그러므로 우리가 에로스와 아가페에 대해서 말할 때 그것들을 항상 "근본적 동기"라는 의미에서 생각한다. 우리의 과제는 두 개념의 뿌리를 발견하며 그 특징들을 결정하는 것이다. 이 목적을 위해서 우리는 역사상 나타난 구체적인 형태에서 연구자료를 얻을 것이다. 그러나 우리는 그 자료들 자체를 비교하는 것이 아니라 항상 근본동기로서의 에로스와 아가페를 비교할 것이다.

제3절 근본적인 동기들과 동기 조사

"근본동기"(fundamental motif)라는 말은 더 정확히 정의할 필요가 있다. 특히 우리는 두 가지 질문에 대답해야 한다. 첫째로, 우리가 어떤 것을 근본적 동기라고 말할 때, 그것은 무슨 뜻인가? 둘째로, 우리가 기독교의 근본동기를 아가페라고 하는 것은 어떤 정당성을 가지는가? 아가페 개념은 기독교의 고유 개념들 중의 하나이다. 그렇다면 "근본동기"라는 용어로써 표현된 것처럼 근본적인 중요성과 특별한 지위를 사랑 개념에 돌릴만한 근거가 우리에겐 있는가? 이런 질문들에 명확한 대답을 하기 전에, 동기조사(motif-research)에 대한 예비지식으로 길을 준비하는 것이 좋겠다. 현대의 종교연구와 신학연구에 종사하는 사람들이 감당해야 할 가장 중요한 과업은 상이한 종교들의 여러 근본동기에 비추어서 그것들의 형태들을 내면적으로 이해하는 것이다. 그 연구가들은 오랫동안 주로 여러 종교에서 방대한 자료를 수집해서 그것을 비교하는데 주력했다. 그러나 실지로 그 비교가 이루어지면, 그 비교가 불확실하다는 점이 분명해진다. 동일한 개념이나 신념이 여러 종교에 나타난다는 사실만 가지고는 아무런 결론도 얻을 수 없다. 이것은 분명하다. 그 개념이나 신념이 동일한 형태를 가졌을 지라도 어떤 경우엔 기본적 개념이고 다른 경우엔 더 느슨하게 연관된 개념이라면 그것들은 전혀 동일한 의미를 갖지 않을 수도 있다. 가장 빈번한 경우처럼, 그 개념의 조건이 다른 종교들 내에서 상이하다면 그것의 의미는 동일할 수 없다. 이런 개념이나 신념이나 감정은 무엇을 의미하는가? 그것은 그 개념의 고유한 본성적 맥락에 비추어서 결정될 수 있다. 바꿔 말하면 우리는 당면한 종교의 근본개념이나 추진력이 무엇인가, 또는 그 종교에 전체적 특색을 부여하며 그 모든 부분에 특수한 내용과 색채를 주는 것이 무엇인가를 알려고 해야 한다. 종교나 기타의 분야에서 이런 구조적 분석을 하려는 것이 우리가 말하는 동기조사이다.

제4절 동기조사와 역사적–기원학적 연구

역사적-기원학적(historical-genetic) 연구와 달리 동기조사는 동기의 역사적 연관성과 기원들보다 그 특징적인 내용과 전형적인 표현들을 알려고 애쓴다. 이렇게 말하면, 동기조사 방법은 경험적 사실의 안전하고 견실한 근거를 떠나는 모험인 것처럼 들린다. 한 종교의 근본동기를 탐구하려는 것은 연구에 가치판단의 요소 즉 주관적 요소를 끌어들이는 것이 아닌가? 어떤 영적인 현상을 논할 때 "근본적" 동기와 "비근본적" 동기를 구별하고 후자를 기껏해야 전자의 변형으로 본다면, 이 구별은 그 현상 자체에 있는 것이 아니라 우리의 사상적인 재구성에 의해서 그 현상에 주입된 것처럼 여겨진다. 그러나 이러한 작업은 과학적 분석보다 예술적 종합과 비슷하며 탐구문제라기보다 직관문제가 아닌가? 그리고 동기조사는 자의적인 주관주의가 될 위험성이 있지 않은가? 근본적 동기와 지엽적 동기를 구별하지 않고 주어진 사실들을 고수해야만 주관주의의 위험이 없이 안전할 것이 아닌가? 이러한 질문들에 대한 답변은 두 가지다.

첫째로, 정신생활에 관한 개별적 자료를 고수함으로써 객관성과 경험적 정확성이 보증된다고 생각하는 것은 착각이다. 그러한 방법으로 얻어지는 것은 비현실적인 정신적 원자설(atomism)에 불과하다 상호무관한 요소들을 무수하게 모아서 매우 다양한 모양으로 배열할 수 있다하더라도, 우리는 그중의 하나도 바르게 이해했다는 자신이 없을 수 있다. 왜냐하면 원소들의 의미는 그 속한 맥락에 의해서 정해지기 때문이다. 어떤 영적 현상의 의미를 파악하기 위해선 그 현상을 구성하는 요소들을 아는 것만으론 불충분하고 그 요소들 사이의 연관성도 알아야 한다. 이 연관성은 요소들 자체에 못지않는 경험적 소여(所與)이다(이 점은 주목되어야 한다). 그러므로 동기조사가 이 연관성에 집중할 때(“근본동기”가 이 연관성의 원인이 되기 때문에) 그것은 결코 경험의 분야에서 떠난 것이 아니라 단지 하나의 경험적 요소에서 다른 요소로 우리의 주의를 돌렸을 뿐이다.

둘째로, 우리가 동기조사는 본질적으로 규명불가한 직관에 의존하고 과학적 분석을 위해선 무용지물이라고 생각한다면, 그것은 동기조사의 조건을 오해한 것이다. 물론 한 종교의 근거가 되는 개념 즉 근본동기를 직관으로 인식하거나 이런 직관이 동기조사에 무한한 가치가 있다는 점은 부정될 수 없다. 하지만 직관만으론 연구가 이뤄지지 않는다. 이러한 연관성 안에서 조사를 언급하려면, 직관적으로 얻은 것을 다시 과학적으로 분석하며 확인해야 한다. 그러므로 우리가 여기서 답변해야 할 질문은 어떤 형태의 종교에 대해서 과학적 분석으로 그 근본동기를 결정할 수 있느냐 하는 것이다. 그에 대한 대답은 무조건 긍정적일 수밖에 없다. 과학적 종교학의 목적은 구체적인 종교적 환경에서 발견되는 개념과 태도 등을 기록하기만 하는 것이 아니라 그 모든 것의 특징과 특색이 무엇인가 하는 것을 찾아내는 것이다. 동기조사는 이렇게 하려고 의식적으로 일관되게 노력하며 또 충분히 그렇게 할 수 있다. 소위 근본동기는 주관적이며 자의적인 선택이 될 필요가 없다. 왜냐하면 그것은 객관적 검토를 받기 때문이다. 그 근본동기가 박탈된 종교는 모든 정합성과 의미를 상실한다. 그러므로 어떤 것을 제거해서 이러한 결과가 생기지 않는다면, 그것은 근본동기로 간주되어선 안된다. 바로 여기에 동기조사가 그 분석작업을 수행하는 근본원칙이 있다. 가능한 오해를 방지하기 위해서 한 마디만 첨가하겠다. 근본동기는 결코 분명히 공식화된 개념일 필요도 없으며, 일반적인 근본적 감정도 마찬가지로 훌륭한 근본동기를 구성할 수 있다.

그러면 동기조사는 다른 어떤 경험적 조사에 비해서 더 불리한 입장에 있는 것이 아니다. 동기조사가 역사적-기원학적 연구보다 더 충분하게 확인된 결과를 제시할 수 있는 때가 있다. 어떤 특수한 동기의 기원과 그것을 발아시킨 토양을 찾아내고 그것이 어떤 종교적 전망에 침투한 경위를 찾아내는 것은 심히 곤란한 일이다. 가설과 가설이 맞서면 객관적으로 결정할 수 없다. 그러나 그럼에도 문제의 전망에 대한 동기의 위치와 중요성은 틀림없이 분명할 수 있다. 이것은 두 연구 형태 사이의 접근법의 차이점을 분명하게 지적한다. 둘 다 동기에 관련된다. 하지만 역사적-기원학적 연구는 그것들의 이동에 주된 관심을 가지며 다양한 위치에서 유사한 동기들 사이의 연관성에 관심을 가진다. 우리가 말한 동기조사는 주로 동기들의 내용에 관심이 있고 역사적 의존성을 의심할만한 이유가 없는 경우에도 동일한 또는 유사한 동기들이 발견된다는 것을 우리에게 알려줄 수 있다.

제5절 동기조사와 가치평가

우리는 동기조사와 역사적-기원학적 연구를 구별했다. 동기조사를 모든 종류의 가치판단으로부터 분명히 구별하는 것은 더욱 중요하다. 우리는 동기조사를 일종의 과학적 분석이라고 묘사했다. 그것만으로도 가치판단의 문제가 생길 수 없음을 충분히 보여준다. 그러나 이 기초적인 사실은 아직 일반적으로 인정되지 않았기 때문에 우리는 그것을 명시적으로 진술해야 한다.

이 점을 충분하고 분명하게 파악하지 못하면, 이후의 전반적인 해석을 오해하기 쉽다. 우리가 기독교의 아가페 개념과 고대의 에로스 개념을 대비할 때 두 개념의 가치를 비교한다거나 심지어 아가페의 가치를 높이 보고 그것을 표준으로 에로스 개념에 불리한 판단을 내린다고 여기는 것은 잘못된 생각이다. 그러한 견해에 대한 지지는 에로스 동기의 혼합이 아가페 동기를 약화시키고 다소 무력하게 만든 과정을 보여줄 기회를 우리가 빈번하게 가진다는 사실에 의해서 제공된다. 이런 종류의 오해를 방지하기 위해선, 출발점에서 우리의 해설이 가치문제에 전혀 무관심하다는 점을 범주적으로 선언해야 한다. 우리는 명백히 "가치"들을 논하지만, 가치에 대한 우리의 태도는 이해하는 관찰자의 것이지 가치평가자의 것이 아니다. 여기서 아가페와 에로스는 선과 악이나, 높고 낮은 것으로서가 아니고 기독교의 근본동기와 비기독교적인 근본동기로서 대조된다. 우리는 형태의 차이를 논하는 것이지 가치의 차이를 논하지 않는다.

물론 에로스와 아가페는 지금도 살아있는 힘으로서, 그것들에 대한 우리의 개인적인 태도를 사실상 강요할 수 있다. 그러나 그것은 전적으로 과학의 영역 밖에 있는 일이다. 그러한 결정은 과학적 고려와 전혀 다른 고려에 의해서 결정되는 개인적인 문제이다. 결국 만일 우리가 에로스 개념을 논할 때, 그 개념이 아가페 동기를 약화시킨 결과를 주로 본다면, 그것은 순전히 우리가 설정한 과업의 본질 때문이다. 우리의 목적은 기독교의 사랑 개념과 그 개념이 겪은 변천을 논하는 것이다. 만일 우리의 목적이 에로스 개념과 그 변천을 논하는 것이라면 연구의 중점이 거기에 부응하여 변할 것이며, 아가페 개념은 주로 그것이 에로스 동기를 약화시킨 결과의 입장에서 고려될 것이다. 따라서 이 논점에서도 가치판단은 문제가 되지 않는다.

그러나 이 해설이 가치 문제에 대해서 무관심하다는 것을 역설하는 것은 발생가능한 오해를 방지하기 위한 것만은 아니다. 가치판단은 과학적 논의에서도 자랑스러운 자리를 요구하는 습관이 있어서 이론적 명증성에 대해서도 손해를 입힌다. 예컨대 에로스 개념과 아가페 개념에 필수적인 가치를 발견하는 사람들은 둘 사이의 본질적 차이를 얼버무리고 축소하기 쉽다. 그들의 주장을 간단히 말하면 다음과 같다. 둘이 다 가치가 있으므로 궁극적으로 양립하지 못할 리가 없다. 실천적 가치판단의 우월성이라고 부를 수 있는 이 셋째 요소가 이미 말한 두 요소(즉 언어의 힘과 전통의 힘)와 합해서 에로스와 아가페를 더욱 혼동하게 만든다. 그러한 모든 이질적인 관심의 압력에 대항해서 두 근본동기의 특징을 가능한 한 예리하게 묘사하며 그 상호관계를 분명하게 밝히는 것이 우리의 과제가 될 것이다.

주

1) *R.G.G* [2], vol iii., 1929, cols. 1641-1643. 기독교의 사랑을 자존심 위에 세우려는 생각을 여기서는 세 가지 방법으로 논한다. (1) "원하는 대로 사람을 명령하며 일으킬 수 있는가?"라고 묻는다. 사랑을 "아들들과 청년들에게 명령하는 것은 위험하다. 그들은 아직 자존심과 하나님이나 사람에 대한 믿음의 저축이 없다"고 한다. (2) 사랑은 "결코 모든 기독교 도덕의 뿌리거나 토대거나 근원이 아니라"고 주장한다. 토대는 자기 사랑 위에 선 자존심이며, 사람은 기독교인의 성격의 최고층이다. (3) 기독교의 "노예도덕"에 대한 니체의 비판을 "순수하고 꾸밈없는 이웃사랑을 위한 투쟁의 협력자"라고 역설한다. 이웃사랑은 "강력한 자립심(自立心)과 강력한 명예감과 정의감과 결합"해야 한다고 역설한다. 이것이 기독교적 사랑개념의 의미에 대해서 이 논문에서 우리가 배우는 것이다.

2) *Platon*, I., 1919, p.384. 참조: Op.cit., Ⅱ., 1919, p. 71: " … 아가페와 에로스를 혼동하는 신학자들이 하는 무의미한 말."

3) 에로스와 아가페와 같이 서로 다른 것들을 "사랑"이라는 말로 부르는 것이 불편한 것은 분명하다. J. Rehmke는 그의 저서 *Grundlegung der Ethik als Wissenschaft*, 1925에서 "사랑"의 의미를 두 가지로 구별하고, 적당한 용어가 없으므로 "Liebe"과 "Liebe²"라고 부른다. 그가 생각한 구별은 에로스와 아가페에 정확히 일치하는 것이 아니지만, 우리가 당면한 용어상의 곤란을 알린다.

제2장

기독교에서 아가페의 자리

제1절 "근본동기"라는 용어의 더 명확한 정의

사랑 개념은 기독교의 중심적인 위치를 차지한다. 바로 이것이 본서의 출발점이다. 이것은 매우 명백한 사실이기 때문에 그에 대한 특별한 검토는 불필요한 것 같다. 또한 아가페 개념은 기독교 안에서 아주 분명한 어떤 질문들에 대한 해답을 구성한다는 점도 사실이다. 그리고 명백히 우리는 그 답변할 질문을 분명히 파악하고 있을 때에만 그 해답의 진의를 충분히 이해할 수 있다. 동일한 개념이라 하더라도 여러 질문들에 대해서 해답을 제공할 때 그 질문에 따라서 매우 상이한 의미들을 가질 수 있다. 그러므로 아가페 개념이 해답으로 주어지는 질문들에 대해서 더 면밀하게 검토하는 것은 결코 불필요한 일이 아니다. 그렇게 함으로써 아가페 개념은 그 맥락에 관련된 적절한 환경에 놓이게 될 것이다.

우리는 사랑이 기독교의 "근본적인 동기"라고 서술했다. 그렇게 함으로써 우리는 사랑이 기독교의 중심적 위치를 차지함을 지적했다. 하지만 사랑이란 용어는 다양하게 해석될 수 있기 때문에 더욱 정밀한 정의(定義)를 필요로 한다. 우리는 다음의 두 가지 질문을 제기하고 아직 답변하지 않았다. 즉 (1) 어떤 것을 근본동기라고 묘사하는 것은 무슨 의미인가? (2)

우리는 무슨 권리로 기독교의 고유 개념 중의 하나에 불과한 아가페 개념에 그렇게 근본적인 의미를 부여하는가? 이제 이 질문들에 대해서 분명한 답변이 제시되어야 한다.

그러면 첫째, 우리가 어떤 것을 근본동기라고 부를 때 그것이 의미하는 바는 무엇인가? 그 용어의 일차적인 관련 분야는 아마도 예술 영역일 것이다. 근본동기는 하나의 예술품을 통합된 전체로 만들어 그 구조를 결정하고 그것에 그 독특성을 부여하는 것이다. 근본동기는 그것의 고유한 색조와 색채를 전체에 제공하면서 새로운 변형들 안에서 끊임없이 반복되는 주제이다. 그러나 이렇게 광범위하고 불명확한 언명들은 우리가 사용하는 "근본동기"라는 용어의 정확한 의미를 충분히 보여주지 못한다. 이 목적을 위해서 우리는 다음과 같은 정의를 제시할 수 있다. 어떤 특정한 전망(outlook)은 절대적인 의미에서 근본 질문으로 평가될 만큼 근본적인 성격을 지닌 질문에 대하여 답변을 제공한다. 그 답변을 형성하는 것이 바로 근본동기이다. 이 언명의 충분한 의미를 전개하려면 우리는 전반적인 범주론을 전개해야 할 것이다. 물론 그 작업은 여기서 할 일이 아니다. 우리가 여기서 할 수 있는 모든 일은 가장 필수적인 요점들만을 언급하는 것이다.

인류의 사상을 가능한 한 폭넓게 살펴보면, 우리는 해 아래 새 것이 전혀 혹은 거의 없다는 옛 경구가 진리임을 생생하게 느끼게 된다. 소수의 특정 주제들이 끊임없이 신선한 변형체와 결합체로 재출현한다. 하지만 그 새로운 형태들 안에선 여전히 옛 형태들이 인지된다. 사상사의 아주 초기부터 진리, 미(美), 선(善), 그리고 종국적으로 영원에 대해서 질문했던 위대한 근본문제들이 발견된다. 서양 문명에서 이런 질문들에 대해서 공식적으로 발언한 것은 플라톤의 작품이었다. 하지만 그 작품의 자료는 그의 시대보다 훨씬 이전부터 존재했다. 그후로 이 질문들은 거대한 변화를 겪어왔다. 하지만 그럼에도 불구하고 지금도 우리는 지식과 미학과 윤리와 종교의 문제들을 논할 때 궁극적으로 그 위대한 근본문제들에 동일하게 몰입하고 있다고 말할 수 있다. 사실, 우리는 교화된 사상의 발전 전체가 이 질문들을 제기하고 그것들의 의미를 명확하게 하려는 시도들의 지속적 갱신이라고 묘사할 수 있다. 그런데 때로는 이 질문들 중에서 어떤 것들은 역사적 과정에서 그 의미가 완전히 변하기도 했다. 이러한 방식으로 인류의 위대한 근본문제들에 관한 새로운 발전이 일어난다. 전통적인 문제가 제거되고 새로운 문제가 그것을 대체하는 것이 아니다. 오히려 오래된 질문에서 뜻밖에 새로운 의미가 발견되는 것이다. 문제의 형태는 불변하지만 그것의 내용은 다르다. 그것은 동일한 것을 의미하지 않는다. 즉 그 틀은 옛것이나 그 그림은 새것이다.

우리가 근본동기에 대하여 논할 때, 우리는 방금 언급한 포괄적·궁극적 질문들의 영역으로 진입하는 것이다. 근본동기는 특정한 유형의 관점(outlook)이 이런 문제들 중의 어떤 것에 대하여 제공하는 대답이다. 이 대답은 이론적 명제의 형태를 취할 필요가 전혀 없다. 그 대답은 이 근본질문들에 대한 특정한 태도나 반응에 수반되는 잠재적·보편적 감정(sentiment)일 수도 있다. 그러므로 앞에서 논의된 "범주적" 종류의 근본질문들과 근본동기들 사이에는 긴밀한 연관성이 있다. 그런데 가장 중요한 것은 그것들 사이의 분명한 차이를 유지하는 것이다. 질문과 대답이 다른 것처럼 그것들은 서로 다르다. 이 차이점을 무시하면 안전할 수 없다.

어느 시대에나 형이상학은 이러한 구별을 불명료하게 만들려고 의식적·무의식적으로 노력해왔다. 사람들은 철학적 분석에 의해서 그 질문으로부터 대답이 추론될 수 있다고 믿어왔다. 이 점에서 형이상학적 체계들과 모든 종교적 전망 사이에는 분명히 차이가 있다. 이 두 가지 유형들은 (흔히 감정적인 이유로) 아주 비슷한 언어로 답변하지만 그들간의 차이점은 언제나 여전하다. 형이상학자는 이런저런 방식으로 항상 어떤 "필연적인"(necessary) 해답을 추론하려 한다. 반면에 종교적인 정신은 그렇게 하기를 확고하게 거부하고 자기의 해답을 자명한(axiomatic) 것이라고 역설하며 따라서 질문과 답변 사이의 종합적 관계를 주장한다.

이 위대한 근본문제들 중에서 윤리적 질문과 종교적 질문을 다뤄보자. 윤리문제와 종교문제에 있어서, 기독교는 대답들에 관해서 뿐만 아니라 질문들 자체에 관해서도 혁명적인 변화를 일으켰다. 기독교는 그 두 가지 질문을 묻는 방법을 바꾸었다. 따라서 그 질문들은 더 이상 이전과 동일한 의미를 가지지 않는다. 또한 기독교는 그 두 질문들 모두에 대해서 새로운 해답을 제공했다. 질문과 대답에 관해서 일어난 이러한 변경은 본질적으로 아가페 개념에 결부되어 있다.

제2절 기독교는 윤리적 · 종교적 근본문제들을 변화시켰다

역사상 윤리적 문제의 의미는 어떻게 변해왔는가? 이것에 대하여 살펴보는 것은 어려운 일이 아니다. 고대철학자들이 윤리적으로 취급했던 문제들은 오늘날엔 대부분 윤리 영역을 벗어난다. 반면에 그들은 현대 윤리학의 매우 주요한 질문들은 전혀 논하지 않았다. 주로 기독교 윤리가 이 변화에 공헌했다. 하지만 우리는 그 질문이 새로운 내용을 획득했지만 그 초기적 형태가 그대로 남아있음을 알 수 있다. 여전히 윤리적 논의는 선(善)의 문제를 다루기 때문이다. 그러나 이 문제는 개인주의적 관점에서 보느냐 아니면 교제 즉 대인간의 관계로서 이해하느냐에 따라서 아주 다른 의미를 가진다. 고대의 윤리는 개인주의적이었다. 그러므로 선의 문제는 모든 면에서 개인을 만족시킬 수 있는 "최고선"의 문제였다. 주도적인 질문은 행복(*eudaemonia*)에 관한 것이었다. 갖가지 답변들이 가능했다. 쾌락주의는 순간적인 쾌락이 행복이라고 답변했다. 아리스토텔레스는 운동(activity)과 완전의 달성에 행복이 있다고 답변했다. 또한 스토아주의(Stoicism)는 인생의 외면적인 추이에 대한 무관심과 비의존성 즉 아타락시아(*ataraxia*, 태연)를 행복으로 간주했다. 하지만 그 문제의 표현은 항상 동일하다.

그런데 바로 이 문제에서 기독교는 혁명적인 변화를 일으킨다. 기독교는 시종여일하게 교제를 윤리적 논의의 출발점으로 삼기 때문이다. 기독교는 선(善)의 문제를 더 이상 고립된 개인의 관점에서 관찰하지 않고 사회 속의 인간의 관점에서 관찰한다. 인간은 하나님과 동료 인간들과의 관계 속에서 존재하기 때문이다. 우리는 여기서 아가페 개념의 영향을 본다. 아가페 즉 사랑은 사회적 개념이며 개인주의 윤리나 행복주의 윤리와 전혀 무관하다. 그래서 선(善)의 문제를 사회적 관계의 입장에서 접근하면 그 문제는 완전히 새로운 의미를 가지게 된다. 선의 문제는 행복주의나 공리주의에서 분리되어 전적으로 독립적인 "선(善) 자체"의 문제로 변한다.[1]

종교적인 문제에 관해서도 기독교는 마찬가지로 원대한 영향력있는 변화를 일으켰다. 신과 인간 사이의 교제나 영원의 문제와 같은 종교적인 문제의 의미는 종교적 관계의 중심점을 인간 자아에 두느냐 하나님에게 두느냐에 따라서 분명히 달라질 수밖에 없다. 전자는 자기중심적 종교를 낳으며 후자는 신중심적인 종교를 낳는다. 두 경우에 모두 우리는 "종교"에 대하여 말한다. 왜냐하면 두 경우 모두 인간과 하나님 사이의 관계를 다루기 때문이다. 하지만 사실 그것들은 여기서 확연히 분리된 두 가지 문제이다. 우리는 하나님이 자아의 모든 필요와 욕망을 만족시킬 수 있는 존재이기에 그분에게 관심을 가지는가 아니면 하나님이 자아에 대해서 절대적 권위를 가지신 주권적인 주님이기 때문에 그분에게 관심을 가지는가? 여기에 따라서 문제의 의미는 아주 달라진다.

이제 종교적인 문제를 자기중심적 전망보다 신중심적 전망에서 고찰하게 된 것은 주로 기독교의 영향에 기인한 변화이다. 물론 신중심적 성향이 전무한 종교는 거의 없다. 하지만 모든 환경을 이기적으로 이용하며 모든 것을 자기 이익에 유리한가 불리한가에 따라서 판단하고 평가하는 인간의 본성적 경향에 호소하는 불순한 영향력들을 극복한 것은 기독교뿐이다. 갖가지 종교들에 잠재된 동기들을 연구해 보면, 언제나 자기중심적 성격의 동기들이 지배적이다. 우리는 기독교 안에서 처음으로 신중심적 종교가 자기중심적 종교를 본질적으로 대체했음을 발견한다.[2] 이 혁명도 아가페 개념과 긴밀한 관련이 있다.[3] 우리는 뒤에서 이 점에 대하여 살펴볼 것이다.

따라서 기독교는 인류의 사상사에서 창조적인 능력으로서 독특한 지위를 차지한다. 기독교는 종교와 윤리의 근본문제들을 다루는 데 혁명을 일으켰다. 기독교가 그 문제들을 제기하는 방법 자체가 최고수준의 창조력을 드러낸다. 기독교가 종교와 윤리 두 방면에서 한결같이 창조적인 이유는 엄밀한 기독교적 관점에서 종교와 윤리가 상이한 실체가 아니고 사실상 동일한 실체의 두 가지 상이한 측면들로서 상호간에 밀접하게 뒤섞여 있기 때문이다. 기독교는 하나님과의 비윤리적 교제나 비종교적 윤리를 전혀 모른다. 기독교는 철저하게 윤리적인 종교이며, 그 윤리는 철저히 종교적인 윤리이다.

제3절 아가페는 기독교의 근본동기이다

어떤 전망의 근본동기는 "범주적" 성격을 가진 근본질문에 대하여 그 전망이 주는 대답이다. 우리가 앞에서 살펴본 것처럼, 인류의 사상은 이러한 몇 가지 질문에 집중해 있다. 오래 전에 처음으로 제기되었던 위대한 몇 가지 질문들은 역사를 통해서 놀랍도록 끈질기게 재출현하여 답변을 요구한다. 사람들이 이러한 질문들을 숙고할 때, 대체로 그들은 단순히 그것들에 대한 대답만을 얻는데 관심을 두고 질문들 자체에 대해선 좀처럼 생각하지 않는다. 즉 그들은 질문을 표현하는 방법을 연구하지 않는다. 질문들은 영구히 확립된 소여(所與)로서 전통으로부터 받아들여진다. 하지만 하나의 질문에는 암시하며 속박하는 비범한 힘이 있다. 그 질문은 우리의 주의를 갖가지 다른 대답들로 돌리게 하며 모든 다양한 대답들을 개방한다. 그러나 질문을 제기하는 방법 자체가 가능한 대답들의 수효를 심하게 제한할 수 있다. 잘못 진술된 질문에는 올바른 대답이 주어질 수 없다. 이와같이 질문은 간접적으로 대답에 영향을 미친다. 무엇보다도 이러한 방식으로 근본질문의 특정한 표현방법이 수천년은 아닐지라도 수백년 동안 사람들의 마음을 사로잡는다. 사람들은 더 좋은 대답을 추구하는 반면에 질문 자체는 변경되지 않은 채 전해진다. 그러므로 일반적으로 근본질문들의 수정은 다소 부지중에 일어난다. 그리고 진정으로 급진적인 혁명은 대단히 드물게 발생한다. 이 혁명이 발생한다면 그것은 삶 전반에 대하여 전적으로 새로운 태도가 출현한 결과이다.

이렇게 지극히 드문 혁명들 중에서 기독교가 기여한 두 가지를 살펴보자. 기독교는 종교적인 질문을 자기중심적 문제에서 신중심적 문제로 바꾸었고 윤리적인 질문을 행복주의로부터 해방시켜서 "선 자체"의 문제로 바꾸었다. 하지만 기독교의 창조적인 함축성은 질문의 표현방법을 바꾼데 그치지 않았다. 기독교는 그처럼 재진술한 종교와 윤리의 근본질문에 대하여 해답을 제시했으며 그 해답은 기독교의 의미를 더욱 분명히 드러냈다. 이미 말한 것처럼, 여기서 우리는 기독교의 특징적인 종교와 윤리의 상호침투를 본다. 왜냐하면 이 두 문제에 대해서 기독교는 동일한 대답을 하기 때문이다. 신중심적으로 재진술된 '하나님은 무엇이냐?' 라는 종교적인 질문에 대해서 기독교는 요한신학의 공식문구로 대답한다. 즉 '하나님은 아가페(ἀγάπη)다.' 그리고 선(善) 즉 "선 자체"는 무엇이냐고 하는 윤리적 질문에 대한 답변도 비슷하다. 즉 선(善)은 아가페고 그 윤리적 요구는 하나님과 나의 이웃을 사랑하라는 사랑 계명 안에서 총괄적으로 표현된다.

그러므로 우리는 아가페(ἀγάπη)가 기독교의 중심이며 특히 기독교적인 근본동기이며 종교문제와 윤리문제에 대한 대답이라고 정당하게 말할 수 있다. 아가페는 기독교의 새로운 창조물이다. 그것은 기독교 내의 모든 것에 그 특색을 준다. 아가페가 없으면 기독교적인 어떤 것도 결코 기독교적일 수 없다. 아가페는 기독교의 고유한 독창적인 기초개념이다.

주

1) 이 문제는 나의 *Etiska grundfragor*(1926)에서 자세히 논했다. 거기서 제1장은 "윤리적 판단의 독립성"을, 제2장은 "선(善)의 개념"을 논한다.

2) 참조. *Svensk Teologisk Kvartalskrift*, Ⅲ., 1927, pp. 129-150에 있는 나의 논문 "Egoism och religion"과 *Zeitwende*, Ⅵ, 1930, pp. 357ff.에 있는 "Die kopernikanische Umwälyung Luthers"를 보라. 두 논문이 다 나의 *Urkristendom och Reformation*, 1930에 수록되었다.

3) 본서 11장을 보라.

제3장

"천상적 에로스"

우리는 기독교의 맥락에서 아가페 개념의 위치를 정하였고 그리하여 그 개념의 의미를 임시로 정의내렸다. 우리의 다음 작업은 우리가 다뤄야 할 또다른 근본개념인 에로스 개념을 정의하는 일일 것이다. 하지만 그렇게 하는 것은 불필요할 뿐더러 실행불가하다. 여기엔 몇 가지 이유가 있다. 그러한 작업이 불필요한 것은 에로스가 우리의 으뜸가는 연구대상이 아니기 때문이다. 에로스를 언급하는 것은 기독교의 사랑 개념의 변천을 설명하는 것을 돕기 위해서이다. 아가페 개념의 변천은 에로스 개념을 언급하지 않고선 이해할 수 없다. 하지만 그것이 설혹 필요하더라도 실행할 수 없을 것이다. 우리가 아가페 개념의 위치를 확정할 수 있었던 것은 아가페가 새로운 구체적 발전을 이룩한 기독교의 근본동기이기 때문이다. 그러나 에로스 동기에 대해선 그 입장이 사뭇 다르다. 왜냐하면 에로스는 매우 다양한 곳들에서 나타나기 때문이다. 실제로 기독교 이외의 모든 종교의 생활은 다소간에 에로스의 특색을 가진다. 또한 사실상 기독교 내부에서도 역사적으로 에로스가 영향력을 행사하며 기독교의 아가페 동기와 경쟁한다. 에로스 동기가 이렇게 널리 나타나기 때문에, 그 정확한 위치를 결정하기가 어렵게 된다. 에로스는 다른 문맥에선 아주 다른 입장들을 취할 수 있다. 기독교의 아가페 개념은 작은 시냇물에 비교할 수 있다. 그래서 그것은 심지어 기독교의 역사에서도 극도로 협소한 통로로 흐르며 때로는 그 환경 속으로 완전히 사라진 것처럼 보이기도 한다. 그러나 에로스는 제방들 위로 넘쳐흘러 모든 것을 휩쓸어 가는 큰 강이다. 그래서 에로스를 둑에 가두고 정돈된 통로로 흐르게 만든다는 것은 상상조차 할 수 없는 일이다. 그런데 에로스 동기는 기독교에 침입할 때 아가페 동기를 축출하고 찬탈하려고 애쓴다. 그러므로 우리는 아가페 동기의 자리를 언급했을 뿐만 아니라 본 연구에 중요한 한도 내에서 에로스 동기의 위치도 설명했다.

앞에서 언급한 이유들 때문에 우리는 에로스에 대해서 자세하게 정의할 필요가 없다. 하지만 그럼에도 불구하고 적어도 우리는 이 용어가 본서에서 사용되는 의미에 대해선 지적해야 한다. 최근의 저술가들은 "에로스"란 낱말을 매우 다양한 의미로 사용했다. 그래서 우리가 본질상 (플라톤의 에로스 설에서 유래하여 방대한 영향력을 미치는 전통적 개념인) "플라톤적 사랑"에 관심을 갖는다고 말했지만, 그렇다고 해서 우리가 모호성을 피할 수는 없다. 왜냐하면 "플라톤적 사랑"의 정확한 의미에서 대해서마저도 견해가 매우 상반되기 때문이다. 일반적으로 플라톤적 사랑에 대해선 순전히 정신적·이상적(理想的) 성격이 역설되었다. 하지만 최근에는 어느 정도 정신분석학적 연구결과에 토대하여 플라톤적 사랑과 육감적 사랑과의 본성적인 연관성이 점점 더 강조되었다.[1]

그런데 플라톤적 사랑과 육감적 사랑 사이의 연관성은 명백하다. 왜냐하면 플라톤의 작품들 안에 그것이 매우 분명하게 발견되기 때문이다. 그러므로 그러한 연관성을 연구하며 설명하는 것은 마땅하고 중요한 일이다. 하지만 그 일은 우리의 목적들과 전혀 관계가 없기 때문에 우리는 그것을 의도적으로 무시할 것이다. 왜냐하면 그러한 연관성을 찾지 않더라도, 우리는 에로스와 아가페를 비교하면서 에로스를 지상적·육감적 사랑과 동일시하거나 아가페를 천상적·정신적 사랑과 동일시하려는 유혹을 매우 쉽게 받기 때문이다.[2] 하지만 그렇게 하면 우리는 분명히 에로스를 불공정하게 다루게 된다. 플라톤적 사랑의 관능적 근원이 아무리 깊을지라도, 그것의 전반적인 성향은 단순한 관능성에서 구출받고자 노력한다. 플라톤은 자기가 생각하는 에로스와 육욕적인 보통 사랑의 혼동 내지 동일시를 막으려고 전력을 다한다. 육욕적 사랑은 영혼을 감각적이며 물질적인 것에 더욱 단단하게 얽어맬 뿐이다. 하지만 철학적 에로스의 과업은 영혼을 감각의 족쇄에서 해방하여 초감각적·천상적 세계로 들어올리는 것이다. 만약 에로스란 단어가 감각적 대상에서 머물러서 그것을 디딤돌로 삼아 초감각적인 것으로 올라가는 대신에 거기에 속박되어 버리는 사랑에도 적용된다면, 우리는 에로스의 두 가지 종류들을 구별해야 한다. 이런 구별이 있다는 것은 초보적인 사실이다. 우리가 플라톤의 입장을 바르게 대하려면 그 사실에 주목해야 한다. 왜냐하면 그 구별은 감각세계와 이데아계의 구별만큼 근본적인 것이기 때문이다. 참으로 그것은 너무나 초보적인 것이어서, 플라톤은 「향연」(Symposium)에서 "통속적인(πάνδημος) 에로스와 "천상적인(οὐράνιος) 에로스" 사이의 차이점을 소크라테스나 디오티마(Diotima)가 아닌 파우사니아스(Pausanias)를 통해서 설명할 정도였다.[3]

통속적인 에로스와 기독교의 아가페 사이에는 아무런 관계도 없다. 만약 우리가 이런 형태의 에로스만을 고려한다면, 에로스와 아가페의 문제는 쉽게 해결될 것이다. 그러나 천상적 에로스는 매우 고상하고 심령화된 형태를 갖추고 아가페 개념과 경쟁한다. 이 둘은 각각 독자적인 방식으로 하늘의 광채를 발휘(發揮)한다. 그런데 그들은 처음부터 상호간에 이질적이긴 하지만 공통점이 있어서 서로 완전히 모르는 척할 수 없다. 아가페는 처음부터 천상적인 성격을 표시한다. 그것이 신성한 천상의 아가페로 인정받기 위해서 심령화나 승화(昇華)를 거칠 필요가 없다. 에로스의 경우는 다르다. 최상의 에로스, 가장 고양된 의미의 에로스, 즉 천상적인 에로스만이 아가페에 도전할 수 있다.

아가페를 더 우월하고 심령화된 형태의 에로스로 나타내는 것이나 에로스를 고양시키는 일이 아가페에 이르는 길이라고 생각하는 것은 흔한 오류이다. "천상적인 에로스" 사상은 우리에게 그것이 사실과 다르다는 것을 상기시켜 준다. 왜냐하면 천상적 에로스는 육욕적인 사랑의 승화일런지는 모르지만 그 자체적으론 더 승화될 수 없기 때문이다. 천상적 에로스는 이런 종류의 것에 있어서 최고로 가능한 단계이다. 그것은 더 이상 넘어갈 수 없을 정도로 심령화되었다. 아가페는 천상적 에로스의 위가 아닌 옆에 서 있다. 양자(兩者) 사이의 차이는 정도의 차이가 아니라 종류의 차이다. 에로스로부터 아가페로 가는 길은 없으며 심지어 승화의 길조차도 있을 수 없다.[4]

주

1) 특히 보라. R. Lagerborg, *Die Platonische Liebe*, 1926.

2) Leopold Ziegler가 다소간 이런 지나친 단순화를 한 것 같다. 예컨대, 그의 저서 *Gestaltwandel der Götter*, 3rd edn, vol. i., 1922, p. 399에서 다음과 같이 말한다. "성 (性)적인 뿌리를 가진 충동과 성적인 뿌리가 없는 충동의 구별은 종교적 목적을 위해서 매우 중요한 것인데, 그 다음 시대에 발전한 기독교로서는 이 구별을 채용하는 것보다 더 바람직하고, 참으로 더 필요한 일이 없었다고 생각했을 것이다. 플라톤과 그의 뒤를 이은 그리스철학과 헬레니즘 철학은 그것을 중요한 구별이라고 생각했다."

3) *Symposium*(향연) 180D.

4) 그러므로 R. Saitschick가 그의 저서 *Schicksal und Erlösung*에 "Der Weg von Eros zu Agape"라는 부제(副題)를 붙인 것은 오해를 일으키기 쉽다. 그러나 그가 그렇게 한 것은 우리가 위에서 그 두 용어의 뜻이라고 한 것과 본질적으로 다른 뜻을 생각했다는 것을 가리킨다.

제4장

근본동기들의 갈등

제1절 에로스와 아가페

기독교적 사랑 개념의 역사는 아가페 동기로 시작했다. 아가페 동기는 전적으로 새롭고 독특한 기독교의 근본적인 종교적·윤리적 동기이다. 그러나 그 역사의 후속 과정은 평탄하고 직선적인 발전이 아니고 오히려 투쟁과 충돌의 이야기이다.

아가페 동기처럼 새로운 개념이 겪을 수 있는 최악의 사건은 그 개념과 혼동될 정도로 많은 유사점과 접촉점을 가진 다른 개념과 만나는 것이다. 말하자면, 그러한 혼동을 통해서 그 새로운 개념의 특수한 내용이 그 다른 개념에 의해서 내부로부터 쇠진된다. 기독교의 아가페 동기는 바로 이러한 일을 매우 심하게 겪어왔다. 아가페가 진입한 세상은 이미 에로스의 영향권에 장악된 세상이었다. 그러므로 에로스는 그 경기장에 먼저 입성했다는 이점을 누리고 있었다. 게다가 아가페는 에로스를 공공연한 대적으로 대항할 수 있는 행운도 누리질 못했다. 왜냐하면 에로스가 천상적 에로스로 가장했기 때문이다. 천상적 에로스의 형태를 취한 에로스는 고대세계의 관념론(idealism)에 속했던 모든 것들을 흡수했다. 에로스는 위쪽을 가리켰다. 에로스의 모든 노력들은 사람들의 마음을 감각계로부터 초자연적·천상적 생명으로 향하도록 이끄는 것이었다. 그러므로 에로스가 기독교의 가장 중요한 대적이라기보다 기독교의 타고난 동맹자로 보여졌다는 사실은 쉽게 이해할만 한 것이다. 에로스와 아가페는 더 이상 대립적인 동기들로 인식되지 않았다. 양자간의 긴장은 완화되었고 두 줄기 시냇물이 합류했다. 그리하여 아가페가 규합한 세력의 상당한 부분이 결국 에로스 동기의 이익이 되었다. 따라서 그 제휴는 아가페 동기에게 막심한 손해를 입혔다. 기독교적 사랑 개념의 시냇물은 적어도 부분적으론 에로스의 큰 강에 흘러들어 고대 후기 세계의 관념론적(idealistic) 조류들에 합류했던 지류들 중의 하나가 되었다. 반면에 기독교적 사랑 개념은 여전히 아가페 동기의 경로를 따라서 흐르면서도 이방 원천들에서 나온 물줄기들을 받아들였다. 아가페 동기는 그 순수성을 상실했다.

이질적인 요소들이 아가페 동기에 유입되는 통로들은 무수했다. 기독교는 외부세계에 대하여 밀봉된 적이 결코 없었다. 처음부터 기독교는 "헬레니즘"으로 명명되는 방대하고 역사적인 종교적 혼합체의 한복판에 놓이게 되었다. 즉 초창기 기독교는 이 동방-헬라적(Oriental-Hellenistic) 종교들과 접촉하여 여러 측면에서 그것들의 영향을 확실히 받았다. 그런데 그 종교들은 광의(廣義)의 에로스 동기에 의해서 철저한 영향을 받았다. 이 점이 바로 동방-헬라적 종교들의 전형적인 특징이다. 후대에는 기독교가 플라톤주의나 신플라톤주의를 통해서 소위 에로스 동기의 공식적인 기부를 받았다. 플라톤주의가 기독교에 들어왔을 때, 즉 기독교가 플라톤 사상을 이용하여 자기를 표현하려고 했을 때, 아가페 동기는 불가피하게 변화를 겪었다.

그러나 그 변화가 일어났을 때 저항이 전혀 없었던 것은 아니다. 비록 아가페 동기가 에로스 동기에 동화되어 소멸된 것처럼 보였을지라도 항상 아가페의 잔여세력이 있었고, 그 잔여부분은 동화를 완강하게 거부했다. 그리고 이 잔여세력은 끊임없이 교란인자로 작용하여 아가페와 에로스의 문제가완전히 해결되지 못하게끔 만들었다. 따라서 기독교의 역사를 통하여 줄곧 아가페 동기는 계속해서 새롭게 돌출한다. 그러므로 기독교의 사랑 개념의 역사를 하나의 연속된 선으로 나타내는 것은 불가능하다. 오히려 기독교의 사랑 개념의 역사는 아가페 동기와 에로스 동기가 서로 만나고, 양자가 서로 뒤엉켜서 양자를 풀어내는 것이 거의 불가능하다는 것, 아가페가 에로스에게 압도되지 않기 위해서 언제나 새로이 자기를 주장해야 한다는 점, 그리고 아가페는 기독교의 역사에서 고립된 시점들에서나마 자신의 원래 힘을 모두 발휘했다는 내용에 관한 것이다. 이와같이 아가페 개념의 역사는 우리에게 긴장된 연극처럼 제시된다. 그 긴장된 연극이 이를테면 기독교의 내면적 이야기를 형성한다.

제2절 에로스와 카리타스

하인리히 숄츠(Heinrich Scholz)가 자신의 저서 「에로스와 카리타스: 플라톤적 사랑과 기독교적 의미의 사랑」(*Eros und Caritas, Die platonische Liebe und die Liebe in Sinne des Christentums,* 1929)에서 다룬 문제는 그 부제로 보아서 우리의 연구문제와 완전히 일치하는 것처럼 보일 것이다. 그러나 사실은 그렇지 않다. 그 책의 주제목이 이미 그것을 우리에게 암시한다. 숄츠는 플라톤적 사랑과 기독교적 사랑을 비교할 때 그 두 사랑을 에로스와 아가페로 표현하지 않고 에로스와 카리타스로 나타낸다. 물론 이 사실 자체는 용어의 차이만을 의미할 수 있다. 하지만 그 문제가 실제로 다뤄진 내용을 살펴보면 훨씬 더 중요한 차이점이 드러난다. 카리타스는 아가페의 별명(別名)에 불과한 것이 아니다. 숄츠는 카리타스가 복음서, 바울, 어거스틴, 단테 및 파스칼에게서 나타나는 사랑이라고 간주한다.[1] 여기서 숄츠는 기독교의 사랑 개념이 분명히 복음서와 바울로부터 중세를 통해서 일직선으로 발전했다고 파악한다. 어거스틴과 단테와 파스칼은 "기독교적 의미의 사랑에 대한 고전적 해석가들"로 묘사된다.[2] 그리고 단테는 "카리타스를 노래한 가장 위대한 시인"으로 불리워진다.[3]

이 모든 말은 카리타스에 대해선 옳을지 몰라도 아가페에 대해선 전적으로 불공정하다. 어거스틴이나 단테의 사랑 개념은 아가페에 대한 단순한 해석이 아니라 그것의 변형이다. 중세기의 카리타스는 아가페 요소와 에로스 요소를 다 포함한 복잡한 현상이다. 그러므로 에로스 대(對) 카리타스의 문제는 에로스 대 아가페의 문제와 현저하게 다르다. 후자의 경우엔 기독교적 사랑 개념이 본래적 의미에서 에로스에 맞선다. 하지만 전자의 경우엔 기독교적 사랑 개념이 에로스 동기의 부분적인 영향으로 개조된 상태에서 에로스에 맞선다. 물론 에로스 대 카리타스의 문제는 연구할 가치가 많다. 하지만 에로스 동기의 영향을 받은 카리타스를 덮어놓고 "기독교적 의미의 사랑"과 동일시하는 것은 문제를 혼란하게 만들뿐이다.

이러한 두 문제 사이의 차이점은 다른 차이점과 관련된다. 에로스와 아가페의 문제는 두 동기들을 비교하는 것만으론 해결할 수 없다. 에로스와 아가페는 단순히 비교할만한 이론적인 개념들만이 아니라 인생에 대한 상이한 태도들이기도 하다. 그리고 양자는 실제로 상호충돌하는 상이한 경향들이다. 그런데 우리가 숄츠처럼 에로스와 카리타스를 문제로 삼는다면, 사정이 매우 달라진다. 물론 에로스와 카리타스도 이론적 개념에 불과한 것이 아니라 인생에 대한 분명한 태도와 경향을 나타낸다고 할 수 있다. 하지만 카리타스는 이미 에로스의 일부를 포함하고 있으므로, 에로스-카리타스의 관계문제는 에로스-아가페의 관계와 같은 긴장을 갖지 않는다. 에로스와 카리타스의 경우엔 에로스와 아가페의 관계처럼 상반되는 근본동기들 사이의 실제와 동일한 정도의 충돌이 없다. 중세시대에 카리타스란 용어는 실질적으로 에로스와 아가페 사이의 갈등에서 중립지점을 의미한다. 즉 카리타스 안에서 에로스와 아가페 사이의 긴장은 (적어도 그 순간엔) 느껴지질 않을 정도로 미약했다.

제3절 연구방향 개요

지금까지 우리는 우리의 문제를 언급하고 정의했다. 그렇게 함으로써 우리는 앞으로 논의가 진행될 주요노선을 정했다. 우리는 에로스 동기와 아가페 동기가 서로 제휴하여 각각의 순수성을 상실하기 이전에 지녔던 그 본래적 의미를 설명할 것이다. 이것이 우리의 첫째 과제이다. 물론 이것은 본 논의의 출발점에 불과하다. 하지만 그것은 실제로 가장 중요하고 결정적인 요점이 될 것이다. 우리는 기독교적 사랑 개념의 역사에서 아가페 동기와 에로스 동기의 끊임없는 충돌을 발견하고 그것을 이해하려고 시도한다. 그러한 시도에서 모든 것은 두 동기의 근본적·본질적 의미에 대한 우리의 분명한 입장에 따라서 좌우될 것이다. 이 문제가 지극히 중요하기 때문에 우리는 이 책의 제1부를 이 문제에 할애한다.

당연히 우리는 기독교적 사랑 개념의 근원인 아가페 동기를 맨먼저 다룰 것이다(제1편). 아가페 동기는 기독교 고유의 새로운 신적 교제의 방법에 뿌리를 두고 있다. 이러한 교제는 복음서에서 묘사된다(제5장). 아가페 동기는 바울에게서 최고의 표현을 얻었다. 즉 바울은 십자가의 신학과 하나님의 사랑이라는 개념을 결합했고 십자가의 아가페를 선포했다(제6장). 최고의 공식적 발언은 요한의 "하나님은 사랑이시다."라는 말이다(제7장).

다음으로 우리가 할 일은 에로스 동기에 대해서도 상응하는 설명을 하는 것이다(제2편). 우리는 이 동기의 근원을 추적하여 고대의 신비적 경건(mystery-piety)까지 소급한다(제8장). 에로스는 플라톤에서 극치에 도달하며 그의 손에 의해서 고전적인 틀을 취한다(제9장). 그러나 에로스 동기는 (아가페 동기와는 아주 별개로) 플라톤 이후에 의미심장한 역사를 겪었으며 이 후대의 역사는 중세기의 에로스 동기를 이해하기 위해서 특별히 중요하다. 그러므로 아리스토텔레스와 신플라톤주의에 의해서 에로스 동기가 개조된 것을 약간 주목할 필요가 있다(제10장).

두 동기를 해설한 다음에, 우리는 제1부의 나머지 부분에서 그것들의 근본적인 차이점을 밝히겠다(제3편). 니체(Nietzsche)는 기독교 즉 아가페를 "모든 고대가치에 대한 재평가"라고 묘사한다. 그의 말은 옳았다. 왜냐하면 그 가치들은 모두 에로스를 중심으로 삼았기 때문이다(제11장). 두 근본동기들 사이의 대조점들을 병렬적으로 개관한 다음에(제12장), 우리는 사랑의 여러 차원 즉 하나님의 사랑과 하나님(에 대한) 사랑과 이웃 사랑과 자기 사랑에서 두 근본동기의 대립이 어떻게 표현되는가를 제시할 것이다(제13장). 그러나 두 동기 사이의 대립은 이것보다 훨씬 더 광범위하다. 왜냐하면 두 동기는 각자의 고유한 개념들과 감정들의 복합체에 결부되려는 경향이 있기 때문이다(제14장). 따라서 기독교 역사에 두 동기들의 융합에 대한 증거가 많은데 어떻게 이렇게 판이하게 다른 동기들이 서로 융합될 수 있었는가 하는 의문이 생긴다(제15장).

우리는 우리의 과업의 제1부를 이렇게 마치고 제2부에서 기독교 역사의 과정에서 일어난 두 동기들의 갈등에 대하여 이야기할 것이다. 이것에 대한 윤곽을 알고 싶은 독자들은 본서의 제2부의 서론(제16장) 중 제3절을 참고하면 된다.

주
1) Op.cit., p. 44.
2) Op.cit., p. 2.
3) Op.cit., p. 95.

제1부

두 가지 근본동기들

"우리의 언어가 빈약해서 두 경우에 다 '사랑'이라는 말을 쓰지만, 정작 이 두 개념들은 서로 무관하다."

— 빌라모비츠 묄렌도르프(U. v. Wilamowitz Moellendorff)

제1편

아가페 동기

제5장

아가페 그리고 하나님과의 친교

제1절 아가페 개념의 해석적 출발점

아가페 개념이 기독교의 독창적 특색이란 것은 오래 전부터 인정되었다. 그러나 정확히 말하면, 그 독창성과 특색은 무엇인가?

종종 사랑의 계명(*Commandment of Love*)이 그 질문의 해답으로 언급되곤 했다. "네 마음을 다하여 주 너의 하나님을 사랑하라."와 "네 이웃을 네 몸과 같이 사랑하라." 이 이중적 계명이 사랑 개념의 의미를 해석하는 자연스런 출발점으로 인정되곤 했다. 하지만 우리가 이 계명을 실제 출발점으로 삼으면 우리는 아가페 개념을 이해할 길을 막아버린다. 왜냐하면 계명이 출발점이 된다면 아가페가 명령된 것으로 인정되기 때문이다. 이러한 절차의 오류는 (하나님을 사랑하라 그리고 이웃을 사랑하라고 하는) 사랑 계명의 두 부분이 모두 구약성경에 나타나며 복음서에 소개될 때 새로운 것이 아니라 구약의 인용부로서 소개된다는 사실에서 명백해진다.

이 두 계명들은 구약성경에서 분리되어 나타난다. 그런데 그것들을 결합시킨 것이 기독교의 고유한 업적이라고 간주하는 것도 마찬가지로 잘못이다. 하여튼 최초의 기독교인들은 이 논점에 관하여 유대교와의 차이를 의식하지 않았다. 그것은 두 계명들을 결합하는 사람이 누가복음에 따르면 구약종교의 대변자인 율법사(눅 10:25 이하)라는 사실을 보아서 분명하다. 마가복음에선 예수 자신이 구약성경을 직접 인용하고 두 계명들을 결합하는 반면, 한 서기관이 전심으로 예수에 대해서 동의하는 것으로 표현된다 (막 12:25 이하).

물론 사랑의 계명은 구약에서 많은 규정과 규례들 중의 하나였다. 그런데 기독교가 최초로 율법의 모든 요구를 요약하는 유력한 지위를 그 계명에 부여했다고 지적한다면, 그 지적에도 일리는 있다. 하지만 후기유대교가 율법주의와 형식주의적 특징을 고도로 담지하고 있었음을 인정하더라도, 윤리와 종교 관계에서 사랑을 중심으로 삼는 경향이 부재한 적은 결코 없었다. 또한 사랑의 계명이 수많은 율법주의적 규정들 중에서 하나에 불과했다고 말하는 것도 잘못이다. 호세아 때 이미 사랑이 율법의 중심적 요구라는 원칙이 분명히 인식되었다. 즉 하나님은 "사랑[인애]을 원하고 제사[희생]를 원치 아니하신다"(호 6:6).[1] 실제로 하나님에 대한 사랑은 때때로 매우 중요시되어 "하나님에 대한 두려움"과 함께 하나님에 대한 인간의 올바른 태도의 총칭으로 인정되었다. 이처럼 사랑의 계명을 이러한 의미에서 "율법의 가장 큰 계명"으로 만들려는 분명한 충동이 유대교에 있었다. 그러므로 이 방면에서도 기독교 안에서 질적으로 새롭고 독특한 요소가 발견되지 않는다.

분명히 우리는 사랑 계명이 기독교의 독특한 것이라고 말할 수 있다. 하지만 그 근거는 그 계명 자체에서 발견되지 않고 기독교가 그 계명에 부여한 전혀 새로운 의미에서 발견된다. 그 계명이 기독교적 맥락에서 요구하는 사랑은 유대교적 맥락에서 요구되는 바와 다른 것을 의미한다. 그러므로 단순하게 사랑의 계명만을 언급하여 기독교적 사랑 개념을 이해하는 것은 불가능하다. 즉 그런 노력은 순환논법과 같다. 만약 우리가 "네 마음을 다하여 주 너의 하나님을 사랑하라."와 "네 이웃을 네 몸같이 사랑하라."는 이중적 계명의 안내만을 받는다면 결코 기독교적 의미의 사랑인 아가페의 본성을 발견할 수 없을 것이다. 아가페 개념을 설명해주는 것은 그 계명이 아니다. 오히려 기독교적 아가페 개념에 대한 통찰력이 그 계명의 기독교적 의미를 파악할 수 있게 만든다. 그러므로 우리는 다른 출발점을 찾아야만 한다.

사랑의 계명에 대한 구약적인 해석과 기독교적 해석 사이의 가장 현저한 차이점들 중의 하나는 그 계명의 범위가 기독교에선 보편적이라는 점이다. 유대교에선 사랑이 배타적이며 특수주의적이다. 그 사랑이 이웃을 향한다고 말해질 때, 그 이웃은 문자적으로 제한된 본래 의미의 이웃이다. 그 사랑은 "오직 이웃들만"을 향한다. 이와 달리 사랑의 범위에 해당하는 "이웃들"이란 용어는 매우 다양하게 적용될 수 있다. 그렇게 되면 이웃의 범위는 일가친척으로부터 겨레에까지 이를 수 있다. "이웃"을 이 후자의 뜻으로 해석하면, 두 가지 사랑 계명들 사이엔 밀접한 조화가 있다. 하나님 사랑과 이웃사랑이 서로 대응한다. 이웃사랑은 하나님의 선민인 "특별한 백성"에 대한 사랑이기 때문이다. 또한 사랑의 범위는 선민들 가운데 사는 이방인들까지 포용할 수 있을 만큼 확장될 수 있다. 하지만 그렇게 되더라도 사랑의 한계는 항상 남아있다. 반면에 기독교의 사랑은 이런 한계들을 모두 뛰어넘는다. 기독교적 사랑은 보편적이며 포괄적이다. "유대인이나 헬라인이나 종이나 자주자나 남자나 여자가 있을 수 없다"(갈 3:28). 그렇기 때문에 기독교의 사랑 개념을 사해동포적·개인주의적 정신에 비추어 해석하려는 시도가 자주 있었다. 그런 정신은 고대세계에 널리 퍼져있었고 특히 스토아사상의 영향을 받은 계층들에서 환영받았으며 합리주의적 윤리관에 기초한 "인간"과 "세계시민" 개념으로 민족적·사회적 장벽을 초월했다. 그러나 이것은 기독교적 아가페 개념의 해석을 위한 출발점으로서 전혀 쓸모가 없다. 그 이유는 곧 다루게 될 것이다. 합리적인 윤리 개념으론 기독교적 사랑 개념의 본질을 조금도 밝힐 수 없다. 첫째로, 기독교적 사랑의 가장 독특한 특색은 보편주의가 아니다. 그리고 둘째로, 기독교적 보편주의는 스토아사상의 보편주의와 전혀 다른 근거에 의존한다.

또한 기독교적 사랑 개념에 연관된 윤리 혁명에 대한 해석은 그것이 본질적으로 사회적 고려에서 왔다고 본다. 하지만 이 해석도 동일하게 잘못된 것이다. 트뢸치(Troeltsch)는 다음과 같이 정확하게 말했다. "사회 문제들에 관해서 기독교를 전체적으로 볼 때에, 그 근본원칙을 이해하려면 예수의 설교와 기독교회의 창립은 어떤 의미에서도 사회운동적인 의도에서 온 것이 아니라는 점을 인정해야 한다. 이 지극히 중요한 요점을 평이하게 말한다면, 기독교는 어떤 종류의 계급투쟁의 결과도 아니다. 발생기의 기독교는 이런 상황에 적응하려고 조형된 것이 아니다. 실제로 기독교는 어떤 점에서도 고대세계의 사회적 동요에 직접적으로 연루되지 않았다."[2]

여기서 우리는 니체의 실험적 해석을 회상할 수 있다. 니체는 기독교의 사랑을 유대인의 증오심에서 생긴 "원한"의 표현이라고 해석했다. 그는 다음과 같이 썼다. "유대인의 증오심은 가장 심오하고 고상하며, 이상창조적이고 가치변환적인 증오심이다. 그와 비슷한 것은 지상에 존재한 적이 없었다. 바로 그 복수와 증오심의 나무의 줄기로부터 마찬가지로 독특한 것이 솟아났으니 그것은 바로 새로운 사랑(*new love*) 즉 모든 종류의 사랑 가운데서 가장 심오하고 고상한 사랑이다.… 나사렛 예수 즉 친히 사랑의 복음의 화신으로서 빈자(貧者)들과 병자들과 죄인들에게 지복과 승리를 가져다주는 이 '구세주'가 바로 가장 불길하고 저항할 수 없는 유혹 자체가 아니었던가? 그가 바로 유대교의 이상적인 가치들과 혁신들로 완곡하게 인도하는 유혹이 아니던가?"[3] 니체는 고대의 가치들을 가장 높이 평가하면서 기독교의 사랑이 그 고대사상의 가치판단에 변화를 가져왔다고 보았다. 이것은 정확한 판단이다. 그러나 니체는 기독교적 사랑이 모든 유대인적 가치들에 대해서도 가치판단의 변화를 가져왔음을 깨닫지 못했다. 그는 임의로 "원한"(resentment) 개념을 출발점으로 택했기 때문에 기독교적 사랑의 가장 심오한 성격을 보지 못했고 단순히 보편적 이타주의와 같은 것으로 여길 수밖에 없었다.

니체의 견해와 밀접하게 연관되는 또다른 입장은 기독교의 사랑이 유대교의 보복 교리에 대한 부정에 불과하다고 보는 것이다. 이런 해석을 선호할 만한 논점들이 몇 가지 있다. 기독교의 사랑 개념에서 가장 두드러진 사실들 중의 하나는 종전에 인정된 모든 가치들에 대한 가치변환에 관련된다는 점이다. 그러므로 그 가치들에 대해서 기독교적 사랑 개념은 부정적·비판적 의미를 가진다. 그 전형적인 표현은 산상보훈에 있는 예리한 대조법들에서 발견된다. 여기서 우리의 주의를 끄는 것이 주로 대조법이라면, 우리는 기독교회가 아주 당연히 자기들이 우세한 유대교에 대립된다는 것을 느꼈을 것이다. 또한 이러한 사실은 기독교회의 윤리적 태도에도 영향을 줄 수밖에 없었을 것이다. 기독교는 유대교가 긍정했던 것을 부정해야 한다. 유대교가 "눈은 눈으로, 이는 이로 갚으라"고 정확한 동해(同害) 보복의 원칙을 가르치면, 기독교적 요구는 당연히 "악한 자를 대적하지 말라"(마 5:38-39)일 것이다. 유대교가 사랑의 계명을 "네 이웃을 사랑하고 네 원수를 미워하라"는 뜻으로 해석한다면, 기독교적 해석은 "너희 원수를 사랑하며 너희를 핍박하는 자를 위하여 기도하라"(마 5:43-44)일 것이다. 하지만 이런 식으로 설명하면, 그것은 기독교의 사랑 개념이 궁극적으로 적대자들의 견해에 의해서 결정되었음을 의미하게 될 것이다.

이 견해는 분명히 유대교와 기독교 사이에 대립이 있음을 인식한다. 그 견해는 니체의 견해에 반대하는 것처럼 보일수 있다. 니체는 기독교의 사랑이 직접 유대교에서 유래한다고 보기 때문이다. 하지만 이 두 견해들은 모두 결과적으로 거의 동일한 것으로 귀결된다. 왜냐하면 양쪽 견해들은 모두 기독교적 사랑의 독립적 성격을 부인하고 그것을 단순히 기독교의 대적자의 입장에 대한 부정적인 반영으로 여기기 때문이다. 사실 바로 이것이 지금까지 살펴본 모든 해석들의 근본오류이다. 즉 그 해석들은 기독교의 사랑이 그것 자체의 분명한 실증적 기초(基礎) 위에 의존한다는 것을 인식하지 못한다. 그러면 그 기초는 무엇인가?

이 질문에 대한 답변은 우리가 맨 나중에 인용한 "너의 원수들을 사랑하라"는 본문에서 발견된다. 이 본문은 첫보기엔 "부정이론"(negation theory)에 가장 유리한 논증들 중의 하나인 것처럼 보인다. 하지만 이 본문은 실제론 그 주장을 완전히 논박한다. 사실상 원수에 대한 사랑은 우리의 직접적인 본성적 감정과 모순되며 따라서 앞에서 언급된 부정적 성격을 나타내는 것처럼 보인다. 그러나 만약 우리가 그 밑에 깔려있는 동기를 생각한다면 그 말씀이 완전히 긍정적임을 알게 될 것이다. 기독교인이 원수를 사랑하라는 명령을 받는 것은 적대자가 원수들을 미워하라고 가르치기 때문이 아니다. 그것은 하나님이 친히 악인들을 사랑한다는 구체적이며 적극적인 사실 안에 그러한 사랑의 근거와 동기가 있기 때문이다. "하나님은 그 해를 악인과 선인에게 비춰게 하신다." 그것이 바로 우리가 다음과 같은 명령을 받은 이유이다. "너희 원수를 사랑하라… 이같이 한즉 하늘에 계신 너희 아버지의 아들이 되리라"(마 5:44-45).

여기서 우리가 기독교적 사랑과 하나님에 대한 기독교적인 관계 사이 즉 아가페와 하나님과의 교제 사이에서 긴밀한 연결을 발견하는 것은 우연한 일이 아니다. 그것에 대한 이유는 기독교의 윤리가 시종일관 종교적 윤리이기 때문이다. 또한 이것은 윤리적 요구가 하나님의 의지에 귀속됨을 의미할 뿐만 아니라 윤리적 질서의 유지가 상벌을 통제하는 하나님의 전지전능에 호소한다는 뜻도 담고 있다. 이러한 윤리와 종교간의 외면적·형식적 연결은 양자간의 내면적인 관계를 전혀 허용하지 않는다. 왜냐하면 윤리적 요구의 내용은 종교와 상관할 필요가 없기 때문이다. 그러나 기독교의 윤리는 훨씬 심오한 의미에서 종교적인 윤리다. 그 윤리생활의 실지 내용이 종교적 관계 즉 하나님과의 교제에 의해서 전적으로 결정되기 때문이다. 그러므로 아가페 개념을 해석하기 위한 출발점을 어디서 찾을 것인가에 대해선 의심할 여지가 없다. 아가페 개념에 그 의미를 부여하는 것은 기독교적인 하나님과의 교제에 대한 개념이다. 그러므로 우리가 다음에 할 일은 기독교적인 하나님과의 교제의 성격을 고찰하는 것이다.

제2절 기독교적인 하나님과의 친교의 독특성

종교사적으로 매우 중요한 전환시점에선 진정한 새것이 등장한다. 그러한 시점에서 새 요소가 나타난다는 의식은 옛것의 보존유지와 어떻게 결부되는가? 이 문제를 관찰하는 작업은 호기심을 끌 만한 일이다. 하지만 이것은 첫눈에 보이듯이 그렇게 흥미로운 일이 아니다. 이러한 증상이 나타내는 본질은 참으로 위대한 혁명이 내부에서 시작하며 그 새로운 생활이 점진적으로만 옛 형식들을 깨뜨리고 스스로 새 형식을 창조한다는 사실이다. 종교개혁은 이것에 대한 실례를 보여준다. 루터는 처음에 새 교회의 창립자로서 나타난 것이 아니다. 그는 될 수 있는 대로 오랫동안 옛 교회에 매달린다. 그의 개혁사업은 단지 주위의 세력 때문에 새로운 독립교회를 구성하게 되었다.

가장 현저한 실례는 기독교 자체의 출현에 의해서 제공된다. 이것은 절대로 새로운 것임과 동시에 옛 것에 굳게 연결되어 있다. 예수는 새 종교의 창립자로 자처하지 않았으나 기독교는 유대교와 종류가 전혀 다른 새로운 것으로 발전했다. 예수는 구약적 경건이 창안한 형식들 안에서 움직였다. 그의 마음에는 그 형식들을 파괴하려는 생각이 전혀 없었다. 왜냐하면 그분은 율법과 선지자들을 폐하기 위해서가 아니라 완전하게 하려고 오셨기 때문이다. 그는 새로운 신(神)을 선전하려고 오시지 않았다. 구약성경의 하나님 즉 “아브라함과 이삭과 야곱의 하나님”이 그의 하나님이다. 그의 모든 활동의 한 가지 목적은 사람들을 이 하나님과의 교제로 인도하는 것이었다. 바로 이 요점에서 새롭고 독특한 요소가 발견된다. 예수께서 사람들에게 갖다주려는 것은 신(神)에 대한 새로운 개념이나 사상들이 아니라 하나님과의 새로운 교제이다. 다시 말해서, 그 새로운 요소는 종교생활의 핵심과 연관된다. 왜냐하면 그것이 바로 하나님과의 교제의 본질에 관한 것이기 때문이다. 마태복음 9장 17절에 실린 예수의 비유를 빌리자면, 우리가 여기 보유하고 있는 새 포도주는 시간이 지나면 옛 포도주 부대를 터뜨리고 유대교로부터 전적으로 새로운 종교인 기독교를 출현시킬 것이다. 기독교적인 하나님과의 교제는 본질적으로 유대교적인 것과 다르다. 그러므로 기독교와 유대교는 역사적 연관성이나 그밖의 연대성과 유사점들을 가지고 있음에도 불구하고 근본적으로 상이하다. 그렇다면 하나님과의 교제에 대한 기독교의 독창성은 무엇인가?

예수는 “내가 의인을 부르러 온 것이 아니라 죄인을 부르러 왔노라”(막 2:17)고 말씀한다. 이 말씀으로써 그분은 유대교의 가치관을 뒤집었다. 그래서 이 말씀은 전통적 견해에 대한 공격이라고 느껴질 수밖에 없었다. 이 말씀보다 더 강경한 표현은 없었을 것이다. 우리는 유대인들이 "의인(義人)" 개념에서 연상한 것들을 기억해야 한다. 의인과 죄인, 경건자와 불경자의 차이점은 가치의 차이를 의미한다는 것이 보편적인 느낌이었다. 그리고 유대교의 종교적 성찰은 그 자연스런 느낌을 극도로 강화하였다. 의인은 하나님의 율법을 사랑하고 하나님의 율법은 그를 고상하게 만들었다. 통상적인 평가처럼, 율법에 전심하는 구약적 경건은 결코 외면적 형식주의가 아니었다. 경건한 사람을 율법에 붙들었던 내면적인 연대가 있었다. 의인은 율법을 대할 때 외면적인 강요를 느끼지 않으며 내면적 연대감을 느낀다. 그는 주의 율법을 즐거워 한다. 율법 준수는 그에게 가치를 부여하며 그가 하나님께 용납된 자가 되도록 한다. 그의 통상적인 분위기가 시편 제1편에 표현되어 있다.

> "복있는 사람은 악인의 꾀를 좇지 아니하며
> 죄인의 길에 서지 아니하며
> 오만한 자의 자리에 앉지 아니하고
> 오직 여호와의 율법을 즐거워하여
> 그 율법을 주야로 묵상하는 자로다.
> 저는 시냇가에 심은 나무가
> 시절을 좇아 과실을 맺으며
> 그 잎사귀가 마르지 아니함 같으니
> 그 행사가 다 형통하리로다.
> 악인은 그렇지 않음이여
> 오직 바람에 나는 겨와 같도다.
> 그러므로 악인이 심판을 견디지 못하며,
> 죄인이 의인의 회중에 들지 못하리로다.
> 대저 의인의 길은 여호와께서 인정하시나,
> 악인의 길은 망하리로다."

이와같이 하나님과 사람 앞에서 의인들과 죄인들이 결정적으로 구별된다. 그런데 이제 예수가 나타나서 이 모든 것을 바람에 날려 버린다. 그분은 세리들과 죄인들과 함께 먹고 마시면서 "나는 의인을 부르러 온 것이 아니라 죄인을 부르러 왔노라"고 말씀한다. 우리가 여기서 금방 발견할 수 있는 바는 종교적으로 율법에 헌신하여 성장했던 사람들이라면 이런 말씀이 자신들의 종교-도덕 유산의 토대를 맹공격한다고 볼 수밖에 없었다는 점이다. 공격대상은 어떤 고립된 교리적 요점만이 아니다. 율법적 경건의 본질과 전통적 종교의 가장 민감한 정서도 공격을 받는다.

또한 예수는 이 재평가(revaluation)를 자신의 개인적·주관적 판단이라고 표현하지 않고 그것에 대한 객관적·종교적 근거가 있다고 주장했기 때문에 그 상황이 훨씬 심각했다. 예수만이 아니라 하나님 자신이 그렇게 판단한다. 예수께서 죄인들을 부르실 때, 그분은 자신이 주도하여 죄인들을 부르는 것이 아니라 파송받은 자로서의 사명을 수행하기 위해서 활동한다. 바로 이것이 그분이 "오신" 목적이다. 이와같이 예수는 그 재평가에 자신의 사명감을 결합시키고 그 재평가가 하나님에게서 기원한다고 선언한다. 예수 자신의 현재적인 행위는 하나님이 위임하신 사명에 따른 것이다. 또한 예수는 자신의 행동양식이 하나님의 행동을 본딴 것이라고 본다. 하나님이 죄인을 찾으시며 친히 그와 사귀려 하신다. 하나님과의 교제는 율법이 아닌 사랑의 통제를 받는다. 사람들을 대하시는 하나님의 태도의 특징은 분배적 義(iustitia distributiva)가 아니라 아가페(ἀγάπη)이며, 응보적 義(retributive righteousness)가 아니라 값없이 주시고 용서하시는 사랑이다.

여기서 하나님과의 교제의 두 가지 상이한 종류들이 만났다. 충돌은 불가피했다. 각각의 입장에 있는 사람들이 하나님과의 교제에 대해서 더 진지하면 진지할수록, 충돌을 피하는 것은 더욱 더 어려워졌다. 그러므로 복음서에 기록된 것처럼, 예수께서 바리새인들과 끊임없이 논쟁하신 것은 (어느 편에서 보든지간에) 근본적으로 진부한 권력투쟁이 아니다. 바리새인들은 자기들의 종교에 대해서 진지했다. 그렇기 때문에 그들은 인간적인 정의의 질서만이 아니라 신적인 정의의 질서까지 위배하고 그리하여 하나님의 존엄성마저 모독하는 것처럼 보이는 행위에 저항하지 않을 수 없었다. 바리새인들과 예수의 싸움은 사랑의 종교에 대한 율법적 종교의 항의이다.[4]

이렇게 두 종류의 종교가 대립된다. 하지만 이러한 대립이 구약성경의 율법체계에서 하나님의 사랑이 전연 허용되지 않았다는 것을 의미한다고 이해해선 안된다. 오히려 그와 반대로 유대교는 하나님의 사랑에 대해서 많이 말했다. 하나님은 언약의 하나님(God of Covenant)이기에 사랑의 하나님이었다.[5] 하나님이 자신의 언약을 세우시고 자신의 율법을 주셨다는 사실 자체가 그분의 사랑의 최상의 표현이었다. 하지만 이것은 그분의 사랑이 율법과 언약의 제약을 받았음을 의미했다.

> "여호와의 인자하심(=사랑)은 자기를 경외하는 자에게
> 영원부터 영원까지 이르며,
> 그의 의(義)는 자손의 자손에 미치리니
> 곧 그 언약을 지키고
> 그 법도를 기억하여 행하는 자에게로다" (시편 103:17-18).

하나님의 사랑이 그분을 경외하는 자들에게 베풀어진다고 한 것을 주목하라. 하나님의 사랑은 의인에게 보여지고 죄인에게 보여지지 않는다. 기껏해야 그것은 인간의 불성실에도 불구하고 그 인간이 언약으로 되돌아온다면 하나님이 자신의 언약에 충실하다는 것을 의미한다.[6] 하지만 이것은 하나님의 사랑이 죄인들을 부르러 오신다는 것과는 거리가 멀다. 율법적 체계에는 이런 사랑이 있을 자리가 없다. 또한 하나님과의 교제를 율법과 정의에 의하여 이해하는 사람들에겐 이러한 사랑은 신성모독처럼 보인다.

그러나 우리는 아가페의 뜻을 이해하기 위하여 이 새로운 종류의 하나님과의 교제를 더 자세히 살펴봐야 한다. 우선 우리는 이 재평가의 원인이 무엇이냐고 물을 수 있다. 즉 종교적 관계가 변화된 것은 무엇 때문인가?

무슨 까닭에 죄인들이 부름받는가? 인간은 의로운 생활 덕분에 하나님께 인정받고 그분과의 교제에 받아들여진다고 하는 옛날 사상은 아주 자연스럽기 때문에 설명이 불필요해 보인다. 그러나 예수께서 이런 자연질서를 완전히 뒤집어 놓자 죄인들에게 하나님과의 교제가 열려지고 반면에 의인들은 빈손으로 떠나갈 때, 우리는 이 놀라운 변화의 이유를 묻지 않을 수 없다. 그것은 감정적인 반동에 기인한 가치전도(價値轉倒)에 불과한 것인가? 정녕 그것은 종래에 인정된 가치표준을 무모하게 부인하는 것인가? 혹은 하나님이 보시기에 죄인의 본성 가운데 의인보다 죄인을 더 가치있게 하는 무엇이 있는 것인가?

이 나중 설명을 지지하는 사람들이 많은데 그 중의 한 사람이 하는 말을 들으면 흥미로울 것이다. 로마 가톨릭의 저술가인 막스 셸러(Max Scheler)의 예를 들어보자. 그는 다른 측면들에선 기독교의 아가페 개념을 누구 못지않게 이해하는 사람이다. 그는 자신의 평론 "윤리의 구성에 있어서의 원한"(*Das Ressentiment im Aufbau der Moralen*)에서 어떻게 죄인이 실제로 의인보다 나은지를 보여주려고 크게 애쓴다. 그의 설명을 살펴보자.[7]

"악명높은 죄인은 항상 자신의 영혼으로 그 악을 고백한다. 여기서 내가 생각하는 고백은 공개적인 언어적 고백만이 아니고 개인적인 내면적 고백과 죄인의 죄악된 의지가 유포하는 행동 속에 나타난 고백까지 의미한다. 여기서 그가 고백하는 내용이 악하고 죄많은 것임을 인정하더라도, 그가 그것을 고백한다는 사실 즉 그가 이미 죄악된 마음을 가진 상태에서 죄를 범한다는 사실은 악하지 않고 선하다! 이렇게 함으로써 그는 자기 마음을 깨끗이 하며 감염이 퍼지지 못하게 한다. 왜냐하면 악한 충동을 마음 속에 가두어 두는 사람들은 그 인격의 내부가 점점 더 깊이 감염되기 때문이다.… 그러므로 예수의 시각에선 죄악된 행동과 후속하는 회개가(즉 행동 자체에 포함된 고백적 요소에서 분명하게 시작되는 회개가) 죄악된 충동을 억제하여 결국 인간의 내적 존재가 중독되는 것보다 더 낫다. 그리고 그것은 율법적 시각에서 선하고 의로운 것에 대한 침착한 자각과 잘 양립할 수 있다. '하늘에서 죄인 하나가 회개하면 의인 천명을 인하여 기뻐하는 것보다 훨씬 더한 기쁨이 있는' 이유가[8] 바로 여기에 있다. 또한 '사람을 받을 일이 적은 자가 적게 사랑하는'[9] 이유도 바로 여기에 있다."

셸러가 인용한 구절들에 대해서 특별하게 만족하진 않는다는 것은 쉽게 알 수 있다. 하지만 더욱 나쁜 것은 그의 전체적인 논증이 오류라는 점이다. 과연 예수는 인간이 죄를 발산함으로써 "자신의 마음을 깨끗이하고 전염이 퍼지지 않도록 방지한다"는 견해나 죄악된 행위가 악으로 하여금 "인격의 더 깊은 수준까지 지배하는 것"을 방지한다는 견해를 수용하였을까? 우리는 이것에 대한 증거를 복음서에서 찾아보지만 그것은 헛된 노력에 그치고 만다. 예수는 결코 죄를 인간 본성의 바깥층에만 영향을 주는 것으로 여기지 않는다. 예수는 죄의 뿌리가 사람의 가장 내적인 존재 즉 그 마음에 있다고 한다. "안으로부터 곧 사람의 마음에서 악한 생각들이 나온다… 이 모든 악한 것들은 다 속에서 나와서 사람을 더럽게 하느니라"(막 7:17이하). 예수는 죄인 안에서 죄의 영향을 받지 않는 중심적 핵심이 있다는 것을 인정하지 않는다. 또한 예수는 인간이 말하자면 그 자신의 외부에서 범죄함으로써 그 핵심을 흠없게 보존해야 한다는 점도 인정하지 않는다.

셸러는 예수의 가르침을 "범죄하는 죄인은 범죄하지 않는 죄인보다 나으며, 범죄하지 않는 죄인의 내면본성은 그 죄악된 충동의 침범을 받아서 중독된다"라는 말로 요약한다.[10] 하지만 이것은 셸러가 마음대로 조작한 이론에 불과하며 실제 사실과는 전적으로 무관하다. 사실 그의 이론은 실제 사실에 의해서 분명히 반박되고 있다. 최소한 분명한 것은 그러한 이유 때문에 예수가 죄인을 부르신 것은 아니라는 점이다.

그러면 셸러의 견해는 어디에서 오류를 범했는가? 그의 오류는 질문의 제기방식에 있다. 셸러는 하나님이 죄인을 사랑하신다면 당연히 죄인에게 의인보다 나은 점이 있기 때문일 것이라고 전제했다. 그래서 그는 죄인이 어떤 점에서 나은가를 질문한다. 이와같이 질문 자체가 셸러의 논증과 같은 그릇된 논리를 야기한다. 셸러에 의하면, 죄인은 적어도 이러한 강점을 가지고 있기에 죄많은 행동으로 자기의 참 성격을 고백함과 동시에 "자신의 외면에서 죄를 짓는다"고 논한다. 하지만 처음 가정은 결단코 당연시될 수 없는 것이다. 하나님이 죄인을 사랑하신다고 해서 그 죄인이 실제로 의인보다 낫다는 결론이 나오는가? 하나님의 사랑은 반드시 더 나은 사람들에게만 향해져야 하는가? 구약성경에도 이미 하나님의 사랑은 그 대상(對象)의 가치나 중요성에 매이지 않는다는 암시들이 있다. "여호와께서 너희를 사랑하시고 너희를 택하심은 너희가 다른 민족보다 수효가 많은 연고가 아니다. 왜냐하면 너희는 모든 민족 중에 가장 적으니라. 하지만 여호와께서 … 너희를 사랑하심을 인하여 … 너희를 속량하셨느니라"(신 7:7-8).

사실 유대교는 의인과 죄인에 대한 하나님의 태도에 이런 원칙을 감히 적용한 적이 없었다. 그러나 예수는 그것을 철저히 적용한다. 예수에 의하면, 이 문제에서도 하나님의 사랑이 최상이다. 참으로 하나님의 사랑이 죄인들을 향한다는 그 사실에서 그 사랑의 절대성이 가장 분명히 나타난다. 하나님과 사람 사이의 관계의 기초를 죄인이 의인보다 낮다는 개념에서 구하면, 우리는 하나님과의 교제의 진상을 모호하게 만들며 신인(神人) 관계를 참된 사랑의 관계가 되지 못하게 만들 뿐이다. 이런 의미에서 하나님의 사랑을 설명하려는 것은 하나님의 사랑을 부정하는 것과 마찬가지다.

그러한 설명은 종교적 관계가 여전히 종래의 율법적 유형에 속하며 하나님이 개인의 인격적 미덕들에 의해서 하나님의 사랑을 받을 가치가 더 많은 사람들을 사랑하신다는 암시를 주게 될 것이다. 그러나 그렇다면 예수가 일으킨 그 위대한 변화도 참으로 새로운 원칙을 전혀 구현하지 못하게 될 것이다. 단지 그분은 전혀 무가치하게 보였던 사람들 안에서 숨겨진 가치를 발견하고 이 발견이 종교적 관계에서 가지는 의미를 인정할 뿐이었을 것이다. 예수는 하나님과의 새로운 교제를 가져오지 않았을 것이고, 하나님의 사랑은 여전히 율법주의적 범위 내에 제한되어 단순히 더 가치 있는 대상들을 향해질 뿐이었을 것이다.

새로운 신적 교제의 방법에 대한 표현들 중에서 가장 명쾌한 것은 하나님이 죄인들을 사랑하신다는 것이다. 바로 그 죄인들에 대한 하나님의 사랑을 종전의 율법주의적 종교관계의 특례로 보는 것은 기독교적 사랑 개념과 기독교적인 하나님과의 교제의 생명력을 없애버리는 가장 교활한 방법이다. 기독교적인 하나님과의 교제는 오직 하나님의 아가페에만 의존한다. 바로 이 사실에 의해서 기독교적인 하나님과의 교제는 다른 모든 종류들과 구별된다. 그러므로 우리는 더 이상 신적인 사랑의 대상이 더 가치있느냐 덜 가치있느냐 하는 문제를 제기할 이유가 없다. 하나님은 왜 사랑하는가? 이 질문에 대한 올바른 대답은 오직 한 가지이다. 즉 사랑하는 것이 하나님의 본성이기 때문이다.

제3절 아가페 개념의 내용

이제 우리의 연구는 기독교적 사랑 개념의 내용을 하나님의 사랑의 관점에서 묘사할 수 있는 지점에 도달했다. 그것의 주요한 특징들은 다음과 같이 네 가지로 요약된다.

(1) 아가페는 자발적이며 "비동기적이다."

예수께서 표현하듯이, 이것이 하나님의 사랑의 가장 현저한 특색이다. 우리는 하나님의 사랑을 받는 사람의 성격에서 그 사랑을 설명하려고 시도했지만 실패했다. 하나님의 사랑에는 "근거가 없다"(groundless). 이것은 물론 하나님의 사랑에 아무런 이유가 없다든가 그것이 자의적(恣意的)이며 우연한 것이라는 뜻이 아니다. 그와 반대로 우리가 하나님의 사랑을 "근거없다"고 말하는 의도는 하나님의 사랑 안에 있는 필연적인 요소를 끄집어내려는 것이다. 하나님의 사랑에는 외부으로부터 기인하는 근거가 없다는 것을 역설하는 것이 우리의 목적이다. 그 사랑의 유일한 근거는 하나님 자신 안에서 찾아야 한다. 하나님의 사랑은 전적으로 자발적이다(spontaneous). 하나님의 사랑은 그 동기로 제시될 수 있을 만한 어떤 것도 인간 안에서 구하지 않는다. 사람과의 관계에서 하나님의 사랑에는 "동기가 없다."(unmotivated). 하나님이 인간을 사랑한다는 말은 사람이 어떤 존재인가에 대한 판단이 아니라 하나님이 어떤 존재인가에 대한 판단이다.

이 자발적·비동기적 사랑은 그 자체 밖에서 즉 인간의 개인적 가치 안에서 아무런 동기를 갖지 않는다. 또한 그 사랑은 잃어버린 자들을 찾아나서며 "세리들과 죄인들"과 교제하는 예수의 행동의 특색이다. 이러한 행동은 율법적 관계의 관점에선 설명이나 변호가 불가능하다. 하지만 예수는 그 행동 안에서 자기가 성부의 사역을 실천하며 성부의 마음과 뜻을 계시한다는 것을 알았다. 하나님과의 교제가 하나의 법적인 관계로 파악된다면, 하나님의 사랑은 결국 그 대상의 가치에 의존해야만 한다. 하지만 그리스도 안에서 계시된 하나님의 사랑은 모든 한계들을 부수며 그것의 대상의 가치에 의해서 좌우되기를 거부하며 그 고유한 내적 본성에 의해서만 결정된다. 기독교에 의하면, "동기부여된" 사랑은 인간적인 것이다. 즉 자발적이며 "비동기적인" 사랑이 신적인 것이다.

그렇기 때문에 우리는 예수가 종교적 관계에 대한 율법적인 파악을 공격할 수밖에 없었던 까닭을 알 수 있다. 만약 예수가 가장 일반적인 의미의 사랑 개념을 위한 위치를 종교적 관계에서 얻고자 했다면, 그분은 율법체계 내에서도 그것을 확보할 수 있었을 것이다. 그 일을 하기 위해서 율법체계를 분쇄할 필요는 없었다. 율법적 체계 내에 자리잡은 사랑은 의인들을 향한 "동기부여된" 사랑이며 사랑받을 자격이 있는 사람들을 향하는 사랑이다. 그러나 예수는 이런 보통 의미의 사랑에 관심을 두지 않았다. 그분은 자발적·비동기적 사랑 즉 아가페에 관심을 두었다. 율법적 질서의 체계 안에는 근본적으로 이 사랑을 위한 자리가 없다. 마태복음 9:17의 예수의 말씀으로 다시 한 번 돌아간다면, 우리는 아가페가 필연적으로 낡은 가죽부대를 터뜨리는 새 포도주라고 말할 수 있다. 이제 우리는 의인과 죄인에 대한 태도에도 혁명적 변화가 있어야 하는 이유를 알 수 있다. 만일 하나님의 사랑이 의인들에게만 제한된다면, 그 사랑은 그 대상에 의해서 일깨워지는 비자발적인 것이다. 그러나 하나님의 사랑은 사랑을 받을 가치도 없고 요구할 수도 없는 죄인들을 찾아간다. 바로 이 사실에 의해서 하나님의 사랑은 그 자발적·비동기적 본성을 가장 분명히 나타낸다.

(2) 아가페는 "가치에 치우치지 않는다."

이것은 이미 말한 것에 아무런 새로운 것도 첨가하지 않는다. 하지만 우리는 오해의 가능성을 방지하기 위해서 방금 언급한 논점의 한 측면을 특별히 강조할 필요가 있다. 예수께서 의인들과 죄인들의 자리를 바꾸실 때, 첫눈엔 이것이 단순한 가치재평가(transvaluation) 즉 가치전도(價値轉倒)의 문제처럼 보일 수도 있다. 하지만 그것은 훨씬 더 심오하고 중요한 문제이다. 앞에서 우리는 이것을 증명하기 위해 충분히 말했다. 예수는 단순히 일반적으로 인정되는 가치표준을 뒤집어 죄인이 의인보다 "낮다"고 주장한 것이 아니다. 예수께서 "모든 가치들의 재평가"를 일으켰다는 말은 참된 것이다. 하지만 그런 표현은 그릇된 인상을 주기 쉽다. 실제로 여기선 "가치재평가"보다 훨씬 더 심오한 중요성을 가진 것이 존재한다. 그것은 바로 어떠한 유의 가치판단(valuation) 개념도 하나님과의 교제에 관해선 용납되지 못한다는 원칙이다. 하나님의 사랑이 죄인에게 향해진다면, 그 입장은 분명하다. 즉 가치판단에 대한 생각은 미리 배제된다. 왜냐하면 거룩한 하나님은 죄인의 죄 때문에 그를 사랑하는 것이 아니라 그에게 죄가 있음에도 불구하고 그를 사랑하기 때문이다.

그러나 하나님의 사랑이 의롭고 경건한 자를 사랑한다면, 우리는 항상 하나님이 그의 의와 경건 때문에 그를 사랑하신다고 생각할 위험성이 있다. 하지만 그러한 생각은 마치 "의인"에 대한 하나님의 사랑이 죄인에 대한 사랑처럼 비동기적·자발적이지 않다고 주장하는 것처럼 보인다! 그러므로 이것은 아가페에 대한 부인이다. 우리는 그 대상의 값어치에 대한 모든 생각을 포기할 때에만 아가페의 실상을 이해할 수 있다. 사람의 인격이나 행위가 하나님의 사랑을 제약할 수 없다. 자격있는 사람과 자격없는 사람 사이의 차이 즉 의인과 죄인 사이의 차이가 하나님의 사랑을 제한하지 못한다. "하나님이 그 해를 악인과 선인에게 비춰게 하시며 비를 의로운 자와 불의한 자에게 내리우심이니라"(마 5:45).

(3) 아가페는 창조적이다.

우리가 아가페 개념의 구조를 분석하려고 할 때, 제일 먼저 우리의 주목을 끄는 것은 그 자발적이며 비동기적인 성격이다. 이미 위에서 서술한 바와 같이, 이것은 우리가 아주 독특한 종류의 사랑을 다루고 있음을 보여준다. 하지만 그것의 특이성의 가장 심오한 이유는 아직 언급되지 않았다. 아가페는 신적인 사랑이며 따라서 하나님의 생명의 특징인 창조성에 참예한다. 바로 이것을 주목할 때 비로소 우리는 아가페의 의미에서 궁극적으로 결정적인 것을 볼 수 있다. 아가페는 창조적인 사랑이다. 이미 사랑받을 가치가 있는 대상이 하나님의 사랑을 받는 것이 아니다. 도리어 그 자체엔 아무런 자격도 없는 것이 단지 하나님의 사랑의 대상이 됨으로써 가치를 얻는다. 그 대상에서 반드시 가치있는 미덕을 인식해야 하는 종류의 사랑은 아가페와 전적으로 무관하다. 아가페는 가치를 인식하는 것이 아니고 오히려 그것을 창조한다. 아가페는 사랑하며 사랑함으로써 가치를 분여한다. 하나님의 사랑을 받는 사람은 그 자신 안에 아무런 가치도 가진 것이 없다. 즉 하나님의 사랑을 받는다는 사실만이 그에게 가치를 제공할 뿐이다. 아가페는 가치를 창조하는 원칙이다.

우리는 이제 아가페 개념의 가장 심오하고 궁극적으로 결정적인 특질에 도달했다. 그런데 이 특질은 현대 신학에서 매우 모호해졌다. 리츨(Ritschl)의 시대 이래로 대다수의 신학자들은 "인간 영혼의 무한한 가치"가 기독교의 중심사상들 중의 하나라고 생각하고 이 개념을 "하나님의 부성애"(God's fatherly love)와 연결했다. 그래서 아돌프 하르낙(A. von Harnack)은 「기독교의 본질」(*Das Wesen des Christentums*)이란 저서에서 예수의 가르침을 세 가지 제목으로 요약할 수 있으며 그 각각에 전체가 포함된다고 주장한다. 하르낙은 그것들 중의 하나에 "하나님 아버지와 인간 영혼의 무한한 가치"라는 제목을 붙였다.[11] 하지만 우리는 이것에 대해서 정당하게 "인간 영혼의 무한한 가치"라는 개념이 결코 기독교의 중심개념이 아니라고 반대할 수 있다. 하르낙이 이러한 개념을 지지한 것은 빈번히 인용되던 성경구절을 잘못 해석했기 때문이다. "사람이 만일 온 천하를 얻고도 제 목숨(영혼: 하르낙의 해석)을 잃으면 무엇이 유익하리요? 사람이 무엇을 주고 제 목숨(영혼: 하르낙의 해석)을 바꾸겠느냐?"(막 8:36-37). 여기서 하르낙은 목숨을 영혼으로 해석했다. 게다가 하르낙은 "인간의 얼굴을 가진 모든 사람은 전(全)세계보다 더 가치있다"고[12] 말했다. 이러한 하르낙의 선언은 이런 유의 무한한 가치가 인간 본성에 있다는 사상이 비기독교적 근원을 가지고 있음을 분명히 알려준다.

그러나 여기서 우리의 주요 관심사는 이 개념이 하나님의 사랑 개념에 미치는 파괴적 영향력이다. 사람이 본성상 그러한 빼앗길 수 없는 가치를 가지고 있다는 사상은 하나님의 사랑이 이 비길데 없는 가치로 향한다는 생각을 일으키기 쉽다. 신성한 불꽃이 죄에 빠진 사람 안에서 완전히 꺼져 버린 것처럼 보일지라도, 그럼에도 불구하고 그 불꽃은 "사람의 얼굴을 가진" 모든 인간 안에 있으며, 그것의 잠재력(潛在力)은 모든 사람에게 실현될 수 있다. 이렇게 본다면, 하나님의 죄사함은 단지 그분이 외적인 삶의 가지각색의 허물들과 실패들을 무시하고 (죄에 의해서도 파괴될 수 없는) 불멸하는 내면적 가치만을 본다는 것을 의미한다. 하나님의 용서하는 사랑은 값비싼 진주를 보고 평가하며 당장 그것에 붙어있는 더러움은 무시한다는 것을 의미한다. 하나님은 결점이나 불완전을 무시하고 자기가 허용하는 인성의 핵심에 집중한다.[13]

만일 하나님의 용서와 사랑을 이렇게 해석하는 것이 옳다면, 하나님의 사랑은 결국 자발적이거나 비동기적이지 않으며 인간성에 내재하는 무한한 가치에서 합당한 동기를 가질 것이다. 그렇게 되면 죄의 용서란 이미 존재하는 가치를 인정하는데 불과할 것이다. 하지만 이것은 예수께서 이해하는 용서가 아님이 아주 명백하다. 예수께서 "네 죄가 용서되었다."고 말씀하신 것은 단순히 허물의 간과를 정당화할만한 가치가 있음을 공식적으로 증언하신 것이 아니다. 그것은 하나의 선물[은사]로 베풀어진 것이다. 정말로 새로운 것이 도입되면, 새로운 일이 발생하게 된다. 죄의 용서는 신적인 권능(ἐξουσια)의 창조적 사역이다. 그리고 예수는 지상에서 자신이 그 사역을 수행하도록 부름받았음을 알았다. 또한 죄의 용서는 예수의 중풍병자 치유와 같은 다른 신적인 기적들과 같은 수준에 놓일 수 있다(막

2:5-12).

(4) 아가페는 하나님과의 친교를 일으킨다.

아가페는 기독교적인 하나님과의 교제의 본질적이고 특징적인 내용을 결정한다. 그뿐만 아니라 아가페는 그 창조적 본성에 힘입어 하나님과의 교제를 주도한다는 면에서도 중요하다. 하나님과 인간 사이의 관계에서 교제를 수립하는 주도권은 신적 아가페에 놓여 있다. 만약 우리가 아가페 개념의 함축적 의미를 숙고한다면, 하나님과의 교제로 들어가려고 하는 다른 모든 인간적 길들은 헛된 것임이 분명해질 것이다. 이것은 무엇보다도 의인의 공로적인 행위의 길에 적용된다. 하지만 그것은 죄인의 회개와 개심(amendment)의 길에도 마찬가지로 적용된다. 회개와 개심은 하나님을 사랑하도록 만들 수 없다. 그것은 의로움이 하나님을 사랑하도록 만들 수 없는 것과 마찬가지이다.

이러한 관련성 속에서 아가페의 도래(advent)도 전적으로 혁명적이다. 여태까지 항상 하나님과의 친교의 문제는 인간이 하나님께 갈 수 있는 길에 대한 문제로 이해되었다. 하지만 이제는 의로움의 길뿐만 아니라 자기 비하와 개심의 길마저도 그 목표에 도달할 수 없기 때문에 거부되는 상황에서 자연히 인간 편으로부터 하나님께 이르는 길은 전혀 없다는 결론이 나온다. 그럼에도 불구하고 신인(神人) 사이의 교제와 같은 것이 존재한다면, 이것은 단지 하나님 자신의 행위에 기인할 수밖에 없다. 그러므로 인간이 하나님께 다가가는 길은 없으며 오직 하나님이 인간에게 다가오는 길만이 있을 뿐이다. 그것은 바로 신적인 용서의 길 즉 하나님의 사랑이다.

아가페는 하나님이 인간을 향하시는 길이다. 여기서 우리가 도달한 논점은 바울의 아가페 개념을 고찰할 때 심도 깊게 다뤄질 것이다.

제4절 비유들의 증거

우리는 앞에서 아가페 동기의 근본적인 의미를 개관해 보았다. 이제 우리는 예수의 비유들로부터 아가페 동기를 예증함으로써 그것을 더 구체적인 형태로 설명할 것이다. 우리는 아가페 개념이 예수의 생활과 교훈에서 참으로 중심적 위치를 가졌다고 주장했다. 그렇다고 한다면 아가페 개념은 예수의 비유들에 그 흔적을 남길 수밖에 없었을 것이다. 실제로 그러한 영향은 증명될 수 있다. 아가페 동기는 전반적인 비유들의 으뜸주제를 형성했음이 입증된다. 그것은 전통 종교의 율법적 동기에 대립하는 것이다. 하지만 여기서 우리가 비유들의 도움을 얻기 전에 먼저 두 가지 어려움을 극복해야 한다.

첫째 어려움은 오랫동안 존속했던 것이다. 과거에는 풍유적(諷諭的, allegorical) 해석법 때문에 비유들이 효과적으로 이용되지 못하였다. 풍유법은 온갖 종류의 변덕스러운 주해들이 가능하도록 문을 활짝 열었다. 이 해석법에 의해서 비유들은 거의 모든 것을 의미할 수 있도록 해석될 수 있었다. 그러나 결과적으로 비유들은 예수의 실제 의도를 알리는 증거로선 무용지물이 되었다. 이 자의적인 방법을 극복하고 비유 해석에 명료성과 논리를 부여하는데 누구보다 더 공헌한 사람이 바로 율리허(Julicher)이다. 그는 자신의 기념비적 저서인 「예수의 비유말씀」(*Die Gleichnisreden Jesu*, 2nd ed. 1910)에서 예수의 비유는 풍유가 아니라 "문자적인 담화(discourse)"라는 것을 예리하고 일관되게 주장한다.

불행히도 율리허는 종래의 어려움을 제거함과 동시에 스스로 새로운 어려움을 들여오고 말았다. 그 어려움은 비유들이 여전히 아가페 개념의 예시로선 유망하지 못하게 보이도록 만드는 결과를 낳았다. 왜냐하면 율리허는 비유가 본질적으로 하나의 증명형식이며 듣는 사람의 불가피한 찬성을 강요한다고 말하기 때문이다. 그렇게 되면 예수의 목적은 일상생활에서 끌어온 단순한 예증들을 이용하여 듣는 자들이 영적인 영역 안에 있는 유사한 상황을 "자명(自明)한" 것으로 인정하도록 설득하는 것이다. 만일 이 해석이 온당하다면 분명히 우리는 비유들에서 하나님의 아가페에 대한 증언을 기대할 수 있는 권리가 없다. 아가페는 결코 "자명"할 수 없다. 인간의 일상적 정황에 놓여진 아가페는 언제나 하나의 역설을 보여준다. 우리는 율리허의 해석에 반대하여 수많은 비유들 특히 위대하고 중심적인 것들을 아가페 개념에 비추어 해석하지 않으면 그것들을 도저히 이해할 수 없다고 주장해야 한다. 이것을 자세히 증명하면 너무 길어질 것이다. 그래서 우리들은 탕자의 비유와 포도원 일꾼들의 비유에만 국한하여 다룰 것이다.[14]

율리허는 비유들이 증명의 방법들이라고 주장한다. 그는 이러한 자기의 주장을 특별히 잘 예시하는 것이 탕자의 비유(눅 15:11-32)라고 말한다. 그것의 이야기 마디마다 "틀림없이 확실해서"[15] 듣는 사람의 마음에는 아무런 의심도 남아 있지 않게 된다. 즉 그는 항복할 수밖에 없으며 "참으로 인생사는 그렇게 된다"고 인정할 수밖에 없다.[16] 그런 다음에 그는 계속 전개하여 다음과 같은 결론을 내리게 된다. 즉 하나님도 다른 방식으론 죄인을 다루실 수 없다. 즉 그분은 그 죄인을 용납하며 용서하실 수밖에 없다. 이 비유에서 죄인을 향한 하나님의 선하심과 용서하려는 의지는 "단순히 예시될 뿐 아니라 엄숙하게 증명된다." 아무도 여기에 묘사된 사람의 아버지의 행위에 반대할 수 없다. 그와 마찬가지로 "하늘에 계신 아버지에게 적용하는 것은 자명한 일이다."[17]

그렇다면 이것은 참으로 건전한가? 우리는 유대교의 전통적 관점에서 하나님이 죄인을 사랑한다는 생각보다 더 용납불가한 것은 있을 수 없다는 점을 기억해야 한다. 그런데 예수는 멸망할 죄인들과 사귀었다. 그래서 바리새인들 뿐만 아니라 유대교의 율법적 의(義)로 양육받고 정착한 모든 이들도 예수를 하나님과 그의 공의로써 수립되고 보장되는 질서의 파괴자로 볼 수밖에 없었다.

그들은 예수에 대하여 "이 사람이 죄인들을 영접해서 함께 먹는다"고 말했다. 그런데 이 말보다 예수에 대한 더 중대한 비난은 있을 수 없었다. 그것은 예수가 이스라엘 종교 전반의 토대 자체를 뒤집어 엎는다는 비난과 같았기 때문이다. 예수가 가르친 죄용서는 모든 사람을 그 행위에 따라 보응하는 하나님의 의(義)에 대한 공격으로 보일 수밖에 없었다.[18] 이렇게 종교적 신념에 깊이 뿌리박은 치밀한 반대에 직면하여 예수는 그 반대를 증명하기 위해 탕자의 비유를 제시했다고 한다! 즉 예수는 방탕한 아들이 되돌아오자 환영해준 한 아버지의 삶에 대해서 이야기한다. 그렇게 함으로써 예수는 우선 듣고 있던 사람들이 "참으로 인생사는 그렇게 된다"라고 인정하도록 설득하며 그 다음엔 이것으로부터 하나님의 태도를 논증하도록 설득한다. 그리하여 예수는 하나님도 죄인에 대해서 동일하게 대하신다는 "자명한" 결론을 내리도록 유도한다고 한다. 참으로 이것은 납득할 수 없는 증명이다! 신인(神人)간의 관계에서 공의를 주장했던 예수의 반대자들은 곧바로 다른 비유를 이용하여 예수의 비유를 반박하고 예수와 정반대되는 논리를 "입증"할 수 있는 지성을 충분히 지니고 있었다. 그들도 역시 아무런 거리낌없이 아버지의 재산을 가지고 먼 나라에 가서 분방한 생활로 그것을 탕진한 후에 착한 목적으로 아버지께 되돌아온 아들에 대해서 이야기할 수 있었다.

하지만 경험상으로 그러한 선한 의도의 가치를 알고 있었던 그 아버지는 자기 아들의 간청에 엄격하게 답변한다. "네가 스스로 정직하게 일을 해서 스스로 자리를 얻고 그리해서 너의 잘못된 행위를 고치기 전에는 너는 이 집에 돌아오지 못한다." 그래서 아들은 세상에 나가서 마음을 고쳐먹고 나중에 아버지에게 돌아와서 아버지가 엄격했기 때문에 자신이 회복된 것에 감사한다. 그렇지 않고 다른 아버지들처럼 자식이 귀엽다고 너그럽고 무력하게 지도했다면 그는 여전히 방탕한 아들이었을 것이다. 이러한 이야기는 그렇게 "자연스럽게 찬란하게 채색되고" 그렇게 "허물없이 확고하게" 들려졌을 것이다. 그리하여 듣는 사람들은 금세 "참으로 인생사는 그렇게 된다"고 인정하며 나아가 "하늘의 아버지에게 적용하는 것이 자명"하다고 생각할 수밖에 없었을 것이다.

예수의 비유들을 증명방법들로 다루는 생각에는 무슨 문제가 있는가? 그러한 생각의 밑바닥엔 합리주의적 종교 개념이 존재한다. 우리는 두 가지 정반대 유형의 종교들을 구별해야 한다. 즉 **종교들은 증명적**(demonstrational) 유형과 **계시적**(revelational) 유형으로 나뉜다. 증명적 유형은 평범한 인간생활에서 출발점을 취하여 거기에서 종교생활로 올라가는 길을 만든다. 그래서 증명적 유형은 인간적 관심사에 응용될 만한 규칙들에 일치하는 종교생활을 조성한다. 즉 증명적 유형의 목적은 일정한 보편타당한 종교적·윤리적 진리들에 도달하려고 한다. 그와 반대로 계시적 유형은 종교생활 자체에서 출발점을 취한다. 하나님이 우리에게 다가와 우리를 만나며 우리에게 자신을 계시할 때에만 우리는 하나님에게 다가갈 수 있다. 여기서 우리가 어떤 목적을 말한다면, 그것은 하나님에 대한 추상적·보편적 명제들이 아니라 하나님과의 교제이다. 예수의 교훈은 전반적으로 이 두 유형들 중의 어느 쪽에 속하는가? 이 문제에 대해선 의심의 여지가 있을 수 없다. 그것은 철저하게 계시적 유형의 특색을 지녔기 때문이다.

이것은 비유들에도 해당된다. 예수의 비유들은 본질상 증명수단이 아니라 계시수단이다. 비유들은 합리적인 "그래야만 한다"를 근거로 삼지 않고 권위적인 "내가 너희에게 이르노니"(I say unto you)를 근거로 삼는다. 예수의 설교를 들은 사람들이 그분이 "그들의 서기관들과 다르게 권세있는 자와 같이"(마 7:29) 가르친다는 인상을 받은 것은 당연한 일이다. 예수는 어떤 보편타당한 종교적·윤리적 원칙들을 선포하거나 그 원칙들이 가장 자연스럽고 합리적이라고 논증하는 것을 자기의 사명으로 여기지 않았다. 예수에게 있어선 인간에 대한 하나님의 태도에 **불합리성의 부재**(*nihil rationabilius*) 사상을 적용하는 것보다 더 낯선 일이 없었다. 신학적으로 사고하는 이들은 예수를 다소 신학자로 바꾸어 그의 신(神)개념을 질문하려는 유혹을 받는다. 하지만 예수는 인간들의 신(神)개념을 순수하게 만들려고 오신 것이 아니다. 예수는 사람들에게 하나님과의 새로운 교제를 주려고 오셨다. 예수는 하나님이 주신 사명을 실천했고 비유들은 그 목적을 위한 수단들이었다.

비유들은 "하나님이 합리적으로 이렇게 행하실 수밖에 없다"라고 말하지 않고 "하나님은 모든 합리적 계산에 반하여 실제로 이렇게 행하신다"라고 말한다. 하나님은 거룩한 분이다. … 그렇다면 그분이 죄인들과의 관계를 거부하는 것보다 더 합리적이며 더 "자명"한 일이 무엇이겠는가? 그러나 예수는 정반대되는 말씀을 선포한다. 하나님의 거룩하심은 여전히 그 존엄성과 엄격성을 유지하고 있지만, 예수는 그 거룩하신 분이 죄인들을 찾아간다고 선포한다. 또한 예수는 자기 자신의 사명도 같은 방향으로 생각한다. 그는 의인을 부르러 온 것이 아니라 죄인을 부르러 왔다고 말한다. "건강한 자에게는 의원이 쓸데 없고 병든 자에게라야 쓸데 있느니라"(막 2:17). 이 말씀에서 마치 죄인들이 "의인들"보다 어딘가 나은듯이 죄인의 인격 안에서 어떤 동기를 찾아내려는 시도는 헛수고이다. 하나님 편에선 이 행동에 아무런 동기가 없다. 그것에 대한 유일한 설명은 하나님의 사랑에 있다. 하나님의 사랑은 자발적이며 "비동기적인"(unmotivated) 점이 특색이다.

예수의 비유들의 전반적인 의도는 결코 보편타당한 전제들에서 출발하여 하나님의 특정행동을 자명하고 자연스러운 일에 불과하다고 결론내리는 것이 아니다. 그와 반대로 비유들의 배후에는 하나님의 "비동기적" 사랑이 고유한 배경으로 자리잡고 있다. 비동기적 사랑은 모든 합리적 계산을 물리친다. 탕자의 비유가 의도하는 것도 그 사랑의 표현이다. 그러므로 탕자의 비유로부터 '실생활에서 지상의 아버지는 그 이야기처럼 행동하므로 하나님도 동일한 방식으로 행동할 것이다'라는 해석을 하는 것은 그 비유의 본질적인 사상을 오해한 것이다. 이 경우엔 하나님의 사랑이 인간적인 기준으로 평가되며 하나님이 사람의 형상으로 만들어진다. 하지만 탕자의 비유는 그와 정반대의 방향을 취하고 있다. 하나님의 태도가 주된 것이며, 비유 속의 아버지는 하나님의 형상대로 만들어진 존재이다. 물론 지상의 아버지들이 모두 여기에 묘사된 대로 행동하진 않는다. 하지만 하나님은 그런 방식으로 행동한다. 이런 관점에서만 탕자의 비유는 이해될 수 있다. 마찬가지로 예수의 다른 많은 비유들도 그렇게 해석될 수 있다.

이것에 대한 명백한 일례는 포도원 일꾼들의 비유(마 20:1-16)에 대한 율리허의 설명에 나타난다. 다른 곳에서처럼 이 비유에서도 전반적인 배경은 하나님의 "동기없는" 사랑이다. 이 사랑에 힘입어서 하나님은 무가치한 자들과 교제를 시작한다. 그 논점의 방향은 자격과 공로의 개념에 반대하며 하나님과의 교제를 정의(正義)의 원칙으로 규정하려는 모든 노력에 반대한다. 집주인의 태도는 "동등하지 않은 일에 동등한 보수"라는 원칙으로 표현된다. 그러한 집주인의 태도는 "그 해를 악인과 선인에게 비춰게 하시는" 하나님의 태도를 예시하는 데 이바지한다. 예수는 이러한 하나님의 모습에 대해서 도처에서 표현한다. 율리허는 비유들의 이러한 배경을 고려하지 않는다. 그래서 그의 설명과 그가 처한 여러 가지 어려움들은 현저하게 부정적인 방법으로 이 비유가 아가페 개념에 비추어서 올바르게 이해될 수 있다는 주장을 증명한다.

율리허는 이 비유에 대한 해석을 다음과 같이 요약한다. "우리는 이 사람에게 찬성하지 않을 수 없다. 그가 만일 마지막 사람에게 처음 사람보다 더 많이 주도록 명령했다면, 그의 명령은 분명히 미심쩍은 것이다. 만일 그가 처음 사람에게 약속한 것보다 더 많이 주었다면 (그는 어느 경우에나 관대함으로 시작했으므로) 우리는 기뻐했을 것이다. 그러나 우리는 이런 경우에 어떻게 처신할 것인지 혹은 사회-정치적 관점에서 어떤 행동방식이 가장 이로운 것인지도 결정할 필요가 없다. 그래서 우리는 다음과 같이 결론짓는다. 즉 불평을 말하는 일꾼들이 몇 명 있었지만, 집주인은 자기의 권리를 벗어나지 않았다. 또한 그는 공의를 침해하지 않으면서 친절을 베풀었다. 그는 자신의 의무를 엄격하게 실행했고 동시에 자기의 권리를 자기보다 가난한 사람들에게 유리하도록 사용했다. 예수는 우리에게 그 (공정하고 친절하며) 선하고 의로운 집주인을 이렇게 판단하라고 요구한다. 그것은 우리가 고등한 수준의 유사한 경우에도 동일하게 판단하도록 하기 위함이다. 이것이 정직한 적용이기 때문이다."[19]

여기 실린 모든 문장들은 비판받아야 한다. 첫째, 포도원 일꾼의 비유를 하나의 "증명"으로 본다면, 그 비유는 탕자의 비유처럼 부적절한 것이 된다. 다른 곳에서 율리허는 어떤 비유든지 그것의 이야기 요소는 불가피한 필연성을 특색으로 가진다고 주장한다. 그 필연성은 듣는 사람들이 무조건 찬성하도록 강요한다. 하지만 여기서 그런 무조건적인 찬성이 어디 있는가? 율리허는 매우 주저하면서 집주인의 행동에 찬성했고 게다가 "우리"

라면 동일한 경우에 다르게 행동했을 수 있으며 그 집주인이 다르게 행동했다면 "우리"가 기뻤을 것이라고 부연한다. 하지만 이러한 부연은 의심을 불러일으킨다. 그것은 무조건적인 찬성이 아니다. 그렇다면 왜 우리는 집주인의 미심쩍은 행위를 출발점으로 삼아서 하나님의 대인교제(對人交際) 방식을 "증명"해야 하는가? 우리가 기뻐할 만한 행위를 하는 것이 더 합리적이지 않은가? 또한 그러한 상황에서 도대체 누가 예수의 적대자들로부터 무조건적인 찬성을 요구하거나 기대할 수 있었겠는가?

둘째로 율리허는 정의와 공로의 원칙을 타당한 것으로 수용하지만 일꾼들 중에서 먼저 온 자들의 불평을 인정하지 않는다. 하지만 그것은 불공평하다! 만약 공로와 자격이 진정한 문제였다면, 불평한 일꾼들이 명백히 옳았다. 친절했다거나 공의를 침범하지 않았다는 말을 첨가한다고 해서 설득력있는 것은 아니다. 궁극적으로 공로와 보상의 원칙이 결정적인 것이라면, 선인(善人)이 보수를 잃고 악인이 보수를 받을 때뿐만 아니라 공적이 더 많은 사람이 공적이 더 적은 사람과 똑같은 대우를 받을 때에도 "공의가 침범된다." 공의의 원칙은 노동과 임금 사이의 적정비율을 요구한다. 이 비유에 이런 비율이 없는 것은 이 비유의 본질적 목적 때문이다. 하지만 율리허는 그것을 깨닫지 못했다. 이 비유의 목적은 종교적 관계에서 공의의 원칙을 완전히 배제하는 것이다. "동기있는"(motivated) 공의는 여기서 "동기없는" 사랑에게 자리를 양보해야 한다. 율리허는 "우리"가 유사한 경우에 달리 행동할지도 모른다고 말했는데, 이것을 보면 그는 자기의 사고방식에 무언가 잘못되었음을 분명히 느꼈다.

그리고 율리허는 한 시간 일하고 하루삯을 받은 사람들의 경우에 공의의 원칙을 수호하기 위해서 다음과 같이 설득력없는 노력을 기울인다. "의인들은 그 공로에 대한 보상으로서 자신들의 몫을 받는다. 하지만 아낌없는 은혜로 그[집주인]는 회개하는 죄인들에게도 그들의 몫을 준다… 그리고 이 가련한 자들은 (비록 늦은 시간이지만) 회개하고 회심하여 와서 결국 자신들이 그의 은혜를 받을 자격이 있음을 보여준다."[20] 그렇게 되면 하나님에 대한 그들의 태도는 하나님이 그들을 대우하는데 동기를 부여한 셈이 된다! 또한 그들은 하나님이 그들에게 베푸는 바를 받을 만한 자격을 가지게 된다! 그리고 나서 율리허는 "그분이 공로와 자격을 훨씬 초과하는 보수를 주며 여러 시간, 여러 해, 또는 일평생 게을렀던 것을 비난하거나 처벌해야 할 상황에서 도리어 보수를 주는 그 선하심에 감사하지 않는 것은 '가련한 질투심'에 불과하다"[21]고 주장한다. 하지만 바로 이 주장에 의해서 율리허의 전반적인 논증은 곧바로 와해될 위기에 처하고 만다. 비난이나 처벌을 받아야 마땅한 사람에게 상이 주어질 때, 우리는 공의적 관점에서 무엇이라고 말할수 있는가? 하여간 유대교에서 공의의 주창자들이 이런 가르침에 반응을 보인 것은 단지 '가련한 질투심'이 아니라 더 순수하고 고상한 동기들 때문이었다.

사법적 관점에서 보면 이 비유 안에는 불쾌한 것이 존재한다. 그렇다고 해서 그것을 그 비유로부터 제거하려는 시도는 쓸모없는 짓이다. 공의의 원칙 자체가 종교적 관계에는 적용불가한 것으로서 제거될 때라야 그 불쾌함도 사라지게 된다. 바로 이것이 포도원 일꾼들의 비유에서 일어나는 것이다. 잃어버린 자들을 향한 하나님의 사랑을 위하여 어떤 동기를 찾아보려는 것도 마찬가지로 무익한 일이다. 이것이 주는 불편함은 우리가 의인에 대한 하나님의 사랑도 똑같이 "비동기적"임을 깨달을 때 사라진다. 왜냐하면 하나님의 사랑은 그것의 대상에 의해서 야기되는 것이 아니기 때문이다. 하나님의 사랑은 "비동기적"인 것이 그 특색이다.

우리는 이 비유에 대한 율리허의 논의에 시간을 많이 보냈다. 왜냐하면 그의 논의는 예수가 주창한 (아가페 동기를 특징으로 삼는) 하나님과의 새로운 교제방법에 비춰보지 않고서는 그 비유를 건전하게 해석할 수 없음을 아주 분명하게 알려주기 때문이다. 하지만 율리허는 "만약 집주인이 (어쨌든 선심을 쓰기 시작했으므로) 먼저 온 사람에게 약속한 임금보다 더 주었다면, 우리는 기뻐했을 것이다"라고 말함으로써 이 비유의 요점을 완전히 파괴한다. 이것은 비동기적 사랑과 동기적인 공의 사이에 타협을 도입하려는 시도이다. 하지만 그런 타협은 본질적으로 불가능하다. 적합한 비율을 요구하는 공의의 원칙은 보존된다. 즉 모든 사람은 그 공적에 따라

받았고, 다만 은총이 전체 거래를 더 고상한 초기 수준으로 끌어올린 점만
이 예외이다.

그러나 비유의 배경이 아가페 동기라는 점을 주시하면 그 뜻이 투명하
듯이 분명하다. 자발적·"비동기적" 사랑으로 집주인은 늦게 온 사람들에
게 그들이 요구할 수 있는 것보다 훨씬 많은 보수를 준다. 가장 오랫동안
노동한 사람들은 공의적인 적정비율 개념에 사로잡혀서 자신들이 다른 사
람들보다 더 많이 받아야 한다고 생각한다. 사실 그들은 집주인과의 관계
에서 이것을 요구할 수 없다. 하지만 늦게 온 일꾼들과의 관계에서는 확실
히 더 많이 노동한 사람이 더 많은 삯을 받는 것이 "의(義)"의 요구이다.
이 기대가 어긋났을 때 그들은 불평했다. 그들은 다른 사람들이 노동량을
초과하는 보수를 받는 것이 은혜로 되었음을 인정하고 공로와 보수라는
개념을 전적으로 초월했다. 그렇더라도 불평가들은 다른 사람들보다 더 많
이 받을 권리가 있다고 생각한다. 그들은 은혜의 원칙을 이용해서 더 높
은 법적 주장을 수립하려고 한다. 하지만 집주인은 그들이 공의의 요구를
들고 나오자 어서 공의를 지키자고 응답한다. "친구여, 내가 네게 잘못한
것이 없노라. 네가 나와 한 데나리온의 약속을 하지 아니하였느냐? 네것이
나 가지고 가라"(마 20:13-14). 자발적 사랑과 선심이 있는 곳에선 공의적
인 질서가 시대에 뒤떨어진 무력한 것이다. 그러나 여전히 법적인 질서를
유지하고 싶은 사람들은 선심 때문에 도리어 불쾌해진다. "내가 선하므로
네가 악하게 보느냐?"(15절). 아무 주장도 할 수 없는 죄인들은 동기없는
선심을 받아들인다. 반면에 요구를 내세울 수 있는 의인들은 동기적인 공
의를 요구하고 비동기적 사랑을 거절한다. "이와같이 나중된 자로서 먼저
되고 먼저된 자로서 나중되리라"(16절).

하나님의 자발적·비동기적 사랑에 대한 동일한 증언은 탕자의 비유에
도 포함되어 있다. 여기서 묘사된 사랑의 비동기성을 여전히 의심하는 사
람이 있을까봐 법적인 질서를 대표하는 형(兄)이 배경에 서 있다. 그 형의
공의적 관점에서 보면 그 자신이 완전히 바르다. 그의 아우가 한 행동은
아버지가 보인 사랑에 하등의 근거도 제공하지 못한다. 그러나 그렇기 때

문에 아버지의 사랑의 비동기성이 더욱 명백해진다.

기독교적 사랑의 자발성은 모든 합리적 계산이나 계획에 반대됨을 의미한다. 합리적 계산으로 보아서 희생이 무익할 때에도 아가페는 주며 희생한다. 아무런 희망의 토대가 없어보일 때에도 아가페는 씨앗을 뿌린다. 파종하는 자는 씨를 뿌리러 나갈 때(막 4:3이하) 대부분의 씨앗들이 상실되거나 아무런 열매도 맺지 않으리라는 것을 안다. 그러나 그는 태연한 사랑으로 널리 씨를 뿌린다. 이 비유에는 아가페의 정신이 가득하다. 잃은 양의 비유도 마찬가지다. 아흔아홉 마리를 광야에 두고 잃어버린 한마리를 찾아가는 것은 차가운 이성적 성찰이 아니라 비동기적 사랑이다(눅 15:4).

끝으로, 우리는 무자비한 청지기(Steward)의 비유를 볼 수 있다(마 18:23 이하). 여기서 하나님의 아가페의 가장 현저한 특징은 그것의 무제한적·무조건적 성격이다. 그러나 하나님의 사랑과 그분의 용서의지가 무제한적·무조건적이라면, 그 사랑과 용서를 받는 사람들도 무제한적·무조건적인 사랑과 용서를 베풀어야 한다고 요구한다. "일곱번뿐 아니라 일흔번씩 일곱번"이라도 용서하라고 한다(22절). "네가 빌기에 내가 네 빚을 전부 탕감하여 주었으니 내가 너를 불쌍히 여김같이 너도 네 동관을 불쌍히 여김이 마땅치 아니하냐?(32-33절).

여기서 기독교 윤리의 뿌리가 기독교적인 하나님과의 교제에 있다는 점이 분명히 나타났다. 하나님과의 교제에서 출발하는 기독교 윤리의 특색은 제자들에게 "너희가 거저 받았으니 거저 주어라"(마 10:8)라고 하신 말씀으로 요약된다. 하나님의 사랑을 거저 받은 사람들은 자신들의 동료인간들에게 그 사랑을 거저 전달하도록 부름받았다.

제5절 사랑 계명의 기독교적 의미

이제 우리는 드디어 사랑 계명의 기독교적 의미를 정의할 수 있게 되었다. 여기서 요구하는 아가페의 원형(原型)은 하나님이 현시하는 아가페다.

그러므로 그것은 자발적, 비동기적, 무계획적, 무제한적, 무조건적이라야 한다.

이것은 우선 하나님에 대한 사랑에 적용된다. 인간은 하나님의 아가페를 경험했을 때, 즉 그가 자신의 절대적 무가치에도 불구하고 하나님과의 교제에 용납되었을 때, 그 사람은 절대적으로 하나님에게 속하게 된다. 그가 경험한 사랑의 무조건적 본성은 그도 역시 자신을 무조건 그 사랑에 바치기를 요구한다. 때때로 사람이 하나님을 사랑하는 것은 그가 하나님을 그의 "최고선"으로 여긴다는 것을 의미한다고 해석하려는 사람들이 있었으나 이러한 생각은 잘못이다. 이런 생각은 사람이 하나님과 동떨어진 독립적인 생명을 가진다는 인상을 준다. 하나님은 사람의 표준들로써 판단되며, 비록 하나님이 "최고선"으로 평가되더라도 하나의 "선(善)"인 하나님에 대한 인간의 태도는 여전히 조건적이고 상대적이다. 그러나 사랑의 계명은 바로 이 태도를 근절하려고 한다. 이 계명의 요구는 완전하며 무조건적이다. "네 마음을 다하고 목숨을 다하고 뜻을 다하고 힘을 다하여 주 너의 하나님을 사랑하라"(막12:30). 이 말씀은 절대적인 헌신과 복종을 의미한다.

하나님을 향한 사랑은 "획득적 사랑"도 아니요 "우정의 사랑"도 아니다. 스콜라 신학의 일반적인 구분을 이용하자면, 하나님을 향한 사랑은 **육욕적 사랑**(*amor concupiscentiae*)도 **우정의 사랑**(*amor amicitiae*)도 아니다. 이 두 가지 개념들의 기원과 방향은 인간으로부터 획득된다. 만일 하나님 사랑이 "획득적(acquisitive) 사랑"이라면, (비록 하나님이 "최고선"으로 묘사되더라도) 결국 하나님은 사람의 욕망을 만족시키는 수단이라는 뜻이 될 것이다. 또 신중심적인 하나님과의 관계에는 "우정의 사랑"이 개입할 여지가 없다. 그런 사랑은 하나님의 사랑과 인간의 사랑을 동등하다고 전제한다. 하지만 그러한 동등성은 실재하지 않는다. 그것은 하나님의 사랑의 주권에 의해서 배제된다.

"하나님을 향한 사랑" 개념에는 한 가지 어려움이 존재한다. 공관복음서들(Synoptic Gospels)에선 이 어려움이 확연하게 분명하지 않지만 사도 바울에게선 생생한 문제가 되며, 기독교적 사랑 개념의 후대역사에서 빈번하게 문제화되었다. 하나님을 사랑하라는 계명은 예수에 의해서 구약으로부터 인용되었다. 하지만 예수는 하나님과의 새로운 교제를 선포하면서 그 교제를 하나님 사랑의 계명과 연관시켰다. 그렇게 함으로써 예수는 그 계명에 새로운 내용을 채웠다. 하나님의 아가페는 기독교적 사랑의 표준이다. 아가페적 특징을 지니지 않은 사랑은 기독교적인 것이 아니다. 하나님의 사랑과 기독교인의 사랑 사이의 연관성은 후자가 이웃사랑의 형태를 취할 때 가장 분명해진다. 여기서 우리는 무자비한 청지기의 비유를 회상할 수 있다. 그는 임금의 용서를 받았으므로 그 자신도 당연히 동료 관리를 용서하는게 마땅했다(막 18:33). 또한 우리는 원수사랑의 계명을 회상할 수 있다. 그 계명은 악인에 대한 하나님의 태도(마 5:44-45)를 기초로 한 것이다. 물론 하나님의 아가페와의 연관성은 이웃사랑의 경우에 가장 명백하다. 하지만 사랑의 대상이 누구이든지 항상 이러한 연관성은 있게 마련이다. 하나님에 대한 사랑도 배제되어선 안된다. 기독교적 사랑은 평범한 인간적인 사랑과 다르다. 기독교적 사랑의 독특성은 바로 그것이 하나님의 사랑을 본받았다는 사실에 있다. 그러므로 하나님과의 교제 안에서 발견되는 아가페적 특색이 없는 사랑은 기독교적인 사랑이 아니다. 바로 이 사실이 앞에서 언급한 어려움의 원천이다.

하나님의 사랑은 자발적이며 "비동기적이다." 따라서 하나님에 대한 인간의 사랑도 자발적이며 비동기적이어야만 진정한 아가페로 불릴 수 있다. 이것은 무엇을 의미하는가? 하나님에 대한 우리의 사랑이 자발적일 수 있단 말인가? 하나님에 대한 우리의 사랑이 "동기가 없었다"는 말은 도대체 무슨 뜻인가? 하나님에 대한 우리의 사랑은 실지로 고도로 "동기부여된" 것이 아닌가? 하나님이 우리를 사랑하신 것이 동기를 부여하지 않았겠는가? 우리는 여기서 헤어나올 수 없는 모순에 빠진다. 하나님의 사랑의 자발성과 비동기성을 역설하면 할수록, 하나님에 대한 사랑은 자발성과 비동기성의 여지를 상실한다. 반면에 우리가 기독교적인 하나님 사랑에서도 일관되게 자발성을 요구한다면, 하나님의 사랑에서 자발성을 감소시킬 수밖에 없는 것 같다.

이미 말했듯이, 공관복음에는 이러한 어려움이 별로 나타나지 않는다. 거기선 하나님에 대한 사랑이 제일가는 최대의 계명으로 주장된다. 일반적으로 인정되듯이 사랑에 새롭게 부여된 의미는 이 옛 계명을 거의 극한까지 왜곡한다. 하지만 현실적으로 그 극한은 결코 도달되지 않았다. 하지만 그런 어려움이 존재함을 여기서 지적한 것은 그것이 나중에 무수한 분규들을 일으키기 때문이다. 그 어려움이 처음부터 존재한다는 점을 주목하는 것은 중요하다. 설령 복음서에선 그것이 어려움으로 느껴지지 않더라도 말이다.

그러면 이 어려움이 초기단계에서 출현하는 것을 방해한 것은 무엇인가? 가장 심오한 이유는 분명히 다음과 같다. 즉 하나님을 사랑하는 것은 예수가 보시기에, 하나님의 소유물이 된다는 것, 하나님에게 절대로 속한다는 것과 동일하다. 이처럼 하나님의 소유물이 되는 것은 인간편에서 절대적 자발성의 개념을 배제하며 상대적인 성격을 포함한다. 그래서 하나님에 대한 사랑은 인간의 "동기적인" 사랑과 성격이 달라진다. 하나님에 대한 사랑은 인간의 자발성을 제거한다. 사람을 "선택"해서 하나님의 종으로 만드는 것은 하나님의 아가페이다. 따라서 인간은 하나님과의 관계에서 자기것이라고 주장할 수 있는 것이 아무것도 없다. 그러나 이렇게 철저히 하나님의 소유물이 되었다는 사실은 평범한 인간적 사랑과 비교할 때 자발성으로 묘사될 수밖에 없는 무언가를 포함한다. 평범한 인간적 사랑은 자기중심적 동기를 가지며 외부의 영향이 적을수록 (그런 의미에서 더 "자발적"일수록) 더욱 자기중심적이 된다. 하나님에 대한 기독교적 사랑에는 이러한 자기중심적 동기가 없다. 그것은 하나님의 절대적인 소유물이 되었다는 것과 동일하기 때문이다. 여기서는 목적론적 동기도 제거된다.

하나님에 대한 사랑은 아무것도 얻으려고 하지 않는다. 심지어 그 사랑은 하나님이나 하나님의 사랑까지도 얻으려고 하지 않는다. 무엇을 얻으려는 생각, 심지어 하나님의 사랑을 얻으려는 생각은 근본적으로 하나님을 향한 사랑에 이질적인 것이다. 하나님 사랑은 하나님께 마음을 그저 (그리고 바로 그런 의미에서 자발적으로) 드리는 것이다. 하나님은 그저 사랑하고 아무런 대가도 요구하지 않는다. 그래서 인간이 하나님을 사랑함으로써 얻을 만한 것이 남아있지 않다. 인간의 하나님 사랑은 공로적 행위의 성격을 상실하고 순수하고 진실된 사랑으로 바뀐다. 그것은 하나님에게 철저히 소속되어 있다는 사실로부터 필연적으로 흘러나온다. 그리고 그러한 소속 의식을 가지고 있기에 그것은 하나님의 뜻을 행하는데 온갖 주의력을 다 기울인다. 그것은 보상을 고려하지 않고 하나님에게 복종하는 것이다. "너희도 명령받은 것을 다 행한 후에 이르기를, 우리는 무익한 종이요 단지 우리의 해야 할 일을 한 것뿐이라 할찌니라"(눅 17:10).

이제 우리는 사랑 계명의 둘째 부분인 **이웃 사랑**의 요구를 주시하고 그것의 기독교적인 의미를 밝혀야만 한다. 우리가 유의해야 할 점은 특히 네 가지이다.

(1) 이웃을 사랑하라는 계명의 기독교적 의미를 파악하려면, 무엇보다도 그 종교적 기초를 염두에 두어야만 한다.

우리는 아무런 제약 없이 기독교 윤리가 종교적인 윤리라고 표현할 수 있다. 하지만 그것은 하나님 사랑이 종교적인 것이고 이웃 사랑은 더 일반적인 윤리적 요구라는 의미가 아니다. 이웃사랑이 하나님과의 교제라는 맥락을 벗어나면 그것의 기독교적 고유성을 상실하게 된다. 이것을 더욱 역설해야만 하는 이유는 기독교의 종교적 내용을 배척하면서 기독교적인 윤리를 보존할 수 있다는 생각을 제시하는 사람들이 많았기 때문이다. 그것은 "이웃에 대한 사랑" 즉 "인류에 대한 일반적인 사랑"을 보존하려는 생각이다. 하지만 그러한 생각은 결국 기독교적인 이웃사랑과는 별개의 것으로 변질된다. 이타주의나 동지의식 등과 같은 근대적 개념들을 기독교적 사랑 개념과 동일시하는 것은 기독교적 사랑 개념에 가장 비참한 상처를 입힌다. 동정의 윤리와 이타주의의 "인도적" 이상들은 표면상으론 기독교의 이웃사랑과 유사한 점들을 가지고 있긴 하다. 하지만 그럼에도 불구하고 이상주의적 개념들은 결국 전혀 다른 영적인 뿌리를 가지고 있다. 기독교적 사랑은 그러한 근대적 개념들과 전적으로 무관하다.[22]

이웃사랑은 하나님을 향한 사랑과 동일한 뿌리에서 솟아난다. 즉 이웃사랑은 하나님과 교제하며 하나님의 아가페를 경험하는데서 샘솟는다. 이러한 면에서도 둘째 계명은 첫째 계명과 비슷하다. 바로 이것으로부터 기독교적 이웃사랑의 여러 가지 특색이 파생된다. 이 계명이 요구하는 사랑은 하나님의 아가페처럼 자발적이며 비동기적이다. 그것은 사랑을 받는 사람의 태도를 반영하는데 그치지 않는다. 그것은 사람들이 서로 새로운 교제를 맺도록 촉진하는 창조력을 가지고 있다. 예수는 인간의 사랑과 하나님의 사랑을 예리하게 구별한다. 또한 그분은 자연발생적 사랑과 신적인 사랑에 뿌리박은 사랑도 예리하게 구분한다. 하나님의 사랑에는 동기가 없고 인간의 사랑에는 동기가 있다. 그러므로 하나님의 사랑을 표준으로 인간의 사랑을 살펴보면, 인간의 사랑은 심오한 의미의 사랑이 전혀 아니다. 인간의 사랑은 일종의 자연적인 자기사랑이며 자신에게 유익을 주는 사람들에게 범위를 넓힌다. "너희가 만일 너희를 사랑하는 자를 사랑하면 칭찬받을 것이 무엇이뇨? 죄인들도 자기를 사랑하는 자를 사랑하느니라. 너희가 만일 선대하는 자를 선대하면 칭찬받을 것이 무엇이뇨? 죄인들도 이렇게 하느니라. 너희가 받기를 바라고 사람에게 빌려주면 칭찬받을 것이 무엇이뇨? 죄인들도 돌려받기를 바라고 죄인들에게 빌려주느니라"(눅 6:32-34). 이와같이 죄인들도 실천하는 자연적인 사랑과 달리 기독교의 사랑은 자발적이며 비동기적이다.

물론 기독교인의 이웃사랑은 사실상 하나님의 사랑과 똑같은 의미에서 자발적일 순 없다. 결국 그것도 하나의 반영에 불과하다. 하지만 무엇의 반영이냐 하는 점이 문제이다. 인간의 **자연적인** 태도는 그 이웃이 자신을 대하는 태도를 반영한다. 즉 인간은 사랑에 대해선 사랑으로, 미움에 대해선 미움으로 대응하는 것이다. 그와 반대로 **기독교적** 사랑은 하나님의 사랑을 반영한다. 그것의 원형과 궁극적 근거는 바로 하나님의 사랑이다. 그러므로 이웃 사랑을 하나님 사랑에서 고립시키고 후자에만 종교적 근거를 용인하는 것은 완전히 잘못이다. 우리가 이웃사랑도 하나님 사랑에 못지않게 하나님과의 교제와 하나님의 사랑에 대한 경험에 의존한다는 점을 엄숙히 고려할 때 비로소 우리는 기독교적 이웃사랑의 참뜻을 이해할 수 있다.

(2) 우리가 이미 살펴본 것처럼, 사랑의 두 계명들이 서로 고립되면 반드시 왜곡될 위험이 있다.

그런데 두 계명을 서로 혼동해도 마찬가지의 위험에 빠지게 된다. 예수에게 있어서 그 계명들은 실제로 별개의 두 가지 계명들이었다. 이 사실은 주시할 필요가 있다. 왜냐하면 후속하는 기독교 역사는 두 계명들을 하나로 만들려는 노력들로 가득찼기 때문이다. 일반적으로 이웃사랑을 하나님 사랑에 포함시키려는 절차가 시도되었다. 사람들은 하나님에 대한 사랑만이 결과적으로 기독교적 사랑의 유일하고 합당한 형태라는 확신에서 출발했다. 그러므로 그들은 이웃사랑이 하나님 사랑을 다르게 표현하는 방식이라는 것을 밝혀서 이웃사랑을 정당화할 필요가 있다고 생각했다. 따라서 엄격히 말하면 기독교적 이웃사랑은 인간이 아니라 하나님을 지향한다는 사상이 다양한 형식으로 주장되었다. 그것은 이웃 그 자체를 향한 것이 아니라 미래에 변화될 그 사람을 지향한다. 즉 기독교적인 이웃사랑은 이웃 그 사람을 사랑하는 것이 아니라 소위 "내 이웃 안에 계신 하나님"을 사랑하는 것이다.

그러나 이런 개념들은 복음서의 교훈과 전혀 무관하다. 예수께서 "크고 첫째되는 계명"과 "그것에 견줄 만한 둘째 계명"에 대해서 말씀하셨을 때 (마 22:38-39), 그분은 이 둘이 아주 다른 두 계명이며 각각 목적과 대상이 있는 것으로 여기셨다. 이웃 사랑은 단순히 하나님 사랑의 특수한 형태가 아니다. 또한 둘째 계명은 공연히 첫째 계명을 다른 말로 반복한 것도 아니다. 둘째계명을 첨가함으로써 기독교인의 사랑에 새로운 대상이 생긴다. "네 이웃을 네 몸과 같이 사랑하라"는 말씀은 참으로 나의 이웃을 언급하는 것이지 하나님에 대해서 언급하는 것이 아니다. 사랑을 받아야 할 대상은 구체적인 형편과 조건에 처해있는 나의 이웃이지 나의 이웃에 대한 이상적인 상상이나 "나의 이웃 안에 계신 하나님"이 아니다.

하나님 사랑과 이웃사랑은 쉽게 혼동된다. 하지만 이러한 일상적인 혼동에 반대하는 것은 그러한 혼동이 이중적인 사랑 계명의 원의를 상실하기 때문만이 아니라 기독교적 사랑 개념의 가장 중요한 특징인 자발성과 비동기성까지 파괴하기 때문이다. 만일 이웃을 향한 나의 사랑이 그 사람 자신에겐 무관심한 채 그의 안에 있다고 여겨지는 거룩한 핵심이나 본질에 관심있다면, 나의 사랑은 비동기성과 매우 동떨어진 것이다. 사람들은 기꺼이 이웃 사랑을 온전히 하나님 사랑에 포함시킨다. 그들이 그렇게 하는 주요한 이유들 중의 하나는 다른 방식으론 합리적으로 설명되지 않는 일에 대해서 만족스러운 동인(motivation)을 제공하기 때문이다.

이 논점을 예시하는데 니체의 말을 회상하는 것이 유익할 것이다. 니체는 사람에 대한 사랑을 정당화할 필요가 있다고 전제한다. "하나님을 위해서(for God's sake) 사람을 사랑하는 것은 지금까지 인간이 도달한 가장 뛰어나고 고귀한 감정이다. 성화를 별도의 목적으로 삼지 않고 인간을 사랑하는 것은 어리석은 짓이며 금수(禽獸)가 하는 짓이다. 이렇게 인간을 사랑하려는 성향은 먼저 더 고상한 성향으로부터 그 방법, 우아함, 소금 및 향료를 얻어야 한다. 누가 이것을 처음으로 느끼고 '경험했' 든지간에 또한 그가 그렇게 미묘한 것을 표현하느라고 얼마나 더듬거렸든지간에, 그는 모든 시대 가운데서 우리에게 거룩하고 존귀한 사람이어야 한다. 즉 그는 모든 사람들 중에서 가장 높이 날았으나 가장 탁월하게 잘못된 사람이어야 한다." [23] 니체는 인간에 대한 사랑의 기초를 대상의 속성에 두려는 모든 노력이 반드시 실패한다는 것을 잘 보았다. 또한 그는 기독교의 사랑이 궁극적으로 기독교인과 하나님의 관계에서 설명된다는 점도 정확하게 감지했다. 하지만 니체는 기독교적 사랑의 비동기적·무계획적 특성을 이해하지 못했으며 그렇게 만든 원인이 바로 하나님과 기독교인의 관계라는 점도 알지 못했다.

하나님의 아가페는 합리적 동기에 관련된 모든 시도들을 조롱한다. 그런데 합리화의 경향이 하나님의 사랑이 자발적이라는 것마저도 인정하지 않고 그 사랑의 동기를 대상의 가치에서 발견하려고 고집한다면, 그 경향은 기독교인의 이웃사랑에 대해서도 유사한 방식으로 훨씬 더 강하게 논증할 것이다. 그러나 예수는 하나님의 사랑이 비동기적·자발적임을 추호도 의심하지 않았다. 그러므로 예수에게 있어서 인간들의 이웃사랑도 자발적이며 비동기적이어야 한다는 것이 별 문제가 되지 않았다. 그러므로 우리는 이웃에 대한 사랑을 설명하거나 정당화하기 위하여 그 이웃의 실제상황의 배후에 숨겨진 고귀한 자질을 찾아야 할 이유가 없다. 왜냐하면 하나님의 사랑이 그것을 충분하게 설명하고 허용해 주기 때문이다. "사랑하라.… 이렇게 행하면 너희가 하늘에 계신 너희 아버지의 아들이 되리라"(마 5:44-45).

(3) 우리는 이웃사랑에 관해서 두 가지 결론에 도달했다.

첫째, 이웃사랑은 하나님 사랑과 긴밀히 연결되며 하나님과의 교제 즉 하나님의 아가페에 기초해야만 기독교적 내용을 지닌다. 둘째, 그럼에도 불구하고 이 두 가지 사랑 개념들은 어디까지나 둘이다. 그래서 이웃사랑과 하나님 사랑을 융합시켜 하나로 만들려는 노력은 기독교적 사랑의 자발성과 무동기성을 부인하며 필연적으로 그 본질적 성격을 잘못 전달한다. 이와같이 이중적(二重的)인 사랑 계명의 이중성(duality)이 유지되는 것이 가장 중요하다. 그래서 우리는 이제 마찬가지로 중요한 셋째 요점을 첨부할 것이다. 즉 두 계명은 둘뿐이며 셋째를 첨가할 수 없다. 기독교의 역사를 통하여 줄곧 이웃사랑을 하나님 사랑에 흡수시키려는 노력과 더불어 이웃사랑의 계명 안에서 자기사랑(self-love)을 발견하려는 시도가 항상 나타난다. 왜냐하면 그 계명이 "네 이웃을 네 몸과 같이(as thyself) 사랑하라"고 하기 때문이다. 그러면 이웃에 대한 나의 사랑은 자기사랑을 토대로 삼아야 하지 않는가? 자기사랑이 없으면 이웃사랑은 공중에 뜬 것이라는 말이 아닌가? 그리하여 기독교적 사랑 계명 안에는 하나님 사랑과 자기사랑과 이웃사랑과 같이 세 가지가 포함되어 있다고 주장하는 유력한 전통이 일어났고, 이러한 전통은 가톨릭교회나 개신교회의 신학 안에서 인정받았다. 하지만 사랑의 계명은 명시적으로 하나님 사랑과 이웃사랑의 두 가지만을 말하고 있다.

자기사랑에 대한 계명은 신약성경의 사랑 계명과는 이질적인 것이며, 신약성경의 토양과는 전혀 다른 땅에서 자라나온 것이다. 이 사실은 언급할 필요도 없다. 다른 근거에서 자기사랑을 기독교의 윤리적 요구에 포함시키려는 욕망이 없었다면, 아무도 사랑 계명에서 그렇게 해야만 하는 이유를 발견하지 못했을 것이다. 자기사랑은 인간의 자연스런 조건이며 또한 사람의 의지를 타락시키는 이유이다. 모든 이들은 자기들이 자신을 사랑한다는 점을 알고 있다. 그러므로 너는 네 이웃을 사랑하라고 계명은 말한다. 사랑이 이렇게 새로운 방향을 얻어서 자기를 향하지 않고 자기의 이웃을 향할 때, 의지의 본성적인 타락이 극복된다.[24] 이웃사랑은 자기사랑을 포함하기는커녕 오히려 실제론 자기사랑을 배제하며 극복한다.

(4) 그와 반대로 이웃사랑은 원수사랑(love for enemies)을 포함한다.

여기서도 하나님 사랑과 이웃사랑에 셋째 계명이 첨가되는 것은 아니다. 만일 우리가 "네 원수를 사랑하라"는 계명과 "네 이웃을 사랑하라"는 계명을 비교하고 두 계명이 서로 다르다고 생각한다면, 우리는 원수사랑의 계명을 오해한 것이다. 예수께서 원수사랑의 계명을 이웃사랑의 계명의 극단적인 경우로 생각했다고 해석하는 것도 잘못이다. 오히려 그와 반대로, 이웃에 대한 사랑은 본성상 또한 기원상 원수에 대한 사랑이다. 예수께서 "너희 원수를 사랑하며 너희를 핍박하는 자를 위하여 기도하라"(마 5:44)고 말씀하신 것은 사랑의 계명을 지나치게 첨예화한 것도 아니고 자연적인 감정을 자의적으로 뒤집은 것도 아니다.

이웃사랑이 참 아가페가 되려면 무엇보다도 자발적·비동기적이어야 한다. 하지만 원수들을 사랑하는 것보다 더 자발적이고 비동기적인 사랑이 어디에 있겠는가? 원수들의 행위란 사랑과 정반대되는 감정을 유발한다고 말하는 편이 훨씬 자연스럽고 당연하지 않겠는가? 바로 이 논점에서 처음으로 분명해진 사실은 이웃사랑이 하나님의 아가페에서 태어나며 아가페의 창조적 생명으로부터 유출된다는 점이다. 하나님의 사랑은 죄인들을 위한 사랑인 것과 마찬가지로 기독교인의 사랑은 원수들을 위한 사랑이다. 죄인들을 위한 하나님의 사랑과 원수들을 위한 기독교인의 사랑은 서로 유사하다. 그래서 예수는 그 둘을 직접 연결한다. "너희 원수를 사랑하라.… 그리한즉 너희가 하늘에 계신 너희 아버지의 아들이 되리라. 왜냐하면 하나님이 자신의 태양을 악인과 선인에게 비취게 하시며, 비를 의로운 자와 불의한 자에게 내리우심이니라"(마 5:44-45). 기독교적 사랑은 원수를 향할 때 그것이 자발적·무동기적인 참 아가페임을 나타낸다. 이 사랑은 교제가 불가능해 보였던 곳에서도 교제를 창조한다. 이와같이 이웃사랑은 기독교인의 사랑이 단순한 반동(reaction)이 아니라 행동(action)임을 보여준다.

제6절 사랑과 심판

우리는 복음서들에 나타난 아가페 개념에 대한 논술을 마치기 위해서 사랑과 심판의 관계에 대해서 한 마디 첨부할 수 있다. 예수는 확실히 심판에 중심적 위치를 부여했다. 그런데 우리가 묘사한 사랑과 그것에 연관된 모든 것은 심판 사상과 기이한 대조를 이루지 않는가?

현대 주석학은 종말론적 관점에 밝은 빛을 비쳐줌으로써 복음서 이해에 기여하는 매우 중요한 업적을 달성했다. 오랫동안 신학자들은 복음서의 이 측면을 전혀 무시했다. 원시기독교의 종말론적 전망은 그 시대에 전형적인 견해의 한계로 간주되었다. 그래서 복음의 실제적인 핵심으로 침투하기 위해선 그 한계를 무시해야 한다. 그래서 이 핵심은 예수가 선포하신 하나님의 나라로 이해되었고, 그 하나님의 나라는 금세적인 윤리적 이상으로 해석되었다. 칸트의 전형적인 어법을 사용한다면, 하나님의 나라는 "도덕법에 입각한 하나님의 백성"이며 "도덕법 치세하의 공화국"[25]이며 "순전히 도덕을 지지하기 위하여 창립되어 영구적으로 계속하여 확장하는, 특히 인간 내의 악(惡)의 방지와 선(善)의 장려를 목적으로 삼은 사회"였다.[26] 칸트의 하나님 나라 개념은 리츨(A. Ritschl)의 작품을 통해서 신학계에 중대하고 비참한 해악을 끼쳤다.[27]

그러나 지금은 이렇게 하나님의 나라에 대한 신약성경의 개념을 해석하는 것이 잘못되었다는 사실이 분명해졌다. 종말론적 발견은 우연한 방해물이 아니라 구조적·본질적 요소이다.[28] 하나님 나라는 현세적인 이상향이 아니다. 하나님의 나라는 인간의 도덕적 노력이 아니라 하나님의 위대한 행위에 의해서 존재하게 된다. 그 나라는 세워지는 것이 아니라 도래(到來)한다. 이 사실은 심판 개념을 더욱 무게있게 만든다. 왜냐하면 하나님의 나라는 구원이나 심판과 관련되기 때문이다.

그러면 아가페 개념과 심판 개념은 어떤 관계에 있는가? 사랑이 절대적으로 "비동기적"이라면 심판 개념의 진지성은 필연적으로 약화될 것이다. 하나님의 사랑(그리하여 기독교인의 이웃사랑)이 악인과 선인 그리고 의인과 죄인의 차이에 의존하지 않게 될 때, 윤리적 입장에서 사랑과 심판 사이의 구별이 모호해지는 의심쩍은 문제가 발생하지 않을까? 그것은 사실일 것이다. 게다가 논의되는 사랑이 그저 감상적인 사랑이나 무기력한 이타주의와 동일하다면, 그러한 위험은 실제로 존재할 것이다. 그러나 이 위험을 막아내는 수단이 바로 하나님의 사랑의 절대적인 성격이다. 절대적인 사랑이라고 해서 무조건 심판과 모순되는 것은 아니다. 아가페는 종말론적 요소와 무관한 것이 아니라 그 자체가 하나의 종말론이다. 하나님의 사랑이 계시된 것은 동시에 하나님의 나라가 도래하였음을 의미한다.

하나님의 사랑이 나타남으로써 인간의 생명은 전적으로 영원한 전망에 (*sub specie aeternitatis*) 놓이게 된다. 즉 인간의 생명이 사랑의 심판 아래 놓여진다. 하나님의 아가페는 사람에게 불가피한 양자택일적(Either-Or) 결정을 요구한다. 온전하고 아낌없이 베푸는 아가페는 동시에 무제한의 헌신을 요구한다. 교제를 창조하는 아가페는 동시에 (사랑의 삶으로 재창조되려고 하지 않거나 제공된 교제를 거부하는) 이기적인 삶에 대한 진멸의 심판이 되기도 한다. 인간의 운명은 하나님의 아가페 앞에서 궁극적으로 결정된다. 문제는 인간이 하나님의 사랑에 승복하여 재창조되느냐 아니면 그 사랑에 저항하고 그것을 자기 생명의 심판자로 맞이하느냐 하는 것이다.

그러므로 하나님의 사랑의 자발성과 무동기성을 극도로 강조하더라도 심판 개념은 약화되지 않는다. 또 심판과 대비되어도 아가페 개념은 해를 받지 않는다. 오히려 반대로 이 두 개념은 서로 연결되어 함께 더 심오한 의미를 가지게 된다. 사랑이 아닌 모든 것을 심판하는 사랑만이 가장 깊은 의미에서 회복(回復)-구원(救援)의 사랑이다. 이와 동시에 사랑의 심판처럼 깊숙이 찌르는 심판은 없다. 조건없는 자기시여적(自己施與的) 사랑에 순응하지 않는 것은 어떤 것에도 순응할 수 없다.

주

1) 영어 개역성경에 "mercy"(난외에 "kidness")라고 한 것을 스웨덴 성경에서는 "love"라고 했다(영역자의 주).

2) E. Troeltsch, *The Socal Teaching of the Christian Churches*(영역), 1931, vol. i., p. 39. 참조. K. Holl, *Urchristentum und Religionsgeschichte*, 1925, p.27.

3) F. Nietsche, *Zur Genealogie der Moral*, 1. Abhandlung, 8. 참조. (*Vom Umsturz der Werte*, 1919, vol. i., pp. 43ff. 에 있는) Max Scheler의 논문 "Das Ressentiment im Aufbau der Moralen"에 Nietsche 비판이 있음.

4) 참조. 이 점에 대해서 A. 니그렌의 *Filosofisk och kristen ethik*, 1923, pp. 189 및 249ff. 참조. K. Holl, *Urchristentum und Religionsge schichte*, 1925, pp. 16ff.; G. **Aulén**, *Den kristna gudsbilden* 1927, pp. 25ff.

5) 참조. J. Pedersen, *Israel*, 1920, pp. 264ff.; J. Hempel, *Gott und Mensch in Alten Testament*, 1926, pp. 126ff.; *Altes Testament und Geschichte*, 1930, pp. 17ff.

6) 참조. 신 7:6-10 "너는 여호와 네 하나님의 성민이다. 네 하나님 여호와께서 지상 만민 중에서 너를 자기 기업의 백성으로 택하셨나니. 여호와께서 너희를 기뻐하시고 너희를 택하심은 너희가 다른 민족보다 수효가 많은 연고가 아니라, 너희는 모든 민족 중에 가장 적으니라. 여호와께서 다만 너희를 사랑하심을 인하여, 또는 너희 열조에게 하신 맹세를 지키려 하심을 인하여 자기의 권능의 손으로 너희를 인도하여 내시되, 너희를 그 종되었던 집에서 애굽 왕 바로의 손에서 속량하셨나니 그런즉 너는 알라. 오직 네 하나님 여호와는 하나님이시요 신실하신 하나님이시니라. 그를 사랑하고 그 계명을 지키는 자에게는 천대까지 그 언약을 이행하시며 인애를 베푸시되, 그를 미워하는 자에게는 당장에 보응하여 멸하시나니, 여호와는 자기를 미워하는 자에게 지체하지 아니하시고 당장에 그에게 보응하시느니라." 이 구절은 하나님께서 이스라엘을 "동기 없이" 사랑하시며, 오직 자기의 뜻과 맹세 때문에 사랑하

신다는 포로시대의 증언으로서 특히 흥미가 있다. 그러나 이 사랑과 신약성경의 아
가페의 차이도 분명히 나타났다. 보응이라는 원칙이 아직 유지되기 때문이다.

7) Max Scheler, *Vom Umsturz der Werte*, 1919, vol. i., pp. 133f.

8) 실지는 "의인 아흔 아홉", 눅 15:7

9) 눅 7:47에서 본 말씀이지만, 인용이 부정확해서 성경에서와 뜻이 달라졌다.

10) Scheler, Op. cit., I., pp. 134f.

11) A. v. Harnack, *Das Wesen des Christentums*, 1913, pp. 33 및 40 ff.; E.T., *What is Christianity?* pp. 51 및 63ff.

12) Op.cit., p. 43, E.T., p.67.

13) 참조. F.C.Krarup, *Livsforstaaelse*, 1915, pp. 97ff.에 같은 주장이 있 다.

14) 참조. *Svensk teologisk kvartalskrift*, 1928, pp. 217ff에 있는 나의 논문 "Till förstaelsen av Jesu liknelser"와 같은 잡지, 1929, p. 34ff.에 있는 A. Fridrichsen의 논문 "Den nyere tids parabelforskning."

15) A. Jülicher, *Die Gleichnisreden Jesu*, 1910, I., p.66.

16) Op.cit., I., p. 102.

17) Op.cit., II., p. 361.

18) 욥 34:11; 시 62:13; 잠 24:12; 렘 17:10;32:19; 기타

19) Op.cit., II., p. 466.

20) Op.cit., II., p. 467.

21) Op.cit.,의 같은 곳.

22) 여기 관련해서 Max Scheler의 (*Vom Umsturz der Werte*, 1919, vol, i., pp. 150ff.) "현대의 인간애(愛)"라는 흥미있는 논의에 언급하겠다.

"현대의 인간애는 기독교의 사랑을 토대 이상적이며 정신적인 자아와 하나님 나
라의 일원(一貝)인 점에 관련된다"고 한다(p.150). 그리고 "하나님과 자아와 이웃에
대한 기독교적 사랑으로 통일과 조화"가 이루어진다고 한다(같은 곳에서). 여기서
괴상한 것은 자기사랑이라는 생각을 도입해서, 후에 이웃에 대한 관심은 기독교적
사랑의 특색이나 본질이 아니라고 주장한다.

"이 기독교적 사랑개념은 정신적이며 이상적인 인격을 향한 특수한 행동이라고 규
정되며, 이 인격이 사랑하는 사람의 것이거나 사랑을 받는 사람의 것인가 하는 것은
관심할 일이 아니라"고 한다(p.165). "그(Comte)는 기독교적 의미의 '사랑'은 일종의
행동이라는 것, 그리고 정신적인 행동이라는 것, 또 그 본성으로 무엇보다도(하나님
과 사람의) 정신적 인격을 향한 것임을 보지 못한다. 그 결과로 다른 사람과의 관련
은 그 본질이 아니며, 바른 이런 이유 때문에 기독교는 '자기사랑'이 '이기주의'와
다르다는 것을 알며 또 알아야 한다는 것을 그는 보지 못했다"(p.166).

23) F. Nietsche, *Jenseits von Gott und Böse*, 60.

24) 자기 사랑에 대한 R. Bultmann의 적절한 논평과 비교하라. "그러므로 이웃사랑
보다 먼저 올바른 자기사랑과 필요한 정도의 자존심이 있어야 한다는 것은 어리석
은 말이다(이런 말은 사람의 인도주의적 이상을 근거로 해야만 할 수 있다). "네 이
웃을 네 몸과 같이 사랑하라"는 말씀이 있고, 자기사랑이 전제되었다. 전제되었지만,

이것은 사람이 우선 배워야 하는 것이거나, 그에게 명백히 요구해야 하는 것이 아니라, 인간의 자연적인 태도로서 단순히 극복해야 하는 것이다"(*Jesus*, p. 100).

25) Kant, *Die Religion innerhalb der Grenzen der blossen Vernunft*(Reclam), p. 104.

26) Op.cit., p. 97.

27) 여기 대한 더 자세한 논의는 나의 *Filosofisk och kristen etik*, 1923, 197-106을 보라.

28) 참조. M. Dibelius, *Geschichtliche und übergeschichtliche Religion in Christentum*, 1925, p. 41: "예수의 종말론적 신앙은 … 복음 전체를 움직이는 동기를 포함했다."

제6장

십자가의 아가페

제1절 예수와 바울

오랫동안 신약학자들은 예수와 바울 사이에 아주 명확한 선을 긋는 경향이 있었다. 그들은 둘 사이에 방대한 간격이 있다고 주장한다. 따라서 그들은 그리스도의 단순한 교훈에서 어떻게 바울의 신학과 같은 것이 생겨났는가를 설명하는 것을 자신들의 주요문제로 간주했다. 이러한 사상은 여러 가지 모양으로 표현되었다. 바울은 (당대까지 비교리적이었던) 기독교를 교리화하고 예수의 가르침을 교리와 기독론으로 대체한 신학자였다고 언급되었다. 예수가 중요시한 것은 몇 가지의 단순한 윤리적 명령들이었는데, 우리가 바울에게서 발견하는 것은 구원사실들의 체계에 대한 신앙(belief)이었다. 바울이 체계화한 구원사실들은 천상적 존재인 그리스도에 대한 신앙, 그 사실들에 토대한 그리스도의 죽음과 부활과 대속, 기독교도들의 중생과 성령충만에 대한 믿음, 그리스도와 그분의 교회의 신비적 결합에 대한 신앙 등이다. 바울이 이런 발전을 단독으로 만들어냈거나 발명한 사람은 아니었다 하더라도 그는 초기기독교를 헬라화 또는 동방화하는데 가장 강력하게 공헌한 인물이었다고 한다. 따라서 바울 자신은 그리스도의 사도와 종으로 자처했을지 몰라도, 그는 예수의 사역을 지속했다기보다 전연 새로운 일을 시작했다고 보아야 한다. 실제로 바울이 기독교의 "둘째 창립자"라는 평가가 정당하게 여겨지기도 했다.[1] 초창기 기독교는 새로운 방향으로 갈라졌고 바울의 강력한 영향으로 "첫째 창설자"가 의도한 것과는 아주 다른 것이 되었다. 본질적으로 예수가 아닌 바울의 가르침이 그후의 기독교에 그 흔적을 남겼다고 한다.

그런데 우리가 유의할 주장은 예수와 바울이 그들의 가르침의 형태나 표현방법 뿐 아니라 그 종교적 본질에서도 차이가 난다고 하는 것이다. 바울의 복음은 예수의 복음을 독특하게 발전시키거나 바꿔말한 것이 아니라 아주 새로운 종교라고 여겨진다. 하나님의 부성애(父性愛)에 대한 예수의 복음을 대신하여, 바울은 그리스도에 대한 복음을 주창했다고 한다. 또한 예수의 복음에선 예수께서 배경에만 놓여있는데 반하여, 바울의 복음에선 예수의 위격(Person)이 중심을 형성한다. 그러므로 (그러한 관점에선) 하나님 나라에 대한 예수의 교훈과 바울의 십자가 신학이 상이한 두 종교로서 대조된다. 바울의 기독교와 예수의 기독교 사이의 간격은 예수의 기독교와 가장 고상한 유대교 사이의 간격보다 더 넓다. 브레데(W. Wrede)는 "가장 고상한 유대교적 경건과 예수 사이의 거리보다 예수와 바울 사이의 거리가 더 멀다"고 말한다.[2] 이와같은 사상들이 현대의 바울 연구가들 사이에 널리 유행했다. 이전의 사상계가 바울의 기독교 개념 중에서 신학적·교리적 요소를 강조했든지 좀더 최근의 "종교사학적" 연구와 조화되도록 강조했든지간에, 사상계에선 바울의 전망을 고대의 신비종교들과 연관시키려고 시도했다. 어느 경우에든 우리가 바울 안에서 발견하는 것은 예수의 가르침과 색다른 변형(變形)이다. 물론 이 변형은 바울의 시기보다 먼저 원시기독교의 초창기에 이미 시작되었을 수도 있다.

물론 바울 서신들에는 복음서들에서 발견되는 내용과 여러 측면에서 색다른 사상세계가 펼쳐진다. 아무도 그 사실을 부인할 수 없다. 하지만 예수와 바울의 관계를 건전하게 판단하기 위해서 우리는 분명히 이보다 더 깊숙이 들어가야 한다. 우리는 개념들의 표현형태나 관련개념들을 비교·대조하여 그것들 사이의 차이점을 근거로 기초적인 종교적 전망에 차이점이 있다고 결론짓는 것만으론 만족할 수 없다. 반면에, 우리는 (종종 그러하듯이) 예수 그리스도의 종과 증인 이상이 되기를 원하지 않는다고 한 바울의 말을 근거로 그러한 차이들이 있다는데 반대할 권리도 없다. 심오한 변화가 일어날 수 없다는 것을 보장하기엔 바울의 자기평가론 불충분하다. 이 문제를 해결할 수 있는 믿을 만한 방법은 근본적인 종교적 동기로 돌아가서 동기적(動機的)인 연속관계가 유지되는가를 관찰하는 것뿐이다. 만일 연속성이 유지된다면, (표현형태와 관련개념들이 아무리 다를지라도) 우리는 확연히 구별하거나 "다른 종교들"에 대하여 운운할 권리가 없다. 그러나 근본적인 종교적 동기에서 연속성이 끊어졌다면, 그 경우에는 (놀라운 형식적 유사점이 아무리 많아도 혹은 원초적인 내용의 함축성을 도출할 뿐이라는 주관적 의식이 아무리 강할지라도) 두 견해 사이의 통일성이 상실되고 회복될 수 없다.

우리는 "예수와 바울"의 문제를 논했지만 최근에 이 문제로 인해서 파생된 여러가지 복잡한 문제들을 판단하려는 의도를 가진 것은 아니다. 현대학자들은 바울의 기독교를 여러 가지 측면에서 분명하게 조명해주었다. 그 결과 우리는 이제 그것을 훨씬 더 생생하고 구체적으로 그려볼 수 있게 되었다. 하지만 우리는 여기서 바울과 예수의 관계를 전체적으로 미리 결정할 필요가 없다. 그 문제를 해결하기 전에 우리는 아가페 개념에 대한 바울의 태도 문제를 논해야 한다. 우리는 우선 바울서신에서 아가페 동기의 위치와 중요성을 탐구할 것이다. 이러한 탐구 자체가 "예수와 바울" 문제를 해결하는데 중요한 공헌을 한다. 그 탐구작업은 표현양식과 사상형식과 관련개념들의 배후에 파고들어 (이 문제에 대한 최종결정이 내려져야만 하는) 근본적인 종교적 동기에 도달할 기회를 제공한다.

지금까지의 논술에서 우리는 아가페 개념이 예수의 삶과 교훈에서 차지하는 의미와 중심성을 밝혔다. 아가페 개념은 동등하게 중요한 여러 개념들 중의 하나가 아니다. 아가페 개념은 기독교의 가장 근본적인 동기로서 다른 모든 것에 영향을 미친다. 기독교가 가져온 하나님과의 새로운 교제 방법을 보증하는 것도 아가페 개념이다. 또한 기독교의 새 윤리에 그 성격을 부여하며 종래의 사랑 계명을 기독교의 고유한 내용을 갖춘 "새 계명"으로 변화시키는 것도 아가페 개념이다.

만일 예수와 바울 사이에 참으로 엄청난 간격이 있어서 그들이 근본적으로 상이한 두 종교를 대표한다면, 그것은 종교적·윤리적 근본동기인 아가페 동기에 대한 태도에도 나타날 수밖에 없다. 또한 그러한 경우엔 아가페 동기가 복음서에서 수행하는 중심적인 역할을 바울의 기독교에서도 동일하게 수행할 수 없을 것이다. 그러나 만약 우리가 아가페 개념의 독특한 의미가 바울에게 여전히 살아있고 바울의 가르침 즉 그리스도에 관한 복음과 십자가 신학에 미친 영향을 발견하면, 그것은 예수의 복음과 바울의 복음을 양립불가한 대립으로 간주하는 자들을 가장 현저히 논박하게 된다. 또한 이것은 바울이 자신을 새 종교의 창설자가 아니라 단순히 그리스도의 사도와 종이라고 자처한 판단이 옳았음을 가장 완전무결하게 증거하게 될 것이다.

일단 이 문제가 해결되고 나면, 다음으로 흥미로운 주제는 바울이 그의 복음적 가르침과 지성적·신학적 공식화를 위한 자료와 표현양식을 자신의 유대교적 및 헬라적 환경에서 어느 정도까지 얻었는가 하는 학구적 탐구작업이다. 하지만 이 모든 것들은 주요문제의 결정과 바울 기독교에 대한 전반적 평가에 있어선 단지 이차적인 중요성밖에 없다. 만일 아가페 동기의 문제에서 연속성이 유지된다면, 이것은 바울의 기독교가 예수의 복음의 정당한 추이(推移)라는 점을 가장 확실하게 입증한다. 따라서 현재의 바울 연구가의 입장에서 볼 때, 우리가 복음서의 아가페 동기를 연구한 후에 바울 서신에서의 아가페 동기의 자리와 중요성을 연구하는 것은 일종의 긴장감을 수반한다.

제2절 바울의 종교적 발전에서 아가페 개념의 중요성

우리의 주의를 끄는 첫째 요점은 바울의 종교생활의 발전에서 아가페 개념이 차지한 위치 즉 그 개념이 바울에 대해서 개인적으로 차지하는 중요성이다.

바울 기독교의 연구가들은 보통 "다메섹 도상의 경험"을 출발점으로 삼고 그것에 비추어 바울의 종교적 전망을 해석해야 한다고 주장한다. 그러나 이러한 논의순서는 우리가 그 경험의 심리적 의미와 개종한 과정을 너무도 모르기에 그 경험을 근거로 어떤 분명한 판단을 내릴 수 없다는 반론에 부딪힌다.[3] 이러한 출발은 미심쩍은 심리학적 재구성에 빠지기 쉽다. 또한 일반적으로 말해서 심리학적 재구성은 바울 연구가들의 주요한 오류들 중의 하나라고 해도 과언이 아니다.

그러나 이렇게 말한다고 해서 아가페 개념이 바울 자신의 생활에서 담당한 역할을 연구하지 말라는 법은 없다. 왜냐하면 그렇게 해서 아가페 개념이 바울의 개인적인 관심거리였음을 밝힐 수 있다면 당연히 그것은 대단히 중요하기 때문이다. 설령 아가페 개념이 바울의 개인적 관심사가 아니었더라도, 그 개념은 그가 물려받은 전승(tradition)의 일부로서 그의 사상 안에 있었을 것이다. 그러나 아가페 개념이 동정심을 일깨우고 개인적 반응을 얻을 때만 그 개념은 실제적인 힘이 된다. 다행히도 이제는 아가페 개념과 바울의 종교생활 사이의 연관성을 재구성하기 위하여 의심쩍은 심리학적 추측을 할 필요가 없다. 그 연관성은 완전히 명백하다. 그것은 가장 초보적인 사실들에 토대하기 때문이다. 그리고 바울의 발전을 어떤 관점에서 평가하든지 간에, 그 사실들은 부인될 수 없다. "다메섹 도상의 경험"의 심리적 중요성이나 개종 과정에 대해서 여러 가지 의견들이 논의될 수 있다. 하지만 그 경험의 본질적인 의미는 아주 명백하다. 여기서 우리의 관심사는 바로 그 의미에 집중된다.

그것의 의미 내용은 다음과 같이 아주 간명하게 표현될 수 있다. 즉 핍박자가 제자와 사도가 되었다는 점이다. 바울 자신에게 있어서 끊임없는 경이(wonder)의 원천은 바로 이것이었다. 하필이면 기독교회를 멸망시키려고 전력을 다한 바울이 사도가 되도록 부름받았는가? 만일 이 문제가 가치있는 문제라면, 그는 그리스도의 사도가 될만한 자격이 가장 부족한 자였다. "내가 하나님의 교회를 핍박하였으므로 사도라 칭함을 받기에 감당치 못할 자로라"(고전 15:9). 하지만 그럼에도 불구하고 그 일이 발생하였다. 그리스도는 "만삭되지 못한 채 태어난 자 같은" 바울에게(고전 15:8) 자기를 계시하셨고(갈 1:12, 16) "은혜와 사도의 직분을 주셨다"(롬 1:5). 이것은 무엇을 증거하는가? 그것은 바울에게 하나님의 방법을 계시했다. 즉 그것은 하나님의 아가페와 그리스도의 아가페를 통찰하게 했다. 그것은 하나님의 사랑의 절대적인 비동기성을 보여주었다. 하나님의 사랑과 부르심은 모든 인간적 계산과 반대되며 비동기적이다! 이것은 핍박자를 불러 사도로 삼는 행위에서 가장 분명하게 보여진다.

이것을 깨달은 바울은 하나님과 교제하는 길에 대한 진리도 깨달았다. 그때까지 그가 알고 있던 길은 율법과 의로운 생활을 엄격히 지키는 인간의 길이었다. 그는 그 길을 계속 따라가다가 다메섹까지 간 것이다. 하지만 그 길은 바울을 어디로 데려갔는가? 그 길은 바울의 일생에서 가장 큰 죄를 짓게 했다. 즉 그는 하나님의 교회를 핍박했다. 그 길은 바울을 하나님께 데려간 것이 아니라 하나님으로부터 가능한 한 가장 멀리 떨어지게 했다. 그러므로 인간이 하나님께 가는 길은 전혀 없음이 분명하다. 율법의 길은 하나님으로부터 멀어지게 한다. 이것은 바리새적 가치들에 관한한 가치의 완전한 전도(inversion)를 의미한다. **인간의 의**(human righteousness) 즉 율법의 의는 강화된 형태의 죄(罪)이다. 율법이 할 수 있는 것은 죄가 넘치게 만드는 것 뿐이다(롬 5:20). 즉 율법이 낳는 것은 "진노"(롬 4:15)이다. 율법은 모든 입을 막고 온 세상이 하나님 앞에서 유죄판결을 받게 한다(롬 3:19).

바울은 율법의 길을 끝까지 따라가서 그 "의(義)"가 하나님에게서 멀어지게 할 뿐임을 직접 보았다. 그리하여 바울은 더 이상 자신의 옛 가치체계를 유지할 수 없었다. 모든 것의 외관을 바꾸는 가치재평가(transvaluation)가 발생했다. 바울은 이것에 관해서 빌립보서에서 다음과 같이 말한다. "만일 누구든지 육체를 신뢰할 것이 있는 줄로 생각하면, 나는 더욱 그러하다. 내가 8일만에 할례를 받았고 이스라엘 족속이며, 히브리인 중의 히브리인이요, 율법으로는 바리새인이요, 열심으로는 교회를 핍박하고, 율법 안에 있는 의로는 흠없는 자로라"(빌 3:4-6).

우리는 여기서 특별히 두 가지에 주목해야 한다. 첫째로, 바울이 율법의 의와 교회 핍박을 연결한다는 점에 유의하자. 그를 죄에 빠뜨린 것은 율법의 길이었다. 바울이 스스로 하나님의 뜻을 가장 많이 행한다고 생각했던 바로 그 때에 그는 가장 중대한 죄를 짓고 있었다. 그러므로 그의 회심은 죄(罪)로부터 의(義)로 옮겨지는 일상적인 회심이 아니었다. 그런 의미의 회심이라면 바울은 이 색다른 회심을 겪기 전에 이미 경험했다. 그의 이 색다른 회심은 "의"를 떠나는 회심이었다.

둘째로, 이러한 이유에서 바울은 율법과 이스라엘의 모든 자랑거리가 "육"($\sigma\acute{\alpha}\rho\xi$)의 영역에 속한다고 간주한다. 하나님의 계시와 그리스도의 아가페는 이 모든 것을 일소해 버렸다. 그 모든 것을 제거하는 새로운 가치 표준이 제공되었다. 그리하여 바울은 다음과 같이 말을 잇는다. "무엇이든지 내게 유익하던 것을 내가 그리스도를 위하여 다 손해로 여겼다"(빌 3:7). 이러한 가치재평가에서 "원한"의 조짐을 발견하는 것보다 더 잘못된 것은 있을 수 없다. 바울은 유대인과 의로운 바리새인으로서 모든 강점들을 소유했고 그것들을 자랑할 수 있었다. 하지만 그는 이런 것들이 자기를 하나님에게서 멀어지게 만든다는 것을 깨달았다. 게다가 그는 궁극적인 (positive) 가치를 위해서 즉 "그리스도를 얻기 위해서" 이 모든 것을 포기했다.

그러나 아직 한 가지 논점이 더 남아있다. 바울이 하나님에게서 완전히 소외되었을 때 (단지 자신이 하나님으로부터 멀어졌다고 느꼈을 뿐만 아니라 현실적으로 더할 나위 없이 멀어졌을 때) 즉 그가 가장 중대한 죄에 빠졌을 바로 그 때에, 하나님의 부르심과 선택이 그에게 임한다. 이것이 아가페요 하나님이 인간에게 오시는 길이다.

그러므로 바울에게 일어난 혁명이 하나님 앞에서 가치있는 의(義)를 소유하는양 자신만만한 바리새적 구원으로부터 의에 굶주리고 목말라 회개하는 겸손한 **통회자들**(anawim)의 구원으로 옮겨진 것에 불과하다고 해석한다면, 그 혁명의 중요성이 많이 축소된다. 예컨대 자틀러(W. Sattler)의 말은 그 혁명의 의미를 이렇게 축소한다. "바울의 다메섹 도상의 경험은 의에 이르는 길에는 두 길이 아니라 오직 하나의 길 즉 은혜와 회개와 **통회자**(*anawah*)의 길만이 있다는 근본적인 통찰력에 있다."[4] 바울은 인간 편에서 의(義)로 가는 길이 전무함을 알게 되었다. 실제로 인간의 회개와 겸손은 율법준수와 마찬가지로 하나님에게 인도하지 못한다. 바울은 인간으로부터 하나님에게 가는 길은 없고 하나님으로부터 인간에게 오시는 길만이 있을 뿐이라는 사실을 진지하게 받아들인다. 그의 종교적 입장은 철저히 신중심적이다. 인간으로부터 나오는 것은 아무것도 없다. "왜냐하면 차별이 없이 모든 사람이 죄를 범하였으매 하나님의 영광에 이르지 못하기 때문이다"(롬 3:22-23). "모든 것이 하나님께로부터 나왔다. 하나님은 그리스도를 통하여 우리를 자기와 화목하게 하셨다… 하나님께서 그리스도 안에 계시사 세상을 자기와 화목하게 하셨다"(고후 5:18-19).

바울의 이야기는 교만한 바리새인이 겸손한 통회자로 회심하고 변화되었다는 이야기가 아니다. 그 이야기의 내용은 오히려 성실하고 열렬한 바리새인이 의(義)를 추구하다가 "죄인들 중의 괴수"가[5] 되었다가 자신의 대죄(大罪)에 빠졌을 때 "의인을 부르러 온 것이 아니고 죄인을 부르러 왔다"(막 2:17)고 말씀하신 분의 부름을 받았다는 것이다. 그런데 하나님이 바울에게 오신 길은 공로나 율법의 길과는 정반대되는 것이다. 그래서 그 길은 은혜라고도 묘사될 수도 있다. 바울은 "나의 나된 것은 하나님의 은혜로 된 것이라"(고전 15:10)고 말했다. 하나님의 은혜가 핍박자를 변화시켜 사도로 만들었다.

근본동기의 문제에서 복음서와 바울 사이의 연속성이 끊어지지 않았다는 점은 이미 지금까지 말한 내용에 의해서 충분히 증명되었다. 복음서에서 발견되는 아가페 개념과 그 독특한 의미는 계속 살아있으며 바울에게서 더욱 강화되었다. 아가페 개념이 바울 개인의 종교적 발전과 연결되었기 때문이다. 그러나 여기서 하나의 문제가 발생한다. 바울은 단순히 아가페 개념을 물려받아 발견한 그대로 그것을 전했는가? 아니면 아가페 개념이 바울의 손에서 어떤 발전을 겪었는가? 바울이 아가페 개념을 발전시킨 사실이 분명하기 때문에, 우리는 본질적인 논점들에서 이 발전을 예시해야 한다.

제3절 아가페는 기독교적 사랑-동기를 나타내는 전문용어이다.

기독교적 사랑 개념의 발전에 기여한 바울의 공헌에 관하여 우리가 주목해야 할 처음 사실은 그 개념의 내용이 아니라 그것의 형태에 관한 것이다. 그럼에도 불구하고 기독교적 사랑 개념의 내용도 중요하다. 복음서들은 아가페 동기로 흠뻑 젖어 있다. 이것은 이미 앞에서 보여졌다. 그러나 아가페(ἀγάπη)라는 명사(名辭)는 공관복음에서 매우 드물게 발견된다. 그것은 단지 두개의 고립된 구절들에서(마 24:12, 눅 11:42) 특별한 의미가 없이 나타난다. 아가페라는 명사를 기독교적 아가페 동기를 나타내는 전문용어로서 도입한 사람은 바울인 것 같다. 물론 그가 이 말을 신조했다는 뜻은 아니다. ἀγάπη라는 낱말 자체가 기독교의 새로운 창조물이라는 해묵은 주장은 아주 빈약한 근거를 가지고 있다. 비기독교 문헌에서 ἀγάπη라는 낱말이 매우 드물게 나타나지만 전혀 부재하는 것은 아니기 때문이다.

하지만 여기서 우리의 관심사는 이 문제가 아니다. 훨씬 더 중요한 것은 아가페가 표상하고 공관복음에서 틀림없는 기독교의 근본동기로 나타나는 실재(實在)가 이제 그것의 독특한 명칭을 받게 된 것이다. 그 단어가 비기독교 문헌에 나타날 때 그것은 이 실재를 나타내는 이름이 아니며 동일한 실체를 의미하지도 않는다.[6]

낱말들과 명칭들은 우리들에게 그것들이 의미하는 실체들을 파악하는 능력을 부여함으로써 중요한 역할을 수행한다. 이제 우리가 낱말들과 명칭들의 그러한 역할에 대하여 숙고하면, 이처럼 기독교적 사랑 동기가 그러한 독특한 명칭을 얻은 것이 그 동기의 보존과 전파에 무한히 귀중한 공헌을 했다는 점을 알수 있다. 또한 (기록들을 추적할 수 있는 범위 내에서) 아가페(ἀγάπη)를 이러한 의미에서 기독교적 사랑을 위한 전문용어로 만든 사람은 바울인 것 같다. 이러한 명칭이 바울 이전의 원시 교회에서 사용되었을 가능성은 부인할 수 없다. 하지만 우리는 정보의 부족 때문에 그것에 대해서 확신할 수 없다. 아마 파이네(P. Feine)의 원칙이 여기에 적용될 수 있을 것이다. "단지 바울이 그의 서신들에서 신학적 인물로서 우리 앞에 뚜렷이 나타나기 때문에 그는 이 개념들의 창시자라고 간주되어 왔다. 하지만 우리가 더 자세하게 연구하면 그가 다른 사람들과 한 계통에 속하거나 혹은 원시기독교가 공유했던 내용을 신학적으로 더욱 예리하게 정의했을 뿐이라는 점을 발견한다."[7]

그렇지만 그것이 사실이라고 하더라도, 성경에서 아가페라는 용어의 용도를 처음으로 발전시켜서 후대 사람들을 위하여 그것을 확립한 이는 바울이다. 게다가 우리는 고려해야 할 일이 더 있다. 명칭이나 용어를 확정하기만 하고 그것의 의미내용을 명확하게 서술하지 않으면, 획득되는 것이 별로 없게 된다. 바울은 우리에게 그 두 가지를 모두 제공한다. 아가페 개념이 그나마 지반을 얻게 된 것은 주로 바울이 아가페 동기를 탁월하게 묘사했기 때문일 것이다. 이 점에서 고린도전서 13장의 "아가페 찬가"의 중요성을 생각해보라. 하지만 이것으로써 우리는 형식적인 술어상의 문제를 마감한다.

제4절 아가페와 십자가 신학

바울은 소위 십자가의 신학과 아가페 개념 사이에 관계의 내면성을 확립했다. 그 관계의 내면성이야말로 아가페 동기의 발전에 기여한 바울의 가장 큰 공헌이다. 그의 선포의 중심엔 그리스도의 십자가가 서 있다. 아무도 이것을 부인할 수 없다. 그는 "여러분 중에서 예수 그리스도와 그의 십자가에 못박히신 것 외에는 아무것도 알지 아니하기로"(고전 2:2) 의식적으로 노력했다. 바울은 자신이 복음전파를 위해서 파견되었음을 안다. 하지만 그 복음이 바울에게 의미하는 바는 오직 그리스도의 십자가에 대한 말씀이다. 바울은 복음과 경쟁하며 조금이라도 복음을 대체하려 하는 것을 조심스레 피한다. 왜냐하면 "그리스도의 십자가가 헛되지 않게 하기" 위해서이다. 계속해서 그는 "십자가의 도가 멸망하는 자들에게는 미련한 것이다. 하지만 구원얻는 우리에게는 하나님의 능력이라"(고전 1:17-18)고 말한다. 이와같이 바울은 신중하게 여러 방면에서 나오는 요구들을 거부한다. "유대인은 표적을 구하고 헬라인은 지혜를 찾으나, 우리는 십자가에 못박힌 그리스도를 전하니, 유대인에게는 거리끼는 것이요 이방인에게는 미련한 것이로되, 오직 부르심을 입은 자들에게는 … 하나님의 능력이요 하나님의 지혜니라"(고전 1:22이하).

바울이 기독교에 입문하기 전에 하나님과의 관계를 결정한 것은 율법이었다. 하지만 이제 바울은 십자가가 새로운 기독교적인 하나님과의 관계의 성격을 결정한다고 확신한다. 그리하여 바울은 십자가에 막대한 중요성을 부여한 것이다. 율법의 행위는 (이전에 바울이 생각했던 것처럼) 하나님과의 참된 교제로 인도하는 길이 아니다. 이제는 하나님과의 새로운 교제방법이 열렸다. 왜냐하면 하나님이 율법과 별개로 친히 십자가에 못박히신 그리스도를 대속의 수단으로 공포하셨기 때문이다(롬 3:20-21, 25). 그러므로 바울의 복음은 필연적으로 율법에 대한 투쟁과 율법으로부터의 해방을 의미한다. 바울에게 있어서 하나님과의 교제는 더 이상 율법적 관계가 아니다. 유일한 문제는 그것이 사랑의 관계인가 아닌가 하는 점이다.

그런데 이와같이 십자가가 바울에게 있어서 명확하게 중심적인 것이라면, 그의 사상에서 사랑 개념이 막대하게 중요한 역할을 담당한다는 점도 마찬가지로 분명하다. 특히 바울은 하나님에 관하여 또한 우리를 향한 하나님의 태도에 관하여 말할 때 사랑을 현저하게 강조한다. 요한신학은 하나님과 사랑을 동일시한다. 하지만 바울에게선 그러한 형식적 동일시가 발견되지 않는다. 그럼에도 불구하고 바울의 실질적인 입장은 요한사상과 동일하다. 바울은 분명히 하나님을 "아가페의 하나님"(ὁ θεὸς τῆς ἀγάπης, 고후 13:1)이라고 형용하며, 사랑을 보여주는 기독교인들만이 "하나님의 가르침을 배운 자들"(θεοδίδακτοι, 살전 4:9)이라고 묘사한다.

그런데 우리가 이것을 보고 바울의 선포 안에 십자가와 사랑이라는 두 개의 초점이 있다고 결론내리면, 우리는 그 입장을 완전히 오해한 것이다. 십자가와 사랑은 서로 구분되고 분리되어 병치되는 것이 아니다. 오히려 그와 반대로 바울 사상의 전반적인 특징은 그리스도의 십자가와 하나님의 사랑이 하나로 간주된다는 점이다. 바울이 사랑 개념과 십자가의 신학 사이의 연관성을 확립했다고 말하는 것으론 너무나 부족하다. 바울 사상에서 사랑과 십자가 신학은 아주 단순하게 하나이자 동일한 것이다. 한 쪽을 배제하고 다른 쪽만을 생각하는 것은 불가능하다. 그리스도의 십자가가 없었다면, 우리는 결코 하나님의 사랑을 알지도 못했을 것이고 그 심오한 의미를 깨닫지도 못했을 것이다. 또한 역으로 하나님의 아가페가 없었다면 그리스도의 길은 십자가에 이르지 않았을 것이다. 바울은 "그리스도와 그 십자가에 못박히신 것 외에는 아무것도 알지 아니하는 것"을 원칙으로 삼았다. 그와 꼭 마찬가지로 바울은 그리스도의 십자가와 연결되어 불가분한 사랑 이외의 사랑을 알지도 못했다. 그러므로 **십자가의 사랑**(*the Agape of the Cross*)이야말로 바울의 사랑 개념을 가장 잘 묘사하는 형식적 명칭일 것이다.

우리는 바울로부터 이러한 십자가와 아가페의 연관성을 예시하는 구절들을 많이 인용할 수 있다. 그중에서도 우리는 우선 "십자가와 아가페"에 관한 가장 중요하고 고전적인 본문(롬 5:6-10)을 살펴볼 것이다. "우리가 아직 연약할 때에 기약대로 그리스도께서 경건치 않은 자를 위하여 죽으셨도다. 의인을 위하여 죽는 자가 쉽지 않고 선인을 위하여 용감히 죽는 자가 혹 있거니와, 우리가 아직 죄인되었을 때에 그리스도께서 우리를 위하여 죽으심으로 하나님께서 우리에게 대한 자기의 사랑(ἀγάπη)을 확증하셨느니라. 그러면 이제 우리가 그 피를 인하여 의롭다 하심을 얻었은즉 더욱 그로 말미암아 진노하심에서 구원을 얻을 것이니, 곧 우리가 원수되었을 때에 그 아들의 죽으심으로 말미암아 하나님으로 더불어 화목되었은

즉 화목된 자로서는 더욱 그 살으심을 인하여 구원을 얻을 것이니라."

우리는 여기서 네 가지 논점에 주목해야 한다.

첫째, 우리가 무엇이 사랑인가를 질문하면 그리스도의 십자가를 바라보라는 답변을 받는다. 공관복음은 아가페 개념을 여러가지 방식들로 표현한다. 바울은 거기에다가 **십자가**(the Cross)라는 최상의 궁극적 표현을 더했다. 아가페의 계시는 다른 어떤 곳에서보다 예수의 십자가상의 죽음에서 가장 잘 발견된다. 여기서 바울이 말하는 내용은 요한1서에서 "그가 우리를 위하여 목숨을 버리셨으니 우리가 이로써 사랑을 알았고"(요일 3:16)라고 말한 것과 표현은 다르지만 정확하게 동일한 의미이다. 만일 우리가 그리스도의 십자가에서 계시된 사랑을 보지 못했다면 우리는 기독교적인 의미의 사랑을 몰랐을 것이다. 물론 우리는 일반적인 의미의 사랑을 알았겠지만 고상하고 심오한 의미의 사랑 즉 하나님의 사랑인 아가페를 몰랐을 것이다. 그러면 십자가는 우리에게 아가페-사랑의 본성과 내용에 대해서 무엇을 말해주는가? 십자가는 아가페가 자기를 내어주는 사랑 즉 극단적으로까지 자기를 희생하는 사랑이라고 증언한다.

둘째, 그리스도의 죽음에서 계시된 사랑은 하나님과 무관한 것이 아니다. 과연 하나님 자신이 이 아가페의 주체이다. 바울에 의하면, 우리를 위하여 죽는 그리스도의 행위 속에서 하나님이 자기의 사랑을 증명한다고 한다. 그리스도의 행위가 하나님의 행위이며, 그리스도의 아가페가 하나님의 아가페이다. 십자가에서 그리스도의 희생이 있은 후, 우리는 더 이상 그리스도의 십자가를 언급하지 않고서 하나님의 사랑을 합당하게 논할 수 없다. 또한 우리는 그리스도의 죽음에서 하나님 자신의 사랑을 보지 않고서 그 죽음에 나타난 그리스도의 사랑에 대해서도 말할 수 없다. 이제부터는 십자가와 사랑이 하나이다. 즉 바울 자신의 말처럼, 아가페는 "그리스도 예수 안에 있는 하나님의 사랑"(롬 8:39)이다. 엄밀히 말하면, 그리스도의 사역 안에서 행동하는 주체는 하나님이다. 바로 이 사상이 바울의 다른 구절들에서도 발견된다. 고린도후서 5:19이 한 예이다. "하나님께서 그리스도 안에 계시사 세상을 자기와 화목하게 하시니라." 그 사상은 "모든 것이 하나님께로 났나니"(18절)라는 바울의 말에서도 발견된다. 우리가 하나님께 가는 것이 아니라 하나님이 우리에게 오신다. 대속(代贖, Atonement)은 우리가 스스로 하나님과 화목한다는 뜻이 아니고 하나님이 그리스도 안에서 우리를 자신과 화목하게 만든다는 뜻이다. 바로 이러한 기초에서만 바울은 "너희는 하나님과 화목하라"(20절)고 권고하는 것이다. 여기서도 아가페는 하나님이 인간에게 오시는 길이다.

셋째, 그리스도의 죽음에서 하나님의 아가페의 절대적인 자발성과 비동기성이 가장 분명하게 나타난다. "의인을 위하여 죽는 자가 거의 없고, 자기에게 좋게 대한 선인(善人)을 위하여 용감히 죽는 자가 혹 있으리라."[8] 의인을 위하여 목숨을 버린다면 거기에는 필경 무슨 이유가 있을 것이다. 하지만 그리스도가 자신의 목숨을 버린 것은 누구를 위해서였나? 의인이 아니라 죄인을 위해서였다. 바울은 6절, 8절, 10절을 인용하여 이 논점을 역설한다. 이것은 네 가지로 다르게 표현되었다. 즉 그리스도께서는 약자(弱者)들과 불경자(不敬者)들과 죄인들과 원수들을 위해서 죽으셨다.[9]

넷째, 하나님은 불의하고 무가치한 죄인들을 사랑한다. 바로 이것이 하나님의 사랑과 그 자발적·비동기적 본성에 대해서 그때까지 언급된 가장 위대한 말이었다. 하지만 바울은 이것보다 더 전진하여 훨씬 더 위대한 말을 한다. 즉 그리스도는 단지 불의한 죄인들만을 위해서 죽으신 것이 아니라 실제로 "불경자들" 즉 "불신자들"을 위해서 죽으셨다($\upsilon\pi\grave{\epsilon}\rho\ \grave{\alpha}\sigma\epsilon\beta\widehat{\omega}\nu\ \grave{\alpha}\pi\acute{\epsilon}\theta\alpha\nu\epsilon\nu$)고 했다. 그 실제 단어들을 부당하게 강조해선 안되지만, 바울이 하나님의 사랑의 비동기성을 말하려고 할 때 이 어구를 사용했다는 데 의미가 있다. 우리가 그 시대의 종교적 헌신의 담당역할을 기억한다면, 우리는 바울이 '다른 신들에게 충성하고 다른 종교들에 속해 있는 자들 즉 불신자들(the godless)을 위하여 그리스도께서 죽으셨다'고 말함으로써 그 시대를 얼마나 앞섰는가를 알 수 있다.

"십자가의 아가페"를 이렇게 설명함으로써, 바울은 (이제까지 논의되었고 논의될 수 있었던) 가장 숭고한 신적 아가페 관념에 도달했다. 바울보다 더 높이 올라간 사람도 없었고, 이제까지 그의 뒤를 따를 수 있었던 사람도 별로 없다. 그런데 독특한 것은 바울이 자유로운 창조행위에 의해서 이렇게 높은 경지에 도달한 것이 아니라는 점이다. 그는 단지 그리스도의 십자가에서 발생한 일을 해석하려고 했을 뿐이다. 바울이 보기에, 하나님의 아가페는 바울 자신의 정신 속에서 만들어진 것이 아니고 단순히 실제로 발생한 일을 표상할 뿐이다. 하나님은 자기 아들을 줌으로써 자신의 아가페를 확증했다. 이 사실이 바울에게 있어서 근본적인 것이다. 바울은 그 사실을 향하여 돌아서서 다른 사람들을 그것으로 인도할 수 있다. 여기서 하나님의 사랑은 단지 사랑의 한 개념으로서가 아니라 가장 위대한 실재로서 우리와 만난다. 즉 하나님의 사랑은 가장 심하게 타락하고 상실된 자들을 위해서까지 자기를 쏟아놓는 자기희생적 사랑이다.

십자가상의 그리스도의 죽음에 대해서 말할 때 바울은 그것을 하나의 희생제사(sacrifice)라고 부를 수 있다. "하나님께서 너희를 사랑하신 것같이 너희도 사랑 가운데서 행하라. 그는 우리를 위하여 자신을 버리사 제물과 생축(sacrifice)으로 하나님께 드리셨느니라"(엡 5:2. 바울이 그리스도의 사랑과 그분이 자기를 희생으로 바친 것을 결합시킨 점에 주목하자.). 하지만 바울이 발견한 하나님의 아가페와 그리스도의 십자가 사이의 연관성은 희생에 전연 새로운 의미를 부여한다. 그 결과로 희생이 하나님과의 새로운 기독교적 교제에 포함될 수 있게 되었다. 만약 우리가 바울의 십자가 신학과 희생의 옛 개념을 대비한다면 여기서 발생한 혁명을 매우 분명히 보게 될 것이다.

희생[제사] 개념의 발전에서 세 개의 단계들이 구분될 수 있다. 처음 단계에선 희생이 평범하고 구체적인 의미의 희생적 선물을 나타낸다. 사람은 자신의 소유물 중에서 어떤 것을 자기 신(神)의 제단 위에 희생제물로 바쳤다. 때때로 인간들은 신의 은총을 얻기 위해선 자신들의 소유물 중에서 가장 귀중하고 값진 것을 바쳐야만 한다고 스스로 느꼈다. 그래서 희생은 자기의 소유물의 일부를 신에게 헌납하는 것뿐만이 아니라 동시에 자기 자신의 일부를 바치는 것도 의미하게 되었다. 점차로 사람들은 하나님이 원하시는 것이 보통 제물이 아니라는 것을 깨닫게 되었다. "여호와께서 번제와 다른 제사들을 그의 목소리를 순종하는 것만큼 좋아하시겠나이까? 순종하는 것이 제사보다 나으니이다"(삼상 15:22). "제사를 드리는 것보다 의와 공평을 행하는 것이 더 여호와께서 받으실 만한 것이니라"(잠 21:3).

이제 우리는 제사 개념의 둘째 단계로 간다. 여기서 사람들이 바치는 제물들은 순종, 공평(justice)과 의(righteousness), 그리고 자비와 사랑이다. 인간은 이것들을 수단으로 삼아 하나님의 호감을 얻으려고 노력한다. 제사는 심령화되었고 성격상 더욱 개인적인 것이 되었다. 우리는 이것을 윤리적인 제사 방법이라고 부를 수 있다. 하지만 여전히 남아있는 의문점은 인간이 이 제물을 가지고 거룩하고 의로우신 하나님 존전에 실제로 설 수 있는지의 여부이다. 사람의 순종과 의와 사랑은 하나님이 기뻐하는 제물로 간주될 만큼 충분히 순수한가? 그러한 생각 자체가 오히려 일종의 자만심이 아닐까? 인간은 그 자만심을 품고서 결단코 거룩하신 분에게 접근할 수 없다. 따라서 그 자만심은 하나님의 불쾌감을 일으킬 뿐이다. 이런 문제들 때문에 우리는 제사 개념의 셋째 단계에 도달한다.

여기서 드리는 제물은 사람의 윤리적 업적에 있지 않다. 오히려 "하나님의 구하시는 제사는 상한 심령이다"(시 51:17). 이것은 종교적인 제사방법이다. 하나님 앞에선 겸손만이 인간에게 합당한 것이다. 그리고 바로 이 겸손만이 하나님 앞에서 인간을 가치롭게 한다. 여기서 인간은 제사의 극치에 도달한 것처럼 보인다. 그는 자기 자신의 가장 소중한 것을 바쳤다. 즉 그는 자신의 평생의 사역을 바쳤고 의의 사역에서 자신을 바쳤다. 심지어 그는 자기의 공적이라고 주장할 수 있는 것도 겸손하게 드렸다. 인간에겐 바칠 수 있는 것이 더 이상 아무것도 없다. 비록 인간이 그렇게 할 수 있다 하더라도, 무엇인가 그 제물에 숨어있으며, 그것은 근본적으로 제물과 정반대되는 것이다. 겸손을 하나님과의 교제방법이라고 생각하고 자기의 겸손이 하나님 앞에서 불멸의 가치를 제공한다고 느끼는 인간은 근본적으로 겸손한 자가 아니다. "자기를 멸시하는 사람은 동시에 멸시하는 자신을 높인다"[10]는 말은 옳다.

제사는 심령화되어 더욱더 개인적 성격을 띠게 될 수도 있지만, 제사의 여러 단계들은 결국 동일한 하나의 실체의 단순한 변형들에 불과하다. 제사의 발전 단계가 새로와져도 실제로 새로운 것은 전혀 없다. 새로운 단계도 그저 원래의 방향으로 동일하게 전진하는 것에 불과하다. 여전히 제사는 인간이 하나님을 향해 가는 길(man's way to God)이다. 인간이 제사에서 무엇을 바치든간에, 그는 하나님께로 가는 길을 뚫기 위해서 그것을 바친다.

바울의 관점에서 이 문제를 보면, 제사의 둘째 단계는 바리새적 구원방법이며 셋째 단계는 통회자들(Anawim)의 구원방법이라고 말할 수 있다. 하지만 바울에게 있어서 그리스도의 십자가는 비하(humility)나 윤리적 성취의 방법에 대한 심판이다. 인간 쪽에서 하나님께로 가는 길은 없다. 바울은 이것을 십자가에서 배웠다. 십자가는 사람이 바치는 모든 제사를 헛것으로 만듦과 동시에 바울에게 전혀 다른 제사방법을 알려주었다. 그리스도의 십자가에서 제사를 받는 이는 하나님이 아니다. 이 제사는 하나님 자신의 제사이기 때문이다. "모든 것이 하나님께로부터 나왔다. 하나님은 그리스도로 말미암아 우리를 자신과 화목하게 하셨다." 즉 "그리스도 안에 계신 하나님은 세상을 자기와 화목하게 하셨다"(고후 5:18-19). 제사는 이제 사람이 하나님께로 가는 길이 아니라 하나님이 인간에게 오시는 길(God's Way to man)이 되었다.

바울의 기독교적 선포에서 아가페 동기가 중심적이라는 사실은 이제 충분히 분명해졌다. 동시에 분명한 사실은 바울이 단순히 기존의 완성된 개념을 받아서 그대로 다른 사람에게 전수한 것이 아니라는 점이다. 아가페 동기는 예수의 십자가 죽음과 연결됨으로써 참으로 심대한 변천(變遷)을 겪었다. 하나님의 사랑과 그리스도의 십자가는 서로서로를 해석하고 조명해주게 되었다. 바울이 이해한 것처럼, 우리는 예수의 죽음에서 하나님의 사랑을 발견할 때에만 그 죽음의 의미를 이해할 수 있고, 예수의 십자가에서 하나님의 사랑을 깨달을 때에만 그 사랑의 깊이를 파악하기 시작한다. 고로 바울은 하나님의 복음이란 바로 십자가에 못박힌 그리스도에 관한 복음이라고 믿는다. 이와같은 아가페 동기의 변천은 그 깊이를 드러낸 것이지 (어떤 사람들이 주장했듯이) 그것을 왜곡한 것이 아니다.

이제 우리는 하나님의 부성애(父性愛)에 관한 예수의 복음과 그리스도에 관한 바울의 복음 즉 그의 십자가 신학을 상반되게 여기는 것이 얼마나 잘못된 일인가를 이해할 수 있다. 바울이 그리스도와 십자가에 대해서 말할 때 그는 바로 하나님의 사랑을 말하고 있다. 하지만 바울은 하나님의 사랑을 "자명한" 것이라고[11] 생각하지 않는다. 바울은 그것이 역설적이라는 점을 깨닫고 설명한다. 그가 이렇게 할 수 있는 것은 십자가를 생각하기 때문이다. 십자가에 대한 바울의 생각과 그의 칭의론(稱義論)에서 표현된 사상을 동일시하는 것은 적절한 판단이다. 바울은 하나님이 죄인을 율법의 행위와 별개로 의롭다고 칭하신다고 말한다. 이것은 바로 "나는 의인을 부르러 오지 않고 죄인을 부르러 왔노라"고 하신 예수의 말씀과 매우 가깝다.

제5절 하나님을 향한 사랑

바울이 아가페를 십자가나 칭의와 연관지어서 논할 때 그는 본질적으로 하나님의 사랑 즉 그리스도의 사랑에 대하여 생각하고 있다. 그 사랑은 곧 하나님이 우리를 위하여 그분의 아들을 죽도록 내주시는 우리에 대한 사랑이다. 그러나 바울은 아가페의 또 다른 측면에 대해서도 언급할 수 있다. 즉 "사랑은 율법의 완성이다"(롬 13:10). 사랑은 기독교인이 실현해야 할 것이며, 사랑을 실천함으로써 율법이 완수된다. 바울도 예수처럼 율법의 전반적인 의미를 사랑 계명으로 요약할 수 있다. 그러나 우리는 여기서 강조점의 변환을 만나게 된다. 이 변화는 깜짝 놀랄 만한 것은 아닐지라도 의외의 것이다. 공관복음에 따르면 예수는 사랑 계명이 하나님 사랑과 이웃 사랑의 이중적 계명이라고 말씀하시고 전자가 "크고 첫째되는 계명"이라고 하셨다. 하지만 바울의 입장은 매우 다르다. 그는 이웃 사랑의 계명에 결정적으로 첫자리를 부여한다. 율법의 모든 계명들은 "네 이웃을 네 몸과 같이 사랑하라 하신 그 말씀 가운데 다 들었느니라"(롬 8:9)에 요약된다. 따라서 "율법의 완성"으로 인정되는 사랑은 이웃에 대한 사랑이다.

그러나 이 특이한 변환은 사랑의 계명에 국한되지 않는다. 오래 전부터 주석가들은 바울이 하나님이나 그리스도에 대한 인간의 사랑이란 의미에서 아가페란 낱말을 좀처럼 쓰지 않는다는 점을 주목했다. 어거스틴의 예를 들어보자. 그는 하나님 사랑을 기독교의 총화와 본질이라고 생각했다. 그런데 그는 바울이 "사랑"(caritas)이라는 낱말을 사용할 때 거의 항상 이웃에 대한 사랑을 의미하고 하나님 사랑을 의미하는 경우는 매우 드물다고 말한다. 이 오래된 관찰은 세부적인 연구에 의해서 정확한 것으로 증명된다. 사실 바울이 아가페라는 명사를 하나님에 대한 사랑이란 의미로 한 번이라도 썼느냐 하는 것은 확실히 말할 수 없다. 왜냐하면 이러한 의미에서 사용된 것으로 여겨지는 몇 번의 경우들도 달리 해석될 수 있기 때문이다.[12] 그러나 우리가 주석적인 문제들을 어떻게 보든지간에 바울의 전반적인 경향은 명백한 것이다.

에이뎀(E. Eidem)은 "바울의 기독교 생활론"(The Christian life according to Paul)이란 글에서 다음과 같이 말한다. "구약성경에서 '사랑'이란 단어는 신자들이 하나님께 대하여 지녀야 할 태도를 표현하기 위해서 가장 흔하게 사용된 말들 중의 하나였다. 우리가 이것을 기억한다면, 바울이 하나님[對象]에 대한 인간[主體]의 태도를 표현할 때 이 단어를 굉장히 드물게 썼다는 사실은 더욱 의외로 느껴진다. 그뿐만 아니라, 우리는 바울이 어려서부터 마음을 다하여 하나님을 사랑하라는 큰 계명(신명기 6:5)을 매일 암송했다는 점도 생각할 수 있다. 이 계명은 쉐마(Shema)로 알려진 유대인의 신조(信條)의 일부였다. 그 신조는 신명기 6:6-9, 11:13-32, 민수기 15:37-41로 이루어져 있다. 또한 바울은 분명히 원시기독교와 예수 자신이 특히 하나님에 대한 이 '큰 계명'을 중요시한 것을(마 22:37, 막 12:30, 눅 10:27) 알았을 것이다."[13]

이와같이 바울이 인간이 하나님을 대하는 태도를 논할 때 아가페라는 용어를 한쪽에 제쳐놓은 것은 단순한 우연이 아니다. 우리는 여기서 광범위한 원칙문제에 직면한다. 도처에서 이웃 사랑과 하나님 사랑을 연결하는 연관성이야말로 윤리생활에 종교적 특성을 부여하는 유일한 것이 아닌가? 하나님을 향한 인간의 사랑을 언급하지 않는 바울은 구약성경의 수준에도 미달하는 것이 아닐까? 구약에선 이미 하나님 사랑이 "크고 첫째가는 계명"으로 인정되었다. 그러나 실제 입장은 그와 정반대이다. 바울의 윤리는 처음부터 끝까지 종교적이다. 이 점에 대해선 어떠한 의심도 있을 수 없다. 그러나 이 종교적 성격을 보장하는 것은 인간의 **하나님 사랑**(man's love for God)과 인간의 이웃 사랑을 연결한 것이 아니다. 오히려 바울이 역설하는 바는 **하나님의 사랑**(God's love)과 이웃 사랑의 연관성이다. 그렇게 함으로써 이웃 사랑은 더욱더 심오하게 종교화한다. 따라서 아가페 개념에서 실질적으로 인간의 하나님 사랑을 제거한 바울의 입장은 퇴보(退步)가 아니다. 도리어 그것은 바울이 다시 한 번 더 아가페 개념의 역사에서 최상의 경지에 올랐음을 의미한다. 그 이후로 바울을 뒤쫓아 그러한 경지에까지 올라갈 수 있었던 이는 거의 없었다.

사실 바울은 하나님에 대한 인간의 아가페(man's Agape towards God)라는 개념을 버릴 수밖에 없었다. 그것은 바울의 전반적인 아가페 사상으로부터 도출된 필연적인 결과에 불과하다. 만일 아가페가 예수의 십자가에 나타난 사랑처럼 무조건 자발적이며(spontaneous) 전적으로 비동기적인(unmotivated) 사랑이라면, 하나님을 향한 인간의 태도를 아가페란 용어로 부르는 것은 더 이상 적절한 것이 못된다. 인간은 하나님과의 관계에서 결코 자발적이지 못하다. 그는 독립적인 행동중추도 아니다. 인간이 하나님에게 자신을 드리는 것은 응답에 불과하다. 사람의 태도는 기껏해야 하나님의 사랑을 반사할 뿐이다. 그것은 단지 하나님의 사랑에 의해서 "동기부여되기"(motivated) 때문이다. 그러므로 그것은 자발성과 창조성에 정반대된다. 또한 그것은 아가페의 본질적 특색을 모두 결여하고 있다. 그러므로 인간이 하나님께 헌신하는 것은 다른 이름으로 불려져야 한다. 즉 그것은 아가페($\dot{\alpha}\gamma\acute{\alpha}\pi\eta$)가 아니라 피스티스($\pi\acute{\iota}\sigma\tau\iota\varsigma$, 신앙)로 불려져야 한다.

이 시점에서 우리가 공관복음의 입장과 바울의 입장을 비교하면, 우리는 공관복음의 아가페 개념에 일관된 논리적 발전이 있었음을 보여줄 수 있다. 앞에서 본 것처럼 공관복음서의 "하나님 사랑" 개념은 모호한 점이 있다. 하나님의 사랑은 하나님과의 교제의 성격을 결정한다. 바로 그 하나님의 사랑이 아가페로 불려지는 모든 것들의 원형이다. 그러나 하나님의 사랑의 궁극적 특색은 그것의 완전한 비동기성과 자발성이다. 따라서 이런 성격이 없는 사랑을 아가페라고 부르는 것은 잘못이다. 사람이 하나님을 사랑하여 자신을 바치는 것은 그런 의미에서 자발적인 것은 아니다. 그럼에도 불구하고 복음서들은 하나님을 향한 인간의 아가페에 대해서 말한다. 그러므로 결국 인간이 하나님과의 관계에서 일종의 독립성을 지닐 수 있는지는 불확실하다. 또한 인간의 자발성은 하나님의 자발성과 충돌하여 하나님의 사랑의 주권을 제한할런지도 모른다. 바울은 이러한 불확실성을 완전히 제거한다. 그는 아가페를 말하지 않음으로써 그 불확실성을 아주 단순하게 극복한다. 바울이 그렇게 한 것은 당연하다. 왜냐하면 그는 아가페 개념을 십자가의 사랑으로 설명함으로써 그것을 확장시켰기 때문이다. 아가페란 낱말은 하나님의 사랑을 위해서 유보된다. 모든 것은 하나님으로부터 나온다. 여기서 바울은 공관복음의 예수의 가르침보다 한 걸음 더 나아간다. 그럼에도 불구하고 바울은 그렇게 함으로써 예수와 결별하지 않는다. 바울은 예수 자신이 입술로 뿐만이 아니고 그 자신의 목숨을 버리며 심지어 자신을 희생하면서까지 제공한 아가페의 해석을 확고히 한다. 그리스도는 하나님의 아가페가 십자가의 아가페임을 계시하셨다. 그리스도의 십자가는 바울에게 하나님을 향한 인간의 아가페에 대하여 신중하게 언급하도록 가르쳤다.

물론 바울은 "하나님을 향한 사랑"이란 어구가 가리키는 영적인 실재를 제거하려고 한 것이 아니다. 그는 다만 그것을 올바르게 명명하려고 한 것 뿐이다. 그래서 그는 그것을 "믿음"(faith)이라고 불렀을 뿐이다. 믿음은 사랑의 온전한 헌신을 포함하면서 동시에 그 사랑이 응답적·보답적 성격을 띤 사랑이라는 점을 역설한다. 믿음은 하나님을 향한 사랑이다. 하지만 그 사랑의 요지는 자발성이 아니라 수동성(receptivity)을 특색으로 갖는다.

제6절 이웃사랑과 하나님을 위한 사랑

바울은 기독교인의 하나님에 대한 태도를 묘사할 때 아가페란 용어를 회피하는 경향을 분명하게 보여준다. 반면에 그는 기독교인의 이웃에 대한 태도를 나타내기 위해선 이 말을 전혀 주저하지 않고 사용한다. 이웃을 사랑하는 것은 "율법의 완성"이다. 이러한 사상은 바울에게서 수 차례 나타나며 특별히 두드러진다. 우선 우리는 로마서 13:8-10에서 바울의 "근본적 진술"(fundamental statement)을 생각할 수 있다. "남을 사랑하는 자는 율법을 다 이루었느니라. 간음하지 말라 살인하지 말라 도적질하지 말라 탐내지 말라 한 것과 그 외에 다른 계명이 있을지라도 네 이웃을 네 자신과 같이 사랑하라 하신 그 말씀 가운데 다 들었느니라. 사랑은 이웃에게 악을 행치 아니하나니, 그러므로 사랑은 율법의 완성이니라." 그것은 갈라디아서 5:14에서도 명백하게 주장된다. 즉 "온(whole) 율법은 네 이웃 사랑하기를 네 몸 같이 하라 하신 한 말씀에 이루어진다."

이와같이 바울은 이웃사랑과 율법의 모든 요구를 동일시하고 이웃사랑과 하나님 사랑의 전통적 연관성을 무시한다. 그렇다고 해서 바울이 (이미 말한 바와 같이) 이웃사랑을 그 종교적 기초에서 떼어낸다는 의미는 아니다. 오히려 반대로 바울은 기독교인의 이웃사랑을 끊임없이 하나님과의 교제에 관련시키려고 한다. 인간 상호간의 관계가 아가페의 지배를 받아야 할 궁극적 이유는 종교적 관계가 그렇게 지배되기 때문이다. 그래서 바울은 에베소서 5:1-2에서 다음과 같이 말한다. "그러므로 사랑을 입은 자녀 같이 너희는 하나님을 본받는 자가 되고 그리스도께서 너희를 사랑하시고 너희를 위하여 자신을 버리신 것같이 너희도 사랑 가운데서 행하라." 바로 앞 구절에서도 동일한 원칙이 기독교인의 용서에 적용되었다. "서로 용서하기를 하나님이 그리스도 안에서 너희를 용서하심같이 하라"(엡 4:32). 그것은 도처에서 나타난다. 로마서 15:7을 예로 들어보자. "그리스도께서 우리를 받아 하나님께 영광을 돌리심과 같이 너희도 서로 받으라."

그런데 바울이 기독교인의 이웃사랑과 하나님의 사랑을 긴밀히 연관시킨 것은 우리에게 새로운 문제를 가져온다. 바울은 하나님이 그 아들의 십자가상의 죽음을 통해서 우리에게 보여주신 그 사랑을 절대적으로 자발적·비동기적인 것으로 믿기에 하나님의 그 사랑을 의미하는 아가페란 명칭을 인간의 사랑에 적용할 수 없게 되었다. 인간의 사랑은 결단코 동일한 의미에서 자발적이거나 창조적일 수 없기 때문이다. 그 결과 (우리가 앞에서 살펴본 것처럼) 바울은 사람의 하나님에 대한 사랑과 관련해서 아가페란 낱말을 사용하기를 주저하게 되었다. 바울이 이 경우에 주저한 것은 하나님의 사랑과 그리스도의 사랑만을 위해서 아가페란 명칭을 유보하는 그의 행위의 당위성에 의혹을 일으킨다. 어떻게 바울은 아가페를 사용하여 기독교인의 이웃사랑을 가리킬 수 있는가? 이 경우에는 그가 어떤 새로운 명칭을 찾아야만 하지 않았을까? 바울은 인간의 사랑을 하나님의 창조적 사랑과 동등한 수준에 두는 것을 어떻게 정당화하는가?

이것은 다시금 우리를 바울의 아가페 윤리의 종교적 기초 문제로 이끌어간다. 여기서 우리가 발견하는 사실은 첫 눈엔 매우 놀라운 것처럼 보인다. 다소간에 루터의 관점에서 바울에게 접근하는 사람들은 바울로부터 기독교인의 윤리생활 즉 이웃사랑의 기초가 신앙(faith)에 기인한다는 사상을 발견하기를 기대한다. (바울이 신앙(πίστις)에 두는 강조점은 루터의 관점이 그의 관점과 매우 긴밀하게 연관된다는 점을 암시한다.) 이런 사상이 바울에게 전혀 없는 것은 아니다. 하지만 그것이 나타나는 것은 현저하게 희박하다. 우리는 그것을 "사랑으로써 역사하는 믿음"(faith working through love, 갈 5:6)이라는 친숙한 공식문구(formula)에서 발견한다. 하지만 이 구절만이 그 사상을 확실하게 지적할 수 있는 거의 유일한 것이다. 그렇다고 해서 바울의 윤리에 종교적 기초가 결여된 것은 아니다. 오히려 그것은 종교적 관계에 더욱 깊이 뿌리박고 있다. 왜냐하면 바울이 신앙을 연결고리로 언급하진 않지만 일반적으로 윤리생활을 직접 하나님이나 그리스도의 아가페에 소급시키기 때문이다. "그리스도의 사랑이 우리를 강권하시는도다"(고후 5:14).

바로 이런 까닭에 바울은 기독교인의 이웃사랑에 아가페란 이름을 붙일 수 있었다. 여기서도 바울은 인간이 하나님으로부터 독립된 행동의 중심이라고 생각하지 않는다. 아가페가 지배하는 생활에선 행동주체가 사람 자신이 아니다. 바울 자신의 표현을 쓴다면, 그것은 하나님, 하나님의 성령, 그리스도의 성령, 그리스도의 아가페 등이다. 그리스도와 기독교인 사이에는 깊고 친밀한 교제가 있는데,[15] 바울은 그 교제를 갈라디아서 2:20에서 "이제는 내가 산 것이 아니요, 오직 내 안에 그리스도께서 사신 것이라"고 묘사한다. 이 새로운 생활의 기초는 "나를 사랑하사 나를 위하여 자기 몸을 버리신" 그리스도이다. 이 친밀한 교제 때문에 그리스도가 기독교적 생활의 참 주체인 것이다. 바울은 하나님의 아가페를 아주 현실적으로 일종의 "영적 유동체"(pneumatic fluid)라고 형용할 수 있다. 이것은 "우리에게 주신 성령으로 말미암아 … 우리 마음에 부은 바 된다"(롬 5:5). 성령으로 주입된 이 하나님의 아가페가 기독교인의 생활의 참된 실체를 형성한다. 그리고 기독교인들은 동료인간들과 더불어 살면서 그것을 다른 사람들에게 전달해야 한다. 기독교인은 자신의 것을 줄 것이 없다. 그가 자기 이웃에게 베푸는 사랑은 하나님으로부터 주입받았던 것이다.

따라서 바울이 아가페란 용어를 기독교인의 이웃사랑에도 적용할 수 있는 이유는 그가 여기에서도 하나님의 아가페를 말하기 때문이다. 그는 (우리를 위한 하나님의 사랑과 이웃을 위한 우리의 사랑과 같이) 상이한 두 가지를 지칭하기 위하여 아가페를 사용하지 않는다. 바울이 아가페를 언급할 때면 언제나 하나님의 사랑을 의미하지 단순히 인간의 사랑을 의미한 적은 결코 없었다. 기독교인의 이웃 사랑은 하나님의 아가페의 현시(顯示)이다. 이 경우엔 그것이 "영적인" 사람인 기독교인을 도구로 사용한다. 피스티스(πίστις, 信仰)는 수동적인 태도를 지칭하기 때문에 아가페 생활의 출발점으로서 그다지 적당하지 못하다. 그래서 바울은 그 배후에 들어가서 그 원천인 하나님의 아가페로 거슬러 올라간다. 내가 나의 종교생활에서 나의 윤리생활의 효과적 근거를 소유한다는 것은 사실이 아니다. 만일 그렇다면 나는 내 자신 안에 안주하면서 단순히 내 자신의 내적인 수단들에 의존하는 것처럼 보일 뿐이다. 바울의 전반적인 종교와 윤리는 신중심적이다. 그래서 그는 모든 것을 하나님에게 돌리기 전까진 안심할 수 없다. "모든 것이 하나님께로 났나니, 그가 그리스도로 말미암아 우리를 자기와 화목하게 하셨느니라." 누구든지 "그리스도 안에" 있으면 새로운 피조물이다. 즉 그는 더 이상 자신의 목적을 위하거나 자기의 힘으로 살지 않게 된다(고후 5:15-18).

여기서 발견되는 또 하나의 특색은 바울의 아가페 개념의 고유한 특징이다. 즉 그의 아가페는 자기사랑이라고 불려지는 모든 것에 반대한다. 종종 올바른 자기사랑과 그릇된 자기사랑을 구별할 필요가 있다고 생각한 사람들이 있었다. 그리고 하나님 사랑과 이웃사랑에 병행하는 세번째 종류의 사랑으로 '올바른 자기사랑'을 인정하려는 시도도 있었다. 실제로 이웃사랑의 계명에 자기사랑의 계명이 포함되었다고 여기는 사람들도 있었다. 하지만 우리는 이미 복음서에서 자기사랑의 개념을 찾아보려는 시도가 잘못임을 살펴보았다. 또한 바울의 입장에서 자기사랑을 찾아보려는 시도도 마찬가지로 잘못이다. 바울의 근본원칙은 자기사랑을 배제한다. 바울에게는 "그리스도 예수 안에 있는 하나님의 사랑"(롬 8:39)이 아가페로 총칭되는 모든 것의 원형이다. 이 사랑의 특징은 자기를 버리고 희생하는 것이다. 이와같이 아가페는 획득적 사랑과 정반대된다. 그러므로 바울이 고린도전서 13:5에서 "아가페는 자기의 유익을 구치 아니하며"라고 말할 때, 그는 자신의 아가페 개념에 새로운 어떤 것을 첨가하는 것이 아니다. 이것은 그의 사랑 개념의 신중심적 본질에서 나온 자명한 결과이다.

아가페는 자아(ego)와 자아의 이해관계를 중심화하는 생활을 심판한다. 이것은 인간이 하나님이나 그리스도에 대하여 가지는 관계에서 가장 분명하게 나타난다. 왜냐하면 하나님의 아가페가 성령으로 말미암아 사람의 마음에 부어질 때(롬 5:5) 사람의 생활은 그 때문에 새로운 중심을 얻기 때문이다. 중심점이 자신의 자아(自我)로부터 그리스도에게로 옮겨진다. 앞에서 인용되었던 갈라디아서 2:20의 말씀이 그것을 잘 상키시켜준다. "이제는 내가 산 것이 아니요, 오직 내 안에서 그리스도께서 사신 것이라." 사람들이 그리스도의 아가페의 주권적 권능 아래로 인도되면, 그들은 "다시는 저희 자신을 위하여 살지 않고 저희를 대신하여 죽었다가 다시 사신 자를 위하여"(고후 5:14-15, 빌 2:21 참조) 살게 된다. 하지만 이것이 의미하는 바는 한 인간과 그 이웃과의 관계에서도 자아에 대한 이기적 속박상태가 근절된다는 것도 포함한다. "그리스도께서 자기를 기쁘게 하지 아니하신" 것처럼, 우리도 역시 기독교인으로서 "자기를 기쁘게 하지 아니할 것"이며 "우리 각 사람이 이웃을 기쁘게 하되 선을 이룰지니라"(롬 15:1-3, 빌 2:4 참조).

이런 구절들에서 바울이 자기사랑과 이웃사랑을 정반대되는 것으로 대립시킬 때, 그는 "저등한 자기사랑"(lower self-love)이나 본성적인 자기주장뿐만 아니라 고도로 영적인 형태의 자기사랑까지도 포함하여 일체의 자기사랑을 모두 배척한다. 이웃사랑의 근거를 "영적인 자기사랑"에 찾으려는 시도는 자아(自我)가 먼저 자신의 영적인 유익을 도모한 후에 이차적으로 그 이웃에게 사랑을 보여주어야 한다고 보는 것 같다. 하지만 이러한 사상은 바울 사상에 가장 이질적인 것이다. 우리는 그렇게 생각해선 안된다. 바울에 의하면, 기독교적 사랑은 이웃을 섬기기 위해서 (필요하다면) 그 "영적인" 이점과 특권까지도 희생할 준비가 되어 있어야 한다. 이런 사상의 한 실례는 결혼문제에 대한 그의 태도에서 볼 수 있다(고전 7장). 그는 금욕생활을 더 고상하고 더 가치있는 것으로 생각하고 독신생활은 이상적인 것으로 여긴다.[16] 그러나 기독교인은 자신의 상대자를 고려하여 이러한 영적인 지위를 포기해야 한다(고전 7:27). 바로 이것이 아가페 사랑이 기독교인에게 요구하는 바이다. 참으로 바울에 의하면, 아가페는 인간에게 이웃의 유익을 위해서 그 자신의 영적인 유익을 희생하도록 요구할 만큼 나아간다. 그래서 바울은 자신이 저주를 받아 그리스도에게서 끊어질지라도 그렇게 함으로써 자기의 골육과 친척이 구원받는다면 기꺼이 원하는 바라고 말한다(롬 9:3).[17]

요약컨대 바울의 아가페 사상의 여러 측면들은 서로 결합되어 인상적인 일관성과 정합성을 가진 전체를 형성하여 현저하게 신중심적인 성격을 띤다. "모든 것이 하나님께로 났나니" 인간으로부터 나온 것은 아무것도 없다. 하나님은 사람의 업적이나 희생을 기다리지 않는다. 다른 모든 종교들에선 사람이 희생물을 바치고 하나님이 그것을 받는다. 하지만 여기선 하나님 자신에 의해서 희생이 드려진다. 하나님은 불가해한 아가페로 자신의 아드님을 보내시고, 그 아드님은 자신을 희생하여 연약하고 불경하고 죄많고 적대적인 사람들을 위해서 자신을 내어준다. 여기서 율법의 의(義)는 해(害)를 줄 뿐이다. 왜냐하면 그것은 사람을 율법적인 의(義)에 속박하며 "하나님으로부터 오는 의(義)"를 받아들이지 못하게 만들기 때문이다(롬 10:3). 율법을 통해서 의로워지려고 하면 은혜에서 떨어진다(갈 5:4-5). 그러나 사람이 믿음으로 하나님의 역사를 받아들이면, 성령으로 말미암아 하나님의 아가페가 그 마음에 부어진다(롬 5:5).

그리하여 성령에 의해서 새로운 아가페-생활의 기초가 놓여진다. 이 새로운 생활의 주체는 사람이 아니라 하나님, 그리스도, 하나님의 아가페 및 하나님의 영이시다. 그리스도의 아가페에 의해서 강권받아(고후 5:4) 혹은 성령에 의해서 인도되어(갈 5:18) 기독교인은 이제 하나님의 일을 수행하며 성령의 열매를 맺는다. 하지만 성령의 열매는 무엇보다도 먼저 사랑이다(갈 5:22). 그래서 바울이 최초와 최후로 하는 말은 하나님과 그리스도의 아가페이다. 하나님의 사랑은 인간을 위하여 아낌없이 자신을 내어주며 희생하고, 사람을 찾아내어 그의 마음 속에 부어지고, 그의 생활 속에서 성령의 열매를 맺는다. 그리하여 하나님의 사랑은 처음부터 끝까지 모든 것을 지배한다.

제7절 그노시스(영적 지식)와 아가페(사랑)

우리는 바울이 자신의 서신들에서 아가페 개념에 중심적인 중요성을 부여했다는 것에 대해서 별다른 증거를 가지고 있지 못하다. 그럼에도 불구하고 우리는 고린도전서 13장에 있는 "아가페 찬가"(Hymn to Agape)에 근거하여 아가페 개념이 그의 사상에서 지배적인 위치를 가졌다고 결론맺을 수 있다. 바울에게선 기독교적 삶의 어떤 측면도 아가페에 비견될 만큼 논의된 적이 없다. 물론 그는 믿음과 소망을 아가페와 병립시킨다. 하지만 아가페 찬가의 전체구조를 보면 바울이 가장 중시하는 것이 사랑임을 알 수 있다. 분명히 "이것들 중에서 제일은 사랑이라"는 말이 그렇게 말하고 있다. 바울은 사랑이 "훨씬 더 훌륭한 길"이라고 말하면서 이것을 보여주겠다고 제안한다(고전 12:31). 또한 바울이 그 찬가를 마친 후에 권면한 첫마디는 바로 "사랑을 따라 구하라"이다(고전 14:1).

하지만 우리는 지금 아가페 개념이 바울에게서 중심적이었다는 증거를 더 얻기 위해서 이 구절에 관심을 기울이는 것이 아니다. 오히려 아가페 찬가는 아가페 개념을 당대의 광범위한 종교적 맥락 안에서 보여주기 때문에 우리의 당면목적을 위해서 중요하다. 당대에 유행하던 종교혼합주의 영향은 이방 기독교회까지도 여러 모로 영향을 미쳤다. 바울의 아가페 교훈은 이방 기독교회 안에서 그러한 분위기와 부닥쳤다. 이것은 방언과 영적 지식(gnosis) 등과 같은 은사들을 중요시한 고린도교회에서 특별히 그랬다. 이 모든 것들은 헬레니즘의 종교사상의 일반적 경향에 비추어 보아야만 올바르게 이해된다. 여기서 우리는 (어떤 의미에선 역사상 처음으로) 아가페 동기와 에로스 동기가 — 더 조심스럽게 표현하자면 — 아가페와 그노시스(Gnosis)가 실지로 만난 것을 목도(目睹)할 수 있다.

바울이 여기서 언급하는 "그노시스"(知識)의 정확한 본성에 대해선[18] 여러 가지 의견이 가능하다. 하지만 아무도 바울의 논쟁적 어조를 오해할 수 없다. 도처에서 바울은 스스로 분명한 "지식"(gnosis)을 소유하고 있다고 주장할 수 있다. 또한 그는 고린도 신자들이 지식을 풍성하게 부여받은 것에 감사한다. 게다가 그는 지식을 "카리스마"(charismata, 恩賜) 중의 하나로 인정한다(고후 11:6, 고전 1:5, 12:18). 하지만 이 고린도전서 13장에는 상이한 두 가지 "길들"이 상호 대립하고 있다. 즉 하나님과의 교제에 확연히 다른 두 가지 종류가 있어서 서로 대비된다. 한편에는 헬레니즘에 전형적인 지식적-신비적인 "하나님을 본다"(vision of God)는 사상이 있고, 다른 편에는 원시기독교-바울적인 아가페의 길이 있다. 바울은 고린도전서 8장의 초반부에서 "지식은 교만하게 하며 사랑은 덕을 세운다"는 간단한 말로 두 길의 특성을 나타내어 두 길 사이의 반대현상을 이미 지적했다. 바로 이 주제가 고린도전서 13장에서 재론(再論)되어, 그노시스는 "부분적인" 것에 속하여 "없어지게" 되지만 아가페는 믿음과 소망과 더불어 영원히 "있을 것"이라고 한다(8-10, 13절).

그러면 여기서 그노시스와 대립되는 아가페의 의미는 무엇인가? 이 문제에 대해서 많은 의견들이 서로 갈린다.

하르낙(A. von Harnack)에 의하면, 여기서 아가페는 본질적으로 이웃사랑을 의미한다고 한다. 물론 그는 바울이 이웃사랑을 하나님 사랑과 불가분리한 것으로 생각했음을 잘 안다. 그럼에도 불구하고 하르낙은 고린도전서 13장에 언급된 아가페를 기독교인의 이웃사상과 동일시한다. 이것에 기초하여 하르낙은 "아가페 찬가"의 의미에 대한 자신의 견해를 요약한다. 그는 그 찬가의 종교사적인 의미를 다음과 같이 말한다. "바울은 긍정적인 면에선 지성적이면서도 동시에 신비주의와 신성한 예식들에 사로잡혀 있는 문명 가운데서 이웃사랑에 대한 예수의 근본 사상을 만인이 이해할 수 있는 말로 유쾌하게 설명했다. 사랑 즉 이웃 사랑은 세상에서 제일 좋은 것이다. 그것은 폐하지 않고 영원하기 때문이다. 그것은 획득가능한 모든 선물이나 모든 종류의 지식을 능가한다. 또한 그것은 종교적 덕목인 믿음이나 소망과 견줄 수 있거나 그 이상이다. 이와같이 평범하고 꾸밈없는 도덕이 종교 자체의 본질로서 계시된다. 예수 자신의 경우처럼, 종교는 천상으로부터 인간적인 필연적인 영역에 내려오지만 그것의 거룩한 성격은 상실되지 않는다."[19]

라이첸쉬타인(R. Reitzenstein)의 해석은 이것과 정반대이다.[20] 그는 여기서 아가페가 본질적으로 하나님 사랑이라고 한다. 사실 그 찬가의 처음 부분(4-6절)에선 아가페가 기독교인의 이웃 사랑을 나타내기 위해서 사용되었다. 하지만 찬가의 끝부분(13절)에선 아가페가 내세까지 이르는 것들 중에서 가장 위대한 것으로 묘사되기 때문에 여기서 아가페는 하나님에 대한 사랑일 수밖에 없다. 이웃사랑이 아니라 하나님 사랑만이 믿음이나 소망과 함께 묶여져서 찬가의 마지막 공식문구의 통일체를 형성할 수 있다.

라이첸쉬타인은 이 장(章)의 주석적 곤란을 해결하기 위해서 하나의 가설을 제안한다. 그는 고린도교인들이 πίστις(피스티스), ἀλήθεια(알레테이아) 즉 γνῶσις(그노시스), ἔρως(에로스) 및 ἐλπίς(엘피스) 다시 말해서 신앙, 진리 즉 지식, 에로스 및 소망의 네 요소들로 구성된 공식문구를 사용했다고 가정한다. 바울은 그것에다가 "믿음과 소망과 사랑"이라는 자신의 삼중적 공식문구를 의도적으로 대립시켰다고 한다. 이 셋만이 항상 있을 것이다. 고린도 신자들은 자신들의 지식을 자랑했으나, 바울은 그들에 반대하여 "지식"에 근거한 "진리"를 제거한다. 왜냐하면 우리의 지식은 부분적일 뿐이며 폐하고 말 것이기 때문이다. 그래서 본래의 공식문구에서 세 요소들만이 남는다. 그러나 바울은 그 안에서 한 가지를 더 변경해야 한다. 즉 그는 ἔρως(에로스)를 ἀγάπη(아가페)로 바꿔야 한다. 이것은 "사랑"이 처음으로 이웃 사랑의 방향으로 재해석되었음을 의미한다. 그런데 이 이웃사랑 개념은 원래 헬라적 신비주의엔 없는 것이었다.[21] 동시에 바울은 헬라주의자들처럼 "하나님 안에서 내세까지 살아남는 사랑은 모든 것을 견디는 이웃사랑이 아니라 하나님 사랑일 수밖에 없다"고 생각했다.[22] 이것은 아가페 찬가가 처음엔 이웃사랑으로 시작해서 마지막엔 하나님 사랑으로 끝나는 이유를 설명해 준다.

우리가 바울의 아가페 개념에 대해서 이미 살펴본 내용에 비추어 볼 때, 이 두 가지 해결책은 실제로 어려움을 해결하지 못하는 것 같다. 하르낙의 해석은 분명히 잘못이다. 바울은 기독교인이 실천하는 아가페에 대해서 말할 때 주로 이웃사랑의 주도적인 역할에 대해서 생각한다. 이것은 물론 사실이다. 왜냐하면 바울은 하나님에 대한 인간의 아가페를 말하는 데 어려움을 겪기 때문이다. 또한 고린도전서 13장에 실려있는 아가페의 특이한 특색들은 분명히 기독교인의 이웃사랑으로부터 취해졌을 것이다. 하지만 바울이 이웃사랑을 이렇게 중요시하는 이유는 하르낙이 제시하는 이유와는 다르다. 계몽주의의 신학자는 종교의 본질이 "꾸밈없는 평범한 도덕으로 계시된다"고 생각하지만, 분명히 바울은 계몽주의 시대의 신학자가 아니다. 바울에게서 아가페는 "종교적 덕성들과 나란하거나 그것들을 능가하는" 기초적인 "도덕"이 아니다. 또 "종교는 천상으로부터 인간적 필연적 영역에 내려오지만 그것의 거룩한 성격은 상실되지 않는다"고 하는 판단은 예수는 물론이고 바울에게도 별로 타당하지 못하다. 정반대적 판단이 그 특징에 더 가까울 것이다. 즉 예수와 바울에게선 시종일관 신중심적 경향이 지배적이다.

비교적 라이첸쉬타인의 해석이 바울의 견해에 훨씬 근사한 것 같다. 라이첸쉬타인은 집약적인 연구로써 바울의 아가페 찬가를 어느 해석가보다 더 명쾌하게 해석했다. 특별히 라이첸쉬타인은 아가페 찬가에서 울려나오는 논쟁적 특징을 더 이상 놓치지 못하게 만들었다. 아가페가 그노시스와 대결한다. 즉 그노시스는 본질적이며 항존하는 것에 대해서 언급하는 공식문구에서 제거된다. "이것은 비헬라적이지만 진정한 기독교와 바울의 사상이다. 바로 이 반(反)헬레니즘 투쟁처럼 사도 바울과 우리 사이가 가까운데는 없다."[23] 물론 우리는 라이첸쉬타인의 해석이 그 자신도 인정하듯이 하나의 가설에 불과함을 간과해선 안된다.[24]

하지만 라이첸쉬타인이 가정한 사중적(四重的) 공식문구의 사실성 문제가 어떻든지간에,[25] 그는 바울이 헬레니즘을 반대한 핵심적인 목적을 똑바로 파악한 것 같다. 그러므로 우리는 라이첸쉬타인의 결론적인 요약문을 여기에 인용하겠다. 그것은 특별히 실제적인 입장을 조명해준다. "이 가설이 바울에 관하여 지니는 의미는 간단히 다음과 같다. 첫째, 바울에게 있어서 $\dot{\alpha}\gamma\dot{\alpha}\pi\eta$(아가페) $\pi\iota\sigma\iota\varsigma$(피스티스) 및 $\dot{\epsilon}\lambda\pi\iota\varsigma$(엘피스)란 용어들의 각각은 이미 고정된 의미와 중요성을 당연히 가지고 있었을 것이다. 만일 바울이 헬라적인 공식문구에서 공격할 때 그 공식구에서 — 플라톤을 인용할 필요도 없이 모든 헬라적 신비주의에 유행한 개념인 — $\ddot{\epsilon}\rho\omega\varsigma$ $\theta\epsilon o\hat{\upsilon}$(하나님의 에로스)나 $\ddot{\epsilon}\rho\omega\varsigma$ $\theta\epsilon\hat{\iota}o\varsigma$(신적인 에로스)라는 용어를 발견했다면, 그는 이 용어를 $\dot{\alpha}\gamma\dot{\alpha}\pi\eta$(아가페)라는 말로 옮길 수밖에 없었을 뿐만 아니라 이 용어가 기독교인들에게 이중의미를 지니고 있음을 강하게 의식했기 때문에 부득이 이웃사랑에 대한 전반적인 권면을 끌어왔을 것이다. 이 문제도 바울에겐 굉장히 중요한 문제였다. 그가 이해하는 '믿음'의 의미는 보편적으로 알려져 있었다. 또한 바울은 그 공식문구에서 처음으로 소망의 가치를 배운 것도 아니다. 중요한 것은 바울이 그 공식문구의 일부 용어들을 받아들인 점이 아니라 그것들을 사용하여 헬라적인 그노시스(知識)에 대한 과대평가와 투쟁한 점이다."[26]

라이첸쉬타인은 바울의 아가페 찬가의 헬라적 배경과 논쟁적 성격을 훌륭하게 설명했다. 그럼에도 불구하고 우리는 라이첸쉬타인이 아가페를 하나님에 대한 사랑과 동등하다고 해석하는데 동의할 수 없다. 물론 라이첸쉬타인 자신은 이러한 해석을 자기의 가설 전체의 요점이라고 생각했지만 말이다. 라이첸쉬타인의 말을 들어보자. "나는 사랑이 죽음 저편까지 지속된다는 해석을 주장하는 모든 사람들과 더불어 다음과 같은 결론을 내린다. 그렇다면 그 사랑은 더 이상 모든 것을 참으며 오래 견디는 평화적인 이웃사랑이 아니라 하나님 사랑이다. 그리고 사랑은 바로 하나님 사랑에서 완전해진다."[27] 하지만 라이첸쉬타인은 바울의 "믿음 소망 사랑"의 공식구와 가설적인 헬라적 공식구를 연관시켰기 때문에 이런 오해를 범하게 되었다. 그의 논법은 대략 다음과 같다. 즉 그노시스와 아가페 사이에 충돌이 일어난다. 아가페는 기독교인의 이웃사랑을 반드시 고려하게 만든다. 하지만 이웃사랑에 대한 무관심이 헬라적인 그노시스의 한 특징이다. 그런데 바울은 "유대인으로서 더욱이 예수를 따르는 자로서 도저히 하나님 사랑에서 이웃사랑을 분리할 수 없다. 이웃사랑은 하나님 사랑에 필수적인 보완물이기 때문이다. 그러므로 바울은 $\ddot{\epsilon}\rho\omega\varsigma\ \theta\epsilon o\hat{v}$(하나님의 에로스)라는 개념을 '아가페'라는 새로운 불확정적 개념으로 확대하고 이 사랑의 대상들을 더 이상 구별하지 않는다. 그러나 바울도 이 $\dot{\alpha}\gamma\dot{\alpha}\pi\eta$(아가페)가 하나님 사랑(love to God)이므로 항존자($\mu\acute{\epsilon}\nu o\nu\tau\alpha$)요 불멸자($\sigma\tau o\iota\chi\epsilon\hat{\iota}\alpha$)들 안에 포함된다고 본다."[28]

이 논법은 잘못된 것이다. 라이첸쉬타인은 바울이 그의 사랑 개념에 이웃사랑을 포함시키려고 에로스 개념을 확대하여 아가페 개념을 얻었다고 주장한다. 하지만 라이첸쉬타인은 내세에까지 지속되는 사랑에 대해선 이 새로 첨가된 보충적인 사랑 개념을 배제해야 한다고 주장한다. 그렇게 되면 바울에게 남는 것은 신(神)에 대한 욕구나 갈망뿐이다. 이것은 지극히 헬라적인 사고방식이다. 여기서 라이첸쉬타인은 (위에서 지적한) 그 자신의 통찰을 망각해 버렸다. 즉 라이첸쉬타인은 바울이 헬라적 공식구를 접하기 전에 이미 아가페(ἀγάπη)란 말의 의미와 중요성을 확고하게 파악하고 있었음을 통찰했다. 따라서 바울은 에로스 개념을 "확대해서" 아가페 개념에 도달한 것도 아니고 경우에 따라 폐기될 수 있는 어떤 것을 헬라적인 사랑 개념에 첨가하여 아가페 개념에 도달한 것도 아니다. 설혹 바울의 공식구가 헬라적 공식구에 반대해서 생겼다고 가정하더라도, 현실적으로 바울은 에로스를 고쳐서 아가페라고 부른 것이 아니라 에로스를 완전히 버리고 아가페를 그 자리에 두었다. 그때 바울은 이미 아가페의 의미에 대해서 확고하게 알고 있었다. 바꿔 말하면 바울은 고린도전서 13장에서 헬라적인 그노시스와 에로스를 공격하기 위해서 아가페 개념을 사용했다. 그리고 이 개념은 우리가 앞에서 논의하고 분석한 것과 정확하게 동일하다.

하르낙은 아가페 개념을 도덕적으로 해석하여 이웃사랑과 동일한 의미로 보는 반면, 라이첸쉬타인은 아가페를 헬라적인 방식으로 해석하여 하나님에 대한 사랑이라고 보았다. 하지만 두 가지 해석 모두가 만족스럽지 못하다. 흔한 경우이지만, 여기서 두 해답들은 잘못된 전제에 의존했기 때문에 모두 오류를 범한다. 그 전제는 그 답변들의 질문에 이미 포함되어 있었다. 양자는 아가페를 하나님에 대한 사랑이거나 이웃에 대한 사랑이라고 전제했다. 하지만 이러한 양자택일은 적어도 바울적인 아가페 개념에 관해선 그릇된 생각이다.

물론 헬라적인 에로스 이론에서 사랑이란 이 둘 중에서 하나님에 대한 사랑 즉 하나님에 대한 동경(yearning) 뿐이다. 왜냐하면 에로스의 맥락에선 이웃사랑이 존재할 수 없기 때문이다. 하지만 바울의 아가페 안에도 이런 종류의 "양자택일"(either-or)이 개재되어 있다고 전제하는 것은 잘못이다. 바울에게 있어서 아가페는 그 자체의 가치와 의미를 지니고 그 대상에 전혀 구애받지 않는다. 즉 아가페란 단어가 나올 때마다 그것의 대상이 누구인가를 질문할 필요가 없다. 아가페는 근본적으로 하나님 자신의 사랑이며, 이 사랑은 본성적으로 충만하게 넘쳐서 자기를 내어준다. 이러한 하나님의 사랑은 이제 "우리에게 주신 성령으로 말미암아 우리에게 부어진다"(롬 5:5). 그렇게 함으로써 하나님의 생명이 인간의 심층적인 본성을 차지한다. 이때부터 기독교인은 "그리스도 안에서" 살며 그리스도가 그의 안에서 살아 역사한다. "그리스도의 아가페에 의해서 속박을 받으며" "성령의 인도를 받는다." 그리고 그의 마음 속에 부어진 사랑의 물은 이웃에게 흘러간다. 이 사랑은 "모든 것을 참으며 모든 것을 믿으며 모든 것을 바라며 모든 것을 견딘다"(고전 13:7). 사랑은 그 본성상 둑에 갇힐 수 없으며 반드시 그 이웃에게로 흘러간다. 왜냐하면 사랑은 "자기의 유익을 구하지 아니하기" 때문이다(5절). 아가페가 나타나는 모습들은 다양하지만 그 실체는 언제나 동일하다. 그것은 단순한 인간적 사랑이 아니라 하나님 자신의 생명으로부터 유출된 것이다. 이 신성한 아가페가 바울의 아가페 찬가의 주제이다. 바로 이것이 "언제까지든지 떨어지지 아니하는" 아가페이다. 아가페는 그노시스가 모든 "부분적"인 것들과 함께 사라질 때에도 여전히 "항존(恒存)한다"(8-13절).

여기서 아가페의 대상이 하나님인지 이웃인지에 대한 문제는 더 이상 발생하지 않는다. 그것은 단순히 아가페이며 스스로 빛나는 아가페의 생명이지 그 대상으로부터 얻는 어떤 함축성과는 무관하다.

그러므로 라이첸쉬타인은 내세까지 "지속되는" 아가페가 "모든 것을 견디며 오래 참는 평화로운 이웃사랑"이 아니고 신적(神的) 생명을 갈망하는 하나님 사랑이라고 말할 리가 없다.[20] 이런 종류의 이웃사랑은 결국 하나님의 아가페가 흘러나온 것이다. 따라서 그러한 이웃사랑은 영원히 존속될 것이다. 반면에 하나님 사랑은 하나님을 동경하는 **욕망**(*Gottessehnsucht*)으로서 본질상 인간의 동경과 열망의 표현이다. 이러한 인간의 열망은 그노시스나 기타의 모든 "부분적인" 것들과 더불어 "온전한 것이 이를 때"(10절) 폐하여질 운명이다. 인간의 사랑은 없어질 것인가 아니면 영원히 지속될 것인가? 이 문제의 결론은 그 사랑의 대상이 이웃인지 혹은 하나님인지에 의해서 결정되는 것이 아니라 그 사랑이 인간적인 것인지 혹은 하나님의 자신의 사랑에서 기원하여 신적(神的)인 사랑을 닮은 것인지에 의해서 결정된다. 만일 후자처럼 사랑의 기원이 하나님께 속한다면, 그 사랑은 그 대상과 상관없이 영원히 지속될 것이다. 바울이 "아가페는 언제까지든지 없어지지 않는다"(8절)고 말할 때 그가 염두에 둔 것은 이러저러한 종류의 아가페가 아니라 아가페 자체 즉 하나님에게서 기원하는 모든 아가페이다.

이 해석만이 바울의 아가페 찬가의 의미상의 통일성을 보장한다는 사실이 이 해석의 정확성을 보증한다. 라이첸쉬타인은 아가페 찬가가 하나님 사랑과 이웃사랑 사이에서 우연적이고 혼란스러운 동요만을 보여줄 뿐이라고 해석한다. 내세까지 지속되는 조건들을 충족시키는 것은 오직 하나님 사랑 뿐이다. 하지만 바울에겐 이웃사랑도 현세생활을 위해서 매우 필요하고 중요하다. 그래서 라이첸쉬타인은 바울이 하나님 사랑과 이웃사랑 사이를 동요한다고 해석한다. 찬가에 내재하는 "사고의 연관성"에 관한 라이첸쉬타인의 이론에 의하면, 바울은 하나님 안에서 내세까지 지속되는 사랑이 (모든 것을 견디는) 이웃사랑이 아니라 오직 하나님 사랑임을 인정할 수밖에 없을 것이다. 그러나 바울은 유대교나 정통 기독교에서 이웃사랑의 명령적 요구를 배웠다. 그리고 그는 고린도인들에게 그 이웃사랑이 새로운 어떤 것 즉 현세에서 나타내는 하나님 사랑의 필수적인 표현이라고 가르치길 원했다. 그래서 바울은 찬가의 주요부에서 영감어린 언어로 이 이웃사랑만을 묘사한다. 그럼에도 불구하고 그는 끝에 가서 사랑이 항존한다고 말한다. 이것은 분명히 불명확하다.[30] 그것은 참으로 불분명하기에 바울이 그랬다고 도저히 믿겨지지 않는다. 라이첸쉬타인의 주장은 바울이 하나님 사랑만이 항존한다고 믿을 수밖에 없었음에도 불구하고 이웃사랑에 대한 관심이 매우 컸기에 그것만을 사랑으로 묘사하고 마침내 그것의 일시성에도 불구하고 항존성을 천명했다는 점이다. 결과적으로 라이첸쉬타인의 주석이 이러한 "불명확성"에 빠져든 이유는 분명히 그 잘못된 전제 때문이다. 그는 하나님 사랑이냐 이웃사랑이냐 하는 양자택일을 전제함으로써 오류에 빠졌다. 하지만 바울의 전제는 사랑의 대상이 아니라 사랑의 본성과 근거이다. 참된 아가페 사랑만이 하나님 안에 근거하고 있다. 또한 바로 그 이유 때문에 아가페 사랑만이 "항존하는" 것에 속한다.

바울의 아가페 찬가에 대해서 무어라고 언급하든지간에, 거기서 우리는 기독교의 아가페 동기와 헬레니즘의 정신의 첫 만남을 분명하게 발견한다. 여기서 헬라 정신은 그노시스(知識)의 형태로 나타난다. 하지만 그노시스는 에로스 동기의 다른 이름에 불과하다. 무엇보다도 바로 이 사실 때문에 고린도전서 13장이 기독교의 아가페 개념의 역사에서 비상한 관심을 끌게 된다. 바울은 매우 예리하게 아가페 개념과 헬라적 사랑 개념 사이의 대립을 감지하여 표현했다. 헬라적인 사랑 개념이 에로스로 불리든 그노시스로 불리든, 그 둘은 결국 동일한 것이 된다. 에로스는 초감각계와 그 아름다움을 보는 지복(至福)을 동경하고 갈망하는 것이다. 그노시스는 이러한 "신적 관상"(vision of God) 자체에 다름 아니다. 바울은 고린도전서 13장에서 이러한 사랑이나 이 신적 관상을 단호하게 거부한다. 그노시스-에로스와 아가페는 피상적으로 보면 대단히 유사한 개념이다. 하지만 바울은 그 두 개념들 사이의 근본적인 구조적 차이를 놀랍도록 예민한 감각과 정확한 필치로 폭로했다. 그노시스는 자기중심적(egocentric)이며 아가페는 신중심적(theocentric)이다. 바울에게 있어서 이 차이점은 절대적인 것이다. 한쪽에 적용되는 것은 다른 쪽에 적용되지 않는다. 바울은 그노시스가 교만하게 하며 아가페는 교만하지 않다고 말한다(ἡ γνῶσις φυσιοῖ, ἡ ἀγάπη οὐ φυσιοῦται, 고전 8:1, 13:4). 아가페는 자기의 유익을 구하지 않으며 "덕을 세우려" 애쓴다. 바울은 이것에서 상이한 영적인 은사들의 가치를 판단하는 기준을 얻는다. 그는 방언을 말하기보다 예언의 은사를 더 높게 평가하는 이유를 다음과 같이 설명한다. "방언을 말하는 자는 자기의 덕을 세우고 예언하는 자는 교회의 덕을 세우느니라"(고전 14:4).

바울은 기독교의 아가페 개념을 십자가의 아가페라고 말함으로써 아가페 개념에 최상의 그리고 (어떤 의미에선) 궁극적인 표현을 주었다. 또한 바울은 아가페를 유대교의 율법적 경건이나 헬레니즘의 에로스 경건으로부터 분명히 구별한다. 십자가는 유대인에게는 거리끼는 것이요 이방인에게는 미련한 것이기 때문이다(고전 1:22이하). 따라서 바울은 아가페를 선포함으로써 두 전선(戰線)에서 투쟁해야만 했다. 그 둘 중에서 대(對)율법 투쟁이 서신들의 많은 분량을 차지한다. 하지만 둘째 전선에서 헬라적인 에로스 종교와 벌이는 투쟁에 대한 기록상의 증거도 부족하지 않다. 특히 고린도전후서에 그런 내용이 기록되어 있다. 물론 바울 사상의 어떤 측면들은 당시의 헬라적인 개념들로 소급될 수도 있다. 하지만 우리가 그 근본 동기로 돌아가보면 헬레니즘 종교에 대한 바울의 태도가 본질적으로 부정적이라는 점을 전혀 의심할 수 없다.

바울은 아가페 동기를 견지하려고 투쟁할 때 절대로 타협하지 않았다. 바울의 종교관에 상당한 헬레니즘의 영향이 있다고 평가하는 경향의 학자들도 그 점에 대해선 인정한다.[31] 아가페 동기와 헬레니즘의 에로스종교 사이의 충돌은 고린도전서 13장에서 그 절정에 도달했다. 거기서 바울은 영감어린 언어로 아가페가 "훨씬 더 훌륭한 길"이라고 격찬하고 그노시스와 그밖의 불완전한 인간적 업적들이 모두 사라져도 아가페는 지속될 것이라고 말한다.

라이첸쉬타인은 바울이 (고린도 교회에 유행했던) "믿음과 그노시스와 에로스와 소망"이란 헬라적 공식구를 대치하기 위해서 그것에서 그노시스를 제거하고 에로스를 아가페로 대치하여 "믿음과 소망과 사랑"이란 공식구를 만들었다는 가설을 제안했다. 우리가 라이첸쉬타인의 가설을 수용한다면, 이것은 바울이 우리의 연구문제를 알았으며 그것을 정확히 우리가 진술한 그대로 "아가페와 에로스"라는 형태로 논했음을 의미할 것이다. 그것이 어떻든지간에, 바울이 어떤 형태로든 이 문제를 잘 알고 있었던 점은 의심할 여지가 없다. 왜냐하면 그는 아가페 개념의 기독교적 의미를 가장 명쾌하게 설명했고 그것과 헬라적인 에로스 종교의 차이를 분명하게 논했기 때문이다. 하지만 이후의 역사에서 기독교적 사랑의 의미에 개념적인 특징을 부여한 것은 바울이 선포한 아가페가 아니었다. 바울이 배척했던 그노시스-에로스 종교가 후기 고대사상의 의식에 너무 깊이 뿌리내리고 있어서 쉽게 뽑혀지지 않았다. 하지만 바울의 아가페 개념은 비록 즉시 보편적으로 수용되진 못하였으나 기독교의 사랑 동기를 에로스 동기적으로 해석하려는 모든 노력에 반대하는 강력한 보루가 되었다. 바울의 영향이 후대 역사에서 — 마르키온(Marcion)이나 어거스틴이나 루터나 기타의 경우에 — 강하게 나타날 때마다, 우리는 그것이 항상 아가페 동기의 갱신과 연관된다는 점을 발견한다.

주

1) W.Wrede, *Paulus*, 1904, p.104

2) Op.cit., p. 95.

3) 참조: *Festgabe für Adolf Jülicher*, 1927, pp. 80ff. 에 있는 G.P. Wetter, *De Damaskusvision und das paulinische Evangelium*.

4) *Festgabe für Adolf Jülicher*, 1927, p. 14에 있는 W. Sattler, *Die Anawim im Zeitalter Jesu Christi*.

5) 이것이 바울 자신이 자기를 형용한 말인지는 여기서 중요한 문제가 아니다.

6) 참조: *Nachrichter von der Königlicher Gesellschaft der Wissenschaften zu Göttinger Philol. hist. Kl.* (1916)에 있는 R. Reitzenstein, *Die Formel 'Glaube Liebe, Hoffnung,' bei Paulus*, p. 383. "이 단어의 역사는 여기서 특히 흥미가 있다. 아가페는 근본적 종교적 대념에 관한 것이며, 특히 기독교에 속한 말이며, 기독교 문헌에서 신속히 지배적 지위를 가졌기 때문이다. 이 용어는 기독교가 만든 것이 아니며 (Passow-Crönert를 참조), 헬라문화권의 유대교가 만든 것이 아니다. 다만 70인역에서 고립된 구절들에서 나타나며(Deissmann이 *Neue Bibelstudien*, p. 27에서 밝히듯이) Philo의 *Quod Deus immut.*, 69에서 '하나님께 대한 사랑'이라는 뜻으로 사용되며, 후에 기독교에서, 예컨대 요일 4:18에서 사용된 것과 완전히 같은 관련하에 사용되었다. 그러나 여기서는 고립된 대로 있다. 이 용어가 그 위대한 발전을 하게 되는 것은 기독교의 어휘에 채용된 후였다."

7) P. Feine, *Der Apostel Paulus*, 1927, p. 6.

8) 스웨덴 성경에 있는 롬 5:7(영역자).

9) 그러므로 바울이 믿기에는 사랑은 은혜와 같다. 이 둘을 예리하게 구별하는 것은, 예컨대 O. Moe의 *Apostelen Paulus' forkyndelse og laere*, 1928에서와 같이, 철저한 오해다. Moe는 말한다: "은혜($\chi\acute{a}\rho\iota\varsigma$)는 하나님이 죄인에게 공로가 없어도 주시는 총애를 가리키는데, 아가페는 이 총애에 더 깊은 이유가 있다는 것을 가리킨다. 아가페에는 가치 인정이 즉 그 대상을 높이 인정하는 것이 포함된다"(pp. 77-78). 이런

구별은 아가페의 가장 독특한 방면을 즉 그 자발성은 무동기성을 박탈한다.

10) Nietzsche, *Jenseits von Gut und Böse, Viertes Hauptstück*, p. 78.

11) 율리허의 말은 본서 pp. 85이하에 있음.

12) 참조: E. Eidem, *Det kristna linet enligt Paulus*, I., 1927, pp. 182-185; A. Juncker, *Die Ethik des Apostel Paulus*, II., 1919, pp. 13-19; H. Lietzmann, *Handbuch zum Neuen Testament*, ix(2nd edn.), p. 68.(하나님께 대한 사랑이라는 의미로 agapao라는 동사를 쓴 구절들이 있다: 롬 8:28; 고전 2:9;8:3;엡 6:24. 영역자의 주).

13) E. Eidem, Op.cit., p. 184.

14) E. Eidem, Op.cit., p. 189.

15) 이것을 "바울의 그리스도 신비주의"라고 하는 때가 있지만, 이 말과 이와 비슷한 어구는 뜻이 모호하며, 여기서 쓰기에는 부적당하다.

16) K. L. Schmidt, *Der Apostel Paulus und die antike Welt*(*Vorträge der Bibliothek Warburg*, 1924-1925), pp. 60f. "혼인과 금욕주의에 대해서 바울은 어떤 태도를 취하는가? 이혼에 대해서 느슨한 생각을 한 랍비들이 많았지만, 고전 7장에 있는 바울의 혼인에 대한 말은 매우 비(非)유대교적이다. 그러나 당시의 신(新)피타고라스 사상의 정신과 완전히 조화된다. 즉, 금욕생활이 더 가치가 있다. … 바울과 스토아 사상은 엄격한 금욕생활보다 고요한 절제(節制)가 적절하며, 이것은 모든 생활상태에 적용된다고 한다. 여기서 스토아와 바울의 견해는 매우 일치한다."그러나 "바울과 스토아 철학자들은 그 사상의 배경이 완전히 다르다"고 슈미트는 역설한다. 가장 큰 차이는 위에서 언급한 사랑에 대한 요구에 있다. 남자는 자기의 정신적 유익을 포기하라고 하는데, 이것은 스토아의 입장에서는 생각할 수 없는 일이다.

17) 참조. 본서 5장 주 22에 있는 M. Scheler의 견해. 그는 기독교의 사랑은 "정신적이며 이상적인 인격"에 대한 것이며, 나의 사랑을 나 자신이나 "다른 사람"을 대상으로 하는가는 중요하지 않은 문제라고 한다. "타인을 위해서 자기의 영혼의 행복을 포기하는 것은 기독교인으로서는 죄다." 이웃에 대한 관심은 결코 기독교의 사랑에 독특한 것이 아니며, 그러므로 기독교는 모든 "이기주의"와 본질적으로 다른 "자기 사랑"을 인정하며 또 인정해야 한다. Scheler의 이런 생각은 바울이 이해한 기독교와는 아무 관계도 없는 것이다.

18) 참조: A. Fridrichsen, *Gnosis: Et bidrag til belysning av den paulinske terminologi og erkjennelseteori*(*Religionshistoriska studier, tillägnade E. Lehmann*, 1927), pp. 85ff.

19) A. v. Harnack, *Das Hohe Lied des Apostel Paulus von der Liebe* (*I Cor xiii*)*und seine religionsgeschichtliche Bedeutung* (*Sitzungsberichte der **Königl**. Preussischen Akademie der Wissenschaften*, 1911, Bd. I., pp. 161f.). — cf. A.V. Harnack, *Über den Ursprung der Formel 'Glaube, Liebe, Hoffnung?*(*Aus der Fiedens-und Kriegsarbeit*, 1916, p. 3ff.).

20) Cf. R. Reitzenstein, *Historia Monachorum und Historia Lausiaca: Eine studie zur Geschichte des Mönchtums und der früchristlichen Begriffe Gnostiker und Pneumatiker*, 1916, pp. 100ff., 242ff. — R. Reitzenstein, *Die Formel 'Glaube, Liebe,*

Hoffnung' (Historische Zeitschrift, Bd. 116, 1916, pp. 189ff.) — R. Reitzenstein, *Die Formel* *'Glaube, Liebe, Hoffnung' bei Paulus: Ein Nachwort(Nachrichter vou der Königl.* *Gesellschaft der Wissenschaften Zu Göttingen, Philol-hist. Kl.,* 1917, pp. 130ff.). R. Reitzenstein, *Die hellenistischen Mysterienreligionen nach ihren Grundgedanken und Wirkungen,* 3, aufl., 1927, pp. 383ff.

Cf. also E. Lehmann and A. Fridrichsen, *I Cor. xiii, Eine christlich-stoische Diatribe(* *Theol. Studien and kritiken,* Jahrg. 94, 1922, pp. 55ff.). — P. Corssen, *Paulus und Porphyrios*(Socrates, Bd, 73, 1919, pp. 18ff.). — H. Lietzmann, *Handbuch zum Neuen Testament,* Ix., 2, Aufl., 1924, pp. 326ff.— C. Clemen, *Religionsgeschichtliche Erklärung des Neuen Testaments,* 2. Aufl, 1924, pp. 326ff. — R. Gyllenberg, *Pistis,* 1922, II., pp. 23f. — G. Rudberg, *Hellas och Nya testamentet,* 1929, pp. 118, 149ff. — A. Schweitzer, *Die Mystik des Apostel Paulus,* 1930, pp. 295ff.

21) Reitzenstein, *Historia Monachorum und Historia Lausiaca,* 1916, p. 102.

22) *Historische Zeitschrift,* vol. 116, p. 206.

23) Reitzenstein, *Die hellenistischen Mysterienreligionen,* 1927, p. 391.

24) " … 이것은 내가 제출해야 할 질문이지만, 확정적인 대답은 할 수 없다" (*Historia Monachorum,* p. 100). "이런 추측의 가능성이 증명되었으므로, 적어도 모든 방면에서 인정되는 난점(難点)들에 대해서 진정한 해석이 다른 해결을 제공할 때까지는 과학적 가설로서의 가치가 있다"(*Nachrichten v. d. Königl. Ges. der Wissenschaften zu Göttingen,* 1916, pp. 413f).

25) Cf. J. Moffatt, *Love in the New Testament,* 1929, p. 185: "헤르메스(Hermes) 사상이나 다른 곳에서 이런 어구의 근원을 찾는 것은 무익한 일이다." 또 p. 186f. 에서: "그러므로 사도 자신의 자발적인 마음 이외에 '믿음과 소망과 사랑'이라는 표현의 근원을 상상할 필요가 없다." — cf. C. Clemen, *Religionsgesch. Erklärung des N.T.,* pp. 329f: A. Schweitzer, *Die Mystik des Apostels Paulus,* p. 297.

26) *Nachrichten v.d Kgl. Ges der Wissenschaften zu Göttingen,* 1916.

27) *Historische Zeitschrift,* vol. 116, 1916, p. 193.

28) *Historia Monachorum,* p. 255.

29) Cf. also *Nachrichten v.d. Kgl. Ges. der W. zu Göttingen,* 1916, p. 407: "여기서 묘사된 모든 것을 참으며 모든 것을 견디는 이웃사랑은 내세에는 참으로 있을 자리가 없다."

30) *Historische Zeitschrift,* vol. 116, p. 206f.

31) Cf. Reitzenstein, *Historische Zeitschrift,* vol. 116, 1916, p. 207: "이 찬가의 논쟁적 성격을 깊이 이해한 후로, 나는 종교와 종교적 인격의 독자성을 그 사용하는 언어나 비유나 개념들의 감정적 성질에 있다고 확신하게 되었다. 바꿔 말하면, 그들이 필연적으로 사용하게 되는 것을 어떻게 생각하느냐 하는 것에 있다." 또 본서 p. 138에서 인용한 *Die hellenistischen Mysterienreligionen*의 구절을 보라. 거기서 Reitzenstein은 고전 13장에서 헬라사상을 논박하는 것은 순전히 바울적인 것이라고 말한다. 아가페와 그노시스 및 에로스 사이의 이 충돌에서 우리는 바울의 독창성을 엿본다.

제7장

하나님은 아가페다

제1절 아가페 동기의 최종적인 공식구들

아가페 동기는 공관복음서에서 가장 초기적 형태로 시작되어 바울에서 그 최고의 표현에 이르렀다. 이 과정을 살펴보는 동안 우리가 관찰한 가장 놀라운 일들 중의 하나는 아가페 사상과 하나님과의 교제의 사상 사이에 있는 친밀한 연관성이다. 복음서에선 아가페와 하나님과의 교제가 불가분리하게 결합되어 있어서 두 개념이 서로를 내포하고 있다. 우리는 하나님과의 교제를 제외하고 사랑을 논할 수가 없고, 사랑을 배제하고 하나님과의 교제를 논할 수 없다. 기독교가 도입한 새로운 하나님과의 교제는 아가페적 특색을 지니며 율법이 아니라 사랑에 의해서 지배 받는다. 거꾸로 말해서, 우리가 사랑이란 말을 기독교적인 의미로 정의하려면 우리는 기독교적인 하나님과의 교제를 말하지 않을 수 없다. 이것은 심지어 이웃사랑과 원수사랑의 경우에도 해당한다. 왜냐하면 그러한 경우에도 사랑의 의미는 역시 하나님과의 연관성에 의해서 결정되기 때문이다. 죄인들을 향한 하나님의 사랑이 기독교적 원수사랑의 토대이다.

바울에겐 하나님과 아가페 사이의 연결이 훨씬 더 확고하다. 우리는 하나님이 우리를 다루시는 방법을 보고서야 사랑이 무엇인가를 깨닫는다. 그리고 하나님의 아가페의 최상의 현현은 그리스도의 십자가이다. "우리가 아직 죄인되었을 때 그리스도께서 우리를 위하여 죽음심으로써 하나님께서 우리에 대한 자기의 사랑($\dot{\alpha}\gamma\dot{\alpha}\pi\eta$)을 확증하셨느니라"(롬 5:8). 바울은 그리스도 안에서 역사하시는 분이 하나님이심을 확신한다. 그리스도는 연약하고 불경하고 죄많은 원수들인 우리를 위해서 죽으셨다. 바로 이것이 아가페의 최상의 계시이다. 하지만 우리는 이것을 하나님의 최고계시라고 말할 수도 있다. 그리스도의 십자가에서 하나님과 아가페가 하나로 보여진다.

바울이 그리스도의 십자가에서 배운 것은 우리 인간들에 대한 하나님의 마음과 의지가 단순한 사랑이라는 것과 아가페와 하나님이 불가분리하다는 것이다. 이처럼 하나님과 아가페의 친밀한 연관성 때문에, 바울은 인간의 하나님 사랑에 대해선 인색하게 말하고 이웃사랑에 대해선 넘치게 말한다. 만일 하나님과 아가페가 궁극적으로 동일한 것이라면, 도저히 하나님에 대한 아가페에 대하여 생각할 여지가 없을 것이다. 다른 한편으로, 기독교인의 이웃사랑은 더 이상 단순히 자기자신의 사랑이 아니고 하나님의 아가페의 유출이다. 그렇기 때문에 바울은 이웃사랑을 가장 숭고한 언어로 서술하고 그것이 영원히 지속된다고 묘사한다.

그러므로 대체적으로 말해서, 하나님 개념과 아가페 개념은 이미 공관복음서에서 긴밀하게 연관되었고 바울에게선 훨씬 더 밀접하게 연결되었다. 그리하여 두 개념은 사실상 동일시되었다고 할 수 있다. 바울은 자주 두 개념이 하나라고 암시하고 때때로 그것을 거의 단언하기도 한다. 그에게 있어서 하나님은 "아가페의 하나님"이다. 이러한 동일시는 말로 표현되기를 기다릴 뿐이다. 왜냐하면 이미 그것은 필요한 요소들을 모두 완비했기 때문이다. 그가 한 걸음만 더 내디디면 정식발언이 되었을 것이다. 그러나 바울은 그 한 걸음을 결코 내딛지 않았다. 즉 그는 이미 실재하는 통일성을 명백하게 나타내는 말을 결코 하지 않았다.

그 최종 단계가 요한1서에서 실행된다. 거기서 하나님과 아가페의 동일성이 "하나님은 아가페다"라는 공식문구로 두 번 반복되어 표현된다(요일

4:8, 16). "십자가의 아가페"라는 바울신학의 공식구가 원시기독교의 아가페 동기의 내용을 최고도로 묘사했다면, "하나님은 아가페다"라는 요한신학의 공식구는 그것을 공식화한 최고의 발언이다. 하나님은 사랑이시고, 사랑 즉 아가페는 하나님이시다. 어떤 인간도 이 말보다 더 위대한 말을 할 수 없다.

요한은 오랜동안 관례적으로 "사랑의 사도"라고 불려졌다. 하나님과 아가페를 동일시한 요한은 말하자면 원시기독교의 사랑 개념이란 건물에 갓돌(coping-stone)을 얹은 셈이다. 그러므로 요한에게 부여된 칭호는 정당한 것이다. 하지만 여기에다가 우리는 (신약성경의 다른 부분에서 발견되는) 아가페 동기의 특색들이 거의 전부 요한복음과 요한일서에서 발견된다는 것을 부연해야 한다. 다른 곳처럼 여기서도 출발점은 하나님 자신의 아가페이다. "사랑은 여기 있으니, 우리가 하나님을 사랑한 것이 아니요, 오직 하나님이 우리를 사랑하신 것이니라"(요일 4:10). 그러나 하나님의 사랑은 필연적으로 사람의 마음에 사랑을 일으킨다. "우리가 사랑함은 그분이 먼저 우리를 사랑하셨기 때문이다"(19절). 예수가 보여준 사랑은 그의 제자들 상호간의 사랑의 모범이다. 제자들의 상호적인 사랑은 그들이 그분의 제자임을 증거한다(요일 4:20-21). 게다가 요한의 아가페 개념은 하나님과 인간을 향하여 표현되는 기독교적 사랑을 대변한다는 점에서 공관복음의 아가페 개념과 일치한다. 여기에선 하나님 사랑을 언급함에 있어서 바울적인 유보의 흔적이 전혀 없다. 하나님 사랑과 형제사랑은 불가분하게 상호 귀속되므로 한쪽으로부터 다른 쪽이 추론될 수 있다(요일 4:20-21). 다만 형제애(兄弟愛)는 하나님 사랑과 연결되거나 바울에서처럼 하나님의 사랑 및 그리스도의 사랑과 직접 연결될 수도 있다(요일 5:1, 3:16, 4:11).

가끔 요한신학적인 하나님 사랑을 "신비적"이라고 말하는 이들도 있다. 하지만 그 주장을 정당화 하기는 매우 어렵다. 요한에게 있어서도 하나님을 사랑한다는 것은 본질적으로 그분의 소유가 되는 것, 즉 하나님의 절대적 주권 아래 있는 것과 같다. 그리고 그 사랑은 주로 하나님의 의지에 복종하고 그분의 말씀과 계명들을 지키는데서 표현된다(요일 2:5, 요 14:15,

23-24). 따라서 이중적인 사랑 계명이 중심적 위치를 점령한다. 사랑 계명은 "처음부터 주어진" "옛 계명"이다. 하지만 그리스도를 통해서 또한 그리스도의 말씀과 행위에서 계시된 그 사랑을 통해서, 사랑 계명은 전혀 새로운 의미를 가지게 되었기에 "새 계명"으로 불려질 수 있다(요일 2:7-8, 3:11, 요 13:34). 요한의 아가페 개념과 공관복음의 아가페 개념을 통합하여 이렇게 광범위한 일치를 엮어낸 주원인은 두 개념이 모두 하나님과의 교제에 대한 새 개념에 기초한다는 사실에 있다. 이 점에 대해선 요한의 견해가 사실상 공관복음의 견해보다 진보했다고 할 수 있다. 왜냐하면 하나님과의 교제 사상이 요한일서 전체의 근본 토대를 형성하기 때문이다(요일 1:3, 6:7).

마찬가지로 요한의 사랑 개념과 바울의 사랑 개념도 서로 광범위하게 일치한다. 바울이 사랑을 본질적으로 "십자가의 아가페"라고 보는 것처럼, 요한도 십자가가 하나님의 사랑의 심오한 신비를 계시한다고 본다. 요한에 의하면, 우리는 그리스도의 십자가에서만 무엇이 참 아가페인지를 깨닫는다. "그가 우리를 위하여 목숨을 버리셨으니, 우리가 이로써 사랑을 아느니라"(요일 3:16). 하나님이 그 독생자를 세상에 보내사 "우리 죄를 위하여 화목제물이 되도록" 죽게 하셨고(요일 4:10) 아들도 "자기 사람들을 사랑하시되 끝까지 사랑하셨다"(요 13:1). 이러한 사실은 하나님의 사랑을 계시한다. 또한 바울처럼 요한도 그리스도의 사랑의 희생적 행위에서 행위의 주체가 하나님임을 천명한다. 물론 요한의 표현은 바울의 것만큼 명확한 것은 아니지만 말이다. 게다가 우리는 요한의 아가페 개념과 바울의 아가페 개념의 연관점들을 생각할 때 "그노시스와 아가페" 문제를 망각해선 안된다. 바울에게서 발견되는 이 문제는 요한에서도 나타난다. (특히 요한일서가 현저하다.) 물론 여기서도 승부는 아가페에 유리하게 결정된다. "사랑하지 아니하는 자는 하나님을 알지 못하느니라"(요일 4:8).

이와같은 간단한 자료조사로도 우리는 신약성경의 아가페 이론의 핵심적인 요점들이 모두 요한문서에 재현된 것을 알 수 있다. 물론 요한은 한 단계 더 전진하여 하나님과 아가페를 동일시했다. 이러한 동일시는 원시기독교의 아가페 개념에 최종적 형태를 부여한다. 그러나 요한의 사랑 개념이 신약성경의 아가페 동기의 최절정을 나타낸다고 무조건 단정하는 것은 사실에 완전히 부합되진 않을 것이다. 왜냐하면 요한은 그 형태에 대하여 최종적인 말을 하지만 바울은 그 본질적 의미와 내용을 더 깊이 통찰하기 때문이다. 또한 요한의 사랑관(觀)은 바울에게서 발견되는 통일성과 일관성을 보여주지 못한다. 왜냐하면 요한의 아가페론은 여러 논점에서 분명한 이중성을 담고있기 때문이다. 아가페 동기가 최고도로 표현됨과 동시에 그것은 특이하게 약화된다.

이것은 요한문서와 그 아가페 개념이 형성되어 나온 일반적인 영적 환경에 대한 의문을 일으킨다. 그 환경은 통상적으로 헬라적-동방적인 것이라고 서술되었다. 그 문제는 요한문서와 상론되는 만다야교(Mandaean religion)[1]를 연관시키려는 최근에 만연된 경향에 의해서 복잡해졌다. 만일 이런 헬레니즘 환경이 역사적으로 증명된다면, 우리는 아가페와 에로스가 접촉한 실례를 한번 더 보게 될 것이다. 우리는 요한의 아가페 개념에서 헬라적인 에로스 환경 안에 위치한 원시기독교의 아가페를 보게 될 것이다. 그리고 이 환경이 요한신학적 개념에서 관찰된 변형을 어느 정도 설명해 줄 것이다. 하지만 헬라적인 혹은 만다야교적인 환경에 관한 이론은 역사적으로 매우 모호하기 때문에, 우리는 그것에 대한 언급을 이 정도로 그치고 요한의 아가페 개념의 특색인 이중성을 논할 때 이 개념 자체가 제공하는 증거에만 의존해야 한다. 우리는 매우 손쉽게 그 일을 할 수 있다. 왜냐하면 우리의 연구가 요한신학적 아가페 개념의 전형적 구조 문제에 관한 것이고 이것에 대한 해답은 그 환경과 근원의 문제가 해결되지 않아도 얻을 수 있기 때문이다.

제2절 요한신학적 아가페 개념의 이중성

우리가 앞에서 논한 요한신학적 아가페 개념의 이중성은 특별히 다음과 같은 세 가지 논점들에서 명백하다. 즉 (1) 요한의 "아가페의 형이상학"과 그것이 자발적·비동기적 사랑과 맺는 관계, (2) 기독교적인 "형제애"(兄弟愛)와 그것과 긴밀하게 연결된 특정은총설(particularism), 그리고 (3) 하나님 사랑과 세상사랑의 문제 등이다.

(1) "아가페의 형이상학"과 비동기적 사랑

공관복음과 바울에서 우리는 아가페의 삼중적인 의미를 발견했다. 사랑의 옛 계명에 관련되는 아가페는 그 계명에 하나님사랑과 이웃사랑이란 이중성을 부여했다. 이 두 형태의 사랑은 셋째 형태의 사랑과의 관련성으로부터 기독교적 내용을 얻어왔다. 이 셋째 형태의 사랑은 아가페로 총칭되는 것들의 기초적 형태이며 그리스도 안에서 계시된 하나님의 사랑을 지칭한다. 마찬가지로 요한도 사랑의 근원을 하나님의 사랑에서 찾아내며 거기에 주안점을 두려는 경향을 가지고 있다. 하지만 그는 거기서 그치지 않고 배후로 더 파고들어 심층부로 침투한다. 사랑은 하나님의 본질과 하나이다. 즉 하나님은 곧 사랑이시다. 그리고 하나님은 타락한 인류와의 관계에서 뿐만 아니라 그 자체로도 영원히 사랑이시다. 이런 식으로 요한신학적 사랑 개념은 독특한 우주적·형이상학적 측면을 획득한다.

그래서 우리가 요한에게 "아가페의 형이상학"이 있다고 말하는 것은 정당한 평가이다. 이 형이상학은 그의 사랑 개념의 전반적인 배경을 구성한다. 하나님의 아가페는 우선적으로 성자(聖子)에 대한 성부(聖父)의 영원한 사랑이다. 그리스도는 "당신은 창세 전부터 나를 사랑하였나이다"라고 말씀하신다(요 17:24, 참조 3:35, 5:20, 15:9). 여기서 사랑은 하나님이 성자에게 자기를 분여함(self-communication)을 의미한다.[2] 그리고 이것은 일련의 자기분여(自己分與)들의 출발점이 된다. 즉 하나님으로부터 그리스도로, 그리스도로부터 그 제자에게로, 그 제자로부터 형제들에게로 자기분여가 이어진다. 하나님께서 그리스도를 사랑하사 그에게 자기를 나눠주신 것처럼(요 3:35, 5:20), 그리스도도 제자들을 사랑하사 그들에게 자기를 나눠주셨다(요 15:9). 그러므로 제자들도 역시 서로를 사랑하고 서로에게 자기를 나눠주도록 부름받았다(요 13:34, 15:12).

이 아가페 형이상학의 이중적 성격은 매우 분명하다. 한편으로 우리는 하나님의 자발적·비동기적 사랑이 극단적으로 관철되는 것을 발견한다. 즉 하나님의 사랑은 결단코 그것 자체를 벗어난 것에 토대하지 않는다. 즉 하나님의 사랑은 하나님 자신 안에 뿌리박고 있다. 사랑은 하나님의 본질이기 때문이다. 또한 하나님의 사랑은 사랑해야 할 대상을 찾기 위하여 외부적인 것에 의존하지도 않는다. 사랑이 표현하는 대상은 "창세 전부터" 존재하는 영원하고 초월적인 것이다. 창세 전에도 하나님은 성자에 대한 사랑이었기 때문이다. 다른 한편으로, 이 아가페 형이상학은 참된 모든 형이상학들처럼 "동기부여된" 합리화적 특징을 지닌다. 만약 성자에 대한 성부의 영원한 사랑이 아가페로 총칭되는 모든 것들의 원형이라면, 불가피하게 아가페가 그 본래 성격을 유지하는가 하는 의문이 생긴다.

아가페는 여전히 무조건적으로 비동기적인가? 성자가 자신의 내재적인 가치 때문에 성부의 사랑의 대상이 되는 것이 사실이 아닌가? 만일 그렇다면 이 일은 사람들에 대한 하나님의 사랑에 (적어도 어느 정도의) 영향을 주지 않겠는가? 그렇게 되면 이 사랑도 완전히 자발적이거나 비동기적이지 않다고 생각될런지 모른다. 이러한 곤경이 비현실적인 것만은 아니다. 왜냐하면 때때로 요한에게서 (특별히 제자들에 대한 하나님의 사랑을 설명할 때) "…하기 때문에"(because)라는 말로 도입되는 설명절(explanatory clause)이 발견되기 때문이다. 그 예로서 요한복음 16:27을 들 수 있다. "이는 너희가 나를 사랑하는고로, 아버지께서 친히 너희를 사랑하시느니라." 이밖에 다른 사실들도 그러한 곤경의 실재를 지적한다. 이와같이 요한신학적 아가페 개념은 실제로 비동기적 사랑과 동기적 사랑 사이에서 약간 불확실한 위치를 차지하고 있다.

흥미로운 사실은 이 둘이 모두 아가페 형이상학 안에서 표현된다는 점이다. 왜냐하면 이 아가페 형이상학이 하나님의 사랑의 자발성과 영원성을 극도로 강조하면서도 동시에 그 자발성을 약화시키기 때문이다. 그 형이상학의 긍정적인 의미는 하나님이 "본질상" 아가페라는 점을 충분히 정당하게 인정하는 데 있다. 우리가 하나님의 사랑을 논하는 것은 하나님의 우연적인 계시내용을 말하는 것이 아니라 모든 국면과 상황에서 우리를 향한 하나님의 마음과 의지를 성격묘사하는 것이다. 하나님은 죄인들과의 관계에서만 사랑이신 것이 아니다. 그의 사랑은 영원하다. 성부는 창세 전부터 성자를 사랑했다. 하나님과 아가페는 서로 긴밀히 연합되어 실제로 동일시된다. 하지만 그럼에도 불구하고 요한의 아가페 형이상학에는 여전히 위험성이 도사리고 있다. 그리고 그 위험은 바로 기독교적 아가페 동기의 본성과 내용에 대한 것이다. 성자에 대한 성부의 사랑이 일반적인 아가페 생활의 원형이 된다면, 하나님의 사랑의 비동기성이 불충분하게 인식될 위험이 언제나 존재한다. 이 점은 특히 배타적인 이웃사랑 개념에서 명백하다. 이 배타성은 요한의 특징적인 성격이다.

(2) 형제애와 특정은총설(particularism, 배타주의)

요한의 아가페 개념에서 가장 현저한 특징들 중의 하나는 이웃사랑과 형제사랑의 실질적인 동일시이다. 이러한 변경은 이미 위에서 본 아가페의 일반적인 운동에서 암시되었다. 즉 아가페는 하나님-그리스도-그 제자-형제들 순으로 움직인다. 성부께서 성자를 사랑하시는 것과 마찬가지로 "형제들은" 이를테면 기독교적 사랑의 당연한 대상이다. 이 사랑의 교제만이 즉 형제들이 서로 사랑하는 것만이 성부와 성자의 상호적 사랑의 양식에 부응할 수 있다. 성부와 성자가 하나인 것처럼 형제들만이 하나가 될 수 있다(요 17:11).

그러나 이 점에서도 요한의 사랑 개념의 이중성이 분명하게 나타난다. 한편으론 형제애로서 요한의 사랑은 비견될 수 없는 깊이와 따스함과 친밀감을 얻는다. 여기서 기독교적 사랑의 본질적인 성격이 확연히 노출된다. 즉 아가페는 사랑의 **교제**이다. 하지만 일반적인 이웃사랑에 의한 교제 방법은 금방 한계에 다다른다. 무한한 영적인 교제와 단결은 하나님 안에서 연합된 "형제들" 사이에서만 가능하다. 하지만 그것은 그 그림의 단면에 불과하다. 다른 한편으로, 이웃사랑은 배타적인(particularistic) 것이 되고 본래의 포용적인 성격을 상실한다. 즉 그것은 기독교인의 이름을 가진 사람들을 위한 사랑이 된다. 사랑은 예수의 제자들이 실제로 그분의 제자들임을 세상에게 납득시키는 증거라고 말할 때, 그 사랑은 그리스도인들 상호간에 보여주는 사랑이지 외부 사람들을 위한 사랑이 아니다. 원수사랑에 대한 언급은 전혀 없다. 이것은 이웃사랑이 공관복음적 의미를 상실했음을 의미한다. 공관복음에서 원수사랑은 이웃사랑에 독단적으로 첨가된 것도 아니고 그것을 우연히 첨예화한 것도 아니며 기독교인의 사랑에서 분리될 수 없는 본질적인 특색이다.

그런데 여기서 우리는 요한신학적 사랑 개념의 독특한 이중성이 반복되는 것을 본다. 한쪽 입장에서 보면 아가페 개념을 높이는 것이 다른쪽 입장에서 보면 그 개념에 대한 위험성이 된다. 요한은 사랑을 "형제들"이라는 좁은 범위에 제한하기 때문에, 비견될 수 없을 정도로 따스함과 친밀감을 발현시킬 수 있다. 하지만 이 제한 때문에 기독교적 사랑은 본래적인 비동기성을 상실할 위험과 이방인들과 원수들을 배제하고 형제들에게만 국한될 위험에 처한다.

이 논점에 관한 요한과 바울의 견해를 비교하는 것은 흥미있는 일이다. 왜냐하면 그들의 전반적인 태도가 매우 현저하게 다르기 때문이다. 바울은 핍박자였다가 하나님의 기적적 개입에 의해서 제자와 사도가 되었다. 이 근본적인 사실이 그의 아가페 개념에 영향을 준다. 하나님의 아가페는 그에게 최고의 역설(paradox)이다. 바울은 그것의 자발성과 무동기성을 생생하게 표현하기에 충분히 강렬한 언어를 발견하지 못한다. 게다가 그는 하나님으로부터 철저하게 소외되어 파멸한 자들에게 복음의 소식을 전하라는 사명을 받았음을 자각했다. 하여튼 바울 자신은 곁문으로 이를테면 하나님의 아가페 덕택에 교회에 들어오게 되었다. 그도 역시 하나님에게서 소외되고 파멸되었을 때 하나님의 부르심을 받게 되었다.

요한문서에선 그 기본적인 분위기가 전연 다르다. 저자의 관심은 주로 그리스도께서 세상에서 이끌어낸 신자(信者)들의 소집단에 집중된다. 그리스도의 특별한 사랑과 보호를 받는 그 집단의 주요한 특성은 구성원들 상호간의 형제애다. 예수는 이 단체에 자기를 나타낼 것이고 세상이 아니라 그들을 위해서 기도한다(요 14:21 이하, 17:9). 요한문서의 저자는 그 본성상 이 단체에 소속된다. 그는 바울과 같이 기적이나 회심으로 거기에 가입하지 않았다. 그러므로 바울과 달리 그는 아가페 개념도 예리한 역설로 제시하지 않는다. 하나님은 자신이 세상에서 이끌어내어 성자에게 주신 자들이 하나님의 말씀을 지킬 때 그들을(요 17:6) 사랑하실 것이다. 이러한 설명은 분명히 비동기적이거나 불합리적인 것이 아니다. 그것은 우리가 당연히 기대할 수 있는 일이다.

요컨대 바울은 하나님의 교회를 핍박했던 전력을 가진 인물이다. 바울의 현재 모습은 오직 하나님의 은혜와 아가페만으로 말미암은 것이다. 반면에 요한에게선 "예수께서 사랑했던 그 제자"(요 21:7)가 발견된다. 요한에게 있어서 그리스도의 사랑이 그 제자 공동체의 지체들과 결부됨은 자명한 일이다.

(3) 하나님에 대한 사랑과 세상에 대한 사랑

요한의 아가페 개념 안에는 주목할 변형이 하나 더 남아있다. 공관복음에서 "사랑"은 분명하게 자체적인 고유한 종교적·윤리적 성격을 가지며 그 대상에서 완전히 독립해 있다. 바울에게선 이것이 훨씬 더 분명하다. 그래서 바울은 더 이상 조건을 달지 않고 "아가페를 따라 구하라"고 말할 수 있었다(고전 14:1). 그는 이 사랑이 향할 대상을 지적할 필요가 없다. 그는 참된 아가페와 거짓 아가페 사이의 구분에 대해서 전혀 모른다. 바울에게 있어서 사랑은 아가페로 나타나는 순간 그것의 윤리적·종교적 정당성을 추호도 의심받을 여지가 없다. 이런 사랑은 그 대상이 누구이든지 상관없이 하나님에게서 흘러나온 것이다.

요한의 입장도 실질적으로 유사하다. 여기서도 아가페는 명확한 성격을 가진다. 그래서 우리는 그 성격을 결정하기 위해서 그것의 대상에 대하여 질문할 필요가 없다. 그러므로 요한은 아가페에 대해서 다른 조건을 말할 것 없이 다음과 같이 말할 수 있다. "사랑은 하나님께 속한 것이니, 사랑하는 자마다 하나님께로 나서 하나님을 알고 사랑하지 아니하는 자는 하나님을 알지 못하나니, 이는 하나님은 사랑이심이라"(요일 4:7-8). 여기서 우리는 요한신학적 아가페 개념의 최고절정에 도달한다. 하나님과 아가페는 하나다. 아가페가 향하는 대상과 관계없이, 아가페 자체는 하나님의 생명에 참예하고 있다. 즉 아가페는 하나님으로부터 태어난다.

그러나 바로 이 논점에서 우리는 이미 언급된 변형과 약화를 목도할 수 있다. 이것에 대한 분명한 증거는 주로 요한이 결국 아가페의 대상(對象)이 아가페의 중요성을 결정하는 데 전적으로 무의미한 게 아니라고 생각했다는 사실이다. 그는 배척하고 경고해야 할 아가페의 형태와 종류를 알고 있다. 그것은 곧 세상에 대한 사랑(love of the world)이다. "이 세상이나 세상에 있는 것들을 사랑하지 말라. 누구든지 세상을 사랑하면 아버지의 사랑이 그속에 있지 아니하니라"(요일 5:18).

종종 이 구절의 주목할 만한 관점의 변화는 오직 "세상" 개념에 관한 것뿐이라는 해석이 있었다. 여기서 "세상은 더 이상 요한복음 3:16에서처럼 구원이 필요한 하나님이 사랑하는 세상이 아니라, 죄와 타락에 빠져서 하나님으로부터 영원히 분리된 세상"이라고 한다.[3] 물론 그것은 맞다. 하지만 여기에 언급된 변화에 대한 설명은 전혀 적절치 못하다. "세상"의 의미만이 아니라 "사랑"의 의미도 변했기 때문이다. 세상을 사랑하지 말라는 경고 안에 의도된 그 사랑은 분명히 관대하게 자기를 내어주는 아가페 사랑이 아니라 오직 "욕망적 사랑" 즉 획득적 사랑(acquisitive love)을 의미한다. 후자의 경우에만 "세상에 대한 사랑"이 하나님에 대한 사랑과 대립될 수 있다. 하지만 그 경우에는 하나님에 대한 사랑까지 획득적 사랑으로 이해될 위험성이 있다.

이렇게 되면 두 가지 사랑의 차이점은 단순히 그것들과 관련된 대상(objects)들에 의해서 결정된다. 즉 한 편은 세상에 대한 것이고 다른 편은 하나님에 대한 것이다. 그러면 획득적 사랑과 정반대인 자기시여적·희생적 아가페 자체가 일종의 획득적 사랑의 한 종류로 변한다. 즉 하나님과 천상적인 것들을 향하는 욕망으로 변질된다.

이제 이 경우에 사랑의 대상들이 그것의 속성을 결정하게 되는 이유가 분명해진다. 하지만 우리는 아가페 사랑을 그런 식으로 정의하는 것이 무의미함을 이미 살펴보았다. 하나님은 악인과 선인에게 한결같이 아가페를 베푸신다. 그렇다면 선인에 대한 아가페는 선하고 악인에 대한 아가페는 비난받을 악한 사랑이란 말인가? 아가페는 아낌없이 베푸는 자기시여적 사랑이다. 그래서 아가페는 그 대상의 가치에 전연 의존하지 않는다. 하지만 획득적 사랑은 다른 입장에 있다. 즉 사랑의 속성이 그 대상의 가치에 따라서 결정된다. 그 사랑은 욕망하는 대상들의 고저(高低)에 따라서 고상하거나 저열한 것에 속한다. 바로 여기에 하나님 사랑과 세상사랑을 대립시키는 이유가 있다. 즉 한 쪽은 최고선(最高善)이신 하나님에 대한 사랑이요, 다른 쪽은 저열한 일시적·감각적 선(善)으로서 죄악스럽기까지 한 세상에 대한 사랑이기 때문이다. 하지만 주목해야 할 점은 이 두 경우에 문제된 사랑이 아가페가 아니라 획득적인 사랑이라는 것이다.

그런데 우리는 위에서 인용된 요한의 글귀가 약간의 모호한 표현과 용어 이외에 별 문제가 없다고 말할 수 있다. 이러한 판단은 당연히 정당한 것이다. 그러므로 그 글귀로부터 요한적인 아가페 의미에 관한 어떤 결론을 도출하려는 우리의 시도는 정당성을 갖지 못한다. 그러나 이러한 제약에도 불구하고, 요한의 아가페 개념과 바울의 아가페 개념 사이엔 여전히 차이가 있다. 요한의 아가페 개념 정의(定義)는 바울의 것보다 덜 예리하다. 또한 요한은 아가페 동기가 (앞에서 제안된 대로) 변형될 가능성을 배제하고 그 순수성을 지키기 위해서 의식적인 경계를 하지 않았다.

기독교의 아가페 동기에 대한 요한 사상의 의의는 두 가지로 요약될 수 있다.

첫째, 요한이 미래 세대를 위하여 창안한 공식구들은 아가페 동기를 역사적으로 전달해 주었다. 여기서 우리는 주로 "하나님은 아가페이다"라는 저 위대한 문장(요일 4:8, 16)을 생각한다. 하지만 다음의 본문도 그것과 마찬가지로 중요한 것이다. "하나님이 세상을 이처럼 사랑하사 독생자를 주셨으니, 이는 저를 믿는 자마다 멸망치 않고 영생을 얻게 하려 하심이니라"(요 3:16). 이 두 본문들과 바울의 아가페 찬가(고전 13장)는 아가페 동기가 기독교의 중심적 위치를 차지하는데 효과적인 역할을 했다. 원시기독교의 아가페 동기는 십자가의 아가페를 전파한 바울에 의해서 지고무상한 내용에 도달했고 하나님과 아가페를 동일시한 요한에 의해서 최상의 표현 형태를 얻었다.

둘째, 요한의 사랑 개념은 기독교적 사랑 개념이 더 이상 아가페 동기만이 아니고 "에로스와 아가페"에 의해서 결정되는 단계로 이동(transition)이 일어났음을 다소간 보여준다. 이것은 우리가 앞에서 살펴본 대로 아가페 개념이 약화된 결과로 말미암은 것이다. 요한에게선 아가페 형이상학, 배타주의, 비동기적 사랑과 동기적 사랑의 불확정적 위치 그리고 획득적 사랑의 방향으로 전개된 변경 등이 발견된다. 이 모든 것들이 다양한 방법으로 그러한 발전에 이바지했다. 게다가, 요한의 기독교를 본질상 동방적·헬라적인 용어로 해석하려는 시도들이 성공하지 못하더라도, 요한은 "빛," "생명," "안다," "영(靈)," "영광" 등과 같은 용어들을 사용했는데 그것들은 헬라적·동방적인 흔적을 용이하게 보여준다. 이와같은 사실로부터 이질적인 에로스 동기와의 접촉점을 조금이라도 가지게 될 영적인 환경이 창출되었다.

주

1) 주로 M. Lidzbarski와 R. Reitzenstein과 H. H. Schraeder의 연구에 의해서 제기된 만다야교 문제에 대해서는 J.Behm, *Die Mandäische Religion und das Christentum*, 1927. 신약성경 주석에 미친 그 영향의 실례는 *Handbuch zum Neuen Testament*, 2nd edn, 1925에 있다. W. Bauer의 요한복음 주석과; *Zeitschrift für die neutestamentliche Wissenschaft*에 있는 일련의 논의들이다. 거기서 E. Peterson이 제출한 중요한 반대의견에 주목하라. W.F.Howard, *The Fourth Gospel in Recent Criticism and Interpretation*, 1931(3rd edn., 1945), pp. 91ff.

2) M. Dibelius, *Joh. 15:13, Eine Studie zum Traditionsproblem des Johannes Evangeliums: Festgabe für Adolf Deissmann*, 1927, pp. 168ff.

3) H. Windisch, *Handbuch zum Neuen Testment*, vol. iv., part Two, lst edn., 1911, p. 112.

제2편

에로스 동기

제8장

에로스 이론은 구원교리이다

제1절 에로스 경건은 기독교의 선구자인가 경쟁자인가?

원시기독교의 아가페 동기를 연구한 우리는 이제 에로스 동기에 관하여 연구하면서 전혀 다른 영적인 세계를 만난다. 하지만 그것은 아가페 동기를 수반한 기독교가 진입해야 할 세계였다. 그 세계는 기독교가 점령한 처녀지가 아니고 에로스적 경건에 의해서 오랫동안 경작된 땅이었다. 기독교는 에로스 동기 안에서 쇠퇴하던 고대사상 중 가장 유력한 종교적 근본동기를 만났다. 이에 따라 중요한 문제가 우리 앞에 발생한다. 기독교가 에로스 동기의 지배를 받던 환경에 등장하여 이미 이용되던 땅을 차지했다는 사실은 기독교에 무슨 의미를 가지는가? 여기엔 두 가지 상이한 대답이 가능하다. (1) 우리는 기독교가 직접 수행했을 준비공작을 에로스적 경건이 이미 해주었다고 주장할 수 있다. 이 경우엔 에로스 경건이 기독교의 선구자로 간주될 수 있다. (2) 우리는 그와 반대로 고대의 에로스적 경건과 기독교의 관계를 주로 경쟁관계로 볼 수 있을 것이다. 이 경우에 우리는 단연 기독교에 대한 에로스의 위험성과 위협을 역설해야 한다. 사실 이 두 가지 견해들로부터 유력한 주장들이 전개될 수 있다.

우리는 종종 "때가 차매"라는 어구가 기독교의 첫 등장시에 세상이 여러 면에서 그것을 받아들일 준비가 되어 있었다는 생각을 표현하기 위해서 사용되었음을 발견한다. 이것과 관련해서 보통 언급되는 가장 중요한 요소들 중의 하나는 쇠퇴기의 고대의 마음을 널리 사로잡았던 종교적 동경과 갈구이다. 그리고 이것들은 그 시대에 충일했던 신비주의 제의들과 구원이론들에서 표현되었다. 이 제의들과 이론들이 매우 광범위하게 보급되고 외면상으로 극도로 상이한 것처럼 보인다. 하지만 우리는 그것들이 모두 내적 구조 면에선 거의 획일적이라는 점을 주목해야 한다. 즉 그것들의 근본동기는 모두 에로스 동기에 다름이 아니다. 그러므로 이것은 고대의 에로스적 경건이 기독교를 이롭게 하였다는 함의를 지닌다. 아무도 이러한 입장의 견해에 진리의 요소가 있음을 부정할 수 없다. 에로스 안에서 고대후기의 종교적 동경과 이상주의적 조류들이 서로 어우러지고 연합되었다.

그 결과 적어도 피상적으론 기독교에 유리한 분위기가 조성되었다. 즉 종교문제를 인생의 가장 중대하고 심각한 관심사로 부각시키는 분위기가 자리잡힌 것이다. 이렇게 기독교를 위한 접촉점이 마련된 와중에 기독교가 그 구원의 소식을 들고 나타났다. 그것은 도처에서 구원의 필요성을 발견하리라고 기대할 수 있었으며, 그 필요성은 주로 에로스적 경건의 영향으로 각성된 것이었다. 기독교가 이렇게 종교적으로 비옥한 땅을 얻지 못했다면, 기독교가 이룩한 성공은 결코 일어나지 못하였을 것이다.

그럼에도 불구하고 우리는 이 견해가 고대세계에 입성한 기독교의 처한 상황을 분명하게 알리기보다 오히려 모호하게 만들지 않느냐는 질문을 제기해야 한다. 에로스적 경건은 — 위에서 언급한 바가 암시하듯이 — 불확실하고 그저 막연한 동경에 불과한 것이 전혀 아니었다. 에로스는 말하자면 단순히 기독교가 해답을 가져올 때까지 해결되지 못한 채 남아있는 질문이 아니었다. 사실 신비주의 종교들과 구원이론들은 구원의 필요성을 촉진하고 계발하는 것을 자신들의 중요과업들 중의 하나로 여겼다. 하지만 그것들이 그렇게 할 수 있었던 것은 자신들이 그 필요를 만족시킬 수단을 가졌다고 확신했기 때문이다. 그것들의 각각은 나름대로 명확한 대답을 제공할 수 있었으며 사람이 구원을 확보하기 위해서 지켜야 할 교훈들을 보유하고 있었다. 그러므로 에로스적 경건과 기독교의 관계를 질문과 해답 또는 준비와 성취라는 관계로 상상하는 것은 매우 의심쩍은 절차이다. 만일 우리가 에로스 동기적 특색의 경건을 기독교의 예비자로 간주한다면, 우리는 무엇보다도 이런 접촉으로 인해서 기독교에 가해질 위험성을 분명히 알 필요가 있다. 에로스 경건은 기독교의 선구자라기보다 가장 위험한 경쟁자라고 할 수 있다. 에로스 동기가 일단 받아들여진 후부터 기독교의 후속 역사에서 기독교의 아가페 동기로부터 그 독특한 내용을 말살하려는 위협을 가한 것은 다른 무엇보다도 바로 에로스 동기였다.

그러므로 에로스 경건이 기독교의 선구자였는가 혹은 경쟁자였는가에 대한 문제를 순전히 역사적인 관점에서 결정하는 것은 거의 불가능하다. 우리는 지금 에로스 동기와 아가페 동기의 본질적 차이를 밝히려고 한다. 그러므로 자연히 우리는 이 논의에서 양자 사이의 경쟁을 주로 역설할 것이다. 에로스 동기는 기독교를 위한 길을 예비했지만 그와 동시에 두 동기들의 혼란까지도 준비했기 때문이다.

제2절 신비종교가 에로스 동기의 원천이다

우리는 플라톤의 에로스 이론에 기초하여 에로스 동기를 언급할 것이다. 하지만 우리는 이것으로써 그가 에로스 동기의 창조자였다는 것을 제안하려는 것이 아니다. 왜냐하면 플라톤은 이미 마련되어 있던 에로스 동기를 받아들였고 그것의 본질적인 특성들을 신비종교에서 얻었기 때문이다. 하지만 우리는 두 가지 이유에서 플라톤을 토대로 삼고 이야기를 전개할 것이다. 첫째로 플라톤이 에로스 동기에 그것의 의미와 구조를 선명하게 나타내는 독특한 형태를 부여했기 때문이고, 둘째로 이 근원에서 출발한 에로스 동기가 신플라톤 철학을 통해서 기독교의 후대 발전에 진입했기 때문이다.

만일 플라톤의 에로스론의 철학적 의미와 그것이 이데아론 전반에서 차지하는 위치를 해설하는 것이 우리의 목적이라면, 우리는 상당한 곤란에 처하게 될 것이다. 플라톤은 자기의 의사를 신화 형태로 제시했다. 이러한 경우엔 플라톤이 그것의 어느 정도까지 자신의 진정한 견해로써 제시하는지 또한 그것이 참된 이론으로 다뤄지기를 의도하는지 확인하기가 극도로 어렵다. 게다가 의미심장한 것은 플라톤이 「향연」(Symposium)에서 에로스 이론을 직접 소크라테스의 입에 두지 않고 단순히 소크라테스가 만티네아(Mantinea)의 여선지자 디오티마(Diotima)에게서 들은 것을 옮기게 만든다는 점이다. 그런데 다른 측면에선 곤란이 될 수 있는 부분이 도리어 우리의 목적을 위해선 도움이 된다. 왜냐하면 그것은 우리에게 **에로스 이론이 근본적으로 구원 이론**이라는 점을 상기시켜 주기 때문이다. 플라톤의 에로스 이론에 살아있는 정신은 이왕에 신비적 경건의 맥락에 독자적으로 존재했었다. 그리고 여기서 우리의 관심사는 그 이론의 있음직한 철학적 함의가 아니고 그것의 종교적 의미이다.

에로스 동기의 근원을 고대의 신비적 경건에서 추적하려고 시도할 때, 우리는 우선 플라톤의 견해와 오르페우스교(Orphism)의 친밀한 연관성에 주목하게 된다. 사실 오르페우스교는 에로스 이론의 모든 전제들을 포함하고 있다. 이것은 그 중심적인 신화인 자그레우스(Zagreus) 신화에서 분명히 보여진다. 이 신화는 제우스(Zeus)가 그 아들인 자그레우스 즉 디오니소스(Dionysus)에게 세계의 지배권을 주기로 결심했는데 자그레우스가 아직 어렸을 때 타이탄들(Titans, 거인들)이 그 아이를 붙잡은 후 죽여서 먹어버렸다고 말한다. 그래서 제우스는 타이탄들을 벼락으로 쳐부수고 멸망시켰다. 그리고 제우스는 그들의 재로부터 인류를 만들었다.[1] "타이탄들이 자그레우스를 취급한 것에 대한 이야기는 디오니소스교 주연(主演)의 중심 제의 즉 동물로 화육한 신(神)의 사지를 뜯어먹는 제의를 설명하려고 고안된 근원탐구적 신화로 간주될 수 있다. 하지만 오르페우스교에선 타이탄들의 재에서 인류가 창조되었다는 신화가 이 예식과 불가분리하게 연결되어 있다."[2]

이 신화의 후반부는 우리의 의도에 특별히 중요하다. 그것은 사람의 이중적 본성에 대한 설명을 담고 있기 때문이다. 즉 인간은 신성에 대하여 유사성과 대립성을 모두 가지고 있다. 인간은 타이탄들의 재에서 창조되었기에 악하며 신(神)에게 대적한다. 그러나 거인들의 재에는 그들이 먹어치웠던 신적인 것이 있었기에 사람의 구조에는 신적인 것이 있다. 이와같이 인간은 근원상으로 두 세계에 속한다. 즉 사람은 "타이탄의" 본성을 가진 지상적 존재이지만, 동시에 그 안에는 "신성한 불꽃"도 있다. 사람 안에 있는 이 신적인 요소는 지상적·감각적 요소에 대한 부당한 노예상태로부터 해방되어야 한다. 신적인 이성 혹은 신적인 영혼은 무엇보다도 이 속박을 깨뜨리고, 감각에 오염되었던 자신을 정화하며, 비본성적인 환경으로부터 나와서 신적인 생명으로 들어갈 필요가 있다. 신적인 영혼은 본성상 신적인 생명에 속해 있기 때문이다. 그러므로 오르페우스교(Orphism)에서 신적인 영혼의 구원의 길은 정화(purification)와 환희(ecstasy)의 길이며, 그 목표는 신과 궁극적으로 재연합되어 그 안에 흡수되는 것이다.

이러한 이중적인 인간 본성과 영혼의 신적인 근원과 속성, 영혼이 감각계로부터 해방되어 본래의 신적인 고향으로 올라간다는 등의 개념은 모든 에로스 이론을 받쳐주는 공통 토대가 되었다. 이 근본개념을 중심으로 일련의 독특한 개념들이 에로스 동기와 긴밀한 연관을 맺으며 집단으로 뭉치게 된다. 즉 전생의 타락에 대한 신념, 영혼의 감옥으로서 육체 개념, 영혼들의 윤회 사상과 영혼의 본성적 불멸성에 대한 신념 등과 같은 개념들이 에로스 동기와 결합된다. 그리고 그것들과 나란히 금욕주의의 기본정서와 신비적-몰아적 구원방법이 유포된다.

우리가 지금 다루는 개념군(群)들은 결코 오르페우스교에만 한정된 것이 아니라 고대 세계의 여러 신비종교들에서 재출현하며 대부분이 대동소이하다. 인간 안에 있는 신적인 본질은 그 본성과 반대로 감각의 족쇄에 갇혀 있다. 영혼은 심해(深海)의 암흑 속으로 가라앉은 진주이다.[3] 이러한 인간 내의 불멸하고 신성하며 본질적인 존재가 바로 신비종교들의 구속 대상이다. 이렇게 흩어진 신적인 불꽃들은 원초적인 신의 불길로 재인도되어 흡수되어야 한다. 인간은 신(神)의 자손이다. 인간 본성의 이성적 부분은 신의 우주적(cosmic) 이성의 한 단편이다. 그러므로 사람에게 필요한 것은 자신의 현재 퇴폐상을 깨닫고 자기의 참 본성을 은폐하는 세속적인 장식들을 벗어버리고 이리하여 정화된 채 천상의 본향으로 올라가는 것이다. 그에게 필요한 것은 자기 속에 들어가서 자기를(즉 자기의 초월적인 가치를) 알고 그 다음에 자신의 바깥으로(즉 시간과 감각의 조건들에 예속된 상태에서 밖으로) 나가서 신성으로 들어가는 것이다. 그렇게 함으로써만 인간은 참으로 자기가 될 수 있다. 고대의 신비적 경건은 인간의 영혼이 무력하여 도움이 필요하다는 점을 생생하게 의식하고 있다. 그럼에도 불구하고 신비적 경건은 한결같이 영혼의 본래적인 신적인 존엄성을 대전제로 가지고 있다. 이 전제만이 인간이 신적인 영역으로 상승할 수 있게 한다. 인간적인 것과 신적인 것 사이에 극복 불가능한 장벽이란 없다. 사람의 영혼은 근본적으로 신적인 존재이기 때문이다.

시간이 지남에 따라 이러한 동기들의 복합체는 점점 고대 종교의 공유물이 된다. 신비종교들은 참으로 살아있는 종교가 되고 에로스 동기는 종교적 혼합주의의 지배적인 동기가 된다. 그리고 기독교는 고대 정신과 접촉하자마자 곧바로 그 종교혼합주의와 대면하게 된다.

주

1) Cf. E. Rohde, *Psyche*, Ⅱ., 3rd edn., 1903, pp. 116ff.; M.P. Nilsson, *Den grekiska religionens historia*, 1921, pp. 242ff.; R. Eisler, *Orphisch-dionysische Mysterien-gedanken in der christlicher Antike*, 1925, pp. 290ff.

2) M. P. Nilsson, *op. cit.*, p. 246.

3) R. Eisler, *op. cit.*, p. 272. Cf. Lehmann-Haas, *Textbuch zur Religionsgeschichte*, 2nd edn., 1922, pp. 218ff.: "네가 왕의 아들임을 기억하라; 네가 누구의 종이 되어 섬겼는가를 보라. 네가 그 때문에 애굽으로 간 그 진주를 생각하라"(p. 219).

제9장

플라톤의 에로스 개념

제1절 에로스와 변증법

플라톤은 자신의 이데아 이론에서 그리스적 합리주의와 동방적 신비주의를 종합했다. 이 종합은 인류 역사상 엄청나게 중요한 사건이었다. 플라톤 사상의 이 두 근원을 다 고찰하지 않고서 그것의 심오한 의미를 진정으로 이해하는 것은 불가능하다. 이러한 이중적 측면은 신화가 플라톤의 대화편들의 도처에서 변증법적 논증에 개입한다는 사실에서 분명하게 드러난다. 그 신화는 주로 당시에 유행했던 종교적 개념들로부터 도출된 것이다.

이러한 로고스(*logos*, 논리)와 미토스(*mythos*, 신화)의 교차는 오랫동안 곤란한 문제로 간주되어 왔다. 철학자들의 주요 강조점은 매우 당연하게 로고스에 주어졌기에, 플라톤은 주로 논리적-방법론적인 방면에서 해석되었고,[1] 반면에 신화적 요소는 플라톤 사상에서 용인될 수 없는 증거라고 해서 배경으로 치부되었다. 그러나 우리는 플라톤 철학이 현대적 의미의 과학적-비판적 연구로서의 철학이 아니라 오히려 부분적으로 종교적 토대 위에 건축된 생활철학으로서의 철학이란 점을 망각해선 안된다. 사실 그의 철학은 동시에 구원론으로 명명될 수도 있다. 왜냐하면 거기서 우리는 "우

리 자신의 영혼의 행복을 생각하라는 권고를 되풀이해서 듣기" 때문이다.[2]

고대사상은 종교와 철학 사이의 첨예한 구별에 대해서 알지 못했다. 양자가 모두 구원의 길에 대한 지침을 제공하려 했으며 인간들이 참으로 복된 생명에 도달하는 것을 도와주려 했다. 게다가, 이 목표의 정확한 정의(定義)에 관해서도 플라톤과 고대 신비종교들 사이에 광범위한 일치가 있었다. 양자는 모두 구원의 의미가 영혼을 육신과 감각의 감옥에서 해방하여 그 원래의 천상의 본향으로 복귀시키는 것이라고 생각했다. 그들은 단지 이 목적을 위한 수단에 대해서만 차이점을 보이지만, 그 차이점도 부분적인 것에 불과하다. 신비종교에서는 영혼의 구원이 입교식(initiations), 정화식(purifications)과 의식 계율을 통해서 달성되고, 플라톤에서는 철학을 통해서 영혼이 구원을 얻는다. 그러나 철학자라 할지라도 그 영혼 구원에는 "개심"(conversion)과 "정화"(purification)가 결부된다. 철학자라도 논증으로만 내내 구원에 도달할 수 있는 것이 아니고 오직 "거룩한 열광"(μανία) 상태에서만 구원에 도달한다. 신화들은 이러한 플라톤 사상의 우주론적, 심리학적, 그리고 종교적 측면들에 대한 귀중한 지식을 준다.[3]

전통적인 경향은 플라톤의 로고스(논리)와 미토스(神話) 문제에 있어서 모든 강조점을 논리에 두었다. 이와 달리 최근의 해석가들은 현저한 관점의 변화를 보여준다. 현대에는 신화(神話)에 대한 관심[4]이 일반적으로 자각되었고, 이와 더불어 신화적 요소를 플라톤 해석의 결정적인 중요 인자로 간주하는 경향이 왕성해졌다.[5] 이제는 플라톤이 지성적인 논리 구사가 아닌 신화들로써 자신의 최종발언을 하여 그 진심을 나타냈다고들 말한다. 우리의 의도가 에로스 문제를 연구하는 것이니만큼, 이러한 전개는 분명히 우리에게 유리한 것이다. 에로스는 로고스보다 미토스 편에 있기 때문이다. 사실 에로스 신화는 플라톤의 신화 중에서 중심적인 것이다. 또한 바로 그 신화는 우리가 플라톤적 견해의 가장 심오한 동기들을 통찰하도록 만든다.

우리는 플라톤의 에로스 개념을 다룰 때 주로 미토스의 영역을 다루게 될 것이다. 하지만 그렇다고 해서 로고스를 그 배경에 밀쳐두라는 뜻은 전혀 아니다. 플라톤의 논리와 구원 교리는 상호간에 전혀 무관한 것들이 아니다. 양자 사이에는 내적인 관계가 있다. 플라톤은 이데아론과 에로스론을 단순하게 함께 언급하는데 그치지 않았다. 그는 양자를 실재적으로 종합하는데 성공했다. 구원론의 근본동기인 에로스 동기가 이데아론에서도 배제되지 않았다. 왜냐하면 이데아 이론은 그 당연한 귀결로써 에로스 사상으로 이끌려 가기 때문이다. 빈델반트(W. Windelband)가 플라톤에 대해서 한 말은 옳다. 즉 "플라톤은 과학적 연구 방법을 통해서 종전의 모든 이론들을 수집함으로써 자신의 세계관에 도달하게 되었다. 그러한 플라톤의 세계관(世界觀)은 본성상 디오니소스적(Dionysiac) 영혼관의 교의들을 그 안에 포함하고 그 교의들은 플라톤 세계관의 필연적인 결과로서 나타날 수 있다."[6) 그러므로 우리의 제일과제는 플라톤의 이데아론 전체와 에로스 동기의 연관성을 간략히 예시하는 것이다.

플라톤 사상의 가장 고유한 특색은 두 세계 즉 감각계와 이데아계 사이의 선명한 이원론(二元論)이다. 그러나 이 이원론이 동방종교의 우주론적 이원론 즉 광명의 천상세계와 암흑세계 사이의 이원론의 재생에 불과하다고 묘사하는 것은 부당한 단순화일 것이다. 플라톤적 이원론과 동방종교적 이원론의 관계가 아무리 밀접하다고 할지라도, 플라톤적 이원론의 독특성은 그의 두 세계론이 궁극적으로 논리적 근거들에 의존한다는 사실에 있다. "플라톤이 미토스 영역에서 전수받아서 로고스 영역으로 옮겨준 것은 단순히 고대의 천상적 광명세계와 지상적 암흑 사이의 구별(즉 기존의 미토스를 지배했던 구별)이 아니며 선과 악이라는 두 반대세력들에 대한 종교적-윤리적 전제도 아니었다. 오히려 플라톤 체계를 지배하는 이원론은 한 관념과 관념의 수준 이하의 것을 구분한 그의 순수 논리에서 추론된 것이다. 바로 이 사실이야말로 진정한 소크라테스 사상의 특색이며 플라톤 사상의 창의적인 새로운 요소를 그 이전의 모든 것들과 구분해 주는 것이기도 하다."[7)

그러나 우리가 아무리 논리 측면에 집중하여 그것을 플라톤 사상의 유일한 결정인자라고 보고 이것을 출발점으로 삼더라도 우리는 필연적으로 에로스 개념에 도달하게 된다. 일반적으로 두 세계 즉 이데아계(界)와 감각계, 다시 말해서 필연적인 합리적 지식의 세계와 우연적인 감각-지각적 지식의 세계는 상호무관하게 병렬한다고 인정되지만, 우리는 그것들이 서로 동일한 수준에 있는 것이 아님을 명심해야 한다. 두 세계 사이에 위치하여 양자 모두와 관계맺고 있는 인간은 한 쪽에서 다른 쪽으로 옮겨야 할 운명에 있다. 그의 중간적(中間的) 위치는 그가 자기의 인격 안에서 두 세계를 통일하라는 것을 의미하는 것이 아니다. 그 반대로 그가 할 일은 저등세계와 절교하고 고등세계로 올라가는 것이다. 그가 그렇게 할 때, 즉 감각 세계를 등지고 이데아계로 향할 때, 이를테면 이데아의 세계가 감각의 세계를 정복한다. 그러나 이것은 인간의 영혼 안에 있는 에로스의 힘에 의해서만 가능하다. 이데아들 자체만으론 이런 정복을 전혀 할 수 없다. 이데아들은 힘이 아니며 감각세계에서 아무런 영향력도 행사하지 못하기 때문이다. 이 두 세계들 사이의 관계는 전적으로 일방적이어서 모든 운동은 아래로부터 위로 행하여진다. 이데아의 세계로부터 나와서 저등세계에 미치는 도움의 행위는 전무하다. 이데아가 사물에 참여하는 것이 아니라 사물이 이데아에 참여하기 때문이다. 사람이 사물 안에서 이데아를 어렴풋이 감지할 때, 그는 에로스 즉 순수한 이데아 세계에 대한 동경에 잡힌다.

에로스는 사람이 감각계에서 초감각계로 전향하는 개심이다. 그것은 인간 영혼의 상향성이다. 그것은 영혼을 이데아 세계로 향하여 몰아가는 실재적 힘이다. 에로스와 같은 것이 없다면, 두 세계 사이의 교류는 멈추게 되며 그것들은 움직이지 못하고 서로 나란히 놓여 있을 것이다. 상승 과정을 작동시키는 것은 에로스이다. 그리고 에로스는 이데아계가 감각세계와 상대하는 큰 기회이다. 왜냐하면 이데아는 인간 생활에 적극적으로 도움을 주지 못하지만 에로스를 갖춘 인간은 이데아가 자기 권위를 주장할 수 있도록 하라는 요청을 받았기 때문이다.

우리는 여기서 플라톤의 논리가 에로스 개념이라는 정점에 이르며 동시에 그의 철학이 구원론으로 보여지는 지점에 도달했다.[8] 이제 오르페우스교와 디오니소스교의 개념들을 맞이하는 문이 활짝 열려졌고 신비종교의 사상이 자유로이 인용되었다. 이제 우리가 당면한 연구 대상이 주로 철학적 이론인지 아니면 종교적 구원론인가를 결정하는 것이 불가능하게 되었다. 왜냐하면 그 둘이 서로 너무나 깊이 뒤섞여 있어서 불가분리한 통일체를 형성했기 때문이다. 이것은 예컨대「국가론」제7권에 있는 저 유명한 동굴의 우화에서 잘 나타난다.[9] 감각계에 있는 우리의 처지는 지하동굴 안에 사슬로 결박된 채 앉아서 동굴 벽에 비치는 그림자밖에 볼 수 없는 사람에 비유된다. 이 그림자밖에 본 적이 없는 사람은 그것들이 참된 실재라고 믿는다. 하지만 그 쇠사슬을 벗어버리고 어두운 동굴 밖으로 나와서 감각세계의 암흑에서 이데아들의 광명으로 올라간 철학자(哲學者)는 참된 실재가 이 상부세계에만 있다는 점과 감각세계는 실재의 그림자를 볼 뿐이라는 점을 알게 된다. 하지만 이러한 발견을 하려면 완전한 개심(conversion)이 필요하다. 즉 인간은 저등한 세계 즉 감각계로부터 참으로 존재하는 세계 즉 초감각계로 전향해야 한다. 그러한 전향이 고통스러울지라도 말이다.

이 우화의 내용은 이데아론을 다루지만, 그것의 색채는 구원론을 다룬다. 인간은 여기서 일시적인 것을 버리고 영원한 것을 구하라는 호소를 듣게 된다. 우리는 여기서 사람의 영혼이 저등세계에 갇혀 있으며 감각세계는 그림자와 착각이며, 천상계로 전향하기 시작하는 영혼에겐 고통이 있음을 듣는다. 또한 우리는 신적인 정관(靜觀)과 인간의 불행에 대하여 들으며 "여기까지 온 사람들은 필멸의 인간사에 관여하기를 원하지 않고 그 상부세계에 거하기를 열망한다"는 암시를 받는다.「파이돈」(Phaedo) 대화편처럼 여기서도 철학과 구원론이 동일하게 일치한다.

제2절 에로스의 신화

대화편「파이드루스」(Phaedrus)에서 플라톤의 탁월한 에로스 신화는 동방적 구원론들에 공통적인 가정에서 출발한다. 즉 그는 인간의 영혼이 초자연적·신적 근원과 가치를 지닌다고 가정한다. 전생(前生)에서 영혼은 이데아들을 혹은 그 자체적으로 참되고 아름답고 선한 것들을 바라보았다.[11] 이러한 관상(vision)이 영혼에게 심오한 인상을 남겨주었기 때문에, 그 영혼은 타락하여 "조가비 속의 굴"처럼[12] 육체 안에 갇혀 결박된 이후에도 여전히 윗세계의 영광에 대한 기억($\dot{\alpha}\nu\dot{\alpha}\mu\nu\eta\sigma\iota\varsigma$)을 간직하고 있으며, 그 스스로도 종종 이해할 수 없는 상향적인 인력을 느낀다. 돌이 그 본성상 아래로 이끌리는 것과 마찬가지로 영혼은 그 신적인 본성상 위쪽으로 이끌린다. 왜냐하면 존재하는 모든 것은 그 자신의 본래적인 위치를 발견하려고 힘쓰기 때문이다. 이러한 **영혼의 상향적 인력**(upward attraction)이 곧 에로스이다. 에로스는 물질계의 중력의 법칙과 유사한 위치를 영혼계에서 차지한다. 에로스는 영혼이 일시적인 것 안에 정착하는 것을 방지하며 영혼에게 그가 여기서 잠깐만 머무르는 이방인임을 상기시킨다. 플라톤이 가르치는 것은 "천상적인 에로스"이다.[13] 그것은 빛나는 이데아계에 대한 사랑이며 신적인 생명에 참가하고픈 열망이다.

에로스는 플라톤의 **상기설**(想起說, *doctrine of anamnesis*)과 매우 밀접하게 연관된다. 영혼이 시간이전의 존재양태로 이데아계에서 주목했던 바를 회상함으로써 아남네시스는 자라게 된다. 이 회상 능력은 영혼들마다 서로 다르다. 즉 대부분의 영혼들 안에서 그 회상력은 재 속에 묻힌 뜨거운 깜부기불과 같이 잠재적일 뿐이다. 하지만 모든 영혼들 안에서 그 회상력은 현실화되어야 한다. 이것은 아름다운 것을 봄으로써 발생한다. 영혼은 아름다운 것의 광채를 감지할 때 날개를 얻어서 초감각계로 올라갈 수 있다.[14] 아름다운 것이 이러한 효과를 미치는 이유는 미(美)의 이데아가 모든 이데아들 중에서 가장 밝고 가장 찬란한 것이기 때문이다. "美가 일단 광명 가운데서 우리에게 비춰지자, 우리는 제우스나 다른 신을 뒤따르면서 영광스러운 광경을 보았고 가장 복된 신비들이라고 정당하게 지칭되는 것에 입문하게 되었다."[15] 그러므로 감각계에서 미의 형상(iamge)과 조우할 때 우리는 가장 먼저 미의 이데아를 회상하며 결코 그것을 망각해선 안된다.

인간은 감각계 안에서 아름다운 것을 보게 된다. 그 아름다운 것의 모습은 그의 영혼 안에서 에로스를 일깨우는 기능을 가진다. 하지만 그것은 그의 사랑이 아름다운 대상에 고착되게 하려는 것이 아니라 오히려 그 대상을 넘어서 계속 상승하게 하려는 것이다. 지속적인 상승이 에로스의 본질 자체이기 때문이다. 그 아름다운 것은 영혼의 진정한 조국을 상기시켜야 하며 또한 그 자체를 벗어나 절대미(the Absolute Beauty)를 지적해야 한다. 왜냐하면 그 아름다운 것은 절대미에 참예하고 그 자신의 미는 절대미에서 파생되기 때문이다. 이와같이 에로스가 비록 감각적 미를 보고서 자극받았다 하더라도, 에로스는 감각적 미를 초월해서 초감각적·천상적 미를 추구한다는 사실에 의해서 자신이 "천상적인 에로스"임을 스스로 증명한다. 감각적인 미는 단지 상승운동의 출발점에 불과하다. 그 상승운동은 이데아계 안에서만 그 목표에 도달한다.

이러한 영혼의 상승 방식과 단계들은 플라톤의 「향연」(*Symposium*)에 간략히 묘사되어 있다. 플라톤의 서술은 에로스의 구원 질서(*ordo salutis*)라고 불릴 수 있다. 그가 여기서 채택한 하나의 형상(image)은 나중에 신비주의자들의 애용물이 되었고 모든 에로스 경건의 전형을 이룬다. 그것은 바로 영혼이 윗세계로 올라갈 때 타고가는 "천상적 사닥다리"의 형상이었다. 이를테면 영혼은 감각의 미로부터 시작해서 사닥다리를 타고서 더욱 더 고상한 형태의 미로 올라가며 드디어 미의 이데아 자체에 도달한다. 플라톤은 다음과 같이 말한다.

"누구든지 올바른 종류의 에로스를 힘입어 이 지상적인 것들을 떠나 위로 올라가 이 아름다움을 보기 시작하는 자는 최종목표에서 멀지 않다. 에로스의 대상들로 가는 올바른 길은 (홀로 가든지 다른 이의 인도를 받든지 상관없이) 여기 있는 아름다운 것들로부터 시작하여 위에 있는 미에 도달하기 위하여 마냥 위로 올라가는 것이다. 이것은 마치 사람이 사닥다리를 타고 하나의 美적 본체(body)로부터 두 개의 미적 본체들로, 두 개의 미적 본체들로부터 다른 모든 미적 본체들에 다다르며 또한 미적 본체들로부터 미적인 행동으로 그리고 미적인 행동으로부터 미적인 지식 형태들에 이르는 것과 같다. 그리하여 마침내 그 인간은 절대미(絶對美)에 관한 지식에 도달하고 그리하여 결국 무엇이 참된 미(Beauty)인가를 안다. 그러므로 사람에게 살 만한 가치가 있는 순간이 있다면, 그것은 바로 미(美) 자체를 보는 때이다."[16]

이 단계에 도달한 사람은 모든 것 중에서 최상의 것에 도달한 것이다. 즉 그는 미의 이데아 곧 "시작도 없고 없어지지도 않고 자라지도 않고 쇠멸하지도 않는 영원한"[17] 미(美) 자체를 정관(vision)하는데 도달한 것이다. 그가 정관하는 절대미는 동시에 절대적 존재이다.

플라톤에 의하면, 에로스는 본성상 일종의 이중성을 가진다. 즉 그것은 순전히 신적인 것도 아니요 순전히 인간적인 것도 아니고 둘 사이에 있는 어떤 것 즉 "하나의 위대한 영"(daemon, 귀신)이다. 에로스는 필멸자와 불멸자, 가짐과 못가짐, 지혜와 불합리 사이의 중간체이다. 「향연」 (Symposium)의 에로스의 태생 이야기는 그러한 이중성을 신화적으로 설명한다. 에로스는 페니아(Penia)와 포로스(Poros)의 아들이다. 즉 에로스는 한 편으론 빈곤과 결핍의 아들이며 다른 한 편으론 풍부한 주도권과 세력의 아들이다. 에로스는 그 어머니처럼 가난하고 거칠고 누추한 방랑자이며 "항상 결핍과 동행한다는 점에서 그 어미를 닮았다." 하지만 에로스는 항상 아름답고 선한 것들을 얻으려 하고 대담하며 진취적이란 점에서 그 아버지를 닮았다.[18] 에로스 자신은 아름답지도 않고 추하지도 않으며, 선하지도 악하지도 않고[19] 그 둘 사이의 중간에 위치하지만 그렇다고 중립적이진 않다. 왜냐하면 그는 항상 한 방향을 분명하게 지향하기 때문이다. 즉 에로스는 미(美)와 선(善)을 향한 사랑이다.[20]

제3절 에로스 개념의 내용

우리는 지금까지 플라톤의 「파이드루스」(Phaedrus)와 「향연」 (Symposium)에서 주로 도출된 에로스 개념을 설명했다. 이러한 작업은 대체로 신화적 성격을 띤 것이지만, 그 밑에 깔려있는 합리적 개념을 식별하는 것은 어려운 일이 아니다. 이제 우리는 에로스 개념의 내용을 더 명확하게 고정시키든지 플라톤의 사랑 개념의 특징적인 성격들을 보여줘야만 한다. 여기서 주목할 주요 논점들은 다음과 같이 세 가지 제목으로 요약될 수 있다. (1) 에로스는 "욕망의 사랑" 또는 획득적(acquisitive) 사랑이다. (2) 에로스는 인간이 신적인 것으로 가는 길이다. (3) 에로스는 자기중심적(egocentric) 사랑이다.

(1) 에로스는 획득적 사랑이다.

플라톤은 에로스를 좀더 세밀하게 정의할 때 그것이 가짐과 갖지 못함의 중간에 있다고 말한다. 에로스의 가장 현저한 점은 그것이 욕망과 동경과 노력이라는 점이다. 그러나 사람은 자기에게 없어서 필요하다고 느끼는 것들만을 원하고 동경한다. 그리고 그는 자기가 가치있다고 느끼는 것들만을 얻으려고 노력한다. 따라서 플라톤이 사랑의 두 가지 주요한 특색이라고 보는 것은 바로 현재적 필요에 대한 의식과 그 필요에 대한 만족을 더 고상하고 행복한 상태에서 얻으려는 노력이다. 필요 의식(sense of need)은 에로스의 본질적 요소이다. 왜냐하면 필요 의식이 없으면 획득적 사랑이 결코 일깨워지지 않기 때문이다. 에로스가 부유하여 원하는 바 모든 것을 소유한다고 하는 것은 그 용어상 모순된다. 마찬가지로, 에로스가 무엇이건 거저 준다는 것도 근본적으론 모순적인 말이다.

다음에 나오는 짐멜(G. Simmel)의 말은 정당한 주장이다. "그리스의 에로스는 소유의지(Will-to-possess)이다. 비록 그것이 그것의 사랑의 대상을 소유할 때 그 대상이 이상적인 교훈과 도덕적 개선의 친절을 받는 자라고 보려는 고상한 소유의식을 수반하더라도 말이다. 그렇기 때문에 그[플라톤]의 에로스는 가짐[所有]과 갖지 못함 사이의 중간상태일 수 있다. 왜냐하면 논리적인 귀결로써 그 대상의 소유를 확보한 사랑은 불가피하게 사라져야 하기 때문이다."[21] 특별히 주목할 점은 에로스가 주고자 하는 욕망처럼 보이는 경우에도 결국 그것은 여전히 "소유의지"라는 것이다. 왜냐하면 플라톤은 근본적으로 획득적 사랑 이외의 다른 어떤 형태의 에로스에 대해서도 몰랐기 때문이다.

에로스를 일종의 획득적 사랑으로 분류함으로써 플라톤은 에로스의 추구 범위를 한정했다. 모든 획득적 사랑과 같이 에로스도 필연적으로 가치가 있다고 인정되는 대상에게 향한다. 여기서 사랑과 가치는 하나이며, 한쪽은 다른 쪽을 암시한다. 가치있다고 인정되는 것만이 욕망과 사랑의 대상이 될 수 있다. 따라서 플라톤에겐 어떤 자발적·비동기적 사랑을 위한 여지가 없다는 점이 분명하다. 왜냐하면 획득적 사랑은 그 대상의 가치에 의해서 동기부여되기 때문이다. 하지만 에로스를 단순히 획득적 사랑으로만 정의하는 것만으론 부적절하다. 획득적 사랑에는 영혼을 아래로 끌어내려서 세속계에 더욱 굳게 결박하는 종류가 있기 때문이다. 이것이 바로 관능적 사랑이다. 이것과 반대로 에로스는 **위를 향한**(directed upwards) 사랑이다. 즉 에로스는 천상계 곧 이데아계를 향한 영혼의 상향적인 동경과 추구이다.

사랑에 있어서 이러한 방향의 차이가 사랑 자체의 구조에 아무런 영향도 미치지 않았다고 주장한다면, 그것은 물론 지나친 단순화일 것이다. 그 욕망의 특성이 그 욕구 대상의 속성에 따라서 달라진다는 점은 상당히 분명한 사실이다. "다른 대상에 대한 욕망은 다른 욕망이다."[22] 아래를 향하는 욕망과 위를 향하는 욕망은 서로 같은 욕망이 아니다. 하지만 그 차이점이 아무리 크더라도, 위로 향한 에로스-사랑조차도 획득적 사랑이라는 사실이 바뀔 수는 없다.

(2) 에로스는 인간이 신적인 것으로 가는 길이다.

플라톤이 에로스를 중간적인 것으로 서술한 것에는 종교적인 의미도 있다. 에로스는 신적인 생명과 인간적 생명의 중개자이다. 불완전한 것을 완전상태로, 필멸자를 불멸상태로 들어올리는 것이 에로스이다. 이러한 연관성에서 플라톤은 사랑이 신적인 것이라고 말할 수 있다. 물론 그는 단지 사랑이 인간을 신들에게 결합시킨다는 의미에서 그렇게 말한 것이지 신들이 사랑을 느낀다는 의미에서 그렇게 말한 것은 아니다. 신들은 아무것도 원하지 않으면서 자신들의 행복한 삶을 살고 있다. 그들은 사랑할 필요가 없다. 플라톤은 이렇게 말한다. "인간은 필요로 하지만 소유하지 못한 것들만을 사랑하며 원한다."[23] "이미 가지고 있는 것을 원할 사람이 세상에 어디 있겠는가?"[24] 신들은 모든 것을 가지고 있어서 아무것도 필요하지 않으므로, 그들이 사랑을 느낀다는 것은 어불성설이다. 그들이 사랑과 맺을 수 있는 관계는 오직 그들 자신이 사랑의 대상이 되는 것이다. 신적인 것은 자신의 미(美)에 의해서 모든 것이 자신을 향해서 움직이도록 만든다. 하지만 신적인 것 자체는 움직여지지 않는다. 그것은 절대 안식이다.

플라톤은 "어떤 신(a god)도 인간과 교제하지 않지만, 이 중개자[에로스]에 의해서 신들과 인간들 사이의 모든 교제와 대화가 진행된다."고 말한다.[25] 활동하고 운동하는 사랑은 오직 사람 편에만 속한다. 왜냐하면 사랑은 항상 낮은 것이 높은 것을, 불완전자가 완전자를 원하는 욕망이기 때문이다. 에로스는 인간이 신적인 것을 향하여 올라가는 길이요, 신적인 것이 사람을 향해서 구부려 내려오는 길이 아니다. 이것은 에로스-사랑의 이중적인 전제, 즉 사랑받는 대상의 가치에 대한 인식(認識)과 그 가치의 필요성에 대한 의식(意識)의 단순한 귀결이다.

사랑은 초감각계를 지향한다는 것이 플라톤적 에로스 개념의 본질이다. 대화편 「파이돈」(Phaedo)에서 보는 비관적인 세계관과 「향연」(Symposium)과 「파이드루스」(Phaedrus)에 있는 낙관적 세계관 사이에 예리한 차이가 있다고 하는 발언들이 많았다. 「파이돈」(Phaedo)의 윤리적 계획은 세상에서 철저하게 도피하는 것이다. 감각세계에 대한 올바른 태도는 그것을 등지는 것이다. 감각계는 영혼을 아래로 끌어내릴 뿐이다. 이 세상에서 우리는 진정한 존재의 희미한 그림자-형상들(images)만을 가지고 있을 뿐이다. 영혼은 감옥과 같은 몸 속에 갇혀 있어서 그 해방의 시간을 고대하고 있다. 그러나 우리는 「파이드루스」와 「향연」에서 전혀 다른 미학적-윤리적 계획을 발견한다. 감각세계에 적극적인 가치가 부여된다. 감각 미는 절대 미를 상기시키며, 미적인 것에 대한 생각이 이데아계와 감각계 사이의 연

결고리를 제공한다. 예리한 이원론은 극복되고 더욱 조화로운 세계관이 성취된다.[26]

그런데 이 대화편들 사이에는 부인할 수 없는 논조상의 차이가 확실히 존재한다. 하지만 이것으로부터 플라톤적 세계관의 근본적 이원론이 「향연」과 「파이드루스」의 에로스-교리에 의해서 극복된다고 단정하는 것은 이 문제의 실상을 완전히 오해하는 것이다.[27] 이 두 세계 사이의 이원론은 에로스론에 의해서 제거되지 않는다. 왜냐하면 이 교리는 인간이 어떻게 한 세계에서 구출되어 다른 세계로 들어가는가를 보여줄 뿐이기 때문이다. 플라톤은 감각계를 탈출해서 초감각계로 가는 길이 존재한다는 점을 결단코 의심하지 않았다. 하지만 이것은 두 세계 사이의 이원론적 대립의 약화를 전혀 암시하지 않는다. 게다가, 에로스는 어떤 의미에서도 감각계를 지지하거나 용납하지 않는다. 그와 반대로 에로스는 영혼을 감각계로부터 선회시키는 것을 의미한다. 에로스 자체는 일종의 세상으로부터의 도피이다.

사랑과 욕망의 대상은 아름다운 사물들 자체가 아니다. 아름다운 사물들은 더 높은 세계를 기억나게 만들기 때문에 에로스 체계에 자리잡고 있는 것이다. 아름다운 사물들에 대한 플라톤의 관심은 그것들의 독특성과 개별성 때문이 아니다. 아름다운 사물들은 보편적 미에 "참예하는" 특수한 사례들, 곧 전형들(paradigms)이 되기 때문에 플라톤의 흥미를 끈다. 플라톤에게 있어서 아름다운 것들은 이 보편자로 가는 디딤돌들로서만 존재한다. 플라톤의 말을 들어 보자. "한 물체에 있는 미는 다른 물체에 있는 미의 자매이다. 그러므로 우리의 목적이 미의 이데아를 추구하는 것이기에, 미(美)가 언제나 동일한 것이라고 여기지 않는 것은 매우 불합리할 것이다."[28]

따라서 플라톤이 가르치는 바, 에로스의 구원질서(ordo salutis)는 다음과 같다. 즉 한 아름다운 물체로부터 모든 아름다운 물체에 이르며, 이것들로부터 영혼의 미에 이르며, 이것으로부터 인간의 법률들과 제도들 내의 미에 이르고, 그 다음에 학문들(sciences, 지식들)의 미에 이르고, 드디어 절대로 아름다운 것, 즉 미의 이데아 자체에 도달한다. 에로스 교리에서 우리는 감각세계에서 탈출하는 것외에 다른 어떤 구원방법도 발견할 수 없다.

(3) 에로스는 자기중심적 사랑이다.

플라톤적 에로스는 전체적으로 자기중심적 구조를 가지고 있다. 모든 것이 개인적 자아와 그의 운명에 집중한다. 시종일관 중요한 것은 에로스로 불타오르는 영혼이다. 즉 영혼의 신적인 본성, 육신에 감금되어 있는 영혼의 현재적 곤경, 윗세계를 향한 영혼의 점진적 상승, 밝게 보이는 영광스러운 이데아들에 대한 영혼의 복스러운 정관 등이 중요한 문제들이다. 에로스가 획득적인 사랑이라는 사실이 에로스의 자기중심적 성격을 충분히 알려준다. 모든 욕망, 혹은 욕구, 그리고 동경은 자기중심적이며 그 정도만 다를 뿐이다.

그러나 에로스의 자기중심적 본성을 가장 분명히 입증하는 것은 그것과 유대모니아(eudaemonia, 행복)와의 밀접한 연관성이다.[29] 인간이 가치롭다고 여기고 자신에게 필요하다고 느끼는 것을 획득하는 것이 사랑의 목적이다. 플라톤은 이 논점을 특별히 강조하려고 했다. 그는 "행복한 자들이 행복하게 되는 것은 좋은 것들[즉 유익하고 만족스러운 것들]을 얻기 때문이다"[30]라고 말한다. 사람들은 모두 행복을 원하므로, 모든 사람들은 선을 사랑한다고 말함으로써 동일한 논지가 이뤄질 수 있다. 자신에게 유익한 것을 얻으려고 노력하지 않을 사람이 어디에 있겠는가? 그러므로 선을 사랑하는 것은 선한 것을 소유하되 영구히 소유하기를 원하는 것과 동일하다. 그러므로 사랑은 언제나 불멸성에 대한 욕망이다. 그러나 이 욕망 안에서도 자기중심적인 의지가 분명하다.

여기서 논란되는 사랑의 자기중심적 성격에 대해서 아직도 의문이 남아 있다면, 플라톤의 다음 구절들이 그 의문을 확실히 제거해 줄 것이다. "알케스티스(Alcestis)는 아드메투스(Admetus)를 위해서 죽었고, 아킬레스(Achilles)는 파트로클루스(Patroclus)를 따라서 죽었고, 혹은 당신네의 코드루스(Codrus)는 자기 아들들에게 나라를 물려주려고 자기를 희생했다. 만일 그들이 그렇게 함으로써 불멸의 명예를 얻으리라고 믿지 않았다면 그들은 과연 그렇게 했을 것인가? 물론, 매우 분명하게 그렇지 않았을 것이다. 나는 사람이라면 누구든지 불멸의 명성과 찬란한 영예를 얻기 위해서 무슨 일이든 하리라고 믿는다. 또한 사람들이 더 훌륭한 인물들일수록, 그들은 그것에 대하여 더욱 더 열성을 낸다. 왜냐하면 그들은 불멸하는 것들을 사랑하기 때문이다." [31] 그러한 사랑에 대해선 "그것이 자기의 유익을 구하지 않는다"고 말할 만한 여지가 거의 없다. 빌라모비츠-뮐렌도르프(Wilamowitz-Moellendorff)는 이 구절에 대해서 "나의 견해로는 알케스티스, 아킬레스 및 코드루스의 자기희생에 대해서 주장되는 동기(motive)를 플라톤의 진정한 의도로 간주해선 안될 것 같다"고 주석한다.[32]

여기에선 자기중심적 관심사가 대단히 놀랄 만한 형태로 나타난다는 점을 누구나 기꺼이 인정할 수 있다. 왜냐하면 그 형태는 자기중심적 관심사를 저급한 이기주의에 직접 근접시키기 때문이다. 하지만 자기중심적 색채 때문에 이 구절들을 내버릴 근본적인 이유는 없다. 에로스는 어떠한 경우에라도, 심지어 신적인 것을 사모하는 그 최고의 형태에서도, 자기중심적 습성의 정신을 벗어버리지 않는다.[33] 그렇지만 오해를 방지하기 위하여, 우리는 "자기중심적"(egocentric)이란 말이 여기서 경멸적인 의미로 사용되지 않는다는 점을 밝혀둔다. 그것은 긍정이나 부정을 나타내는 것이 아니고 단순히 에로스가 귀속되는 사랑의 종류를 형용하는 것이다.

주

1) 현대 해석가들 중에서 특히 Marburg학파를 언급할 수 있다. 그들은 logos에서 출발하며, 플라톤 사상을 그 선험적(先驗的)이며 비판적인 입장과 긴밀히 조화되도록 해석한다. Cf. H. Cohen, *Platons Ideenlehre und Mathematik*, 1878; P. Nartorp, *Platos Ideenlehre*, 2nd edn., 1921; N. Hartmann, *Platos Logik des seins*, 1909. O. Wichmann, *Platon und Kant*, 1920도 본질적으로 같은 선(線)을 취한다.

2) U. von Wilamowitz-Moellendorff, *Platon*, Ⅰ., 1919, p. 325.

3) 그러나 P. L. Landberg가 그의 저서 *Wesen und Bedautung der Platonisehen Akademie*, 1923, p. 62에서 플라톤의 아카데미를 간단히 "Erlösungssekt"(구원종파)라고 보는 것은 정당한 근거가 없다.

4) 이것은 *Der Mythos von Orient und Occident: Eine Metaphysik der alten welt*, ed.

M. Sehroeter, 1926에 J. J. Bachofen의 저서들이 선택되어 수록된 것을 보아서도 알 수 있다.

5) Cf. e. g., K. Reinhardt, *Platons Mythen*, 1927；K. Singer, *Platon der Gründer*, 1927. Natorp까지도 이 변화를 인정했다. 그의 *Platons Ideenlehre*(1921)의 제2판에서 다음과 같이 말한다："이 책을 처음 썼을 때에는 신비주의자 플라톤과 이데아론 창도자 플라톤을 구별하는 것이 필요한 듯했고, 또 사실 필요했을 것이다. 지금은 이 구별은 불가능하게 되었다고 주장하는 비평가들에게 찬성해야 될 것 같다"(p. 467). 그런데 문제의 변화는 이미 1905년에 Leop. Ziegler, *Der abendländische Rationalismus und der Eros*에 있었다. 거기 다음과 같은 말이 있다："과학적 요소와 나란히, 또는 그보다 위에 라고 할 다른 요소가 있다. 지성적(知性的) 직관(直觀)이 추상적 범주들에 대한 추상적인 이야기를 깊은 본능 즉 인간적으로 아름다운 본능에 대한 고백으로 만든다"(Preface, p. vii.)；또 "여기서 플라톤의 과학이 자체를 초월한다"(p. 27). 이와 같이 에로스는 과학과 논리에서 분리됨을 의미한다. 그것은 직관을 토대로 삼으므로, 우리를 신화와 상징의 영역으로 들어가게 한다. — 빌라모비츠 묄렌도르프에 의하더라도, "플라톤은 궁극적인 최고존재는 결코 과학적으로 증명할 수 없다"(*Platon*, p. 1.)；"우리는 최고존재를 신적인 열광(熱狂)에 의해서 직관적으로 알 수 있을 뿐이며, 이해력이 아니라 내면적 경험으로 안다. 사실 그는 여기서 자기의 철학이 불충분하다는 것을 고백할 때에, 그 철학의 절정을 알린다"(p. 418). O. Wichmann, *Platon und Kant*, 1920, pp. 43f.에서 이 견해를 공격한다："신비나 시(詩)나 신적인 것이 이 영역에서 불가피적인 요구를, 즉 확실성을 만족시킬 수 없다." 참조：플라톤의 에로스론에 대한 자세한 논의는 J. Stenzel, *Platon der Erzieher*, 1938(vol. 12 of *Die grossen Erzieher, ihre persönlichkeit und ihre Systeme*, ed. by Rudolf Lehmann), pp. 191-248, and R. Lagerborg, *Die platonische Liebe*, 1929.

6) W. Windelband, *Platon*, 6th edn, 1920, p.123. 또 참조："그의 방법은 저 영혼론의 지성적 내용을 그의 논리에 동화시키며, 그의 이데아론에 있는 두 세계라는 개념으로 해석하는 것이다. 이와 같이 그의 종교적 견해의 요소들이 과학적으로 확립된 것 같을 때에, 플라톤은 신화들로 생생한 형태를 자유로 첨가한다. 그 형태들은 종교사회나 종교의식들이 취했다고 추측하거나, 자기가 그 재료들을 바탕으로 자유로 상상한 것이다."

7) E.Hoffman, *Platonismus und Miltelalter*, p. 23 (*Vorträge der Bibliothek Warburg, Vorträge* 1923-1924, Leibzig und Berlin, 1926, pp. 17-82).

8) 그런 범위 내에서 Vilh. Andersen의 말에 건전한 견해가 있다："플라톤의 지식론 즉 그의 이데아론은 이와 같이 사변의 결과가 아니라, 원시적인 종교체험 즉 디오니소스적 환상의 결과다"(*Bacchustoget i Norden*, 1904, p.75).

9) *Rep.* 514ff.

10) *Rep.* 517；cf. 519："그러나 아주 어렸을 때부터 이런 본성을 다듬어서 감각적인 향락에서 해방했다면, 어떻게 될 것인가? 예컨대 음식을 즐기는 것은 납 덩어리와 같이 영혼을 날 때부터 아래로 끌어 내리며, 아래를 보게 한다. 만일 영혼을 이 모든 것들에서 해방해서 진리를 향하게 한다면, 같은 이 사람이 지금 거짓된 것을

보는 그 예리한 눈으로 참된 것을 볼 것이다." Cf. *Phaedo* 65ff.

11) *Phaedrus* 249. *Phaedo* 75.

12) *Phaedrus* 250. 이 비유를 선택한 것은 영혼을 진주라고 생각하기 때문이었을까? Cf. p. 168.

13) pp. 51ff에서 논한 "천상적 에로스"와 "비천한 에로스"의 구별을 여기서 역설하는 것이 좋을 듯하다.

14) *Phaedrus* 251.

15) *Phaedrus* 250.

16) *Symposium* 211; cf. *Republic* 514ff.

17) *Symposium* 211.

18) *Symposium* 203.

19) *Symposium* 201f.

20) *Symposium* 204.

21) *Logos*, vol. x., 1921-22, p.27에 있는 G. Simmel, "Fragment über die Liebe."

22) *Op. cit.*, p. 53.

23) *Symposium* 201; cf. 200.

24) *Ibid.*, 200.

25) *Ibid.*, 203.

26) cf. R. Eucken, *Die Lebensanschauungen der grossen Denker*, 13th and 14th edns., 1919, 29ff.; "Weltflucht und **Weltverklärung**."

27) *Phaedrus*에서까지 몸을 영혼의 감옥이라고 형용한다(250). cf. *Theaetetus* 176f.: "악은 신들 사이에 있을 수 없지만, 우리의 죽을 본성과 우리의 낮은 세계에는 필연적으로 존속한다. 그러므로 우리는 될 수 있는 대로 속히 악을 도피해서 저리로 가야 한다. 그러나 저리로 속히 가는 것은 될 수 있는 대로 하나님과 같아지는 것이다." — "세계 도피"와 이데아론은 결코 분리할 수 없다.

28) *Symposium* 210. 플라톤에서 미(美)가 가진 종교적 의미에 대해서는 H. Ording, *Estetikk og kristentom*, 1929, pp. 14-25.

29) 이 점에 대해서는 *Symposium*(204f.)에 있는 소크라테스와 Diotima의 대화에 배울 것이 많다: "소크라테스여, 선을 사랑하는 사람은 무엇을 원하는 것입니까? — 선을 가지려는 것입니다라고 나는 대답했다. — 또 선을 가진 사람은 무엇을 얻습니까? — 그것은 대답하기 쉽습니다. 그 사람은 행복을 얻습니다. — 그렇습니다라고 그 여인은 말했다. 좋은 것들을 얻음으로써 행복한 사람은 행복하게 됩니다. 그런데 행복한 사람은 무엇을 원하느냐고 물을 필요는 없습니다. 우리는 이미 궁극에 도달했으니까요. — 옳은 말씀입니다라고 나는 대답했다. — 이 소원과 이 사람은 모든 사람에게 공통하다고 생각하십니까? 또 모든 사람이 좋은 것을 항상 가지고 있기를 원하다고 생각하십니까? — 물론 그 소원은 모든 사람에게 공통하다고 생각합니다라고 나는 말했다." 이와 같이 모든 사람에게 공통한 자기중심적인 행복추구에까지 사랑이 돌아갈 때에만 "궁극"에 도달한다.

30) *Symposium*, 205.

31) *Symposium*, 208.

32) *Platon*, vol. ii, 1919, p. 173.

33) 영혼이 높은 세계로 올라가려고 노력하는 것은 전차(戰車)경주를 하는 사람들이 각각 "제일 앞설려고 애쓰"는 것 같다고 플라톤은 형용한다. 여기도 에로스의 자기중심적 본성이 나타났다(*Phaedrus* 248).참조: *Lysis*에 있는 우정(友情)에 대한 말을 보라. 욕망이 없으면 우정이 있을 수 없다. 선한 사람이 선한 사람의 벗이 될 수 없다: 선한 사람은 자족(自足)하기 때문이다"(214). 우정의 목적은 자기에게 유익한 것을 얻으려는 것이다. 병자는 의사의 도움으로 건강을 얻기 위해서 그의 친구다(218f). 이와 같이 자기중심적인 욕망이 우정의 근본이다(220f.).

그러면 "우정의 근거는 순전히 욕망이다. 사람은 자기에게 없는 것을, 그러나 (자기의 생존이나 올바른 일의 성취를 위해서) 필요한 것을, 바꿔 말하면, 특히 자기의 것을 원한다." — F. Überweg, *Grundriss der Geschichte der Philosophie*, vol. i., *Die philosophie des Altertums*, 12th edn., ed. K. Praechter, 1926, p.238.

제10장

에로스의
아리스토텔레스-신플라톤적 발전

제1절 후기적 발전의 중요성

우리가 고대에 나타난 에로스 동기의 다양한 형태들과 국면들을 대강 개관해 보면, 에로스 동기가 플라톤에게서 정점에 도달했다는 인상을 피하기 힘들 것이다. 그는 에로스를 단순하고 순수한 고전적인 선과 매혹적인 색채로 그렸다. 그래서 에로스에 대한 후대의 묘사들 중의 어떤 것도 플라톤의 것에 미치진 못한다. 동일한 주제를 다루면서 아리스토텔레스는 건조한 이론화를 구축했고, 플로티노스는 난해한 신화론적 개념들을 제시하였고, 더욱이 플로티노스의 제자들은 지상과 천상 사이를 관계맺게 하는 무수한 에로스들(Erotes)로 우주를 채웠다. 하지만 그들 중의 어느 누구도 플라톤과 맞서서 성공할 순 없었다. 플라톤은 고전적인 에로스 개념의 창시자이자 완성자이다. 물론 그가 에로스 개념을 무에서 창조한 것은 아니다. 왜냐하면 우리가 보았듯이 에로스 동기는 플라톤과 독립적으로 그보다 먼저 존재하였기 때문이다.

우리가 이 제목에 대한 논의를 무시하고 단순히 제목 자체만을 고려한다 하더라도, 우리는 동일한 결론에 도달할 것이다. 에로스 동기의 본질적 특성들은(즉 에로스 동기의 구조를 결정하는데 필요한 모든 것은) 플라톤에게서 발견된다. 그러므로 에로스 동기와 아가페 동기를 그 구성 원칙들에 입각하여 비교하고 대조하려는 우리의 당면목적을 위해선, 본래의 플라톤적 형태의 에로스 개념만 보아도 충분할 것이다.

하지만 그렇다고 해서 우리는 에로스 동기의 역사에서 아리스토텔레스와 신플라톤사상이 차지하는 막대한 중요성을 무시해선 안된다. 오직 그들의 공헌의 결과 에로스 동기가 인류 역사에서 수행한 그 중대한 역할을 감당할 수 있게 된 것이다. 에로스 동기가 기독교에 진입했을 때 그것은 전적으로 (혹은 주로) 플라톤이 제시한 형태를 취하고 있진 않았다. 주로 그것은 한 편으론 (영지주의 사상에서 현저하게 볼 수 있는 바와 같이) 신비주의적 경건의 형태를 취하거나 다른 한 편으론 아리스토텔레스와 신플라톤주의의 에로스-이론의 형태를 취하였다. 고대 교회에서 또한 중세교회에 이르도록 주도권을 잡은 것은 신플라톤주의였다. 그리고 어거스틴과 아레오파구스의 디오니시우스를 통해서 신플라톤적 에로스 개념이 가톨릭 교회에서 중심적이고 항구적인 위치를 확보했다. 그 후에 토마스 아퀴나스를 통해서 아리스토텔레스 사상이 승리했을 때, 그렇다고 해서 스콜라신학에서 에로스의 영향력이 약화된 것은 결코 아니다. 플라톤주의와 아리스토텔레스 사상 사이의 반목은 공통지반 위에서의 싸움이었기 때문이다. 그리고 그들이 공유하는 것들 중에서 주요한 것은 에로스 개념이었다.

제2절 아리스토텔레스의 에로스 동기

아리스토텔레스의 에로스론과 플라톤의 에로스론의 관계는 다음과 같이 간단히 공식화할 수 있다. 즉 아리스토텔레스는 우리에게 플라톤의 이론의 확대판을 제공하여 에로스 개념에 우주적 의의를 부여했다. 플라톤의 에로스는 영혼이 그 원하는 대상을 얻으려는 노력이며, 궁극적으로 아름답고 바람직한 것을 향한 그것의 충동이며, 그것의 천상적 본향에 대한 깊은 향수의 표현이다. 아리스토텔레스에게선 에로스 개념이 (적용가능한 한도까지) 심지어 물질세계에까지 적용된다. 숄츠(Scholz)는 다음과 같이 말한다. "이와같이 아리스토텔레스에 의해서 수정된 플라톤적 사랑은 추구할 가치가 있는 것에 대한 추구이다. 그리고 그렇게 파악되는 사랑은 현재적 의미의 개념으로서의 영혼을 가진 개인들 뿐만 아니라 우주의 모든 원소들에게도 그 사랑의 존재가 주장된다."[1] 따라서 아리스토텔레스의 에로스 의미를 알기 위해서 우리는 그의 윤리학보다 그의 형이상학 특히 그의 운동론에 주목해야 한다.

아리스토텔레스는 자연의 전 과정을 하나의 운동으로 본다. 그것은 질료(matter)에서 형상(form)으로, 존재적 불완전에서 완전으로, 잠재상태에서 현실상태로 점진적 상승의 운동이다.[2] 이 운동의 원인은 형상이 질료에 미치는 영향이며, 그 영향은 두 가지 방법으로 나타난다. 즉 한 편에선 말하자면 형상을 향한 질료의 타고난 편향성으로서,[3] 다른 한 편에선 형상이 질료에 미치는 적극적인 영향으로서 나타난다. 하지만 후자는 그 형상 자체가 더 고상한 형상을 위한 질료인 경우에 한해서만 형상에 돌려질 수 있다. 왜냐하면 순수한 형상(Pure Form)에 관한 한, 그것은 절대적으로 모든 운동을 초월하기 때문이다. 바로 순수 형상이 결과적으로 전체 과정을 움직이게 만드는 것이다. 하지만 그것 자체는 운동이나 변화의 영향을 받지 않으면서 그렇게 한다. 즉 순수 형상 자체는 움직여지지 않지만 그것은 모든 운동의 원칙이다.

그런데 그 자체는 전혀 움직이지 않는 그것이 어떻게 다른 것을 움직일 수 있는가? 이것에 대하여 아리스토텔레스는 κινεῖ ὡς ἐρώμενον 즉 "그는 (그것을) 사랑받는 것으로서 움직이게 한다"라는 유명한 대답을 제시했다.[4] 바꿔 말하면, 사랑받는 대상이 일깨우는 욕망에 의해서 사랑하는 자를 움직이는 것과 마찬가지 원리로 순수 형상은 사물들을 움직이게 한다. 순수 형상은 그 자체의 활동을 통해서 질료에 영향을 미치지 않는다. 순수 형상은 자신에게 자극받은 에로스를 통해서만 질료에 영향을 미친다.

즉 순수 형상은 (그것의 완전성에 의해서 일깨워진) 질료가 순수 형상을 향하여 가지는 욕망을 통해서만 그 질료에게 영향을 미친다. 이와같이 우리는 플라톤의 에로스가 아리스토텔레스에게서 하나의 우주적인 세력의 수준으로 격상되었음을 발견한다. 아무리 아리스토텔레스가 다른 면에선 플라톤과 다를지라도, 에로스 개념에 관한 한 그는 플라톤의 충실한 제자이다.[5]

플라톤의 에로스론이 우주적인 방향으로 발전한 것은 아리스토텔레스의 형이상학의 다른 논점들에서도 드러난다. 여기서 특히 흥미로운 점은 그의 "존재의 사닥다리(단계)"(*Stufenleiter der Dinge*)인데, 이것은 그의 자연철학의 본체를 형성한다.[6] 에로스는 상향성(上向性)을 의미하므로, 아리스토텔레스가 그것을 서술하기 위해서 사닥다리-상징을 이용하는 것은 부자연스러운 일이 아니다. 사닥다리-상징은 우리가 앞에서 플라톤의 "구원 질서"(*ordo salutis*)라고 묘사한 부분에서도 나타난다.[7] 플라톤의 구원 질서에서 의하면, 감각적인 아름다움을 보고 에로스로 불타오르는 영혼이 (마치 사닥다리를 타고 오르듯이) 절대미를 향하여 상승해야 한다. 하지만 플라톤에게 있어서 이 사닥다리-상징이 저등세계에서 고등세계로 상승하는 방법에 관한 심리적인 보완적 암시에 불과했다. 그것은 두 세계 사이의 대립현상을 조금도 감소하지 않았다. 영혼이 지나가야 할 단계들, 즉 영혼이 타고 오르는 사닥다리는 감각세계와 이데아계를 연결하여 두 세계를 하나의 연속된 세계로 만드는 객관적 실체들을 의미하지 않는다. 두 세계 사이에는 그러한 연결이 없다. 플라톤은 자신의 이원론을 철저하게 전개했다.

하지만 아리스토텔레스는 여기서도 다시 우주적인 발전을 드러낸다. 플라톤에게선 개인의 영혼의 상승을 예시하기 위해서 사용된 사닥다리-상징이 아리스토텔레스에게선 현실적인 "존재의 사닥다리(단계)"(*Stufenleiter der Dinge*)로서 나타난다. 전(全) 존재가 연속적인 계단적 우주(*Stufenkosmos*)이다. 거기에는 도처에서 열등자들이 우월자들을 향하여 올라가려고 노력하며 전반적인 운동 과정이 신적인 것을 향해서 모인다. 그런데 신적인 것은 스스로 움직여지지 않은 채 열등자들에게 자신의 인력

(引力)을 행사한다. 존재하는 모든 것은 이러한 상향성을 보여준다. 그리고 모든 것 안에는 하나님과 같아지려는 뿌리깊은 갈망이 있다. 전 우주는 에로스의 흔적들을 간직하고 있으므로, 낮은 것들은 높은 것들을 따라서 그것들과 같아지려고 노력한다. 이 노력은 모든 영역에서 즉 "하나님과 같아지려는 별들에게서, 별들과 같아지려는 태양에게서, 영구한 성장과 쇠퇴와 더불어 태양과 같아지려는 자연에서"[8] 나타난다.

이와 같이 아리스토텔레스의 운동론과 형이상학은 신(神) 개념에 기초하고 있다. 하지만 우리는 그 신 개념이 그리스적인 개념임을 명심해야 한다. 하나님은 절대적 부동자(Unmoved) 즉 움직여지지 않는 존재이다. 하나님은 "그 자체의 운동이나 활동을 통해서가 아니라 신적인 것에 대한 세계의 동경을 통해서" 자신의 영향력을 세계에 행사한다. "즉 세계와 그 안에서 발생하는 모든 것들은 하나님을 향한 질료의 동경에서 생겨난다."[9]

끝으로, 우리는 「니코마코스 윤리학」(*Nichomachean Ethics*)에 있는 아리스토텔레스의 유명한 우정론에 대해 언급하는 것이 좋겠다. 제8권과 제9권에 있는 이 우정론은 기독교의 사랑 개념의 역사에서 중요한 것이다. 이 우정론의 중요성은 주로 그것이 탐욕의 사랑(*amor concupiscentiae*)과 우정의 사랑(*amor amicitiae*) 사이를 나누는 스콜라적 구분의 근거가 되었다는 점에 있다.[10] 그러나 우리는 더 고상한 형태의 사랑인 우정도 결국 아리스토텔레스에 의하면 자기사랑 위에 건축되었음을 주목해야 한다.[11]

제3절 신플라톤주의의 에로스 동기

(1) 플라톤과 플로티노스. "알렉산드리아적 세계도식."

플라톤과 플로티노스(Plotinus) 사이에는 500년 이상의 간격이 있다. 그기간 동안 정신계의 풍토가 완전히 변하였다. 그 변화의 현저한 특색은 종교에 대한 강력한 관심을 가진 운동이다. 고대후기에서 철학은 주로 학문의 분과라기보다는 일종의 실천적인 종교 문제로 간주되었다. 사람들이 철학에서 요구했던 바는 객관적 존재 문제들이라기보다 내면 생활의 기초와 지탱이었고 궁극적으론 신적인 거룩한 생활로 가는 길이었다. 분명히 이러한 변천이 에로스 동기에겐 중요한 것이다. 그 변천이 의미하는 바는 (구원을 갈망하는 신비주의-경건에서 생겨났으나 역사의 와중에서 부분적으로 세속화되었던) 에로스 동기가 이제 그 근본으로 되돌아갔다는 점이다. 플라톤에게선 에로스 사상이 구원론이며 신비적 경건과 밀접하게 연결되었다는 점이 아직도 상당히 분명하다. 하지만 아리스토텔레스에서는 에로스 이론의 종교적 연관성이 훨씬 희박하다. 그와 반대로 플로티노스에게선 종교적 관심이 가장 현저하여 그의 사상 전체를 지배한다.

플로티노스는 자신의 전체 사상 안에서 서력(西曆) 기원 전후의 전형적인 종교적·문화적 혼합주의의 범위 안에서 활동한다. 아마 우리들이 신플라톤주의에 대하여 묘사할 수 있는 최고의 표현은 **플라톤주의와 고대후기의 신비주의 경건의 종합**이라고 부르는 것이리라. 그렇지만 이것은 에로스 동기가 이전보다 훨씬 더 중심적인 위치를 차지하게 되었음을 의미한다. 실제로 우리는 플라톤과 아리스토텔레스에게서 엄청나게 다양한 계열의 사상들이 에로스 동기로부터 유래함을 밝힐 수 있다. 그러나 플로티노스에게선 유래를 밝힐 필요가 없다. 왜냐하면 에로스 동기가 실제로 그의 사상의 전체 내용이기 때문이다. 플로티노스는 다양한 사물들을 떠나서 한 가지 필수적인 것, 즉 영혼이 하나님께 귀환하는 일에 집중한다. 그래서 그는 이 중대한 주제에 비해서 다른 모든 것들은 단지 부차적인 중요성밖에 없다고 여긴다.

에로스 개념의 발전에 있어서 플라톤과 플로티노스 사이의 수백년은 다른 측면의 중요성도 가진다. 왜냐하면 그 기간 중에 우주 개념이 광범위한 구조적 변동을 겪었기 때문이다. 하이네만(F. Heinemann)은 플로티노스에 대한 자신의 저서에서 이 새로운 우주론의 중요성을 역설하고 그것을 "알렉산드리아적 세계도식"(world-scheme)이라고 부른다.[12] 이 세계도식의 주요한 특색은 하나님과 질료 사이의 예리한 이원론(二元論)과 충분한 수효의 중간존재들을 도입함으로써 둘 사이의 교제(交際)를 확립하려는 시도이다. 이 교제는 두 방향으로 전개된다고 파악된다. 즉 하나님이 질료를 향해서 **하강**(descent)하는 것은 세계의 창조를 설명하며, 인간이 다시 하나님을 향하여 **상승**(ascent)하는 것은 인간의 구원에 상응하는 것이다.

확실히 알렉산드리아적 세계도식에 플라톤과의 접촉점이 없는 것은 아니다. 그 세계도식의 배경이 플라톤의 두 세계 이론이기 때문이다. 그리고 이 이론의 이원론이 더욱 더 예리하게 파악될수록, 두 세계 사이의 중재에 대한 필요성도 더욱 더 커진다. 감각세계(혹은 질료)에 대한 이데아계(혹은 신적 세계)의 초월성을 역설하면 할수록, 중간적 존재들의 도입은 더욱 더 필요해진다. 왜냐하면 이것들이 없으면 하등세계로부터 고등세계로 상승할 수 있는 가능성이 사라지기 때문이다. 플라톤의 사상에서 에로스는 바로 그러한 중간적 존재(μεταξὺ)이다. 아리스토텔레스에게도 알렉산드리아적 세계도식을 지향하는 중요한 발전들이 있었다. 이것은 특히 그의 "존재의 사닥다리"(Stufenleiter der Dinge)에서 현저하다.[13]

하지만 알렉산드리아적 "세계도식"은 순수한 플라톤주의와 아리스토텔레스 사상에 낯선 요소를 하나 포함하고 있다. 그것은 바로 우주 내의 하강 운동 혹은 유출(emanation) 개념이다. 플라톤은 영혼이 이데아계로 상승하는 것을 강조했다. 그래서 플라톤은 어떻게 해서 신적인 영혼이 지상에 내려와 육신 속에 갇혔느냐 하는 문제에 대해선 이차적인 관심밖에 보이지 않았다. 기껏해야 그것은 신화적인 취급만을 받을 뿐이다. 하지만 플로티노스는 전반적인 알렉산드리아 학파처럼 이 문제가 일차적 중요성을 가진다고 본다. 그들의 견해에 따르면, 상승은 하강을 전제하며 하강은 상승의 조건이다. 왜냐하면 우주적 과정(즉 하강)이 드러낸 단계들은 인간 영혼이 하나님께 귀환(즉 상승)함으로써 정반대 순서로 재생되어야만 하기 때문이다. 그러므로 플로티노스의 세계-과정 전체는 모든 것이 일자(一者) 즉 하나님으로부터 유출하며 모든 것이 그 일자에게로 귀환한다는 이중적 개념으로 요약된다.[14]

(2) 하강과 상승.

플로티노스의 에로스 개념은 방금 논의된 우주적 구조 안에 놓여져서 흥미로운 결과를 낳는다. 플로티노스는 하나님을 향한 영혼의 상승을 논할 땐 대체로 플라톤을 따를 수 있었다. 하지만 하강은 플로티노스만의 독특한 문제였다. 어떻게 해서 천상적·신적인 본성을 가진 영혼이 이질적이고 부자연스런 환경인 감각세계에 내려오게 되었는가? 플로티노스의 글을 직접 읽어보자. "내가 신체적 생명의 잠에서 깨어나 외적인 세계를 벗어나서 내 자신에게로 돌아갈 때, 종종 나는 놀라운 아름다움을 목도하며 내가 참으로 고상한 세계에 속해 있음을 완전하고 굳세게 믿는다. 그러면 나는 내 안에서 지극히 찬란한 생명을 느끼고 신(神)과 하나가 된다.… 그리고 내가 이렇게 하나님 안에서 휴식하고 이성적인 정관을 벗어나 산만한 사고로 내려올 때, 나는 어떻게 되어 이렇게 내려가게 되는가 또한 내 영혼이 어째서 이 육신에 들어왔던가를 자문한다. 그 영혼은 지금 육체 안에 있으나 그럼에도 불구하고 그 자신이 본질적으론 고상한 존재임을 스스로 보여주었다."15)

이 질문에 대한 플로티노스의 해답은 신적인 "일자(一者)"로부터 만물이 유출한다는 생각에서 얻어진다. 빛은 여전히 그대로 빛이면서 광선들을 방출하며 그 광선들은 마침내 암흑 속에서 없어진다. 이와 마찬가지로 전 존재는 일자(一者)에서 흘러나와 계속하여 더 낮은 단계로 내려오지만 일자는 결코 그 자체에서 사라져 없어지지 않는다.16)

이러한 연속적 계열에서 각각의 모든 단계는 그 바로 윗단계에서 받은 빛으로써 그 바로 아랫 단계를 비춰준다. "영혼이 정관(contemplation)에 몰두하면 할수록 그것은 더욱 아름답고 더욱 강하게 된다. 또한 영혼은 자신이 그 바라봄(vision)에서 얻은 것을 그 바로 아랫 존재들에게 전달한다. 이와 같이 영혼은 끊임없이 조명되듯이 또한 끊임없이 조명한다." 17) 이것은 특별히 세계-영혼(world-soul)과 그것의 창조적 행위에 대해서도 타당하다. 세계-영혼은 자신이 지성 세계(intelligent world) 내의 상위 존재들에 대하여 주목한 것들을 경험 세계(empirical world)에서 재현하려고 노력한다. 그러나 이렇게 고등세계에서 받으며 저등세계를 돌보는 과정에서 여태까지 타락시키거나 부패시키는 것은 전혀 없다. 바로 이것이 말하자면 영혼의 정상적인 상태이다. 또한 영혼은 자신의 창조물로부터 돌이켜 그 창조행위의 원형을 향하여 올라갈 자유를 온전히 누리고 있다.[18]

비정상(非正常)이 나타나는 경우는 오직 개별 영혼이 세계-영혼과의 관계를 단절하고 자신의 신적인 근원을 망각하며 감각세계에서 만족을 추구할 때 뿐이다.[19]

하강운동이 질료세계에서 그 극단에 도달할 때, 그것은 이제 상승운동으로 선회한다. 질료는 우리에게 실재가 아닌 공허하고 기만적인 그림자-형상들만을 보여준다는 점에서 거울과 같다. 게다가 질료는 일자(一者)로부터 자신에게로 떨어지는 광선들을 반사한다는 점에서도 거울과 비슷하다.[20] 그 점이 바로 질료를 세계-과정의 전환점으로 만드는 것이다. 영혼이 스스로 감각의 함정에 붙잡히는 것은 부분적으론 감각적인 것들을 독자적으로 실재하는 것마냥 과대평가한 결과이며 또한 부분적으론 영혼 자신의 가치를 과소평가한 결과이다. 그러므로 감각에 결박된 영혼이 하강을 상승으로 선회시키는 우주적 전환 운동에 참예하기 위해선 두 가지를 배워야만 한다. 즉 영혼은 지금 자신이 고상하게 평가하는 것들의 무가치함을 깨달아야 하며 또한 자기 자신의 고귀하고 신적인 근원과 가치를 상기해야 한다.[21]

여기서 플로티노스는 (영혼이 감각미로부터 절대미로 올라간다고 가르치는) 플라톤적 에로스 전통을 수용할 수 있는 지점에 이르렀다.[22] 확실히 감각계는 아름답다. 플로티노스는 영지주의자들과 세계를 멸시하는 자들에 반대하여 이 점을 역설하는데 싫증을 내지 않는다.[23] 그러나 감각계의 미(美)는 모방과 형상의 미에 불과하다. 그래서 감각계의 미를 추구하는 사람은 환영을 추구하고 있는 것이다. 그의 참된 추구대상은 물론 아름다움이다. 하지만 미는 이 세계가 고등세계에 참여하여 그것을 반영하는 한에서만 이 세계에서 발견된다. 그러므로 감각세계의 미는 근본미(Primal Beauty)를 추구하라는 도전이다. 왜냐하면 근본미야말로 영혼이 (의식적으로나 무의식적으로) 가장 철저하게 원하는 것이기 때문이다.[24]

에로스에 의해서 영혼이 미를 향하여 움직여지기 시작할 때, 이제 그 영혼은 상승 방향으로 선회한 것이다. 이제 영혼이 할 일은 더욱 더 높은 형태의 미로 올라가는 것이다. 이제 영혼은 하강할 때 통과했던 단계들을 역순으로 통과해야 한다. 신체적인 것들은 자신들의 미를 영혼으로부터 얻으며, 영혼은 이성으로부터, 그리고 이성은 일자 즉 신(神)으로부터 미를 얻는다. 그러므로 이 넷은 상승로(上昇路)의 단계들을 표시한다.

플로티노스의 말을 들어보자. "우리는 모든 영혼이 사모하는 최고선(the Good)으로 올라가야 한다.… 우리가 더 높은 세계로 올라가 전적으로 그것만을 향하여 돌아서고 하강시에 입었던 모든 것들을 벗어버릴 때 우리는 그 최고선에 도달한다. 이것은 마치 신비종교의 거룩한 입교식을 축하하러 가는 사람들이 입은 옷을 벗고 나체로 나아가는 것과 같다. 우리는 이 방법을 실행해야만 마침내 하나님 이외의 것들을 모두 뒤에 내버리고 상승하여 각자가 단독으로 하나님만을 보게 된다. 바로 그분은 신적이며, 순결하고, 단순하며, 순수하다. 만물은 그분에게 의존하며, 그분을 바라보며, 그분 안에서 자신들의 존재와 생명과 사상을 가진다. 그리고 그분은 모든 생명과 이성과 존재의 근원(the Ground)이시다. 이것을 보고서 그 사랑의 놀라운 광채를 느끼지 못할 사람이 어디 있겠는가! 그것과 가장 친밀한 연합을 이루고픈 욕망이 활활 타오르지 않겠는가! 그가 넘치는 경외감과 감격으로 전율하지 않겠는가! 심지어 아직 그것을 보지도 못한 사람들마저 하나님을 자기들의 참된 최고선(the Good)으로서 갈망한다"(I, 6, 7).

그러나 우리는 논리나 어떤 사고에 의해서 최상부, 즉 하나님과의 완전한 연합에 도달할 수 없다. 그것은 오직 (보는 자가 그 보는 대상과 하나 되는) 황홀경에 의해서만 실현된다. "그때에 우리는 그분[하나님]을 보며 또한 우리 자신을 본다. 우리 자신들은 이지적인 빛으로 둘러싸여 광채를 발하며 … 하나님이 되거나 우리 자신이 바로 하나님이다"(VI, 9, 9). 모사본이 원본으로 돌아가서 그것 안으로 받아들여질 때에만 우리는 목표에 도달한 것이다. 그러면 영혼은 그 동경과 욕망의 궁극적 대상을 발견했으므로 안식을 얻는다. 왜냐하면 심지어 (세속적인 필멸의 에로스에게 이끌려서) 일시적·세속적 이익을 추구할 때에도 영혼이 참으로 원한 것은 바로 그 궁극적 대상이었기 때문이다(VI, 9, 10).

하지만 하나님을 향한 영혼의 상승 가능성은 궁극적으로 수백년 전 오르페우스교(敎)로부터 유래되어 일반화된 전제에 달려 있다. 오르페우스교의 전제란 영혼이 신적인 존재로서 그 본성에 반하여 끌려내려와 질료 속에 갇혔다는 것이다. 플로티노스는 영혼이 본성상 본질적으로 선하다는 점을 강조하려고 많이 애를 썼다. 영혼이 물질과 뒤얽혔기 때문에 악(惡)이 외부로부터 영혼에게 달라붙은 것이다.[25] 영혼과 하나님의 본질적 유사성이 영혼의 구원을 가능하게 한다. "만일 안구(眼球)가 본성상 태양과 유사하지 않으면, 그것은 태양을 볼 수 없을 것이다. 만일 영혼이 스스로 아름답지 못하다면, 그것은 결코 아름다운 것을 볼 수 없을 것이다. 그러므로 누구든지 아름답고 선한 것을 보고자 하는 자는 먼저 아름다와지고 하나님처럼 되어야 한다."[26]

(3) 플로티노스의 에로스 개념을 플라톤의 에로스와 기독교의 아가페에 비교함.

플로티노스 사상의 주요한 주제를 요약한다면 그가 헤라클레이투스(Heracleitus)에게서 빌어온 ὁδός τε κάτω καί ἄνω 즉 "내려가는 길과 올라가는 길"이라는 공식문구가 가장 나을 것이다(IV, 8, 1). 에로스론이 중심을 차지하고 두 가지 길을 모두 지배한다. 하지만 플로티노스의 주요한 관심사는 상승로(上昇路)이다. 왜냐하면 그는 궁극적으로 오직 한 가지만을, 즉 타락한 영혼들이 그들의 신적인 근원으로 귀환하는 것만을 염두에 두고 있기 때문이다. 우리의 이해를 돕기 위해서, 임종시의 플로티노스가 남긴 마지막 말에 대한 포르피리(Porphyry)의 이야기를 들어보자. 플로티노스는 친구 유스토키우스(Eustochius)가 자신의 임종 직전에 찾아왔을 때 그에게 다음과 같이 말했다. "나는 그대가 내 안의 신적인 것을 만유(萬有) 안의 신적인 것으로 데려가 달라고 그대를 기다렸네."[27] 플로티노스는 상승의 길을 말할 때 주로 플라톤에게 의지하여 설명한다.[28] 그러나 플로티노스는 하강의 길에 대한 이론을 해결할 땐 주로 자신의 힘을 의지했다.

여기서 의문이 생긴다. 이 첨가된 특색이 플라톤적 에로스 동기에 대해선 어떤 중요성을 지니는가? 그것은 에로스 동기의 논리적 발전인가? 아니면 그것은 근본적으로 에로스 동기의 구조를 변경하는 것인가? 여기서 당면 문제는 하강시 통과한 단계들을 상승시 정반대 순서로 통과해야 한다는 사실이 플라톤적 "구원 질서"(ordo salutis)에 미치는 사소한 변경들이 아니다. 문제는 그것보다 훨씬 광범위하다. 즉 "내려오는 길"에 관한 어떠한 생각이든지 에로스 동기를 파괴할 위험이 없이 그 동기와 관련될 수 있을까 하는 것이 문제이다. 에로스는 결국 올라가는 길 즉 인간이 신적인 생명을 동경하는 것이기 때문이다. 그렇다면 에로스는 어떻게 자신과 정반대되는 것과 결합할 수 있는가?

한 걸음 더 나아가 우리는 다음과 같이 말하고 싶은 충동을 느낀다. 즉 내려가는 길은 아가페다. 아가페는 하나님이 상실된 죄인들에게 내려오심을 의미하기 때문이다. 그런데 기독교적 아가페의 내려가는 길은 하나님으로부터 죄인들에게 이르게 하지만, 플로티노스적 하강의 길은 신적인 것에서 질료로 이르게 한다. 바로 여기에 양자간의 차이점이 있다. 하지만 만약 우리가 그 차이점을 무시한다면, 결국 양자 사이엔 분명한 구조상의 유사성이 있지 않은가? 게다가 플로티노스는 "높은 것이 낮은 것을 돌보며 장식해 준다"(IV, 8, 8)고 말할 수도 있다. 이제 에로스의 상향성(上向性)은 알렉산드리아적 세계도식에 적용되어 신적인 것의 하강 개념과 결합되었다. 그렇다면 이것은 에로스 동기와 아가페 동기의 타협과 같은 것이 아닐까?

플로티노스는 알렉산드리아적 세계도식을 채용함으로써 플라톤을 떠났다. 이 점에 대해선 아무런 의심도 있을 수 없다. 순수한 플라톤 이론에는 원칙적으로 한 방향의 운동만이 존재할 수 있다. 즉 아래에서 위로 올라가는 운동만이 있을 수 있다. 플라톤의 이데아들은 현실적인 세력들이 아니기에 직접적이든 간접적이든 저등세계에 개입할 수 없다. 플라톤에겐 두 세계 사이의 예리한 균열이 매우 중요한 문제이다. 하지만 플로티노스는 "내려가는 길"에 대한 관심에는 연속성이 전제되어 있다. 이러한 연속성은 플라톤의 예리한 이원론보다 아리스토텔레스의 "계단적 우주" (Stufenkosmos)에 더 유사하다. 그리고 플로티노스가 이성 세계와 감각 세계 사이의 영원한 연합을 말할 때(IV. 8, 6) 분명히 그는 플라톤을 벗어났다.

그럼에도 불구하고 플로티노스의 "내려가는 길"이 기독교의 강림하는 아가페와 유사하다고 추측하는 것은 완전한 오류이다. 둘 사이에는 아무런 관계도 없다. 먼저 플로티노스는 여기서 우주적 과정을 염두에 두고 어떻게 저등세계가 일자(一者)에게서 나와서 존재하게 되었는가를 설명하고 있는 것이지 구원문제를 생각하는 것이 아니다. 구원에 관한 한 그는 오로지 상승의 길만을 언급한다. 하나님과의 교제는 하나님이 인간을 사랑하여 강림함으로써 생기는 것이 아니라 인간이 에로스 안에서 하나님에게 올라감으로써 생긴다. 그뿐 아니라 플로티노스가 내려오는 길에 대하여 한 모든 이야기들에도 불구하고, 그에게는 신적인 것이 실제로 하강하는 일은 없다. 신적 일자(一者)는 언제나 그 초월 속에 머무른다. 게다가 이성과 세계-영혼 그리고 세계 영혼과 연관성을 유지하는 개인영혼들도 마찬가지이다. 왜냐하면 "그것들은 모두 자신들의 왕좌에서 내려오지 않기 때문이다" (IV. 8, 4). 우월자가 열등자를 돌봐주고 그것에게 "질서와 장식을 부여할" 때, 우월자는 천상의 정상(μετεωροπορεῖν)에서 그렇게 하는 것이지 그 열등자가 처한 조건에 종속되는 것은 결코 아니다. 즉 우월자는 전혀 활동하지 않으면서도 "수동적 지배"(ἀπράγμονι ἐπιστασίᾳ)에 의해서 영향력을 행사할 뿐이다(IV. 8, 2).

플로티노스의 근본적인 신(神)개념에 따르면 신적인 것은 자족하며 그 숭고한 안식을 결코 떠나지 않는다(VI. 7, 41; V. 1, 6). 여기선 자발적인 하강에 대한 어떤 암시도 문제되지 않는다. 끝으로, 이것과 조화되는 사실이 있다. 즉 하강이 실재인 경우에, 그 하강은 신적인 강림 행위가 아니라 영혼이 죄와 죄책에 떨어지는 것이다. 플로티노스에 의하면, 누구든지 저열한 수준으로 내려가는 사람은 비자발적으로 그렇게 하는 것이라고 한다. 또한 이것은 바로 고상한 자리를 유지할 수 없는 연약성과 무기력의 증거이기도 하다. 결과적으로 신적인 존재가 실제로 내려온다는 것은 생각할 수도 없는 일이다(IV, 8, 5).

그러므로 플로티노스의 "하강의 길"과 기독교의 강림하는 아가페 사이엔 공통점이 전연 없다. 첼러(Zeller)는 기독교와 플로티노스의 차이를 적절하게 표현한다. "전자는 신성이 인간적 무기력의 가장 낮은 깊이까지 내려갔다고 말하고, 후자는 사람이 초인간적 신성에까지 높여짐을 요청한다."[30] 여기서 우리는 아가페와 에로스가 명백하게 대조됨을 본다.

(4) 하나님은 에로스이다.

끝으로, 우리가 "신적인 일자(一者)"에 대한 비범한 구절을 고려한다면 동일한 결론에 도달할 것이다. "그분은 사랑받을 가치가 있으며, 그 자신이 사랑이다. 즉 그분은 그 자신에 대한 사랑이다. 그분은 오직 자신의 본성대로 또한 자신 안에서 아름답기 때문이다."라고 한다.[31] 여기서 하나님은 명시적으로 에로스로 표현된다. 동시에 요한신학적인 "하나님은 아가페다"와의 비교가 암시된다. 플로티노스는 "하나님은 에로스다"($\ddot{\epsilon}\rho\omega\varsigma\ \dot{o}\ \alpha\dot{\upsilon}\tau\acute{o}\varsigma$)라고 말할 수 있다. 하지만 요한신학의 공식구가 신약성경의 아가페 동기의 최종적 결실이요 최고의 표현이라고 말하는 것은 참되지만, 플로티노스의 "하나님은 에로스다"라는 말이 플라톤적 에로스 동기의 결실이요 최고의 표현이라고 말하는 것은 불가능하다. 신이 그 무엇보다도 사랑받을 만하다($\dot{\epsilon}\rho\acute{\alpha}\sigma\mu\iota o\nu$)는 사상은 분명히 플라톤의 견해와 조화된다. 하나님은 최고선(最高善)이자 소원과 동경의 대상들의 총화로서 모든 동경과 사랑을 자신에게 끌어당긴다. 왜냐하면 결국 최고선은 또한 최고선만이 모든 에로스들의 궁극적 대상이라고 자천할 수 있기 때문이다.

하지만 바로 이런 이유 때문에 플라톤에겐 에로스와 하나님의 동일시 문제가 있을 수 없다. 하나님은 에로스가 아니며, 에로스는 하나님이 아니다. 신적인 생명은 행복한 생명이며, 그 안에는 결핍이나 필요가 없기 때문에 온전한 만족이 있다. 따라서 동경이나 소원에 대한 어떤 생각도 그리고 에로스에 대한 어떤 생각도 하나님의 생명과는 아무런 관계도 없다. 에로스는 하나의 반신반인(半神半人) 혹은 영(daemon)으로서 우리가 하나님께 올라갈 때 우리를 인도한다. 에로스는 인간 존재의 결핍과 필요를 전제한다. 신적인 생명은 완전히 충족되고 자족한다. 이와 같이 결핍과 필요가 발견되지 않는 곳에서 에로스를 논하는 것은 무의미하다.

외면상으론 하나님이 에로스라고 한 플로티노스의 주장은 플라톤적 에로스 개념의 완전한 포기를 의미하는 것처럼 보인다.[32] 하지만 그것은 겉으로만 그렇게 보일 뿐이다. 플로티노스는 이 곤란을 탈출하기 위해서 하나님이 그 자신의 원인이라고 말할 때 사용된 것과 같은 유형의 형이상학적 구성을 이용한다. 하나님은 인과적 계열의 꼭대기에 서 있기 때문에 그 계열 안에 있지 않다. 그러므로 인과관계가 하나님에게 적용될 수 없다. 하지만 우리가 하나님의 존재의 원인을 하나님 바깥에서 찾을 수 없다는 사실은 하나님이 그 자신의 원인이라는 말로써 표현된다. 이와 같이 원인의 범주는 유지됨과 동시에 파기된다. 그리고 이 형이상학적 묘책에 의해서, 하나님은 인과율(因果律)의 도식 속에 부합되면서도 제일원인(第一原因)으로서의 그분의 위치는 침해되지 않는다. 바로 이러한 방식으로 플로티노스는 에로스 문제를 논한다.

최고선이신 하나님은 모든 동경과 노력의 궁극적 목표이다. 그러나 그분은 무엇을 얻으려고 노력하거나 동경할 수 없다. 왜냐하면 그분은 소원의 대상이 될 수 있는 모든 가능한 것들을 자신 안에 소유하고 계시기 때문이다. 하나님을 초월하여 추구될 수 있는 것은 아무것도 없다. 따라서 에로스-도식은 하나님에게 적용될 수 없다. 하나님은 모든 에로스의 궁극적 목표로서 스스로 에로스의 운동에 걸려들 수 없다. 하나님 이외의 어떤 것도 결단코 그분 자신의 노력이나 에로스의 목표가 될 수 없다. 바로 이 사실을 표현하기 위해서 플로티노스는 하나님이 분명히 에로스이지만, 그분 자신을 향한 에로스라고 말했다. 이와 같이 플로티노스는 에로스 도식을 하나님에게 적용하면서 궁극목적으로서의 그분의 지위나 그분의 절대적인 행복(eudaemonia), 자족 및 자율을 침해하지 않는데 성공한다. 하나님은 만물의 궁극적 근원임과 동시에 궁극적 목표이시다. 그는 자기 자신의 원인(*causa sui*)이며 자기 자신에 대한 에로스(αὐτοῦ ἔρως)이다.

여기서 에로스와 아가페 사이의 차이점은 가장 분명히 증명되었다. 에로스는 실제로 하나님에게 적용될 수 없는데도 그분에게 적용되었다. 또한 에로스가 그렇게 적용될 때, 에로스의 획득적·자기중심적 성격이 너무 심하게 나타나 에로스는 온전히 자신에게만 집중하고 자신의 완전성을 향유하는데만 집중하는 사랑을 의미하게 된다. 에로스 개념과 아가페 개념 사이의 대조는 가장 단순하게 표현하라면 이렇게 말할 수 있다. 즉 "하나님은 에로스다"라는 말은 에로스를 자기사랑(αὐτοῦ ἔρως)으로 이해하지 않으면 무의미하다. 반면에 하나님의 아가페를 자기사랑 즉 자기를 향한 아가페(ἀγάπη)라고 하는 것은 순전히 무의미할 것이다.[33]

주

1) H. Scholz, *Eros und Caritas*, 1929, p.16.

2) Cf. H. Siebeek, *Aristoteles*, 3rd edn, 1910, p. 37: "잠재성(潛在性)과 현실성(dunamis and energeia)이라는 개념의 구별은 아리스토텔레스의 자연개념과 철학의 근본이다. 이 구별은 물질과 형태 사이의 차이를 유동(流動)적인 것으로 만들며, 자연 전체를 낮은 형태와 높은 형태들의 계단적 체계를 생각하기 위해서 필요하다. 밑바닥으로부터 꼭대기까지 일정한 단계들을 배치되어 자연 전체가 구성된다고 한다." 아리스토텔레스의 운동론에 대해서는 H. Scholz의 Op.cit., pp. 20ff.와 W. Jaeger, *Aristoteles*, 1923, pp. 366ff.도 보라.

3) H. Siebeek, *op. cit.*, p. 35: "이와 같이 형태를 향한 움직임은 물질의 본성에 있다. 형태의 영향을 받아서 형체를 얻는 것이 물질의 본성이다."

4) *Metaphysics*, 1072 b 3.

5) Cf. Wilamowitz-Moellendorff, *Platon*, vol, i, 1919, p. 420, n.1.

6) W. Windelband, *Lehrbuch der Geschichte der Philosophie*, 9th and 10th edus., ed. E. Rothacker, 1921, p.122.

7) pp. 174. 179.

8) H. Scholz, *op. cit.*, pp. 42f. 따라서 Scholz는 다음과 같이 요약한다: "삼중(三重)의 거대한 견인(牽引)력이 있다. 항상 성장하며 항상 쇠퇴하는 자연에 대한 태양의 인력권(圈), 태양에 대한 별들의 인력권, 그리고 별들에 대한 하나님의 인력권이 있다"

(*op. cit.*, p. 40).

9) W. Windelband, *op. cit.*, p. 122. Cf. E. Rolfes, *Die Philosophie des Aristoteles as Naturerklärung und Weltanschauung*, 1923, pp. 368ff. — 다만 Rolfes는 그의 전반적 경향에 따라 여기서도 아리스토텔레스를 토마스 아퀴나스적 철학으로 해석한다.

10) M. Wittmann, *Die Ethik des Aristoteles*, 1920, p. 233에서 플라톤과 아리스토텔레스의 사랑은 다르다고 한다: "플라톤은 동경 또는 욕망의 사랑을, 아리스토텔레스는 호의(benevolence)의 사랑을 생각한다."

11) M. Makarewicz, *Die Grundprobleme der Ethik bei Aristoteles*, 1914, pp. 189-206.

12) F. Heinemann, *Plotin, Forschungen über die plotinische Frage, Plotins Entwicklung und sein System*, 1921, pp. 6ff., 243ff. 플로티노스와 신플라톤철학에 대한 다른 해설들은 다음 책들에서 보라:M. Wundt, *Plotin*, 1919; G. Mehlis, *Plotin*, 1924; A. Drews, *Plotin und der Untergang der antiken Weltanschauung*, 1907; W. R. Inge, *The Philosophy of Plotinus*, 1918. 신비주의 종교들과 기독교에 대한 플로티노스의 태도에 대해서는: Picavet, *Plotin et les mysteres d'Eleusis*, 1903; Cocez, *Plotin et les mysteres d'Isis*, 1903; C. Schmidt, *Plotins Stellung zum Gnostizismus und kirchlichen Christentum*, 1901(*Texte und Untersuchungen zur Geschichte der altchristlichen Literatur*, ed, O. v. Gebhardt and A. v. Harnack); H. Leisegang, *Der Heilige Geist*, 1919.

13) E. Hoffman, *op. cit.*, p. 70: "이 단계(段階)의 동기는 플로티노스로부터 유대적 및 알렉산드리아적인 유출(流出)설과 스토아적 연합(聯合)설을 통해서 직접 아리스토텔레스에 소급할 수 있다. 아리스토텔레스에서는 영향권과 요소들, 형태들과 목적들로부터 올라가서 항상천(恒常天)을 움직이는 하나님에 도달한다. 바로 여기 아리스토텔레스와 플라톤의 큰 차이가 있다. 중간의 존재들을 사닥다리의 계단들로 처음 만든 것은 아리스토텔레스다. 플라톤에서는 그것들은 오직 하나인 중간물(物)의 상징들에 불과했다."

14) 이것[사닥다리 동기]은 또한 중세기까지 기독교 신앙을 체계적으로 설명하려는 노력들을 지배한 사고방식이다. "알렉산드리아적 세계상"의 지속(持續)과 기독교 사상에 대한 그 강력한 영향력은, 토마스 아퀴나스의 「신학대전」(*Summa Theologia*) 전체가 그 도움을 얻어 구성된 것을 보아서 충분히 알 수 있다.

15) *Enneads*, Ⅳ. 8, 1.

16) Ⅴ., 3, 12: Ⅵ., 5, 3. Cf. Ⅵ., 4 & 5.

17) Ⅱ., 9, 2: Ⅱ., 3, 17.

18) Ⅱ., 9, 4: "창조적 원인을 우리는 내려오는 것이라고 보지 않고, 안내려오는 것이라고 본다." Cf. Ⅲ. 2, 7: Ⅳ, 8, 7: "지금은 지성(知性)적・감각적인 이중의 본성이 있으므로, 영혼은 물론 지성적 본성 안에 있는 것이 더 좋다. 그러나 지금은 이런 본성도 가졌으므로 감각적인 것 안에도 있지 않을 수 없다. 모든 점에서 가장 완전한 존재가 아니라고 해서 만족을 주지 않아서는 안된다. 그것은 중간 위치에 있다. 그러나 확실히 신적 성격을 가졌고, 다만 지성적인 것들 중에서 맨끝이므로, 감각적 본성과 인접해 있다. 또 영혼은 이 영역에 그 자체의 본성을 얼마간 나눠주는 동시에 거기서 받기도 해서, 세계영혼과의 결합을 견지하지 못하고 낮은 물질 가운데 떨어진

다. 그러나 다시 올라갈 능력이 있다 … 그러나 이성의 영역에서는 나가는 것은 내려가는 것 즉 이성이 내려갈 수 있는 데까지 내려가는 것이다(이성이 그보다 위에 있는 것으로 올라가는 것은 그 본성에 속한 일이 아니다. 그러나 이성이 자체에서 나와서 자체 안에 그대로 있을 수 없을 때에는 자연의 필연적 법칙에 의해서 영혼에 즉 이성의 끝이요, 한계인 영혼에 가야 한다. 영혼에 가서 다음 단계들 영혼에게 넘기며, 이성 자체는 다시 올라가야 한다). 영혼의 행동도 마찬가지다. 이 아래에서 영혼의 활동은 그 뒤에 있는 것을 향하지만, 진정한 존재를 보는 활동은 영혼의 앞에 있는 것을 향한다." 개인의 영혼들만이 물질 속에 가라앉고 세계영혼은 그렇지 않다.

세계영혼은 "저 다른 세계에서 받아 이 세계에 주는 두 가지 일을 할 수 있다. 그것도 영혼이므로 물론 이 세계에 관심을 가져야 하기 때문이다"(*ibid*).

우리가 에로스 동기와 아가페 동기를 비교할 때에는, "저 다른 세계에서 받아 이 세계에 주는" 일이 에로스 동기의 영역에서도 있을 수 있다는 것을 염두에 두어야 한다.

19) V., I, I: "영혼들로 하여금 그들의 아버지인 하나님을 잊어버리게 만들며, 하나님의 부분들이며 전적으로 그에게 속해 있으면서도 자기들과 그에 대한 지식을 잃어버리게 한 것은 무엇이겠는가? 그들에게 있는 이 악의 근원은 그들이 대담무모한 것과, 그들이 감각세계에 난 것과, 최초의 차이와, 독립하려는 욕망에 있다. 그들은 자주 자신의 움직임을 즐겨서 자기의 영광을 명백히 기뻐했으므로, 그들은 그릇된 길에 들어 멀리 방황하며, 자기들의 신적 근원을 잊어버렸다. 어려서 아버지에게서 분리되어 오랫동안 먼 곳에서 양육된 아동들이 자기들이나 아버지를 모르는 것과 같다."

20) III., 6, 7; cf. also III., 8.

21) V., 1, 1; cf. V., 1, 3.

22) 여기 대한 가장 중요한 구절은 *Ennead* I., 6며, "미(美)에 관하여"라는 제목이 붙어 있다.

23) 특히 *Ennead* II., 9에서: "그노시스파와, 조물주(Demiurge)는 악하고 세계는 나쁘다고 하는 자들을 논박함."

24) VI., 7, 31: "에로스가 그 안에 살아 거처하고 있는 영혼은 이 아래 있는 아름다운 것들이 회상(回想)시킬 필요가 없다. 에로스를 가지고 있는 줄을 모를지라도 실지로 가지고 있으므로, 영혼은 항상 탐구한다. 천상적인 것을 갈망해서 지상적인 것을 멸시하며, 지상적인 미를 볼 때에는 의심한다: 육신과 물질을 입었고 … 진정한 미 자체가 아니기 때문이다."

25) 영혼의 고상함과 신적 본성과 선재(船材)에 대하여는 *Ennead* I., 6, 5f.; IV., 2, 1; V., 1, 1ff.; VI., 4, 14; 기타를 보라. 영혼이 물질과 얽힌 것이 악의 원인이라는 데 대해서는 I., 8, 4을 보라. 또 cf. F. Heinemann, *op. cit.*, pp. 83ff.

26) I., 6, 9. "눈의 본성이 태양과 같다"는 데 대하여는:cf. J. Linblom, *Det soliknande ögat. En religiolnshistorisk skiss till ett litterärt motiv.*(*svensk teologisk kvartalskrift*, 1927, pp. 230-247.

　"아름다운 영혼"이라는 널리 퍼진 생각과, 우리는 영혼을 다듬어 예술품을 만드는 것이 우리가 할 일이라는 생각은 이미 플로티노스도 말했다: "영혼에 어떤 미가 있는지를 그대는 어떻게 알 수 있는가? 그대 자신 속에 들어가 보라. 그대 자신이 아직 아름답지 않은 것을 발견하면, 그 때에는 아름다운 조상(彫像)을 만들려는 조각가가 하는 일을 하라: 그는 여기를 깎고 저기를 평활하게 만들고, 여기를 닦고 저기를 씻어 조상에 사랑스러운 얼굴이 나타날 때까지 노력한다. 그대도 그렇게 하라: 과도한 것은 모두 깎아버리고 굽은 것은 반듯하게 펴며, 어두운 것을 정화해서 밝게 만들고, 덕성의 신적인 광채가 그대 안에서 비쳐나올 때까지 그대 자신의 용모를 계속 다듬으라"(Ⅰ., 6, 9).

　27) Porphyry, *De vita Plotini*, 2.

　28) 플로티노스의 에로스 동기론은 대체로 플라톤의 말을 따른 것이다(예컨대, Ⅰ., 6; Ⅳ., 7, 10; Ⅴ., 9, 1f.; Ⅵ., 7, 31). 이 점에 대해서 우리는 시간을 보낼 필요가 없다. 플로티노스가 에로스 신화를 은유(隱喩)로 만들려고, 선하고 악한 "에로스들"과 그 밖에 여러 가지를 도입하는 것도(예컨대 Ⅲ., 5에서) 오래 이야기할 필요가 없다. 여기 대해서 Zeller가 바른 말을 했다: "우리 철학자가 이런 해설들을 전개하는 데 아무리 큰 애정을 느끼며, 그의 후계자들이 아무리 선생에 탄복해서 모방했을지라도, 이런 신화에 대한 공상적 해석은 플로티노스 자신의 체계의 입장에서 보아도 철학적 가치는 매우 적다"(*Die Philosophie der Griechen*, 5th edn., 1862, vol. iii., p. 601).

　29) Cf. 본서 pp. 171f.

　30) E. Zeller, *op. cit.*, p. 444.

　31) Ⅵ., 8, 15: καὶ ἐράαμιον καὶ ἔπως ὁ αὐτος καὶ αὐτοῦ ἔρως, ἅτε οὐκ ἄλλως καλὸς ἤ παρ αὐτοῦ καὶ ἐν αὐτῶ.

　32) 이 개념에 내포된 난점들을 보아서, 플로티노스의 발언은 기독교의 "하나님은 아가페시라"라는 말씀에 대립하려고 한 것이라고 보고싶을 수 있다. 니체는 고전 13장에 있는 바울의 발언을 설명했다고 넉넉히 말할 수 있다. 그는 고대(古代)를 숭배했기 때문에 고대와 기독교 사이의 엄청난 근본적 차이를 볼 수 있었다. 기독교 변증론자들은 이 차이를 모호하게 만드는 때가 너무 많았다.

　33) 이미 본 바와 같이, 요한복음은 성부의 사랑이 성자를 향한 것으로 표현하며, 성자는 참 하나님이시므로, 이 아가페는 하나님을 향한 하나님의 사랑이다. 그러나 성자는 성부와 다르시므로, 여기서 아가페는 (항상 그러하듯이) 자기를 주는 사랑이다. ― (제1부의 처음 영역자였던) Hebert의 주.

제3편

아가페와 에로스의 근본대립

제11장

고대의 모든 가치들의 재평가

제1절 가치 재평가의 일반적 의미

니체는 기독교가 "모든 고대적 가치들의 재평가"를 의미한다는 유명한 공식구로써 기독교와 고대세계의 관계를 표현하려고 했다. 이 공식문구는 통상적으로 인정된 것보다 훨씬 더 많은 진리들을 담고 있으며 그 주창자의 본래 의도보다 훨씬 더 널리 적용될 수 있다. 니체의 공식구는 고전적인 고대에 대해서 뿐만 아니라 유대교에 대해서도 또한 실제로 기독교 이전 세계와 비기독교 세계에 대해서도 타당하다. 그 "가치재평가"(transvaluation)는 무엇보다도 기독교의 중심동기인 아가페 동기에서 보여진다. 아가페는 유대교의 율법적 경건과 헬레니즘의 에로스 경건 모두에 대한 정면공격과 같다.

유대교의 율법적 경건의 입장에서 보면, 하나님이 의인과 경건자를 사랑하고 불의한 자와 죄인을 사랑하지 않는다는 것은 자명한 일이다. 이것은 율법이 하나님과의 교제를 지배한다는 개념에서 나오는 단순한 추론이다. 그러나 예수는 "나는 의인을 부르러 온 것이 아니요 죄인을 부르러 왔노라"(막2:17)고 말씀하신다. 그리고 그것에 대한 이유는 하나님의 아가페에 있다. 아가페는 그 본성상 죄의 용서를 의미하기 때문이다. 아가페는 율법적인 신인관계(神人關係) 개념을 철저히 분쇄한다. 바로 이것 때문에 예수가 바리새파와 충돌했고 바울이 "율법"에 투쟁했던 것이다. 아가페는 "노모스"(Nomos, 율법)에 대립하며 따라서 유대교의 전반적인 가치척도의 토대를 부정한다.

그러나 아가페 개념은 고대 그리스-헬레니즘의 가치척도도 마찬가지로 반대한다. 그것들은 에로스적 특색을 지닌다. 그리스인들에겐 신(神)들이 사랑하지 않는다는 것이 자명한 일이었다. 바랄 수 있는 모든 것을 소유한 그 신들이 무슨 까닭에 사랑해야 한단 말인가? 아무것도 부족한 게 없으며, 충족되지 못한 욕망도 없기에 그들은 사랑할 필요도 없다. 즉 그들은 아무것도 원할 필요가 없으며 무엇을 얻으려고 애쓸 필요도 없다. 여기에 반대하여 기독교는 "하나님은 사랑이다"라는 근본적 신앙을 고백한다. 하지만 이 사랑은 획득적 사랑과는 전혀 무관하고 희생과 자기시여를 특징으로 가진다. 왜냐하면 그것이 아가페이기 때문이다. "무슨 까닭에 하나님이 사랑하실 것인가?" 이 질문은 기독교적 맥락에선 무의미한 것이다. 하나님의 사랑은 어떤 이익을 얻기 위한 수단이 아니다. 하나님이 사랑하는 것은 단지 그분의 본성이 사랑이기 때문이다. 하나님의 사랑은 얻으려고 애쓰는 것이 아니라 주려고 애쓰는 사랑이다. 다시 말해서, 이것은 하나님의 사랑에 대한 목적론적 설명이나 동기부여가 전혀 유지될 수 없음을 의미한다.

그리스 사상에는 엄격한 의미의 하나님과의 교제가 부재한다는 점이 분명하다. 신들은 인간적 존재의 일시성과 변화 너머에서 행복한 불멸의 생활을 한다. 플라톤은 "신은 사랑과 상관하지 않는다"고 말한다(*Symposium*, 203). 그러나 기독교에서 아가페는 바로 하나님과 인간 사이의 교제를 의미한다. 그 교제는 하나님에 의해서 제정되었다. 물론 그리스 철학자들도 때때로 대중적인 종교 개념들과 일치되게 사람들을 향한 신들의 사랑을 언급하기도 한다. 하지만 그들이 그렇게 할 때에도 고대사상과 기독교 사상의 차이는 줄어들지 않는다.

우리는 단순히 신의 사랑을 받는 이가 누구냐고 묻기만 하면 된다. 그러면 그 차이점이 금방 분명해진다. 아리스토텔레스는 이 질문에 대해서 다음과 같이 대답한다. "이성을 따라 사는 사람은 신의 사랑을 받는 특별한 대상이 될 것이다. 만일 신들이 (사람들이 생각하듯이) 인간사에 관심이 있다면, 우리는 신들이 최선(最善)을 기뻐한다는 것과 그들에게 가장 유사한 것(즉 우리의 이성)을 기뻐한다는 것과 또한 그들이 이것을 사랑하고 존중하는 자들에게 상 준다는 것을 확고하게 가정해야 한다.… 그런데 이런 것들은 현자에게서 최고도로 발견될 것이 분명하다. 그러므로 그 현자는 신에 의해서 가장 많이 사랑받는다."[1]

분명히 여기서 문제되는 사랑은 기독교적 아가페와 정반대이다. 아리스토텔레스에 의하면, 하나님이 현자(賢者)를 가장 많이 사랑한다고 추정하는 것은 합리적일 따름이다. 하지만 바울에 의하면, 하나님의 사랑과 선택은 우리가 합리적으로 추측할 수 있는 것과 정반대라고 한다. 바울의 말을 살펴보자. "하나님께서 세상의 미련한 것들을 택하사 지혜자들을 부끄럽게 하려 하시고, 세상의 약한 것들을 택하사 강한 것들을 부끄럽게 하려 하시며, 하나님께서 세상의 천한 것들과 멸시받는 것들과 없는 것들을 택하사 있는 것들을 폐하려 하시느니라"(고전 1:27-28).

그러므로 니체는 기독교가 고대의 모든 가치들을 재평가했다고 말한 점에 있어서 확실히 정확했다. 그뿐 아니라 그는 이 가치재평가의 의미와 내용에 대해서도 결정적인 논점을 지적한다. 니체의 말은 상당히 중요하기에 여기에 그대로 인용하겠다. "현대인들은 기독교의 모든 용어에 대해서 마음이 굳어졌기 때문에 더 이상 '십자가상의 하나님'이란 공식구에 개재된 모순을 이해하지 못한다. 하지만 그 공식구는 고대인들의 취향엔 지나치게 무서운 모순이었다. 그 이전에는 이렇게 대담한 전도(轉倒)가 아무데도 없었으며, 이 공식구만큼 무시무시하게 도전하거나 도전할 수 있는 게 없었다. 이것은 모든 고대 가치들의 재평가를 약속했다."[2]

니체는 "십자가상의 하나님"을 선포하는 기독교가 모든 고대 가치들의 재평가를 의미한다는 것을 발견한 최초의 인물이 아니다. 기독교의 초창기에 기독교의 친구들과 원수들이 모두 그 점을 깨달았다. 바울도 "십자가상의 하나님"이란 말에서 기독교가 도입한 위대한 가치재평가를 보았다. "우리는 십자가에 못박힌 그리스도를 전하니, 유대인에게는 거리끼는 것이요 이방인에게는 미련한 것이라"(고전 1:23). 그러나 "십자가에 못박히신 하나님"은 십자가의 아가페에 붙여진 다른 이름에 불과하다. 그것은 유대인에게 거리낌(skandalon)이 될 수밖에 없었다. 유대인들은 십자가에 달린 메시아를 상상하기도 어려웠기 때문이다. 게다가 십자가의 아가페는 특히 유대인들의 종교적 관계 개념의 토대가 되는 전반적인 가치 도식을 부정하기 때문이다. 그리고 그리스-헬레니즘의 정신에겐 십자가에 못박힌 그리스도와 십자가의 아가페를 전파하는 것도 역시 마찬가지로 미련한 짓으로 보일 수밖에 없었다.

윤리적·종교적으로 아가페는 어쩔 수 없이 고대의 지적인 견해와 충돌할 수밖에 없었다. 윤리적 관점에서 아가페는 순전한 불의로밖에 보이지 않았다. 아가페는 지혜자의 이상과 상향적인 노력 개념과 충돌한다. 아가페는 에로스 개념과 정면으로 반대되며 또 사람이 신적인 영역으로 상승하는 것에도 정면으로 배치된다. 아가페는 죄를 장려하는 것처럼 보인다. 즉 그것은 윤리적 방종처럼 보이며 관대하게 대해서는 안될 사람에게 관대함을 베푸는 것처럼 보인다. 따라서 고대인들의 관점에서 아가페는 종교적 관점에서도 불완전하게 보인다. 참으로 그것은 하나님에 대한 모독이다. 왜냐하면 십자가의 아가페는 하나님을 (어쨌거나 객관성과 진실을 확보하려고 고심하는) 인간 재판관들보다 못하게 보이도록 만들기 때문이다.

아가페는 순전한 불경건으로 보일 수밖에 없었다. 왜냐하면 고대인의 신(神)개념의 모든 특징들에 반대되기 때문이다. 아가페는 하나님의 불변성, 불후성 및 영원성과 충돌한다. 왜냐하면 불변자 하나님은 도저히 인간생활의 변화와 우연(偶然)에 내려와서 거기에 예속될 수 없기 때문이다. 또한 아가페는 하나님의 유대모니아(eudaemonia), 그의 아름다움, 행복 및 지복과 충돌한다. 왜냐하면 그 어떤 것도 (충족되지 않은 소원을 모르는) 하나님을 설득하여 그 지복과 자족상태를 버리고 심지어 자기를 비워 십자가의 죽음을 견디게 할 수는 없기 때문이다. 간단히 말하면, 2세기에 켈수스

(Celsus) 같은 플라톤주의자가 기독교의 아가페 개념에 가한 비평이 바로 이런 종류였다.[3]

자주 이용된 (그리고 오용된) 말들로 아가페를 표현한다면, 우리는 아가페가 기독교의 역설적이고 불합리한 본성을 표현한다고 말할 수 있을 것이다. 하지만 이렇게 말한다고 해서 아가페 개념이 통상적인 의미로 역설적이거나 불합리한 것이 아니라는 점을 분명히 언급하는 것이 중요하다. 오늘날 많은 분야에서 마치 명석함과 일관성의 결여가 종교적 혹은 기독교적 진리에 대한 충분한 증거물인냥 역설적이고 불합리한 것들을 불건전하게 예찬하는 풍조가 있다. 우리가 아가페 개념을 역설적이고 불합리하다고 묘사할 때, 우리는 결단코 거기에 논리적 모순이 있다거나 "불합리하므로 나는 믿는다"(credo quia absurdum)가 암시되어 있다고 주장하지 않는다. 아가페 개념은 결코 자기모순이 아니다. 오히려 그와 반대로 아가페는 아주 단순하고 명료하며 이해하기 쉬운 개념이다. 아가페가 역설적이고 불합리하다는 것은 그것이 이전에 인정되던 가치들에 대한 재평가이기 때문이다.

제2절 가치 재평가의 종교적-역사적 배경

그런데 아가페와 에로스의 차이가 의미하는 바를 더 깊이 파악하기 위해선 우리는 단순히 양자가 사랑에 대한 상반된 견해들임을 보이는 것 이상의 작업을 해야만 한다. 그렇지 않으면 우리는 쉽사리 특정한 한 논점상의 대립 외에는 다른 어떤 것도 관련되지 않는다는 인상을 주기 쉽다. 하지만 실상 그 대립은 보편적이며 전반적이며 모든 논점에 다 관계된다. 그러므로 여기서 우리는 (비록 간략하게나마) 더 광범위하게 개관해야만 한다.

에로스와 아가페는 생명에 대한 상이한 두 가지 태도 즉 근본적으로 반대되는 종교와 윤리의 두 유형에 대한 특징적인 표현들이다. 그것들은 종교사 전체를 관통하여 흐르는 두 시내들이며, 상호간에 충돌과 뒤섞임을 번갈아 한다. 그것들은 종교상으로 자기중심적 태도와 신중심적 태도로 묘사될 수 있는 것들을 대표한다.

자기중심적(自己中心的) 유형에선 종교적 관계가 본질적으로 인간에 의해서 지배된다. 신과 인간 사이의 거리는 극복될 수 없는 것이 아니다. 인간은 하나님과 유사하거나 그 자신이 신적 존재일 것이다. 물론 당장엔 인간의 마음이 순간적으로 주위의 감각계 때문에 혼란해지고 산란해지긴 하지만 말이다. 그러므로 인간이 자기에게 돌아가는 것은 그가 하나님에게 귀환하는 것이다. 바로 거기에 인간의 진정한 목적과 만족과 행복이 있다. 이와 같이 신과 인간 사이엔 부단한 연속성이 전제된다. 그리고 신과 인간 사이의 차이점이 아무리 크다고 하더라도 단지 그것은 상대적인 것에 불과하다. 따라서 인간은 지속적으로 상승하여 점점 더 하나님을 닮아가며 한 걸음씩 하나님께 더욱 더 가까와질 수 있다.

그와 반대로, 신중심적(神中心的)인 유형에선 모든 것이 하나님께 집중한다. 하나님과 인간 사이엔 절대적인 구별 즉 경계선이 있다. 인간 편에선 아무도 그 경계선을 넘지 못한다. 인간이 스스로 신적 생명까지 올라가려고 생각하는 것은 순전히 엄청난 교만이라고 느껴진다. 이 교만이야말로 하나님과의 올바른 관계에 들어가기는커녕 최고도의 불경건을 의미한다. 하나님과 인간 사이의 깊고 넓은 간격은 절대적인 것이다. 그러므로 인간은 도저히 신적인 수준까지 올라갈 가능성을 갖지 못하고 있다. 오직 하나님 자신만이 다리를 놓으실 수 있다. 사람은 에로스에 의해서 도저히 하나님에게 이를 수 없다. 하나님과의 진정한 교제는 오직 하나님께서 아가페 안에서 인간에게 강림하실 때만 가능하다.

종교사에서 일반적으로 우세한 것은 자기중심적 유형이었다. 이 유형은 원시적인 시초에서 신비주의의 영적인 절정에까지 이르렀다. 이것은 인간 안에 영원한 것을 향한 동경과 탐구를 각성시키는 것을 자체 목표로 삼는다. 즉 그것은 사람들이 후패하는 일시적인 금생을 등지고 영혼의 근원인 고등세계를 향해서 영혼의 날개를 타고 상승하도록 설득하려고 애쓴다. 이

유형은 플라톤주의에서 최고조로 발전했다. 플라톤주의는 철학적인 측면뿐만 아니라 철저하게 종교적인 측면도 가진다. 종교적으로 플라톤주의가 세계에 제공한 위대한 선물은 그것이 초감각적·자존적인 신(神)에 대해 가지는 열정적인 사랑과 동경이다.

이와 반대되는 신중심적(神中心的) 경향은 오히려 배경에 있는 편이었지만 결코 완전히 사라진 적은 없었다.[4] 기독교가 나타나기 전까진 신중심적 경향이 결정적으로 출현하여 완전한 승리를 주장하지 못했다. 우리가 기독교에서 모든 고대가치들의 재평가를 발견하는 가장 심오한 이유는 기독교의 신중심적 성격에 있다.

종교는 하나님과의 교제이다. 그러나 이 교제를 성립시키는 길에 대해선 두 가지 상이한 개념들이 가능하다. 그 길이 인간적인 것을 신적인 것으로 들어올림으로써 성취된다고 생각하는 것은 자기중심적 종교 즉 에로스의 주장이다. 그것과는 달리, 하나님이 사람에게 은혜로이 강림하심으로써 그 교제의 길이 확립된다고 생각하는 것은 신중심적 종교 즉 아가페의 주장이다.

주

1) *Eth. Nic.*, x., viii., 9. Cf. H. Meyer, *Platon und die Aristotelische Ethik*, 1919, pp. 187f.

2) *Jenseits von Gut und Böse*, Drittes Hauptstück, 46. 니체는 고린도전서 1장 23절의 바울의 주장을 현대적으로 주석한 자로 평가될 수 있다. 니체의 고대에 대한 숭배는 고대정신과 기독교 사이의 방대하고 근본적인 차이점에 눈을 뜨게 했다. 이 차이점이 변증가들에겐 너무나 자주 무시되곤 했다.

3) "기독교의 모든 용어에 대해서 마음이 굳어"지지 않은 고대(古代)정신이 아가페 개념에 어떤 반응을 보였는가를 알려면, 켈수스(Celsus, 또는 Kelsos)를 보는 것이 제일 좋을 것이다. 그는 묻는다: "예수는 하나님이라고 하니, 어떤 위대한 일을 했는가? 그는 원수들을 부끄럽게 만들었는가, 또는 반대론을 웃음거리로 만들었는가? … 자기의 신성(神性)을 이미 나타내지 않았다면 무슨 까닭에 적어도 지금 나타내며, 이 비난에서 자기를 해방하며, 자기와 자기의 아버지를 모욕하는 자들에게 복수를 하지 않는가?"(Origen, *Contra Celsum*, Ⅱ, 33ff.). Cf. K. Holl, *Urchristentum und Religionsgeschichte*, 1925, pp. 19f.: "켈수스는 그 독특한 예리한 눈으로 기독교에 있는

이 점도 보았다. 그는 쉬지 않고 기독교인들에게 그들의 하나님 개념이 어리석으며 비열하며 타기할 것임을 지적했다. 다른 종교들은 모두 점잖고 교양이 있고 비난받지 않는 사람들을 그 단체에 넣는데, 기독교는 거리의 하층배들을 찾아간다. 죄를 지은 일이 없는 것이 적극적으로 나쁜 듯이, 또 하나님은 범죄자들을 규합하는 강도인 것 같이!"

이렇게 말하는 켈수스는 모든 헬라인과 로마 사람들이 기독교에 대해서 품은 반감을 표현했을 뿐이다. "하나님은 순결한 사람들만을 상대하신다"라는 것이 그들의 신성불가침의 원칙이었다.

4) 이것은 물론 구약성경에 나타나지만, 다른 종교들에도 있다. Cf. Nygren, *Det bestaende i kristendomen*, 1922, pp. 38f.; *Försoningen, en Guds gärning*, 1932, p. 19.(영역자의 주).

제12장

핵심적인 대조점들의 일람표

우리는 이미 에로스와 아가페의 차이점이 두 가지 인생관들 간의 근본적인 대립으로 확대됨을 살펴보았다. 이로써 우리는 본 연구의 주요 목표점에 도달했다. 우리는 이미 서론부에서 우리의 연구의 관심사가 (엄격히 말해서) 고립된 두 가지 역사적 현상들을 비교하는 것이 아니라고 밝혔다.[1] 그러한 비교는 쉽사리 온갖 종류의 자의성으로 이끌기 때문이다. 사실, 진정한 비교의 가능성이 있을까에 대해서도 의심스럽다. 왜냐하면 에로스와 아가페는 매우 상이한 환경에서 자라났기에 그것들을 단순한 역사적 형태들로 비교하려고 하더라도 비교불가하게 나타날 수밖에 없기 때문이다. 이 점에 대하여 우리는 빌라모비츠-묄렌도르프가 플라톤과 바울을 언급한 내용을 회상할 수 있다. "그들은 여기서 상대방으로부터 무언가를 배울 수 있었을 것이다. 하지만 그들의 입장을 보건대 그들은 결코 그렇게 하지 않았을 것이다."[2]

그렇다면 플라톤에서 출발하여 바울의 입장을 논하거나 바울에서 출발해서 플라톤의 입장을 논해야 할 필요가 어디 있겠는가? 그렇지만 지금 우리는 (이미 언급된 것처럼) 단지 역사적인 두 인물들과 그들의 견해들에 관심을 기울이는 것이 아니다. 우리의 관심사는 인생 전체에 걸쳐서 특징적인 근본적으로 다른 두 태도들이다. 우리의 연구대상은 상호경쟁하는 두 가지 근본동기들, 즉 두 개의 대립적인 이상들 혹은 인생의 관념들이다. 이것은 상황을 전적으로 변화시키며 비교와 대조에 훨씬 더 유리한 조건들을 제공한다.

비교가 가능하기 위해선, 당연히 비교대상들간에 차이점들은 물론이고 공통점도 가지고 있어야 한다. 바로 이것 때문에 우리의 곤란이 되살아나는 것 같다. 에로스와 아가페 사이에 무슨 공통점이 있단 말인가? 사실상 양자에겐 비교의 출발점이 될 만한 공통 개념이 발견될 수 없는 것처럼 보인다. 모든 점에서 양자간의 대립이 느껴지기 때문이다. 하지만 그러한 의미의 공통점을 발견하려는 시도는 불필요하다. 왜냐하면 이와같이 근본 동기들을 다루는 경우에는 그 두 가지를 답변으로 가지는 그 질문이 바로 공통점이기 때문이다. 두 대답들의 차이점이 아무리 크다고 하더라도, 공통된 질문은 그 대답들의 소위 공통분모가 된다. 에로스와 아가페는 모두 하나님과 인간의 관계를 표현한다고 주장한다. 또한 양자는 모두 인간의 윤리생활을 형성하는데 영향을 미친다. 여기서 우리의 관심사는 바로 이러한 궁극적·보편적 문제들이다. 우리는 에로스 종교와 아가페 종교에 대해서 말할 수 있다. 즉 우리는 에로스 윤리와 아가페 윤리를 논할 수 있다. 그리고 우리가 결정해야 할 것은 이러한 일반적 개념들의 내용이다.

한 가지 더 주목할 점이 있다. 우리가 두 가지의 전반적인 생활태도를 비교하고 대조할 때, 사실들을 고찰하다가 가치평가로 넘어가기 쉽다. 그렇게 되면 상이한 생활태도를 형용하는데 사용된 용어들이 그것들의 부속 가치를 가리키는 것으로 여겨진다. 예컨대, 우리가 에로스와 아가페의 차이를 말할 때, 에로스는 자기중심적 사랑이요 아가페는 비이기적 사랑이라고 하든지, 혹은 에로스는 자기주장을 의미하고 아가페는 자기희생을 의미한다고 말하면, 우리는 곧 비이기성 개념과 자기희생이 존경받을 만한 것이고 자기주장 개념과 자기중심적 행위는 존경받지 못할 것이라고 연상한다. 이것이 우리에게 자연스럽고 불가피하게 생각되는 것은 기독교가 가치 변혁을 일으켰기 때문이다. 하지만 고대인들에겐 자기주장이나 자기중심적 행위가 존경받지 못할 일이 아니었다. 그러므로 우리는 여기서 두 가지 궁극적인 가치표준을 대비시켜서 그것들의 단순한 묘사를 목표로 삼을 뿐 이지 심판자로 행세하려는 것이 아니다. 우리는 아가페와 에로스를 병렬하 여 그들간의 가치의 차이가 아니라 유형의 차이를 밝히는데 목표를 둘 것 이다. 우리는 이것을 염두에 두고서 이제 에로스 태도와 아가페 태도의 특 색이 각각 무엇인가를 질문할 것이다. 그것들간의 궁극적으로 결정적인 주 요한 차이점은 이미 앞에서 분명하게 밝혀졌다. 이 두 가지 근본동기들과 그것들의 정반대적인 경향들에 관한 이야기를 끝내기 위해서 여기에 일람 표를 첨가한다. 거기에 담겨진 다양한 세부조목들은 우리의 연구과정의 도 처에서 나타났다. 하지만 여기선 이러한 세부사항들 자체보다 두 가지 태 도의 대립적 배열에 더 치중한다. 그렇게 함으로써 우리는 유형의 차이가 전반적으로 어떻게 나타나는가를 살펴볼 수 있을 것이다.

(1) 에로스는 획득적인 욕망과 동경이다.

(1) 아가페는 희생적으로 베푼다.

(2) 에로스는 올라가는 운동이다.

(2) 아가페는 내려온다.

(3) 에로스는 하나님께 가는 사람의 길이다.

(3) 아가페는 하나님이 사람에게 오시는 길 이다.

(4) 에로스는 사람의 노력이다. 에로스는 인간 구원이 자기의 일이라고 생각한다.

(4) 아가페는 하나님의 은혜이다. 구원은 하 나님의 사랑이 하는 일이다.

(5) 에로스는 자기중심적 사랑이며 가장 높고 고상하고 숭고한 형태의 자기주장이다.

(5) 아가페는 이타적인 사랑이며 "자기의 유 익을 구하지 아니하며" 자신을 내어준다.

(6) 에로스는 자기의 생명 즉 신적인 영원불 멸의 생명을 얻으려고 한다.

(6) 아가페는 하나님의 생명을 살기 때문에 감히 "그것을 상실한다."

(7) 에로스는 결핍과 필요에 의존하는 획득과 소유의 의지이다.

(7) 아가페는 풍부하기 때문에 베푸는 자유 이다.

(8) 에로스는 주로 인간의 사랑이다. 하나님은 에로스의 대상이다. 에로스가 하나님에게 돌려질 때에도, 에로스는 인간적 사랑을 본받은 것이다.

(8) 아가페는 주로 하나님의 사랑이다. 하나 님은 아가페이시다. 아가페가 사람에게 돌려질 때에도, 아가페는 신적인 사랑을 본받은 것이다.

(9) 에로스는 그 대상의 속성과 미와 가치에 의해서 결정된다. 그것은 비자발적이며 "환기되며" "동기를 갖고 있다."

(9) 아가페는 대상과의 관계에서 주권적이며 "악인과 선인"을 다 사랑한다. 그것은 자발 적이며 "넘쳐나며" "동기를 갖지 않는다."

(10) 에로스는 그 대상 안의 가치를 인식하고 그것을 사랑한다.

(10) 아가페는 사랑하며 그 대상 안에 가치를 창조한다.

주

1) pp. 37ff.를 보라.

2) *Platon*, Ⅰ., 1919, p. 384.

제13장

사랑의 상이한 차원들에 나타나는 대립

사랑은 사랑하는 주체와 사랑받는 객체 사이의 관계를 표현한다. 우리가 객체에 주목하고 인격적인 대상에만 국한하여 본다면, 사랑은 상이한 네 가지 형태들로 나타날 것이다. 우리는 여기서 그 형태들을 사랑의 "차원 (次元)들"(dimensions)로 서술할 것이다. 이것들은 (1) 인간을 향한 하나님의 사랑, (2) 하나님을 향한 인간의 사랑, (3) 인간에 대한 인간의 사랑, 그리고 (4) 인간의 자기사랑 등이다. 마지막으로 명명된 것에선 사랑하는 주체와 사랑받는 객체가 일치한다. 그래서 우리는 그것을 관계로 묘사하는데 당연한 의문을 가질 수 있다. 하지만 인간의 자기사랑이란 생각은 기독교의 사랑 개념의 역사에서 매우 탁월한 역할을 수행했기에 여기에서 논의될 필요가 있다.

우리는 본 제3편의 앞부분에서 이미 에로스 동기와 아가페 동기의 본질적인 원칙상의 차이점을 확인할 기회를 가졌다. 이제 우리가 이 네 가지 형태의 사랑의 의미와 내용을 에로스와 아가페의 입장에서 각각 해석하여 그 차이점들을 주목한다면, 그 대조가 훌륭하게 예시될 것이다. 특별히 흥미로운 것은 그 두 경우에 서로 정반대되는 점들이 불가피하게 역설된다는 점이다.

제1절 하나님의 사랑

우리는 하나님의 사랑 문제에서 출발하여 그것이 에로스의 입장과 아가페의 입장에서 얼마나 다르게 보여지는가를 살펴볼 것이다.

에로스 동기의 맥락에선 하나님의 사랑에 대하여 말하는 것이 별로 의미가 없다. 사실상 이런 맥락에서 "사랑"의 의미를 진지하게 기억하고 있다면, 그런 말을 언급하는 것조차 불가능하다. 에로스는 올라가는 경향이지만 하나님에겐 올라갈 길이 없다. 에로스는 동경하는 욕구이지만 하나님에겐 결핍이나 필요가 없고 그러므로 욕망이나 노력도 없다. 하나님은 더 높은 곳으로 상승할 수 없다. 특히 하나님이 인간을 향하여 사랑한다는 것은 있을 수 없는 일이다. 왜냐하면 그것은 하나님이 자신의 완전성과 행복을 버리고 열등자에게로 하락함을 의미하기 때문이다.

그와 반대로, 아가페의 영향을 받는 종교적 관계 안에선 정반대적인 경향이 나타난다. 여기에선 하나님이 사랑이라는 사상이 중심적이다. 아가페라고 지칭될 권리가 있는 사랑은 모두 신적인 사랑의 유출에 불과하다. 아가페의 근원은 하나님에게 있다. "하나님은 아가페시다." 이것 또한 단순히 아가페의 의미에서 도출된 결과이다. 아가페는 그 자신의 풍성함에서 아낌없이 후하게 베푸는 하강하는 사랑이다. 그러므로 주요 강조점은 불가피하게 필연적으로 하나님 편에 놓여진다.

제2절 하나님을 향한 사랑

우리가 하나님을 향한 사랑 문제에 대하면 여기에서도 차이점이 독특하게 나타난다. 에로스 동기의 영역에는 하나님의 사랑에 대한 사상이 전혀 어울리지 않는 반면에 하나님에 대한 사랑 개념은 용이하게 발견된다. 인간은 사랑 안에서 하나님을 향하여 도달하고 하나님의 풍성과 행복에 확고하게 참예하려고 애쓴다. 여기서 에로스의 상향적 추구 성향이 당연히 성공을 거둔다. 즉 인간의 결핍과 필요성이 하나님의 충만에서 만족을 추구한다. 에로스 사랑은 획득적인 욕망이며, 유익한 것들을 얻으려고 노력하는 욕구이다. 하나님은 최고선(最高善) 즉 상상가능한 모든 선(善)과 바람직한 대상들의 전체이다. 그러므로 그분이 모든 욕망과 사랑을 자기에게 끌어당기는 것은 당연하다. 물론 인간은 하나님 이외의 것들을 사랑할 수 있다. 하지만 이렇게만 하고 그 이상을 하지 않는 사람은 자기의 욕망을 이해하지도 못하고 그것의 참된 본성과 불만족성을 깨닫지도 못한 사람이다. 그는 자신의 맹목으로써 우월자 대신에 열등자를 선택하며 스스로 최고의 만족을 내버린다.

아가페의 영역에서도 역시 하나님을 향한 사랑이 중심적인 위치에 있다. "네 마음을 다하고 목숨을 다하고 뜻을 다하여 주 너의 하나님을 사랑하라 하셨으니 이것이 크고 첫째가는 계명이니라"(마 22:37-38). 그러나 이것에 대하여 두 가지 설명이 있다. 첫째로, 우리는 하나님에 대한 사랑이 어떻게 바울에게서 약간 모호한 위치를 차지하기 시작하는가를 기억해야 한다. 아가페는 자발적·비동기적인 사랑이다. 하지만 하나님과의 관계에서 인간의 사랑은 결코 자발적·비동기적일 수 없다. 항상 하나님의 사랑이 먼저 다가와서 그 반응으로 인간의 사랑을 환기한다. 이것은 바울이 하나님에 대한 인간의 사랑에 대해서 이상하게 침묵을 지킨다는 점을 설명해 준다. 물론 인간이 하나님께 무조건적인 사랑으로 자기를 바치는 것은 여전히 기독교적 생활의 중심적인 일이다. 하지만 바울은 그것에다가 아가페란 용어를 적용하기를 기피한다. 그러한 적용은 인간이 하나님과 비교하여 독립성과 자발성을 가진 존재라고 간주하는 셈이 될 것이다. 하지만 바울은 그렇게 하지 않았다. 왜냐하면 그러한 적용은 인간의 하나님 사랑이 단지 하나님의 인간 사랑에 대한 응답이라는 사실과 하나님만이 본질적으로 사랑이시라는 사실을 모호하게 만들게 되기 때문이다.

둘째로 언급된 설명은 사랑이 여기서 아주 새로운 의미를 획득했다는 점이다. 하나님의 사랑은 욕망이나 동경이 아니라 하나님이 은혜스럽게도 인간의 무가치성에도 불구하고 그를 자신과 교제하도록 이끄시는 그분의 의지(will)를 의미한다. 그래서 인간의 하나님 사랑은 인간이 하나님의 그 사랑에 감동하여 감사하며 전적으로 하나님에게 속하려고 의지한다(wills)는 점을 의미한다. 욕망 개념은 하나님에 대한 사람의 태도에 대하여 비유적으로만 적용될 수 있을 뿐이다. 하나님은 인간의 욕구와 동경의 가능대상들을 모두 초월하기 때문이다. 하나님은 모든 욕구 대상들보다 더 바람직하다는 의미에서 최고선이신 것이 아니다. 하나님은 어떤 종류의 욕구대상으로도 분류될 수 없다. 우리는 여기서 순전한 신중심적 사랑을 발견한다. 이 사랑 안에선 인간측의 선택이 모두 배제된다. 인간은 하나님이 다른 대상들과 비교해서 더 큰 만족을 주신다고 여기기 때문에 그분을 사랑한 것이 아니다. 오히려 인간이 하나님을 사랑하는 것은 하나님의 비동기적 사랑이 그를 압도하여 지배하여서 그가 하나님을 사랑할 수밖에 없기 때문에 그렇게 하는 것이다. 바로 여기에 예정 개념의 심원한 의미가 있다. 즉 인간이 하나님을 택한 것이 아니라 하나님이 인간을 택하신 것이다.

제3절 이웃에 대한 사랑.

이것은 이웃 사랑에 영향을 미친다. 여기서 에로스 사랑과 아가페 사랑의 차이가 가능한 한 훨씬 더 두드러진다. 일반적으로 우리는 두 경우에 모두 윤리가 종교에 기초하며 그런 점에서 이웃사랑이 "하나님을 위하여"(for God's sake) 실천된다고 말할 수 있다. 그러나 이 어구는 두 경우에 있어서 전혀 다른 의미를 가진다.

에로스는 이웃을 위해서 그 이웃에게 다가가는 것이 아니다. 에로스는 그 이웃을 자신의 상승을 위한 수단으로 이용할 수 있는 한도 내에서 그 이웃에게 접근한다. 우리가 기억해야 할 것은 플라톤에게선 엄격히 말해서 에로스가 그 직접적 대상에 무관심하다는 점이다. 에로스는 항상 그 대상에서 이탈하며 그 대상을 디딤돌로 삼아 더 높이 올라가려는 본성을 가지고 있다. 그 대상은 뒤에 남겨져야만 한다. 사랑은 그 대상 안에서 미(美)의 이데아에 참예하는 부분만을 지향한다. 결과적으로 에로스의 대상은 이데아뿐이다. 사랑이 감각적인 대상들에서 시작될 수는 있다. 하지만 에로스의 직무는 점차적으로 더 추상적인 대상으로 상승하는 것이다. 그것은 우리가 특수자들로부터 보편자들과 이데아 세계로 올라갈 때 밟게 되는 바로 그 길을 동일하게 취한다.

그러나 에로스가 이와 같이 그 직접대상에서 이탈하는 데 전념하는 것은 플라톤에게서만 그러한 것이 아니다. 왜냐하면 에로스 개념은 후속하는 역사를 통해서 줄곧 이러한 특성을 유지했기 때문이다. 무엇보다도 그것은 이웃사랑의 경우에 명백히 드러난다. 즉 이웃사랑은 순수하고 단순한 사랑이 전혀 아니었다. 이웃사랑은 그것이 "하나님을 위한다"는 생각 속에 항상 또 다른 동기를 가지고 있었다. 이웃은 단지 중간적 대상에 불과한 반면에 궁극적 대상은 하나님이다. 사랑받는 대상은 인간 자체가 아니라 "인간 안에 있는 하나님"이다.

에로스 전망의 전형적인 특징은 이웃사랑을 위한 자리가 어렵게 발견된다는 점이다. 인간의 사랑과 동경의 유일하고 적절한 대상이 하나님인 경우엔 "내 이웃을 사랑할 권리가 내게 있는가?"라는 질문이 심각한 문제를 야기시킨다. 즉 내가 이웃에게 바치는 사랑은 하나님으로부터 유용되는 것이 아닐까? 하지만 인간은 근본적으로 신적인 존재라는 사상 안에서 이웃사랑의 자리가 발견된다. 인간이 하나님께 참예하는 범위 내에서, 그리고 바로 그 범위 내에서만, 내가 그 인간을 사랑하는 것이 정당화된다. 하지만 이것은 내 사랑의 참된 대상이 그 구체적인 사람이 아니고 그의 안에 있는 하나님의 이데아 즉 "그의 안에 있는 하나님"이라는 것을 의미한다. 그뿐 아니라 나의 사랑은 "나의 이웃 안에 계신 하나님"으로부터 하나님 자신에게 옮겨가기를 추구한다. 이웃을 초월한 다른 현실적 대상을 지향하지 않는 실천적 사랑은 아무런 자리도 갖지 못한다. 이웃에게 사랑을 표현하는 것은 공로적인 행위로 인정되며, 하나님께 올라가는 하나의 단계로서 정당화된다.

아가페적 특색을 지닌 이웃사랑의 성격은 전혀 다르다. 아가페 사랑은 이웃 자신을 향하며 다른 생각을 품거나 다른 대상을 향하여 곁눈질하지도 않는다. 그래서 이 사랑의 근거는 무엇인가 하는 문제가 생긴다. 무엇이 사람으로 하여금 다른 아무 대상도 염두에 두지 않고 그저 단순히 자기의 이웃만을 사랑할 수 있게 하는가? 특별히 무엇이 인간으로 하여금 원수를 사랑하도록 설득할 수 있는가? 이웃사랑이 원수사랑을 포함한다는 사실은 그 문제의 심각한 어려움을 가장 분명하게 드러낸다. 내 이웃이 우연히 나의 원수인 경우엔, 그의 성격이나 행위에서 그를 사랑할 만한 이유가 발견될 수 없다. 나의 이웃과 나의 원수에 대한 나의 사랑이 공로적 성취로 인정되고 그럼으로써 내가 하나님의 사랑을 받을 만한 자격을 갖춘다면, 이웃사랑에 대한 견고한 근거들이 발견될 수 있다. 하지만 (우리에 대한 하나님의 사랑이 완전히 비동기적이고 그리하여 우리의 이웃사랑과 원수사랑이 하나님의 사랑을 받는 데 아무런 도움도 되지 않을 때, 우리의 사랑에 다른 동기가 개입할 수 없듯이) 이러한 다른 동기가 사라질 때, 이웃사랑에는 어떤 작동 원리가 없어지며, 따라서 그 자체가 비실재에 환원되는 것처럼 보이지 않는가? 사랑은 결국 동작(motion) 즉 어떤 대상을 향한 하나의 운동을 함축한다.

그래서 사랑이 실재하기 위해선 우리는 그것을 움직이게 하는 근원을 찾아내야 한다. 하지만 그것은 그저 여기서 불가능하게 보이는 것에 불과하다. 즉 논증할 만한 동기가 없어 보인다. 사랑의 대상 자체에 아무런 사랑의 동기가 없으며, 그 대상 밖에서 어떤 동기도 (다른 특정한 목적에서) 발견되어선 안된다. 그렇지 않으면 그 사랑은 거짓되고 불순하며 아가페가 될 수 없다. 이웃사랑이 그 이웃에게만 향해지지 않으면, 그것이 전적으로 그에게만 관심을 가지며 문자 그대로 다른 어떤 목적도 (즉 하나님의 사랑을 얻겠다는 생각마저도) 없는 게 아니라면, 그것은 이웃사랑으로 지칭될 권리가 없다. 만일 기독교적 이웃사랑엔 어떤 동기가 있으며 무엇이 그것을 감화시키고 움직이게 만드느냐고 묻는다면, 그 질문에 대한 유일한 답변은 바로 하나님 자신밖에 있을 수 없다.

기독교의 이웃사랑은 "하나님 때문에" 행하는 사랑이다. 다만 우리는 이 어구의 현재 의미가 이전 것과 아주 달랐다고 신속하게 부연해야 한다. 하나님은 이웃사랑의 궁극적 대상이나 목적이 아니고 이웃사랑의 항구적인 근거이자 출발점이다. 하나님은 이웃 사랑의 목적인(*causa finalis*)이 아니라 동력인(*causa efficens*, 動力因)이다. 하나님은 "제일의 부동의 원동자"(Prime

Unmoved Mover)로서 사랑을 작동시키는 것이 아니라 직접 그 운동에 개입한다. 하나님은 스스로 아가페이며 동시에 아가페를 낳는다. 하나님은 사랑받는 대상으로서가 아니라 사랑하는 주체로서 사랑을 움직이게 한다. 그러므로 여기서 "하나님 때문에"라는 어구는 목적론적인 것이 아니라 인과론적인 것만을 의미한다. 하나님이 아가페이기에 하나님의 사랑을 받고 그 사랑에 붙들려 예속된 인간은 이 사랑을 자기의 이웃에게 전달하지 않을 수 없다. 이런 방법으로 하나님의 사랑이 직접적으로 기독교인의 이웃사랑으로 바뀐다.

제4절 자기사랑

끝으로, 에로스와 아가페의 차이는 자기사랑에 대한 상이한 태도에서도 나타난다. 에로스는 본질적·원칙적으로 자기사랑(self-love)이다. 이것을 확인하는데는 에로스 사랑의 자기중심적 성격에 대해서 이미 언급한 내용을 회상하는 것으로 충분하다. 에로스적 특색을 가진 모든 사랑의 기본 형태는 근본적으로 자기사랑이라고 해도 과언이 아니다. 하나님 사랑과 이웃사랑(혹은 하나님 이외의 대상에 대한 사랑)은 모두 자기사랑으로 환원된다. 에로스 영역에는 이웃사랑이 존재할 여지는 없어 보인다. 그럼에도 불구하고 이웃사랑은 스스로 더 높은 것들을 향해서 올라가는 한 단계가 된다는 사상 안에서 만족스러운 동기를 부여받는다. 또한 하나님 사랑도 하나님이 사람의 모든 결핍과 필요를 만족시킨다는 확신을 견고한 토대로 삼는다.

아가페는 그와 반대로 모든 자기사랑을 배제한다. 기독교는 자기사랑을 사랑의 올바른 형태라고 인정하지 않는다. 기독교의 사랑은 두 방향으로 즉 하나님과 이웃을 향하여 움직인다. 또한 기독교적 사랑은 자기사랑을 싸워서 정복해야 할 주요 대적으로 여긴다. 자기사랑은 인간을 하나님으로부터 소외시키며 자신을 하나님에게 바치지 못하게 하는 것이다. 또한 자기사랑은 한 개인이 이웃에 대해서 마음을 닫도록 만드는 것이기도 하다. 기독교 역사의 초창기에 자기사랑은 사랑의 제3형태로 불려지고 하나님 사랑과 이웃사랑의 진정한 토대라고 언급되기 시작했다. 하지만 이러한 현상은 에로스 사랑과 아가페 사랑의 타협에 불과했다. 아가페는 에로스의 핵심 원칙들에 순응하여 에로스적 특색들을 취하기 시작했다. 이 타협의 결과는 오로지 아가페가 에로스에 굴복하는 것 뿐이었다. 왜냐하면 자기애에 토대하여 하나님과 이웃을 사랑한다는 것은 에로스 사랑에 불과하기 때문이다. 우리가 간과해서 안될 사실은 아가페의 맥락에서 자기사랑의 한 자리를 얻으려 할 때 그 자기사랑은 항상 고상하고 세련된 심령화된 자기사랑 즉 "이상적인 자아"(ideal self)에 대한 사랑을 의도한다는 점이다. 따라서 정당한 자기사랑과 죄악된 자기사랑이 구별된다. 하지만 이러한 구별조차도 사랑이 그 아가페적 성격을 상실하지 않도록 막아내지 못한다. 아가페는 어떤 종류의 자기사랑도 정당하다고 인정하지 않기 때문이다.

결론적으로, 우리는 에로스와 아가페의 관점에서 각각 사랑의 여러 "차원들"을 재고함으로써 이 두 경우에 서로 정반대되는 논점들이 강조되는 경향이 분명히 있음을 확인할 수 있을 것이다. 에로스는 확실히 자기사랑을 가장 중시한다. 에로스의 요구는 자기의 욕망과 동경이 만족되는 것이다. 따라서 에로스는 하나님 사랑에 방대한 공간을 할애한다. 왜냐하면 최고선이신 하나님은 에로스의 모든 소원을 만족시키기 때문이다. 하지만 이웃사랑을 위한 공간은 더 작다. 사실 더 정직하게 말하자면, 이웃사랑이란 생각은 에로스 전망에는 이질적인 것이다. 왜냐하면 그것은 아가페 전망과의 타협을 통해서 처음으로 도입되었기 때문이다. 에로스 사랑이 동료인간에게 향해지는 경우에도 그가 한 "이웃"으로 여겨지기 때문이 아니라 미(美)의 이데아(또는 일반적으로 고등세계)에 참여하는 하나의 대상으로 간주되어 그 세계에 올라가는 수단으로 이용될 수 있기 때문이다. 에로스의 도식에선 절대로 발견될 수 없는 형태의 사랑이 있으니, 그것은 바로 하나님의 사랑이다.

아가페는 이 모든 것과 정면으로 맞선다. 아가페에 있어선, 하나님의 사랑 즉 하나님의 아가페가 바로 기독교적 사랑으로 총칭되는 것들의 표준과 근원이다. 이 신적인 사랑의 독특성은 자유로이 거저 베푼다는 점이다.

하나님의 사랑은 곧바로 기독교적 이웃사랑으로 연장된다. 이 이웃사랑은 하나님의 사랑으로부터 모든 것을 거저 받았기 때문에 그대로 거저 이웃에게 베풀 수 있다. 그러므로 우리는 여기서 이웃사랑을 위한 자리나 어떤 외부적 동기를 찾을 필요가 없다. 하나님 자신의 아가페가 기독교인을 일종의 통로로 삼아서 세상으로 입성하려고 한다. 다른 한편으로 우리는 하나님에 대한 사랑에 관해선 아가페 도식 안에 그 자리가 없다고 말할 순 없지만 그 의미가 에로스 맥락과는 사뭇 다르다는 점을 분명히 해야 한다. 즉 이웃사랑은 자기중심적·획득적인 성격을 벗어버렸다. 그러한 성격은 인간이 하나님께 철저히 헌신하고 하나님의 완전한 소유물이 되는 것과 모순되기 때문이다. 그러므로 우리는 하나님에 대한 사랑이 제한적으로 논의됨을 발견한다. 사랑의 자기-내어줌(self-surrender)을 표현하는데는 아가페 이외의 낱말들 즉 하나님의 사랑에 대한 응답으로서의 그것의 특성을 명백하게 드러내는 낱말들이 우선적으로 사용된다. 하지만 아가페 동기의 맥락에서 절대로 발견될 수 없는 형태의 사랑이 하나 있으니 그것은 바로 자기사랑이다.

그러므로 에로스와 아가페 각각에 대해서 사랑의 여러 형태들을 그 중요도 순으로 배치할 때, 각각의 경우에서 전반적인 사랑 개념을 지배하는 형태에 3점을 주고, 거기에 전혀 부재하는 형태에 0점을 준다면, 우리는 다음과 같은 결과를 얻는다.

아가페				에로스
		하나님의 사랑		
3	하	이웃 사랑	상	0
2	향	하나님을 위한사랑	향	1
1	운	자기 사랑	운	2
0	동		동	3

제14장

아가페 체계와 에로스 체계

지금까지 두 종류의 위대한 사랑 개념들, 즉 아가페와 에로스의 차이점
은 충분히 밝혀졌다. 이제 우리는 어떻게 이 두 동기들 각각이 그 관련개
념들, 영상들(images) 및 감상들의 복합체계를 수반하여 소위 "아가페 체
계"와 "에로스 체계"로 구분되는 경향이 나타나는가를 심도있게 지적할
것이다. 여기서 기독교의 아가페 동기를 표현한 사상체계 전반을 개관하고
그것과 에로스 동기가 지배한 체계의 차이점을 밝히려면, 이야기가 너무
길어질 것이다. 하지만 우리가 후대의 역사와 두 동기들의 융합을 연구하
기 전에, 각 체계에 속한 개념들을 적어도 몇 개씩이라도 예시해 보는 것
은 적절한 작업일 것이다. 그러면 우리는 각각의 동기가 출현할 때 더 쉽
게 파악할 수 있게 되기 때문이다. 여기서 문제되는 개념들은 주로 (아가
페와 에로스가 대변하는) 정신의 상이한 근본자세들을 표현하는 형태들이
다. 따라서 그 개념들은 우리의 목적을 위해선 특별히 중요한 징후들
(symptoms)로서 우리에게 어느 동기가 잠재되어 있는가를 밝힐 수 있게
해 준다. 하지만 그 개념들은 좀더 실용적인 중요성도 지니고 있다. 마치
낱말들이 생각을 표현함과 동시에 생각을 일으킬 수 있는 것처럼, 어떤 개
념들이나 관념들은 정신의 근본태도를 표현할 뿐만 아니라 그것의 전달수
단이 되기도 하고 심지어 그것의 기미조차 없었던 경우에도 그것을 발생

시키는 능력도 지니고 있다.

1. "신비주의"(Mysticism)와 "계시종교"(Revealed Religion)의 대비 문제가 자주 논의되었다. 이러한 대비도 우리가 앞에서 다룬 논의에 의해서 분명해진다. 진정한 신비주의는 한결같이 결정적으로 에로스 전통에 속한다. 신비주의는 주로 하나님께 올라가려는 인간의 길에 전념한다. 신비주의는 본질적으로 하나님께 상승함으로써 획득하려는 자기구원이다. 에로스 전통은 신플라톤주의와 알렉산드리아 신학으로부터 아레오파구스의 디오니시우스를 통해서 (부분적으론 어거스틴을 통해서) 스코투스 에리게나(Scotus Erigena, 약 810-877)와 중세기 신비주의자들에 이르고, 그들로부터 독일 관념론과 칸트 이후의 사변적 체계들에 이르기까지 이어졌다. 우리가 여기서 아가페 동기의 영향력의 상당한 정도를 인정해야 하지만, 그럼에도 불구하고 종교적 신비주의와 철학적 이상주의가 에로스 동기에 깊이 뿌리박고 있다는 사실은 여전하다. 다른 한편으로, 계시종교는 아가페 종교에 속한다. 여기서는 하나님의 계시 외에 어떤 것도 신과 인간 사이의 교제를 확립할 수 없다. 계시종교는 하나님께 가는 인간의 길이 아니라 인간에게 오시는 하나님의 길의 문제다.

2. 에로스와 아가페는 인간의 행위(works) 즉 업적과 신앙(faith) 사이의 차이로 잘 나타난다. 우리가 앞에서 살펴본 대로, 플라톤은 영혼이 그 고향으로 귀환하는 것을 지속적인 상승의 모습으로 서술한다. 이 지속적 상승 개념은 그후에도 끊임없이 재등장한다. 이것은 특히 신비주의자들 사이에서 현저하였다. 우리는 영혼이 천상적 사닥다리를 타고오른다는 생각을 접할 때 대개 그것을 에로스 동기의 영역에 속한 표적으로 간주할 수 있다. 사닥다리-상징은 에로스 동기를 표현할 때 즐겨 쓰였던 방법들 중 하나이다.[1] 이것은 인간의 추구목표가 내세적인 이상이며 그것의 획득이 인간 자신의 노력과 성취에 달려 있다는 생각을 아주 적절하게 표현한다. 이것과 대비되게, 아가페의 현존은 수용적(receptive) 태도에 의해서 표현된다. 아가

페가 항상 신앙과 가장 긴밀한 연관을 맺고 있음은 우연이 아니다. 왜냐하면 여기선 인간이 애써서 상승하려는 길이 아니고 하강하는 하나님의 아가페가 인간에게 제공한 것이 문제되기 때문이다. 그러므로 아가페 종교에선 신앙의 겸손한 수용성(receptivity)이 마음과 감정이 취할 마땅한 태도이다. 물론 신비주의의 에로스적 종교성도 그 미덕의 절정으로서 겸손에 도달할 수 있다. 하지만 그럴 경우엔 겸손이 하나의 "행위"(work)이다. 즉 그것은 인간 노력의 결과이며 자기비움(self-emptying)에 의해서 성취한 것이다.

3. 에로스와 아가페는 개별적인 자기 인격의 가치에 대해서도 상이한 평가를 내린다. 이러한 측면에서도 양자간의 특징적인 차이점이 나타난다. 에로스는 영혼의 신적인 기원과 가치를 전제하고 출발한다. 영혼은 상실되며 더러워졌지만 여전히 그 불후의 가치를 보유하고 있는 진주이다. 신플라톤주의는 영혼을 세계영혼의 일부라고 말할 수 있으며, 신비주의는 영혼의 가장 내면적 본질을 "신성한 불꽃"(Fünklein)이라고 말한다. 하나님과 영혼의 연합을 일으키는 것은 영혼과 하나님의 본성적 유사성이다. 즉 영혼의 심층부에 신적인 요소가 있어서 이것이 하나님과의 접촉점을 형성하며, 하나님은 이것을 사용한다. 그러므로 현세에서 우리의 과업은 (플로티노스가 표현하듯이) 우리 안에 있는 신적인 것을 만유 안에 있는 신적인 것에게 돌려드리는 것이다.

반면에, 아가페는 자신의 전적인 무가치함을 확신하고 출발한다. 인간이 하나님을 떠나 타락하면, 그는 전적으로 상실된 자이며 전혀 무가치한 존재이다. 하지만 바로 여기에 신적인 아가페를 위한 "접촉점"이 있다. 왜냐하면 하나님은 길잃은 자를 찾으시기 때문이다. 여기서 "공로"(merit) 사상은 일체 배제된다. 공로 개념은 에로스와 독립해서 존립할 수 있으나 그럼에도 불구하고 에로스의 전통과 친밀한 연결이 있다.

4. 우리는 한 단계 더 나아가 윤리적 전망에 관한 에로스와 아가페의 차

이점을 주목한다. 에로스적 관점에선, 선과 악의 윤리적 이원론의 배후에 정신과 물질의 형이상학적(形而上學的) 이원론이 놓여있다. 그래서 정신적인 것은 선하고 물질적인 것은 악하다는 생각이 다양하게 표현된다. 영혼은 본성상 자체적으론 선하지만 감옥과 같은 육체 안에 갇혀있다. 이렇게 영혼이 강제적으로 육체에 얽매인 것이 만악의 근원이다. 그러므로 인간의 윤리적 과업은 자신을 감각의 예속으로부터 해방하는 것이다. 결과적으로, 에로스의 윤리는 금욕주의적 성격을 띠는 경향이 있다. 악(惡)은 감각계를 향하여 하향하는데 있다. 반면에 선(善)은 정신계를 향해서 상승하는데 있다. 그리고 에로스 윤리가 선포하는 인간의 회심(conversion)은 그의 욕망의 방향전환을 의미한다. 이전에는 감각적 세계를 향해서 아래로 향하던 욕망이 이제는 정신적·초월적·천상적 세계를 향해서 위쪽을 지향한다.

아가페의 윤리는 전혀 다른 특징을 가진다. 여기서 선악간의 대립현상은 전적으로 의지의 측면에서 이해된다. 죄(罪)는 본질적으로 신체적·감각적 본성과는 전혀 무관하다. 죄는 의지의 타락(perversion), 불경건 및 하나님에 대한 불순종이다. 즉 죄는 하나님에 대한 인간의 자기중심적 반역이다. 따라서 "회심"(conversion)도 완전히 다른 의미를 가진다. 그것은 단순히 욕망이 어떤 대상에서 다른 대상으로, 즉 저열한 것에서 고상한 것으로 옮겨지는 것을 의미하지 않고 마음의 완전한 변화를 의미한다. 그러한 마음의 변화에 의해서 이기적인 의지가 신중심적 의지, 즉 하나님에 의해서 결정되는 의지로 변화된다.

5. 무엇이 인간 안에 사랑을 일으키는가? 이러한 질문에 대해서 에로스와 아가페는 전혀 다른 답변을 제공한다. 에로스는 현저하게 미학적(美學的)인 특징을 지닌다. 영혼의 눈을 끌어당기고 그것의 사랑을 움직이게 만드는 것은 신적인 존재의 아름다움이다. 따라서 에로스의 영역에선 "바라봄" "정관" "환상" 등이 중요한 낱말들이다. 물론 아가페의 영역에도 "하나님을 본다"는 사상이 발견된다.[2] 하지만 그 의미는 아주 다르다. 왜냐하면 "하나님을 보고 살아 남을 자가 없으며"(출 33:20) 지상적 생활조건에

선 접근 불가능한 빛 가운데 하나님이 거하신다는 자각이 항상 존재하기 때문이다. (물론 우리는 그리스도 안에서 하나님의 영광을 약간 볼 수 있지만(요 1:14, 벧후 1:16) 말이다.) 하지만 아가페의 맥락에서 하나님의 "미(美)"를 언급하는 것은 신성모독이나 마찬가지로 들린다. "주의 영광"에 대한 생각이 빈번하게 나타남에도 불구하고, 이것이 인간의 사랑을 일으키는 것은 아니다. 즉 하나님의 영광에는 일반적으로 매혹하는 것(*fascinosum*)보다 두렵게하는 것(*tremendum*)이 더 많다. 인간 안에서 사랑을 일으키는 것은 (하나님이 그에게 보여주신) 아가페 이외의 아무것도 아니다.

6. 마지막으로, 우리가 언급해야만 하는 두 가지 개념군(槪念群)들은 에로스 동기와 아가페 동기의 각각에 긴밀하게 연결되어서 양자간의 차이점을 명쾌하게 드러내는 것들이다. 플라톤이 영혼에 대해서 말할 때엔 항상 영혼불멸(immortality) 사상이 개재된다.[3] 불멸성은 영혼의 신적인 근본을 나타내는 그 본성적 재능이다. 영혼이 그 신적인 근본으로 돌아가기 위해선 자기 자신을 정화하고 감각에 대한 예속에서 해방되기만 하면 된다. 불멸하는 신적 생명이 영혼의 정상상태이다. 이러한 영혼의 본성적인 불멸성에 대한 사상은 아가페 동기와 완전히 이질적인 것이다. 대신에 우리는 죽은 자의 부활에 대한 신념을 발견한다. 역사적으로 영혼불멸 신앙과 죽은 자의 부활 신앙은 끊임없이 상호 융합되었다. 하지만 사실 그것들은 상반되는 두 개의 종교적·윤리적 세계들에 속한 것들이다.

영혼의 본성적 불멸성이 종교적인 근본교리가 되어 있는 경우는 항상 에로스의 영역에 속한다. 하지만 아가페 동기가 지배적인 경우에는 반드시 아가페 동기가 죽은 자의 부활이라는 신념으로 표현된다. 인간이 하나님의 영생에 참예하는 것이 가능하다면, 그것은 인간의 타고난 속성이나 재능 때문이 아니라 단순히 그리고 오로지 하나님의 위대한 행동 때문이다. 죄인을 의롭게 만드는 분이 하나님인 것과 마찬가지로 죽은 자를 살리는 분도 역시 하나님이다. 부활은 신적인 아가페의 고유한 특징이다. 부활은 영혼과 육체 사이의 차이점과 아무런 상관이 없다. 즉 부활은 인간의 한 부분이 본성상 신적이며 불멸하는데 반하여 다른 부분은 불순하며 썩기 쉽다는 방식의 사상과는 무관하다. 사망은 인간의 생명 전체에 대한 하나님의 심판이다. 그리고 부활은 하나님의 사랑으로 (동일하게) 인간의 생명 전체를 갱신하는 것이다.

이 차이점에 관련된 문제들을 정확하게 간파한 초기 기독교 저술가들은 그리스-헬레니즘 사상의 "심령화" 경향들에 반대하여 "육신의 부활"이란 신념을 역설한 것이다. 그러므로 현대 학자들이 이 신념을 "자연주의적" 전망의 증거물로 치부하는 것은 대단한 착각이다. "육의 부활"은 일개의 자연주의이기는커녕 오히려 에로스 종교의 자연주의에 대항하려는 결의를 나타낸다. 왜냐하면 에로스 종교는 영생에서 하나님의 전능과 사랑의 직접적인 활동을 보는 대신에 그 영생을 영혼의 생래적 속성에 의거한 자연스런 소산물로 취급하기 때문이다.

우리는 여기서 에로스 체계와 아가페 체계의 각각에 소속되는 개념들과 관념들의 몇 가지 경우만을 나열할 수 있었을 뿐이다. 우리가 사랑 개념의 역사적 변천을 논하게 되면 더 많은 실례들을 열거할 수 있을 것이다. 여기서 중요한 점은 거기에 관련된 것들을 개괄적으로 이해하는 것이다. 하지만 우리가 다시 한 번 강조해야 할 것은 여기서 다루는 바가 "징후들"(symptoms)에 불과하다는 점이다. 그렇지 않으면 우리는 에로스 체계와 아가페 체계 사이를 너무 엄격하고 기계적으로 구분하는데 사로잡힐 위험이 있다. 왜냐하면 어떤 관념들은 필연적으로 한쪽 동기에 속하고 다른 개념들은 필연적으로 다른 쪽에 속한다는 판단이 사실이 아니기 때문이다. 왜냐하면 실제 생활은 모순으로 가득차 있어서 보통 특정한 동기와 관련되는 개념들이 분명히 보이더라도 거기에 그 동기가 존재한다고 속단할 수 없기 때문이다. 일군의 관념들은 그것의 통상적인 동기에서 이탈하여 그 반대동기와 연합하여 전혀 새로운 의미를 얻는 경우도 발생할 수 있다. 우리는 역사적 연구에서 두 동기들 사이의 그러한 교환을 여러 번 예시할 것이다. 그러므로 우리는 엄격한 선입견 때문에 오해에 빠지지 않도록 주의해야 한다.

그러나 상이한 개념군들은 각각 자신과 자연스러이 연관되는 그 독특한 동기를 가지기 때문에 그 동기가 거기에 어느 정도로 실재하는가를 발견하려는 시도들은 정당화된다. 외적인 징후는 기만적인 것으로 입증될 수도 있다. 하지만 그 징후는 적어도 우리가 정밀한 탐구를 하도록 이끎으로써 유익한 목적에 기여하게 될 것이다. 설령 그 탐구가 부정적인 결과를 낳더라도 말이다. 우리는 오직 동기와 징후들이 서로를 밝혀주도록 함으로써만 우리의 목적을 달성할 수 있다. 우리는 그 동기에 특유한 징후들을 주시해야만 그 동기에 도달할 수 있다. 다른 한편으로, 우리는 개별 개념들을 고립시키지 않고 그것들의 중심동기와 재연관시키는데 성공할 때 그것들의 의미를 참으로 이해하게 된다.

주

1) Cf. R. Reitzenstein, *Die hellenistischen Mysterienreligionen*, 3rd edn., 1927, p. 183. E. Briem, *Zur Frage nach dem Ursprung der hellenistischen Mystrien*, 1928, p.53. W. Bousset, *Die Himmelsreise der Seele Archiv für Religionswisselnschaft*, Ⅳ., pp. 136ff., 229ff. Cf. also Reitzenstein, *op.cit.*, p. 21.

2) 마 5:8;고전 13:12;고후 5:7;요일 3:2;계 22:4.

3) H. Barth, *Die Seele in der Philosophie Platons*, 1921, pp. 49ff.

4) 영혼불멸과 죽은 자의 부활문제에 대해서는 특히 C. Stange, *Die Unsterblichkeit der Seele*, 1925와 그 뒤를 이은 Stange와 P. Althaus의 흥미있는 토론을 보라.

제15장

두 동기들 사이의 혼동 가능성

만약 에로스와 아가페가 단지 상반되는 동기들에 불과한 것이 아니고 그들만의 독특한 관념 집단들을 발전시켰다면 우리는 어떻게 그 동기들이 (기독교 역사에서 실제로 있었던 것처럼) 서로 혼동되며 융합될 수 있었는가를 질문하지 않을 수 없다. 그 답변은 매우 간단하다. 우리가 그 두 집단들에 대하여 제시한 예증자료들은 고립된 인위적 순수 상태로써 서술되었다. 하지만 그러한 고립된 인위적 순수성은 실제 역사엔 나타나지 않는다. 그 두 집단들의 각각에는 그 대립동기와의 접촉점을 제공할 수 있는 개념들과 비유들이 많다. 두 동기 상호간의 혼합 경로를 분명히 알려면, 다음에 열거하는 세 가지 논점들에 주목하면 충분하다.

제1절 유대교의 헬라화

에로스 동기와 아가페 동기는 전혀 낯선 이방인들처럼 서로 만난게 아니다. 우리는 결코 그렇게 상상해선 안된다. 확실히 두 동기는 근본적으로 다른 두 세계에 속한다. 하지만 이 근본적 차이점은 실제적인 양자간의 상호고립과 같지 않다. 그들이 상호간에 전혀 영향을 주고받지 않다가 처음으로 만나게 된 어떤 계기를 지칭하는 것은 불가능하다. 기독교가 등장하기 전에 이미 유대교는 대규모의 헬라화 과정을 겪었다. 유대교의 지혜문서들이 그것을 증명한다. 그러므로 우리는 처음부터 동기들(motifs)의 혼합을 고려해야만 한다. 이러한 유대교의 헬라화는 에로스 동기가 기독교에 입성하도록 조장했다. 이것에 대한 구체적인 예로써 우리는 지혜서 9:15을 인용할 수 있다. "썩을 몸이 영혼을 압박하고, 많은 것을 생각하는 마음은 땅의 몸에 깔린다"(공동번역). 이 본문은 기독교의 처음 몇세기 동안에 되풀이해서 에로스론이 기독교에 입성할 수 있게 하는 가교가 되었다.[1] 합리적 영혼은 그 신적인 본성에 힘입어 초감각적 세계로 올라가려고 노력하지만 썩을 몸의 무게 때문에 방해받아 아래로 이끌려 간다. 이러한 영혼 개념은 지혜서의 인용 본문에 비추어볼 때 더 이상 이질적인 개념이 아니라 성경 안에서 지지를 받는다고 여겨졌다.

제2절 풍유적 석의

한편으로 에로스 동기는 기독교인들이 처음 몇 세기 동안 속해있던 문명에 철저하게 침투해 있었고, 또 다른 한편으로 기독교인들의 성경에도 그 동기에 대한 지지가 전혀 없어 보이지 않았기 때문에, 동기들의 혼동이 점점 더 광범위해졌다. 일시적으론 아가페가 세상의 눈에 "미련함"이었던 원시기독교 내에서 우세했다. 하지만 당대의 "교양 종교"를 지탱하는 주력은 에로스 동기였다. 그러므로 변증론적 목적에서 기독교의 심오한 의도가 일반화된 에로스 동기와 조화된다는 점이 제일 중요한 문제로 보여졌다. 이것과 관련하여 특별히 중요한 것이 풍유적(allegorical) 해석 방법이다. 왜냐하면 풍유적 해석법은 에로스 동기가 기독교에 진입하는 것을 매우 용이하게 만들었기 때문이다. 이 방법에 의해서 (피상적으로만 에로스 동기를 암시했던) 무수한 성경본문에 대해서 에로스 동기가 요구하는 숨겨진 심오한 뜻을 해석해내는 것이 가능해졌다. 예컨대, 하나님을 신비적으로 본다는 사상은 에로스 종교의 가장 두드러진 국면들 중의 하나인데, 이 사상은 항상 "마음이 청결한 자는 복이 있나니 저희가 하나님을 볼 것이다"(마 5:8)라는 구절에 적용될 수 있었다. 하지만 이러한 작업은 하나님을 신비적으로 보는 것과 종말론적으로 보는 것 사이의 깊은 균열에 주의하지 않았다. 성경본문은 종말론적 관상에 대해서만 말하고 있다. 즉 그것은 하나님과의 교제가 완전해짐을 다른 방식으로 표현한 데 불과하다.[2] 물론 바울도 "얼굴과 얼굴을 맞대고 본다"(고전 13:12)는 말을 한다. 하지만 여기서도 전적으로 종말론적인 사상이 의도되었다는 점과 "보는 것"은 오직 "앞으로 올 시대(Aeon)"에 속한다(고후 5:7)는 점이 간과되었다. 하나님을 본다는 신비적 관념이 확고하게 수립되어 있었다. 그래서 바울이 "본다"고 말하고 그럼으로써 이 기초적인 에로스적 경건 개념을 충분히 지지했다는 것이 분명한 듯 보여졌다.[3]

유사한 방식으로, 그리스-헬레니즘의 정신-물질 혹은 영혼-육체에 관한 이원론은 (신적 본성을 가진 영혼이 물질계에 갇혀있다는 사상과 수반하여) 모세의 창조기사에서도 접촉점들을 발견했다. 창세기 2:7은 어떻게 하나님이 땅의 먼지로부터 인간을 형성하셨고 그의 콧구멍에 생명의 호흡을 불어넣으셨는가를 말하는 본문이다. 이 성경본문에 대해서 인간이 이중적 본성을 가지고 있다는 사상을 읽어내는 것은 어렵지 않았다. 그 이중적 본성 중의 부패할 부분은 흙으로 돌아가고, 부패하지 않을 부분은 신적인 근본으로 돌아갈 것이다(전 12:7).

게다가, 인간이 하나님의 형상을 따라 창조되었다(창 1:26-27)는 구절도 인간의 본성이 하나님과 유사하다는 사상을 지지한다고 생각되었다.[4] 또한 하늘에 닿도록 세워진 사닥다리를 본 야곱의 꿈 이야기(창38:12)나 요한복음 1:51("너희는 하늘이 열리고 하나님의 사자들이 인자 위에서 오르락내리락하는 것을 보리라")에서 하신 예수의 말씀은 영혼이 지속적으로 천상계로 상승한다는 것을 설명하는 본문으로 무수하게 해석되었다. 또한 우리는 에로스 동기와 기독교의 아가페 개념를 동일시하는 것을 지원하는데 아가서(*Song of Songs*)의 신비적 해석이 담당한 처참한 역할에 대해선 언급할 필요도 없다.

제3절 "알렉산드리아적 세계도식"

이처럼 기독교 쪽에서 에로스 동기와의 (실재적 혹은 외면적) 접촉점들이 전혀 없지 않았던 반면에, 에로스 동기 자체도 (적어도 그 형태들 중의 일부에서) 아가페 개념에게 접근하는 것처럼 보였다. 그러한 접근은 융합의 과정을 물질적으로도 지원했다. 특히 우리는 소위 "알렉산드리아적 세계도식(world-scheme)"과 거기서 말하는 "내려오는 길" 혹은 "하강"을 염두에 두고 있다. 이 둘은 에로스 동기를 보존함과 동시에 아가페 동기도 정당하게 평가하는 것 같다. 이것은 신적인 하강과 인간의 상승을 모두 포함하므로 '신(神)의 우주론적 하강(下降)과 인간의 구원론적 상승(上昇)'이란 타협적 공식구를 제공한다. 이러한 타협은 최소한 에로스와 아가페를 화해시킨 것처럼 보인다. 그러한 타협이 에로스의 승리를 의미한다는 사실은 언급할 필요도 없다. 왜냐하면 아가페의 우주론적 각색은 전혀 아가페가 아니기 때문이다.

대립적인 두 동기들은 앞에서 기술된 방법들로 상호간에 여러 번 결합되었다. 하지만 핵심원칙의 관점에선 그것들의 결합은 자기모순적 타협에 불과하다. 이 타협은 초기부터 자체적인 분리의 맹아를 포함하고 있었다. 하지만 역사적 관점에선 이 타협이 불가피했던 것처럼 보인다. 만일 기독교가 그 시대의 가장 유력한 종교적 동기와 접촉하려고 하지 않았다면, 기독교는 하나의 미천한 종파로 존속할 수밖에 없었을 것이다. 아가페 동기는 그 순수한 형태를 더 오래 보존할 수 있었겠지만 그 대신에 무력해졌을 것이다. 원칙상으론 불가능한 타협처럼 보이는 그 형태로써 아가페 동기는 그 당시 세계의 정신에 접근할 수 있었다. 아가페가 조금이라도 중요도를 확보하기 위해선 자신과 에로스의 잠정협정(*modus vivendi*)을 발견해야만 했다. 에로스와 아가페처럼 상호간에 완전히 대립되는 두 세력들의 실질적인 종합은 존재할 수 없다. 에로스는 빈곤감과 공허감에서 출발하여 하나님 안에서 자기 자신의 결핍을 충족시키려고 하나님을 찾는다. 하지만 하나님의 은총으로 풍성해진 아가페는 사랑으로써 자신을 부어준다. 그러한 종합이 성공한 것처럼 보이는 정도만큼 아가페 동기는 실패한 것이다. 왜냐하면 종합은 아가페에 대한 배반을 의미하기 때문이다. 종합이 이뤄져서 두 동기들이 결합된 것처럼 보일 때마다, 그 매듭을 풀고 그럼으로써 기독교적 사랑-동기의 참 본성을 더 깊이 이해하도록 만드는 것이 다음 세대의 과업이 된다.

주

1) 특히 아우구스티누스에서 그러했다. 아래의 pp. 406, 483, 485를 보라.

2) 이 점에 대해서는 특히 W. W. Baudissin, *'Gott schauen' in der alttestamentlichen Religion. Archiv für Religionswissenschaft*, 1915, pp. 173-239를 보라. "하나님을 본다"는 신약성경의 개념은 구약성경에 있는 선례(先例)들에서 왔으며, 그런 선례로 충분히 설명할 수 있다는 것을 Baudissin은 밝히려고 한다. 그러므로 헬라문화권의 신비 종교들의 영향을 추측할 필요가 없다고 한다(p. 175). "일반적으로, 신약성경의 종교체험에서는 '보는 것'은 장차 올 시대에 있을 것이며, 이 시대에 속한 '믿음'과 구별된다"(p. 173).

3) Cf. K. Deissner, *Paulus and die Mystik seiner Zeit*, 1918, 특히 ch. iii., *'Glauben und Schauen'*, pp. 93-106.

"바울은 이 신비주의의 이상을 알지만, 자기는 그것을 거부하며, '우리가 믿음으로 행하고 보는 것으로 하지 아니함이로라' 라고 명백히 언명한다(고후 5:7). 이것은 사도가 우연히 한 말이 아니고, 자기의 현재 가지고 있는 종교적 체험과 영원계에서 자기를 기다리는 것을 주도하게 비교하며 고려하는 구절에 나오는 말이다"(p. 97).

E. Lohemeyer, Σὺν Ξριστῷ, *Festgabe für Adolf Deissmann*, pp. 237ff의 견해는 다르다. 바울이 플라톤과 헬라문화권의 철학과 종교에서 영향을 받은 듯한 여러 구절을 지적한다. 예컨대, 바울은 몸을 떠나 주와 함께 거하는 것을 원한다고 한다(고후 5:8). 또 Cf. G. Rudberg, *Hellas och Nya Testamentet*, 1929, 151ff. 그러나 A. Schweitzer는 *Die Mystik des Apostel Paulus*에서 바른 이 구절들과 비슷한 다른 구절들을 인용해서, 바울의 신비주의는 본질적으로 성격이 종말론적이며, 헬라문화권의 신비주의와는 전연 종류가 다르다는 자기의 주장을 지지한다.

4) E. Lehmann, *Sabt i Guds billede(Lunds universitets årsskrift)*, 1918에 다음과 같

은 말이 있다: "'하나님의 형상대로 창조함'에 대한 가장 강력한 반대론은 구약성경의 다른 부분이 이 문제에 대해서 완전히 침묵을 지킨다는 사실이다. 만일 이것이 우세한 개념이었다면, 신인(神人)관계를 끊임없이 다시 논할 때에 이 개념을 자주 또 충분히 이용했으리라고 기대될 것이다. 그러나 어느 선지자나 시편이나 욥이나 신명기까지도 하나님과 사람의 본성이 같다는 뜻을 비친 것이 없다(pp. 11f.). "유대교의 종교문서에 헬라어가 들어오고 있었을 때에 하나님의 형상론이 처음으로 전개되었다는 것은 우연한 일이 아니다"(p. 17).

 5) pp. 186ff., 194ff를 보라. 현대 학자들까지도 에로스와 아가페를 서로 평행(平行)한 것으로 논하는 것을 자연스럽게 생각한다는 일례로서 O. Thune Jacobsen, *Antikken og kristendommen*, 1922, pp. 30ff.에서 인용한다: "요 13-17장의 형식뿐 아니라 내용이 플라톤의 「향연」과의 비교를 요구한다. 대화편에서 소크라테스는 특수한 물건이나 특수한 인체(人體)의 미(美)를 봄으로부터 위로 올라가며, 다른 사람들까지 데리고 올라가서 이상적으로 완전한 미 자체를 보고 기뻐한다. … 마찬가지로 요한복음의 「향연」에서 예수께서 신적(神的)인 완전성을 갖춘 선(善)을 제자들이 보게 하신다. 빌립이 '아버지를 우리에게 보여 주옵소서'라고 청한 데 대해서, '나를 본 자는 아버지를 보았으니라'고 대답하신다. 플라톤과 요한복음에서 중점은 이데아를 보는 눈을 뜨는 것이다 — 플라톤에서는 완전한 미의 이데아를 보며, 요한에서는 완전한 선의 이데아를 보는 것이다. 그러나 플라톤에 의하면 특수한 물건이나 인체를 통해서 이데아의 완전성이 나타나지 않았지만, 요한에 의하면 특수한 인격 즉 예수를 통해서 나타났다. 그는 제자들과 일상생활을 함께 하면서 그들을 대할 때나, 특히 현저하게는 그들의 엄숙한 작별 모임에서 나타내셨다. 요 13장에 의하면, 예수께서는 자기 사람들에 대한 사랑을 극도(極度)에까지 가져가셨다(1절). … 요한은 예수님의 이 완전한 사랑에서 하나님 자신의 본성이 계시되었다고, 즉 '아버지'가 계시되었다고 봄으로, 요한은 완전한 선을 한 이데아로서 사람들의 생각 속에만 있는 것이 아니라, 현실의 지지를 받는 것으로 보며, 요한으로서는 하나님이 전능하신 것과 같은 정도로 확실한 사실이다. 플라톤의 생각으로는 미의 순수한 이데아를 사랑하면 그 사랑이 한 덕성이 되며, 이 덕성을 지닌 사람은 신(神)들의 사랑을 받으며 아마 영원불멸하게 될 수도 있다. 마찬가지로, 예수님의 사랑을 하나님의 본성의 계시라고 인정하는 사람은 이미 이 곳의 시간 내에서 영생을 살고 있다고 요한은 본다. 즉 그렇게 인정하는 것은, 하나님의 사랑의 입장을 자기의 입장으로 삼고, 따라서 이미 시간 내에서 영생의 깊은 곳에서 산다는 사실의 표현이라고 본다.

제2부

근본동기들의 갈등

Amor Dei non invenit sed creat suum diligibile, Amor hominis fit a suo diligibili. Et iste est amor crucis ex cruce natus, qui illuc sese transfert, non ubi invenit bonum quo fruatur, sed ubi bonum conferat malo et egeno. — Luther

하나님의 사랑은 자신의 애정의 대상을 발견하지 않고 창조한다. 인간의 사랑은 그 애정의 대상으로부터 생겨난다. 그런데 당신의 사랑은 바로 십자가로부터 탄생한 십자가의 사랑이다. 그리고 그 사랑은 거기서부터 그것의 향유(享有) 대상인 선(善)을 발견한 곳으로 자신을 옮겨가지 않고 악인과 궁핍한 자에게 선을 베푸는 곳으로 스스로 옮겨간다.

— 루터

제16장

도입부

제1절 기독교적 사랑 개념에서 혼동되는 동기들

역사적으로 말하자면, 이질적인 두 영적 세계들이 기독교적 사랑 개념을 형성하는데 기여하였다. 우리는 이 사실을 염두에 두어야 한다. 본래 기독교적 사랑 개념은 신약성경의 아가페 메세지로부터 출발하였다. 그러나 그것은 단순히 이 출발점으로부터 직접 발전하진 않았다. 헬라적인 에로스 개념의 중요한 요소들이 아가페 개념과 뒤섞였기 때문이다. 기독교의 후대 역사에선 종종 소위 기독교적 사랑이 원시기독교의 아가페와 진정한 공통점을 가지고 있는지 의심이 일기도 하였다. 혹은 그것이 에로스 동기를 대표하지 않을지도 모른다는 의심이 일기도 하였다.

우리는 본 작품의 첫째 부분에서 그 두 세계들을 대비하였고 '사랑'이란 낱말이 신약성경과 헬레니즘 안에서 전혀 다른 의미를 가지고 있음을 살펴보았다.

헬레니즘적 구원론의 중심동기는 에로스이다. 에로스는 욕망 즉 자기중심적 사랑이다. 이 사랑에선 인간이 출발점과 목적지로서 유력한 위치를 차지한다. 그 출발은 인간의 필요이고 그 목표는 이 필요의 만족이다. 이 구원의 방법의 특성은 인간적인 것이 신적인 것으로 높여진다는 점이다.

인간의 영혼은 덧없이 변화하는 사물들 안에서 만족하려 하지 않고 자신의 고상한 신분만을 숙고하도록 요구한다. 그렇기 때문에 인간의 영혼은 본질상 신적인 것으로 간주된다. 참된 지혜란 영혼이 육신의 감옥 안에 갇히기 전에 자신의 날개를 달고 세속적인 것들을 떠나서 그 고향인 더 고상한 세계로 비상(飛上)하는 것이다. 에로스는 영혼의 향수(homesickness)이다. 에로스는 영혼에게 참된 만족을 줄 수 있는 대상을 동경한다. 이것은 영혼의 고귀성의 표시이면서 동시에 영혼의 현재적인 비천함의 증상이다. 이것은 영혼이 더 고상한 존재에게 속한다는 것과 그 현재 상황에선 고통스럽게도 자신의 본성적 필요를 결여하고 있다는 것을 증거한다. 영혼은 에로스 안에서 자신의 천상여행에 착수한다. 이 여행은 돌발적 동경의 형태를 취할 수도 있고 황홀한 환상이나 환희의 형태를 취할 수도 있다. 그것에 의해서 에로스는 하늘에서 폭우를 쏟아붓는 타이탄들(Titans, 그리스 신화의 天界의 神들)의 정신과 유사한 정신을 표현한다. 에로스는 아무리 지고한 형태를 취하더라도 여전히 자기중심적 특징을 간직한다.

기독교적 사랑인 아가페는 전혀 다른 성질을 띤다. 그것은 욕망이나 동경과 무관하다. 아가페는 "그 자신의 것을 추구하지 않고" 에로스처럼 자신을 위한 이득을 확보하려고 올라가지 않으며 자신을 포기하고 희생한다. 아가페의 이러한 성격은 끝까지 유지된다. 왜냐하면 아가페의 원형은 하나님 자신의 사랑이기 때문이다. 여기에선 인간적인 것이 신적인 것으로 격상되지 않는다. 오히려 신적인 것이 자비의 사랑 안에서 인간적인 것으로 하강한다. 아가페는 본래 하나님의 사랑이다. 그 사랑은 그리스도께서 죄인들을 위하여 자기 십자가에서 자신을 내주심으로써 가장 심오하게 계시되었다.

기독교 역사에서 "기독교적"이라고 말할 수 있는 사랑관(觀)은 어떤 종류의 변형을 겪었든지 본디 이 두 원천들로부터 파생되었다. 엄밀히 말해서, 기독교적 사랑 개념이 단일개념이라고 말하는 것은 부적절하다. 왜냐하면 기독교적 사랑 개념은 실제로 일련의 다양한 개념들을 포함하고 있기 때문이다. 그 개념들은 원시기독교의 아가페와 헬레니즘의 에로스가 서로 접촉하면서 생겨난 것이다. 한 때는 전자가, 다른 때는 후자가 지배적이었으나, 일반적으로 양자가 혼합되어 있었다.

우리는 지금까지 사랑에 대한 두 가지 관념들을 그 원리와 역사에 입각하여 비교적 독립적으로 검토할 수 있었다. 원리에 대해서 말하자면, 먼저 상이한 전망들을 유익하게 식별하고 작용세력들을 이해하기 위해서 두 가지 근본동기들을 명쾌하게 구분해야 한다. 더욱이 그 두 동기들은 애초부터 역사적으로 전혀 별개의 것들이었다. 사실 기독교가 출현한 순간부터 두 세계 사이에는 지속적인 의사소통이 있어 왔다. 그것들의 관계는 기독교가 팔레스타인적 환경에서 헬레니즘적 환경으로 이행할 때 처음으로 시작된 것이 아니다. 헬레니즘의 영향에서 절대적으로 자유로운 '기독교의 초기적 형태'를 추구하는 것은 헛된 것이다. 왜냐하면 이미 유대교가 그 종교적 배타성에도 불구하고 기독교의 출현 이전에 상당한 헬라화 과정을 겪었기 때문이다. 그렇다 하더라도 두 가지 사랑 개념은 그 출발점에선 상대적으로 독립되게 취급할 수 있다. 특히 그것들의 근본동기에 관해서는 더욱 그렇다. 세부적인 문제에서는 헬레니즘적인 것과 기독교적인 것 사이에 명백한 구분선을 긋는 것이 어렵지만, 근본동기들은 분명하고 확실하게 구분된다. 헬라적 경건을 아는 사람은 그것이 에로스 동기에 의해 지배되고 있으며 그래서 원리적으로는 아가페 동기를 위한 여지를 하나도 남겨두지 않고 있다는 것을 의심할 수 없다. 마찬가지로 분명한 것은 원시기독교는 아가페 동기에 의해서 지배되고 있으며, 에로스는 그것에 낯설다는 점이다.

이 두 가지 근본동기들이 출발부터 상대방을 그렇게 분명하게 배제하고 있다는 것은 놀라운 일이 아니다. 그 둘 모두에 대하여는 어쩔 수 없는 무언가가 있다. 그래서 누구나 한 쪽의 영향 아래 있게 되면 자신이 다른 쪽을 위해서 어떤 쓸모가 있을런지 이해하기 어렵게 된다. 어떤 사람이 불가항력적으로 에로스의 상향운동 속에서 태어났다고 해보자. 그 사람은 신적인 것에서 단지 자기충족적인 지복의 삶만을 볼 것이다. 그는 지복된 삶의 환상적 매력이 모든 저등 존재들에게 그것에 참여하고픈 욕망을 일깨운다고 생각할 것이다. 게다가 그 사람은 신적인 것을 '절대적 부동자'로 간주하고 모든 사물이 절대적 부동자가 일깨우는 에로스에 의해서 그 절대부동자에게로 움직여진다고 여길 것이다. 그렇다면 그런 사람은 아가페처럼 자신을 비워서 연약하고 파멸당한 자들에게 내려가는 사랑 속에서 도대체 신적인 어떤 것이라도 발견할 수 있겠는가? 그런 사람에겐 그것이 더없는 어리석음으로 보이지 않겠는가? 반면에 그리스도의 십자가에 의해서 정복되고 설복되어 그분의 자기희생으로부터 신의 사랑에 대해서 배운 사람이라면 그것을 상향적인 자기중심적 사랑과 연관지을 수 있을까? 사랑의 두 동기들이 그것들의 원래 힘을 가지고 있는 한, 그것들은 단순히 상대편을 배제할 수밖에 없다. 바로 이 점 때문에 그것들을 독립적으로 다루고 그것들의 근본적인 모순을 보여주는 것이 가능해진다. 우리는 그것들 사이에 상당히 일찍부터 어떤 접촉이 있었음을 탐지할 수 있다. 그 접촉의 예를 들어보면, 바울의 대(對)그노시스(Gnosis) 논쟁, 요한복음의 초기적 아가페 수정, "알렉산드리아적 세계-도식"과 "하강"(Descent) 혹은 플로티노스(Plotinus)의 "하나님은 에로스이다"라는 공식문구 등을 언급할 수 있다. 하지만 아가페 동기와 에로스 동기는 의심의 여지 없이 서로 타협하게 되었다.

우리가 이 이야기를 계속하다 보면 상황이 판이하게 달라진다. 댐들은 곧 무너지고 분류(分流)들은 방해받지 않으면서 경쟁하고 뒤섞이게 되었다. 그 결과 기독교 역사를 통하여 갈등이 빚어져 왔다. 그 속에서 두 가지 동기들은 제각기 기독교적인 사랑의 의미와 기독교에 대한 일반적 해석을 결정하기 위해 분투하였다.

제2절 기독교의 사랑 개념이 헬라화하다

에로스 동기가 기독교에 파고 들어온 한에 있어서, 우리는 기독교의 헬라화를 말할 수 있다. 분명히 이것은 오랫동안 교리사를 지배해 온 한 개념을 소개하며, 하르낙이 내린 유명한 판단을 환기시킨다. "교의(dogma)의 개념과 발전을 살펴보면, 그것은 헬레니즘 정신이 복음의 토양에 작용한 것이다."[1] 이런 견해를 선호하는 이유들은 가까이에서 발견할 수 있다. 교의는 그리스 사상의 관념들과 형식들을 빌려서 기독교의 내용을 표현하려고 한다. 그래서 기독교의 고유한 의도가 그 번역 과정에서 상실되었을지 모른다는 의혹이 쉽게 생긴다. 그 와중에 헬레니즘의 정신과 헬레니즘적 사상 형식이 기독교 세계 속으로 입성하였을 것이다.

그럼에도 불구하고 이 논점에 관한 통상적인 견해를 전면적으로 교정하는 것이 필요할 것 같다.[2] 초대교회가 그 시대의 언어를 사용해야 했던 것은 자연스럽고도 불가피하였다. 그러나 이것이 기독교의 파멸을 의미한다고 성급하게 단정지어서는 결코 안된다. 결정적인 질문은 이 용어들이 어떤 동기를 표현하려고 하였으며 그것들이 어떻게 성공하였는가이다. 그 해답은 동기-조사(motif-research)에 의해서 제공될 수 있다. 즉 형식적인 표현의 이면에 있는 동기를 탐구하는 조사에 의해서만 그 질문들은 답변될 수 있다. 그렇게 고대교회의 교의의 발전을 조사해 보자. 그러면 그 연구는 그 교의가 기독교를 헬라화하기는커녕 오히려 실제로 헬라화 경향을 방지하며 기독교의 독특성인 '하나님과의 친교'를 보존하려고 애썼다는 것을 보여준다. *homousios*(同一本質) 개념이 보여주듯이, 고대의 기독론 교의의 배후 동기는 에로스가 아니다. 궁극적으로, 성부와 성자의 *homoousia*(同一本質性)를 주장하는 것은 하나님의 아가페만을 고백하고 에로스 이론을 철저히 거부하는 것이다. 헬라적인 양식으로 표현하면, 그리스도는 신적 영역에 올라간 인간이나 半神(demi-god)이 아니다. 그분은 본성상 하나님과 하나이다. 그리고 그리스도 안에서 하나님 자신과 다름없는 분이 우리를 만나신다. 또한 그리스도의 자기희생은 하나님 자신의 아가페다.

이것은 어떤 헬라화도 발생하지 않았다는 의미가 아니다. 하지만 그 헬라화는 보통 지적되는 주안점들에서 발생하지 않았다. 그 헬라화는 교의의 구조 안에서보다 오히려 그것의 측면에서 진행되었다. 기독론과 삼위일체 문제에서 최초의 직접적인 구조화가 있었다. 그 주제들은 아마 고대교회가 아가페 개념을 유지하는데 가장 성공한 논점들일 것이다. 사실 고대교회의 교리 논쟁은 일반적으로 제시되는 것만큼 그렇게 결실이 있었던 것은 아니었다. 고대적인 공식문구들(formulations)은 후세대에게 어려움을 안겨준다. 그래서 후세대는 전반적인 교의적 발전을 기꺼이 불행한 탈선으로만 간주하고 그 탈선에 의해서 기독교의 실천적·종교적 내용이 이론적 사변 속에서 상실되었다고 여긴다. 그러나 이것은 피상적이고 비역사적인 태도이다. 고대교회의 교의들은 기독교가 그 주변의 종교혼합주의에 용해되는 것을 효과적으로 방지하여 기독교를 보존하는데 매우 중요한 역할을 감당하였다. 교리적인 논쟁들은 어떤 본질적인 논점들에서 기독교의 독특성을 예리하게 자각시키고 투쟁해서 획득해야 하는 기독교의 고유한 것이 이 문제들 속에 있다는 것을 상기시킨다. 그러므로 교리 논쟁은 중요한 연구 대상이다.

기독교적 사랑 개념은 곧 혼합주의적 혼동에 휘말린다. 그 혼동을 살펴본 사람은 초기의 교의적 구조화가 기독교의 고유 개념을 수호하기 위해서 제공한 봉사를 경멸할 수 없다. 기독교적인 사랑은 아가페다. 하지만 아가페는 엄격히 말해서 교의적 주제로 표현된 적이 전혀 없었다. 어쩌면 우리는 다음과 같이 말할 수 있을런지도 모른다. 아가페는 기독교 신앙과 삶의 중심적인 근본동기이다. 그렇기 때문에 아가페는 논쟁적인 교의 문제로서 의식적인 반성의 주제가 된 적이 없었다. 그리고 아가페의 특징적인 내용이 구속력있는 신조(creed)로 고정되어본 적도 없었다. 이 사실은 비참한 결과를 낳았다. 결과적으로 기독교에 낯선 개념들과 동기들이 기독교 사상에 침투하여 기독교적 사랑의 이름으로 자신들의 영향력을 발휘하는 것이 가능해졌기 때문이다.

기독교는 여기에서 실제로 헬라화되었다. 그것도 헬라화란 낱말의 가장 심오한 의미에서 그렇게 되었다. 그것은 기독교가 헬레니즘의 토양에서 생산된 특정한 공식문구들이나 개념들을 넘겨받았다는 것을 의미하는 것이 아니고 헬레니즘의 근본동기 자체가 의기양양하게 기독교의 영토에 침입하여 내부로부터 그것을 변화시켰다는 것이다. 헬레니즘의 에로스 동기가 주도권을 장악하였다. 그러나 그 주도권은 공개적인 갈등 속에서 획득된 것이 아니었다. 헬레니즘의 에로스 동기와 기독교의 아가페 동기 사이의 긴장이 의심되지 않는 방식으로 그 주도권이 에로스 동기에게 넘어갔다.

제3절 종합과 개혁

기독교 사상사는 두 풍조들 사이에서 교차하면서 분명한 율동을 타고 전진한다. 그 경향들을 종합(synthesis)과 개혁(reformation)이라고 부를 수 있다.[3] 종합은 기독교와 그 밖의 것으로부터 끌어온 자료를 결합하고 기독교를 그 환경에 적응시켜서 기독교와 기독교가 들어가는 영적인 문화 세계를 가능한 한 크게 하나로 융합하려는 경향을 의미한다. 개혁이 의미하는 바는 기독교를 기타의 모든 것으로부터 가능한 한 예리하게 구분함으로써 기독교를 순수한 형태로 제시하여 그 독특성이 분명해지도록 하려는 경향이다.

종합에는 문화적인 유형과 종교적인 유형이 있다. 문화적 종합에선 기독교의 접촉 환경이 덜 위험하다. 왜냐하면 기독교는 그 고유한 특성을 반드시 위험에 빠뜨리지 않고도 이러저러한 문화와 관계형성을 시작할 수 있기 때문이다. 그러나 종교적 종합은 그 사정이 다르다. 이 경우엔 기독교가 이방 종교의 전망과 합류하기 때문이다. 이미 이방종교적 전망을 가진 사람들은 분명히 기독교를 더 쉽게 수용한다. 그러나 마찬가지로 분명한 것은 기독교가 자기의 독특성을 상실할 위험을 감수하게 된다는 점이다. 정말 그렇게 용이하게 기독교를 수용하는 것이 가장 엄격한 의미의 기독교일 수 있을까? 그것은 맛을 잃어버린 소금이란 등급판정을 받을 만큼 손상된 것은 아닌가?

기독교 자체의 자연스런 반작용에 의해서 종합의 시기 다음에는 보통보다 더 개혁적인 시대가 뒤따라 온다. 개혁의 시대엔 기독교의 주요 특성을 고찰하는데 관심이 있다. 그러나 융합의 필요가 곧 나타나서 새로운 종합으로 이끈다. 그리고 이 종합은 번갈아서 그것의 새로운 개혁으로 분해되어 나간다. 기독교의 발전 속에서 연속되는 단계들은 이렇게 종합의 건설과 파괴에 의해 특징지어진다. 이제 이것은 개혁의 임무가 본질적으로 부정적·파괴적이라는 점을 암시한다. 하지만 그것은 종합의 관점에서만 그런 것이다. 본래 개혁 작업은 매우 긍정적인 것이다. 왜냐하면 개혁이 현존하는 종합을 공격할 경우에도 그것은 단지 기독교의 고유한 본성의 이해를 가로막는 장애물을 제거하기 위해서만 종합을 공격할 뿐이기 때문이다. 기독교의 본성을 투명하고 온전하게 설명하는 것이 개혁의 가장 긍정적인 관심사이다. 종합과 개혁은 기독교 사상사에서 규칙적으로 반복된다. 그 운동은 자주 짧은 간격으로 반복된다. 하지만 기독교 역사의 위대한 시기들(epochs)이 동일한 과정을 직접 겪었다. (이 점이 제일 중요하다). 본질적으로 종합의 특징을 지니는 포괄적인 시대들(periods)이 있었다.

이러한 일반적 관찰은 기독교적 사랑 개념의 역사와 관련하여 특별한 의미를 지닌다. 기독교는 아가페 안에서 새로운 사랑의 길을 세상에 소개하였다. 하지만 기독교가 등장했던 세상은 거의 헬라화되어 있었고 이미 그 독자적 사랑 개념을 소유하고 있었다. 그것은 헬레니즘의 에로스 사랑이었다. 그런데 초기부터 종합적 경향이 양자를 혼합하기 위하여 작용한 것처럼 보인다. 종종 이 과정은 단순히 기독교와 고대 문화의 만남으로만 묘사되곤 하였다. 그리고 단지 문화적 종합만이 의문시되는 것처럼 여겨졌다. 그러나 이것은 과도한 단순화이다. 왜냐하면 그 문제는 실상 종교적 종합과 마찬가지이기 때문이다. 그 종교적 종합 안에서 독립적인 두 종교적 현상들이 하나로 융합되었다. 실제로 발생한 일은 기독교적 동기가 개조되어 비슷한 수정을 겪은 헬레니즘의 동기와 기꺼이 연합하여 결국 (최소한 외형상으로라도) 단일한 사랑 개념을 형성하게 되었다는 것이다. 물론 기독교의 독특성을 주장하는 상반된 경향은 결코 소멸되지 않았다. 하지만 기독교적 사랑 개념에 관한 한 원시기독교로부터 종교개혁기까지의 시대는 전반적으로 헬라적인 종합의 특징을 지니고 있다. 그 종합은 500년 동안 준비되어 완성되었고 1000년 동안 지속되었다. 그리고 개혁을 향한 추세는 루터에게서 충분히 옹호되었다.

여기에 다음 연구의 임무와 과제가 주어진다. 앞에서 말한 내용으로부터 분명해지는 것은 우리의 목적이 에로스와 아가페의 기준들에 입각하여 역사적인 다양한 견해들을 시험하고 그것들을 이러저러한 범주에 할당하여 기독교 역사를 개관하는 것이 아니라는 점이다. 그러한 진행은 역사적 발전의 실제 의미를 일체 부정하게 될 것이다. 그렇게 되면 역사발전은 기껏해야 두 가지 동기들의 흥미로운 범례들만 제공하는데 그칠 것이다. 하지만 기독교적인 사랑 개념이 우리의 관심사이기 때문에, 우리는 그것의 역사적 발전에도 긍정적인 관심을 가지게 된다. 우리는 두 가지 동기들을 구분하였다. 하지만 우리는 그렇게 함으로써 기독교 사상사에서 무엇이 가치있고 무엇이 덜 가치있는지를 판단하는데 편리한 하나의 기준을 얻으려 하지 않는다. 우리가 두 동기들을 구분한 이유는 그것들 사이의 갈등이 기독교 사상사에서 실제로 발생했던 사실을 이해하는 열쇠를 제공하기 때문이다.

우리의 의도는 다양한 사랑의 개념들 가운데서 에로스나 아가페의 특성을 지니고 있는 것들을 골라내는 것이 아니다. 오히려 우리는 두 동기들이 만났을 때 그 개념들이 어떻게 구성되었는가를 보려고 한다. 그 동기들의 분석은 이 연구의 수단이지 목적이 아니다. 그 목적은 역사적으로 나타난 견해들을 이해하고 그것들이 에로스와 아가페 사이의 긴장으로부터 어떻게 종합적으로 형성되어 나왔는지를 이해하는 것이다. 기독교적 사랑 개념은 상이한 토양에서 영양을 섭취한 한 그루 나무와 같다. 그 나무가 왜 그렇게 자랐는가를 이해하기 위해선 상이한 지층들을 조사해보아야 한다. 그러나 이것은 그 나무를 쪼개는 것과 똑같지 않다. 지층을 조사하는 목적은 나무가 자라는 것을 이해하는 것이다.

기독교적 사랑 개념의 역사를 쓰는 것은 이중적인 과제이다.

무엇보다도 먼저, 우리는 원시기독교와 헬레니즘의 사랑 개념들이 어떻게 하나로 융합되었는지를 보여주어야만 한다. 이것은 종합의 단계이다.

둘째로, 우리는 어떻게해서 다시 기독교의 고유한 사랑 개념이 기교적으로 고안된 종합을 깨뜨리고 흩어버리는지를 보여주어야 한다.

제2부는 이 두 가지 주요 논점들을 중심으로 분류된다. 제1편은 초대교회의 종합의 준비를 다룬다. 그 당시엔 상이한 동기들이 상호간의 실제적인 연관이 없이 존재하였다. 제2편은 그 종합이 어거스틴의 카리타스 이론에서 어떻게 악화되었는지를 보여준다. 그의 카리타스 이론은 기독교적 아가페 동기와 신플라톤적 에로스 동기의 고전적인 연합이다. 이 연합은 후세대에게 있어서 결정적이었다. 위(爲)디오니시우스는 더욱 직접적으로 에로스 동기를 기독교에 도입하였다. 그리하여 제3편은 그 에로스 동기가 어떻게 중세에 도달했는지를 보여준다. 제4편은 중세적인 사랑관을 서술한다. 이것은 주로 어거스틴과 디오니시우스의 재현인데, 어떤 면에선 연애적(戀愛的) 경건(Minnefrömmigkeit)이나 수난(受難)-신비주의(Passion-mysticism)와 같이 독창적인 공헌들도 있었다. 그러나 중세시대는 옛 종합의 내적인 어려움들을 극도로 경험하였고 그것의 해체를 간접적으로 준비하였다. 종합의 해체는 종교개혁을 통해서 일어났으며 어느 정도 르네상스를 통해서도 나왔다. 르네상스는 옛 에로스 동기(제5편)의 갱신을 가져왔다. 아가페 동기는 종교개혁 안에서 강력하게 지속되었다(제6편). 이렇게 그 두 동기들은 서로 떨어져 나갔다. "에로스와 아가페"의 문제는 원리적으론 카리타스-종합의 와해에 의해서 해결되었다. 하지만 실제적으로 말하자면 이 카리타스-종합은 종교개혁 이후에도 지배적인 사랑 개념으로 남아있었다.

주

1) Harnack : *History of Dogma*, vol. i., p. 17.

2) Cf. G. **Aulén** : "Innebär den gammalkyrkliga kristologien en 'hellenisering' av kristendomen?" Art. in *Svensk teolgisk kvaralskrift*, v., 1929, pp. 3 ff.

3) See my *Urkristendom ecb reformation*, 1932, pp. 147-175.

제1편
종합의 준비

노오스, 에로스, 어가페 ― 고대교회의
강조점들

제17장

세 가지 주요유형들

수십 년 안에, 원시기독교의 독특하고 독창적인 근본동기인 아가페 개념이 어렴풋해지고 흐릿해졌다. 처음 세대로부터 둘째 세대가 유산을 물려받을 때 보통 일어나듯이, 그것의 충만한 깊이와 포용성이 보존되지 않는다. 본래적인 명확성과 독창성은 상실되었고 윤곽들은 균등화와 동화의 과정 속으로 사라지기 시작한다. 그 과정은 두 방향으로 진행한다. 일부는 과거 세계에 대한 관계에서, 다른 일부는 현대 세계의 관계 속에서.

이것이 사도 이후(Post-Apostolic) 시대의 기독교적 사랑 개념의 위치이다. 사랑은 분명히 기독교의 양도불가능한 재산이다. 그리고 그것은 고귀하게 찬미될 수 있다. 그러나 때로는 그것에 허용된 취급이 실제로 살아있는 실재보다 오히려 존경할 만한 오랜 전통을 제안한다. 그것이 무엇을 의미하고 의미하지 않는가는 「클레멘트 1서」의 위대한 아가페 찬미로부터 쉽게 추론할 수 있다. 그것은 분명 고린도전서 13장을 모방하여 다음과 같이 말한다.

"그리스도 안의 아가페를 지닌 자로 하여금 그리스도의 계명을 수행하게 하라. 누가 신적 아가페의 계약을 설명할 수 있을까? 누가 그 아름다운 위대함을 충분히 말할 수 있는가? 아가페가 우리를 들어올리는 높이는 표현될 수 없다. 아가페는 우리를 하나님께 연합시킨다. '아가페는 허다한 죄를 덮는다.' 아가페 속에는 어떤 비열한 것도 어떤 오만한 것도 없다. 아가페는 어떤 분열도 허용하지 않으며, 아가페는 어떤 방해도 하지 않으며, 아가페는 모든 것을 조화롭게 행한다. 하나님이 선택한 자들은 모두 아가페 속에서 완전해진다. 아가페가 없으면 어떤 것도 하나님께 만족스럽지 못하다. 아가페 안에서 주님(Master)은 우리를 맞아주셨다. 그분은 우리를 위하여 아가페를 품고 계신다. 이 아가페로써 우리 주 예수 그리스도는 하나님의 뜻대로 우리를 위하여 자신의 피[血]를 주시고 우리의 육을 위하여 자신의 육을 주시고 우리의 영혼들을 위하여 자신의 영혼을 주신다."[1]

이 구절은 다양한 추세들을 예시하고 있어서 특별히 흥미롭다. 무엇보다도 그것은 원시기독교의 사랑 개념이 아직 살아 있음을 보여준다. 그러나 그것은 또한 위에서 언급한 동화(同化)에 대한 이중적 경향을 보여준다. 아가페 개념은 구약의 수준으로 다시 미끄러졌다. 동시에 원시기독교와 헬레니즘의 사랑 개념들이 융합되기 시작하였다.

그리스도의 십자가의 중심성은 원시기독교의 사랑 개념의 어떤 것이 남아 있음을 입증한다. 찬양받아야 할 대상은 "십자가의 아가페"이다. 이 하나님 자신의 사랑은 그리스도께서 "우리를 위하여 자신의 피를 주셨다"는 점에서 탁월하게 보여진다. 그 사랑에 의해서 하나님은 우리를 선택하셨고 용납하셨다. 그러나 이것은 그 맥락을 떠나면 바울의 사랑관과 본질적으로 일치하는 것처럼 보인다. 그러나 그 구절을 전체적으로 분석해 보면, 다른 이질적인 개념들이 원시기독교의 아가페 동기에 개재되어 있으며 탁월하게 자리잡고 있음이 나타난다.

전반적으로, 이 아가페에 대한 찬미는 사랑을 비길데 없이 가장 위대한 인간적 성취라고 찬양한다. 구약의 태도, 특히 이웃 사랑에 대한 태도는 혼동할 우려가 없다. 그것은 칭찬할 만한 행위로 간주된다. 이웃 사랑이 죄를 속하는 효과가 있다는 생각은 사도 이후 시대에 널리 퍼져 있었다. 특히 자선베풀기에 나타난 대로 이웃사랑은 저지른 죄를 용서받는 수단이다. "아가페는 허다한 죄를 덮는다"[2]는 말은 아가페가 그 이웃의 죄를 용서하고 덮어줄 수 있다는 것을 의미하기보다는 아가페가 하나님으로부터 용서를 얻어낼 수 있다는 것을 의미하기 위해 인용된다. 이것은 이전의 범죄들을 배상하고 하나님의 호의를 얻음으로써 다른 사람의 죄가 아닌 자기 자신의 죄를 덮는 사랑이다. "사랑하는 자들이여, 우리가 하나님의 계명들을 아가페와 조화롭게 수행한다면 우리는 복되도다. 우리의 죄가 아가페로 인하여 용서를 받을 수 있기 때문이다."[3]

이것은 주로 구약의 정신 속에 자리잡고 있다. 하지만 헬레니즘적(Hellenistic) 요소도 현존한다. 원시기독교에서 의미하는 사랑은 하강하는(descends) 사랑이다. 하지만 우리는 여기서 상승하는(ascends) 사랑을 발견한다. 만약 하나님이 그리스도 안에서 우리를 택하셨고 우리에게로 강림하셨다는 생각이 없지 않다면, 그 강조점은 그 자체에 있지 않고 인간이 자신의 사랑을 행사하여 하나님께로 올라갈 수 있다는 사실에 주어진다. "아가페가 우리를 들어올리는($\dot{\alpha}\nu\dot{\alpha}\gamma\epsilon\iota$) 높이는 표현될 수 없다." 그리고 "아가페는 우리를 하나님께 연합시킨다"는 말들은 인간과 하나님 사이의 중재자로서의 옛 에로스 개념에 다름 아니다. 신약성경에서 아가페는 인간에게 향하는 하나님의 길이다. 그러나 여기에는 하나님에게 향하는 인간의 길이 있다. 이 길은 인간의 아나고게($\dot{\alpha}\nu\alpha\gamma\omega\gamma\dot{\eta}$, 상승)로 가는 하나의 수단이다. 의심할 것 없이 에로스 동기는 기독교 영역을 침범하고 있다. 이는 우리가 에로스 이론에서 미(美)의 개념이 담당한 역할을 상기해 보면 확증할 수 있는 사실이다. 이것은 클레멘트의 아가페 찬가에 나타난다.[4]

앞에서 말한 것은 사도 이후 시대의 기독교적 사랑 개념을 서술하는 어려움을 예시한다. 분리된 동기들의 상호작용 때문에 모든 것은 막연하고 불명확하다. 그리고 기독교의 사랑에 관하여 나온 모든 상이한 주장들을 설명하려고 시도하는 것은 분명히 가치가 없을 것이다. 그 자료가 그런 절차를 허용한다면, 우리는 기독교의 사랑을 수많은 주요 유형들의 범주 하에서 제시해야 한다. 이 방법의 정당성은 토론 자체로부터만 나올 것이다. 그러나 우리는 명증성 때문에 그 결과를 예상할 수 있다.

넓게 말해서, 사도 이후 시대의 기독교적 사랑 개념에는 세 가지 주요 유형들이 있다. 즉 (1) 구약의 노모스(Nomos) 동기, (2) 헬레니즘의 에로스 동기, 그리고 혹은 (3) 신약의 아가페 동기가 두드러진다.

그것은 단지 지배적인 동기의 문제라는 것을 주목하는 것이 중요하다. 그 시대적 특성상 어떤 순수한 유형도 있을 수 없었다. 그러나 여러 동기들의 혼합 속에서 한 가지 동기가 지배적이어서 어떤 특정한 개념에 자신의 흔적(mark)을 남길 수 있다. 이 클레멘트의 아가페 찬미가 구체적인 실례이다. 그 속에는 여러 동기들이 노골적으로 혼합되어 있다. 거기에 세 가지 근본동기들이 모두 나타나고 있기 때문이다. 그러나 궁극적으로 압도적인 것은 구약의 노모스 개념이다.

이제 우리는 세 가지 주요 유형들에 관한 간단히 일반적 고찰로 나아갈 것이다.

1. 기독교적 사랑 개념은 긍정적이며 부정적으로 유대교에 소급된다. 구약성경에서는 사랑이 가장 중요하다. 하나님과 이웃 모두에 대한 사랑을 요구하는 사랑의 계명은 구약의 계명이다. 특히 유대교에서 하나님을 사랑하라는 명령은 "율법의 첫 계명"이었다. 하나님에 대한 사랑은 구약이 알고 있는 하나님에 대한 인간의 관계를 가장 심오하고 내면적으로 표현한 것이다. 그렇다 하더라도, 하나님과 인간 사이의 교제는 정의(justice)에 기초하며 율법에 의해서 규제된다. 노모스가 통제 개념이며, 사랑은 율법적 틀거리(framework) 속에 위치하게 된다.

그러나 기독교는 온전한 혁명을 일으킨다. 예수는 구약의 계명을 수용하고 확장하고 심화시킨다. 이것은 사실이지만 결정적인 요인은 아니다. 예수에게 있어서 중심이 되는 것은 우리의(즉 우리에 의해서 요구되며 행해지는) 사랑이 아니라 하나님의 사랑이다. 예수는 그 사역을 완수하도록 자신이 부름받았다는 것을 알았다. 그러나 하나님의 사랑은 율법적 틀거리 속에 제한될 수 없으며 율법주의적 도식이 산산조각난다. "나는 의인을 부르러 온 것이 아니라 죄인을 부르러 왔노라"(막 2:17). 바울은 동일한 진로를 따라서 더 전진한다. 사실 "칭의"(justification)라는 용어는 옛 유대교적 율법주의를 상기시킨다. 그러나 바울의 칭의론은 하나님과의 교제에 대한 율법주의적 개념을 분쇄하고 하나님의 아가페를 최상의 통제 개념으로 만든다. 하나님은 율법의 공로와 행위에 의존하지 않고 자유로운 은총에 의지하여 의롭게 하신다(justifies). 이 은총은 어떤 이유나 타당한 동기가 없는 자발적인 것이다. 그분의 아가페는 죄인들을 위한 사랑이다. 그 죄인이 하나님의 아가페의 대상이 되는 것이 칭의의 특징이다. 그러므로 바울적인 기독교는 반율법주의적 특징을 가진다. 율법은 더 이상 하나님의 대인관계(對人關係)나 인간의 하나님에 대한 관계를 표현하지 않는다. 이런 점에서 율법은 하나님의 아가페에 의해서 진부해지고 폐기되었다.

유대교의 사랑관과 원시기독교의 사랑관의 차이점은 율법적 도식 속에 있는 사랑 대 율법의 도식을 깨부수는 사랑으로 공식화할 수 있다. 오직 후자만이 심오하고 본질적인 뜻으로서의 아가페다. 그러나 사도 이후 시대는 그 결과를 받아들이는데 주저하였다. 그리고 십자가의 아가페에 대한 바울의 교훈은 그 길을 보여 주었지만, 사도 이후 시대 초기엔 바울주의의 자취가 거의 없어졌고 아가페 개념도 많은 손상을 입었다. 사랑에 대한 계명이 더 편안하게 이해되었다. 그리고 그 계명은 구약의 수준으로 되돌아갔다. 그리하여 아가페는 다시 노모스의 도식 아래 놓이게 되었다. 사도교부들(Apostolic Fathers)과 변증가들(Apologists)에게선 주로 노모스 유형이 발견된다.

2. 구약의 수준으로 다시 미끄러져 간 이 노모스 경향과 더불어, 두번째 유형은 종교적으로 혼합주의적인 당시의 세상에서 아가페와 에로스의 만남의 영향력을 보여준다. 유대교로부터 개종한 자들이 자신들의 율법주의적 도식을 들여와서 기독교의 아가페를 그것에 맞추려고 한 것처럼, 헬레니즘에서 나온 개종자들도 에로스 도식을 가져와서 아가페 개념의 일부를 그것에 삽입시키려 하였다. 처음엔 그 결합이 상당히 피상적이었다. 그리고 에로스는 자연히 자신의 지배력을 유지하였다. 그런 유형의 사상 중에서 주요 대표격은 영지주의(Gnosticism)이다. 종종 영지주의는 실제론 에로스인 것을 아가페란 이름으로 부른다. 바로 이러한 이유 때문에 영지주의는 진정한 기독교로 위장한 종교적 혼합주의의 한 종류이다. 아가페 동기

의 관점에서 볼 때, 그러한 과정은 하나의 완벽한 왜곡이다.

3. 에로스와 노모스에 대한 아가페 동기의 반격은 마르키온(Marcion)을 통하여 나왔다. 그는 무엇보다도 율법주의와 유대교에 반대하였다. 아마 이것 때문에 그는 평범한 영지주의자로 간주되는것 같다. 전반적으로 그는 유대교와 구약성경을 공격함에 있어서 영지주의와 공동전선을 펼 수 있었다. 그들 사이엔 또 다른 접촉점들도 있다. 하지만 마르키온 사상의 근본적인 동기는 그가 결코 영지주의자가 아님을 증명한다. 영지주의에선 에로스가 근본적이다. 하지만 마르키온의 토대는 의심할 것도 없이 아가페다. 그의 개혁 시도를 단순히 경쟁 이론들에 대한 아가페 동기의 반격으로 서술하는 것은 너무 지나친 시도일지도 모른다. 그러나 이 시대엔 마르키온처럼 그렇게 강하게 기독교적 사랑 개념을 주장한 이가 아무도 없었다. 그래서 우리는 아가페 동기의 반격에 대해 말할 수 있다. 반면에 아가페 동기의 한계점들은 다음에 관찰하기로 유보해 두자.

사도 이후 시대의 초기에 이미 세 가지 주요 유형들이 상호 대립하고 있었다. 영지주의와 마르키온을 둘러싸고 일어나는 2세기의 갈등은 교회적 신학(churchly theology)을 일어나게 하였다. 다음 세대의 모든 기독교 해석을 특징지어줄 어떤 요소들이 점진적으로 나타났다. 교회가 공통적인 신학의 기초를 형성하기 시작하면서 초기의 불명료성은 사라졌다. 이러한 사실은 기독교적 사랑 개념에도 그 영향을 미쳤다. 만약 영지주의적 무절제함을 이단적이라고 낙인찍는다면, 마르키온의 사랑 개념도 이단적인 것이었다. 극단적인 견해들은 배제되었고, 기독교적 사랑 개념은 이전보다 더 협소한 한도 내에서만 움직여야 했다. 그러나 그 세 가지 주요 유형들은 존속하였다. 니케아 이전의 신학에서 가장 영향력 있는 대변자들인 이레나이우스(Irenaeus), 터툴리안(Tertulian), 오리겐(Origen)은 각기 이것들 중의 한 가지씩을 대표한다. 터툴리안은 구약의 노모스 동기에 의해서 결정적으로 지배된다. 알렉산드리아 신학 즉 오리겐은 영지주의를 거부하였음에도 불구하고 어떻게 에로스 동기가 기독교로 진입하려고 애쓰는가를 보여준다.

반면 이레나이우스의 전망은 마르키온의 해석을 반대하였음에도 불구하고 원시기독교의 아가페 동기가 헬라 신학 안에서 강력한 요소로 남아 있다는 증거이다.

우리는 앞에서 기독교의 사랑 개념에 관한 초기 수백년 동안의 역사를 간략하게 개관했다. 이제 우리는 그 역사를 더욱 세부적으로 다루어야 한다. 말하자면 세 가지 주요 유형들 간의 경연에는 두 회전(會戰, rounds)이 있었다. 그러므로 우리는 상이한 동기들이 각 회전에서 어떻게 되었는가를 보여주어야 한다. 그리고 우리는 이 이야기를 일곱 개의 세부 단원들로 구분할 것이다. 처음 세 단원들은 제1단계(stage)에서 보여줄 세 가지 주요 유형들을 다룬다. 그것들은 사도교부들과 변증가들의 노모스 유형, 영지주의의 에로스 유형, 마르키온의 아가페 유형 등이다. 그 다음의 세 단원들에서 다루어지는 제2단계는 터툴리안의 노모스 유형, 알렉산드리아 신학의 에로스 유형, 이레나이우스의 아가페 유형 등을 포함한다. 그러나 이러한 갈등들은 세 유형들 중의 어느 것에도 승리를 안겨주지 못하고 오히려 타협을 가져왔다. 예를 들어서 메토디우스(Methodius), 아타나시우스(Athanasius) 및 카파도키아 교부들(Cappadocian Fathers)에게서 그러한 타협이 발견된다. 이것이 일곱째 단원(23장)의 내용이 될 것이다.

주

1) 1 Clem. xlix.

2) Cf. 벧전 4:8; 약 5:50.

3) 1 Clem. l. 5.

4) 또한 크눞의 「신약입문」(R. Knopf, *Handbuch zum Neuen Testament*, hrsg. von H. Lietzmann, *Ergänzungsband : Die apostolischen Väter*, 1923, pp. 125f.)을 참고하시오. "그리스어 주석은 καλονή(아름다움)에서 일격(一擊)을 당한 것 같다." 하르낙은 1 Clem. xlix.의 결론에 대하여 이렇게 말한다. "다시금 저자는 그리스도의 보혈을 언급하는 것이 필요하다고 느낀다. 그 저자가 성만찬에 대하여 생각하고 있다면, '영혼'(soul)을 첨가한 것은 저자가 그리스인임을 입증하는 것이다"(A. v. Harnack, *Einführung in die alte Kirchengeschichte*, 1929, pp. 117 f.).

제18장

사도교부들과 변증가들의 노모스 유형

제1절 구약성경의 영향

노모스 동기는 구약성경과 가장 친근한 관계에 있다. 초대기독교는 구약성경을 사용하였다. 그렇기 때문에 처음 수백년 동안 노모스 동기가 기독교의 이해를 지배하게 되었다. 기독교가 팔레스타인 지역을 벗어나자, 바울에겐 매우 다급했던 유대 기독교의 문제가 그 현실성을 상실했다. 하지만 구약은 그 권위를 유지했다. 그리고 구약성경과 더불어 아가페와 노모스 사이의 긴장도 여전히 남아 있었다. 그 긴장은 바울이 "율법"과 "율법의 행위들"을 공격하는 궁극적 근거였다. 구약은 신약이 존재하기 이전부터 기독교의 신성한 문서였다. 그리고 기독교 신학사상에 기여한 최초의 공헌들도 구약에 기초하고 있다. 그러한 신학작업은 예수가 하나님의 약속된 메시야였다는 증거를 구약에서 찾는 시도를 통해 이루어진다.

기독교가 유대교의 경전들에 결부되어 있다는 점은 아가페 동기에 대해 어떤 의미를 가지는가?

확실히 그것은 한 가지 모험에 연루되어 있다. 우선 아가페 개념은 유대교적 가치체계와 그 결과로 나타난 하나님과의 교제 개념에 반대하여 나타났다. 하지만 이제는 유대교의 경전들이 무조건 받아들여져서 기독교의 정경적 권위를 부여받았다. 2세기 기독교는 주로 이 자료에 의존하였다. 또한 사도교부들과 변증가들은 아가페 개념의 단편들을 가능한 한 구약적인 노모스 동기의 형태에 맞추었다. 때때로 그것은 구약의 계명을 더욱 예리하게 심화시키는 개별적인 "주님의 말씀들"의 형식을 취하기도 하였다. 그러나 그러한 말들은 아가페적 맥락에서 노모스적 맥락으로 옮겨졌기 때문에 불가피하게 그 원래 의미를 상실한다. 그러므로 기독교가 구약에 의존했다는 사실을 불행으로 여기는 것은 약간 정당하다. 왜냐하면 그토록 본질적으로 자신들의 영적 자양분을 구약으로부터 끌어가는 집단들 속에서 아가페 개념을 주장하는 것은 초인적인(superhuman) 임무였기 때문이다. 게다가 기독교의 고유성도 거의 모호해질 참이었기 때문이다.

그러나 구약이 아가페 개념에 대해서 이런 부정적인 의미만을 가지고 있었다고 주장하는 것은 매우 편향적이고 혼동시키는 것이다. 원시기독교가 구약을 사용하였다는 것을 예시하기 위해서 보통 일반적인 근거들이 인용되었다. 하지만 구약성경은 그런 일반적 근거들보다 뛰어난 긍정적인 가치를 지녔다(이 가치는 쉽사리 과대평가될 수 없다). 예를 들면, 구약은 "예수와 사도들의 성경"이었고, 예수는 구약의 하나님 즉 아브라함과 이삭과 야곱의 하나님 외의 다른 어떤 하나님도 선포하지 않았으며, 또한 이 연속성은 보존되어야만 한다고 한다. 또한 구약은 최초의 기독교 선교 행위에서 헤아릴 수 없는 봉사를 수행하였다고 말하여진다. 왜냐하면 그 기초 위에서 기독교는 가장 고대적인 계시를 주장할 수 있었고 고색창연을 참 종교의 불가피한 표적으로 여겼던 시대에 자신을 천거할 수 있었기 때문이다. 하지만 이제 기독교의 고유성을 상실할 현대의 위기와 비교하면 이 모든 것은 덜 중요하다. 그러나 구약은 사실 아가페 개념의 보존을 위하여 대단히 중요하다. 여기에는 두 가지 측면이 있다.

먼저, 원시기독교는 구약의 도움만으로 아가페의 의미를 가장 심오한 십자가의 아가페로 만드는데 성공했다. 사실 그렇게 말하는 것은 과장이 아니다. 그 아가페는 자연스런 인간적인 가치평가를 역전(逆轉)시킨다. 십자가에 못박힌 그리스도의 교훈은 유대인들 뿐만 아니라 헬라인들에게도 걸림돌이며 어리석음이었으나 그리스도인 자신들에겐 견고한 역설이었다. 그들이 그 안에서 "하나님의 어리석음"(고전 1:21, 25)을 볼 수 있다면, 그들은 스스로 인내할 수 있었다. 여기서 구약은 그들을 돕는 역할을 하였다. 그리스도의 십자가는 단순히 하나님이 거기서[구약에서] 이미 선포하고 약속하신 것을 성취하신 것이었다.

원시기독교는 구약을 그리스도의 빛 가운데서 읽는다. 구약은 그리스도에 대한 예언들로 가득 차 있다. 그리고 그리스도는 구약을 이해하는 열쇠이다. 아마도 구약성경은 그리스도를 이해하는 열쇠를 제공한다고 말하는 것이 훨씬 더 타당할 것이다. 그 예언들이 "모세와 모든 예언자들을" 가리키며 "그리스도가 이런 일들을 겪고 그의 영광에 들어가야만 한다고 하지 않았는가?(눅 24:26)"하고 말할 때까지는 십자가의 불쾌함을 극복하기 어려웠다. 하나님은 그것을 성경 안에서 스스로 말씀하셨다. 이것은 분명히 모순된 것을 절대적 진리의 수준에까지 고양시킨다. 그리고 그 불쾌함은 사라진다. 왜냐하면 "하나님의 미련함이 사람들보다 더 현명하기" 때문이다. 이런 점에서 구약의 중요성은 시편 22편과 이사야 53편이 신약성경과 사도교부들과 변증가들 안에서 차례로 수행한 탁월한 역할에 의해서 예시된다.[1]

그리스도의 수난에 적용가능한 구절을 구약성경에서 뒤적이는 것은 불필요한 신학적 사치가 아니었다. 오히려 그것은 그리스도 안에서 계시된 신적인 아가페를 이해하는데 필수적인 것이다. 왜냐하면 역설의 온전한 힘은 그렇게 함으로써만 유지될 수 있었기 때문이다. 기독교 신학의 가장 오랜 형태가 성경으로부터의 증거라는 것은 우연이 아니다. 그 증거란 십자가에 못박힌 자가 메시야라는 것을 구약성경으로부터 증명하려는 시도이다.[2] 그것은 자주 주장된 피상성을 상징하는 것이 아니고 초기단계에서 기독교의 새로운 근본동기를 파악하려던 시도였다.

둘째로, 구약을 제거하는 것은 아가페 동기에 관심을 가졌을지라도 기독교적 사랑 개념을 쉽게 약화시키는 것을 의미한다. 아가페의 진지함과 심오함을 유지하려면, 아가페를 그 본래 배경인 구약의 노모스 동기에 비추어 보아야 하는 것 같다. 그것은 본질적으로 가치재평가(價値再評價, transvaluation)이다. 아가페는 노모스의 정복이며 오직 이 긴장 안에서만 존재한다. 만약 그 긴장을 제거함으로써 아가페가 실제적인 가치재평가가 되지 못하고 새로운 영속적 가치척도가 된다면 아가페는 파괴된다. 구약성경은 필수적인 긴장을 그런 식으로 제거하는 것을 금지한다. 마르키온과의 논쟁은 그것을 매우 분명하게 보여주었다.

이것이 초기 수백년간의 상황이다. 한 편으론 아가페 동기를 위하여 구약성경을 간직해야 하였다. 다른 한 편으로, 구약성경을 보유하는 것은 율법주의적 해석의 끊임없는 위험에 부딪힌다. 사도 이후 기독교는 그 위험에 굴복하였다. 노모스는 아가페의 관리를 받는 배경이 되는 대신에 주도적인 동기가 되었다. 그리고 아가페가 그것에 종속되었다.

제2절 "두 가지 길들"(Two Ways)

유대교적인 노모스와 기독교적인 아가페는 서로 뒤섞여 짜여졌다. 이 사실은 "두 가지 길들"에 의해서 예시된다. "두 가지 길들"은 기독교적 정신(ethos)을 응축해 놓은 판(edition)과 같다. 어떻게 기독교적인 아가페 개념의 맥락에서 취해진 단편들이 유대교적인 노모스 도식에 맞았을까? 여기서 우리는 그 문제에 대한 직접적인 증거를 가지고 있다. 우리는 「디다케」(Didache)에서 발견된 해석(version)에만 국한할 것이다.[3] 유대교의 선전 문학(propaganda literature)은 그것의 윤리적 가르침을 "두 가지 길들"이란 제명(題名) 하에서 제시하는데 익숙해져 있었다. 두 가지 길들은 생명으로 가는 길과 사망으로 가는 길, 혹은 광명의 길과 흑암의 길이다. 「디다케」는 이 전통을 인계받았다. 하지만 「디다케」는 형식적 도식뿐만 아니라 여러 특수한 윤리적 요구들과 규율 등도 받아들였다. 그것들에겐 기독교 전통에서 나온 "주님의 말씀"이 보태졌다. 이러한 추가는 유대교적 요구들을 강화하고 능가하기 위하여 의도된 것이었다. 자연히 「디다케」는 "길들"의 이론과 불가분리한 미덕과 악덕의 목록을 사용한다. 그러나 더 중요한 것은 「디다케」가 이미 유대교의 원전 안에서 하나님과 이웃에 대한 사랑의 계명이 생명의 길의 으뜸가는 근본표시임을 발견했다는 사실이다.

"두 가지 길들이 있다. 하나는 생명으로 다른 하나는 사망으로 가는 길이다. 그리고 그 두 길들 사이에는 큰 차이가 있다. 생명의 길은 이것이니, 첫째 너는 너를 지으신 하나님을 사랑해야 하며, 둘째 네 이웃을 네 몸과 같이 사랑해야 한다. 그리고 네가 자신에게 일어나지 않았으면 하고 바라는 것은 무엇이든지 다른 사람에게도 행하지 말라." 그렇게 「디다케」는 그 시작부터 그것의 유대교적 모형을 면밀하게 모방한다. 하지만 「디다케」의 설명과 해설에는 기독교적 특성이 있다.

"이제 이 말씀들의 가르침은 이것이다. 즉 너희를 저주하는 자를 축복하며, 너희 원수들을 위하여 기도하고, 너희를 핍박하는 자들을 위하여 금식하라. 네가 너를 사랑하는 이들을 사랑한다면 무슨 인정을 받겠느냐? 심지어 이방인들도 똑같이 하지 않느냐? 그러나 너희들은 너희를 미워하는 자들을 사랑하여라. 그러면 너희에겐 아무 원수도 없을 것이다. 육적이고 관능적인 욕망을 떠나라. 누가 너의 오른 뺨을 세게 치거든 다른 뺨도 그에게 돌려대라. 그러면 너는 완전하게 될 것이다. 만약 누군가 너에게 5리를 동행하자고 징용한다면 그와 함께 10리를 가라. 만약 누가 너의 외투를 취하면 네 속옷도 그에게 주어라. 만약 누가 당신에게서 당신의 소유물을 앗아가면 당신은 거부할 수 있을지라도 거부하지 말라. 왜냐하면 아버지의 뜻은 우리가 받은 선물들을 모든 이들에게 주는 것이기 때문이다. 그 명령대로 주는 자는 복이 있나니, 그는 순결하도다…" 이러한 여담이 있은 후에, 「디다케」는 그것의 유대교적 모형으로 되돌아가며 전반적으로 그것을 밀접하게 모방한다.

여기서 언급된 사랑은 신약의 아가페 개념과 어떻게 비교되는가?

첫눈에 그것은 아가페 개념과 동일하게 보인다. 그것이 구약의 사랑 계명과 맺고 있는 연관성은 율법주의적 관념을 반드시 함축하고 있진 않다. 왜냐하면 공관복음서들 안에도 동일한 연관성이 나타나고 어떤 경우엔 구약의 계명에 대해서 기독교적인 해석이 주어지기 때문이다. 심지어 아가페의 가장 특징적인 성격이 빠진 것도 아니다. 즉 "비타산적인" 사랑, 원수에 대한 사랑, 자유롭고도 대가없이 주는 사랑 및 "핍박자들을 위한 금식"이다. 그렇다면 우리는 곧 아가페가 노모스 수준으로 떨어지는 대신에 노모스가 아가페 수준으로 격상되었다고 말할 수는 없을까?

그럼에도 불구하고, "두 가지 길"의 신학에 잠재되어 있는 기독교관을 심사해 보면, 그 모든 것을 무릅쓰고 노모스가 우세해진다는 점이 분명해진다. 그 사용된 표현들은 부분적으론 신약의 표현들과 동일할 수 있다. 그러나 그 동인(motive)은 다르다. 그것은 더 이상 하나님으로부터 생겨나는 압도적이고 역설적인 사랑이 아니다. 하나님이 기독교인 안에서 일깨우는 사랑은 전적으로 새로운 종류의 사랑으로서 모든 평범한 인간적 한계들을 부숴뜨린다. 하지만 여기서 언급된 사랑은 가장 고상한 인간적 성취로서 우리를 만난다. 그러나 성취로 간주되는 사랑은 더 이상 아가페가 아니다.

「클레멘트 1서」처럼, 「디다케」도 아가페가 그것을 실천하는 사람을 어느 정도까지 높이는가에 관심을 기울인다. "만약 어느 누가 당신의 오른 뺨을 친다면, 그에게 다른 뺨도 내밀라. 그러면 너는 완전하게 될 것이다." 이처럼 사랑은 문자 그대로 "생명으로 가는 길"이 되었다. 즉 그것은 구원의 방법이 되었다. 하지만 그것은 아가페의 길이 아니라 전혀 정반대의 길이다. 아가페의 길에 의하면, 하나님의 사랑이 그 이유없는 연민 속에서 죄인에게 향하는 길을 발견하며 자유로이 그에게 구원을 주신다. 그러나 정반대의 방법에 의하면, 인간이 매우 숭고한 사랑을 실천함으로써 결국 완전에 도달한다. 무게중심이 바뀌었다. 사랑은 더 이상 하나님이 인간에게 향하는 길이 아니라 인간이 하나님께 가는 길이 되었다.

이것은 이웃에 대한 사랑에 대해서도 심각한 결과들을 가진다. 그리스도 안에서 계시된 하나님의 사랑은 우리의 공로를 고려하지 않고 우리에게 주어진 것이다. 만일 사랑이 그러한 사랑을 의미한다면, 이웃에 대한 사랑은 불가피하며 거의 자명한 것이다. 그 사랑은 인간이 받아들인 신적 사랑의 유출(outflow)로서 그 사람을 통하여 다른 사람들에게 흘러가는 길을 모색한다. 우리는 우리의 이웃에 대한 사랑의 이유로서 하나님의 사랑 외에 어떤 것도 지적해서는 안된다. 실제론 우리는 그것을 지적조차 할 수 없다. 이웃에 대한 사랑은 하나님의 사랑과 더불어 주어진다. 즉 이웃 사랑은 하나님의 사랑의 연장이다. 그래서 이웃 사랑은 하나님의 사랑처럼 "이유없는"[비타산적인] 것이다. 만약 어떤 동기부여(motivation)를 찾을 수 있다면, 그것은 단지 그것의 원인을 나타낼 뿐이다. 왜냐하면 인간의 이웃 사랑은 하나님의 사랑을 경험한 것으로부터 내적인 필연성에 의해서 솟아나기 때문이다. 그렇지 않다면, 그것은 이웃에 대한 참된 사랑이 아니다. 왜냐하면 다른 동기부여는 배후적인 목적을 도입하여 그 주의를 이웃으로부터 딴데로 돌리기 때문이다.

그러나 「디다케」에 묘사된 사랑은 그러한 다른 모든 동인들로부터 자유로운 "비타산적" 사랑이 아니다. 「디다케」는 원인론적(causal) 동기부여를 목적론적(teleological) 동기부여로 대체하였다. 아가페의 관점에서 보면 원인론적 동기부여가 합법적이다. 사도 이후 시대엔 점점 일반적으로 사랑(자선)을 이미 범한 죄를 보상하는 것으로 간주하게 되었다.[4] 자기 이웃에게 사랑을 베푸는 이는 사망으로부터 석방된다.[5] 그리고 「디다케」는 "당신이 당신의 손으로 얻은 것이 무엇이든지 그것에서 당신의 죄를 속하는 배상금을 내주어야 한다"고 역설한다.[6] 기독교인으로서 내가 보여주는 이웃 사랑은 그 이웃을 도울 뿐만 아니라 내 자신에게도 유익이 된다. 이것은 이웃에 대한 사랑과 "자신에 대한 사랑"의 결합으로 가는 첫 단계이다. 또한 이것은 향후에 아가페 개념에 대해 대규모의 재난스러운 역할을 담당할 운명이었다.

제3절 아가페 동기의 노모스적(율법적) 수정

"두 가지 길들"의 신학에 대해서 말한 바는 사도교부들의 전형으로 간주할 수 있다. 그들의 사랑 개념은 대개 율법주의에 의해서 제한된다(qualified).

이것은 아가페의 충만한 교훈이 나타나는 개별 구절들이 있다는 것을 부인하려는 것이 아니다. 이그나티우스(Ignatius)가 주요한 예이다. 왜냐하면 그는 바울과 요한에 의존하여 사도교부들 중의 어느 누구보다도 더 가까이 원시기독교의 아가페 동기에 접근하기 때문이다. 그는 기독교의 전체 내용을 믿음과 사랑 안에서 발견한다. 즉 믿음은 기독교적 생명의 시작이며 사랑은 그 마지막[목적]이다.[7] 그러나 이그나티우스가 말하는 바가 신앙에 대해서건 사랑에 대해서건간에, 그는 항상 동일한 한 가지만을 염두에 두고 있었다. 그것은 바로 그리스도의 십자가이다. 이렇게 해서 그는 신앙을 그리스도의 육이라 부르고 사랑을 그리스도의 피라고 부를 수 있었다.[8] 바울의 십자가의 아가페 사상은 이그나티우스에게 생생한 현실이 되었다. 그는 요한처럼 하나님과 아가페를 동일시도 하기도 한다. 하나님은 신앙과 사랑의 통일체, 즉 피스티스(Pistis)와 아가페의 통일체이다.[9]

하나님의 아가페의 역설은 「클레멘트 2서」(*Second Epistle of Clement*)의 서두에서 망각되지 않았다. 이것은 기독교에서 현존하는 설교 중 가장 오래된 것이다. 이것은 「헤르마스의 목자서」(*Shepherd of Hermas*)와 함께 율법주의적 경향의 실례로서 잘 인용된다. 「클레멘트 2서」는 가장 고상한 용어들을 사용하여 그리스도가 우리를 위하여 고난 받았다고 말하고 그리스도가 그렇게 함으로써 보여준 사랑은 결단코 우리 안에 있는 어떤 것에 의해서 동기부여되지 않았다고 간주한다. 그리스도는 우리 안에서 몽매함과 죄밖에 아무것도 찾지 못했다. 인간 본성의 손상되지 않은 어떤 핵(kernel)도 그리스도의 구원의 사역을 일으키지 않았다.

반대로 이것은 오직 그의 자발적인 사랑 안에 근거하고 있었다. "그[그리스도]는 우리를 불쌍히 여기셨고, 그의 자비로 우리를 구원하셨으며, 우리 안에 있었던 큰 오류와 파괴를 보셨고 그리스도로부터 오는 구원 외에는 우리에게 소망이 없다는 것을 주목하셨다."[10] 예수의 말씀들이 이 맥락에서 인용되었다는 점은 의미심장하다. "나는 의인을 부르러 온 것이 아니라 죄인을 부르러 왔노라"(막 2:17). 그리고 그 해설도 마찬가지로 의미심장하다. "그는 멸망하는 자들이 구원받아야 한다고 의도한다. 왜냐하면 확고하게 서 있는 것들이 아니라 멸망하는 이들에게 힘을 주는 것이 위대하고 놀랍기 때문이다. 그렇게 그리스도는 망하는 자들을 구원하려는 뜻을 품었고 이미 망해가던 우리에게 다가와 부름으로써 많은 이들을 구원했다."[11] 그러한 표현들은 「클레멘트 2서」가 분명히 신적 사랑의 역설을 파악한다는 결론을 불가피하게 만든다.

그럼에도 불구하고, 그러한 관찰들 때문에 사도교부들의 율법주의적 변형에 대한 일반적인 인상이 결코 바뀔 수 없다. 만약 「클레멘트 2서」가 신적 사랑의 비타산적 · 자발적인 본성을 그렇게 강조한다면, 그 서신의 저자는 결코 우리가 그리스도의 자비에 참여하고 우리의 공로의 보상인 축복을 얻기 위하여 필요한 거룩하고 의로운 행위들에 대해서 지겹도록 말하지 않았을 것이다.[12] 사랑은 기독교인의 생활에서 최고위치를 차지한다. 그러나 그것은 매우 피상적으로 파악된 것이어서, 자선행위와 거의 동의어가 된다. 「클레멘트 2서」는 기도, 금식, 및 자선행위 등과 같은 공로적인 행위들의 상승 계단(ascending scale)을 가지고 있다. "금식은 기도보다 낫고, 그 둘보다는 자선행위가 더 낫다. 그리고 아가페는 허다한 죄를 덮는다."[13]

헤르마스(Hermas)는 이 방향으로 훨씬 더 나간다. 그리고 도처에서 똑같은 추세가 발견된다.[14] 당시의 저자들은 기독교가 유대교와 구약성경에 비하여 새로운 어떤 것을 들여왔다는 사실을 몰랐다고 가정하는 것은 잘못된 판단이다. 그 저자들은 그 사실을 매우 잘 인식하고 있었다. 그러나 그들에게는 율법과 복음 사이의 차이를 분별하는 것이 부족했다. 「바나바의 서신」(*Epistle of Barnabas*)이 표현하듯이, 기독교는 율법, 즉 "우리 주 예수 그리스도의 새 율법이다."[15] 옛 율법 안의 많은 것이 그리스도를 통해서 폐기되고 새 율법에 의해서 대체되었다. 사실 새 율법의 요구사항들은 내면성을 지녔기에 옛 율법의 요구사항들보다 더 엄격하다. 그렇긴 하지만 새 율법은 더 이상 외적인 통제의 율법이 아니라 "완전한 율법 즉 자유의

율법"이다.[16]

이 시대에는 기독교와 심지어 그리스도마저 주로 새 율법에 비추어 이해되었다. 그리스도는 새 율법과 삼중적인 관계를 맺고 있다. 즉 그리스도는 (1) 율법의 수여자요, (2) 율법의 완성의 모범이며, (3) 그 율법에 일치되게 세상을 심판할 심판관이다.[17] 아가페는 모든 것을 포용하는 요구이다. 특히 원수 사랑의 요구는 그것이 "비범한 선"을 요구함에 있어서 옛 율법을 얼마나 초월하는지 보여준다. 그 비범한 선은 보통 사람들을 초월하며, 만인의 놀라움과 경외감을 자극한다.[18]

아주 흥미로운 것은 사도교부들의 산발적인 구절들이 신약의 사랑 계명까지 능가하려는 경향을 보인다는 점이다. 이것 자체는 매우 논리적이다. 일단 아가페가 더 엄격한 새 율법의 요구사항으로 여겨지기 시작했기 때문이다. 그것이 더욱 더 엄격하게 되지 말아야 할 이유는 없다. 신약성경은 "당신은 당신의 이웃을 당신 자신처럼 사랑해야 한다"고 하는 단순한 명령으로 그친다. 하지만 「바나바의 서신」에 있는 "두 가지 길들"의 개정판은 "당신은 당신의 이웃을 당신의 생명보다 더($\dot{v}\pi\dot{\epsilon}\rho$ $\tau\dot{\eta}\nu$ $\psi\nu\chi\dot{\eta}\nu$ $\sigma\sigma\nu$) 사랑해야 한다"고 말한다.[19] 때때로 그러한 계명의 강화는 기독교적 사랑 개념이 그 본래의 힘을 가지고 지속되었다는 것을 증거하는 것으로 해석되기도 하였다.[20]

하지만 이 견해에 대해선 두 가지 반대가 있다. 첫째, 형식적 강화는 율법과 계명의 관점에서 보더라도 반드시 실제적 강화를 의미하진 않는다는 것이다. 사실, 만약 우리가 이웃 사랑의 계명을 신약성경과 「바나바의 서신」에서 주어진 대로 비교한다면, 우리는 대부분 후자의 형태가 더 취약하다는 것을 분명히 알 수 있다. 그 계명은 수량적인 범주들 속에서 재고되었고, 이렇게 더 저등한 수준에서 강화되었다.[21] 둘째로, 그 계명이 실제로 강화되었지만, 그럼에도 불구하고 이것이 아가페 동기의 심화를 의미하진 않는다. 아가페와 노모스는 서로 대립되는 측면이 있기 때문에, 그 계명을 첨예화한다는 것은 아가페 개념의 약화를 의미한다. 만약 신적인 사랑의 사상이 그 배경으로 후퇴하고 사랑의 계명이 전면에 나선다면, 아가페의 운명은 봉쇄되고 만다. 이웃 사랑은 더 이상 하나님으로부터 태어난 사랑이 아니다. 이제 이웃 사랑은 하나님의 사랑을 근원으로 삼지도 않고 그것과 같은 본성을 갖지도 않으며 하나님의 사랑이 흘러넘치는 통로도 아니다. 오히려 이웃 사랑은 인간적인 성취의 가능성의 극치이다. 여기서 우리는 아가페의 직설법(indicative)이 아니라 노모스의 명령법(imperative)을 만난다.

사도교부들에 대하여 언급된 내용은 대개 변증가들에게도 적용된다. 양자는 본질상 동일한 기독교관을 취한다. 하지만 그들이 선명하게 구분되는 것은 근본동기에 불충분한 주의를 기울였기 때문이다. 그렇더라도 우리는 고유한 특성을 언급할 수 있다.

바우어(W. Bauer)는 원수 사랑(love to enemies)이 사도교부들보다 변증가들에게 있어서 더 중심적이라고 지적하였다.[22] 게다가 원수 사랑은 계명이라기보다 현존하는 사실이었다고 한다. 그러나 이것은 심오한 아가페적 이해와 노모스적 운동에 기인하기보다는 (바우어가 제안하듯이) 원수 사랑 개념의 변증적인 가치에 기인하는 것이다. 기독교인들은 "인류의 증오"라는 죄명으로 고소당했다. 고로 기독교 안에서 사랑이 중심이라는 점을 지적하는 것보다 더 나은 해결책을 발견할 수 있겠는가? 원수들에게 보여준 그 사랑은 죽은 문자가 아니라 기독교인들 사이에 살아있는 현실이었다. 변증가들은 기독교인들이 모든 사람을 미워하지 말고 사랑해야 한다고 주장한다. 그들은 아무도 핍박하지 않았지만 자신들은 핍박받았다. 그리고 그들은 자신들을 핍박하는 자들을 위해 기도하였다. 「디오그네투스서」(Epistle to Diognetus)에서 묘사한 것처럼, "그들은 만인을 사랑하지만 만인에 의해 핍박당한다."[23] 이것은 핍박자들을 반박하는 강력한 논거였다. 그러나 그 동인이 어떠하였든, 사랑은 기독교의 구성요인이며 기독교적 사랑은 "비타산적"이라는 의식을 확대시키는 데 변증가들이 도움을 주었다는 사실은 여전하다. 그럼에도 불구하고 그들의 일반적인 견해는 사도교부들의 견해와 같다. 이 두 경우에 있어서 출발점은 하나님이 주시는 사랑이 아니라, 오히려 그분이 인간에게 요구하시는 사랑이다.

그러나 이것이 말하려는 전부가 아니다. 아가페 개념은 사랑 교리 자체 안에선 잘못되더라도 기독교적 교훈의 다른 논점들에선 자유로운 기회를 가진다. 그러나 이 문제를 다루기 전에, 우리는 이 당시에 유행하던 기독교 개념을 약간 독특한 각도에서 들여다 보아야 한다. 이 목적을 위해서 우리는 당시의 주요인물인 변증가 저스틴(Justin Martyr)에게 집중할 것이다.

제4절 기독교는 "참된 철학"이요 "새로운 율법"이다.

교리사가들은 보통 합리주의와 도덕주의를 변증가들의 신학적 특색이라고 인용한다. 하르낙(Hamack)은 그들이 기독교를 합리적인 철학으로 변화시켰다고 주장한다. "그들[변증가들]은 말로는(in word) 최소한 기독교인들의 오래된 '교훈과 지식'을 포기하지 않는다고 말하면서도 기독교를 범세계적인 자연신론적 종교로 만들어 버렸다." [24] 변증가들의 신학은 내용상으로 당대의 관념주의적 철학과 별로 다르지 않았다. [25] 또 많은 이방인 철학자들이 그들보다 더 강하게 계시와 구원의 필요를 표현했다. [26] 변증가들의 종교는 계몽주의의 세 가지 합리적 이념들 즉 신(神), 미덕 및 불멸보다 더한 것이 별로 없었다. 그리고 이 "합리적 신학"이 그리스도에 의해서 신적인 계시와 절대적 진리로 보증된다는 점에서 그들의 종교는 기독교적이다. "신, 미덕 및 불멸에 관한 철학이론들은 변증가들을 통해서 세계적 종교의 내용으로 편입되었다. 그리고 그리스도가 그것의 확실성을 보증하기 때문에 그것은 기독교적이다." [27]

이 견해는 변증가들의 "기독교" 속에 있는 완전히 이질적인 두 요소들을 구분한다. 그것들은 기독교의 고유성이 결여된 내용과 계시의 형태이다. 후자는 기독교의 영향을 보여주는데, 그것의 유일한 중요성은 그 내용의 진리를 보증하는 것이다. [28] 하르낙은 "교회는 플라톤(Plato)과 제논(Zeno)의 사상을 보장하는 위대한 사회로 보인다"고 강하게 주장한다. [29] 우리는 이러한 합리주의와 나란히 스토아적·유대교적 영향들을 보여주는 도덕주의도 발견하게 된다.

그러나 이것은 순전한 해석이다. 이 해석은 실제 상황을 심하게 잘못 해석한다. 하지만 그것은 적어도 저스틴에겐 적용되지 않는다. 왜냐하면 저스틴은 기독교를 헬레니즘적 철학으로 바꾸기는커녕 그것들의 근본적 모순성에 대해 탁월하게 민감하기 때문이다. 우리는 "철학자의 옷을 입은 기독교인"의 모습에 의해서 오도되어선 안된다. 또한 우리는 저스틴이 기독교를 "안전하고 유익한 유일한 철학"이라고[30] 부를 때 그가 기독교의 심오한 종교적 의미를 상실한 채 기독교를 합리화하고 지성화했다고 가정해서도 안된다. 게다가 우리는 저스틴이 그것을 "새로운 율법"이라고[31] 묘사하기 때문에 도덕주의란 비난이 정당하다고 가정해서도 안된다. 대개 저스틴은 기독교 역사에서 적절한 위치를 부여받지 못했다. 사실 그는 위대한 인물들 중의 한 사람이다. 그에게 견줄 수 있는 사람은 별로 없다. 이 점은 특히 우리의 현재 질문에 관련시켜 볼 때 사실이다. 플라톤주의와 기독교 사이의 근본적 대립을 저스틴처럼 분명하게 인식하고 표현한 사람은 찾아내기 어렵기 때문이다.

그러면 저스틴이 기독교를 "참된 철학"이나 "새 율법"이라고 말했을 때, 그는 무엇을 의미하였던가? 그 질문의 첫부분에 대한 답변은 에로스 동기에 대한 그의 태도를 우리에게 보여줄 것이다. 둘째 부분에 대한 답변은 노모스 동기에 대한 그의 태도를 보여줄 것이다.

1) 기독교는 참된 철학이다.

"철학"이란 말이 지니는 연상들에 의해서 현혹되지 않기 위하여, 우리는 저스틴에게 있어서 철학이란 무엇을 의미했는지 질문해야 한다 고대 후기의 철학은 중요한 변화를 겪고 있었다. 그것은 종교적이고 윤리적인 문제들에 더욱더 강조점을 두게 되었다. 철학의 중요한 질문들은 신과 구원에 관한 것들이 되었다. 철학은 이론적·합리적 문제들을 숙고하는 것이 아니라 영혼을 치유하고 고통받는 수난의 세대를 돕는데 몰두한다. 종종 철학자는 구원의 방법을 선포하고자 애쓰는 방랑설교자였다. 그래서 철학과 다른 구원이론들(즉 신비종교들, 영지주의 분파들, 점술이나 기타) 사이에는 분명한 경계선이 그어질 수 없다. 철학적 학파들은 점점 경쟁적인 분파들로 되어가고 각각 나름대로 하나님에 대한 관상(Vision of God)을 추구하는 특수한 방법을 추천한다. 따라서 저스틴을 철학으로 몰아간 것은 실천적·종교적인 관심이지 이론적인 관심이 아니다. 저스틴에게 있어서 철학의 임무는 신에 대하여 교육하고 인간을 하나님과의 관계에 두는 것이다. 그러므로 이 최상의 질문엔 흥미를 보이지 않으면서 다른 제반 문제들에 몰두하는 사람은 참된 철학자로 인정되지 않는다.

고대 후기의 방식에 충실한 저스틴은 행복론(eudaemonism)의 문제에서 시작한다. 그는 철학이 그것을 대답해주길 원한다. 그래서 행복은 그가 여러 철학들을 시험하는 표준이었다. 이 점에서 저스틴은 어거스틴과 비교될 수 있다. 양자는 모두 행복을 추구했다. 또한 양자는 하나님을 찾고 그분과의 관계에 들어감으로써만 행복이 발견될 수 있다고 확신했다. 양자는 이 표준에 의해서 다양한 철학들을 시험하고 거부했다. 마침내 기독교만이 하나님과의 진정한 관계로 그리하여 참된 축복으로 인도할 수 있는 유일한 철학으로 남게 된다.[32] 헬라 철학자들이 지적한 방법들을 따르면 하나님을 찾지 못하고 오히려 그로부터 더 멀리 벗어나게 된다. 기독교만이 올바른 길을 보여줄 수 있다. 그것만이 "안전하고 유익한 철학"이다.

저스틴이 철학으로부터 추구했던 것에 대해선 의심이 있을 수 없다. "철학"은 그에게 있어서 "종교" 즉 하나님과의 교제로 가는 길과 실질적으로 동일한 것을 의미한다. 바로 그 점 때문에 저스틴은 자신이 추구하던 대상을 스토아학파나 소요학파(逍遙學派, Peripatetics)에서 발견하지 못한 것 같다. 그들은 저스틴에게 신에 대해서 말해줄 본질적인 것을 전혀 가지고 있지 않았던 것이다.[33] 그래서 우리는 한 피타고라스학파의(Pythagorean) 교사가 저스틴의 불타는 질문에 응답하는 대신 가장 선하고 아름다운 존재 자체에 대한 관상(vison)을 얻기 위한 필수조건으로서 음악, 천문학 및 기하학을 공부하라고 그에게 충고했을 때 그가 받았을 실망을 이해할 만하다. 저스틴은 이런 과학들에 전혀 관심이 없었다. 그는 하나님에 대한 관상 즉 하나님과의 교제를 원했다. 그는 얼마동안 플라톤주의 안에서 그것을 찾을 수 있다고 스스로 생각한 적이 있었다. 그래서 그는 모든 육체적 타락을 벗어난 순수하고 자유로운 영성에 관한 플라톤주의적 이론에 특별한 관심을 기울이면서 열정적으로 연구했다고 서술한다. "관념들에 대한 관상(contemplation)은 내 마음에 날개를 달아주었다. 그래서 나는 금세 내가 현명하게 되었다고 생각하였다. 그런데 그것이 나의 어리석음이었다. 나는 하나님을 즉각적으로 보기를 기대하였다. 이것이 플라톤 철학의 목적이었기 때문이다."[34]

저스틴이 나중에 취한 입장은 분명하다. 그가 플라톤주의에 흥미를 가졌던 것은 다소 "과학적"인 철학이나 하나의 세계관에 대한 관심보다는 구원의 방법 즉 종교에 대한 그의 관심 때문이었다. 이제 그는 이 에로스의 길을 진지하게 시도하여 영혼의 날개를 타고 날아올랐다. 그러면 그가 기독교를 참된 철학이라고 부를 때 자신의 태도를 바꾼 의도는 무엇인가? 분명히 그에게는 기독교를 합리적 철학으로 바꾸려는 의도가 없었다. 그의 태도 변화는 단지 기독교만이 참된 종교라는 것을 의미한다. 기독교라는 종교가 하나님과의 진정한 교제로 인도할 수 있는 유일하고 올바른 구원의 방법이다. 아울러 이것은 에로스가 구원의 방법으로서 거부된다는 의미도 함축하고 있다.

저스틴은 특히 헬레니즘의 에로스 이론에 대하여 직접적인 태도를 취한 첫번째 기독교인의 예로서 흥미를 끈다. 플라톤주의와 기독교의 융합은 일반적인 생각처럼 그렇게 쉽사리 은밀하게 발생한 것이 아니었다. 상당히 일찍부터 플라톤주의와 기독교는 외형적인 것들과 근본동기에 있어서 양자 사이에 존재하던 대립을 주시하고 있었다. 기독교에 대한 플라톤주의의 반대는 켈수스(Celsus)에 의해서 가장 잘 표현되었다. 그의 주요 공격전략은 기독교의 아가페 동기의 모순성을 보여주는 것이다.[35] 그러나 기독교에서도 역시 그 대립을 알고 있었다. 플라톤적 구원 방법에 대한 기독교의 반대는 저스틴에게서 가장 잘 볼 수 있다. 그의 논쟁은 전심(全心)으로 플라톤주의자였던 한 사람으로부터 나온 것이어서 이중적인 중요성을 갖는다. 우리는 저스틴이 기독교의 중심을 명쾌하게 통찰하지 못하도록 훼방할 수 있는 플라톤적 요소들을 견지했다고 생각할 수도 있다. 하지만 사실 플라톤적 구원 방법에 대한 저스틴의 공격은 논란의 여지 없이 그 정반대를 입증하고 있다. 저스틴의 「트리포와의 대화록」(*Dialogue with Trypho*)은 사도 이후 시대의 에로스와 아가페 사이의 갈등에 대한 가장 중요한 문서들 중의 하나이다. 그 문서의 서두에서 저스틴은 플라톤주의를 비판했다.

저스틴은 유달리 정확하게 문제의 급소를 다룬다. 플라톤주의는 인간 안에서 하나님에게 가는 길을 만들 수 있고 하나님에 대한 직접적인 관상(vision)을 얻을 수 있는 본성적인 능력이 인간에게 있다고 전제한다. 바로 이 점이 플라톤주의의 근본적인 오류이다. 저스틴은 플라톤처럼 근본적인 본성 면에서 하나님과 유사한 인간이 자신의 신적 본성만을 숙고함으로써 하나님에게 가는 길을 찾기만 하면 된다고 생각하지 않을 것이다. 또한 저스틴은 근본적인 플라톤적인 영혼불멸론을 확고하게 반대하였다. 에로스적 방법에 의하면, 인간 이성이 하나님께 가는 인간의 길을 마련하려 한다. 하지만 에로스적 방법으로는 하나님과의 교제를 얻을 수 없다. 하나님이 아가페 안에서 인간에게 내려오고 계시를 통하여 인간을 만나실 때 하나님께 가는 인간의 길이 가능하다. 합리적 본성의 방법들은 하나님과의 교제를 얻기에는 불충분하다. 하나님과의 교제를 얻는 것은 오직 하나님의 성령의 은사를 통해서만 가능하다. 영생은 영이나 혼의 자질 덕분에 얻을 수 있는 자연스런 권리가 아니다. 그것은 하나님의 선물이다.[36]

저스틴은 기독교를 참된 철학이라고 묘사하였다. 이러한 묘사는 그가 헬라화의 경향를 꾀하기는커녕 오히려 헬라적인 구원 방법을 거부하고 기독교적 구원방법을 선포했다는 것을 의미한다.

2) 기독교는 새로운 율법이다.

저스틴은 기독교에서 "새 율법"(New Law)이란 용어를 처음으로 사용한 사람이 아니다.[37] 그것은 매우 초기에 일반적인 용어가 되었고 율법주의적인 기독교 개념에 상당히 공헌하였을 것이다. 그러면 저스틴은 그 낱말을 어떤 의미로 사용했는가?

보통 "새 율법"이란 용어는 저스틴의 기독교가 율법주의적 유형에 속하였다는 것을 함축한다고 이해된다. 우리는 앞에서 저스틴이 사용한 "참된 철학"이란 용어의 용도를 살펴보았다. 그 결과는 우리를 여기서 주저하게 만든다. "참된 철학"의 경우처럼 "새 율법"의 경우에서도 통상적인 견해를 잘못이라고 여길 만한 근거는 많이 있기 때문이다.

무엇보다도, 우리는 저스틴의 강조점이 새 율법(Law)보다는 새로운(new) 율법에 있다는 점을 주목해야 한다. 이 새로운 율법은 오래된 율법을 무가치한 것으로 폐기처분한다.[38] "새로운 율법"이라는 용어를 구약성경이나 스토아주의의 율법주의적 흔적으로 간주하는 것은 그 공식문구의 논쟁적인 요점을 고찰하는데 실패하였음을 의미한다. 기독교를 "참된 철학"이라고 한 저스틴의 묘사는 헬레니즘 철학의 여러 주장들에 대한 그의 논쟁에 비추어 볼 때 우발적인 것이 아니었다. 또한 그가 유대교의 율법적 경건에 반대하려는 논쟁적 목적에서 기독교를 "새로운 율법"으로 묘사한 것도 우연이 아니다.

구약의 율법은 神과 人間의 관계에 대한 최종적인 표현으로 의도된 것이 결코 아니다. 구약의 율법은 새로운 것에 의해서 교체될 운명이었다. 저스틴은 구약성경 자체에 호소하여 이러한 생각을 지지한다. 왜냐하면 구약은 하나님이 언젠가 옛 계약을 새 계약(New Covenant)으로 대체하실 것이라고 말하기 때문이다. "주께서 말씀하시기를, 보라, 내가 이스라엘 집과 유다집과 함께 새 계약을 맺을 날이 올 것이다. 그것은 내가 그들의 조상들의 손을 잡고 그들을 이집트 땅으로부터 데려오던 날 그들과 맺었던 계약과 다르다. 나는 그들에게 한 남편이었지만 그들은 나의 계약을 깨뜨렸다. 이상은 주님의 말씀이다. 그러나 이것은 그 날들이 지난 후에 내가 이스라엘 집과 맺을 계약이다. 주께서 말씀하셨다. 나는 나의 율법을 그들의 내면에 둘 것이다. 그리고 나는 그것을 그들의 마음 속에 쓸 것이다. 그러면 나는 그들의 하나님이 되고, 그들은 나의 백성이 될 것이다."[39]

이러한 유사한 구절들은 저스틴으로 하여금 구약과의 연속성을 견지하면서도 동시에 기독교를 절대적으로 새로운 것이라고 확고하게 주장할 수 있도록 해주었다. 구약의 하나님은 아브라함과 이삭과 야곱의 하나님이다. 기독교는 그 하나님 외에 다른 신을 모른다. 구약의 하나님은 이스라엘과 율법-계약(Law-Covenant)을 맺으셨다. 그 동일한 하나님이 이젠 그리스도를 통하여 새로운 계약을 맺으셨다. 이것은 모든 백성들을 위한 것으로서 더 이상 율법이나 이스라엘에게만 국한되지 않는다. 기독교는 새로운 하나님을 계시한 것이 아니라 하나님께 향해가는 새로운 길을 계시하였다.

그래서 "새 율법"이라는 표현은 (저스틴이 예언으로 본) 구약의 어떤 구절들을 기독교와 관련시키며 좀더 초기적인 기독교의 용례와도 조화를 이룬다. 그러나 그것은 결코 새 언약이 옛 계약처럼 율법적 성격을 가지며 옛 계명들과 교훈들은 새로운 것들로 대체되었다는 것을 암시하지는 않는다. 만약 율법이 구원의 방법으로서 적절하다면, "새 계약이 무슨 필요가 있는가?"하고 저스틴은 묻는다.[40] 율법에만 기초한 계약은 결코 구원으로 이끌지 못한다. 결과적으로 바로 이 점이 저스틴에게 결정적이다. 기독교는 "새 율법"이며 그리스도는 "새 율법의 시여자(施與者)"이시다.[41] 하지만 그 의미는 율법적인 것이 아니다. 사실 저스틴은 그리스도께서 우리에게 사랑의 율법을 부과하셨다고 말했다. 하지만 그는 이것을 근거로 예수께서 액면 그대로 "율법의 시여자"라고 여기진 않았다. 왜냐하면 그는 명시적으로 예수가 자신의 하나님과 이웃에 대한 사랑의 계명에 의해서 태초부터 하나님께서 인류의 모든 세대에게 선포하셨던 율법을[42] 요약했다고 말하기 때문이다. 그러나 모든 이들이 율법을 소유한다면, 모두 이들이 율법의 저주 아래 있게 된다. 왜냐하면 아무도 그것이 요구하는 것을 모두 이행하지 못하기 때문이다.[43]

그러므로 새 계약은 새 율법의 시여에 있는 것이 아니다. 새 계약은 십자가에 달린 "하나님의 그리스도"를 통하여 하나님이 "저주받을 만한 짓을 저지른 모든 이들을"[44] 스스로 구원하신다는 사실에 존재한다. 새 계약은 계명이나 법령이 아니라 그리스도 자신이다. "하나님의 계약이란 무엇인가? 그것은 그리스도가 아닌가?"[45] 바로 그 그리스도는 새로운 법들을 준 분이 아니라 십자가에 달리신 바로 그 분이다. "그러므로 하나님이 새 계약을 제정하시고 그것을 열방의 빛으로 선포하셨다면, 우리는 인간들이 우상들과 갖가지 불의를 버리고 십자가에 달린 예수 그리스도의 이름을 통해서 하나님께 다가가고 자신들의 신앙고백을 죽기까지 따르면서 경건을 유지하는 것을 이해하고 납득하게 된다. 게다가 행위들과 그에 수반되는 기적들에 의해서 모든 사람은 예수 그리스도가 새 율법과 새 계약이시며 모든 민족들에게서 나와 하나님의 구원을 기다리는 자들의 기대하는 바라는 것을 이해할 수 있게 되었다."[46]

분명히 저스틴에겐 그 "새 율법"이 단순히 "새 계약"을 의미한다. 하나님은 이스라엘과 계약을 맺으셨지만 육신의 이스라엘이 아니라 영적인 이스라엘에게 약속하셨다. 그래서 기독교는 이제 그 조상들의 유산에 기꺼이 참여한다. "진정한 영적 이스라엘은 … 이 십자가에 달리신 그리스도를 통하여 하나님께 인도된 우리들이다."[47] 저스틴은 율법과 십자가의 그리스도 사이의 대립을 한결같이 강조하고 우리가 십자가에 달리신 분을 통해서만 하나님께 인도된다는 것을 시종일관 역설했다. 우리는 율법의 길이 아니라 죄용서의 길에 의해서 그분께 간다.[48] "아버지께 나가는 자들은 그분의 채찍[그리스도의 고난: 역주]을 통하여 그분에 의해서 고침을 받는다."[49]

저스틴의 기독교를 율법주의로 평가하는 견해를 반박하는 두번째 요점은 그가 그리스도의 십자가에 부여하는 비상한 의미이다. 「대화록」(*Dialogue*)의 대주제는 십자가에 달리신 분이 그리스도라는 것이다. 그리고 저스틴의 신학은 십자가의 신학이라고 부를 수 있다. 왜냐하면 그의 전 사상이 오직 십자가에 집중하기 때문이다. 그래서 그는 구약에 대해 큰 관심을 가진다. 구약은 십자가에 달리신 분이 바로 하나님이 약속한 구원자라는 증거를 제공하기 때문이다. 아마도 고전적인 구약의 두 본문들(이사야 53장과 시편 22편)을 저스틴보다 더 많이 사용한 사람은 아무도 없을 것이다. 청년기 교회는 그 본문들 안에서 그리스도의 수난과 그분의 십자가상(上)의 죽음에 대한 주요한 예언적 어조를 발견하였다. 「대화록」의 큰 부

분들은 단지 이 구절들이나 이와 비슷한 구절들의 부연이거나 그것을 그리스도에게 적용한 것일 뿐이다.[50]

그러나 저스틴은 직접적인 예언들로 받아들일 수 있는 구절들만 사용하지 않는다. 구약은 처음부터 끝까지 십자가에 달린 자를 예표하는 상징들의 체계이다. 계명들은 인간의 마음이 완악하기 때문에 주어졌지만 또한 신비로운 방식으로 그리스도를 가리키기 위해서 주어진 것이다.[51] 저스틴은 거의 기대하지 않던 곳에서 십자가가 지칭됨을 발견한다. 이스라엘이 아말렉족과 싸우고 있는 동안에 모세의 손들은 들려진 채로 있었다. 모세가 "저녁까지" 남아 있었던 것(출 17:12)은 부질없는 일이 아니었다. 그것은 그리스도가 저녁 때까지 십자가 위에 머물러 있어야 한다는 예언이었다.[52] 낙원에 있는 생명 나무, 모세가 이스라엘을 구하며 홍해를 가르며 물을 얻기 위해 바위를 내리칠 때 사용한 지팡이, 아론의 싹난 지팡이, 이새의 뿌리의 어린 가지, "물가에 심은 나무처럼 될" 시편의 義人이나 "주의 지팡이와 막대기가 나를 평안하게 합니다"와 같은 경구 등등, 이 모든 것들 속에서 저스틴은 십자가의 목재(wood)에 대한 암시를 발견한다.[53]

고대 교회에선 이렇게 외관상으로도 유치한 해석들이 일반적이었다. 하지만 그 이면에는 진지한 동인(動因)이 있었다. 위에서 말했듯이, 십자가의 말씀은 역설(paradox)이어서 구약의 도움이 없이는 받아들여질 수 없었다.[54] 그것은 저스틴에게도 마찬가지였다. 그에겐 그리스도의 십자가 죽음이 중대한 신비였다.[55] 그 신비는 구약에서 이미 예언되었기 때문에 (희미하나마) 확인된다.[56] 그러나 구약뿐만 아니라 전 우주가 십자가의 흔적(sign)을 전달한다. "세상 안의 모든 것을 숙고해 보고, 그것들이 이 스헤마(σχῆμα, 형상) 없이도 관리될 수 있었거나 어떤 공동체를 가질 수 있었는가 숙고하여 보아라." 배의 돛, 쟁기 및 기타 도구들은 우리에게 그것들의 형상(form) 즉 십자가의 형상을 상기시킨다. 인간의 형상은 단지 직립이기 때문에 비이성적인 동물들과 다르다. 만약 인간이 자신의 팔들을 펴면, 그는 십자가의 형태(sign)를 만들게 되고 그의 얼굴의 생김새는 십자가의 스헤마(σχῆμα, 형태)를 보여준다. 군대의 상징들, 군기들 및 트로피들

은 십자가의 능력의 표상들(emblems)이다.[57]

이 모든 것은 저스틴의 기독교와 그의 사상 일반에서 차지하는 십자가의 중심성을 풍성하게 증명한다. 십자가는 그리스도의 능력과 통치의 가장 위대한 상징이다.[58] 기독교인들은 하나님에 의해서 "십자가의 멸시와 수치의 신비를 통하여" 부름받았다.[59] 기독교인이 되는 것은 "십자가에 달리신 예수를 주와 그리스도로 인정하는 것"과 동일하다.[60]

그래서 우리는 다음과 같이 단정할 수 있다. 저스틴은 기독교를 "참된 철학"과 "새 율법"이라고 말하면서 기독교를 헬레니즘의 합리주의와 유대교의 도덕주의에 양보하지 않았다. 오히려 그는 실제로 "참된 철학"과 "새 율법"을 가지고서 그 두 입장에 반대하고 기독교의 독특성을 천명하려는 의도를 가지고 있었다.[61]

기독교는 "참된 철학" 즉 "참된 구원의 길"이다. 그 길은 실제로 하나님과의 교제로 이끌어 준다. 결국 헬레니즘의 에로스 동기의 길에 반대하여 주장된 것은 기독교의 아가페 동기의 길이었다.

기독교는 "새로운 율법" 즉 "새로운 계약"이다. 그 계약은 십자가에 달리신 그분 이외의 아무것도 아니다. 고로 유대교의 율법주의의 모든 형태에 반대하여 주장된 것은 십자가의 아가페다.

제5절 초대교회의 세 가지 근본교리들.

우리가 이미 본 것처럼, 아가페 동기는 사도 이후 시대의 사랑 교리에 별로 영향을 미치지 않았다.[62] 그러나 아가페 동기가 상실된 것은 아니었다. 왜냐하면 그것은 기독교적 교훈의 다른 논점들 안에서 자신을 주장할 수 있었기 때문이다.

세 가지의 근본적인 교의들은 (1) 하나님을 하늘과 땅의 창조주로 믿고 (2) 그리스도의 십자가에 긴밀하게 연관된 성육신을 믿으며 (3) 육신의 부활을 믿는 것이다. 이 교의들은 당시의 기독교 사상을 탁월하게 표현하고 있다.

교리사가들은 자주 사도 이후 시대의 기독교를 종교개혁적 표준들로 판단하였다. 그러므로 그들이 사도 교회의 상대적인 빈곤에 의해서 깊은 인상을 받은 것도 무리는 아니다. 칭의와 죄사함의 개념들이 그 배경에 깔려 있었고, 그 시대에 미친 바울의 영향은 매우 제한되어 있었다. 이것은 다른 면에선 바울에게 가장 근접했던 저스틴에게도 적용된다. 그러나 이런 유의 판단은 전적으로 자의적이며 역사적 연구를 주관적 가치평가에 예속시킨다. 주관적 가치평가에는 실제적인 상황적 소여에 대한 근거가 전혀 없다.

우리는 사도 이후 시대를 정당하게 평가하기 위해서 각 시대마다 그 직면한 특수한 문제들에 비추어서 그 시대를 고찰해야 한다는 일반 법칙을 준수해야 한다. 그러면 사도 이후 시대의 특수 문제는 무엇인가? 간략히 말하면, 그것은 헬레니즘 환경에서 기독교를 옹호하는 것이다. 그러한 변증 작업은 그 세 가지 근본 교의들 안에서 탁월한 목적 의식과 능력을 가진 채 이루어진다. 아니면 우리는 아마 그것이 한편으론 유대교의 율법주의에 반대하고 다른 한편으론 헬레니즘의 에로스 종교에 반대하여 기독교의 독특성을 주장해야 하는 이중적인 문제였다고 말해야만 한다. 사도교부들과 변증가들이 유대교적 율법주의를 다룰 때 별로 성공하지 못하고 종종 그것이 야기한 문제점을 의식조차 못했다고 하더라도, 그들은 헬레니즘의 에로스 종교와는 훨씬 더 효과적으로 맞붙어 싸웠다. "하늘과 땅의 창조주"이신 하나님, 성육신, 그리고 "육신의 부활"을 고백함으로써 원시 교회는 헬레니즘의 구원이론에 반대하여 세 개의 위대한 방파제를 세웠다.

1. 하나님을 "하늘과 땅의 창조주"로 고백하는 것은 헬레니즘의 구원관을 분명하고 의식적으로 거부한 것이다. 우리는 물질계로부터 구원받아야 할 필요가 없다. 왜냐하면 물질세계는 하나님 자신의 창조이며 하나님께서 만드신 모든 것처럼 그것 자체도 선하기 때문이다. 하나님은 하늘의 창조주와 주님이시면서 땅의 창조주요 주인이시다. "땅은 주의 것이며 그 충만함도 주의 것이다. 세상과 세상 안에 거주하는 것들도 주의 것이다. 그분은

바다 위에 그 기초를 세우셨고 물들 위에 그것을 확고하게 세우셨다"(시편 24:1 이하). 물질도 하나님의 작품이라는 사실이 특별하게 강조되었다.[63] 처음에는 영(靈)과 마찬가지로 물질도 악(evil)과 아무런 관계가 없었다. 악은 영혼이 그 본성과 반대되게 육체에 매여 있다는 사실에 기인하지 않는다 ─ 그것은 하나님의 창조시의 규정에 의한 것이다 ─ 악은 하나님의 뜻에 반대하는 우리의 불순종과 반역에 있다. 그러므로 고대교회에서 하나님이 현세계의 창조주라는 것을 거부하는 것은 으뜸가는 이단론으로 간주되었다.[64] 가끔 부상한 다른 사상은 플라톤주의자들에 대한 데오필루스(Theophilus)의 반대이다. 그 사상은 자신의 실존을 위하여 하나님에게 절대적으로 의존하지 않는 어떤 존재가 있다고 가정하는 것은 하나님의 주권(μοναρχία Θεοῦ)에 이의를 제기하는 것이라고 한다. 하나님의 전능은 그분이 무(無)로부터 모든 것을 창조하셨다는 사실에서 잘 나타난다.[65]

2. 성육신의 고백은 헬레니즘과 기독교를 훨씬 분명하게 구분한다. 다른 데처럼 여기서도 저스틴이 전면에 나타난다. 그가 제4복음서를 가지고 그리스도를 로고스(Logos, 말씀 혹은 이성)라고 말할 때, 헬라주의자는 그를 이해할 수 있었다. 그러나 저스틴이 계속해서 제4복음서를 들고서 이 "로고스(말씀)가 육신이 되셨다"고 말하면,[66] 헬라주의자는 그것이 모순된다고 생각할 수 있다. 로고스는 구원자가 될지도 모른다. 헬레니즘도 한 구원자(σωτήρ)에 대해서 말할 수 있기 때문이다. 그러나 그 구원자는 상상컨대 "육신이 된" 구원자가 아니다. 우리는 단지 육(肉)으로부터 구원받아야 한다. 저스틴은 그 차이점에 대해서 의심하지 않았다. 기독교의 구원은 우리로 하여금 육신적인 것을 벗고 순수한 영이 되게 하는 일종의 심령화(spiritualisation)가 아니다. 오히려 기독교의 구원은 하나님 자신이(하나님의 로고스가) 육신이 되시어, 실제로 우리에게 오시고, 우리의 조건들을 기탄 없이 받아들이신다는 사실에 있다. 기독교의 구원은 우리가 하나님께 올라가서 그분의 영적 수준에서 그분을 만난다는 것을 의미하지 않고, 하나님 자신이 우리를 만나기 위해서 우리 인간의 육신적 수준까지 내려오신다는 것을 의미한다.

이러한 아가페의 특징은 "말씀이 육신이 되어 우리 가운데 거하셨다"는 성육신 개념 안에 완전하게 표현된다. 그리스도는 사람들 가운데 계신 하나님, 즉 "인간의 형상으로 계시는 하나님"이시다.[67] 그는 성육하신 분, 즉 육신이 되신 말씀이시다. 저스틴은 하나님이 그리스도 안에서 직접 오셔서 스스로 고통을 취하셨다고 말한다. 저스틴에게 있어서 성육신은 항상 십자가와 연관되어 있다. 앞에서 그의 십자가의 신학에 대하여 언급한 모든 내용이 그의 성육신 사상의 내용도 채운다. 고대교회 전체적으로 기독교적 신조와 의식(consciousness) 면에서 성육신과 십자가는 불가분리의 통일성을 형성한다. "동정녀 마리아에게 나시고" "본디오 빌라도에게 고난을 받으사," 이 두 문구들은 항상 함께 나온다. "태어나시고 십자가에 달리셨다"는 문구는 저스틴의 견해를 잘 서술한다.[68] 십자가의 아가페는 성육신 개념의 배경이다. 그 자신뿐만이 아니고 인류를 위해서 그리스도는 인간이 되셨고 십자가의 죽음을 당하셨다.[70]

저스틴은 성육신 개념의 역설(逆說)을 충분히 알고 있었다. 그리스도 안에서 하나님이 우리에게 오신 것은 합리적으로 이해될 수도 없고 증명될 수도 없다. 그것은 오직 하나님의 의지의 표현이다. 그 의지는 모든 인간적 사상을 훨씬 초월하기 때문에 오직 사실로서만 진술되며 감사함으로 받아들여질 수 있을 뿐이다. "당신은 믿겨지지 않고 거의 불가능한 일을 주장하려고 애쓴다. 하나님이 인간으로 태어나는 것을 감수하다니!"하고 반박하는 주장에 대하여, 저스틴은 자신이 인간적인 탐구작업에 의해서 이것을 확립하려고 결코 시도하지 않을 것이며 우리 모두 하나님 자신이 성경에서 계시하신 그분의 마음과 뜻을 배우려고 하여야 한다고 반박했다.[71] 이처럼 성육신의 역설은 십자가의 아가페에 대한 필수적인 전주곡이 된다.

그러나 위에서 언급한 내용에다가 중요한 자격제한이 덧붙여져야 한다. 그것은 저스틴의 한 측면에 불과하기 때문이다. 그는 하나님과 그리스도를 예리하게 구분하고, 자신을 지금까지 보여진 것과 대립되는 방식으로 빈번하게 표현한다. 그는 "아주 미력한 지성이라도 소유한 자라면 만물의 조성자 아버지가 초천상적인(supercelestial) 문제들은 제쳐두더라도 조그만 흙덩

어리에서도 발견될 수 있다고 감히 주장하지 않을 것이다."[72] 로고스는 어떤 면에선 신적이다. 그러나 그것은 가장 엄격한 의미에 따른 것은 아니다. 절대적인 의미에서 그분만이 "우리가 만물의 조성자요 아버지라고 믿는" 하나님이시다.[73] 그분만이 "나시지 않았고 부패하지 않는 분이요 하나님"이시다.[74] 그분은 우리에게 오시지 않았다. 그는 항상 하늘 위에 계시며 결코 누구에게도 자신을 계시하지 않으며 누구와도 관계를 맺지 않는다.[75] 그분과의 관계 속에서 그리스도는 더 낮은 등급에 있다. 즉 그리스도는 둘째 하나님(δεύτερος Θεός)이다. 그는 "만물을 창조하셨던 그분과 다른 하나님"이다.[76]

변증가들의 기독론에 나타나는 이 종속론적(subordinationist) 특색은 의심의 여지 없이 헬라적인 신개념(神槪念) 탓이다. 이러한 타협은 기독교의 성육신 개념과 추상적 부동의 神(immovable God) 개념을 함께 유지하려는 시도에서 기인한다. 결과적으로 기독교의 진정한 역설은 다른 것에 의해 대체되었다. 즉 그것은 하나님이지만, 그리스도 안에서 우리를 만나는 하나님이 아니다. 로프스(Loofs)는 변증가들의 "로고스 이론은 보통보다 더 '고상한' 기독론이 아니라 오히려 진정한 기독교의 그리스도 평가보다 더 저등한 수준에 있다"하고 말했다. 그의 판단은 정확했다. 그리스도 안에서 자신을 계시한 이는 하나님이 아니라, 로고스 즉 축소된(depontenzierte) 하나님이었다. 로고스 하나님은 최고신에게 종속된 한 神(a God)이었다.[77]

3. 무엇보다도 부활신앙 때문에 고대교회는 헬레니즘과 다르다. 기독교 전통은 "육신의 부활"을 주장하였는데, 변증가들은 이것을 헬레니즘의 "영혼불멸설"에 대립시켰다. 그 대조는 의식적이고 의도적이었다. 왜냐하면 초대 기독교인들은 어떤 논점에서도 이것처럼 헬레니즘 정신에 반대되는 것이 없다고 느꼈기 때문이다. 헬레니즘의 플라톤적인 영혼불멸설은 변증가들에게는 신성을 모독하는 불경건한 이론으로 보였다. 그래서 그들은 무엇보다도 이것을 공격하고 파괴해야만 하였다.[78] 이런 점에서 그들의 좌우명은 타티안(Tatian)의 말에 잘 나타난다. "오 그리스인들이여, 영혼 자체는 불멸하지 않고 멸망할 운명이다. 하지만 영혼이 죽지 않는 것은 가능하

다.”[79]

이 문제에 관해선 기독교인과 비기독교인의 차이가 매우 커서 “육신의 부활”에 대한 신앙은 하나의 판별기준(shibboleth)이 될 수 있다. “영혼의 불멸”을 믿는 자는 그럼으로써 자신이 기독교인이 아니라는 것을 보여준다. 저스틴은 다음과 같이 말한다. “만약 당신이 우연히 기독교인으로 불리어지는 어떤 사람들을 만났는데, 그들이 죽은 자의 부활은 없고 죽을 때 그들의 영혼이 하늘로 취해진다고 말한다면, 그들을 기독교인으로 생각하지 말라.”[80]

영혼불멸 개념은 주로 하나님에 대한 인간의 교만(hybris)의 표현이다. 그렇기 때문에 그 개념은 죄의 원인이 된다. 기독교 신앙에 있어서 사망으로부터 구원받는 것은 하나님의 전능하신 행위이다. 플라톤적 헬레니즘의 견해에 있어서 불멸은 인간 영혼의 천성적인 소유이다. 그러나 기독교적 관점에 따르면 그러한 이론은 타락과 맥을 같이 한다. 그것은 자신을 하나님처럼 만들며 스스로 신이 되려는 인간의 시도이다. 그것은 하나님의 신성에 대한 공격이다. 인간은 하나님의 손으로부터 그분의 비공로적인 아가페의 선물로서 영생을 취하는 대신 자기 영혼의 신적인 속성 덕분에 스스로 그것을 자기 자신의 권리 속에 가지고 있다고 강조한다. 바로 이 점 때문에 그 개념은 불경건하며 신성모독적이다. 영혼불멸설은 영혼이 하나님과 유사하며 그 자체로 신적인 존재라는 주장을 암시한다.[81]

이러한 관점에서 플라톤적 입장을 반박하는 저스틴의 논증은 특별히 흥미있다(「대화록」 제4장 이하). 그는 먼저 영혼이 하나님에 대한 유사함(kinship)과 그 안에 거주하는 에로스에 근거하여 하나님에 대한 관상을 얻을 수 있다는 견해를 공격한다.[82] 어떤 본성적인 자질이나 어떤 에로스도 영혼을 타락으로부터 구원할 수 없다. 만약 우리가 단순히 그것의 자연적 자질만을 고려한다면, “그것은 불멸하다고 불려져서는 안된다.”[83] 그러나 저스틴은 영혼이 반드시 필연적으로 멸망해야만 한다는 것을 의미하지 않는다. 그는 단지 영혼의 본성적 불멸의 이론을 공격하고 있는 것이다. 즉 그는 그 본성이 멸망될 수 없는 것이라는 생각을 공격한다. 이것은 영혼이 하나님으로부터 해방된 것을 의미하게 된다. 그래서 영혼은 모든 면에서 하나님에게 의존하려 하지 않을 것이다.

저스틴의 신본위적(神本位的) 확신은 바로 이것을 반대하는 것이다. 하나님만이 영원하며 부패하지 않는다.[84] 인간의 영혼이 사는 것은 그것이 하나님처럼 생명이기 때문이 아니라 하나님이 나눠주신 생명을 가지고 있기 때문이다.[85] 생명은 하나님께 속한 것이지 영혼에 속한 것이 아니다.[86] 만약 죽어가는 인간이 사망 속에 남아 있지 않으려면, 그것은 오직 하나님의 의지적 행위에 기인할 때만 가능하다. 여기서 저스틴은 독특한 양식으로 창조 개념과 부활 개념을 결합시킨다. 양자는 모두 하나님의 주권적 능력을 증거한다. 영혼이 영원으로부터 존재하지 않고 하나님의 의지에 의해서 존재하도록 부름받았기 때문에, 그 미래의 운명도 전적으로 하나님의 의지에 달려 있다. 영혼은 하나님이 살도록 원하는 한에서 살게 된다. 하나님이 그것의 존재가 끝나기를 원하실 때, "영혼은 더 이상 존재하지 않으며, 원래 취하여졌던 곳으로 다시 돌아간다."[87] 부활 신앙은 그러한 하나님의 주권에 대하여 증거한다. 마지막 날에 하나님이 죽은 자들을 그리스도를 통하여 생명으로 일깨우실 때, 영생이 그의 선물이라는 점에 대해선 더 이상 어떤 의심도 있을 수 없다. 부활 신앙을 헬레니즘의 영혼불멸설에 대립시킴으로써 변증가들은 기독교의 가장 중요한 입장을 견지하였다.

우리는 이제 변증가들이 단순히 일반적인 부활신앙에는 흥미가 없었다는 점에 주목해야 한다. 하나님의 의지와 강력한 행위에 의해서 다시 생명으로 부름받게 되는 것은 영혼만이 아니다. 변증가들은 인간 본성의 육체적 측면도 부활에 참여하게 될 것이라는 특별한 관심을 보여준다. 그것은 그들이 단순한 "부활"이나 "죽은 자들의 부활"이 아니라 정확히 "육의 부활"(σαρκός ἀνάστασις)에 대해서 말하는 이유이다. 바로 여기에 원시적 종말론의 전통이 아직도 교회 안에 존속했다는 증거가 있다.

그러나 변증가들이 관심을 가졌던 것은 전통 이상의 것이었다. "육의 부활"에 대한 신앙은 단순히 살아남은 한 개념이 아니다. 그것은 원시기독교에서보다 변증가들에게서 실제적으로 훨씬 더 위대한 역할을 수행한다. 그 이유는 확실히 헬레니즘의 구원이론에 대한 그들의 반응이다. 부활신앙 그 자체가 이미 그들의 손에 들려진 강력한 무기라면, 그것이 "육의 부활"로 나타날 때에는 훨씬 더 강력한 무기이다. 헬레니즘의 관점에 의하면, "육(肉)" 즉 육체의 본성은 인간이 구원받기 위하여 벗어나야 하는 바로 그것이다. 육체는 신적인 불멸의 영(spirit)의 감옥이며 무덤이다. 그러나 변증가들에 의하면, 육체는 부활의 생명에 참여할 것이다. 불멸성을 부여받는 것은 이 세상의 비극의 원천이다. 이것은 플라톤주의자와 헬라주의자에게는 어리석음의 극치로 보였을 것이다. 그러나 변증가들은 그것을 다른 견지에서 본다. 실존의 비극은 물질 즉 육체에 기인하는 것이 아니다. 그 이유는 영과 마찬가지로 육도 하나님의 선한 창조이기 때문이다. 변증가들에 따르면, 물질과 육체를 경멸하는 헬레니즘의 심령화 경향은 물질세계의 창조주인 하나님에 대한 공격이었다.

부활신앙이 일반적으로 신개념에 의해서 결정되고 "본성적인" 영혼불멸 이론과 대조를 이루어 하나님의 주권을 천명한다면, "육의 부활" 개념은 특히 헬레니즘의 죄 개념을 공격하는 것이다. 헬레니즘의 죄 개념에 의하면, 인간의 내면의 영적 자아는 선하고 완전하다. 악은 감각적인 물질세계와 관계를 맺고 있다. 이 물질세계는 영적 자아의 품위를 떨어뜨리고 훼손시킨다. 기독교의 본래적인 죄 개념은 그것과 절대적으로 정반대이다. 즉 죄는 가장 내면의 존재, 의지, 인간의 영적 자아 등과 연관된다. 육체적인 감각세계는 하나님의 선한 창조이다. 그러나 감각세계가 하나님을 벗어난 다른 의지 즉 하나님께 적대적인 영을 위하여 사용될 때, 그것은 타락한다. 하나님은 육신과 영혼을 가진 인간을 창조하셨다. 그래서 영육간의 연합은 하나님의 의지와 조화된다. 하나님은 창조 때에 스스로 시작했으나 죄가 망쳐놓은 일을 사망과 부활을 통하여 완성하길 원하신다. 그러므로 이 완성은 단순히 하나님의 창조의 일면 즉 영적인 면만을 언급한다고 생각할 까닭이 없다. 변증가들이 잘 본 것처럼, 그러한 일방적인 견해는 하나님의 원래 계획에 대한 부당한 비판과 비기독교적인 악의 본성 개념을 함축하고 있다.

그래서 변증가들은 "육의 부활"에 대해 비상한 관심을 가졌다. 그리고 그것은 헬레니즘의 강력한 반대에 직면하여 더욱더 강조된다. 이런 상황에서 "육체"가 부활 생명에 참여한다는 것에 대해 변증가들이 열광하는 것은 이해할 만하다.[88] 하나님의 주권, 하나님의 창조의 의미, 죄와 구원의 의미 등과 같은 기독교의 중심적인 교의들이 위기에 처해 있었다. 우리는 왜 저스틴이 "육(肉)의 부활"을 참된 기독교 교리의 통합적 부분으로 간주해야만 했는지를 이해할 수 있다.[89]

그러나 변증가들이 이 논점을 분명하게 파악하였음에도 불구하고, 심각한 취약점들이 발견된다. 그것들에 대한 탁월한 예가 타티안에 의해서 제공된다. 그는 앞에서 인용된 도전을 제기한 사람이다. "오 그리스인들이여, 영혼 자체는 불멸하지 않고 멸망할 운명이다. 그러나 영혼이 죽지 않는 것은 가능하다." 그러나 그 동일 인물은 이 논제를 전개하면서 자신이 영지주의의 견해에, 고로 헬레니즘의 견해에 최고도로 의존한다는 사실을 보여준다. 영혼이 사망으로부터 구원받을지 아닐지를 결정하는 것은 그것이 신적인 그노시스(영적 지식)에 참여하였느냐 아니냐는 것이다.[90] "만약 영혼(soul)이 계속 홀로 있게 되면, 그것은 물질을 향하여 아래로 향해가다가 육체와 함께 죽는다. 그러나 만약 그것이 '신적 프뉴마(Pneuma: 靈)와 교제'를 맺게 되면[91] 그것은 더 이상 무력한 것이 아니고 프뉴마가 그것을 인도해 가는 영역으로 올라간다. 왜냐하면 프뉴마는 위에 거주하고 있고, 영혼은 아래로부터 기원하기 때문이다. 태초에는 프뉴마가 영혼의 충실한 동료였다. 그러나 영혼이 따라오려 하지 않았기 때문에 프뉴마는 그것을 저버렸다."[92] 그러나 이 분리 이후에도 영혼은 프뉴마의 능력의 불꽃을 간직하였다. 바로 그것이 영혼이 신적인 것에 대한 관념이나마 형성할 수 있는 유일한 이유이다. 물론 그것의 개념은 당연히 단순히 서투른 모방에 불과할 수밖에 없다. 왜냐하면 프뉴마로부터 분리된 영혼은 완전한 관상(vision)을 성취할 수 없기 때문이다.[93]

이 구절을 얼핏 보면 타티안의 영혼 개념과 결과적으로 그의 부활 개념에 미친 거대한 영지주의의 영향을 충분히 볼 수 있다. 기독교적 관점에서 볼 때, 영혼의 불멸을 거부하면서 동시에 영혼에게 불멸을 가져다 줄 '영적'인 신적 불꽃의 소유를 허락하면, 얻을 게 별로 없다. 타티안은 그의 스승인 저스틴이 전해 준 부활에 관한 분명하고 단순한 신중심적 기초로부터 매우 멀리 떨어져나왔다. 저스틴에 의하면, 영혼은 하나님이 살도록 원하기 때문에 생명을 공유한다. 그러나 타티안의 이런 견해들은 전형적인 것으로 선택될 수 없다. 일반적으로 고대교회는 상이하지만 동질적인 근거들에서 타티안을 이단으로 간주했다.[94]

대체로 교리사가들은 더 이상 숙고하지 않은채 헬레니즘의 불멸이론에 대한 변증가들의 태도를 단순히 사실로 기록하였다.[95] 그들의 논쟁 이면에 놓인 것이 얼마나 이해되지 않았는가는 하르낙의 예에서 나타난다. 그는 (작자 미상의) 「부활론」(*De resurrectione*)에서 다음을 인용한다. "만약 구속자가 영혼의 (영원한) 생명의 교훈만을 가져왔다면, 피타고라스(Pythagoras), 플라톤(Plato), 그리고 그들의 추종자 집단에 알려준 바에 덧붙여서 선포될 새로운 게 무엇이란 말인가?" 그리고 그는 "이 말은 매우 교훈적이다. 왜냐하면 그것은 어떤 고찰이 변증가들로 하여금 육체의 부활에 대한 믿음을 고수하게 만들었는지 보여주기 때문이다"[96]하고 해설했다. 이것은 변증가들이 그리스 철학자들을 능가하기 위하여 "육의 부활"을 주장했다는 것을 의미한다. 그 그리스 철학자들은 영혼의 불멸만을 가르쳤다.

하지만 이런 생각을 암시하는 구절들이 있기는 하지만, 변증가들의 실제 관심사는 그것이 아니다. "육의 부활"에 대한 신앙은 영혼 불멸의 완성이 아니라, 그것의 부정이다. 우리는 여기서 "양자택일"(Either-Or)에 직면한다. 즉 우리는 인간의 본성적 성질에 속하는 어떤 것으로서의 불멸의 생명이든 아니면 전혀 존재하지 않는 것을 존재하게 하며 죽은 자들을 생명으로 불러 일으키는 하나님의 은총과 능력의 역사(work)에 기초한 하나님의 선물로서의 영원한 생명 사이에서 하나를 선택해야 한다.

*　　　*　　　*

마지막으로 우리가 천지의 창조주 하나님, 성육신 및 육의 부활이라는 세 가지 근본 교의들에서 보여지는 대로 변증가들의 기독교 해석을 조사해보면, 우리는 그들이 모두 공통된 참고자료를 가졌다고 볼 수 있다. 실존의 물질적·감각적인 측면에 대한 분명한 관심은 (첫눈에 알 수 있듯이) 그들 모두에게 공통적인 요소이다. 창조론은 하나님이 하늘의 창조주이실 뿐만 아니라 땅의 창조주이기도 하신다는 사실에 큰 역점을 두고 제시된다. 영적 세계와 마찬가지로 감각세계도 하나님의 작품이다. 물질($ὕλη$)도 하나님의 창조이다. 세계 자체(caro)는 성육신에 관한 그 강조점이 어디에 떨어지는지를 보여준다. 하나님께서 그리스도 안에서 인간의 생명에 들어오신 것은 단순한 "영적" 임재의 문제가 아니라 하나님의 로고스가 "육신(肉身)"($σάρξ$)이 된 문제이다. 그리고 "육의 부활"($σαρκὸς$ $ἀνάστασις$) 속에 나타난 부활이론도 동일한 추세를 나타낸다.

이 점을 고려하면, 전통적인 교리사에서 초대교회의 구원 개념은 "자연주의적"인 개념이고 구원은 인격적이거나 윤리적인 용어가 아니라 "물리적-초물리적"(physical-hyperphysical)인 용어로 생각되었다고 평가하는 것을 쉽게 이해할 수 있다. 그런 자연주의적 개념들은 여기저기 스며들어 있을 수 있다. 하지만 우리가 앞에서 살펴본 바에 의하면, 전통적인 견해는 상당히 잘못되었음을 분명히 해야 한다. 세 가지 근본 교의들이 보존하고자 하는 주된 관심사는 자연주의적인 것이 아니다. 그렇다고 해서 그 주요 관심이 "인격적"이고 "윤리적"이라고 결론을 내리는 것도 마찬가지로 실수일 것이다. 여기서 "물리적-윤리적", "자연주의적-인격적" 대안들은 별로 적용될 수 없을 것 같다. 이런 범주들은 최초의 기독교 신학이 다루었던 논점들을 다루지 못한다. 교리사가들이 사용된 개념들의 생경함을 강조할 때, 그들은 그 제시된 개념들을 포장한 외형적인 의복만을 고려한 것이다. (이러한 피상적 수준에서 그들은 분명하고 정확했다.) 그들의 실수는 단순히 그것들이 표현하는 동기를 그 외적인 형태의 배면에서 들여다보지 않았다는 것만이 아니다. 여기에 대해선 의심의 여지가 없다.

초대교회의 세 가지 근본 교의들은 신중심적인 아가페 동기를 표현하기 위해서 존재한다. 위에서 언급한 대로, 그것들은 고대교회가 헬레니즘의 에로스 경건의 기습에 대비하여 기독교의 아가페 동기를 보호하기 위하여 세운 세개의 보루들이다. 심령화 경향을 가진 에로스 경건은 물질과의 관련 속에서 악을 발견하며 구원을 상승과 심령화로 파악하는 기질을 가지고 있다. 그러므로 그것은 필연적으로 그 적대자의 주의를 억지로 물질과 "육"으로 돌린다. 이런 "미숙한" 개념들은 에로스 경건과 갈등하고 있는 아가페 동기의 합당한 표현이다.

사도 이후 시대에 아가페 동기는 두 전선에서 전투를 치러야만 하였다. 즉 유대교로부터 유래한 노모스 동기와 투쟁하면서 동시에 그 주변세계로부터 아가페 동기를 위협하였던 에로스 동기에 대하여 투쟁하였다. 에로스 동기에 대항하는 反헬레니즘 전선에서는 사도교부들과 변증가들이 많은 점에서 승리를 거두었다. 그러나 노모스 동기에 대해서 말하자면, 그들은 노모스의 마수로부터 아가페 동기를 구출하는데 성공하지 못하였다.

주

1) 1 Clem. xvi.; Barn. v.; Justin, Dial. 97-106.

2) 사도행전 2:23; 3:18; 4:28; 8:32-35; 17:2 f.; 17:11; 18:28; 고린도전서 15:3. Cf. 마태복음 26:56; 마가복음 9:12; 누가복음 22:37; 24:46; 요한복음 19:24; 19:28; 19:36 f.

3) Didache, chaps. i.-vi.; 「바나바의 서신」에 있는 18-21장의 역본은 기독교의 고유한 특색을 거의 담고 있지 않기 때문에 예시하는데 덜 적합하다. "두 가지 길들"에 관해선 다음의 책들을 참고하시오. A. Harnack: *Apostellehre*, PRE[3], vol. I., pp. 711-730. A. Seeberg: *Der Katechismus der Urchristenheit*, 1903; *Die beiden Wege und das Aposteldekret*, 1906; *Die Didache des Judentums und der Urchristenheit*, 1908. G. Klein: *Den första kristna katekesen*, 1908.

4) 이 개념에 대해선 1 Clem. xlix.와 l.을 보시오.

5) "Cum possitis benefacere, nolite differre, quia ellemosyna de morte liberat." Polyc. ad Phil. x. 2. 또한 2 Clem. xvi. 4.와 Barn. xix. 10을 참고하시오.

6) Didache iv. 6. 이 개념에 대한 유대교적 병행구들을 위해선 G. Klein, *op. cit.*, pp. 253 f.를 참조하시오. ("와서 인간을 향한 하나님의 자비에 놀라시오. 왜냐하면 인간

은 돈으로써 하나님의 손에서 자신을 구속할 수 있기 때문이오." *Ibid.*)

7) Ign. ad Eph. xiv. 1: ἀρχὴ μὲν πίστις, τέλος δε ἀγάπη. Ign. ad Smyrn. vi. 2: τό γὰρ ὅλον ἐστὶν πίστις καί ἀγάπη.

8) Ign. ad Trall. viii. 1: ἐν πίστει, ὅ ἐστιν σάρξ τοῦ κυρίου, καὶ ἐν ἀγάπη, ὅ ἐστιν αἶυα Ἰησοῦ Χριστοῦ.

9) Ign. ad Eph. xiv. 1: τὰ δὲ, ἐν ἑνότητι γενόμενα θεός ἐστιν. 이그나티우스와 '소아시아 신학'에 관해선 로프스의 저서를 참고하시오. F. Loofs, *Leitfaden zum Studium der Dogmengeschichte*, 4 Aufl., 1906, pp. 98ff.

10) 2 Clem. i. 7.

11) 2 Clem. ii. 5 ff. Cf. Barn. v. 8-12.

12) 2 Clem. vi. 9; xvi. 2; xi. 6 f. Cf. viii. 4.

13) 2 Clem. xvi. 4.

14) Hermas, Sim. v. 3, 3: "만약 당신이 하나님의 계명의 범위를 넘어서 어떤 선한 일을 한다면, 당신은 더 위대한 영광을 스스로 얻으며 하나님 앞에서 당신에게 정해진 분량보다 더 명예롭게 될 것이다. 그렇다면 당신이 하나님의 계명을 지키고 이러한 봉사들도 첨가한다면, 즉 내 계명에 의하여 그것들을 지킨다면, 당신은 기뻐하게 될 것이다." Cf. Sim. viii. 3, 5 ff.; Mand. iv. 3, 7; viii. 9; viii. 12; xii. 6, 5; Vis. iii. 1, 8 f; iii. 2, 1 f.

15) Barn. ii. 6: ὁ καινὸς νόμος τοῦ κυρίου Ἰησοῦ Χριστοῦ.

16) Jas. i. 25; 1 Clem. ii. 89.

17) 율법의 수여자요 세상의 심판자로서의 그리스도에 관해선 부셋의 책을 참고하시오. W. Bousset: *Kyrios Christos*, 2 Aufl., 1921, pp. 299ff.

18) 2 Clem. xiii. 4.

19) Barn. xix. 5.

20) Cf. *e.g.* H. Preisker: *Die Liebe im Urchristentum und in der alten Kirche*, Theologische Studien und Kritiken, 95 Jahrg., 1923-23, p. 283. 그는 여기서 Barn. xix. 5를 언급하고 "이 사랑은 다시 한 번 최초의 불꽃(glow)에 대한 어떤 것을 계시한다"고 말한다. 그러나 그는 위에서 언급한 관점을 고려하지 않고 사랑의 보편적인 범주를 염두에 두고 있다.

21) 이러한 수량적인 방향으로의 변화는 Didache ii. 7에서 훨씬 더 명쾌하다. 하지만 그 본문은 불확실하다.

22) W. Bauer : *Das Gebot der Feindesliebe und die alten Christen (in Zeitschrift für Theologie und Kirche*, 27 Jahrg., 1917), pp. 43 ff.

23) Epist. ad Diognetum, cap. v., 11 : ἀγαπῶσι πάντας, καὶ ὑπὸ πάντων διώκονται.

24) Harnack : *History of Dogma*, vol. ii., p. 224.

25) *Op. cit.*, p. 228.

26) *Op. cit.*, p. 225.

27) *Op. cit.*, p. 224.

28) *Op. cit.*, p. 201. 형태와 내용의 이러한 구분은 예리하여 그려진다: "그러나 엄격하게 말해서, 계시의 내용이 이성의 내용과 일치하는 한에서 초자연적인 것이 계시의 형태일 뿐 내용이 아니라면, 변증가들은 단순히 후자의 내용을 당연시하고 그것을 교리적으로 진술하였다는 것이 명백하다."(두꺼운 글씨는 저자의 의견)

29) *Op. cit.*, p. 228. F. Wiegand는 *Dogmengeschichte der alten Kirche*, 1912, p. 24에서 더 심하게 나간다. "변증가 저스틴은 도대체 기독교인이었는가란 문제가 제기될 수 있다."

30) Justin, Dial. viii. 1.

31) Dial. xi.

32) Cf. 「대화록」의 결론부에서 그는 기독교에 대하여 이렇게 말한다. "··· διὰ ταύτης τῆς ὁδοῦ δίδοσθκι παντιλ ἀνθρώπω εὐδαιμονεῖν (142, 3).

33) Dial. ii.

34) Dial. ii. 6.

35) Cf. 본서 p. 213, 주3.

36) Dial. iv.-v.

37) Cf. 본서 p. 270.

38) Dial. xi.

39) Jer. xxxi. 31 ff. Cf. Justin, Dial. xi. 3.

40) Dial. cxxii. 5.

41) Dial. xviii. 3: ὁ καινὸς νομοθέτης.

42) Dial. xciii. 1, 2.

43) Dial. xcv. 1.

44) Dial. xciv. 5.

45) Dial. cxxii. 6.

46) Dial. xi. 4. Cf. Dial. xliii. 1.에서 그리스도는 "영원한 율법"이며 "새언약"이다.

47) Dial. xi. 5.

48) Dial. xliv. 4.

49) Dial. xvii. 1.

50) Cf. Dial. xcvii.-cvi. 이 전체는 시편 22편에 대한 알레고리적 취급이다. 이사야 53장에 대해선 Dial. xiii. & Apol. I. 50 f.를 참고하시오.

51) Dial. xliv. 2.

52) Dial. xcvii. 1. Cf. xc. 4 f. & xci. 4.

53) Dial. lxxxvi. 십자가의 구약적 유형에 대해서는 Dial. xl. 3; xci. 1-4를 참조하시오.

54) 본서 p. 263 ff.

55) Dial. Dial. xcvii. 4.

56) Dial. xcvii. 3. Cf. c. 1.

57) Apol. i 55.

58) Apol. i. 55, 2: τὸ μέγισστον σύμβολον τῆς ἰσχύος καιλ ἀρχῆς αὐτοῦ.

59) Dial. cxxxi. 2: διὰ τοῦ ἐξουθενημένου καὶ ὀνείδους νεστοῦ μυστηρίου τοῦ σταυροῦ κληθέντες ὑπὸ θεου.

60) Dial. xxxv. 2.

61) 하여튼 이러한 경향은 敎理史家들에 의하여 거의 주목되지 않는다. 그들은 (예컨대, 하르낙의 연구는) 한편으론 리츨(A. Ritschl, *Die Entstehung der altkatholischen Kirche*)에 의해서 다른 한편으론 엥겔하르트(M. v. Engellhardt)의 *Das Christentum Justins des Märtyrers*(1878)에 의해서 지나치게 지배되고 있다. 엥겔하르트에게는 동기의 문제가 결코 일어나지 않는다. 그래서 그는 단순히 외부적인 특색들만을 다루면서 저스틴을 지배적인 동기보다는 완성된 교리에 의하여 판단한다. 그러나 위에서 지적된 통상적인 견해의 개정이 (저스틴을 포함한) 변증가들 안에 강력한 스토아적 요소가 있다는 것을 부인하는 것을 의미하지 않는다. 우리는 (1) 저스틴이 결정적으로 탁월하다는 것과 그에게 있어서 사실인 것이 모든 변증가들에게도 반드시 사실이 되지는 않는다는 점을 주목해야 한다. 또한 우리는 (2) 저스틴 자신이 항상 우리가 앞에서 기술한 기독교적 수준에만 있었던 것은 아니라는 사실도 주목해야 한다. 그러나 그의 방향은 여태까지 강조되지 못하였지만 선명하기 때문에 강조되어야 한다.

62) Cf. 본서 p. 273

63) Tatian, Oratio ad **Græcos** v. 7 & xii. 2 ff.

64) Cf. Justin, Dial. xxxv. 4 ff.

65) Theophilus, Ad Autolycum, lib. ii. 4. Cf. Hermas, Mand. i. 1.

66) 요한복음 1: 14. ὁ λόγος σὰρξ ἐγένετο…. Cf. Dial. lxxxiv. 1 f.

67) Θεός ἐν ἀνθρώπου μορφῇ (Tatian, Oratio ad **Græcos** xxi. 1). 이 성육신 개념의 중심성은 초대 기독교 예술 안에서 가장 잘 보여진다. 바이어(H. W. Beyer)는 말한다. "기독교 예술의 고유한 특성은 주로 그것이 감각적으로 認知可能한 肉體性(corporeality) 안에서 거룩한 신적 사랑의 肉化된 말씀을 선포한다는 점에서 상당히 명쾌한 내용을 담고 있다는 사실에 있다"(H. W. Beyer: *Die Eigenart der christlichen Kunst im Rahmen der Spätantike*, in "Von der Antike zum Christentum," Festgabe für Victor Schulze, 1931, p. 76).

68) Dial. lxviii. 9. 타티안(Oratio ad **Græcos** xiii. 6)은 그리스도를 "고난당하는 하나님"(ὁ πεπονθὼς Θεός)이라고 말한다.

69) Dial. lxxxviii. 4. 성육신과 수난의 밀접한 연관성을 파악하려면 다음을 참고하시오. Barn. v.: Ign. ad Sym. I.

70) *Ibid.*

71) Dial. lxviii. 1.

72) Dial. lx. 2.

73) Dial. lvi. 1.

74) Dial. v. 4.

75) Dial. lvi. 1. Cf. Dial. cxxvii. 1-3: "당신은 태어나지 않은 하나님 자신이 내려오셨다고 상상해서는 안된다.… 그분은 자기 자신의 자리가 어디이든지 바로 그곳에 남

아 계신다.… 그분은 전 우주에서 한 지점으로 움직여지지도 그곳에 제한되지도 않
는다. 왜냐하면 그분은 세상이 만들어지기 전에 존재하셨기 때문이다. 그러면 그분
은 어떻게 다른 이와 이야기할 수 있었으며, 어떻게 다른 이에게 보여질 수 있었고
지상의 가장 작은 부분 위에 나타날 수 있었는가?"

76) Dial. lvi. 11: Θεός ἕτερός ἐστι τοῦ τὰ πάντα ποιήσαντος Θεοῦ. 그래
도 그는 계속하여 ἀριθυῷ λέγω ἀλλὰ οὐ γνώμη라고 덧붙인다.

77) Fr. Loofs: Leitfaden zum Studium der Dogmengeschichte, 4 Aufl., 1906, p. 129.

78) Justin, Dial. lxxx. 3-4.

79) Tatian, Oratio ad **Græcos** xiii. 1: οὐκ ἔστιν ἀθάνατος, ἄνδρες Ἕλληνες, ἡ
ψυχὴ καθ' ἑαυτήν.

80) Dial. lxxx. 4.

81) Dial. iv 2.

82) Dial. iv. 1: διὰ τὸ συγγενὲς ἔρωτα.

83) Dial. v. 1: οὐδε μὴν ἀθάνατον χρὴ λέγειν αὐτήν. Cf. Dial. v. 2: οὐκ ἄρα
ἀθάνατοι.

84) Dial. lxxx. 4.

85) Dial. vi. 1: ἡ τυχὴ ἤτοι ζωή ἐστιν ἤ ζωὴν ἔχει… ὅτι δὲ ζῆ τυχή,
οὐδεὶς αντείποι. εἰ δὲ ζῆ, οὐ ζωὴ οὖσα ζῆ, ἀλλὰ μεταλαμβάνουσα τῆς
ζωῆς.

86) Dial. vi. 2.

87) Dial. vi. 1: ζωῆς δὲ τυχὴ μετέχει, ἐπεὶ ἐπεὶ ζῆν αὐτιὴν ὁ θεὸς
βούλεται. Dial. vi. 2: οὕτως ἄρα καὶ οὐ μεθέξει ποτέ, ὅταν αὐτὴν μὴ θέλοι
ζῆν … καὶ οὐκ ἔστιν ἡ τυχὴ ἔτι, ἀλλὰ καὶ αὐτὴ ὅθεν ἐλήφθη ἐκεῖσε
χωρεῖ πάλιν.

데오필루스(Theophilus)도 약간 유사한 견해를 주장한다. 그도 역시 창조 개념과
부활 개념을 관련시킨다(cf. Ad Autolycum i. 7). 그의 부활론의 주요 문단은 Ad
Autol. ii. 27이다. "인간은 본성상 죽을 운명도 불멸이지도 않다. 그는 단지 양쪽의 가
능성을 가지고 창조되었다. 하나님이 태초부터 그를 불멸하도록 창조하였다면 그분
은 인간의 죽음에 대하여 책임이 있게 될 것이다. 이 생각은 도덕주의적 방향에서
고안되었다. 그래서 그 강조점이 저스틴보다 덜 신중심적이다. 하나님이 인간에게
두 가지 가능성들을 모두 주셨기에, 그는 하나님의 계명들을 지킴으로써 불멸로 돌
아갈 수 있었고, 그래서 그 보상으로서 하나님으로부터 불멸성을 받아서 그 자신이
하나님이 될 수 있었다. 그러나 하나님께 불복종하여 사망의 행위에 돌아섰을 때, 그
는 스스로 자신의 사망에 대하여 책임을 지게 된다. 창조시에 하나님은 인간에게 자
유와 자기결정의 가능성을 부여하셨다. 이제 하나님은 인간을 향한 자기의 사랑
(φικανθρθωπία)에 기초하여 인간이 불순종을 통하여 상실한 것을 주신다. 인간이
불순종을 통하여 자신에게 사망을 가져온 것처럼, 이제 원하는 자는 누구든지 하나
님의 의지에 순종함으로써 영원한 생명을 얻을 수 있다. 하나님은 우리에게 자신의
율법과 거룩한 계명들을 주셔서 그것들을 성취하는 모든 이들이 구원을 받고 부활

을 얻으며 불후성을 물려받도록 하셨다.

아테나고라스(Athenagoras)는 자신의 "부활의 증거"의 근거를 창조 개념와 부활 개념의 연관성에 둔다(cf. De resurrectione cadaverum 2 ff., 12 f., 18). 여기서도 도덕주의적으로 합리화하는 요소는 그의 견해를 저스틴의 좀더 분명히 신중심적인 부활론보다 훨씬 더 저등한 수준에 놓는다.

88) Cf. e.g. Athenagoras의 작품 "De resurrectione cadaverum."

89) Dial. lxxx. 5: ἐγὼ δὲ καὶ εἴ τινές εἰσιν ὀρθογνώμονες κατὰ πάντα Χριστιανοί καὶ σαρκὸς ἀνάστασιν γενήσεσθαι ἐπιστάμεθα.

90) Oratio ad **Græcos** xiii. 1: ἡ ἐπίγνωσις τοῦ Θεοῦ.

91) 여기서 전형적으로 영지주의적인 "συζυγία τοῦ θείου πνεύματος"란 표현이 사용된다.

92) Oratio ad **Græcos** xiii. 4: τοῦ μὲν γάρ ἐστιν ἄνω τὸ οἰκητήριον, τῆς κάτωθέν ἐστιν ἡ γένεσις.

93) *Ibid.* xiii. 5. 신적인 "불꽃"은 여기서 "ἔναυσμα τῆς δυνάμεως αὐτοῦ [τοῦ θείου πνεύματος]"로 언급된다.

94) **Irenæus**, Contra **hær.** I. 28, 1: cf. A. Hilgenfeld : *Die Ketzergeschichte des Urchristentums*, 1884, pp. 384 ff.

95) 하르낙도 이것을 언급한다. (*History of Dogma*, vol. ii., p. 213, n. 1): "대부분의 변증가들은 자연적인 영혼의 불멸성 개념에 반대한다."

96) Harnack, *op. cit.*, p. 195, n. 1.

제19장

영지주의의 에로스 유형

제1절 그노시스(Gnosis)와 에로스 동기

우리는 사도 이후 시대의 기독교적 사랑 개념에 미친 노모스 동기의 효과를 살펴보았다. 이제 우리는 두번째 유형으로 향하려고 한다. 여기에선 에로스가 중심적이고 궁극적으로 결정적인 동기이다.

구약성경의 지원은 에로스 동기에 반대하는 사도교부들과 변증가들에게 보호막을 제공하였다. 위대한 구약의 전통은 역사 속에서 일하시며 특히 살아계신 하나님에 대한 신앙을 가지고 있었다. 그렇기 때문에 당연히 에로스적 동기에 대한 여지를 가지고 있지 않았다. 그러나 그것이 제공하는 보호는 조금도 효과적인 것이 아니었다. 이미 기독교 이전 시대에 유대교는 상당히 헬라화되어 있었다. 이것이 의미하는 바는 에로스 이론의 중대한 요소들이 후기 유대교에 의해서 채택되어졌다는 것이다. 그러므로 유사한 요소들이 당연히 사도교부들과 변증가들 안에서도 발견된다. 초기 기독교가 헬레니즘 환경과 직접 접촉하지 않고 후기 유대교와 관련을 맺고 있었기 때문에, 기독교는 노모스의 위험들뿐만 아니라 에로스 동기의 영향에도 상당히 개방되어 있었다. 그러나 이것들은 결코 영향 이상은 아니었다. 그런 경우엔 에로스 동기는 지배적인 것이 될 수 없었다. 저스틴과 같은 입장의 강력함은 그가 헬레니즘 환경의 한 가운데서 헬레니즘과 기독교의 근본동기들 사이의 모순을 매우 분명히 의식하고 있었고 에로스적 전망에는 상대적으로 접촉되지 않았다는 사실에 있다.

영지주의가 제시하는 그림은 매우 다르다. 여기서는 에로스 동기가 홍수처럼 기독교를 압도한다. 영지주의는 기독교를 고대 후기의 종교혼합주의에 연관시켜서 그것을 보통 유형의 헬레니즘-동양적 신비 종교로 변환하려는 비참한 시도이다.

영지주의에 바쳐진 정력적인 연구에도 불구하고[1] 그것은 아직도 기독교 역사에서 상당히 모호한 점들을 가진 채로 남아 있다. 부분적으로 이것은 주로 논쟁적이고 편파적인 교부들의 주장들로 된 자료의 성격에 기인한다. 그러나 영지주의의 기원에 대한 견해들은 매우 다양하다. 어떤 이들은 그것이 바빌로니아적이라고 생각하며, 다른 이들은 이란적(Iranian) 모형들이나 오르페우스敎(Orphism)를 제안하기도 한다. 그러나 이런 이론들 중의 어떤 것도 받아들일 만한 설득력이 별로 없다. 왜냐하면 영지주의 분파들이 일반적으로 자신들의 혼합주의적 성격에 부응하여 상이하고 광범위한 출처로부터 그 자료를 얻어오기 때문이다. 영지주의의 색다르고 다채로운 신화집을 얼핏 보면 이것이 사실이라는 것을 대번에 알게 될 것이다.

그러나 우리는 이렇게 아직 논란 중인 요점들을 논의할 필요가 없다. 왜냐하면 우리의 관심은 영지주의 전체의 일반적 구조에 있기 때문이다. 우리는 그것에 대한 보다 분명한 동의에 도달해 가고 있다. 현존하는 원전들이 우리에게 거의 예외없이 "기독교적 영지주의"만을 보여줌에도 불구하고, 가장 중요한 것은 영지주의가 실제론 전혀 기독교적인 고유 현상이 아니라는 점을 알아차리는 것이다. 영지주의는 단순히 기독교 내의 한 분파가 아니라, 기독교의 발생 이전에 고대 종교세계의 전반에 실제적으로 연관된 광범위하고 일반적인 혼합주의의 한 실례이다. 그러나 현재 맥락에서는 에로스 동기가 이 혼합주의에 그것의 흔적을 탁월하게 남겼다는 점이 중요하다. 고대 후기의 혼합주의적 종교들은 모두 본질적으로 에로스 개념에 기초한 구원이론들이다. 영지주의적 분파들도 거기에 포함된다. 그들의 주요 문제는 본래 더 고상한 세계에 속해 있었던 영혼의 운명에 대한 문제였다. 영혼의 타락과 현재적 불행, 선하고 고상한 것에 대한 영혼의 욕망과 동경, 영혼의 천상적 기원으로의 복귀, 그것이 건너야할 길과 단계들, 이 복귀의 조건인 근신과 정결. 이 모든 것들은 순전히 현저하게 에로스적인 전망에 속하는 것들이다.

매우 다른 견해는 영지주의자들을 최초의 기독교 신학자들이라고 주장한다. 영지주의자들은 주로 일관된 기독교적 신학이나 종교철학을 만들어 내려고 노력하였다. 그래서 그들의 관심은 혼합주의가 아니라 기독교의 특성에 대한 분명한 정의였다. 이것은 하르낙의 「교리사」(*History of Dogma*)와 마르키온에 대한 최근 작품에서 훨씬 더 선명하게 주장되었다. 하르낙에 의하면, 영지주의 이단들의 "특징"은 "그들이 종교적 동기들의 혼합주의를 수용하는 것을 거부하였"고 그것을 다소 분명한 종교성과 교리에 대비시켰다는 점이다. 그들은 이 불순한 혼합주의의 근원이 주로 구약성경에 있다는 것을 파악했다. (이것은 정확한 판단이었다.) 그래서 그들은 구약을 전체적으로든 부분적으로든 부인하였다.[2] 이제 하르낙은 영지주의가 광범위한 혼합주의에 의해서 구분된다는 사실을 부인하지도 무시하지도 못하게 된다. 그는 이것이 "역설적인 사실"임을 발견한다.

하르낙은 다음과 같이 말한다. "우리는 영지주의자들이 … 종교적이고 윤리적인 수많은 주도적 동기들(leitmotifs)을 탁월하게 분리함으로써 기독교적 구조를 분명하게 하였지만 동시에 주로 이방적인 신비주의 사변들로부터 빌어온 것에 의해서 생존했다는 것도 발견한다."[3] 하르낙은 영지주의가 일관된 기독교적 해석을 수행하기 위해서 이들 신비주의와 신화적 사변들을 이용하였다고 말함으로써 그 난국을 회피하려고 한다. 하르낙은 일관성 있는 기독교적 해석이 영지주의의 주과제였다고 생각한다. 하르낙의 주장에 의하면, "영지주의는 부정적으론 후기 유대교의 혼합주의와 그것의 이질적인 종교적 동기들을 거부하는 의미를 지니며 긍정적으론 기독교적 교훈에 기초하여 확실한 종교적 동기를 수행하려는 시도를 의미한다. 하지만 우리는 그 사실을 망각한다." "왜냐하면 우리는 스스로 영지주의자들이 사용한 잡다한 신화군(神話群)에 의한 혼란을 자초하기 때문이다. 그러나 이것들은 단지 근본적으로 단순한 종교적 신앙을 위한 보조물로서 봉사하도록 의도된다. 왜냐하면 그것들은 주요한 신학적 개념을 연구하여 그것의 철학적·역사적 표현을 제공한다고 생각되었기 때문이다."[4]

이 견해는 실제 상황을 정당하게 다루지 못했다. 무엇보다도 "혼합주의"라는 말이 사용될 때 그것이 가지는 이중적 의미가 가장 그릇된 것이다. 영지주의자들의 일차적인 관심이 기독교의 독특성을 분명하게 설명하는 것이었고 이리하여 그들은 구약을 포기할 수밖에 없었고 그래서 이차적인 결과로서 신화(神話)적이고 혼합주의적인 어떤 요소들이 침투했다는 말은 사실이 아니다. 영지주의는 기본적으로 혼합주의적이며 그것도 가장 엄격한 의미에서 그러했다. 영지주의자들은 이미 준비된 이방적 동기를 가지고 기독교에 접근했다. 그것에 의해서 그들은 권리를 청구한다. 그러므로 문제의 혼합주의는 단지 어떤 외형적인 사상들과 개념들의 결합 속에 있지 않고 동기들의 혼동 속에 있다. 우리는 사변들의 환상적인 모음곡 뒤에 "단순한 종교적 신앙"이 감춰져 있다는 하르낙의 주장을 받아들일 수 있다.

하지만 우리는 거기서 멈출 수 없다. 우리는 이 "단순한 종교적 신앙" 안에 어떤 동기가 표현되고 있는지를 질문해야만 한다. 하르낙은 이 단순한 신앙이 "기독교적 교훈에 기초한 분명한 종교적 동기"만을 의미할 수 있다고 확신한다. 그러나 여기서 외관상으로 명백한 것이 가장 의문스러운 것 속에 있다. 하르낙은 "분명한 종교적 동기"라는 형식적 개념이 마치 필연적으로 기독교적 동기를 의미해야만 하는 것처럼 사용했다. 바로 여기에 그의 주된 오류가 있다. 이 부분은 연구가 필요하다. 영지주의적인 경건 유형은 어떤 동기에 의해서 지배되는가? 이 질문에 대한 해답은 단 한 가지밖에 없다. 그것은 에로스 동기이다. 이것을 입증하는 용이한 방편은 영지주의적 구원 방법을 더 면밀하게 들여다보는 것이다. 이 방법이 가장 나은 것이기 때문이다.

제2절 영지주의적 구원의 방법

영지주의 내에서 제일 먼저 주의를 끄는 것은 그 우주론이다. 이것은 주로 영지주의 이단들에 대한 교부들의 일차적인 공격 목표가 된다. 우리는 영지주의를 우선 세계를 설명하려는 하나의 세계관으로 보기 쉽다. 사실 그노시스(영적 지식, Gnosis)는 신비의 드러냄을 의미한다. 다시 말하면, 그것은 이전에 소유하지 못했던 지식을 전해주는 것을 의미한다. 그러나 그것은 평범한 의미의 지식이 아니다. 영지주의자의 흥미를 끈다고 해서 모두 그노시스가 아니다. 영지주의자의 표어는 지식 자체를 위한 지식이 아니다. 그는 매우 분명한 지식만을 바란다. 즉 영혼으로 하여금 더 고상한 세계로 접근하게 하며 그 영혼이 신적인 것과 완전히 연합하도록 하는 신비한 공식들과 암호들에 대한 지식 곧 구원의 방법에 대한 지식이다.[5]

그래서 그노시스와 하나님에 대한 관상은 서로 친밀하게 관련된다. "우리는 누구이며, 우리는 무엇이 되었는가, 우리는 어디로부터 구속받았는가? 우리의 출생은 무엇이며 우리의 재생(rebirth)은 무엇인가?" 이 질문들에 대한 지식이 바로 그노시스이다.[6] 영지주의는 우주론적 사변들이나 에온들(aeons)에 대한 사변들 안에서 쉽사리 자신을 상실할 수 있다. 그러나 그것은 항상 실천적인 종교적 목표를 가지며 실제적인 종교적 기반을 가지는 사변이다. 예를 들어서, 영지주의는 행성들과 그것들의 통치자들에 대하여 관심을 가지고 있다. 이것은 주로 영지주의가 그 행성들 안에서 영혼이 천상의 조국을 향해 올라갈 때 통과해야 할 단계들과 극복해야 할 장애들을 보기 때문이다. 그러므로 영지주의적 전망의 중심은 확실히 구원의 문제이다.

근본 개념은 꽤 단순하다. 우리가 살아가는 이 세상은 영계와 물질계의 부자연스런 혼합이며, 고상한 빛의 세계와 어둠의 세계로부터 온 요소들의 혼합체이다. 구원은 이 부적당한 결합이 해체되어서 인간 안에 있는 영적·신적인 요소가 순수한 영의 세계에 있는 본향(本鄕)으로 돌아가는 데 있다.

이 개념의 구조와 일반적 내용은 플라톤주의 구원이론인 에로스 이론과 매우 유사하다. 그러나 그 차이점들도 하찮은 것은 아니다. 여기서 플라톤주의적인 영과 물질의 이원론은 동양종교적 우주론의 천상적 광명 세계와 흑암 세계의 이원론과 연결된다.[7] 그래서 플라톤에겐 없었던 두 세계 사이의 실제적인 대립과 현실적인 갈등이 일어난다. 게다가, 플라톤에게선 개별 영혼에 관계된 것이 영지주의에선 포괄적인 세계-드라마에 관계된다. 그리고 영지주의에서는 신적 세계와 물질계 사이의 거리가 무한히 크기 때문에 분위기상으로도 현저한 차이점이 있다. 신적인 것은 훨씬 더 고도로 드높여졌고, 감각세계는 훨씬 더 깊은 곳으로 옮겨졌다. 하나님은 더 이상 이데아 중의 이데아(Idea)가 아니라 이데아적 세계보다 더 높은 불가침의 보좌에 앉아 계신다. 이 극단적인 초월은 그 시대의 정신에 긴밀하게 부응한다. 물질세계의 가치 절하는 특히 더 영지주의적이다. 가령 플라톤에게 그런 호소를 할 수 있다 하더라도, 그는 감각세계에 대하여 예리하게 비판하긴 하지만 결단코 영지주의자들이 하듯이 그것의 지위를 낮추진 않는다. 감각세계도 이데아들에 참여한다. 게다가 모든 것들에도 불구하고 우주(Cosmos)는 아름답다. 그리고 감각적인 미(美)를 포함하여 모든 아름다운 것들은 위에 있는 아름다운 존재를 가리킨다.

반면에 영지주의는 우리가 살아가는 세상에 대하여 가지고 있는 자신의 혐오를 충분히 강력하게 표현할 말을 찾을 수 없었다. 이 세상은 아름다운 것들이 아닌 불행(不幸)과 불결(不潔)과 부정(不淨)으로 가득 차 있다. 이 점에 관한 플라톤주의와 영지주의의 차이점은 "데미우르게(Demiurge)가 악하고 세상이 나쁘다고 말하는 자들 즉 영지주의자들에 반대하여"(*Enn.* II, 9)에 나타난 플로티노스(Plotinus)의 논쟁에서 가장 잘 볼 수 있다. 이 세상의 미는 복제된 것에 불과하다. 또한 진정한 만족을 주지 못하는 것에게 자신을 내맡기는 인간의 행위는 분명히 위험한 짓이다. 하지만 그럼에도 불구하고 이 세상의 미는 우리에게 더 고상한 세계를 상기시키고 가리켜 준다.

이렇게 초월과 타락(degradation)에 대한 영지주의적 과장은 하나님과 세상의 관계 문제를 훨씬 더 날카롭게 만든다. 하나의 이중적인 문제가 제기된다. 먼저, 절대적으로 초월적이고 선하신 하나님은 어떻게 그렇게 악하고 불순한 세상을 창조하셨는가? 둘째로, 우리는 어떻게 우리 자신을 이 세상으로부터 구원할 수 있으며, 신적인 생명을 얻을 수 있는가? 전자는 우주론적인 질문이고, 후자는 구원론적인 질문이다.

영지주의는 이 두 질문들에 대한 대답을 "알렉산드리아적 세계-도식(圖式)" 안에서 찾는다. 알렉산드리아적 세계도식은 신적인 것의 하강(descent)과 인간의 영의 상승(ascent), 하나님으로부터 유출(issue)과 그분에게로 회귀(return), 즉 발원(emanation)과 귀환(remanation) 등의 이중적 관점을 갖고 있다. 우주론적 질문, 즉 신적인 것의 하강에 관해서 그 시대의 일반적인 관습에 따라 무수한 중간존재들(intermediaries)인 에온들이 도입되었다. 그리고 그것들은 하나님으로부터 하강하는 정도에 비례하여 발출한다. 그러한 중간 존재가 하나님으로부터 더 멀리 위치할수록, 그것이 포함하는 신적인 본질(substance)은 더 적어진다. 물질세계를 생산한 존재는 이 저등한 존재들 중의 하나인 데미우르게였다. 그래서 물질세계의 불순함과 부패성이 나타난다. 그러므로 최고신은 그것에 대한 책임이 없다. 저열한 창조신 데미우르게가 이 세계의 신이기 때문이다.

"알렉산드리아적 세계도식"에서처럼, 우주론적 하강(cosmological Descent)은 이제 구원론적 상승(soteriological Ascent)으로 선회한다. 하지만 영지주의적 전망에는 이 귀환을 위한 하강 운동 자체에 대한 근거가 전혀 없다는 점을 주목해야 한다. 이 불순한 물질세계는 구원받아 신적 세계로 올려질 수 없다. 존재하는 모든 것은 분명히 본성적으로 자기에게 지정된 자리를 차지해야 한다. 영적인 것이 최고의 위치를 차지하며, 물질적인 것은 최저 위치를 차지한다. 이것은 당위적이며 또한 현실 그 자체다. 모든 것은 본성적 필연이 지정하는 자리를 차지한다는 의미에서, 실존은 질서잡힌 전체이다. 그러나 이 질서는 한 지점에서, 즉 인간 안에서 부숴진다.

인간은 그 육체성에 의해서 물질세계에 속한다. 그러므로 인간이 현재 보유하고 있는 그 낮은 지위에 있는 것은 정당하다. 그러나 인간존재는 더 고상한 영적 세계의 요소들을 포함하고 있다. 그래서 인간의 영은 어둠의 세계로 떨어져서 비본성적인 육신 속에 갇혀 있는 신적인 것, 즉 적대적인 물질에 뿌려진 신적인 씨앗이며 신적인 불에서 나오는 불꽃이다. 그것은 어두운 바다의 심연으로 가라앉은 진주이다. 인간의 영은 그것의 참 본성 때문에 실존 속에서 최고위치(最高位置)를 차지해야 한다. 그러나 그것은 물질적·육체적인 족쇄에 채워져 있기 때문에 최저위치(最低位置)를 차지하고 있다. 인간의 영은 가장 불행한 땅에서 이방인으로 살고 있다. 그것은 벗어나기를 원하지만 물질과 물질의 지배자 데미우르게에 의해서 제지당하고 있다. 데미우르게는 그 고매한 죄수가 떠나가는 것을 허락하지 않을 것이다. 그렇게 인간은 자신의 영에 관한 한 이 세상에 속한 모든 것들보다 무한히 더 고상하다. 비록 데미우르게가 인간을 이 세상의 죄수로서 소유하고 있을지라도, 인간은 데미우르게보다 더 고귀하다.[8] 또한 인간은 천상의 조국으로 귀환하려는 자신의 길을 방해하는 "아르콘들"(Archons, 영적 통치자들)보다도 더 고귀하다. "나는 위에 속한 자들 중의 하나이다"[9] 라는 선언은 이 세상의 하나님과 다양한 행성들의 통치자들과 맞서는 영지주의의 자부심이다.

그리하여 영지주의는 엄격한 의미에서 구원의 방법이며, 그노시스는 구원의 기술이다. 인간의 영이 하나님께 돌아가기 위해서는 한 분명한 길을 통과해야 한다. 어떤 단계들은 한 걸음씩 지나쳐야 한다. 플라톤에게서 발견된 사다리 상징은 아리스토텔레스에게서[10] 변형되어 발견되고 영지주의의 경우엔 현저하게 신화적인 형태로 나타난다. 인간 영혼은 하늘로 여행하는 중에 자신과 최고신을 분리시키는 다양한 영역들을 통과하여 상승해야 한다. 또 그것은 각 영역에서 그것의 육체적 껍질과 같은 것을 벗어버려야 한다. 즉 미숙한 물질적 육체 뿐만 아니라 더 세련되고 더 가벼운 천상적인(ethereal) 몸도 벗어버려야 한다. 마지막으로 모든 감각의 오염으로부터 자유롭게 된 후에 인간 영혼은 온전히 영적으로 된다. 영지주의의 체계는 세부적으론 모호하고 복잡하지만, 여기 사용된 도식은 단순하고 분명하며 암시적이다. 즉 구원은 인간 영혼이 감각적·물질적인 것을 떠나서 신적인 것이 하강할 때 통과했던 동일한 단계들을 통해서 상승하면서 더 고상한 세계로 돌아간다는 것에 있다.

이것은 영지주의의 체계가 우주론적 하강과 구원론적 상승을 가진 "알렉산드리아적 세계-도식(圖式)"의 단순한 응용이었다는 것을 암시할런지도 모른다. 그러나 그것은 결코 사실이 아니다. 영지주의는 신적인 하강에 대하여 우주론적으로 뿐만 아니라 구원론적으로 관련시켜 이야기하기 때문에, 결정적인 논점에서는 이 [알렉산드리아적] 도식보다 훨씬 더 나아간다. "알렉산드리아적 세계관"의 영지주의적 발전은 기독교의 아가페 동기를 향하는 (희미하긴 하지만) 암중모색하는 한 운동의 징후로서 특별한 흥미가 있다. 이 점에 관해선 영지주의를 플라톤이나 신플라톤주의와 한 번 비교해 보면 분명해진다.

플라톤에게서 우리는 단순하고 분명한 에로스 이론을 발견한다. 두 개의 세계 사이엔 오직 하나의 운동 즉 에로스의 상향적 길만이 있다. 구원은 영혼의 상승 외에 아무것도 아니다. 플로티노스는 에로스 이론을 "알렉산드리아적 세계-도식(圖式)"에 적용시켰다는 점에서 더 복잡하다. 그는 "상향적 길" 뿐만 아니라 "하향적 길"에 대해서도 이야기한다. 즉 플로티노스는 인간 영혼의 상승 뿐만 아니라 신적 존재의 하강도 언급한다. 아가페는 주로 신적인 존재의 하강을 의미하기 때문에, 이것이 아가페를 향한 발전을 지적한다고 생각할 수도 있다. 그러나 그것은 그렇지 않다. 왜냐하면 여기서 신적인 하강은 순전히 우주론적이며 구원과는 무관하기 때문이다.[11] 구원은 여전히 영혼의 상승에 불과하다. 그러나 영지주의에선 그 상황이 매우 다르다. 신적 하강의 목표는 바로 인간의 구원이다. 구원은 더 이상 단순히 영혼이 신적 생명으로 상승하는 것만이 아니라, 신적인 행위, 즉 위로부터 인간의 생명으로 침입(intrusion)하는 것도 포함한다.

이것은 인간 영혼이 이 세상에서 차지하는 위치에 대하여 영지주의와 플라톤-신플라톤적 교훈이 취하는 견해 속에 있는 차이점과 긴밀하게 연관된다. 사실 그들 사이에는 전반적으로 상당한 동의가 있다. 양자는 인간의 영(靈)이 사고로 어쩔 수 없이 이 저등세계에 객(客)이자 이방인으로서 거주한다는 점에 동의한다. 인간의 영은 그 전반적인 체질상 더 고상한 세계에 속하기 때문이다. 양자에게 있어서 인간의 영이 신적 기원과 신적 본성을 소유한다는 개념은 구원의 가능성을 위해 필수적인 형이상학적 조건이다. 게다가, 양자는 인간 안에 거하는 신적인 가능성이 밖으로부터 깨우쳐지고 고무되지 않으면 현실이 될 수 없다는 것을 의식하고 있다. 그 신적인 불꽃(spark)은 소멸될 순간에 재(ashes) 밑에 숨겨져 있다. 만약 그것이 충만한 불꽃으로 타오르려면, 밖으로부터 말하자면 산소가 그것에 주어져야 한다. 여기까지는 플라톤주의 이론과 영지주의 이론이 완전히 일치한다. 그러나 그것들은 이 외적인 각성의 영향력을 정의하려고 할 때 서로 결별한다.

플라톤주의는 두 세계를 예리하게 분리(χωρισμός)하기 때문에 위로부터 오는 도움에 대한 사상이 모두 배제된다. 고상한 세계는 저등한 세상과 아무런 연관이 없다. 고등세계는 저등세계에 개입할 수도 없다. 그러나 영혼은 이 낮은 감각적인 물질세계의 모든 방면에서 고상한 것을 회상시킬 수 있는 것들로 둘러싸여 있다. 그러므로 개입은 불필요하다. 감각적인 것들의 아름다움은 그 자체를 넘어서 본래적인 미적 존재를 지적한다. 그래서 영혼에게 그것이 초감각적 세계에 속해 있다는 것을 성찰할 기회를 준다. 그래서 영혼은 자신이 죄수로서 억눌려 있는 바로 이 세상에서 그것이 필요로 하는 외적인 도움을 발견한다. 플라톤적 구원 이론의 특징은 이 감각계에 대한 이러한 이중적인 의미를 가지고 작용한다는 것이다. 한편으로 감각계는 이데아의 세계에 대립된다. 감각계는 영혼의 감옥이다. 영혼은 그것으로부터 구원되어야 한다. 다른 한편으로 감각계는 이데아에 참여한다. 그래서 영혼을 그것의 무감각상태에서 일깨우는데 필요한 동인(動因)들을 제공할 수 있다. 그리고 플라톤주의에 관한 언급은 신플라톤주의에도 동일하게 적용된다.

그러나 영지주의에겐 이 해답이 전연 불가능한 것이다. 왜냐하면 영지주의는 이 세상에서 그러한 이중적 의미를 발견하지 않기 때문이다. 구원의 관점에서 보면, 이 세상은 단지 부정적인 가치만을 가진다. 그것은 단순히 영혼의 감옥이다. 그 안에는 인간의 영을 제외하고는 아무것도 없다. 그 영은 더 고상한 세계를 증언한다. 물질 안에 가라앉은 영은 자신이 망각한 고상한 기원을 의식하게 해 주는 어떤 것도 가지고 있지 않다. 인간의 영이 그 잠에서 깨어나려면, 고상한 세계로부터, 즉 위에서 내려오는 교훈이 그것에게 도달해야 한다.

이 논점에선 구원자(σωτήρ)의 형상(figure)이 중요해지며 기독교 전통과의 접촉이 가장 긴밀하다. 영지주의는 기독교에 낯선 것으로서 에로스 동기의 틀을 가지고 있었다. 그럼에도 불구하고, 영지주의자들은 자신들을 기독교인이라고 주장하였다. 그들은 의식적으로 구원을 예수 그리스도의 인격에 연관시켰기 때문에 분명한 정당성을 가지고 그렇게 주장할 수 있었다. 그리스도는 더 고상한 세계로부터 온 사자(messenger)이며 우리에게 온 최고신(最高神)의 대사(Ambassador)이다. 그는 그 최고신과 우리 세계를 분리시키는 모든 천체들을 통과하여 물질에 포로된 영에게 구원을 가져다 주기 위하여 하강하였다. 두 세계 사이의 플라톤적 분리(χωρισμός)는 사라졌다. "그는[=신은] 자신의 왕좌에서 내려오지 않는다"[12]라는 플로티노스의 격언은 영지주의의 최고신에게 잘 적용될 수 있다. 그러나 그렇게 되면 그 의미가 본질적으로 달라질 것이다. 플로티노스는 상이한 세계들의 경계지역이 존중되고 (플라톤적 구도에 중간적 단계들이 도입되기는 하였지만) 이 세계들의 구분이 예리하게 남아 있다고 주장했다. 그러므로 신의 세계와 우리 세계 사이에는 직접적인 관계가 전혀 없다. 그러나 영지주의에서는 전혀 그렇지 않다. 최고신은 스스로 자기 보좌를 떠나지 않는다. 하지만 신적인 구속주의 도래(advent)가 신의 세계와 직접적인 연관을 맺게 한다.[13] 그의 하강은 바로 상이한 천체들의 경계지역을 가로질러 왔다는 것을 의미한다. 강조되어야 할 바는 그가 위로부터 가로질러 왔다는 것이다. 이것은 에로스 경건의 새로운 요소이다.

이 새로운 요소가 에로스 동기와 아가페 동기 사이의 대립에 무슨 관계가 있는가? 영지주의는 에로스 도식을 진지하게 깨뜨리고 구원의 내용에 대한 진정한 기독교적 견해에 도달하였는가?

이 질문에 대답하면서, 우리는 기독교가 영지주의적 구원론에 기여한 공헌도를 과대평가하거나 과소평가하지 않도록 균등하게 주의를 기울여야 한다. 영지주의가 기독교와 아무런 상관도 없거나 기껏해야 매우 빈약한 기독교적 겉치장만 받아들인 이방 종교라고 묘사하는 것은 과소평가이다.[14] 왜냐하면 영지주의는 기독교로부터 그것의 구원자의 이름만을 받아들인 것이 아니라(상이한 영지주의 분파들마다 정도의 차이가 있긴 하지만[15]) 자신들이 진정한 기독교를 대변한다고 확신하였기 때문이다. 예수 그리스도는 세계사의 위대한 전환점이다. 그는 물질에 갇힌 영혼들을 그들의 신적인 기원으로 이끎으로써 자신의 모든 선구자들이 실패한 곳에서 성공하였다. 그러므로 영지주의자들에겐 그리스도가 유일한 의미에서의 구원자이며, 그래서 그들은 자신들이 기독교인들이라고 주장할 수 있다.

그렇지만 여기서 구세주 그리스도가 감당한 역할이 기독교적 구원 개념을 지칭한다고 생각한다면, 그것은 기독교적 요소를 과대평가하는 것이다. 영지주의의 전반적인 교리는 에로스 도식에 기초하여 세워졌다. 그래서 그리스도에 대한 사상도 이 도식을 파괴하지 않은 채 도입되었다. 구원은 영이 물질의 올가미로부터 구출된 것만을 의미한다. 게다가 영지주의에 있어서 그리스도는 온전한 기독교적 의미의 구원자가 아니다. 오히려 그는 영지주의 비밀들의 계시자요 교사이며 영지주의적 구원 방법의 선구자이다. 엄격히 말해서 그의 임무는 구원하는 것이라기보다 각성시키는 것이다. 인간의 영은 갇혀있지만 그 안에는 이미 신의 생명으로 상승하는 능력이 존재한다. 그것은 단지 각성하여 효력을 발휘하도록 만들어 주기만 하면 된다. 영지주의자는 단순히 자기구원을 설교하진 않는다. 그는 그것을 얻기엔 인간이 너무나 무기력하다는 것과 구원자와 위로부터의 교훈이 없으면 어떤 구원도 불가능함을 잘 알고 있다. 다른 한편으로 구원자는 감각계의 아름다움이 플라톤주의에서 가지는 기능과 동일한 기능을 수행한다. 두 경우에 있어서 문제되는 것은 이미 인간의 영 안에 존재하고 있으면서 외부 자극이 없이는 기능할 수 없는 가능성들을 작동시키는 것이다.

우리는 영지주의적 구원자의 임무가 인간의 영의 자기구원을 위한 선구자와 모범(模範)의 임무라고 가장 정확하게 말할 수 있다. 영지주의는 자기구원과 신의 개입을 통한 구원 사이에서 전자를 선호하면서 타협한다. 영혼은 "그 고유의 도구성(instrumentality)을 통하여"[16] 천상세계로 올라간다. 처음부터 본성적으로 더 고상한 세계에 속하지 않았기에 이 능력을 소유하지 못하는 것은 그 어떤 것도 구원받을 수 없다. 심지어 천상의 구원자도 그것을 구원하지 못한다.

영지주의적 견해에 따르면, 타락은 영과 물질의 부적합한 연합에 있고 구원은 이질적인 요소들의 분리에 있다. 그리하여 각 요소는 그 본래의 적절한 자리로 돌아간다. 예수의 구원자적 의미는 이러한 분리와 고향으로의 귀환이 그분 안에서 최초로 시작되었다는 사실에 기인한다. 영지주의자들에겐 바로 이것이 예수의 죽음에 특별한 의미를 부여하는 것이다. 그것의 목적은 최종적인 분리를 일으키는 것이다. 그리스도의 수난은 그의 영적인 본성에는 미치지 못하고 오직 저열한 육체적·혼적인(psychical) 측면에만 미친다. 육체와 혼은 죽음을 통하여 그것의 혼(魂)적인 혹은 물질적인 기원으로 돌아가지만, 영은 해방되어 높이 떠올라 모든 단절된 천체들을 통과한 후 최고신에게 이른다.[17] 이제 모든 인간의 영적인(pneumatic) 부분은 구세주에 의해서 각성되어 떠올라 ("위로부터 온 것은 그를 통하여 상승해야 한다"는 원리에 맞게)[18] 그분과 똑같이 천상으로 여행을 시작해야 한다.

요약하자면, 우리는 영지주의적 구원 방법이 균일한 에로스적 경향을 보여준다고 말할 수 있다. 그것은 아래로부터($\kappa\acute{\alpha}\tau\omega\theta\epsilon\nu$ $\check{\alpha}\nu\omega$)의 상향적(上向的)인 길이다.[19] "모든 것들은 아래로부터 위로, 열등한 것들로부터 우월한 것들로 서둘러 간다. 왜냐하면 우월한 것들에 속해 있으면서 아래로 하강할 만큼 어리석은 것은 하나도 없기 때문이다."[20] 이것은 틀림없이 영지주의의 헬라적 기초이다.

제3절 아가페가 통속적 에로스로 변형되다.

앞에서 영지주의에 대해서 설명한 내용은 영지주의가 에로스 동기에 의해서 지배되어 아가페에 대해선 아무것도 말할게 없다는 암시를 주는 것처럼 보인다. 하지만 사실은 그 정반대이다. 아가페가 빈번하고 현저하게 언급되기 때문이다. 그렇다 하더라도 우리는 영지주의 이론 가운데서 아가페 동기가 어떤 실제적인 역할을 맡고 있다고 결론내릴 수 없다. 단순히 아가페의 이름만이 사용되었고, 실제로는 에로스 동기가 완전히 지배하고 있기 때문이다. 아가페는 그 원래의 의미를 상실하고 에로스로 변형되었다. 그러나 그것을 관찰해보면, 그것이 플라톤과 그의 후계자들이 말하는 고양된 "천상적 에로스"가 아니라 경멸당하는 변종(變種) 즉 "통속적 에로스"(vulgar Eros)로 변형된다는 것을 알 수 있다. 이것이 어떻게 발생하였는가를 아는 것은 어렵지 않다. 그것은 에로스와 아가페 사이에 대한 영지주의적 혼동의 결과로 말미암은 것이었다. 왜냐하면 영지주의는 원칙적으로 에로스 이외의 어떤 사랑도 알지 못하며 아가페를 에로스의 도식에 억지로 갖다 붙이기 때문이다.

그러면 이런 맥락에서 '하나님의 사랑'은 무엇을 의미하는가? 두 가지 개념들이 결합되었다. 첫째, 에로스 이론이 전체를 지배하고 있기 때문에, 사랑은 오직 동경과 욕구와 욕망만을 의미할 수 있다. 둘째로 그것은 하나님의 사랑이므로 상승할 수 없다. 하나님 위에는 하나님 자신의 사랑을 놓아 둘 어떤 것도 존재하지 않기에, 결과적으로 그것은 하나님 밑에 있는 세상을 향하여 아래쪽 방향을 가리키기 때문이다. 이 결합된 두 개념들은 하향적인 욕망 즉 통속적 에로스를 결과한다.

아가페가 통속적 에로스로 변형된 과정을 연구하려면 뱀숭배파(배사교)의 다이아그램(Diagram of the Ophites)[21]이나 저스틴의(Justinian) 「바룩서」(Book of Baruch)[22]를 보면 된다.

뱀숭배파의 다이아그램은 영지주의적 우주론을 묘사하려는 한 시도였다. 오리겐은 켈수스에 반대하여 쓴 자신의 작품 안에 그것을 기록했다. 켈수스는 기독교를 공격하면서 뱀숭배파의 다이아그램을 서술하고 조소하였다. 그래서 오리겐은 기독교가 이단들의 창안물들에 대해서 책임질 수 없다고 응수한다. 또한 오리겐은 "우리도 그것들에 찬성하진 않지만 그 사람 [켈수스]보다 우리가 그것들을 더 잘 안다는 것을 보여주기 위해서"라고 말하면서, 켈수스보다 더 정확하게 그 다이아그램을 묘사한다. 이런 방식으로 우리의 관심을 끄는 주요 논점들이 보존되었다.

뱀숭배파의 다이아그램(Diagram of the Ophites)에 의하면, 실존(existence)은 세 영역으로 나뉜다. 그 세 영역은 세 원들로 나타난다. 제일 위에는 하나님의 나라 혹은 순수한 영(pure spirit)인 프뉴마(Pneuma)의 영역이 있다. 이것은 순수한 빛의 영역이라고 부를 수도 있다. 그 밑에는 중간 영역 혹은 혼(soul)의 영역이 있다. 왜냐하면 혼은 빛과 어둠의 혼합물이기 때문이다. 그리고 제일 아래에는 코스모스(宇宙)의 영역이 있다. 여기에서 우리의 관심은 최고 영역, 엄격히 말하자면 하나님의 영역에 있다. 그것은 두 동심원들로 표현된다. 큰 원은 성부의 것이고, 작은 원은 성자의 것이다. 그러나 이 두 원들 밑에는 납으로 된 저울추처럼 세번째 원이 달려 있다. 그 원에는 "아가페"라는 말이 새겨져 있다. 신적인 것을 더 낮은 세계로 끌어내리는 것은 사랑의 동경이다.[23] 그러므로 'Αγάπη(아가페)는 ἐπιθυμία(에피튀미아, 욕망)와 같아진다. 신의 사랑은 욕망이나 노골적인 관능적 열정과 같아진다.

저스틴의 「바룩서」는 이 다이아그램에 대하여 좋은 주석을 제공한다. 사건들의 순서는 다음과 같이 묘사된다. 엘로힘(Elohim)이 아래를 내려다 보았을 때, 그는 저등세계를 향한 욕망으로 불타올랐다. 그 저등세계는 반인반사(半人半蛇)의 전설적인 존재로 묘사되었고, 에덴(Eden) 혹은 이스라엘로 명명되었다. 엘로힘과 에덴의 결합(γάμος : union)은 인간들을 생산하였다. 인간들은 에덴으로(아래로)부터 혼(soul)을 받았고, 엘로힘으로부터 프뉴마(영)를 받았다. 그래서 인간의 이중적 본성은 그가 하나님과 저등세계라는 이중적 기원을 가지고 있음을 계속 상기시킨다.[24] 그러나 엘로힘의 본성에는 상향적인 충동이 내주하고 있었기 때문에, 그는 이 저열한 세상에 영원히 머무를 수 없었다. 그는 에덴을 버리고 다시 그의 천사들과 동행하여 더 높은 세계로 올라갔다. 그러나 엘로힘과 저등세계의 결합의 열매이며 자기 안에 엘로힘의 프뉴마의 어떤 것을 가지고 있는 인간들은 이 곳 아래에 남겨졌다.[25] 이것이 세상의 고통과 고뇌의 근본원인이다.[26] 왜냐하면 본성상 고등세계에 속한 것은 저등세계에 갇혀있어도 상승에 대한 꺼버릴 수 없는 동경심을 가지고 있기 때문이다. 세상의 모든 비극의 원인은 하나님의 하향적인 사랑의 욕구 즉 하나님의 아가페 혹은 하나님의 ἐπιθυμία(욕망)이다.[27] 아가페는 엘로힘의 타락이다. 엘로힘의 귀환적 상승은 인간도 프뉴마의 구속을 얻기 위해선 어떤 방법으로 상승해야 하는가를 그에게 보여주는 것이다. 이것과 마찬가지 원리로, 엘로힘의 하강은 모든 악의 기원이다.[28] 엘로힘은 이 천상의 길로 가는 사닥다리로서 그의 천사 바룩을 거듭하여 보냈다. 그래서 「바룩서」란 제목이 생긴 것이다. 그는 모세에게 보내졌고 그 다음엔 구약의 예언자들과 (헬레니즘의 기반에서) 헤라클레스(Herakles)에게도 보내어졌다. 그러나 이들은 모두 다소 차이는 있었지만 저등세계의 유혹에 굴복하였다. 결국 헤롯왕 시절에, 바룩은 나자렛 예수에게 보내졌다. 예수는 모든 유혹들을 견뎌냈고 그래서 인간들의 앞장을 서서 천상의 길을 갈 수 있는 구원자가 되었다. 무엇보다도 예수는 자신의 죽음에서 프뉴마(靈)가 (흙에 속한) 혼으로부터 어떻게 분리되어야 하는지를 보여준다. 예수는 자신의 혼적이고 지상적인 인간을 그 저열한 근본인 에덴으로 돌려보내면서 "여자여, 너는 네 아들을 간직하라"고 말한다. 그러나 그는 자신의 프뉴마를 자기 아버지의 손에 위탁하고, 선하신 일자(Good One)에게 올라갔다.[29]

이러한 배경에 비추어 볼 때, 아가페가 영지주의에서 기꺼이 창조의 원리가 된 이유를 수월하게 이해하게 된다. 히폴리투스(Hippolytus)는 발렌티니아누스주의자들(Valentinians)의 견해를 이렇게 서술한다. 태초에 아버지만 홀로 존재하셨다. "그러나 그는 출산의 능력을 가졌기 때문에, 자신 안에 지니고 있었던 가장 아름답고 완전한 것을 생기게 하고 낳게 하는 것이 그에게 좋아 보였다. 왜냐하면 아버지는 외로움을 좋아하지 않았기 때문이다. 그는 스스로 완전한 아가페였지만, 아가페는 어떤 호의의 대상이 없이는 아가페가 아니다"라고 히폴리투스는 말했다.[30] 그래서 아버지는 누스(靈, Nous)와 알레테이아(眞理, Aletheia)를 낳았다. 이것들은 로고스와 조에(生命, Zoe)를 낳았고, 그것들은 차례대로 인간을 낳았다.[31] 이제 기독교는 하나님이 사랑으로 세상을 창조했다고 정확하게 말할 수 있다. 그러나 영지주의적 맥락에선 창조의 기초인 아가페가 기독교적 사랑 개념과 아무 관계도 없이 에로스를 향해 발전하고 있다. 가장 오래된 그리스 시집에서는 에로스가 우주적 변천의 추진력으로 나타난다.[32] 그리고 영지주의에서는 바로 이 에로스의 원래 기능을 아가페가 취한다.

이러한 근본적인 원리들로부터 금욕적(ascetic)이며 반율법주의적(anti-nomian)이라는 두 가지 대립적인 방향으로 윤리적인 결과들을 이끌어낼 수 있다. 이 두 가지에 대한 실례들은 영지주의 안에서 발견된다.

금욕주의는 좀더 분명하다. 신체적인 것들은 악하고 혹은 최소한 연약하고 무가치한 창조자로부터 파생되었다. 그러므로 자연히 그것들은 가능한 한 많이 억누르고 억제되어야 한다. 인간 안에는 신적인 프뉴마의 어떤 것이 데미우르게의 저열하고 천박한 세상의 구속에 갇혀 있다. 바로 이것이 인간의 불행이다. 그러므로 자유를 위한 인간의 투쟁은 물질적·감각적 세계와 그 창조자에 대한 투쟁이다. 실존의 신체적인 면을 약화시키고 파괴하는 모든 것은 구원의 과정과 연결되어 있다. 이와 같이 금욕주의의 위치와 중요성이 표현되었다. 금욕주의는 데미우르게의 독재를 손상시키는 방법이다.

그러나 금욕주의적 풍조는 그 정반대인 反율법주의적 경향으로 기꺼이 변한다. 만약 신적인 프뉴마(靈)가 우리의 가장 깊숙한 존재 즉 우리의 참 자아라면, 우리의 저등하고 열등한 부분인 겉사람에게는 무슨 일이 생기든지간에 프뉴마를 구원하기 위하여 전력을 다해야 한다. 유일하게 중요한 것은 프뉴마를 감각의 사슬들로부터 해방하는 것이다. 그러나 이것은 금욕(ascesis)보다는 그노시스(영적 지식)에 의해서, 도덕적 생활에 의해서가 아니라 영지주의적 신비-제의(Mystery-cults) 안에서 일어나는 재생(rebirth)에 의해서 이루어진다. 그리하여 일반적으로 윤리생활에 대한 두드러진 무관심이 일어난다. 순수한 윤리생활은 저등하고 단순히 혼적인 인간을 위한 것이다. 그런 인간은 금욕과 선행을 통하여 전적 타락으로부터 보호받는다.[33] 그러나 그것은 영적인 인간을 위한 것은 아니다. 영적인 인간은 본성상 타락의 위험을 초월하며 세상에서 자신이 좋아하는 대로 살 수 있다. 물질적인 것들은 본성적으로 구원의 능력이 없다. 마찬가지로 영적인 것들은 단지 그 본성 때문에 타락에 의해 압도당할 수 없다. 이것은 영적인 인간이 어떻게 자기 삶을 꾸려가는가 하는 문제와 전혀 별개의 문제이다.

"오물에 담가 둔 황금은 (오물이 황금을 손상시킬 어떤 능력도 가지고 있지 않기 때문에) 그것[오물] 때문에 미(美)를 상실하지 않고 고유의 천성적인 성질들을 유지하는 것과 마찬가지로, 그들[영적인 자들]은 자신들이 약간의 상처도 입을 수 없고 어떠한 물질적 행위들에 접하더라도 자신들의 영적인 실체를 상실할 수 없다고 주장한다. 그런 이유로 그들 중에서 '가장 완전한 이들'은 두려움없이 성경이 우리에게 '그런 일을 하는 자들은 하나님의 나라를 유업으로 받지 못할 것이다.'라고 확인해 준 그런 종류의 모든 금지된 행위들에 탐닉하는 일이 발생한다"[34]

사실 모든 종류의 악덕을 따르는 것도 영적인 인간의 분명한 의무일 수 있다. 율법은 이 세상의 신이 준 것이다. 그것을 위반함으로써 우리는 그의 통치를 받는 우리 존재의 일부분을 그에게 대립시키고 그럼으로써 그의 권력을 깨뜨리는데 기여한다. 악덕은 그의 창조를 훼손하지만, 프뉴마는 그것으로부터 어떤 해도 받지 않는다. 왜냐하면 프뉴마는 세상보다 우월하기 때문이다.[35]

이것은 기독교적 사랑 개념의 전체 역사 속에서 가장 모호한 논점이다. 영지주의 안에서 기독교적 아가페는 고대 후기의 혼합주의적 소용돌이 속으로 빨려들어가 퇴락하고 종교 역사상 가장 저질적이고 가장 혐오스러운 제의(cult) 형태들과 연관을 맺는다. 그것은 단순히 에로스, 즉 통속적인 에로스로 변형된 게 아니라, 에로스의 가장 저질적인 형태로 변형되었다. 영지주의의 한 분파의 의식에 참석해 본 적이 있었던 에피파니우스(Epiphanius)는 그 분파를 피비온派(Phibionites)라고 부르면서 다음과 같이 서술한다. 그들은 사치스러운 식사로 시작한다. 거기서는 가난한 사람도 고기를 먹고 포도주를 과음한다. 이렇게 그들은 자신들을 흥분시킨 후에, "남편들은 자기 아내의 옆자리를 떠나면서 자기 아내에게 이렇게 말한다. '일어나서 형제에게 아가페를 베푸시오.' 그러면 철면피함이 그들을 서로 결합시킨다." [36] 그리고 나서 정액교제(sperma-communion)가 뒤따른다. "그들은 자기 자신의 수치(羞恥)를 전달하면서 '이것은 그리스도의 몸입니다' 라고 말한다." [37]

게다가 에피파니우스가 이 영지주의 분파에 대하여 말한 내용은 고립된 사건이 아니다. 여러 시대에 다양한 종류의 영지주의에 관하여 유사한 사건들이 종종 지적되곤 하였다. 100여년 전에 히폴리투스는 시몬주의자들(Simonists)에 대하여 기록하였다. "그들은 '모든 땅은 흙이다. 그래서 누구든지 뿌리기만 한다면 그가 어디서 뿌리는가는 아무런 차이가 없다'고 말한다. 그래서 그들은 낯선 여자들과의 성교를 자축하였으며 이것이 완전한 아가페라고 주장하였다." [38]

"이것이 아가페라고 주장"함으로써, 영지주의적 기독교 해석에 대해 심판이 선포되었다. 이것은 기독교의 근본동기를 괴상망측하게 왜곡한 것이다. 이 왜곡이야말로 영지주의자들이 (스스로는 기독교의 이름을 주장하고 있지만) 실제로는 기독교와 어떠한 공통점도 가지지 않았다는 것을 가장 분명하게 보여준다. 영지주의가 기독교의 아가페를 "통속적 에로스"의 가장 저질적인 형태로 변형시켰다고 말하는 것은 현대적 기준을 원시적 현상에 타당성 있게 적용한 것이다. 왜냐하면 그 동시대인들도 그렇게 판정하였기 때문이다. 알렉산드리아의 클레멘트(Clement)는 특별히 이 관계에 흥미를 가졌다. 그는 플라톤의 에로스 이론의 근저에 있는 두 종류의 에로스들 사이의 구분을 분명히 알고 있었다. 플라톤이 칭찬하는 에로스는 천상의 아프로디테(Aphrodite)에게서 태어나 "천상의 에로스"로 불리는 고상하고 승화된 에로스였다. [39] 플라톤은 이것과 "통속적 에로스"를 예리하게 구분한다. 통속적 에로스는 "통속적인 아프로디테"(πάνδημος Ἀφροδίτη)의 아들이다. 플라톤은 「향연」(Symposium)에서 그것에 대해 다음과 같이 말한다. "이제 통속적 아프로디테의 아들인 에로스는 실제로 통속적이며 어떤 것에게도 자신을 내어준다. 우리가 천박한 종류의 인간들 안에서 발견하는 에로스가 이것이다."[40] 인간들을 경솔함과 방탕으로 꾀는 것은 바로 "통속적 에로스"와 그의 어미인 "통속적 아프로디테" (πάνδημος 'Αφροδίτη)이다.[41]

클레멘트는 이 구분을 사용하여 영지주의적인 아가페의 희화화(戲畵化)에 항의한다. 이 불순한 이단들이 자신들의 수치스러운 행실을 묘사하는 통속적 아프로디테(πάνδημος 'Αφροδίτη)를 위하여 아가페의 이름을 고착시켜 사용하다니 얼마나 건방진가?[42]

제4절 초대기독교의 세 가지 근본교의들과 영지주의

우리는 변증가들에 의해서 아가페 동기가 (그들의 사랑 이론에 가려지긴 했지만) 창조, 성육신 및 육의 부활 등과 같은 세 가지 근본적인 교리들에서 표현되었다는 것을 보았다. 우리는 영지주의와 유사한 것에 대해선 아무것도 말할 수 없다. 영지주의는 그것의 사랑 이론에서처럼 그것의 체계 내의 다른 요점들에서도 아가페 개념을 위한 여지를 별로 갖지 않는다. 우리가 위에서 본 것처럼(제2절) 영지주의의 구원의 방법은 에로스 동기에 의해서 통제된다. 영지주의가 아가페에 대하여 말할 때에도 그것은 단지 가장 통속적인 에로스만을 의미할 뿐이다(제3절). 그리고 근본교리들에 대한 영지주의의 태도는 그것이 기독교의 아가페 동기에 절대적으로 대립한다는 사실을 확증한다. 영지주의자들이 이 세 개념들을 거부한 것은 우연이 아니다. 사실 영지주의자들은 그것들을 공격하는 것을 자신들의 주요 임무 중의 하나로 여겼다.

1. 하나님은 하늘과 땅의 창조주가 아니다. 최고신은 감각세계와 무관하다. 감각세계는 더 열등한 존재인 데미우르게에 의해서 생산되었기 때문이다. 데미우르게의 불완전성의 가장 좋은 증거는 창조가 현실적으로 투박하고 불순한 물질로 되어 있다는 사실이다. 유대인들은 바로 이 창조주를 자

신들의 하나님으로 숭배한다. 율법은 그 신의 의지를 표현한다. 그는 저주를 가지고 자신의 의지를 거역하는 모든 이들을 위협하지만, 그 대신 그 자신이 "저주받은 신"이다. 이 칭호는 위에서 언급한 뱀숭배파(Ophites)들이 세계의 창조주인 유대인들의 하나님에게 적용한 것이다.[43] 인간들을 창조주로부터 타락하도록 미혹한 뱀은 사실 그들에게 친절을 베풀었다. 그는 그들에게 선악간의 구분을 알게 가르쳤고 그들을 위하여 창조-신의 본래 성격을 폭로하였다. 그래서 그들은 자신들의 분파의 이름을 뱀($\ddot{o}\phi\iota\varsigma$, 蛇)을 따라서 지었다.

2. 성육신 개념도 마찬가지로 거부된다. 영지주의는 (상실된 세계로 내려와서 최고신의 메시지를 가져다주는) 구원자 이론에서 이것에 상응하거나 이것을 상기시키는 어떤 것을 가지고 있다.[44] 하지만 영지주의는 "말씀이 육신이 되었다"에 대하여 어떤 자리도 주지 않으며, 실제로 육화(肉化, $\sigma\grave{\alpha}\rho\xi\ \acute{\epsilon}\gamma\acute{\epsilon}\nu\epsilon\tau o$)에 대해서 아무것도 모른다. 영지주의는 일종의 기독론을 가지고 있으나, 그것은 가현적 특징을 가진다. 영지주의자들은 그리스도가 실제 인간이 되지 않았다고 주장하는데 결코 지치지 않는다. 만약 그리스도가 다른 사람들처럼 감각적·물질적 세계와 어떤 관계를 가지고 있다면, 그는 더 높은 세계로 인도하는 구세주가 될 수 없다. 구원자가 이 세상에 강림해야 할 필요성에 대한 모든 언급들에도 불구하고, 그들의 주요 관심사 중의 하나는 그의 탄생의 "비속한 신비들"을 부인하는 것이다.[45] 그들은 복음이 세상에 들어왔을 때 실제적인 일이 발생하였다고 주장할 수 있다. 그러나 그들은 더욱더 강조하여 이것은 신의 아들이 실제로 아버지 옆에 있는 자기 자리를 떠나서 현실적으로 우리에게 내려왔다는 것을 의미할 수 없다고 주장한다. "아무것도 위로부터 내려오지 않았지만, 복음은 실제로 왔다. 아들(축복받은 자식의 신분)은 그 불가해한 지복의 非實存의(Non-existent) 하나님을 떠나지 않았다."[46]

십자가에 관한 견해에 대해서도 이 가현설(假現說, docetism)은 개입한다. 예수의 수난은 현실이 아니며 단지 외견상의 것에 불과하다. 바실리데스(Basilides)는 예수가 고난을 당한 것이 아니었다고 말한다. 예수는 어떤 실제적인 육신도 가지지 않았기에 그의 원수들에 의해 압류될 수도 없었다. 그러나 그는 자신이 원할 때 언제든지 하나님께 올라갈 수 있었다. 십자가 처형에서 예수는 보이지 않은 채로 옆에 서서 자기 대신 십자가에 달린 구레네 시몬을 바라보며 자신에게 속아넘어간 대적자들이 멸시하는 것을 비웃었다.[47] 그러므로 그리스도를 "십자가에 못박힌 자"라고 고백하는 것은 잘못이다. 오히려 우리는 십자가에 달린 것처럼 믿어졌던 자라고 고백해야 한다. "만약 누가 십자가에 달린 분이라고 고백한다면, 그는 아직도 노예이며 우리의 육체를 형성하고 있는 자들의 권세 아래에 있는 자이다."[48]

이것보다 더 분명하게 영지주의가 기독교의 아가페 개념으로부터 극명하게 동떨어진 것임을 보여줄 수 있는 예는 없을 것이다. 그리스도는 사랑 안에서 자신을 주며 고난을 참기보다 오히려 그의 대적자들을 기만하고 조롱하며 비웃음으로써 자신의 천상적 사명을 증명한다. 이것은 참으로 헬라적인 생각이다. 여기서 우리는 켈수스의 질문을 기억한다. "예수는 한 신으로서 어떤 위대한 행동을 하였는가? 그는 자신의 원수들을 수치스럽게 하였는가? 아니면 그에게 대하여 주장된 것을 우스꽝스럽게 끝장냈는가? 이전에는 그러지 않았다 하더라도, 왜 이제라도 그는 자신의 신성을 최소한이나마 표현하지 않는가? 왜 자신을 이 비난으로부터 해방시키지 않는가?"[49]

3. 결과적으로 영지주의는 육의 부활에 대한 신앙을 절대적으로 거부한다. 구원은 전적으로 영에만 관계되며 육체성으로부터 구출됨을 의미한다. 그것을 신체와 관계시키는 것은 무의미할 것이다. 왜냐하면 영이 신적인 불멸의 본성을 가지듯이 육체도 필멸할 본성을 가지기 때문이다.[50] 그것은 해체되고 근절되어야 한다. 그리고 어떤 능력도 육체를 이 운명으로부터 구원할 수 없다. 육체는 그렇게 되는게 좋다. 만약 육체적인 것들도 영원한 생명에 참여한다면, 그것은 이 세상의 불행의 이유가 영속화됨을 의미할 것이기 때문이다.

제5절 영지주의자들과 변증가들

근본 동기에 대한 검토에 의하면, 사도 이후 기독교는 완전히 뒤바뀐 국면을 제시한다. 그 뒤바뀐 국면이 우리의 마지막 주목 대상이다.

최근의 교리사가들은 변증가들을 희생하고 영지주의자들을 칭송하는 버릇이 있었다. 변증가들은 최초의 기독교 신학자들로 묘사되었으며, 그들의 작업은 기독교의 독특성을 유지하려는 시도였다고 인정받았다. 심지어 그들이 사도교부들과 변증가들보다 훨씬 더 분명하게 이것을 파악했다고 말해지기도 하였다.[51] 이러한 견해의 주요 대변자는 하르낙이다. 그는 저스틴과 같은 기독교 철학자들과 발렌티니아누스 유형의 사람들을 가장 심오하게 구분하는 법을 발견한다. 후자는 하나의 종교를 추구하였고, 전자는 자신들이 이미 소유하고 있었던 유신론적·도덕적 세계 개념에 대한 확증을 추구하였다. 처음에는 기독교 전통의 복잡함이 그들 모두에게 낯설었다. 영지주의자들은 그것을 이해할 수 있게 만들었고, 변증가들은 하나의 계시를 받아들이는데 만족하였다. 그 계시는 영적인 유일신과 미덕과 불멸성을 증거하였다. 하르낙은 변증가들이 피상적으론 보수주의자들이었다고 말한다. 그것은 그들이 전통의 내용들에 관여하지 않았기 때문이다. "반면에 영지주의자들은 자신들이 무엇을 읽었는지 이해하고 그들이 들은 교훈의 진리를 탐구하고자 하였다."

하르낙은 자신의 견해를 다음과 같이 요약한다. "영지주의자들은 종교로서의 기독교가 무엇인가를 결정하고자 하였다. 또한 이 절차는 기독교의 절대성을 확신하고 있었던 그들로 하여금 그것에다가 자신들이 숭고하고 거룩하게 여겼던 모든 것을 결합하도록 하였으며, 열등하다고 인식되는 모든 것을 제거하도록 만들었다. 다시금 변증가들은 종교적 계몽과 도덕을 위한 권위를 발견하기 위해 애썼고 자신들에게 영생의 확실성을 담아 줄 우주론의 확증을 찾으려고 노력했다. 그들은 이것을 기독교 전통 안에서 발견했다."[52]

하르낙의 진술 뒤에는 건전한 관찰이 있다. 사도교부들과 변증가들은 사실 영지주의자들이 한 것처럼 기독교적 전통을 철저하게 교정하지 않고 그대로 받아들였다. 그러나 하르낙의 이러한 설명은 전적으로 그릇된 것이다. 특별히 그가 변증가들과 영지주의자들 사이의 대립을 도덕과 종교 사이의 갈등으로 볼 때에 더욱 그렇다. 갈등은 두 분리된 종교적·윤리적 원리들 사이에, 두 개의 종교적·윤리적 전망들 사이에 있다. 각각은 자신의 중심 동기를 가지고 있다. 변증가들은 원시기독교를 통하여 구약성경까지 거슬러 가는 전통 안에 있으며, 자신들이 대부분 구약의 율법주의에 영향 받았음을 당연시하고 있다. 그러나 그들은 기독교 전통의 수호자들로 여겨지는데 있어서 영지주의자들보다 훨씬 더 많은 권리를 가지고 있다. 영지주의자들은 헬레니즘 전통을 따르고 있었으며, 그들의 전망은 전적으로 에로스 동기에 의해 지배되고 있다. 자연히 그들은 그런 형태의 기독교를 발견하고 그것을 용납할 수 없었다. 만약 그것이 그들에게 어떤 소용이 있으려면 그것은 교정되어야만 했고 그들이 이미 소유하고 있었던 근본적인 종교동기에 적응되어야만 하였다. 우리가 위에서 목격한 것은 바로 이 종교적 변형 과정이며 대립된 종교적 동기들의 혼합주의였다. 영지주의가 일반적으로 구약성경을 거부한다는 사실에 대해서는 (하르낙의 설명처럼) 그렇게 크게 추론할 필요가 없다. 그것은 모순된 전통에 대한 헬레니즘 정신의 자연스러운 반응이다.

그러나 영지주의는 구약뿐만 아니라 근본적인 기독교의 동기도 동일하게 비난한다. 영지주의자들은 자신들의 헬라적인 하나님과의 친교 개념으로써 구약뿐만 아니라 기독교의 독특한 하나님 신앙을 공격하게 되어 있었다. 영지주의자들은 구약이 선포하는 창조와 율법의 하나님에 대한 전쟁을 시작했고 초대교회는 그 모든 무게를 구약 쪽에 둠으로써 응수하였다. 하지만 이것은 초대교회가 단순히 구약의 수준으로 뒤떨어졌다는 것을 의미하지는 않았다. 궁극적으로 갈등은 신중심적(神中心的) 종교와 자기중심적(自己中心的) 종교 간의 갈등이다. 영지주의는 자기중심적인 구원 종교이다. 자아의 신적 본성을 믿고 세계에 대한 우월감을 가짐으로써, 영지주의자는 우주세계(Cosmic world)와 그 창조주에게 공격을 개시한다. 위로부터의 조명의 도움을 받아서 영지주의자는 자신의 본향으로 상승하여 신적 존재가 되고 저등한 권세들을 이기고 승리한다. 이 모든 것은 완전히 헬라적이며 동시에 완전히 자기중심적이다. 그리고 그것은 기독교 신앙과 그 종류가 절대적으로 다르다. 기독교는 신중심적인 구원의 종교이다. 구속뿐만 아니라 창조도 하나님의 고유사역이다. 구원은 인간의 영적 자기확증의 한 단계가 아니라 교제를 원하시는 동정적인 하나님의 사랑의 사역이다.

근대의 교리사(史)는 이 근본동기의 분명한 차이점을 충분히 주목하지 못했다. 그 이유는 주로 역사가들 자신이 무의식적으로 헬레니즘의 전제들을 가지고 연구해왔다는 사실에 기인할 것이다. 리츨주의(Ritschlian) 신학자들은 종교가 인간을 도와서 자연에 대한 영적 우월성을 가진다고 자기주장을 하도록 한다는 사실에서 종교의 의미를 보았고 영과 자연, 이성과 감각 사이의 갈등에 기초하여 구원을 해석하려고 시도했다. 이러한 와중에 헬레니즘 종교의 전제들 중에서 어떤 것들이 받아들여지게 되었다.[53] 모든 구원 종교는 자기중심적이어야 한다는 것이 자명한 것으로 생각되었다. 그러므로 구원 개념의 내용을 더 면밀하게 분석할 기회가 없었다. (영지주의에서 확실히 그러하듯이) 구원의 필요가 눈에 띄는 곳마다, 기독교와 유사한 어떤 것이 있다는 것이 당연시되었다.[54] 그러나 구원의 필요와 동경이 사실 아가페 동기의 영역에만 고유한 것은 전혀 아니다. 그것은 적어도 헬레니즘의 에로스 경건 속에서도 마찬가지로 강력한 것이다. 초대교회가 전통적인 교리사보다 그 차이점을 더 잘 이해하였다. 저스틴은 모든 영지주의 이단들의 뿌리가 무엇인지를 알았다. 그것은 헬레니즘의 자기신격화(self-deification)였다.[55]

주

1) 본 주제에 관한 문헌은 광범위하다. A. Hilgenfeld: *Die Ketzerges chichte des Urchristenthums, urkundlich dargestellt,* 1884; W. Bousset: *Hauptprobleme der Gnosis,* 1907; E. de Faye: *Gnostiques et gnosticisme. Étude critique des documents du gnosticisme chrétien aux IIe et IIIe siècles* (1913), 1925; R. Reitzenstein: *Die*

hellenistischen Mysterienreligionen (1910), 3 Aufl., 1927, pp. 66 ff., 284 ff., 393 ff.; H. Leisegang: *Die Gnosis*, 1924; W. Bauer: *Rechtgläubigkeit und Ketzerei im ältesten Christentum*, 1934; H. Jonas: *Gnosis und spätantiker Geist. I.: Die mythologische Gnosis*, 1934. 자료비평적 질문들에 대해선 다음을 보시오. E. de Faye: *Introduction àlétude du gnosticisme aux IIe et IIIe siècles*. Revue de l'historire des religions, tome 45-46, 1902.

2) A. v. Harnack: *Das Evangelium vom fremden Gott*. 2 Aufl., 1924, p. 13.

3) *Op. cit.*, p. 13 ff.

4) *Op. cit.*, p. 14, n. 1.

5) "영적 지식의 목적은 지성적 인식력의 한계를 넘어서는 지식욕에 의해서 뻔뻔스럽게 제기된 질문들에 대해서 해답을 주는 것이 아니다. 그 목표는 영혼의 구원을 위한 방법과 수단을 보여주는 것이다." W. Anz: *Zur Frage nach dem Ursprung des Gnostizismus*, 1897, p. 24.

6) Clem. Alex., *Excerpta ex Theodoto* lxxviii. 2.

7) 두 가지 종류의 이원론들간의 차이점에 대해선 본서 p. 172를 참고하시오.

8) Hippolytus, *Elenchus* vii. 23.

9) ἐγὼ γάρ φησί, τῶν ἄνωθέν εἰμι. Epiphanius, Panarion **hær.** xxvi. 13, 2.

10) Cf. 본서 p. 175, 181, 189.

11) 이것에 관해선 본서 pp. 198 f.를 참고하시오.

12) Enn. iv. 8, 4.

13) 다른 한편으로 우리는 다음과 같은 예문을 읽게 된다. "그리고 [복음은] 실재하게 되었다. 하지만 아무것도 위로부터 내려오지 않았고 축복된 양자권도 … 그 자리를 떠나지 않았다." Hippolytus, Elenchus vii. 25, 6.

14) Cf. *e.g.* W. Bousset: *Hauptprobleme der Gnosis*, 1907, pp. 323 ff.

15) 드 페(F. de Faye)는 우리가 "영지주의"보다는 일련의 "영지주의들"을 언급해야 한다고 말했다. 그 말은 정당하다. 그러나 본서의 전반부뿐만 아니라 여기서도 우리는 영지주의적 구조의 일반적인 특색들을 다루고 있다. 그러므로 우리는 개별적인 차이점을 무시할 수 있다.

16) … ὡς δύνασθαι δι' αὐτῆς ἀναδραμεῖν, Hippolytus, Elenchus vii. 26, 10; cf. vii. 22, 9.

17) Elench. vii. 27, 8 ff.

18) Elench. v. 12, 6: τὰ ηὲν γάρ, φησίν, ἄνωθέν κατεμηνεγμένα κάτω ἀνελεύσεται δι' αὐτοῦ.

19) Elench. vii. 22, 8.

20) Elench. vii. 22, 16.

21) Origen, Contra Celsum vi. 24-38.

22) Hippolytus, Elenchus v. 23-28.

23) Cf. Origen, Contra Celsum vi. 38. 지난 세기에 켈수스와 오리겐의 뱀숭배파의 도식(Diagram of the Ophites)의 서술을 주제로 하는 여러 가지 해석이 시도되었다. Cf. J. Matter, *Historire critique du gnosticisme*, 1828, vol. ii., pp. 222ff.; R. A. Lipsius,

Über die ophitischen Systeme, II.: Celsus und Origines (Zeitschrift **für** wissenschaftliche Theologie, 1864, pp. 37-57); A. Hilgenfeld, *Die Ketzergeschichte des Urchristenthums*, 1884, pp. 277-283; H. Leisegang, *Die Gnosis*, 1924, pp. 168-174.

여기 실린 그림은 그 다이아그램을 우리의 목적에 맞게 도해한 것이다.

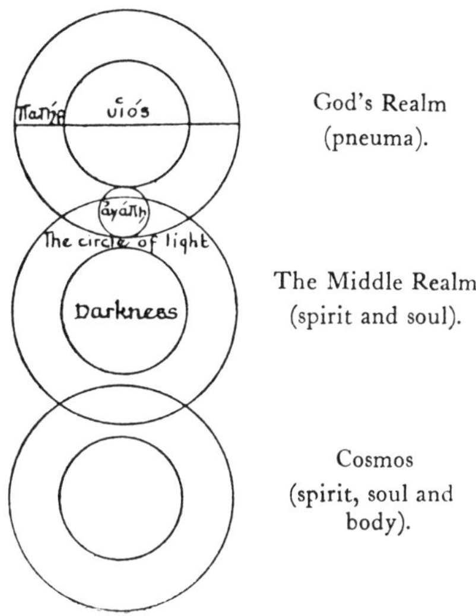

24) Elench. v. 26, 25: ἡ μὲν γὰρ ψυχή ἐστιν Ἐδέμ, τὸ δὲ πνεῦμα Ἐλωείμ, ἑκάτερα ὄντα ἐν πᾶσιν ἀνθρώποις.

25) Elench. v. 26, 21: ⋯ τὸ πνεῦμα τοῦ Ἐλωεὶμ τὸ ὄν ἐν τοῖς ἀνθρώποις.

26) Elench. v. 26, 14: γέγονε δὲ ἡ τῆς κακίας ἀνάγκη ἐκ τοιαύτης τινὸς αἰτίας

27) Elench. v. 26, 19: ⋯ εἴ πως εἰς ἐπιθυμίαν ἐλθὼν ὁ Ἐλωεὶμ κατέλθη πρὸς αὐτήν. Cf. v. 26, 2: ἦλθεν εἰς ἐπιθυμίαν αὐτῆς.

28) Elench. v. 26, 24: ἀναβὰς γὰρ πρὸς τὸν ἀγαθὸν ὁ πατὴρ ὁδὸν ἔδειξε τοῖς ἀναβαίνειν θέλουσιν, ἀποστὰς δὲ τῆς Ἐδέμ ἀρχὴν κακῶν ἐποίησε τῷ πνεύματι τοῦ πατρὸς τῷ ἐν τοῖς ἀνθρώποις.

29) Elench. v. 26, 31 f.: ἐποίησεν αὐτὸν σταυρωθῆναι· ὁ δὲ καταλιπὼν τὸ σῶμα τῆς Ἐδέμ πρὸς τὸ ξύλον, ἀνέγβη πρὸς τὸν ἀγαθόν. εἰπων δὲ τῇ Ἐδέμ γύναι ἀπέχεις σου τὸν υἱόν, τουτέστι τὸν ψυχικὸν ἄνθρωπον καὶ τὸν χοϊκόν, αὐτὸς δὲ εἰς χεῖρας παραθέμενος τὸ πνεῦμα τοῦ πατρός, ἀνῆλθε πρὸς τὸν ἀγαθόν.

30) Elench. vi. 29, 5: φιλέρημος γὰρ οὐκ ἦν. ἀγάπη γαρ, φησιν, ἦν ὅλος, ἡ δὲ ἀγάπη οὐκ ἔστιν ἀγάπη, ἐὰν μὴ ᾖ τὸ ἀγαπώμενον.

31) Elench. vi. 29, 6 ff.

32) Hesiod, Theog. v. 116-133. Cf. Pauli-Wissowa, RE vi., 1909, col. 489: "이러한 의미에서 에로스는 헤시오드의 신계보론(神系譜論, Theogony)은 물론이고 우주발생론들(cosmogonies)에서도 중요한 역할을 수행하였다. 그것은 아마 헤시오드(Hesiod) 이전에 있었을 오르페우스파(Orphics)의 교리들 중 세상의 알에 관한 시(poem) 안에서 특별히 중요한 역할을 하였다. 에로스는 오르페우스주의자들이 파네스(Phanes)라고 부르는 알로부터 튀어나온다."

33) Irenæus, Contra hær. i. 6, 4.

34) Irenæus, Contra hær. i. 6, 2 f.

35) Eusebius, Eccles. hist. iv. 7, 9. "이러한 것들과 일치되게 그들은(즉 카르포크라테스(Carpocrates)의 추종자들은) 자신들의 신비 혹은 자신들의 가증함으로 온전히 들어서기를 원했던 자들에게는 가장 악한 종류의 사악한 일들을 모두 실천하는 것이 필수적이었다고 가르쳤다. 그러한 논리의 근거는 그들이 우주적 능력들[archons]이라고 부르는 것들에 대한 자신들의 의무를 단지 악명높은 행위로써만 이행하여 그 능력들을 벗어날 수 있었다는 점에 있다." 이러한 관점으로부터 고행(ascesis)과 같은 것은 어떤 것이든 본질적으로 거부된다. 그것은 가치있는 것이기는커녕 더욱더 데미우르게(Demiurge)와 아르콘들(Archons)의 능력을 확증한다. Cf. Epiphanius, Panarion hær. xxvi. 5, 8: "그들은 금식하는 자들을 저주하고 금식하는 것은 합법적이 아니라고 말한다. 왜냐하면 금식은 이 에온(æon)을 창조한 아르콘의 일이기 때문이다."

36) Epiphanius, Panarion hær. xxvi. 4, 4: ἀνάστα ποίησον τὴν ἀγάπην μετὰ τοῦ ἀδελφοῦ. 이방인들이 기독교인들을 겨누어 제기하는 불멸성에 대한 혐의들은 비록 그것들이 기독교회가 아닌 영지주의적 분파들에게 적용되었지만 분명히 전적으로 허구적인 것만은 아니었다. 그러나 우리는 이방인이 이러한 구분을 할 수 있었다고 기대할 수 없다. 왜냐하면 영지주의자들도 기독교도라고 주장하였기 때문이다. 영지주의자들은 이교도의 시각에서 기독교를 절충하였고, 이것과 마찬가지로 "사랑의 축제"(agapai)가 기독교회 내에서 평판이 나빠졌던 것도 아마 부분적으론 그들에게 기인할 것이다.

37) Panarion hær. xxvi. 4, 7.

38) Hippolytus, Elench. vi. 19, 5: πᾶσα γῆ γῆ καὶ οὐ διαφέρει ποῦ τις σπείρει, πλὴν ἵνα σπείρῃ, ἀλλὰ καὶ μακαρίζουσιν ἑαυτοὺς ἐπὶ τῇ ξένῃ μίξει, ταύτην εἶναι λέγοντες τὴν τελείαν ἀγάπην. 알렉산드리아의 클레멘트에게서 발췌한 다음 본문도 영지주의자인 바실리데스(Basilides)의 경향을 동일하게 보여준다. "하나님의 로고스라고 불려지는 것의 한 부분으로서 우리는 만유를 위하여 로고스를 구출하기 위해서 우리가 만물들을 사랑해야만 하였다는 것을 이해했다(Stromata IV., cap. xii. 86, 1.). 근원적인 사상은 이것이다. 즉 마치 신적인 씨앗이 하나님의 아가페나 욕망(ἐπιθυμία)에 의하여 더 저등한 실존에 의하여 연합되었고 그럼으로써 인류를 생산하였던 것과 마찬가지로, 인간의 씨앗은 신적인 창조적 능력의 담지자이며 새로운 인간들을 발생시킨다. 바로 그 인간들 안에서 신적인 영

(Pneuma)이 물질과 연합된다. 새로운 인간들을 낳지 못한 채 상실되는 창조력이 더 많을수록 더욱 좋다. 왜냐하면 그것은 이렇게하여 데미우르게의 영역으로부터 구출받으며, 투옥된 영이 해방되어서 신적인 본성으로 돌아가기 때문이다. 다음 문헌들도 참조하시오. Cf. Jude 12-14; Justin, Apol. I. 26, 6 ff. 27. "완전한 아가페"에 대한 개념을 위해선 다음을 참조하시오. Clem. Alex., Strom. VII., cap. xvi. 102, 1.

39) Cf. 본서 p. 50 ff., 175 f.

40) Symposium 181.

41) *Ibid.*

42) Clem. Alex., Strom. III., cap. ii. 10, 1: ··· μελετήσαντας δὲ ἐν τοιαύτη ἀγάπη τὴν κοινωνίαν. Cf. cap. iv. 27, 1: εισιν δ' οἵ τὴν πάνδεμον ''Αφροδίτην κοινωνίαν μυστικὴν ἀνγορεύουσιν ἐν υβρίζοντες καὶ τῷ ὀνόματι.

43) Origen, Contra Celsum VI., cap. xxvii.: ··· λέγοντες θεὸν κατηραυένον τὸν 'Ιουδαίων, τὸν υο ντα καὶ βροντωντα καὶ τοῦδε τοῦ κόσμου δεμιουργὸν καὶ Μωϋσέως καὶ τῆς κατ' αὐτὸν κοσμοπ οἵας θεὸν. "저주받은 하나님" (accursed God)에 대해선 Contra Celsum VI., cap. xxvii.-xxix.를 보시오.

44) Hippolytus, Elench. vii. 25-26.

45) Hippolytus, Elench. v. 19, 21: τὰ ἐν μήτρᾳ μυστήρια μυσερά.

46) Elench. vii: 24, 6: ἦλθε δὲ [τὸ εὐαγγέλιον] ὄντως καὶ ⟨**τοι**⟩ οὐδὲν κατῦλθεν ἄνωθεν οὐδὲ ἐξέστη ἡ μακαρία υἰότης ἐκείνου τοῦ ἀπερινοήτου καὶ μακαρίου οὐκ ὄντος Θεοῦ.

47) **Irenæus**, Contra **hær** i. 24, 4.

48) *Ibid.*

49) Origen, Contra Celsum ii. 33 & 35. 이것에 관해선 Cf. 본서 p. 213, 주3을 참고하시오.

50) **Irenæus**, Contra **hær**. I. 24, 5: "**Animæ** autem solam esse salutem: corpus enim natura corruptibile exisistit."

51) E. de Faye: *Gnostiques et gnosticisme*, 1913, p. 442: "엄격하게 말해서 이 영지주의자들은 기독교의 고유한 것에 대해서 사도적 교부들과 그 시대의 대부분의 기독교인들보다도 더욱 더 정교한 의미를 가지고 있다."

52) Harnack: *History of Domga*, vol. ii., pp. 172 f.

53) Cf. Anders Nygren, *Urkristendom och reformation*, 1932, pp. 88 ff.

54) *Op. cit.*, pp. 11 f.: "전통적인 교의사의 가장 심각한 약점들 중의 하나는 그 분야에서 '구원' 개념이 마치 한 가지 의미만을 가질 수 있는양 다루어지고 있다는 사실에 있다. 우리는 심지어 하르낙과 드 페(de Faye)의 입장에 있는 학자들에게서도 (어떤 특정한 전망은 하나의 강렬한 '구원에 대한 관심'에 의하여 표현된다는) 단순한 주장이 어떻게 이 전망이 기독교의 고유한 성격을 담지할 수 있는가 또는 적어도 기독교에 긴밀하게 연관되어 있다는 것을 증명하는 것으로서 기능할 수 있도록 묵인되는가를 관찰할 수 있다. 그들은 '구원'이 언급된 것을 발견하는데만 만

족하고 '구원'의 내용을 더욱 엄밀하게 분석하려고 수고하지 않는다. 그들은 그 '구원' 개념이 헬레니즘적인 것을 의미하는지 기독교적인 것을 의미하는지, 에로스적 구원론인지 아가페적 구원론인지 발견하려고 애쓰지 않는다. 하지만 이런 방식으로는 그들도 역시 기독교 교의의 발전에 대한 진정한 이해의 가능성을 상실한다. 이것은 실제로 두 개의 상반된 구원관들 간의 갈등에 의해서 강요된다."

　55) Justin, Apol. I. 26, 1: ⋯ ἀνθρώπους τινὰς λέγοντας ἑαυτοὺς εἶναι θεούς. 힐겐펠트(Hilgenfeld)는 다음 구절을 언급한다: "두 사마리아인 마술사들인 시몬(Simon)과 메난더(Menander)와 더불어 시작된 이단은 여전히 자기를 신격화(self-deification)하는 것이다. 최종적으로 폰투스의 마르키온(Marcion of Pontus)에게서 나타난 이단은 창조주를 최고신보다 훨씬 저등한 불완전한 존재로 강등시켰다. 그런데 전자의 신성모독은 그 기초가 남아 있어서 후자도 곧 그 안에 포함되었다"(A. Hilgenfeld, *Die Ketzergeschichte des Urchristenthums*, 1884, p. 23.).

제20장

마르키온의 아가페 유형

제1절 아가페 개념의 재발견

이제까지 우리는 아가페 동기가 사도 이후 시대에 어떻게 그 배경으로 떠밀려갔는지를 살펴 보았다. 영지주의자들 안에서 아가페는 전적으로 에로스에 의해서 찬탈되었다. 변증가들에게서는 아가페가 보존되어 율법주의적 도식에 적용되었다. 그 율법주의적 도식은 아가페가 중대한 영향을 미치지 못하게 만들었다. 그러나 이 시대에 아가페 동기가 강력하게 자신을 주장하고 기독교 해석의 중심이 된 한 사례가 있었다. 이것은 마르키온에게서 일어났다. 마르키온은 초대교회가 이단들 중의 괴수(魁首)라고 여겼던 인물이다.

마르키온에 대한 하르낙의 전공논문은 그를 바울과 어거스틴 사이에 존재한, 비교할 수 없을 만큼 가장 의미있는 종교적 인물로 서술한다.[1] 더 이상의 자격 제한이 없다면, 이런 판단은 아마도 상당한 정도의 과장을 포함하고 있을 것이다. 그러나 특별히 기독교의 사랑 개념의 역사에 관해서라면 아마 바울과 어거스틴 사이에서 마르키온에 비견될 만큼 중요한 인물은 없을 것이다.

변증가들과 영지주의자들로부터 마르키온에게 돌아설 때 받는 첫 인상은 여기서 마침내 누군가가 기독교 교훈이 얼마나 절대적으로 새로운 것인가를 이해하였다는 것이다. 또한 그는 그 새로움이 궁극적으로 무엇인가를 파악한 사람이다. 마르키온은 신의 사랑의 기적을 웅장한 언어로 묘사할 수 있다. 신의 사랑은 절대적으로 새롭고 꿈에도 상상할 수 없는 것으로서 그리스도를 통하여 세상에 들어온다. 경고도 하지 않고, 그것은 위로부터 놀라운 계시로서 온다. "오, 모든 기적들과 황홀과 권세와 경이의 (위에 있는) 기적이여! 그래서 우리는 복음에 대하여 아무것도 말할 수 없고, 아무것도 생각할 수 없으며, 그것을 어떤 것과도 비교할 수 없구나!" (마르키온의 「대립명제들」(*Antithesis*)[2]의 첫 문구로 추정되는 것은 이렇게 시작된다.)

우리를 창조한 하나님과 그리스도 안에서 우리를 구원한 하나님 사이의 대조에 대한 마르키온의 기본 개념은 절대적으로 새로운 기독교적 사랑과 긴밀하게 연관되어 있다. 우리가 살고 있는 세상은 그 조물주의 연약함과 불완전을 분명하게 증거하고 있다. 그것은 조악하고 불순하다. 영지주의자들처럼 마르키온은 그것을 경멸할 뿐이다. 그러나 일반적으로 세상에 관하여 타당한 것은 인간에게도 동일하게 적용된다. (여기서 마르키온은 영지주의와 결별한다.) 육체와 영혼인 인간도 창조주-하나님의 작품이다. 인간의 연약성과 허약함은 그의 조물주가 열등함을 확인하는 증거이다. 게다가 창조주는 율법의 하나님으로서 인간들을 자신의 계명들과 법령들 아래 포로로 억류하고 있다. 이런 상황을 배경으로 위대하고 놀라운 기적이 발생한다. 최고신이 인간들의 불행에 대한 동정심에 사로잡혀서 스스로 그리스도 안에서 그들을 구원하기 위해 하강한다. 자비로운 사랑 안에서 최고신은 자신이 아니라 다른 존재가 창조한 바를 구원하고자 원한다. 넘치는 자비 가운데 그는 다른 존재의 자녀들을 받아들인다[입양한다]. 그는 더 강한 존재이기 때문에 창조주-신을 패배시키고 그의 권한을 박탈하며 그의 압제받던 자녀들을 더 나은 새 고향으로 인도한다.

마르키온이 최고신인 예수 그리스도의 아버지가 창조와 무관하고 우리에게 전혀 낯선 존재라는 생각을 강조하는 이유는 쉽게 이해된다. 그는 아가페에만 관심이 있다. 그가 하나님은 낯선 자라는 것을 강조하면 할수록, 신의 사랑의 기적은 더 위대해지며 하나님의 아가페의 역설도 더 위대해진다. 창조와 구속 사이의 모든 연관성을 거부하는 것은 신적 사랑의 절대적인 "무동기적" 본성을 확언한다는 것을 의미한다. 하나님의 사랑이 자명한 것이라는 생각은 마르키온에게서 가장 동떨어진 것이었다. 이에 반하여, 하나님의 사랑은 상상할 수 있는 가장 위대한 역설이다. 창조주-신의 불쌍한 작품인 인류 안에 최고신의 구원의 개입을 불러일으킬 만한 어떤 것이 있을 수 있겠는가? 그런데 이 소외되고 꼴불견인 다른 존재의 자녀들을 자기 자녀로 입양하는데 무슨 즐거움이나 이득을 얻을 수 있을까? 우리가 원하는 대로 시도해보라. 인간 자신들이나 그들의 조건 속에는 최고신이 그들을 대하는 태도를 설명할 만한 것이 전혀 발견되지 않는다. 그 설명은 오직 최고신 자신 안에, 그의 선함과 자비 안에만 있다. 이것이 그가 인간들에게 관심을 가지는 유일한 이유이다. "선하고 유일한 존재가 자신에게 낯선 이들에게 동정심을 품었다. 그는 그들이 선하거나 악해서 사랑한 것이 아니었다. 오히려 그는 연민을 가지고 그들을 불쌍히 여겼다."[3] 여기에 로마서 5:8의 바울의 사상이 부활한다. 하나님은 "우리가 아직 죄인 되었을 때에" 우리에 대한 그의 사랑을 입증하였다.

마르키온은 두 종류의 사랑의 차이점을 분명히 파악한다. 에로스와 아가페, 즉 소유를 원하는 사랑과 자유로이 주는 사랑은 서로 다르다. 그는 아가페가 욕망($\epsilon\pi\iota\theta\upsilon\mu\acute{\iota}\alpha$)과 전혀 상관없으며 아가페의 성격이 하나님의 자비와 그분의 베푸려는 의지로부터 파생된다는 것을 알았다. 마르키온에게 있어서 최고신의 주요 성격은 그의 비타산적인 선함이다. 최고신은 "궁극적으로 선하며(ultro bonus),"[4] 하나님의 구원은 비타산적인 선이다. 왜냐하면 그것은 본래 그에게 낯설었던 자들에게 베풀어지기 때문이다. 터툴리안은 마르키온 혹은 그의 제자의 입에 다음과 같은 호소 내용을 주입한다.

"오히려 그것은 우리가 아무런 우정의 의무도 없는 원수마저(고로 우리에게 낯선 자들도) 사랑해야 한다는 원리에 입각하여 자발적이며 자유롭게 이방인들에게 흘려진 으뜸가는 완전한 선함이다."[5] 다른 곳에서 그는 다음과 같이 기록하였다. "만약 그리스도가 창조주의 아들이었다면, 그가 자신의 피조물을 사랑하는 것은 마땅한 일이다. 만약 그가 다른 신으로부터 왔다면, 그의 사랑은 엄청난 것이다. 왜냐하면 그는 다른 신에게 속한 존재를 구원하였기 때문이다.[6]

그 상황의 본성상, 마르키온 안에서 발견된 그 생생하고 분명한 아가페 개념은 노모스와 에로스 동기를 공격할 수밖에 없었다. 그러므로 우리는 이 이중적인 반응을 약간 더 엄밀하게 검토해 나가야 한다.

제2절 노모스 동기에 대한 반격

마르키온은 구약을 맹렬하게 반대하였다. 이 점이 그의 사랑에서 가장 탁월한 특색이다. 이 특색은 아가페에 대한 그의 관심과 밀접하게 연관되어 있다. 마르키온은 그리스도를 통하여 주어진 것이 절대적으로 새로운 것임을 확신했다. 그래서 마르키온은 그것이 이전에 사라진 것들과 어떠한 관련을 맺는 것을 불허한다. 그리스도의 복음이 구약 계시의 지속이며 새로운 국면일 뿐이라는 (교회의) 일반적 관점을 취하면, 그리스도를 통해서 주어진 것의 새로움을 가치절하하고 위태롭게 한다. 그것은 낡은 의복에 새로운 조각을 대고 깁는 것이며 새 포도주를 헌 병에다 붓는 것일 것이다(이것들은 누가복음 5:36 이하에서 예수 자신이 비난한 절차이다.). 마르키온은 기독교의 사랑을 노모스 구조에 맞추려는 모든 시도를 거절한다. 그는 아가페 개념만을 원한다.

아가페를 노모스와 에로스와 혼동하도록 만든 것은 성경의 풍유적(諷喩的, allegorical) 해석이었다. 일반적으로 풍유적 해석법(allegorism)과 혼합주의는 (분명한 이유 때문에) 병행하는 것으로 보인다. 풍유적 해석법은 자의적이어서 어떤 것으로도 특정한 것을 의미하도록 만들 수 있다. 윤곽들은 희미해지고 상이한 동기들은 쉽사리 합류한다. 이 방법은 특히 헬라적 유대교(필로) 안에서 발전되었고 영지주의에 의해서 전달되었다. 그러나 변증가들조차 그것을 환영하였다. 그리고 그것 덕분에 전혀 다른 영적 측면들로부터 온 요소들이 연합되었다. 마르키온은 이것에 반대하고 성서의 문자적(文字的) 해석을 요구한다.[7] 그는 기독교가 절대적으로 새로운 것을 가져왔다는 것을 깨달았다. 그래서 마르키온은 그 새로운 것의 내용과 독특성을 결정하는 시도를 하여야만 했다. 그러나 이 목적을 위해선 풍유적 해석법이 아무 가치가 없었다. 풍유적 해석법은 단어들을 기독교에 만족스러운 의미로 해석하고 그 구분들을 말소해버릴 수 있기 때문이다. 모든 것이 있는 그대로 있게 하는 것이 가장 중요하였다.

이런 관점에서 마르키온은 구약 안에서 전혀 비기독교적인 정신을 발견한다. 그것은 아가페의 정신이 아니라 노모스의 정신이었다. 그리스도의 교훈은 '이방인들'에게 보여준 최고신의 자발적인 사랑과 자비에 의해서 특징지어진다. 그것은 동기를 갖지도 않으며 계산될 수도 없는 것이다. 반면에 구약에서는 신과 인간 사이의 관계가 응보(retribution) 즉 보상과 형벌의 개념에 의해서 지배된다. 마르키온은 구약 그 자체를 반대하기보다 그것이 기독교적 영역으로 침입하는 것을 반대했다. 우리는 이 점을 주목해야 한다. 그리스도를 통한 계시 이전에 구약은 인간이 지녔던 모든 것이었다. 최고신은 여전히 알려지지 않았고, 인간은 단지 창조주 즉 이 세계의 신만을 알 수 있었다. 그러나 이젠 최고신으로부터 교훈이 도달했으므로, 모든 옛것들은 지나갔다. 우리는 더 이상 그것에 어떤 형태로든 집착해서는 안된다.

옛것에 대한 우리의 관계는 조정의 관계가 아니라 갈등의 관계이다. 그것은 서로 다른 두 단계들이 있어서 그것들 중의 초기 단계가 후기 단계에 포함되어서 그 안에서 생존한다는 것을 의미하지 않는다. 오히려 그들의 관계는 순수하게 대조적이다. 마르키온의 주요 작품은 「대립명제들」(*Antitheses*)로 명명되었다. 이것은 매우 의미심장하다. 그 작품은 주로 구약과 신약의 내용이 대립적으로 병치되도록 구조화되었을 것이다.[8] 그러나 마르키온은 자신의 구분을 신약성서에도 이끌어 들였다. 마르키온은 신약성서 중에서 유대주의화 경향을 지닌 부가물들로 간주되는 것들을 제거하고 10개의 바울 서신들과 누가복음만을 진정한 기독교적 문서들로 인정하였다. 마르키온은 이 작품들에서 특히 "율법"에 대한 바울의 공격에서 복음과 율법의 대조를 발견하였다. 그 대조가 바로 기독교에 대한 그의 전반적 해석의 기초였던 것이다.[9] 그래서 구약의 하나님과 신약의 하나님은 "의로운 하나님"(ὁ δίκαιος Θεός)과 "좋으신 하나님"(ὁ ἀγαθός Θεός)으로서, 율법의 하나님과 사랑의 하나님으로서 서로 대립한다.[10] 그런데 "어떤 사람도 두 주인들을 섬길 수 없다."[11] 우리는 율법의 하나님인 창조주에 대한 신앙과 복종을 거부해야 한다. 대신에 우리는 전적으로 "좋으신 하나님"에게만 우리 자신을 맡겨야만 한다. 율법의 시대는 돌이킬 수 없이 지나가 버렸고, 사랑의 법칙과 함께 복음의 시대가 입성하였다. 그렇다면 구약은 사라질지어다! 그리고 "눈에는 눈에로, 이에는 이로!"라고 하는 그것의 열등한 윤리적 원리도 사라질지어다. 기독교에는 오직 사랑의 원리만이 타당하다.

제3절 에로스 동기에 대한 반격

마르키온은 구약에 반대했다. 그래서 그는 영지주의자들과 공동전선을 펼 수 있었다. 창조주와 유대인의 하나님에 반대하는 주장들은 대개 영지주의에서 친밀하게 발견되는 것들이다. 그러므로 교부들이 마르키온을 순수하고 단순한 영지주의자라고 간주하였던 것은 놀랄만한 일이 아니다. 그러나 보다 최근의 연구는 그러한 견해가 마르키온에겐 부당한 것임을 분명히 증명하였다. 특히 하르낙의 연구가 그렇다. 이러한 사실은 영지주의의 에로스 동기에 대한 마르키온의 태도에 의해서 더욱더 확인된다. 에로스 동기는 영지주의의 근본적인 종교적 동기였으며, 마르키온은 이것에 대해서도 강하게 반대하였다.

영지주의에서처럼 마르키온에게 있어서도 모든 것은 궁극적으로 구원 문제에 따라 결정된다. 그러나 영지주의자들과 달리 마르키온은 엄격하게 구원의 방법이라고 부를 수 있는 것을 갖지 않는다. 동시에 이것은 마르키온이 영지주의자들로부터 전적으로 일탈했다는 것을 가리킨다. 영지주의적 구원 이론은 두 가지 사상을 포함하고 있다. (1) 하나님은 미지(未知)의 존재(Unknown)이다. 그분은 머나먼 초월의 보좌에 앉아 있고 우리 세계와 직접적인 연관이 전혀 없다. 그리고 이 세계 안에는 그를 증거하는 것이 하나도 없다. (2) 그러나 그는 우리에게 낯선 존재가 아니며, 우리도 그에게 낯선 자들이 아니다.[12] 우리들은 그의 자손이며, 신적인 본질이 우리 안에 내재되어 있다. 영지주의적 구원 이론은 우리 안의 신적인 것이 위에 있는 그것의 원천으로 되돌아갈 수 있게 하는 구원의 방법을 서술하는 것을 의미한다. 영지주의적 전망은 이 두 개념들의 종합에 의지하여 그 독특성을 끌어온다. 즉 하나님은 우리에게 미지의 존재(the Unknown)이며 절대적 타자이다. "마르키온파 교회가 존속하던 수백년 동안, 마르키온주의자들이 사용했던 모든 언어 속에서 '그 타자'는 그들의 신에 대한 적절한 이름으로 남아 있었다. 반대로 하나님의 관점에서 보면, 인간들도 '낯선 자들'이었다. 그럼에도 불구하고 그들이 함께 만났고 그 이방인들이 하나님의 자녀가 되었다는 것은 이 종교의 커다란 신비로서 인정되었다."[13]

이런 기초 위에서 마르키온은 영지주의가 신봉하는 기본교리들을 가장 예리하게 비판하였다. 그의 주장에 의하면, 우리 내면의 존재가 다른 세계로부터 파생되어 온다고 말하는 것은 오류이다. 우리는 창조주의 작품이지 최고신의 작품은 아니다. 우리 안에는 어떤 신적인 불꽃도 없다. 심지어 우리가 소유하는 바 최고의 것도 데미우르게로부터 온다. 그러므로 우리는 영지주의자들처럼 인간을 이 세상 속에서의 이방인이요 여행자라고 부를 수 없고 육신을 영의 감옥이라고 말할 수 없다. 인간의 고향은 세상 안에 있다. 인간은 본성상 전적으로 세상에 속하기 때문이다. 마찬가지로 그리스도가 "그 자신의 소유영역으로 왔다"고 말하는 것도 부적절하다. 그리스도는 그 자신의 세상에 온 것이 아니라 자신에게 낯선 자들을 향하여 왔다. 그들은 그리스도의 계시에 의해서만 더 고상한 세계와 그들의 새 고향에 대한 어떤 지식이라도 얻을 수 있었다. 영지주의자들도 계시에 대해 말하면서 오직 위로부터 나오는 교훈을 통해서만 우리가 더 고상한 세계에 대해 어떤 것을 알고 있다고 말할 수 있게 되었다. 그러나 이 점에서 영지주의자들과 마르키온 사이의 차이점은 명백하다. 우리는 영지주의자들의 외적인 계시를 산소에 비교할 수 있다. 산소는 재 아래 감춰진 신적인 섬광이 완전한 화염으로 폭발하도록 활용되어야만 한다. 그 계시는 실제로 아무런 새로운 것도 가져오지 않지만, 우리 안에 이미 잠재적으로 존재하던 것을 현실화할 수 있다. 그 수단에 의하여, 우리 안의 신적인 것이 활력 있게 된다. 마르키온의 상황은 매우 다르다. 계시의 기능은 졸고 있는 능력들과 가능성들을 단순히 일깨우는 것이 아니라 실제로 새로운 어떤 것을 가져온다. 만약 영지주의 구원이론이 자기구원과 하나님으로부터 오는 구원을 종합하려고 한다면, 마르키온은 구원을 전적으로 하나님의 사역으로만 만들고자 한다. 그리고 그는 하나님의 구원에 대해서 인간 안에 어떤 접촉점이 있다는 모든 사상을 거부함으로써 이것을 보장한다고 생각한다.

제4절 아가페 개념의 한계

앞의 설명은 마르키온이 어떤 한계도 허용하지 않은 채 완전한 아가페 복음을 선포하였다는 암시를 줄런지도 모른다. 그의 "낯선 신"에 대한 가르침은 구약과 헬레니즘, 에로스와 노모스에 모두 반대하였다. 둘 중 어떤 것도 비타산적인 신의 사랑을 위한 여지를 전혀 남겨두지 않는다. 마르키온은 그 두 경우에 있어서 구원의 역설이 상실된다고 보았다. 구원은 그저 당위적인 것이라는 인상을 준다. 헬레니즘이 가르치듯이, 인간이 하나님과 유사하거나 어쩌면 실제로 약간의 신성(Deity) 그 자체라면, 모든 것 중에서 가장 자연스러운 것이 구원일 것이다. 결국 신성은 단순히 자신을 구원하는 하나님이다. 그리고 구약이 가르치듯이, 인간이 사실 하나님과 유사하지 않지만 하나님의 피조물이라 하더라도 차이점은 별로 없다. 왜냐하면 하나님은 자신의 손으로 지은 피조물들을 보살펴줄 의무가 있기 때문이다.

이 두 견해에 반대하여 마르키온은 자신의 "낯선 신"(Stranger God)을 선포한다. 하나님은 혈연과 본성적 유사성의 연대나 창조와 부성(fatherhood)의 연대에 의해서 전혀 구속받지 않으신다. 그가 인간을 구원하기 위하여 그리스도 안에서 하강하실 때, 그는 순수한 자비로부터, 인간의 불행에 대한 동정심으로부터 그렇게 하신다. 그는 자기 자녀가 아닌 전혀 낯선 자들을 자기에게로 취하신다. 그는 자신의 피조물이 아닌 열등한 창조주-신의 피조물들을 돌보신다. 마르키온 자신의 말을 회상하자면, 하나님은 "궁극적으로 선하시다(ultro bonus)." 하나님은 자신의 본성이 자기를 움직일 때 자유롭게 대가없이 주신다. 그의 사랑의 의지는 복음 안에서만 표현되고 다른 곳에서는 표현되지 않는다. 아가페를 선포하는 사람에게 더 이상 무엇이 요구될 수 있는가?

그러나 이것은 단지 문제의 일면에 불과하다. 마르키온의 아가페 교훈은 매우 분명한 한계 때문에 고초를 겪는다. 그런데 그 한계점들은 매우 중요하고 방대한 영향력을 가졌다. 그러므로 우리는 먼저 마르키온이 실제로 아가페를 선포하였는가를 질문해야 한다.

먼저 우리는 초대교회의 창조, 성육신, "육신의 부활"이라는 세 가지 근본 교의들에 대한 마르키온의 태도를 살펴볼 수 있다. 그는 각각의 교의들에 대해서 결정적으로 헬라적 관점을 취한다.

1. 이것은 창조의 측면에서 매우 분명하다. 마르키온의 기본적인 교의들 중의 하나는 최고신 즉 예수 그리스도의 아버지가 우리의 천지의 창조주가 아니며 본래는 창조사역과 아무 상관도 없다는 것이다. 이 점에 있어서 마르키온은 원시기독교의 전통과 불일치하고 영지주의와 완전히 찬성한다. 그리고 그의 사상의 근저에는 헬라적인 영과 물질의 이원론과 그것에 상응하는 죄 개념이 있다. 우리가 이미 살펴본 것처럼, 그는 이 이원론을 적용하여 더 심오한 아가페 개념을 분명하게 산출해낸다. 하나님의 친자녀들이 아닌 이방인들(strangers)에게 그분의 사랑이 베풀어질 때, 그 사랑은 훨씬 더 위대하고 더 순수하다. 그러나 마르키온은 이렇게 함으로써 창조가 하나님 자신의 사역임을 부인하였다. 그리하여 마르키온은 아가페 개념

을 벗어났고 아가페로부터 그 참된 요점을 제거했다.

이 사실을 발견하는 것은 그리 어렵지 않다. 마르키온은 신약성경이 "죄인들"이라고 말한 곳에서 "이방인들"을 말한다. 그는 하나님이 인간에 대하여 아무런 의무도 없다는 것을 주장하려고 하였다. 그러나 그 경우에는 인간도 하나님께 대하여 아무런 의무가 없다. 인간은 하나님에게 낯선 존재다. 하지만 이것은 하나님께 무제한적인 의무를 지고 있는 인간이 자기 생명과 자신의 모든 소유를 주신 일자(the One)로부터 스스로 유리되었다는 것을 함축하지 않는다. 원시기독교의 아가페 개념의 전체 논점은 하나님이 사랑한 자들은 죄인들이란 점이다. 즉 그들은 불순종과 반역으로 하나님을 떠났던 자들이다. 마르키온의 헬라적 창조 개념은 여기까지 올 수 없었다. 전반적으로 마르키온의 마지막 말은 하나님의 사랑의 대상이 "이방인들"이라는 것이다. 그러므로 마르키온에게 있어서 하나님의 사랑이 그 대상 안에서 극복해야 하는 주요 장애물은 가치의 결핍 즉 하나님과의 유사성(kinship)의 결핍이다.

반대로 원시기독교에 있어서 신적 아가페는 하나님에게 대항한 죄와 반역의 긍정적인 무가치를 극복해야 한다. 그 경우의 특성상, 처음부터 하나님에게 낯선 자보다는 불복종에 의해서 하나님과 자신의 연대를 깨뜨린 자가 하나님께 훨씬 더 낯선 자이다. 이 후자만이 신적 "의무"(ought) 아래 있으며, 오직 그만이 이 명령(즉 의무적인 신적 의지)을 불순종함으로써 가장 심오한 의미에서 하나님께 낯선 자가 될 수 있다. 원시기독교에 있어서 인간과 하나님을 서로 분리시키는 것은 인간의 범죄(guilt)이다. 하지만 마르키온에게는 불행(misery)이 분리시키는 것이다. 그래서 마르키온은 원시기독교의 교훈의 궁극적 함축성을 결단코 실감하지 못한다. 원시기독교에게 있어서 하나님의 사랑이란 단순한 인간 불행에 대한 동정심만이 아니라 일차적으로 모든 죄와 오류를 극복하는 친교에 대한 의지도 되기 때문이다. 마르키온이 이것을 파악하는데 실패한 것은 그의 사랑관에 어떤 감상적인 기미를 띠게 한다. 사랑과 심판의 개념들은 서로 고립되어 있으며, 심판은 저등한 신의 영역으로 분류된다. 그래서 아가페 개념은 보편적인 이타주의로 환원된다. 마르키온의 체계에서 분명하게 입증된 것은 창조와 심판의 개념이 분리되면 처음엔 이것이 아가페 개념을 확증하는 길처럼 보일지라도 실제로 그 결과는 아가페를 침해하게 된다는 것이다.[14]

2. 마르키온이 원시기독교의 창조신앙을 거부한 것이 그의 헬라적 경향을 드러낸다면, 그가 성육신 사상을 거부한 것도 마찬가지다. 아마 원시기독교는 그 어떤 곳보다 이 개념에서 아가페 동기에 관심을 집중시켰을 것이다. 하나님은 스스로 그리스도 안에서 우리에게 오셔서 우리 가운데 거하시고 우리를 위하여 십자가 상에서 자신을 죽음에 내어주셨다. 기독교는 항상 이것을 가장 위대한 하나님의 사랑의 행위로 간주했다. 원시기독교에 있어서 다른 모든 것은 이것의 무오류한 실재성(reality)에 의존하였다. 즉 하나님의 아들은 실제로(really) "육신이 되셨고" 십자가 상에서 실제로 죽음을 당하셨다.[15] 그리고 이것은 하나님 사랑 문제에 긴밀한 영향을 미친다. 왜냐하면 그것이 사실일 때만 진정한(real) 신적 사랑이 그리스도의 생애와 죽음 가운데 계시되기 때문이다. 영들은 이 평가기준에 의해서 심사를 받는다.

헬레니즘-영지주의적 사상은 하나님이 이런 방식으로 강림하여 실제로 자신을 "비워서" 주신다는 것을 부당하다고 생각한다. 성육신과 십자가상의 죽음은 단지 외견상의 것이며, 실재로 신적인 본성은 건드려지지 않았다고 생각할 수 있다. 그러나 다시 원시기독교에 의하면, 바로 이 외견상의 모습(apparency)이 하나님에게는 가장 부당한 것이다. 하나님이 성자의 성육신과 희생을 통하여 우리에 대한 자신의 사랑을 증명하였을 때 우리가 성육신과 십자가상의 죽음에서 외견상(apparent)의 사건들만 보겠다고 고집한다면, 우리는 신의 본성 자체를 비난하는 것이다. 하나님의 사랑이 외견상의 것이 아니라 실재인 것처럼 성육신과 십자가 희생은 확실한 실재들이다.

처음부터 기독교는 헬레니즘의 영향을 받은 가현적(docetic) 견해들에 반대하여 방어해야만 했다. "사랑하는 자들아, 영을 다 믿지 말고 그 영들이 하나님께 속하였나 시험하라. 왜냐하면 많은 거짓 선지자가 세상에 나왔기 때문이다. 하나님의 영은 이것으로 알지니, 곧 예수 그리스도께서 육체적으로 오신 것을 고백하는 모든 영은 하나님께 속한 것이요, 예수를 시인하지 아니하는 영은 모두 하나님께 속한 것이 아니다."[16]

이 논쟁점에 관하여 마르키온은 뚜렷하게 헬레니즘-영지주의적 관점의 편을 든다. 그의 기독론은 현저하게 가현적이어서 실질적인 성육신 개념의 여지를 전혀 남겨두지 않는다. 첫눈에는 이것이 비논리적으로 보인다. 그는 어떻게 선하신 하나님이 자신의 연민적인 사랑 가운데 우리에게 내려오셔서 우리의 사연을 들어주셨는지를 보여주고자 한다. 그러면 대개는 진정한 성육신보다 그의 목적을 더 잘 이룰 수 있는 것은 아무것도 없다고 생각할 것이다. 그러나 사실 그의 가현설(docetism)과 성육신 부정은 그의 전반적인 전망의 불가피한 결과이다. 그리고 이것은 역으로 그의 아가페 개념과 그 한계점들을 조명한다. 만약 최고신이 물질세계와 아무 관계가 없다면. 우리가 그 물질계로부터 놓임받는 데 구원이 있다면. 당연히 인류의 구원자는 이 세상과 어떠한 실제적 인연도 맺어서는 안된다. 어떻게 최고신의 아들이 인간 생명의 조건들로 자신을 더럽힐 수 있는가? 만약 그가 그렇게 하였다면, 우리를 창조주로부터 구원해 내야 할 그가 스스로 창조주의 지배 아래에 떨어진 것이다.

이런 이유에서 마르키온은 요한신학적인 "육화"($\sigma\acute{\alpha}\rho\xi\ \dot{\epsilon}\gamma\acute{\epsilon}\nu\epsilon\tau o$) 개념에 이의를 제기하는 것이 주요 임무라고 느꼈다. 최고신의 아들은 육신이 되지 않았다. 그가 "인간과 같은 생김새(fashion)로 발견되었"(빌 2:7)을 때, 어떤 물질적인 것도 그에게 덧붙여지지 않았다. 외적인 모습으로 말하자면, 그는 다른 여느 사람과 같았다. 그러나 단지 외형상으로만 그랬다. 그의 외형은 단지 환영($\phi\acute{\alpha}\nu\tau\alpha\sigma\mu\alpha$)에 불과했다. 마르키온에 대한 교회의 비판자들이 주장하듯이, 그가 이것으로부터 얼마나 심한 결론을 도출하였는지는 분명하게 결정할 수 없다. 그는 일군의 영지주의적 분파들과 똑같이 예수의 고난도 단순히 외적인 것이라고 결론을 내렸다.[17] 그럼에도 불구하고 그는 바울이 보았던 십자가의 아가페를 제대로 이해할 수 없었다. 이것은 명백한 사실이다.

3. 창조와 성육신에서처럼 "육신의 부활"에서도, 다시 마르키온은 예상했던 대로 널리 유행하던 헬라적-영지주의적 관점을 취하여 육(肉)의 부활 개념을 전적으로 거부한다. 그의 헬레니즘은 다른 어떤 논점보다 이 논점에서 더욱 더 현저하다. 왜냐하면 (우리 생각에는) 그가 자신의 특별한 전제의 관점에서 다른 태도를 취할 수도 있었기 때문이다. 영지주의자들은 구원이 인간 내면의 신적인 핵심이 그 천상의 기원으로 귀환하는 것이라는 사상을 가졌다. 그렇기 때문에 영지주의는 그 당연한 결론으로서 육의 부활에 대한 신앙을 거부해야만 하였다. 그들에게 있어서 몸의 본성은 사멸하는 것이고 영의 본성은 구원받아야 하는 것이었다.[18] 하지만 마르키온에게는 사정이 다르다. 구원은 인간 존재의 어떤 일부에게도 자연스런 운명이 아니다. 그것은 역설이며, 외적 원천 즉 최고신으로부터 온 사랑의 행위이다. 영혼은 육신보다 우월하지 않다. 왜냐하면 그것들은 모두 데미우르게의 작품들이어서 둘 다 무가치하고 열등하기 때문이다.

그래서 마르키온은 그의 비판자들이 그에게 던지는 바로 그 질문을 끌어 온다. "만약 이 구원의 반감(半減)이 선의 실패로부터가 아니면 이제 어디로부터 오는가? 전인(全人)을 구원으로 회복하는 것보다 더 낮게 완전한 선을 증명할 수 있는 것이 무엇이겠는가? 창조주에 의해서 전적으로 저주받은 그는 가장 자비로우신 하나님에 의해서 전적으로 회복되어야 했다."[19] 이렇게 말했음에도 불구하고 마르키온은 "육의 부활"에 귀기울이지 않고 구원을 영혼에만 제한했다. 이것은 결국 그가 얼마나 확고하게 헬레니즘의 토양에 뿌리박고 있는가를 보여줄 뿐이다. 신체적 실존은 무(無)나 악(惡)을 수반하는 물질에 얽매여 있다. 그래서 마르키온은 육의 부활이란 사상을 고려할 수조차 없었다. 그리고 대단히 금욕적인 그의 윤리는 마찬가지로 동일한 방향을 지적한다.[20]

제5절 기독교적 사랑 개념에 있어서 마르키온의 의미

우리의 마지막 질문은 기독교의 사랑 개념의 역사에서 마르키온의 중요성에 관한 것이다. 그 해답은 우리가 살펴본 그의 사상의 이중적 경향에 부응하여 이중적이어야 한다. 마르키온은 2세기의 다른 어떤 신학자보다도 사랑을 기독교의 중심으로 만들었다. 그는 그 어떤 사람보다 하나님이 사랑이고 사랑 이외의 어떤 것도 아니라고 선포하였다. 바로 그 점에 있어서 기독교는 절대적으로 새롭다. 그리고 그는 두 전선에서 갈등을 겪으면서 그것을 주장하려 했다. 즉 그는 구약성경의 율법주의(nomism)와 헬레니즘의 에로스 경건에 투쟁하였다. 우리가 창조, 성육신, 육의 부활에 관한 헬라적 개념들에 대한 그의 의존으로부터 보았듯이, 그는 두번째 전선에서 덜 일관되긴 하였지만, 아가페 자체를 배후에 내버려두는 그런 방식으로 노모스에 대항하여 전투를 벌인다. 그의 주요 목표는 율법을 복음으로부터 분리시키는 것이다. 즉 "율법과 복음의 분리가 마르키온의 일차적인 주요한 작업이다"(separatio legis et euangeli proprium et principale opus est Marcionis). 그리고 이것은 그의 기독교 해석에 있어서 중요한 것이다.

이런 점에서 마르키온은 자신의 동시대인들 중의 그 누구보다도 훨씬 더 예리한 통찰력을 보여준다. 그는 기독교에서 하나님과의 친교는 본질적으로 율법이 아니라 사랑에 의해서 규정된다고 본다. 바울처럼 마르키온은 율법의 길이 구원의 방법이 아님을 알고 있다. 율법 그 자체는 진부하며 그리스도를 통하여 폐지되었다. 그리고 나서 그는 율법에 대한 더 이상의 논의가 전혀 없어야 한다고 결론을 내린다. 다른 말로 하면 마르키온은 아가페를 현존하는 가치들의 재평가(transvaluation)로부터 영구적인 새 가치 체계로 변형시키려고 시도하였다. 이 시도는 우리가 앞에서(42쪽 이하에서) 보았던 것처럼 아가페를 파괴함으로써만 끝날 수 있다. "율법을 통하여 죄에 대한 지식이 나타난다"(로마서 3:20). 그리고 하나님의 사랑의 깊이는 죄의 배경에 비추어볼 때만 비로소 진정한 아가페의 역설로서 드러난다. 문제의 이러한 측면을 놓치면, 아가페 사상은 불가피하게 약화된다. 죄용서의 복음은 상실되고 단지 "불쌍한 영혼의 복음"(das Evangelium der armen Seele)만이 남는다.[21]

그래서 아가페 동기의 관점에서도 2세기의 교회 신학자들은 마르키온의 기독교 해석에 반대해야 할 이유가 있었다. 그들은 곧바로 마르키온의 해석이 축약되고 약화된 각색이라고 느꼈다. 본질적인 어떤 것이 생략되었다.[22] 그리고 교회적 신학자들은 이미 형성되기 시작했던 교회전통을 지지하였다. 마르키온이 창조, 성육신 및 육의 부활을 거부하자마자 곧 그는 이상한 기독교를 선포한다는 평가를 받았다. 그는 초대교회가 가장 민감하게 느끼고 있는 관점을 공격하고 있었다. 그래서 그는 모든 이단들 중에서 가장 위험한 자, 이단의 괴수(arch-heretic), "악마의 주둥아리," "사탄의 장자"(first-born)라는 명성을 구축하였다.[23] 마르키온주의는 외적으로도 오랫동안 교회를 심각하게 위협하였다. A.D. 144년 정통교회로부터 분리한 후에 단순한 분파를 형성하는 것에 만족하지 못한 마르키온은 자기 자신의 교회를 세웠다. 이 교회는 단기간에 급성장하여 150년경에 순교자 저스틴(Justin Martyr)이 "그것[마르키온의 교회]은 전 세계 인류에게 퍼져 나갔다."기록할 정도였다.[24] 교회가 그 이단을 공격할 때 보여준 열심을 보면 상황의 심각성이 가장 잘 반영되어 있었다. 아리우스 이전의 어떤 이단도 마르키온처럼 그렇게 포괄적인 명성의 대상이 된 적이 거의 없었다.[25]

마르키온이 이처럼 이단의 괴수가 된 것은 기독교의 사랑 개념의 후기 역사에 있어서 불운한 것이었다. 그의 교훈의 위험들은 지적되었지만, 그것들에 대한 가장 심오한 이유는 보여지지 않았다. 결과적으로 교회의 논증은 부분적으로 아가페 개념 자체를 반대하는 방향으로 전개되었다. 아가페 동기에 부적절한 확증을 부여하려는 어떤 견해도 의혹의 대상이 되었다. 그리고 신의 사랑에 노모스 동기로부터 온 요소들을 첨가하여 신적 사랑을 완화하는 것이 필요하다고 느껴졌다. 마르키온은 의로운 하나님과 좋으신 하나님 사이의 양자택일을 제안하였고, 그것을 노모스와 아가페 사이의 양자택일과 동일시했다. 교회는 그 문제에 대한 그의 주장을 심의하지도 않은 채 공격에 나서서, 여기에는 "양자택일"(Either-Or)이 아니라 "양자혼재"(Both-And)가 있다고 주장한다. 하나님은 선하시고 의로우신 분이다. 하나님이 사랑만이라고 말하는 것은 잘못이다. 우리는 그분을 사랑이라고 묘사하면서 그분이 의로우신 분도(also) 되신다고 하는 구원의 항목을 첨가해야 한다. 하나님과의 친교는 아가페에 의해서만 결정되지 않고 노모스에 의해서도(also) 결정된다.

그것을 약간 강하게 표현한다면, 마르키온을 둘러싼 갈등의 역사는 기독교의 근본동기인 아가페 동기 자체가 어떻게 이단이 되었는가를 어느 정도 보여주는 이야기이다. 그 결과로서 아가페 개념은 일반적으로 기독교의 중심에서 자기주장을 시도할 수 없었고, 창조, 성육신, 육의 부활과 같은 세 교리들의 영역에서 피난처를 찾아야 하였다. 그 논쟁의 직접적인 결과는 의심의 여지 없이 노모스 동기를 강화하는 것이었다. 마르키온이 구약성경을 공격하였기 때문에 교회 내에서 노모스 동기에게 한층 더한 기회가 부여되었다.

주

1) Harnack: *Marcion*, 2 Aufl., 1924, p. 20.

2) Harnack: *op. cit.*, pp. 74 f., 87, 94, 256.

3) Adamantius, Dialogue I. 3: Συνεπάθησεν ὁ ἀγαθὸς ἀλλοτρίοις ὡς ἁμαρτωλοῖς· οὔτε ὡς ἀγαθῶν οὔτε ὡς κακῶν ἐπεθύμησεν αὐτῶν, ἀλλὰ σπλαγχνισθεὶς ἠλέησεν. Harnack: *op. cit.*, Beilage V. (8), p. 264.에서 재인용.

4) Tertullian, Adv. marcionem iv. 36.

5) Tert., *op. cit.*, I. 23: "Scio dicturos atquin hanc esse principalem et perfectam bonitatem, cum sine ullo debito familiaritatis in extraneos voluntaria et libera effundatur, secundum quam inimicos quoque nostros et hoc nomine iam extraneos diligere iubeamur."

6) Tert., De carne Christi iv.: "Si Christus creatoris est, suum merito amavit; si ab alio deo est, magis adamavit, quando alienum redemit."

7) 이에 대한 증거는 Harnack, *op. cit.*, p. 260.[*]을 참고하시오.

8) Harnack, *op. cit.*, p. 256[*] ff. (Beilage V.: Die Antithesen Marcions)

9) Tert., Adv. marcionem I. 19.: "Separatio legis et euangelii proprium et pricipale opus est Marcionis."

10) Harnack, *op. cit.*, p. 262[*] f.

11) Luke xvi. 13; cf. Harnack, *op. cit.*, p. 260.[*]

12) 그러나 "알려지지 않은 자"(the Unknown)와 "낯선 자"(the Stranger) 사이의 구분은 엄밀하게 모든 곳에서 관찰되지는 않는다는 것을 주의해야 한다. 그래서 예

를 들면 "이상한(낯선) 삶"에서의 '이상한'이라는 단어는 만다야교(Mandæan, 티그리스와 유프라테스 저지대에 있었던 영지주의의 일파 - 역주) 문학에서 동일한 의미로 사용된다. 영지주의도 "알지 못하는 신"(the *Unknown God*)이란 표현을 동일한 의미로 사용한다. Cf. H. Jonas: *Gnosis und spätantiker Geist*, I., 1934, p. 96.

13) Harnack, *op. cit.*, pp. 118 f.

14) "사랑과 심판"에 대해선 다음을 참고하시오. Cf. 본서 p. 103 ff. 마르키온에 대한 하르낙의 해석에서 최대의 약점은 그가 마르키온의 기독교 해석 안에 있는 이러한 한계를 파악하는 데 실패했다는 점이다. 그래서 그는 마르키온의 사랑 개념이 기독교적 개념을 적절하게 표현하고 있다고 인정한다. 분명히 이것은 기독교의 사랑 개념에 대한 하르낙 자신의 해석에 기인한다. 그의 해석은 리츨(Ritschl)의 입장에 의존하고 있다. 그 결과 그는 잘못된 시각에서 마르키온을 보게 되었다.

15) "실제로"(참으로, ἀληθῶς)라는 말이 반복되는 부분을 위해서 다음을 참고하시오. Cf. Ign. ad Trall. ix. "그러므로 누구든지 실제로 태어났고, 음식을 먹었고 음료를 마셨으며, 실제로 본디오 빌라도에게서 핍박을 당했으며 실제로 십자가에 박혀서 죽었으며 또한 실제로 죽은 자들로부터 부활하였던 예수 그리스도와 동떨어져서 당신에게 말하거든 귀머거리가 되시오[듣지 마시오]. 그분이 없이는 우리는 어떤 참된 [실제적인, real] 생명도 갖지 못한다."

16) 요한일서 4장 1절 이하. 요한일서에서는 아가페 개념과 성육신 개념이 두드러지게 서로 뒤섞여 있다. 서신 전체가 이원론적 사상에 의하여 지배되고 있다.

(1) "사랑하는 자마다 모두 하나님께로 나서 … 이는 하나님은 사랑이심이라"(요일 4:7 이하).

(2) "예수 그리스도께서 육체로 오신 것을 시인하는 영마다 하나님께 속한 것이요"(요일 4:2)

그러나 이 두 개념들은 분리되어서 고립된 채 다루어지지 않고 매우 쉽게 서로 뒤섞여 있다. 왜냐하면 둘 다 하나의 동일한 관심을 나타내며 근본적으로 동일한 것을 표현하기 때문이다. 그 둘 사이의 상호의존은 다음과 같이 제시될 수 있다.

요일 1:1 (성육신) "태초부터 있는 생명의 말씀에 관하여는 우리가 들은 바요, 눈으로 본 바요, 주목하고 우리 손으로 만진 바라."

요일 2:5 (아가페) "누구든지 그분의 말씀을 지키는 자는 하나님의 사랑이 참으로 그 속에서 온전케 되었다. 이로써 우리는 우리가 그분 안에 있는 줄을 아노라."

요일 2:22 (성육신) "예수께서 그리스도이심을 부인하는 자가 거짓말하는 자가 아니뇨?"

요일 3:10 이하 (아가페) "여기에 하나님의 자녀들과 마귀의 자녀들이 나타난다. 무릇 의를 행치 아니하는 자나 그 형제를 사랑치 아니하는 자는 누구든지 하나님께 속하지 아니하니라. … 우리는 형제를 사랑하기 때문에 사망에서 옮겨 생명으로 들어간 것을 안다."

요일 3:16 (성육신-십자가-아가페) "이럼으로써 우리는 사랑을 안다. 왜냐하면 그가 우리를 위하여 목숨을 버리셨기 때문이다. 그리고 우리는 우리의 형제들을 위하여 우리의 목숨을 버려야만 한다."

요일 3:23 (성육신-아가페) "그의 계명은 이것이니, 곧 그 아들 예수 그리스도의 이름을 믿고 그가 우리에게 주신 계명대로 우리가 서로 사랑해야 한다는 것이다."

요일 4:2 이하 (성육신) "예수 그리스도께서 육체로 오신 것을 시인하는 영은 모두 하나님께 속하였으며, 예수를 시인하지 아니하는 영마다 하나님께 속한 것이 아니다."

요일 4:7 (아가페) "사랑하는 자는 누구든지 하나님께로 나서 하나님을 안다. 사랑하지 않는 자는 하나님을 알지 못한다. 왜냐하면 하나님은 사랑이기 때문이다."

요일 4:10 (아가페-성육신) "사랑은 여기 있으니, 우리가 하나님을 사랑한 것이 아니요 그분이 우리를 사랑하사 우리 죄를 위하여 화목제(propitiation)로 그 아들을 보내셨음이니라."

요일 4:14 이하 (성육신-아가페) "우리는 아버지가 아들을 세상의 구주로 보내신 것을 보았고 또 증거한다. 누구든지 예수를 하나님의 아들이라 시인하면, 하나님이 그 안에 거하시고 그도 하나님 안에 거하느니라. 또한 우리는 하나님이 우리 안에 지니신 그 사랑을 알고 믿었다. 하나님은 사랑이시다."

요일 5:1 (성육신-아가페) "예수께서 그리스도이심을 믿는 자마다 하나님에게서 태어났다. 또한 태어나게 하신 그분을 사랑하는 자마다 그분에게서 태어난 분도 사랑한다."

영지주의적 견해에 대한 반론과 성육신에 관해선 다음 문헌들을 참고하시오. Cf. Barn. v.; Ign. ad Trall. vi.-x.; Ign. ad Eph. vii. 2; Ign. ad Smyrn. ii.-v.; Tert., Adv. marcionem iii. 8 ff.

17) Cf. 본서 pp. 319 f.

18) 영지주의자들인 바실리데스, 발렌티누스에 의하면 "영적인"(pneumatic) 인간은 그의 본성 때문에 구원받는다($\phi\acute{u}\sigma\epsilon\iota$ $\sigma\omega\zeta\acute{o}\mu\epsilon\nu o s$). clem. Alex., Strom. IV., cap. xiii. 89, 4. Cf. 본서, pp. 315 f., 320.

19) Tert., Adv. Marcionem I. 24: "Sufficit ipsos, quos saluos facit, **imperfectæ** salutis inuentos imperfectam bonitatem eius ostendere, scilicet anima ternus saluos, carne deperditos, **quæapud** illum non resurgit. unde **hæc** dimidiatio salutis nisis ex defectione bonitatis? quid erat **perfectæ** bonitatis quam totum hominem redigere in salutem, totum damnatum a creatore, totum a deo optimo adlectum?"

20) Cf. Harnack, *op. cit.*, pp. 148 f.: "또한 여기선 마르키온의 윤리도 항의한다. 왜냐하면 어떤 기독교 공동체도 마르키온파보다 더 세상기피적이고 더 어려운 규율과 실천을 규정하지 않았기 때문이다. 마르키온은 자신의 추종자들에게 혼인과 모든 성적 관계들을 철저하게 금지시켰다.… 혼인은 단순히 음탕한 가증스러운 행위($\pi o\rho\nu\epsilon\acute{\iota}\alpha$)일 뿐만 아니라 사망($\phi\theta o\rho\acute{\alpha}$)까지 가져온다. 일차적으로 이 금지의 동인은 평범한 것이었다. 그 동인은 죄악된 육체로부터의 구원이었다. 이 요구는 전례없는 혐오감을 가지고 제시되었다. 하지만 그 요구는 그것에 그치지 않고 두번째 동인도 가지고 있었다. 즉, 우리는 창조주의 영역을 확대하도록 도와서는 안된다. 우리는 인간적으로 가능한 한도까지 그것을 제한해야 한다. 우리는 이 악한 신을 약올리고 화나게 만들며 그에게 도전해야 한다. 그래서 그에게 우리가 더 이상 그를 섬기지

않고 다른 신에게 속해 있음을 보여 주어야 한다."

21) Harnack, *op. cit.*, p. 233.

22) **Irenæus**, Contra **hær**. I. 27, 2.

23) Contra **hær**. I. 27, 3; iii. 3, 4.

24) κατὰ πᾶν γένος ἀθρώπων. Justin, Apol. I. 26, 5.

25) 예컨대, 터툴리안의 "마르키온에 반대함"(Adv. Marcionem)은 비엔나(Vienna) 역본(CSEL)에서 350 쪽 이상을 차지한다.

제21장

터툴리안의 노모스 유형

제1절 과거 논쟁들의 결과

사도 이후 시대에 기독교의 사랑 개념은 노모스(Nomos), 에로스(Eros) 및 아가페(Agape) 사이의 갈등의 중압감 아래서 형성되었다. 이 갈등은 2세기 후반에 교회신학이 발전하면서 비롯되었다. 그러나 이것은 세 가지 유형들 중에서 어느 하나가 다른 것들을 축출하는데 성공했다는 것을 의미하진 않는다. 사실 그것들은 모두 교회 안에서 매우 잘 살아남았기에, 세 명의 탁월한 니케아 이전(ante-Nicene) 신학자들인 이레나이우스, 터툴리안 및 오리겐은 각각 한 가지 주요유형을 대변한다.

2세기가 지나도록 결과적으로 세 경쟁자들 간의 논점은 해결되지 못했다. 하지만 그것의 판정은 명백하다. 세 가지 주요 유형들은 여전히 나란히 나타나며 다소 갈등관계에 있다. 하지만 그것들은 처음 만났을 때와 본질적으로 다른 조건에서 서로 만난다. 영지주의 덕분에 에로스의 정체가 이단이라는 사실이 폭로되었다. 에로스는 이것으로부터 결코 회복되지 못했다. 하지만 아가페도 마르키온에 의해서 손상되었다. 하나님의 사랑에 대한 부적절하고 비합리적이고 역설적이고 무의식적인 선언은 의혹의 대상이 되었다. 아가페는 이단과 근접한 것으로 여겨졌다. 아가페는 더 이상 마르키온의 아가페 선포에서 보여진 것과 동일하게 열정적으로 선포되지 못하였다. 전반적으로 아가페 동기는 초대교회의 세 가지 근본교리들로 피신해야만 하였다. 사도교부들과 변증가들의 신학이 당대를 석권하였다. 그리고 그 도움으로 초대교회는 영지주의와 마르키온주의의 위험들을 물리치는데 성공하였다. 에로스와 아가페 동기는 최대의 주의를 하면서 주창되어야 하였던 반면에, 노모스 동기는 방해받지 않고 자기주장을 할 수 있었다. 사실 그것은 과장된 요구조건들을 동반한 채 전면에 나설 수 있었다. 그러한 율법적(노모스적, nomistic) 입장의 주요 대변자는 터툴리안이다.

제2절 터툴리안이 세 가지 근본교의들을 변호하다

터툴리안의 작품들의 제목을 보면 그가 초대교회의 세 가지 근본교리들을 주장하고 이단의 공격에 대하여 그것들을 변호하는데 대단히 헌신했다는 것을 알 수 있다. 의심할 바 없이 그는 이것이 자신의 주요 임무라고 여겼다. 그의 가장 포괄적인 작품인 「마르키온에 반대하여」(*Adversus Marcionem*)는 창조 문제에 집중하고 있다. 마르키온은 창조신과 그리스도를 통하여 우리에게 구원을 가져오신 선신(善神) 즉 최고신을 구분했다. 터툴리안은 마르키온의 이러한 두 신에 대한 논의를 반대하고 창조주 하나님과 구속주 하나님이 동일하다고 주장했다. 그러나 그는 성육신에 관한 특별논문도 저술하고 「그리스도의 육신」(*De came Christi*)이라는 의미심장한 제목을 붙였다. 그리고 한 독립된 작품에서는 「육의 부활론」(*De camis resurrectione*)을 다룬다. 이 주제들에 대한 그의 관심은 우연적인 것이 아니고 매우 분명한 계획을 추구한다. 그는 「육의 부활론」의 도입부에서 자신의 反이단적(anti-heretical) 저술들 사이에 있는 연관성을 설명한다. 그가 진술하는 진행순서는 다음과 같다. 이단들은 자신의 초기 작품들에 의해서 하나님이 육의 창조주이며 그리스도가 육의 구원자라는 것을 확신하게 되었다. 그러므로 이제 그들은 육신의 부활도 믿게 될 것이다. 터툴리안은 이

단들을 다룸에 있어서 이 논리적 순서를 준수하는 것이 매우 중요하다고 본다.[1]

터툴리안에 의하면 세 가지 근본교리들은 이단들을 지엽적으로 논박하는 것보다 훨씬 더 중요한 의미를 지닌다. 그에게 있어서, 그것들은 가장 문자적인 의미에서의 보편적(Catholic) 신앙을 대표한다. 이단들 안에선 작은 그룹들도 모두 각자의 고유한 사사로운 견해들을 지닌다. 하지만 교회 안에선 하나의 동일한 가르침이 도처에 보급된다. 아가야(Achaea), 마케도니아, 아시아, 이탈리아, 아프리카 및 도처에서 하나의 동일한 교훈이 들려진다. 교회는 "유일한 주 하나님이 우주를 창조하셨고 창조주의 아들이신 그리스도 예수가 동정녀 마리아에게 나셨고 육신이 부활하는 것"이 진실이라고 인정한다.[2] 교회는 이단에 반대하면서 처음으로 이 만장일치에 도달한 것이 아니었다. 처음부터 교회는 참된 교리가 항상 거짓 교리보다 더 오래된 것이라는 원리에 의하여[3] 만장일치를 확보하고 있었다.

터툴리안은 "육신"을 거듭하여 강조했다. 하나님은 육신의 창조주이고 그리스도는 육신의 구원자이며 부활은 육신의 부활이다. 이렇게 함으로써 터툴리안은 강력한 反헬레니즘적(anti-Hellenistic) 성향을 보여준다. 그는 헬레니즘 정신이 영지주의적 이단들의 원천이라는 것을 잘 알고 있었다.[4] 그는 플라톤이 자신의 오류를 통해서(일부러 그렇지(bona fide)는 않았더라도) 모든 이단들을 배양하는 자가 된 것을 애석하게 여긴다.[5] 여기서 터툴리안은 일차적으로 영혼의 신적인 본성에 대한 개념을 염두에 두고 있다. 터툴리안은 정확한 본능에 의해서 바로 이 논점에서 헬레니즘과 기독교간의 근본적인 차이점이 발견됨을 깨달았다. 그리스 철학자들이나 기독교 이단들이 대변하는 헬레니즘적 전망의 특성은 인간을 신적인 본성을 가진 채 물질에 매어 있는 존재로 간주한다는 것이다. 그래서 구원은 심령화(spiritualisation) 즉 신적인 부분이 물질과 감각의 구금으로부터 벗어남을 의미한다. 터툴리안은 기독교의 이름으로 이러한 구원개념과 신-인간-세계에 대한 전체개념에 반대한다. 인간을 신적인 실체의 부분이나 부속물로 간주하는 것은 불경스런 억측이다. "하지만 우리는 하나님에게 어떠한 부속물도 허용하지 않는다. 바로 이 사실에 의해서 우리는 영혼을 하나님보다 열등한 것으로 간주한다."[6] 이 관점에 근거한 터툴리안의 입장은 헬레니즘의 심령화 이론에 의식적으로 대립하는 것이다. 그의 항의내용에는 자신의 "영혼에 대한 물질주의적 이론"도 포함된다.

이단들은 신적인 씨앗을 인간의 영혼 안으로 가져오는 작업에 착수했다. 터툴리안은 그것에 반대하여 영혼이 비신적(非神的)일 뿐만 아니라 육체적 본성을 가지고 있다고 주장한다.[7] 그리고 그는 "영혼의 육신" 또는 "영혼의 육체성"에 대해 말한다.[8] 그는 헬레니즘의 영혼의 선재(先在) 개념을 반대하고 영혼이 육과 함께 잉태되어 태어난다는 견해를 선호한다.[10] 그러므로 영혼은 육체를 깔볼 이유가 전혀 없다. 육체는 영혼의 이웃이자 형제이다. "그러면 영혼이여, 너는 어이하여 육을 싫어하는가? 네가 주님 다음으로 그렇게 극진히 사랑해야만 하는 존재는 없다. 형제처럼 사랑할 자는 더 이상 없다."[11] 그래서 육신적인 것들은 모든 점에서 존경받을 만하다. 그리고 이단들이 육신적인 것들에 대하여 멸시조로 말하기 때문에, 터툴리안은 그것들을 칭찬하고 영광스럽게 하는 것이 자신의 특별한 임무라고 느낀다.[12] 터툴리안은 물질적·감각적 세계가 하나님의 뜻 안에 자기근거를 가진다고 지적했다. 그래서 그는 자신의 금욕주의에도 불구하고 물질적·감각적 세계를 칭송할 수 있다.[13]

헬레니즘의 인간본성의 분리에 반대하여 터툴리안은 구약성경과 원시기독교 전승에 근거하는 全人(totus-homo) 사상을 견고하게 주장한다. 하나님은 전인(whole man) 즉 육신(body)과 영혼(soul)을 모두 창조하셨다. 타락 때문에 그 전인은 상실되었다. 그리스도는 인간의 일부가 아니라 전인을 구원하기 위해 오셨다. 그리고 육신과 영혼 즉 전인은 부활 때 하나님 앞에 나타날 것이다.[14] 영혼과 육신은 매우 밀접하게 연합되어 있다. 그래서 육신이 배제된 어떤 영혼의 행위만 언급하는 것은 불가능하다. 영혼이 행하는 바는 육신 안에서, 육신과 함께, 육신을 통해 행하는 것이다.[15] 사실 몸과 영혼은 꼭 함께 자라나기 때문에, 실제로 어느 쪽을 다른 쪽의 운반자(bearer)로 여겨야 하는 것인지 의심스럽다.[16] 그것들은 그 모든 세상적 행위 안에서 하나이다. 그것들은 영원 안에서도 왜 하나가 아니겠는가?

터툴리안에 의하면, 이단들은 기독교적 견해와 헬레니즘의 견해를 혼합한다. 이것이 그들의 근본적인 오류이다. "아테네와 예루살렘이 무슨 관계가 있으며, 아카데미와 교회가, 또한 이단들과 기독교인들이 무슨 관계가 있는가?"[18] 터툴리안은 어떤 스토아적, 플라톤적, 혹은 "변증법적" 기독교도 듣고 싶지 않았다. 그리스도 안에서 신앙을 발견한 사람에게는 그런 것이 장애물밖에 될 수 없다.[19] 그러나 터툴리안은 (자주 제안되는 것처럼) 그리스 문화에 대한 일반적인 적대감에 의해서 그리스 철학을 반대한 것이 아니다. 터툴리안은 그리스 철학이 주로 기독교와 양립불가능한 근본동기에 기초하고 있다는 건전한 관찰에 의해서 그것에 반대했다. 이러한 특징이 나타나지 않을 경우엔 터툴리안도 때때로 철학자들을 매우 심도있게 인정할 수 있었다. 그는 그들이 때로는 기독교에 근접하는 결론들에 도달했다는 점을 솔직하게 인정하고[20] 그런 경우엔 그들에게 기꺼이 동의한다.[21] 그가 정말로 두려워한 것은 문화적 종합이 아니라 이단들 속에서 발견된 종교적 종합이었다. 하나님은 그리스도 안에서 자신을 우리에게 계시했다. 그런데 이 이단들은 왜 그리스인들에게서 그들의 기독교를 배우라고 고집하는가?

그는 경멸적으로 부르짖는다. "내가 생각하기엔, 신적인 이론의 오류는 그것이 그리스가 아닌 유대로부터 나왔다는데 있다. 그리스도도 소피스트들(sophists)이 아닌 어부들을 보내어 선포하라고 한 점에 있어서 실수를 범했다."[22] 헬레니즘과 기독교는 이질적인 전승인데, 이 두 전승의 혼합은 기독교적 교훈에 의심을 던지는 결과만 낳았다. 만약 이단들이 옳았다면, 그리스도는 자신의 가르침의 일부를 취소해야만 하였을 것이다. 터툴리안은 신랄하게 풍자하면서, 「이단들의 주장에 관하여」(De praescriptione haereticorum)의 결론을 다음과 같은 예수의 말로 끝맺는다. "나는 한때 나의 사도들에게 복음을 주었고 한 이론을 주었다. 그러나 나중에는 그것에 상당한 변화를 주는 것이 나의 기쁨이었다! 나는 부활을 약속했었다. 그러나 두번째 사상에서는 내가 나의 약속을 지킬 수 없을지도 모른다는 생각이 떠올랐다. 나는 내가 처녀에게서 태어난 것을 직접 보여주었다. 그러나 이것은 나중에 나에게 믿을 수 없는 것으로 보여졌다. 나는 태양과 소나기들의 조물주이신 그분이 나의 아버지셨다고 말했다. 그러나 또 다른 더 나은 아버지가 나를 입양하셨다! 나는 너희에게 이단자들에게 귀를 기울이지 말라고 금했다. 그러나 이 점에서 나는 오류를 범했다! — 그런 신성모독은 올바른 길을 벗어나며 참 신앙을 에워싸는 위험들로부터 그 신앙을 방어할 수 없는 자들의 마음에 침투하고 있다." [23]

기독교의 교훈은 하나의 통일체이기 때문에, 전체적으로 넘어지든지 전체적으로 서 있든지 한다. 그래서 한 논점에서 이단이면 전체적으로도 이단이라는 것은 놀라운 일이 아니다. 만약 우리가 헬레니즘의 심령화 경건을 포용한다면, 논리적으로 우리는 창조뿐만 아니라 성육신과 육의 부활까지도 거부해야 한다. 만약 우리가 창조주의 원수들이라면, 그때 우리는 그가 창조하신 육을 미워하게 될 것이며 그것의 부활도 바라지 않을 것이다. 또한 우리는 육신이 되신 말씀을 위한 어떤 용도도 가지지 않게 될 것이다. [24]

요약하면, 터툴리안에게는 反헬레니즘 전선(戰線)이 두드러지게 분명하다. 이단들이 헬레니즘과 기독교를 혼동하였다면, 터툴리안은 그것들을 예리하게 구분하려고 하였다. 그는 다음과 같이 죄어친다. 그리스인들에게 속한 것은 그리스인들에게 돌려주어라! 그 사도가 너희들에게 너희 자신의 갑옷을 주는데도, 왜 다른 사람의 방패를 사용하는가? [25]

그러나 우리는 이제 헬레니즘의 에로스에 대한 터툴리안의 공격이 기독교의 아가페를 변호하고 있는지 질문해야 한다. 우리는 한 번 이상 이 시대에 아가페 동기가 창조, 성육신, 육의 부활의 세 교리들 속에서 피난처를 찾았다는 점을 관찰하였다. 터툴리안보다 더 열정적으로 이것들을 선포한 사람은 누구였을까? 그에게 있어서 세 가지 교리들은 단순히 공경할 만한 전통의 문제만이 아니었다. 거기에는 그러한 수단들에 의해서 보존하고 싶었던 기독교의 사활이 걸린 이해관계가 있었다. 이것은 그가 성육신을 다룬 것을 보면 매우 분명하다.

무엇이 성육신을 그렇게 중요하게 만드는가? 간단히 말하자면, 그것은 십자가와 성육신의 관련이다. "Forma moriendi causa nascendi est"(죽게 될 자의 형상(形狀)이 탄생하는 자의 원인이다 — 십자가의 죽음이 성육신의 근본원인이다 = 역주).[26] 구원의 실재성은 성육신에 의존한다. 만약 그리스도가 실제로 육신이 되지 않았고 외견상으로만 인간적 형상을 취하였다면, 그의 수난과 죽음도 단순히 외형적이었고 우리의 구원도 환각이라는 것 외에 무슨 보증을 가지는가?[27] 그러므로 터툴리안의 反헬레니즘적 전투는 질문할 것도 없이 에로스에 대항하는 아가페의 전투라고 볼 수 있다. 하지만 더 자세히 검토해보면, 이것이 결코 사실이 아니라는 것을 알 수 있다. 그의 출발점은 분명히 아가페 동기가 아니라 노모스 동기이다. 이 점은 아가페 동기 자체를 공격하고 있는 노모스 동기의 이해관계 속에서 터툴리안을 평가할 때 더욱 분명해진다.

제3절 터툴리안이 아가페 개념에 맞서다

터툴리안은 창조, 성육신, 육의 부활 등의 주제에 관하여 기독교적 관점에서 영지주의자들과 마르키온을 논박했다. 그의 논박은 정확했다. 그러나 터툴리안은 자신의 입장을 기독교의 고유한 아가페의 표현으로 만드는데 실패하였다. 그는 주로 이단들이 기독교와 헬레니즘을 "혼합하였"기 때문에 그들에게 반대하였다. 그러나 그 자신은 "주저없이" 기독교와 "유대교"를 혼합한다. 즉 아가페와 노모스가 혼합되었다. 영지주의자들과 마르키온은 구약성경을 공격하였다. 원시기독교와 바울은 "율법"을 인정하면서 거부하는 이중적 태도를 가졌다. 이에 반하여 마르키온은 분명하게 거부하는 태도를 보였다. 구약은 유대인의 하나님에게 속한 것으로서 기독교인들에겐 이제 쓸모 없다. 하나님에 대한 "율법적"(legal) 관계는 결국 그리스도를 통하여 낡아졌다. 마르키온에 반대했던 터툴리안이 "율법"을 완전히 인정하는 다른 극단으로 간 것은 놀라운게 아니다. 그에게 있어서 구약과 신약은 모두 동등한 수준에 있다. 터툴리안은 신약이 구약보다 우월하게 구원의 방법에 대해서 말해주는 본질적 차이점을 지닌다는 점을 깨닫지 못하였다. 그는 자신의 신앙을 구약과 신약으로부터 동일한 방식으로 이끌어 낸다. 교회는 "율법과 예언서를 복음전도자들과 사도들의 글들과 혼합한다. 교회는 그 혼합으로부터 자신의 신앙을 마신다."[28] 그 결과 터툴리안은 동기들을 혼동하게 되었다.

그는 구약의 노모스와 신약의 아가페를 "혼합"하고 그 혼합으로부터 자신의 신앙을 "마신다." 그가 구약을 변호했다는 사실은 동시에 하나님에 대한 "율법적"(legal) 관계와 "율법적인" 구원의 방법을 변호하는 것이다.[28] 마르키온은 최고신은 선함과 사랑의 원리에 의해서만 행동하고 창조신은 인과응보적(因果應報的) 정의의 원리에 의해서만 행동한다고 주장하였다. 터툴리안은 창조주 외에는 어떤 신도 없으며, 그분만이 의로우며 선하다고 응답한다.[29] 그러나 사랑의 하나님과 보상과 형벌의 하나님 사이에 긴장이 불가피할 때, 터툴리안은 결정적으로 후자쪽을 택한다. "우리 하나님은 눈에는 눈을 요구하신다. 그런데 당신의 하나님이 보복행위를 방지하면 훨씬 더 큰 손해를 입히는 것이다. 인간이 보복적인 구타를 당하지 않게 된다면, 그가 구타를 중단할 이유가 어디 있겠는가?[30] 터툴리안은 이것이 기독교의 아가페 개념 자체에 반대하는 논증이며, 마르키온 뿐만 아니라 예수에 대해서도 비판하는 것이라는 사실을 망각한 것 같다. 예수는 다음과 같이 말했다. "눈에는 눈이, 이에는 이가 요구되었다. 그러나 나는 너희에게 악한 자에게 저항하지 말라고 말한다"(마 5:38이하).

터툴리안을 불쾌하게 하는 것은 하나님의 아가페 안에 있는 불합리한 요소이다. 그에게 있어서 신적인(Divine) 것들이라도 이성(ratio)이라는 최고법원에서 심판받아야 한다. 거기서는 자신을 정당화할 수 없는 것은 어떤 것도 지지될 수 없다.[31] 그리고 그는 이 원리를 하나님의 선하심과 사랑에 적용한다. "나는 그분의 선하심 속에서 이성을 요구한다. 왜냐하면 합리적으로 선한 것 외에는 그 어떤 것도 선하다고 여길 수 없기 때문이다. 더군다나 선함 자체는 어떤 비합리성 속에서 추구될 수 없다. 모든 이성적인 자질을 상실한 선한 것이 악으로 여겨지지 않는 것보다는 이성적인 어떤 자질을 가지고 있는 악한 것이 더 쉽사리 선하다고 인정을 받을 것이다." [32] 마르키온은 순수하고 자비로운 최고신이 가증스런 인간의 주장을 신봉하도록 만들었다. 하지만 이것은 터툴리안에게 있어선 "불합리한" 선(善)이다. 왜 그런가? 왜냐하면 그것이 "낯선 자들"에게 보여졌기 때문이다. [33] 이제 터툴리안은 마르키온의 의도가 하나님의 아가페를 높이려는 것이었다는 것을 알고 있다. 그것의 본성은 어떤 의무감도 없이 자발적으로 자원하여 우리의 원수들을 사랑하라는 계명에 부응하여 보여지는 그런 것이다. [34] 이에 대한 터툴리안의 응답은 그가 아가페 개념을 얼마나 이해하지 못하는가를 보여준다.

간단히 말해서, 터툴리안의 답변은 다음과 같다. 원수들을 사랑하라는 계명은 말하자면 이차적인 계명이다. 우리의 이웃들을 우리 자신처럼 사랑하라는 계명이 처음 자리에 온다. 이차적인 계명은 이웃사랑의 의무를 더욱더 강력하게 반복하는 의도를 가지고 있다. 엄격히 말해서 우리는 원수나 이방인이 아니라 우리의 이웃만을 사랑해야 할 의무를 가지고 있다. 이웃 사랑의 부과는 우리에게 요구되는 사랑의 향상과 동등한 것이다. "그러나 당연한 것(due)이 주요 자질과 더 고상한 가치로서 부당한 것(undue)에 앞선다." [35] 나는 내 자신의 백성들에게 사랑의 빚을 지고 있다. 그 사랑은 합리적 동인(動因)을 가진다. 그것은 정의에 의해서 요구되는 사랑(love ex iustitia)이다. 다른 한편으로 그 사랑은 이러한 자연적인 유대를 넘어서 이방인도 포용하도록 흘러넘치는 사랑(love ex redundantia)이다. [36] 기독교의 사랑의 본질을 마르키온처럼 이 흘러넘치는 사랑에서 찾는 것은 불합리(unreason)와 불공평(injustice)을 보좌에 앉히는 셈이 될 것이다. 우리가 인정할 수 있는 최대한도는 정의와 모순되는 사랑이 만약 친척들의 이익을 위해 행사된다면 합리적일 것이라는 점이다. 그러나 우리가 아무런 의무도 지고 있지 않는 이방인에게 베풀어지는 사랑의 실재는 합리적으로 정당화될 수 없다. [37]

터툴리안의 설명의 결론은 다음과 같다. 만약 우리가 실제로 이성과 모순되는 선함을 하나님의 속성이라고 표현하려 한다면, 아예 아무런 신도 없는게 나을 것이다.[38] 그리고 최고신이 그리스도 안에서 순수한 사랑으로서 자신을 계시했다는 마르키온의 진술은 분노를 불러일으킨다. "너희 죄인들아, 들으라. 아직 여기까지 오지 못한 너희들도 들으라. 그러면 너희는 그런 길에 도달할 수도 있으리라! 더 나은 한 神이 발견되었다. 그는 결코 성내지 아니하시며, 결코 화내지 않으며, 결코 형벌을 입히지 않으며, 어떤 지옥의 불이나 바깥 어둠 속에서 이를 가는 것도 준비하지 않았다. 그는 순전하고 단순히 선한 신이다."[39]

마르키온의 견해의 모호성이 이와 같은 구절들을 야기시킨 것은 그렇다 쳐도, 터툴리안의 반응은 단순히 아가페 동기에 의한 것이 아니고 노모스에 의한 것이다. 그는 마르키온의 가르침들 중에서 기독교적 관점에서 지지될 수 없거나 의심스러운 것들 뿐만 아니라 아가페 자체에 대해서까지 항의했다. 동기가 부여되지 않은 아가페[사랑]의 역설은 너무나 크다. 그것은 만족스러운 합법적인 제재를 가지지 않는다. 터툴리안은 정의에 기초하지 않은 하나님과의 친교에 대해서 전혀 이해하지 못하였다. 그의 견해에 의하면, 인간을 하나님께 견고하게 묶어주는 유일한 동기는 형벌에 대한 두려움과 보상에 대한 희망이다. 그러나 이 동기는 아가페 개념에 의해서 위험에 처하게 되었다. 만약 하나님이 순수한 사랑이며 자신의 선함을 무가치한 자들에게까지도 보여주신다면, 선을 자극할 수 있는 게 전혀 없다. 의로운 자라고 죄인보다 더 유리한 것은 하나도 없다.

"자, 그러면 하나님이 선하시기 때문에 당신이 하나님을 두려워하지 않는다면, 왜 당신은 모든 종류의 정욕에 끓어 넘쳐서 하나님을 두려워하지 않는 모든 이들에게 (내가 믿기엔) 무엇이 인생의 주요 쾌락인지를 실감나게 보여주지 않는가?"[40] 이제 터툴리안은 마르키온의 답변을 잘 알고 있다. "절대로 그래서 안된다. 당신은 절대로 그렇게 말해서는 안된다."[41] 이것은 은총에 관한 바울의 설교 안에 "죄 가운데서 계속해야" 한다는 암시가 들어있다고 생각했던 비판자들에게 바울이 한 대답이다. 바울은 "절대로 아니다"라고 대답한다.[42] 터툴리안은 죄에 대한 직접적인 거부에 대하여 어떠한 의미도 덧붙이지 못했다. 그것은 아가페 동기에 대한 터툴리안의 무지를 지적하는 것이다. 죄에 대한 거부는 어떤 중재적이고 자기중심적인 동기부여도 필요하지 않다.[43] 그것은 오직 신의 은총 경험으로부터 직접 일어난다. 이와 같이 터툴리안은 그 반대자들의 "절대로 아니다"라는 말을 이해하지 못하고 인용했다. 이 사실은 터툴리안이 아닌 그의 적대자가 (최소한 여기서 논의되는 요점에선) 더 심오한 기독교적 견해를 대변한다는 확실한 증거이다.

우리는 이것으로부터 터툴리안이 사랑을 위한 자리를 전혀 가지지 않았다고 결론내리려는 유혹을 받을 수 있다. 하지만 그런 결론은 너무나 성급한 것이리라. 심지어 터툴리안에게 있어서도 사랑과 선함은 하나님의 일차적인 속성이다.[44] 하나님은 사랑으로 세계를 창조하셨다.[45] 그리고 우리가 자존(自存)하시는 하나님에 대하여 이야기할 때, 항상 사랑이 우리의 처음 단어가 되어야만 한다. 그러나 타락 때문에 그분은 자신의 본성의 다른 면 즉 그의 심판과 보복의 의(righteousness)를 전면에 내세울 수밖에 없었다. 그러나 그의 선함은 결코 그치지 않는다. 왜냐하면 그분은 인간의 회복과 악마의 멸망을 유예하고 있기 때문이다. 원래 인간이 악마에게 굴복한 것은 악마가 인간의 자유의지를 자기 편으로 끌어갔기 때문이다. 그러나 이제 하나님은 자신의 선하심으로 지속적인 투쟁을 위한 시간과 공간을 남겨두시고, 인간이 과거엔 그 자신의 파멸의 수단이었던 동일한 자유의지를 사용하여 재시합(再試合)에서 원수를 패배시킬 기회를 주신다. 그래서 하나님은 인간에게 인간 자신의 승리를 통하여 "자신의 구원을 가치있게 회복할" 기회를 주심으로써 사랑을 보여주신다.[46] 하나님의 응보적 정의도 그분의 사랑을 표현한다. 형벌은 선의 목적에 봉사한다. 왜냐하면 인간을 악으로부터 막기 때문이다. 또한 그것이 그에게 가장 좋은 것이다. "그렇지 않고 선을 경멸하여도 그에 대한 보복이 없다면, 누가 그런 선을 바라겠는가?"[47] 두려워할 게 없다면 모든 이들이 악한 길을 택하지 않겠는가? 그러나 터툴리안이 이러한 기분으로 하나님의 선에 대하여 아무리 많이 말한다 하더라도, 그것은 모두 노모스 도식 안에 자리하고 있다. 이 도식을 부수는 아가페는 흔적도 없다.

터툴리안의 전망은 구약의 율법주의와 로마의 도덕주의와 법률학을 통합한다. 그 결과로 나타난 공로신학(theology of merit)은 후대의 기독교사에 비참한 영향을 미쳤다. 응보(retribution) 개념이 그의 기독교 해석의 중심이었다. 그는 하나님이 인간들을 그들의 공과(功過)에 따라서 선택하고 유기하는 선하시고 의로우신 심판관일 뿐이라고 말한다.[48] 하나님은 인간의 공로를 단순히 무시할 수 없다. 그분은 그것을 받을 가치가 없는 자들을 정죄할 수 없고 죄를 범한 자들을 유기하지 않을 수도 없다.[49] 그래서 율법은 구원의 적절한 길이다. 구원의 조건으로서 하나님은 인간에게 율법에 계시된 그분의 의지를 수행할 것을 요구하신다. 그분은 인간에게 자신을 온전히 "만족시키도록"(satisfacere deo) 요구하신다.[50] 인간은 하나님에게 매우 만족스러운 일을 행함으로써 그 단어의 가장 엄격한 의미로써 자기구원을 받을 만하다. 그리고 이것에 이르는 최선의 수단은 금욕적 생활이다. 선행들에 의해서 인간은 하나님을 자신의 채무자로 만들 수 있다.[51] 공로의 최고단계는 이해가능한 최고 업적인 순교(martyrdom)에 귀속된다. 자신의 주님을 따라서 자기 십자가를 지고가는 순교자에게 다음과 같은 말들이 적용된다. "낙원으로 인도하는 흠없는 열쇠는 당신 자신의 피다."[52]

터툴리안에게서 노모스는 기독교 역사상 다른 어느 곳에서도 발견할 수 없는 구체적인 형태를 취하였다. (우리가 발견할 수 있는) 아가페 동기의 유물들은 율법주의적 도식(圖式)에 적응하였고 무력해졌다. 기독교는 율법의 종교로 완전히 변형되었다. 터툴리안의 전망은 서구적인 기독교 해석에 고도의 영향을 미쳤다. 하지만 그가 몬타누스주의에 소속한 것 때문에 스스로 교회로부터 배척된 사정은 어느 정도 그의 영향을 제한하고 아가페 동기가 노모스 동기에 완전히 침몰하는 것을 방지하는데 기여하였다.

주

1) "*Obducti dehinc ⟨et⟩ de deo carnis auctore et de Christo carnis redemptore, iam et de resurrectione carnis reuincentur. Congruentur scilicet hoc ferme modo dicimus*

ineundam cum hæreticis disceptationem, — nam et ordo semper a principalibus deduci exposcit — ut de ipso prius constet, a quo dicatur dispositum esse quod quæritur, atque adeo et hæretici ex conscientia infirmitatis numquam ordinarie tractant." De carnis resurrection 2.

2) "Unum deum dominum novit, creatorem universitatis, et Christum Jesum ex virgine Maria filium dei creatoris, et carnis resurrectionem." De **præscriptione hæreticorum** 36.

3) "Quo **peræque** aduersu uniuersas **hæreses** iam hinc **præiudicatum** sit id esse uerum, quodcumque primu, id esse adulterum, quodcumque posterius."

4) "Ipse denique **hæreses** a philosophia subornantur ⋯ Eadem materia apud **hæreticos** et philosophos volutatur, idem retractatus implicantur ⋯ Hinc **illæ fabulæ** et **genealogiæ** interminabiles, et **quæstiones infructuosæ**, et sermones serpentes velut cancer, a quibus nos apostolus refrenans nominatim philosophiam contestatur caveri opportere." [골로새서 2:8] De **præsc. hær.** 7.

5) "Doleo bona fide Platonem omnium **hæreticorum** condimentarium factum." De anima 23.

6) "⋯ quia tantam illi [**animæ**] concessit diuinitatem, ut deo **adæquentur**. Innatam eam facit, quod et solum armare potuissem ad testimonium **plenæ** diuinitatis⋯ Quid amplius proscriberet animam, si eam deum nuncuparet? Nos autem, qui nihil deo adpendimus, hoc ipso animam longe infra deum expendimus." De anima 24.

7) "Nec diutius de isto, nisi propter **hæreticos**, qui nescio quod spiritale semen infulciunt **animæ** de **Sophiæ** matris occulta liberalitate conlatum ignorante factore." De anima 11.

8) De anima 6011.

9) "**Animæ** corpus." De anima 9. "Corporalitas **animæ**." De anima 7. 영혼은 그것의 고유한(특별한) 육체성을 가진다(habet corpulentiam propriam). De carnis resurrectione 17.

10) "Simulne conflata utriusque substantia corporis **animæquæ** an altera earum **præcedente**? Immo simul ambas et concipi et confici et perfici dicimus, sicut et promi." De anima 27.

11) De carn. res. 63.

12) "Hucusque de **præconio** carnis aduersus inimicos." De carn. res. 11. "Persequar itaque propositum, si tamen tantum possim carnis uindicare, quantum contulit illi qui eam fecit." De carn. res. 6. "Exorsi enim sumus ab auctoritate carnis." De carn. res. 14.

13) "⋯ necessario et a nobis carnis primum condicio munietur, uituperatione laudatione depulsa." De carn. res. 5. "Caro autem et sermone dei constitit propter formam." *Ibid.* "Age iam, perora in illa sanctissima et reuerenda opera **naturæ**." Adv. Marcionem iii. 11; cf. Adv. Marcionem I. 13, ii. 4. "Hanc venerationem **naturæ**, Marcion, despuis?" De anima 27. "Non tamen suo nomine caro infamis." De anima 40.

14) "⋯ *totum hominem* elogio transgressionis inscripsit atque exinde merito perditionis

impleuit. *Totus itaque saluus fiet qui perit totus delinquendo.*" De carn. res. 34. "In primis cum ad hoc uenisse se dicit, uti quod periit saluum faciat, quid dicis perisse? Hominen sine dubio. Totumne an ex parte? Utique totum." *Ibid.* Cf. 구원을 영혼에만 한정시키려고 하였던 마르키온에 대한 터툴리안의 반대: "quid erat **perfectæ** bonitatis quam *totum hominem* redigere in salutem, *totum* damnatum a creatore, *totum* a deo optimo adlectum?" Adv. Marcionem I. 24.

15) "⋯ in carne et cum carne et per carnem agtur ab anima quod agitur in corde⋯ Nihil non cum illa agit, sine qua non est." De carn. res. 15.

16) "Tanta quidem concreatione, ut incertum haberi possit, utrumne caro animam an carnem anima circumferat, utrumne animae caro an anima pareat carni." De carn. res. 7.

17) "Si temporalium, cuir non et **æternorum?**" *Ibid.*

18) De **præsc. hær.** 7.

19) "Viderint qui Stoicum et Platonicum et dialecticum Christianismum protulerunt. Nobis curiositate opus non est post Christum Jesum, nec inquisitione post evangelium. Cum credimus, nihil desideramus ultra credere." *Ibid.*

20) "Plane non negabimus aliquando philosophos iuxta nostra sentisse." De anima 2. Cf. De carn. res. 1.

21) "Utar ergo et sententia Platonis alicuius pronuntiantis: omnis anima immortalis; utar et conscientia populi contestantis deum dorum; utar et reliquis communibus sensibus, qui deum iudicem **prædicant.**" De carn. res. 3.

22) "Deliquit, opinor, diuina doctrina ex **Iudæa** potius quam ex **Græcia** oriens. errauit et christus piscatores citius quam sophistam [sophistas conj. Fulvius Ursinus] ad **præconium** emittens." De anima 3.

23) De **præsc. hær.** 44. — 여기서도 역시 일상적인 주제인 육신의 부활, 성육신 및 창조주 하나님 같은 근본적인 교의들이 다시 나타나는 것에 주목하라.

24) "Tu potius illi exorare debueras *resurrectionem*; ⋯ Sed nihil mirum, si odisti, cuius *auctorem* quoque respuisti, quam et in Christo aut negare aut mutatre consuesti, proinde et ipsum sermonem dei, qui *caro* factus est, uel stilo vel interpretatione corrumpens.⋯" De carn. res. 63.

25) "Redde illi suos sensus Quid alieno uteris clipeo, si ab apostolo armatus es?" De carn. res. 3.

26) De carne Christi 6.

27) "Iam nunc, cum mendacium deprehenditur Christi caro, sequitur, ut et omnia, **quæ** per carnem Christi gesta sunt, mendacio gesta sint⋯ *Sic nec passiones Christi eius fidem merebuntur.* Nihil enim passus est qui non uere est passus; uere autem pati phantasma non potuit. Euersum est igitur totum dei opus. Totum Christiani nominis et pondus et fructus, mors Christis, negatur⋯ Porro, si caro eius negatur, quomodo mors eius adseueratur." Adv. Marcionem iii. 8.

28) "Legem et prophetas cum evangelicis et apostolicis litteris miscet; inde potat

fidem." De præsc. hær. 35.

29) Adv. Marcionem ii. 29.

30) Adv. Marcionem ii. 28.

31) "Aliam illi regulam prætedno : sicut naturalia, ita rationalia esse debere in deo omnia." Adv. Marcionem i. 23.

32) "Exigo rationem bonitatis, quia nec aliud quid bonum haberi liceat, quod non rationaliter bonum sit, nedum ut ipsa bonitas inrationalis deprehendatur. Facilius malu, cui rationis aliquid adfuerit, pro bono habebitur quam ut Facilius malu, cui rationis aliquid adfuerit, pro bono habebitur quam ut bonum ratione desertum non pro malo iudicetur." *Ibid.*

33) "Nego rationalem bonitatem dei marcionis iam hoc primo, quod in salutem processerit hominis alieni." *Ibid.*

34) Cf. 본서 pp. 329.

35) "Antecedit autem deibta in debitam, ut principalis, ut dignior." *Ibid.*

36) *Ibid.*

37) "fortasse enim pro domestico aliquatenus rationalis habeatur bonitas iniuriosa. Pro extraneo uero, cui nec proba legitime deberetur, qua ratione tam iniusta rationalis defendetur?" *Ibid.*

38) "… quod scilicet in quantum deo congruat, in tantum deum non esse conueniat…" Adv. Marcionem i. 25.

39) Adv. Marcionem i. 27.

40) *Ibid.*

41) "Absit, inquis, absit!" *Ibid.*

42) 로마서 5:1 이하. "Quid ergo dicemus? permanebimus in peccato, ut gratia abundet? Absit."

43) 공포와 희망과 같은 것들.

44) "Ita prior bonitas dei secundum naturam, seueritas posterior secundum causam. Illa ingenita; hæc accidens; illa propria, hæc accommodat." Adv. Marcionem ii. 11.

45) Adv. Marcionem ii. 12.

46) Adv. Marcionem ii. 10.

47) Adv. Marcionem ii. 13.

48) "Nihil tam et bono et iudici conuenit quam pro præsentibus meritis et reicere et adlegere." Adv. Marcionem ii. 23.

49) *Ibid.*

50) De pænitentia 7; de ieiunio adv. psychicos 3.

51) "Bonum factum deum habet debotorem, sicuti et malum, quia iudex omnis remunerator est causæ" De pænitentia 2.

52) "… in martyriis, si crucem tuam tollas et sequaris dominum, ut ipse præcepit. Tota paradisi clausi tuus sanguis est." De anima 55.

제22장

알렉산드리아 신학의 에로스 유형

제1절 알렉산드리아 신학의 일반적 성격

기독교의 사랑 개념의 역사에서 에로스 동기는 지금까지 (사도교부들과 변증가들에서처럼) 산발적이며 고립된 논점들에서 나타나거나 분명한 기독교회의 영역 밖에서 나타났다. 알렉산드리아 신학에서 "아가페와 에로스" 문제는 새로운 국면으로 들어간다. 여기서 에로스의 영향은 단순히 고립된 경우들에만 나타나지 않고 전체구조를 지배한다. 동시에 알렉산드리아인들은 영지주의의 실례에서 경고를 받고 그것에 의식적으로 반대하고 이단을 피하면서 교회적 신학을 일으키고자 하였다.

클레멘트와 오리겐이 살며 일할 때 그들의 사상에 특징을 남긴 영적 환경을 우리가 그리고자 한다면, "알렉산드리아인"이란 이름은 교훈적이다. 알렉산드리아는 단순히 당시 세계 교류의 대교차점만이 아니었다. 그것은 또한 고대 후기의 영적 거대도시였다. 거기에서 모든 분리된 문화의 흐름들이 만나고 혼합되었다. 무엇보다도 그곳은 **종교적 혼합주의**의 고향이었다. 여기서 필로(Philo)는 유대적 정신과 헬레니즘 정신을 종합하였다. 여기선 기독교도 종교적 잡동사니가 되었으며, 영지주의적 혼합주의가 바실리데스(Basilides)와 발렌티누스(Valentinus)와 같은 지도자들 아래서 번영하였다.

또한 알렉산드리아는 주로 **철학적 혼합주의**의 고향이었다. 상이한 학파들 간의 구분이 점점 더 모호해졌다. 플라톤, 아리스토텔레스, 스토아, 新피타고라스주의 및 기타는 당대의 절충적 철학에 공헌하였다. 동시에 철학과 종교 간의 구분은 더욱더 모호해졌다. 철학적 사유는 도덕적이고 종교적인 사유에까지 옮겨갔다. 많은 시간과 정력이 우주론적 사변에 헌정되기는 했지만, 이것들이 주된 관심의 대상은 아니었다. "네 자신을 알라"는 것은 철학의 유일한 임무가 되었다. 그러나 "네 자신을 알라" 이 말은 이제 "신적인 본성을 알라. 그리고 신적인 세계로의 귀환(歸還)을 위하여 준비하라는 의미이다. 이처럼 구원론의 성격을 가지고 태어난 철학이 다른 시대에는 없었다. 고대 후기의 관념론적(idealistic) 철학의 주된 질문들은 구원의 방법과 행복한 생활에 관한 것이었다. 사실 철학은 단순히 그 구원의 방법의 만족스러운 규범적 윤리와 믿을 만한 지표를 공급하도록 요구된다. 신플라톤주의는 고대 후기가 낳은 가장 혼합주의적인 철학이다. 이 철학이 알렉산드리아에서 일어난 것은 단순한 우연이 아니었다. 클레멘트와 오리겐의 철학들과 같은 견해들이 여기서 발전한 것도 더 이상 우연이 아니었다. 그것[혼합주의 철학]은 그들에게 가장 자연스러운 환경이었다.

그리고 알렉산드리아라는 이름은 알렉산드리아적 세계-도식(圖式)(world-scheme)도 상기시킨다.[1] 수백년 전부터 이 도식은 발전하여 명백한 전제가 되어 있었다. 많은 사람들이 그 도식을 출발점으로 삼았다. 그것에 의하면, 우주의 과정은 두 개의 반대되는 방향 즉 "하향적 길"과 "상향적 길"로 움직인다. 이 길들은 우주론적 하강(cosmological Descent)과 구원론적 상승(soteriological Ascent)을 의미한다. 우리는 이미 영지주의와 신플라톤주의에서 이 전망과 마주쳤다. 그리고 그것이 알렉산드리아 신학에 재출현한 것은 후자가 그것들과 동일한 영적 영역으로 옮겨간다는 것과 그 일반 이론이 알렉산드리아적 세계-도식(圖式)을 의심하지 않으며 단순히 그것의 가정에 의해서 결정되었음을 입증해 준다. 게다가 이 이론이 헬레니즘의 에로스 경건과 얼마나 긴밀하게 일치하는지는 말할 필요도 없다.

이것이 바로 클레멘트와 오리겐의 사상이 자라나온 환경이었고 그들의 사상이 숨쉬었던 공기였다. 그들의 기독교 해석은 이러한 배경에 비추어서 이해해야 한다. 그런데 이것은 알렉산드리아 신학에 대한 전통적인 접근방법을 포기한다는 것을 의미한다. 때때로 사도교부들과 변증가들에게서 발견되는 2세기 기독교가 알렉산드리아 신학의 자연적 배경이라고 가정되었다. 이것이 클레멘트와 오리겐이 물려받은 기독교였다고 생각되기도 하였다. 그래서 다음과 같이 질문이 제기된다. 그들은 그것을 가지고 무엇을 하였는가? 그것은 그들의 손에서 어떻게 변형되었는가? 하지만 이런 식으로 질문을 진술하는 것은 불가피하게 그들의 개인적인 공적만을 과도하게 강조하게 된다.

클레멘트와 오리겐은 2세기의 특징적인 기독교의 보통유형으로 시작하지도 않았고 그것을 그리스 정신의 요구조건에 맞도록 개조하지도 않았다. 그들은 결코 기독교를 변형시키는 일을 자신들의 임무로 여기지 않았다. 변형과 개조는 그들의 시대 이전에 이미 일어났다. 그리고 그 때에도 의식적인 의도에서 그렇게 된 것은 아니었다. 그것은 헬레니즘이 침투한 세상에선 분명하고 불가피한 것이었다. 클레멘트와 오리겐의 신학의 배후에는 헬라화된 기독교가 있었다. 이 기독교는 혼합주의적인 알렉산드리아에 오랫동안 그 중심을 두고 있었다. 만약 이 사실과 알렉산드리아 문화와 알렉산드리아적 세계관에 주어진 특수한 전제들에 주의한다면, 우리는 다른 관점에서 보면 순전히 클레멘트와 오리겐의 개인적 사상으로만 보일 수 있는 많은 것들이 단순히 그들과 그들의 환경이 당연시하고 섭취하며 살았던 전제들에 불과하다는 것을 볼 수 있다.

종종 지적된 내용을 살펴보면, 초대교회 내부의 갈등은 기독교가 고대의 문화와 사상을 어느 정도 그 예배에 받아들여야 하는가의 문제에 기인하며 알렉산드리아 신학은 문화에 대하여 더 우호적인 관점을 대변했다고 한다. 이러한 주장의 배후에는 사려깊게 관찰할 기초요소가 있다. 예컨대 헬레니즘 철학과 문화에 대한 알렉산드리아 신학의 긍정적인 태도는 터툴리안의 태도와 전혀 다르다. 아무도 이 사실을 부인할 수 없다. 하지만 그 문제를 단순히 문화적 종합에만 관련된 문제로 간주하는 것은 그것의 주요논점을 놓치는 것이다. 그 갈등의 예리함과 종교적 중대성은 쟁점적인 문제가 궁극적으론 문화적 종합이 아니라 종교적 종합이라는 사실에 기인한다. 알렉산드리아 신학자들은 종교적인 문제에 있어서 이중적 전통에 근거하여 존속했다. 두 개의 영적인 분류(分流)들이 함께 그들에게 흘러왔다. 에로스와 아가페는 모두 그들의 기독교에 능동적으로 공헌하였다. 그들은 양자 사이의 긴장을 전혀 느끼지 못했다. 클레멘트와 오리겐은 기꺼이 그리스 철학을 받아들였다. 이것은 단순히 당대의 "세계적인" 문화와 접촉하기 위한 것만은 아니었다. 무엇보다도 클레멘트와 오리겐은 철학적 이론들 속에 표현된 근본적인 **종교적** 견해와 자신들이 유사함을 느꼈기 때문에 그리스 철학을 받아들인 것이다. 헬레니즘적 에로스 경건은 논박할 수 없는 가치를 그들에게 제시하였다. 그리고 기독교가 모든 진리와 모든 가치를 그 자체 안에 통합하는 한에서, 에로스를 위한 자리가 기독교 안에 분명하게 발견되어야만 하였다.

그러나 교회 내에는 다른 집단들(circles)도 있었다. 그들은 이러한 헬라적인 전제들을 공유하지 않았다. 그 집단들의 전통은 다른 방향을 가리키고 있었다. 아마 거기에도 (종류가 다르긴 하지만) 하나의 종합이 있었을 것이다. 예를 들면, 터툴리안은 플라톤주의의 심령화적(spiritualizing) 전망과는 별로 친근하지 않았다. 그러나 이것은 그의 기독교가 아무런 종합의 징후도 보이지 않는다는 것을 의미하진 않는다. 단지 그것은 다른 종합, 즉 유대적 노모스 동기와의 종합이었다. 이런저런 방식으로 헬라적인 종교전승에 낯설었던 이런 집단들은 그리스 철학을 기독교에 도입하는 것을 타락으로 여길 수밖에 없었다.

클레멘트와 오리겐의 종교가 두 가지 상이한 근본동기들에 의존하고 있다는 것은 부인할 수 없다. 그러면 문제는 이것이 어떻게 가능했는가이다. 어떻게 해서 그들은 그 이원론을 파악하는데 실패했는가? 그들은 어떻게 순전히 심리학적으로 두 동기들을 종합해낼 수 있었는가? 그 해답은 성서의 풍유적(諷喩的, allegorical) 해석 안에 있다. 그런데 클레멘트와 오리겐은 이것을 스스로 창안할 필요가 전혀 없었다. 왜냐하면 그것은 이미 변증가들의 교회적 신학뿐만 아니라 헬라적인 유대교와 영지주의에서도 사용이 가능하도록 준비되어 있었기 때문이다.

풍유법(諷喩法, allegorism)은 보편적으로, 심지어 교회 안에서도 인정받았던 도구였다. 또한 그것은 그들의[클레멘트와 오리겐의] 혼합주의적 동향에 잘 부합되었다. 왜냐하면 그것은 그들을 성경의 개별적인 본문들로부터 자유로워지도록 만들었기 때문이다. 동시에 이것은 그들이 기독교의 근본 동기에 얽매이지 않았다는 것을 의미한다. 이 견해를 따르면, 성서의 올바른 이해를 위해서는 단순히 본문의 표현을 유지하는 문자적(文字的, literal) 해석만으론 불충분하다. 성서의 모든 단어의 이면에는 더 깊은 정신적·영적(pneumatic) 의미가 놓여 있다. 그것에 대한 열쇠는 풍유적 해석이 쥐고 있다. 이리하여 알렉산드리아 신학자들에게서 헬레니즘 경건과 기독교 사이의 갈등이 해결되었다. 에로스와 아가페가 타협하였다. 그러나 에로스 동기가 우세하다. 왜냐하면 그것이 더 심오한 영적 의미를 대변하도록 허락되었기 때문이다. 단순한 기독교인은 성서의 외적인 표현에 집착하지만, 기독교 "영지주의자"는 성서의 더 심오한 영적 의미를 간파할 수 있는 능력을 받았다. 그리고 기독교 영지주의자가 거기서 발견하는 것은 헬라적인 에로스 경건과 매우 친밀한 조화를 이룬다.

제2절 알렉산드리아의 클레멘트의 신앙과 지식(Gnosis)

알렉산드리아 신학의 혼합주의적 경향은 알렉산드리아의 클레멘트 (Clement of Alexandria)에게서 명백하게 드러난다.[2] 그의 기독교 해석은 하나님의 교육학(pedagogy) 개념에서 발견된다. 그 개념은 하나님이 로고스를 통하여 인류를 완전으로 인도하고 훈련시킨다는 뜻이다. 이 관점으로 보면, 헬라적인 경건 혹은 철학과 기독교는 경쟁세력이 아니라 "준비와 완성"으로서 연관되어 있다. 다양한 방법으로, 하나님은 인류를 그리스도에게 인도하였다. 율법과 유대인의 관계는 철학과 기독교인의 관계와 동일하다. 결국 그들은 모두 하나님으로부터 나왔으며, 동일한 목적 즉 "우리를 그리스도에게로 이끌고 가는 선생들"이며 교사들(pedagogues)이다. 그리스도만이 그들의 목적이며 완성이다.[3] 하나님의 로고스는 구약의 율법과 그리스 철학 안에서 교육적인 방식으로만 자신을 계시하셨다. 이 점에 있어서 그들은 다소 동일한 수준에 위치한다. 사실 유대교와 초대 기독교의 전승을 따라서, 클레멘트는 그리스 철학자들이 (프로메테우스(Prometheus)가 神의 불을 훔쳤듯이) 구약의 계시로부터 자신들의 지혜를 "훔쳤다"고 주장한다. 그리고 클레멘트는 "나보다 앞서 온 자들은 모두 도적이며 강도들이니라"(요한 10:8)는 예수의 말씀을 그리스 철학자들에게 적용한다. 그럼에도 불구하고 클레멘트는 이 개념이 그리스 철학의 진리를 반대하지 않고 그것을 위하여 증거를 제공하며 그리스 철학도 궁극적으로 하나님으로부터 온다는 증거물을 제공하는 방식으로 — 훔친 금도 금은 금이다 — 그 개념을 사용한다.[4] 유대인들과 그리스인들 안에서 똑같은 로고스가 발견된다. 그러므로 목표는 이 둘이 그리스도 안에서 연합하는 것이다. 그분은 이 세상에 계시는 로고스의 완전한 최종계시이다. 그 둘은 기독교 안에서 수렴되어 완성을 발견한다. 거기에서 분류들이 연합하게 되어 있다.[5]

그러면 클레멘트의 종합의 내용은 무엇인가? 그리고 그 두 동기들은 서로 어떤 관계인가? 이미 말한 것처럼, 구약과 그리스 철학은 기독교를 예비한 것들로 간주된다. 이것은 구약의 노모스 동기와 헬레니즘의 에로스 동기가 클레멘트에 의해서 기독교적 아가페 동기의 준비적 단계들로서 간주될 수 있다는 의미인가? 그러므로 그의 견해가 본질적으로 아가페 동기에 의해서 형성되었으므로, 다른 두 동기들이 발생하더라도 그것들은 단순히 퇴화된 생존자들에 불과하다고 생각하는 것이 정당한가?

그러한 해석의 가능성은 신앙과 그노시스(영적 지식, Gnosis)의 관계에 대한 클레멘트의 견해에 의해서 배제된다. 물론, 하나님은 율법에 의해서 유대인들을, 그리고 철학에 의해서 그리스인들을 기독교 신앙으로 인도하려고 하셨다. 그 기독교 신앙이 목적인 한에서는 신앙이 더 고상한 단계를 나타낸다. 그러나 우리가 그 목표에 도달하면 기독교적 삶에도 상이한 단계들이 있음을 발견한다. 여기선 풍경이 완전히 바뀐다. 기독교적 삶에서 신앙은 최저단계를 차지한다. "단순한 신앙"(ψιλὴ πίστις)보다 더 높은 단계에 기독교적 "그노시스"가 솟아있다.

사실 단순한 신자는 본질적인 것을 가지고 있다. 첫번째의 결정적인 진척이 이루어졌다. 단순한 신자는 하나님에 의해서 이교로부터 기독교의 구원 신앙으로 인도되었다. 그러나 그는 여전히 완전함과 거리가 멀다. 신앙은 인간의 마음 속에 심겨진 하나님의 선물이다. 그것은 인간으로 하여금 하나님을 추구할 필요도 없이 그분을 고백하고 찬양할 수 있게 만든다.[6] 이것은 신앙의 의미이자 동시에 한계이다. 신앙은 실제로 인간을 참 하나님과의 관계로 이끌어 주는 의미를 갖는다. 또한 신앙은 신앙내용을 약간 피상적으로 수용하는데 만족하고 더 심오한 개인적 전유(appropriation)로 계속 나아가지 않기 때문에 한계를 갖는다. 신앙의 단계에 있는 기독교인은 성서의 문자를 고수하지만, 그에게는 그 문자의 영적인 의미가 숨겨진다. 그를 신앙 안에 두는 것은 신앙의 필연성에 대한 통찰도 아니고 그 신앙 안에서 자기를 계시하시는 하나님에 대한 사랑도 아니며 단순히 두려움과 소망 뿐이다.[7] 그러므로 신앙도 자기 너머의 더 고상하고 완전한 단계 즉 그노시스(Gnosis)를 가리킨다.[8]

진정한 영지주의자(Gnostic: ὁ ὄντως γνωστικός)는 말하자면 상위계층에 속한 기독교인이다. 그는 신앙의 껍질에 멈추지 않고 핵심을 발견한다. 그는 더 이상 성서의 문자에 얽매이지 않고 그 문자의 심오한 영적인 의미에 매달린다. 신앙이 영지주의자의 건축토대로 남아있는[9] 것은 사실이다. 하지만 그것은 어떤 외적인 권위 때문이 아니라 그것의 본성과 가치에 대한 자신의 개인적 통찰 때문에 그렇다. 진정한 영지주의자의 동기는 두려움과 희망이 아니라 하나님에 대한 사랑이다. 그래서 그는 선 자체를 위해서 선행을 하지 외적인 이득을 얻기 위해서 선행을 하지 않는다.[10] 신앙 혹은 신자는 이렇게 고상한 단계에서만 완전에 이른다.[11] 그런데 클레멘트는 더 나아가 그노시스는 인간을 인간으로서 완전하게 한다고 말한다. 게다가 이것은 그노시스를 통하여 인간이 인간적 영역을 초월하여 신성하게 된다는 것을 암시한다. 참된 영지주의자는 스스로 하나의 신이다.[13]

클레멘트가 "단순한 신자들"과 "참된 영지주의자들"을 서로 구분한 것은 이단적인 영지주의자들 안에서 이미 발견된 구분을 상기시킨다. 그러나 그 유비가 과장되어선 안된다. 왜냐하면 클레멘트는 특별히 중요한 논점에서는 영지주의와 근본적으로 다르기 때문이다. 그에게 있어서 신앙과 그노시스는 주로 두 개의 상이한 발전단계들이지 사람들이 근본적으로 두 계급으로 구분된다는 것을 표시하지 않는다. 영지주의에 의하면, 사람들은 말하자면 천부적으로 부여받은 자질에 의해서 다른 운명으로 예정되어 있기에 다른 부류들로 나뉜다. 클레멘트는 이러한 영지주의적 사상에 가장 강하게 항의했다. 영지주의에선 영지주의자가 본성적으로 자신에게 주어진 '영적' 기질 안에서 자신의 구원의 보증을 소유하고 있다는 견해가 유행하고 있었다. 하지만 클레멘트는 그 견해를 명시적으로 거부했다.[14]

그러면 동기적 관점에서는 신앙과 그노시스의 관계에 대한 클레멘트의 생각을 어떻게 해석해야 하는가?

제베르크(R. Seeberg)는 그것을 다음과 같이 해석한다. "클레멘트가 기독교 내에서 가정하는 두 단계들은 그가 구속종교(religion of redemption)인 기독교의 고유성을 강하게 느꼈다는 것을 표현해 준다. 단순한 신자들은 율법종교(religion of law) 수준에 머물러 있는 기독교인들이지만 영지주의자들은 스스로 효과적이고 생기있는 하나님과의 교제를 내적으로 경험함으로써 구속종교의 영역으로 올라간다. 하지만 클레멘트는 이것을 헬라적인 형태로만 서술할 수 있었고, 바로 그 사실 때문에 그는 자기 사상의 위대성을 스스로 애매하게 만들었다."[15]

그러나 그러한 해석에 반대하면서 클레멘트가 기독교의 고유성을 강하게 의식했다고 말하는 것은 앞에서 인용한 자료와 별로 양립하지 못할 것 같다. 이것은 주목할 만한 가치가 있다. 우리는 이단적인 영지주의에 대한 그의 논증적 태도에 가능한 한 모든 가중치를 부여할 수도 있고 그가 기독교의 창조신앙을 단호하게 주장하고 헬레니즘의 부정에 반대했다고 부연할 수도 있다. 그럼에도 불구하고 그의 전체적 전망은 매우 분명하게 에로스 동기를 드러낸다. 그렇기 때문에 우리는 그의 전체적 전망이 기독교의 고유한 것을 적지않게 표현하고 있다고 말할 수 없다.

제베르크는 클레멘트의 두 단계들이 두 종류의 종교형태들을 나타내고 "단순한 신자"의 종교가 본질적으로 율법종교인 반면에 "영지주의자"의 종교가 구속종교라고 보았다. 이 판단은 정확했다. 그러나 제베르크는 이것을 근대의 진화론적인 이론에 비추어 주시한다. 그 이론에 의하면, 율법종교가 종교들의 진화과정에서 열등한 단계에 있으며 구속종교는 고상한 단계에 있다고 간주되며 기독교는 후자에 위치한다. 그래서 제베르크는 그노시스가 기독교의 고유한 것을 대표한다는 인상을 받았던 것이다. 그러나 제베르크는 클레멘트의 그노시스가 헬라적 경건의 특징을 최고도로 지닌다는 점을 주목하는데 실패하지 않았다. 이것은 당연한 귀결이다. 그래서 제베르크는 다음과 같은 결론을 내리지 않을 수 없었다. 클레멘트는 기독교의 고유성을 강하게 의식했기에 율법종교의 단계에 머무르길 거부하고 구속종교의 수준으로 끌어올리는 "참된 영지주의자"의 이상을 제시하려고 몸부림쳤지만 이것에 대하여 세부적으로 해석하면서 자신의 기독교적 전망에 부적합한 헬라적인 사상의 도식을 훨씬 더 많이 사용하게 되었다.

그러나, 제베르크의 진화론적 이론이 없으면 클레멘트의 상황은 상당히 더 단순하다. 기독교의 두 단계들의 이면엔 기독교의 독특성을 제시하려는 염원이 아니라 기독교에서 근본적으로 다른 종교적 입장들을 위한 여지를 발견하려는 혼합주의적 경향이 발견된다. 클레멘트는 노모스에 의해서 수정된 사도 이후 시대의 기독교를 접했다. 대체로 그것은 클레멘트에게 낯설었다. 그러나 그는 그것을 전부 거부하려고 하지 않고 상대적인 권위를 그것에 부여했다. 그것은 기독교이지만 열등한 서열을 차지한다. 그것은 단순히 신앙에 불과하다. 또한 클레멘트는 헬레니즘적 경건과 그것에 의해서 주형된 알렉산드리아적 기독교를 접촉하였고 그것들의 확실한 가치를 발견하였다. 그는 이런 골격 안에서 자신의 심오한 종교적 생활을 살았고 그것의 구조를 이끌어냈다. 그러므로 우리는 신앙 안에서 노모스 동기를 인식한다. 그러나 그 신앙은 원시기독교적 의미의 신앙이 아니라 노모스에 의해서 상당히 수정된 신앙이다. 다시 우리는 그노시스 안에서 에로스 동기를 만난다. 의심할 바 없이 그노시스는 구속종교이지만 그것의 본질적 특징은 아가페가 아니라 에로스이다. 양자를 비교해보면, 아가페 동기가 배경으로 밀려난다.

하지만 그렇다고 해서 클레멘트가 기독교를 낯설게 느꼈다거나 그리하여 그가 실제 헬레니즘 사상가로 분류되어야 한다고 해석해서는 안된다. 클레멘트가 기독교 사상가인지 헬레니즘 사상가인지를 묻는 대단히 상식적인 문제는 결코 질문되어선 안된다. 그러한 양자택일이 클레멘트에겐 존재하지 않기 때문이다. 개인적으로 그는 기독교인이며 단지 기독교인이기만을 바란다. 그래서 여기서는 그 문제를 논의하지 않는다. 그것은 자명한 필요조건이다. 우리는 오히려 클레멘트의 기독교 구조와 그것의 동기에 대한 언급에 관심을 가진다. 그리고 우리가 클레멘트의 작품들과 특히 신앙과 그노시스의 관계에 대한 그의 개념에서 그의 기독교적 전망을 발견할 때, 기독교의 구조와 그것의 동기의 관점에서 그 전망을 분석해 보면, 그것은 원리적으로 노모스 동기와 에로스 동기에 토대한 종합으로 보여진다. 그리고 둘 중에서 후자가 기독교의 최고단계를 지배하며 결정적인 우세를 차지하고 있다.

제3절 알렉산드리아의 클레멘트의 지식(Gnosis)과 아가페

위의 분석은 클레멘트의 기독교 해석이 주로 에로스 동기에 의해서 특성지어진다는 것을 보여주었다. 그노시스는 기독교의 최고의 이상적인 형태이다. 그리고 늘 그렇듯이 여기에서도 그노시스는 에로스와 분리될 수 없는 것이며, 근본적으로는 에로스의 다른 이름에 불과하다는 사실이 증명된다. 클레멘트는 가장 열정적으로 "이단적" 그노시스를 공격할지 모른다.

그러나 그것 대신에 그가 내세우고자 하는 대단히 "기독교적인" 그노시스는 실질적으로 에로스 경건의 특징을 띠고 있다. 그러나 그 상황은 복잡하다. "진정한 영지주의자"의 특징을 말함에 있어서 클레멘트는 아가페($\check{\alpha}\gamma\acute{\alpha}\pi\eta$)라는 단어에 대해 편견을 가지고 있기 때문이다. 이것은 위에서 언급한 바로부터 분명해진 것보다는 아가페 동기가 더 중심적인 위치를 점하고 있다는 것을 암시하지 않는가?

클레멘트 연구가인 드 페(E. de Faye)는 이것이 실제로 그렇다고 주장한다. 참된 영지주의자는 두 가지 특성들 즉 아파테이아($\dot{\alpha}\pi\acute{\alpha}\theta\epsilon\iota\alpha$, 평정)와 아가페($\check{\alpha}\gamma\acute{\alpha}\pi\eta$)를 통합한다. 전자가 스토아적(Stoic)인 것이며 클레멘트가 고대사상 특히 플라톤주의와 스토아주의에 진 빚을 가리킨다면, 후자는 기독교의 고유한 것으로서 기독교가 그의 사상에 공헌한 중요성을 증거한다.[16] 클레멘트의 "진정한 영지주의자"는 아가페에 의해서 진정한 기독교인으로 만들어지며 실제로 살아있는 인물이 된다.[17] 드 페는 클레멘트의 신학 안에서 그리스도-로고스가 차지하는 위치와 동등한 것을 클레멘트의 윤리 안에선 사랑이 차지한다고 말한다. 사랑은 그의 윤리의 중심이며 그의 윤리에 대한 기독교적 영감이다.[18] 아가페는 클레멘트 안에서 그노시스와 함께 영광의 자리를 공유한다. 클레멘트는 자신의 이상을 이 용어들 중에서 이것이나 저것을 가지고 표현할 수 있다. 그래서 종종 영지주의자의 궁극목표가 그노시스인지 아가페인지 구분이 불가능했다. 이러한 진폭이 클레멘트의 극단적인 특징이라고 드페는 말한다. 그 진폭은 기독교와 철학이 그의 사상을 지배하기 위하여 어떻게 투쟁했는가를 보여준다.[19] 그러나 아가페는 영지주의자 안에 있는 유일한 활력이다. 왜냐하면 클레멘트는 미덕들을 분류할 때마다 항상 아가페를 최고로 취급하기 때문이다. 아가페의 미덕이 나머지 모두를 포함하고 열매맺게 한다.[20]

그러나 드 페의 전체 논증은 아가페란 단어가 클레멘트에 의해서 기독교 고유의 의미로 사용되었음을 전제한다. 드 페는 클레멘트의 아가페 개념의 어떤 특성들은 플라톤적 영향을 암시한다는 점을 파악하는데 성공했다.[21] 그럼에도 불구하고 그것은 드 페로 하여금 클레멘트의 아가페 개념

이 진정한 기독교적 사랑 개념이라고 절대적으로 선언하는 것을 막아내지 못했다.[22]

드 페의 이론은 처음 보았을 땐 매력적이지만, 자세히 검토해보면 지지될 수 없는 것으로 증명된다. 그것은 놀랍게도 얼마나 쉽사리 우리가 단어들과 표현들을 그 동기적 분석 없이 피상적 가치로 받아들임으로써 오류에 빠질 수 있는가를 예증한다. 드 페는 클레멘트의 그노시스가 "기독교에 전적으로 낯선 개념"이라는 것을 잘 알고 있다.[23] 더 나아가 클레멘트의 영지주의적 도덕성의 원리가 사랑이라는 것도 평이한 사실이다.[24] 분명히 그것은 여기서 말해지는 사랑이 정확하게 기독교의 고유한 의미에서의 사랑과 일치하는가라는 의심을 일으키기에 충분하다. 그리고 에로스의 형태를 취한 사랑이 헬레니즘 경건과 그것에 영향받은 철학의 근본동기 자체인 한에서, 이 논점의 더욱더 면밀한 검토를 위한 더 많은 이유가 있게 될 것이다. 그러나 드 페는 이 질문까지 가지 않는다.

클레멘트는 아가페(ἀγάπη)에 대해서 말했다. 드 페에게 있어서 그것은 기독교의 고유한 사랑 개념을 의미하는 긍정적인 증거물이다. 드 페는 무엇이 정확하게 기독교와 그리스 철학 간의 차이점인지 진술해야 하는 순간에 스스로 대단히 모호하고 불확실하다. 그에 의하면, 철학에서는 합리적 요소가 우세하지만, 기독교에선 신비적인 것이 우세하다.[25] 이것은 마치 신비주의가 합리주의와 같은 헬레니즘의 특징이 아니기라도 한 것처럼 이해한 것이다! 그러나 드 페가 그렇게 모호한 참고기준으로 작업하기 때문에, 그의 결론이 혼동스러운 것은 놀라운 일이 아니다.

드 페의 연구 결과에 따르면, 클레멘트는 자신의 기독교적 건물을 세우기 위하여 그리스 철학으로부터 잡다한 자료를 빌어와야만 하였다고 한다. 그러나 결국 그 건물에 그 필수적인 형태를 제공하며 그것의 유형을 결정하는 것은 철학이 아니라 기독교이다.[26] 하지만 우리는 드 페의 연구 결과를 유보적으로 볼 이유가 충분하다. 우리는 여기서 드 페가 "기독교"란 말을 가지고 무엇을 의미하는가라고 질문할 수밖에 없다. 그의 주장들은 다음처럼 뒤집어서 읽는 것이 더 나을 것이다. 자신의 사상을 구축함에 있어서, 클레멘트는 기독교로부터 취한 잡다한 자료를 사용하였다. 그러나 최후의 수단으로서 그 건물의 필수적인 형태와 분명한 유형은 기독교에 기인하지 않고 헬레니즘에 기인하며, 아가페 동기가 아닌 에로스 동기에 의존한다. 클레멘트의 사랑(아가페) 개념을 좀더 자세하게 검토해보면, 이것이 분명하게 사실로 증명된다.

클레멘트의 말은 아가페와 그노시스의 관계를 정의하는 순간이 오면 약간 더듬거린다. 또한 여기선 그노시스가 저기선 아가페가 기독교적 삶의 궁극적 목표로 나타나긴 하지만,[27] 대체로 그는 기독교적 구원의 방법과 그것의 다양한 단계들에 대하여 일관된 관념을 가지고 있다. 구원의 도상에서 최초의 단계는 불신앙(이교)으로부터 신앙으로 이행하는 것(transition)이며, 둘째 단계는 신앙에서 그노시스로 이행하는 것이다. 그러나 그노시스는 계속하여 사랑(아가페)으로 인도해 간다. 아가페는 영지주의자를 그노시스의 대상인 하나님에게 묶어주며 그가 더욱더 하나님을 닮도록 변형시키는 화목한 내적 결속으로 특징지어진다. 영지주의자는 아가페 안에서 또한 아가페를 통하여 말하자면 "천사적"(angelic) 삶을 예기한다. 그것은 인간이 지상적인 삶의 조건에서 가능한 한 가장 가까이 갈 수 있는 완전함이다.

이것은 클레멘트가 이그나티우스(Ignatius)로부터 신앙은 시작이요 사랑은 끝이라는 것을 받아들였다고 말함으로써 무엇을 이해했는가를 설명해준다.[28] 신앙은 진정한 영지주의자의 특징인 고상한 기독교 생활이 수립되는 토대이다. 그러나 이 영지주의적 삶은 아가페 안에서 완성된다. 이 현세의 생활 속에서 아가페를 넘어간다는 것은 불가능하다. 즉 우리는 현생에서 하나님을 향해 계속 뻗쳐지는 욕망을 넘어갈 수 없다. 그것이 인간적인 완전의 한계이다. 그러나 아가페는 어떤 일시적 한도에서 정지하지 않는다. 아가페는 제한받기를 거부하는 역동적인 원리이다. 아가페는 참된 영지주의자를 쉼없이 상향적으로 몰고가면서 미래의 생활에서 안식하는 힘이다. 미래적 삶에서 그는 자신의 길을 재촉하여 천상의 거룩한 일곱 영역들을 통과하여 주님이 계시는 곳(μονή)까지 간다. 그곳에서 완전해진 영

(spirit)은 빛이 된다. 그 빛은 한결같고, 영원히 지속되며, 전체적으로 또한 모든 부분에서 불변한다.[29]

명백히, 클레멘트의 기독교적 구원 방법 개념의 기초에는 헬레니즘의 '구원의 질서'(ordo salutis)가 놓여 있다. 클레멘트는 '단순한(mere) 신앙'을 유지했다는 점에서 헬레니즘의 견해와 다르다. 그러나 그는 그 위에 한 건물을 세웠는데, 그 전체 도안은 에로스 동기에 의해서 지배당하고 있다. 하나님은 영원히 불변하고 부동하시며 그 스스로 영원한 안식이자 평화이므로, 인간의 목표는 그분 안에서 안식을 발견하는 것이다.[30] 인간의 운명은 궁극적으로 하나님 앞에서 "영원히 지속하며, 전적으로 그리고 모든 부분에서 불변하는" 빛으로 서는 것이다. 이 목표에 이르는 길은 다음 단계들에 의해서 특징지어진다. 그것은 하나님을 (1) 믿고, (2) 알고, (3) 사랑하고(바라고), (4) 소유하는 단계들이다. "'가진 자에게는 주어질 것이요'라고 말해졌으니, 신앙에 지식이 주어지며 지식에 사랑이 주어지며 사랑에 소유가 주어질 것이다."[31] 처음의 세 단계들만이 현세에 속하고, 넷째 단계인 소유는 내세를 위하여 유보된다. 우리는 그것을 향하여 가고 있다. 그러므로 아가페는 하나님에 대한 욕망과 동경과 함께 이 시공(時空) 속에서 인간이 도달할 수 있는 최고의 것이다. 우리는 이 연관성 속에서 "단계들"을 말한다. 그러나 그들 사이에 예리한 경계구분선이 없다는 점을 주목할 필요가 있다. 아가페가 고상한 기독교 생활의 최고정점을 나타내지만, 클레멘트에 의하면 그것은 더 열등한 단계들 안에도 동기유발의 동력으로서 현존한다. 심지어 기독교 생활의 최저단계인 신앙도 아가페를 떠나선 존재할 수 없다.[32]

이처럼 우리는 클레멘트의 사랑 개념을 그 구체적인 형태와 그 맥락에서 살펴 보았다. 그러므로 우리는 이제 그 내용에 대해서 더 이상 의심하지 않는다. 클레멘트는 신약의 용어인 아가페를 이용하지만 그가 전달하려고 의도한 실재는 플라톤이 "천상적 에로스"라고 부른 것에 가장 밀접하게 상응한다. 게다가 이 사랑이 어떻게 달성되는가에 대한 클레멘트의 서술은 플라톤적 헬레니즘 사상들을 상기시킨다. 인간은 자신을 물질세계에 얽매어 놓은 결박을 끊어버려야 하며, 자신을 감각적인 사물들의 감염으로부터 정결하게 해야 한다. 그래서 평정(apathy)의 기술을 실천하고 그럼으로써 "천사처럼" 된 인간은 하나님에 대한 사랑을 수단으로 자신의 거룩한 거처(μόνη)로 서둘러 간다고 클레멘트는 말한다.[33] 클레멘트는 이 사랑을 아가페라고 불렀다. 그는 그것을 에로스라고 부를 수도 있었다(그 이름이 별 차이를 만들어내는 것은 아니다.). 클레멘트는 아가페의 특징을 저등세계에 대한 무관심과 고등세계에서 자신의 모네(μόνη, 거처)를 찾으려는 욕망과 동경으로 묘사했다. 여기선 여하튼 아가페와 에로스 동기와의 연관성이 분명하다. 그러한 상황에서, 클레멘트 안에서 대립적인 두 경향들을 발견하여 아가페(ἀγάπη)는 그의 사상에 대한 기독교의 공헌을 나타내고 아파테이아(ἀπάθεια, 平靜)에 대한 그의 논의는 그리스 철학의 공헌을 대변한다고 해석하는 것은 단순히 말장난하는 짓이다. 두 경향이 모두 일관된 사상의 흐름에 속하며 하나의 동일한 경향을 표현하기 때문이다.

이 결론은 클레멘트가 (아가페의 독특한 특성에 기여하며 아가페를 에로스 사랑으로부터 구분해주는 사랑의 두 형태들인) 하나님의(God's) 사랑과 이웃에 대한 사랑을 정의하는 방식에 의해서 더욱 확고해진다.

그러면 클레멘트에게 있어서 하나님의 사랑에 관한 개념의 의미와 내용은 무엇인가? 먼저, 우리는 이 개념이 하나님에 대한 인간의 사랑이란 개념과 비교하여 배경으로 전락했다고 말할 수 있다. 이 후자가 결정적으로 클레멘트의 관심의 중심에 있다. 그러나 그가 하나님의 사랑에 대하여 말하지 않을 때에조차 이것은 그 원시기독교적 의미를 가지지 않는다. 대체로, 클레멘트는 하나님의 사랑에 대한 메시지에서 어떤 예기치 않은 것 즉 역설을 거의 의식하지 않는다. 반면에 그의 견해로는 하나님이 인간을 사랑한다는 것이 매우 적절하다. 어떻게 그분이 사랑하지 않을 수 있을 것인가? 인간은 그분의 피조물이며 그것도 특별한 의미에서 그렇다. 다른 모든 것은 그분이 단순히 자신의 전능한 말씀으로 창조하였다. 그러나 인간은 그분이 그 자신의 손으로 창조하였고, 자신의 손으로 형상을 만들었으며,

자기 자신의 실체의 일부를 그에게 불어넣었다.[34] 하나님의 실체는 선하다. 그리고 그가 인간을 사랑할 때 그가 사랑하는 것은 선한 어떤 것이다. 인간 존재의 깊이는 선하고 가치있는 성질을 담고 있다. 그 안에서 하나님은 기뻐하신다. 인간 안에는($\tau\grave{o}$ $\phi\acute{\iota}\lambda\tau\rho o\nu$) 어떤 것이 있어서, 그것이 하나님의 사랑을 일깨우고 얻는다.[35] 본성상 하나님과 유사한 인간은 하나님을 기쁘게 하며 그분의 사랑을 받을 가치가 있다.

클레멘트가 여기서 관찰하는 결론은 전형적이다. 먼저 그는 인간이 사랑받을 만하다고 증명한다. 그리고 나서 그는 "그러나 어떤 이에게 무엇은 사랑받을 만하고, 또 그의 사랑을 받지 못하는 바는 무엇인가?"라고 질문한다.[36] 클레멘트는 하나님의 사랑이 역설적이고 무동기적이라는 점을 파악하기는커녕 실제로 인간 자체가 하나님의 사랑을 받을 자격이 있다는 가정(假定)에서 시작하여 하나님이 인간을 사랑한다는 것을 증명하려 했다. 그의 견해가 본질적으로 ("아가페"란 용어 대신에) 에로스의 특성을 띠고 있다는 것을 보여주는데 이것보다 더 분명한 증거는 없을 것이다.

이웃에 대한 사랑에 대해서도 마찬가지이다. 클레멘트에게는 이런 주제가 전혀 희귀한 것이 아니다. 가끔 그는 우리가 기독교의 아가페 개념을 인식할 수 있도록 참된 영지주의자와 그 이웃의 관계를 묘사했다. 드 페는 다음과 같이 말했다. "클레멘트가 그의 형제에 대한 관대함으로 가득차서, 궁핍에 처한 그를 도와 주며, 그의 필요들을 충족시켜주며, 차별과 정의를 잘 다루며, 그의 핍박자들에게까지 선으로 대하는 영지주의자에 대하여 쓴 그런 구절들을 읽을 때, 우리는 주저하지 않고 기독교가 그 구절들에 미친 감화력을 인식한다."[37]

분명히 여기에선 기독교적인 사랑의 동기가 가장 강력한 영향을 미친다. 그러나 우리는 그것의 의미를 과장하지 않도록 조심해야 한다. 우선, 여기까지 언급된 구문들조차 매우 분명하게 스토아적 평정과 보편적인 박애의 정신을 동시에 보여주며 기독교적인 이웃 사랑의 합당한 표현으로 기꺼이 받아들여질 수 있다. 게다가 이웃 사랑의 계명 자체가 클레멘트가 단지 그 계명을 재해석함으로써 극복하려고 애썼던 그 어려움들을 그에게 일으켰음이 입증된다. 그는 그것에 한 동기를 부여한다. 그래서 우리가 위에서 보았듯이 하나님의 사랑은 그 아가페 특성을 상실한다. 그래서 이제는 이웃 사랑도 그 아가페 특성을 상실한다. 왜냐하면 그가 그것을 심령화시키기 때문이다. 하나님 사랑은 헬레니즘에 의해서 색칠되기는 하였지만 어려움 없이 그의 전망 속에서 한 자리를 발견한다. 그리고 이웃 사랑이 (에로스 계통에서 해석된) 이 하나님 사랑에 다시 귀착되는 한에 있어서, 그는 헬레니즘적 정신이 이웃 사랑 개념에서 불쾌하게 생각하는 바를 제거한다.

그가 "τίς ὁ σωζόμενος πλούσιος"(누가 구원받은 부자인가?)[38] 에서 전개하는 논증은 특별히 흥미롭다. 그리스도의 육성(肉聲)에 의하면, 하나님 사랑의 계명이 계명들 중에서 제일 큰 것이다. 그러나 그리스도는 둘째 계명을 그것과 나란히 둔다. "너는 네 이웃을 네 자신처럼 사랑해야 한다." 이 계명은 누구를 의미할 수 있는가? 우리가 사랑해야 할 우리의 "이웃"은 누구인가? 그리스도는 선한 사마리아인의 비유에서 친히 그 해답을 주셨다. 강도들의 손에 당했던 그 사람의 이웃은 누구였는가? 정답은 그에게 자비를 보여준 사람이었다. 그러면 누가 우리의 이웃인가? 구세주 외에 누구겠는가? 사실 누가 우리에게 그분과 같은 그러한 자비를 보여주었는가? "그러면 우리는 그분을 하나님과 동일하게 사랑해야 한다."[39]

이런 식으로 클레멘트는 이웃 사랑의 계명을 실질적으로 하나님 사랑의 계명과 동등하게 만든다. 사랑의 계명의 두 부분은 본질적으로 동일한 한 가지를 요구한다. 그것은 하나님 사랑과 그리스도 사랑이다. 그러나 만약 우리가 그리스도를 사랑하면, 곧이어 우리는 그분의 계명들을 지키고 그래서 그분을 믿는 이들을 돌본다.[40] 이러한 완곡한 방식으로 마침내 기독교적 의미의 이웃 사랑이 소개되었다. 그렇지만 그 이웃 사랑은 전통적인 유형의 주안점을 상실했다.[41] 사도 이후의 기독교에 일반적이었던 것처럼, 클레멘트에게 있어서도 아가페는 죄를 무효화하는 주요수단이다. 이웃 사랑은 가장 분명하게 구원으로 인도하는 행위이다. 어떤 사람이 자기 영혼 안에 아가페를 가졌다면, 그는 비록 가장 깊은 죄와 범죄에 빠졌다 할지라도 아가페 안에서 계속하여 성장하기만 한다면 자신의 범죄를 무효화할 수

있다.[42)]

에로스 경건의 분위기에서 훈련받은 클레멘트의 영지주의적 영적 정신은 단순하고 구체적인 의미의 이웃 사랑을 지나치게 세속적이라고 생각할 수밖에 없었다. 그래서 그는 그것을 심령화할 수밖에 없었다. 이러한 평가는 당시의 애찬식(愛餐式, love-feasts) 관습에 대한 클레멘트의 강한 불만도 설명할 수 있다. 그 축제는 "agapae"(愛餐式)라는 이름으로 통했다.[43)] 우리는 이미 특정한 영지주의 분파들이 아가페란 거룩한 이름을 신성모독했기에 클레멘트의 공격을 받은 사실을 언급했다. 그들은 아가페란 이름을 사용하여 통속적 에로스 즉 그들의 통속적 아프로디테($\pi\acute{\alpha}\nu\delta\eta\mu$ος ’Αφροδίτη)[44)]를 상징하였다.

그러나 그는 영지주의적 오용에 대해서만 반발한 것이 아니었다. 그는 교회 안에서도 애찬식을 여는 관습에 반감을 가졌다. "그러나 주님께서는 그러한 오락들을 아가파이(agapae)라고 부르지 않으셨다." [45)] 우리는 이러한 아가페축제가 일반적으로 정당한 비판의 유인을 제공하였는지 그 여부를 질문할 필요가 없다. 클레멘트의 논점은 아가페란 거룩한 이름이 식사처럼 그렇게 저속한 일들에 연관되어 사용될 때 그 이름의 품위가 떨어진다는 것이다.[46)] 그에게 있어서 아가페는 저 위에 자리잡고 있는 바 하늘을 향한 동경이다. 그것은 "천상의 양식"이며 "로고스의 연회"이다.[47)] 사도 바울이 아가페에 대해 말한 바에 의하면, 아가페는 결코 폐하지 않는다.[48)] 그러나 아가페가 하늘로부터 땅으로 떨어져 바로 국대접 안에 내려앉는 것보다 더 무서운 떨어짐[타락]이 어디 있겠는가?

클레멘트의 아가페에 가장 가까운 유사개념은 플라톤의 "천상적 에로스"에서 발견된다. 이 출발점으로부터 클레멘트는 영지주의 안에서 거룩한 아가페로 위장한 "통속적 에로스"를 공격한다. 그러나 동일한 출발점으로부터 클레멘트는 이웃 사랑의 형태를 취한 기독교적 아가페가 지나치게 세속화된 것처럼 보일 때에도 공격한다.

제4절 오리겐의 종교적 종합

알렉산드리아의 클레멘트 안에서 개인적으로 일어났던 에로스 동기와 아가페 동기의 융합은 오리겐에 의해서 체계적으로 완전하게 수립되었다.[49] 오리겐의 사상 안에서 고대 후기의 두 위대한 종교적 흐름인 기독교와 헬레니즘이 함께 어우러졌다. 바로 이 사실에 오리겐의 역사적 중요성이 있다. 우리가 앞에서 보았듯이, 이미 그 이전에 기독교는 고대 후기의 종교적 혼동 (무엇보다도 영지주의) 속으로 이끌려 들어갔다. 그러나 오리겐은 자신의 혼합주의적 성향에도 불구하고 이것과 공동제휴하지 않으려 하였다. 오히려 그는 영지주의자들을 자신의 주된 대적자들로 간주한다. 오리겐은 어떤 대가를 치르고라도 그들을 반대할 수밖에 없었다. 기독교는 그 주변 세계와 관계를 맺기 시작할 때 해체와 그것의 개별성의 상실을 각오했다. 오리겐은 클레멘트보다 이 사실에 대해서 훨씬 더 잘 알고 있다. 오리겐은 기독교의 어떤 것도 양보하지 않았다.

그리고 오리겐은 클레멘트보다 훨씬 더 높은 수준의 교회적·성서적인 신학자로 묘사될 수 있다. 동시에 그는 플라톤주의 철학자이다. 그러나 이 이중적인 긴장은 그가 (자주 생각되듯이) 그리스적 주형에 기독교신앙의 내용을 부었을 뿐만 아니라 실제로 종교적인 종합을 산출했다는 것을 의미한다. 사실 오리겐은 경쟁적인 두개의 영적 세계 안에서 종교 생활을 하였다. 그는 가장 충만한 확신을 가진 기독교인이었다. 동시에 그는 소신있는 플라톤주의자였다. 그는 그러한 종교적 동기들을 어거스틴에 버금가게 혼합시킨 매우 흥미로운 역사적 인물이다.

오리겐은 풍유적인 해석 방법에 갈등하는 동기들의 화해 가능성이 있음을 발견했다. 그것의 도움으로 오리겐은 성서적 방향에서 플라톤적 주장들과 신화들을 재해석할 수 있었다.[50] 그러나 더욱 더 중요한 것은 그가 성서의 풍유적 해석에 의해서 플라톤주의를 기독교의 숨겨진 영적 의미로 간주할 수 있었다는 점이다. 결국 그에게 지배적이었던 것은 에로스 동기요 헬레니즘 전망이었다. 오리겐보다 젊은 동시대의 신플라톤주의 철학자인 포르피리(Porphyry)는 그에 대해서 적절하게 기록했다. "그의 외면적 삶은 율법에 반대하는 기독교적 삶이었다. 그러나 사물들과 신에 대한 견해에 있어서 그는 그리스인들처럼 생각하였다. 그는 자기 사상을 다른 민족들의 신화에 도입하였다."[51]

상황의 변화에 따라서 이 종합의 이편이나 저편이 유력한 역할을 하게 된다. 사실 오리겐은 대체로 기독교의 아가페 동기에 대해서 대단히 위대한 이해력을 보여주진 않는다. 그러나 아가페 동기가 그 이방적 환경으로부터 직접 공격당하며 위협받을 때, 오리겐은 그것의 의미를 자각할 수 있었다. 그러므로 그의 기독교 변호에서 기독교적 사랑 개념의 본질적 특성이 가끔 예기치 않은 표현으로 나타난다. 그러나 그는 단순히 방어태세에 있지 않을 경우에는 자기 자신의 관점을 천명하며 아무런 이해관계 없이 그것을 체계적으로 주석한다. 그리고 나면 곧 그가 에로스 이론에 의해서 지배된다는 사실이 충분히 분명해진다. 그러므로 우리는 다음의 두 논점에 집중할 것이다. 첫째 논점은 기독교 내에서 아가페 동기의 상대적 인정과 오리겐의 기독교 변호이며, 둘째는 오리겐의 체계이다. 그 체계 안에선 에로스 동기가 공공연하게 결정적인 요인이다. 그것을 구성하는 요소들을 분명히 살펴본 후에 우리는 종합 그 자체로 돌아갈 것이다. 그 종합은 '하나님은 에로스이다. 그리고 하나님은 아가페다'라고 말하는 오리겐의 이중적인 주장에 의해서 보증된다.

제5절 오리겐의 기독교 변호

오리겐의 작품 「켈수스에 반대하여」(*Contra Celsum*)는 그의 종교적 종합을 이해하는데 더할 나위 없는 자료를 제공한다. 그것은 특히 우리의 목적에 가치가 있다. 왜냐하면 오리겐은 그 저술에서 헬라적 경건의 측면에서 오는 공격에 대항하여 기독교를 변호하기 때문이다. 「진리의 말씀」(ἀληθὴς λόγος)은 플라톤주의자인 켈수스의 논쟁적 작품이다. 그 작품이 어떠한 평가를 받든지간에, 그것이 기독교를 비판하려는 중심적 목적과 그것을 위한 확실한 방법도 가지고 있다는 점은 부인될 수 없다. 통상적인 시시한 비판과는 달리, 켈수스의 비판서는 기독교의 본질적인 근본동기인 아가페 동기를 고찰하였다. 말하자면 그것은 기독교 안에서도 고대적 감성을 가장 성나게 할 수밖에 없었던 바로 그것만을 공격한다. 간략히 말해서 기독교에 대한 켈수스의 공격은 에로스 동기가 아가페 동기를 공격하는 것으로 묘사될 수 있다. 이제 오리겐이 이 상황을 어떻게 다루는지 살펴보자. 이것은 매우 흥미로운 작업이다. 앞에서 제시한 대로 그가 이중적인 영적 전통 안에서 살면서 대립적인 두 가지 종교적 동기들에 의해서 형성되었다는 명제는 바로 여기에서 확고하게 입증될 것이다.

켈수스가 아가페 동기를 논박할 때, 오리겐은 대체불가한 가치가 문제된다고 느끼고, 그것의 구조화를 서두른다. 다시 켈수스가 그 자신의 에로스 이론에 대한 긍정적인 설명을 제시하면서 그것을 지지하기 위하여 플라톤을 인용하자, 오리겐도 이것에 참여하게 될 것이다. 그는 그것을 기독교에 적합하게 만들기 위하여 노력한다. 몇 가지 예가 상황을 분명하게 할 수 있다. 켈수스는 기독교적 아가페 전망의 불합리함을 증명하기 위하여 개념들의 전체적인 그물망을 엮었다. 먼저 그는 아가페 전망의 근저에 있는 신 개념을 공격한다. 기독교인들이 말하듯이 신의 강림에 대하여 말하는 것은 무슨 의미가 있는가? "나는 어떤 새로운 주장도 하지 않고 단지 오랫동안 고정되어 있던 것을 말할 뿐이다. 하나님은 선하고 아름다우며 복되시다(blessed). 그리고 그것도 가장 선하고 가장 아름다운 정도로 그러하다. 그러나 만약 그분이 인간들 가운데 내려온다면, 그분은 선으로부터 악으로, 아름다움으로부터 추함으로, 행복으로부터 불행으로, 최선에서 최악으로의 변화를 겪어야만 한다. 그렇다면 누가 그런 변화를 선택할 수 있을까?"[52]

켈수스의 이 주장은 평이하게 전형적으로 그리스적 신개념에 의존하고 있다. 이 관점으로부터 신의 강림(Descent)[53]에 대하여 말하는 것은 전적으로 불합리하다. 그것은 헬레니즘 정신이 신적인 것에 관하여 자명하다고 간주하는 모든 것에 모순된다. 즉 그것은 하나님의 불변성과 불후성(不朽

性)(incorruptibility) 뿐만 아니라 그의 행복(eudaemonia), 자족성 및 행복에도 모순된다. 땅에 내려온 신(a god)이나 신의 아들(son of a god)이란 개념 자체가 실제로 어떠한 논박도 필요없을 정도로 무의미하며 신성모독적이라고 켈수스는 말한다[54] 그러나 하나님이 지상에 내려왔다고 가정한다면, 그는 왜 특별하게 예수 안에서만 자신을 계시해야 하는가? 우리가 그 안에 신적인 것이 있다고 믿기 위해선 어떻게든지 이것이 분명해지고 증명되어야 한다. "다른 모든 사물들을 밝히는 태양이 먼저 자신을 보이게 하는 것처럼, 하나님의 아들도 그렇게 하여야만 하였다."[55] 그리고 그의 생애 동안에 그가 자신의 신성을 감추기 위하여 크게 신경을 썼음에도 불구하고, 최소한 그의 원수들이 그를 십자가로 끌고 갈 때 힘을 발휘하여 모든 적대자들을 때려눕혔어야만 했었다. 그러나 예수 안에서 이것에 대한 기미가 어디 있었는가? "예수는 한 신(a God)으로서 무슨 위대한 일들을 하였는가? 그는 그의 원수들을 수치스럽게 하였나? 아니면 그에게 반대하여 작정된 것을 우습게 종결지었는가?"[56] "이전에는 그렇게 하지 않았더라도, 왜 최소한 지금이라도 그는 자신의 신성을 약간이라도 현시(manifestation)하지 않으며, 자신을 이러한 비난으로부터 자유롭게 하지 않으며, 자신과 자기 아버지를 모독하는 자들에게 복수하지 않는가?"[57]

켈수스를 불쾌하게 하는 것은 예수의 인격(person), 겸손, 자기봉헌 및 십자가상의 죽음 가운데 있는 아가페적 특성(trait)이다. 그리고 동일한 특성이 예수의 일반적인 교훈과 행위에 대하여 그의 적대감을 불러일으킨다. 예수와 그를 따르는 기독교는 누구를 초청하는가? 다른 모든 종교들은 의인을 초청하지만 기독교인들이 초청하는 이들은 죄인들이다. "그러면 죄를 짓지 않는 것이 악한 일인가?"[58]라고 켈수스는 질문한다. 그리고 바리새인과 세리의 비유를 언급하면서, 켈수스는 "하나님은 불의한 인간이 그 사악함 때문에 자신을 낮추면 받으신다. 하지만 그분은 의로운 사람이 처음부터 미덕으로 꾸민 채 하나님을 우러러보아도 그를 받지 않으신다"[59]라고 덧붙인다.

켈수스는 자신의 당연한 몫(due)을 받아야만 한다. 그의 공격은 단순하게 외적인 것들만을 건드린 것이 아니라 문제의 핵심에 접근하였다. 그리고 그의 전제들에 입각하여 보면, 그의 반박 주장들이 정당한 것처럼 보일 수밖에 없었다는 점도 부연할 수 있다. 고대의 가치척도를 받아들인 사람이라면 틀림없이 그것들을 용납하였을 것이다.

오리겐은 어떻게 응답하였나? 어떤 측면에선 오리겐이 켈수스에 대해서 상당한 우위를 점하고 있다. 오리겐은 자신의 적대자를 진지하게 이해하고 정당하게 취급하려고 한다. 그건 그렇다 치더라도, 공격하는 켈수스만큼 오리겐이 방어하는데 늘 행복하지 않았다면, 그 이유는 그 자신의 견해에 불확실성이 있었기 때문이다. 켈수스에게 있어선 상황이 단순했다. 그는 에로스 이론의 토대 위에 확고하게 서서 이 입장으로부터 자신의 대적자와 강력하게 싸울 수 있었다. 오리겐의 입장은 더 불확실했다. 그는 하나님이 그리스도 안에서 우리에게 실제로 오셨고 그리스도가 희생적 사랑으로 우리를 위하여 자신을 주셨다는 기독교 신앙에서 아무것도 포기하지 않을 것이다. 반면에 켈수스가 단언하는 에로스 경건도 오리겐 자신의 영혼 속에서 생생하게 살아있는 실재였다. 그렇기 때문에 오리겐은 켈수스의 비판에 감명받을 수밖에 없었다.[60]

그러나 켈수스의 비판은 오리겐으로 하여금 한 가지 논점에서 확고한 입지를 취하도록 만들었다. 그것은 신의 사랑의 하강에 대한 질문에 관한 것이었다. 켈수스는 그리스도의 겸손 때문에 감정이 상했다. 이것은 켈수스가 아는 유일한 사랑이 그것 자체의 "행복"(eudaemonia)만을 추구하는 것이기 때문이라고 오리겐은 말한다. 켈수스는 도와주고 베푸는 본성을 가진 사랑에 대하여 아무것도 이해하지 못하고 있다. 켈수스는 외적인 비천함을 어두워진 눈으로 응시하였다. 그러므로 그는 바로 그 겸손 가운데서 계시되는 신의 영광을 발견할 수 없었다. 그는 그리스도께서 자신을 비우신 것이 사랑을 위해서였다는 것을 이해하지 못했다. 그리스도는 자기 비움을 통해서만 사람들에게 받아들여질 수 있었다.[61]

여기서 오리겐은 기독교인으로서 자신이 자신의 대적자인 플라톤주의자보다 무한히 우월하다고 느낀다. 어떤 부분에서 그는 다음과 같이 말한다.

"게다가 켈수스는 우리의 저술들의 목적에 대해선 전혀 무지하다. 그러므로 그는 그것들의 실제 의미에 대해서 의혹을 품는 것이 아니라 자신이 그것들을 수용하는데 대해서 의혹을 품고 있는 것이다. 그러나 그가 만약 (영생을 즐기게 되어 있는) 영혼에게 적합한 것에 대하여 성찰하였다면, 또한 우리가 그것의[영혼의] 본질과 원리들에 관하여 구상해야 하는 의견에 대하여 성찰하였다면, 그는 불멸의 존재가 필멸의 육신으로 들어가는 것을 그렇게 조롱하진 않았을 것이다. 그것은 플라톤주의적 육체 이동 (metempsychosis, 사망시 영혼이 다른 육신으로 옮겨가는 것)에 입각하여 일어난 것이 아니라 더 고상한 다른 견해에 부합되게 일어난 것이다. 그리고 그는 현저하게 위대한 박애(φιλανθρωπία)를 베풀며 (성경이 신비스럽게 부르듯이) '이스라엘 집의 잃은 양'을 회심시키는 책임을 떠맡은 한 '강림'을 주목하였을 것이다."[12]

오리겐은 신의 사랑에 대한 헬라적인 반대주장들을 이렇게 단호하게 거부하였다. 그것은 오리겐이 아가페 동기에 낯선 자가 아니었다는 증거이다. 아마 오리겐이 처음으로 참된 기독교의 본질에 눈을 뜨도록 만든 것은 켈수스의 공격이었을 것이다. 그러나 오리겐은 중심적인 논제를 다루듯이 반응했지만 늘상 그랬듯이 약간의 수정으로 만족하지 않았다. 이러한 사실은 당연히 그의 기독교 해석의 구조가 의문시될 때 주목받을 만하다.

그러나 비록 오리겐이 중심적인 기독교적 동기에 대하여 약간 이해했다고 하더라도, 그의 종교적 전망의 중심을 형성한 것은 아가페가 아니라 에로스였다. 이에 대한 증거는 오리겐이 두 가지 결정적인 종교적 질문들에 대해서 쓴 논문이다. 그 첫째 질문은 하나님과의 교제와 그것의 본질과 내용에 관한 것이며, 둘째는 이것에 이르는 길 즉 구원의 방법에 관한 것이다.

먼저 오리겐은 하나님과의 교제에 관한 자신의 결정적인 개념들을 에로스 경건으로부터 직접 도출하였다. 그는 플라톤적·신플라톤적 사유방식에 놀라울 정도로 심하게 동화되어 있었다. 기독교적 삶의 목표는 플라톤이 대화록 「파이드루스」(*Phaedrus*)에서 서술한 대로 신에 관한 축복받은 관상(contemplation)이다.[63] 파이드루스의 에로스 신화는 오리겐의 기독교적 소망 해석에 충분히 의미있는 표현양식과 일반적 분위기를 제공한다.[64]

구원으로 가는 방법에 대한 오리겐의 견해는 에로스 이론에 노골적으로 의존한다. 그것은 상향운동 즉 상승 개념에 의해서 전적으로 지배되고 있다. 플라톤을 따라서, 켈수스는 영혼에게는 지상으로부터 올라가는 한 길이 있으며 그 영혼은 행성들을 통과하여 상승한다고 말한다. 이에 대하여 오리겐은 반대할 자료가 없었다. 그는 단순히 유사한 개념이 이미 과거에 "우리의 가장 오랜 선지자"인 모세에 의해서 주장되었다고 답변한다. 모세는 창세기 28장 12절에서 족장 야곱이 어떻게 꿈 속에서 곧장 하늘에 맞닿은 사닥다리를 보았는지 말해준다. 그 사닥다리 위에선 하나님의 천사들이 오르락 내리락 하였다.[65] 기독교 역사의 도처에서 자주 나타나듯이, 여기서도 야곱의 사닥다리 이야기는 에로스 동기가 기독교의 사랑 이론에 도입되는 것을 정당화하는 성서적 전거로서 사용되었다.

플라톤주의적 전통에 일치되는 오리겐의 구원의 방법은 감각세계에서 시작한다. 그는 예수의 제자들이 감각세계를 "사닥다리처럼" 이용하여 그것을 타고 영계(靈界) 또는 예지계($\tau\acute{\alpha}$ $\nu o\eta\tau\acute{\alpha}$)에 관한 지식으로 올라간다고 말한다. 그러나 이것이 그들의 최종목표는 아니다. 그들은 더욱 높이 전진한다. 영혼이 천상세계 속에서 고향에 있듯이 편안해지고 영적인 것들과의 간절한 교제에 의해서 충분히 훈련받을 때, 그것은 신의 존재 자체에까지($\acute{\epsilon}\pi\grave{\iota}$ $\tau\acute{\eta}\nu$ $\Theta\epsilon\acute{o}\tau\eta\tau\alpha$) 상승할 수 있게 된다.[66] 이처럼 그에게 요구되는 것을 모두 행한 사람은 여기서조차 하나님을 볼 수 있을 만큼 가치 있는 자로 간주된다. 그것이 아직 몸 안에 있는 영혼에게도 가능한 한에 있어서 그렇다.[67] 「파이드루스」에서 플라톤이 영혼의 상승에 관하여 말한 것은 이처럼 기독교인 안에서 현실화된다. "그는 '감각의 눈을 닫고 영혼의 눈을 위로 들어올리면서' 모든 우주 위로 떠오른다. 그리고 그는 하늘의 창공에서 멈추지 않고 하나님의 영의 인도를 받아 사유 가운데서 하늘들 너머에 있는 곳까지 간다."[68]

그러나 우리는 오리겐이 어떻게 하여 그런 대립적인 것들과 이렇게 연합할 수 있었는가를 질문하지 않을 수 없다. 어떻게 그는 그렇게 완전하게 에로스 동기의 구도를 받아들이면서 동시에 하나님의 사랑이 그리스도 안에서 강림하고 자기를 바친다는 기독교의 기본 개념을 간직할 수 있었는가?

그는 클레멘트처럼 기독교를 두 단계로 구분함으로써 이 어려움을 해결했다. 두 단계 중 낮은 단계는 "단순한 신앙"으로 특징지어지고 높은 단계는 그노시스(영적 지식, Gnosis)와 하나님에 대한 관상(Vision)으로 특징지어진다. 오리겐은 켈수스에 의해서 설명된 플라톤주의가 종교의 절정기적 징후를 이상적으로 표현한다는 점을 다소 인정한다. 그는 여러 차례 우리에게 플라톤과 그의 추종자들이 말한 바를 공격하는 것이 자신의 의도가 아니라고 다짐한다. 물론 그렇게 말할 순 있지만 말이다.[69] 플라톤주의는 어떤 면에서도 기독교보다 우월하지 않다. 왜냐하면 그리스도와 사도들이 근본적으로 동일한 이론을 소중히 하였기 때문이다. 단지 그들이 그것을 설명할 기회가 드물었던 것이다. 왜냐하면 그들의 환경은 그렇게 심오한 견해를 위하여 무르익지 않았기 때문이다.

오리겐에게 있어서 플라톤주의와 기독교는 근본적인 종교적 태도에서는 물론이고 종교적 이론에서도 그렇게 많이 다르지 않지만 각각의 청중들에게 의존하는 해석의 방식에서 다르다. 플라톤주의는 선택된 작은 무리에게 말하지만, 기독교는 모든 사람들에게 말한다. 오리겐에 의하면, 플라톤과 그의 추종자들은 소수의 미식가들만을 생각하면서 식사를 준비하는 사람들과 같다고 한다. 당연히 음식 자체는 건전하다. 하지만 그들은 더 단순한 미각을 가진 대다수의 사람들이 그 음식을 먹을 수 없다는 점을 고려하지 않는다.[70] 기독교가 크게 유리한 점은 그것이 실제적으로 모든 사람들에게 모든 것들이 될 수 있다는 것이다. 그것은 모든 사람을 각자의 특수한 능력에 따라서 다룬다. 즉 모든 개인이 특별히 필요로 하고 또 취할 수 있는 구원의 방법이 그에게 열려 있다. 교육받은 자들은 가시적 세계로부터 비가시적 세계 즉 하나님의 세계로 "사닥다리를 타고 가는 것처럼" 올라가도록 가르쳐진다.[71] 교육받지 못한 자들은 그 길을 취할 수 없었다. 대신에

그리스도께서 그들에게 내려오셨다.[72]

그리하여 에로스와 아가페의 길 모두가 오리겐 안에서 그것들의 기능을 발휘한다. 그러나 그것들 중의 어느 것이 더 고상한가는 의심할 여지가 없다. 클레멘트처럼 오리겐에게 있어서도 그노시스가 "단순한 신앙"보다 훨씬 더 우월하다.[73] 오리겐의 입장은 다음과 같은 취지로 요약될 수 있다. 원리상으론 에로스적 구원의 방법이 올바른 길이며, 그것을 보완하고 인간들이 연약하여 도움과 지원을 못 받는 일이 없도록 아가페적 구원의 방법이 부가적으로 제공되었다.[74]

그러나 이것은 오리겐이 참으로 자신을 헬레니즘 철학자이며 기독교에 낯선 자로 느꼈다는 의미로 해석되어선 안된다. 그는 단순히 실제적·교육적인 기반에서 그것을 위한 자리를 발견하였다. 그에게는 처음부터 끝까지 모든 것이 기독교이다. 그가 보는 기독교는 위에서 언급한 구원의 방법들을 모두 포함한다. 결국 그에게는 헬레니즘 경건뿐만 아니라 기독교도 "에로스 종교"이다. 그러나 에로스의 길은 보통 사람이 취하기에는 쉽지 않다. 기독교는 여기서 그 우월함을 보여준다. "철학자들"과 헬레니즘 경건에 의하면 인류의 대부분이 버림받지만, 기독교는 그들에게도 다가가서 그들을 최소한 예비적으로라도 바른 길로 인도할 수 있다.

그러므로 켈수스가 기독교는 죄인들에게 호소한다고 공격하면서 (자기 추종자들이 신과의 교제에 나아가도록 허락하기 전에 먼저 온전한 정결을 요구하는) 다른 모든 신비종교들과 기독교를 대조시킬 때, 오리겐은 이것이 대단히 부당한 반대라고 거부한다. 왜냐하면 켈수스의 반대는 기독교의 장점 그 자체를 기독교에 대한 고발로 바꾸기 때문이다. 사실 기독교는 죄인들에게 호소하지만 신성한 신비를 그들에게 양보하기 위해서 그런 것은 아니다. 죄인들은 먼저 죄를 그만두도록 신앙 안에서 입문교육을 받아야 한다. 그리고 나서 더 성숙하고 정결하게 되어 가능한 한 많이 자신의 생활을 향상시킬 때, "(그 이전도 아니고) 바로 그 때에 우리는 그들을 우리의 신비들에 참여하도록 초청한다."[75]

오리겐이 말한 바에 의하면, 우리 기독교인들은 분명히 우리의 그노시스와 신비들을 가지고 있으며 어떤 죄인들도 그것들에 들어가도록 허락하지 않을 것이다. 거기서 (우리에게도) 관습적인 입문조건은 '순결한 자는 이리로 오라.'로 통용된다.[76] 죄인들을 치유받도록 부르는 것과 이미 청결해진 자들을 신비로 초청하는 것, 이 둘은 매우 상이한 일들이다.[77] 그리고 기독교가 고등단계뿐만 아니라 저등단계까지 고려한다고 해서 기독교를 공격하는 것은 더욱더 부당한 것이다. 왜냐하면 저등단계는 그 자체를 벗어나 고등단계를 지적하며 단순히 그것을 예비하기 때문이다.[78]

오리겐에 의하면 이렇게 기독교와 플라톤주의는 모두 이상적으로 동일하게 고상한 관점을 표현한다. 그러나 기독교는 탁월하게 유리한 고지를 차지한 채 대중들까지도 곧 포섭할 수 있게끔 이것을 표현할 수 있다. 오리겐은 어떤 율법 시여자에 대해서 말했다. 그 율법의 시여자가 한 번은 자신의 백성들에게 최선의 법을 주었는지 질문받았다고 말한다. 그 율법 시여자는 "절대적으로 최선의 것을 그들에게 주진 않았지만 그들이 받아들일 수 있는 최선의 것은 주었다"고 답변하였다. 마찬가지로 그리스도도 그렇게 말할 수 있다. 그분은 대다수의 사람들에게 그들의 삶을 향상시키는데 어떻게든 사용할 수 있는 최선의 법을 주셨다. 그분은 그들에게 형벌의 위협으로써 완고한 자들을 회개하게 만드는 한 교리를 주셨다.[79] 기독교는 많은 이들에게 분명하게 보이는 것과 참된 것을 단순하게 말한다. 물론 그것은 이런 것들을 철학적으로 연구하는 소수의 전문가들에겐 분명하지만 대중들에겐 그렇게 분명하지 않다.[80]

플라톤주의와 기독교의 관계에 대한 오리겐의 생각은 켈수스에 반대하는 일곱째 책의 서두에서 매력적으로 예시된다. 플라톤과 기독교적 자료를 모두 인용하면서, 켈수스는 플라톤이 기독교보다 이것들을 훨씬 잘 표현하였으며 그것도 신의 계시에 의해서 자신의 지혜를 받았다고 허세부리지 않고서 그렇게 하였다고 선언하였었다. 오리겐은 직접적으로 이것에 반대하지 않을 것이다. 그러나 여느 때처럼 기독교는 대중들에게 자신을 접근하며 결국 그들이 이해할 수 있는 언어를 사용해야만 한다는 사실을 언급한다.

"우리의 예언자들과 예수 자신과 그의 사도들이 단순히 진리만을 전달하는데 그치지 않고 대중을 사로잡는데 적절한 연설 양식을 받아들이는데 신중하여, 각 사람이 (이끌리고 앞으로 인도되어서) 이렇게 명백하게 단순한 말들 속에 담겨 있는 신비들을 이해할 수 있도록 (가능한 한 높이) 올라가도록 주의를 기울였다."[81] 여기에다가 오리겐은 헬라인들이 기독교인들과 공통되는 어떤 이론적 교리들을 가지고 있다는 것에 동의할 수는 있지만 그들은 영혼을 얻는 데는 동일한 능력을 가지고 있지 못하다고 덧붙인다.[82]

그래서 원리상으론 철학과 영지(靈知)만이 지속적으로 온전히 만족스러운 길이다. 신앙은 필요한 방편이다. 왜냐하면 대부분의 사람들은 다른 어떤 길로도 여행할 능력이 없기 때문이다. 만약 모든 사람들이 삶의 문제에 대한 자신들의 관심을 버리고 전적으로 철학에만 몰두할 수 있으면, 이〔철학의〕 길 외에 어떤 다른 길도 택할 필요가 없다. 그러나 삶의 걱정도 사람들의 영적 능력도 그렇게 할 여유가 없기 때문에, 대중들에게는 예수가 보여준 방법보다 더 나은 방법이 없다.[83] 이제는 모든 이들이 예외없이 이 방법에 의해서 그 목표에 도달할 수 있다. 로고스가 스스로 우리에게 오셨기 때문에, 그는 (클레멘트의 문구대로) "전 세계가 이제 아테네인들과 헬라인들이 되었다"라고 말할 수 있게 만들었다.[84] (아마 오리겐도 클레멘트와 똑같은 표현을 고안해냈을 것이다.

제6절 오리겐의 체계

오리겐의 기독교 변호에서 에로스와 아가페가 서로 만났다. 그러나 그것들이 동등하게 잘 어울리지는 않는다는 것은 분명하다. 왜냐하면 오리겐의 체계는 「원리론」(*De principiis*, Περὶ ἀρχῶν)에서 진술된 것처럼 거의 배타적으로 에로스 동기에만 의존하여 구축되었기 때문이다.

이 작품의 서문에서 오리겐은 교회 내에서 일반적으로 수용되었던 기독교적 입장으로 시작했다. 그것은 먼저 (1) 하나님은 한분이시며, 그분은 무(無)로부터 모든 것을 일으키시고 창조하셨다는 것과 마지막 때에 그분이 주 예수 그리스도를 보내셨다는 것이다. (2) 이 예수 그리스도는 모든 피조물 이전에 아버지로부터 나셨으며, 그를 통하여 창조가 존재하게 되었다. 그는 자신을 낮추고 인간이 되었고 자신의 신적 본성을 유지한 채 육신이 되었다. 또한 그는 단지 외형만이 아니라 실제로 태어났고 수난당했고, 실제로 죽었으며, 실제로 죽은 자들로부터 일어났다. (3) 성령은 아버지와 아들과 함께 영광과 위엄에서 동등하며 예언자들과 사도들에게 영감을 불러일으켰다. (4) 영혼이 이 세상을 떠나면 공로에 따라서 영생과 축복이거나 영원한 불과 형벌을 보상으로 받게 되어 있다. 또한 육신의 부활이 있으며, 모든 영혼들은 자유의지를 가지고 대(對) 악마 투쟁에 관여한다. (5) 이 세계는 창조되었으며, 일시적이다. (6) 성경은 하나님의 영에 의해서 씌어졌으며 단순히 만인에게 분명한 문자적 의미만을 가진 것이 아니라 소수만이 접근가능한 감추어진 의미도 가진다.[85]

그래서 오리겐은 사도들의 시대로부터 기독교적 전통에 의해서 수립된 모든 것을 의심없이 받아들인다.[86] 그는 단순하게 받아들이는 것 밖에는 다른 대안이 없다고 주장한다.[87] 그러나 그것 외에도 (다르게 해석할 수 있는) 아직까지 규명되지 않은 많은 논점들이 있다. 그의 진짜 관심을 끄는 것은 바로 이것들이다. 또한 이것들에 그는 자신의 모든 수고를 바친다. 단순한 기독교인은 위에서 언급한 신앙의 항목들이 충분하다고 생각할 수 있다. 그러나 그것의 의미를 정말로 통찰하기 위해선 기독교 신앙이 체계적으로 재건되어야만 한다. 그래서 모든 신앙의 언명(言明)이 그것의 모든 나머지와 전체와의 관계에 의해서 조명되어야 한다.[88] 진실로 오리겐은 자주 자신이 말한 것의 많은 부분이 단순히 자기 자신의 개인적 의견이며 사적인 기독교 해석이라고 말하며 일반적으로 수용되는 기독교 신앙으로 공표되어선 안된다고 강조한다. 그러나 바로 이 점이 오리겐 자신의 기독교관을 더 잘 입증한다. 이제 우리는 이 모든 논점들에서 그의 해석이 끊임없이 헬레니즘 경건의 방향에 있다는 것을 관찰할 수 있다. 더욱이 전반

적인 그의 기독교 해석의 일반 도식도 바로 그 헬라적 경건으로부터 빌어
온 것이다.

오리겐은 헬레니즘의 유출 이론을 거부하고 대신에 신의 창조 행위에
대하여 말한다. 그러나 그럼에도 불구하고 그의 이론은 본질적으로 유출의
특징을 지닌다. 오리겐의 이론의 전체적 구조는 알렉산드리아적 세계-도식
과 그것의 이중적 운동에 의해서 결정된다. 이중적 운동이란 모든 것이 하
나님으로부터 나와서 다시 그분에게 돌아간다는 것이다. 순결한 영이 퇴보
(degeneration)하여, 감각세계에 얽매인 한 영혼이 된다. 그리고 그것이 중생
(regeneration)하여 순수한 영의 상태로 회복된다.

그리스적 방법에선 하나님이 절대적 존재이며 순수하고 분화되지 않은
통일체(Unity, μονάς ἐνάς)로 파악된다.[90] 영원 전에 로고스를 낳은 하
나님은 영원 전부터 영-세계를 창조하였다. 그래서 오리겐은 영원한 창조
를 가르친다. 그의 생각을 따르면, 하나님이 자신의 창조력을 사용하지 않
고 방치하리라고 생각하는 것은 모순되고 불경한 것이다.[91] 그러나 하나님
께서 직접 창조하신 그 이성적인 존재들에게 자유의지를 부여했으므로, 그
들은 그분으로부터 떨어져나갈 수 있는 가능성을 보유하고 있었다. 그들이
자신들의 자유를 잘못 사용하고 불순종하고 나태하여 자신들의 본래 상태
로부터 타락했을 때, 그 가능성은 현실이 되었다. 오리겐은 타락에서 자유
의지 요소를 강조하지만, 그럼에도 불구하고 그는 그것을 거의 자연적인
과정으로 간주한다. 신적인 아가페의 냉정함 덕분에, 순수하고 합리적인
존재들은 말하자면 영혼 안에 응축되어 있다.[92] 그리고 하나님은 타락하여
이제는 혼이 된 영들을 벌주고 교육하기 위한 제도로서 감각세계를 창조
하셨다.[93] 그들은 자신들의 타락의 깊이에 따라 더 훌륭한 몸이나 더 거친
몸에 얽매이게 된다. 천사들은 가장 훌륭한 몸을 가지고, 악마들은 가장 거
친 몸을 가지며, 인간은 그 중간에 있다. 이와같이 인간은 감각세계에 구체
적으로 나타날 때 이중적인 본성을 가진다. 즉 한편으론 타락한 영이며, 다
른 한편으로 영의 감옥인 육신이다.

우주적 진화의 첫 행위는 어떻게 만물이 창조와 선재하는 타락을 통하

여 하나님으로부터 나와서 그분을 떠났는지를 설명한다. 우주적 진화의 둘째 행위는 어떻게 만물이 다시 그분에게 되돌아가며 감각 속으로 떨어진 영혼이 어떻게 그 원래의 순수한 영성으로 회복되는가를 보여준다.[94] 이것 때문에 로고스는 인간들 안에서 많은 시대를 통하여 내재적으로 활동해 왔다. 이것 때문에 그는 시간의 충만함 속에서 우리에게 왔으며 육신이 되었다. 그는 우리에게 자유의지를 올바로 사용함으로써 하나님을 한 단계씩 더 닮아가도록 자신을 일깨우는 법을 가르친다. 우리가 이렇게 인도받는 길은 위에서 언급한 구원의 방법이다. 최저단계는 신앙이다. 그럼에도 불구하고 신앙은 다른 모든것이 의지하는 토대이다. 그 위에 헬레니즘의 에로스 사닥다리가 솟아있다. 그 사닥다리의 주요단계들은 (1) 감각적 사물들, (2) 지적인 사물들(τὰ νοητά), (3) 하나님의 창조에서 하나님을 관상함, (4) 신의 존재 자체를 관상함 등이다.[95] 불멸의 영혼은 그 자유의지로 측량할 수 없는 기간 동안 영혼의 최고선이신 하나님으로부터 멀어져서 최저질의 악으로 내려간다. 또한 그것은 동일한 자유의지 덕분에 하나님의 도움과 로고스의 인도를 받아 최저질의 악으로부터 최고선으로 재상승할 가능성을 가진다.[96] 그래서 우주의 진행은 일련의 획기적인 시대들(epochs)을 통해서 만물의 회복(ἀποκατάστασις πάντων)을 향하여 전진한다. 만물이 회복될 때, 그 주기(circle)가 마쳐지며 종말이 시작과 일치한다. 그리고 시작[창조] 때처럼 하나님이 만유의 충만이 되신다.[97]

"교회 안에서 일반적으로 받아들여진" 기독교적 입장이 이 구도에 어울리게 될 때, 그것은 당연히 에로스 동기의 방향으로 강조될 수밖에 없었다. 이 타협은 세 가지 근본교의들(창조론, 성육신론, 육의 부활론)에 대한 오리겐의 태도에서 분명해진다. 창조에 관하여 오리겐은 사실 하나님이 하늘과 땅 모두의 창조주라고 주장한다. 영지주의와 마르키온에 반대하여 오리겐은 영적 세계뿐만 아니라 육적·물질적 세계도 하나님의 작품이라고 단언한다. 그러나 영적 세계의 영원한 창조는 세속 세계의 창조와 전혀 다른 종류이다. 전자는 그분 자신으로부터, 그의 영원한 창조적 의지에서 솟아나온다. 이것만이 가장 엄격한 의미에서 하나님 자신의 사역이다. 반면에 물질세계의 창조는 죄에 의해서 즉 타락한 영들을 위하여 형벌을 부과하고 교정하는 제도에 의해서 감독되고 동기부여된다. 그리고 오리겐은 구속에 관해선 당연히 가현설을 거부한다. 가현설은 헬레니즘 이론들의 특징이었다. 그리스도는 실제로 인간이 되었고 실제로 십자가의 죽음을 겪으셨다. 그러나 오리겐에 의하면 성육신도 십자가의 죽음도 완전한 기독교인 즉 기독교 영지주의자에겐 어떤 진정한 의미를 가진 게 아니다.

마지막으로, 육의 부활에 관해서도 동일한 이중성(doubleness)이 발견된다. 오리겐이 "영혼의 불멸성"에 관한 헬라적인 신념을 고수하는가에 대해선 논란할 여지가 많다. 그러나 기독교 전통 내에서 "육의 부활"에 대한 신앙을 지속적으로 천명했다고 해서 그가 확고부동한 입장을 취한 것은 아니었다. 그는 극도로 조심스럽게 자신이 철학적인 "영혼불멸" 이론에 애착을 가지고 있으며,[98] 자신이 순수하게 심령화하는 이론에만 머무를 수 없다는 것을 인정한다. 그 심령화적 이론은 다른 면에선 오리겐의 일반적 입장에 가장 잘 부합하였을 것이다. 이처럼 자기 의지에 거슬리게 "육의 부활"에 대한 신앙을 받아들이도록 강요받자, 그는 바울이 고린도전서 15장에서 "신령한(pneumatic) 몸"에 대해서 말한 바를 해석하면서 부활 신앙을 중립화하기 위해서 가능한 한 최대의 노력을 기울였다.[99] 게다가 모든 육체가 전적으로 사라질 때만 최종단계에 도달하게 된다. 이렇게 오리겐 안에선 심령화하는 진화적 과정이 거의 자연적·필연적으로 작용하여 *apokatastasis*(회복)를 목표로 삼고 원시기독교의 종말론을 대체한다. 비록 장구한 우회로를 따르긴 하지만, 신적인 단계에 올라가서 자신을 그것과 연합시키는 것은 이성적 영혼의 존재와 본성에 속한다. 이와같이 오리겐에 있어서 회복 개념은 궁극적으로 자연주의적 경향을 심령화하는 표현이다.[100]

제7절 하나님은 에로스이다 — 하나님은 아가페다

　지금까지 오리겐의 두 주요 작품인 「켈수스에 반대하여」와 「원리론」이 우리에게 자료를 제공해 주었다. 설교집도 부가적인 자료를 제공하지만 오리겐의 기독교 해석에 대한 우리의 관점을 수정할 정도는 아니다.[101] 그럼에도 불구하고 우리는 그의 「아가서 주석」(*Commentary on the Song of Songs*)에 상당히 주의하여야 한다. 거기서 오리겐은 그 노래에 대한 (점진적으로 얻은) 해석들에 기독교의 사랑 이론의 중심적 자리를 부여한다. 더욱이 그 작품의 서론에서 그는 "에로스와 아가페" 문제를 직접 다룬다.

　오리겐에 따르면, 우리는 아가서를 해석할 때, 그것이 전적으로 "완전한 자들" 즉 기독교 영지주의자들을 위하여 의도되었다는 것을 염두에 두어야만 한다. 오리겐의 해석학적 원리들에 의하면, 성경말씀은 일반적으로 모든 사람들 심지어 무식한 이들까지 사용할 수 있는 문자적 의미와 영지주의자들을 위하여 유보되어 있는 더 심오한 영적 의미를 다 가지고 있다. 그러나 오리겐은 아가서에서 성경의 어떤 부분엔 문자적인 의미가 전혀 없다는 분명한 증거를 발견한다. 문자적으로 취하면 아가서는 독자에게 단순히 통속적인 에로스만을 일으킬 수 있다. 그러므로 오리겐은 이 글을 단순한 기독교인들의 손에 들려주는 것에 대해 명시적으로 경고한다. 아가서에는 그들을 위한 교훈이 전혀 없다. 히브리서 5장 12절 이하에서 사도(the Apostle)가 가르쳤듯이, 그들은 우유로 먹여야 한다. 반면에 아가서는 완전한 자들에게 해당하는 단단한 음식을 제공한다.[102]

　그러면 아가서가 말하는 사랑은 어떤 유의 사랑인가? 답변을 위하여 오리겐은 플라톤과 그 추종자들이 사랑(Eros)의 본성에 대하여 말했던 바에서 출발한다. 에로스는 영혼을 지상으로부터 하늘의 정상까지 들어올리는 능력이다. 사랑의 욕망(desire)에 의하지 않으면 최상의 축복은 성취될 수 없다.[103] 그러나 육적인 인간들은 플라톤주의자들이 정확하고 탁월하게 기술했던 바를 망쳐놓았다. 이 육적인 인간들은 천상의 에로스에 대하여 언급을 통속적 에로스에 관한 것으로 이해하였다. 그러한 일이 지혜로운 그리스인들 안에서도 일어날 수 있었다면, 아가서가 단순한 기독교인들 가운데서 유사한 운명을 겪어야 했던 것은 놀라운 일이 아니다.[104]

오리겐은 성경이 에로스란 단어를 회피한다는 사실을 알고 있다.[105] 여기에는 충분한 이유가 있다. 통상적인 용례로 이해한다면 그 단어는 통속적인 특성을 함축한다. 그래서 단순한 대중들은 불가피하게 에로스란 말이 "통속적 에로스"를 지칭한다고 오해할 수 있을 것이다. 그러한 오해를 방지하기 위하여, 성경은 "아가페"란 모호한 단어를 선택하였다.[106] 그러나 이 모두는 단순한 기독교인들(simpliciores, ἰδῶται)의 경우에만 중요하다. 반면에 아가서는 완전자(完全者)들 즉 영지주의자들을 위하여 씌어졌다. 그리고 이제 성경이 그 용어는 피하고 있으나 에로스의 사실을 불찬성할 의도는 없고 단순히 쉽게 생기는 오해로부터 그것을 보호하려는 의도만 있다는 것을 주목해야 한다. 그러나 사실상 영지주의자들인 우리에게 있어서 그러한 조심스러운 수단들은 불필요하다고 오리겐은 효과적으로 주장한다. 우리는 에로스란 용어를 사용하여 그것의 바른 이름을 부를 수 있다. 영지주의자는 성경에서 아가페란 단어를 발견하는 즉시 그 자리에 에로스가 있다고 이해해야 한다. 왜냐하면 에로스가 아가페의 방어적인 변장 속에 감춰진 실재이기 때문이다.[107]

하지만 오리겐은 계속하여 (선험적으로 오해가 배제된) 어떤 구절들에선 성경 자체가 에로스란 용어를 사용하며 에로스 사랑을 찬미한다고 말한다. 그는 여기에 가장 큰 중요성을 부여한다. 그리고 그의 논증 전체는 에로스 개념과 그리고 에로스란 용어 자체가 기독교적으로 정당함을 증명하는 것이 그에게 있어서 사활적인 중요성을 가진다는 것을 보여준다. 이러한 관점을 가지고, 그는 에로스란 말을 담고 있는 구절들을 찾기 위해 성경을 샅샅이 뒤진다. 그러나 신약에 관한 한 그 결과는 전적으로 부정적이다. 그 단어는 존재하지 않는다. 그래서 오리겐은 70인역 성경(Septuagint)으로 향한다. 그러나 거기에서도 그의 소득은 미미했다. 그는 최소한 두 구절이 플라톤적 의미의 에로스에 대하여 암시한다는 것을 찾는데 성공했다. 그리고 이 두 구절들은 지혜문학 안에 있다. 이 사실은 충분히 의미심장하다.[109]

그러나 오리겐은 거기서 멈추지 않았다. 이 발견들은 단순히 목적으로 가는 수단에 불과하다. 그는 플라톤적 에로스와 기독교의 아가페를 완전하고 절대적으로 동일시하려고 의도한다. 오리겐은 "영적인" 성경해석에선 일반적으로 아가페 대신 에로스를 대치하는 것이 정당하다고 주장한다. 그러나 이 원리에 어떠한 제한도 불필요한가에 대한 의문이 생긴다. 예컨대 우리는 "하나님은 사랑(Agape)이시다"라는 요한신학적 주장과 같은 경우에 그것을 정당하게 적용할 수 있는가? 오리겐은 그것이 정당하다고 생각한다. 또한 오리겐은 순교자 이그나티우스(the martyr Ignatius)의 말도 이것을 지지한다고 생각했다.

하르낙(A. von Harnack)이 자신의 흥미로운 연구작인 「고대 기독교문학의 에로스」(*Der 'Eros' in der alten christlichen Literatur*)에서[110] 보여주었듯이, 이그나티우스의 말은 전적으로 오해되고 있다. 이그나티우스는 다음과 같이 말했다. "생의 중간에서 나는 죽음을 갈망하는 당신에게 쓴다. 나의 에로스는 십자가에 못박혔다. 그리고 내 안에는 물질적인 것들에 대한 사랑의 불길이 전혀 없다."[111] 이그나티우스는 "나의 에로스는 십자가에 못박혔다"라는 그 독특한 문장으로 무엇을 의미하였을까? 그는 에로스로써 무엇을 의미하는가? 그 맥락은 의심의 여지를 남겨두지 않는다. 즉 이그나티우스의 에로스는 (물질적이고 감각적인 것들에 대한 욕망인) "통속적 에로스"를 의미한다. 이그나티우스는 이것이 십자가에 못박혔고 자신으로부터 뿌리뽑혔다고 설명한다. 그래서 그는 더 이상 이 일시적인 세상에 속하는 어떤 것도 바랄 수 없다는 것이다. 오리겐은 이것이 다름아닌 십자가에 달리신 그리스도를 가리킨다고 잘못 이해하였다.[112]

그러나 성 이그나티우스가 그리스도를 자신의 에로스라고 부를 수 있다면, 하나님을 에로스라고 부르는데 아무런 반대도 있을 수 없다. 오리겐은 자신의 목적에 도달하였다. 요한이 "하나님은 아가페다"라고 말했다면, "하나님은 에로스이다"라는 말도 동등한 권리로 말해질 수 있다.[113] 기독교와 헬레니즘 경건 (혹은 플라톤적-신플라톤적 전망) 사이의 연관성이 발견된다. 오리겐의 견해로는 이 둘은 하나이다. 그러나 그 종합의 성격은 헬라적 요소에 의해서 결정된다. 즉 아가페가 에로스의 윤곽에서 해석된다.

이와같이 우리는 기독교의 사랑 개념의 역사에서 최초로 오리겐에게서 기독교적 사랑관과 헬레니즘적 사랑관의 진정한 종합을 발견한다. 그러한 종합을 이룩하려 한 후대의 시도는 원리상으로 오리겐을 넘어서지 못했다. 심지어 어거스틴의 카리타스-종합(caritas-synthesis)도 그렇게 하지 못했다. 카리타스-종합의 거의 모든 근본개념들은 최소한 맹아적으로라도 오리겐 안에서 발견된다. 어거스틴처럼 오리겐은 사랑이 모든 사람들 속에서 발견되는 기초 요소라는 관점에서 출발한다.[115] 유일한 질문은 그것이 그것의 욕망에 대한 만족을 어디서 찾는가이다. 영적 세계에서 찾는가? 물질세계에서 찾는가? 만약 전자 안에서라면, 사랑은 "영의 사랑"(amor spiritus)으로 나타난다. 만약 후자 안에서라면, 그것은 "육의 사랑"(amor carnis)이다. 이것은 어거스틴이 카리타스(사랑)와 쿠피디타스(탐욕) 사이를 구분한 것과 똑같은 동일한 구분이다.[116] 어거스틴은 "uti"(이용)와 "frui"(향유)를 구분했는데 이 측면에서도 오리겐과 그의 접촉점들이 발견된다.

그런데 후대의 기독교의 사랑 개념에 영향을 남긴 것은 오리겐의 종합이 아니라 어거스틴의 종합이었다. 비록 오리겐의 사랑 이론은 교회적 전통에 무난하게 통합될 수 있었음에도 불구하고, 이미 교회 안에서 확립된 다른 논점들에선 오리겐의 사상의 너무나 많은 부분이 교회에 이단적이었다. 그래서 오리겐의 사상은 지배적인 기독교적 견해로 수용될 수 없었다. 그 종합을 승리에 이르도록 거들기 위해선 사실 어거스틴처럼 기독교의 고유성에 깊숙이 뿌리내린 한 인물을 필요로 하였다.

주

1) 알렉산드리아적 세계관(world-scheme)을 보려면 다음을 참고하시오. Cf. 본서. pp. 190 ff.

2) 클레멘트에 관한 문헌들로는 다음과 같은 것들이 있다. E. de Faye: *Clement d'Alenxandrie*, 1898 (2nd edn. 1906); J. Meifort: *Der Platonismus bei Clemens Alexandrinus* (Heidelberger Abhandlungen zur Philosophie und ihrer Geschichte, hrsg. von E. Hoffmann und H. Rickert, nr. 17), 1928.

3) ἐπαιδαγώγει γὰρ καὶ αὕτη [ἡ φιλοσοφια] τὸ Ἑκκηνικὸν ὡς ὁ νόμος

τοὺς Ἑβραίους εἰς Χριστόν. προπαρασκευάζει τοίνυν ἡ φιλοσοφία προοδοποιοῦσα τὸν ὑπὸ Χριστοῦ τελειούμενον. Stromata I., cap. v. 28, 3; cf. Strom. VI., cap. v. 41-42.

4) Strom. I., cap. xvii. 81, 1-87, 7. Cf. 81, 4 & 87, 1.

5) μία μὲν οὖν ἡ τῆς ἀληθείας ὁδός, ἀλλ᾿ εἰς αὐτὴν καθάπερ εἰς ἀέναον ποταμὸν ἐκρέουσι τὰ ῥεῖθρα ἄλλα ἄλλοθεν. Strom. I., cap. v. 29, 1. μία μὲν γὰρ τῷ ὄντι διαθήκη ἡ σωτήριος ἀπὸ καταβολῆ κόσμου εἰς ἡμᾶς διήκουσα, κατὰ διαφόρους γενεάς τε καὶ χρόνους διάφορος εἶναι τὴν δόσιν ὑποληφθεῖσα. ἀκόλουθον γὰρ εἶναι μίαν ἀμετάθετον σωτηρίας δόσιν παρ᾿ ἑνὸς θεοῦ δι᾿ ἑνὸς κυρίου "πολυτρίπως" ὠφελοῦσιον, δι᾿ ἥν αἰτίαν τὸ "μεσότοιχον" αἴρεται τὸ διοπίζον τοῦ Ἰουδαίου τὸν Ἕλληνα εἰς περιούσιον λαόν. Strom. VI., cap. xiii. 106, 3 f.

6) πίστις μὲν οὖν ἐνδιάθετον τί ἐστιν ἀγαθόν, καὶ ἄνευ τοῦ ζητεῖν τὸν θεὸν ὁμολογοῦσα εἶναι τοῦτον καὶ δοξάζουσα ὡς ὄντα. Strom. VII., cap. x. 55, 2.

7) Strom. II., cap. xii, 53.

8) ὅθεν χρὴ, ἀπὸ ταύτης ἀναγόμενον τῆς πίστεως καὶ αὐξηθέντα ἐὲ αὐτῇ χάριτι τοῦ θεοῦ, τὴν περὶ αὐτοῦ κομίσασθαι ὡς οἷόν τέ ἐστιν γνῶσιν. Strom. VII., cap. x. 55, 3.

9) Strom. II., cap. xi. 48, 1. — "나는 이해하기 위하여 믿는다"(credo ut intelligam)라는 공식구(formula)는 신앙과 지식(Gnosis)의 관계에 대한 클레멘트의 전망에 이 정도로 적용된다.

10) Strom. IV., cap. xviii. 112, 1.

11) διὰ ταύτης γὰρ τελειοῦται ἡ πιστις, ὡς τελείου τοῦ πιστοῦ ταύτη μόνως γιγνομένου. Strom. VII., cap. x. 55, 2.

12) ἔστιν γὰρ, ὡς ἔπος εἰπεῖν, ἡ γνῶσις τελείωσίς τις ἀνθρώπου ὡς ἀνθρώπου. Strom. VII., cap. x. 55, 1.

13) τούτῳ δυνατὸ τῷ τρόπῳ τὸν γνωστικὸν ἤδη γενέσθαι θεόν· "ἐγὼ εἶπα· θεοί ἐστε καὶ υἱοὶ ὑψίστου." Strom. IV., cap. xxiii. 149, 8. καὶ θεοὶ τὴν προσηγορίαν κέκληνται, [οἱ] σύνθρονοι τῶν ἄλλων θεῶν, τῶν ὑπὸ τῷ σωτῆρι πρώτων τεταγμένων γενησίμενοι. Strom. VII., cap. x. 56, 6. ⋯ πῆη ποτε ἄρα ἄνθρωπος γένηται θεός. Protrepticus, cap. i. 8, 4. Cf. Strom. IV., cap. xxiii. 152, 2 f.; VII., cap. iii. 13, 2.

14) οἱ δὲ ἀπὸ Οὐαλεντίνου τὴν μὲν πίστιν τοῖς ἁπλοῖς ἀπονείμαντες ἡμῖν, αὐτοῖς δὲ τὴν γνῶσιν, τοῖς φύσει σωζομένοις κατὰ τὴν τοῦ διαφέροντος πλεονεξίαν σπέρματος ἐνυπάρχειν βούλονται, μακρῷ δὴ κεχωρισμένην πίστεως, ἤ τὸ πνευματικὸν τοῦ ψυχικοῦ, λέγοντες. Strom. II., cap. iii. 10, 2. Cf. **Pædagogus** I., cap. vi. 31, 2.

15) R. Seeberg: *Lehrbuch der Dogmengeschichte*, Bd. i., 2. Aufl., 1908, p. 397.

16) E. de Faye: *Clément d'Alexandrie*, 1898, p. 274.

17) *Op. cit.*, p. 285.

18) *Op. cit.*, p. 282.

19) *Ibid.*

20) *Op. cit.*, p. 283

21) "가장 탁월한 영지주의적 미덕인 아가페는 기독교적 사랑이다. 플라톤을 암시하는 몇가지 고립된 특색들 때문에 이 본질적인 사실을 놓쳐서는 안된다." *Op. cit.*, p. 283.

22) *Op. cit.*, p. 285.

23) *Op. cit.*, p. 273. "클레멘트의 지식(Gnosis)은 기독교에 전혀 새로운 개념이라는 점이 인정되어야만 한다."

24) *Op. cit.*, p. 257. "영지주의적 도덕성의 … 원리는 오로지 사랑뿐이다."

25) *Op. cit.*, p. 296. "그리스 철학과 사도적 기독교는 동일한 종류의 것들이 아니다. 전자의 성격은 압도적으로 이성적(rational)이며, 후자의 성격은 신비적(mystical)이다."

26) "클레멘트의 영지주의적 기독교의 기초에는 그 시대의 기독교가 있었다. 그것이 토대였다. 이 토대 위에 더 고상한 기독교의 건물을 짓는 건축가는 철학이다. 그 작업을 수행하기 위하여 그 건축가는 플라톤, 제논(Zeno) 혹은 그런 유의 다른 사람으로부터 자신이 필요로 하는 막대한 양의 재료들을 빌어온다. 그러나 결국 그 건축물에 그것의 필수적인 형태와 일반적인 건축 방침과 어느 정도 그것을 구분해 주는 그 양식과 특성을 제공하는 것은 그 토대인 기독교이다. 이와 같이 당신은 얼핏 보기엔 전적으로 철학의 작품처럼 보여지지만 실제론 그것의 독특성과 그 계획을 기독교에 빚지고 있는 한 건축물을 가지고 있다." *Op. cit.*, pp. 297 f.

27) *Op. cit.*, p. 282. 드 페(De Faye)는 정확하게 말한다. "영지주의자가 추구하려는 바가 그노시스(γνῶσις)인지 아가페(ἀγάπη)인지 때로는 불명확하다. 클레멘트는 머뭇거리고 있는 것 같다. 상이한 문단들 속에서 때론 그노시스가, 때론 사랑이 그에게 영감을 불어넣었다.

28) Cf. 본서 p. 269. Strom. VII., cap. x. 55, 6; … ἥ τε ἀρχὴ καὶ τὸ τέλος πίστις λέγω καὶ ἡ ἀγάπη.

29) Strom. VII., cap. x. 57, 4 f. 이 문단은 그 근본적인 중요성에 비추어 생략하지 않고 인용하였다. καί μοι δοκεῖ πρώτη τις εἶναι μεταβολὴ σωτήριος ἡ ἐξ ἐθνῶν εἰς πίστιν, ὡς προεῖπον, δευτέρα δὲ ἡ ἐκ πίστεως εἰς γνῶσιν. ἣ δέ, εἰς ἀγάπην περαιουμέωη, ἐνθένδε ἤδη φίλον φίλῳ τὸ γιγνῶσκον τῷ γιγνωσκομένῳ παρίστησιν. καὶ τάχα ὁ τοιοῦτος ἐνθένδε ἤδη προλαβὼν ἔχει τὸ "ἰσάγγελος" εἶναι. μετὰ γοῦν τὴν ἐν σαρκὶ τεγευταίαν ὑπεροχὴν ἀεὶ κατὰ τὸ προσῆκον ἐπὶ τὸ κρεῦττον μεταβάλλων, εἰς τὴν πατρῷαν αὐλὴν ἐπὶ τὴν κυριακὴν ὄντως διὰ τῆς ἁγίας ἑβδομάδος ἐπείγεται μονήν, ἐσόμεος, ὡς εἰπεῖν, φῶς ἑστὸς καὶ μένον ἀιδίως, πάντη πάντως ἄτρεπτον.

30) Strom. VII., cap. x. 57, 1 f.

31) Strom. VII., cap. x. 55, 7: ⋯ τῇ μὲν πίστει ἡ γνῶσος, τῇ δὲ γνώσει ἡ ἀγάπη, τῇ ἀγάπῃ δὲ ἡ κληρονομία.

32) Strom. II., cap. vi. 30, 3:ἡ μὲν γὰρ ἀγάπη τῇ πρὸς τὴν πίστιν φιλίᾳ τοὺς πιστοὺς ποιεῖ.

33) Strom. VI., cap. xiii. 105, 1.

34) Pædagogus I., cap. iii. 7, 1: εἰκότως ἄπα φίλος ὁ ἄθρωπος τῷ θεῷ.

35) Pædagogus I., cap. iii. 7, 3: εἰ μὲν οὖν δι' αὐτο αἱρετὸ ὁ ἄνθρωπος, ἀγαθὸς ὢν ἀγαθὸν ἠγάπησεν, καὶ τὸ φίλτρον ἔνδον ἐστιν ἐν τῷ ἀνθρώπω, τοῦθ' ὅπερ ἐμφύσημα εἴρηται θεοῦ.

36) Pædagogus I., cap. iii. 8, 1: ἀγγὰ καὶ φιλητὸν μὲν τί ἐστί τινι, οὐχὶ δὲ καὶ φιλεῖται ὑπ' αὐτοῦ; φιλητὸς δὲ ὁ ἄνθρωπος ἀποδέδεικται, φιλεῖται ἄρα πρὸς τοῦ θεοῦ ὁ ἄνθρωτος

37) E. de Faye, op. cit., p. 285.

38) Quis dives salvetur. xxvii. 3 ff.

39) Ibid., xxix. 2: τίς δ' ἄν ἄλλος οὗτος εἴη πλὴν αὐτὸς ὁ σωτήρ; ἤ τίς μᾶλλον ἡμᾶς ἐλεήσας ἐκείνου ⋯ Ibid. xxix. 5: τοῦτον οὖν ἀγαπᾶν ἴσα χρὴ τῷ θεῷ.

40) Ibid. xxx. 1.

41) Quis dives salvetur xxxviii. 2. Cf. 베드로전서 4:8. 이 말에 대한 전통적인 사도적 해석을 보려면 다음을 참고하시오. cf. 본서 p. 256 f.

42) quis dives salvetur xxxviii. 4.

43) Cf. K. **Völker**: *Mysterium und Agape*, 1927, pp. 153 ff.

44) Cf. 본서 p. 317.

45) Pædagogus II., cap. I. 4, 4: τὰς τοιαύτας δὲ ἐστιάσεις ὁ κύριος ἀγάπας οὐ κέκληκεν.

46) *Op. cit.*, p. i. 7, 1: ἀγάπη μὲν οὖν δεῖπνον οὐκ ἔστιν. *Op. cit.*, i. 4, 3: "도대체 방자한 혀로써 맛과 양념의 냄새를 풍기는 경멸스러운 식사들을 감히 아가페라고 부르는 이들은 어떤 자들인가? 그들은 신성한 아가페인 로고스의 구원 사역을 불명예롭게 만들고 ⋯ 그 이름을 더럽힌다."

47) *Op. cit.*, p. i. 5, 3: ἀγάπη δὲ τῷ ὄντι ἐπουράνιός ἐστι τροφή ἐστίασις λογική.

48) 여기서 클레멘트는 고린도전서 13장 8절에 나온 바울의 단어를 가지고 말재간을 부린다. "사랑은 폐하지 않는다"(ἡ ἀγάπη οὐδέποτε πίπτει). 여기서 πίπτει(떨어진다. 넘어진다)란 단어에 대한 말재간을 주목하라. "χαλεπώτατον δὲ πάντων πτωμάτων τὴν ἄπτωτον ἀγάπην ἄνωθεν ἐξ οὐρανῶν ἐπὶ τοὺς ζωμοὺς ῥιπτεσθαι χαμαί." Pæd. II., cap. i. 5, 4.

49) 오리겐에 관한 최근의 풍성한 문헌들 중에서 다음의 주요작품들을 언급할 수 있다. — E. de Faye: *Origène, sa vie, son oeuvre, sa pensée*, i.-iii., 1923-1928; Anna

Miura-Stange: Celsus und Origenes, 1926; Walther **Völker**: *Das Vollkommenheitsideal des Origenes. Eine Untersuching zur Geschichte der* **Frömmigkeit** *und zu den* **Anfängen** *christlicher Mystik*, 1931; Hal Koch: *Pronoia und Paideusis. Studien über Origenes und sein* **Verhältnis** *zum Platonismus*, 1932.

50) 흥미로운 예는 그가 플라톤의 에로스 탄생 신화(Symposium 23)를 성경의 타락 이야기에 부합된다고 해석한 것이다. "이제 나는 플라톤의 저술 안에 나타나는 이 신화를 가져왔다. 왜냐하면 그 신화에는 (하나님의 낙원(the paradise of God)과 어떤 유사점을 지니는 것처럼 보이는) 제우스의 동산(the garden of Zeus)에 대한 언급이 있고 페니아(Penia)와 뱀 사이의 비교와 (인간에 대한 뱀의 음모와 비교될 수 있는) 포루스(Porus)에 대한 페니아의 음모가 언급되어 있기 때문이다. 사실 플라톤이 우연히 이 이야기들을 입수하게 되었는지 혹은 (어떤 사람들의 생각처럼) 그가 이집트 방문 때 유대적 신비교리들을 연구하였던 어떤 개인들과 만남으로써 그들에게서 배웠는지 매우 분명하지 않다. Contra Celsum iv. 39.

51) Eusebius, His. Eccl. vi. 19, 7 (tr. in Harnack, H. D. ii., p. 341). 유세비우스는 지금은 상실된 포르피리(Porphyry)의 작품 κατὰ χπιστιανῶν에서 인용한다. Cf. A. Harnack, *Porpyrios*, 'Gegen die Christen,' *15 Bücher* (in Abhandlungen der **Königl.** preussischen Akademie der Wissenschaften, Jahrg. 1916, Philos.-hist. Kl.).

52) Contra Celsum iv. 14.

53) Contra Celsum iv. 5: ⋯ ὅτι αὐτὸς κάτεισι πρὸς ἀνθρώπους ὁ Θεός.

54) *Op. cit.*, iv. 2: ⋯ τοῦτ' ἄσχιστον, καὶ οὐδὲ δεῖται μακροῦ ὁ ἔλεγχος.

55) *Op. cit.*, ii. 30.

56) *Op. cit.*, ii. 33.

57) *Op. cit.*, ii. 35.

58) *Op. cit.*, iii. 59: "다른 신비적 교리들에 참여하도록 초대하는 자들은 '깨끗한 손과 신중한 혀를 가진 자는 모두' 오라고 선언한다. 다른 이들도 이와 같이 '온갖 타락에 섞이지 않고 순수하고 악에 대한 자각이 전무(全無)한 영혼을 가지고 훌륭하고 정의롭게 살았던 사람'을 초대한다. 이러한 초대는 죄로부터의 정화(purification)를 약속하는 자들에 의해서 선언되었다. 그런데 이 기독교인들이 어떤 종류의 사람들을 초대하는지 들어보자. 그들은 하나님의 나라가 죄를 범한 자들과 이해력이 결여된 어린아이와 일반적으로 불행한 자들을 모두 받아들일 것이라고 말한다. 그러면 당신은 도둑질하고 가택에 침입하고 독살하고 신성모독을 범하고 시체를 약탈하는 불의한 자를 죄인이라고 부르지 않는가? 어떤 사람이 강도들의 회중을 모으려고 선언하려 한다면, 그가 초대할 다른 이들은 어떤 사람들일까?"

59) Contra Celsum iii. 62.

60) 오리겐과 켈수스 사이의 관계에 대해선 다음을 참고하시오. Anna Miura-Stange: *Celsus und Origenes*, 1926 (Beihefte zur Zeitschrift **für** neutestamentliche Wissenschaft, Heft 4) 거기에선 두 사람에 대한 견해들의 공통점을 분명하게 제시하였다.

61) Contra Celsum iv. 15: διὰ φιλανθρωπίαν "ἑαυτὸν ἐκένωσεν" ἵνα

χωρηθῆναι ὑπ' ἀνθρώπων δυνηθῇ. 오리겐은 아가페 동기의 역할을 클레멘트보다 더 크게 할애하였지만 아가페(ἀγάπη)란 실제 낱말은 덜 빈번하게 사용하였다. 오리겐은 하나님의 사랑이란 의미로서 필란트로피아(φιλανθρωπία, 박애)란 낱말을 사용하기를 좋아한다. Cf. Contra Celsum vi. 15.

62) Contra Celsum iv. 17: οὐ κατὰ τὴν Πλάτωνος μετενσωμάτωσιν ἀλλὰ κατ' ἄλλην τινά ὑψηλοτέ ραν θεωπίαν. εἶδε δ' ἄν καὶ μίαν ἐξαίρετον ἀπὸ πολλῆς φολανθρωπίας κατάβασιν.···

63) Contra Celsum vi. 17.

64) Contra Celsum vi. 20: ἐλπίζομεν πρὸς ἄκροις γενέωθαι τοὺς οὐρανοῖς. Cf. **Phædrus**, cap. 26, 247 B. Contra Celsum vi. 19: τόν ὑπερουράνιον τόπον.

65) Contra Celsum vi. 21.

66) Contra Celsum vii. 46. 오리겐은 이 전형적으로 "플라톤적인" 견해를 로마서 1장 20절로부터 직접 얻을 수 있다고 생각한다. Cf. Cant. Canticorum, liber iii. (on Cant. Cantic. ii. 9): "··· ab his **quæ** deorsum sunt, ad ea, **quæ** sursum sunt, possimus adscendere atque ex his, **quæ** videmus in terris, sentire et intelligere ea, **quæ** habentur in cælis." Ibid. "··· quo per **hæc** adscenderet men humana ad spiritalem intelligentiam et rerum causas in **cælestibus** quæreret."

67) Contra Celsum vii. 42.

68) Contra Celsum vii. 44. Cf. **Phædrus**(cap. 26-30)에서 플라톤은 영혼이 신들의 인도를 받아서 "하늘들을 넘어선 곳"까지 올라가는 것에 대해 묘사하였다.

69) Cf. *e.g.* Contra Celsum vii. 42, 46, 49, 51.

70) Contra Celsum vii 59 f.

71) Contra Celsum vii. 46.

72) Contra Celsum vii. 60: οὕτως ἡ προνοουμ)νη θεία φίσις οὐ τῶν πεπαιδεῦσθαι νομιζομένων μόνον τὰ Ἑλλήνων ἀλλὰ καὶ τῶν λοιπῶν Ἑλλήνων συγκατέβη τῇ ἰδιωτείᾳ τοῦ πλήθους τῶν ἀκρωμένων.

73) Contra Celsum i. 13.

74) *Ibid.*

75) Contra Celsum iii. 59.

76) Contra Celsum iii. 60: ἐπεὶ δὲ καὶ "ἡ χάρις" τοῦ θεοῦ ἐστι "μετὰ πάντων ὦων ἐν ἀφθαρσίᾳ ἀγαπώντων" τὸν διδάκαλον τῶν τῆς ἀθανασίας μαθημάτων, ὅστις ἁγνὸς οὐ μόνον ἀπὸ παντός μρσους ἀλλὰ καὶ τῶν ἐλαττόνων εἶναι νομιζομένων ἁμαρτημάτων, θαρρῶν μυείσθω τὰ μόνοις ἁγίοις καὶ καθαροῖς εὐλόγες εὐλόγως παραδιδόμενα μυστήρια τῆς κατὰ Ἰησοῦν θεοσεβείας.

77) Contra Celsum iii. 60: ··· διαφορὰν καλουμ)νων ἐπὶ μὲν θεραπείάν φαύλων ἐπὶ δὲ τὰ μυστικώτερα τῶν ἤδη καθαρστάτων.

78) Contra Celsum iii. 59: εἰς τὸ ἀναβαίνειν φρονήματι ἐπὶ τὸν ἄδρα.

79) Contra Celsum iii. 79: οὐ τοὺς καθάπαξ καλλίστους ἀλλ' ὦν ἐδύναντο

τοὺς καλλίστους.

80) Contra Celsum iii. 79: λέγομεν γὰρ περὶ αὐτοῦ καὶ ἀληθῆ καὶ τοῖς πολλοῖς σαφῆ μὲν εἶαι δολοῦντα οὐ σαφῆ δ' ὄντα ἐλείνοις ὡς τοῖς ὀλίγοις, φιλοσοφεῖν ἀσκοῦσι τὰ κατὰ τὸν λόγον.

81) Contra Celsum vi. 2.

82) *Ibid.*

83) Contra Celsum I. 9: λεκτέον δὲ πρὸς τοῦτο ὅτι εἰ μὲν οἷόν τε πάντας καταλιπόντας τὰ τοῦ βίου πράγματα σχολάζειν τῷ φιλοσοφεῖν, ἄλλην ὁδὸν οὐ μεταδιωκτέον οὐδενὶ ἡ ταύτην μόνην ⋯ εἰ δὲ τοῦτ' ἀμήχανον πῇ μὲν διὰ τὰς τοῦ βίου ἀνάγχας πῇ δὲ καί διὰ τὴν τῶν ἀνθρώπων ἀσθένειαν, σφόδρα ὀλίγων ἐπὶ τὸν λόγον ἀττόντων ποία ἄν ἄλλη βεγτίων μέθοδος πρὸς τὸ τοῖς πολλοῖς βοηθῆσαι εὑρεθείη τῆς ἀπὸ τοῦ Ἰησοῦ τοῖς ἔθνεσι παραδοθείσης.

84) Clem. Alex., Protrepticus, cap. xi. 112, 1.

85) De principiis I., Præf. 4-8.

86) "⋯ servetur vero ecclesiastica **prædicatio** per successionis ordinem ab apostolis traidta et usque ad **præsens** in ecclesiis permanens, illa sola credenda est veritas, **quæ** in nulla b ecclesistica et apostolica traditione discordat."

87) "Est et illud definitum in ecclesiastica **prædicatione**⋯" I., Præf. 5.

88) "Oportet igitur velut elementis ac fundamentis huiusmodi uti secundum mandatum, quod dicit: 'inluminate vobis lumen **scientiæ**.' omnem qui cupit seriem quandam et corpus ex horum omnium ratione perficere, ut manifestis et necessariis assertionibus de singulis quibusque quid sit vero rimetur, et unum, ut diximus, corpus efficiat exemplis et affirmationibus, vel his, quas in sanctis scripturis inverit, vel quas ex **consequentiæ** ipsius indagine ac recti tenore reppererit." I., Præf. 10.

89) 또한 어쩌면 회의적인 논점들에서 이 유보를 삽입하는 자가 루피누스(Rufinus)일까?

90) De principiis I., cap. i. 6.

91) De principiis I., cap. iv. 3.

92) "Si ergo ea quidem, **quæ** sancta sunt, ignis et lumen et ferventia nominantur, **quæ** autem contraria sunt, frigida, et 'carits' [=ἀγάπη] peccatorum dicitur 'refrigescere,' requirendum est ne forte et nomen, **animæ** quod **græce** dicitur ψυχή, refrigescendo de statu diviniore ac meliore dictum sit et translatum inde, quod ex calore illo naturali et divinore ac meliore dictum sit et translatum inde, quod ex calore illo naturali et divino refrixisse videatur, et indeo in hoc quo nunc est et statu et vocabulo sita sit.'" De principiis II., cap. viii. 3. Cf. 쾨차우(Koetschau)가 에피파니우스(Epiphanius)로부터 인용한 병행구절을 참고하시오. Panarion **hær**. lxiv. 4, 6: ψυχὴν γὰρ φησι διὰ τοῦτο καλοῦμεν διὰ τὸ ἄνωθεν ἐψύχθαι. 영혼의 기원에 관한 오리겐의 견해들은 특별히 거부될 만한 것들이었다. 그런데 루피누스는 그것들을 일반적으로 부드럽게 표현

하려고 노력했다. 그러므로 이 장(章)에선 루피누스의 번역의 결함들(gaps)이 많이 있다. 쾨차우가 "원리에 대하여"(De principiis)에 대해 쓴 서문의 cxviii 쪽 이하를 참고하시오. 그러나 오리겐의 가르침에 반대하여 콘스탄티노플 공의회(553년)가 선언하였던 "저주문들"(anathemas)은 루피누스가 삭제하였던 구절들에 대한 정보를 제공한다. 그것은 "영적인 것들의 강림과 육화(肉化)"(Sturz und **Einkörperung** der λογικά)를 다루는 네 번째 저주문에서 분명하게 언급된다. τὰ λογικὰ τὰ τῆς θείας ἀγάπης ἀποψυγέντα καὶ ἐντεῦθεν ψυχὰς ὸν ομασθέντα τιμωρίας χάριν σώμμασι παχυτέροις τοῖς καθ᾿ ἡμᾶς ἐντευθῆναι καὶ ἀνθρώπους ὀνομασθῆναι. 유스티니아누스 황제(Emperor Justinian)의 칙서에도 이것에 병행하는 표현이 씌어있다. "καὶ διὰ τοῦτο τῆς θεοῦ ἀγάπης ἀποψυγείσας καὶ ἐντεῦεν ψυχάς ὀνομασθε ίσας καὶ τιμωρία·ς χέριν τοῖς σώμασιν ἐμβληθείσας. De principiis II., cap. viii. 3. Cf. 쾨차우의 서론 cxxii. 쪽도 참고하시오.

93) De principiis II., cap. i. 그러므로 이 세상은 τόπος κακώσεως τῆς ψυχῆς로 묘사될 수 있다. Exhoprt. 20. 오리겐은 이것과 일관되게 창세기의 타락 이야기가 [육체 이전의] 선재적인 타락을 언급한다고 해석한다. 하나님이 타락한 아담과 이브를 위하여 "가죽옷"을 만들었다(창 3:21)는 것은 그분이 감각세계를 만들어서 타락한 영들을 육체로 덧입히우셨다는 것을 의미한다. Cf. Methodius, De resurrectione i. 4, 2 ff.; Epiphanius, Panarion **hær.** lxiv. 4, 9.

94) "Ex quibus omnibus illud videtur ostendi, quod mens de status ac dignitate sua declinans, effecta vel nuncupata est anima; **quæ** si reparata fuerit et correcta, redit in hoc, ut sit mens." De principiis II., cap. viii. 3. 타락은 정신(mens)이나 영(πνεῦμα)이 쇠약해져서 혼(anima, ψυχή)이 되었다는 것을 의미하기 때문에, 구원은 혼을 정신의 원래 성격으로 회복하는 것을 의미하게 된다. 그래서 프쉬케(ψυχή)는 프뉴마(πνεῦμα)가 된다.

95) Contra Celsum vii. 46.

96) "Ex quo opinamur, quoniam quidem, sicut frequentius diximus, immortalis est anima et **æterna**, quod in multis et sine fine spatiis per inmensa et diversa **sæcula** possibile est, ut vel a summo bono ad infima mal descendat, vel ab ultimis malis ad summa bona reparetur." De principiis III., cap. i. 23.

97) De principiis I., cap. vi. 2. "Semper enim similis est finis initiis." *Ibid.*

98) Cf. Contra Celsum iii. 81. 오리겐은 몇몇 철학자들의 영혼불멸 사상을 언급하면서 플라톤이 파이드루스(**Phædrus**)에서 영혼은 본성적으로 천상의 높이까지 하늘들을 넘어선 곳까지 상승할 수 있다고 말한 내용(cap. 26 & 30)도 포괄하고 있다. 그리고 나서 오리겐은 다음과 같이 덧붙인다. "그런데 내가 켈수스에 반대하여 영혼의 불멸이나 존속을 다루었던 철학자들의 견해를 받아들이는 것이 기독교(Christian religion)와 일치하지 않는다고 생각하지 말라. 왜냐하면 우리는 그들과 어떤 관점을 공유함으로써 우리의 입장을 더욱 적절하게 구축할 수 있기 때문이다. 그래서 미래의 지복의 삶은 … [그렇게] 하는 자들에게만 있게 될 것이다."

99) Cf. *e.g.* De principiis II., cap. x. 3; III., cap. vi. 4.

100) 오리겐의 체계에 대해서 더 깊이 보기 위해선 할 코흐(Hal Koch)의 수작인 *Pronoia und Paideusis, Studien über Origenes und sein Verhältnis zum Platonismus*(1932)를 참고하시오. 이 작품의 한 가지 장점은 그것이 근본적인 동기 문제를 진지하게 고찰한다는 것이다. 코흐는 이것을 파이데우시스(paideusis)적 동기 안에서 발견한다. 오리겐의 기독교에서 중심적인 사상은 신의 섭리 아래서 자유롭고 합리적인 존재들을 교육하고 인도한다는 것이다. 코흐가 적절하게 말하듯이, 오리겐은 기독교를 교육적 이상주의(pedagogical idealism)로 변화시켰다. 그런데 파이데우시스 동기는 그리스적 전통으로부터 파생된다. 말하자면 에로스와 파이데우시스는 상호변환가능한 개념들이다. 코흐는 "에로스와 아가페"의 문제도 다룬다(pp. 33-35). 그의 결론은 분명하고 명쾌하다. 그는 기독교적 사랑 개념에 대한 오리겐의 태도에 대해서 다음과 같이 주장한다. "그는 어느 곳에서도 사랑(ἀγάπη)을 자기의 신(神)개념의 기초로 삼지 않는다.… 그리고 이것은 인간과 하나님 관계에 대한 그의 정의(定意)에 상응한다. 여기서 그는 자신의 용어상으론 종종, 실제상으론 항상 에로스 개념에 의하여 아가페 개념을 대체하였다"(33쪽). "에로스와 아가페의 혼동은 매우 분명하다. 그것이 없다면 플라톤의 파이드루스(Phædrus)에까지 거슬러 올라가는 오리겐의 영혼의 운명 개념은 상상할 수도 없다(p. 35 n.)."

101) 뵐커(W. Völker)는 사실 자신의 *Das Vollkommenheitsideal des Origenes*(1931)에서 "켈수스에 반대함"(Contra Celsum)과 "원리에 대하여"(De principiis)에 대한 지나친 배타적 신뢰가 오리겐에 대한 과거의 연구작업들의 근본적 취약점이라고 주장한다. 그는 설교집이 최상의 가치를 지닌 자료들이라고 간주한다. 특히 그는 27번째 설교집을 특이하게 이용한다. 그것에는 민수기에서 광야로 여행하는 부분에 대하여 설교한 내용이 담겨 있다. 오리겐의 해석에 따르면, 이 여행은 영혼이 하나님께로 신비스럽게 상승하는 것을 풍유(allegory)한다고 한다. 이 자료는 보통 무시되고 있지만, 뵐커는 그 자료에 근거하여 오리겐에 대한 새로운 영상을 제공하려고 애쓴다. 그는 헬레니즘적 철학자가 아니라 기독교적 신비가이다. 그러나 오리겐이 개인적으론 어느 정도로 지성주의자인지 혹은 신비가인지에 대한 질문은 우리의 현재 연구와는 매우 거리가 먼 것이다. 오리겐이 신비가였다는 것을 입증하는데 사용될 수 있는 증거는 그것에 못지않게 그가 지성적이었음도 입증할 수 있다. 그런데 그 증거는 그가 에로스 동기에 어느 정도로 의존하고 있었는가를 보여준다. 뵐커는 너무나 성급하게 "신비주의"를 "기독교"로 해석하는 결론을 내렸다는 비판을 받는다. 그는 이 비판에 대하여 열려 있다. 뵐커는 오리겐을 우선 합리적인 철학자라고 보는 과거의 견해에 반대하고 오리겐 안에 있는 신비적 요소에 더 강조점을 두었다. 이것은 분명히 적절한 판단이다. 그러나 종교적 유형의 문제를 고찰할 때 왜 뵐커가 "신비주의"와 "무아경"(ecstasy)이 분명한 기독교적 유형을 증명한다고 간주하는지를 이해하기는 어렵다. 헬레니즘 안에는 합리적인 것은 물론이고 신비적인 것도 포함된다. Cf. *Svensk teologisk Kvartalskrift*(1933, pp. 197-204) 안에 실린 Ander Nygren의 *Den nyaste Origenesforskningen*을 참고하시오.

102) "In verbis enim Cantici Canticorum ille cibus est, de quo dicit Apostolus: 'perfectorum autem est solidus cibus.'" Comment. in Cant. Canti., Prologus.

103) "Apud **Græcos** quidem plurimi eruditorum virorum volentes investigare vertatis indaginem de amoris [=ἔρωτης] natura multa ac diversa etiam dialogorum stilo scripta protulerunt conantes ostendere non aliud amoris vim nisis **quæ** animam de terris ad fastigia **cæli** celsa perducat, nec ad summam posse beatudinem perveniri nisi amoris desierio provocante." *Ibid.*

104) *Ibid.*

105) "Et in his ergo et in aliis pluribus locis invenies Scripturam divinam refugisse amoris [=ἔρωτος] vocabulum et caritatis [=ἀγάπης] dilectionisque posuisse." *Ibid.*

106) "Videtur autem mihi quod divina scriptura volens cavere, ne lapsus aliquis legentibus sub amoris nomine nasceretur, pro infirmioribus quibusque eum, qui apud sapientes **sæculi** cupido seu amor [=ἔρως] dicitur, honestiore vocabulo caritatem [=ἀγάπην] vel dilectionem nominasse.…" *Ibid.*

107) "Sic ergo **quæcumque** de caritate [=περὶ τῆς ἀγάπης] scripta sunt, quasi de amore [=περὶ τοῦ ἔρετος] dicta suscipe nihil de nominibus curans; eadem namque in utroque virtus ostenditur." *Ibid.*

108) "Interdum tamen, licet raro, proprio vocabulo amorem [=ἔρωτα] nominat et invitat ad eum atque incitat.…" *Ibid.*

109) 잠언 4:6, 지혜서 8:2. 두 구절은 모두 지혜에 대하여 말한다. "그녀를 사랑하라(ἐράσθητι αὐτῆς). 그러면 그녀가 너를 지킬 것이다."(잠언). "나는 그녀를 사랑하였고(ἐφίλησα) 청년 때부터 그녀를 추구하였으며 내가 그녀를 나의 신부로 취하기를 구하였다. 그래서 나는 그녀의 아름다움에 반했다오"(καὶ ἐραστὴς ἐγενόμην τοῦ κάλλους αὐτῆς, 지혜서).

110) Sitzungsberichte der Preussischen Akademie der Wissenschaften, Jahrg. 1918, i., pp. 81-94.

111) Ignatius, Ep. ad Rom. vii. 2: ζῶν γὰ γράφω ὑμῖν, ἐρῶν τοῦ ἀποθανεῖν. ὁ ἐμὸς ἔρως ἐσταύρωται, καὶ οὐκ ἔστιν ἐν ἐμοὶ πῦρ φιλόϋλον.

112) 그 맥락은 오리겐의 해석을 매우 불가능하게 만든다. 바로 앞의 구문에서 ἐρᾶν(사랑하다)은 나쁜 의미로 사용되지 않는다. 그러므로 아마 에로스(ἔρως)도 역시 그렇지 않다는 것을 암시한다. 하지만 곧 이어서 결정적인 구문이 뒤따른다. καὶ οὐκ ἔστιν ἐν ἐηοῖ πῦρ φιόϋλον. 하르낙의 주장을 보시오. Harnack, *op. cit.,* p. 84.

113) "Non ergo interest, utrum amari dicatur Deus aut diligi, nec puto quod culpari possit, si quis Deum, sicut Johannes 'caritatem' [=ἀγάπην], ita ipse amorem [=ἔρωτα] nominet. Denique memini aliquem sanctorum dixisse, Ignatium nomine, de Christo: '*meus autem amor crucifixus est*' nec reprehendi eum pro hoc dignum iudico.'" Comment. in Cant. Cantic., Prolog.

오리겐의 실수는 수세기를 통하여 신학적 작품들(예컨대, 위-디오니시우스)에서 뿐만 아니라 신비주의 영향을 받은 찬송가들과 헌신 문학들에서 흥미로운 결과를 낳았다. Cf. *e.g.* "Der am Kreuz ist mene Liebe, meine Lieb ist Jesus Christ"(1668), 혹은 "My Lord, my Love was crucified"(John Mason, 1645-94). 그리고 요한 아른트

(Johann Arndt)는 이그나티우스가 "항상" 예수를 자기의 사랑이라고 불렀다고 말한다(*Vier **Bücher** vom wahren Christnethum*, 2 Buch, cap. xxvii.).

114) 우리는 오리겐의 동시대인인 플로티노스(Plotinus, Enn. vi., 8, 15)가 "하나님은 에로스(사랑)이다."라고 직접 주장한 것을 기억하고 있다.

115) "Sed et hoc scire oportet quod impossibile est, ut non semper humana natura aliquid amet." Comment. in Cant. Cantic., Prolog.

116) *Ibid.* Cf. in Cant. Cantic., Homilia i. 2: "Et quomodo est quidam carnalis cibus et alius spiritalis et alia carnis potio, alia spiritus, sic est quidam amor carnis a Satana veniens, alius amor spiritus a Deo exordium habens, et nemo potest duobus amoribus possideri. Si carnis amator es, amorem spiritus non capis." In Cant. Cantic., ii. 1: "Unus de **animæ** otibus amor est, quo bene utimur ad amandum, si sapientiam amemus et veritatem; quando vero amor noster in peiora corruerit, amamus carnem et sanguinem. Tu igitur, 'ut spiritalis,' audispiritaliter amatoria verba cantari et disce motum **animæ tuæ** et naturalis amoris incendium ad meliora transferre secundum illud: 'ama illam, et servabit te, circumda illa, et exaltabit te.'" 여기서 오리겐이 어떻게 잠언 4장 6절로 다시 되돌아가는가에 주목하라.

제23장

이레나이우스의 아가페 유형

제1절 이레나이우스와 초대교회의 세 가지 근본교의들

이레나이우스(Irenaeus)는 니케아 이전의 위대한 신학자들 중에서 원시기독교에 가장 근접한 위치에 있다. 그는 기독교를 새롭고 창의적으로 설명했다기보다 누구보다도 원시기독교의 신앙과 직접적인 접촉을 유지했던 사람으로서 중요하다.[1] 터툴리안이 노모스 유형을 대변했고 클레멘트와 오리겐이 에로스 유형을 대변했다고 말할 수 있다면, 이레나이우스는 아가페 유형의 대변자였다.

이레나이우스는 反영지주의적 교부들 중에서 제 일인자였다. 그래서 그의 전 작품엔 논쟁적 특징이 배어있다. 그는 평생동안 본질적으로 이단적인 견해들에 대해서 원시기독교의 신앙을 변호하려고 노력했다. 이런 점에서 그의 길은 이미 그 이전의 발전에 의해서 규정된다. 이레나이우스와 그 이전의 전통과의 관계에 비추어서 예상할 수 있는 대로 그의 아가페 개념은 주로 창조, 성육신 및 육의 부활에 대한 反헬라적인 세 교의들과 연관이 있다. 그는 터툴리안처럼 사도시대로부터 이어온 교회의 확고하고 일치된 전통과 이단들의 분열적·파괴적 이론들을 대립시킨다. "교회의 선포는 진실하며 일정하여 한 가지 동일한 구원의 방법이 전세계 도처에서 보여진다."[2] "내가 이미 관찰한 것처럼, 이 선포와 이 신앙을 받아들인 교회는 비록 전 세계 도처에 흩어져 있지만 단 한 채의 집에서 거주하는 것처럼 그것을 주의깊게 보존한다. 또한 교회는 단 하나의 영혼과 하나의 동일한 가슴을 가지기나 한 것처럼 이러한 이론의 요점들을 믿는다. 그리고 교회는 마치 단 하나의 입을 가지기나 한 것처럼 완벽하게 조화를 이루어 그것들을 선포하고 가르치고 물려준다. 비록 세계의 언어들은 달라도 전통의 취지는 한 가지로 동일하기 때문이다. 독일에 세워진 교회들이 다른 것을 믿거나 전수하지 않았으며, 스페인, 골(Gaul), 동방, 이집트, 리비아에 세워진 교회들도 세계적인 중심지역들에 세워졌던 교회들과 마찬가지로 다른 어떤 것을 믿거나 가르치지 않았다. 하나님의 피조물인 태양이 세계의 도처에서 하나의 동일한 것이듯이, 진리의 선포도 모든 곳에서 빛났으며 진리의 지식에 이르려고 하는 모든 사람들을 비추었다. … 그 신앙은 언제나 동일한 하나이다. 그렇기 때문에 신앙에 관하여 장황하게 논할 수 있는 사람도 그것에 아무것도 덧붙이지 않으며, 신앙에 대하여 조금밖에 말할 수 없는 사람도 그것을 축소하지 않는다."[3]

그러면 이구동성으로 일치하는 신앙의 내용과 선포는 무엇인가? 그것은 하늘과 땅의 창조주이시며, 성육신 가운데 계시며, 육의 부활 가운데 계시는 하나님을 믿는 신앙이다. 이레나이우스에게 있어서 그 신앙은 성부, 성자, 성령에 대한 신앙과 일치한다. "교회는 전세계 땅끝까지 흩어져 있지만 이미 사도들과 그들의 제자들로부터 이 신앙을 물려 받았다. 즉 교회는 하늘과 땅과 바다와 그 안에 있는 만물들을 창조하신 한 하나님 전능하신 성부를 믿는다. 또한 교회는 우리의 구원을 위하여 성육하신 ($\sigma\alpha\rho\kappa\omega\theta\acute{\epsilon}\nu\tau\alpha$, incarnatum pro nostra salute) 하나님의 유일한 아들이신 그리스도 예수를 믿는다. 또한 교회는 예언자들을 통하여 하나님의 경륜들(dispensations)과 사랑받는 그리스도 예수 우리 주님의 강림과 동정녀 탄생과 수난과 죽은 자들로부터 부활하심과 육을 입고 승천하심($\tau\grave{\eta}\nu$ $\acute{\epsilon}\nu\sigma\alpha\rho\kappa\omicron\nu$ $\acute{\alpha}\nu\acute{\alpha}\lambda\eta\psi\iota\nu$)과 그가 미래에 만물을 총괄갱신하고 ($\acute{\alpha}\nu\alpha\kappa\epsilon\phi\alpha\lambda\alpha\iota\acute{\omega}\sigma\alpha\sigma\theta\alpha\iota$ $\tau\grave{\alpha}$ $\pi\acute{\alpha}\nu\tau\alpha$) 모든 육체($\pi\hat{\alpha}\sigma\alpha\nu$ $\sigma\acute{\alpha}\rho\kappa\alpha$)를

새롭게 일으키기 위하여 아버지의 영광 가운데서 하늘로부터 나타나실 것을 선포하신 성령을 믿는다.[4]

이레나이우스가 세 가지 근본 교의들에 기초하여 영지주의자들과 특히 마르키온에 대하여 비판한 것은 피상적으론 터툴리안의 비판과 똑같아 보인다. 그러나 그 내용은 매우 다르다. 왜냐하면 그것의 동인(動因)이 다르기 때문이다. 터툴리안은 본질적으로 노모스 동기의 관점에서 마르키온을 공격한다. 하지만 이레나이우스는 아가페 동기의 관점에서 공격한다.[5] 이레나이우스가 세 교의들을 사용하는 방식은 그가 모든 논점에서 아가페 개념을 분명하게 표현하는 법을 알았다는 것을 보여준다.

1. 첫째로 영지주의와 마르키온은 이 세상의 창조주 데미우르게(Demiurge)와 그것으로부터 우리를 구원하는 (예수 그리스도의) 아버지 즉 최고신 사이를 분리했다. 이레나이우스에 의하면, 영지주의와 마르키온의 근본오류는 바로 창조주와 최고신을 서로 구분함으로써 하나님이 하늘과 땅의 창조주라는 것을 부인한 데 있다고 한다.[6] 이러한 이원론의 배후에는 이중적인 오류가 놓여 있다. (1) 창조는 하나님으로부터 분리되며, (2) 악과 연관되어 있다. 이레나이우스는 두 부분을 모두 거부했다. 그는 죄와 물질적 실존 사이의 직접적 연관성을 결코 허용하지 않았다. 우리는 영지주의자들처럼 물질이 어떤 식으로든 악의 원천이라고 제안할 수 없으며 반대로 오리겐처럼 죄가 물질세계를 창조한 이유라고 생각해서도 안된다. 창조의 기초는 하나님 자신이다. 그것은 그분의 선하심과 사랑이다.[7] 그러므로 하나님이 창조보다 구속에 관계하는양 창조와 구속을 서로 예리하게 구분하는 것보다 더 큰 오류는 없다. 창조와 구속에서 하나의 동일한 신의 사랑의 의지(love-will)가 공통적으로 표현된다. 하나님이 세상을 창조하실 때 함께 계셨던 동일한 말씀에 의해서 하나님은 세상을 구원하셨다.[8]

이레나이우스는 하나님의 사랑을 창조의 근거로 삼았다. 그 사실은 아가페 동기가 그의 기독교 사상을 형성하는 정도를 입증한다. 실존이 궁극적으로 하나님의 사랑에 근거한다는 개념은 사실 헬레니즘의 영향을 받은 경건 안에서 발견될 수 있다. 우리는 그것을 영지주의 안에서 발견한다.[9]

그러나 그 경우에 사랑은 항상 욕망과 다소 동일시된다. 말하자면 원초적 욕망(Primal desire)이 자신의 바라던 대상을 창조하는 것이다. 그러나 이레나이우스는 그러한 견해와 공통점을 가지지 않는다. 그는 창조의 근거인 사랑은 원하는 사랑이 아니라 주는 사랑이라고 본다. 하나님은 자기 자신의 필요를 만족시키기 위하여 사람을 창조하지 않았고 누군에겐가 자신의 자선(beneficence)을 아낌없이 베풀 사랑을 가지기 위하여 창조하신 것이다.[10] 이레나이우스의 창조 개념은 철저하게 神中心的(theocentric)이다. 만물은 하나님의 것이다. 하나님은 사랑이시다. 그래서 그분은 만물을 창조하셨고, 그러므로 그분은 만물을 돌보신다. 그분은 아무도 필요하지 않으나 인간은 그분과의 교제를 필요로 한다.[11] 그리고 자신의 선함과 자비 안에서 하나님은 인간도 자신과의 교제로 받아들이길 의지하셨다. 태초에 하나님이 인간을 창조하신 것이 무동기적인 선하심에서 나온 것이듯이, 그 이후로 줄곧 그분이 인류를 다루신 역사도 마찬가지로 무동기적인 善性(goodness)을 증거하고 있다.[12] 우리가 그분을 선택한 것이 아니라, 그분이 우리의 구원을 위하여 우리를 선택하셨다. 우리와 하나님의 관계 안에 있는 모든 것이 이것을 증거한다.

이레나이우스가 창조주 하나님과 구속주 하나님 사이에 아무런 구분도 허용하지 않듯이, 또한 그는 구약의 하나님과 신약의 하나님 사이 즉 율법의 하나님과 복음의 하나님 사이를 전혀 구분하지 않는다. 마르키온은 이들을 분리되어 있는 두 신들로 생각한다. 하지만 이들은 사실 한 분의 동일한 신이다. 물론 이레나이우스는 그리스도 이전과 그 이후에 하나님과의 친교 형태가 근본적으로 다르다는 것을 충분히 의식하고 있다. 그리고 이레나이우스는 말씀이 육신이 되셨기 때문에 만물이 새로워졌다는 것을 강력하게 주장한다. 그러나 그것은 우리가 이제 한 새로운 하나님을 가진다는 것을 말하는 것이 아니다. 그리스도는 우리에게 하나님을 새로운 방식으로 경배하라고 가르치셨으나, 새로운 하나님을 경배하라고 가르치지 않으셨다.[13]

(일치점이 있다고 한다면) 바로 지금 여기서, 이레나이우스와 터툴리안

은 모두 (율법의 하나님과 복음의 하나님을 구분한) 마르키온의 이원론을 공격하기 때문에 일치한 듯이 보일 수 있다. 그러나 이레나이우스의 비판은 터툴리안의 것보다 훨씬 더 깊이 꿰뚫고 있다고 말해야 한다. 왜냐하면 그것은 노모스 동기로부터 출발하지 않고 아가페 동기로부터 출발하기 때문이다. 터툴리안의 기독교 해석은 율법적(nomistic) 성격을 띤다. 그래서 그는 마르키온 안에 있는 가장 기독교적인 것을 충분히 이해하지 못했다. 터툴리안은 단순히 헬라적인 것들에 의해서만 기분이 상한 것이 아니었다. 그는 마르키온의 사상 안에 있는 기독교적 요소들에 의해서도 (반율법주의적이기만 하면) 마찬가지로 기분이 상했다.

이와같이 이레나이우스의 마르키온 공격은 대부분 아가페 동기 자체에 대한 공격이다. 반면에 이레나이우스는 자신의 근거에서 마르키온을 만난다. 그는 마르키온 못지 않게 아가페 개념을 잘 이해한다. 게다가 그는 마르키온보다 헬레니즘 경건으로부터 훨씬 더 자유롭다. 그래서 이레나이우스는 아가페 동기 자체로부터 출발하여 마르키온의 기독교 해석이 어디서 미달하는지 보여주고 그것을 안으로부터 논박한다. 마르키온은 율법과 복음을 분리함으로써 사랑의 여지를 발견했다. 반면에 이레나이우스는 그것들을 결합시키는 것이 사랑이라고 대꾸했다. 구약과 신약에서 제일계명은 사랑의 계명이다. 예수가 자기 제자들에게 그들의 마음을 다하여 하나님을 사랑하고 그들 자신처럼 그 이웃들을 사랑하라고 분부했을 때, 예수는 스스로 더 큰 다른 어떤 계명을 가져온 것이 아니라 단순히 이 계명을 일신했을 뿐이다. 여기서 "낯선 하나님"에 대한 마르키온의 주장이 반박된다고 이레나이우스는 주장한다. 만약 그리스도가 다른 아버지로부터 왔다면, 그는 율법의 첫째인 가장 큰 계명을 결코 인계받지 않고 무슨 수단을 써서라도 완전한 아버지로부터 받은 더 위대한 계명을 주려고 애쓰며 율법의 하나님에 의해서 주어진 것은 이용하지 않았을 것이다.[14]

그러나 이 비판도 실제로 마르키온의 가장 깊은 의도를 건드리는가? 이레나이우스가 사랑으로부터 출발했다고 하더라도, 그것은 주로 계명의 관점으로부터 고찰되고 있다. 반면에 마르키온은 모든 것을 결국 그리스도 안에서 우리에게 나타난 하나님의 사랑의 역설에 의존하고 있다. 결국 이레나이우스는 율법적(nomistic) 관점으로부터 비판하는 것은 아닌지? 그래서 그는 마르키온의 급소를 찌르는데 실패하지 않았는지? 이레나이우스는 이것에 대하여 다음과 같이 응답한다. 그는 마르키온이 기독교의 아가페 동기를 확증하려고 원했음에도 실제로는 그것을 이해하지 못하고 오히려 약화시켰다는 것을 보여준다. 마르키온은 이 세상과 최고신의 관련성을 끊어버리고 하나님을 절대적 "타자"로 만들었다. 그렇게 함으로써 마르키온은 하나님을 드높이고 그분을 더 위대하게 하려고 의도했다. 그러나 그 결과는 정반대였다. 마르키온은 "부끄럽게도" 하나님을 "강등시켰고" 축소시켰다.[15] 마르키온은 가련한 자들 뿐만 아니라 자범죄로 신의 원수들이 된 자들도 측은히 여기시는 하나님의 사랑의 깊이를 이해하지 못했다.[16] 이것이 바로 이레나이우스가 우리를 창조하신 하나님과 그리스도 안에서 우리를 구속하신 하나님 사이의 통일성을 고집한 가장 심오한 이유이다. 그렇게 하지 않으면 하나님의 사랑의 위대함은 파악되지 않는다. 우리가 사랑해야 할 의무가 전혀 없는 완전히 "낯선 자들"에게 사랑을 보여주는 것은 위대한 일일 수 있다. 그러나 하나님의 사랑은 훨씬 더 위대하다. 그분이 사랑하는 대상은 그분의 피조물로서 그분에 대한 절대적 의무를 가지고 있으면서도 그분을 반역하고 돌아서서 그분의 의지를 거절했던 자들이다. "우리는 태초에 그분께 죄를 범하였다. 하지만 그분은 종말에 죄사함을 베푸신다."[17] 이것은 하나님의 사랑의 승리이다.

2. 이레나이우스가 마르키온과 영지주의를 반대한 두번째 주요이유는 그들이 성육신과 십자가를 위한 자리를 확보하고 있지 않다는 점이다. "이단들 중의 어느 누구도 하나님의 말씀이 육신이 되었다고 보지 않았다. 그들의 체계를 주의깊게 검토한다면, 그들이 모두 하나님의 말씀을 받아들였지만 그 말씀이 성육하지 않고(sine carne) 고통에 무감각한 것으로 이해했다는 것을 발견하게 될 것이다."[18] 이레나이우스는 이것에 반대하고 탁월한 통찰력으로 자신의 성육신 신학을 제시했으며 끊임없이 그 성육신 신학으로 회귀했다. 이러한 사실은 성육신 신학이 그에게 얼마나 중요했는가를

보여준다.

이레나이우스는 바로 이 논점에서 왜 그렇게 신랄하게 영지주의자들에게 반대했을까? 이 문제는 쉽게 이해된다. 이레나이우스와 영지주의자들은 대칭적으로 반대되는 두 개념들을 가지고 있었다. 즉 그들은 서로 다른 두 가지 구원의 방법들을 가지고 있었다. 영지주의는 신에게 향하는 영혼의 상승(ascent)을 가르친다. 이레나이우스는 상실된 인류에게 오는 신의 하강(descent)을 가르친다. 결국 영지주의는 자기구원을 가르치고 이레나이우스는 구원이 온전히 하나님의 사역이라고 가르친다. 영지주의의 구원의 방법은 에로스의 길이며, 이레나이우스의 구원의 방법은 아가페의 길이다.

이레나이우스가 성육신 개념을 확증하기 위해서 가진 관심은 강력하게 신중심적이다. 그의 전체적인 논지는 구원이 우리의 일이 아니고 하나님의 일이라는 것이다. 그렇다면 자기구원에 대한 모든 생각을 없애라! "우리의 구원은 우리가 아닌 하나님으로부터 오는 것이다." [19] 우리는 하나님과의 친교로 가는 길을 만들 능력이 없었다. 그러나 로고스의 성육신 안에서 기적적으로 하나님과 타락한 인류 사이의 새로운 친교를 위한 기초가 놓여졌다. 하나님의 구원은 위로부터 우리에게 내려온다. 그리스도가 오셔서 온 인류를 자신 안에서 총괄갱신하셨다(recapitulated). [20] 첫 아담은 낙원의 나무에서 불순종했으나, 둘째 아담으로 오신 그리스도는 십자가의 나무에서 순종을 통하여 그것을 치유하셨다. [21] 그리스도는 이렇게 인류를 하나님과 화해시켰다. 왜냐하면 그리스도에게 해당되는 것은 모든 인류에게도 해당되기 때문이다. 그리스도는 성육신에 의해서 그들의 머리가 되셨다. [22] 그분으로 하여금 우리의 운명에 들어서고 우리의 가난을 짊어지도록 만들며 우리로 하여금 그분의 부요에 참예하게 하는 것은 오직 그분의 사랑밖에 아무것도 없었다. "하나님의 로고스 곧 우리 주 예수 그리스도는 자신의 초월적인 사랑을 통하여 우리처럼 되었고 우리를 인도하여 자신처럼 되도록 만들었다." [23]

이레나이우스에 의하면, 이처럼 구원을 전적으로 그리스도에게 돌리는 것은 그것을 전적으로 하나님에게 돌리는 것이다. 이레나이우스는 그리스도의 사역이 곧 하나님 자신의 사역이라고 보았다. 그리스도가 자신의 총괄갱신(總括更新, recapitulation)을 달성할 때, 하나님이 친히 자신 안에서 옛 인류를 총괄갱신하신다.[24] 그리스도는 전적으로 신의 영역에 속한다. "그리스도는 권리상으로나 존재론적으로 지상의 모든 인류를 초월하여 스스로 하나님, 주님, 영원한 왕, 독생자 및 성육하신 말씀(Logos)이다."[25] 하나님은 자신의 위대함과 놀라운 영광 속에 계시기에 우리 인간들이 접근할 수 없는 분이시다. 그러나 자신의 사랑 안에서 그분은 자기를 우리에게 계시하셨고 친히 우리에게 내려오셨다.[27]

이레나이우스는 특히 장엄 속에 계신 하나님(God in His sublimity)과 사랑 속에 계신 하나님(God in His love)을 구분했다. 이 구분은 그에게 특징적인 것이다. 우리 쪽에서 장엄함과 천상의 위엄 속에 계신 하나님에게 접근하려는 모든 시도는 실패할 수밖에 없다. "인간은 자기자신의 능력으로 하나님을 볼 수 없다."[28] "하나님은 하나님 없이 알려질 수 없다."[29] 우리는 장엄함 가운데 계신 그분께 올라갈 수 없다. 하지만 그분은 자신의 사랑 안에서 우리에게 내려오셨다. 인간에게 불가능한 것을 하나님이 직접 성육신의 기적에 의해서 가능하게 하셨다. 로고스의 육체적 강림(advent)은 하나님의 위대한 사랑의 사역이다. 하나님의 아가페는 성육신 안에서 나타난다. 그래서 하나님과 인간들 사이의 교제가 확립되었다. 우리는 이제 성육하신 말씀 안에서 하나님을 볼 수 있다. 하나님은 친히 이 지상 위에서 우리들과 함께 대화를 나누신다.[30]

이레나이우스에게 있어서 모든 것은 그리스도 안에서 우리가 하나님과 나누는 친교의 실재에 매달려 있다. 그것은 두 가지를 의미한다. 먼저, 그리스도와 그의 사역 안에서 우리를 만나러 오신 이는 하나님 자신이어야 한다. "하나님은 하나님 없이 알려질 수 없다." 그리스도가 하나님과 하나가 아니었다면, 그의 세상으로의 강림은 하나님이 우리에게 오심을 의미할 수 없다. 그렇게 되면, 말씀이 육신이 되었음에도 불구하고 우리는 하나님과 실제적 교제를 전혀 가질 수 없게 된다. 둘째로, 그리스도의 세상으로의 강림은 부인할 수 없는 실재이어야 한다. 이레나이우스는 이 두 조건들은 염두에 두면서 신인(神人)이신 그리스도에 대해서 말하고 오직 그런 방식으로만 "인간과 하나님을 연합"시킬 수 있었다고 주장한다.[31] 이제 두번째 조건은 첫번째 조건만큼 중요하다. 이레나이우스는 가장 열정적으로 이단들의 가현설(假現說)적(docetic) 기독론을 공격한다. 만약 그리스도가 단지 외형만으로 육신이 되셨다면, 그렇다면 우리의 구원도 역시 외형적일 뿐이다. 그리고 그리스도의 수난이 단지 외형에 불과하고 실제적인 고난이 아니었다면, 그는 우리를 기만한 것이 된다.[32] 여기서도 이레나이우스의 논증의 출발점은 사랑 개념이다. 고난을 겁내는 사랑은 어떤 유(類)의 사랑일까? 하나님의 로고스는 우리에게 "네 원수들을 사랑하고 너희를 미워하는 자들을 위하여 기도하라"는 계명을 주셨다. 누구든지 자신이 모든 고통을 면제받았다는 것을 알게 되면, 그런 계명을 주는 것이 매우 쉽다. 하지만 그것은 그리스도에겐 해당되지 않았다. 먼저 그리스도는 십자가상에서 고난받으시고 자기를 핍박하는 자들을 위하여 기도함으로써 그 계명을 몸소 실천하셨다. 복음서는 십자가상에서 실제로 고난당하셨고 자기를 고문하는 자들을 위하여 기도하셨던 그리스도를 선포한다. 영지주의는 "달아나서 상처받지 않고 모욕당하지 않은" 그리스도를 소개한다. 복음서의 그리스도와 영지주의자들의 그리스도를 비교한다면, 그들 중에서 어느 쪽이 가장 위대한 사랑을 보여주는가를 확실하게 알 수 있다.[33]

3. 이레나이우스가 이단들을 반대하는 세번째 주요이유는 "육의 부활"에 관한 것이다. 다시 동일한 신(神)중심적 관심이 압도적이다. 우리가 이미 본 것처럼 창조와 성육신과 십자가에 대한 이레나이우스의 사상을 지배했던 아가페에 대한 동일한 관심이 중심적이 된다. 헬레니즘 전통을 따라서, 이단들은 "영혼의 불멸"을 영혼의 "본성"(nature)이나 본질(essence)에서 분리할 수 없는 어떤 것이라고 이야기하였다. 그렇지만 이레나이우스에게 이것은 마치 우리가 우리의 생명을 우리 자신으로부터 가지는 듯이 주장하는 것처럼 헛된 속임수요 하나님을 거절하는 배은망덕이다.[34] 하나님은 우리의 생명을 먼저 사망에 넘겨주고 우리를 다시 생명으로 일으킨다. 이것은 그분의 특별한 목적이다. "우리는 이 존재의 탁월한 능력으로부터 오는

영원한 지속성을 소유하고 있다는 것을 경험으로 배운다. 그렇다고 해서 우리는 자존(自存)의 하나님을 에워싸고 있는 그 영광을 과소평가해선 안 되며 우리 자신의 본성에 대해 무지해서도 안된다. 우리는 하나님이 초래하는 것들과 인간이 받는 유익들이 무엇인지 알 수 있다."[35]

부활에 관해서 이레나이우스는 변증가들의 노선을 따른다. 그들의 논증들은 실재적으로 하나님의 의지와 능력에 기초한 동일한 것이었다. 이단들과 이레나이우스의 논증은 기독교의 부활 신앙(belief in Resurrection)과 헬레니즘의 불멸신앙(belief in Immortality)의 비교불가성과 그것들의 이면에 깔려 있는 종교적인 근본동기들의 상이성을 가장 교훈적으로 보여준다. 이단들은 "영혼의 불멸성"을 신봉했지만[36] "육의 부활"에 대한 개념은 철저히 거부했다. 이레나이우스의 주장은 그 정반대이다. 그는 "육의 부활"을 확증하고 (약간 헬레니즘의 기미가 있긴 하지만) "영혼의 본성적 불멸성"은 거부한다.

이단들에게 분명한 것은 두 가지다. (1) 인간은 자신의 더 고상한 영적인 부분에 관한 한 사멸할 수 없다. 이것은 자명한 것이다. 단순히 인간의 영은 영적·신적 본성을 가졌기 때문에, 인간의 영은 불멸의 생명 즉 영생을 소유한다. (2) "육의 부활" 개념은 순수한 모순이었다. 영의 본성은 불멸하는 것이듯이, 물질적·감각적인 것의 본성은 불가피하게 해체되고 사라져야 하는 것이다. 이레나이우스는 두 사상을 모두 거부한다. 영의 본성은 주로 하나님의 의지에 기초하고 있으며, 육신도 역시 그분의 능력에 기초하고 있다. 오직 하나님만이 자신 안에 저절로 생명을 가지신다. 생명과 불멸이 인간이나 인간의 한 부분에 속한다는 것은 결코 자명할 수 없다.

인간의 "본성적 불멸성"에 대한 논의는 모두 인간이 교만하게도 자신을 신처럼 만들려 한다는 것을 의미한다.[37] 이것에 반대하여, 이레나이우스는 우리의 생명이 현재나 미래에 하나님의 의지에 절대적으로 의존한다는 점을 강조한다.[38] 그러므로 하나님께서 우리가 살기를 의지하시기 때문에, 우리의 영, 혼, 육 전존재는 그분이 원하는 기간만큼 생명을 소유한다. 그리고 그분이 언젠가 부활 때 우리를 생명으로 다시 부르실 그때에도 우리는 우리 본성에 주어진 필연성에 의해서 사는 것이 아니라 하나님이 그렇게 의지하시기 때문에 살게 될 것이다.[39]

그리고 이레나이우스의 대적자들은 "육의 부활"을 불합리하다고 묘사했다. 하지만 이레나이우스는 그러한 묘사를 단순히 하나님의 신성 즉 그분의 신적 능력에 대한 새로운 공격으로 여겼다. 의심할 바 없이 인간들에겐 이것이 불가능성으로 보인다. 그러나 하나님에겐 불가능한 일이 전혀 없다. 이레나이우스의 대적자들은 하나님의 능력이 아닌 육신의 연약성에만 주의를 기울이기 때문에 "육의 부활"을 거부한다. 그러나 하나님의 능력은 죽은 자들로부터 육신을 일깨운다.[40]

위의 내용은 이레나이우스가 "영혼의 본성적 불멸성"을 반박하고 "육의 부활"을 변호할 때 유일하고 동일한 동기 즉 그의 神中心的 관심을 가지고 있었다는 점을 분명하게 만든다. 부활과 영생을 위하여 그는 확고하게 하나님에게 기대한다. 우리 자신들 안에는 영생을 보증해 주는 것이 아무 것도 없다. 우리는 단지 하나님의 의지에 기초하여 그분의 선물로서만 그 것을 얻는다. 여기서 이레나이우스가 변증가들의 후예라면, 그의 강력한 아가페 이해(appreciation)에 의해서 신중심적 경향이 강화된다. 아가페 개념에 대한 관심 속에서 그는 "본성적 불멸성" 개념과 투쟁한다. 인간이 실제로 자신에게 주어진 하나님의 선물을 원래 소유하고 있다고 상상하면, "하나님이 인간을 향하여 가지고 계시는 사랑은 모호해진다."[41] 자신의 본성 덕분에 영생을 이미 소유한 사람에겐 영생을 베풀어 주는 신적인 사랑도 신적인 능력도 불필요하다.

근본적으로 명확하고 단순한 이 사상에 직면하여, 이레나이우스는 놀랍게도 때때로 매우 태연하게 영이나 영혼의 "본성적 불멸성"에 대하여 말한다. 여기서 그는 분명히 일관성이 없다. 그는 원리상으론 헬레니즘 이론의 위험을 보고 그것에 반대한다. 그러나 실제적으로 그는 그것의 영향력을 제거하지 못했다. 이레나이우스에게 있어서 인간 존재는 영-혼-육의 통일체이다. 그리고 실제적인 완전한 인간은 오직 이 세 가지의 연합 안에서만 존재한다.[42] 그는 터툴리안의 관점과 유사한 전인적(totus-homo) 관점을 취한다. 그럼에도 불구하고 그는 영과 혼이 사멸될 수 없고 육신만이 죽음에 의해서 분해된다는 것을 상당히 당연시한다.[43]

이 불일치로부터 비롯하는 (가끔은 약간 산만한) 이레나이우스의 사상 노선들을 세부적으로 살펴보는 것은 너무 많은 시간을 소모할 것이다.[44] 그러나 이 불일치 자체가 그로 하여금 더욱더 빈틈없이 "육의 부활"에 집착하도록 만든 것을 주목하는 것은 흥미롭다. 그가 영과 혼은 본성상 육신의 죽음 이후에도 존속하는 것이라는 생각에 찬성하는 정도가 더 강해질수록, 그는 이 점에 있어서 자신의 궁극적인 신중심적 의도를 덜 지지하게 된다. 오직 "육의 부활"만이 신의 능력과 사랑의 현현으로 남아 있다. 그래서 변증가들 안에서 이미 발견된 것처럼, 부활을 논할 때 "육의 부활"을 크게 강조하는 경향이 한층 더 자극받는다. 그러나 이레나이우스에게는 그것이 더 심오한 종교적 동기를 가지며 신중심적인 아가페 개념을 위한 궁극적인 거점(據點)이다. 영과 혼은 자신들의 본성적인 성질 때문에 존속한다고 생각될 수 있지만, 육신의 경우엔 명백하게 일시적인 그 본성이 그런 개념을 철저히 배제한다. 타락하기 쉽고 죽을 운명을 가진 육은 부활 때에 불멸하고 타락할 수 없는 것이 된다. 분명히 이 변화는 그 자신의 본성에 기인하지 않고 주님의 역사에 기인한다. 그분은 죽을 운명을 가진 이들에게 불멸을 주실 수 있으며 타락하기 쉬운 자들에게 불후성을 주실 수 있다.[45] 인간의 몸이 불멸의 본질 자체를 나타낸다면, 그것은 특별히 신의 강력한 행위인 부활의 대상이다.[46] 여기서 하나님의 힘이 실제로 승리할 수 있다. 하나님의 강력함이 인간의 연약함 속에서 완전하게 된다. 그러나 "그 육"이 하나님의 선물인 불멸의 생명을 받고, 게다가 인간이 영-혼-육의 연합 안에서만 그리고 그런 연합을 통해서만 통전적이고 온전한 인간이 된다면, "그 육"에 대한 담론은 전인(全人)에게 적용된다. 즉 인간은 자신이 아닌 하나님의 은총에 의해서 영원한 생명을 얻는다.[47] 이 전체적인 논증의 기초는 궁극적으로 "육의 부활"에 대한 신뢰에 있다.

기독교의 전체 내용은 "육의 부활"에 초점을 모으고 있다. 하나님의 모든 사역은 육의 부활에서 그 완성에 도달한다. 창조와 구속은 모두 그것을 목표로 가리킨다. 창조로 말할 것 같으면, 하나님은 자신이 태초에 창조하셨던 동일한 육을 마지막 날에 일으키실 것이다.[48] 구속(성육신)에 대하여 말하자면, "육이 구원받을 위치에 있지 않았다면 하나님의 말씀은 결코 육이 되지 않았을 것이다."[49]

제2절 이레나이우스의 아가페 개념의 한계

이레나이우스는 초대교회의 그 누구보다도 더 순수한 형태로 아가페 개념을 간직하였다. 그의 전체 신학은 아가페 동기로 흠뻑 젖어 있다. 하나님이 세상을 창조하시고 자신과의 친교를 위하여 인간들을 예정하신(design) 것은 사랑으로 말미암은 것이다. 사랑으로 하나님의 로고스는 그 자신 안에서 타락한 인류를 "총괄갱신"하고 그들을 하나님과 화해시키기 위하여 육이 되셨다. 사랑으로 하나님은 결국 부활 때에 자신이 창조하시고 구속하신 자들에게 영원하고 썩지 않을 생명을 주실 것이다. 마르키온의 견해와 비교해 보아도, 이레나이우스의 사랑 개념은 아가페를 더 강력하게 이해하였다는 것을 암시한다. 마르키온은 자신이 기독교적인 사랑이라고 파악한 바를 전개하려는 노력에서 더 비타협적이었다면, 이레나이우스는 더 순수한 아가페 유형을 단호하게 표현한다.[50]

그러나 이레나이우스의 아가페 관점조차 전적으로 이질적인 동기들의 영향을 받지 않은 것은 아니다. 우리는 이미 그의 사상 안에서 헬라적인 "영혼의 본성적 불멸성" 개념의 영향을 보았다. 그러나 그것이 전부는 아니다. 에로스 동기는 이레나이우스 사상의 중심에 영향을 미치고 심지어 인류를 위한 하나님의 교육적 계도를 위해서 이레나이우스가 설정한 목표를 인가[인봉]한다. 이레나이우스는 그 목표를 분명히 헬레니즘 경건에 의거하여 불멸성($\alpha\phi\theta\alpha\rho\sigma\acute{\iota}\alpha$)이나 "神化"(deification)라고 기술한다. 이 개념은 그의 성육신 신학의 경쟁상대는 아니지만 그것과 직접 연관되어 있다. 성육신은 하나님의 아가페의 계시이지만 그 목적은 결국 인간의 "신화"

(deification)이다. "왜 구세주는 이 세상에 내려왔는가?(ad quid enim descendabat)"[51]라는 물음은 분명히 아가페 개념에 의해서 영감받은 것이다. 그 질문에 대하여 이레나이우스는 여러 가지 다른 해답들을 제시한다. 어떤 것들은 아가페 동기에 의해서 규정되지만, 다른 것들은 에로스 동기에 의해서 규정된다. 후자의 내용은 다음과 같이 판에 박은 듯이 공식화할 수 있다. 하나님은 인간이 하나님이 되도록 하기 위해서 인간이 되셨다.[52]

그는 「이단논박」(Contra haereses) 제4권 제38장에서 이 개념을 분명하게 해석하였다. 하나님은 태초부터 인간을 그분처럼 완전하게 창조할 수 없었는가? 이 질문에 대한 이레나이우스의 답변은 다음과 같다. 하나님은 당연히 인간에게 그런 완전을 주실 수 있었다. 그러나 인간은 피조물이기에 그것을 받을 수 없었다. "어머니는 분명히 자기의 유아에게 단단한 음식을 줄 수 있는 능력을 가지고 있다. 하지만 그녀는 그렇게 하지 않는다. 그 아이가 아직은 더 실속있는 영양분을 받지 못하기 때문이다. 마찬가지로 하나님은 스스로 인간을 태초부터 완전하게 만들 수도 있었다. 그러나 인간은 아직 어린아이였기 때문에 이 완전을 받아들일 수 없었다."[53] 하나님은 자신의 지혜 가운데서 이것을 고려하셨다. 우리는 너무 간절하게 어떤 사건들을 기대하나 "성숙의 시간을 기다리지" 않으려고 한다.[54] 우리는 처음부터 하나님과 같아지길 소원한다. 그러나 그것은 하나님의 방식이 아니다. 그분은 원대한 목표를 가지고 일하신다. 그분은 우리를 한 걸음씩 신화로 인도하신다. 그분은 창조 때에 우리에게 분명히 불완전한 인간의 실존을 부여했다. 하지만 그 실존은 하나님이 부여하신 자유의지에 의해서 더 고상한 목표들로 진보할 수 있는 인간의 실존이었다.

성육신 안에서 하나님은 우리에게 "완전한 빵" 즉 "불멸의 빵"을 가지고 오실 때 그 다음 단계를 취하신다.[55] 그러나 그분은 우리의 인간적 연약성이 감당할 수 있는 방식으로 오신다. 그분을 받아들이고 훈련받은 후에야 우리는 신적 수준에 올려질 준비가 된 것이다. 신화(神化)는 오랜 발전과 교육의 결과를 통해서만 우리 것이 된다. 우리가 처음부터 신들(gods)이 되어야 한다는 것은 불합리하고 배은망덕한 요구이다. 하나님은 우리를 위해서 성화로 가는 우리의 길에 어떤 단계들을 지정했다. 우리는 그 단계들 중에서 하나라도 건너뛸 수 없다. 먼저, 자연[본성]이 존재해야 한다. 그리고 나서 죽을 운명이 정복되고 불멸에 삼키워져야 한다. 그것은 신적인 법령(ordinance)이다.[56] "먼저 사람이 되고, 나중에 신이 된다."(Primo quidem homines, tunc demum Dii)[57]

왜 그리스도는 우리에게 내려오셨는가? 그분은 우리가 하나님에게 올라갈 수 있도록 하기 위해서 오셨다. 그리스도의 하강은 우리의 상승의 수단이다. 성육신은 우리의 신화의 수단이다. 그래서 성육신을 경멸하는 자는 인간에게서 신을 향한 상승을 빼앗고 그 자신에게서 자신의 신화의 조건을 앗아가는 것이다. 그것이 그의 대작인 「이단논박」(Contra haereses)의 요지(要旨)라는 사실이 그 중요성을 증명한다. 결론적으로 그는 다음과 같이 쓴다. "한 아들이 있다. 그는 자기 아버지의 의지를 실천하였다. 또한 한 인류가 있어서 그들 안에서 하나님의 신비가 일어났다. '천사들은 그것을 들여다보려고 한다.' 그러나 그들은 하나님의 지혜를 탐구할 수 없다. 그 지혜 덕분에 하나님이 손으로 만든 작품이 확인되고 그의 아들과 통합되어 완전으로 인도된다. 그래서 그분의 소생 즉 독생하신 로고스가 피조물에게 내려와서 … 그 안에 담겨진다. 다른 한편에선 피조물이 로고스를 품고, 천사들 너머 그에게 올라간다. 그리고 하나님의 형상과 모양대로 만들어진다."[59]

이와같이 에로스 동기와 아가페 동기로부터 오는 요소들이 뒤섞여 있다. 인간적인 것이 신적인 것으로 올려진다. 이레나이우스는 이 생각을 일반적으로 헬레니즘적 경건과 공유한다. 그 올라감은 인간의 일이 아니라 처음부터 끝까지 하나님의 일이다. 그래서 결국 아가페 동기가 그의 사상의 결정적인 것임이 증명된다. 하나님이 그리스도 안에서 사랑으로 우리에게 오셨다. 이 사실은 성육신의 기적을 의미한다. 하나님과의 친교는 전적으로 성육신의 기적에 의존한다. 즉 여기에선 모든 것이 아가페 도식에 따라 일관되게 파악된다. 그런데 이 친교는 하나님 자신의 거룩과 완전의 수준에서 친교로 간주된다. 이것은 이레나이우스가 헬레니즘적 에로스 동기에 바치는 찬사이다.

주

1) 이레나이우스는 (적어도 일시적으로라도) 그 이전의 교회신학에 이미 존재했던 것을 자신 안에서 어느 정도까지 수집하였고 통합하였는가? 이 문제는 주목할만하다. 이것은 특별히 로프스(F. Loofs)의 저서인 *Theophilus von Antiochien Adversus Marcionem und die anderen theologischen Quellen bei Irenæus*(1930, Texte und Untersuchungen zur Geschichte der altchristlichen Literatur xlvi. 2; 4 Reihe, Bd. 1)에서 강조되었다. 이레나이우스 문헌에 대해선 다음 저서들을 언급할 수 있다. N. Bonwetsch: *Die Theologie des Irenäus*, 1925; W. Bousset: *Kyrios Christos*, 2 Aufl., 1921, pp. 333-362. E. Brunner: *Der Mittler*, 1927, pp. 219-69 (Eng. trans.: Christus Victor, S.P.C.K., 1931, pp. 32-51).

2) Contra **hæreses**, lib. V., cap. xx. 1: "Et **ecclesiæ** quidem **prædicatio** vera et firma, apud quam una et eadem salutis via in universo mundo ostenditur.··· Ubique enim ecclesia **prædicat** veritatem."

3) Contra **hær.**, lib. I., cap. x. 2. 이것으로부터 알 수 있는 것은 빈센트 레린스 (Vincent of Lerins)가 말한 "언제나 어디서나 누구에 의해서든지 믿어지는 바"(quod ubique, quod semper, quod ab omnibus creditum est)라고 하는 유명한 공식구 (formula)가 이미 이레나이우스 안에 실질적으로 존재하고 있다는 점이다. — cf. lib. IV., cap. xxxiii. 8: γνῶσις ἀληθὴς ἡ πῶν ἀποστίλων διδαχή, καὶ τὸ ἀπχαῖον τῆς ἐκκλησίας σύστημα κατὰ παντὸς τοῦ κόσμου, et character corporis Christi secundum successiones episcoporum, quibus illi eam, **quæ** in unoquoque loco est, eccleskiam tradiderunt. 이레나이우스의 견해에 따르면, 교회의 위대한 유익은 (1) 그 것이 더럽혀지지 않은 경전(Scriptures)을 가지고 있으며, (2) 무엇보다도 사랑"과 사랑의 탁월한 기능"[et **præcipuum** dilectionis [= τῆς ἀγάπης] munus]"을 가지고 있기 때문이다.

4) Contra **hær.**, lib. I., cap. x. 1. Cf. also lib. V., cap. xx. 1. 이런 관점에서 이레나이우스와 오리겐을 비교하는 것은 매우 계몽적이다. 양자는 모두 "신앙의 법칙"(Rule of Faith)을 주장한다. 하지만 오리겐은 단순히 신앙에서 아직 신앙에 의해서 고정되지 않은 것으로 옮겨가기 위하여 그것을 사용하고, 이레나이우스에게는 "신앙의 법칙" 이 그의 기독교적 사상 전반에 걸친 중심이자 본질이다.

5) 심지어 이레나이우스가 터툴리안에게 가장 근접한다고 하더라도 이러한 구분은 여전히 분명하다. Cf. *e.g.* Contra **hær.**, lib. III., cap. xxv.; lib. IV., cap. xxviii.

6) Contra **hær.**, lib. I., cap. xxvii. 2. Cf. lib. II., cap. i.

7) Contra **hær.**, lib. V., cap. xvii. 1: ἔστι δὲ οὗτος ὁ δημιουργός, ὁ κατὰ μὲν τὴν ἀγάην πατήρ.···

8) Contra **hær.**, III., cap. xi. 1: "··· per Verbum, per quod Deus perfecit conditionem,

in hoc et salutem his qui in conditione sunt, **præstitit** hominibus."

9) 영지주의 내에서 창조의 원리인 사랑에 관해선 본서 p. 314를 보시오.

10) Contra **hær.**, lib. IV., cap. xiv. 1: "Igitur initio non quasi indigens Deus hominis plasmavit Adam, se *ut haberet in quem collocaret sua beneficia.*"

11) *Ibid.*: "In quantum enim Deus nullius indigens, in tantum homo indiget Dei communione." Cap. xiv. 2: "Ipse quidem nullius indigens; his vero qui indigent eius, suam **præbens** communionem."

12) "Sic et Deus ab initio hominem quidem plasmavit propter suam munificentiam; patriarchas vero elegit propter illorum salutem." *Ibid.* 그는 cap. xiv. 1.쪽에서 요한복음 15:16을 인용한다.

13) "Omnia enim nova aderant, verbo nove disponente carnalem adventum, uti eum hominem qui extra Deum abierat, adsciberet Deo: *propter quod et nove Deum colere docebantur; sed non alium Deum.*" Contra **hær.**, lib. III., cap. x. 2. Cf. Epist. ad Diognetum 3.

14) Contra **hær.**, lib. IV., cap. xii. 2. Cf. cap. xii. 3: "In lege igitur et in evangelio quum sit primum et maximum **præceptum**, diligere Dominum Deum ex toto corde; dehinc simile illi, diligere proxmum sicut seipsum: *unus et idem ostenditur legis et evangelii conditor.* **Consummatæ** enim **vitæ præcepta** in utroque Testamento quum sint eadem, eundem ostenderunt Deum."

15) Contra **hær.**, lib. I., cap. xxvii. 4: "··· impudorate super omnes obtrectare Deum."

16) "Est autem hic Demiurgus, qui secundum dilectionem quidem, Pater est; ··· cuius et **præceptum** transgrediens, inimici facti sumus eius." Contra **hær.**, lib. V., cap. xvii. 1.

17) *Ibid.* "*Utque quoniam hic est Pater noster, cuius eramus debitores, transgressi eius **præceptum**. Quis autem est hic? Utrumne incognitus aliquis, et nulli nunquam **præceptum** dans Pater? An vero qui a Scripturis **prædicatur** Deus, cui et debitores eramus, transgressi eius **præceptum**? ··· Idem ille, in quem peccaveramus in initio, remissionen peccatorum in fine donans.*"

18) Contra **hær.**, lib. III., cap. xi. 3.

19) "Quoniam ipse Dominus erat, qui salvabat eos, quia per semetipsos non habebant salvari.··· Non a nobis, sed a Deo est bonum salutis **nostræ**" Contra **hær.**, lib. III., cap. xx. 3.

20) "Quoniam ipse est, quo omnes gnetes exinde ab Adam dispersas et universas linguas et generationem hominum cum ipso Adam in semetipso recapitulatus est." Contra **hær.**, lib. III., cap. xxii. 3.

21) "Dissolvens enim eam, **quæ** ab initio in ligno facta fuerat, hominis inobedientiam, obediens factus est usque ad mortem, mortem autem crucis; eam **quæ** in ligno facta fuerat inobedientiam, per eam **quæ** in ligno fuerat obedientiam sanans." Contra **hær.**, lib. V., cap. xvi. 3. ἐν μὲν γὰρ τῷ πρώτῳ Ἀδὰμ προσεκόψαμεν, μὴ ποιήσαντες αὐτοῦ τὴν ἐντολήν· ἐν δὲ τῷ δευτέρῳ Ἀδὰμ ἀποκατηλλάγημεν, ὑπήκοοι

μέχρι θαναιτου γενόμέοι. *Ibid.,* cf. Epideixis 34.

22) "Quando incarnatus est, et homo factus, longam hominum expositionem in seipso recapitulavit, in compendio nobis salutem **præstans.**" Contra **hær.,** lib. III., cap. xviii. 1. "Et propter hoc ⋯ caro factum est, et pependit super lignum, uti universa in semetipsum recapituletur." Lib. V., cap. xviii. 3.

23) "Propter immensam suam dilectionem [ἀγάπην] factus est quod sumus nos, uti nos perficeret esse quod est ipse." Contra **hær.,** lib. V., **Præfatio.**

24) "Deus hominis antiquam plasmationem in se recapitulans, ut occideret quidem peccatum, evacuret autem mortem et vivificaret hominem." Contra **hær.,** lib. III., cap. xviii. 7.

25) "Quonima autem ipse proprioe **præter** omnes, qui fuerent tunc homines, Deus et Dominus et Rex **æternus** et Unigenitus et Verbum incarnatum **prædicatur** et a prophetis omnibus et apostolis et ab ipso Spiritu, adest videre omnibus qui vel modicum de veritate attigerint." Contra **hær.,** lib. III., cap. xix. 2.

26) "⋯ et hunc partum Deum esse nobiscum, et descendere in ea **quæ** sunt deorsum terræ." Cap. xix. 3. - "Agnitio enim Patris, Filius." Lib. IV., cap. vi. 7.

27) "Igitur *secundum magnitudinem* non est cognoscere Deum: impossibile est enim mensurari Patrem; *secundum autem dilectionem eius* [κατὰ τὴν αὐτοῦ ἀγάπην] (**hær** est enim, **quæ** nos per Verbum eius perducit ad Deum) obedientes ei semper discimus, quonima est tantus Deus." Contra **hær.,** lib. IV., cap. xx. 1. 이레나이우스는 다시금 되풀이해서 이 사상으로 되돌아간다. 즉 "Unus igitur Deus, qui Verbo et sapientia fecit et aptavit omnia; hic est autem Demiurgus, qui et mundum hunc attribuit humano generi, qui *secundum magnitudinem* quidem ignotus est omnibus his, qui ab eo facti sunt: (nemo enim investigavit altitudinem eius, nec veterum, qui quieverunt, nec eorum qui nunc sunt) *secundum autem dilectionem* cognoscitur semper per eum, per quem constituit omnia. Est autem hic Verbum eius, Dominus noster Iesus Christus, qui novissimis temporibus homo in ho9minibus factus est, ut finem coiungeret principio, id est hominem Deo." Cap. xx. 4. "Sed *secundum magnitudinem* quidem eius et mirabilem gloriam nemo videbit Deum, et vivet; incapabilis enim Pater; *secundum autem dilectionem* et humanitatem, et quod omnia possit, etiam hoc concedit iiis qui se diligu서, id est videre Deum, quod et prophetabant **prophetæ.** Quoniam **quæ** impossibilia apud homines, possibilia apud Deum." Cap. xx. 5.

28) "*Homo etenim a se non videt Deum.* Ille autem volens videtur hominibus, quibus vult et quando vult et quemadmodum vult. Potens est enim in omnibus Deus." *Ibid.*

29) Contra **hær.,** lib. IV., cap. vi. 4: ἄνευ θεοῦ μὴ γινώσκεσθαι τὸν θεόν. Cf. cap. xxxiii. 4: πῶς ἄνθρωπος χωρήσει εἰς θεόν, εἰ μὴ ὁ θεὸς ἐχωρήθη εἰς ἄνθρωπον;

30) "Et huius Verbum naturaliter quidem invisibilem, palpabilem et visibilem in hominibus factum, et usque ad mortem descendisse, mortem autem crucis." Contra **hær.,**

lib. IV., cap. xxiv. 2. "… **prædicaverunt** eius secundum carnem adventum, per quem commixtio et communio Dei et homionis sencudeum placitum Patris facta est, ab initio prænuntiante Verbo Dei, quoniam videbitur Deus ab hominibus et *conversabitur cum eius super terram*.…" Cap. xx. 4.

31) Contra **hær.**, lib. III. cap. xviii. 7: ἥνωσεν οὖν, καθὼς προέφαμεν, τὸν ἄνθρωπον τῷ θεῷ. εἰ γὰρ μὴ ἄνθρωπος ἐνίκησε τὸν ἀντίπαλον τοῦ ἀνθρώπου, οὐκ ἄν δικαίως ὁ ἐχθρό·, πάλιν τε, εἰ μὴ ὁ θεὸς ἐδωήσατο τὴν σωτνριναν, οὐκ ἄν βεβαίως ἔσχομεν αὐτήν. Contra **hær.**, lib. IV., cap. vi. 7: "… ab ominibus accipiens testimonium, quoniam *vere homo* et quoniam *vere Deus.*" Cf. Epideixis 36 f.

32) Contra **hær.**, lib. III., cap. xviii. 6.

33) Contra **hær.**, lib. III., cap. xviii. 5.

34) Contra **hær.**, lib. V., cap. ii. 3: ἵνα μὴ ὡς ἐξ ἡμῶν ἔχοντες τὴν ζωήν, φυσηθῶμεν καὶ ἀπαρθῶμέν ποτε κατὰ τοῦ θεοῦ, ἀχάριστον ἔννοιαν ἀναλαβόντες.

35) *Ibid.*

36) 우리는 여기서 "영혼의 불멸"이란 채택된 용어를 사용하지만, 영지주의자들은 일반적으로 신적인 "영"(pneuma)의 불멸에 대하여 생각하였다는 것을 주목해야 한다. Cf. Contra **hær.**, lib. V., cap. xix. 2.

37) "… inani supercilio iactaretur, quasi naturaliter similis esset Deo." Contra **hær.**, lib. III., cap. xx. 1.

38) "Ita ut sic initio fierent, et postea, ut sint, eis donat." Contra **hær.**, lib. II., cap. xxxiv. 2.

39) "Vivunt enim in quantum ea Deus vult vivere." Contra **hær.**, lib. V., cap. iv. 2. "Sic et *de animabus et de spiritibus* et omnino de omnibus his, **quæ** facta sunt, cogitans quis, minime peccabit: quando omnia, **quæ** facta sunt, initium quidem **facturæ suæ** habeant, *perseverant autem quoadusque ea Deus et esse et perseverare voluerit.*" Contra **hær.**, lib. II., cap. xxxiv. 3. "Deo itaque vitam et perpetuam perseverantiam donante, capit et animas primum non exsistentes dehinc perseverare, quum eas Deus et esse et subsistere voluerit." Cap. xxxiv. 4.

40) "Refutant igitur potentiam Dei et non contemplantur quod est verbum, qui infirmitatem intuentur carnis, virtutem autem eius qui suscitat eam a mortuis, non contemplantur." Contra **hær.**, lib. V., cap. iii. 2. οὔτε οὖν φύσις τινὸ τῶν γεγονότων, οὔτε μὴν ἀσθένεια σαρκὸς υπεπισχύει τῆς βουλῆς τοῦ θεοῦ. Contra **hær.**, lib. V., cap. v. 2.

41) "Ingratum enim mais eum hoc ei, qui eum fecerat, perficiens et dilectionem, quam habebat Deus in hominem [τὴν ἀγάπην, ἥν εἶχεν ὁ θεὸς εἰς ἄνθιρωπον], obfuscabat, et **excæbat** sensum suum ad non sentiendum, quod sit de Deo dignum, comparans et **æqualem** se iudicans Deo." Contra **hær.**, lib. III., cap. xx. 1.

42) "Anima autem et Spiritus pars hominis esse possunt, homo autem nequaquam." Contra **hær.**, lib. V., cap. vi. 1. "Neque enim plasmatio carnis ipsa secundum se homo perfectus est: sed corpus hominis, et pars hominis. Neque enim et anima ipsa sencundum se homo: sed anima hominis et pars hominis. Neque Spiritus homo: Spiritus enim, et non homo vocatur. Commixtio autem et unitio horum omnium, perfectum hominem efficit." *Ibid.*

43) "Hæc [caro] enim est **quæ** moritur et solvitur: sed non anima neque Spiritus.··· Superest igitur ut circa carnem mors ostendatur.··· **Hæc** igitur mortalis." Contra **hær.**, lib. V., cap. vii. 1.

44) 이것에 대하여 어느 정도 주의가 기울여졌다. cf. *e.g.* W. Bousset: *Kyrios Christos*, 2 Aufl., 1921, p. 359: H. Koch: *Zur Lehre vom Urstand und von der Erlösung bein Irenäus.* Theologische Studien und Kritiken, Jahrg. 96-97, 1925, pp. 204 ff. 그러나 "부활과 불멸"의 문제에 대한 철저한 검토는 여전히 필요하다. 이레나이우스가 이해한 인간 안의 "하나님의 형상"(εἰκών & ὁμοίωσις)에 대한 고찰은 특별히 유용하다.

45) μεταψχηματισμὸς δὲ αὐτῆς, ὅτι θνητὴ καὶ φθαρτὴ οὖσα ἀθάνατος καὶ ἄφθαρτος γίνεται, οὐκενξ ἰδίας ὑποστάσεως, ἀλλὰ τὴν τοῦ κυρίου ἐνέργειαν, τὸ δύνασθαι αὐτὸν τῷ θνητῷ τὴν ἀθανασίαν, καὶ τῷ φθαρτῷ περιποιήσασθαι τὴν ἀφθαρσίαν. Contra **hær.**, lib. V. cap. xiii. 3. "Quoniam autem corpora nostra, non ex sua substantia sed ex Dei virtute suscitantur.···" Cap. vi. 2.

46) φανερώτατα περὶ τῆς σαρκὸς ταῦτα λέγων· οὔτε γὰρ ἡ φυχὴ θνητόν, οὔτε τὸ πνεῦμα. Cap. xiii. 3.

47) "Non enim ex nobis, neque ex nostra natura vita est, sed secundum gratiam Dei datur." Contra **hær.**, lib. II., cap. xxxiv. 3.

48) "Quoniam autem is qui ab initio condididt hominem, post resolutionem eius in terram promisit ei secundam generationem, Esaias quidem sic ait.···" Contra **hær.**, lib. V., cap. xv. 1.

49) "Si enim non haberet caro salvari, nequaquam Verbum Dei caro factum esset." Contra **hær.**, lib. V., cap. xiv. 1.

50) 아울렌(G. **Aulén**, *Den kristna försoningstanken*, 1930, pp. 67 f.)은 이레나이우스의 주요논거를 다음과 같이 적절하게 서술한다. "먼저, 화해의 사역은 전적으로 신적인 사역으로 파악된다는 점이 강조되어야 한다. 적대적인 세력들과 투쟁하고 그것들을 정복하는 사역은 성육하신 로고스의 사역이다. 그러나 그것은 그 자체로서 하나님의 사역이다. 왜냐하면 하나님께서 그 주도권을 취하셨고 그것은 신의 사랑과 자비에 기초하고 있으며, 그 능동적 행위가 실제로 (신적 사랑인) 하나님의 '아가페' 이외에 아무것도 아니기 때문이다." 이 '위로부터 아래로 향하는 진로(line)'가 그의 논증에 있어서 결정적인 것이다. 즉 신의 능력이 '하강하여' 죄와 사망의 세상에 들어와 거기서 세상과 하나님을 화해시키는 하나님 자신의 사역을 수행한다. 동시에 이것은 이레나이우스의 기독론의 핵심이다. 그것은 그의 '구원론'과 불가분리하게

묶여 있다. 인간쪽에 대한 어떠한 종류의 자격이나 공로에 대한 의심의 여지가 없다는 점은 특별히 강조되어야 한다. 심지어 그리스도가 인간으로서 인류의 이름으로 어떤 것을 수행한다는 의미조차도 받아들일 수 없다. 신의 사랑 외에는 발생하는 바를 위한 어떤 다른 동기도 없으며, 발생하는 것 안에 작용하는 다른 어떤 능력도 존재하지 않는다." 슈미트(W. Schmidt)는 자신의 저서인 「이레나이우스의 교회론」(*Die Kirche bei Irenäus*, 1934, p. 167, n. 1)에서 유사한 견해를 취한다. "우리는 그가 원리상으론 아가페 노선에 서 있다는 것을 발견한다. 그의 사상은 전적으로 신중심적이다."

51) "Ut quid [ἵνα τί, ad quid] enim descendebat?" Contra **hær.**, lib. II., cap. xiv. 7.

52) Contra **hær.**, lib. IV., cap. xxxiii. 4: ἢ πῶς ἄνθρωπος χωρήσει εἰς θεόν, εἰ μὴ ὁ θεὸς ἐχωρήθη εἰς ἄνθρωπον. 이것에 관해선 부쎄의 책을 보시오. Bousset, *op. cit.*, p. 336, n. 4. 부쎄는 "χωρεῖν(가다, 움직이다, 담다)을 위해선 Poimandres 32 즉 εἰς ζωὴν καὶ φῶς χωρῶ (신화를 경험하는 신입자는 그렇게 말한다)를 참고하시오."라고 말한다.

53) Contra **hær.**, lib. IV., cap. xxxviii. 1.

54) Cap. xxxviii. 4.

55) Cap. xxxviii. 1.

56) "Oportuerat autem primo naturam apparere, post deinde vinci et absorbi mortale ab immortalitate et corruptibile ab incorruptibilitate, et fieri hominem secundum imaginem et similitudinem Dei, agnitione accepta boni et mali." Cap. xxxviii. 4.

57) *Ibid.*

58) 이러한 연관성에서 이레나이우스는 인간의 하나님께로의 상승 혹은 신화(deification)에 대한 헬레니즘의 전형적인 신비적 경건에 대한 표현을 사용한다. ἡ εἰς θεὸν ἄνοδος. Cf. lib. III., cap. xix. 1: ταῦτα λέγει πρὸ τοὺς μὴ δεξαμένους τὴν δωρεὰν τῆς υἱοθεσίαας, ἀλλ' ἀτιμάζοντας τὴν σάρκωσιν τῆς καθαρᾶς γεννήσεως τοῦ λόγου τοῦ θεοῦ, καὶ ἀποστεροῦντας τὸν ἄνθρωπον τῆς εἰς θεὸν ἀνόδου, καὶ ἀχαριστοῦντας τῷ ὑπὲρ αὐτῶν σαρκωθέντι λόγω τοῦ θεοῦ. εἰς τοῦτο γὰρ ὁ λόγος ἄνθρωπος, ἵνα ἄνθρωπος τὸν λόγον χωρήσας, καὶ τὴν υἱοθεσίαν λαβών, υἱὸς γένηται θεοῦ .

59) Contra **hær.**, lib. V., cap. xxxvi. 3.

제24장

타협

제1절 논쟁의 제2국면의 결과

영지주의와 마르키온에 대항했던 첫째 논쟁에선 사도교부들과 변증가들의 신학이 주도하였다. 동기 측면에서 보면 결과적으로 에로스뿐만 아니라 아가페 동기도 심하게 손상되었다. 기독교적 사랑 개념은 율법주의적 동기를 가진 표현을 사용할 수밖에 없었다.

이제 두번째 국면(phase)의 논쟁들의 결과를 평가함에 있어서, 우리는 그 상황이 의미심장하게 변하여 오히려 아가페 동기에 호의적이라고 말할 수 있다. 이번엔 노모스 동기와 에로스 동기가 절충되었다. 노모스는 터툴리안 때문에 절충되었다. 교회에 대한 터툴리안의 분파주의적인 입장은 율법주의(nomism)와 밀접하게 관련되어 있다. 에로스는 오리겐 때문에 절충되었다. 오리겐의 사상들 중에서 여러 이단적 견해들이 에로스의 영향을 받았다. 그 다음 시대의 교회의 전망은 주로 이레나이우스의 영향을 간직한다. 우리가 보기엔, 이레나이우스는 본질적으로 아가페 유형을 표현한다. 노모스 유형은 사도 이후 시대인 초기 시대에 그 전성기를 가졌다. 두번째 시대엔 아가페 유형이 전면에 나선다. 그러나 에로스 유형이 망각되진 않았다. 4세기의 신학자들은 이레나이우스적 입장을 단순하게 전개하진 않는다. 우리는 세 명의 저명한 인물들을 살펴보게 될 것이다. 메토디우스 (Methodius of Olympus, 311년 사망), 325년의 니케아 공의회에서의 아타나 시우스(Athanasius, 373년 사망), 및 니사의 그레고리(Gregory of Nyssa, 394년 이후에 사망)의 신학은 오히려 이레나이우스와 오리겐 즉 아가페와 에로 스 사이의 절충이다. 그 안에서 시간이 흐르면서 후자의 영향이 더 커진다.

이 신학자들의 상이한 작품들이나 동일 작품 안에 있는 여러 논증들은 여기선 에로스 동기를 저기선 아가페 동기를 보여준다. 이 사실은 아가페 와 에로스 사이의 타협의 실존을 입증한다. 그들 사이엔 어떤 실질적인 구 분도 없었다. 한 쪽이 다른 쪽을 대체하지도 않았고 양자(兩者)로 복합구 성된 하나의 형태가 창조된 것도 아니었다. 아가페와 에로스의 상호 관계 는 꽤 피상적이었다. 그것들은 분명히 상쇄되지 않은 채 번갈아 나타난다. 인생은 두 세계에서 동일하게 당연한 일로 살아간다. 상이한 원리들이 서 로 다른 문제들에 적용되는 한 결과적인 긴장은 주목되지 않았다. 장기간 에 걸친 대(對)영지주의 논쟁에선 에로스 경건에 대한 분명한 반대의식이 있었다. 그러나 여기선 변증가들로부터 유래하는 기독교 전통이 이방적 영 향력을 막는 강력한 요새였다. 그러나 그런 전통이 존재하지 않았던 논점 들에선 주저없이 당대의 사상으로부터 에로스 동기가 받아들여졌다. 결과 적으로 진정한 종합이 아니라 타협에 도달했다.

제2절 올림푸스의 메토디우스

이 이중적 측면을 유일하게 해명한 실례가 메토디우스이다. 여기서 우리 는 실제로 다른 동기들의 발생범위를 규정할 수 있다. 메토디우스의 교의 학적 작품인 「부활론」(*De resurrectione*)에선 아가페 동기가, 그의 윤리적 · 금욕적 논문인 「향연」(*Symposium*)에선 에로스 동기가 주요한 것이다.

메토디우스는 창조, 성육신, 육의 부활에 관해서 변증가들과 이레나이우 스가 구획지은 길을 뒤따른다. 이레나이우스처럼 그도 창조와 구속의 통일성을 강조한다. 이 기초 위에서 메토디우스는 오리겐의 "영원한 창조" 이론, 하나님이 타락한 영들의 죄 때문에 형벌적·교육적인 제도로 감각세계를 만드셨다고 보는 견해, 회복(apokatastasis) 이론 등을 맹렬하게 공격한다. 메토디우스는 오리겐과 그의 제자들의 심령화 경향을 전적으로 반대한다. 죄는 영혼보다 육신과 더 가까운 관계를 가지는 것이 아니기에, 육체적인 것들을 경멸할 이유가 없다. 그것들도 하나님의 선한 창조이다. 하나님은 우리 존재의 영적인 면 뿐만 아니라 우리 존재의 완전을 위해서 육체적인 것을 의도하셨다. 그러므로 "육의 부활"은 메토디우스 신학에서 중심적 위치를 차지한다. 이 모든 것들에서 우리는 아가페 전통의 강력한 영향을 식별할 수 있다. 메토디우스가 오리겐에 대항하여 벌인 전투는 말하자면 단순히 에로스 동기에 대한 전쟁의 새로운 장(章)이었다. 이전에는 변증가들과 이레나이우스가 영지주의에 반대하여 對 에로스 전쟁을 벌였다.[1]

「향연」(Symposium)은 전적으로 다른 그림을 제시한다. 그 안에선 헬라적인 에로스 동기가 거의 독재적인 통제력을 가지고 있다.[2] 메토디우스는 플라톤의 「향연」(Symposium)에 대한 "기독교적인" 대응작품을 만들고 그 자신이 기독교 고유의 미덕으로 간주하는 이상적인 "동정"(virginity) 개념에 의해서 플라톤의 에로스 개념을 대체하려고 의도했다. 하지만 그렇다 하더라도, 메토디우스의 견해를 보통의 에로스 이론과 구분해 주는 것은 별로 없다. 동정(童貞)은 단순히 에로스의 기능들을 나타낼 뿐이다. 메토디우스는 플라톤이 "천상적 에로스"에 대해서 말한 내용을 받아들여 동정에 적용했다.

메토디우스는 동정(童貞)이 대단히 위대하고 놀라운 것이며[3] 인간이 하나님께 바칠 수 있는 가장 위대한 선물이라고 말한다.[4] 그것은 하늘로 가는 직선적이고 가장 직접적인 방법이다.[5] 그것은 위로 인도하며 불멸성을 수여한다.[6] 처녀의 아름다움의 가치가[7] 다른 모든 것들보다 우월하다는 것을 가장 잘 입증하는 것은 그리스도의 사랑을 얻을 수 있는 그것의 능력이다.[8] 순결한 [처녀의] 영혼만이 "그리스도의 신부"란 이름의 영예에 합당한 권리를 가진다.[9] 그리고 그리스도는 그녀의 한창 때의 아름다움을 사랑한다는 것을 부끄러워하지 않고 시인한다.[10] 그녀의 영혼의 눈짓이 그리스도의 에로스 동기를 그녀에게 이끈다. 그래서 그는 마음의 날개를 달고 그녀의 속사람의 빛나는 영광을 향한 욕망으로 불타오른다.[11]

이 모든 것은 메토디우스 안에서 어떻게 동정(童貞)이 에로스 개념과 가장 친밀하게 연관되어 있는지를 분명하게 보여준다. 메토디우스가 제시하는 것은 에로스적 구원의 방법과 에로스적 윤리 이외에 아무것도 아니다. 동정을 통하여 지상적인 사랑은 없어진다. 이전에는 아래쪽으로 향했던 사랑이 더 고상한 대상과 목표를 발견한다. 그것은 승화되어 위에 있는 천상세계로 향한다. 이 개념 전체에 깔려 있는 것은 플라톤적·헬라적 두 세계 이론이다. 그리고 "천상적 에로스"와 "통속적 에로스" 사이의 플라톤적 구분이 재출현한다. 사실 메토디우스는 동정[純潔]의 목표가 "천상적 에로스"의 획득이라고 명시적으로 말한다.[12] 그렇지 않고 사랑이 인간 본성의 무게 때문에 땅으로 끌려내려와 그 대상에 집착해도, 동정이 그것에 날개를 달아 주어서 그것은 천상의 영역으로, "순수한 대기층(atmosphere)으로 그리고 천사들의 생명과 비슷한 생명으로" 올라갈 수 있다. "그리고 우선 (그리스도를 위한 처녀들로서 정당하고 신실하게 경쟁하였던) 그들은 거기로부터 부름받아 떠난 후에 그리스도에 의해서 불멸의 화환으로 장식된 면류관을 쓴 채 승리의 상을 받는다."[13]

「부활론」의 아가페적 관점과 「향연」의 에로스적 관점 사이에 깊은 균열이 있다. 그러한 다양한 추세들의 공존을 설명하기 위하여, 때때로 두 저술들은 메토디우스의 발전과정의 다른 단계들에 할당되곤 하였다. 즉 「향연」은 메토디우스가 아직 플라톤과 오리겐의 영향 아래에 있었던 청년기에 해당하는 작품이고, 「부활론」은 메토디우스가 이런 영향으로부터 벗어나 오리겐의 확고한 반대자가 되고 反헬라적인 교회전통의 주역이 되었던 후기 시대에 속하는 작품이라고 보는 것이다. 이것은 아마 정확한 것일지도 모른다. 하지만 그것은 우리가 말하고 있는 이중적 측면을 설명하는데는 불필요하다. 확연히 구분되는 두 가지 영역들이 서로 관련되어 있음을 주목하는 것으로 충분하다. 「부활론」이 다루는 문제에 대해서는 교회가 이미 확고한 전통을 가지고 있었다. 이 덕택에 에로스 동기는 창조, 성육신, 및 육의 부활 문제에 기반을 획득하는데 항상 어려움을 겪었다. 그것은 적으로 인식되었고 사용될 무기들도 알려졌다. 반면에「향연」은 기독교인의 윤리적 행동 특히 최소한 동정의 이상과 같이 분명히 전혀 다른 질문을 취급한다. 이 점에 있어선 어떤 확고한 전통도 존재하지 않았으며 판단의 불확실성이 더 컸다. 에로스 이론의 요소들이 쉽게 잠입하여 기독교적 견해로 여겨질 수 있었다. 이와 같이 메토디우스는 플라톤의 「향연」 (*Symposium*)을 모방하려고 한 일련의 기독교 저술가들의 출발점임과 동시에 기독교의 "신부-신비주의"(Bride-mysticism)의 강력한 전통의 출발점이다.[14]

메토디우스 안에서 에로스 동기와 아가페 동기가 서로 다른 개념군에 적용되었기 때문에 그들의 공존이 가능하였다면, 이 개념군들의 상호관계는 어떠했나? 메토디우스는 두 동기들 사이의 깊은 틈을 메꾸기 위해서 평범한 방법을 채택했다. 즉 아가페가 수단이 되고, 에로스는 목적이 되었다. 이 경우에 성육신은 수단이 되고 동정(童貞) 생활이 목적이 되었다. 메토디우스에 의하면, 로고스가 성육신과 수난의 "무아경"(trance)을[15] 통하여 우리를 동정(童貞)의 단계로 끌어올리기 위해서 자신의 천부(天父)를 떠나서 우리에게 오셨다고 한다. 하나님이 인류를 교육하는 목적은 동정의 단계에서 성취된다. 그리스도의 구원사역도 그 완성에 이른다. "참으로 위대한 능력이 발휘됨으로써 동정(童貞)의 식물(plant of viginity)이 하늘로부터 인간들에게 내려보내졌다."[16]

그러나 처음부터 이것이 일어나진 않았다. 하나님은 먼저 인류가 번성하여 땅을 채우도록 명령하셨다. 그것이 이루어지자, 하나님은 이제 인류가 어떻게 한 지점에서 다른 지점으로 진보하고, 하늘에 더 가까이 다가가며 가장 위대하고 고상한 동정의 교훈에까지 도달함으로써 완전에 이를 수 있는가를 고려하기 시작했다.[17] 그리스도가 강림한 것은 인류를 이 완전으로 인도하기 위함이었다. 그리스도는 자신의 교훈과 삶 속에서 동정(童貞)의 이상을 우리 앞에 제시했고 정확하게 아르키파르테노스

($\dot{\alpha}\rho\chi\iota\pi\dot{\alpha}\rho\theta\epsilon\nu o\varsigma$, 동정을 지킨 이들 중에서 가장 위대한 사람 - 역주)라고 불리울 수 있다.[18]

메토디우스가 교회전통과 일치되게 그리스도의 사역을 악마에 대한 승리라고[19] 말할 때에도, 메토디우스에게 있어선 방금 지적한 사상 노선이 여전히 중요한 것이다. 악마의 모든 노력들은 우리를 아래로 끌어내리는 것을 지향한다.[20] 반면에 그리스도는 우리에게 위로 올라가는 길을 보여준다.[21] 그리스도가 강림하기 전에는 모든 인간들이 악마의 포로이자 노예들이었다. 그러나 그리스도가 우리에게 와서 금욕생활과 모든 것을 능가하는 그것의 영광을 보여주었기 때문에, 악마의 왕국은 무너지고 그의 냉혹한 독재가 전복되었다.[22] 이제 악마는 거듭난 자들(re-born)이 하나님께 올라가는 것을 방해할 능력이 없다.[23] 그래서 에로스 동기에 의해서 형성된 동정의 이상은 그리스도의 구원사역과 결합된다. 사실 그 둘은 하나이다. 구원은 그리스도가 자신의 생애에서 단번에 나타내보인 동정적 순결을 우리 자신의 삶 가운데서 모방하는 것이다. 그리스도의 성육신은 그분이 우리 각 사람 안에서 새로이 태어날 때에만 우리에게 어떤 실제적 의미를 부여하게 된다.[24]

얼핏 보면 메토디우스는 어떤 질문들에선 아가페 동기에 의해서 인도되고 다른 질문들에선 에로스 동기에 의해서 이끌리는 것처럼 보였다. 하지만 우리의 연구는 두 경우에 공통적으로 동일한 문제가 개재되어 있음을 보여 주었다. 그것이 단순히 다른 제목들 아래에 놓여졌을 뿐이다. 세 가지 근본적인 교의들 즉 창조, 성육신, 및 육의 부활 교의들은 구원내용에 대한 분명한 견해를 함축하고 있다. 즉 그것들은 아가페적 구원의 방법을 표현한다. 하지만 동정(童貞)의 이상도 구원내용에 대한 분명한 견해를 포함한다. 이것은 에로스적 구원의 방법을 표현한다. 메토디우스가 이 둘을 함께 결합시킬 때, 두 경우에 그가 관심을 가진 것은 궁극적으로 하나요 동일한 것이다. 그것은 바로 구원이다. 초대교회의 전통은 메토디우스가 좀더 기독교적인 특징을 구원에 부여하도록 이끌었다. 반면에 헬라적인 영향을 받은 「향연」에선 구원이 "천상적 에로스"로 파악된다. 그는 결코 두 관점 사이의 어떤 긴장도 분명하게 알아차리지 못하였다.

그러므로 메토디우스가 아가페란 단어를 쓰면서도 그 단어를 자주 에로스적 해석에 적합한 맥락에서 해석한 것은 놀라운 일이 아니다. 아가페는 불후성과 불멸성을 추구하는 상향적 욕망이다. 아가페는 단독으로 존재하며 전반적으로 너무나 연약하다. 그렇기 때문에 하나님은 아가페를 권면하고 지원하기 위하여 동정(童貞)을 그 조력자로 보내셨다.[25] 영혼은 이제 "하늘을 향하고 있는 동정[純潔]의 날개를 펄럭이면서"[26] 하나님에게 올라가 기쁘게 소리치면서 "신방"(bride-chamber)으로 들어갈 수 있다.[27] 그리고 영혼은 거기서 형용불가한 놀라운 미를 바라본다. 거기엔 "아가페 자체"가 나머지 이데아들(Ideas)과 함께 있다. 아가페의 나무는 거기서 Sophrosyne(온화)의 나무와 함께 자란다.[28]

제3절 아타나시우스

아타나시우스(Athanasius)의 역사는 4세기의 역사와 일치한다. 이 주장은 정당하다.[29] 메토디우스 안에서 발견되는 이중성은 4세기의 일반적인 특징이었다. 바로 이 이중성이 아타나시우스에게서도 마찬가지로 발견된다. 아타나시우스는 아리우스주의(Arianism)를 반대한 자신의 입지에 의해서 4세기가 훨씬 지나도록 명성을 얻었고 중요하게 평가되었다. 이 점에서 아타나시우스는 결정적으로 아가페 진영에 있다. 하지만 이밖에도 그는 금욕생활과 수도운동(monasticism)의 선구자로서도 매우 중요하다. 그런 점에서 그는 분명히 에로스 진영에 속해 있다.

아타나시우스에게서 아가페 동기는 아리우스 논쟁(Arian controversy) 가운데서 점차 분명해졌다.[30] 그는 기독교의 본질적 본성을 통찰하기 위한 논쟁의 가치를 탁월하게 예증하고 있다. 그런데 아타나시우스의 신학과 對아리우스 논쟁의 과정은 잘 알려져 있으므로 우리는 여기서 니케아 신학(Nicene theology)의 동기-내용을 일반적으로 지적하는데 국한할 것이다. 이

신학의 주요 대변자가 바로 아타나시우스였다.

초대교회의 기독론 논쟁들은 자주 실제적인 종교생활엔 무관하고 무의미한 형이상학적 공식구들에 관한 말다툼으로 간주되었다. 어떤 것도 진리로부터 그보다 더 멀리 있을 수 없었다. 사실 매우 분명한 종교적 가치들이 문제가 되었다. 그것은 헬레니즘 정신과 기독교적 정신 사이의 경쟁이었다. 즉 그것은 하나님과의 교제의 의미에 대한 헬레니즘 개념과 기독교적 개념의 상호 경쟁이었다. 초대교회의 기독론 교의는 그 경쟁으로부터 유래한 결과이지, 자유분방한 사변을 이론적으로 구조화한 것이 아니었다. 이것이 현실화되자, 옛 교의학적 공식문구들에 대한 관심이 증대하였다. 경직되고 화석화된 공식구들 안에서 강력한 영적 투쟁과 종교생활 자체의 약동을 추적할 수 있다.

초기 기독론의 주요목적은 헬레니즘의 유력한 개념들에 반대하고 아가페를 통한 하나님과의 친교의 실재성을 확증하는 것이다. 하나님이 그리스도 안에서 우리에게 그 친교의 문을 친히 열어주셨다. 그것은 옛 성육신-신학의 주제이다. 하지만 헬라적인 개념들이 침투하여 두 가지 다른 방식으로 하나님과 우리의 교제를 착각으로 만들려고 위협했다. 헬레니즘의 개념들은 첫째로 그리스도 안에서 우리에게 내려온 존재가 하나님 자신이 아니라 하급 서열에 위치한 존재였으며, 둘째로 그리스도가 실제로 인간이 아니었으며 외형상으로만 우리들의 세계에 왔다고 위협하였다.

첫째로 그리스도를 저등한 피조물로 간주하는 것은 헬레니즘으로 빚어진 정신에 매우 자연스럽게 다가온다. 하나님은 머나먼 초월적인 보좌에 앉아계신 분이다. 그리고 하나님과 세계 사이에 일련의 중간적 존재들이 끼어들었다. 하나님이 그리스도 안에서 우리에게 오셨다고 믿는 기독교 신앙은 매우 자연스럽게 그리스도를 단지 그런 중간적 존재인 것처럼 해석하게 만들었다. 이것은 아리우스주의가 주장했던 해석이다. 둘째로 가현설(假現說)적 성육신론도 헬라적인 정신에 자연스러운 것이었다. 그리스도의 육화(肉化)를 언급하고 고등세계의 교훈을 가져오는 한 구원자에 대한 사상을 언급하려면, 신적인 구원자 자신이 물질적인 저등세계에 의해서 전혀 구속되지 않고 오염되지 않아야 한다는 점이 가장 중요하다. 그래야만 그 구원자는 그 저등세계로부터 영혼을 해방하고 구출할 수 있기 때문이다.

그런 헬라화된 성육신론들에 첨예하게 반대한 초대교회는 하나님으로서 육신이 되신 말씀에 대한 요한신학적(Johannine) 개념을 무조건 긍정했다. 하나님은 우리를 그리스도 안에서 친히 만나신다. 그분은 인간의 실제생활 속에서 우리를 만나신다. 구속은 하나님이 그리스도 안에서 우리를 우리 삶의 일시적 환경으로부터 해방되어 그분과의 교제로 우리를 끌어올리는 법을 가르치고 예시하는 것을 의미하지 않는다. 구속은 하나님이 사랑으로 우리에게 강림하고 우리의 세속적인 환경 속에 들어와서 우리와의 교제를 제정하셨음을 의미한다. 그리스도의 지상 생애가 단지 외형상으로만 보통 인간으로 보여진 삶이었다면, 그분이 자신의 삶과 죽음 가운데서 나타내신 그 사랑도 단순히 외견상의 사랑에 불과하게 될 것이다. 그리스도께서 "아버지와 한 본질"($\acute{o}\mu oo\acute{u}\sigma\iota o\varsigma$ $\tau\hat{\omega}$ $\pi\alpha\tau\rho\acute{\iota}$)이라면, 우리는 하나님이 그리스도 안에서 우리에게 베푸신 사랑에 대해서만 진지하게 말할 수 있다. 왜냐하면 오직 그렇게 말할 때에만 우리는 그리스도의 사랑 안에서 하나님 자신의 사랑을 볼 권리를 갖기 때문이다. 이것이 바로 아타나시우스가 주장했고 최종적으로 칼케돈의 공식구(Chalcedonian formula, A.D. 451)로 표현된 니케아 신학의 종교적 내용이다. 칼케돈적 공식문구는 그리스도에 대하여 "그의 신성으로는 아버지와 한 본질이시며 그의 인성으로는 우리와 한 본질"이라고 말한다. 하지만 그가 사랑이신 "아버지와 한 본질"이 결코 아니고 인간의 삶의 조건들에 순응하고 우리의 부담들을 스스로 짊어진 것이 단순히 외형상으로 그렇게 보인 것뿐이라면, 여전히 실제적 사랑과 친교는 전혀 없게 될 것이다.

아타나시우스는 환호하는 정신 즉 부활절 정신을 보여주었고, 그것은 오늘날까지도 그리스 기독교의 독특성으로 남아 있다.[31] 신적인 생명은 그리스도 안에서 우리에게 직접 내려왔다. 그리스도는 자신의 죽음과 부활 가운데서 사망의 권세를 멸하고 죄와 사망의 노예였던 우리를 해방하여 생명과 불멸을 드러냈다. 그리스도 안에서 구원사역을 완성하신 이는 하나님 자신이다. 이것이 바로 아타나시우스 신학의 근본토대이다. 그의 신학은 아리우스 신학에 반대하여 아가페적 구원의 방법을 탁월하고 분명하게 표현한다.

「이방인에 반대하는 연설」(*Oratio contra gentes*), 「성육신한 말씀에 관한 연설」(*Oratio de incarnatione verbi*) 및 「성 안토니우스의 생애」(*Vita S. Antonii*)는 아타나시우스의 초기 작품들이다. 아타나시우스의 논쟁적 입장을 무시하고 단지 초기 작품들에 나타난 그의 실천적인 기독교관(觀)만을 고찰하면, 우리는 매우 다른 인상을 받게 된다.「성 안토니우스의 생애」는 아타나시우스의 금욕적 이상을 조망하기에 좋은 작품이다. 아타나시우스가 헬레니즘 사상에 의존한 사실이 즉시 분명해진다. 결국 알렉산드리아에서 살면서 활동한 그에게는 이것이 놀라운 일도 아니다. 오히려 그가 위대한 알렉산드리아 전통의 영향을 덜 받았다면 놀라울 것이다.

이 점에 비추어서 아타나시우스는 하나님과의 친교를 인간의 본래적인 하나님 닮음(likeness)에 근거를 둔다. 이것은 헬레니즘의 신비적인 한 원리에 근거한다. 그 오래된 원리란 "닮은 것이 닮은 것을 끌어당긴다."는 것이다. 또한 아타나시우스는 이것이 성서의 창조 이야기에서도 발견되는 원리라고 믿는다. 거기선 인간이 하나님의 형상으로 창조된다(창 1:26). 이 본래적 자질에 의해서 인간은 하나님의 은총의 협력과 자신의 능력으로써 자랑스럽게 하나님과 대화를 나누며 진정으로 복되고 불멸하는 생명을 영위할 수 있게 되었다. "신성에 대한 자신의 지식 예컨대 하나님에 대한 관상은 숨길 것이 없으므로 인간은 자신의 순수성으로 아버지의 형상 즉 신의 로고스를 주목한다. 그런데 인간 자신은 로고스의 형상대로 만들어졌다."[32] 인간은 이성의 힘으로 감각세계와 모든 육신적 개념들을 초월하여 올라갈 수 있으며 하늘의 신적인 것들과 지적인 것들(τά νοητά)에 대하여 직접적인 연관을 맺을 수 있다. 하지만 인간의 영이 육적인 것들에 대해 무관심하고 외부 감각계에 의해서 환기된 욕망 때문에 손상되지 않고 높은 곳에서 홀로 그 자신만을 벗삼을 때, 인간은 이 경로를 통하여 하나님께 도달할 수 있다.[33] "그러면 그것[영]은 감각세계와 인간세계를 초월함으로써 하늘 높이 올려진다. 그리고 그것은 로고스를 보면서 그 안에서 로고스의 아버지도 보고, 그분을 기쁘게 관상하고 그분을 향한 욕망 안에서 계속 갱신된다."[34] 순수한 상태에 있는 영혼은 "거울과 같이 그 자신 안에서 하나님을 보는 위치에 있다."[35]

더 이상의 분석은 불필요하다. 여기서 표현되는 동기는 혼동할 우려가 없이 분명하다. 모든 논점에서 에로스가 선명하기 때문이다. 하지만 우리는 여기서 새로운 질문에 부딪힌다. 이것은 어떻게 위에서 언급한 성육신에 대한 아타나시우스의 굳건한 관심과 관련되어 있는가?

중간적 매개없이 하나님을 관상하는 것에 대한 언급은 하나님에 의해서 창조되었던 그 본연의 인간을 언급한다. 이 상태가 지속되었다면, 인간은 스스로 하나님을 알고 하나님과의 교제로 가는 자신의 길을 발견할 수 있었을 것이다. 하지만 이것은 오직 그가 감각적 사물들을 무시하고 자신의 순수한 영성과 신에게만 집중할 때 가능했다. 대신에 인간들은 하나님께서 주신 선택의 자유(freedom of choice)를 사용하여[36] 하나님을 등지고 떠나갔다. 그들은 "자신들에게 더 친근한 것들을 추구하기 시작했다. 하지만 그들에게 더 가까운 것들은 육신과 그 감각들이었다."[37]

참된 존재이신 하나님과 인간들의 관계는 이렇게 단절되었다. 그렇기 때문에 인간들은 사망과 타락의 희생자가 되었다. 이제 하나님은 무슨 일을 하시려는가? 그분은 인간들이 그들의 범죄에도 불구하고 불멸하도록 남겨두실 것인가? 그러면 하나님은 거짓말쟁이가 될 것이다. 왜냐하면 하나님은 인간들이 그분의 계명을 범하면 죽을 것이라고 경고했기 때문이다. (하나님이 말씀하신 것처럼 죄의 결과는 사망이었다.) 그렇지 않다면 하나님은 인간들이 사망의 희생자로 전락하도록 방치할 것인가? 그러면 하나님의 계획들이 훼방받게 되고 그분의 사역은 무효화될 것이다. 그러면 왜 그분은 처음에 그들을 창조했는가? 하나님은 인간들을 무(無)로부터 창조해 내었는데, 그들이 그 "무"로 돌아갈 운명이었다면 하나님 편에서는 그들을 아예 만들지 않는 것이 더 좋았을 것이다.[38]

이 딜레마에서 빠져나올 수 있는 길은 오직 성육신뿐이다. 성육신에 의해서 하나님의 영광과 진실이 확인되었다. 성육하신 로고스가 스스로 사망을 택하셨기 때문이다. 또한 성육신에 의해서 하나님의 사역이 파괴로부터 구조되었다. 성육하신 로고스가 부패한 자들을 불후의 상태(incorruption)로 회복했기 때문이다. 인간은 자신의 범죄 때문에 본성적으로 주어진 원래의 "무(無)"로 다시 타락했고 신적 은총으로 주어진 하나님의 모양을 상실하였다. 그러므로 태초에 무로부터 인간을 창조하신 하나님의 로고스만이 죄에 의해서 야기된 "무"로부터 그를 회복할 수 있었다.[39] 인간들이 자신들의 소원을 위쪽으로 향할 수만 있다면, 하나님의 형상이 스스로 인간들에게 신지식(神知識)을 주기에 충분했다.[40] 하지만 인간들은 이 능력을 상실했고 대신에 아래쪽을 향하여 감각세계를 응시하고 있다.[41] 인간들은 하나님을 추구하지만 자신들의 방향을 바꿀 수 없었다. 대신에 그들은 이 세상의 피조물 가운데서 하나님을 추구하였다.

그러면 로고스가 인간들을 도우려고 평범한 사람으로 내려와서 그들처럼 아래로부터 기원한 하나의 육신을 취하였을 때, 그는 그 밖에 무엇을 할 수 있었나?[42] 그는 선한 교사처럼 피조물의 실제 입장을 참작하여 자신을 낮추어 그들의 낮은 수준에 맞추었다. "사람들은 하나님에 대한 관상(contemplation)을 거부한 채 심연에 빠진 것처럼 자신들의 눈을 아래쪽으로 향하여 자연과 감각세계에서 하나님을 추구했다. 그리고 그들은 자신들을 위하여 귀신들과 멸망할 인간들을 신으로 위장시켰다. 이런 짓들을 목도한 하나님의 로고스인 구세주는 인간에 대한 그의 사랑 안에서 스스로 한 육신을 취하셨다. 그리고 구세주는 인간으로서 인간들 중에서 거닐면서 인간의 모든 감각들도 스스로 취하셨다. 그 목적은 하나님을 육체적이라고 생각하는 사람들이 주님께서 자신의 육신으로 일으키신 바로부터 진리를 파악하고 그분을 통하여 성부를 알게 되는 것이다."[43]

그래서 성육신은 에로스적 맥락에서 아가페를 도입한다. 그러므로 아타나시우스의 사상은 원리상 다음과 같이 펼쳐진다. 즉 본래는 천상의 에로스가 구원의 올바른 길이며 하나님과의 교제로 가는 정상적인 길일 것이다. 하지만 인간은 더 이상 자신을 천상의 에로스에게 끌어올릴 수 없었다.

그래서 아가페 안에서 하나님이 인간에게 내려와야 했으며 그리스도 안에서 사람들 중의 하나로서 그 인간과 대화를 나눠야만 했다. 이와같이 아가페 개념과 성육신은 이차적인 입지를 가진다. 이 입지에서 성육신은 매우 진지하게 받아들여진다. 아타나시우스는 그리스도가 실제로 인간의 수준까지 내려오셔서 우리의 부패성을 감수하고 우리의 죽음을 겪으셨다는 것과[44] 이 모든 것을 자신의 사랑 때문에 하셨다는 것을 지속적으로 강조한다.[45] 더욱이 그리스도는 결국 우리가 신의 수준으로 올라갈 수 있도록 만들기 위하여 우리 인간의 수준으로 내려온다. 아가페의 하강은 수단이며 에로스의 상승이 목적이다. 이레나이우스에게서 그러했듯이, 하나님의 아가페는 성육신 안에서 계시되지만 인간의 "신화"의 관점을 가진 헬라적 양식으로 그렇게 된다.[46] 그래서 에로스에게 더욱 더 지배적인 역할을 허용하는 아타나시우스에게 있어서 이 마지막이 훨씬 더 정확하다. 하나님의 로고스가 우리에게 강림했다면, 그것은 우리로 하여금 하나님에게 올라가도록 하려는 것이다. "그분이 인간이 되신 목적은 우리들이 신이 되는 것이다."[47]

　게다가 아타나시우스는 동정(童貞)과 수도적(monachist) 경건의 위대한 주창자이다. (이 사실은 특히 그의 사상구조를 보여준다.) 아타나시우스는 「성 안토니우스의 생애」(*Vita S. Antonii*)의 저자로서 아마 그 누구보다도 기독교의 금욕적 이상을 조형하는데 기여했을 것이다. 어거스틴의 회심의 계기가 은자 안토니우스(the hermit Antony)의 이야기였다는 것은 의미심장하다. 어거스틴의 이야기에 의하면, 어느날 한 동포친구인 아프리카인 폰티키아누스(*Ponticianus*)가 그를 방문하였다 그는 황궁에서 고위직을 맡고 있었다. 폰티키아누스는 어거스틴에게 황궁에 있는 자신의 두 친구가 어떻게 해서 「안토니우스의 생애」를 읽고 금욕적 이상을 얻었고 은자들로서 온전히 하나님만을 섬기는 헌신을 위하여 세상을 부인할 수 있었는지 이야기해 주었다.[49] 이 이야기는 어거스틴에게 특이한 인상을 주었다. 그는 자신을 반성하며 부끄럽게 생각했다. "배움이 없는 이들이 갑자기 시작하여 '강제로 하늘을 취하는데,' 우리는 학식이 있으면서도 마음이 없으니,

보라 우리는 육과 피 속에서 어디에 있는지!” 그리하여 「안토니우스의 생애」의 직접적 영향을 받았던 무수히 많은 다른 이들처럼 어거스틴도 그 생애의 위대한 혁명을 경험하게 되었다.[50]

제4절 니사의 그레고리

마지막으로, 니사의 그레고리(Gregory of Nyssa)는 특이한 관심을 가진 사람이다. 그도 역시 평범한 이중적 측면을 가지고 있으나 에로스 동기를 훨씬 더 강조하고 있다. 니케아 신학이 최종적으로 승리한 것은 니사의 그레고리와 다른 두 “갑바도기아인”(Cappadocians)인 위대한 바실(Basil the Great)과 나지안주스의 그레고리(Gregory of Nazianzus)로 말미암은 것이다. 그 정도로 아가페 동기는 그레고리의 사상 안에서 (때로는 정말 큰 자리를) 차지하고 있다. 하지만 그는 부끄럽게도 “헬라화되었다.” 그래서 그레고리의 전망은 여러 면에서 오리겐과 신플라톤주의를 상기시킨다.

니사의 그레고리에게 있어서 아가페 동기가 담당한 역할을 살펴보려면 그의 「대요리문답」(Great Catechism)까지 가야 한다. 이 작품은 주로 성육신을 다룬다. 여기서 아가페 개념은 초대교회에선 거의 견줄 수 없이 분명하고 강력하게 표현되었다. 그레고리는 성육신과 신의 강림 개념에 나타난 역설(paradox)에 대하여 유달리 예리한 안목을 가지고 있다. ”그러면 왜 신성은 그러한 겸손으로 내려왔는가? 하나님은 모든 위대한 영광을 초월하는 실재이기 때문에 우리는 그분을 파악할 수 없고 형용할 수 없다. 우리의 신앙은 그런 하나님이 인간성이란 비천한 외피로 자신을 감쌌다고 생각한다.[51] 그레고리는 그 해답을 신의 사랑에서 발견한다.”

그러면 필란트로피아(ἡ φιλανθρωπία, 박애)가 신적 본성의 특별한 특징이라면, 바로 여기에 당신이 추구하는 이유가 있다. 하나님이 인간들 사이에 현존하는 이유도 바로 여기에 있다.[52] 그레고리는 오리겐적 전통을 따라서 박애(φιλανθρωπία)란 단어를 사용했지만 그가 염두에 두고 있는 것은 바로 아가페 동기이다.

하지만 그는 더욱 앞으로 나아간다. 하나님이 인간의 수준으로 강림하신 것은 하나님의 전능성과 모순된다고 생각할 수도 있다. 아니면 하나님의 전능성이 그리스도의 성육신과 수난 속에 은폐되었다고 말할 수도 있다. 하지만 그와 반대로 그레고리는 신의 능력이 바로 이 강림 속에서 가장 명료하며 불가항력적이라고 주장한다.[53] 위대하고 장엄한 것들이 하나님의 능력으로 되어졌다는 것은 놀랄 일이 아니다. 그것은 신성의 본성과 본질의 문제이다. 하지만 저열함으로 강림하는 것은 "능력의 과잉"이다. 왜냐하면 그것은 신적인 본성도 스스로 자신의 능력을 제약할 수 있다는 점을 보여주기 때문이다. 불꽃은 "위로 향하는($\acute{\eta}$ $\acute{\epsilon}\pi\grave{\iota}$ $\tau\grave{o}$ $\acute{\alpha}\nu\omega$ $\phi o\rho\acute{\alpha}$) 고유한 특성을 가지고 있다. 불꽃의 경우엔 그 본성적인 작용을 보고 아무도 그것을 놀랍게 생각하지 않는다. 하지만 그 불꽃이 무거운 동체들처럼 아래쪽을 향하여 흘러내리는 것처럼 보인다면, 그 사실은 기적으로 간주될 것이다. 곧 불이 그 동작방향이 바뀌어($\acute{\epsilon}\nu$ $\tau\hat{\omega}$ $\tau\rho\acute{o}\pi\omega$ $\tau\hat{\eta}s$ $\kappa\iota\nu\acute{\eta}\sigma\epsilon\omega s$) 아래쪽을 향하면, 그것은 불의 본성을 벗어났음을 보여준다. 마찬가지로 신성의 초월적인 능력을 그렇게 선명하게 표시하는 것은 하늘의 광대함, 그 성좌들의 광명, 우주의 질서 및 모든 실존을 다스리는 온전한 정부라기보다 연약한 인간적 본성으로 겸손히 낮아진 것이다."[54]

그레고리는 다른 문맥에선 불꽃의 직유(simile)를 매우 다르게 사용했다. 이 관찰은 더욱 흥미로운 사실이다. 위를 향하여 분투하는 본성을 가진 불꽃은 다른 곳에서 인간 내면의 에로스적 경향의 상징으로 사용된다.[55] 그러나 여기서 신의 사랑의 놀라운 강림을 묘사할 때, 그레고리는 본성을 거스려서 아래로 내려가는 불꽃의 직유를 취하여 대조적으로 아가페의 의미에 색다른 생동감을 부여한다.

그럼에도 불구하고 그레고리의 사상을 실제로 특징지우는 것은 아가페가 아니라 에로스 동기이다. 우리는 여기서 필로(Philo)와 플로티노스(Plotinus) 이래로 줄곧 전승되어온 전체적 개념도구를 가진 순수한 신비주의의 입장을 만나게 된다. 하나님에 대한 무아경적 관상(Vision)과 "밝은 암흑"이 있다.[56] 그리고 우리는 "보지 않음으로써 보는 것,"[57] "알지 못함으로써 아는 것."과 "건전한 흥분(intoxication)"[58] 등에 대하여 듣는다. 그레고리에게서 거듭 재현되는 대주제는 상승 도식에 의한 하나님과의 친교이다.

심지어 그레고리의 작품들에 대한 주제들의 선택도 이 경향을 명백하게 증거한다. 「모세의 생애에 대한 신비적 해석」(*Mystica interpretatio vitae Moysis*)에서 그레고리는 하나님을 향한 영혼의 신비적 상승을 모세의 생애 특히 그가 시내산에서 하나님께 올라간 이야기에 기초하여 묘사한다.[59] 어떤 비이성적 동물도 그 산에 접근하는 것이 허락되지 않았다. 이 사실의 심오한 의미는 영적인 것들을 명상할 때 감각적인 지식을 초월하는 것이 필수적이라는 점이다.[60] 천상적인 것들을 보기 위해 성산(聖山)으로 올라가려는 사람은 올라가는 모험을 하기 전에 먼저 모든 감각적·비이성적 감정으로부터 자신을 정결케 해야 한다. "사실 신학은 가파른 산이어서 접근하기 어렵다. 그래서 대부분의 사람들이 산기슭에도 도달하지 못한다. 하지만 모세와 같은 사람은 그 산에 오를 수 있다."[61] 그 사람은 모세와 더불어 하나님이 홀로 거하시는 "밝은 암흑"으로 들어갈 수 있다. 사실 감각세계의 어두움과 대조되게 인간을 위한 광명이 됨으로써 하나님과의 친교가 시작된다. 하지만 모든 것은 결국 신적인 암흑으로 끝난다. 우리가 감각계와 이성 자체도 내버려두고 불가시적이고 불가해한 것들에 몰입할 때, 오직 그 때에 우리는 하나님을 보게 된다.[62]

그레고리는 「팔복론」(*On the Beatitudes*)에서 동일한 주제로 돌아간다.[63] 예수는 이 말씀을 산 위에서 하셨다. 그렇기 때문에 그레고리는 각각의 福을 영적인 산으로 올라가는 한 단계(stage)[64]나 하나님에 대한 관상(Vision)과 하나님과의 연합으로 올라가는 한 계단(step)으로 해석한다. 그래서 그의 두번째 담화는 다음과 같이 시작한다. "한 사닥다리(stair)를 올라가고자 하는 사람들은 첫 계단을 오르고 나서 거기로부터 그 위의 다음 계단으로 올라가면서 자신을 들어올린다. 그 둘째 계단은 그들을 다시 셋째 계단으로 인도하고, 이것은 계속적으로 반복하여 그 다음 계단으로 인도한다. 그리하여 올라가는 사람은 이런 식으로 계속하여 자신이 서있는 그 계단으로부터 그 다음 계단으로 자신을 들어 올림으로써 마침내 제일 위의 계단에 도달한다. 왜 나는 이 도입부로 시작하는가? 나에겐 팔복이 사닥다리의 단(段)들(rungs)로 배열되어 있는 것처럼 보인다. 또한 이것은 명상의 연속적인 상승을 용이하게 하는 것처럼 보인다.[65]

아가서에 관한 그레고리의 작품은[66] 이런 연관점에서 특별히 흥미롭다. 그것도 역시 전적으로 상승도식에 입각하여 구성된다.[67] 그레고리의 생각에 의하면, 아가서는 철학과 신지식에 대한 최선의 안내서요[68] 신부-신비주의(bride-mysticism)의 성무일과(breviary)이다. 다시 말하면 그것은 "신부-신비주의의 철학"을 담고 있다.[69] 여기서 그레고리는 오리겐과 메토디우스가 밟았던 단계들을 뒤따르고 있다. 그레고리는 오리겐처럼 "단어들에 대해 신경쓰지 않고" 에로스와 아가페란 용어들을 상호교환적으로 사용한다. 왜냐하면 그것들은 단순히 한 가지 동일한 실재에 대한 다른 이름들일 뿐이기 때문이다.[70] 영혼이 어떻게 하나님과 그리스도를 위한 사랑에 사로잡히는가를 묘사하면서, 그레고리는 옛 에로스 은유(metaphor)를 사용하여 영혼이 "사랑의 화살"로 상처받았다고 말한다. 그런데 그레고리는 여기선 "에로스의 화살"[71]에 대해서 말하다가 저기선 "아가페의 화살"[72]에 대해서 말하였다. 이러한 표현의 혼재는 시사하는 바가 있다. "아가페의 궁수(弓手)(Archer)"인[73] 그리스도는 교묘하게 영혼을 겨누며 자신의 표적을 놓치지 않는다.[74] 또한 그리스도는 "에로스의 화살"로 영혼을 꿰뚫는 자이기도 하다.[75]

그러므로 그레고리는 에로스와 아가페란 단어들을 구분없이 사용하는 것 같다. 하지만 그는 그것들 사이의 관계에 대하여 전혀 숙고해보지 않았을까? 먼저 우리가 주목할 것은 그레고리가 아가페 개념이 선명하게 암시되어 있는 앞의 인용문들 속에서 아가페란 용어 대신에 박애(φιλανθρωπία)란 용어를 사용했다는 사실이다.[77] 그레고리는 아가서에 대한 저작에서 독특한 입장을 취했다. 실제로 그는 거의 철두철미하게 에로스 동기에 의해서 지배되고 있다. 그런데 그레고리는 자신의 본문에서 아가페란 단어를 어쩔 수 없이 사용하면서도 그것이 불명확하고 막연하다고 느꼈던 것 같다. 그는 에로스를 헬라적 전통에 포함된 전문용어로 보았다. 그레고리는 모든 본질적인 면에서 헬레니즘 전통을 따르고 있었다. 그리하여 그레고리는 함축적인 의미에서 사랑을 논할 때 기꺼이 에로스란 용어를 채용한다. 그리고 그는 어떤 곳에서 에로스와 아가페의 관계를 다음과 같이 정의한다. 즉 "고상하게 강화된 아가페는 에로스라고 불리운다."[78]

하지만 오리겐이 에로스를 아가페와 동등시하는 것에 약간 주저하고 자기행위에 대한 변호의 필요성을 느낀 것과 마찬가지로 그레고리도 주저한다. 그는 자신의 주장이 독특하며 설명이 필요했다는 점을 적어도 어느 정도는 스스로 의식하고 있었다. 이 사실은 그레고리가 논리를 전개해 나갈수록 점점 더 분명해진다. 그레고리의 말에 의하면, (매우 그럴듯한 반대를 앞지르길 원하는) 사람은 이 에로스의 화살에 의해서 상처받는 것을 부끄럽게 여겨선 안된다. 왜냐하면 에로스의 화살은 육적·물질적 실존과 관계된 것이 아니기 때문이다. 오히려 그 상처는 자랑해야 하는 것이다. 그 상처 때문에 마음은 비물질계를 향한 사랑으로 불타오른다.[80] 이와같이 통속적 에로스가 아닌 천상적 에로스를 의도한다는 점을 지적함으로써, 그레고리는 아가페의 자리에 혹은 아가페보다 훨씬 높은 위치에 에로스를 세우는 자신의 입장을 강화하기 위해서 노력한다.

우리는 그레고리의 저술들로부터 그의 사상이 상향성(上向性)에 의해서 지배되고 있음을 증명하는 근거들을 많이 발견할 수 있다.[81] 여기서 우리는 흥미로운 질문을 제기할 수 있다. 즉 그레고리는 하나님과 친교를 어떻게 맺어야 한다고 생각했는가?

아타나시우스와 비슷하지만 그보다 훨씬 더 고도로, 그레고리는 신과 인간 사이의 교제의 근거를 본래 인간이 하나님의 모양(닮음)이고 그분과 본성적으로 유사(kinship)하다는 것에 둔다. 그는 "닮음은 닮음을 끌어당긴다."는 자명원리를 가정하고 "눈은 본성적으로 태양으로 가는 것을 좋아한다."는 플라톤적·신플라톤적 개념을 상기시킨다.[82] 육체의 눈은 오직 그것이 스스로 광선을 담고 있기 때문에 밖으로부터 오는 빛 속에서 보고 취할 수 있다. 마찬가지로 인간도 하나님을 알 수 있으려면 자신의 본성 안에 하나님과 유사한(συγγενήs) 어떤 것을 소유하고 있어야만 한다.[83] 그러므로 하나님은 성경이 증언하듯이 자신의 형상대로 인간을 창조하셨다. 그래서 "그것[그 형상]은 비슷한 것에 의해서 비슷한 것을 본다."[84]

그러면 인간은 하나님과 접촉하기 위해서 무엇을 하여야 하는가? 그레고리는 이렇게 충고한다. "하나님을 알고 싶으면 먼저 당신 자신을 알라!" 당신의 내면으로 들어가서 당신 자신의 본성에 대하여 숙고하라. 당신은 거기에 하나님의 본성의 그림을 가지고 있다.[85] 이와 같이 "당신 자신을 알라."는 말은 "당신의 본성의 고귀함을 알고, 당신의 내적 가치를 알며, 당신 안에 머무르고 있는 신성을 알라."는 것을 의미한다.[86] 하지만 이렇게 하는 것은 쉽지 않다. 인간의 본성을 꿰뚫어 보고 해석하는 것이 어렵기 때문이다.[87] 말하자면 그것은 두 세계의 혼합물이다. 다시 말해서, 인간의 본성은 비물질적인 불멸의 영혼과 네가지 요소로 구성된 물질적인 육신의 혼합물이다. 결과적으로 인간은 자신의 육신적 본성에 의해서 아래로 끌려간다. 그는 현상계를 보는 것이 쉽다는 것을 경험한다. 하지만 그는 실제로 존재하는 자아의 참모습을 이해하지 못한다. 그런데 자신을 아는 것은 하나님을 알기 위한 필수불가결한 조건이다. "하나님에 관하여 철학"(philosophise)하려는 자는 현상계가 아니라 자기의 내면에서 출발해야 한다.[89]

그럼에도 불구하고 그레고리는 인간이 하나님의 모양이라는 것을 영혼과 하나님이 동일한 것인양 이해되어선 안된다고 주장한다.[90] 그는 그러한 신성모독에는 책임을 지지 않을 것이다.[91] 신적인 것과 인간적인 것 사이엔 절대적인 구분이 있다. 하나님은 원형(archetype)이시고, 인간은 단순히 복제품이다.[92] 그래서 인간이 자기 자신의 존재의 심연에서 하나님을 명상할 때, 그것은 바로 하나님에 대하여 묵상하는 것이다. 그것은 마치 우리가 거울 속에서 태양의 전체 구체를 보고서 그것의 정확한 그림을 (축소해서) 그릴 수 있는 것과 같은 이치이다.[93]

하지만 우리 자신과 하나님 사이엔 근본적인 차이점도 있다. 즉 우리는 피조된 존재들로서 우리의 욕망이 미(美)를 향하도록 통제하고 그것을 얻도록 노력해야 하는 반면, 하나님은 모든 욕망보다 더 높은 고상한 분이다. 그분은 자신 밖에서 어떤 것도 추구할 필요가 없다. 왜냐하면 하나님은 모든 것들을 이미 그 자신 안에 소유하고 계시기 때문이다. 그레고리는 진정한 플라톤적 정신으로 다음과 같이 쓴다. "우리의 본성은 미(美)가 결핍되어 있기에 부족한 그것을 얻으려고 항상 애쓴다. 이러한 동경은 우리의 기질 속에 내재하는 욕망이다."[94] 반면에 하나님은 모든 선의 충만함이며 본성적으로 아름다운 존재이다. "그러므로 그분은 오직 자신만을 바라보며 오직 자신의 소유만을 원하며 자신의 원하는 모든 것을 이미 소유하며 자신 밖에 있는 것은 아무것도 동경하지 않는다."[95]

인간 안에는 그 자신의 결핍의식에 의해서 아름다운 존재에게 도달하려고 하는 자연적 욕망이 있다. 이 자연적 욕망은 분명히 플라톤이 에로스라고 부른 실재와 동일하다. 하지만 그레고리는 그것을 $\epsilon\pi\iota\theta\upsilon\mu\iota\alpha$(욕망)와 $\dot{\alpha}\gamma\dot{\alpha}\pi\eta$(아가페)라고 번갈아가며 부른다. 이와 같이 그레고리에게 있어서 아가페는 근본적으로 욕망이란 뜻의 사랑을 의미한다.[96] 아가페의 구성요인은 그것과 미(美)의 연관성과 스스로 그 미를 얻으려고 애쓰는 아가페의 부단한 노력이다.[97]

모든 인간 안에 있는 아가페는 각 사람의 생애를 더 풍요롭고 행복하게 만들 수 있는 것을 동경한다. 그런데 아가페는 두 가지 상이한 방향에서 그것의 선을 추구하지만 "선한 것에 대하여 잘못 판단함으로써 선을 이루지 못하게 되거나 선에 대하여 올바르게 판단함으로써 선을 발견할 수 있게 된다."[98] 전자는 선을 추구하는 방향이 하등한 감각세계를 향할 때 발생한다. 후자는 아가페가 위쪽의 하나님을 향하여 추구할 때 생긴다. 세상에서 사는 것이 위험한 이유는 인간들이 감각세계의 그늘을 쫓도록 유혹받기 때문이다. 이것을 피하기 위하여 동정[순결]의 삶이 추천된다.[99] 하지만 그것은 욕망을 철저하게 폐기해야 한다는 것을 의도하지 않는다. 왜냐하면 욕망은 인간 본성의 절대필요한 부분이기 때문이다. 사실 그것은 인간 안에 실재하는 하나님의 형상에 속한다.[100] 아가페-욕망은 일시적으로 잘못된 방향을 잡아서 아래쪽의 감각적·비이성적인 것들을 향해간다.[101] 하지만 그렇다 하더라도 그것 때문에 아가페-욕망을 뿌리째 뽑아버릴 순 없다. 만약 그렇게 한다면 "밀을 가라지와 함께 뽑아버리게" 되기 때문이다(마 8:29). "그러므로 현명한 농부는 무용한 성장물을 뽑다가 욕망을 함께 제거함으로써 더 나은 희망을 빼앗기는 일이 없이 그 희망을 안전하게 지키기 위해서 자신의 씨앗 사이에 들어온 것이 거기서 계속 자라도록 놔둔다. 우리의 본성이 그러한 손상을 겪는다면, 무엇이 우리를 들어올려 천상의 기쁨을 획득하도록 해줄 것인가? 우리가 아가페를 빼앗긴다면, 어떻게 우리는 하나님과 연합할 수 있을까?"[102]

욕망을 뿌리뽑으면 안된다. 오히려 그것은 정화되어 올바른 대상으로 향해져야 한다. 즉 욕망은 본성적으로 아름다운 하나님을 향하도록 만들어야 한다. 욕망(아가페)은 그 본성상 의도적으로 미(美)를 지향한다. 마찬가지로 그 美는 바로 그 본성상 욕망을 일으켜서 자신에게로 유도한다.[103] 욕망과 미, 이 둘은 서로를 위해서 의도된 것이며 서로를 찾아야만 한다. 감각 세계가 간섭하여 욕망을 자기에게 끌어당길 때만 욕망과 미의 연합은 방해받을 수 있다. 하지만 욕망이 모든 감각의 오염으로부터 정화되어 있으면, 더 이상 아무것도 욕망을 산란하게 하지 못하며 욕망이 하나님과 연합하는데 아무런 장애물도 없다. 그레고리는 다음과 같이 기록했다. "그러면 영혼이 모든 악으로부터 정화되면, 그 영혼은 전적으로 미의 영역에 있게 될 것이다. 신성은 그 본질상 아름답다. 그러므로 영혼은 그것의 순수함 덕분에 신(Deity)과의 교제(communion)에 들어갈 것이다."[104]

그렇다면 니사의 그레고리는 하나님과의 친교를 어떻게 가져올 수 있다고 믿었는가? 이제 우리는 이 질문에 대답해야 한다. 그의 답변은 모든 논점에서 에로스적 구원의 방법을 지적한다. 하나님과의 친교는 하나님 자신의 수준에서 즉 거룩한 수준에서 누리는 친교이다.[105] 그것은 인간이 "자신의 순수함 덕분에" 그리고 그가 본성적으로 하나님과 유사하기 때문에 접근하는 교제이다.[106] 본 연구는 앞에서 우리가 언급한 내용을 확증했다. 다시 말하면, 그레고리 안에서 아가페는 단순히 (다른 방식으론) 에로스라고 불리는 것을 다르게 부른 이름에 불과하다. "하나님은 사랑이시다"라는 말에 대한 그레고리의 해석도 동일한 결론을 가리킨다. 아가페는 욕망이고 만물을 소유하는 자기충족적 신은 아무런 욕망도 소유하지 않기 때문에,[107] 실제로 하나님 안에 있는 아가페에 대해서 논하는 것은 불가능할 수밖에 없다.

한때 플로티노스도 에로스 개념에서 유사한 어려움을 겪었다. 즉 에로스는 욕망이고 그 자체로서 신적인 생명 안에선 아무런 자리도 가질 수 없다. 하지만 플로티노스는 "하나님이 에로스"라고 말한다. 하나님은 스스로에 대하여 에로스이다. 그는 자신을 사랑한다. 그리고 자신의 美와 완전을 향유한다.[108] 우리는 그레고리에게서도 거의 문자 그대로 동일한 논증을 발견한다. "하나님은 아가페(사랑)이다." 즉 하나님은 그 자신에 대한 아가페다. 하나님은 자신 안에서 발견하는 미와 완전을 향유한다. "美는 반드시 그것을 아는 자들에 의해서 사랑받는 것을 보면, 최고의 존재(Supreme Being)의 생명은 아가페다. 하지만 신은 그 자신을 알고, 이 지식은 사랑이 된다."[109] 그래서 신적인 생명은 그 자신을 알고 그 자신을 사랑하면서 쉼 없이 그 자신 안에서 회전운행한다(revolve). 이런 의미에서 우리는 하나님이 아가페라고 말할 수 있다. 즉 신의 생명은 항상 아가페를 통하여 운행될 것이다(ἀεὶ ἡθεία ζωή δι ἀγάπης ἐνεργηθήσεται).[110]

제5절 니사의 그레고리의 에로스 상징들

논쟁 안에선 종교적 동기에 의해서 (암시적이고 쉽게 이해할 만한) 그림들과 상징들을 재량껏 다루는 것이 대단히 가치있다. 전투와 정복의 수단으로써 상징들의 중요성은 과대평가될 수 없다. 이론적인 논의들과 교리들은 이해하기가 더 어렵다. 비록 이해가 되었더라도 그것들은 대개 개인의 삶을 감화시키지 못한다. 반면에 적절한 상징은 어떤 증거 없이도 즉각적으로 사로잡고 설득시킬 수있다. 그것은 쉽게 파악되고 기억된다. 또한 그것은 그 정확한 의미가 충분히 이해되지 않았더라도 여전히 상상력을 불지르고 의지를 끌어당기는 탁월한 능력을 가지고 있다. 아마도 에로스 동기가 성공하게 된 이유 중에서 대부분은 접근이 용이하고 잘 발달된 그것의 상징체계(symbolism)에서 발견될 것이다.

우리는 에로스 동기의 힘이 어떻게 4세기의 신학적 타협을 통해서 강력해졌으며 그것이 결국 니사의 그레고리에게 있어서 (유일하진 않더라도) 적어도 결정적인 요소가 되었는가를 살펴보았다. 그레고리는 그림들과 비유들로 말하길 좋아했다. 그는 상징들의 대가였다. 예컨대, 우리는 그가 (본성을 거슬러서) 아래로 내려오는 불꽃의 모양으로 신의 사랑이 강림하는 역설을 어떻게 묘사했는가를 기억한다. 이 상징(figure)은 아가페 동기를 봉사하는데 사용되었다. 하지만 그레고리의 그림들과 상징들의 대부분은 에로스 동기를 표현하기 위해서 의도되었다. 그래서 결론적으로 가장 평범하고 중요한 에로스 상징들의 일부를 수집하는 일은 부적당한 것이 아니다.

1. 천상의 사닥다리.

인간 영혼이 고등세계로 올라갈 수 있도록 사용하는 사닥다리의 개념은 신비종교들에서 유행하였다. 그리고 플라톤의 「향연」(Symposium)은 천상의 사닥다리를 에로스 형이상학과 에로스 경건의 필수적인 밑천으로 만들었다. 그것은 아리스토텔레스와 신플라톤주의 그리고 영지주의와 오리겐 안에서도 발견된다. 또한 그것은 "알렉산드리아적 세계-도식(圖式)"을 모형으로 한 고대후기와 중세기의 일반적인 세계관의 기초가 되었다. 니사의 그레고리가 이 상징을 풍성하게 사용한 것은 매우 당연하다.

니사의 그레고리는 기독교인의 삶을 사닥다리로 묘사하기를 좋아한다. 인간의 영혼은 자신의 능력과 신의 도움에 의해서 그 사닥다리를 한 단계씩 "질서정연하게" 오름으로써 하나님에게 올라간다. 그래서 아가서의 신부는 로고스에 의해서 미덕의 사닥다리의 상위층에 놓여진다.[111] 이것은 주로 공로(功勞)의 사닥다리다. 하지만 동일한 상징이 명상(冥想)의 사닥다리에도 사용되었다. 우리가 관찰한 바에 의하면, 그레고리는 팔복(八福)을 그리스도께서 우리를 위해 설치한 사닥다리로 간주했다. 우리의 명상은 그 사닥다리를 타고서 신의 위엄까지 올라갈 수 있다.

그레고리는 "팔복의 사닥다리"의 한 전형을 야곱의 사닥다리에서 발견한다.[112] "덕있는 삶이 그 족장에게 사닥다리의 형상으로 보여졌다. 그리하여 야곱은 스스로 덕있는 삶을 배워서 그 자손들에게 전해주게 되었다. 그러므로 만약 누가 항상 위를 향해 보면서 끊임없이 위에 있는 것들에 대한 욕망을 가진다면 그는 하나님께 올라갈 수 있게 되었다. 그리고 그는 이미 달성한 것에 만족하지 않고 스스로 더 높은 것을 달성하지 못하면 이미 얻은 것도 상실한 것으로 여기게 된다. 여기서 서로 상하로 배열된 팔복(지복)의 장엄함은 우리로 하여금 진정한 행복자(the Blessed) 하나님에게 다가가는 것을 가능하게 한다. 그분은 모든 행복 위에 좌정하여 계신다. 마치 우리가 지혜를 통하여 지혜자에게, 순수를 통하여 순수한 자에게 다가가는 것과 마찬가지로 우리는 팔복의 길에 의해서 행복자에게 접근한다. 행복은 사실 하나님의 고유한 것이다. 그런 까닭에 야곱도 하나님이 사닥다리 위에 좌정하신 것을 보았다. 팔복에 참여하는 것은 신성(Deity)에 참여하는 것과 다름아니다. 그리고 주님은 이미 말하여진 것을 수단으로 하여 우리를 그 신성으로 인도하여 올린다."[113] 엄격히 말하자면, 그레고리의 전체 신학은 그 자신이 다음과 같이 공식화한 질문에 응답하려는 시도일 뿐이다. 이 야곱의 사닥다리는 어디서 발견되는가? 한 때 엘리야(Elijah) 선지자를 데려간 것처럼 우리를 하늘로 올리워갈 수 있는 불수레는 어디에 있는가?

2. 영혼의 날개들.

에로스적 구원의 방법을 설명하는데 불가피한 도식은 영혼을 들어올려서 신의 생명에 참여하게 만드는 날개들의 보기이다. 그것은 좀더 뚜렷하게 사용된다. 왜냐하면 에로스 이론은 항상 고대의 점성종교(astral religion)와 긴밀한 연관을 맺고 있었기 때문이다. 영혼은 천상의 여행을 시작하기 전에 육적인 것들의 모든 오염에서 정화되어야 한다. 그렇지 않으면 육적인 것의 무게가 영혼을 아래로 끌어당겨서 물질세계에 속박하기 때문이다. 게다가 영혼을 드높이 상승시키기 위해선 날개를 구비해야 한다. 즉 날개를 갖춘 영혼은 그것에 의해서 공기의 바다(ocean of air)를 지나고 천체들(spheres)의 창공을 통과하여 별들이 박혀있는 하늘(heaven)과 모든 변화와 운동 너머 높은 곳에 있는 신의 거주처소까지 운반된다. 이 에로스 상징도 역시 유명한 플라톤에 의해서 파이드루스(Phaedrus)의 신화에서 발전되었다. 그레고리는 플라톤의 견해를 전부 받아들일 수 없었다. 특별히 그는 영혼의 윤회(transmigration) 개념을 거부한다.

하지만 그는 영혼의 날개들이란 상징을 기꺼이 사용한다. 그가 주기도문의 처음 단어들을 주석할 때 흥미로운 예가 발견된다. 그레고리는 시편 4:6을 언급하고 그 의미를 완전히 오역하면서 다음과 같이 부르짖는다. "누가 나에게 이 날개들을 주어서, 내가 영 안에서 이 말씀들에 대답하는 높이까지 위로 올라갈 수 있도록 해 줄까? 그러면 나는 온 지구를 내 밑에 두고 떠나면서, 중간의 공기의 바다를 건너서, 창공(ether)의 美에 도달하고 별들에게 올라가 그것들의 놀라운 질서를 볼 수 있을 텐데! 그러면 나는 거기에서 멈추지 않고 이것들도 지나쳐서 운동과 변화에 종속된 모든 것들을 벗어나 마지막으로 절대불변의 본성, 즉 모든 운동 위에 고양된 그 능력에게 갈 수 있으련만. 그런데 그 능력은 모든 존재들과 신의 지혜의 형언할 수 없는 의지에 매달린 모든 것을 인도하고 지탱한다.[115]

이제 그레고리는 위엄 중에 계신 하나님을 볼 수 있다는 주장과 이 고상한 개념들이 구약과 기독교 전통에 명백히 충돌한다는 사실을 감지하였다. 하나님은 모세를 통하여 "나를 본 자는 아무도 살 수 없다"(출 33:20)고 말씀하셨다. 그리고 "그 위대한 요한"과 "훌륭한 바울"도 이것에 동의했다(요 1:18, 딤전 6:16).[116] 그레고리는 자신의 헬라적인 개념들과 이 논점에 관한 성서적 견해가 대립됨을 정확하게 관찰하였다. 그래서 그는 그 대립을 해결하려고 다음과 같은 논증을 시도했다. 결국 그리스도는 "심령이 청결한 자는 복이 있다. 그들은 하나님을 볼 것이기 때문이다."라고 말씀하셨다. 하지만 그러한 하나님에 대한 관상(Vision)을 위한 기본적인 자질이 우리에게 없다면, 그 관상이 우리에게 무슨 소용이 있을까? "주님은 실제로 우리에게 우리의 본성을 초월하는 어떤 것을 요구하시는가? 그리고 주님은 자신의 뛰어난 명령으로써 인간 능력의 한도를 넘는가? 아니다. 그것은 결코 사실이 아니다. 주님은 그들에게 날라고 명령하지 않았다. 주님은 그들을 창조하실 때 날개를 주시지 않았기 때문이다."[117] 분명히 요한, 바울 및 모세는 심령이 청결하였는가? 그렇다면 우리는 그들이 선언한 내용에도 불구하고 그들도 역시 하나님을 보았다고 가정해야 한다.

3. 산을 오름.

천상의 사닥다리와 영혼의 날개들은 에로스 상징 중에서 오래된 것들이다. 그레고리는 이 두 가지 에로스 상징 외에도 새로운 상징들을 무수하게 가지고 있다. 이것들 중에서 등산(mountain ascent)의 상징이 가장 독특한 것이다. 앞에서 이미 보았듯이, 그레고리는 이 상징을 이용하여 기독교적 삶을 표현했다. 그것은 예수께서 팔복을 말씀하신 산(山)으로부터 유래한다. 그것으로써 예수는 팔복(八福)을 영적인 산오르기의 여러 계단들로 이해할 수 있음을 보여주었다. 즉 팔복은 우리가 하나님께 올라갈 때 밟아야 하는 계단들과 같다. 하나님은 모세에게 산에 올라 자신에게 나오라고 명령하셨고, 그렇게 하심으로써 우리에게 영적인 상승의 한 유형을 주셨다. 그 상승은 산기슭에서의 정화로 시작하여 정상에서의 신적인 "밝은 암흑"으로 마친다.

4. 화살.

그레고리의 생각에 의하면, 아가서의 신부(新婦)가 "나는 사랑에 병들었어요"(아 2:5)라고 말할 때 이것은 단순히 그녀가 그리스도에 의해서 "사랑의 화살"로 상처를 받았다는 것을 의미할 수 있다. 그러므로 6절의 "그의 왼손이 내 머리에 있으며, 그의 오른손은 나를 포용한다"는 말도 역시 "궁수(弓手)"이신 그리스도를 지칭해야 하며 그가 어떻게 활을 구부리고 화살을 쏘기 시작하는가를 보여주어야 한다. 하지만 이것은 그림을 수정하는 것이다. 처음엔 화살에 의해서 상처받은 이가 신부였다. 그런데 이제는 신부(新婦) 자신이 화살이다. 즉 천상의 사랑에 의해서 사로잡혀 정화된 영혼이 화살인 셈이다. "그러므로 그녀는 '그의 왼손이 내 머리 밑에 있다.'고 말한다. 이것에 의해서 화살은 표적으로 향하여진다. 하지만 '그의 오른손이 나를 포옹하고' 나를 그에게로 이끌며 상승을 위해서 나를 가볍게 만든다."[118] 그레고리는 이러한 과정이 (아가서에서 발견된) "신적인 상승(divine ascent)의 철학"의 진정한 의미를 자신에게 제공한다고 생각했다.[119] 인간 영혼은 그리스도에 의해서 활시위에 놓여진 화살이다. 그리고 그 화살은 천상의 표적을 향하여 발사된다. 하지만 그것을 높은 곳으로 운반하는 힘은 사랑의 열망이다. 그 사랑 즉 아가페는 천상적 에로스이다.

5. 불꽃.

우리는 본성을 거슬러 아래쪽으로 타오르는 불꽃의 은유가 아가페 동기의 상징으로 사용된 경우를 보았다. 하지만 그 은유는 예외적인 것이다. 대체적으로 불꽃은 에로스 동기의 상징이었다. "온유한 자들은 복이 있다."에 대한 그레고리의 설명이 충분한 예가 될 것이다. 그는 반대되는 두 경향들이 인간 안에서 지배권을 놓고 다툰다는 관점에서 출발한다. 그 두 경향이란 하향적인 것과 상향적인 것이다. 즉 악으로의 유혹과 선으로의 유혹이 서로 대립한다. 상향성은 무거운 몸에 의해서 가장 잘 예시된다. 그것은 위쪽 방향으론 전혀 움직이지 않는다. 하지만 그것의 무게가 추락을 촉진하기 때문에 아래쪽으로는 훨씬 잘 움직인다. 하향성은 불꽃에 의해서 가장 잘 예시된다. 그것은 자신의 본성에 일치되게 위쪽을 향하여 투쟁하나 아래로 향하는 운동은 전혀 나타내지 않는다. 미덕에도 동일한 이치가 적용된다. 그것은 계속 더 높이 오르려고 투쟁한다. 하지만 우리 안에선 사악한 하향성이 우세하기 때문에, 이미 온유(溫柔)의 부동성(immobility)은 선한 경향이 승리의 도상에 있다는 것을 입증한다. 그러므로 "온유한 자들은 복이 있다." 왜냐하면 (그레고리가 실제적으로 평정(apathy)과 동일시한) 온유함은 정념에 의해서 끌려내려짐을 거부한다는 점에서 상향운동(上向運

動)의 증거이기 때문이다.[120]

6. 사랑의 사슬.

우리가 이미 보았듯이 그레고리에 의하면, 욕망은 단순히 인간을 아래쪽으로 끌어내리는 힘만은 아니다. 그것은 인간이 하나님에게 올라가는 데 특정한 몫을 수행한다. 그레고리는 욕망이 없다면 "우리를 천상적인 것과 연합하도록 들어올려 줄" 것은 아무것도 없을 것이라고 주장한다. 그러므로 그는 우리의 욕망을 근절해야 한다고 주장하지 않는다. 욕망은 단지 정화되어 위쪽으로 향해지기만 하면 된다. 그레고리는 어떤 구절에서 상승에 관계되는 욕망의 기능을 "사슬"의 직유(simile)에 의해서 예증한다. 그 사슬은 지구로부터 하나님을 향하여 우리를 끌어올린다."[121] 그레고리의 견해로는, 우리가 ἀγάπη(아가페)와 ἐπιθυμία(욕망)가 동의어라는 것을 부연하면 이와같이 "사랑의 사슬"이란 개념을 가지게 된다고 한다. 이 직유는 차라리 그 방식에 의해서 도입된다. 그리고 그것은 특별히 그레고리에게만 독특한 것이라고 인용될 수도 없다. 하지만 니사의 그레고리에게 이미 있었고 나중에 프로클루스(Proclus), 아레오파구스의 디오니시우스(Dionysius the Areopagite), 더 나아가 중세시대에도 상당히 중요했었던 상징을 연구해 보는 것은 흥미로운 작업이다.

주

1) 메토디우스(Methodius)가 본질적으로 이 문제에 첨가할 새로운 것을 전혀 가지고 있지 않았다. 그래서 세부적인 증명은 불필요하다. 그의 사상의 이러한 측면에 대한 철저히 취급하기 위해선 보스트룀의 책을 보시오. F. Boström, *Studier till den grekiska teologins frälsningslära*, 1932. Cf. N. Bonwetsch: *Die Theologie des Methodius*, 1903.

2) 그 제목 자체가 플라톤에 대한 의존을 보여준다. 그리고 이 의존은 형식의 문제일뿐만 아니라 내용과 근본동기의 문제이기도 하다. 플라톤의 「향연」(Symposium)에서 각 참석자가 에로스를 찬미하는 담화를 나누는 것처럼, 메토디우스의 「향연」에서는 단순한 식사에 참여하는 열명의 처녀들 각자가 동정[=처녀성]을 찬미하는 담화를 나눠야한다. 여덟번째 담론(Thekla)에서는 플라톤적 영향이 가장 강하다. 여기서

처녀성은 신과 같은(god-like) 혹은 심지어 "신적인"(divine) 생명처럼 묘사된다 (παρθενία는 παρ-θεία에서 파생한다. Symp. viii. 1: παρθεῖα γὰρ ἡ παρθενία κατὰ μίαν ὑπαλλαγὴν καλεῖται στοιχείου). 영혼은 동정의 날개들을 타고서 하늘로 올라간다. 그것의 목적은 신적인 아름다움을 관상하는[=바라보는] 것이다. 플라톤의 「향연」에 있는 모든 것이 플라톤 자신의 견해를 반영한다고 말할 순 없는 것과 마찬가지로. 어쩌면 메토디우스는 모든 담론의 내용들을 책임질 수 없을지도 모른다. 그러나 그는 분명히 여덟 번째 담론에서 말해진 내용을 수긍한다. 왜냐하면 아레테(Arete)가 결국 그 경연대회의 승리자인 테클라(Thekla)에게 "가장 크고 가장 두툼한 화관"을 상으로 주기 때문이다(Symp. xi.).

3) Symposium i. 1: μεγάλη τίς ἐστιν ὑπερφυῶς καὶ θαυμαστὴ καὶ ἔνδοξο· ἡ παρθενία.

4) Symp. v. 1: τὸ γὰρ μέγιστον καὶ ἐπιφανέστατον ἀνάθημα καὶ δῶρον, οὗ μηδὲν ἀνταξιον ἄλλο προσενέγκασθαι πάρεστιν ἀνθρώποις θεῷ, τὸν ἆθλον τῆς παρθενίας εἶναι πέπεισμαι διαρκῶς.

5) Symp. v. 6: αὕτη γὰρ ὀρθὴ πρὸς οὐρανὸν καὶ σύντομος ὁδοιπορία. Cf. vi. 2.

6) Symp. v. 5: ··· ἀναγωγὸν εἶναι τὴν παρθένον. – οὐ γὰρ μικρὸν εἰς ῥαστώνην ἀφθαρσίαας ἁγνεία, ἀνωφερῆ τὴν σάρκα πρὸς ὕψος αἴρουσα. Symp. viii. 4.

7) Cf. 「향연」에서는 연설의 양식이 빈번하게 사용된다: ὦ καλλιπάρθενοι.

8) Symp. vii.1: ἐρᾷ γὰρ ὁ λόγος οὐδενὸς τῶν σαρκός, ὅτι μὴ πέφυκεν ἀποδέχεσθαί τι τῶν φθειρομένων, οἷον χεῖρας ἢ πρόσωπιον ἢ πόδας ἀλλ' εἰς αὐτὸ τὸ ἄϋλον καὶ πνευματικὸν βλέπων εὐφραίνεται κάλλος.

9) Symp. vi. 5: νυμφείομαι τῷ λόγῳ καὶ τὸν ἀΐδιον τῆς ἀφθαρσίας προῖκα λαμβάνω στέφανον .

10) Symp. vii. 1: ὅθεν δὴ καὶ ἐρᾶσθαι τοῦ κάλλους τῆς ἀκμῆς αὐτῆς ἁμολογεῖν οὐκ ἐπαισχύνεται. 그러므로 그리스도는 "미를 사랑하는 이"(the Lover of beauty, ὁ ἐραστὴς τῆς ὥρας)라고 불리운다. *Ibid.*

11) Symp. vii. 2: ὦ αὕτη, τῷ ἐπεράστω σοῦ βλέμματι τῆς συνέσεως ἀνεπτέρωσας ἡμμῶν τὴν καρδίαν εἰς πόθον. – ··· οἱονεὶ τὸ τοῦ ἔσωθεν ἀνθρώπου τῆς καταστολῆς αἴγκην ἀποστίλβοντς ὠπέχθαι σημαίνων. *Ibid.*

12) Symp. vi. 2: αἰνίσσεται γὰρ διὰ τούτων τὰς ἐπὶ πέρατα παρθενίας ἐπισπερχομένας ἐλθεῖν καὶ πάντα εἰς τὸ συμπληρωθῆναι τὸν ἔρωτα τοῦτον κοσμίως δρώσας·그렇지 않으면 메토디우스의 "에로스"는 보통 "통속적 에로스"를 의미한다. cf. Symp. v. 5; viii. 2; x. 1; xi.

13) Symp. viii. 2.

14) 물론 그는 여기서 오리겐의 주장들을 언급할 수 있었다. *e.g.* Comment. in Cant. Cantic. & De oratione xvii. 2.

15) Symp. iii. 8: ··· μετὰ τὴν ἔκστασιν τοῦ Χριστοῦ, ὃ δή ἐστι μετὰ τὴν

ἐνανθρώπησιν καὶ τὸ πάθος.

16) Symp. i. 2.

17) *Ibid.* 메토디우스는 이 교육적인 과정을 다음의 여섯 단계로 파악한다. (1) 형제 자매들의 혼인(창조로부터 아브라함까지), (2) 일부다처제(아브라함으로부터 예언자들까지), (3) 일부일처제, (4) 혼인상의 부정 금지, (5) 결혼 관계에서도 절제를 요구, (6) 그리스도를 통한 절대적인 동정.

18) Symp. i. 5: ἀρχιπάρθενος … γέγονεν ὁ λόγος ἐνανθρωπήσας τῆς ἐκκλησίας. Symp. i. 4.에서 메토디우스는 "왜 수많은 고귀한 일들을 가르쳤고 행하였던 여러 족장들과 예언자들과 의인들 중에서 아무도 동정의 상태를 찬미하거나 선택한 이가 없는가?"라고 질문한다. 이것에 대하여 그는 다음과 같이 답변한다. "그것은 주님만이 이 교리를 가르치는 최초의 사람이 되도록 유보되었기 때문이다. 왜냐하면 대제사장이요 대예언자요 대천사장이신 그분만이 아르키파르테노스 (αρχιπαρθενος, 동정을 지킨 이들 중에서 가장 위대한 이)가 되어야 하는 것이 마땅하기 때문이다."

19) Symp. viii. 7: διὰ τοῦτο ἐγεννήθη καὶ κατῆθεν αὐτὸς ἀπὸ τῶν θρόνων τοῦ πατρός, ἵνα τὸν δράκοντκα χειρώσηται μείνας προστρέχοντα τῇ σαρκί.

20) Symp. viii. 10: … ἵνα μὴ ἀπατηθῇ πρὸς τοῦ δράκοντος βρίθοντος κάτω.

21) ἄνω πρὸς ὕψος. *Ibid.*

22) Symp. x. 1: ἀφ' οὗ γὰρ ὁ Χριστὸς ἐδίδασκεν αὐτὴν ἀσκεῖν ἡμᾶς καὶ ἐμήνυσεν ἡμῖν τὸ ἀνυπέρβλητον κάλλος αὐτῆς, ἡ βασιλεία τοῦ πονηροῦ καθῃρέθη, πρότερον ἀεὶ πάντας αἰχμαλωτίζοντος καὶ δουλουμένου … ἀφ' οὗ δὲ Χριστὸς ἐνηνθρώπησε καὶ παρθενίᾳ τὴν σάρκα κοσμήσας ὥπλισεν, ὁ ὠμοτύραννος ἄρχων τῆς ἀκρασίας ἡρέθη καὶ εἰρήνη καὶ πίστις κρατεῖ.

23) Symp. viii. 10: ἀλλ' ἀστοχεῖ καὶ σφάλλεται τῆς ἄγρας, ἄνω πρὸς ὕψος ἁρπαζομένων τῶν ἀναγεννωμένων "πρὸς τὸν θρίνον τοῦ θεοῦ" ὃ δή ἐστιν, ἄνω περὶ τὴν θείαν ἕδραν καὶ τὴν ἀσκανδάλιστον ὑπόβασιν τῆς ἀληθείας αἴρεται τὸ φρόνημα τῶν ἀνακαινισθέντων, τὰ ἐκεῖ βλέπειν καὶ τὰ ἐκεῖ φαντάζεσθαι παιδαγωγούμενον, ἵνα μὴ ἀπατηθῇ πρὸς τοῦ δράκοντος βρίσθοντος κάτω· οὐ γὰρ αὐτῷ θέμις τοὺς ἄνω νεύοντας καὶ τοὺς ἄνω βλέποντας ἀφανίσαι. **상승**(ascent)을 표현하는 방법들의 다양성을 주목하시오. ἄνω πρὸς ὕψος - ἄνω περὶ τὴν θείαν ἕδραν - αἴρεται - τὰ ἐκεῖ - ἄνω νεύοντας - ἄνω βλέποντας᾽

24) Symp. vii. 8: ἐπειδὴ τοὺς χαρακτῆρας καὶ τὴν ἐκτύπωσιν καὶ τὴν ἀρρενωπίαν εἰλλικρινῶς τοῦ Χριστοῦ προσλαμβάνουσιν οἱ φωτιζόμενοι, τῆς καθ' ὁμοίωσιν μορφῆς ἐν αὐτοῖς ἐκτυπουμένης τοῦ λόγου καὶ ἐν αὐτοῖς γεννωμένης κατὰ τὴν ἀκριβῆ γνῶσιν καὶ πίστιν, ὥστε ἐν

ἑκάστῳ γεννᾶσθαι τὸν Χριστὸν νοητῶς. "하나님의 아들이 성처녀에 의하여 성육하셨다는 것을 가르치면서 그분이 자신의 육신으로 오시듯이 교회 속으로도 들어오신다는 것을 고백하지 않는 것은 온전하지 못하다. 왜냐하면 우리들 각 사람은 그분이 순결한 동정녀에게서 태어남으로써 거룩한 육체에 강림하신 것만 고백할 것이 아니라 우리들 각 사람의 영으로도 마찬가지로 강림하신다는 것도 고백해야 하기 때문이다." De sanguisuga vii. 2 f. 메토디우스는 이 논점에 대해서도 신비주의의 선구자이다.

25) Symp. iv. 4: χρησιμωτάτην γὰρ καὶ ἐπίκουρον εὸς ἀφθαρσίας κτῆσιν τὴν παρθενίαν ὁ θεὸς ἐδωρήσατο, σύμμαχον ἀποστείλας τοῖς ὀριγνωμένοις καὶ ποθεοῦσι, καθὼς ὁ ψαλμωδὸς ὑφηγεῖται, τὴν Σιών, ὅ δή ἐστι τὴν ἔκλαμπρον ἀγάπην.

26) Symp. viii. 12: πτερουμένη τοῖς οὐρανοπόροις τῆς παρθενίας πτεροῖς·

27) *Ibid.*

28) Symp. viii. 3: εἶναι γὰρ αὐτὴν δικαιοσύνην καὶ αὐτὴν σωφροσύνην, ἀγάπην αὐτὴν ἐκεῖ. – εἶαι γὰρ δένδρον τι σωφροσύνης αὐτῆς, εἶναι ἀγάπης. *Ibid* 이와같이 아가페는 어떤 경우엔 상승의 단계로서 또 어떤 경우엔 상승의 목적으로서 에로스적 구원질서의 도식(ordo-salutis-scheme)에 맞추어진다. "어둠을 벗어버리고 영혼 안에서 성화됨으로써(조명됨으로써?) 우리는 불신으로부터 성서를 탐구하는 쪽으로, … 다시 그것으로부터 꺼질 수 없는 사랑의 불 속으로 … 한 단계씩 전진한다. 거기로부터 자극을 받은 우리는 정상 즉 성령의 성화에 도달할 때까지 더 나은 것을 향하는 욕망으로 전진한다." De Lepra xii. 4.

29) A. Harnack: *Lehrbuch der Dogmengeschichte*, Bd. II., 4 Aufl., 1909, p. 21.

30) 오직 그 논쟁이 얼마동안 진행되고 있었을 때에만 아타나시우스가 니케아 신학의 핵심 낱말인 호모우시오스(ὁμοούσιος, 동일본질)를 크게 강조하였다는 점은 의미심장하다.

31) Cf. N. v. Arseniew, *Ostkirche und Mystik*, 1925, p. 1: "부활의 기쁨 — 그것은 동방교회의 전반적인 세계관(Weltanschauung)을 통하여 들려지는 기본적인 요점이다." "이 승리의 노래, 모든 것을 변모시키는 이 기쁨에 넘치는 부활의 기쁨 … 이것은 동방 교회의 가장 내적인 정수(soul)이다." *Ibid.*, p. 31.

32) Oratio contra gentes ii., ; Migne, PG, vol. xxv., p. 5 D: ··· ἵνα ἔχων τὴν τοῦ δεδωκότος χάριν, ἔχων καί τὴν ἰδίαν ἐκ τοῦ πατρικοῦ λόγου δύναμιν ἀγάλληται καὶ συνολιμῇ τῷ θείῳ, ζῶν τὸν ἀπήμονα καὶ μακάριον ὄντως τὸν ἀθάνατον βίον. οὐδὲν γάρ ἔχων ἐμπόδιν εἰς τὴν περί τοῦ θείου γνῶσιν, θεωρεῖ μὲν ἀεί διὰ τῆς αὐτοῦ καθαρότητος τὴν τοῦ πατρὸς εἰκόνα, τὸν θεὸν λόγον, οὐ καὶ κατ' εἰκόνα γέγονεν.

33) Oratio contra gentes ii.: Migne, PG, vol. xxv., p. 8 A: ··· ὑπεράνω μὲν τῶν αἰσθητῶν καὶ πάσης σωματικῆς φαντασίας γινόμενος, πρὸσ δὲ τὰ ἐν οὐρανοὶς θεῖα καὶ νοητὰ τῇ δυνάμει τοῦ νοῦ συναπτόμενος. ὅτε γὰρ οὐ συνομιλεῖ τοῖς σώμασιν ὁ νοῦς ὁ τῶν ἀνθρώπων, οὐδέ τι τῆς ἐκ τούτων

ἐπιθυμίας μεμιγμένον ἔξωθεν ἔχει, ἀλλ' ὅλος ἐστὶν ἄνω ἑαυτῷ συνὼν ὡς γέγονεν ἐξ ἀρχῆς.

34) *Ibid.*: τότε δὴ, τὰ αἰσθητὰ καὶ πάντα τὰ ἀνθρώπινα διαβὰς, ἄνω μετάρσιος γίνεται, καὶ τὸν λόγον ἰδών, ὁρᾷ ἐν αὐτῷ καὶ τὸν τοῦ λόγου πατέρα, ἡδόμενος ἐπὶ τῇ τούτου θεωπίᾳ, καὶ ἀνακαινούμενος ἐπὶ τῷ πρὸς τοῦτον πόθῳ.

35) *Ibid.*, p. 8 B: ἱκανὴ δὲ ἡ τῆς ψυχῆς καθαρίτης ἐστὶ τὸν θεὸν δι' ἑαυτῆς κατοπτρίζεσθαι. 이것이 지복(至福, Beatitude)에 대한 아타나시우스의 해석이다. "심령이 청결한 자는 복이 있다. 그들은 하나님을 보게 될 것이기 때문이다" (마태 5:8).

36) 처음부터 인간의 본성에는 이중성(duality)이 있었다. (1) 그는 **무로부터**(out of nothing) 창조되었다. 또한 (2) 그는 **하나님의 형상으로** 창조되었다. ὁ μὲν γὰρ θεὸς οὐ μόνον ἐξ οὐκ ὄντον ἡμᾶς πεποίηκεν, ἀλλὰ καὶ τὸ κατὰ θεὸν ζῆν ἡμῖν ἐχαρίσατο τῇ τοῦ λόγου χάριτι. Or. de inc. verb. v., p. 104 C. 그러므로 그는 두 가지 가능성을 가지고 있다. (1) 인간은 무로부터 창조되었기 때문에 본성상 현실적으로 죽을 운명이다. 또한 (2) 그는 하나님의 형상으로 (즉 스스로 존재하는 자의 모양대로) 창조되었기 때문에 불멸의 존재가 될 수 있었다. ἔστι μὲν γὰρ κατὰ φύσιν ἄνθρωπος θνητὸς, ἅτε δὴ ἐξ οὐκ ὄντων γεγονώς. διὰ δὲ τὴν πρὸς τὸν ὄντα ὁμοιότηταα, ἥν εἰ ἐφύλαττε διὰ τῆς πρὸς αὐτὸν κατανοήσεως, ἤμβλυνεν ἂν τὴν κατὰ φίσιν φθορὰν, καὶ ἔμεινεν ἄφθαρτος.··· Or. contra gentes iv., p. 9 C. 하나님은 이 가능성들 중에서 어느 것이 현실이 될 것인지에 대한 결정을 인간의 손에 맡기셨다. 그분은 인간에게 자유와 자기결정의 권리를 주시고 그를 자기결정권자(αὐτεξούσιος)로 만드셨다(Or. de inc. verb. iii., p. 101 B: ··· τὴν ἀνθρώπων εἰ ἀμφότερα νεύειν δυναμένην προαίρεσιν).

37) Or. contra gentes iii., p. 8 C.

38) Or. de inc. verb. vi., p. 105 D f.

39) Or. de inc. verb. vii., p. 108 D, & xiii., p. 120 B.

40) Or. de inc. verb. xii., p. 116 D: αὐτάρκης μὲν γὰρ ἦν ἡ κατ' εἰκόνα χάρις γνωρίζειν τὸν θεὸν λόγον, καὶ δι᾽ αὐτοῦ τὸν πατέρα.

41) Or. de inc. verb. xiv., p. 121 B: οὐκέετι μὲν ἄνω, κάτω δὲ τοὺς ὀφθαλμοὺς ἐσχήκασιν.

42) *Ibid.* ὡς ἄνθρωπος ἐπιδημεῖ, λαμβάνων ἑαυτῷ σῶμα ὅμοιον ἐκείνοις, καὶ ἐκ ὦων κάτω.

43) Or. de inc. verb. xv., p. 121 C.

44) εἰς τὴν ἡμετέραν χώραν. Or. de inc. verb. viii., p. 109 A. ἀλλὰ παραγίνεται συγκαταβαίνων τῇ εἰς ἡμᾶς αὐτοῦ φιλανθρωπίᾳ. Ibid., p. 109 B. καὶ τῇ φθορᾷ ἡμῶν συγκαταβάς.··· *Ibid.*, p. 109 B. καὶ τοῦτο φιλανθρώπως ποιῶν, ἵνα ὡς μὲν πάτων ἀποθανόντων ἐν αὐτῷ, λυθῇ ὁ κατὰ τῆς

φθορᾶς τῶν ἀνθρώπων νόμος… *Ibid.,* p. 109 C.

45) 오리겐처럼 아타나시우스도 하나님과 그리스도의 사랑에 대하여 말할 때 필란트로피아(φιλανθρωπία, 박애, 인류애)란 용어를 사용하기를 좋아한다. 그는 그 용어를 종종 아가토테스(ἀγαθότης, 善)와 관련시켜서 사용한다. Or. de inc. verb. i., p. 97 C. & xii., p. 117 B.

46) Cf. 본서 p. 423.

47) … ἵνα ἡμεῖς θεοποιηθῶμεν. Or. de inc. verb. liv., p. 192 B. Cf. Or. contra arianos ii. 70: PG vol. xxvi., p. 296; iii. 33, p. 393 A. ὡς γὰρ ὁ κύριος, ἐνδυσάμενος τὸ σῶμα, γέγονεν ἄνθρωπος, οὕτως ἡμεῖς οἱ ἄνθρωποι παρὰ τοῦ λόγου τεθεοποιήμεθα (Migne, 다른 사본들에 따르면 τε θεοποιούμεθα). iii. 34, p. 397 B. Θεοὶ διὰ τὸν ἐν ἡμῖν λόγον. iii. 25, p. 376 C. 사실 그는 인간의 테오포이에시스(θεοποίησις, 神化)에 대하여 어떤 제약을 두고서 말한다. 그리스도는 본성적으로 참으로(φύσει καὶ ἀληθείᾳ) 하나님의 아들이자 하나님으로 불리우며, 우리는 오직 은총에 의해서만(κατὰ χάριν) 그렇게 불리운다. iii. 19, p. 361 C f. 그에 의하면, 아리우스주의자들의 입장은 논리적으로 "우리는 하늘에 올라가서 지존자와 같이 될 것이다"라는 주장으로 귀결된다. 그래서 그는 아리우스주의자들에게 반대한다. 그는 이 의지가 이단자들 안에서 기승을 부릴 것이라고 생각하였을 때 그것의 악마적인 가정과 오류에 대하여 매우 잘 알고 있었다. 그러나 그는 그 오류가 어디에 놓여있는가를 설명하려고 할 때 그것을 바로 이것에 환원시킨다. 즉 아리우스주의자들은 은총에 의해서만 주어지는 것을 본성적으로 소유하고 있다고 주장한다는 점이다. τὰ γὰρ κατὰ χάριν διδόμενα τοῖς ἀνθρώποι·, ταῦτα θέλουσιν ἴσα τῆς τοῦ διδότος εἶναι θεότητος. *Ibid.,* iii. 17: p. 360 A. 상승(ascent)과 神化(deification)는 여전히 인간의 목표로 남아 있다. 아타나시우스는 하나님이 자신의 테오테스(θεότης, 신성)를 그 자신 안에 자기것으로 소유하는 반면에 인간은 은총에 의하여 자신의 테오테스(θεότης)를 획득한다는 것을 강조한다. 그는 이것을 강조함으로써 자신이 신적인 것과 인간적인 것 사이의 구분을 적절하게 보호하고 있다고 생각한다.

인간의 신화에 대해서도 동방교회는 아타나시우스적 유형을 성실하게 보존하였다. Cf. e.g. Stefan Zankow, *Das orthodoxe Christnethum des ostens,* 1928, p. 44 f.: "정교회 기독교는 하나님의 성육신과 그 성육신에 의한 인간의 신화(deification)를 모두 강조한다. 우리의 구원을 위하여 예수 그리스도의 신인(神人)의 위격(Divine-human Person) 속에서 하나님과 인간이 가장 친밀하고도 영속적으로 연합(union)되었다. 이 연합은 구속의 새로운 실재와 인성의 신화(deification of humanity)와 세상의 변모를 위한 역사적 토대이다. 이 기초 개념은 생체의 신경계처럼 정교회의 신앙과 생활의 전 영역을 통하여 흐르고 있다."

48) 아타나시우스에 의하면, 그리스도는 (다른 누구도 할 수 없었던) 동정의 미덕으로 인류를 사로잡는데 성공하였다. 아타나시우스는 이 사실에서 그리스도의 신성을 증명하는 최선의 증거들 중의 하나를 발견한다. Cf. Or. de inc. verb. li., p. 185 D f.

49) Augustini Confessiones. lib. VIII., cap. vi. 15. 두 사람의 새로운 태도를 서술하기

위하여 사용된 단어들 자체가 에로스 경향을 나타낸다. "Et ambo iam tui
ædificabant turrem sumptu idoneo relinquendi omnia sua et sequendi te"(*Ibid.*). 은자의
삶을 탑 세우기와 비교하는 것은 아마도 단지 누가복음 14장 28절에 기인한 것만은
아닐 것이다("Quis enim ex vobis volens turrim ædificare, non prius sedens computat
sumptus?…"). 다른 연상 개념들이 당연히 각각의 몫을 수행하였을 것이다. 기독교를
에로스의 노선에서 해석할 때 탑 세우기의 직유(simile)가 적절하다. 그 주상(柱上)
고행자(Stylite)는 가능한 한 천국에 가까이 가기 위하여 자신의 탑이나 기둥을 올라
간다. Cf. K. Holl., *Gesammelte Aufsätze zur Kirchengeschichte*, Bd. II., 1928, p. 396: "주
상 고행자가 자신과 하늘 사이의 간격을 줄이기 위하여 계속하여 기둥을 타고 올라
갈 때, 하나님께 가까이 가려는 수도적 노력은 순진하고 외적인 해석을 제공받는다."

50) "Ita rodebar intus et confundebar pudore horribili uehementer, cum Ponticianus
talia loqueretur. Terminato autem sermone et causa, qua uenerat, abiit ille, *et ego ad
me.*" *Ibid.*, cap. vii. 18. "Hortulus quidam erat hospitii nostri.… Illuc me abstulerat
tumultus pectoris, ubi nemo impediret ardentem litem, quam mecum aggressus eram,
donec exiret qua tu sciebas, ego autem non." *Ibid.*, cap. viii. 9.

51) Oratio catechetica magna, cap. xiv.: Migne, PG, vol. xlv., p. 45 D.

52) *Ibid.*, cap. xv., p. 48 A.

53) *Ibid.*, cap. xxiv., p. 64 B: πρῶτον μὲν οὖν τὸ τὴν παντοδύναμον φύσιν
πρὸς τὸ ταπεινόν τῆς ἀνθρωπότητος καταβῆναι ἰσχύσαι, πλείονα τὴν
ἀπόδειξιν τῆς δάναμεως ἔχει, ἤ τὰ μεγάλα τε καὶ ὑπερφυῆ τῶν
θαυμάτων.

54) *Ibid.*, p. 64 C f.

55) Cf. 본서 p. 457 f.

56) ὁ λαμπρὸς γνόφφος. De vita Moysis: PG, vol. xliv., p. 377 A. ὁ θεῖος
γνόφος. In Cant. Cantic., Homilia xi.: PG, vol. xliv., p. 1000 D.

57) De vita Moysis, p. 377 A: ἐν τούτῳ γὰρ ἀληθής ἐστιν εἴδησις τοῦ
ζητουμένου, τὸ (?) ἐν τούτῳ τὸ ἰδεῖν, ἐν τῷ μὴ ἰδεῖν.

58) ἡ θεία τε καὶ νηφάλιος μέθν, δι' ἧς ἐξίσταται αὐτὸς ἑαυτοῦ. In
Cant. Cantic., Hom. x., p. 992 A. ἡ ἀγαθή τε καὶ νηφφάλιος μέθη. *Ibid.*, Hom. v.,
p. 873 B. Cf. H. Lewy: *Sobria ebrietas. Untersuchungen zur Geschichte der antiken
Mystik*, 1929.

59) De vita Moysis, p. 372 D f: … κατὰ τὴν τῆς ἱστορίας τάξιν τῇ
ἀναγωγικῇ προσαρμόσαι τὸ νόημα.

60) *Ibid.*, p. 373 C.

61) *Ibid.*, p. 373 D f. *Ibid.*, p. 376 A: ὅρος γὰρ ἐστιν ἄναντες ὡδ ἀληθῶς καὶ
δυσπρόσιτον ἡ θεολογία, ἧς μόλις ὁ πολὺς λεὼς τὴν ὑπώρειαν φθάνει
(εἰ δὲ τις Νωϋσῆς εἴη, γένοιτο ἄν καὶ ἐπὶ τῆς ἀνόδου).

62) *Ibid.*, p. 376 D f.

63) De beatitudinibus: PG, vol. xliv., p. 1193 ff.

64) De beatitud., Oratio i., p. 1196 A: ἐπειδὴ οὖν ἀναβαίνει εἰς τὸ ὄρος ὁ κύριος ··· οὐκοῦν δράμωμεν καὶ ἡμεῖς πρὸς τὴν ἄνοδον.

65) De beatitud., Or. ii., p. 1208 C f.

66) In Cant. Cantic.; PG, vol. xliv., pp. 755-1120.

67) 이 작품은 영혼이 하나님께로 상승하는 것에 대한 표현들로 빽빽이 차 있다. 그것에 대해서 가장 빈번하고 특징적인 것을 언급하면 다음과 같다. 종종 두 가지 혹은 그 이상이 함께 사용된다. ἀναγωγή(Hom. v., p. 864 C.), ἀνάβασις(p. 852 C: xv., p. 1109 D: v., p. 876 C: ix., p. 968 A: iv., p. 852 B: ix., p. 969 A: ix., p. 968 C), ἄνω, ἄνειμι, ἄνοδος, (ix., p. 968 C: iv., p. 852 D: xv., p. 1109 D: xii., p. 1029 C: v., p. 877 a: ix., p. 968 B: xi., p. 997 B: viii., p. 941 C), ὕψος, ὑψόω, ὑψηλός(v., p. 864 A: ix., p. 968 C: ix., p. 968 B: vi., p. 889 C.).

68) In Cant. Cantic., Hom. ii., p. 788 C: πάλιν πρόκειται ἡμῖν τὸ ᾆσμα τῶν ᾀσμάτων, εἰς πᾶσαν θεογνωσίας καὶ φιμλοσοφίας ὑφήγησιν.

69) ἡ δὲ κατὰ ἀναγωγὴν θεωρία. Hom. v., p. 864 C. φαμὲν τοίνον δόγμα τι τῶν ἀστιοτέρων τὴν ἐν τοῖς ῥητοῖς τούτοις φιλοσοφίαν διὰ τῶν ἐπαίνων τῆς νύμφης ἡμῖν παρατίθεσθαι. Hom. xv., p. 1109 A.

70) Cf. 본서 p. 408 주 107.

71) τὸ βέλος τοῦ ἔρωωτος. Hom. xiii., p. 1048 C.

72) τὸ βέος τῆς ἀγάπης. Hom. v., p. 860 A. 또한 "아가페의 달콤한 화살"도 발견된다. τὸ γλυκὺ τῆς ἀγάπης βέλος. Hom. iv., p. 852 B.

73) ὁ τῆς ἀγάπης τοξότης. Hom. xiii., p. 1044 B.

74) Hom. iv., p. 852 A: ἐπαινεῖ τὸν τοξότην τῆς εὐστοχίας ὡς καλῶς ἐπ' αὐτὴν τὸ βέλος εὐθύναντα.

75) Hom. xiii., p. 1048 C. 그레고리는 그림을 바꿈으로써 인간이 화살을 대표하도록 만든다. "아가페의 궁수"인 그리스도는 그 화살을 활시위에 매겨서 그 표적을 향하여 높이 쏜다.

76) 우리는 그 이상의 증거도 가지고 있다. σώζεται δέ πως ἐν τοῖς λεγομένοις, ὧδ ἐν γαμικῇ θυμηδίᾳ ἡ ἀγαπητικὴ φιλοφροσύνη, δι' ἀμοιβῆς παρ' ἀμφοτέπεν ἀλλήλοις τὴν ἐρωτικηὴ ἀντιχαριζομένων διανθεσιν. Hom. ix., p. 956 A. φόβῳ καὶ οὐκ ἀγάπη ··· φόβῳ δουλικῷ, καὶ οὐχὶ ἔωτι νυμφικῷ. Hom. xv., p. 1116 B. ἀγάπησον ὅσον δύνασαι ἐξ ὅλης καρδίας τε καὶ δυνάμεως, ἐπιθύμησον ὅσον χωρεῖς. προστίθημι δὲ θαρρῶν τοῖς ῥήμασι τούτοις καὶ τὸ ἐράσθητι ··· Hom. i., p. 772 A.

77) 그레고리가 아가서를 주해하면서 아가페 개념이나 신적 사랑의 하강에 대하여 다루는 경우들에 있어서도 동일한 설명이 타당하다. 여기서도 그는 필란트로피아 (φικανθρωπία, 인류애)를 일반적으로 사용한다. Cf. e.g. Hom. x., p. 988 A: ἡ δὲ κατάβασις τὸ τῆς φιλανθρωπίας ἔργον διασημαίαι.

78) ἐπιτεταμένη γὰρ ἀγάπη ἔρως λέγεται. Hom. xiii., p. 1048 C.

79) Cf. 본서 p. 408 주 113. 특히 "nec puto quod culpari possit.···"

80) In Cant. Cantic., Hom. xiii., p. 1048 C f.

81) 우리는 그레고리가 자신의 "In psalmorum inscriptiones"에서 시편의 다섯 권은 신적인 삶으로 올라가는 도상의 다섯 단계를 대표한다고 말하는 것을 기억할 수 있다. 이러한 "시편의 철학"의 느낌을 위하여(ἡ κατὰ τὴν ψαλμῳδίαν φιλοσοφία) chap. viii., PG, vol. xliv., p. 465 C f.를 보시오. 여기서 그레고리는 상승의 제5단계에 도달하였다. 우리들은 "최고의 정점" 즉 "관상(contemplation)의 최상의 경지"로 이끌려간다. 그리고 우리는 영혼의 눈을 광명의 빛에 고정시키고 드높이 비상(飛上)하는 "독수리 같은 본성"으로 날기 위하여 활짝 펼쳐진 날개들의 소리를 듣는다.

82) Cf. 본서 p. 196.

83) De infantibus qui **præmature** abripiuntur; Migne, PG, vol. xlvi., p. 173 D.

84) *Ibid.*, p. 176 A: ὡς ἄν λῖαι, τῷ ὁμοίῳ βλέπειν τὸ ὅμοιν.

85) Quid sit, Ad imaginem Dei; PG, vol. xliv., p. 1332 A: εἰ βούλει γνῶναι θεὸν, προλαβὼν γνῶ θι σεαυτόν ἐκ τῆς σαυτοῦ συνθέσεως, ἐκ τῆς σαυτοῦ κατασκευῆς, ἐκ τῶν ἐντὸς σεαυτοῦ, εἴσι θι ὑποδὺς ἐν σαυτῷ.

86) κατάμαθε σεαυτοῦ τὸ τίμιον. In verba, Faciamus hominem ad imaginem et similitudinem nostram, Oratio i.; PG, vol. xliv., p. 260 B.

87) Quid sit, Ad imag. Dei, p. 1328 A.

88) *Ibid.*, p. 1328 B: ··· ὥπερ τινὰ μικτὸν κόσμον συγγενῆ τῶν δίο κόσμων.

89) εἰ φιλοσοφεῖν περὶ τοῦ κατ' εἰκόνα καὶ ὁμοίωσιν θεοῦ βούλει, οὕτω φιλοσίφησον, οὐκ ἐκ τῶν ἐκτὸς ἀλλ' ἐκ τῶν ἐντός σου. ··· *Ibid.*, p. 1340 B.

90) De anima et resurrectione; PG, vol. xlvi., p. 28 A: οὐ γὰρ δὴ ταὐτόν ἐστι τῷ θεῷ ἱ ψυχή.

91) *Ibid.*, p. 41 B: μὴ ταὐτὸν εἴπης ··· ἀσεβὴς γὰρ καὶ οὗτος ὁ λογος.

92) *Ibid.*, p. 44 A:

93) *Ibid.*, p. 41 C.

94) *Ibid.*, p. 92 C.

95) *Ibid.*, p. 93 A.

96) 그는 그것을 분명하게 정의한다. τοῦτο γὰρ ἐστιν ἡ ἀγάπη, ἡ πρὸς τὸ καταθύμιον ἐνδιάθετος σχίσις. *Ibid.*, p. 93 C. 에피튀미아(ἐπιθυμία, 욕망)와 아가페(ἀγάπη) 사이의 연관성에 대해선 Quid sit, Ad imag. Dei 등을 참고하시오. PG, vol. xliv., p. 1336 B: ··· διὰ ηὲν τοῦ ἐπιθυμητ ικοῦ πρὸς τὴν τοῦ θεοῦ ἀγάπην συνάπτηται.

97) ··· τῆς ἀγαπητικῆς διαθέσεως, φυσικῶς τῷ καλῷ προσφυομένης. De anima et resurrect.; PG, vol. xlvi., p. 93 C. 그러므로 ἡ ἀγαπητικὴ διάθεσις라는 독특한 구문은 ἡ ἐρωτικὴ διήθεσις와 동의어이다. ἀγαπητικὴ = ἐρωτικὴ를 보려면 다음을 참고하시오. cf. 본서 p. 465 주 76.

98) De anima et resurrectione, p. 92 C.

99) De virginitate; PG, vol. xτlvi., pp. 317 f.

100) καὶ τοῦ ηὲν δημιουργικοῦ τοῦ θεοῦ τὸ κατ' εἰκόνα ἐστὶ τὸ τῆς ψυχῆς ἐπιθυμητικόν ἡ γὰρ ἐπιθυηία εἰς πρᾶξιν ἄγει. Quid sit, Ad imag. Dei, etc.: PG, vol. xliv., p. 1336 C.

101) de anima et resurrect.; PG, vol. xlvi., p. 65 A: ἥ τε τῆς ἀγάπης δύναμις τῶν νοητῶν ἀπέστη, περὶ τὴν τῶν αἰσθητῶν ἀπόλαυσιν πέρα τοῦ μέτρου ὁλομανήσασα.

102) Ibid.: ἥ τῆς ἀγάπης ἀφαιρεθείσης, τίνι τρόπῳ πρὸς τὸ θεῖον συναφθησόμεθα:

103) Ibid., p. 89 B: τὸ γὰρ καλὸ ἐλκτικόν πως κατὰ τὴν ἑαυτοῦ φύσιν πάντος τοῦ πρὸς ἐκεῖνο βλέποντος.

104) Ibid.

105) 다음 인용부는 그레고리가 이것을 어느 정도 문자적으로 의미하는지 보여준다. "이 기도(주기도문의 다섯 번째 절)에 의하여 하나님의 말씀은 하나님께 가까이 가고자 하는 사람이 어떤 종류의 사람이어야 하는가를 규정한다. 그는 더 이상 인간 본성에 구속되지 않은 것처럼 보이며 않으며 자기의 미덕에 의해서 자신을 하나님처럼 만든다. (οὐκέτι σχεδὸν ἐν ἀνθρωπίνης φύσεως ὅροις δεικνύμενον, ἀλλ' αὐτῷ διὰ τῆς ἀρετῆς ὁμοιούμενον).… 그러므로 누군가가 신적 본성의 특별한 성격을 모방한다면 그는 어떤 의미에서 스스로 하나님이 된다. 이렇게 함으로써 그는 자신이 그분의 모방자(copy)가 된다는 것을 분명히 보여준다. 이제 말씀은 우리에게 무엇을 가르치는가? 말씀은 우리의 죄를 용서받기 위해서 우리가 먼저 우리 자신의 행위를 통하여 신임을 얻어야 한다고 가르친다." De oratione Dominica, Or. v.: PG, vol. xliv., p. 1177 A f. 하나님과 친교를 맺기 위해서 우리는 먼저 우리의 미덕에 의하여 자신을 그분과 유사하게(akin) 만들어야 한다. χρὴ τὼ κατ' ἀρετὴν βίῳ τὸν θεὸν οἰκειώσασθαι. Ibid., Or. ii., p. 1144 B. 우선 우리는 우리의 삶을 죄로부터 정화해야 한다. 그것이 끝나면 우리는 용기있게 하나님께 기도할 수 있으며 그분을 우리 아버지라고 부를 수 있다. οὐκοῦν ἐπικίνδυνον πρὶν καθαρθῆναι τῷ βίῳ τῆς πρροσευχῆς ταύτης κατατολμῆσαι, καὶ πατέρα ἑαυτοῦ τὸν θεὸν ὀνομάσαι.

106) "모든 본성은 자신과 유사한 것을 끌어당기며 인류가 하나님과 유사하고 하나님의 형상을 그 안에 지니고 있기 때문에, 필연적으로 영혼은 同質的인 (συγγενής) 神性(Deity)에 이끌린다."

107) Ibid., p. 96 A: … ἐπιθυμία· ἐν ἐκείνῳ μὴ οὔης διὰ τὸ μηδέ τινος τῶν ἀαθὲν ἔνδειαν ἐν αὐτῷ εἶναι.

108) Cf. 본서 p. 199 ff.

109) ἡ δέ γνῶσις ἀγάπη γίνεται(영적 지식은 아가페가 된다). De anima et resurrectione, p. 96 C.

110) Ibid.

111) ὁρῶμεν τοίνυν ὥσπερ ἐν βαθμῶν ἀναβάσει χειραγωγουμένην διὰ τῶν τῆς ἀρετῆς ἀνόδων ἐπὶ τὰ ὕψη παρὰ τοῦ λόγου τὴν νύμφην. In

Cant. Cantic., Hom. v.: PG, vol. xliv., p. 876 B. 천상의 사닥다리와 사닥다리 상징에
관해선 본서 pp. 175, 189, 192, 228, 237을 보시오.

112) ὁ πρὸς τὰ ὑψηλότερα τῆς τῶν μακαρεσμῶν κλίμακος χειραγωγῶν
ἡμᾶς λόγος. De beatitudinibus, Or. iv.: PG, vol. xliv., p. 1232 D.

113) De beatitudinibus, Or. v.: PG, vol. xliv., p. 1248 D. 이 구절은 클리막스(κλῖμαξ,
사닥다리)-상징 때문만이 아니라 다른 여러 측면에서도 흥미롭다. (1) 그것은 상승
에 대한 풍부하고 다양한 표현들에 의하여 (πρὸς τὰ ὑψηλότερα - ἀνιόντας -
ἐπαίρουσα - πρὸς τὸν θεὸν ὑψωθῆαι - πρὸς τὰ ἄνω βλέποντα - τὴν τῶν
ὑψηλῶν ἐπιθυμίαν - τοῦ ὑπερκειμένου - ὕψος τῶν ἐπ᾽ ἀλλήλων
μακαρισμῶν - πάσης ἐπεστηριγμένῳ μακαριότητος - ἀγάγει) 그레고리의 전
반적인 기독교 해석의 근간이 되는 경향을 훌륭하게 조명한다. (2) 그것은 "공로[미
덕]의 천상적 사닥다리"를 "관상의 천상적 사닥다리"와 결합한다. (3) 그것은 가능
한 한 명쾌하게 그레고리의 신학이 (루터의 용어를 사용하자면) "영광의 신학"
(theologia gloriæ)이라는 것을 보여준다. 하나님의 지혜는 우리의 지혜에 의하여 파
악되고, 그분의 순결은 우리의 순결에 의하여 파악된다. 우리는 그 천상의 사닥다리
에 의하여 "하나님의 위엄에 올라간다"는 점에서 하나님의 본성을 배워서 알게 된
다.

114) Ibid., Or. vi., p. 1272 D.

115) De oratione Dominica, Or. ii.: PG, vol. xliv., p. 1140 B f. Cf. De beatitudinibus, Or.
ii., p. 1209 A: ἀλλ᾽ εἰ πτερωθειημέν πως τῷ λόγῳ καὶ ὑπὲρ τὰ νῶτα τῆς
οὐρανίας ἀψίδος σταίημεν — 이것은 영혼의 날개를 타고 하늘의 창공을 넘어서
(beyond) 올라간다는 일상적인 에로스 개념이다. Cf. De virginitate, cap. xi.: PG, vol.
xlvi., p. 365 C.

116) De beatitudinibus, Or. vi., p. 1264 C.

117) Ibid., p. 1265 D: εὔτε γὰρ πτηνοὺς γενέσθαι κελεύει, οἷς τὸ πτερὸν
οὐκ ἐέφυσεν.

118) In Cant. Cantic., Hom. iv.: PG, vol. xliv., p. 852 D.

119) ··· ὡς ἄν, οὖμαι κατὰ ταὐτὸν ἐν τοῖς διπλοῖς αἰνίγμασι τὰ περί
τῆς θείας ἀναβάσεως ὁ λόγος φιλοσοφηήειεν., p. 852 C.

120) De beatitudinibus, Or. ii., p. 1214 C: τὸ γὰρ ἡσύχιον ἐν τούτοις τῆς πρὸς
τὰ ἄνω κινήσεως μαρτυρία γίνεται.

121) ··· ὅτι δι᾽ ἐπιθυμίαν πρὸς τὸν θεὸν ἀγαγόμεα, οἷόν τινα σειρὰν
κάτωθεν πρὸς αὐτὸν ἀνελ κόμενοι. De anima et resurrectione: PG, vol. xlvi., p. 89
A.

제2편

종합의 완성(Ⅰ)

카리타스-종합

제25장

어거스틴의 종교사적 위치

제1절 기독교적 사랑 개념이 새로운 국면에 들어서다

기독교적 사랑 개념은 처음 4세기 동안 그 발전의 가능성들을 소진한 것처럼 보인다. 기독교의 새로운 종교적·윤리적 근본동기인 아가페 동기는 처음부터 당시의 유대교와 헬레니즘의 근본동기들인 노모스 및 에로스와 절대적으로 첨예한 대조를 이루었다. 그러나 곧 이 세 동기들은 불가피하게 서로 접촉하게 된다. 유대교적 유산들 중의 하나는 헬라적인 선입관을 가지고 기독교적 아가페 개념을 대하는 사람과 다른 관점에서 아가페 개념을 본다는 점이다. 이렇게 하여 기독교적 사랑 개념의 상이한 유형들이 나타난다. 어떤 경우는 좀더 노모스 동기에 의해서 주형되고, 다른 경우는 에로스 동기에 의해서 형성된다. 반면에 또 다른 경우들은 좀더 신실하게 원시기독교의 아가페 동기를 보존한다. 이 유형들은 다양한 성공과 패배의 수단들로써 상호 경쟁한다. 물론 그 중에서 어느 것도 나머지 다른 것들을 대체하진 못한다. 그래서 그 결과는 아가페 동기를 분명하게 상기시키는 타협이다. 물론 그 아가페 동기는 심하게 수정되어서 더 이상 거의 독립적인 동기로 존재할 수 없다. 아가페 개념은 본래의 힘을 상실하고 살아갈 운명에 처한 것처럼 보인다.

그러나 지속되는 기독교의 사랑 개념의 역사는 이것이 사실과 매우 다르다는 것을 보여준다. 기독교적 사랑 개념의 자원이 고갈된 것처럼 보일 때, 그것은 원기왕성한 발전을 새롭게 시작한다. 이미 지나간 모든 것들은 그 발전의 전주곡일 뿐이다. 갱신은 어거스틴을 통하여 왔다. 몇가지 상황들이 결합되어 어거스틴으로 하여금 기독교적 사랑을 새로운 눈으로 보도록 만들었다. 그는 기독교의 핵심이 사랑이라는 것을 감지했다. 그는 기독교적 사랑을 주석하면서 신약성경의 거의 모든 단어를 여러 차례 사용한다. 분명히 기독교적 사랑 개념의 全역사에서 가장 중요한 전환점들 중의 하나가 여기에 있다. 그리고 그 결과들을 살펴보면 어거스틴의 전환점이 아마 가장 과격한 전환점일 것이다.

어거스틴의 독창성은 의심될 수도 있다. 하지만 그의 사랑 이론은 실제로 새로운 공헌이다. 그는 가장 다채로운 종류의 자료들을 융화시키는 독창적 능력을 지녔다. 그리고 그가 단순히 수동적인 차용자는 아님에도 불구하고, 그러한 수용적이고 절충적인 태도는 그의 독창성을 대폭 제한하지 않을 수가 없었다. 이 수용성(receptivity)은 그의 사랑관(觀)에도 개입되어 있다. 그 사랑관을 위한 거의 모든 자료들과 그것의 구조화를 위한 계획들도 과거의 자료들에서 유래하였다. 하지만 다른 어느곳보다 바로 여기에서 어거스틴은 빌어온 자료에 자신의 개인적인 영향을 남기는 데 성공하였다. 전반적인 계획은 매우 견고하고 응집되어 있어서 그의 독창적·창조적 작업을 부정할 수 없다. 어거스틴 이후로 기독교의 사랑 개념은 더 이상 그 이전과 똑같을 수 없게 되었다.

게다가 어거스틴의 사랑 개념은 기독교의 사랑 개념의 全 역사에서 지금까지 가장 큰 영향력을 발휘해 왔다. 그것은 신약성경의 사랑 개념도 무색하게 한다. 신약성경의 본문들이 계속하여 논의의 기초를 형성하고 있다. 하지만 그것들은 어거스틴과 일치되게 해석된다. 기독교적 사랑의 의미는 어거스틴의 시대 이래로 줄곧 일반적으로 그가 창안한 범주들 속에서 표현되어왔다. 그리고 심지어 그것이 담고 있는 감성적 특질마저 주로 그에게 기인하고 있다. 종교개혁도 어떤 심각한 변화를 주는 데 성공하지 못하였다. 현재까지 개신교 기독교권(Evangelical Christendom)에서 기독교의 사랑이 의미하는 바를 결정하는데 있어서 루터보다 어거스틴의 견해가 훨씬 더 많은 역할을 수행하였다.

이 보편적인 영향력은 어거스틴의 독특한 종교사적 위치 때문에 지금까지 가능했다. 말하자면, 그는 헬레니즘의 에로스와 원시기독교의 아가페라고 하는 분리된 두 종교 세계들의 경계에서 살았다. 또한 그의 중요성은 주로 이 세계들이 실제로 그의 인격(person) 안에서 만났고 영적인 연합을 형성했다는 사실에 있다. 당연히 이 종합에 관해서라면 어거스틴은 홀로 서 있지 않았다. 초대 교회의 으뜸가는 지도자들 중 상당수도 동일한 문제에 몰두해 있었다. 그러나 아무도 어거스틴만큼 성공하지 못하였다. 일반적으로 말해서, 종합을 추구하던 다른 시도들에선 두 근본동기들이 내적 접촉을 전혀 이루지 못했다. 또는 이러한 시도들이 어느 정도 성공했더라도, 그것들은 다른 이유들 때문에 그 이상의 발전을 결정하는데 실패하였다. (그 적절한 보기는 오리겐이다.)

어거스틴 안에서 에로스 흐름과 아가페 흐름이 만났다. 그러나 그는 그 흐름들이 자신에게 가져오는 것들을 수동적으로만 받아들이지 않았다. 그 두 세계 속에서 어거스틴은 자기 자신의 영혼을 가지고 능동적으로 살았다. 그래서 두 동기들은 상호 관계로 이끌어졌다. 그 관계는 전혀 피상적이지 않다. 그것들 사이에 있는 갈등이 실제로 해결되었다. 하지만 그 갈등은 한 동기가 궁극적으로 다른 동기를 쳐부수고 추방하는 방식으로 해결되지 않았다. 어거스틴이 사랑관을 전개할 때, 아가페 동기가 기초를 얻었다면 이에 부응하여 에로스 동기가 제쳐진 것이 아니다. 반대로 그의 전개를 통하여 줄곧 둘 다 그들의 영향력을 확증하고, 둘 다 어거스틴의 결정적 관점을 함께 형성한다. 그러므로 이러한 견해는 그 특성상 강력한 긴장뿐만 아니라 실제로 내적인 대립도 포함하고 있다.

어거스틴 안에서 새로운 사랑관이 출현했다. 에로스 동기와 아가페 동기의 만남은 에로스도 아가페도 아닌 특성을 가진 제3의 동기를 만들어 냈다. 그것은 카리타스(Caritas)이다. 에로스와 아가페가 실제적으로 그것에 기여하였지만 카리타스 자체는 새롭고 독특한 것이다. 그것은 원시기독교의 사랑 동기가 헬레니즘의 취향대로 표현된 것이 아니다. 또한 그것은 기독교 전통의 어법 속에 가까스로 숨겨진 평범한 에로스 이론도 아니다. 우리가 그렇게 말할 수 있다면, 카리타스는 둘 다이면서 둘 중의 어느 것도 아니다. 그것은 에로스도 아니고 아가페도 아니다. 카리타스는 그것들의 종합(synthesis)일 뿐이다. 그것도 독창적인 종합이다. 왜냐하면 카리타스는 두 동기들의 요소들을 담고 있지만, 단순히 그것들을 요약하는 것이 아니라 새로운 독립적 통일성을 형성하기 때문이다.

이제 우리는 다음과 같이 질문할 수 있다. 그러한 상이한 자료들로부터 단일한 관점이 실제로 형성될 수 있는가? 본질상 이질적인 그 동기들이 조화를 이룰 수 있는가? 즉 다른 말로 하면, 어거스틴의 카리타스에 담긴 모든 의미들을 한 단일 개념이 절충할 수 있는가? 그러나 이러한 질문들은 분리된 문제들이다. 그러므로 그 질문들은 어거스틴 자신에게는 그 동기들이 실제로 통일체가 되었다는 사실을 불분명하게 만들면 안된다. 이것이 어떻게 가능했을까라는 질문은 궁극적으로 논리적인 문제라기보다 심리적인 문제이다.

제2절 사랑은 어거스틴의 기독교 해석의 중심이다

어거스틴은 기독교 전체를 사랑의 측면에서 범주화하려고 하였다. 그에게 있어서 기독교는 순전히 그리고 단순히 사랑의 종교이다. 물론 신약성경은 분명히 사랑을 중심에 두고 있다. 신약성경은 하나님과의 교제를 하나님의 자발적이고 無動機的(unmotivated) 사랑에 토대한 친교라고 빈번하게 강조한다. 그리고 신약성경은 하나님 사랑과 이웃 사랑의 중심에 윤리적 요구를 둔다. 그 윤리적 요구는 하나님과의 친교에 상응한다. 가톨릭과 개신교는 기독교가 카리타스의 의미에서 사랑의 종교라고 자명하게 받아들인다. 이것은 의심할 바 없이 대개 어거스틴 덕분이다. 어거스틴의 개념은 이 "사랑의 종교"가 의미하는 바에 대한 이해의 규범이 되어 왔다. 그리하여 기독교는 아가페-종교라기보다 카리타스-종교로 해석된다.

어거스틴에게 있어서 전체 기독교는 바로 이 카리타스에 따라 결정된다. 그러면 카리타스는 무엇인가? 세부적인 분석은 나중에 다루기로 하자. 여기서 우리는 예비적인 개관만 할 것이다. 사랑에는 하나님의 사랑(God's love), 하나님에 대한 사랑(love to God), 이웃에 대한 사랑(love to neighbour) 등과 같이 여러 가지 형태가 있다. 어거스틴의 카리타스-관점은 그것들 중에서 어느 것에 기초하는가? 어거스틴은 카리타스에 대하여 말할 때마다 틀림없이 주로 하나님에 대한 사랑(love to God)에 대하여 생각한다. 우리가 풍요하고 다양한 그의 사랑관에 오도되지 않으려면 이것을 염두에 두는 것이 대단히 중요하다. 어거스틴은 하나님의(God's) 사랑과 은총에 대해서도 할 말이 많았다. 하지만 바울과 달리 어거스틴에겐 그것이 기독교의 모든 사랑이 의존하는 근거가 아니다. 사실 하나님의 사랑 자체는 하나님에 대한 사랑을 그 목표로 삼고 있다. 하나님이 우리에게 자신의 사랑을 계시하는 궁극목적은 우리가 그분을 사랑하는 법을 올바로 배우게 하려는 것이다. 그리스도께서 이 세상에 오신 목적은 우리에게 하나님을 사랑하는 법을 가르치는 것이었다.[1] 그 강조점은 결정적으로 하나님에 대한 사랑에 주어진다. 그것은 하나님 사랑(love to God)과 이웃 사랑(love to neighbour)의 관계에 의해서 훨씬 더 선명하게 보여진다.

어거스틴은 하나님 사랑에 대하여 말할 때, 가끔 기독교 전통을 따라서 이웃 사랑의 계명을 덧붙인다. 그러나 그에게 있어서 이웃 사랑의 계명은 어떤 독립적인 위치와 의미를 갖지 않는다. 그것은 이미 하나님 사랑의 계명에 실제로 포함되어 있다. 하나님 사랑의 계명이 이웃 사랑의 계명의 한계를 결정한다. 어거스틴은 이웃 사랑이 궁극적으로 이웃이 아닌 하나님 자신에게 귀착될 때에 한해서만 그것이 충분히 정당하다고 간주한다. 그가 다시 하나님 사랑의 주제로 돌아갈 때 우리는 이 부분이 그의 사상의 실제적인 중심이라는 것을 단번에 알아차린다. 어거스틴은 이 부분에서 정말로 편안함을 느낀다. 그래서 그는 자기 영혼의 모든 열정을 자신의 문장들에 쏟아 붓는다. "Mihi adhaerere Deo bonum est"(하나님께 결합되어 있음이 나에게 선이다)라는 시편 말씀에서, 어거스틴은 자신과 하나님의 관계에 대한 적절한 표현을 발견한다. 그는 마음으로부터 온전한 사랑에 겨워서 자신의 최고의 유일한 선(bonum)이신 하나님에게 굳게 결합할 것이다.[2]

　그러나 하나님 사랑인 카리타스는 단순히 기독교의 종교적 중심일 뿐만 아니라 윤리적 중심이기도 하다. 카리타스는 모든 실제적인 선의 뿌리이다. 마치 그것의 정반대인 육적인 욕망이 모든 악의 근원이듯이 말이다.[3] 이와같이 어거스틴은 기독교의 윤리 생활에 대한 응집력있는 견해의 기초를 놓았다. 그리고 그것은 율법주의적 윤리의 원자설(atomism)로부터 그를 구출한다. 하나님 사랑이 중심적 미덕(central virtue)이다. 옛날의 主要德들(cardinal virtues)은 단순히 하나님 사랑의 특정한 경우들이다.[4] 기독교인에게 실제로 부과된 것은 단 하나뿐이다. 그것은 사랑이다.[5]

　사랑이 있는 곳에는 다른 어떤 교훈도 필요없다. 그래서 어거스틴은 "사랑하라. 그리고 당신이 원하는 것을 행하라."라고 말할 수 있다.[6] 율법서와 선지서뿐만 아니라 성서 전체가 사랑의 계명에 달려 있다.[7] 이런 점에서 구약과 신약이 모두 하나님 사랑으로 정점에 이른다면 신구약 사이에는 완전한 조화가 있다고 어거스틴은 주장한다. 그 차이점은 단순히 다음과 같다. 구약에선 하나님이 사랑을 요구하신다. 반면에 신약에선 하나님이 요구한 바를 친히 주신다.[8] 비록 그러할지라도, 그 강조점은 줌(giving)에 있지 않고, 그렇게 줌으로써 가능해진 계명의 수행에 있다. 율법과 은총은 각각 서로를 가리킨다. 그러나 그것들의 궁극적 목표는 율법의 성취에 있다.[9] 구약을 신약으로 대체하는 것은 하나님과의 친교의 성격에 급격한 변화를 의미하지 않는다. 인간의 하나님 사랑은 여전히 주요한 일이다. 하지만 은총의 간섭만이 그것의 상태를 개선해주었다. 사랑의 계명은 더 이상 석판에 씌어지지 않고 인간의 마음으로 옮겨졌다. 어거스틴은 로마서 5장 5절을 인용하기 좋아한다. "우리에게 주신 성령을 통하여 하나님의 사랑이 우리 마음에 부어졌다."[10] 하나님이 성령을 통하여 우리에게 사랑을 부어주실 때, 그분은 명령하신 것을 스스로 베풀어 주신다. "Da quod iubes, et iube quod vis"(당신이 명령하는 바를 주소서. 그리고 당신이 원하는 바를 명령하소서).[11]

기독교적인 모든 것들에 대한 어거스틴의 표준은 사랑이다. 아마 이것은 어거스틴이 자신의 대적자들을 반박하기 위하여 사랑 개념을 사용할 때 가장 분명할 것이다. 예를 들어서, 그는 마니교가 구약의 신적인 권위를 부인하는데 반대하여 논증하면서, 하나님 사랑과 이웃 사랑의 계명이 구약에서 발견된다고 지적하는 것으로 충분한 증거라고 생각한다.[12] 어거스틴이 분파적인 도나투스파(Donatists)를 반대하여 펼친 가장 강력한 논증은 그들이 스스로 보편교회(Catholic Church)로부터 떨어져나감으로써 사랑을 포기했다는 것이다. 연합을 대적하는 사람은 신의 사랑에 참여하지 않으며 성령을 소유하지도 못한 자다.[13]

어거스틴에게 있어서 사랑은 얼마나 중심적이었는가? 어떻게 어거스틴은 그것을 판단의 표준으로 삼았는가? 이 문제들은 그의 해석적 규범(exegetical canon)에 의해서 더 깊이 논증된다. 그 규범은 "성경 안의 모든 것은 사랑에 부합되게 해석되어야 한다."는 것이다.[14] 어거스틴은 이 원리를 가장 광범위하게 적용함으로써 대단히 무리한 해석도 주저하지 않았다. 성서 전체의 내용은 카리타스이다. 이런 견지에서 성서를 해석하면, 우리는 아무리해도 잘못될 수 없다. 비록 우리가 어떤 특정 본문을 저자의 의미와 다른 의미로 읽게 되더라도, 우리는 그 주요 특성을 놓칠까봐 두려워할 필요가 없다. 우리가 길을 벗어난 사람처럼 될지 모르지만, 우리는 결국 들판을 가로질러서 그 길이 통하는 동일한 지점까지 간다.[15]

사랑은 실제 기독교에서 무오한 유일한 징표이다. 어거스틴은 기독교의 내용을 서술하기 위하여 "믿음, 소망, 사랑"이란 바울의 공식문구(Pauline formula)를 매우 좋아한다.[16] 하지만 실제로는 사랑만이 결정적인 요인이다. 우리와 하나님의 관계가 올바르지 않더라도 신앙과 소망은 존재할 수 있다. "악마도 믿는다. 그러나 그는 사랑하지 않는다." 하지만 "사랑이 있는 곳엔 무엇이 부족한가? 사랑이 없는 곳에선 유익한게 도대체 무엇인가?"[17] "인간이 선한가 그렇지 않은가를 질문할 때, 우리는 그가 믿고 소망하는 바를 묻지 않고, 그가 사랑하는 바에 대하여 묻고 있는 것이다."[18]

그러므로 어거스틴의 카리타스 교리 안에서 에로스 동기와 아가페 동기가 만난 것은 단순히 다른 논점들 중에서 하나가 아니었다. 바로 그것은 그의 기독교 개념의 핵심에 관한 것이었다. 그러므로 우리는 두 동기들이 수행하는 역할들을 검토할 것이다. 그리고 어거스틴이 어떻게 자신의 카리타스 이론 안에서 최소한 외형상으로라도 그것들의 연합을 용케 만들어낼 수 있었는지를 살펴보겠다.

제3절 어거스틴의 신플라톤주의와 기독교

신플라톤주의와 기독교는 어거스틴의 내적 발전에 어떤 영향을 미쳤는가? 이 질문은 매우 빈번하게 토의되었다. 그 질문은 에로스 동기와 아가페 동기가 어거스틴의 생애와 종교적 전망에 미친 영향에 관한 질문과 매우 밀접하게 연관된 것 같다. 그는 에로스 개념을 신플라톤주의에서 실질적으로 도입하였다. 그리고 그가 아가페 개념에 대하여 보유하고 있는 바는 명백히 신약 특히 바울의 저술로부터 얻은 것이다.

그런데 사실 어거스틴은 기독교로 가는 도상에서 무수한 학파들을 통과하였다. 그 학파들은 각각 그 나름의 흔적을 어거스틴에게 남겼다. 우리는 그 중에서 신플라톤주의를 골라서 살펴볼 것이다. 하지만 우리는 신플라톤주의와 어거스틴의 관계가 나머지 학파들과 그의 관계와 매우 다르기 때문에 그렇게 하는 것이 아니다. 신플라톤주의는 어거스틴이 한번도 떠나지 않은 학파였다. 그는 기독교인이면서도 그것과 결코 단절하지 않았다. 그는 전생애동안 신플라톤적 기독교인 혹은 (당신이 원한다면) 기독교적 플라톤주의자로 남아 있었다. 그는 기독교와 신플라톤주의를 대립시킬 필요가 없었다. 그는 그것들 사이에서 현저하게 높은 수준의 동의를 발견할 수 있다고 스스로 생각한다. 플라톤과 그의 제자들이 어거스틴의 시대에 다시 살 수 있다면, 그들은 기독교를 받아들였을 것이다. 이것이 어거스틴의 확신이었다. 단지 몇 마디 말과 어구의 변화로 그들의 견해를 기독교와 완전히 조화롭게 만들 수 있을 것이다.[19] 어거스틴이 그 전환을 얼마나 쉽게 하였는지는 그가 기독교의 부활 신앙을 플라톤적 불멸 이론에 연관지어서 다룰 때 예증된다. 교회는 그 초기에 이 논점에서 플라톤주의와 기독교가 화해될 수 없다는 것을 예리하게 의식하였다. 어거스틴도 그 차이점을 의식하고 있었다. 그러나 그것들은 화해될 수 없는 것이 아니다. 그것은 전혀 다른 두 근본동기들의 충돌이 아니다. 어거스틴은 한 쪽에서 다른 쪽으로 비교적 쉽게 건너갈 수 있다. 플라톤주의 철학자들의 개념을 기독교의 부활 신앙과 일치하도록 근접시키는 것은 그들이 (서로 그 의견을 달리하는) 특정한 논점들에 관하여 동의하기만 하면 된다.[20]

이것들은 단지 어거스틴이 기독교와 플라톤주의를 어떻게 혼합하는가의 몇가지 예에 불과하다. 그리고 우리는 더욱 더 많은 예들을 보게 될 것이다. 하지만 지금은 그가 이렇게 신플라톤주의자로서 기독교에 입문하였다는 중요한 사실에 관한 질문이 제기된다. 특별히 그는 기독교의 사랑이 의미하는 바에 대하여 어떤 개념을 가지고 있는가? 먼저, 우리는 신플라톤주의의 공헌에 포함된 모험에 주목할 수 있다. 그 모험은 경미한 것이 아니다. 어거스틴에겐 대규모적인 동기들의 혼합이 있었다. 그는 신플라톤적인 것들과 기독교적인 것들을 결합시킴으로써 에로스 동기를 기독교에 도입하였다. 그리고 그것에 대한 교회적인 제재를 마련하기 위해서 어느 누구보다 많은 일을 했다. 카를 홀(Karl Holl)이 어거스틴을 "기독교의 도덕성을 부패시킨 사람들 중의 하나"로 묘사한 것도 이유가 없진 않았다.[21] 어거스틴의 견해가 원시기독교의 아가페 개념에 의해서 평가된다면, 단 한 가지 판단만이 가능하다. 즉 기독교의 사랑 개념은 신플라톤주의적 에로스 동기와 결합함으로써 심각하게 수난을 겪었다는 것이다.

하지만 어거스틴을 정당하게 평가하자면 할 말이 많다. 그의 사랑관은 그의 직전 선배들의 견해와 비교되어야 한다. 그러면 상황은 당장에 변한다. 우리는 기독교의 사랑 개념을 심화하기 위하여 어거스틴이 얼마나 많은 일을 했는지를 발견한다. 그리고 우리는 신플라톤주의가 이것을 위하여 긍정적인 역할을 수행했다는 것도 발견한다. 사실 신플라톤주의의 도움으로 어거스틴은 기독교의 사랑-동기의 근본적 본성을 좀더 심도있게 볼 수 있었다. 그리고 (이상한 일이지만) 신플라톤주의가 이렇게 할 수 있었던 것은 그 안에 담겨 있는 다른 요소들 덕분이 아니라 에로스 이론으로서 갖는 그 능력 때문이다. 사실 우리는 어거스틴에게서 신플라톤주의적 에로스가 기독교의 아가페를 발견하는 수단이 되었다고 말할 수 있다. 변증가들과 터툴리안에게서 발견되는 사랑 계명에 대한 주해들은 매우 사소한 것들이다. 그것들과 어거스틴의 사랑 이론을 비교해 보면, 어거스틴의 이론이 더 심도깊다는 점이 매우 뚜렷해진다. 이 심화를 향한 충동이 신약성경으로부터 온 것은 분명하지만 오직 그것으로부터만 온 것은 아니다. 신약성경에서 발견한 것만으론 어거스틴이 원하는 만큼의 충분한 수준을 사랑에 결단코 부여할 수 없었다.

어거스틴이 사랑을 기독교의 중심으로 의식하게 된 것은 그가 신플라톤주의적 방법을 통해서 기독교로 입문했기 때문이다. 그는 신플라톤주의를 만나기 이전에도 기독교에 대해서 무지하지 않았다. 그러나 당시에는 기독교의 사랑이 그에게 어떤 깊은 영향을 미쳤다는 것을 암시하는 것이 전혀 없다. 변화를 일으킨 것은 신플라톤주의 사상이다. 신플라톤주의 안에서 어거스틴이 접한 한 관점은 철저하게 사랑(Eros) 사상에 의해서 지배되는 것이었다. 그리고 그는 전생애에 걸쳐서 결정적인 방법으로 그 사상에 사로잡힌다. 나중에 그는 이러한 정신구조를 가진 채 기독교에 입문하였다. 그것은 마치 그의 눈에서 비늘이 벗겨지는 것과 같았다. 그는 기독교도 역시 사랑을 중심에 두고 있다고 생각한다. 물론 사랑의 종류는 다르지만 말이다. 하지만 아직은 그것이 그를 괴롭히지 않았다. 어거스틴은 신탁(神託)의 막대기인 에로스 이론을 가지고 기독교에 접근하여 에로스 이론의 도움으로 기독교 안에서 한 원천을 탐지했다. 하지만 에로스는 그 원천을 구멍내는 것으로서 어거스틴에게 보답했다.

이와같이 신플라톤주의는 어거스틴의 기독교 해석에서 이중적인 중요성을 갖는다. 어거스틴은 그의 선배들보다 더 깊은 통찰력을 가지고 기독교의 사랑-동기를 이해할 수 있었다. 이것은 최소한 부분적으로라도 신플라톤주의 덕택이다. 동시에 신플라톤주의는 어거스틴의 기독교 해석에 장애물을 구성했다. 어거스틴은 그 장애물을 넘어서 기독교의 사랑-동기를 이해할 수 없었다. 새로운 영적 환경은 이 새로운 것에 대한 인식을 만들어낸다는 점에 있어서, 어거스틴의 사랑 개념은 새로운 영적 환경이 지닐 수 있는 해방과 고무의 효과를 보여주는 실례(example)이다. 또한 상황 자체가 부여하는 한계들은 극복될 수 없다는 점에 있어서, 어거스틴의 사랑 개념은 새로운 영적 환경이 지닐 수 있는 제약과 방해의 효과를 보여주는 실례이기도 하다. 어거스틴의 환경은 신플라톤주의였다. 그것은 어거스틴에게 새로운 지평을 열어 주었고, 그로 하여금 새로운 시각으로 기독교의 사랑-동기를 바라볼 수 있게 하였다. 동시에 신플라톤주의는 어거스틴의 지평을 제한했다. 그래서 어거스틴은 기독교의 사랑-동기의 진정한 깊이를 발견할 수 없게 되고 어떻게 그 동기가 신플라톤주의의 에로스 동기를 완전히 파괴하는지 보지 못하게 되었다.

신플라톤주의와 기독교는 어거스틴의 "회심"(conversion)에서 어떤 역할들을 수행하였는가? 이 질문과 관련하여 최근 "신플라톤주의와 기독교"의 문제가 자주 논의되었다. 오랫동안 「고백록」(Confessions)은 그의 종교적 발전에 대한 진정성있는 설명으로 간주되었다. 그러나 그것에 대한 확신이 심각하게 뒤흔들렸다. 그러한 동요는 어거스틴의 "회심" 직후의 저술들이 「고백록」과 매우 다르거나 아예 대조되게 그의 영적 상태를 묘사하였다는 최근의 관찰보고 때문이다. 어거스틴은 「고백록」에서 자신의 영적 발전을 서술했는데, 그 회고록은 그 영적 발전이 있은지 오랜 기간이 지나서 씌어진 것이다. 게다가 그것은 그 발전에 대한 회고적인 해석이다. 그렇기 때문에 우선적인 중요성은 당연히 초기 작품들로 돌려져야 한다. 이것이 우리가 어거스틴의 내적 발달을 이해하는데 무슨 의미가 있는가에 대해선 아직도 격렬하게 논쟁되고 있다. 어떤 이들은 어거스틴이 기독교로 회심했다기보다 신플라톤주의로 회심한 것이라고 주장하기도 했다. 다른 이들은 어거스틴이 성숙한 기독교인으로서 자신의 "회심"을 자기가 기독교로 입교한 시점이라고 회고했을 때 완전히 정확했으며 초기 작품들도 이 점에서 그와 모순되지 않는다고 주장했다.

여기서 이 질문을 파고들면 너무 오래 걸릴 것이다.[22] 그리고 이것은 우리의 현재 목적에도 필수적인 문제가 아니다. 사실 우리는 어거스틴의 가장 특징적 이론인 사랑 개념 안에서 기독교와 신플라톤주의의 만남에 관심을 갖는다. 왜냐하면 에로스와 아가페를 하나로 융합하려는 그의 시도는 동시에 기독교와 신플라톤주의를 통일하려는 시도이기 때문이다. 그러나 그의 발전에서 역사적 문제는 무시할 수 있다. 왜냐하면 우리는 어거스틴이 신플라톤주의자로 불리웠던 단계와 온전히 성숙한 기독교인으로 여겨지는 단계 사이를 구분하는데 관심이 없기 때문이다. 그의 영적 생활에서 심지어 그가 기독교인이 된 후에도 신플라톤주의는 계속해서 중요한 요인이었다. 이것은 그의 종교적 전망에 대한 이론적 주장에 타당한 만큼 그의 일반적인 종교적 정서에 대해서도 타당하다. 우리들의 관심사는 어거스틴의 "기독교적" 삶과 "기독교적" 전망 안에 존재하는 두 가지 다른 종교적 동기들의 실제 만남과 그것들 사이의 상호 관계에 있다.

그러나 이것은 본 연구를 위한 자료에 대해 중요한 의미(bearing)를 갖는다. 우리가 어거스틴의 발전의 갖가지 단계들을 서술하고 있다면,「고백록」은 사료로선 약간 주의하여 사용되어야 할 것이다. 사실,「고백록」은 우리의 목적에는 가장 큰 가치와 신뢰를 가진 자료이다. 그 안에서 어거스틴은 자신이 도달한 기독교적 관점으로부터 자신의 발달에 대한 판결을 내린다. 그래서 우리는 여기에서 에로스와 아가페에 대한 그의 판단을 예상할 수 있다. 특별히 우리의 주의를 끄는 것은 어거스틴이 심사할 때 사용하는 판단과 기준(standard)이다. 그가 "기독교적" 기준들을 적용할 때, 이 기준들은 기독교가 그에게 있어서 무엇을 의미하는지 가장 잘 보여 줄 것이다. 그리고「고백록」은 이 심화된 장점을 가지고 있어서 그의 종교생활에서 에로스와 아가페의 직접적인 함축성을 드러낼 것이다.

주

1) "**Quæ** autem major causa est adventus Domini, nisis ut ostenderet Deus dilectionem suam in nobis, commendans eam vehementer?" De catechizandis redibus, lib. I, cap. iv. 7 ⋯ "Si ergo maxime propterea Christus advenit, ut cognosceret homo quantum eum diligat Deus: et ideo cognosceret, ut in ejus dilectionem a quo prior dilectus est, inardesceret." Cap. iv. 8.; Migne, 40, pp. 314 f.

어거스틴의 작품을 인용할 때 "Corpus scriptorum ecclesiasticorum latinorum"(=CSEL)에 포함된 저서들은 이 총서에서 인용하고, 다른 경우에는 Migne, PL, vols. 32-46권으로부터 인용한 것들이다.

2) Epist. CLV, iii. 12. - Confessiones, lib. VII, cap. xi. 17.

3) "Quomodo enim radix omnium malorum cupiditas, sic radix omnium bonorum caritas est." Enarratio in Psalmum XC., I. 8: PL 37, p. 1154. Cf. De gratia Christi et peccato originali, I., xviii. 19: & xx. 21. In epist. Ioannis, tract. vii. 8. Contra Fortunatum, 21. De agone christiano, cap. i.

4) De moribus **ecclesiæ catholicæ**, lib. I., cap. xxv. 46: PL 32, p. 1330 f. Epist. CLV., iv. 13, 16.

5) "Non autem **præcipit** Scriptura nisi caritatem." De doct. christ., lib. III., cap. x. 15: PL 34, p. 71.

6) "Dilige, et quod vis fac." In epist. Ioannis, tract. vii. 8: PL 35, p. 2033.

7) De catechiz. rud., lib. I., cap. iv. 8: PL 40, p. 315.

8) "Per fidem confugiat ad misercordiam dei, ut det quod iubet": De spiritu et littera, cap. xxix. 51. Cf. 어거스틴의 본 작품의 전반적인 논증을 보려면 특별히 cap. xvii.-xxx.을 보시오.

9) "Lex ergo data est, ut gratia **quæreretur**, gratia data est, ut lex inpleretur." *Op. cit.*, cap. xix. 34: cf. De gratia Christi et de pecc. orig., lib. I., cap. ix. 10.

10) De spiritu et litt., cap. xvii. 29. 어거스틴이 (특히 위에 나온 연관성 속에서) 로마서 5장 5절보다 더 빈번하게 인용하는 본문은 거의 없다. 영혼이 "최고의 불변하는 선"(summum atque immutabile bonum)이신 하나님을 향하여 올바른 사랑으로 불타오르려면, 성령을 통하여 마음 속에 사랑이 발산되는 것이 자유 의지와 율법의 교훈에 추가되어야만 한다. cf. op. cit., cap. iii. 5.

11) Conf., lib. X., cap. xxix. 40.

12) De moribus eccl. cath., lib. I., cap. xxviii. 56 f.: PL 32, p. 1334.

13) "Ecclesia catholica sola corpus est Christi, cuius ille caput est saluator corporis sui. Extra hoc corpus neminem uiuificat spiritus sanctus, quia, sicut ipse dicit apostolus, caritas dei diffusa est in cordibus nostris per spiritum sanctum, qui datus est nobis. Non est autem particeps **diuinæ** caritatis, qui hostis est unitatis. Non habent itaque spirtum sanctum, qui sunt extra ecclesiam": Epist. CLXXXV., xi. 50. "Quis autem uere dicit se habere Christi caritatem, quando eius non amplectitur unitatem?" Epist. LXI. 2. "Caritas

484 **아가페와 에로스**

enim christiana nisi in unitate **ecclesiæ** non potest custodiri." Contra litteras Petiliani, lib. II., cap. lxxvii. 172. "Caritas ista non tenetur, nisi in unitate **ecclesiæ**. Non illam habent divisores.… Cupiditas enim cupit dividere, sicut caritas colligere." Sermo CCLXV., cap. ix. 11. "우리가 당신보다 못한 점이 무엇인가?"라고 도전하는 도나투스파의 질문에 대하여 어거스틴은 "Hoc solum minus habetis, quod minus habet qui caritatem non habet."(당신들에게 결여되어 있는 것은 카리타스를 지니지 못한 자가 결핍되어 있다는 점[을 모른다는 것]이다.)라고 답변한다. De baptismo, lib. I., cap. xiv. 22; cf *ibid.*, cap. vii. 9 - x. 14. Cf. Contra Cresconium, lib. II., cap. xii. 15 - xvi. 20. In ev. Joannis, tract. vii. 3.

14) De catechiz. rud., cap. xxvi. 50; PL 40, p. 345.

15) "Sed quisquis in Scripturis aliud sentit quam ille qui scripsit, illis non mentientibus fallitur: sed tamen, ut dicere coeperam, si ea sententia fallitur, **quæ ædificet** caritatem, **quæ** finis **præcepti** est, ita fallitur, ac si quisquam errore deserens viam, eo tamen per agrum pergat, quo etiam via illa perducit." De doct. christ., lib. I., cap. xxxvi. 41; PL 34: p. 34. Cf. Conf., lib. XII., cap. xviii. 27 & cap. xxx. 41 f.에서 동일한 개념을 참고하시오.

다음의 범례들은 어거스틴이 성경 안의 모든 것은 사랑에 일치되게 해석되어야 한다는 자신의 법칙을 적용할 때 그의 주석이 어떻게 되는가에 대한 생각을 제공한다. 요한복음 4장 40절에서 예수는 우물가의 여인과 대화를 나눈 후 사마리아인들과 **이틀을**(two days) 유하셨다고 말해진다. 어거스틴에 의하면, 이것도 예수께서 그들에게 **사랑의 두 계명**(two Copmmandments of Love)을 주셨다는 것을 "신비적으로" 의미한다. "quo numero dierum mystice commendatus est duorum numerus præceptorum, in quibus duobus πρ'χεπτισ tota lex pendet et **prophetæ**." In ev. Jn., tract. xvi. 3; cf. tract. xv. 33; & tract. xvii. 6. 둘이라는 숫자는 일반적으로 사랑의 계명을 지칭하는 것으로 받아들여진다. 과부가 단 **두 개의** 잔돈(two mites)만을 연보궤에 넣었다는 것(누가 21:2)이나 선한 사마리아인이 여관 주인에게 **두** 데나리온(*two* pence)을 주었다는 것(누가 10:35)은 심오한 신비적 의미를 지닌다. 부활 이후에 그리스도는 자신의 제자들에게 성령을 주셨다. 그는 제자들에게 숨을 내쉬며 "성령을 받으라."(요한 20:22)고 말씀하셨다. 오순절날에 성령이 두 번째로 강림하셨다. 왜 성령은 **두 번씩**(twice) 주어졌는가? 그것은 우리들에게 사랑의 두 계명을 가르치기 위함이다. "Una caritas, et duo **præcepta**: unus Spiritus, et duo data"(한 카리타스에 두 가지 계명, 한 성령에 두 가지 선물). Sermo CCLXV., cap. vii.-viii.

예수께서 벳새다에서 치유하셨던 그 사람은 38년동안이나 병자로 있었다. 왜 그렇게 오랫동안 병을 앓아야 했는가? 그 해답은 이렇다. 40이란 숫자는 완전한 삶을 의미한다. 모세, 엘리야, 그리스도, 이들은 모두 40일 동안 금식하였다. 모세는 율법을 나타내고 엘리야는 예언서를 나타내며 그리스도는 복음을 나타낸다. 율법과 예언서와 복음서 안에서 40이란 숫자는 동일하게 금식하고 죄로부터 금욕하는 완전한 삶을 의미한다. 그러나 그 완전한 삶은 무엇으로 이루어져 있는가? 사도는 이렇게 말한다. "사랑은 율법의 완성이다"(로마 13:10). "그러면 40이란 숫자가 율법의 완성을 의미하고 그 율법이 오직 사랑의 이중적인 계명에 의해서만 완성된다면, 당신은 왜 그 사람이 40년에서 2년이 부족한 햇수 동안만 아팠는지에 대해서 의심하는가?" 예수께서 그 남자를 치료하셨을 때, 그분은 그에게 두 가지 명령을 내리셨다. (1) "네 침상을 들어라!" (2) 그리고 "걸어라!" 다시 말하면, 예수는 그에게 이웃 사랑과 하나님 사랑을 가르쳤다. 왜 그는 이 순서로 하셨는가? 율법에서는 하나님 사랑이 첫째가는 위대한 계명이다. 하지만 율법의 완성(fulfilling) 때에는 그 순서가 역전된다. 우리는 우리가 보는 이웃에 대한 사랑으로 시작한다. 그것에 의하여 우리는 하나님을 보게 되는 공로를 얻는다. 하나님을 보기 위해서 우리는 이웃 사랑에 의하여 우리의 눈을 청결하게 한다. 그러므로 "네 침상을 들고 가라!"는 말은 "네 이웃을 사랑하라!"는 뜻이다. 그런데 그 이웃은 왜 침상에 비유되는가? 왜냐하면 그 사람이 아파 누워 있을 땐 그 침대가 그를 나르지만, 그가 건강할 때는 그가 침상을 나르기 때문이다. 사도는 말한다. "여러분은 서로 짐을 지고 그리스도의 법을 완성하십시오" (갈 6:2). "당신이 아팠을 때, 당신의 이웃이 당신을 운반해야만 하였습니다. 이제 당신은 건강하게 되었으니 당신의 이웃을 책임지시오! … 그래서 예수는 '네 침상을 들어라.'고 말씀하신 것이다. 그러나 당신이 그것을 들어 올렸으면, 거기에 머물러 있지 말고 '걸어라.' 당신은 당신의 이웃을 사랑하고 돌봄으로써 당신의 걸음(going)을 수행한다. 우리의 온 마음가 전 영혼과 온 생각을 다하여 사랑해야 할 주 하나님께로가 아니라면 우리는 어디로 갈것인가? 우리는 아직 하나님께 이르지 못하였다. 그러나 우리 곁에는 우리 이웃이 있다. 그러면 네와 동행하는 그를 짊어지라. 그렇게 함으로써 너는 네가 동거하기를 원하는 그분에게 갈 수 있다. 그래서 예수는 '네 침상을 들고 걸어라.' 하고 말씀하신 것이다. In ev. Jn., tract. xvii. 4-9. "Portamus proximum, et ambulamus, ad Deum." Tract. xvii. 11; PL 35; p. 1533. Cf. tract. xli. 13; PL 35, p. 1700.

자의적인 주석과 숫자-상징법은 전혀 놀라운 게 아니다. 우리는 유사한 것이나 더 나쁜 것들에도 익숙해져 있다. 특별히 영지주의적 문헌에서 그렇다. 그러나 우리는 그것들을 초대 교회의 문헌 안에서도 발견한다. 흥미로운 것은 어거스틴 안에 있는 이 자의적인 주석이 어떻게 모든 것을 카리타스에 향하도록 만드는데 사용되었가를 살피는 것이다.

16) Cf. 특히 "Enchiridion ad Laurentium sive de fide, spe et caritate"를 참고하시오. (본사 역간 「신앙 핸드북」)그것은 이 세 가지 주요제목 하에서 기독교적 신앙과 삶에 대한 기초적 주해(exposition)를 제공하기 위한 의도로 씌어졌다.

17) In ev. Jn., tract. lxxxiii. 3; PL 35, p. 1846.

18) Enchiridion, cap. cxvii. 31; PL 40, p. 286.

19) "Itaque si hanc vitam illi viri nobiscum rursum agere potuissent, viderent porfecto cuius auctoritate facilius consuleretur hominibus, et paucis mutatis verbis qtque sententiis christiani fierent, sicut plerique recentiorum nostrorumque temporum Platonici fecerunt." De vera religione, cap. iv. 7; PL 34, p. 126.

20) "Singula **quædam** dixerunt Plato adque Porphyrius, **quæ** si infer se communicare potuissent, facti essent fortasse Christiani." De civitate dei, lib. XXII., cap. xxvii.

21) K. Holl: *Gesammelte Aufsätze zur Kirchengeschichte,* Band I. *Luther,* 1921, p. 139.
22) 이 질문에 대해선 다음 문헌을 보시오. J. Nörregaard: *Augustins Bekehrung,* 1923, & K. Holl: *Augustins innere Entwicklung* (*Gesammelte Aufsätze zur Kirchengeschichte,* III, 1928, pp. 54-116).

우리는 어거스틴에 대한 풍부한 문헌을 더 많이 언급할 수 있다. - H. Reuter: *Augustinische Studien,* 1887, A. Harnack: *Augustins Konfessionen* (Reden und **Aufsätze** I, 2 Aufl. 1906, pp. 49-79); *Die Höhepunkte in Augusins Konfessionen* (Aus der Friendens- und Kriegsarbeit, Reden und **Aufsätze,** Neue Folge III, 1916, pp. 67-99); *Reflexionen und Maximen,* 1922. W. Thimme: *Augustins geistige Entwickelung,* 1908. J. Mausbach: *Die Ethik des heiligen Augustinus,* 1909. H. Scholz: *Glaube und Unglaube in der Weltgeschichte,* 1911. E. Troeltsch: *Augustin, die christliche Antike und das Mittelalter,* 1915. J. Hessen: *Die unmittelbare Gotteserkenntnis nach dem heiligen Augustinus,* 1919; *Augustinus und seine Bedeutung für die Gegenwart,* 1924. G. Ljunggren: *Zur Geschichte der christlichen Heilsgewissheit,* 1920. J. Geyser: *Augustin und die phänomenologische Religions philosophie der Gegenwart,* 1923. R. Reitzenstein: *Augustinus als antiker und mittelalterlicher Mensch* (**Vorträge** der Bibliothek Warburg, 1922-23), 1924. E. Salin: *Civitas Dei,* 1926. G. **Aulèn**: *Den kristna gudsbilden,* 1927, pp. 98-126. Cuthbert Butler: *Western Mysticism,* 1927. M. Schmaus: *Die psychologische Trinitänslehre* des *hl.* Augustinus (**Münsterische Beiträge** zur Theologie, hrsg. von F. Diekamp und R. Stapper, H. 11), 1927. H. Arendt: *Der Lievesbegriff bei Augustin* (Philosophische Forschungen hrsg. von K. Jaspers, 9), 1929. M. Grabmann & J. Mausbach: *Aurelius Augustinus. Festschrift der **Görres**-Gesellscaft,* 1930. É Gilson: *Introduction à l'étude de Saint Augustin,* 1931. W. Theiler: *Porphyrios und Augusin,* 1933. A. Dahl: *Odödlighetsproblemet hos Augustinus,* 1935. A. **Petzäll**: *Etikens sejularisering, dess betingelser inom kristen spekulation med särskild hänsyn till Augustinus,* 1935.

제26장

어거스틴의 사활적인 문제: 에로스 동기와 아가페 동기 사이의 논쟁 해결

제1절 어거스틴의 종교적 발전에서 에로스 동기

어거스틴적 기독교에선 물어볼 것 없이 사랑(LOVE)이 중심적이다. 그러나 그것이 어떤 종류의 사랑인지 그것의 특성이 에로스적인지 아가페적인지는 말하기 쉽지 않다. 처음에는 에로스 동기가 압도적인 것처럼 보인다. 그리고 어거스틴의 「고백록」에 서술된 그의 성장을 힐끗 보기만 해도 이러한 인상을 확신하게 된다.

플라톤은 에로스의 길을 밟는 과정을 다음과 같이 묘사한다. "우리가 홀로 가든지, 다른 사람에 이끌려 가든지, 에로스의 바른 길은 여기 있는 아름다운 것들로 시작하여, 위에 있는 아름다움을 목표로 삼고 위쪽으로 올라간다. 말하자면 우리는 사닥다리를 타고 한 아름다운 본체(body)로부터 두 본체들로, 그 둘로부터 다른 모든 것들로, 또한 아름다운 본체들에서 아름다운 행위들로, 행동의 아름다움에서 지식의 아름다운 형태로, 그리고 마침내 이것들로부터 美 자체인 지식에 도달한다."[1] 간단히 말해서 이것은 플라톤적 구원의 방법이다. 그것은 에로스 경건의 구원 질서(ordo salutis)이다.

어거스틴은 「고백록」에서 기독교적 관점에서 자기의 성장을 다루긴 하였지만 실제론 플라톤이 "에로스의 정도(正道)"라고 부른 것에 대한 유별나게 분명한 보기를 제공한다. 특별히 어거스틴의 초기 성장은 극적이다. 그는 열광적으로 한 이론을 받아들였다가 급작스럽게 그것을 포기한다. 그러나, 이렇게 분명한 목적없이 한 관점에서 다른 관점으로 방향을 바꾸는 데에도 매우 강력한 연속성이 있다. 그 변화 가운데 영속적인 것이 있다. 실질적으로 그의 다른 모든 국면들을 통하여 불변하는 것이 그를 따라 다닌다. 그것은 바로 에로스적 관점이다. 어거스틴을 그것으로 인도한 것은 신플라톤주의가 아니었다. 그는 처음부터 에로스적 관점을 지니고 있었다. 그리고 그것은 마니교도로서, 신플라톤주의자로서, 기독교인으로서의 어거스틴을 동일하게 지배한다. 처음부터 끝까지 그의 영적 생활은 고도의 에로스적 징우를 담고 있다.

어거스틴은 키케로(Cicero)의 「호르텐시우스」(*Hortensius*)를 알면서부터 자신의 영적 생애에 더 큰 안정이 시작되었다고 추정한다. 어거스틴은 이 책을 연구함으로써 철학적 에로스에 의해서 사로잡혔다. 나중에 회고할 때 그는 이것을 기독교적인 하나님 사랑과 동일시한다. 그는 다음과 같이 기록하였다. "나는 믿을 수 없을만큼 열정적인 가슴으로 불멸의 지혜를 동경하였습니다. 그리고 나는 당신에게 돌아가기 위하여 일어나기 시작하였습니다.… 어떻게 나는 불타올랐나요? 오 하나님, 어떻게 나는 지상으로부터 당신께로 솟구치려는 욕망으로 불타올랐나요? 나는 당신이 나에게 행하려고 하시는 바를 몰랐습니다. 지혜는 당신과 함께 있기 때문입니다. 그러나 지혜의 사랑은 그리스어로 철학이라고 불리워집니다. 그 책은 바로 이것으로써 나를 불태웠습니다." [2] 나중에 그는 (신성한 것에 대한 사랑인) 신플라톤적 에로스를 매우 심도있고 내면적으로 자기 자신의 것으로 만들었다. 그래서 그것은 말하자면 어거스틴의 존재의 핵심이 되었다.

어거스틴은 이렇게 시작하였고 그렇게 계속하였다. 보통 그의 회심이라고 불린 위기는 아무런 본질적인 변화도 일으키지 않았다. 그의 회심은 에로스 경건에 의해 창안된 구도에 전적으로 들어맞는다. 어거스틴은 그것을 자신이 철학적 에로스에 사로잡혔 있을 때 자신에게 발생한 것의 제2막으로 묘사한다. 그러면 그가 원하였으나 얻지 못하였던 것들은 무엇인가? 그는 지상적인 것들을 경멸하고 자신의 동경을 전적으로 초감각적인 것으로 전향하고 영혼의 날개를 타고 신의 영역으로 올라가고 싶어했다. 그런데 이것이 그의 회심 때에 실재가 된 것이다.[3] 이 변화가 신플라톤주의적 구원도식에 타당하긴 하지만, 신플라톤주의는 그것을 이룰 능력이 없었다. 신플라톤주의는 그에게 무엇을 사랑의 대상으로 삼아야 하는가에 대해선 적절하게 보여주었지만, 그 대상은 너무나 추상적이었고 멀리 떨어져서 그를 영속적으로 붙들지 못했다.

신플라톤주의는 어거스틴 안에서 하나님 사랑을 자극하였다. 그러나 그 사랑은 영원한 기질이라기보다 오히려 쉬 지나가는 덧없는 감정이었다. 어거스틴 자신은 그것을 다음과 같이 서술한다. "나는 내가 이미 당신의 환영이 아닌 당신을 사랑했다는 데 놀랐습니다. 그러나 나는 나의 하나님을 계속하여 즐기지 못했습니다. 나는 당신의 美에 의해서 당신에게로 이끌려 갔다가, 나 자신의 무게에 의해서 당신을 떠나 가버리곤 하였습니다."[4] 어거스틴은 신플라톤주의가 그에게 보여주었던 에로스 사닥다리를 타고 육적 세계의 아름다움에서 영혼과 이성의 세계를 통과하여 영원하고 불변하는 존재(Being)에게 올라갈 수 있었다. 그리고 떨리는 목격의 순간에 신성 그 자체를 어렴풋이 볼 수 있었다.[5]

어거스틴은 결코 기독교의 하나님 사랑이 플라톤적 에로스와 동일하다는 것과 에로스의 길이 궁극적으로 기독교가 선포하는 동일한 하나님에게 통한다는 것을 의심하지 않았다. 단지 아직까지 그에겐 내구력이 부족할 뿐이다. "나는 당신을 응시하도록 나의 시선을 고정할 능력이 부족하였습니다. 그리고 나의 연약함 중에서 나는 되침을 받고 나에게 익숙한 길로 다시 되돌아 갔습니다."[6] 그러자 회심이 온다. 회심의 주요한 의미는 변덕스러운 에로스 감정(mood)이 안정적이고 영속적인 에로스 기질(disposition)

로 향상되었다는 점이다.

어거스틴의 종교생활의 초기와 그가 "회심"에 도달한 종교적 성숙기에 타당한 것은 나중에 달성한 그 높이에도 마찬가지로 타당하다. 우리는 어거스틴이 그의 모친의 사망 며칠 전에 그녀와 하늘 나라에 대하여 나눈 대화를 상기할 수 있다. 그 대화에서 표현된 전반적인 영적 태도는 에로스에 의해서 자극받은 영혼이 신에게로 상승하는 것을 그 원형으로 삼고 있다.[7] 한걸음씩 그 길은 물질 세계의 다양한 영역들을 통하여 인간의 영으로, 그리고 나면 그 위의 더욱 높은 영역으로, 즉 위대한 정적이자 고요로 통한다. 거기서는 하나님 자신에 대하여 직접적으로 이해(apprehension)할 수 있다.[8] 사실 이것은 어떤 점에선 신플라톤주의 전통과 다르다. 특별히 하나님께 몰아적으로 몰두하는 것이 부족하다. 그러나 이 상승의 전체 도식이 에로스 동기에 의해서 결정된다는 것을 의심하는 것은 불가능하다.

제2절 아가페 동기는 어거스틴의 전망에서 기본요인이다

그러나 위의 내용으로부터 어거스틴이 에로스 경건만을 배타적으로 대변하고 아가페 동기는 별 구실을 하지 않는다고 결론을 내리는 것은 그를 너무 부당하게 평가한 것이다. 어거스틴은 의심의 여지없이 아가페 동기로 소급될 수 있는 무수한 개념들과 의견들을 가지고 있다. 그는 초대 교회의 교부들 중 그 누구보다도 아가페적 의미에서의 기독교적 사랑에 중심적인 위치를 부여하였다.

무엇보다도 그의 은총(Grace)과 예정(Predestination)에 관한 이론이 이것이 그러함을 보여준다. 그는 신의 은총이 "先行하며"(preveniens) "은혜로 주어졌"(gratis data)다는 것을 여러 번 이야기한다.[9] 그렇다면 그것은 하나님의 아가페의 선포 외에 무엇인가? 또한 어거스틴적 예정론은 어떤 관점에서는 하나님의 사랑의 무동기적·자발적 본성을 가장 강조하는 고백이다. 어거스틴은 그 개념을 진지하게 받아들였다. "네가 나를 택한 것이 아니라 내가 너를 선택하였다." 우리가 그분에 대한 신앙과 사랑으로 돌아가기 전에 하나님은 자발적인 사랑 안에서 우리를 선택하셨다. 어거스틴은 "이것이 형언할 수 없는 은총이다. 우리가 아직 그리스도를 선택하지 않았을 때, 그래서 결과적으로 그분을 사랑하지 않았을 때 우리는 무엇이었던가?… 불의하고 파멸한 자들 외에 그 무엇이었던가?"라고 말한다.[10] 어거스틴은 "우리가 아직 죄인되었을 때에 그리스도께서 우리를 위하여 죽으심으로 하나님께서 우리에게 대한 자기의 사랑을 확증하셨다(commendeth)(롬 5:8)"라고 한 바울의 말을 결코 피해가지 않았다. 어거스틴에게 있어서도 하나님의 사랑은 역설적이며 "불가해한 것들"(incomprehensibilis)이다.[11]

어거스틴은 하나님의 사랑에 대해 말할 때 가끔 에로스-도식에서 단절하고 멀어지는 것처럼 보인다. 엄격히 말해서 에로스 이론에 근거하면 하나님의 사랑에 대한 논의가 아예 불가능하다. 왜냐하면 에로스-사랑은 항상 불완전을 전제하기 때문이다. 즉 에로스는 아직 충족되지 않은 필요를 전제한다. 사실 어거스틴이 신의 사랑의 고귀한 본성을 보여주기 위하여 두 종류의 사랑을 구별할 때, 그것은 에로스 이론을 의식적으로 공격한 것처럼 보인다. 어거스틴은 사랑을 필요와 동경의 갈증(indigentiae siccitate)에 기인하는 사랑과 善(bonum)과 자비의 풍성함(beneficentiae ubertate)으로부터 넘쳐나오는 사랑을 구분한다. 다른 방법으로 표현하자면 사랑은 불행에서 나오는 사랑(amor ex miseria)과 자비에서 나온 사랑(amor ex misericordia)으로 구분된다.[12] 이것들의 차이점은 에로스와 아가페의 차이점이 아니고 무엇이겠는가?

어거스틴은 우리를 향한 하나님의 사랑을 에로스-사랑과 구분해야 한다는 점을 잘 아는 것 같다. 하나님의 사랑은 자비의 사랑이며 선한 의지의 풍요로부터 나오는 사랑이다. 에로스-사랑은 상승하여 그것의 필요를 만족시키려고 한다. 반면에 아가페-사랑은 도와주고 베풀기 위하여 내려온다. 어거스틴 자신의 말로 표현하면, 하나님은 "초월적으로"(ultro) 사랑하신다. 즉 아가페 사랑의 무동기적·자발적 특성 때문에 하나님의 사랑은 인간 안에 사랑의 응답을 불러 일으키는데 훨씬 더 큰 능력을 가지고 있다. 인간은 하나님의 사랑에 대하여 어떠한 요구도 주장할 수 없다. 하나님의 사랑이 인간에게 주어지는 것은 신의 기적에 달린 것이다. 최고의 재판관이신 하나님이 죄악된 인간에게 내려온다.[13] 이러한 사상 계통은 어거스틴에게는 오히려 고립되어 있다. 그런데 그것이 그렇게 분명한 형태로 발생한다는 점은 주목할만한다. 그런 주장들에 관해서 특별히 우리가 은총과 예정의 개념이 대단히 주요하고 중심적임을 상기한다면, 우리는 아가페가 어거스틴의 종교생활과 종교사상의 기본요인이라는 점을 더 이상 의심할 수 없다.

그 밖에 어거스틴의 아가페에 관한 관심을 입증하는 것들 중에서 가장 강력한 것은 성육신 개념에 대한 그의 정력적인 확증이다. 모든 시대에 이 개념은 항상 아가페 동기의 안전장치였다. 성자의 성육신에 의하여, 하나님은 스스로 변화와 죄악의 세상에 사는 우리에게 오셨다. 이것은 어거스틴의 기독교 사상의 영구적인 거점을 형성하였다. 그의 회심에 바로 뒤이은 작품들에서 성육신 개념의 탁월성이 두드러진다. 또는 그 반대로 이 작품들은 매우 선명하게 신플라톤주의적 성격을 지니고 있기에 더욱 더 그러하다. 그리고 성육신 개념에서보다 다른 개념들에서 신플라톤주의가 차지하는 비중이 더 크다.[14] (앞에서 보았듯이) 어거스틴의 회심이 에로스 개념의 온전한 출현이라면, 동시에 그것은 아가페 개념의 출현도 상당한 정도로 의미한다고 볼 수 있다. 조건없이 자발적으로 도와주고 베풀어 주기 위하여 내려오는 그 사랑이 어거스틴에겐 낯설지 않았다. 그러나 그는 아가페를 그것의 기독교적인 충만함 속에서 결코 알지 못하였다.

제3절 에로스와 아가페 사이의 논쟁점 해결

우리는 「고백록」의 제7권의 행간에서 어거스틴이 에로스와 아가페 사이의 문제를 어떻게 해결했는지 읽을 수 있다. 어거스틴은 자신이 신플라톤주의에서 발견한 것과 발견하지 못한 것을 여기서 서술한다. 그는 하나님과 영원한 세계를 발견하고 신을 향하는 에로스로 불타올랐다. 하나님은 그가 접근하기엔 너무나 멀리 있다. "내가 처음 당신을 알았을 때, 당신은 나를 당신에게 이끌어 올리셨습니다.… 그러나 당신이 능력으로 당신의 광선을 내 위에 비추시자 나의 연약한 시력은 압도되었습니다. 그리고 나는 사랑과 경외감으로 전율하였고 내 자신이 당신으로부터 너무 멀리 동떨어져 있다는 것을 발견하였습니다." [15] 신플라톤주의는 그에게 사랑과 동경의 대상을 보여줄 수 있었으나 그것을 획득하는 방법을 보여줄 수 없었다.

하나님과 인간 사이에는 인간이 건널 수 없는 큰 틈이 있다. 에로스 안에서 인간은 하나님에게 묶여 있지만 그분에게 도달할 수는 없다. 동경의 날개는 그를 영원자에게까지 들어올릴 수 있을만큼 충분히 강하지 못하다. 어거스틴은 아무 의심없이 에로스를 하나님께 가는 길로 여겼다. 그러나 어거스틴은 우리가 실제 존재하는 상태에서 그 길에 의해서 하나님께 다가갈 수 있을지에 대해선 의심하였다. 우리가 하나님을 찾으려면 그분이 직접 내려와 우리를 만나주셔야 한다. 그러나 신플라톤주의는 그것에 대하여 전혀 몰랐다. 어거스틴은 하나님과 그분의 본성, 그분을 향한 인간의 에로스, 태초에 하나님과 함께 실재하셨던 하나님의 말씀 등에 대해 신플라톤주의자들의 저술에서 읽을 수 있었다.[16] "그러나 나는 거기에서 말씀이 육신이 되셨고 우리 가운데 거하셨다는 것을 읽지 못했다."라고 어거스틴은 말한다.[17] 신플라톤적 작품들은 어거스틴에게 성자가 하나님의 형체(form)로 계셨다는 것은 말해 줄 수 있었을 것이다. 그러나 "그 책들은" 그분이 자신을 비우시고 죽기까지 순종하셨다는 것과 하나님께서 그의 독생자를 아끼지 아니하시고 우리 모두를 위하여 그를 내어 주셨다는 내용은 "담고 있지 않았다." [18] 어거스틴은 신플라톤주의에서 격정으로 하늘을 잡으려 하는 인간적 에로스를 발견한다. 그러나 그는 강림하는 하나님의 아가페를 놓친다. 그런데 에로스는 아가페 없이는 하나님께 도달할 수 없다.

어거스틴은 기독교의 아가페가 신플라톤적 에로스와 직접적으로 반대되고 이 두 동기들이 일치하는 바는 물과 불 사이보다 더 나을 게 없다는 점을 결코 보지 못했다. 이것은 납득하기 어려운 사실이다. 어거스틴이 하나님의 아가페를 의식하게 되었을 때에도, 그는 여전히 자신의 순영혼을 가지고 에로스의 영토에서 살고 있었다. 아가페는 그가 이미 소유하고 있었던 것에 새로이 첨가된 요소에 불과하다. 기존의 소유의 타당성은 결코 의심되지 않았다. 즉 아가페가 에로스의 구도에 맞춰진 것이다. 아가페는 필수적인 교정도구이다. 그것 없이 에로스는 그 목표에 도달할 수 없다.

그러면 에로스 안에 있는 교정해야 할 오류는 무엇인가? 한 마디로 말해서 그것은 언제나 에로스에 묶여 있는 superbia(교만)이다. 영혼이 더 높은 세상으로 올라면 자기충족과 교만의 감정을 생산한다. 어거스틴은 이것을 체험적으로 깨달았다. 신플라톤주의는 그에게 하나님을 알라고 가르쳤고 그에게 하나님 사랑을 불러 일으켰다. 하지만 신플라톤주의는 그에게 교만도 일으켰다.[19] 영혼이 에로스에 빠져서 지상적·일시적 세상을 저 밑에 내버려두고 더 높은 곳으로 계속해서 올라갈 때, 그것은 수페르비아에 최근접(最近接)한 "자만심"(Hochgefühl)에 사로잡힌다. 영혼은 이미 성취감을 느끼기 시작하여, 자기충족적으로 되며 신성과 그 자신의 거리를 망각한다. 하지만 그런 몽상들 때문에 영혼은 결코 그 목적에 도달할 수 없다.

기독교적 입장에서 어거스틴은 신플라톤적 에로스가 특이한 모순에 빠져 있는 것을 발견한다. 즉 에로스는 일시적인 모든 것들을 넘어서, 심지어 그 자신마저 넘어서 신에게 도달하려는 인간의 바람이다. 그러나 그 상승은 수페르비아와 자기충족감을 불러일으키게 되고, 그 결과 인간은 그 자신 안에 남아 있게 되고 결코 신성에 도달하지 못한다.[20] 신플라톤주의에서 배운 것을 회고하면서, 어거스틴은 그것이 그에게 올바른 목적을 가르쳐주었다는 것을 부인하지 않을 것이다. 그러나 그는 "예수 그리스도는 겸손이시다. 그 겸손의 토대 위에서 건축된 사랑은 어디에 있었는가? 이 책들은 언제 그것을 나에게 가르쳐 줄 것인가?"라고 질문한다.[21] 어거스틴이 여기서 성경으로 옮겨 갔을 때(혹은 그의 표현대로, "제가 당신의 책들에 의해서 길들여졌을 때") 그는 신플라톤주의 정신과 기독교적 정신 사이에 근본적인 대립이 있다는 것을 발견하였다. 한편에는 superbia(교만)가, 다른 한편에는 humilitas(겸손)가 있다.

이 교만은 에로스가 그 목표에 달성하지 못하도록 방해한다. 이 교만의 유일하고 진정한 치료는 하나님의 아가페다. 아가페는 하나님이 자신의 아들을 보내실 때 보여주신 그분의 사랑이다. 성자는 십자가에 죽기까지 자신을 낮추셨다. 어거스틴은 이런 맥락에서 "무동기적" 특성 즉 하나님의 사랑의 역설을 감지할 수 있었다. 하나님이신 그분이 종의 형상(form)을 취하시고 십자가상의 죽음을 겪으신 것은 엄밀하게 적절한 것은 아니었다. 성육신은 하나님 쪽에서는 겸손(condescension)이요 우리에게는 불가해한 것이다. 그러나 "인간이 신-인(God-man)을 통하여 하나님에게 갈 수 있는 길이 있어야 한다는 것"은 필연적이었다.[22] 신적인 아가페보다 열등한 것들은 인간의 superbia를 깨뜨릴 수 없었다.

어거스틴에게 있어서 성육신은 하나님의 아가페의 증거물이었다. 그는 주로 겸손의 모범(exemplum humilitatis)으로서 아가페에 관심이 있었다. 그 무엇도 하나님의 humilitas처럼 인간의 superbia를 드러내고 극복할 수 없다. 인간은 성육하신 하나님을 통해서만 회복될 수 있다. 바로 이 사실만큼 인간이 하나님을 엄청나게 멀리 벗어났다는 것을 잘 보여줄 수 있는 것은 아무것도 없다.[23] "인간의 수페르비아를 치료하기 위하여 하나님의 아들이 내려오셔서 비천하게 되셨다. 오 인간이여, 당신은 어째서 교만한가? 하나님은 당신 때문에 비천하게 되셨다. 당신은 아마 비천한 사람을 닮는 것을 부끄러워 할 것이다. 하지만 적어도 겸손[비천]한 하나님을 모방하라."[24] 하나님의 아가페 즉 (어거스틴이 좋아하는 표현대로) 하나님의 후밀리타스는 인간의 수페르비아에 대한 해독제이다.[25]

그러므로 어거스틴에 의하면, 아가페와 에로스의 관계는 다음과 같다. 에로스는 혼자서도 하나님을 볼 수 있고 스스로 하나님께 이끌린다고 느낀다. 그러나 그것은 하나님을 단지 원거리에서만 본다. 하나님과 영혼 사이에는 거대한 대양(大洋)이 있다. 그래서 영혼이 그분에게 도달하였다고 상상할 때, 그것은 단지 자기충족과 교만, 즉 그 자신의 은신처에 들어간

것에 불과하다. 교만이 없었다면 에로스는 영혼을 하나님에게 인도할 수 있을 것이다. 여기서 아가페가 에로스를 도울 수밖에 없다. 하나님의 humilitas는 인간의 superbia를 정복해야만 한다. 지상적·일시적인 것들에 얽매이게 하는 다른 모든 인연에서 벗어난 영혼이라고 하더라도 그것이 교만에 감염되어 있다면, 그것은 상승에 성공하지 못할 것이다. superbia에 의하여, 영혼은 자신의 사슬에 얽매여서 자신을 초월하여 상승할 수 없다. 유한자들과 영혼의 마지막 고리를 잘라내는 것이 아가페의 임무이다. 인간이 하나님의 후밀리타스의 영향으로 자신으로부터 해방될 때, 그 상승은 성공한다. 더 이상 아무것도 그 영혼을 아래쪽으로 끌어내리지 못한다. 그리스도의 십자가는 영혼을 대양(大洋) 너머에 있는 그 조국으로 운반한다. 그리스도의 십자가는 곧 그분의 후밀리타스이다.

요약하자면, 우리는 제4복음서의 제1장에 대한 어거스틴의 주해로부터 그 자신의 말들을 인용할 수 있다. "이것들도 [모든 것들이 말씀으로 창조되었다는 것도] 철학자들의 책에서 발견된다. 그런데 하나님에겐 독생자가 있어서, 그분을 통하여 모든 것들이 존재한다. 철학자들은 존재하는 것을 볼 수는 있었지만 그것을 멀리서만 보았을 뿐이다. 그리스도의 후밀리타스의 배를 타면 그들은 자신들이 멀리서 볼 수 있었던 그곳에 안전하게 도착할 수 있었을 것이다. 하지만 그 철학자들은 그리스도의 후밀리타스를 용납하지 않을 것이다. 그들은 그리스도의 십자가를 멸시하였다. 그들은 그 바다를 건너야만 했다. 그런데 당신은 그 나무(Wood)를 멸시하는가?

오 교만한 지혜여! 그대는 십자가에 달린 그리스도를 비웃는다. 그리스도는 그대가 멀리서 보았던 그분이다. '태초에 말씀이 계셨다. 이 말씀이 하나님과 함께 계셨다.' 하지만 그분은 왜 십자가에 달리셨는가? 바로 그분의 겸손의 나무(Wood)가 그대에게 필요했기 때문이다. 그대는 교만으로 부풀려져서 고국에서 멀리 쫓겨나 있었다. 그리고 이 세상의 물결들이 그 길을 단절시켰다. 그래서 그 나무가 당신을 운반하지 않는 한 고향으로 건너갈 수단이 없다.

배은망덕한 자여! 당신은 당신을 [고향으로] 돌아가도록 도와주려고 당신에게 찾아오신 그분을 조롱하는도다. 그분은 그 바다를 통과하는 길이 되셨다.… 십자가에 달리신 분을 믿으라, 그러면 당신은 그곳에 도착할 수 있을 것이다. 그분은 당신을 위하여 당신에게 겸손을 가르치기 위하여 십자가에 달리셨다.”[26]

주

1) Symposium 211.

2) Conf., lib. III., cap. iv. 7; cf. De beata vita, I. 4: "tanto amore philosophiæ succensus sum, ut statim ad eam me ferre meditarer."

3) "Quoniam multi mei anni mecum effluxerant - forte duodecim anni - ex quo ab undeuicensimo anno ætatis meæ lecto Ciceronis Hortensio excitatus eram studio sapeientæ et differebam contemta felicitate terrena ad eam inuestigandam uacare."… "Ita te adhuc premit umerisque liberioribus pinnas recipiunt, qui neque ita in quærendo adtriti sunt nec decennio et amplius ista meditati." Caonf., lib. VIII., cap. vii. 17, 18. 이러한 고찰들은 이집트의 은자들의 이야기와 더불어 어거스틴의 회심의 계기였다. 플라톤의 파이드루스(Phædrus)를 연상시키는 "영혼의 날개들"의 은유에 주목하시오.

4) Conf., lib. VII., cap. xvii. 23.

5) 에로스 동기가 어거스틴의 구원론의 출발점으로서 가지는 중요성은 Conf., li. VII., cap. xvii.에서 가장 명쾌하게 나타난다. 먼저, 그는 플라톤적 에로스와 기독교의 하나님 사랑을 동일시한다. 우리는 뒤따르는 부분에서 에로스 이론의 거의 모든 특징들을 발견한다. 즉 그것들은 일시적인 것들의 아름다움(pulchritudo corporum terrestrium), 이것들로부터 한 단계씩(gradatim a corporibus) 불변하는 것들로(ad id, quod est: inconmutabilem) 상승하는 것, 회상(memoria tui; non mecum ferebam nisi amantem memoriam), 그 아름다움에 대한 전율적인 관상(in ictu trepidantis aspectus), 그것의 황홀한 흡인력(rapiebar ad te decore tuo), 그리고 육신의 끌어내리는 힘 (diripiebar abs te pondere meo) 등이다. 어거스틴은 (종종 다른 곳에서 인용하듯이) 여기서도 Wisd. ix. 15를 인용하여, 영혼이 신적인 것으로 상승하여 하나님과 온전한 친교를 향유하는 것을 방해하고 끌어내리는 것이 육신이라고 하는 사상을 성경적으로 입증한다.

6) Conf., lib. VII., cap. xvii. 23.

7) Conf., lib. IX., cap. x. 어거스틴이 기독교의 내용에 대하여 쓴 다양한 주해들 속에도 동일한 에로스적 태도가 발견된다. cf., e.g., De doctrina christiana, de vera religione, De moribus ecclesiæ catholicæ, De libero arbitrio, De beata vita. 우리는 유사한 견해들을 예컨대 니사의 그레고리에게서 이미 접하였다.

8) "Perambulauimus gradatim cuncta corporalia et ipsum cælum, unde sol et luna et

stellæ lucent super terram. Et adhuc ascendebamus interius cogitando et loquendo et mirando opera tua et uenimus in mentes nostras et transcendimus eas." Conf., lib. IX., cap. x. 24. 어거스틴이 Conf., li. X., cap. vi.-xxviii.에서 "Quid amo, cum deum amo?" (내가 하나님을 사랑할 때 나는 무엇을 사랑하는가?)라고 묻는 자신의 반복되는 질문에 대하여 제시한 세부적인 답변을 보면 이러한 에로스의 태도가 어거스틴의 진짜 견해를 반영한다는 것은 매우 자명하다. 그는 여기서 하나님께로 가는 길을 거의 오로지 에로스 동기의 영역에서 파생된 용어들로만 서술한다.

9) "Misericordia ejus **prævenit** nos." In ev. Jn., tract. lxxxvi. 2; cf. tract. lxxxii. 1; De patientia, cap. xxi. 18; Sermo CLXXVI., cap. v. 5. 더 이상의 증거는 불필요하다. 어거스틴의 작품들에는 그러한 주장들로 가득 차 있다.

10) In lxxxvi. 2. 그리고 앞 각주에서 "De patientia"로부터 발췌된 인용구절도 참고하시오.

11) In ev. Jn., tract. cx. 6.

12) "Ibi enim gratior amor est, ubi non **æstuat indigentiæ** siccitate, sed ubertate **beneficentiæ** profluit. Ille namque amor ex miseria est, iste ex misericordia." De catechiz. rud., cap. iv. 7.

13) "Jam vero si etiam se amari posse a superiore desperabat in ferior, ineffabiliter commoverbitur in amorem, si ultro ille fuerit dignaturs ostendere quantum diligat eum, qui nequaquam sibi tantum bonum promittere auderet. Quid autem superius Deo judicante, et quid desperatius homine peccante?" *Ibid.*

14) *E.g.*, Contra Academicos, lib. III., cap. xix. 42; De ordine, lib. I., cap. x. 29, & lib. II., cap. v. 16.

15) Conf., lib. VII., cap. x. 16: "O **æterna** ueritas et vera caritas et cara **æternitas**! Tu es deus meus, tibi suspiro die ac nocte. Et cum te primum cognoui, tu assumsisti me, ut uiderem esse, quod uiderem, et nondum me esse, qui uiderem. Et reuerberasti infirmitatem aspectus mei radians in me uehementer, et contremui amore et horrore: et inueni longe me esse a te." 이것은 플라톤의 에로스에게 사로잡힌 자의 상태에 대하여 "파이드루스"(Phædrus, 251)에서 서술하는 유명한 준-생리학적인(semi-physiological) 묘사를 연상시킨다. 양자의 분위기는 동일하다. 우리는 거기처럼 여기서도 아름다움의 "광채"(radiance), 사랑의 "전율" 사랑과 경외감의 뒤섞임, 밤낮으로 연인에게 안식을 주지 않는 갈망 등을 발견한다.

16) Conf., lib. VII., cap. ix. 13.

17) *Ibid.*, cap. ix. 14.

18) *Ibid.*

19) Conf., lib. VII., cap. xx. 26.

20) "Viderunt quo veniendum esset: sed ingrati ei qui illis **præstitit** quod viderunt, sibi voluerunt tribuere quod viderunt; et facti superbi amiserunt quod videbant." In ev. Jn., tract. ii. 4.

21) Conf., lib. VII., cap. xx. 26. "겸손의 토대 위에 건축되는 사랑"(**ædificans** caritas)

에서 "지식(Gnosis)은 우쭐대게 만들지만, 사랑은 덕을 세우느니라"(caritas ædificat, 고전 8:1)고 말한 바울의 말들이 연상된다. 이것에 관해선 본서 p. 135를 참고하시오. 여기서 어거스틴의 사상은 이렇게 표현될 수 있다. 즉 에로스는 그 자체로만 취한다면 우쭐대게 만든다. 그것은 아가페와 연관될 때에만 덕을 세우는 사랑이 된다.

22) De civitate dei, lib. XI., cap. ii.

23) "··· ut humana superbia per humilitatem Dei argueretur ac sanaretur, et demonstraretur homini quam longe a Deo recesserat, cum per incarnaturm Deum revocaretur, et exemplum **obedientiæ** per hominem Deum contumaci homini **præberetur**." Enchiridion, cap. cviii. "Credimus pro nobis Deim hominem factum, ad humilitatis exemplum, et ad demonstrandam erga nos dilectionem Dei." De trinitate, lib. VIII., cap. v. 7.

24) "Ut ergo causa omnium morborum curaretur, id est superbia, descendit et humilis factus est Filius Dei. Quid superbis, homo? Deus propter te humilis factus est. Puderet te fortasse imitari humilem hominem, saltem imitare humilem Deum." In ev. Jn., tract. xxv. 16. "Vitiorum namque omnium humanorum causa *superbia* est. Ad hanc covincendam atque auferendam talis medicina coelitus venit: ad elatum hominem per superbiam, *Deus humilis descendit* per misericordiam." De peccatorum meritis et remissione, lib. II., cap. xvii. 27. "Magna est enim miseria, *superbus homo*; sed major est misericordia, *humilis Deus*." De catechiz. rud., cap. v. 9.

25) "Itaque filius dei hominem adsumpsit et in illo humana perpessus est. **Hæc** medicina hominum tanta est, quanta non potest cogitari. Nam **quæ** superbia sanari potest, si humilitate filii dei non sanatur?" De agone christiano, xi. 12. "Hoc enim nobis prodest credere, et firmum atque inconcussum corde retinere, *humilitatem* qua naturs est Deus ex femina et a mortalibus per tantas contumelias perductus ad mortem, *summum esse medicamentum quo superbiæ nostræ sanaretur tumor*." De trinitate, lib. VIII., cap. v. 7.

26) In ev. Jn., tract. ii. 4.

제27장

카리타스 개념의 분석

제1절 획득적 사랑은 인간 생명의 근본형태이다

앞에서 논의한 내용으로부터 분명해진 것은 어거스틴의 사랑 개념이 에로스와 아가페라는 오래된 두 가지 사랑-동기들에 기초한다는 점이다. 그에게는 둘 다 살아있는 실재들로서 그의 사랑 개념을 형성하는데 도움을 주었다. 그러나 그의 사랑 개념은 단순히 경쟁적인 두 동기들을 절충한 것이 아니다. 어거스틴의 사랑개념은 본질적으로 새로운 사랑 개념 즉 카리타스 개념이다. 우리는 이제 이것이 의미하는 바를 훨씬 세부적으로 살펴볼 것이다.

어거스틴이 의미하는 "사랑"이란 단어는 카리타스였다. 카리타스(caritas)는 매우 구체적인 어떤 것을 의미한다. 그러나 그것이 의미하는 바를 단순한 공식문구로 표현하는 것은 용이하지 않다. "카리타스"는 복합적인 개념들 전체를 포함한다. 그래서 어거스틴이 그것으로 무엇을 의미하는지 보기 위해서, 우리는 이것들을 실제로 우리 앞에 가지고 있어야 한다. 그래서 카리타스 개념의 구성개념들을 발견하기 위해서는 그 개념을 간략하게 정의하는 대신에 철저하게 분석하는 것이 필요하다.

그러한 분석은 어거스틴의 근본적인 사상에서 출발해야 한다. 어거스틴의 근본사상은 모든 사랑이 획득적인 사랑(acquisitive love)이라는 것이다.[1] 사랑한다는 것은 어떤 것을 소유함으로써 자신이 행복하게 되리라고 기대하고 그 대상에게 자신의 동경과 욕망을 향하게 하는 것이다.[2] 욕망으로 이해되는 사랑 개념과 그것에 관련된 행복추구는 어거스틴의 본래적인 에로스-입장과 고대후기 철학의 행복설(eudaemonism)을 드러낸다. 어거스틴에게 생생한 철학적 흥미를 처음으로 불러일으킨 책은 키케로의 「호르텐시우스」(*Hortensius*)이다.[3] 여기서 그는 "분명히 우리 모두는 행복하기를 바란다."는 문장을 발견하였다. 이 문장은 가장 완고한 회의주의자라고 할지라도 인정할 수밖에 없는 사실로서 키케로의 논증에서 중심역할을 수행했다. 그것은 논박의 여지가 없는 것이기에 철학적 논의를 위해서는 특별히 좋은 출발점이다.[4] 어거스틴은 개인적으로 행복에 대한 갈망을 만족시키는 것이 실존의 가장 심오한 문제라고 느꼈기에 이 고대의 사상을 받아들이게 되었다. 그것은 모든 변화들 가운데서도 그의 사상의 초석들 중의 하나로 남아 있었다. 모든 것들이 뒤흔들릴 때, 한 가지 사실만은 부동의 상태로 남아 있다. 그 사실이란 모든 사람들이 행복하기를 원하다는 것이다. 현 상황에서 이 사실은 기독교의 토대로서 전혀 작용할 것 같지 않아 보인다. (적어도 그것은 기독교와 무관한 것처럼 보인다.) 그럼에도 불구하고 그것은 어거스틴에겐 특별히 중요하다. 왜냐하면 어거스틴이 기독교를 그 대적자들에게 추천할 때에 그 부동의 사실이 자신의 변증론적 요구사항들을 만족시키기 때문이었다. 그는 그 대적자들에게 다음과 같이 말할 수 있다. 당신은 당신 자신의 행복을 원하고 있다. 그러나 그것은 당신이 그것을 찾고 있는 곳에선 발견되지 않는다. 오직 기독교가 주는 행복만이 당신의 필요를 충분히 채워준다. 당신 자신의 행복을 목표로 삼을 때 당신은 무의식적으로 기독교를 향하여 다가가고 있는 것이다.

어거스틴은 사랑을 행복욕(幸福慾)과 그렇게 긴밀하게 연관시킴으로써 사랑을 인간 생활의 모든 징후들 중에서 가장 기초적인 것으로 간주할 수 있음을 발견한다. 자기 자신의 행복을 추구하지 않은 사람은 아무도 없다. 어거스틴에게 있어서 이것은 "사랑하지 않는 자는 아무도 없다."란 말과 동의어이다.[5] 다양한 사람들이 자신들의 사랑을 바치는 대상들도 무한히 다양할 것이다. 어떤 사람은 자신의 행복을 이것에서 추구하고 다른 사람은 저것에서 추구한다. 그러나 모든 이들은 사랑한다는 점에서 비슷하다. 즉 그들은 모두 공통적으로 자기 자신의 행복을 추구한다. 행복과 축복을 향한 욕망이 모든 인간들 안에서 발견된다는 것은 매우 명백하다. 그것은 입증할 필요가 없다. 그것은 모든 이들이 동의하는 자명원리(axiom)이다.[6] 뒤틀려서 덧없는 것들을 사랑하는 세상의 인간과 하나님과 영생을 사랑하는 기독교인은 실제로 동일한 이익을 위하여 투쟁하고 있다. 그들은 모두 행복한 생애를 추구한다. 물론 그들은 그것을 매우 다른 것들 안에서 발견하리라고 생각하고 있지만 말이다.

대단히 다양한 것들이 욕망과 사랑의 대상들이 될 수 있다. 그러나 어거스틴의 의도는 그 대상의 본성이 이 연관성에 아무 역할도 하지 않는다는 것이 아니며 그 사랑이 주권적 자유를 가지고 그 대상을 선택한다는 것도 아니다. 어거스틴에 의하면, 사랑은 그 대상에 대하여 결코 자유롭고 주권적인 것이 아니다. 그 반대로 그 본성에 의해서 사랑을 일으키고, 욕망을 불붙이며, 동경을 각성시키는 것은 바로 그 대상이다. 어떤 면에서건 善하거나 利로운 것만이, 즉 "선"(bonum)이 되는 것만이 사랑받을 수 있다. 왜 그런가? 오직 이것만이 모든 사랑의 본질적 요소인 誘引力(power of attraction)을 영혼에게 행사할 수 있기 때문이다. 사랑하는 것은 사랑스러운 대상에게서 자신의 善을 추구하는 것이다.

어떤 대상은 오직 그 자체 안에 이 선이 포함되어 있다고 파악될 경우에만 사랑받을 수 있다. 그러나 그것이 단순히 일반적인 "선"이 되는 것으론 충분하지 않다. 그것은 사랑하는 사람인 나를 위한(for me) "선"이 되거나 그렇다고 여겨져야만 한다. 사랑은 내가 나 자신의 필요에 대한 만족을 추구한다는 것을 의미한다. 그렇기 때문에, 나는 오직 나의(my) "선"만을 사랑할 수 있다는 결론이 나온다. 어거스틴에 의하면, 이것은 인간들이 종종 악한 것도 사랑한다는 명백한 사실에 의해서 모순된다. 그런 경우에는 그들이 실제로 사랑하는 것은 그 악이 아니라 그 악을 통해서 얻을 수 있다고 기대하는 이득(benefits)이다. 심지어 악 속에서도 인간은 자신의 "선" 만을 사랑한다. 인간이 사랑하는 것은 악 속에 있는 악한 것(the evil)이 아니라 (심지어 악 속에서도 결코 완전히 사라지지 않는) 선한 것이다.[7]

욕망 즉 획득적 사랑은 모든 인간의 삶의 기초-형태이다. 어거스틴은 우리의 생애 전체가 끊임없는 이득추구 가운데서 그 자신을 고양한다고 믿는다. 이것은 죄인의 삶 뿐만 아니라 의인의 삶에도 타당하다. 어거스틴이 욕망과 자아(self)와 그것의 관심들에 집중하는 동경을 모든 인간의 삶의 (심지어는 가장 고상한 삶의) 주요 특징으로 간주할 때, 그는 인간성에 대한 어떠한 경멸도 의도하지 않는다. 그것은 단순히 우리는 하나님과 달리 우리 자체나 우리 스스로 생명을 가지는 것이 아니라 그분으로부터 생명을 가진다는 것을 다른 방식으로 말한 것이다. 욕망은 피조물의 징후이다. 그것은 하나님 자신의 의지와 계획에 근거하고 있다. 하나님만이 자신 안에 생명을 가지고 계시는 불멸자이시다. 그러므로 그분은 그 자신 밖에 있는 어떤 것도 필요로 하지 않는다. 하나님은 자신 안에 자신의 "선"을 가지고 계신다. 그리고 그것이 바로 그분 안에서 어떤 필요나 욕망을 발견할 수 없는 이유이다. 그는 절대적 존재이며 최고선이다. 이와같이 하나님에겐 이미 소유하지 않은 어떤 선도 존재할 수 없다. 이것은 하나님의 자기충족이며 자급자족이다.[8]

피조된 생명 즉 인간의 생명은 이것과 매우 다르다. 이것은 자체적으로 그것의 "선"을 소유하지 못한다. 피조된 생명의 실존은 전적으로 그것의 외부에 있는 어떤 것에 의존한다. 그것은 그것의 "선"을 이미 소유하고 있지 않으며 그전에 그것을 추구해야 한다. 이것은 사랑을 통하여 즉 이 선을 획득하는데 주어지는 욕망을 통하여 추구한다. 그래서 욕망은 비난받을 악이 전혀 아니다. (여기서 우리는 욕망이 향하고 있는 대상과는 별도로 단지 욕망 자체에만 관심을 가진다.) 욕망은 피조된 존재로서 인간의 실제 위치를 표현하는 한 최고도로 선하고 칭찬받을 만하다. 인간이 욕망을 그친다면, 그것은 그가 자신 안에서 자신의 "선"을 가지고 있다고 생각하여 더 이상 다른 곳에서 그것을 추구할 필요를 느끼지 못한다는 의미이다. 그것은 자신을 신의 자존(self-existence)과 자기충족의 일부를 사적으로 횡령하려는 시도와 동일할 것이다.

위의 사상계보에서는, 고대사상에서 온 요소들과 기독교에서 온 요소들이 이상하게 서로 뒤섞여 있다. 고대적 양식에서 신의 생명은 그 자신 안에서 안식하면서 자신의 완전과 지복을 향유하는 자기충족적인 것으로 여겨졌다. 그것은 모든 변화 위에 고양된 절대적인 안식이다. 그 자신 안에 자기의 "선"(bonum)을 가지고 계시는 하나님은 창조적 행위 안에서 자신의 외부로 나와서 생명을 만들어 내고 그 생명을 자신의 선으로 채운다.

그러나 어거스틴에게 있어서 피조물과 창조주의 구분은 시간과 영원 사이의 형이상학적 구분에 부합된다. 어거스틴은 자주 시간의 본질에 관한 모든 종류의 사변들에 몰입했다. 이러한 사실이 기묘하게 보일 수도 있다. 그 사변들은 종교적 목적들에는 상관없는 것처럼 보이기도 한다. 하지만 이것은 어거스틴이 시간과 영원에 대한 자신의 사변을 우리가 위에서 다루었던 적절한 종교적 개념들을 가진 사변으로 보았다는 것을 설명한다고 할 수 있다. 그것의 한 특징은 인간 생명이 시간 속에서 살아가면서 지속적인 변화와 쇠퇴를 겪게 되어 있다는 것이다. 우리는 시간 속에 있는 생명에게 모든 실재를 거부할 수 없다. 하지만 그것은 저등한 등급의 실재이다.

시간은 세 시기들(moments)을 포함한다. 즉 시간에는 과거, 현재, 미래가 있다. 그러나 우리는 이 모든 시기들이 실재이거나 실재를 소유한다고 말할 수 없다. 미래는 아직 존재하지 않으며, 과거는 더 이상 존재하지 않는다. 오직 현재만이 존재한다. 그러나 심지어 현재조차도 그 단어의 가장 심오한 의미에서 보면 존재하지 않는다. 지금 존재하는 것이 존재를 멈추는 다음 시기엔 현재도 과거(過去)의 어떤 것으로 변하기 때문이다. 즉 현재가 더 이상 존재하지 않는 어떤 것으로 변한다. 미래는 현재에 대한 끊임없는 위협이다. 미래는 현재를 과거로 바꾸며 현재로부터 그 실재를 앗아간다. 단지 과거가 될 수 없는 현재만이 그 단어의 가장 심오한 의미에서 존재하고 있다. 그러한 현재는 시간 속에는 존재하지 않고 영원 속에 존재한다. 영원은 과거나 현재나 미래도 모른다. 영원 속에는 오직 영원한 지금 (eternal Now), 영원한 현재만이 존재한다. 그것은 어떤 미래에 의해서도 위협당하지 않는다.[9]

이 모두는 (인간 생명의 일반적 기초-형태로서의) 어거스틴의 획득적 사랑 개념에 새로운 빛을 비춘다. 인간은 일시적 실존에 갇혀 있다. 그는 자신의 "선"을 자신 안에 소유하고 있지 못하며 자신의 외부에서 그것을 추구해야 한다. 그는 획득적 사랑에 의해서 자신의 "선"을 추구한다. 즉 그는 불완전함을 가진 현재로부터 자신이 만족을 얻을 수 있다고 기대하는 미래의 어떤 것으로 뻗어간다. 사랑은 아직 존재하지 않는 것을 향하여 기울여지는 인간의 열망이다. 비록 그가 자신의 욕망의 대상을 획득하여 그것을 현재의 소유로 삼는다고 하더라도, 그는 그것을 실제로 소유하는 것이 아니다. 왜냐하면 그는 그것을 상실할 끊임없는 위험에 처해있기 때문이다. 미래는 그 위협적인 암영을 현재에 드리우고, 인간이 소유하는 바를 즐기지 못하도록 방해한다. 왜냐하면 시간은 본질상 우리가 사랑하는 바를 우리에게서 앗아가기 때문이다.[10] 비록 한 사람이 이 일시적인 세상에서 원하던 모든 것을 얻었고 자신의 생애 동안 그것을 상실하지 않을 것이라고 확신하여도 시간의 흐름은 냉혹하게 그를 죽음을 향해 데려간다. 그 죽음은 만유(萬有)의 최대의 상실을 의미한다. 지금 그에게 자신의 "선"이 부족하다면, 그는 자신의 욕망을 가지고 미래 속에서 산다. 그가 현재 자신의 "선"이라고 생각하는 바를 소유한다고 하여도 그는 미래가 현재의 소유를 앗아갈까봐 두려워하면서 미래에 살고 있다. 어느 경우든 그는 현재에 살고 있지 않다. 하지만 그의 사랑과 동경의 추구대상은 현재뿐이다.

이것은 어거스틴이 당연시하는 세 전제들을 합해 봄으로써 사실로 판명된다. (1) 사랑은 그것의 "선"을 추구한다. (2) 이것은 존재하고 있는 것과 동일하다. (3) 오직 현재만이 존재한다. 현재와 모든 것은 피조물의 손에서 빠져 나간다. 오직 하나님과 영원만이 존재한다. 창조주의 시제(tense)는 현재 즉 영원한 지금이다. 피조물의 시제는 과거와 미래이다.[11] 그러니 이것은 단순히 하나님이 자신의 "선"을 자신 안에서 가지고 있다는 것을 다른 방식으로 표현한 것이다. 반면에 피조된 존재로서의 인간은 자신의 선을 자기 밖에서 찾아야 한다. 자기 자신의 자원으로만 사는 것이 인간에게는 허락되지 않았다. 그는 기생적인 성장체처럼 다른 것에 빌붙어야 한다. 그러나 인간이 빌붙는 그 다른 것의 본성은 사소한 문제가 아니다. 인간이 사랑과 동경을 기울이는 그 대상은 사실 하나의 "선"(bonum)이어야 하며, 그래서 그가 필요로 하고 추구하는 자양분과 만족감을 줄 수 있어야 한다. 이것이 매우 중요하다.

제2절 카리타스와 쿠피디타스(탐욕)

우리는 지금까지 어거스틴의 사랑 개념을 분석하면서 그가 사랑이라고 부른 모든 것들에 특징적이며 공통적이라고 생각한 것을 다루었다. 그 결과는 다음과 같이 요약될 수 있다. (1) 모든 사랑은 획득적인 사랑이다. (2) 이 획득적 사랑은 인간 생활에서 가장 기초적·근본적인 현상이다. 하나님은 인간을 창조하실 때 어떤 것을 요구하고 사랑하고 동경해야만 하는 그런 존재로 인간을 만드셨다. 하나님은 자신에게만 "자족하는" 특권을 유보하셨고 인간에게는 "자족"하지 못하도록 하셨다. 그러므로 이것은 인간이 자신의 외부로부터 자신의 "선"과 자신의 "충족성"을 추구하고 요구해야 한다는 점을 분명하게 그에게 지적해주는 것이다.

이제 우리는 이 획득적 사랑 자체가 선하지도 악하지도 않다는 것을 계속하여 주목해야 한다. 인간이 욕망을 가진다는 사실은 단지 인간적이며 인간이 일시적 존재로 피조된 사물계에 속한다는 사실을 표현한다. 선악 사이의, 옳고 그름 사이의 대립은 먼저 사랑의 대상에 대한 질문과 연관되어 나타난다. 그 욕망을 올바른 대상에 두는 사랑은 옳다. 즉 인간의 필요를 실제로 만족시킬 수 있는 대상을 향하는 사랑은 올바른 것이다. 하지만 그릇된 대상을 향하는 사랑은 잘못된 것이다. 사랑은 인간을 만족시킬 수 없거나 외형상으로만 만족시킬 수 있는 것처럼 보이는 대상을 지향해선 안된다.

그러면 어떤 대상들에 사랑을 기울일 수 있는가?

궁극적으론 두 가지 가능성만이 있다. "모든 것들에 대한 사랑은 상승하거나 하강한다"(Omnis amor aut ascendit aut descendit).[12] 사랑이 기울여질 수 있는 다방면적인 사물들의 배후에는 불가피한 양자택일(Either-Or)이 있다. 즉 사랑은 하나님을 향하여 위쪽으로 향하거나, 피조된 것들을 향하여 아래쪽으로 향한다. 이것은 어거스틴에게 카리타스(사랑)와 쿠피디타스(탐욕) 사이의 근본적인 대립을 제공한다. 카리타스는 위쪽으로 향하는 사랑이다. 쿠피디타스는 아래쪽으로 향하는 사랑이다. 카리타스는 하나님의 사랑이며, 쿠피디타스는 세상의 사랑이다. 카리타스는 영원한 것을 위한 사랑이고, 쿠피디타스는 일시적인 것을 위한 사랑이다. 사랑이 이 대조적인 경로들을 택할 수 있는 이유는 인간이 본성상 영적이면서 육적인 존재이기 때문이다. 그는 피조물들 중에서 으뜸이며, 그래서 그에게는 두 가능성들이 모두 개방되어 있다. 카리타스 안에서 인간은 자신의 창조주에게 올라갈 수 있다. 반면에 쿠피디타스 안에서 그는 더 열등한 창조로 내려앉을 수 있다. 인간의 영은 영원한 존재에게 가는 길을 날아오름으로써 그곳에서 행복을 발견하고자 한다. 그러나 그의 육신적·육적인 본성은 그 무게로써 지상적·일시적인 것에 그를 얽매게 하고 그의 비행(飛行)을 방해한다.[13]

인간은 카리타스와 쿠피디타스 사이에서, 자신의 사랑을 위쪽으로 영원한 것을 향하게 할 것인지, 아래쪽으로 일시적인 것을 향하게 할 것인지 선택해야 한다. 이 선택이 심각하게 중요한 이유는 우리 자신이 사랑의 대상에 일치하여 변화되기 때문이다. 우리의 사랑은 우리가 사랑하는 대상에게 우리를 얽어맨다. 그것은 우리의 "선"으로서 우리 안에 들어와서 우리 자아에 그 흔적을 남긴다. 우리는 우리가 사랑하는 대상과 같아진다. 하나님을 사랑함으로써 우리는 신들처럼(like gods) 된다. 세상을 사랑함으로써 우리는 스스로 그저 세상의 한줌이 된다. 그래서 성경은 정확하게도 악한 인간들을 "세상"이라고 부른다.[14] 인간은 카리타스 안에서 영원자를 향하여 뻗어갈 때 말하자면 스스로 영원으로 충만해진다. 인간이 쿠피디타스 속에서 피조계로 내려앉는다면, 그는 자신보다 더 열등하고 더욱 일시적인 것으로 충만해진다.[15]

그러나 카리타스와 쿠피디타스는 동일한 자격 신분이 아니다. 또한 그것들은 각각 인간들에 대한 자기 권리를 주장할 수 있는 권리를 동일하게 가진 것도 아니다. 인간의 진정한 운명 때문에 또한 그 상황의 본질상, 카리타스가 유일한 올바른 사랑이다.

먼저 인간의 운명이란 관점에서 그 문제를 살펴보자.

하나님은 인간을 두 세계들 사이의 중간적(intermediate)인 위치에 두셨다. 그래서 그분은 인간에게 자신의 사랑을 자기 자신의 선택에 의해서 위쪽에 있는 하늘로 향하거나 아래쪽의 세상을 향하도록 할 수 있는 가능성을 주셨다. 그렇기 때문에 그 선택은 오직 인간 자신에게만 영향을 미치는 것처럼 보일 수 있다. 하나님은 그것을 정렬하셔서, 인간이 "자족하지" 못하고 자신의 바깥에서 자기의 "선"을 추구해야만 하는 존재로 만드셨다. 그는 또한 인간이 있는 곳에서 쉽게 손이 닿는 곳에 큰 노력에 의해서만 성취가능한 큰 "선"과 별 어려움 없이 가질 수 있는 작은 "선"이 있도록 하셨다. 인간이 짐짓 더 큰 선에 만족할 것인지 혹은 보다 겸손하게 더 작은 것에 만족할지는 그 자신의 문제로 보인다. 그것은 어거스틴의 견해는 아니다. 물론 인간이 두 방향을 다 선택할 수 있는 가능성을 가지고 있는 한에서 그 선택은 자유롭다. 그러나 그가 자신의 사랑을 아래쪽으로 향하도록 선택하면, 그는 그것 때문에 하나님이 주신 운명에 미달하게 된다.

하나님이 인간에게 피조물 중 최고의 자리를 주었던 것은 무목적적인 것이 아니었다. 하나님은 인간을 땅 위에서 자기 식량을 얻어야만 하는 비이성적 짐승들처럼 고개를 숙이는 대신에 곧추 서서 걷도록 만드셨다. 바로 이 사실 자체가 인간의 운명이 어떤 것인가를 분명히 지적하고 있다. 우리는 우리 영혼의 자양분과 위에 있는 우리의 "선"을 찾아야만 한다. 얼굴을 위로 향하게 하고 가슴을 아래쪽으로 향하게 하는 것은 모순이다. 창조 때에 인간에게 주어진 형상(form)은 그에게 마음을 드높이(sursum cor)

하라고 권면한다.[16]

하나님의 규례대로 인간의 동경의 대상이 될 善은 인간의 위쪽에 있다.[17] 그래서 그는 자신을 위쪽으로 향하도록 만들고 사랑(Eros) 안에서 그 善으로 올라가야 한다. 그러나 너무나도 쉽게 지상적인 선은 인간의 마음을 혼동시킬 수 있으며 인간이 저등한 그것 자체를 사랑하도록 만들 수 있다. 어거스틴이 표현한 것처럼, 인간은 땅에 머리를 숙이게 되고 구부러지게(curvatus) 된다.[18]

그러나 카리타스는 이 긍정적인 신의 법규 뿐만 아니라 그 사실 자체의 본성 때문에 유일하게 올바른 종류의 사랑이다. 욕망은 단지 카리타스의 형태로만 그 목적에 도달할 수 있게끔 구성되어져 있다. 욕망을 만족시키는데 두 가지의 길이 있다는 것은 단지 외형상으로만 그러할 뿐이다.

이것은 피조된 생명의 필수적인 특성인 욕망의 정의로부터 분명하다. 신의 생명은 자기충족적(sufficit sibi)이다. 신의 생명은 그 자체 안에서 안식하며 자체적으로 그것의 "선"을 가진다. 어떻든지 선하다고 부를 수 있는 모든 것을 하나님이 소유하고 있기 때문에, 그분이 어떤 것을 필요로 하거나 요구한다는 것은 불가능하다. 이와 같이 신의 생명은 소유하고, 피조물은 먼저 추구하여야 한다. 피조물은 욕망에 의해서 이렇게 한다. 그것은 자기 자신의 "선"을 소유하고 싶은 단순한 노력에 의하여 추구한다. 하나님과 피조물 사이의 차이는 하나님 안에서 직접적인 연합체로서 존재하는 것이 피조물로 떨어져 나갔고 오직 특별한 행위에 의해서만 연합을 회복할 수 있다는 것이다. 행복한 삶(beata vita)은 "필요"(needs)와 "선"(bonum)이 완전히 일치하여 불가분리의 연합을 형성한다는 사실에 의해서 특징지워진다. 이러한 일치는 처음부터 하나님과 더불어 그러하다. 그것은 인간의 목적이다. 하지만 인간은 피조된 존재이기에 그것을 멀리서 흐릿하게 보았을 뿐이다. 인간은 욕망(사랑)의 행위에 의해서 그것으로 가까이 다가간다.

우리의 모든 투쟁과 우리의 모든 욕망은 실제로 단 하나의 목적만을 가진다. 그 목적은 "필요"와 "선"의 이원론을 박멸하는 것이다. 하나님 안에는 이런 이원론적인 것이 하나도 없다. 그는 절대적인 안식(rest)이며 결핍의 부재이다. 어거스틴에 의하면, 성경에서 하나님이 제7일에 안식하셨다고 말할 때 그것은 엄격하게 정확한 것은 아니라고 한다. 하나님은 안식할 필요가 없었다. 그는 스스로 quies(安息)이시다.[19] 우리의 상황은 전혀 다르다. 행복한 삶의 근본인 연합이 파괴되었다. 한편에서는 우리가 우리의 필요를 가지고 서있지만, 다른 한편에서는 우리의 "선"이 우리와 분리되어 우리 밖에 있다. 이 간격을 메꾸고 우리의 "선"을 우리 손에 두는 것이 욕망이나 사랑의 임무이다. 그렇게 함으로써 행복한 삶에 필수적인 본래의 연합이 회복된다. 욕망이 "필요"와 "선"을 연합하는 그 기능을 수행했을 때, 인간은 필요의 부재와 완전한 안식을 달성한다. 이런 의미에서 퀴에스(안식)는 어거스틴 사상의 핵심단어이다.[20] 하나님은 스스로 "안식"(quies) 즉 영원한 휴식이시다. 또한 인간의 모든 투쟁에서 그 개인이 어떤 대상을 추구하든지 상관없이 그 궁극적 목표는 "안식"(quies)이다.[21] 인간이 이 목적을 달성하지 못하는 한, 그는 자신의 "선"을 사정없이 추구하면서 방황한다. 우리는 바로 이 배경에서 어거스틴의 유명한 말을 이해하여야 한다. "당신은 당신 자신을 위하여 우리를 창조하셨나이다. 그래서 우리의 마음은 당신 안에서 안식을 발견하기까지 쉬지 못합니다."[22]

내가 특별한 대상을 원하거나 사랑할 때, 그것은 내가 그것을 단순히 무조건적으로 요구한다는 의미가 아니다. 나는 단지 그것이 나의 "선"으로서 봉사할 수 있으며, 내 필요를 만족시켜 줄 수 있고, 나의 쉼없는 추구를 안식하게 만들 수 있다는 암묵적인 가정 위에서만 그것을 원한다. 그렇게 이해한다면 욕망 자체는 자체적으로 그 기준을 담고 있어서, 그것으로써 우리는 사랑할 가치가 있는 것과 그럴 가치가 없는 것을 구분할 수 있다. 어떤 것이라도 욕망의 대상이 될 수 있다. 그러나 모든 것들이 자체적으로 우리에게 안식과 온전한 만족을 제공할 수 있는 그런 본성을 가진 것은 아니다.

인간에게 안식과 만족을 줄 수 있는 대상의 본질은 무엇이어야 하는가? 그것은 분명히 하나의 "선"이어야 한다. 그렇지 않으면, 그 대상을 사랑하거나 원하는 것은 불가능할 것이다. 하지만 이 논점은 현재의 문제와 무관하다. 왜냐하면 단순히 사랑이 "선"으로 전향할 수 있다고 주장하는 것은 카리타스와 쿠피디타스 사이의 차이점을 설명하지 못하기 때문이다. 양자는 모두 동일하게 어떤 "선"에서 자신의 만족을 추구한다. 피조된 것들을 사랑하는 쿠피디타스가 잘못된 종류의 사랑이라면, 그것은 피조된 것들이 악하기 때문이 아니다. 하나님이 창조하신 모든 것은 선하다. 쿠피디타스가 잘못된 이유는 그것이 자신의 "선"을 악한 것 안에서 추구한다는 데 있지 않고 그것이 자신의 "선"을 지나치게 작고 무의미한 선에서 추구하기 때문이다. 그것은 실제적·궁극적인 만족을 줄 수 없는 것이다.

어거스틴은 피조물들이 안식과 행복을 갈망하는 인간에게 결코 온전한 만족을 줄 수 없는 이유를 설명하기 위해서 하나님이 모든 것을 무(無)로부터(out of nothing) 창조하셨다는 친근한 사상을 인용한다. 그는 이 개념을 독특한 방법으로 해석한다. 하나님은 절대적 존재(Absolute Being)이며 절대적 선과 동일하시다. 피조물들은 이 절대적 존재와 그것에 완전대립하는 "無"(nothing) 사이에서 상대적 존재(relative being)로 실재한다. 그들은 하나님에 의해서 창조되었으므로 선한 존재들이다. 또한 그들은 무로부터 창조되었기 때문에, 존재와 선에 있어서 쇠퇴할 수 있다.[23] 피조물은 창조에 의해서 無로부터 올리워졌으나 하나님으로부터 멀어져감으로써 하염없이 "無"를 향하여 아래쪽으로 침몰한다.

어거스틴에게 있어서 惡(evil)의 의미는 바로 이 침몰 즉 이러한 존재와 善의 상실이다.[24] 惡은 단지 "善의 결핍"(privatio boni)이다.[25] 그러면 악이 선과 존재의 감소를 의미한다면 한 피조물의 善("bonum")은 그 존재의 성장에 있다. 사람은 어떤 대상을 자신의 "선"으로서 사랑하고 욕망한다. 이것은 단순히 그가 그 대상을 자기 것으로 소유하려 한다는 것을 의미한다. 그렇게 함으로써 인간은 피조물인 자신의 실존 안에 내재된 존재의 결핍을 보충하고, 상대적 존재만을 소유한 모든 것을 위협하는 파멸의 위험에서 자신을 안전하게 하려고 했다.

하나님은 존재의 상하위가 실재하는 피조계의 위계질서에서 하나님에게 가장 가까우면서 "無"로부터 가장 먼 최고지위를 인간에게 부여하였다. 그런데 이제 그 인간이 카리타스의 방법으로 하나님 안에서 자신의 "선"을 추구하지 않고 쿠피디타스의 방법으로 어떤 일시적인 대상 안에서 그 "선"을 추구하면, 무슨 의미가 있는가? 그것은 인간이 자신보다 덜한 실재(reality)를 소유한 어떤 존재를 이용하여 자신의 실재의 결핍을 보충하려고 한다는 것을 의미한다. 이것이 바로 모든 쿠피디타스-사랑 안에 있는 중대하고 치명적인 모순이다. 쿠피디타스는 욕망적 능력으로써 인간의 궁극적인 실재를 채워주며 인간을 위협하는 "無"로부터 그를 구원하려고 한다. 그러나 그것은 인간을 그의 고상한 상태로부터 점점 더 "無"를 향하여 끌어내리는 것들에 구속함으로써 이것을 달성하려고 한다.[26]

쿠피디타스는 거짓된 사랑이다. 왜냐하면 그것은 하나님에 의해서 금지된 잘못된 것일 뿐만 아니라, 어리석기 때문이다. 내가 어떤 것을 사랑하거나 원할 때, 그것은 내가 아직 소유하지 않은 어떤 것을 갖기를 원한다는 것을 의미한다. 그러나 인간이 쿠피디타스로써 세상에 집착할 때, 그는 자신이 이미 소유하지 못한 어떤 것을 얻는 것이 아니다. 그 사람은 이전에 자신이 소유하지 못했던 어떤 외적인 대상을 얻을 수 있다. 그러나 결국 그는 이것들을 그 자체로써 원하지 않고 자신의 안식과 행복에 이르는 수단으로써 원한다. 왜냐하면 그 사람은 그것들로부터 자신의 존재의 성장과 파멸의 위험에 대한 보증을 기대하기 때문이다. 그러나 그것들이 어떻게 그에게 그런 것을 제공할 수 있겠는가? 세상은 일시적인 피조세계에 속해 있다. 세상의 존재는 인간의 존재보다 훨씬 더 고도로 無와 혼합되어 있다. 세상이 어떻게 인간의 존재를 성장시킬 수 있겠는가? 인간은 자기가 사랑하는 대상처럼 되어간다. 이 규칙 덕분에, 쿠피디타스 안에서 자신을 세상에 헌신하는 사람은 스스로 "세상"이 되고, 피조물의 최고존재로서 소유했던 고상한 존재와 선을 상실하며, 하염없이 "無"를 향하여 아래쪽으로 가라앉는다. 하지만 분명히 그것은 인간이 실제로 원했던 바가 아니다.

모든 "선"이 다 인간의 필요를 만족시킬 수 없다는 것은 분명하다. 일시적인 것들은 하나님에 의해서 창조되었기에 선하다. 그러나 하나님이 그것들을 창조했을 때, 그분은 그것들이 인간의 사랑과 욕망의 대상이 되어서 인간에게 "자족감"을 제공하도록 의도하지 않으셨다.[27] 만약 영혼이 그것의 필요를 만족시키기 위하여 자신보다 더 공허하고 열등한 것을 의지한다면, 그것은 가장 그릇된 것이다. 왜냐하면 그것 자체가 악한 것은 아니더라도, 어쨌든 그것은 quies(安息)를 소유하지 못하고 그리하여 그것을 제공할 수 없기 때문이다. 우리는 이제 우리가 처음에 제기했던 그 문제로 돌아간다. 인간에게 완전한 안식과 만족을 줄 수 있는 대상의 본질은 무엇이어야 하는가? 이제 어거스틴의 답변이 무엇인지는 이미 분명해졌다. 그것은 다음과 같이 두 논점에서 요약될 수 있다.

1. 진정한 안식과 만족은 오직 최고선 안에서만 발견될 수 있다. 인간은 최고선보다 열등한 어떤 것에서도 만족할 수 없다. 만약 어떤 열등한 선을 추구함으로써 그가 최고선을 추구하는데 방해를 받는다면, 그에게 있어서 그 열등선은 더 이상 선이 아니다. 그것은 인간에게 훨씬 더 고도로 만족시킬 수 있는 것이 달성되지 못하도록 방해한다. 더 고상하고 더 좋은 것이 파악될 수 있는 한, 우리는 그것을 추구해야 한다. 인간은 오직 최종목적에서만 안식을 발견할 수 있다. 오직 최고선(summum bonum)만이 그 최종목적이 될 수 있다.[28]

2. 또한 진정한 안식과 만족은 빼앗길 수 없는 불변하는 선 안에서만 발견될 수 있다. 이것은 사실 최고선의 개념 안에 이미 포함되어 있다. 그러나 어거스틴은 자주 그것을 독립적으로 강조한다. 내가 최고선에 도달했더라도, 나는 여전히 그것을 상실할 위험이 있다. 그 상실은 안식의 종말이 될 것이다. 그래서 나는 지속적인 두려움 속에서 살아야 한다. 진정한 "안식"(quies)은 내가 소유한 선이 빼앗길 수 없는 영원한 불변의 선(bonum incommutabile)이라는 확고한 의식이 있을 때만 존재할 수 있다. 비영속적인 행복은 나의 "선"이 될 수 없다. 마찬가지로 행복없는 영생도 그러하다.[29] 오직 이 두 요소들이 함께할 경우에만 나는 나를 실제적으로 만족시키는 "선"을 소유한다.

욕망의 본질에서 직접 연역된 이 이중적 기준이 욕망을 위하여 제공되는 대상들에 적용될 때, 즉시로 피조된 것들은 그 시험을 겪지 않는 것처럼 보인다. 창조 전체에서 합리적으로 최고선이라고 불리울 수 있는 것은 아무것도 없으며 영속적으로 불변하는 선한 것도 없다. 그와 반대로 하나님은 두 요구조건들을 다 충족시키신다. (1) 그는 최고선으로서 모든 선을 포함한다. 즉 추구되고 요구될 수 있는 모든 것은 하나님 안에 있다. 하나님은 특별한 하나의 선이 아니라 선한 모든 것 안에 있는 실제선(實際善)이다.[30] 그는 실재이며 그 자체로서 "진리 자체"(ipsa veritas) "선성 자체"(ipsa bonitas) "美 자체"(ipsa pulchritudo)이시다. (2) 그는 영원하고 불변하시다. 하나님을 발견하고 그분을 최고선으로 소유하고 있는 자는 결코 그것을 상실할까봐 두려워할 필요가 없다. 한 마디로 말해서, 하나님은 "불변하는 최고선"이시다(summum et incommutabile bonum).[31]

어거스틴은 피조물 안에서 확실하게 자기의 "선"(bonum)이 될 수 있는 어떤 "선"도 발견하지 못했다. 즉 피조물 안에는 충분히 고귀하며 동시에 충분히 확실하고 신뢰할 만한 선이 없다. 하지만 어거스틴은 하나님과 그의 완전성과 영원성 앞에서 "무엇이 이 '선'보다 더 선하고 더 확실할 수 있는가?"라고 외칠 수밖에 없었다.[32] 여기서 인간은 자신을 온전히 만족시킬 수 있는 것을 갖게 된다. "욕망"이 그것의 "선"을 발견하였다. 이원론은 극복되었다. 욕망이 일시적인 것들 안에서 그것의 만족을 추구할 땐 이렇게 말할 수 없었다. 욕망은 인간이 이전에 소유하지 않았던 어떤 것을 얻으려고 애쓴다는 것을 의미한다. 인간이 자신의 욕망 즉 쿠피디타스를 일시적인 것들에게 기울일 때 욕망의 의미는 상실된다. 비록 그가 이것들을 얻는다고 하더라도 그는 실제로 자신이 이미 소유하고 있는 것을 초월한 것을 전혀 얻지 못하기 때문이다. 인간 자신이 피조된 일시적 존재이다. 그래서 그는 일시적인 피조물들로부터 오직 부패만을 수확할 뿐이다.

그러나 쿠피디타스적 형태의 욕망이 우리를 일시적인 것들에 연합시키는 것과 마찬가지로, 카리타스적 형태의 욕망은 우리를 하나님과 영원한 세계에 연합시킨다. 오직 그때에만 욕망은 어떤 진정한 의미를 가진다. 왜냐하면 그것은 인간의 원래 소유물은 아니지만 그가 획득해야 할 것들과 그의 관계를 맺어주기 때문이다.[33] 인간은 본래 피조된 일시적 존재이다.

그러나 그는 하나님과 연합하여 영원한 생명과 영원한 퀴에스(quies, 안식) 을 얻는다. 그의 영혼은 바로 그것을 열망하고 갈망한다. "Inquietum est cor nostrum, donec requiescat in te"(우리의 마음은 당신 안에서 안식하기 전까지 는 평안하지 않습니다. 「고백록」, *Conf.* I. i. 1). 인간 생명에서 가장 근본적 인 기초현상인 욕망은 오직 그것이 하나님에게 향해있을 때에만 그 의미 를 발견한다. 다른 말로 옮기면, 하나님만이 인간의 욕망에 올바르고 자연 스럽게 상관하는 유일한 존재이다. 그러므로 사랑의 전체 흐름은 그분에게 로 흘러가야 한다. 심지어 매우 작은 실개천도 다른 곳으로 흘러가선 안된 다. 최고선이신 하나님은 그 자신 외에 어떤 것이 사랑받는 것도 묵과하지 못한다.[34] 또한 그분과 동떨어진 어떤 것을 욕망하는 것도 불필요하다. 왜 냐하면 사랑하고 원할만한 가치가 있는 모든 것들은 하나님 안에서 가장 충만한 수준으로 발견되기 때문이다.[35] 그분은 스스로 충분하기 때문에 우 리를 위해서도 충분하다. "Ipse sufficit tibi; praeter illum nihil sufficit tibi"(그것 자체로 당신에겐 충분합니다. 그것을 넘어서는 것은 어떤 것도 당신에게 충분치 않습니다).[36]

지금쯤 카리타스와 쿠피디타스는 그 종류 뿐만 아니라 대상에서도 차이 가 있다는 점이 분명해졌다. 종류상으론 카리타스와 쿠피디타스, 즉 하나 님의 사랑과 세상의 사랑은 매우 긴밀하게 교신한다.[37] 사랑은 일시적인 것들을 향하건 하나님과 영원한 것들을 향하건간에 상관없이 욕망과 동경 이다. 어거스틴에게 있어서 사랑 그 자체는 평범한 동경이다. 사랑의 성품 은 그것이 향하고 있는 대상에 의해서 결정된다. 그것이 정말로 사랑하고 요구할만한 가치가 있는 최고 즉 하나님을 향해 있으면, 그것은 최고일 수 있다. 또한 그것이 최저의 것 즉 일시적·세속적인 것들을 향해 있으면, 그 것은 최저일 수도 있다. 모든 인간의 선하거나 악한 행동의 기초적인 원동 력은 사랑이다. 그러므로 중요한 것은 인간이 무가치한 세상적·일시적인 것들을 욕망하는 어리석음을 간파해야 하고 자신의 굶주림을 진정으로 만 족시키기 위해서 자기의 욕망을 영원히 존재하는 것으로 향해야만 한다는 점이다.

　사랑은 윤리적으로 중립적인 힘이기에 그것이 원하는 대상의 본질에 따라서 윤리적이거나 비윤리적이 된다. 이러한 생각은 어거스틴에 의해서 자주 활발하게 표현된다. 예를 들어 그는 다음과 같이 말한다. "인간 안에 악(evil)마저 일으킬 수 있는 것이 사랑이 아니라면 무엇인가? 게을러서 아무 것도 일으키지 못하는 사랑을 나에게 보여 주시오. 악덕, 음행, 범죄, 살인, 모든 종류의 무절제들(excesses), 그것들을 생산하는 것은 사랑이 아닌가? 그러므로 당신의 사랑을 정결케 하시오. 하수관으로 흘러가는 물을 대신에 정원으로 끌어 가시오. 그것[사랑]은 세상에 대하여 강력한 충동을 가지고 있다. 사랑도 세계의 창조주에 대해서 그것[그런 강한 충동]을 갖도록 만드시오."[38]

　카리타스-사랑은 선한 의지와 동일하며 쿠피디타스-사랑으로부터 구분된다. 후자는 만악의 근원이다. 그러나 절대적 혹은 질적으로 그런 것이 아니고 단지 그 대상에 있어서만 만악의 근원이다. 두 경우에 공통적으로 문제되는 것은 획득적인 사랑이다. "사랑하라. 그러나 당신이 사랑하는 대상을 주의하라. 하나님(에 대한) 사랑과 이웃(에 대한) 사랑은 카리타스(Caritas)라고 불리운다. 세상의 사랑과 일시적인 것들에 대한 사랑은 쿠피디타스(Cupiditas, 탐욕)라고 불리운다."[39] 우리는 거짓된 쿠피디타스-사랑으로부터 회심해야 한다. 그 회심(conversio)은 단지 사랑의 욕망을 저등한 것에서 고등한 대상으로 전환하는데 있다. 그것은 물을 실개천에서 정원으로(converte ad hortum!) 끌어오는 것과 같은 이치이다. 영혼은 자신의 원하던 행복을 헛되이 세상 속에서 찾았지만 이제 하나님께 돌아가서 그분 안에서 자기의 욕망의 만족을 추구해야 한다. 세상에 속아서 풍요와 영예와 생명을 추구했던 영혼은 이제 이 세상에 등을 돌리고 다른 곳에서 만족을 추구한다. 그리하여 영혼은 거기서 이러한 이득들을 더욱 고상한 형태로 영속적으로 얻을 수 있다.[40] 그러므로 어거스틴에 의하면, 영원한 세상을 위하여 일시적 세상을 희생하는 것은 사려깊은 행동으로 묘사될 수 있다.[41]

　위에서 말한 것에 비추어 보면, 어거스틴에게서 꽤 자주 발견되는 특이한 개념이 쉽게 이해된다. 그 특이한 개념이란 인간의 죄와 불의조차 결국엔 그가 하나님을 추구하고 있다는 점을 표현한다는 것이다. 물론 그것이 명백하게 오도되긴 하였지만 말이다. 어거스틴은 질문한다. 지식욕 외에 무엇이 죄악된 호기심인가? 하지만 나는 단지 영원한 것으로 돌아섬으로써 믿을만한 지식을 획득할 수 있다. 교만은 권력욕 외에 무엇인가? 하지만 진정한 권력은 오직 카리타스 안에서 하나님의 나라를 추구함으로써 얻을 수 있다. 관능적 욕망은 안식 외에 무엇을 동경하는가? 하지만 안식은 오직 어떤 궁핍이나 부패가 존재하지 않는 곳에서만 발견된다. 즉 영원한 생명 안에만 안식이 있다.[42] 죄인의 오류는 그가 자신을 위하여 풍요, 영예, 권력, 희락 및 다른 이득들을 추구하는데 있는 것이 아니다. 이것들은 단지 그가 피조물이기에 반드시 요구해야 하고 그럴 수밖에 없는 퀴에스(안식)와 행복의 다른 측면들이기 때문이다. 죄인의 오류는 그가 이것이 발견되지 않는 곳에서 그것을 추구하고 있다는 점이다. 만족할 줄 모르는 악덕의 근성 자체는 인간이 영원을 위하여 예정되어 있음을 보여준다. 이것은 그가 일시적인 어떤 것에 만족하지 못하게 방해하고 끊임없이 그를 이 보람없는 행복추구로 몰아부치기 때문이다.

한 마디로 말해서, 죄인이 추구하는 대상은 옳다. 그러나 그는 그것을 잘못된 곳에서 추구한다. 죄인이 추구하는 바가 옳은 이유는 다른 모든 사람들처럼 그도 역시 생명과 선한 때를 추구하기 때문이다. 그는 행복을 추구한다. 그러나 그 행복은 하나님 외에 아무것도 아니다. 이와 같이 그는 자신의 죄 가운데서 실제로 하나님을 추구하고 있다. 비록 그 스스로는 그것을 의식하지 못하고 그분을 올바른 장소에서 찾지 않는다 하더라도 말이다.[43] 어거스틴은 "나의 하나님, 내가 당신을 추구할 때 나는 복된 생명을 추구합니다."라고 말한다.[44] 그러나 그는 마찬가지로 다음과 같이 말할 것이다. 나의 하나님, 내가 복된 생명을 추구할 때, 나는 당신을 추구합니다. 어거스틴은 이렇게 행복 추구와 하나님 추구를 동일시하는데 아무런 어려움을 갖지 않았다. 모든 인간들은 예외없이 자기 자신의 행복을 추구한다는 자신의 근본적인 자명원리로부터[45] 어거스틴은 주저함없이 모든 인간들이 사랑할 뿐만 아니라 모든 이들이 예외없이 의식하든 안하든 하나님을 사랑한다는 결론을 이끌어 냈다.[46] 죄인은 그것을 알지 못한다. 그래서 그는 일시적인 영역에서 배회하고 있다. 그럼에도 불구하고 심지어 그곳에서도 죄인이 추구하는 있는 것은 사실 하나님이다. 왜냐하면 그는 자신의 행복을 추구하고 있으며 행복은 하나님이기 때문이다. 심지어 쿠피디타스조차 즉 하나님으로부터 떠난 사랑조차도 궁극적인 분석에 따르면 하나님 사랑이다. 비록 인간이 그 사실을 깨닫지 못한다 하더라도 그렇다.

그런 상황에서 처음에는 예리하고 명쾌하게 보였던 카리타스와 쿠피디타스 사이의 구분이 결국엔 매우 모호해지는 것은 놀라운 일이 아니다. 우리의 해석 과정에서 우리는 그 대립을 덜 예리하게 만든 제한조건들을 하나씩 보태야만 했었다. 그 문제의 본질은 다음의 네가지 논점으로 요약할 수 있다.

1. 처음 보기엔, 카리타스와 쿠피디타스가 상향적인 사랑과 하향적인 사랑, 하나님 사랑과 세상 사랑, 영원한 것에 대한 사랑과 일시적인 것에 대한 사랑의 예리한 이원론(dualism)을 대변하는 것처럼 보인다.

2. 그러나 우리가 카리타스와 쿠피디타스가 동일한 근거 위에 서 있다는 것을 주목할 때 그 구분은 완화된다. 즉 각각의 경우에 그 대상은 다르지만, 그 사랑의 본질(nature)은 동일하다. 두 경우에 공통적으로 사랑의 본성은 동일하다. 왜냐하면 쿠피디타스뿐만 아니라 카리타스도 획득적(acquisitive)인 사랑이기 때문이다. 양자는 모두 오직 자기 자신의 "선"만을 추구한다. 그러나 그 사랑의 대상은 서로 다르다. 왜냐하면 카리타스는 쿠피디타스와 달리 그것의 "선"을 일시적인 것에서 찾지 않고 영원한 것에서 찾기 때문이다.

3. 그 대립은 행복 추구와 "안식"의 욕망인 모든 사랑의 공통된 본질에 대한 강조 때문에 그 대상에 대해서조차 약간 약화된다. 우리가 사랑의 직접적·구체적 대상을 초월하여 궁극적인 "안식"에 도달하려고 하는 모든 사랑의 의도를 주목하게 되면, 모든 사랑은 공통적인 대상(common object)에게 기울여지는 것처럼 보인다. 이런 의미에서 모든 사랑은 궁극적으로 하나님 사랑이다. 그리고 사랑의 다양한 종류들 사이의 차이점은 이 공통

대상이 어디서 어떻게 추구되며 어떤 성공을 남기는가의 문제로 환원된다. 카리타스는 올바른 장소에서 추구하기 때문에 하나님을 추구하여 그분을 발견한다. 쿠피디타스도 "안식"을 추구하기 때문에 하나님을 추구하지만 발견하지 못한다. 왜냐하면 그것은 하나님을 잘못된 장소에서 추구하며 그분 자신보다는 그분의 피조물에게 집착하기 때문이다.

　4. 우리는 카리타스와 쿠피디타스 사이의 대립을 이렇게 수정한 것을 형식적으로 확인하는데 네번째 논점을 첨가할 수 있다. 어거스틴에게는 카리타스와 쿠피디타스의 대립이 거의 하나의 공식문구의 본질에 속한다. 그러나 그것들이 실제로는 단지 상이한 대상들에게 부어지는 동일한 한 가지 종류의 사랑을 나타내기 때문에, 이 사실은 그의 표현 양식(mode)마저 채색하였다. 어거스틴은 쿠피디타스가 만악의 근원이라고 확신한다.[47] 그러나 그는 그것에 방해받지 않고 선한 쿠피디타스(good Cupiditas)에 대하여 말한다. 올바른 대상 곧 영원한 것들에게 향하는 쿠피디타스는 선한 것이다.[48] 그리고 「기독교 교육론」(De doctrina christiana)에서 어거스틴은 심지어 율법의 완성인 카리타스마저 올바른 대상에게 향해 있지 않으면, 올바른 사랑이 전혀 될 수 없다는 독특한 주장을 한다.[49] 의심할 것 없이 이것은 용어를 부정확하게 사용한 것으로 간주되어야만 한다. 어거스틴은 카리타스를 가지고 하나님과 영원한 것으로 향하는 사랑을 의미한다. 그것은 카리타스로 남아있는 한은 거짓된 대상에게로 향할 수 없다. 그리고 그는 쿠피디타스로써 일시적인 것들에게 향하는 사랑을 의미한다. 그래서 그것은 쿠피디타스로 남아있는 한에는 올바른 목적으로 향할 수 없다. 그러나 올바른 쿠피디타스와 잘못된 카리타스에 대한 이런 언급은 카리타스와 쿠피디타스가 그것들의 종류가 아니라 대상에 의해서 구분된다는 점을 가장 명확하게 입증한다.

　카리타스와 쿠피디타스 문제처럼 어거스틴에게 매우 중요한 질문을 떠나기 전에, 우리는 그의 카리타스 개념과 에로스 동기나 아가페 동기와의 관계를 간략하게 고찰해야 한다. 비록 어거스틴의 카리타스와 쿠피디타스 사이의 구분이 신약의 기독교와 전혀 무관한 것은 아니지만[50] (최소한 여태까지 우리의 분석에서 다룬 한에서는) 그의 사랑 이론이 실질적으로 에로스의 기초 위에 토대하고 있으며 아가페-사랑과 별로 공통점을 가지지 않는다는 데에는 아무런 의심도 있을 수 없다. 그것은 어거스틴이 모든 사랑을 근본적으로 획득적 사랑이라고 생각한다는 사실에서 충분히 설명된다.[51] 우리는 카리타스 배후에서 플라톤주의의 "천상적 에로스"를, 쿠피디타스 배후에선 "통속적 에로스"를 찾아낸다.[52] 어거스틴에게서 발견되는 사랑의 두 형태들(forms)의 대립은 신플라톤주의적 에로스 이론과 매우 동일하다. 그것은 위쪽으로 향한 사랑과 아래쪽으로 향한 사랑, 영원한 것에 대한 사랑과 일시적인 것에 대한 사랑의 대립이다.

이런 도식은 에로스 이론에 기초하여 건설된 것이다. 하지만 기독교의 사랑의 계명은 이제 그 도식 속으로 소개된다. 하나님 사랑에 관하여 이렇게 하는 것은 어렵지 않다. 왜냐하면 어거스틴은 플라톤주의로부터 배운 상승적 사랑이 본질적으로 "주 너의 하나님을 네 마음을 다하여 사랑하라."는 계명에서 요구되는 사랑과 동일하다고 확신했기 때문이다. 그러나 그러한 동일화는 분명히 기독교적 사랑 개념을 희생할 때에만 가능했다. 왜냐하면 기독교적 사랑이 "획득적 사랑"의 한 형태로 생각되고 우리가 우리 자신의 "선"을 하나님 안에서 추구해야 한다고 의미하는 것으로 해석된다면, 틀림없이 기독교의 사랑 계명의 신중심적 성격이 상실되기 때문이다. 비록 하나님이 최고선으로 간주된다고 하더라도, 이것은 그분이 인간적 욕망을 만족시키는 방법적 수준으로 평가절하되었다는 사실을 바꾸지 못한다. 어거스틴에 의해서 해석된 대로 "하나님 사랑"은 원래적인 기독교적 의미를 상당히 상실한다. 그렇다 하더라도, 카리타스 안에서 절정에 달하는 하나님과의 관계는 우리가 단순히 神개념에 대한 어거스틴의 이론적 취급으로부터 판단하는 것보다는 훨씬 더 기독교적이라는 점을 간과해선 안된다. 그의 神개념은 자주 신을 참된 존재와 최고선이라고 하는 평범한 헬레니즘 사상 이상을 별로 담고 있지 않다.

어거스틴은 이웃 사랑의 계명에 대해선 더 큰 어려움을 가진다. 카리타스는 본질적으로 하나님께 향한 욕망이다. 그리고 그것이 하나님 사랑이 의미하는 것이라고 하더라도, 이웃 사랑을 그것과 동등하게 놓는 것은 쉽지 않다. 그러나 어거스틴은 그렇게 한다. 예를 들어 그는 "하나님 사랑과 이웃 사랑은 카리타스라고 불리운다."[53]라고 말한다. 그러나 그가 그렇게 할 때, 이웃 사랑은 단지 기독교 전통이 그것을 요구하기 때문에 끼어 있는 낯선 침입자로 보인다. 카리타스 개념의 원래 정의에는 어떤 경우에도 이웃 사랑의 도입을 필연적으로 만드는 것이 없다.

어거스틴의 카리타스 이론은 틀림없이 전체 사상사에서 가장 흥미롭고 중요한 접합들 중의 하나이다. 그 안에는 고대사상과 기독교가 탁월하게 뒤섞여 짜여있다. 고대사상은 어거스틴에게 행복론적 질문을 제기하도록 가르쳤다. 그것의 이상은 모든 궁핍으로부터 자유하는 것이며, 그것의 요구는 절대적으로 동요되지 않는 quies(안식)이다. 그리고 어떻게 그의 사상이 거의 철두철미하게 고대사상의 토대 위에 의존하고 있는지는 일일이 보여질 수 있었다. 사상사에서 어거스틴의 카리타스-이론은 무엇이 최고선인가에 대한 고대 철학의 끝없는 논의의 지속으로 간주되어야 한다. 이 질문에 대하여 다른 철학적 계파들은 다른 답변들을 제공하였다. 최고선은 감각의 순간적인 희락이다. 혹은 그것은 자아의 독립 즉 그것이 운명의 변화를 넘어서 고양되는 것이다. 무엇이 최고선으로 간주될 수 있는가에 대해선 그 요구조건들이 점점 더 엄격해진다. 왜 약간 진보한 단계에서는 최고선으로서의 쾌락을 파악하는 것이 불가능한가? 왜냐하면 쾌락은 너무 멀리 날아가서 그 적대자로 변하기 때문이다. 최고선은 지속적이며 실제로 믿을만한 것이어야 한다. 이런 논의 전체가 어거스틴의 개념 배후에 깔려 있다.[54] 그는 그 질문을 통상적인 방식으로 제기한다. 최고선은 무엇인가? 나는 어디에서 나의 진정한 "선"을 발견할 수 있는가? 그러나 이 오래된 질문에 대하여 어거스틴은 다음과 같은 새로운 해답을 발견한다. "하나님에게 붙들려 있는 것이 내게는 선이다"(Mihi adhærere Deo bonum est). 하나님, 그분만이 최고선이다. "그분은 우리 행복의 원천이시다. 그는 모든 욕망의 목적(end)이시다."[55] 나는 내가 필요로 하는 모든 것을 그분과의 연합에서 발견한다. 어거스틴은 현세적인 이득 속에서 최고선을 추구하는 모든 견해에 반대하여 자신의 초월적 행복론(transcendent eudæmonism)을 제안한다.

어거스틴은 분명히 고대철학으로부터 자신의 질문을 취하였다. 그러나 그는 어디서 그 해답을 얻었을까? 그것은 기독교로부터 왔는가? 어느 경우이든 그것은 고대철학과 기독교에 대한 어거스틴의 관계를 드러내 준다. 철학자들은 최고선이 무엇인가를 토론하였다. 기독교는 올바른 해답을 가지고 온다. 하나님은 최고선이다. 그러므로 기독교는 우리가 그분만을 사랑하고 원해야 한다고 가르친다.[56] 그러나 우리가 어거스틴 자신의 평가를 받아들여 고대사상과 기독교는 어거스틴 안에서 질문과 해답의 관계처럼 관련되어 있다고 간주한다면, 우리는 어거스틴이 그 문제를 두 가지 방향에서 과도하게 단순화하고 있다는 점을 인식해야만 한다. 먼저, 어거스틴의 새로운 해답은 그렇게 새로운 것이 아니라는 점이다. 그것과 병행하는 것들이 고대후기의 사상에 퍼져 있었다. 특히 신플라톤주의에 산적해 있었다. 둘째로, 만약 그 사상이 행복론적으로 파악되는 "最高善"의 추구에 대한 해답으로 사용된다면, 그것은 기독교적 神개념의 급격한 변화를 의미한다.

질문의 측면에서 보면, 어거스틴의 카리타스 이론은 주로 인간의 최고선에 관한 고대적인 담론에 연결된다. 답변의 측면에서 보면, 그것은 기독교사상사 특히 기독교적 사랑 개념의 역사에 결정적으로 연결된다. 카리타스 이론에서 기독교적 사랑 개념은 새로운 국면에 들어선다. 왜냐하면 전혀 새로운 조형틀에 부어진 기독교의 하나님 사랑 계명은 인간의 불가피한 욕망에 대한 해답이 되기 때문이다. 인간은 본성상 그 자신의 행복만을 추구한다. 나는 어디에서 나의 "선"을 찾게 될 것인가? 어디에서 나는 나의 "최고선"을 발견할 것인가? 어거스틴에 의하면 기독교의 사랑 계명은 이 개인중심적 · 행복론적 질문에 대한 어떤 비난도 함축하지 않는다. 오히려 그것은 다음과 같이 말한다. "사랑하시오(또는 욕망을 가지시오), 그러나 당신이 사랑하는 바에 주의하시오. 당신은 당신의 주 하나님을 당신의 전심을 다하여 사랑해야 할 것이다." 왜냐하면 그분만이 당신의 욕망을 진정으로 만족시킬 수 있는 "선"이기 때문이다.

어거스틴은 자신의 카리타스 이론 안에서 매우 이질적인 요소들의 융합을 일으키려고 하였다. 그것은 고대적 행복론과 기독교적 사랑의 융합이요 에로스적 욕망과 아가페적 헌신의 융합이다. 이 종합의 의미는 간단히 다음과 같다. 기독교의 사랑 계명은 고대철학의 "최고선" 문제에 대한 최종적 해답을 제공한다. 이 연합에서 기독교측의 사랑 개념이 손해를 입었다. 그 이유는 단순히 고대사상이 그 질문을 제기하도록 허용되었기 때문이다.

제3절 향유(Frui)와 이용(Uti)

어거스틴에 의하면, 인간이 사랑할 권리를 가진 대상은 오직 하나님뿐이다. 사랑의 올바른 형태인 카리타스는 본질상 하나님 사랑이다. "자신의 온 마음을 다하고 온 영혼을 다하고 온 정신을 다하여" 하나님을 사랑하는 것은 인간의 의무이다. 그러나 이와같이 하나님 사랑을 위해 인간의 모든 능력과 자질이 요구될 때, 그 안에는 (말하자면) 다른 것을 사랑할 자유를 가진 것이 하나도 남아 있지 않다. 하나님 사랑은 다른 모든 사랑을 배제한다. 하나님 사랑은 "실개천 하나라도 그 자체에서 벗어나는 것을 허용하지 않는다. 실개천 하나라도 분리되면 그 전체용적이 감소되기 때문이다." [57]

그러나 피조물을 위한 사랑이 필연적으로 창조주를 위한 사랑과 갈등하는 것이 실제 사실인지에 대한 의문이 생긴다. 세상 속에서 우리를 둘러싸고 있는 것들이 원래 악하다면, 당연히 그것들에 대한 모든 사랑은 나쁠 것이다. 그러나 어거스틴에 의하면 이것이 그렇지 않다. 세상은 하나님에 의해서 창조되었기 때문에 선하다. 비록 그것의 선이 분명히 상대적일 뿐이지만 말이다. 그러면 창조주에 대한 사랑 자체는 내가 그분의 작품도 사랑해야 한다는 것을 요구하진 않는가? 우리는 단순히 하나님에 대한 사랑의 표현으로서 피조물을 사랑하는 것을 생각할 순 없는가? 또한 우리는 어떤 유형의 사랑도 하나님에게서 빼돌리기는커녕 (비록 우회하더라도) 그것을 온전히 하나님께 인도해 주는 피조물에 대한 사랑을 생각할 수 없는가?

이 문제에 직면하여 어거스틴은 사랑을 두 부류로 구분함으로써 그것에 답하려고 하였다. 그는 사랑을 향유(Frui)와 이용(Uti)으로 구분했다. 향유한다(enjoy, Frui)는 것은 어떤 것을 그것 자체를 위하여 사랑하는 것이다(diligere propter se). 이용한다(use, Uti)는 것은 어떤 것을 그것 이외의 것을 위하여 사랑하는 것이다(diligerere propter aliud)[58] 그러므로 향유(Frui)와 이용(Uti)의 관계는 목적과 수단의 관계이다. 내가 어떤 대상을 "향유"한다면 나는 그것을 나의 투쟁의 절대적 목적으로 삼는다. 나는 그것을 넘어선 어떤 것도 추구하지 않는다. 내가 어떤 대상을 "이용"한다면, 나는 비록 그것을 사랑하고 존중하지만 그것 자체를 위하여 그렇게 하지 않는다. 결국 내가 이용하는 대상은 내가 사랑하는 다른 대상 즉 향유 대상에 이르기 위한 수단이다.[59]

어거스틴은 향유(Frui)와 이용(Uti) 사이의 차이점을 다음과 같이 예증한다. 우리가 외국에 있는데 단지 우리 나라에서만 행복하다고 느낄 수 있다면, 우리는 귀국하기 위해 수레나 배를 이용해야 한다. 계속해서 그는 말한다. 그러나 향유되는 것은 우리 나라가 아니다. 그 여행 자체가 우리에게 고향을 망각하라고 호소하는 일이 생길 수 있다. 그러면 그 여행은 더 이상 이용의 대상이 아니라 향유의 대상이 된다. 그것은 수단에서 목적으로 변한 것이다. 그것은 다른 어떤 것을 위하여 평가받는 대신에 이제 그것 자체를 위하여 평가된다. 이것이 우리 인간들의 일시적인 생애의 상황이다. 우리는 낯선 땅에서 살며 "주님으로부터 떠나 있다"(고후 5:6). 세상은 우리가 하나님께 돌아가기 위한 도구와 운송수단으로 사용하도록 우리에게 주어졌다. 그래서 우리는 그것을 실제로 이용해야 하고 그것의 거짓된 유혹 때문에(perversa suavitate) 그것에 헌신해서도 안되고 그것이 마치 이미 우리의 "선"과 고향인 것처럼 향유해서도 안된다.[60] 세상이 단순히 이용된다면, 그것은 우리에게 카리타스의 길을 따라 하나님에게 가도록 도울 수 있다. 그러나 세상이 향유되면, 그것은 장애물이 되어 하나님으로부터 멀어지는 쿠피디타스의 길을 따라 우리를 몰고 가버린다.

이제 우리는 향유(Frui)와 이용(Uti) 사이의 구분이 어떻게 카리타스와 쿠피디타스 사이의 관계와 연관되는지 질문해야 한다. 어거스틴 사상에 매우 근본적인 구분은 카리타스와 쿠피디타스 사이의 구분이기 때문이다. 두 쌍의 개념들은 분명히 직접적인 동의어는 아니다. 카리타스와 쿠피디타스는 올바른 사랑과 그릇된 사랑으로 구분된다. 향유(Frui)와 이용(Uti)은 이런 구분과는 아무런 직접적인 관계가 없다. 올바른 향유가 있고, 잘못된 향유도 있다. 마찬가지로 올바른 이용이 있고, 잘못된 이용도 있다. 그러면 이 경우에 무엇이 옳고 그름을 결정하는가? 어거스틴은 그 해답을 "향유"와 "이용"의 정의에서 발견한다. 향유는 절대적인 사랑이고, 이용은 상대적인 사랑이다. 이제 모든 것은 그것이 갖고 있는 가치에 따라서 사랑받아야 하기 때문에, 분명히 절대적인 것은 절대적으로 사랑받아야 하고, 상대적인 것은 상대적으로 사랑받아야 한다는 것이 뒤따른다. 그러므로 우리의 하나님 사랑의 목적은 하나님을 향유하는 것(fruitio Dei)이어야 한다. 하나님을 이용하기 원하는 것은 분명히 잘못된 것이다. 왜냐하면 그것은 단순히 상대적인 사랑으로 절대자를 사랑하는 것을 의미하기 때문이다. 그러나 세상을 향유하려고 하는 것도 동일한 오류이다. 그것은 상대적인 것을 절대적인 사랑으로 사랑하는 것을 의미하기 때문이다. 세상을 정당하게 다루는 유일한 일은 그것을 "이용"하는 것이다.[61]

두 쌍의 개념들 즉 카리타스-쿠피디타스와 향유(Frui)-이용(Uti)은 서로 겹쳐진다. 그래서 한 인간에게 개방된 사랑의 관계는 네가지 가능성을 가진다. 올바른 향유가 있는데, 이것은 하나님을 향유하는 것이다. 잘못된 향유는 세상을 향유하는 것이다. 올바른 이용은 세상을 이용하는 것이며, 잘못된 이용은 하나님을 이용하는 것이다. 사랑의 잘못된 유형은 인간이 대상들에게 의도된 목적에 맞지 않게 그 대상들을 향유하거나 이용하려 할 때 생긴다. 그는 이용되어야 할 본질을 가진 것은 향유하고, 향유되어야 할 것은 이용한다. 이와같이 카리타스와 쿠피디타스는 향유와 이용의 복합물인데, 그들이 취하는 방향은 정반대이다. 카리타스는 하나님을 향유하고 세상을 이용한다. 쿠피디타스는 세상을 향유하고 하나님을 이용한다. 이와 같이 어거스틴 자신은 하나님과 세상에 대한 관계의 옳고 그름을 공식화 한다. "선한 인간들은 하나님을 향유하기 위하여 세상을 이용한다. 반면에 악한 인간들은 세상을 향유하기 위하여 하나님을 이용하려 한다."[12]

어거스틴의 사랑 이론에서 카리타스와 쿠피디타스 사이의 대립만을 고찰하면, 그것은 '하나님이냐 세상이냐'를 선택하는 단순한 양자택일 (Either-Or) 이상을 포함하지 않는 것처럼 보인다. 그러나 이 근본적인 대립에 새로운 한 쌍의 대립개념들 즉 향유(Frui)-이용(Uti)을 첨가한다면, 그 양자택일은 사랑의 대상들에 대한 충분히 다양한 체계가 된다. 하나님께 가장 근접한 것으로부터 "선"에 가장 근접한 것까지 포함한 모든 피조물 들은 하나님에 의해서 존재의 상하등급을 그리하여 善의 고저등급을 부여 받았다. 사랑은 자신을 이 "본성의 질서"(order of natures)에 대해 순응시킨 다. 어거스틴은 올바른 사랑을 그릇된 사랑으로부터 구분하기 위한 새로운 시험 방법을 발견했다. 올바른 사랑은 하나님이 창조 때에 세우신 "본성의 질서"를 신중하게 관찰하여 모든 대상을 엄격하게 그것이 소유하는 가치 에 따라서 사랑한다. 그릇된 사랑은 자연적인 가치의 질서를 존중하지 않 는다.

이처럼 카리타스와 쿠피디타스 사이의 차이는 더 발전된 정의를 받아들 인다. 즉 카리타스는 "질서잡힌 사랑"(dilectio ordinata)이고 쿠피디타스는 "무질서한 사랑"(dilectio inordinata)이다. 물론 카리타스는 하나님에 대한 사 랑이라는 그것의 근본적인 특성을 유지한다. 그러나 그것을 "질서잡힌 사 랑"이라고 묘사하는 것은 그것을 더욱 구체적으로 만들며 오해를 방지한 다. 왜냐하면 카리타스도 역시 피조물들을 사랑할 수 있기 때문이다. 그러 나 그것은 하나님에게만 고유하게 주어진 그런 사랑을 가지고 사랑하는 것이 아니다. 질서잡힌 사랑은 세상을 "이용하고" 오직 하나님께 올라가기 위한 수단으로서만 그것을 사랑한다. 카리타스가 피조물들을 사랑할 때에 도 그것의 궁극목적은 하나님이다. 그러한 "질서잡힌 사랑"을 가진 자에 대하여 어거스틴은 다음과 같이 말한다. "그는 사랑해선 안 되는 것을 사랑하지 않고, 사랑해야 할 것을 사랑하는데 실패하지 않으며, 덜 사랑해야 할 것을 더 사랑하지 않고, 차별적으로 사랑해야 하는 것을 동등하게 사랑하지 않으며, 동등하게 사랑해야 할 것을 차별적으로 사랑하지 않는다."[63] 그러므로 "질서잡힌 사랑"인 카리타스는 먼저 다양한 대상들의 가치를 주의깊게 평가한다. 그리고나서 그것은 이 가치가 일깨워 주는 만큼의 사랑만을 각 대상에게 제공한다.[64]

카리타스에 대하여 "질서잡힌 사랑"이라고 언급한 내용은 — 필수적인 변경을 함으로써(mutatis mutandis) — "무질서한 사랑"인 쿠피디타스 안에서 적확한 병행구를 발견한다. 쿠피디타스도 역시 그것의 근본적인 특성을 유지한다. 그것은 세상에 대한 사랑이다. 그러나 결국 쿠피디타스의 오류는 그것이 세상에 있는 것들을 사랑하는데 있지 않다. 그것들에게 주어지는 사랑이 그것들의 선의 정도에 부합되기만 한다면, 그것들은 사랑받을 수 있다. 쿠피디타스의 오류는 "무질서한 사랑"으로 사랑하는 데 있다. 그것은 자연적 질서를 조사해 보지도 않고, 하나님을 위해 유보해야 할 그런 사랑으로써 이 저열한 것들을 사랑한다.[65]

이와같이 향유(Frui)적 사랑과 이용(Uti)적 사랑의 구분은 이중적 목적에 기여한다. 한편으로 그것은 모든 사랑이 궁극목적을 하나님에게 두어야 한다고 주장한다. "선"이라면 무엇이든지 사랑받을 수 있다. 그러나 그 안에서 영원한 행복이 발견되는 것만이 향유되어야 한다. 즉 오직 하나님 자신, 삼위일체만이 향유되어야 한다.[66] "하나님을 향유함"(fruitio Dei)의 개념은 어거스틴 사상의 특징인 강력한 신중심적인 경향을 표현한 것이다. 그것은 하나님이 다른 어떤 목적의 수단이 되는 것을 막는 중요한 임무를 지닌다. 하나님은 그 자신을 위하여, 즉 그분에게 내재된 목적이자 종착역으로서 사랑받아야 한다. 그 종착역에서 우리의 욕망은 안식을 얻는다. 우리는 그 종착역을 넘어서 사랑해선 안된다.

영원한 행복은 "하나님을 향유함"(fruitio Dei)과 "하나님을 관상함"(visio Dei)에 불과하다. 이것은 실존 속에서 절대적으로 자유롭게 즉 그것으로써 다른 어떤 것을 얻으려고 노력하지 않으면서 사랑받을 수 있는 유일한 것이다.[67] 바로 그것이 어거스틴이 하나님을 "대가없이"(gratis) 사랑하라고 반복해서 권면할 때 의미하는 바다. 그것은 하나님 사랑이 획득적 사랑이기를 멈춘다는 의미에서 비이기적 사랑이라는 것을 의미하지 않는다. 그런 어떤 사랑도 어거스틴에게는 그저 단순히 존재하지 않는다. 하나님을 "대가없이" 사랑하는 것은 우리가 다른 이익을 얻는 수단으로 그분을 추구해선 안된다는 것을 의미한다. 사실 하나님은 자신 안에 모든 유익을 품고 있다. 그래서 그 안에서 우리는 우리의 충족함을 발견할 수 있다.[68] 하나님이 "대가없이" 사랑받아야 한다고 말하는 것은 하나님이 "이용"되어선 안된다는 것을 다른 방식으로 표현한 것에 불과하다.

　다른 한편으로, 향유(Frui)-사랑과 이용(Uti)-사랑 사이의 구분은 창조를 올바른 사랑의 영역에서 제외하지 않도록 한다. 우리가 절대적인 사랑에 대해서만 생각한다면 직접적인 하나님 사랑의 여지가 전혀 없다. 이용(Uti) 개념은 이와 같이 사랑을 상대적으로 만드는 중요한 임무를 가지고 있다. 그래서 그것은 죄를 범하지 않고도 피조물에게 향해질 수도 있다. 그래서 어거스틴은 일시적인 것들에 대한 사랑을 위한 자리를 발견한다. 그것은 하나님을 위한 사랑과 경쟁할 필요가 없지만 그것의 봉사에 쓰여질 수 있다. 잠시동안 우리는 우리의 생애를 이곳 세상에서 살아야만 하기 때문에, 그 안에서 낯선 땅 뿐만 아니라 잠시 휴식할 수 있는 숙소도 발견할 수 있는 것은 좋은 일이다.[69] 그러나 우리는 그것이 오직 잠시동안 뿐이며 지속적인 순례를 위한 힘을 얻으려는 것임을 유념한다. 진정한 휴식 즉 궁극적 안식은 오직 하나님 안에서만 발견된다. 우리는 세상에서 휴식을 취할 때 무엇보다도 "세상을 이용하시오. 세상이 당신을 포로로 삼지 못하게 하시오."하는 권면을 기억해야 한다.[70]

　이런 연관성을 갖는 "안식"은 우리의 발이 걷고 있을 때 땅 위에서 "안식한다"라고 말하는 것 이상을 의미할 수 없다. 우리의 발은 단지 다음 순간에 다시 들려져서 우리를 더 먼 길로 데려가기 위해서 안식한다. 심지어 그런 안식의 순간 기독교인조차 세속적인 것들에서 어떤 기쁨을 발견할

수 있다. 그러나 이것들은 결코 그의 고향 땅이 아니고 단지 여행자를 위
한 우연적인 휴양과 숙소에 불과하다.[71] 우리는 세상에 있는 것들에게 상
대적인 사랑을 바칠 수 있다. 그럼에도 불구하고 이것은 우리의 하나님 사
랑이 연약함을 입증하며 그 위험성을 내포하고 있다. 그 순간의 휴양은 너
무 쉽게 심각한 소동(騷動)이 될 수 있고, 그리하여 우리는 우리의 궁극목
적을 시야에서 놓칠 수 있다. 이상적인 것은 어떤 시간이나 사고도 일시적
인 것들에 바칠 필요를 갖지 않는 것이다. 하나님을 사랑하는 자의 마땅한
태도는 세상에 있는 어떤 것도 전혀 사랑해서는 안된다는 것이다.[72] 그것
이 이 문제에 관한 어거스틴의 마지막 말이다.

　"향유"(Frui) 개념과 "이용"(Uti) 개념 사이를 구분하는 목적은 부분적으
론 세상 사랑(love of the world)에서 그것의 절대적인 성격을 빼앗고, 부분
적으론 그것을 목적에 이르는 수단으로서 하나님 사랑(love of God)과 연
관시킴으로써 세상 사랑을 상대화하는 것이다. 하지만 결과적으론 세상 사
랑 뿐만 아니라 — 향유(Frui)적 사랑을 포함하여 — 모든 사랑이란 사랑
이 다 상대화되었다는 것이다. 어거스틴은 "Frui"(향유)를 "어떤 것을 그
자체 때문에 사랑으로써 집착하는 것"(amore alicui rei inhaerere propter se
ipsam)으로 정의한다. 사랑(amor)은 여기서 분명하게 목적에 대한 수단이
다. 그것을 하나님에 대한 사랑에 적용해보라. 그러면 우리는 곧 이것이 어
떻게 상대적으로 되는지를 이해한다. "Frui"(향유) 개념은 하나님 사랑의
절대적 의미를 보증하기 위하여 의도되었다. 그러나 그것은 사실 그것의
상대성을 더 선명하게 만든다. 하나님은 카리타스 안에서 궁극적 행복을
주는 대상인 최고선으로서 그 자신을 위하여 사랑받는다. 그러나 그 행복
은 최고선을 사랑함에 있지 않고, 즉 욕망하고 동경하는 것에 있지 않고,
그것을 소유하는데 있다. 행복은 하나님께 향하는 카리타스 안에 있지 않
고, 그 "하나님을 향유함"(fruitio Dei)에 있다. 카리타스는 우리를 그곳으로
인도하려 한다. 그러나 그것은 카리타스가 상대화되었으며 수단으로 분류
되었다는 것을 의미한다. 이러한 전개는 불가피한 것이다. 왜냐하면 어거
스틴이 생각하기엔 모든 사랑이 욕망이기 때문이다. 어거스틴은 우리가

"기뻐[사랑]하지 않지만 향유함으로써"(non amando, sed fruendo) 행복을 소유한다고 말한다.[74]

우리가 우리의 "선"에서 분리되어 원하는 목적에서 멀리 떨어져 세상에 있는 한, 카리타스는 단지 잠정적인 의미만을 가지는 것처럼 보인다. 신앙이 하나님에 대한 관상과 향유(visio et fruitio Dei)로 교체되는 영원한 생명에선 사랑을 위한 자리가 별로 없을 것이다. 이미 우리의 "선"을 얻어 영원히 소유함으로써, 우리는 다른 어떤 것에 대한 사랑에 도저히 도달할 수 없다. 우리는 우리의 목적에 도달했다. 영원한 quies(안식)가 여기에 있다. 그리고 이 안식의 참 의미는 욕망이 영원히 사그라들었다는 점이다. 인간은 더 이상 자신의 "선"을 추구할 필요가 없이 그것을 소유한다. 완전한 하나님 향유(fruitio Dei)는 원리상 사랑의 중지를 의미한다. 그러나 어거스틴 안에는 이 개념과 더불어 정반대의 개념이 가끔 발견된다. 그것은 마침내 우리가 하나님을 면전에서 볼 때에 사랑이 자라난다는 것이다.[75] 오직 그때에만 우리는 우리의 最高善(summum bonum)이신 하나님 안에서 우리가 소유하는 것을 실제로 알게 될 것이다. 그리고 우리가 그분을 알면 더 알수록, 우리는 그분을 더욱 더 사랑할 수밖에 없다.[76]

이용(Uti) 개념과 향유(Frui) 개념조차 왕성하던 헬레니즘의 에로스 이론에서 어거스틴을 구원하지 못했다. 어거스틴은 우리가 하나님을 향유하기 위하여 세상을 이용해야 한다고 말했다. 이때 어거스틴은 플라톤이 이 세상의 아름다운 것들에 사로잡히지 말고 그것들을 더 고상한 세계로 올라기 위해서 타고가는 사닥다리로 사용하라고 권면할 때 이용했던 개념과 동일한 것을 가지고 있다.

제4절 하나님에게 올라감

사랑은 중력의 법칙이 물질계에서 가지는 기능과 유사한 기능을 영의 세계에서 가진다. 모든 것은 "자연의 질서"에 의해서 부여받은 자리를 우주 안에 가지고 있다. 인간은 하나님에 의해서 창조 안의 최고위에 임명되었다. 그리고 이것은 그가 그의 욕망을 위쪽으로 향해야 한다는 증거이다. 물질적인 육신이 그 무게에 의해서 아래쪽으로 끌려가는 것처럼, 영혼은 카리타스에 의해서 하나님께 올라갈 수 있게 된다.[77] 이곳 지상에서 인간은 카리타스를 무게라고 생각할 수 있다. 율법은 보통 무겁고 어렵다고 간주된다. 그리고 그것은 율법의 완성인 카리타스에게 영향을 미친다. 그런데 어떤 관점에서 보면 인간이 무거운 짐인 카리타스를 운반하는 데, 다른 관점에선 카리타스가 인간을 운반한다. 그는 "카리타스의 날개들"을 타고 하늘로 올려진다.[78] 어거스틴의 직유들(similes) 중에서 다른 것을 살펴보면 다음과 같다. "어떤 액체에 의해서도 올리브 기름은 아래쪽으로 흡수될 수 없고 모든 것을 뚫고 헤치고 뛰어올라 맨 위에 떠다닌다. 이것과 마찬가지로 카리타스도 흡수될 수 없고 반드시 필연적으로 위쪽으로 올라가야만 한다."[79] 이 상향성이 어거스틴의 기독교 해석의 전체를 지배한다. 우리가 카리타스 안에서 보는 것은 기껏해야 인간적 야심이다. 카리타스는 그 인간적 야심에 본질적인 것이며 하나님을 즐겁게 하는 형태이다. 기독교인의 전생애는 하나님을 관상(vision)하고 향유함을 궁극목적으로 삼고 있는 부단한 상승이다.

어거스틴이 상승에 대하여 말할 때, 그의 문제는 일반적으로 인간이 어떻게 감각계로부터 순수한 하나님의 영성으로 올라가야 하는가이다. 그리고 우리는 어거스틴 안에서 상승의 3중적 양식(mode)을 구분한다. 미덕(virtue)의 사닥다리, 사변(speculation)의 사닥다리 및 신비주의(mysticism) 사닥다리가 그것이다.

1. 은총을 그렇게 강조하는 어거스틴이 여느 때처럼 인간의 공로(meritum)에 대해서도 쉽게 말할 수 있고 실제로 하나님과의 친교로 가는 방법을 미덕의 사닥다리(ladder of Virtue)에 의한 상승으로 묘사할 수 있다는 것은 이상하게 보일지도 모른다.[80] 이것에 대한 설명에 있어어, 터툴리안 이래로 공로 개념이 서방 기독교를 지배하였고, 어거스틴조차도 (자주 지적되었듯이) 이 전통의 힘이 자신의 기본적인 은총론과 많이 상충했지

만 그것을 전적으로 거부할 수 없었다. 그러나 이것이 사실이라 하더라도, 공로 개념에게 주어진 자리를 어거스틴 안에서 설명하는 것은 부적절하다. 이처럼 어떤 경우에든 어떤 요소들을 기본적인 이론으로 선택하고 다른 것들을 낯선 첨가물로 보는 것은 의심스러운 절차이다. 하나님께 가는 방법으로서 공로 개념과 미덕 개념은 어거스틴 사상에 어떤 낯선 첨가물이 아니라 그것에 유기적으로 소속된다. 우리가 그의 사상에 대한 정확한 그림을 가지기 위해선 이 분명한 갈등요소들을 어거스틴이 제시한 그것들의 실제적 연합 속에서만 보아야 한다. 우리는 두 행렬의 사상을 매우 쉽게 발견할 수 있다. 하나는 은총의 행렬이고 다른 하나는 공로와 미덕의 행렬이다. 하지만 어거스틴 자신에게는 그것들 사이에 아무런 긴장도 없었다. 사실 긴장이 있을 수 없었다. 왜냐하면 그는 "하나님이 우리의 공로를 영화롭게 하실때, 그분이 영화롭게 하는 것은 그 자신의 선물 외에 아무것도 아니다."라고 주장했기 때문이다.[81] 은총과 공로를 함께 묶는 것은 카리타스이다. 카리타스는 한편으론 인간이 은총으로 받는 선물이고, 다른 한편으론 "율법의 완수"이며 그래서 모든 미덕들의 총화(總和)이다. 그러므로 공로나 미덕의 사닥다리에 의한 상승은 카리타스 자체의 상승 외에 아무것도 아니다.[82]

　2. 상승의 또 다른 수단은 사변의 사닥다리(ladder of Speculations)이다. 죄로 인하여 우리는 영원한 것을 볼 수 없고 우리의 능력으로 하나님께 접근할 수 없다. 그래서 하나님이 그의 자비 가운데서 우리를 돕기 위하여 오셨다. 그는 우리에게 피조물들의 사닥다리를 만드셨다. 우리는 그것에 의해서 그분에게 올라갈 수 있다.[83] 로마서 1장 20절에 기초하여 어거스틴은 완전한 자연신학(theologia naturalis)을 만들어 냈다. 하나님은 우주를 거대한 "자연의 질서"(order of natures)로 정돈했다.[84] 우리는 그것을 힘입어서 창조주의 능력을 경외하면서 그분의 작품들의 최하에서 최상까지 가로질러 갈 수 있다. 그리하여 마침내 우리는 창조주 자신에게 도달할 수 있다. 만물은 우리에게 그분을 가리키고 있다. 그것들은 우리에게 한 목소리로 "우리는 너희의 하나님이 아니다. 우리 위에 있는 존재를 추구하라."라고

소리친다.[85]

플라톤에 의하면, 인간 안에서 에로스를 불러일으키고 인간이 아름다운 것을 향하여 열망하며 뻗어가도록 몰아부치는 것은 사물의 美다. 영 가운데 사는 사람은 중간단계에 있다. 인간이 자신의 주의를 아래쪽으로 돌리면, 그는 육체적 세계를 발견한다. 그가 자신의 주의를 위쪽으로 돌리면, 그는 하나님을 발견한다.[86] 그래서 중요한 것은 우리의 영이 올바른 방향 즉 위쪽을 바라보아야 한다는 점이다. 하나님은 육체적인 존재가 아니다. 우리가 그분을 발견하려고 한다면, 우리는 그분을 이 아래쪽에서 추구해선 안되고 명상 가운데서 육체적 세계에 속하는 모든 것들을 초월하여 상승해야 한다. 그러나 비록 우리가 육적인 영역을 초월하고 영의 세계에 도달하였다 하더라도 우리의 상승은 완결되지 않는다. 하나님은 영이시지만 우리와 같은 가변적인 영이 아니다. 그러므로 우리가 그분에게 가려면, 우리는 무엇보다도 가변적인 영의 세계에 속하는 모든 것도 초월하여 올라가야 한다.[87] 이와 같이 하나님께 향하는 사변적인 길의 주요단계들은 간략하게 주어진다. "肉을 초월하여 영을 맛보라. 그리고 영을 초월하여 하나님을 맛보라."[88]

3. 사변적인 상승에 매우 유사한 것으로 신비주의 사닥다리(ladder of mysticism)에 의한 상승이 있다. 그 둘 사이를 예리하게 구분하는 것은 거의 불가능하다. 왜냐하면 어거스틴 안에서 신비주의적 상승은 주로 사변적 상승과 동일한 계열에 있기 때문이다. 그러나 신비주의적 상승을 언급하지 않으면 그 그림은 불완전할 것이다. 먼저 우리는 오스티아(Ostia)에서 있었던 어거스틴과 그의 어머니의 대화를 회상할 수 있다. 그것은 실질적으로 신비주의의 유비적인 도식을 따르고 있다.[89] 인간은 자신 안에서 하나님을 추구해야 한다는 개념도[90] 동일한 방향을 가리킨다. 여기서 어거스틴은 모든 시대의 신비주의에 특징적인 길로 들어선다. 그것은 하나님께 향하는 內觀的(introspective) 방법이다. "더 높이"와 "더 깊이"는 그에게 있어서 호환가능한 용어들이 되었다.[91] 하나님과의 교제로 통하는 그 길의 출발점에는 '네 자신을 알라'(γνῶθι σεαιτόν)는 권면이 놓여 있다.

어거스틴은 그 자신으로 들어가서 자기 자신의 본성을 검토함으로써 자기가 성삼위일체의 신비를 간파할 수 있다고 생각한다.[92] 자신을 아는 것은 하나님을 아는 것이며, 자신 안에 거주하는 것은 하나님 안에 거주하는 것이다. 인간이 하나님을 떠나면 그는 더 이상 자신 안에서 사는 것이 아니다. 그는 그 자신 밖에 있는 것에게 자신의 사랑을 기울이기 시작하며 계속하여 일시적인 것들에게 점점 더 깊이 빠져든다.[93] 인간이 그 자신에게 다시 돌아갈 때 회심이 시작된다. 그와 동시에 그는 하나님께 되돌아간다. 그럴때에만 인간은 자신 안에 거주할 수 있기 때문이다.[94] 자신에게 돌아가는 것은 하나님께 돌아가는 것이다. 그리고 하나님께 돌아가는 것은 가장 깊은 의미에서 그 자신에게 돌아가는 것이다.

위에서 논의한 바는 어거스틴의 구원의 방법이 주로 플라톤주의와 헬레니즘의 방법과 동일한 것이었다는 인상을 주기가 쉽다. 그러나 그것은 결코 사실이 아니다. 비록 일반구조는 동일하더라도, 헬레니즘의 구원이론은 결정적인 논점들의 배후에 남아있다. 출발점과 목적이 상당히 다른 의미를 획득했다.

헬레니즘의 구원 이론의 출발점은 인간의 영의 신적인 기원과 본성에 대한 신념이다. 어거스틴은 이것에 대해 매우 강력하게 반대한다. 즉 인간은 위장된 신성이 아니다. 어거스틴은 창조주 하나님과 그분의 피조물인 인간 사이의 구분을 선명하게 만드는데 대단한 관심을 기울였다. 하나님은 하나님으로 남아있고 인간은 여전히 인간이다. 어거스틴은 항상 그들 사이의 거리를 의식하고 있다. 그는 하나님이 인간에게 그 자신의 영의 일부(a part)를 불어넣었다고 설명하는 구약의 창조-이야기 해석을(그것이 헬레니즘 정신에는 매력적인 것임에도 불구하고) 명시적으로 거부한다. 하나님이 인간에게 불어넣은 생명의 영은 하나님 자신의 영이 아니라 피조된 영이다.[95]

출발점이 다르기 때문에 그 목표도 다르다. 어거스틴은 하나님의 영과 인간의 영 사이에 어떤 독창적인 동일화도 인정하지 않는다. 그래서 상호간의 신비적인 흡수(mystical absorption)는 그의 목표가 될 수 없다. 심지어 위에서 언급된 신비적 상승이 몰아적인 성향을 가지긴 하지만[96] 영혼이 하나님 안에 완전히 흡수될 가능성은 없다. 하나님과 인간 사이의 구분은 결단코 폐기되지 않는다. 영적인 삶의 최고점에서도 그 거리는 유지된다. 기독교적 삶의 목표는 우리 안에 삼위하나님이 거주하는 것이다. 그러나 "삼위일체는 그 자신의 성전 안에 계시는 하나님으로서 우리 안에 계신다. 그러나 우리는 창조주 안에 있는 피조물로서 그 안에 있다."[97]

제5절 카리타스와 은총(Gratia). 우리의 상승과 하나님의 하강

인간이 하나님 안에서 자신의 "불변의 최고선"(summum etincom mutabile bonum)을 소유하기 위해서는 카리타스 안에서 하나님께 올라가야만 했다. 그러나 창조주와 그의 피조물인 인간 사이의 간격이 더 커지면 커질 수록, 카리타스의 상승은 점점 더 어려워진다. 인간은 하나님께 올라갈 어떤 능력을 가지고 있는가? 아니면 그는 피조된 존재로서 자신의 사랑을 자기 주변에 있는 피조된 것들에게 쏟아야 할 운명인가? 카리타스와 쿠피디타스 사이의 투쟁에서, 후자가 승리할 운명이 아닌가? 인간은 사랑의 계명이 요구하는 카리타스를 정말로 성취할 수 있는가?

어거스틴은 이 문제에 대하여 부분적으론 바울의 은총의 신학과 관련지어 생각할 기회가 있었다. 좀더 특별하게 그는 펠라기우스주의와의 투쟁에 연관지어서 그 문제를 생각하게 되었다. 어거스틴은 펠라기우스에서 하나님과의 교제 문제의 모든 강조점을 인간 쪽에 두는 도덕론적 기독교관을 발견했다. 펠라기우스는 신의 은총의 중요성과 필요성을 부인하지 않는다. 그러나 "은총"은 대개 다음 세 가지 논점들로 환원된다. (1) 창조시에 하나님은 인간에게 자유의지를 주셨다. 그 덕택에 인간은 항상 선을 택할 수 있다. (2) 게다가 그분은 은혜스럽게도 인간에게 자신의 율법과 특히 그리스도의 모범에서 인간이 실현해야 할 선을 보여줌으로써 인간의 선택을 더욱 쉽게 만들었다. (3) 그럼에도 불구하고 인간이 악을 선택한다면, 하나님은 그 죄를 용서하고 인간의 자유의지가 과거에 의해서 괴롭힘을 받지 않고 새롭게 시작할 수 있게 하는 은총을 보여준다.[98]

어거스틴은 이러한 펠라기우스의 은총 개념을 가장 격렬하게 공격한다. 위에서 언급한 의지의 자유, 율법, 및 죄의 용서 이 세 요소만을 포함하고 있는 "은총"이란 우리에게 유용하지 않다. 우리가 실제 생활에서 감각세계와 그것의 모든 유혹거리들에 의해서 둘러 쌓여 있을 때, 여러 방향으로 결정할 수 있는 추상적 가능성을 가진 형식적인 의지의 자유가 무슨 쓸모가 있는가? 그 유혹거리들은 어떤 외적인 강박이 없어도 그것들이 일으키는 쾌락을 수단으로 우리의 욕망을 아래쪽으로 끌어내리고 우리를 일시적인 것들에 냉혹하게 속박한다. 다시 천상적인 것들이 그것들의 먼 초월에서 우리를 냉냉하고 무감동하게 남겨둘 때에, 우리가 율법 안에서 그리고 그리스도의 모범을 통하여 우리의 욕망을 어떻게 위쪽으로 천상적인 것들로 향해야 하는지를 배우는게 무슨 쓸모가 있는가? 그리고 우리가 우리의 미래의 행위에 대해서만 (우리의 욕망을 열등한 것들로부터 해방시키고 천상적인 것들로 향하게 하기에는 불충분한) 자유의지의 방편을 가지고 있다면, 결국 하나님이 자신의 은총과 자비 안에서 우리가 지금껏 저지른 죄를 용서하는 것은 무슨 쓸모가 있는가? 만약 은총이 우리를 위하여 어떤 실제적 가치를 지닌다면, 그것은 지금 여기에서 효력이 있는 우리의 현실 생활에 개입하는 힘이어야 한다. 어거스틴은 펠라기우스의 "자연신론적"(deistic) 은총 개념이 실질적인 은총이라고 인정하지 않는다. 그것은 단순히 하나님이 처음부터 우리가 스스로 꾸려가라고 명령했다는 것을 의미한다. 어거스틴은 이것 대신에 효력있는 은총(effective grace)을 주장한다. 효력있는 은총은 하나님이 스스로 우리 삶에 인격적으로 개입하는 은총이다. 하지만 그것은 어거스틴이 자유의지와 율법을 부정한다는 것이 아니다. 그에게도 이것들은 역시 필수적이다. 왜냐하면 자유의지가 없이는 선한 삶이나 악한 삶에 대하여 말하는 것이 아예 불가능하게 되기 때문이다. 게다가 율법이 없이는 우리는 어떻게 살아야 하는지조차 알지 못한다.[99] 오히려 그가 강조하고자 하는 것은 이것들로는 충분하지 않다는 것이다.

그래서 그는 이것들보다 더 필수적인 신의 개입을 위하여 "은총"(gratia)이란 말을 보류했다.[100]

그러면 어떻게 해서 율법과 자유의지가 모두 인간을 善으로 인도할 수 없게 되었는가? 그 해답은 다음과 같다. 율법은 두려움에 의해서 완성될 수 없고 오직 사랑에 의해서만 완성될 수 있다.[101] 비록 인간이 외적으로 선을 행한다 하더라도, 그가 그것을 하나님 사랑이 아닌 형벌의 두려움으로부터 행하면 그는 그것을 자유롭고 제약받지 않는 마음이 아니라 노예근성으로 실천한다. 그래서 그것은 그가 그렇게 하지 않는 것보다 나을 바가 없다. "카리타스의 근원에서 오지 않는 것은 그 열매가 선하지 않다."[102] 필요한 것은 그 의지가 실제로 초자연적 선을 위하여 획득되어야 한다는 것이다. 이것은 결코 법적인 명령에 의해서 일어날 수 없고 오직 옛 욕망을 몰아내는 새로운 욕망에 의해서만 일어날 수 있다. 즉 쿠피디타스를 극복하는 카리타스에 의해서만 가능하다. 쾌락의 달콤함은 더 달콤한 것에 의해서 정복되어야 한다.[103]

그래서 모든 것은 결국 우리가 어떻게 이 카리타스를 소유하게 되는가의 질문에 달려 있다. 그런데 카리타스는 "율법의 완성"이며 모든 선이 자라나온 뿌리이다. 펠라기우스는 인간이 자체적으로 카리타스를 생산할 수 있다고 단언한다. 그러나 어거스틴은 그것을 부인한다. "인간이 하나님의 도움 없이 하나님의 카리타스를 소유할 수 있다고 주장하는 사람은 인간이 하나님 없이 하나님을 소유할 수 있다고 주장하는 것 외에 무엇을 주장한단 말인가?"[104] 인간이 본래 신적인 존재였다면,[105] 우리는 인간 안에 머무르는 자연적인 상향적 유인력(attraction)에 대하여 말할 수 있었을 것이다. 그러나 어거스틴은 이 헬라적인 개념을 거부하고 인간이 창조된 존재이며 그 자체로서 나머지 창조에 속한다고 주장한다. 게다가, 인간은 타락을 통하여 하나님과 자신의 교제를 끊고 일시적인 것들로 침몰하였다. 그래서 인간은 당연히 자신의 주위에 있는 일시적인 것들에서 자신의 "선"을 추구한다. 사실 이론적으로 고등세계와 열등세계 사이에 위치한 인간의 중간적 입장은 그에게 양쪽 방향을 다 선택할 수 있는 가능성을 부여하였다. 그러나 실상은 그의 현재 상황에선 이 가능성들 중 오직 하나만이 현실화될 수 있다. 타락 이후로 줄곧 인간의 본성 속에는 하향적 유인력이 머무르고 있었다. 인간은 자신의 열망을 영원한 것으로 향하게 할 수 없었다. 그는 어떤 카리타스를 자신 안에 소유하지 않는다. 그래서 인간이 그것을 얻고자 하면, 특별한 신의 은총행위에 의해서 그것이 그에게 주어져야 한다. 그것은 밖으로부터 그의 마음으로 주입되어야 한다.

이러한 은총과 사랑의 주입(infusio caritatis) 개념은 가끔 어거스틴의 은총 개념이 마술적이고 자연주의적이었다는 것을 증명하기 위해 취해졌다. 그러므로 하르낙(Harnack)은 "하나님 사랑은 비례적으로 영혼에 주입된다."라고 말했다.[106] 어거스틴의 은총론의 근원적 오류는 그것의 "객관적 성격"(ihres *dinglichen* Charakters)에 있다.[107] 사실 그는 "사랑은 약품처럼 퍼주어질 수 있다."는 것을 믿는다고 비난받는다.[108] 마찬가지로 헤르만(W. Hermann)은 어거스틴이 역사적 그리스도 안에서 우리를 만나시는 하나님의 은총에 의해서 인간이 어떻게 회심하는지를 심리학적으로 이해시키지 못하고 은총을 신비한 능력이라고 생각하는데 만족하였다는 사실에서 어거스틴의 은총 개념의 취약성을 발견한다.[109] 그러나 우리는 여기서 신중해야 한다. 어거스틴의 카리타스의 "주입" 개념은 사실 바울의 고백과 직접적으로 연관되어 있기 때문이다. 로마서 5장 5절에서 바울은 "우리에게 주신 성령으로 말미암아 하나님의 사랑이 우리 마음에 부어졌다."하고 말했다. 자연주의적·마술적인 은총 개념보다 더 어거스틴의 의도에서 멀어진 것은 없었다.

우리가 "마술적·자연주의적" 입장과 "인격적·심리학적"인 입장 중에서 양자택일을 적용한다면, 어거스틴의 견해를 서술하는 입장은 후자이다. 카리타스는 신과 우리 사이의 관계와 관련이 깊다. 성령이 우리에게 주어졌다는 사실에 의해서 카리타스는 우리의 마음 속에 주입된다. 어거스틴이 그의 은총론에서 "심리학적" 관점을 놓쳤다고 말하는 것은 정답이 아니다. 오히려 바로 이 심리학적 관점이 그의 특별한 주의를 끌었던 것이다. 그리고 어거스틴은 인간을 쿠피디타스로부터 카리타스로 인도하는 그 회심 과정을 명쾌하게 하기 위하여 큰 노력을 기울였다. 이것은 그가 신의 은총을 욕구 심리학의 도식에 도입하려고 했던 방식으로부터 매우 분명해진다.

그러면 어거스틴은 이 사랑의 주입이 어떻게 일어난다고 생각하였는가? 그가 출발해 나왔던 상황은 간단히 다음과 같다. 피조물로서 인간은 자신의 "선"을 고등세계든 열등세계든 자기 밖에서 추구해야 한다. 고등세계는 영원하고 무한한 선을 제공할 수 있다. 그러나 열등세계의 선은 가장 쉽게 닿는 곳에 놓여 있다. 인간은 그 모습 그대로 존재하기에, 두 세계 사이의 경쟁은 단지 불공평할 뿐이다. 열등세계는 인간에게 달려들어서, 그것이 그 안에 일으키는 쾌락으로써 인간을 사로잡는다. 그리고 천상적 선은 비교적 너무 멀고 비현실적이기에 인간의 영혼에 어떤 확고한 지배력도 가질 수 없는 것처럼 보인다. 사실 하나님은 자신의 율법에 의해서 인간을 초자연적 선에 묶어 두고 그에게 그것에 대한 동경심을 카리타스에 두도록 명령하셨다. 그러나 이것은 단순히 외적인 구속일 뿐이지 내적인 욕망의 구속과 비교될 수 없다. 그 욕망의 구속에 의해서 세상의 사물들은 인간을 자신들의 포로로 삼는다. 영원한 것이 일시적인 것들과 진정으로 경쟁할 수 없는 이유는 말하자면 인간이 영원한 것의 자기장(magnetic field) 밖에 있기 때문이다. 일시적인 것들은 그에게 매우 가까이 있어서 쉴새없이 그를 끌어당기고 유혹한다. "모든 이는 자기 자신의 쾌락에 의해서 이끌린다."고 읊은 시인은 정확하게 표현한 것이다. 쾌락과 그것의 내적인 유혹이 있을 때, 모든 것들은 부드럽게 거의 자동적으로 끌려간다.[110]

영원한 것이 인간을 지배하려면 인간에게 가까이 가야만 한다. 그리하여 영원한 것이 인간과 매우 가까와지면 그것의 유인능력이 일시적인 것들의 유인력보다 더 커지고 불가항력적으로 된다. 바로 이것이 성육신 가운데서 발생했다. 성육신은 인간과 그 창조주를 분리시켰던 그 틈을 메꾸었다. 우리의 영원한 선이신 하나님은 이제 더 이상 우리로부터 멀지 않다. 그리스도 안에서 하나님은 우리의 일시적인 세상으로 우리에게 다가왔다. 하나님이 우리에게 매우 가까이 오셨기에 모든 일시적 선은 이 선 앞에서 무색해진다. 이러한 그리스도 안에 나타난 하나님의 계시는 우리를 유인하는 능력이다.[111] "당신은 한 마리 양에게 녹색 가지를 보여 주고 그것을 끌어간다. 한 소년에게 호두가 보여지자 그는 이끌려간다."[112] 그것은 하나님께서 우리 인간들을 다루시는 한 보기이다. 하나님은 우리를 자신에게 이끌려 할 때 그리스도를 수단으로 사용한다. 그래서 우리는 "성부의 이끄심"에 대하여 정확하게 말할 수 있다. 그분은 스스로 자신의 천상적 위엄 속에선 우리와 멀리 떨어져 있다. 하지만 그리스도 안에서 하나님은 우리에게 매우 가까이 다가오셨다. 그리스도와 그의 성육신 덕분에 우리의 천상적 선은 더 이상 접근불가한 거리에 있지 않고 일시적인 것들처럼 우리 가까이에 있다.[113]

이것은 열등세계와 고등세계 사이의 선택에 관한 인간의 입장을 완전히 뒤바꾼다. 전에는 자유의지가 이론상으로만 선택의 가능성을 가지고 있었을 뿐 실상은 열등세계의 더 큰 유혹능력 때문에 그것을 선택할 수밖에 없었다. 그러나 이제는 "아버지의 인도함"을 통하여 고등세계도 실재로 간주된다. 그리스도의 성육신을 통하여 우리는 영원한 세계의 자기장(磁氣場)으로 이끌려 천상적 삶의 달콤함을 맛볼 수 있다. "어떤 마음의 즐거움(voluptas cordis)이 있다. 하늘의 빵은 달콤하여 마음에 즐거움을 준다."[114] 이전에는 우리의 초자연적 선이 오직 의무적인 율법의 형태로만 발견되었고 그 이유 때문에 우리들과 진지한 관계를 맺을 수 없었다.

이제 우리의 내면적 존재를 불가항력적으로 이끌어가는 것은 능동적인 힘이다. 어거스틴은 다음과 같이 질문한다. "세속적인 달콤함과 즐거움 가운데서(inter delicias et voluptates terrenas) 그 애인들에게 드러난 것들이 유인력을 행사한다면, 아버지에 의해서 계시된 그리스도도 그렇게 이끌지 않겠는가?" "영혼이 진리보다 더 강렬하게 바라는 것은 무엇인가? 영혼은 무엇을 그렇게 탐내며 먹고 싶어하는가? 왜 영혼은 지혜, 의로움, 진리, 영원을 먹고 마시기 위해서가 아니라 참된 것이 무엇인가를 판단하기 위하여 내부의 입천장(palate)이 건강하길 바라는가?"[115]

하나님은 그리스도 안에서 자신을 우리에게 주실 때 우리가 사랑해야 할 대상과 그것을 사랑할 수 있는 수단인 카리타스도 우리에게 주신다.[116]

우리가 사랑해야 할 대상은 하나님 자체이다. 그러나 카리타스도 역시 성령에 의해서 우리 마음 가운데서 거처를 정하시는 하나님 자신이다.[117] 우리가 하나님을 사랑한다는 사실도 전적으로 하나님의 선물이다.[118]

그러면 어거스틴의 사상에서 은총의 자리와 의미는 무엇인가? 두 요점들이 그 해답을 제공할 것이다.

1. 한 관점에서는 은총(gratia)이 어거스틴의 기독교 해석의 중심단어이다. 우리의 삶 가운데 있는 모든 것은 궁극적으로 하나님의 은총에 의존한다. 이것은 기독교인의 삶 뿐만 아니라 자연적인 삶에 대해서도 타당하다. 우리는 우리 스스로에 대해선 아무것도 가지고 있지 않지만, 하나님에 대해선 모든 것을 가지고 있다. "네가 인간이 되기 전에, 너는 먼지였다. 네가 먼지이기 전에 너는 無(nothing)였다."[119] 그리고 하나님이 우리를 자기 자녀로 취하기 전에, 우리는 죄인들이었고 진노의 자녀들이었다. 하나님의 은총으로 우리는 존재하게 되었으며, 하나님의 은총으로 우리는 의롭게 되었다.[120] 그것은 우리 편에선 아무런 先行적 공로(preceding merit)도 없이 공짜로 주어졌기 때문에 은총이라고 불린다.[121] 어거스틴은 우리가 신앙과 행위로 마땅히 영생을 보상으로 받을 만하다고 생각했을지 모른다. 하지만 어거스틴은 어떤 경우에도 신의 은총에서 주의를 돌리지 않는다. 심지어 신앙도 하나님의 은총의 선물이다. 신앙에 의해서 우리가 영생을 "받을 만하다면" 그것은 단순히 우리가 "은총으로 은총을" 받는다는 것을 의미한다. 우리가 실천하는 행위(works)는 사실 우리 자신의 것이 아니라 하나님의 것이다. 하나님은 자신의 은총으로써 우리 안에서 그 행위를 경영하신다(works).[122] 우리의 신앙과 우리의 선행은 전적으로 은총에 의존하고 있다. 은총이 그것들의 가능성의 근거이다. 어거스틴은 이러한 주장을 제기하는데 결코 지치지 않는다.

다른 방식으로 하나님의 은총은 우리의 모든 행위들에 선행한다(praevenit). 무엇보다도 성육신은 하나님의 은총과 사랑의 위대한 증거이다.[123] "하나님이 죄인들을 사랑하지 않는다면, 그는 하늘로부터 땅으로 오시지 않았을 것이다."[124] 이 하나님의 은총에 대하여 어떤 합리적인 근거도 발견될 수 없다. 은총은 하나님의 의지가 긍정적으로 표현된 것이다. 우리는 그것을 다른 어떤 것에 귀착시킴으로써 그것에 어떤 동기를 부여할 수 없다. 우리가 그것이 은총이라고 말했다면, 우리는 그것에 대하여 말해질 수 있는 모든 것을 말한 것이다.[125]

바로 이 논점에서 어거스틴은 자신의 카리타스 이론의 출발점으로 작용했던 헬레니즘 이론에서 가장 멀리 떨어져 있다. 사실 그는 에로스 도식을 포기하고 전적으로 아가페 동기의 용어로 생각하게 된 것처럼 보인다. 우리가 어거스틴에게서 본 것처럼 하나님의 은총의 선포는 하나님의 자발적이고 "무동기적" 사랑을 가장 기탄없이 선언한 것으로 보일 것이다. 그러나 그것은 그렇지가 않다. 그의 은총 개념에는 다른 면도 있다. 그것은 우리가 지금까지 받았던 인상을 상당히 수정할 것이다.

2. 하나님께서 자신의 은총(gratia) 안에서 우리에게 내려 오셨다면, 우리는 결코 카리타스 안에서 그분에게 올라갈 수 없다. 이것이 어거스틴 안에서 은총을 매우 특이하게 중요하게 만들면서 또한 그것을 제한하는 것이다. 은총이 없이는 하나님께 접근할 수 없다. 은총이 없으면 카리타스는 하나님께 날아가는데 필요한 공기를 그것의 날개 아래에 전혀 가질 수 없다. 은총은 우리의 모든 행동을 "인도한다"(prevent). 그러나 수단이 목적에 앞서듯이 그렇게 한다. 목적은 카리타스가 하나님에게 상승하는 것이며 계속해서 그러할 것이다. 이것은 우리를 다시 에로스로 데려간다. 상승도식에 입각한 어거스틴의 구원의 방법에 대하여 앞에서 말한 모든 것들은 여전히 유효하다. 은총은 단지 이 상승의 필요불가결한 수단으로서 도입되었을 뿐이다. 우리의 쾌락이 세속적인 것들에 얽매여 있기 때문에 율법과 자유의지가 결합해도 이룰 수 없던 일이 영원한 초자연적 선을 가지고 인간에게 다가와 그 인간 안에 천국을 향한 열망을 불러일으키는 하나님의 은총에 의해서 가능해진다. 은총은 율법을 폐기하지 않고 율법이 요구하는 바를 수여한다. 율법과 달리, 은총은 단순히 선을 요구하지 않는다. 그것은 선 안에서 즐거움을 일깨워준다.[126] 은총은 자유의지를 파괴하지 않고 단순히 그것에게 새로운 대상을 제시하며 그래서 새로운 방향과 목표를 제공

한다.[127] "하나님의 은총은 원치 않던 것으로부터 원하는 바를 만든다"(Gratia Dei ex nolente volentem facit).[128]

율법으로 표현될 땐 부담스럽고 어려웠던 것이 이제는 우리에게 쉽고 즐거운 것이 된다. 왜냐하면 카리타스가 은총에 의해서 우리의 마음 가운데 거주하게 되었기 때문이다. 인간은 사랑하는 대상을 얻기만 한다면 사랑을 위하여 무엇이든지 인내하고 겪을 것이다. 돈이나 명예를 사랑하는 자가 자신이 사랑하는 것을 획득하기 위하여 다른 모든 것을 어떻게 저버리는지 생각해 보라. 심지어 그는 이것을 희생으로 여기지도 않는다. 바로 그런 이유에서 은총으로 주입된 카리타스는 하나님께로 상승하는데 쏟아야할 노력에도 불구하고 그 상승이 어렵고 까다로운 것으로 느껴지지 않도록 한다.[129]

어거스틴은 은총과 성육신에 대하여 말할 때 신의 하강을 가장 강조하여 주장한다. 그럼에도 불구하고, 이것은 우리가 보았던 것처럼 에로스 개념과의 어떤 단절을 의미하진 않는다. 그는 여전히 하나님과의 친교가 근본적으로 상승의 도식에 부합된다고 이해한다. 은총과 성육신은 단순히 그것을 위한 필요수단일 뿐이다. 그리스도의 하강은 그 목표로 우리의 상승을 두고 있다. 즉 하나님은 우리가 신(gods)이 되도록 하기 위하여 인간이 되셨다.[130] 카리타스의 주입(infusio caritatis)과 동일한 은총의 개념은 에로스 성향에 거의 대항하지 않는다. 이 사실은 아마 어거스틴이 매우 논리적으로 은총 자체를 사닥다리로 묘사할 수 있다는 사실에서 가장 잘 보여질 것이다. 우리는 그 사닥다리를 타고서 신적인 생명으로 올라갈 수 있고 천상의 본향으로 가는 길을 만들 수 있다고 한다.[131] 이와같이 어거스틴의 태도에는 실제적 변화가 전혀 없다. 즉 여전히 우리의 하나님 사랑이 하나님과의 친교에 있어서 결정적이다. 단지 우리는 하나님의 사랑의 도움이 없이는 이 사랑을 가질 수 없다. 그래서 이것도 역시 그의 사상 안에서 그 지정된 자리를 차지하고 있다.[132]

성육신에 대한 인과론적 고찰은 신의 사랑 자체의 기적에서 멈춘다. 인과론적 성육신론의 주요논점은 거룩한 존재이신 하나님이 자비 가운데서 죄인에게 내려오시고 그와 교제하기를 원하신다는 것이다. 사실 목적론적 고찰도 성육신을 신의 사랑의 계시라고 주장한다. 그러나 목적론적 성육신론의 주요논점은 성육신이 우리로 하여금 하나님에게 상승할 수 있도록 만들기 위하여 일어났다는 것이다. 전자의 무게중심은 하나님에게 있으며 그분이 하강하여 자신을 주시는 사랑이 강조된다. 그런데 후자의 무게중심은 인간에게 있으며 그가 영적인 자기확증과 상승을 위해 필요로 하는 수단의 획득이 부각된다.

어거스틴의 은총론에는 그의 반도덕주의(anti-moralism)와 행복론 덕택에, 신중심적(theocentric)이고 자기중심적(egocentric)인 성향이 독특하게 얽혀있다. 어거스틴은 자신의 反도덕주의에서 결정적으로 신중심적이다. 우리는 자신으로부터 아무것도 가지지 않으며 모든 것을 하나님의 은총으로부터 가져온다. 카리타스는 율법의 성취이며 모든 선의 근원이기 때문에 우리의 본성적인 재능의 일부가 아니다. 우리는 어떤 방식으로든 카리타스를 얻을 수 없다. 그것은 하나님에 의해서 밖으로부터 뜻밖의 은총으로서 우리에게 주어져야 한다. 카리타스는 성령에 의해서 우리의 마음 속에 주입되어야 한다. 이 모든 것에서 우리는 확고하게 하나님을 응시해야 한다. 그러나 이제 카리타스 개념은 행복론적 도식에 놓여져 욕구 심리학의 용어로 표현되었다. 이것도 역시 결정적으로 自己中心的(egocentric)이다. 카리타스가 인간의 마음에 주입되었을 때, 그는 여전히 계속해서 자신의 욕망의 만족을 추구한다. 물론 인간은 그것을 더 이상 감각적 사물에서 찾지 않고 초자연적 선에서 추구하긴 하지만 말이다. 여기서 우리는 우리 자신의 자아와 그것의 필요를 만족시킬 수 있는 것을 확고하게 응시하게 된다.

어거스틴이 변함없이 신플라톤주의자들을 반대한 이유는 그들이 성육신을 몰랐고 은총을 위한 자리를 갖지 않았다는 점이다. 그는 분명히 기독교적 아가페 동기를 위한 여지를 발견하고 싶어한다. 그러나 그는 신플라톤적 구원이론을 완전히 버릴 수 있는 이 기회를 취하지 않았다. 오히려 어거스틴은 기독교인으로서 에로스의 구원의 방법을 유지한다. 그는 그것을 자신의 카리타스 이론 위에 수립하고 자신의 은총론으로 그것을 채운다.

카리타스는 위를 향하는 사랑으로서 "천상적 에로스"의 본질적 특성을 지니고 있다. 그래서 카리타스는 하나님께 가는 유일한 길이다. 그러나 카리타스가 단순히 율법에 의해서 명령되는 것이라면, 그것은 비생산적이고 통과불가능한 길일 뿐이다. 그렇게 되면 우리는 카리타스의 길을 통과할 수 없게 된다. 그러므로 또 다른 것이 필요하다. 그것은 상승하는 것을 꺼리는 우리 본성의 저항과 태만을 극복하는 활력있는 운동이다. 이것은 하나님이 자신의 은총으로 카리타스를 마음에 주입할 때 발생한다. Gratia(은총)는 우리의 천상적 에로스를 움직이게 하는 원동기(motor)이며 그 상승을 성공적으로 만드는 동력(power)이다.

이러한 개념들은 어거스틴을 가톨릭의 은총론의 창시자로 만들었다. 그가 그라티아와 카리타스, 하나님의 하강과 우리의 상승을 결합한 것은 원시기독교의 구원 개념과 헬라적 구원 개념, 아가페적 구원 방법과 에로스적 구원 방법의 종합(synthesis)을 창조하였다. 이 종합이 중세교회를 지배하였다. 가톨릭 교회는 많은 논점들에서 어거스틴의 은총에 대한 사상들을 거부하였다.[133] 그러나 가톨릭의 기본적인 은총 개념은 우리가 하나님께 상승하는 것을 가능케 하는 "주입된 은총" 개념을 간직하고 있다. 이 점에 있어서 가톨릭 교회는 어거스틴이 시작한 진로를 계속 충실하게 따라왔다.[134]

카리타스 안에서 上向性과 下向性이 연합되었다. 카리타스의 생명의 토대는 신의 은총이다. 그러나 이것은 성육신, 하강, 겸손(humilitas)과 동일하다. 이 겸손은 기독교적 삶의 특징이다. 그러나 카리타스의 삶의 목적은 위엄 가운데 계신 하나님께 도달하고 사랑의 열망을 가지고 그분의 완전에 도달하는 것이다. 그러므로 기독교적 삶에는 상향적 성향도 존재한다. 이 이중성(duality)을 놀랍게 예시한 어거스틴의 직유(simile)를 사용하자면, 카리타스는 땅 속 깊이 뿌리를 내리는 나무와 같다. 그러나 그 나무는 단지 그것의 꼭대기를 더 높이 하늘로 뻗을 수 있도록 하기 위해서 그렇게 할 뿐이다.[135] 어거스틴은 높임받는 것을 원하지 않는 사람은 아무도 없다고 말한다. 그러나 우리는 그 높아짐의 길이 겸손을 통과한다는 것을 너무 쉽게 망각한다.[136] 그리스도께서 우리에게 내려오셔서 자신을 낮추신 것은 우리에게 이것을 가르치기 위함이었다. 그분으로부터 우리는 겸손하게 내려가는 것을 배워야 하며 그래서 고양되어 올라가는 길을 찾아야 한다.[137] "상승하기 위하여 즉 하나님께 올라가기 위하여 내려가라"(Descendite, ut ascendatis et ascendatis ad deum).[138]

어거스틴은 이렇게 겸손의 신학(theologia humilitatis)을 가르친다. 그러나 그것은 단지 영광의 신학(theologia gloriae)으로 올라가기 위한 수단으로서 그렇다. 그를 "은총의 박사"(doctor gratiae)라고 부르는 것은 적절하다. 그러나 은총의 신학(theologia gratiae)의 의미는 카리타스의 신학(theologia caritatis)에서 발견된다.

제6절 하나님 사랑(Amor Dei)과 자기애(amor sui)

카리타스는 본질적으로 하나님(에 대한) 사랑이다. 그러나 어거스틴에 의하면 모든 사랑은 획득적(acquisitive) 사랑이다. 하나님께 향하는 사랑도 획득적이다. 그러므로 어떤 의미에서 사랑은 모두 자기-사랑(self-love)이다. 그러면 하나님 사랑(amor Dei)과 자기애(amor sui) 사이엔 어떤 관계가 있는가?

어거스틴에게 있어서 이것은 가장 복잡한 질문들 중의 하나이다. 우리는 명백한 대립을 발견할 수 있다. 두 종류의 사랑을 절대적인 상호대립으로 표현한 주장들을 발견하는 것은 어렵지 않다. 하나님 사랑(amor Dei)은 모든 선의 근원이자 원천이다. 자기애(amor sui)는 죄의 근본이며 만악의 뿌리이다. 다른 한편으로 하나님 사랑과 자기애는 가장 어울리는 방식으로 조화를 이룬다는 사상이 매우 빈번하게 나타난다. 사실 그것들 간의 관계가 때때로 너무 친밀해서, 하나님 사랑(amor Dei)과 자기애(amor sui)가 동일하다고 말하고 싶은 마음이 생기기도 한다.

이 대립되는 경향들은 특별히 중요하다. 왜냐하면 우리가 이것이나 저것을 그에게 궁극적으로 결정적인 것이라고 선택하는 것에 따라서 우리는 어거스틴의 사상에 대하여 전혀 다른 이해에 도달할 수 있기 때문이다. 우리가 하나님 사랑(amor Dei)과 자기애(amor sui)을 상호배타적이라고 선택하면, 어거스틴의 사상은 엄격하게 신중심적으로 나타날 것이다. 반면에 우리가 그것들이 동일하다고 선택하면, 그의 사상은 분명히 자기중심적으로 보여질 것이다. 카를 홀(Karl Holl)은 자신의 저서 「어거스틴의 내적 발전」(Augustins innere Entwicklung)에서 나중 견해를 취했다. 따라서 그는 어거스틴의 전체적 전망을 순수한 행복론으로 특징지웠다. 다른 이들은 이것이 일방적이고 불공정한 판단임을 보여주려고 노력했다. 그래서 그들은 당연히 신(神)중심적 요소가 결정적이라고 지적했다.

이 문제를 검토하기 전에, 우리는 일반적으로 이 두 사상 노선들이 어거스틴 안에 존재하고 있음을 주장할 수 있다. 그것들 중 어느쪽도 단순성과 획일성을 위하여 제거되어선 안된다. 또한 어거스틴 안에는 모순이 있다고 발표하고 한 가지 노선만이 어거스틴의 특징적 사상이라고 선택하는 것도 충분할 수 없다. 먼저 우리는 어떻게 어거스틴이 그렇게 노골적으로 모순적인 모습을 보이게 되었는가를 질문해야 한다. 물론 그 대조적 경향들이 그의 사상을 형성하는데 기여했다는 것을 보여주는 것은 어렵지 않다. 왜냐하면 그는 이질적인 동기를 가진 분리된 두 세계 속에서 살았기 때문이다. 그러나 이렇게 말하는 것과 그가 한 쪽에서 부인한 바를 다른 곳에선 옹호할 만큼 명백한 모순을 보인다고 주장하는 것은 전혀 다른 일이다. (어거스틴은 단순히 고립된 경우가 아니라 그의 전체 작품들 곳곳에서 그렇게 했다.) 게다가 문제가 되는 논쟁점이 어거스틴에겐 절대적으로 중요한 것이다. 하나님 사랑(amor Dei)은 카리타스에 대응한다. 이것은 自己愛에 상반되는 것인가 아니면 그것의 표현인가? 이 질문은 어거스틴에게 무관심한 문제가 될 수 없다. 만약 우리가 어거스틴에게 중요하고 핵심적인 그 문제에서 그가 악명스럽게 스스로 모순되었다고 생각한다면, 그것은 우리가 어거스틴을 정확하게 이해하지 못했다는 가장 분명한 증거이다. 우리는 단순히 그 모순을 발표하고 다양한 변이가 있게 될 하나의 주요노선

(main line)을 창안하는데 만족할 수 없다.

먼저 우리는 하나님 사랑(amor Dei)과 自己愛(amor sui)를 대립물로 보는 사상노선을 다루기로 하자.

우리는 어거스틴이 그 대립에 기초하여 자신의 역작인 「하나님의 도성」 (De Civitate Dei)을 구성하였다는 사실에서 그가 이 대립을 얼마나 진지하게 의도했는가를 판단할 수 있다. 하나님나라와 세상나라, "하나님의 도성" (Civitas Dei)과 "세속 도성"(Civitas terrena). 이 두 영역들(realms)의 이원론 (dualism)은 하나님 사랑(amor Dei)과 자기애(amor sui)의 이원론으로 회귀한다.[139] 하나님만이 영원부터 영원까지 존재한다. 하나님은 자신의 창조적 행위로써 상대적으로 독립적인 존재들 즉 천사들과 인간들의 무리를 생산한다. 여기서 그분의 목적은 하나님의 나라를 세우는 것이다. 이 나라를 구분해 주고 그것을 하나님의 나라로 만드는 것은 그 나라에서 하나님이 "가장 중요한 존재"(all in all)라는 사실이다. 그는 "omnium substantiarum auctor et conditor"(모든 실체의 조물주요 조성자)[140]이기 때문에, 모든 피조물의 행복은 전적으로 그 자신과 하나님의 부단한 관계성에 의존한다.[141]

하나님으로부터 단절된 피조물은 파멸을 당하게 된다. 피조물은 끊임없이 하나님으로부터 실재와 "선"을 받아들임으로써만 항구성을 지닐 수 있다. 그러나 이미 천사들의 세계에서 배반이 일어났다. 어떤 천사들이 하나님으로부터 모든 것을 받아들이고 자신들이 그분에게 종속되었음을 겸손히 인정하는 대신에 마치 자신들의 "선"을 자기 자신안에 가지고 있기나 한 것처럼 하나님을 떠나 자신들을 향해 돌아섰다.[142] 이 천사들의 타락은 세상나라(kingdom of the world)의 출발을 표시한다. 그 나라는 하나님의 나라와 갈등에 처해 있다. 신의 도성의 원리가 하나님 사랑(amor Dei) 즉 하나님에게 기울여지고 하나님에게 굳게 결합한 사랑인 것처럼, 세속적 나라는 그 원리를 자기애(amor sui) 즉 피조물의 자기충족성에 두고 있다. 그것에 의해서 피조물은 자신을 하나님의 자리에 앉히고 자기를 자신의 "선"으로 삼으며 그것 스스로 "충분히" 소유하고(sufficere sibi) 있다고 상상한다.

그러나 신의 도성은 천사들뿐만 아니라 인류까지도 포함하도록 의도되었다. 하나님의 나라는 말하자면 천상의 높은 수준과 지상의 낮은 수준에서 존재한다. 하나님의 의지(will)는 거룩한 친교 속에 불멸하는 천사들과 멸망할 인간들을 다 포함하는 것이다. 그 친교 가운데 모든 이들은 하나님 안에서 자신들의 "보편적 선"(bonum commune)을 소유하며 오직 그분의 은총으로만 산다.[143] 그러나 최초의 인간들의 타락을 통하여 세상나라가 낮은 수준으로 들어온다. "너희는 신들처럼 될 것이다"(Eritis sicut di). 그것은 최초의 인간들을 타락으로 이끌고 간 유혹이었다. 이것은 모든 죄의 공통된 본질을 보여준다. 죄가 구체적인 경우에 어떤 형태로 나타나든지간에, 그것은 항상 동일한 것을 의미한다. 즉 인간이 하나님을 떠나 자신을 향해 간다는 것이다. 하나님 사랑(amor Dei)이 자기애(amor sui)에게 자리를 내준다. 인간은 자신의 "선"(bonum)을 하나님 안에서 추구하기를 거부하고 스스로 그것을 자기 안에 소유한 듯이 행동한다.

인간 실존의 목적은 하나님이 그의 "진정한 최고원리"가 되시는 것이다. 그러나 자기가 자신의 "원리"라고 고집하는 인간의 교만한 주장이 곧 죄다.[144] 이런 의미에서 어거스틴은 모든 죄가 superbia(교만)에 그 뿌리와 기원을 둔다고 말할 수 있다. 그 교만에 의해서 인간은 자신을 하나님의 자리에 놓으려고 한다.[145] 자기충족성은 하나님 안에선 그분의 신성(Deity)을 표현한다. 하지만 그 충족성이 인간 안에 있으면, 그것은 죄(sin)다.[146] 진정한 자기충족성 즉 필요의 부재와 자족은 오직 하나님 안에서만 발견할 수 있다. 인간이 스스로 그것을 소유하고 있다고 생각하는 것은 쓸데없는 공상이다.[147] 그 공상은 그의 생애 전반에 심각한 결과를 가져오는 공상이다. 그는 더 이상 자신의 선을 위하여 자기가 하나님에게 날아가야 한다는 것을 보지 못하고 자신 안에 남아있다. 그러나 그 문제의 본질상 그는 장기적으로 자신 안에 남아 있을 수 없다. 즉 그는 자기 자신의 공허함에 만족할 수 없다.[148] 그래서 하나님과 자신의 연관성을 단절한 인간은 불가항력적으로 자기 밖의 세계에서 발견되는 것들을 향하여 내몰려 간다. 죄 가운데는 엄격한 논리가 있다. 그래서 타락하기 시작한 인간은 더욱 더 깊이 타락할 수밖에 없다. 그 타락은 인간이 하나님을 떠나서 자기애(amor sui)로 향할 때 시작된다. "인간의 최초의 파멸은 自己愛였다"(Prima hominis perditio fuit amor sui).[149] 그러나 그런 연후에 인간은 자신 안에 남아 있을 수 없었다. 그리고 인간이 자신의 선을 세상 안에서 추구하기 시작하고 일시적인 것들에 점점 더 깊이 빠져들어 갈 때, 타락의 제2단계가 시작된다.[150] 自己愛(amor sui)는 단순히 여러 다른 죄악들 중의 하나가 아니고 죄악 중의 죄(the sin of sins)이다.[151] "자기 자신을 중심으로 사는 것"(Secundum se ipsum vivere)이 세상나라의 특징이다. 반면에 "하나님을 따라서 사는 것"(secundum Deum vivere)은 하나님 나라의 특징이다.[152]

어거스틴은 여기서 에로스 도식을 거의 파괴하기 직전까지 간다. 왜냐하면 그도 역시 악은 육체성으로 소급된다는 에로스 이론의 공통개념을 공격하기 때문이다.[153] 그가 두 나라의 차이점을 묘사하기 위하여 "영을 따라서 사는 것"(secundum spirutm vivere)과 "육체를 따라서 사는 것"(secundum carnem vivere)과 같은 용어들을 사용하는 것은 궁극적으로 에로스 이론이 영적-합리적인 것과 육체적-감각적인 것 사이를 가르고 대조하는 것과 무관하다. 물론 우리는 당연히 때때로 어거스틴 안에서 이것에 대한 미약한 반향을 포착하긴 하지만 말이다. "육에 따라 사는 것"은 "자기 자신을 따라서 사는 것"과 동일하다. 그리고 바로 그 점 때문에 그것은 죄다.[154] 육체성이 아니라 自己中心性(egocentricity)이 죄의 가장 심오한 근원이다.[155]

우리는 이제 어거스틴의 사상에서 한 노선을 살펴 보았다. 그것에 의하면 하나님 사랑(amor Dei)과 자기애(amor sui)는 예리하게 대립하고 있다. 그러나 우리는 또 다른 노선을 살펴보기 위해 전진해야 한다. 그것에 따르면 하나님 사랑과 자기애는 가장 적절한 방식으로 조화를 이룬다.

自己愛와 하나님 사랑은 적절하게 일치한다는 개념이 어거스틴 안에서 발견된다. 그것도 단순히 고립된 경우만이 아니라 지속적으로 되풀이되고 있다. 그것은 그가 좋아하는 개념들 중의 하나로써 그의 전체적 전망과 탁월하게 일치하고 있다. 어거스틴에게 있어서 모든 사랑은 획득적 사랑이고 하나님은 "최고선"(summum bonum)이다. 우리가 이점을 기억한다면, 하나님 사랑조차 일종의 자기사랑(amor sui)이며 자기애를 적절히 이해하면 "최상의 선한" 존재 안에서 온전한 만족을 발견할 수 있다는 주장도 놀라운게 아니다.

그러므로 자기애(amor sui)는 어떤 논리를 가지고 하나님 사랑(amor Dei)으로 통한다. 어거스틴은 자기애(amor sui)가 나의 모든 행위들 안에서 나를 추진한다고 말했다. 내가 나의 선을 추구하도록 재촉하는 것은 오직 자기사랑 뿐이다. 그러나 내가 그것을 일시적인 것에서 추구한다면, 나는 궁극적으로 사기당한 것이다. 나는 나 자신의 복지를 원했으나 내가 얻은 것은 불행이었다. 나를 추진하였던 것은 거짓된, 즉 지식이 불충분한 자기애였다. 올바른 자기애는 하나님 밖의 어떤 곳에서도 자신의 선을 추구할 수 없다. 그리고 내가 하나님을 사랑하지 않으면 그것은 내 자신의 손실이다.[156] 나는 하나님 사랑(amor Dei)이나 카리타스에 의해서 내 자신의 최선의 이해관계에 기여한다. 그 사랑이 하나님 즉 "최고선"에게 기울여져 있기 때문이다. 나는 내 자신을 위하여 그 최고선을 얻는다. 그래서 내가 하나님을 사랑하지 않으면, 그것은 단지 내가 내 자신을 올바르게 사랑하지 않는다는 것을 보여줄 뿐이다.[157] 하나님 사랑(amor Dei)과 자기애(amor sui)는 이렇게 한 가지나 마찬가지여서 서로 함께 성장하며 쇠퇴한다. 내가 하나님을 더 사랑하면 사랑할 수록, 나는 내 자신을 더욱 사랑하게 된다.[158]

自己愛는 사랑의 계명에 의해서 직접적으로 명령된 것은 아니다. 그것은 단지 하나님 사랑과 이웃 사랑에 대해서만 이야기한다. 어거스틴에 의하면 이것은 자기애가 하나님의 뜻(의지)에 반대되기 때문이 아니라 그것에 대한 특별한 계명이 불필요하였기 때문이다. 거기엔 몇 가지 이유가 있다. 첫째로, 자신을 사랑하는 것은 우리의 본성이다.[159] 둘째로, 사랑의 계명의 양 측면은 실제로 자기애에 대하여 이야기하고 있다. 나는 동시에 나 자신을 사랑하지 않고는 하나님을 사랑할 수 없다.[160] 그러므로 하나님 사랑의 계명이 주어졌을 때, 하나의 특별한 계명에 의해서 자기사랑을 강조할 필요가 없었다.[161] 이웃 사랑의 계명은 훨씬 더 명쾌하게 자기사랑에 대하여 말하고 있다. 왜냐하면 그것은 명시적으로 "너는 네 이웃을 네 자신과 같이

(as thyself) 사랑해야 한다.”고 말하기 때문이다. 자신도 사랑하지 않는 사람이 도대체 어떻게 자기 이웃을 사랑할 수 있는가? 자기애는 우리가 우리 이웃을 사랑하는 전제조건이자 척도이다.[162]

더 나아가 우리는 세번째 이유로서 자기애가 단순히 하나님 사랑과 이웃 사랑에만 포함된 것이 아니라고 말할 수 있다. 결국 그것은 나머지 모든 것들의 진정한 기초이다. 인간은 자신을 사랑하지 않으면 안되게끔 만들어졌다.[163] 그러나 중요한 것은 그의 자기애가 올바른 경로로 인도되어야 한다는 것이다. 인간의 자기애는 그의 선이신 하나님을 향해져야만 한다.[164] 실제로 어거스틴은 하나님 사랑의 계명이 우리가 우리 자신을 올바르게 사랑하도록 가르치기 위해서 주어졌다고 말할 수 있다.[165] 그는 하나님 사랑을 위한 한 동기를 안다. 그리고 이 동기는 자기중심적이다. 하나님 사랑(amor Dei)은 스스로를 올바른 종류의 사랑이라고 천명한다. 왜냐하면 인간은 그렇게 함으로써만 자신을 성공적으로 사랑할 수 있기 때문이다. 인간이 하나님을 사랑하는 것은 궁극적으로 자기애의 요구를 만족시키기 위하여 하는 것이다.[166]

자기애는 인간이 하나님을 떠나가는 길을 달리게도 만들고 그분에게 되돌아가는 길을 달리게도 한다. 인간의 타락은 자기애(amor sui)와 더불어 시작한다. 인간은 그 어떤 것보다도 자기 자신을 사랑하기 때문에 하나님에게 종속되는 것조차 거부한다. 그러나 그가 하나님을 떠나서 방황하며 자신 안에 머무르려고 할 때, 그 동일한 자기애(amor sui)가 그를 그 자신에게서 몰아낸다. 그리고 자기애는 그에게 자기 자신의 재능에만 만족하는 것이 불가능함을 가르친다. 인간은 자신의 선을 추구하기 위하여 세상으로 나가야만 한다. 그리고 세상이 그를 배신할 때, 그에게 되돌아가라고 재촉하는 것도 역시 自己愛이다. 인간은 어떤 탕자처럼 “자신으로 돌아간다.” 그러나 그것은 자신 안에 머무르기 위한 것이 아니라 자기 아버지에게 돌아가기 위한 것이다. 그의 아버지에겐 그의 자기애(amor sui)가 바라는 모든 것들이 풍족하게 발견되고 안전하게 소유될 수 있다.[167] 하나님으로부터 떠난 길은 잘못된 자기애이다. 하지만 하나님께 가는 길은 참된 자기애이다.

어거스틴의 사상에서 自己愛의 중요성은 그가 그것을 자신의 삼위일체론의 기초로 사용하는 방식에 의해서 가장 잘 보여진다.[168] "하나님은 사랑이시다." 인간은 하나님의 형상대로 만들어졌다. 그래서 우리가 신적 생명의 본질을 통찰하려면, 어거스틴에 의하면 인간 영혼의 생명으로부터 특히 사랑의 특성을 담고 있는 인간의 행위들로부터 유비(anlogies)를 찾아야만 한다. 모든 사랑의 행위 안에는 다음과 같이 세 가지가 구분될 수 있다. (1) 사랑하는 주체, (2) 사랑받는 대상, 및 (3) 사랑 자체. 이 마지막은 사랑하는 주체와 사랑받는 대상 사이의 끈끈한 결합으로 해석될 수 있다. 어거스틴 자신의 말들로 표현하자면, 우리들은 사랑하는 주체(amans)와 사랑받는 대상(quod amtur)과 사랑(amor)을 구분해야 한다.[169] 구체적인 사랑의 행위 안에선 하나인[동일한] 이 셋은 삼위일체의 내적인 생명의 그림을 제공한다.[170]

그러나 이러한 일반적인 고찰은 어거스틴에게 충분하지 않다. 그는 특별한 형태의 인간의 사랑에 반사된 삼위일체적 사랑을 보고 싶어한다. 그래서 그는 인간의 자기애를 선택했다.[171] 이 출발점에서 삼위일체적 관점에 도달하는 것은 특별히 어렵기 때문에, 이것은 더욱 주목할 만한다. 왜냐하면 자기애 안에선 사랑하는 주체(amans)와 사랑받는 객체(quod amatur)가 동일하며 사랑의 세 요소들이 두 요소로 축소되기 때문이다.[172] 그럼에도 불구하고 어거스틴이 이 출발점을 고집했다는 사실은 다른 어떤 것보다도 자기애(amor sui) 개념이 그의 사상 안에서 얼마나 확고하고 중심적인가를 잘 보여준다. 자기사랑는 모든 인간 생명에 근본적이다. 그러므로 여기서 자기애는 신의 생명 자체에 할당되어 있다. 하나님이 그 자신을 부단히 사랑하는 그 사랑에 의해서 삼위일체의 내적인 삶이 형성된다. 그 사랑은 당연히 그 자신의 선을 어떤 다른 것에서 바라고 추구하는 사랑이 아니라 그 자신의 완전성을 명상하고 향유하는 사랑이다.[173]

우리는 어거스틴 사상의 두 노선을 모두 다루어 보았다. (1) 하나님 사랑(amor Dei)과 자기애(amor sui)는 절대적으로 대립한다. (2) 하나님 사랑

(amor Dei)과 자기애(amor sui)는 궁극적으로 동일하다. 이 두 노선은 어거스틴의 전망에서는 동등하게 본질적인 중요성을 가진다. 어거스틴 자신은 그것들 사이에 어떤 긴장을 느꼈지만 어느 한 쪽도 버리지 않았다. 그는 그 두 노선들이 어떻게 일치하는지를 설명할 수 없었지만 그것들이 일치한다는 것은 의심하지 않았다. 어거스틴은 두 가지를 다 주장하면서 그것들의 공존 속에서 불가피한 역설을 발견한다. 그 역설은 "우리는 우리 자신이 아니라 그분을 사랑해야 한다."는 것이었다. 그는 그것에 대하여 확신하였다. 하지만 어거스틴은 동일하게 우리가 이 계명에 복종하여 자기를 사랑하는 것을 멈추고 우리의 모든 사랑을 하나님께 기울이는 것은 우리를 사랑하는 가장 적절한 방법이라고 확신한다. "설명할 수 없는 방식으로 말하자면, 자신을 사랑하고 하나님을 사랑하지 않는 사람은 사실상 그 자신을 사랑하지 않는 사람이다. 하지만 누구든지 하나님을 사랑하고 자신을 사랑하지 않는 자는 실제로는 자신을 사랑하는 자이다. 저절로 살아갈 수 없는 자가 그 자신을 사랑하지 않으면 분명히 죽을 것이다. 결과적으로 자기 생명을 상실하기까지 자신을 사랑하는 사람은 자신을 사랑하지 않는 것이다. 그러나 누군가 자신을 살리는 분을 사랑할 때, 그는 자신을 사랑하지 않음으로써 더 많이 사랑한다. 왜냐하면 그는 자신을 살도록 만드는 분을 사랑하기 위하여 자기를 사랑하는 것을 멈추기 때문이다." [174]

그러나 이 문제는 어거스틴이 상상하고 주장하듯이 그렇게 설명이 불가능한 역설이 아니다. 전반적인 어려움은 그가 "자기애(amor sui)"란 용어를 상이한 두 가지 의미로 사용하기 때문에 일어난다. 즉 그는 사랑의 본성(nature)과 대상(object)을 가리키는데 이 용어를 사용했다. 사랑의 본성에 관한 한 어거스틴은 결단코 모든 사람이 획득적 사랑이라는 것을 의심해 본적이 없다. 바로 이것이 사랑의 전체 의미와 내용이다. 즉 사랑은 그 자신의 선을 추구한다. 바울은 고린도전서 8장 5절에서 "사랑은 그 자신의 것을 추구하지 않는다."고 말했다. 하지만 그러한 개념은 어거스틴의 사랑에 대한 주요정의에서 배제되었다. 어거스틴에게 있어서 사랑의 특징은 "그 자신의 것을 추구하는 것"(quaerere quae sua sunt)이다. [175] 이렇게 광의적으론 모든 사랑이 "자기애(amor sui)"이다. 그리고 그렇게 이해되는 "자기애(amor sui)"는 당연히 어거스틴이 정의한 바대로 "하나님 사랑(amor Dei)"과 모순될 필요가 없다. 아니 그것들은 단순히 상호공통분모도 가지지 않으며 동일한 수준에 있지도 않기에 모순될 수가 없다. "자기애(amor sui)"는 본성에 대하여 말하고, "하나님 사랑(amor Dei)"은 사랑의 대상에 대하여 말한다. "자기애(amor sui)"는 단순히 사랑이 그 자체의 선을 원한다는 것을 의미한다. 그래서 그 상황의 본질상, 自己愛는 그 대상으로서 오직 본성적으로 最高善(summum bonum)인 존재만을 추구할 때 완성된다. 이와같이 自己愛는 처음부터 하나님 사랑 안에서 그 자체가 용해되도록 되어 있었다. "하나님 사랑(amor Dei)"과 동일한 "자기애(amor sui)"만이 진정한 성공적인 "자기애(amor sui)"이다.

"자기 사랑(amor sui)"이 사랑의 대상을 가리킬 때, 상황은 매우 다르다. 여기선 "자기 사랑(amor sui)"과 "하나님 사랑(amor Dei)"이 동일한 수준에 있으며 절대적으로 상호대립한다. 두개의 경쟁적인 사랑의 대상이 있다. 우리가 한 쪽에서 우리의 善을 추구하면 다른 쪽에선 그것을 추구할 수 없다. 내가 나의 사랑의 열망을 하나님에게 기울이면, 나는 나의 자아에 그 열망을 기울일 수 없다. 내가 나의 선을 나의 자아(自我) 속에 소유하고 있다고 스스로 상상하면, 내가 그것을 하나님 안에서 추구할 수 있는 길은 차단된다.

아래의 도표는 어거스틴의 취지를 분명하게 하고 "자기 사랑(amor sui)"에 함축된 두 의미들의 차이점을 보여줄 것이다.

두 종류의 자기 사랑(amor sui)	
사랑의 본성	사랑의 대상
모든 사랑은 자기애(amor sui) 1 : 그것은 자기 자신의 선을 추구한다.(=quærit quæ sua sunt)	(1) 하나님 안에: 하나님 사랑(amor Dei) (2) 그 자신 안에: 자기애(amor sui) 2 (3) 세상 안에: 세상 사랑(amor mundi, amor sæculi)

이것들 중에서 (1) 하나님 사랑(amor Dei)이 올바른 종류의 사랑이다. 왜냐하면 그것은 진정한 선(real bonum) 안에서 만족을 추구하기 때문이다. 즉 이것은 무한히 추구할 가치를 소유한 유일한 하나님 안에서 선을 추구한다. (2) 자기 사랑(amor sui) 2는 거짓된 사랑이다. 왜냐하면 그것은 그것의 선을 허구(fiction) 안에서 추구하고, 스스로 자기의 선을 자신 안에 소유하고 있으며 스스로 충분하다고(sufficere sibi) 상상하며, 자기 자신의 공허함 속에 멈춰있기 때문이다. (3) 세상에 대한 사랑(amore mundi) 즉 세속적 사랑(amor saeculi)은 거짓된 사랑이다. 왜냐하면 그것은 자신의 선을 대용물(substitute)에서 추구하기 때문이다. 그것은 사실 하나의 선(a bonum)이라고 할 수 있는 어떤 것에서 만족을 추구하지만, 그 대용물은 상대적인 피조물이기 때문에 실제적인 만족을 전혀 주지 못한다.

올바르게 이해하면, 어거스틴에게는 아무런 모순도 없다. 모든 사랑은 본성적으로 획득적 사랑이며 이런 의미에서 "自己愛(amor sui)"이다. 하지만 이것은 그것의 대상이 하나님이란 사실과 올바른 종류의 사랑은 결과적으로 "하나님 사랑(amor Dei)"처럼 그 대상에 관련하여 서술되어야 한다는 사실을 변경하진 않는다. 그러나 올바른 종류의 사랑인 카리타스가 자신이 아닌 하나님을 대상으로 삼는다고 할지라도, "그 대상의 관점으로부터 보면" 그렇게 만드는 것은 "자기애(amor sui)"가 아니라 "하나님 사랑(amor Dei)"이다. 그럼에도 불구하고 모든 사랑처럼, 카리타스도 그 자신의 선을 추구한다. 또한 카리타스는 그것의 본성에 관한 한 "자기애(amor sui)"로 묘사될 수 있다. 우리는 이 두 요점들을 결합하여 단순하게 주장할 수 있다. "카리타스 안에서 나는 내 자신의 선을 추구한다. 그러나 나는 그것을 내 자신이 아닌 하나님 안에서 추구한다. 이 문장은 자기 사랑(amor sui)과 하나님 사랑(amor Dei) 사이의 유사성과 상이성을 모두 표현한다.[176]

어거스틴의 사상이 본질적으로 신중심적인지 자기중심적인가에 대해선 많은 논란이 있었다. 앞에서 살펴본 설명은 그 문제에 대한 답변을 가능하게 한다. 그 답변은 이중적이다. (1) 대상의 관점에선 어떤 대상도 우리의 사랑을 놓고 하나님과 경쟁할 수 없다는 점에서 어거스틴의 사랑 개념이 현저하게 신중심적이다. (2) 사랑의 본성에 관한 한 그의 견해는 마찬가지로 현저하게 자기중심적이다. 하나님 안에서조차 나는 내 자신의 선을 추구하기 때문이다.

그러나 어거스틴은 정말로 이것을 의미하였을까? 그는 매우 빈번하게 하나님에 대한 우리의 사랑은 우리가 그분을 "무료로"(gratis), 즉 다른 어떤 것을 얻기 위해서가 아니라 그분만을 위하여 사랑할 때만 정당하다고 주장한다. 우리는 매우 빈번하게 어거스틴이 하나님을 "가장 중요한 존재"로 표현하는 것을 발견한다. 여기서 분명히 그의 사상은 철저하게 신중심적이다. 그러나 좀더 가까이 들여다보면, 그것이 정확하게 이 공식문구들이 함축하는 바는 아니다. 우리는 이미 "공짜로 사랑하는 것"(gratis amare)과 "공짜로 좋아하는 것"(gratis diligere)에 관해서 그것들이 무엇을 의미하는지 살펴보았다.[177] 하나님이 "무료로" 사랑받으셔야 한다고 말하는 것은 단지 그분이 사용되어져선 안되고 어떤 다른 목적을 위한 수단으로 추구되어서도 안된다는 것을 다른 어법으로 말한 것에 불과하다.

그분 자신이 우리의 보상, 자족성, 선이다.[178] 여기서 향유(Frui)와 이용(Uti) 사이의 구분을 넘어서는 것은 아무것도 없다. 그러나 심지어 향유적 사랑조차 획득적인 사랑 즉 자기중심적인 것이다. 하나님은 "가장 중요한 존재"(all in all)여야 한다는 주장을 분석해보아도 동일한 결론에 이른다. 어거스틴은 그것을 문자적으로 해석하려고 했다. 하나님은 모든 것이 되어야만 한다. 그것은 최고선인 하나님이 그 자신 안에 단순히 약간의 이득만이 아니라 모든 이득을 다 포함하고 있다는 것을 의미한다. 즉 도대체 인간이 바랄 수 있는 모든 것은 하나님 안에 있어야 한다. 그래서 우리는 우리 자신의 선을 부분적으론 그분 안에서 부분적으론 어떤 다른 것에서 추구하면 안된다. 하나님은 모든 것이 되기를 의지(意志)하신다.[179] 그러나 그분은 모든 것 안에서 모든 것이(all in all) 되기를 뜻하신다. 하나님은 나의 선이지만 그분이 내게 대하여 차지하는 존재의미는 모든 사람들에게도 적용되어야 한다. 최고선으로서 그분은 "보편적 선"(bonum commune)이다. 즉 하나님은 만인에게 충분한 선이어야 한다. 하나님이 그 보편적 선이 되셨을 때, 그 목적이 달성된다. "그러면 하나님이 모든 것 중에서 모든 것이 되실 때, 욕망에 결핍된 것은 아무것도 없을 것이다."[180] 이와같이 이러한 이상적인 것들도 역시 (우리가 위에서 개관한) 어거스틴의 기초적인 개념과 완벽하게 일치한다.

우리는 위에서 "자기애(amor sui)"가 두 가지 다른 의미를 지닌다고 살펴 보았다.

자기 사랑(amor sui) 1 = 자기 자신의 선을 추구한다.
자기 사랑(amor sui) 2 = 자기 자신의 선을 자신 안에서 추구한다.

전자의 의미에서, 모든 사랑은 자기 사랑(amor sui)이다. 사랑하는 것은 자기 자신의 선을 추구하는 것이다. 그러나 이것은 그 사랑이 옳은지 그른지에 대해선 아무런 지적도 하지 않는다. 단지 그것은 그 사랑이 기울여지는 대상(object)에 의해서 결정된다. 하나님을 그 대상으로 삼는 사랑은 옳다. 하지만 그 대상이 자기 자신의 자아이거나 세상인 사랑은 그르다. 그러나 어거스틴에 의하면, 올바른 종류의 사랑 안에서조차 사랑의 삼중적 대상에 대하여 이야기할 수 있기 때문에, 더 깊은 복잡함이 발생한다. 그 대상들 중의 하나가 바로 자기 자신의 자아(self)이다. 원리상으론 언제나 하나님을 궁극적 대상과 목적으로 삼고 있는 카리타스는 구체적으로 하나님이나, 자신이나 자기 이웃에게 향해질 수 있다.[181] 이것은 우리에게 새로운 도식을 제공한다.

올바른 사랑의 본성	올바른 사랑의 대상
모든 올바른 자기애(amor sui 1)는 하나님 사랑(amor Dei, Caritas)이다: 이것이 사랑이다.	(1) 하나님: 하나님 사랑(amor Dei) (좁은 의미에서) (2) 자기 자신의 자아: 자기애(amor sui)3 (3)자신의 이웃: 이웃 사랑 (amor proximi)

카리타스가 하나님을 직접적 대상으로 삼는 경우는 협의적인 의미의 하나님 사랑(amor Dei)이다. 그런데 카리타스는 그것의 직접적 대상이 하나님이든 자신의 자아이든 자기 이웃이든지 간에 상관없이 모든 상황에서 하나님 사랑(amor Dei)이다. 이 경우는 하나님 사랑의 광의적인 의미이다. 그것에 대한 이유는 어거스틴이 자신의 이용(Uti)과 향유(Frui)의 도식을 여기에 응용할 수 있다는 것이다. 우리는 하나님 자신을 위하여 그분을 사랑하고, 하나님을 위하여 우리 자신과 우리 이웃을 사랑한다.[182] 분명히 이것은 우리에게 자기 사랑(amor sui)의 세번째 의미를 제공한다.[183]

자기애(amor sui) 3 = 하나님 안에서 자신을 사랑하는 것.

제7절 이웃 사랑. 하나님의(God's) 사랑

우리는 방금 하나님 사랑과 自己愛 외에 이웃 사랑도 언급하였다. 이것은 어거스틴의 사랑 이해에 중요한 문제점을 우리에게 가져다 준다. 에로스 동기가 지배적인 곳에선 처음에 언급한 두 형태들로 하나님 사랑을 언급하는데 어려움이 없다. 왜냐하면 에로스는 영원한 세계를 향한 영혼의 상승이기 때문이다. 혹은 그것은 自己愛의 상승이기도 하다. 에로스는 획득적 사랑이기 때문이다. 그러나 사랑의 나머지 두 형태들 즉 이웃 사랑과 하나님 사랑은 이런 관점에서 어려움을 불러일으킨다.[184]

그러므로 어거스틴이 이웃 사랑을 어떻게 다루는가를 살펴보면 해명이 될 것이다. 어거스틴의 전반적인 전망에는 이웃 사랑에게 아무런 독립적인 자리도 주어지지 않았다. 그의 전망은 에로스 동기의 특징을 강하게 반영한다. 그러나 신약성경과 기독교 전통에서 차지하는 이웃 사랑의 중요성은 어거스틴으로 하여금 그것을 무시할 수 없게 만들었다. 그러므로 그는 이웃 사랑을 다른 어떤 것에 위탁함으로써 그것을 위한 자리를 찾아야만 했다. 그래서 어거스틴은 이웃 사랑을 부분적으론 하나님 사랑에 부분적으론

自己愛에 귀착시킨다.

하나님과 이웃을 사랑하라는 계명들은 실제로 두 개가 아니라 하나의 단일한 계명이라는 점이 어거스틴의 기초개념이다. 하나님은 우리의 사랑을 받기에 합당한 유일한 대상이다. 하나님이 우리에게 우리 이웃을 사랑하라고 명령하실 때, 우리는 엄격하게 그러한 사랑을 받기에 합당하지 못한 우리 이웃을 사랑해야 하는 것이 아니고 우리 이웃 안에 계신 하나님을 사랑해야 하는 것이다. 이웃 사랑은 단순히 하나님 사랑의 특별한 경우이다. 어거스틴은 "영적인 방법으로 자기 이웃을 사랑하는 자는 그 이웃 안에서 하나님 외에 누구를 사랑하는가?"라고 말한다.[185] 우리는 우리 이웃의 지금 모습대로 그를 사랑해서는 안되고 장차 하나님이 만유 안에서 모든 것이 되시는 때에 변화될 그 이웃의 모습을 사랑해야 한다.

우리는 그리스도께서 우리를 사랑하셨던 방식에서 우리의 이웃을 사랑하는 유형을 발견한다. 어거스틴은 이것에 대하여 "하나님이 우리 안에서 사랑하신 것은 하나님 자신 밖에 무엇이었는가?"라고 말한다. 의사가 엄격히 말해서 비참한 상태에 있는 환자의 현재 모습을 사랑하지 않고 그가 그 환자 안에서 회복시키길 원하는 그 건강함을 사랑하는 것처럼, 그리스도께서도 엄격하게 우리의 지금 모습을 사랑하지 않고 우리가 그분을 통하여 장차 선하고 완전한 존재들로 변할 것을 고려하여 우리들을 사랑하신다.[186] 분명히 이것은 신약성경의 사랑이 의미하는 것과 매우 다른 것이다. 어거스틴은 엄밀한 의미에서 무동기적인 이웃 사랑을 위한 여지를 전혀 주지 않는다.

그가 기독교의 이웃 사랑은 단지 친척, 친구 혹은 은인에 대하여 본질적으로 동인(動因)된 사랑이 아니고[187] 정확히 그 이웃을 인간으로서 사랑하는 것이라고 말할 때에도,[188] 여전히 그가 의미하는 사랑은 원시기독교적 의미의 무동기적 사랑이 아니다. 어거스틴이 의미하는 사랑은 자신의 구체적 상황에 만나는 이웃과 무관하고 하나님에 의해서 창조된 그 자신의 "본성"(nature)과 관계된다. 게다가 여기서 사랑은 이웃 안에 있는 미래에 현실화될 수 있는 잠재적인 가치에 대한 생각 안에서도 그 동기를 발견한다. 기독교인은 만인을 사랑해야 한다. 왜냐하면 오늘 악한 한 인간이 내일은 어떻게 될지 아무도 모르기 때문이다.[189]

어거스틴은 이웃 사랑과 자기 사랑 사이의 연관성을 계명 자체의 형태로 본다. 너는 네 이웃을 네 자신처럼(as thysel) 사랑해야 한다. 自己愛는 이웃 사랑의 유형이자 척도(measure)이다.[190] 자신을 사랑하지 않는 사람은 자기 이웃도 사랑할 수 없다. 올바른 종류의 사랑은 "질서잡힌 애정"(ordinata dilectio)으로서 자기 자신과 더불어 출발한다.[191] 물론 그것은 거기서 멈추지 않고 자기 이웃에게까지 뻗어간다.[192] 그것은 자신을 확장하여 먼저 자신의 가장 가까운 친척을, 그리고 나서 이방인들을, 마지막으론 원수들까지 포용한다.[193] 그러나 비록 그러할지라도, 어떤 무동기적인 사랑에 대해선 의심의 여지가 없다.[194] 우리가 위에서 이웃 사랑을 하나님 사랑의 특별한 경우라고 살펴 보았듯이, 이제 우리는 그것을 自己愛의 특별한 경우라고 서술할 수 있다. 어거스틴은 이웃 사랑과 자선 행위가 죄를 말소하는 효과를 갖는다는 옛 개념을 받아들였다.[195] 원수 사랑은 특별한 공로가 있는 것이다.[196] 하나님은 우리에게 우리 이웃을 사랑하라고 명령하셨다. 이 계명을 완수함으로써 우리는 하나님께 한 단계 더 가까이 인도된다.[197] 이웃 사랑은 우리가 하나님께 올라갈 때 타고가는 사닥다리이다.[198] 이와같이 우리는 "하나님을 향유하기 위하여" 우리 이웃을 "이용"한다.[199]

이웃 사랑은 그것의 내용에서도 역시 전적으로 自己愛에 의존한다. 무엇이 진정한 自己愛인지 이해하는 사람이 자기 이웃을 자신처럼 사랑하라는 하나님의 명령을 받아들일 때, 이것은 그가 자신의 이웃이 하나님을 사랑하도록 시험하고 도와준다는 것만을 의미할 뿐이다.[200] 올바른 自己愛가 나는 하나님을 나의 최고선(summum bonum)으로서 사랑한다는 것을 의미한다면, 거기엔 나의 이웃도 그 선에 동참할 수 있도록 원해야 한다는 것이 뒤따른다.[201] "당신이 그[이웃]를 당신 자신이 추구하고 있는 그 善으로 인도하려 하지 않는 한, 당신은 그를 당신 자신처럼 사랑하지 않고 있다."[202] 하나님은 우리의 행복(blessedness)의 원천이시며 모든 노력의 목적이시다. 누구든지 자신의 선을 그분 안에서 발견한 자는 하나님을 위하여 다른 사람들이 이 선으로 나아 오도록 원해야 한다.[203] 그래서 사랑의 흐름 중 어떤 것도 허비되지 않도록 해야 한다.[204] 하나님은 나의 선이실 뿐만 아니라 모든 피조물들의 공통선이시다. 즉 그분은 "고유한 선"(bonum proprium)이 아니라 "보편적 선"(bonum commune)이시다.[205]

이와같이 어거스틴 안에서 이웃 사랑은 불안정한 입장을 취하고 있다. 원리상으론 그의 사랑의 도식 안에는 이웃 사랑을 위한 자리가 없다. 그러나 신약성경의 영향은 그로 하여금 그것을 포함하도록 강요한다. 유사한 어떤 것이 하나님의 사랑(*God's love*)에 관해서도 적용된다.

에로스 이론의 방식으로는, 하나님은 "최고선" 즉 모든 욕망이 지향해야 하는 대상으로 정의된다. 그리고 이 사실은 자연히 하나님의 사랑 개념에 영향을 미친다. 어거스틴은 자주 요한일서 4장 16절을 인용한다. "하나님은 카리타스(사랑)이시다." 그러나 그 의미는 그것의 원저자가 의도했던 것과 동일하지 않다. 어거스틴의 의도는 하나님의 自己愛에 관한 것이다. "하나님은 카리타스이시다"의 의도는 (1) 신의 생명 즉 사랑하는 주체(amans), 사랑받는 객체(quod amatur), 및 사랑 자체(amor)가 끊임없는 自己愛와 그 자신의 완전을 복되게 향유하는 가운데 그 자신에게 집중한다는 것이다.[206] 그러나 그것은 또한 (2) 하나님이 모든 카리타스 즉 하늘로 향하는 모든 사랑을 자신에게 모으시는 대상이라는 것을 의미한다. 여기에는 약간 아리스토텔레스적인 "그는 (그것을) 사랑받는 것으로서 움직이게 한다"(κινεῖ ὡς ἐρώμενον)가 개재되어 있다.

그러나 이것은 단지 문제의 일면에 불과하다. 다른 면에선 어거스틴이 하나님의 사랑을 가장 강력한 아가페 용어로 말할 수 있다. 선택(예정), 성육신, 십자가는 그에게 있어서 신의 사랑에 대한 강력한 선포를 담고 있다. 어거스틴은 하나님의 사랑이 우리의 모든 사랑을 앞선다는 것을 알고 있다. 이 사상은 그의 선택이론에 배어 있다. 우리가 죄인으로서 하나님을 불쾌하게 하였을 때, 그분은 우리를 사랑하셨고 그리하여 우리들이 그분을 사랑하고 그분에게 유쾌한 존재들이 되는 것을 가능하게 만드셨다.[207] 하나님의 사랑은 우리에겐 불가해한 기적이다. 그것은 모든 설명과 동기부여를 불허(不許)한다.[208] "우리가 그분의 아들의 피로써 그분과 화해된 때로부터 그분은 우리를 사랑하기 시작하신 것이 아니다. 그분은 세상을 창설하기 전부터 우리를 사랑하셨다."[209]

어거스틴은 이런 연관성에서 로마서 5장 8절에 있는 바울의 고전적인 아가페 주장을 인용한다. 즉 "우리가 아직 죄인이었을 때" 그리스도께서 우리를 위하여 죽으셨다. 그리고 어거스틴은 다음과 같이 덧붙인다. "그러므로 그리스도는 심지어 우리가 그분에 대하여 반목하고 불의를 행하고 있을 때에도 우리를 향하여 사랑을 지니셨다. 그리스도는 놀라운 신적인 방식으로 우리를 미워하실 때에도 우리를 사랑하셨다."[210] 그리고 그는 성육신과 십자가가 동일한 것을 증거하고 있음을 발견한다. "당신은 우리를 어떻게 사랑하셨나요, 선한 아버지여! 당신은 당신의 독생자마저 아끼지 않으시고 죄인된 우리들을 위해 넘겨주셨나이다."[211]

분명히 마지막으로 언급한 사랑 개념은 어거스틴이 고대사상으로부터 받아온 사랑의 도식 안에 포함될 수 없다. 어거스틴이 「기독교 교육론」(*De doctrina christiana*)에서 자신의 이용(Uti)-향유(Frui) 도식에서 하나님의 사랑을 위한 자리를 찾아야 할 임무에 직면하였을 때, 그의 곤혹스러움은 의미심장하다. "하나님은 우리를 이용하기 위하여 우리를 사랑하시는가? 아니면 우리를 향유하기 위하여 우리를 사랑하시는가?"[212] 둘째 질문은 문제도 안되는 불가능한 질문이다. 왜냐하면 모든 선의 총화이며 모든 이득을 소유하시는 하나님은 우리에게 속하는 어떤 것도 필요로 하지 않으시기 때문이다. 심지어 첫째 질문도 어려움을 가지고 있다. 우리에게 향하는 하나님의 사랑은 그가 우리를 이용하시고 우리를 수단으로서 사용하신다는 의미라고 설명한다면, 거기에 무슨 의미가 있을 수 있는가? 그럼에도 불구하고 어거스틴은 하나님이 우리를 "이용"하신다고 결정할 수밖에 없음을 느낀다. 왜냐하면 그가 덧붙인 대로 "만약 그분이 우리를 향유하지도 이용하지도 않으신다면, 나는 그가 우리를 어떤 방식으로 사랑하시는지를 발견할 수 없어서 당황해 하기 때문이다."[213] 그러나 향유(enjoyment)와 이용(use)의 사랑은 "동기부여된" 사랑이다. 그래서 어거스틴이 이 도식 내에서 하나님의 아가페 즉 무동기적인 자발적 사랑을 위한 자리를 발견하는 것에 어려움을 겪는 것은 놀라운 게 아니다.

제8절 카리타스 개념의 이중적 본질. 아모르(Amor), 딜렉티오(Dilectio), 카리타스(Caritas).

어거스틴의 사랑 이론을 전체적으로 관통하는 분열이 있다. 그는 대단히 솜씨좋게 자신의 종합을 고안하여 대체로 그것이 통일체로 보이게 만들었지만, 우리는 거의 모든 논점에서 상이한 경향들이 충돌한다는 것을 보일 수 있다. 그는 고대 에로스 이론으로부터 자신의 사랑 이론을 위한 도식을 취해왔다. 그러나 원시기독교의 아가페도 그의 사상 안에 현존하고 있으면서 그 균형을 끊임없이 뒤집는 불안한 요소로 작용한다.

自己愛(amor sui)는 하나님 사랑(amor Dei)의 정반대이다. 그리고 그것은 죄의 진정한 근원이다. 여기에 최소한 어느 정도는 아가페 개념의 영향이 있다. 그러나 자기 사랑(amor sui)은 비록 세련되고 순화된 형태로는 참되지만, 에로스 개념에 의해서 지배되는 이론들 속에서 발견되듯이 하나님 사랑 그 자체 안에도 받아들여져 보존되고 있다.

어거스틴은 우리가 하나님을 선택한 것이 아니라 우리가 하나님의 사랑을 받을만한 한 동기를 제공할 어떠한 공로도 소유하기 이전에 하나님이 우리를 선택하셨다는 점을 잘 알고 있다. 그는 이것을 아가페 개념으로부터 배웠다. 그래서 어거스틴은 자신의 선택[예정] 이론에서 그것을 가장 강력하게 표현했다. 그러나 하나님과의 교제는 인간 쪽에 선택의 특징을 유지한다. 하나님은 인간의 욕망의 기준에 의해서 평가된다. 그리고 이것이 그분이 최고선(summum bonum)이며 아무튼 인간이 원할 수 있는 모든 것의 총화임을 보여주기 때문에, 인간은 전적으로 그분에게 자신을 바치기로 결정한다. 이와같이 합리적인 계산과 행위의 선호에 의해서 인간은 하나님을 선택한다. 왜냐하면 그것이 에로스가 요구하는 것이기 때문이다.

어거스틴은 죄인들을 위한 하나님의 사랑을 찬미할 수 있다. 그것은 버림받은 것에게 내려오신다. "하나님이 죄인들을 사랑하지 않는다면, 그는 하늘에서 땅으로 내려오지 않을 것이다."[214] 바로 이것이 아가페의 언어이다. 그러나 죄인들을 위한 하나님의 사랑은 (우리에게 보여지듯이) 그렇게 무동기적이며 설명불가한 것이 아니다. 엄밀하게 말해서 하나님이 사랑한 대상은 죄인이 아니고 그 죄인 안에 아직도 잔존하는 선(good)과 장차 성취할 수 있게 될 완전이다. 죄인들을 위한 하나님의 사랑은 환자들을 위한 의사의 사랑과 같다. "그는 그들 안에서 건강을 회복시키기를 바란다. 그렇다면 그 의사는 건강 이외에 무엇을 사랑하겠는가?"[215] 하나님이 우리 인간들을 사랑하실 때, 결국 그분이 사랑하는 대상은 우리 안에 있는 하나님 자신일 뿐이다. 에로스는 어거스틴으로 하여금 무동기적인 하나님의 사랑에 동기를 제공하도록 강요하였다.

에로스 동기와 아가페 동기의 종합은 이미 오리겐에 의해서 창안되었다. 그러나 그때는 교회가 그것을 받아들이려 하지 않았다. 그 종합은 어거스틴의 카리타스 이론에서 교회가 유보하지 않고 받아들일 수 있는 형태로 완성되었다. 그러나 오리겐과 어거스틴 사이의 유사점은 단순히 "기독교와 헬레니즘"의 문제점에 대한 그들의 근본적인 태도문제만이 아니었다. 그 유사점은 심지어 용어(terminology)에까지도 확장된다.

에로스란 용어의 기독교적 타당성을 수립하기 위하여, 오리겐은 에로스와 아가페가 동의어라는 것을 증명하려고 하였다. 어거스틴도 마찬가지로 에로스의 동의어인 "아모르"(amor)를 합법적인 기독교적 용어로 삼는데 관심을 두었다. 이 목적을 위해서 그는 아모르(amor)와 카리타스 사이에 아무 차이가 없다는 것을 증명하려고 한다.[216] 어거스틴은 성경은 물론이고 하나님 사랑을 위해서도 대부분 "카리타스"(caritas)란 단어를 사용하지만 "아모르"(amor)란 말도 발견할 수 있다고 말한다.[217] 아로르(사랑), 딜렉티오(dilectio, 사랑), 카리타스(사랑) 이 세 용어들은 무차별적으로 사용된다. 그것들 중에서 어느 것도 배타적으로 선한 사랑이나 그 반대로 나쁜 사랑을 나타내지 않는다.[218]

하지만 오리겐과의 병행은 더 나아간다. 오리겐은 에로스와 아가페를 동일시하는 것에 대해 변호할 의무감을 가지고 이 동일시가 기독교의 사랑 개념을 왜곡하려는 의도라고 보는 만연된 견해에 대하여 반박했다. 어거스틴도 자신이 그와 유사한 상황에 있음을 발견한다. 그는 다음과 같이 말한다. "나는 내가 이것을 언급해야 한다고 생각했다. 왜냐하면 어떤 이들은 카리타스나 딜렉티오가 동일하고 아모르는 다른 것이라는 견해를 가지고 있기 때문이다."[219] 오리겐은 에로스에 관하여 극복해야 할 이중적인 어려움을 가지고 있었다. 에로스는 대중적인 정신에게는 "통속적 에로스"의 맛을 풍겼다. 그리고 그것은 헬레니즘 철학으로부터 유래하였기에 기독교의 아가페에 대하여 어떤 긴장이 있었다. 어거스틴 안에서 그 입장이 약간 단순화되었다. 왜냐하면 "아모르"가 "통속적 에로스"를 풍기는 경향이 있으므로 첫째 난관이 여전히 남아있는데, 두번째 난관이 사라진 것처럼 보이기 때문이다. "철학자들"이 자신들의 헬레니즘적 사랑 개념을 나타내기 위하여 "아모르"를 사용한 것은 어거스틴에게 아무 어려움도 일으키지 않았다. 실제로 그는 기독교적 사랑을 표현하는데 "아모르"를 사용하기 위한 논증으로서 이것을 이용한다. 왜냐하면 아모르가 "통속적 에로스" 뿐만 아니라 "철학자들"의 순화작업을 통하여 "천상적 에로스"도 의미할 수 있기 때문이다.

어거스틴은 기독교적 사랑 개념을 이 "아모르"에서 발견했다고 스스로 믿었다.[220] 어거스틴은 분명히 아가페가 "천상적 에로스"나 "선한 것들 안에서 또한 하나님 자체를 향하는 아모르(사랑)"(amor in bonis rebus et erga ipsum Deum)와 상당히 다른 것일지도 모른다는 점을 결코 생각해 본 적이 없다.[221]

주

1) "Amor appetitus quidam est." De diversis quæstionibus XXCIII., qu. xxx v. 2.

2) "Unde se fieri putat beatum, hoc amat." De disciplina christiana, cap. vi.

3) De beata uita, cap. I. 4; Conf., lib. III., cap. iv. 7.

4) "Itane falsum erit, unde nec ipse (cum academicis omnia dubia sint) academicus ille Cicero dubitavit, qui cum vellet in Hortensio dialogo ab aliqua re certa, de qua nullus ambigeret, sumere suæ siputationis exordium, Beati certe, inquit, omnes esse volumus? Absit ut hoc falsum esse dicamus." De trinitate, lib. XIII., cap. iv. 7.

5) "Nemo est qui non amat." Semo XXXIV., cap. i. 2.

6) "Beate certe omnes vivere volumus; neque quisquam est in hominum genere, qui non huic sententiæ, antequam plene sit emissa, consentiat." De moribus eccl. cath., lib. I., cap. iii. 4. "Omnium certa sententia est, qui ratione quoquo modo uti posssunt, beatos esse omnes homines uelle." De ciu. dei, lib. X., cap. i. "Nota est igitur omnibus, qui una uoce si interrogari possent, utrum beati esse uellent, sine ulla dubitatione uelle responderent." Conf., lib. X., cap. xx. 29. "Omnis autem homo, qualiscumque sit, beatus vult esse. Hoc nemo est qui non velit, atque ita velit, ut præ cæteris velit; imo quicumque vult cætera, propter hoc unum velit." Sermo CCCVI., cap. ii. 3. "Beatos esse se velle, omnium hominum est.··· Beatos esse se velle, omnes in corde suo vident, tantaque est in hac re naturæ humanæ conspiratio, ut non fallatur homo qui hoc ex animo suo de animo conjicit alieno; denique omnes id velle nos novimus." De trinitate, lib. XIII., cap. xx. 25. "Et ego qui vobiscum loquor, vitam volo et dies bonos: quod quæritis vos, hoc quæro et ego." Sermo CVIII., cap., iv. 4. De doct. christiana, lib. I., cap. xxiii. 22.

7) Sermo XXI. 3.

8) De vera religione, cap. xviii. f., 35 ff.

9) Cf. 이것에 관해선 Conf., lib. XI., cap. xiv. 17 ff.를 참고하시오.

10) "Tempora surripiunt quod amamus." De vera rel., cap. xxxv. 65.

11) "In omni prorsus agitatione creaturæ duo tempora invenio, præteritum et futurum. Præsens quære ··· Præteritum et futurum invenio in omni motu rerum: in veritate quæ manet, præteritum et futurum non invenio, sed solum præsens, et hoc incorruptibiliter, quod in creatura non est. Discute rerum mutationes, invenies Fuit et Erit: cogita Deum, invenies Est, ubi Fuit et Erit esse non possit." In ev. Jn., tract. xxxviii. 10.

12) Enarratio in psalmum cxxii. 1. "All love either ascends or descends."

13) "Intellexit ubi esset, quia per fragilitatem carnis suæ ad illam beatitudinem volare non posset; circumspexit pondera sua; ··· Spiritus sursum vocat, pondus carnis deorsum revocat.··· Quomodo volabo? quomodo perveniam?" Enarr. in Ps. lxxxiii. 9. 종종 그랬듯이 어거스틴은 여기서도 그리스 사상에 영향을 받은 Wisd. ix. 15을 인용한다. 그 내용은 영혼을 끌어내리는 몸에 관한 것이다. Cf. 이 구절에 대한 그의 사용의 다른 경

우들은 다음과 같다. De ciu. dei, lib. XIX., cap. xxvii.; In ev. Jn., tract. xxi. 1; 특히
tract. xxiii. 5.

14) "Inde acceperunt nomen, ex eo quod amant. Amando Deum, efficmur dii: ergo
amando mundum, dicimur mundus." Sermo CXXI. 1. Cf. In ev. Jn., tract. ii. 11, & De
doct. christiana, lib. I., cap. xii.

15) In ev. Jn., tract. i. 4.

16) "Belluas enim Deus prostratas in faciem fecit, pastum **quærentes** de terra: te in
duos pedes erexit de terra. Tuam faciem sursum attendere voluit. *Non discordet cor
tuum a facie tua. Non habeas faciem sursum, et cor deorsum.*" Sermo de disciplina
christiana, cap. v. "Bonum est sursum habere cor." De ciu. dei, lib. XIV., cap. xiii.

17) "Sicut enim non est a carne sed super carnem, quod carnem facit uiuere: sic non
est ab homine, sed *super hominem, quod hominem facit beate uiuere.*" De ciu. dei, lib.
XIX., cap. xxv.

18) "Et *quando se homo pronum facit ad terrenas concupiscentias, incurvatur
quodammodo; cum autem erigitur in superna, rectum fit cor ejus, ut bonus illi sit Deus,*"
Enarr. in Ps. l. 15. "Noli relicto superiore bono, *curvare te ad inferius bonum.* Rectus esto,
ut lauderis: quia laudabuntur omnes recti corde. Unde enim peccas, nisi quia inordinate
tractas res quas in usum accepisti? Esto bene utens rebus inferioribus, et eris recte fruens
bono superiore." Sermo XXI. 3. "Quid est autem *curvari? Non se posse erigere. Talem
invenit Dominus mulierem per decem et octo annos curvam: non se poterat erigere.
Tales sunt qui in terra cor habent. At vero, quia invenit mulier illa Dominum, et sanavit
eam, habeat, sursum cor. In quantum tamen curvatur,* adhuc gemit. Curvatur enim ille
qui dicit: Corpus enim quod corrumpitur, aggravat animam, et deprimit terrena
inhabitatio sensum multa cogitantem." Enarr. in Ps. xxxvii. 10. 영혼을 끌어내리는 육신
에 대한 말들은 Wisd. ix. 15에서 인용되었다. 이것에 관해선 본서 p. 497 주 5와 p.
567 주 13을 보시오.

이 논점에 관하여 어거스틴과 루터를 비교해보면 흥미로울 것이다. 어거스틴에게
있어서 죄는 인간이 땅으로 편향되어[＝구부러져, curvatus] 있다는 사실에 있다. 루
터도 죄인이 "편향되어 있다"(curvatus)고 말할 수 있다. 그러나 루터에게 있어서 이
것은 매우 다른 것을 의미한다. 그것은 인간이 자기중심적(egocentric)이며 그의 의지
가 항상 그 자신의 이해에 의해서만 결정되고 그래서 그 자신에게 쏠리고 있다는
("incurvatus in se") 것을 의미한다. 어거스틴에게 있어서 죄악된 영혼은 "땅으로 쏠
려 있다." 루터에게선 그것이 "그 자신에게로 쏠려 있다." 그 두 사람이 어떻게 상황
이 변화된다고 생각했는가를 살펴보면 그 차이점은 매우 극명해진다. 어거스틴에게
선 영혼이 그 욕망을 하나님과 천상 세계를 향하여 위쪽으로 방향을 바꿀 때 그 변
화가 일어난다. 루터는 하늘로 향해진 영혼도 (그것이 욕망과 동경에 의하여 지배된
다면) 그 자신에게로 향할 수 있다는 것을 발견하였다. 그러므로 그는 "심지어 하늘
에서도 그것들은 그 자신의 것만을 추구한다."고 말할 수 있다. 바로 이러한 관점으

로부터 루터는 가톨릭 경건을 비판한다.

19) Cf. De ciu. dei, lib. XI., cap. viii., & li. XXII., cap. xxx. "Tu autem bonum nullo indigens bono semper quietus es, quoniam *tua quies tu ipse es*." Conf., lib. XIII., cap. xxxviii. 53.

20) 이와같이 퀴에스(quies, 안식) 개념은 어거스틴의 고백록을 첫 장부터 마지막 장까지 둘러싸고 있다. 그는 제1장에선 "inquietum est cor nostrum, donec requiescat in te"(우리의 마음은 당신 안에서 안식하기까지 평안이 없습니다)라고 썼고 마지막 장에선 "tua quies tu ipse es"(당신은 스스로 당신 자신의 안식이십니다)라고 썼다.

21) 모든 사람이 분명히 자기 자신의 행복과 기쁨을 추구하는 것처럼, 사람은 궁극적으로 완전한 안식에 도달하기 위하여 노력한다. 심지어 전쟁도 평화에 이르기 위하여 존재한다. Cf. De ciu. dei, lib. XIX., cap. xi.-xiii. "Sicut nemo est qui gaudere nolit, ita nemo est qui pacem habere nolit. Quando quidem et ipsi, qui bella uolunt, nihil aliud quam uincere uolunt; ad gloriosam ergo pacem bellando cupiunt peruenire." Cap. xii. 인간이 행복에 대한 초보적인 욕망으로부터 거의 해방될 수 없다. 그과 마찬가지로 인간은 안식[quies = pax, 평화]에의 의지로부터 자신을 해방시킬 수 없다. 그 둘은 근본적으로 하나이며 자연법상으로 필연적인 어떤 것을 소유한다. "… quodam modo **naturæ suæ** legibus." "Non amare tamen qualemcumque pacem nullo modo potest. Nullius quippe uitium ita contra naturam est, ut **naturæ** deleat etiam extrema uestigia." *Ibid.*

22) "Fecisti nos ad te et inquietum est cor nostrum, donec requiescat in te." Conf., lib. I., cap. i. 1.

23) "Hoc scio, naturam Dei numquam, nusquam, nulla ex parte posse deficere, et *ea posse deficere, quæ ex nihilo facta sunt*." De ciu. dei, lib. XII., cap. viii.; cf. lib. XII., cap. 1. "*Quare deficiunt*? quia mutabilia sunt. Quare mutabilia sunt? Quia non summe sunt. Quare non summe sunt? Quia inferiora sunt eo a quo facta sunt.… Ipsum enim quantumcumque esse, bonum est; quia summum bonum est summe esse. Unde fecit? *Ex nihilo*." De vera rel., cap. xviii. 35. "*Sed uitio deprauari nisi ex nihilo facta natura non posset. Ac per hoc ut natúra sit, ex eo habet quod a Deo facta est; ut autem ab eo quod est deficiat, ex hoc quod de nihilo facta est*." De ciu. dei, lib. XIV., cap. xiii. "Unde colligit non ob aliud res deficere uel posse deficere, nihi quod ex nihilo **factæ** sunt.…" Epist. cxviii. 15.

24) 하나님은 절대존재이자 절대선이며 "무"(nothing)는 존재의 정반대되는 것이기 때문에, 우리는 "무"가 악과 동일하다고 예상할 수 있다. 하지만 그것은 어거스틴이 의미하는 바가 아니다. 마니교에 반대했던 그는 악을 독립된 실체로서 생각할 필요가 없다고 주장하게 되었다. 악(惡)은 존재와 선(善)과는 달리 작용인(作用因, *causa efficens*)을 가지지 않고 단지 결핍인(缺乏因, *causa deficiens*)만을 가진다. "**Quæ** tamen quanto magis sunt et bona faciunt, causas habent efficientes; in quantum autem deficiunt et ex hoc mala faciunt, causas habent deficientes." De ciu. dei, lib. XII., cap. viii.

존재가 그치면, 악도 그친다. 말하자면 악은 착취하고 감소시킬 수 있는 어떤 존재 (Being)가 있을 때에만 존재할(exist) 수 있다. "Ac per hoc nullum est quod dicitur malum, si nullum sit bonum. Sed bonum omni malo carens, integrum bonum est; cui verum inest malum, vitiatum vel vitiosum bonum est: *nec malum unquam potest esse ullum, ubi bonum est nullum*." Enchiridion, cap. xiii.

25) "Quid est autem aliud quod malum dicitur, nisi privatio boni?" Enchiridion, cap. xi.

26) "Vita, **quæ** fructu corporis delectata negligit Deum, *inclinatur ad nihilum*." De vera rel., cap. xi. 22. "Tanto utique deterior, quanto ab eo, quod summe est, ad id quod minus est, uergit, ut etiam ipsa minus sit; quanto autem minus est, tanto utique fit propinquior nihilo." Contra Secundinum 15. 어거스틴은 마니교에 대하여 공격할 때에 특히 이 요점을 가장 강조한다.

27) "Omnis creatura Dei bona est, et illic peccatum non est, nisi quia male uteris." Sermo XXI. 3.

28) "Bonorum summa, Deus nobis est. Deus est nobis summum bonum. Neque infra remanendum nobis est, neque ultra **quærendum**." De moribus eccl. cath., lib. I., cap. viii. 13.

29) "Non ergo magnum est diu vivere, aut semper vivere: sed magnum est beate vivere." Sermo CXXVII., cap. i. 2. "Nullo modo igitur esse poterit vita veraciter beata, nisi fuerit sempiterna." De trinitate, lib. XIII., cap. viii. 11. "Sine immortalitate non potest esse [beatitudo]." *Ibid.*, cap. vii. 10. "Cum ergo beati esse omnes homines velint, si vere volunt, profecto et esse immortales volunt: aliter enim beati esse non possent. Denique et de immortalitate interrogati, sicut et de beatitudine, omnes eam se velle respondent." *Ibid.*, cap. viii. 11. Cf. *supra*, p. 478, n. 1.

30) "Quid autem eligamus, quod **præcipue** diligamus, nisi quo nihil melius inuenimus? Hoc Deus est, cui si aliquid diligendo vel **præponimus** uel **æquamus**, nos ipsos diligere nescimus. Tanto enim nobis melius est, quanto magis in illum imus, quo nihil melius est." Epist., CLV., iv. 13. "Bonum hoc et bonum illud: *tolle hoc et illud, et vide ipsum bonum*, si potes; ita Deum videbis, non alio bono bonum, *sed bonum omnis boni.*··· Sic amandus est Deus, non hoc et illud bonum, sed ipsum bonum." De trinitate, lib. Viii., cap. iii. 4. "Te invoco, Deus veritas, in quo et a quo et per quem vera sunt, **quæ** vera sunt omnia.··· Deus beatitudo, in quo et a quo et per quem beata sunt, **quæ** beata sunt omnia." Soliloquia, lib. I., cap. i. 3.

31) De doct. christiana, lib. I., cap. xxxiii. 37. "Nullo modo dubitamus, si quis beatus esse statuit, id eum sibi conparare debere, quod semper manet nec ulla **sæuiente** fortuna eripi potest.··· Deus, inquam, uobis **æternus** esse semper manens uidetur?··· Deum ititur, inquam, qui habet, beatus est." De beata vita, ii. 11. Cf. De diversis **quæstionibus** octoginta tribus, qu. xxxv.

32) "Quid esse non solum melius, sed etiam certius hoc bono potest?" de moribus eccl.

cathl. lib. I., cap. xi. 18.

33) De trinitate, lib. VIII., cap. iii. 4. Cf. De vera rel., cap. x. 19: "Aeterno enim Creatori **adhærentes**, et nos **æternitate** afficiamur necesse est."

34) "Quidquid aliud diligendum venerit in animum, illuc rapiatur, quo totus dilectionis impetus currit … [dilectio] Dei **quæ** nullum a se rivulum duci extra patitur, cujus derivatione minuatur." De doct. christiana, lib. I., cap. xxii. 21.

35) De vera rel., cap. xlviii. 93.

36) Sermo CCCXXXIV. 3. Cf. Sermo XXIII., cap. x. Sermo CLXXVII. 9: "Ipse ergo sufficit, solus sufficit, de quo dictum est, 'Ostende nobis Patrem, et sufficit nobis." Enarr. in Ps. cxxii. 12. 이러한 연관 속에서 어거스틴은 빌립이 예수님께 드린 요청을 인용하길 좋아한다. "주여, 우리에게 아버지를 보여주십시오. 그러면 우리에게 충분하겠습니다"(요한 14:8). 그는 우리에게 충분한 것(quod sufficit nobis)은 하나님을 보는 것(visio Dei)이라는 의미로 받아들인다.

"Deus restat quem si sequimur, bene; si assequimur, non tantum bene, sed etiam beate vivimus." de moribus eccl. cathl, cap. vi.

37) "His consideratis quid magnum uita **æterna** iubeat amatoribus suis, cum se iubet sic amari, quem ad modum **hæc** amatur a suis?" Epist. cxxvii. 4.

38) "quid enim de quoquam homine etiam male operatur, nisi amor? Da mihi vacantem maorem et nihil operantem. Flagitia, adulteria, facinora, homicidia, luxurias omnes, nonne amor operatur? Purga ergo amorem tu9um: aquam fluentem in cloacam, converte ad hortum: quales impetus habebat ad mundum, tales habeat ad artificem mundi." Enarr. in Ps. XXXI. ii. 5.

39) "Amate, sed quid ametis videte. Amor Dei, amor proximi, caritas dicitur: amor mundi, amor hujus **sæculi**, cupiditas dicitur." *Ibid.*

40) "**Diuitiæ** si diliguntur, ibi seruentur, ubi perire non possunt; honor si diligitur, illic habeatur, ubi nemo indignus honoratur; salus si diligitur, ibi adipiscenda desideretur, ubi **adeptæ** nihil timetur; uita si diligitur, ibi adquiratur, ubi nulla morte finitur." Epist. cxxvii. 5. 우리는 이 말들이 사랑의 계명과 성령을 통하여 우리 마음속에서 발산되는(로마서 5:5) 사랑에 대한 사상과 직접적으로 연관되어 나타난다는 점을 주목해야 한다. 홀(K. Holl)은 회심(conversion) 개념을 언급할 때 "서방 기독교의 어휘 속에 'converti' 란 낱말과 개념을 확립한 사람은 어거스틴이었다."라고 말한다(Gesammelte **Aufsätze** zur Kirchengeschichte, iii., p. 83). 우리가 덧붙일 수 있는 바는 어거스틴에 의하여 회심을 욕망이 새로운 대상으로 옮겨지는 것(transference)으로 보는 전통이 시작되었다는 점이다. 이런 점에서 어거스틴 자신의 회심은 전형적(typical)이다.

41) "Prudenter intellegis, quod in hoc mundo et in hac uita nulla naima possit esse secura." Epist. cxxx. 1. "Dicatur **hæc** prudentia, quia prospectissime **adhærebit** bono, quod non amittatur." Epist. clv. 12. Cf. Expositio quarundam propositionum ex Epistola ad Romanos xlix.: "Definitio enim **prudentiæ** in appetendis bonis et vitandis malis

explicari solet.… Eadem namque **animæ** natura et prudentiam carnis habet, cum inferiora sectatur; et prudentiam spiritus, cum superiora eligit."

42) "Quid est autem unde homo commemorari non possit ad virtutes capessendas, quando de *ipsis vitiis potest? Quid enim appetit curiositas nisi cognitionem, quæ certa esse non potest, nisi rerum æernarum et eodem modo se semper habentium? Quid appetit superbia nisi potentiam, quæ refertur ad agendi facilitatem, quam non invenit anima perfecta nisi Deo subdita, et ad ejus regnum summa caritate conversa? Quid appetit voluptas corporis nisi quietem, quæ* non est nisi ubi nulla est indigentia et nulla corruptio?" De vera rel, cap. lii. 101.

43) "Ita fornicatur anima, cum auertitur abs te et **quæri** extra te ea **quæ** pura et liquida non inuenit, nisi cum redit ad te. Peruerse te imitantur omnes, qui longe se a te faciunt et extollunt se aduersum te. Sed etiam sic te imitando indicant creatorem te esse omnis **naturæ** et ideo non esse, quo a te omni modo recedatur." Conf., lib. II., cap. vi. 14. Cf. 전체 논증은 Conf., lib. 88., cap. vi. 13-14.에서 보시오. "Non est requies, ubi **quæritis** eam. *Quærite quod quæritis, sed ibi non est, ubi quæritis. Beatam uitam quæritis in regione mortis: non est illic. Quomodo enim beata uita, ubi nec uita?*" Conf., lib. IV., cap. xii. 18. "*Quod quæritis, et ego quæro: sed non ibi quæritis ubi possimus invenire. Ergo audite me, ubi possimus invenire: vobis non tollo, locum vobis ostendo: imo sequamur omnes eum qui novit ubi sit quod quærimus. Sic et nunc, quia desideratis vitam et dies bonos, non possumus vobis dicere: Nolite desiderare vitam et dies bonos: sed illud dicimus: Nolite hic quærere in hoc sæculo vitam et dies bonos, ubi boni esse non possunt.… Desiderium ergo vestrum, quo vultis vitam et dies bonos, non solum non reprimo, sed etiam vehementius accendo. Prorsus quærite vitam, quærite dies bonos: sed ubi possunt inveniri, ibi quærantur.*" Sermo CVIII., cap. v. 5. Cf. De trinitate, lib. XI. v: & Sermo CLVIII. 9: "Quid hic **quærebas?** Divitias? Avare, quid enim tibi sufficit, si Deus ipse non sufficit? Sed quid amabas? gloriam, honores? Deus tibi erit gloria."

44) Conf., lib. X., cap. xx. 29.

45) 이것에 관해선 본서 pp. 501 ff.를 참고하시오.

46) "*Deus quem amat omne quod potest amare, sive sciens, sive nesciens.*" Soliloquia, lib. I., cap. i. 2.

47) "Quomodo enim radix omnium malorum cupiditas, sic radix omnium bonorum carits est." Enarr. in Ps. xc. 1, 8.

48) "*Cupiditas rerum æternarum et felicitatis æternæ.*" Sermo XXXII., cap. xxii.

49) "*Nec ipsa, quæ præcepti finis et plenitudo legis est caritas, ullo modo recta esse potest, si ea quæ diliguntur, non vera, sed falsa sut.*" De doct. christiana, lib. IV., cap. xxviii. 61. Cf. 또한 "육욕적인 카리타스"(carnalis caritas) 개념은 (약간 다른 의미이기는 하지만) Sermo IV., cap. iii. 3.에 나온다.

50) 특히 요한일서 2:15을 참고하시오. 이 구절은 하나님을 위한 사랑과 세상을 위

한 사랑을 대립시킨다. 이 점에 관해선 본서 제1부 pp. 119 f. 이하를 보시오. De vera religione, cap. iii. 4에서 어거스틴은 스스로 생각하기에 플라톤주의의 직접적인 계통에 있다고 보는 일련의 신약 성경의 본문들을 손수 모아서 자신의 기독교 해석을 지지한다. 그가 인용하는 구절들은 요한 1:1-3, 마태 6:19-21, 갈라디아 6:8, 누가 14:11, 마태 5:39 및 5:44, 누가 17:21, 고린도후서 4:18, 요한일서 2:15-16 등이다.

51) Cf. 본서 pp. 176 ff.

52) Cf. 본서 pp. 51 ff.

53) Enarr. in Ps. XXXI. ii. 5.

54) Sermo CLVI., cap. vii.에서 어거스틴은 고대 철학과 기독교 사이의 차이점에 대한 흥미로운 정의를 내린다. 모두에게 공통적인 것은 '인간에게 있어서 무엇이 선(善)인가?' 라는 질문이다. 에피쿠로스파(Epicureans)는 이 선을 "육체의 쾌락에서"(in voluptate corporis) 발견하고 스토아학파(Stoics)는 "자신의 미덕 안에서"(in virtute sua) 발견하지만, 반면에 기독교에서는 "하나님을 향유하는 것"(fruitio Dei)이 최고선(最高善)이다. "에피쿠로스주의자는 '육체를 즐기는 것이 나의 선이다' 라고 가르쳤다. 스토아주의자는 '나의 정신을 즐기는 것이 나에겐 선이다' 라고 가르쳤다. 하지만 사도는 '하나님을 의지하는 것이 나의 선이다' 라고 가르쳤다."(Dicebat Epicureus: Mihi frui carne, bonum est. Dicebat Stoicus: Mihi frui mea mente, bonum est. Dicebat Apostolus: Mihi autem **adhærere** Deo, bonum est.) 어거스틴에게 있어서, 에피쿠로스주의와 스토아주의와 기독교 사이의 차이점은 "secundum carnem vivere"(육체대로 사는 것)와 "secundum animam vivere"(정신으로 사는 것)와 "secundum Deum vivere"(하나님에 의해서 사는 것) 사이의 차이점과 마찬가지이다.

55) "Ipse enim fons **nostræ** beatitudinis, ipse omnis adpetitionis est finis ⋯ ad eum dilectione tendimus, ut perueniendo quiescamus, ideo beati, quia illo fine perfecti." De ciu. dei. lib. X., cap. iii.

56) "*Bonum enim nostrum, de cuius fine inter philosophos magna contentio est, nullum est aliud quam illi* **cohærere.**⋯ *Hoc bonum diligere in toto corde, in tota anima et in tota uirtute* **præcipimur.**" De ciu. dei. lib. X., cap. iii.

57) De doct. christiana. lib. I., cap. xxii. 21.

58) "Frui enim est amore alicui rei **inhærere** propter seipsam. Uti autem, quod in usum venerit ad id quod amas obtinendum referre, si tamen amandum est." De doct. christiana, lib. I., cap. iv. 4. "Si enim propter se [dilogimus], fruimur eo, si propter aliud, utimur eo." *Ibid.,* cap. xxii. 20.

59) "Summum id dicitur, quo cuncta referuntur; eo enim fruendo quisque beatus est, propter quod cetera uult habere, cum illud iam non propter aliud, sed propter se ipsum diligatur." Epist. CXVIII. iii. 13.

60) De doct. christiana. lib. I., cap. iv. 4.

61) "Omnis itaque humana perversio est, quod etiam vitium vocatur, fruendis uti velle, atque utendis frui. Et rursus omnis ordinatio, **quæ** virtus etiam nominatur, fruendis frui,

et utendis uti." De div. **quæst**. octoginta tribus, qu. xxx.

62) "Boni ad hoc utuntur mundo, ut fruantur Deo: mali autem contra, ut fruantur mundo, uti uolunt Deo." De ciu. lib. XV., cap. vii. "Ea re frui dicimur, **quæ** nos non ad aliud referenda per se ipsa delectat; uti uero ea re, quam propter aliud **quærimus** (unde temporalibus magis utendum est, quam fruendum, ut frui mereamur **æternis**; non sicut peruersi, qui frui uolunt nummo, uti autem Deo; quoniam non nummum propter Deum inpendunt, sed Deum propter nummum colunt)." De ciu. dei, lib. XI., cap. xxv.

63) De doct. christiana, lib. I., cap. xxvii. 28. "Sicut enim bona sunt omnia, **quæ** creauit Deus, ab ipsa rationali creatura usque ad infimum corpus, ita bene in his agit anima rationalis, *si ordinem seruet* et distinguendo, eligendo, pendendo subdat minora maioribus, corporalia spiritalibus, inferiora superioribus, temporalia sempiternis.··· Cum enim sint omnes **substantiæ** naturaliter **bonæ**, ordo in eis laudatus honoratur, peruersitas culpata damnatur." Epist. CXL., ii. 4. "**Hæc** est perfecta justitia, qua potius potiora, et minus minora diligimus." De vera rel., cap. xlviii. 93.

64) De doct. christiana, lib. I., cap. xxvii. 28. "질서잡힌 사랑"을 지닌 자는 "rerum integer **æstimator**"(사물을 온전히 평가하는 자)로 묘사된다.

65) "Deficitur enim non ad mala, sed male, id est non ad malas naturas, sed ideo male, quia *contra ordinem naturarum* ab eo quod summe est ad id quod minus est." De ciu. dei, lib. XII., cap. viii. "Cum enim bona sit, et bene amari potest et male: *bene scilicet ordine custodito, male ordine perturbato.*" *Op. cit., lib. XV., cap. xxii.* "*Quapropter, etiam in ista corporis voluptate invenimus unde commoneamur eam contemnere; non quia malum est natura corporis, sed quia in extremi boni dilectione trupiter volutatur, cui primis inhærere fruique concessum est.*" De vera rel., cap. xlv. 83. "Unde enim peccas, nisi quia *inordinate* tractas res quas in usum accepisti? *Esto bene utens rebus inferioribus, et eris recte fruens bono superiore.*" Sermo XXI. 3.

66) "Eadem quippe Trinitate fruendum est, ut beate vivamus." De trinitate, lib. VIII., cap. v. 8. "Res igitur quibus fruendum est, Pater et Filius et Spiritus sanctus, eademque Trinitas, una **quædam** summa res." De doc. christiana, lib. I., cap. v. 5. "In his igitur omnibus rebus **illæ** tantum sunt quibus fruendum est, quas **æternas** atque incommutabiles commemoravimus." *Ibid.,* cap. xxii. 20.

67) "Ista visio non **vitæ** hujus est, sed **futuræ**; non temporalis, sed **æterna**.··· Ad istum fructum contemplationis cuncta officia referuntur actionis. Solus est enim liber; quia propter se appetitur, et non refertur ad aliud.··· Ibi ergo finis qui sufficit nobis. Aeternus igitur erit: neque enim nobis sufficit finis, nisi cujus nullus est finis." In ev. Jn., tract. ci. 5.

68) "Hoc est Deum *gratis amare*, de Deo Deum sperare, de Deo properare impleri, de ipso satiari. Ipse enim eufficit tibi; **præter** illum nihil sufficit tibi." Sermo CCCXXXIV. 3.

69) In ev. Jn., tract. xl. 10.

70) *Ibid.*

71) "Sic est autem requies voluntatis quem dicimus finem, si adhuc refertur ad aliud, quemadmodum possumus dicere requiem pedis esse in ambulando, cum ponitur unde alius (altius?) innitatur quo passibus pergitur. Si autem aliquid ita placet, ut in eo cum aliqua delectatione voluntas acquiescat; nondum est tamen illud quo tenditur, sed et hoc refertur ad aliud, ut deputetur non tnaquam patria civis; sed tanquam refectio, vel etiam mansio viatoris." De trinitate, lib. XI., vi. 10.

72) "Non amat multum nummum, qui amat Deum. Et ego plapavi infimitatem, non ausus sum dicere, Non amat nummum; sed, non multum amat nummum; quasi amandus sit nummus, sed non multum. *O si Deum digne amemus, nummos omnino non amabimus!*" In ev. Jn., tract. xl. 10.

73) "nemo tamen beatus est, qui eo quod amat non fruitur." De ciu. dei, lib. VIII., cap. viii. "Secutio igitur Dei, beatitatis appetitus est; consecutio autem, ipsa beatitas. At eum sequimur diligendo, consequimur vero..." De mor. eccl. cath., lib. I., cap. xi. 18.

74) De ciu. dei, lib. VIII., cap. viii. ("사랑함으로써가 아니라 향유함으로써").

75) "Plus ergo amabimus cum viderimus, si potuerimus amare et antequam videremus." Sermo XXI. 1. "Si amamus credendo et non videndo, quomodo amabimus videndo et tenendo?" Sermo CLVIII. 9. "Amor ergo quietus in vultu Dei, quem modo desideramus, cui suspiramus, cum ad eum venerimus, quomodo nos accendet? In quem nondum visum sic suspiramus, cum ad eum venerimus, quomodo illuminabit? ··· Non autem desines amare, quia talis est quem vides, qui nullo te offendat fastidio; et satiat te, et non te satiat. Mirum est quod dico." Enarr. in Ps. lxxxv. 24. Cf. Retractationes, lib. I., cap. vi. 5(vii. 4):"··· nisi forte putatur caritatem dei non futuram esse maiorem, quando uidebimus facie ad faciem."

76) "아는 것"과 "사랑하는 것" 사이의 관계에 대해선 De trinitate, lib. X., cap. i. f. 를 참고하시오. "··· quanto notiores tanto utique cariores." Epist.xcii. 1. "Porro si quanto major notitia tanto erit maior dilectio." De spiritu et lit., cap. lxiv. "Proinde hoc primum **præceptum iustitiæ**, quo iubemur diligere deum ex toto corde et ex tota anima et ex tota mente, cui est de proximo diligendo alterum consequens, in illa uita inplebimus, cum uidebimus facie ad faciem." *Ibid.*

77) "Si essemus lapides aut fluctus aut uentus aut flamma uel quid huius modi, sine ullo quidem sensu adque uita, non tamen nobis deesset quasi quidam nostrorum locorum adque ordinis adpetitus. *Nam uelut amores coporum momenta sunt ponderum, siue sursum leuitate nitantur. Ita enim corpus pondere, sicut animus amore fertur, quocumque fertur.*" De ciu. dei, lib. XI., cap. xxviii.

78) "Habent enim et aves pennarum suarum sarcinas. Et quid dicimus? Portant illas, et portantur. Portant illas in terra, portantur ab illis in coelo.··· Porta ergo pennas pacis, *alas accipe caritatis.* **Hæc** est sarcina, sic implebitur lex Christi." Sermo CLXIV., cap. v.

79) "Sic et caritas non potest premi in ima; necesse est ut ad superna emineat." In ev. Jn., tract. vi. 20. 어거스틴은 이것에 일치되게 고린도전서 12장 31절을 해석한다. "adhuc supereminentiorem viam vobis demonstro."

80) De doctrina christiana, lib. II., cap. vii.에서 어거스틴은 미덕의 일곱 단계 혹은 계단에 대하여 말한다. 그것들은 timor dei(하나님을 두려워함), pietas(경건), scientia(지식), fortitudo(용기, 힘), consilium misericordiæ(자비의 상담), purgatio cordis(마음의 정화), sapientia(지혜) 등이다. 간략하게 말해서 그것들의 의미는 다음과 같다. 상승은 사망과 심판에 대한 두려움으로 시작한다. 왜냐하면 "주를 두려워하는 것이 지혜의 시작이기 때문이다." 이것은 우리에게 우리의 육신을 그 수페르비아(superbia, 교만)와 함께 십자가에 못박으라고 가르친다. 둘째 단계에서 우리는 아직 성경을 온전히 이해하지 못하더라도 그것을 굳게 붙잡고 그것에 복종하는 것을 배운다. 세번째 단계에서 우리는 성경의 의미에 대한 참된 통찰에 도달하여 그 안에 있는 모든 것이 사랑을 가리킨다는 것을 이해한다. 그것은 하나님을 위해 우리의 전심을 다하는 사랑과 하나님 사랑에 포함된 이웃 사랑과 자기 사랑을 의미한다. 네 번째 단계에서 인간은 일시적인 것들로부터 돌아설 수 있는 힘을 얻고 자신의 사랑을 온전히 영원한 것들로 향한다("et inde se avertens convertit ad dilectionem æternorum, incommutabilem scilicet unitatem eamdemque Trinitatem"). 이것은 일차적으로 하나님에 대한 사랑의 문제이다. 하지만 다섯째 단계에서 우리는 이웃 사랑에 관한 하나님 사랑의 의미를 깨닫는다. 여기서 인간은 자신의 사랑이 궁극적으로 원수에 대한 사랑으로 최고조에 달할 때까지 자신의 이웃을 향하여 사랑과 자비를 실천하는 것을 배운다. 이렇게 준비된 인간은 여섯째 단계에 올라갈 수 있다. 여기서 그는 실제로 하나님과의 교제에 도달한 것이다. 그는 자신의 마음을 청결하게 하였기 때문에 하나님이 이 생명 안에서 보여질 수 있는 한도 내에서 하나님을 볼 수 있기 때문이다. 최종적인 완성(consummation)까지는 여전히 한 단계가 남아있다. 그 완성은 영원한 지혜 자체의 향유에 놓여 있다("Talis filius ascendit ad sapientiam, quæ ultima et septima est, qua pacatus tranquillusque perfruitur").

81) Epist. CXCIV., cap. v. 19. "et ipsa tua merita illius dona sunt." Enarr. in Ps. cxliv. 11. "Quia et ea quæ dicuntur merita nostra, dona sunt ejus." De trinitate, lib. XIII., cap. x. 14. "dei dona sunt merita tua." De gestis Pelagii, 35. "Quod ergo præmium immortalitatis postea tribuit, dona sua coronat, non merita tua.… Coronat autem in nobis Deus dona misericordiæ suæ." In ev. Jn., tract. iii. 10. Cf. Conf., lib. IX., cap. xiii. 34.

82) "Et exaltatus est super plenitudinem scientæ, ut nemo ad eum perveniret, nisi per caritatem; plenitudo enim legis caritas.… Volavit super pennas ventorum. Illa uatem celeritas, qua se incomprehensibilem esse monstravit, super virtutes animarum est, quibus se velut pennis a terrenis timoribus in auras libertatis attollunt." Enarr. in Ps. xviii. 11. 어거스틴이 여기서 언급하는 Ps. xviii.에서 주님은 하강한다고 말해진다. 어거스틴은 (부분적으로 그의 라틴어 본문의 도움으로) 이것을 상승으로 바꾼다. 즉 하나님은 만물 위에 드높이 올라가시니 인간은 카리타스의 상승에 의해서만 또는 (마찬가지

로) 미덕의 상승에 의해서만 그분에게 나아갈 수 있게 될 것이다. "Per caritatem, hoc est, per virtutem." Enarr. in Ps. cxxi. 12.

83) Enarr. in Ps. cxliv. 8. "Transcenderat omnia cacumina terrarum, transcenderat omnes campos æris, transcenderat omnes altitudines siderum, transcenderat omnes choros et legiones angelorum. Nisi enim transcenderet ista omnia **quæ** creata sunt, non perveniret ad eum per quem facta sunt omnia." In ev. Jn., tract. i. 5.

84) "Et gradibus quibusdam ordinavit creaturam, a terra usque ad coelum." Enarr. in Ps. cxliv. 13.

85) "Non sumus deus tuus; **quære** super nos." Conf., lib. X., cap. vi. 9. "Neque in his omnibus, **quæ** percurro consulens te, inuenio tutum locum **animæ meæ** nisi in te." *Ibid.*, cap. xxxx. 65.

86) "Tu si in animo es, in medio es: si infra attendis, corpus est: si *supra* attendis, Deus est." In ev. Jn., tract. xx. 11. "… atque esse quamdam medietatem inter Deum et corpus, animam." *Ibid.*, tract. xxiii. 6.

87) "Non est Deus corpus, non terra, non coelum, non luna, non sol, non **stellæ**, non corporalia ista. Si enim non coelestia, quanto minus terrena? Tolle omne corpus. Adhuc audi aliud: non est Deus mutabilis spiritus. Nam fateor, et fatendum est, quia evangelium loquitur, Deus spiritus est. Sed transi omnem mutabilem spiritum." In ev. Jn., tract. xxiii. 9.

88) "Transcende et corpus, et sape animum: transcende et animum, et sape Deum." In ev. Jn., tract. xx. 11. "Attolle te a corpore, transi etiam te." *Ibid.*

89) Conf., lib. IX., cap. x. 23-25.

90) "Agnosce in te aliquid, quod volo dicere, intus, intus in te; … descende in te, adi secretarium tuum, mentem tuam, et ibi vide quod volo dicere, si potueris. Si enim tu ip[se a te longe es, Deo propinquare unde potes?" In ev. Jn., tract. xxiiv. 10. "Non enim valde longe pergo in exempla, quando de mente tua volo aliquam similitudinem dare ad Deum tuum; quia utique non in corpore, sed in ipsa mente factus est homo ad imaginem Dei. In similitudine sua Deum **quæramus**, in imagine sua Creatorem agnoscamus. Ibi intus, si potuerimus, inveniamus hoc quod dicimus." *Ibid.* "Et ecce intus eras et ego foris et ibi te **quærebam** et in ista formosa, **quæ** fecisti, deformis inruebam. Mecum eras, et tecum non eram." Conf., lib. X., cap. xxvii. 38.

91) "Tu autem eras interior intimo meo et superior summo meo." Conf., lib. III., cap. vi. 11.

92) Cf. De trinitate, lib. X.

93) "Incipit enim deserto Deo amare se, et ad ea diligenda **quæ** sunt extra se, pellitur a se.… Jam vides quia foris es. Amare te coepisti: sta in te, si potes. Quid is foras? … Coepisti diligere quod est extra te, perdidisti te. Cum ergo pergit amor hominis etiam a se ipso ad ea **quæ** foris sunt, incipit cum vanis evanescere, et vires suas quodam modo

prodigus erogare. Exinanitur, effunditur, inops redditur." Sermo XCVI., cap. ii. 2.

94) "Ecce unde ceciderat a se, ceciderat a patre suo: ceciderat a se, ad ea quæ foris sunt exiit a se. Redit ad se et pergit ad patrem, ubi tutissime servet se." *Ibid.*

95) "… non ait Græcus πνεῦμα, quod solet dici Spiritus sanctus, sed πνοήν, quod nomen in creatura quam in Creatore frequentius legitur." De ciu. dei, lib. XIII., cap. xxiv. "Sicut autem nos possumus non de nostra natura, qua homines sumus, sed de isto ære circumfuso, quem spirando ac respirando ducimus ac reddimus, flatum facere cum sufflamus: ita omnipotens Deus *non de sua natura* neque subiacienti creatura, sed etiam de nihilo potuit facere flatum, quem corpori hominis inserendo inspirasse uel insufflasse conuenientissime dictus est, incorporeus incorporeum, sed inmutabilis mutabilem, quia non creatus creatum." *Ibid.*

96) "… attingimus eam modice toto ictu cordis." Conf., lib. IX., cap. x. 24. "… extendimus nos et rapida cogitatione attingimus æternam sapientiam super omnia manentem." *Ibid.*, cap. x. 25.

97) "Ac per hoc et cum in nobis sunt Pater et Filius, vel etiam Spiritus sanctus, *non debemus eos putare naturæ unius esse nobiscum*. Sic itaque sunt in nobis, vel nos in illis, ut illi unum sint in natura sua, nos unum in nostra. Sunt quippe ipsi in nobis, tanquam Deus in templo suo: sumus autem nos in illis, tanquam creatura in Creatore suo." In ev. Jn., tract. cx. 1.

98) 펠라기우스는 특별히 원죄 개념에 대해서 극력 반대한다. 이것은 인간 의지의 자유에 대한 그의 강조와 연관되어 있다. 이것이 그의 전망의 기초개념이라고 말할 수 있다. 어거스틴과 달리 펠라기우스는 의지의 생명을 전체적으로 연관된 것으로 보지 않고 원자론적인 양식으로 간주한다. 그는 의지의 전반적인 태도보다는 고립된 의지의 일회적 행위에 관심을 가진다. 그러므로 죄는 의지의 뒤틀림(perverseness)으로 간주되지 않고 단지 개별적인 죄악된 행위로 간주된다. 그리고 그것은 인간이 매 순간마다 자신의 재량에 맡겨진 선택의 자유 덕분에 선(善)을 위하여 결정함으로써 극복된다. 이 결정도 마찬가지로 개별적인 행위라고 생각되었다.

99) "Quod cum ostendero, profecto manifestius apparebit bene uiuere donum esse diuinum non tantum quia homini deus dedit liberum arbitrium, sine quo nec male nec bene uiuitur, nec tantum quia **præceptum** dedit, quo doceat quemadmodum sit uiuendum.…" De spiritu et lit., cap. v. 7.

100) "Neque scientia **divinæ** legis, neque natura, neque sola remissio peccatorum est illa gratia, **quæ** per Jesum Christum Dominum nostrum datur, sed ipsa facit ut lex impleatur, ut natura liberetur, ne peccatum dominetur." De gratia et lib. arb., cap. xiv. 27.

101) "Venerat autem tempus ut impleretur lex per dilectionem; quia a **Judæis** non poterat impleri per timorem." In ev. Jn., tract. vii. 10. 구약성경에 대하여 어거스틴은 말한다. *ibid.*, tract. iii. 14: "Non erat ista [gratia] in Veteri Testamento, quia Lex minabatur, non opitulabatur; jubebat, non sanabat." 율법은 세상을 사랑하지 말라고 명

령한다. 그리스도는 율법에 매여 있지 않다. 그런데 율법에 매인 인간이 감당하지 않는 것을 율법에 얽매이지 않은 그리스도가 스스로 우리를 위하여 짊어지셨다. "Hæc est gratia, et magna gratia"(이것이 은총 즉 큰 은총이다).

102) "Quod mandatum si fit timore poenæ, non amore iustitiæ, seruiliter fit, non liberaliter et ideo nec fit. Non enim fructus est bonus, qui de caritatis radice non surgit." De spiritu et lit., cap. xiv. 26.

103) Conf., lib. IX., cap. i.

104) De patientia, cap. xviii. 15. "Unde est in hominibus caritas Dei et proximi, nisi ex ipso Deo? Nam si non ex Deo sed ex hominibus, vicerunt Pelagiani: si autem ex Deo, vicimus Pelagianos." De gratia et lib. arb., cap. xviii. 37.

105) 우리는 그러한 견해가 펠라기우스의 제자인 켈레스티우스(Cælestius)에 의하여 주장되었다는 것을 상기할 수 있다. "si anima non potest esse sine peccato, ergo et deus subiacet peccato, cuius pars, hoc est anima, peccato obnoxia est." De gestis Pelagii, cap. xviii. 42.

106) A. Harnack: Lehrbuch der Dogmengeschichte, Bd. III., 4 Aufl., 1910, p. 84: "Die Liebe Gottes wird in Stücken der Seele eingeflösst."

107) Op. cit., p. 84: "그는 그리스도를 통한 은총을(gratia per Christum) 매우 강조하고 그것이 은총의 부분들이나 분할들로 이루어져 있다고 파악했다. 그렇기 때문에 그는 은총이 시작과 중간과 마지막으로서 중요하다고 파악하면서 은총이 객관적인 성격을 가지고 있다는 착각(der Irrwahn ihres dinglichen Charakters)을 확립하는 역할을 수행하였다.

108) Op. cit., p. 88.

109) W. Herrmann: Ethik, 5 Aufl., 1921, p. 96: "어거스틴은 인간의 의식 안에서 결정적인 전환이 어떻게 일으켜지는지에 대해선 우리를 어둠 속에 남겨둔다.… 비록 그렇다 하더라도 어거스틴은 한 개인이 그리스도를 알고 그분의 능력을 경험할 때 그의 마음 속에서 어떻게 새로운 불(fire)이 켜지는가를 서술하지 않는다. 그와 그를 따르는 많은 그리스도인들에게는 은총의 일반적 능력이 존재하고 이것이 그리스도로부터 파생되는 모든 것과 관련된다는 생각으로 충분하였다. 이와같이 그들은 실제로 그들을 도와준 개인적인 삶을 자신들에게 신비한 능력으로 표현하였다."

110) In ev. Jn., tract. xxvi. 4.

111) "Ista revelatio, ipsa est attractio." Ibid., tract. xxvi. 5.

112) "Ramum viridem ostendis ovi, et trahis illam. Nuces puero demonstrantur, et trhitur: et quo currit trahitur, amando trahitur, sine læsione corporis trahitur, cordis vinculo trahitur." Ibid.

113) "Cum ergo longe a nobis esset immortalis et justus, tanquam a mortalibus et peccatoribus, descendit ad nos, ut fieret nobis proximus ille longinquus." Sermo CLXXI., cap. iii. 3. "venit Christ mutare amarem, et de terreno facere vitæ coelestis amatorem." Sermo CCCXLIV. 1.

114) In ev. Jn., tract. xxvi. 4.

115) *Ibid.*, tract. xxvi. 5. "An vero habent corporis sensus voluptates suas, et animus deseritur a voluptatibus suis?" *Ibid.*, tract. xxvi. 4.

116) "Dedit se ipsum quem dileximus: dedit unde diligeremus. Quid enim dedit, unde diligeremus, apertius audite per apostolum Paulum: Caritas, inquit, Dei diffusa est in cordibus nostris. Unde? num forte a nobis? Non. ergo unde? Per Spiritum sanctum qui datus est nobis." Sermo XXXIV., cap. i. 2.

117) "Quia Spiritus sanctus deus est, amemus Deum de Deo." *Ibid.*, cap. ii. 3.

118) "Prorsus donum Dei est diligere Deum.··· diffundit enim caritatem in cordibus nostris amborum Spiritus, per quem Spiritum et Patrem amamus et Filium, et quem spiritum cum Patre amamus et Filio. Amorem itaque nostrum pium quo colimus Deum, fecit Deus." In ev. Jn., tract. cii. 5.

119) Enarr. in Ps. cxliv. 10.

120) "Attendamus ergo gratiam Dei, non solum qua fecit nos, verum etiam qua refecit. Cui ergo debemus quia sumus, illi debemus quia et justificati sumus." *Ibid.*

121) "Ubi audis, gratia, Gratis intellige. Si ergo gratis, nihil tu attulisti, nihil meruisti." *Ibid.*

"Cum promerueris Deum vivendo ex fide, accipies **præmium** immortalitatem, et vitam **æternam**. Et illa gratia est. Nam pro quo merito accipis vitam **æternam**? Pro gratia. Si enim gratia est, et vita **æterna** quasi merces est fide···; sed quia ipsa fides gratia est, et vita **æterna** gratia est pro gratia." In ev. Jn., tract. iii. 9.

122) "Quid ergo? nos bene non operamur? Imo operamur. Sed quomodo? Ipso in nobis operante; quia per fidem locum damus in corde nostro ei qui in nobis et per nos bona operatur." Enarr. in Ps. cxliv. 10.

123) "Per ineffabilem gratiam Verbum caro factum est." In ev. Jn., tract. lxxxii. 4.

124) *Ibid.*, tract. xlix. 5.

125) "Nam **quæ** major gratia Dei nobis potuit illucescere, quam ut habens unigenitum Filium, faceret eum hominis filium, atque ita vicissim hominis filium, faceret Dei Filium? **Quære** meritum, **quære** causam, **quære** justitiam; et vide utrum invenias nisi gratiam." Sermo CLXXXV., cap. iii. 3.

126) "Non obligatio, sed delectatio." In ev. Jn., tract. xxvi. 4. "Nos autem dicimus humanam uoluntatem sic diuintus adiuuari ad faciendam iustitiam, ut **præter** quod creatus est homo cum libero arbitrio **præterque** doctrinam qua ei **præcipitur** quemamodum uiuere debeat accipiat spiritum sanctum, *quo fiat in animo eius delectatio dilectioque summi illius atque incommutabilis boni, quod deus est.*" De spritu et lit., cap. iii. 5. "Per fidem confugiat ad misericordiam dei, ut det quod iubet atque inspirata **gratiæ** suauitate per spiritum sanctum facitat plus delectare quod **præcipit** quam delectat quod inpedit." *Ibid.*, cap. xxix. 41.

127) "Liberum ergo arbitrium euacuamus per gratiam?" Absit, sed magis liberum arbitrium statuimus.⋯ Ac per hoc, sicut lex non euacuatur, sed arbitrium non euacuatur per gratiam sed statuitur, quia gratia sanat uoluntatem, qua iustitia libere diligatur." *Ibid.*, cap. xxx. 52.

128) "하나님의 은총은 반항적인 인간으로부터 의지적인 인간을 만든다." Opus imperfectum contra Julianum, lib. III., cap. cxxii.

129) Sermo CXVI., cap. I. 1: "Non est durum nec grave quod ille imperat, qui adjuvat ut fiat quod imperat.⋯ Quidquid enim durum est in **præceptis**, ut sit lene, caritas facit."

130) "Ut enim on sis homo, ad hoc vocatus es ab illo qui propter te factus est homo.⋯ Deus enim deum te vult facere: non natura, sicut est ille quem genuit: sed dono suo et adoptione." Sermo CLXVI., cap. iv. 4. "Homo propter nos factus, qui nos homines fecit; et assumens hominem Deus, ut homines faceret deos." Sermo CCCXLIV., 1.

131) "Facit [gratia Dei] illi gradus quibus ascendat.⋯ Ergo ascensus in corde tuo sint dispositi a Deo per gratiam ipsius. Amando ascende: inde cantatur Canticum graduum." Enarr. in Ps. lxxxiii. 10. Epist. CIV., iii. 11.

132) "Ut diligeremus, dilecti sumus." Sermo CLXXIV., cap. iv. 4. "**Quæ** merita bona tunc habere poteramus, quando deum non diligebamus? Ut enim acciperemus dilectionem, qua diligeremus, dilecti sumus, cum eam nondum haberemus." De gratia Christi, xxvi. 27.

133) Cf. J. Mausbach: *Die Ethik des heiligen Augustinus*, 2 Aufl., 1929, Bd. I., p. 43: "그러나 어거스틴의 왕성한 정신이 교리를 다룰 때 발견하였던 모든 것이 교회에 의하여 영구적인 획득으로 받아들여진 것은 아니다. 그에게 '은총의 박사'(doctor **gratiæ**)라는 칭호가 수여되었다고 하더라도 그의 은총론과 예정론이 모든 세부 항목까지 가톨릭적 색채를 지녔다고 이해해서는 안된다. 어거스틴은 '많은 언급들 속에서 인간 안에 역사하는 하나님의 은총, 인간의 의지와 능력의 무가치함(nothingness), 및 인간의 죄 가운데 얽매임 등을 (인간 본성의 도덕적 자아의 유지와 양립될 수 있는 것보다 더) 예리하게' 강조한다. '그 결과로 그의 시대와 수백년이 지난 현재에도 너무나 큰 오해와 오류들이 발생했다.' 그리고 이것은 단순히 논쟁적인 주석에서 언어를 예리하게 하는 문제만이 아니고 부분적으로 사상의 일방성과 미숙함의 문제이기도 하다."

134) 이 점에 있어서 아담이 교훈적이다. K. Adam: *Das Wesen des Katholizismus*, 4 Aufl., 1927. 그는 은총을 "사랑의 주입"(infusion)으로 정의(定意)하면서 이것이 인간 안에 새로운 에로스를 불러일으킨다고 거듭 주장한다. "반면에, 가톨릭의 관점에서 은총은 인간의 영혼의 능력들, 그의 이해, 그의 의지, 그의 느낌 등을 일깨우고 호출하여 그것들에게 새로운 에로스로 불을 지르는 생명력(vital force)이다"(p. 197). "그것은 일종의 영원하고 무한한 사랑이 내 안에 넘쳐나는 것이다. 그것은 새로운

에로스, 즉 강력하고 지속적인 새 의지, 새로운 신적 충만함, 거룩한 사랑이다"(p. 198). "사실 그는 어떤 주관적인 표징들과 진실한 자기 평가에 의하여 도덕적 확신을 가지고 자신이 당장 새로운 에로스에 의하여 추진되고 있는지 아닌지, 그래서 그가 사랑의 아이, 즉 하나님의 아이인지 아닌지를 확인할 수 있다(p. 200).

135) "Arborem attendite: ima petit prius, ut sursum ex crescat; figit radicem in humili, ut verticem tendat ad coelum. Numquid nititur nisi ab humilitate? tu autem since caritate vis excelsa comprehendere; since radice auras petis?" Sermo CXVII. 17.

136) "Nam quis non velit ire ad exaltationem? Omnes delectat celsitudo: sed humilitas gradus est.⋯ Dominus autem ostendit gradum." Sermo XCVI., cap. iii. 3.

137) "Vis capere celsitudinem Dei? Cape prius humilitatem Dei.⋯ Cape ergo humilitatem Christi, disce humilis esse.⋯ Cum ceperis humilitatem ejus, surgis cum illo." Sermo CXVII. 17. 상승과 하강을 위해선 Enarr. in Ps. cxix. 2를 보시오.

138) Conf., lib. IV., cap. xii. 19. "네가 올라가기 위해선, 즉 하나님께 상승하기 위해선 내려가라."

139) "Fecerunt itaque ciuitates duas amores duo, terrenam scilicet amor sui usque ad contemtum Dei, **cælestem** uero amor Dei usque ad contemtum sui." De ciu. dei, lib. XIV., cap. xxviii. "In hac [ciuitate Dei] autem nulla est hoiminis sapientia nisi pietas, qua recte colitur uerus Deus, id expectans **præmium** in societate sanctorum non solum hominum, uerum etiam angelorum, ut sit Deus omnia in omnibus." *Ibid. "Profecto ista est magna differentia, qua ciuitas, unde loquimur, utraque discernitur, una scilicet societas piorum hominum, altera inpioru, singula quæque cum angelis ad se pertinentibus, in quibus præcessit hac amor Dei, hac amor sui."* de ciu. dei, lib. XIV., cap. xiii.

140) De ciu. dei, lib. XII., cap. i. "모든 본질들(essences)의 조물주요 창조주."

141) "Beatitudinis igitur illorum causa est **adhærere Deo**." *Ibid.*

142) "Alii sua potestate potius delectati, uelut bonum suum sibi ipsi essent, a superiore communi omnium beatifico bono ad propria defluxerunt." *Ibid. "Proinde causa beatitudinis angelorum bonorum ea uerissima reperitur, quod ei adhærent qui summe est. Cum uero causa miseriæ malorum angelorum quæritur, ea merito occurrit, quod ab illo, qui summe est, auersi ad se ipsos conuersi sunt, qui non summe sunt: et hoc uitium quid aliud quam superbia nuncupetur." Ibid.,* lib. XII., cap. vi. Cf. De vera rel, cap. xiii. 26.

143) De ciu. dei, lib. XII., cap. ix.

144) "Hinc enim et delectauit quod dictum est: Eritis sicut di. Quod melius esse possent summo ueroque principio **cohærendo** per oboedientiam, non solum sibi existendo principium per superbiam." *Ibid.,* lib. XIV., cap. xiii.

145) "Vitiorum omnium humanorum causa superbia est." De peccatorum merit. et remiss., lib. II., cap. xvii. 27. Cf. De trinitate, lib. XII., cap. ix. 14. De natura et gratia, cap. xxix. 33.

146) Cf. 본서 p. 503.

147) "Quid est enim dicentes se esse sapientes, nisi a se habere, sibi sufficere? Stulti facti sunt: merito stulti." Sermo CL., cap. viii. 9.

148) "Inanescunt qui placent sibi de se." Conf. lib. X., cap. xxxix. 64.

149) Sermo XCVI., cap. ii. 2.

150) "Incipit enim deserto Deo amare se, et ad ea diligenda **quæ** sunt extrase, pellitur a se.··· Jam vides quia foris es. Amare te coepisti: sta in te, si potes.··· Coepisti diligere quod est extra te, perdidisti te. Cum ergo pergit amor hominis etiam a se ipso ad ea **quæ** foris sunt, incipit cum vanis evangescere." *Ibid.*

151) 이렇게 하나님 사랑(amor Dei)과 자기 사랑(amor sui)이 서로 절대적으로 대립되는 것과 자기 사랑(amor sui)을 만악의 근원으로 묘사하는 것은 자연히 그 대립이 카리타스(Caritas)와 쿠피디타스(Cupiditas) 사이의 대립과 어떤 관계를 가지는지를 질문하도록 만든다. 왜냐하면 어거스틴은 쿠피디타스에 대하여 말할 때 그것이 "만악의 근원"(radix omnium malorum)이라고 말하기 때문이다(cf. 본서 p. 483 주 3). 사실상 두 경우들 모두 동일한 대립관계를 지니고 있다. 그 대립은 여기서 한 단계 후퇴하여 취해진다. 하나님 사랑(amor Dei) 또는 카리타스의 근본적인 반대는 자기 사랑(amor sui)이다. 그러나 하나님으로부터 돌아선 사람은 그 자신 안에 남아 있을 수 없기 때문에 자신을 일탈하여 일시적인 것에 이끌려져서 쿠피디타스 안에 빠지게 된다. 그러나 만악의 가장 심오한 근원, 그 근본 원천은 자기 사랑이며 또한 계속 그러하다. "Hæc omnia mala ab eo velut fonte manant, quod primum p[osuit, seipsos amantes." In ev. Jn., tract. cxxiii. 5.

152) "Arbitror tamen satis nos iam fecisse magnis et difficillimis **quædstionibus** de initio uel mundi uel **animæ** uel ipsius generis humani, quod in duo genera distribuimus, unum eorum, qui *secundum hominem*, alterum eorum, qui *secundum Deum* uiuu서; quas etiam mystice appellamus *ciuitates duas, hoc est duas societates hominum, quarum est una **quæprædestinata** est in æternaum regnare cum Deo, altera æternum supplicium subire cum diabolo."* De ciu. dei, lib. XV., cap. i. *"Homo ita factus est rectus, ut non secundum se ipsum, sed secundum eum, a quo factus est, uiueret, id est illius potius quam suam faceret uoluntatem."* Ibid., lib. XIV., cap. iv. Cf. "Quid sit secundum hominem, quid autem secundum Deum uiuere."라는 제목을 달고 있는 이 장(章) 전체를 참고하시오.

153) 영혼을 죄 가운데로 끌어내리는 것은 썩게 될 육신이 아니다. 죄악된 영혼이 육신을 썩게 만드는 것이다. "Verum tamen qui omnia mala **animæ** ex corpore putant accidisse, in errore sunt.··· Tamen aliter se habet fides nostra. Nam corruptio corporis, **quæ** adgrauat animam, non peccati primi est causa, sed poena: nec caro corruptibilis animam peccatricem, sed anima peccatrix fecit esse corruptibilem carnem." De ciu. dei, lib. XIV., cap. iii.

여기에서 "全人"(totus-homo)관이 출발한다. 어거스틴이 인용한 지혜서 9장 15절에도 불구하고, 이것은 플라톤 이론에 대한 의식적인 반대 속에서 나타난다. 우리는 "육신"을 죄의 원인이라고 여겨서는 안되고 "인간의 보편적인 본성"(universa hominis natura)을 고려하여야만 한다(*ibid.*). 구원도 전인에 관계된다. Cf. 신플라톤주 의자인 포르피리(Porphyry)에 반대하는 어거스틴의 논증을 참고하시오. De ciu. dei, lib. X., cap. xxxii.: "Hæc uia *totum hominem* mundat et immortalitati mortalem ex omnibus quibus constat partibus **præparat**."

154) "Non enim habendo carnem, quam non habet diabolus, sed uiuendo secundum se ipsum, hoc est secundum hominem, factus est homo similis diabolo: quia et ille secundum se ipsum uiuere uoluit, quando in ueritate non stetit." De ciu. dei, lib. XIV., cap. iii.

155) 간혹 루터에게선 죄가 불신앙이거나 자기중심성(egocentricy)이고 어거스틴에 게선 교만(superbia)이라고 말해진다. 이것은 매우 정확하다. 그러나 그것은 교만이 자기 사랑, 즉 자기중심성인양 오해시키는 것이다. 인간은 자신의 중심, 즉 자신의 선을 하나님 안에 가져야만 한다. 그러나 교만 안에서 그의 중심은 자기 자신 안에 있다. 반면에 두 경우에 있어서 "자기중심성"은 매우 다른 의미를 가지는 것이 분명 하다.

156) "Vis audire unde diligas te? Ex hoc diligis te, quia Deum diligis ex toto te. Putas enim Deo proficere, quod diligis Deum? et quia diligis Deum, Deo aliquid acedit? et si tu non diligas, minus habebit? Cum diligis, tu proficis: tu ibi eris, ubi non peris. Sed respondebis, et dices, Quando enim non dilexi me? Prorsus non diligebas te, quando Deum non diligebas, qui fecit te. Sed cum odisses te, putabas quod amares te. Qui enim diligit iniquitatem, odit animama suam." Sermo XXXIV., cap. v. 8.

157) "Si non diligit Deum, non diligit seipsum." In ev. Jn., tract. lxxxvii. 1. "Quid autem eligamus, quod **præcipue** diligamus, nisi quo nihil melius inuenimus? Hoc Deus est, cui si aliquid diligendo uel **præponimus** uel æquamus, *nos ipsos diligere nescimus.* Tanto enim nobis melius est, quanto magis in illum imus, quo nihil melius est." Epist. CLV., iv. 13. "… si nosmet ipsos diligere illum diligendo iam nouimus." *Ibid.,* iv. 14. "Uidelicet ut intellegeretur nullam esse aliam dilectionem, qua quisque diligit se ipsum, nisi quod diligit deum. Qui enim aliter se diligit, potius se odisse dicendus est." *Ibid., iv. 15.* "Nisis diligat deum, nemo diligit se ipsum." Epist. CLXXVIII. 10. "Qui ergo se diligere novit, Deum diligit: qui vero non diligit Deum, etiam si se diligit, quod ei naturaliter inditum est, tamen non inconvenienter odisse se dicitur, cum id agit quod sibi adversatur, et se ipsum tanquam suus inimicus insequitur." De trinitate, lib. XIV., cap. xxiv. 18. "Vero solus se novit diligere, qui Deum diligit." De mor. eccl. cath., lib. I., cap. xxvi. 48.

158) "Nos autem ipsos tanto magis diligimus, quanto magis diligimus Deum." De trinitate, lib. VIII., cap. viii. 12.

159) "Ut se quisque diligat, **præcepto** non opus est." De doct. christiana, lib. I., cap. xxxv. 39. "Ergo, quoniam **præcepto** non opus est ut se quisque et corpus suum diligat,

id est, quoniam id quod sumus, et id quod infra nos est, ad nos tamen pertinet, inconcussa *naturaelege diligimus*, **quæ** in bestias etiam promulgata est; restabat ut de illo quod *supra* nos est, et de illo quod juxta nos est, **præcepta** sumeremus." *Ibid.*, cap. xxvi. 27.

160) "Non enim fieri potest ut seipsum, qui Deum diligit, non diligat: imo vero solus se novit diligere, qui Deum diligit. Siquidem ille se satis diligit, qui sedulo agit, ut summo et vero perfruatur bono: quod si nihil est aliud quam Deus, sicut ea **quæ** dicta sunt docuerunt, quis cunctari potest, quin sese amet, qui amator est Dei." De mor. eccl. cath., li. I., cap. xxvi. 48. "In eo quippe nosmet ipsos diligimus, si deum diligimus." Epist. CXXX. vii. 14.

161) "Quia igitur nemo nisi deum diligendo diligit se ipsum, non opus erat, ut dato de dei dilectione **præcepto** etiam se ipsum homo diliigere iuberetur, cum in eo diligat se ipsum, quod diligit deum." Epist. CLV. iv. 15. "Se autem spiritualiter diligit, qui ex toto, quod in eo vivit, Deum diligit." De vera rel, cap. xii. 24. "Quis autem diligit anima suam? Qui diligit Deum ex toto corde suo, et ex tota mente sua." Sermo XC. 6.

162) "Cum dictum est, Diliges proximum tuum tanquam teipsum, simul et tui abs te dilectio non **prætermissa est.**" de doct. christiana, lib. I., cap. xxvi. 17. "Iam uero quia duo **præcipua præcepta**, hoc est dilectionem Dei et dilectionem proximi, docet magister Deus, in quibus tria inuenit homo **quæ** diligat, Deum, se ipsum et proximum, adque ille in se diligendo non errat, qui Deum diligit: consequens est, ut etiam proximo ad diligendum Deum consulatk quem iubetur sicut se ipsum diligere." De ciu. dei. lib. XIX., cap. xiv. "Qui enim non diligit Deum, quomodo diligit proximum tanquam seipsum: quandoquidem non diligit et seipsum?" In ev. Jn., tract. lxxxiii. 3. "Prius vide, si jam nosti diligere te ipsum." Sermo CXXVIII., cap. iii. 5.

163) "Sic itaque condita est mens humana, ut ⋯ nunquam se non diligat." De trinitate, lib. XIV., cap. xiv. 18.

164) "Jam enim se non diligit perverse, sed recte, cum Deum diligit. " *Ibid.*

165) "Ut enim homo se diligere nosset, constitutus est ei finis, quo referret beatus. Hic autem finis est **adhærere Deo.**" De ciu. dei, lib. X., cap. iii. "diligite Dominum, et ibi discite diligere vos." Sermo XC. 6.

166) "Qui autem se propter habendum Deum diligu서, ipsi se diligunt: ergo ut se diligant, Deum diligunt." In ev. Jn., tract. lxxxiii. 3.

167) "Reversus ad semetipsum, ut non remaneret in semetipso, quod dixit? Surgam, et ibo ad patrem meum. Ecce unde ceciderat a se, ceciderat a patre suo: ceciderat a se, ad ea **quæ** foris sunt exiit a se. Redis ad se, et pergit ad patrem, ubi tutissime servet se." Sermo XCVI., cap. ii.

168) 어거스틴의 삼위일체론 전반을 보려면 쉬마우스의 저서를 참고하시오. M. Schmaus: *Die psychologische Trinitätslehre des hl. Augustinus* (**Münsterische Beiträge**

zur Theologie hrsg. von F. Diekamp und R. Stapper, H. 11), 1927. 어거스틴의 삼위일체 개념에는 사랑의 문제가 매우 중요하며 이 요점에 관한 그의 사상은 많은 미해결문제들을 담고 있기 때문에, 어거스틴의 "사랑과 삼위일체"에 대한 특별한 연구가 매우 바람직하다.

169) "Amor autem alicujus amantis est, et amore aliquid amtur. Ecce tria sunt; amans, et quod amatur, et amor. Quid est ergo amor, nisi **quaædm** vita duo aliqua copulans, vel copulare appetens, amantem scilicet, et quod amtur?" De trinitate, lib. VIII., cap. x. 14.

170) "Sed ubi ventum est ad caritatem, **quæ** in sancta Scriptura Deus dicta est, eluxit paululum Trinitas, id est, amans, et quod amatur, et amor." *Ibid.*, lib. XV., cap. vi. 10.

171) Cf. De trinitate, lib. IX., cap. ii.

172) "quid, si non amem nisi me ipsum? nonne duo erunt; quod amo, et amor? Amans enim et quod amatur, hoc idem est, quando se ipse amat: sicut amare et amari, eodem modo idipsum est, cum se quisque amat. Eadem quippe res bis dicitur, cum dicitur, amat se, et amatur a se." *Ibid.*

173) "Quid est autem amare se, nisi sibi **præsto** esse velle ad fruendum se." *Ibid.*

174) In ev. Jn., tract. cxxiii. 5. Cf. 병행하는 논증이 De ciu. dei, lib. XIV., cap. xiii.: "bonum est enim sursum habere cor; non tamen ad se ipsum, quod est **superbiæ**, sed ad Dominum, quod est **oboedientiæ**, **quæ** nisi humilium non potest esse. Est igitur aliquid humilitatis *miro modo* quod sursum faciat cor, et est aliquid elationis quod deorsum faciat cor. Hoc quidem *quasi contrarium uidetur*, ut elatio sit deorsum et humilitas sursum. Sed pia humilitas facit subditum superiori; nihil est autem superius Deo; et ideo exaltat humilitas, quae facit subditum Deo. Elatio autem, **quæ** in uitio est, eo ipso respuit subjectionem et cadit ab illo, quo non est quidquam superius, et ex hoc erit inferius.··· Ipsum quippe extolli iam deici est."

175) 바울은 "사랑은 자기 자신의 것을 추구하지 않는다."(caritas non **quæ** it **quæ** sua sunt)고 말했다. 어거스틴은 이 말을 "[사랑은] 이생에서 자신의 것을 추구하지 않는다."(non sua **quærit** *in hac vita.*)고 해석했다. Enarr. in Ps. cxxi. 12. 어거스틴은 이 조건에 의하여 바울조차도 모든 사람은 궁극적으로 그 자신의 것을 추구한다는 것에 동의하도록 만든다.

176) 카리타스 안에서 나는 내 자신의 선(=amor sui 1)을 추구한다. 그러나 나는 그것을 내 자신(=amor sui 2)이 아니라 하나님(=amor Dei) 안에서 추구한다. 우리가 자기사랑(amor sui)의 두 종류들의 구분을 앞에서 인용한 (어거스틴이 "설명불가한 것"(inexplicabilis)으로 생각했던) 구절에 적용한다면, 그것은 매우 분명해진다. "왜냐하면 설명할 수 없는 방식으로 하나님이 아닌 자신을 사랑(amor sui 2)하는 자는 사실 자신을 사랑(amor sui 1)하지 않기 때문이다. 누구든지 하나님을 사랑(amor Dei)하고 자신을 사랑(amor sui 1)하지 않는 자는 자기 자신을 사랑(amor sui 1)한다. 스스로 살 수 없는 자가 자신을 사랑(amor sui 2)하면 반드시 죽을 것이다. 결과적으

로 생명을 잃기까지 자신을 사랑(amor sui 2)하는 자는 자신을 사랑(amor sui 1)하는 것이 아니다. 그러나 누군가가 자신의 삶의 기준인 그분을 사랑(amor Dei)할 때, 그는 자신을 사랑(amor sui 2)하지 않음으로써 [자신을] 더욱 더 사랑한다(amor sui 1). 왜냐하면 그는 그분을 사랑(amor Die)하기 위하여 자신을 사랑(amor sui 2)하는 것을 그치기 때문이다. 자기 사랑(amor sui)이 하나님 사랑(amor Dei)과 일치할 때, 그것은 항상 자기 사랑 1(amor sui 1)의 문제이다. 그것이 하나님 사랑(amor Dei)에 반대될 때, 그것은 자기 사랑 2(amor sui 2)의 문제이다.

177) Cf. 본서 pp. 527 f.

178) "si amas, gratis ama: si vere amas, ipse sit mercedes quem amas." Sermo CLXV., cap. iv. 4. "Si gratiam ideo tibi dedit Deus, quia gratis dedit, gratis ama. Noli ad **præmium** diligere Deum; ipse sit **præmium** tuum." In ev. Jn., tract. iii. 21. "Quid est gratuitum? Ipse propter se, non propter aliud. Si enim laudas Deum ut det tibi aliquid aliud, jam non gratis amas Deum." Enarr. in Ps. liii. 10. "··· ut simul colatis et diligatis Deum gratis: quia totum **præmium** nostrum ipse erit, ut in illa vita bonitate ejus et pulchritudine perfruamur." De catechiz. rud., cap. xxvii. 55. "Primo amare Deum gratis: **hæc** est enim pietas: nec sibi extra illum ponere mercedem, quam exspectet ex illo. Illo enim melius est nihil. Et quid carum petit a Deo, cui Deus ipse vilis est? ··· Gratis ergo amandus est Deus." Sermo XCI., cap. iii. 3. "Nullo modo merces **quæreretur** ab eo qui gratis amtur, nisi merces esset ipse qui amatur." Sermo CCCXL. 1. "Hoc est Deum gratis amare, de Deo Deum sperare, de Deo properare impleri, de ipso satiari. Ipse enim sufficit tibi: **præter** illum nihil sufficit tibi. Novereat hoc Phillippus, quando dicebat: Domine, ostende nobis Patrem, et sufficit nobis." Sermo CCCXXXIV. 3. "Hoc est gratis amare, non quasi proposita acceptione mercedis: quia ipsa merces tua summa Deus ipse erit, quem gratis diligis: et sic amare debes, ut ipsum pro mercede desiderare non desinas, qui solus te satiet; sicut Philippus desiderabat, cum diceret, Ostende, etc." Enarr. in Ps. cxxiv. 11. "Nolite aliquid a Deo **quærere**: nisi Deum. Gratis amate, se solum ab illo desiderate. Nolite timere inopiam: dat se ipsum nobis, et sufficit nobis. Philippum apostolum audite in Evangelio: Domine, ostende nobis Patrem, et sufficit nobis." Sermo CCCXXXI., cap. v. 4.

179) "Sic diligunt justi, hoc est gratis, ut alia **præter** illum non exspectent bona, quoniam ipse erit in omnibus omnia." In ev. Jn., tract. xci. 4.

180) "··· perducturus eos ad illum finem qui sufficiat eis, ubi satietur in bonis desiderium eorum, tunc enim aliquid desiderio non deerit, quando omnia in omnibus Deus erit." In ev. Jn., tract. lxv. 1. "Quando ergo erit quod Apostolus dicit in fine, ut sit Deus omnia in omnibus,··· Ipsum enim debes gratis amare, qui ipse te poterit pro rebus omnibus satiare." Sermo CCCXXXIV. 3.

181) De ciu. dei, lib. XIV., cap. vii.에서 카리타스는 "amare Deum et ··· secundum Deum amare proximum, sicut etiam se ipsum"으로 묘사된다.

182) "Ex una igitur eademque caritate Deum proximumque diligimus: sed Deum propter Deum, nos autem et proximum propter Deum." De trinitate, lib. VIII., cap. viii. 12. "Deum igitur diligimus per se ipsum et nos ac proximos propter ipsum." Epist. CXXX., vii. 14. "Ipsum amemus propter ipsum, et nos in ipso, tamen propter ipsum." Sermo CCCXXXVI., cap. ii. 2. "… diligendum esse Deum propter Deum, et proximum propter Deum." De doct. christiana, lib. II., cap. vii. 10. "Ipso solo sic delectabimur, ut nihil aliud requiramus; quia et in uno ipso fruemur, et in nobis invicem ipso fruemur. … Quid aliud in nobis quam Deum debemus diligere." Sermo CCLV., cap. vii. 7.

183) 자기사랑 1(amor sui 1)과 자기사랑 3(amor sui 3) 사이의 차이점은 분명하다. 전자는 그것이 실현시킬 수 있는 가능성들의 하나로서 하나님 사랑(amor Dei)을 포함하는 포괄적인 사랑이라면, 자기사랑 3(amor sui 3)은 반대로 하나님 사랑(amor Dei) 안에 특별한 경우로 포함된다. 그러나 자기사랑 2(amor sui 2)와 자기사랑 3(amor sui 3)의 차이점도 그에 못지 않게 분명하다. 이 둘은 모두 사랑의 대상에 관한 것이다. 그러나 자기사랑 2(amor sui 2)는 하나님 사랑(amor Dei)과 경쟁하는 잘못된 사랑을 나타낸다. 반면에 자기사랑 3(amor sui 3)은 이용-향유(Uti-Frui) 도식에 입각하면 하나님 사랑(amor Dei)의 항목에 놓일 수 있는 올바른 사랑을 나타낸다.

184) Cf. 본서 pp. 218 ff.

185) In ev. Jn., tract. lxv. 2. Cf. De fide et operibus, cap. x. 16; cap. xiii. 20; cap. xiv. 25.

186) In ev. Jn., tract. lxv. 2.

187) "Et dilectio ista temporalis est.… Magis enim est inhumanum, non amare in homine quod homo est, sed amare quod filius est: hoc est enim non in eo amare illud quod ad Deum pertinet, sed amare illud quod ad se pertinet." De vera rel, cap. xlvi. 88.

188) "Quapropter, cur iste non invictus sit hominem diligendo, cum in eo nihil **præter** hominem diligat, id est creaturam Dei ad djus imaginem factam, nec ei possit deesse perfecta natura quam diligit, cum ipse perfectus est?" *Ibid.*, cap. xlvii. 90.

189) "Omnes ama; quoniam nescis quid cras futurus sit qui hodie malus est." de catechiz. rud., cap. xxvii. 55. "Sapientem animam atque perfectam talem diligat, qualem illam videt: stultam non talem, sed quia esse perfecta et sapiens potest." De vera rel, cap. xlviii. 93.

190) "Regulam diligendi oximum a semet ipso dilector accepit." De ciu. dei, lib. I., cap. xx.

191) "Qui enim vult ordinate dare eleemosynam, a se ipso debet incipere, et eam sibi primum dare.… Quod judicium et caritatem Dei cum **Pharisæi præterirent** … et ideo non dabant ellemosynas a se incipiente, ssecumque prius misericordiam facientes. Propter quem dilectioniss ordinem dictum est, Diliges proximum tuum tanquam te ipsum." Enchiridion, cap. lxxvi. 20. "Prius vide, si jam nosti diligere te ipsum; et committo tibi proximum, quem diliga sicut te ipsum."

192) "Sic te dilige, et dilige proximum tanquam te ipum." De diciplina christiana, cap. v. 5.

193) "Propinquior est tibi frater quam necio quis homo.… Extende dilectionem in proximos, nec voces illam extensionem. Prope enim te diligis, qui eos diligis qui tibi **adhærent**. Extende ad ignoto, qui tibi nihil mali fecerunt. Transcende et ipsos: perveni, ut diligas iminicos." In ep. Jn. ad Parthos, tract. viii. 4.

194) 어거스틴 안에 비동기적 사랑이 있을 수 없는 궁극적 이유는 그가 획득적 (acquisitive)이지 않은 사랑을 전혀 모른다는 점이다. 어거스틴의 단 하나의 양자택일은 이용(Uti)과 향유(Frui)이다. 오직 하나님만이 "향유"되어야(enjoyed) 한다. 그러므로 하나님과 비교하여 우리 이웃은 다른 모든 피조물처럼 "이용"(use)의 대상이 되어야 한다. 그러나 우리는 인간을 다른 창조와 비교함으로써 이용(Uti)과 향유 (Frui)의 구분을 상대적인 의미에서나마 다시 적용할 수 있다. 우리는 물질적 창조를 "이용"하기만 해야 한다. 우리는 오직 "하나님 안에서" 상대적인 방식으로만 우리 자신과 이웃들을 "향유"할 수 있다. Cf. De trinitate, lib. IX., cap. viii. 13: "Cum ergo aut par nobis, aut inferior creatura sit, inferiore utendum est ad Deum; pari autem fruendum, sed in Deo. Sicut enim te ipso, non in te ipso frui debes, sed in eo qui fecit te: sic etiam illo quem diligis tanquam te ipsum. Et nobis ergo et fratribus in Domino fruamur."

195) Enchiridion, cap. lxxii. 19: "Multa itaque genera sunt eleemosynarum, **quæ** cum facimus, adjuvamur ut dimittantur nostra peccata." 이웃 사랑과 속죄로서의 자선행위에 관해선 다음을 참고하시오. Cf. 본서 pp. 256 과 268.

196) "Sed ea nihil est majus, qua ex corde dimittimus, quod in nos quisque peccavit.… Multo grandius et **magnificentissimæ** bonitatis est, ut tuum quoque inimicum diligas." enchir., cap. lxxxiii. 19. 원수 사랑에 대해선 다음을 보시오. Sermo LVI., cap. x. f.

197) "Diligendo proximum, et curam hanbendo de proximo tuo, iter agis, Quo iter agis, nisi ad Dominum Deum, ad eum quem diligere debemus ex toto corde ex tota anima, ex tota mente? Ad Dominum enim nondum pervenimus, sed proxim,um nobiscum habemus. Porta ergo eum, cum quo ambulas; ut ad eum pervenias, cum quo manere desideras. " In ev. Jn., tract. xvii. 9.

198) "A dilectione autem proximi tanta quanta **præcipitur**, *certissimus gradus* fit nobis, ut **inhæreamus** Deo." De musica, lib. VI., cap. xiv. 46. "… ut *nullus certior gradus ad amorem Dei* fieri posse credatur, quam hominis erga hominem caritas." De mor. eccl. cath., lib. I., cap. xxvi. 48. "Ista sunt quasi cunabula caritatis Dei, quibus diligimus proximum; ut quoniam dilectio proximi malum non operatur, hic ad illud *ascendamus* quod dictum est, Scimus quoniam diligentibus Deum omnia procedunt bonum." *Ibid.*, cap. xxvi. 50. 바울은 로마서 8장 28절에서 "하나님을 사랑하는 이들에게는 모든 것이 합력하여 선을 이루느니라."고 말했다. 어거스틴에 따르면, 이 말은 모든 것(과 여기선 일차적으로 이웃 사랑)이 그들이 자신들의 "선"(bonum), 즉 '하나님을 보고

향유하는 것'(vision and enjoyment of God)을 얻는 수단으로 기능한다는 것을 의미한다. 우리는 또한 앞에서 De doct. christiana, lib. II., cap. vii.로부터 인용한 구절을 상기할 수 있다. 거기선 자기 이웃과 원수에 대한 사랑이 미덕의 사닥다리의 다섯번째 고리를 차지하며 하나님을 보는 것(vision of God)의 준비단계이다.

199) "Nos vero invicem nostri miseremur, ut illo perfruamur." De doct. christiana, lib. I., cap. xxx. 33.

200) "Iam igitur scienti diligere se ipsum, cum mandatur de proximo diligendo icut se ipsum, quid aliud mandatur, nisi ut ei, quantum potest, commendet diligendum Deum?" De ciu. dei, lib. X., cap. iii. "In eo quippe nosmet ipsos diligimus, si deum diligimus, et ex alio praecepto proximus nostros sicut nosmet ipsos ita uere diligimus, si eos ad dei similem dilectionem, quantum in nobis est, perducamus." Epist. CXXX., vii. 14.

201) "Quia … ille in se diligendo non errat, qui Deum diligit: consequens est, ut etiam proximo ad diligendum Deum consulat, quem iubetur, sicut se ipsum diligere." De ciu. dei, lib. XIX., cap. xiv. "Ea autem est regula dilectionis, ut quae sibi vult bona provenire, et illi velit." De vera rel., cap. xlvi., 87.

202) "Te autem ipsum salubriter diligis, si plus quam te diligis Deum. Quod ergo agis tecum, id agendum cum proximo est: hoc est, ut ipse etiam perfecto amore diligat Deum. Non enim eum diligis tanquam teipsum, si non ad id bonum ad quod ipse tendis, adducere satagis. Illud est enim unum bonum, quod omnibus tecum tendentibus non fit angustum." De mor. eccl. cath., lib. I., cap. xxvi. 49.

203) "Ipse enim fons nostrae beatitudinis, ipse omnis adpetitionis est finis.… ad hoc bonum debemus et a quibus diligimur duci, et quos diligimus ducere." De ciu. dei, lib. X., cap. iii.

204) De doct. christiana, lib. I., cap. xxix. 30.에서 어거스틴은 직유(simile)를 사용한다. 그 사람은 어떤 배우의 기교를 평가하고 모든 이들도 그 배우를 사랑해주길 바란다.

205) De lib. ar., lib. II., cap. xix. 52 f.

206) 어거스틴의 삼위일체 개념의 기초로서 "amor sui"에 대하여 앞에서 언급한 내용을 참고하시오.

207) "displicentes amati sumus, ut esset in nobis unde placeremus." In ev. Jn., tract. cii. 5.

208) "Quapropter incomprehensibilis est dilectio qua diligit Deus, neque mutabilis." In ev. Jn., tract. cx. 6.

209) Ibid.

210) Ibid.: "Proinde miro et divino modo et quando nos oderat, diligebat."

211) Conf., lib. X., cap. xxxxiii. 69.

212) De doct. christiana, lib. I., cap. xxxi. 34.

213) "Si neque fruitur neque utitur, non invenio quemadmodum diligat." Ibid.

214) In ev. Jn., tract. xlix. 5.

215) In ev. Jn., tract. lxv. 5.

216) 이것에 대한 주요구절은 De ciu. dei, lib. XIV., cap. vii.에 있다.

217) "… quae usitatius in scripturis santis *caritas* appellatur; sed *amor* quoque secundum easdem sacras litteras dicitur." *Ibid.* "Unde intellegimus, quod etiam cum dicebat Dominus: *Diligis me?* nihil aliud dicebat quam: *Amas me?*" *Ibid.*

218) "Sed scriptura religionis nostrae, quarum auctoritatem ceteri omnibus litteris anteponimus, non aliud dicere amorem, aliud dilectionem uel caritatem, insinuandum fuit." *Ibid.* 어거스틴의 주요 관심사는 분명히 기독교적 의미의 사랑을 묘사하는 "사랑" (amor)의 여지를 발견하는 것인다. 아모르(amor, 사랑)와 딜렉티오(dilectio, 애정) 사이의 구분을 제거하려는 욕망에서 그는 때때로 기독교적 관점에서 거부될 수 있는 사랑에도 딜렉티오(dilectio = ἀγάπη)가 사용될 수 있다는 것을 보여주려고 하였다. 그러므로 그는 요한일서 2장 15절에 간절히 매달린다. 거기선 세상 사랑과 하나님 사랑이 대비되었으며, 두 경우에 모두 동일한 단어인 딜렉티오(dilectio)가 사용되었다. 이것에 관하여 그는 주석하기를, "Ecce uno loco dilectio et in bono et in malo."(자 한 장소에서 선과 악에 모두 딜렉티오가 있는 것을 보시오.) *Ibid.* 요한일서 2장 15절에 대해선 본서 pp. 158 f.를 보시오.

219) "Hoc propterea commemorandum putaui, quia nonnulli arbitrantur aliud esse dilectionem siue caritatem, aliud amorem. Dicunt enim dilectionem accipiendam esse in bono, amorem in malo."

220) Cf. 니사의 그레고리가 에로스와 아가페를 동일시하는 이유도 유사하다. 본서 p. 448.

221) "Uiderint philosophi utrum uel qua rtione ista discernant; amorem tamen eos in bonis rsebus et erga ipsum Deum magni pendere, libri eorum satis loquuntur." De ciu. dei, lib. XIV., cap. vii.

제28장

어거스틴, 중세, 종교개혁

어거스틴의 사상은 특이한 운명을 겪었다. 어거스틴은 그의 동시대인들과 후대인들에게 있어서 이단에 대항하는 교회의 위대한 보호자로 여겨졌다. 그는 자신의 이름을 교회의 위대한 교사로 만들었다. 그리고 그는 부분적으론 펠라기우스주의(Pelagianism)에 반대하여 전개한 자신의 죄론과 은총론을 통하여 또한 부분적으론 도나투스파(Donatist) 논쟁에서 출발하여 자신의 역작인 「하나님의 도성」(*De civitate Dei*)에서 보편적인 역사이론으로 확장된 그의 공동체론과 교회론을 통하여 후속하는 교리의 발전에서 중심적인 위치를 차지하였다. 그러나 그의 관점은 결과적으로 이 두 측면에서 성공하지 못하였다. 그의 은총과 예정의 신학의 본질적인 국면들은 중세신학에 의해서 직접적으로 거부되었다. 중세교회가 세계제국 안에서 선포한 것은 어거스틴의 정신이 아니었다.

그러나 실제로 어거스틴에게 더욱 중요했던 다른 논점에서는 그의 관점이 가톨릭의 영성의 유형을 인봉했다. 그것은 기독교의 사랑 개념에 관한 것이다. 여기에는 기독교의 고유성에 대한 그의 인식을 예리하게 하는 논쟁이 하나도 없다. 그의 이론적 구조의 자료들은 다양한 원천에서 온 것들이다. 그는 신플라톤주의의 에로스의 형태로 사랑을 발견하였다. 그 에로스는 영혼이 자신의 천상적 기원을 그리워하는 향수이며, 모든 무상함을 초월한 세계를 향한 그 영혼의 용감한 飛行(flight)이다. 그 세계에는 그것의 모든 동경과 욕망이 온전한 만족에 이른다. 그리고 거기에서 그것의 투쟁은 영원히 안식하게 된다. 또한 그는 기독교의 사랑의 계명과 그리스도의 humilitas(겸손)에서 사랑을 발견했다. 그의 사상 안에서 이 둘이 하나가 된다. 신플라톤주의와 기독교가 사랑 개념에서 만나는 것처럼 보인다는 사실은 그로 하여금 전체 기독교를 사랑의 범주 아래 포함하도록 권면했다. 실제로 어거스틴의 사랑 개념이 중세교회에서 유행하였다. 그리고 중세교회의 사랑 개념은 동일한 결합 속에 동일한 요소들을 포함하였다. 주로 후밀리타스(humilitas)의 형태로 제시된 아가페 사랑과 에로스 사랑을 통합하려는 어거스틴의 시도는 중세신비주의의 이상들(ideals)과 스콜라주의적 사랑 이론에 있는 동일한 정신으로 물들어 있음이 발견되었다.

개신교 교의사가들은 바울, 어거스틴, 및 루터가 중단없는 승계를 형성했다고 공통적으로 주장했다. 이 견해에 대한 약간의 지지가 있다. 바울은 초대교회의 그 누구보다 어거스틴에게 훨씬 더 중요하였다. 그리고 종교개혁의 사람들은 어거스틴에게 호소하기를 좋아하였다. 그러나 우리는 그러한 관점이 매우 불가능하다는 것을 알 만큼 충분히 살펴 보았다. 어거스틴과 루터는 대체로 동일한 선상에 있지 않다. 루터에 비하면 어거스틴은 종합(synthesis)의 사람이었다. 그리고 그의 강점이 있는 곳도 여기이다. 진정한 신플라톤주의적 방식으로, 그는 가장 강렬한 색채로 영혼의 "상승"을 묘사하고 "하나님을 觀想함"(Vision of God)의 행복을 마음껏 즐길 수 있다. 다른 한편으로, 바울 이래로 비견될 사람이 없는 어거스틴은 신의 은총을 고양시키고 찬미할 수 있다. 그런데 자체적인 사랑과 자비에 의해서만 움직여지는 신의 은총은 절대적인 주권 안에서 본래는 진노의 그릇밖에 되지 않았던 자들을 선택하고 구원한다. 어거스틴은 자신의 카리타스 이론 안에서 이 둘의 종합을 발견한다. 그리고 루터는 바로 이 종합을 박살낸다.[1]

루터가 어거스틴 편에 가담할 때, 그는 무조건적으로 그렇게 하지 않는다. 루터는 어거스틴에 대한 자신의 평가를 분명하게 말한다. 이것과 관련하여 우리는 루터의 「식탁담화」(*Talbe Talk*)에 보존되어 있는 특징적인 언사를 인용할 수 있다. "자, 신앙에 관한 교부들의 책들 안에 있는 어두움이 얼마나 큰지 보시오!… 어거스틴은 펠라기우스주의자들과 논쟁할 때를 제외하곤 신앙에 관해선 아무런 특별한 것도 쓰지 않습니다. 펠라기우스주의자들은 어거스틴을 깨워서 그를 한 사람으로 만들었지요."[2] 이것은 핵심적인 요점을 건드리고 있다. 루터는 논쟁의 의미를 파악하는 안목을 가지고 있었다. 어거스틴은 펠라기우스주의를 반대함으로써 종교개혁의 선구자가 되었다. 하지만 그가 자신의 카리타스 이론에서 긍정적으로 말한 내용은 루터의 적개심을 불러일으킨다.

자주 그러했던 것처럼 우리가 이 두 측면의 한쪽을 생략하면, 우리는 어거스틴의 진정한 견해를 불공정하게 평가하게 된다. 우리는 어거스틴의 입장의 이중성과 그가 본질적으로 연합될 수 없는 것들을 연합하려고 노력할 때 자신에게 부여한 그 임무의 어려움을 인정한다. 그렇다고 해서 우리가 어거스틴을 덜 위대하게 만든다는 것은 아니다. 사실 이것을 인정함으로써만 우리는 어거스틴의 작업의 위대성과 그의 영향력의 보편성을 깨닫는다. 그가 서 있었던 발전단계에서는 의심할 여지없이 그러한 종합이 역사적으로 필요하였다. 그리고 그는 대단한 성공을 거두었다. 그의 종합은 그 자신만이 아니라 그의 세대에서, 그 세대 뿐만 아니라 천년 동안이나 유지되었다.

로마 가톨릭 교회가 어거스틴을 자기 것으로 주장할 때, 그것은 후대의 가톨릭(Catholicism)이 어거스틴이 창출한 그 종합에 의지하여 수백년 동안 생존했다는 점에서만 정당하다. 비록 에로스 동기가 어거스틴의 사상의 본질적인 기초구조를 규정했음에도 불구하고, 어거스틴은 자신의 카리타스 개념 안에 아가페 동기의 많은 것을 포용하였다. 그래서 이후로는 기독교적 사랑의 본질과 내용의 문제가 더 이상 독자적으로 남아 있을 수 없었다. 이와같이 어거스틴은 후속하는 중세의 신학작업의 진행순서(programme)에 주요책임이 있다고 말할 수 있다.

종교개혁도 동등한 권한으로 어거스틴을 그 자신의 것이라고 주장할 수 있다. (일반적으론 가톨리시즘이 또한 특수하게는 어거스틴이 고안했던) 그 종합이 종교개혁으로 파괴될 시기가 다가왔을 때, 종교개혁은 바로 그 동일한 어거스틴에게 호소하였다. 다시 말하면 종교개혁은 어거스틴의 사상 중에서 이전에는 유행하지 않았던 측면에 호소한 것이다. 복음적인[개신교] 기독교는 어거스틴을 자기 자신의 것이라고 주장할 수 있는 모든 권리를 가지고 있다. 왜냐하면 어거스틴이 플라톤주의와 기독교를 자기 시대가 요구한 방식으로 결혼시켰을 때 그가 신의 은총과 사랑에 부여한 그 자리는 카리타스-종합을 산산조각내고 아가페 동기를 갱신하는 계기를 만들기 위해서 종교개혁이 필요로 했던 폭탄이 설치된 자리였기 때문이다.

그러나 그러한 모든 고찰에도 불구하고, 궁극적으로 어거스틴과 루터 사이의 관계를 결정하는 것은 그것들을 연합시키기보다 분리시키는 것이다. 후자는 전자가 건설한 것을 해체하고 그 공터 위에 전혀 다른 구조물을 건설한다. 카리타스 개념은 어거스틴에게 중심적인 중요성을 가졌고 그것의 본질적 특성이 중세 교회에서 신실하게 보존되었기 때문에, 카리타스가 함축하는 삶의 유형은 어거스틴적(Augustinian)이라고 불릴 수 있다. 그렇다면, 루터는 어거스틴주의(Augustinianism)를 완성한 사람이라기보다 그것을 정복한 사람이다.

주

1) 어거스틴과 종교개혁 사이의 관계에 대한 아돌프 하르낙의 관점은 이것과 직접적으로 반대된다. 그에게 있어서 개신교(reformed) 기독교는 세상을 부인하는 신플라톤주의의 부정적 정신과 고대정신의 "해맑은 쾌활함"(unclouded cheerfulness)의 종합을 나타낸다. "어거스틴의 경건, 영성 및 내성(introspection)과 고대정신의 세상에 대한 개방성, 고요하고 정력적인 행동 및 해맑은 쾌활함을 과학적으로 또한 기질적으로 통합할 수 있었다면, 우리는 최고수준에 도달하였을 것이다. … 그 동일한 이상 안에 복음적이고 개혁적인(reforming) 기독교의 의미가 담겨있지 않는가? 그것이 정말로 가톨릭과 다르더라도 말이다." H.D., vol. v., p. 110.

2) Tischreden Nr. 3984; W.A., Tisschreden, Bd., 4, p. 56, 23.

제3편
종합의 완성(Ⅱ)

에로스 동기가 중세에 전해지다

제29장

플로티노스에서 프로클루스까지

제1절 근본적인 동기들의 수정

에로스 동기는 두개의 간선도로를 이용하여 중세로 여행하였다.

한 경로는 어거스틴의 길을 따라서 간다. 우리가 이미 보았듯이, 어거스틴은 원시기독교의 아가페 동기와 신플라톤적·헬라적 동기를 융합함으로써 새로운 사랑[카리타스]의 관점을 창안하였다. 이제 중세신학은 카리타스 개념을 받아들임으로써 어거스틴의 손에서 약간 변형된 형태의 에로스 동기를 계승한다.

다른 경로는 위(僞)디오니시우스(Pseudo-Dionysius)의 길을 따라서 중세로 진행했다. 이 경로에서는 에로스 동기가 그런 변화를 겪지 않고 중세에 도달하였다. 어거스틴의 카리타스가 에로스와 아가페 양자(兩者)에 기초한 새로운 개념이라면, 우리는 디오니시우스 안에도 단순한 혼동이 있었다고 말할 수 있다. 즉 에로스 동기는 기독교를 침몰시켰다. 그리고 기독교는 문자 그대로 신플라톤적 에로스 이론에 흡수되었다. 이 결론은 기독교와 헬레니즘 철학의 오랜 발전의 결과였다. 그것이 가능할 수 있었던 이유는 두 사랑-동기들이 양자간의 대립을 줄이려고 상대방에게 접근하여 자신들의 맡은 역할을 수행했기 때문이다.

이 과정을 살펴보고 그것이 어떻게 발생했는지 이해하기 위해서, 우리는 헬레니즘의 구원 개념과 기독교의 구원 개념 사이의 관계가 본래는 상호 적대적이었다는 점을 염두에 두어야 한다. 즉 에로스 동기와 아가페 동기는 서로 적대적인 관계에 있었다. 두 동기들이 이미 뒤섞인 후대의 관점으로부터 보면, 기독교와 고대후기의 관념적 철학은 매우 유사한 영적 운동들이어서 서로 조화를 이루기가 어렵지 않았다고 쉽게 생각된다. 하지만 그것은 본래상태를 표현하는 것이 아니다. 최초의 거물급 문서적대자였던 켈수스(Celsus)가 플라톤주의자였다는 사실은 우연이 아니다.

고대후기의 다소 플라톤주의화하는 철학은 기독교와 마찬가지로 구원 문제의 해결을 추구하였다. 그러나 이 공통적인 목적은 그것들이 두개의 경쟁적인 구원관이라는 그들의 의식을 선명하게 만들었을 뿐이다. 그래서 그들은 처음부터 상대방을 적대자로 간주하였다. 나중에 신플라톤주의는 등장하자 처음부터 기독교와 경쟁하기 시작했고 옛 종교를 회복하려고 노력한다.[1] 기독교인들도 신플라톤주의에 못지않게 그들의 차이점에 대하여 민감했다. 우리는 되풀이하여 그들이 천지의 창조주 하나님에 대한 자신들의 신앙과 성육신 개념과 "육의 부활" 신앙을 얼마나 주의깊게 수호했는지를 살펴 보았다. 그 모든 개념들은 영지주의 뿐만 아니라 플라톤주의와 온갖 에로스 이론들과 매우 예리하게 대조된다.

그러나 시간이 흐르면서 그 본래의 대립의 예리함이 사라졌고 기독교와 신플라톤주의는 합쳐지기 시작했다. 교리사가들은 기독교가 신플라톤주의로부터 얼마나 많은 것을 전수받았는지를 자주 지적하였다. 그러나 그것은 단지 그 진상의 일면에 불과하다. 양자간의 관계가 호혜적이었고 신플라톤주의도 기독교에 의해서 영향을 받았다는 사실은 쉽사리 망각된다. 1세기나 2세기 뒤에 신플라톤주의는 더 이상 초기의 모습과 동일하지 않다. 이것에 대한 이유들 중의 하나는 기독교와 그것의 공존이다. 이 두 세력이 나란히 존속하고 상호간에 지속적으로 새로운 접촉을 하는 방법을 가장 잘 예증하는 것은 오리겐에 의해서 제공된다. 의식적인 기독교인이었던 오리겐은 신플라톤주의의 선구자였던 암모니우스 사카스(Ammonius Saccas)

의 학생이 된다. 그리고 그가 기독교 교리학교(Christian Catechetical School)에서 가르쳤던 그의 제자들 중에는 다소 플라톤적인 견해들을 주장했던 이들도 있었다. 오리겐이 그리스 철학을 더 심도깊게 연구하도록 이끌었던 것은 아마 그들의 당면문제를 다뤄야 할 필연성이었을 것이다. 오리겐은 고립된 상황이 아니었다. 그는 주로 일반적인 상황을 대변한다. 상당히 많은 수의 기독교인들이 신플라톤주의 철학적 학파들에서 교육을 받았고, 신플라톤주의자들은 기독교 학파들에서 교육을 받았다.[2] 그러한 개별적 연관들은 어느 정도 차이점들을 감소시킬 수밖에 없다. 기독교 신학자들은 "헬라화"하기 시작한다. 신플라톤주의 철학자들은 기독교 사상에 물들었다.[3] 또한 조만간 후기 신플라톤주의자들이 기독교를 수용했는지 그 밖에 위치했는지를 말하는 것이 거의 불가능하게 되었다. 이러한 사실을 보건대 기독교와 신플라톤주의 사이의 구분은 대단히 모호해졌다.[4]

이 융합과정은 僞디오니시우스의 사랑 개념의 배경이자 조건이다. 그는 헬라적인 에로스 이론이 기독교에 들어오도록 문을 활짝 연다. 그러나 이제는 더 이상 두개의 동기들이 원형 그대로 만나는 것이 아니다. 이미 아가페 동기에 의해서 수정되고 영향받은 에로스 동기가 스스로 해체되고 있는 아가페 개념과 손을 잡는다. 그러나 이 문제를 다루기 전에 우리는 프로클루스의 사랑관을 주목해야 한다. 그는 대체로 아레오파구스의 디오니시우스(Dionysius the Areopagite)가 받아들여 기독교 영역으로 전달해 준 개조된 에로스 이론을 보여준다.

제2절 프로클루스에게서 에로스 이론이 변화되다

플라톤과 플로티노스는 위대한 작가들이다. 프로클루스는 단순히 그들의 사상을 재생하고 보급하길 원했다. 프로클루스의 사랑 개념을 온전히 주해하는 것은 우리가 이미 이 두 사상가들의 에로스 동기에 대하여 말한 것의 많은 부분을 단순하게 반복하는 것을 의미한다. 그러므로 우리는 프로클루스를 플라톤과 플로티노스와 비교하고 그가 어느 부분에서 에로스 이론을 발전시켰고 어디에서 변화시켰는가를 지적하는 데에만 국한할 것이다.[5]

1. 알렉산드리아적 세계-도식(world-scheme)의 변화

플라톤의 原에로스 개념과 비교해보면, 플로티노스가 에로스 이론을 "알렉산드리아적 세계-도식(圖式)"에 맞출 때 중요한 개조가 발생했다. 플라톤은 주로 영혼이 고상한 세계로 상승하는데 흥미를 가졌다. 그러나 플로티노스에게는 이것이 단순히 우주적 과정의 제2막일 뿐이다. 그 제1막은 만물이 일자(一者, the One)로부터 유출(emanation)하는 것이다. 플로티노스와 "알렉산드리아적 세계도식"에 의하면, 우주적 과정에는 두 운동이 있다. 그 운동들은 다른 두 방향으로 향하고 있다. (1) "하향적 길" — 존재하는 모든 것들이 신적인 일자(the divine One)로부터 유출했다. (2) "상향적 길" — 모든 것들은 자기들의 신적인 원천으로 다시 흘러간다. 에로스는 후자 즉 상승운동에만 자리잡고 있다. 그리고 하강은 우주론적 의미만을 가질 뿐이다.

이 논점에서 프로클루스는 에로스 이론의 변화에 있어서 일보 더 전진한다. 그의 사상도 역시 전적으로 "알렉산드리아적 세계-도식(圖式)" 안에서 움직인다. 그러나 그는 多者(the Many)가 일자(the One)로부터 유래하여(proceed) 一者에게로 귀환한다는 단순한 언명에 만족하지 않는다. 즉 그는 이 유출(procession)과 귀환(return)을 이해할 수 있게 설명하는 한 원리를 발견하길 원한다. 일자는 다자를 발생시키기 때문에, 프로클루스는 그들 사이에 인과론적(causal) 관계가 있다고 생각한다. 즉 一者는 원인이고, 그것으로부터 유출하는 다자는 결과이다. 이제 피생산자는 하나의 결과로서 어느 정도 생산자와 동일하지만 동시에 그것과 구별된다. 피생산자가 그것의 원인에게 빚지고 있는 부분에 관한 한 피생산자는 그것의 생산자와 동일하다. 피생산자는 이와같이 전적으로 그것의 원인에 포함되기 때문이다. 하지만 피생산자는 새롭고 독립적인 것이기에 그것의 원인과 구분된다. 피생산자는 생산자와 동일하다는 면에 있어선 후자 안에 머무른다 (remain). 피생산자는 생산자와 구분된다는 점에 있어선 생산자로부터 유출하거나 벗어난다. 하지만 피생산자는 자신의 모든 존재를 생산자로부터 얻는다. 그렇기 때문에 그 피생산자가 그 원인에 머무르지 않고 그것을 떠난다면 그 피생산자는 자신의 원인으로 귀환하려는 경향을 가질 수밖에 없다.[6) $\mu o \nu \acute{\eta}$ (內住), $\pi \rho \acute{o} o \delta o \varsigma$ (流出) 및 $\acute{\epsilon} \pi \iota \sigma \tau \rho o \phi \acute{\eta}$ (歸還) — 이 삼중적 구도를 가지고 프로클루스는 (그 구도의 두 부분만을 갖추고 있는) "알렉산드리아적 세계도식"을 교체하려고 한다. 실제로 그 차이점은 그렇게 크지 않다. 두 경우에 그 기초이론은 모두 동일하기 때문이다. 하지만 이 "알렉산드리아적 세계도식"의 변형은 사소한 문제가 아니다. 그 변형은 이 삼중적 형태로써 중세신학의 특정방향에 막대한 영향을 미쳤다. 그리고 이 변화는 프로클루스에 의해서 초래된 에로스 개념의 변화들과 긴밀하게 상응한다.

2. 하강하는 에로스.

프로클루스의 작품들은 주로 플라톤에 대한 주석서의 형태로 씌어졌다. 프로클루스는 스스로 자신의 새로운 견해를 제공하는 것이 아니라 단순히 플라톤과 플로티노스의 사상을 해석한다고 주장했다. 하지만 에로스 이론은 프로클루스와 더불어 새로운 국면으로 들어간다.

원래적인 형태의 플라톤적 에로스는 완벽하게 명쾌하고 단순하다. 즉 그것은 자기의 열망을 위쪽으로 향하고 있는 사랑이다. 플라톤은 매우 논리적이었기 때문에, 신들(gods) 안에 있는 어떤 에로스에 대해서는 언급하기를 거부했다. 에로스는 인간 생명의 결핍들로부터 솟아나온다. 그런데 고등한 형태의 실존에서는 그 결핍이 제거되어야 한다. 바로 그 이유 때문에 완전한 神의 생명에는 에로스가 적용될 수 없다. 이제 우리는 플로티노스 안에서[7) 에로스 개념의 어떤 수정을 관찰하였다. 그 수정에는 두 가지 측면이 있다. 플로티노스는 우리에게 열등자가 어떻게 우월자를 동경하는가를 말해준다. 또한 그는 우월자가 어떻게 "열등자를 돌보고 그것을 꾸며주는"가에 대해서도 말해준다. 그러나 여기에선 사실 플라톤적 에로스 개념으로부터 이탈하는 것이 전혀 없다. 플로티노스에 의하면 우월자가 열등자를 보살피는 것은 에로스 개념에 전혀 무관하며 그래서 그것에 영향을 미칠 수 없었다. "하나님은 에로스이다."라는 주장에 관한 한, 플로티노스는 이것을 하나님의 自己愛 문제로 만든다. 즉 신은 그 자신의 완전을 향유한다. 그리고 그러한 형태의 자기사랑은 명백하게 획득적 사랑의 직접적 노선에 있다.

프로클루스의 상황은 다르다. 그에게는 오랜 가치척도로부터 이탈하는 것이 분명히 있다. 우월자는 스스로 열등자에게 관심을 가지고 그것을 돕고 구할 목적으로 그것에 접근하기 시작했다. 무슨 요인들이 이 결과에 기여했는가를 세부적으로 결정하는 것은 쉽지 않다. 섭리에 대한 고대적 신념과 기독교의 아가페 관점으로부터 온 영향들이 의심할 여지없이 한 몫을 감당하였다. 어떤 경우에나 프로클루스는 신이 어떻게 인간의 생명에 내려와서 그 인간을 돌봐주는가를 말한다. 프로클루스의 방식은 이전의 신플라톤주의와 그 자신을 구분해주며 기독교의 아가페 전통에 접근하는 것처럼 보인다. 물론 그의 사상에는 기독교의 성육신 개념에 상응하는 것이 전혀 없다. 성육신 개념은 신플라톤주의자에겐 불가능한 연상을 너무 많이 가지기 때문이다.

그러나 기독교의 근본정신은 불가피하게 그 고대적인 가치판단을 수정하는 영향을 미친다. 즉 열등자에게 내려오는 것이 신성(Deity)에게 더 이상 수치스러운 일이 아니다. 또한 이것은 프로클루스의 사랑 이론에도 그 영향을 미쳤다. 즉 에로스가 그 방향을 바꾸었다. 그것은 더 이상 상승하는 사랑만이 아니라, 우선 하강하는 사랑이다. 이와같이 프로클루스는 플라톤주의자에게는 거의 믿어지지 않은 것을 말하고 있다. "에로스는 위로부터 지성적 영역에서 우주적 영역으로 내려와서 모든 것들을 신의 아름다움을 향해 돌려놓는다."[8] 에로스는 모든 열등자들을 본래적인 미적 존재를 향하여 돌려놓는다는 뒷 문장은 잘 알려진 전통적인 플라톤적 견해이다. 그러나 에로스가 위로부터 신의 선물로서 흘러내려온다는 것은 본래적인 에로스 이론에서 전혀 모르고 있었던 개념이다. 그러나 그것이 프로클루스의 기본적 가정이다. "먼저 신들 안에 사랑이 있지 않았다면, 그것은 어디로부터 인간들에게 온 것일까? 영혼 안에서 발견되는 선하고 구원하는 모든 것은 신들로부터 그 결정적인 원인을 갖는다."[9]

이러한 에로스 개념의 내용변화가 아가페 개념과 그것의 연합에서 얼마나 중요한가는 쉽게 파악될 것이다. 만약 에로스 자체가 딱한 처지에 있는 인간을 구원하기 위하여 하강하는 신의 사랑이라면, 사랑에 대한 두 견해들 사이에 화해불가한 차이점은 거의 없을 것이다. 에로스 개념은 아가페 개념에 매우 근접하게 된 것처럼 보였다. 그리하여 그것들은 어려움없이 결합될 수 있었다.

3. 사랑의 연결고리(chain).

세번째 작품집(Ennead - 아홉편을 한 묶음으로 펴낸 작품 모음집 — 역주)의 제5권에서, 플로티노스는 포루스(Porus)와 페니아(Penia)로부터 에로스가 탄생한 것에 관한(*Symposium*, 203) 플라톤의 신화를 풍유적(allegorical)으로 해석했다. 여기서 플로티노스는 우리가 단순히 한 에로스에 대해서만 논의해선 안되고 많은 에로스들에 대해서도 언급해야 한다고 말했다. 세계-영혼(world-soul)에 상응하는 한 에로스가 있다. 그러나 모든 영혼도 그 각각의 특수한 에로스를 가지고 있다. 그리고 개별적인 에로스와 총괄적인 에로스의 관계는 개별적인 영혼과 세계-영혼의 관계와 같다. 후기 신플라톤주의자들은 이 풍유법(allegory)을 매우 찬양했다. 게다가 그것을 모방하려는 수많은 시도들이 있었다. 그들은 이 개념을 가지고 유희를 즐겼다. 그래서 우주는 점차 무수한 에로스들(erotes)로 가득 채워졌다.

프로클루스도 역시 이 전통에 서 있다. 하지만 그는 이러한 통일성 없는 다수성에 만족할 수 없었다. 그래서 그는 응집력과 체계성을 요구하면서 이 에로스들의 혼돈에 질서를 부여하려 시도했다. 그 결과로 나타난 것이 그의 사랑의 연결고리 이론이다. 그는 상이한 종류의 에로스들이 천지를 결합시키는 거대한 하나의 에로스-연결고리 안에 있는 고리들처럼 결합되어 있다고 생각했다. 제일 위의 고리는 최고의 신적인 위계에 고정되어 있으므로 영적인 최고미에 연결되어 있다. 그리고 나면 그 연결고리는 열등한 神들의 영역을 통과하고 천사들의 합창단들과 귀신들(demons)의 떼거리들을 가로질러 영웅들의 무리를 지나치고 마침내 평범한 인간의 영혼들에 도달한다. 이와같이 모든 것은 초자연적인 아름다움과 연결되어 있어서 그것이 방출하는 어떤 것을 받을 수 있다. 위로부터 내려오는 에로스는 실존하는 모든 것들 위에 흘러 내려서 그것들이 고등적 생명에 참여하도록 허용한다. 그래서 그것들의 욕망의 방향은 그 고등한 생명을 향하여 전환된다.[10]

우리는 이미 니사의 그레고리 안에서 사랑의 연결고리에 대한 암시를 관찰했다.[11] 그러나 프로클루스에게는 암시보다 더 강도높은 것이 있다. 하늘에서 지상까지 뻗어있는 연결고리는 그가 자주 사용했던 그림이다.[12] 그것은 특별히 흥미로운 것이다. 왜냐하면 그 그림은 하강하는 사랑으로서 에로스의 새로운 기능을 매우 분명하게 드러내기 때문이다. 이제 천상과 지상 사이의 길이 쌍방향으로 열려졌다. 에로스 연결고리는 고등세계의 신적인 능력을 열등자들에게 가져오고[13] 저등세계의 에로스-열망을 신적인 세계로 인도한다. 그 연결고리가 존재하는 것은 단지 천상의 아름다움이 우리에게 흘러내릴 뿐만 아니라 우리에게 우리의 상승수단을 주기 위한 것이기도 하다.

4. 프로클루스의 구원의 질서(ordo salutis).

알키비아데스(Alcibiades)에 관한 주석의 서론에서, 프로클루스는 철학 특히 플라톤적 철학에 대한 자신의 인식을 표명한다. 그는 철학의 전반적인 의미는 델피(Delphi)에 위치한 아폴로 신전의 문 위에 세겨진 "네 자신을 알라."(γνῶθι σεαυτόν)는 글 안에 요약되어 있다고 말한다. 神지식은 자기지식과 더불어 시작된다. 자아에 들어가서 자신의 본성을 아는 것이 신적인 것으로 상승하는 것(ἡ ἐπὶ τἠ θεῖον ἀναγωγή)의 시작이다.[14]

프로클루스는 이 ἀναγωγή(상승)가 무엇으로 구성되어 있다고 생각하는가? 첫 단계는 영혼이 감각계의 반역적 영향으로부터 자신을 정화하는 (purify) 것이다. 둘째 단계에서, 영혼은 위로부터 즉 지적인 세계로부터 자신에게 흘러드는 조명(illumination)을 받아야 한다. 그러나 아직 셋째 단계가 남아 있다. 영혼은 그 자신 내부의 깊은 곳에 어떤 신적인 것을 가지고 있다. 그 신적인 것이 그 영혼으로 하여금 궁극적으로 신성 자체와 하나가 되는 것을 가능하게 한다. 프로클루스는 "닮은 것만이 닮은 것을 유인한다."는 옛 원리에 기초하여 전개한다. "우리는 우리의 본성 안에 있는 예지적인(noetic) 요소를 통하여 가지적인(intelligible)인 것들을 파악한다. 우리는 인간본성 안의 신적인 것을 통하여 하나님을 파악하고 그분과 하나가 된다. 우리는 신성으로 충만한 자들(ἔνθεοι)이 되며 그 일자(the One)와 완전한 연합(ἕνωσις)에 도달한다.[15]

여기서 프로클루스가 상승의 세 단계인 정화(κάθαρσις), 조명(ἔλλαμψις) 및 연합(ἕνωσις)에 대하여 말하는 것은 실제로 전혀 새로운 게 아니다. 이런 견해의 요소들은 훨씬 이전에 플라톤에게서 발견되며 사실 초기의 신비종교들(mysteries)에서도 발견된다. 프로클루스에게서 보여지듯이, 신비적인 상승과 그 상승의 단계들에 관한 이론으로 발전하는 과정에서 주요한 세 시대들(periods)이 구분된다.

(1) 처음 시대는 옛 신비종교들(Mysteries)의 시대이다. 여기서 우리는 전적으로 종교적 근거 위에 서 있다. 신비-종교들의 첫째 요구는 정화였다. "순결한 자는 이리 들어오게 하라." 이 첫째 요구를 완수한 사람은 다음으로 신적인 조명에 참여한다. 이것을 중개하는 것이 신비종교의 임무이다. 그리고 그것은 종종 신입자를 어두운 방으로부터 밝게 비춰진 방으로 인도하는 것으로써 상징적으로 표현된다. 그러나 조명이 최종목적은 아니다. 최종적인 목적은 영혼이 신성 자체와 황홀하게 聯合할 때 이룩된다. 이와 같이 우리는 이러한 초기 시대에 영혼의 상승의 세 단계들을 실질적으로 발견한다.

(2) 둘째 시기는 플라톤이 이 개념을 철학(philosophy)에 전가할 때 시작

된다. 그에게 있어서 철학의 과제는 주로 정화를 달성하는 것이었다. 영혼은 고등세계의 어떤 것을 주목하기 위해서 가능한 한 육체적·감각적인 것들에 의해서 더럽혀지지 않도록 자신을 지켜야만 한다. 육체적·감각적인 것들은 우리에게 그림자-형상들만을 보여줄 뿐 아무런 실제적 존재도 보여주지 못한다. 그것이 플라톤의 κάθαρσις(淨化)의 의미이다. 그러나 그 안에는 조명과 연합도 자리잡고 있다. 비록 그것들이 혼동되는 경향이 있긴 하지만 말이다. 진정한 목표는 이데아들(Ideas)을 명상하는 것이다. 그러나 플라톤은 최고단계에서 특징적으로 변증법과 그것의 산만한 사상을 떠나서 황홀한 체험으로 넘어간다. 오직 "신적인 광기" 속에서만 영혼은 신성과 하나가 된다.

(3) 셋째 시대에서 그 개념은 점점 그것의 종교적 기원으로 복귀한다. 이것은 신플라톤주의에 의해서 준비되었다. 신플라톤주의는 상당한 정도로 신비종교-경건의 특징을 간직하고 있다. 철학의 임무는 점점 더 영혼의 정화로 옮겨간다(Porphyry, Iamblicus). 이 진화에서 프로클루스의 위치는 특별히 중요하다. 신비종교-경건과 철학이 차츰 상승의 단계들에 관하여 노력하고 성취한 것은 프로클루스 안에서 발전된 이론으로 발견된다. 그 이론은 기독교 신비주의에 의해서 기꺼이 수용되었다. 플라톤은 이 개념을 신비종교-경건에서 철학으로 전가했다. 그와 마찬가지로 僞디오니시우스는 그것을 프로클루스로부터 전수받아서 기독교 토양에 이식했다.

이와같이 기독교 신학에서 신플라톤주의자 프로클루스는 교부들의 대다수가 누리는 중요도를 훨씬 능가하는 중요한 위치를 차지했다. 수세기를 통하여 프로클루스의 정화-조명-연합의 도식은 계속하여 기독교 신비주의 안에서 그것의 세 가지 길과 더불어 반복된다. 그 세 가지 길은 정화의 도(via purgativa), 조명의 도(via illuminativa), 연합의 도(via unitiva)이다. 고대 신비종교들로부터 플라톤, 플로티노스, 프로클루스, 僞디오니시우스 및 중세 신비주의를 통과하여 우리 시대까지 단절되지 않은 노정이 이어지고 있다. 어떤 이유에서 가톨릭 신비주의는 오늘날에도 기독교의 구원의 방법을 설명할 때 고대 신비종교-경건의 고색창연한 용어들과 신플라톤주의자

플로티노스의 상승적인(anagogical) 구원도식을 수단으로 사용하고 있는지 이상하다.[16]

5. 에로스 — 실존하는 응집능력.

프로클루스의 에로스 이론의 개관은 에로스 개념이 매우 과격한 변화를 겪었음을 분명하게 보여준다. 프로클루스의 사랑 개념에서 가장 특징적인 것은 간단하게 다음과 같다. 에로스는 실존하는 연합의 결속력이다.[17] 에로스는 더 이상 플라톤에서처럼 단순히 개별적인 영혼의 상승이 아니다. 또한 그것은 아리스토텔레스에서처럼 단순히 모든 실존 안에 거하는 上向性도 아니다. 프로클루스의 에로스는 더욱 더 보편적인 의미를 가진다. 아리스토텔레스는 플라톤적 에로스 개념을 총괄적인 우주적 능력(force)으로 변형시켰다고 말할 수 있다. 영적 유인력과 같은 에로스에 의해서 만물이 신성을 향하여 움직여진다는 점에서, 아리스토텔레스는 어떤 의미에서 이미 에로스를 실존하는 응집의 결속으로 변화시켰다. 그렇다고 할지라도 이 경우에는 프로클루스의 에로스 개념에 비교할 때 더 제한되고 일반적인 운동만이 존재한다.

아리스토텔레스에 의하면 우주가 에로스의 특성을 지니고 있다는 사실은 모든 열등자들이 우월자들을 접촉하려고 하며 그것들처럼 되기를 열망한다는 의미이다. 그러나 프로클루스에겐 에로스가 그 용어의 가장 포괄적인 의미로서 보편적인 응집력이다. 여기서 전체 우주는 실제로 에로스의 특징을 지니고 있다. 그것은 단순히 열등자가 에로스를 동경하여 우월자에게 향해 간다는 것이 아니다. 오히려 우월자도 에로스의 갈망을 가지고 자신을 굽혀 열등자에게 다가간다는 것이다. 에로스는 신의 연민의 능력이다.[18] 그리고 그것은 실존의 모든 부분들에 퍼져서 그것들을 모든 방향과 모든 수준에서 연합한다. 그것은 우월자를 열등자와 함께, 열등자를 우월자와 함께, 동등자를 동등자와 함께 결합한다. 신들은 자신과 서로를 위하여 에로스를 소유한다. 우월한 신들은 에로스의 염려($\pi\rho o\nu o\eta\tau\iota\kappa\hat{\omega}\varsigma$)로 열등한 신들을 사랑한다. 열등한 신들은 에로스의 열망

($\dot{\epsilon}\pi\iota\sigma\tau\rho\epsilon\pi\tau\iota\kappa\hat{\omega}\varsigma$)으로 우월한 신들을 사랑한다.[19]

에로스는 신들의 세계로부터 사랑의 연결고리를 통해서 모든 단계들 안에 있는 모든 실존을 타고 아래로 흘러 내리며 "만물이 그 아름다운 분의 본성(nature)을 향하도록 만들어서 그분에게 인도해간다."[20] 그리고 만물은 에로스를 통하여 자신들의 신적인 기원으로 귀환하며 상승한다. 이와같이 내주(內住)-유출-귀환의 우주적인 全과정은 에로스의 지배를 받는다. 에로스는 신적 존재와 죽을 존재들 사이의 소통을 개방한다. 이 의사소통은 플라톤에서처럼 열등자로부터 우월자로 가는 일방적인 소통만이 아니라, 양방향에서 의사를 소통하는 것이다. 에로스는 우리에게 신적인 은사(gift)를 전달해주는 통로이자 우리가 고등세계로 올라갈 수 있도록 운반하는 운송수단이기도 하다.[21] 에로스는 "모든 신들(gods)과 영적인 美, 모든 수호신들(demons)과 그 신들(gods), 또한 그 수호신들과 신들을 우리들과 연합시키는 결속력이다."[22] 우주 안에 있는 것들은 상하를 무론하고 모두 에로스의 운동에 포함된다. 그 에로스는 다른 모든 것들을 위한 근심과 욕망과 동경 속에서 그것들로 향하는 운동이다. 아퀴나스는 사랑이 "연합된 미덕"(virtus unitiva)이라는 표현을 사용한다. 이 표현은 여기서 의도된 바를 무엇보다도 더 잘 보여준다. 토마스 아퀴나스는 僞디오니시우스를 통하여 프로클루스의 핵심적인 사상들을 전수받았다.

주

1) 두번째 Ennead의 제9권이 보여주듯이, 플로티노스(Plotinus)는 기독교의 어떤 형태들과의 관계를 청산할 필요를 스스로 느꼈다. Cf. C. Schmidt: *Plotinus Stellung zum Gnostizismus und kirchlichen Christentum*, 1901 (Texte und Untersuchungen zur Geschichte der altchristlichen Literatur, hrsg. von. O. v. Gebhardt und A. Harnack). 플로티노스의 제자인 포르피리(Porphyry)는 자신의 위대한 논증서인 「그리스도인들에 반대함」($\kappa\alpha\tau\dot{\alpha}\ \chi\rho\iota\sigma\tau\iota\alpha\nu\hat{\omega}\nu$)에서 기독교를 더욱 더 공격하였다. 이 작품은 교부들의 저술들에 흩어져서 단편들만 남아 있다. 하르낙은 이것들을 수집하여 "Abhandlungen der **Königlichen** preussichen Akademie der Wissenssschaften, Jahrg., 1916, Philos.-hist. Kl."에서 "*Porphyrios, 'Gegen die Christen*, 15, *Büchher. Zeugnisse, Fragmente, Referate*."라는 제목으로 출판하였다. 포르피리의 현존하는 작품들의 단편

적인 조건에도 불구하고, 그 비판의 지배적 정신을 개념화하는 것은 어렵지 않다. 이 작품들에서 포르피리는 켈수스처럼 그리스도의 강림과 비천함, 성육신 및 십자가와 부활 신앙을 가장 심하게 반대한다. 특히 "육의 부활"이 거슬린다. Cf. fragg. nos. 65, 77, 84, 92, 94 (Harnck, *op. cit.*, pp. 86, 93, 96, 100, 101).

2) 이 융합의 과정에서 주도권을 잡은 곳은 종교적 철학적 혼합주의의 대중심지였던 알렉산드리아였다. Cf. **Überweg**: *Grundriss der Geschichte der Philosophie*, Bd. I, 12 Aufl., 1926, hrsg. von K. **Præchter**, p. 635.

3) 우리는 오리겐과 니사의 그레고리로부터 기독교 신학자가 "헬라화하는" 모습을 알 수 있다. 이러한 연관 속에서 우리는 히파티아(Hypatia)의 제자인 구레네의 시네시우스(Synesius of Cyrene)를 기억해낼 수 있다. 411년에 감독으로 임명되었던 그는 영혼과 세계의 영원성에 관한 기독교 전통과 모순되는 견해를 고수하고 "육의 부활"에 대하여 영적인 해석을 제공할 권리를 자신에게 유보하였다. 시네시우스의 현존하는 저술들과 찬송가들에서는 에로스 동기가 절대적으로 우세하다. 어떻게 기독교 사상이 신플라톤적 영역에 침입했는지를 구체적으로 이해하기 위해서는 신플라톤주의자 히에로클레스(Hierocles)를 언급하는 것으로 충분하다. 그는 5세기에 신(神)의 의지적 행위에 의한 무(無)로부터의 세계창조에 관한 기독교적 사상을 변호하였다. 이것은 그리스 철학에선 듣지 못한 것이었다. cf. **Überweg-Præchter**, *op. cit.*, p. 641. Zeller-Nestle: *Grundriss der Griechischen Philosophie*, 13 Aufl., 1928, p. 382.

4) 기독교와 신플라톤주의의 중요한 융합 과정에 대한 포괄적인 연구는 여전히 필요하다. 그 시대에 대한 일반적인 서술을 보려면 다음의 책들을 참고하시오. K. **Præchter**: *Richtungen und Schulen im Neuplatonismmus*, 1910; W. **Jæger**: Nemesios von Emesa, sssss1914; J. Geffcken: *Der Ausang des griechisch-römischen Heidentums*, 1920.

5) 프로클루스에 대한 훌륭한 성격 묘사를 위해선 다음을 참고하시오. E. Zeller: *Die Philosophie der Griechen*, III. Teil, II. Abt., 3 Aufl., 1881, p. 784. ff.

프로클루스의 일반적인 철학적 입장에 대해선 특별히 그의 "Elementatio theologica"(Στοιχείωσις Θεολογική)를 보시오. 도드(E. R. Dodds)가 편집한 *Proclus, The Elements of Theology*(1933)가 있다. "여러 방법으로 신플라톤주의에 대한 연구는 간결하지만 함축성 있는 Στοιχείωσις Θεολογική를 일는 것에서 시작하는 것이 바람직하다"(A. E. Taylor: *Philosophical Studies*, 1934, p. 152). 비록 프로클루스의 이 작품이 시종일관하게 그의 에로스 이론을 담고 있지만, 에로스란 용어 자체는 아무데서도 나타나지 않는다는 것이 주목할만하다. 그러나 그의 다른 작품들에서는 그것이 흔하다. 그의 알키비아데스에 관한 주석(*Commentaty on the Alcibiades*, Procli in primum Platonis Alicibiadem commentarius; Procli Opera, ed. V. Cousin, tom. ii., 1820)이 우리의 목적에 들어맞는 주요 관심거리이다.

프로클루스에 관한 문헌으로는 다음과 같은 것들을 언급할 수 있다. H. Koch: *Pseudo-Dynosius Areopagita in seinen Beziehungen zum Neuplotonismus und Mysterienwesen*(Forschungen zur Christlichen Litteratur- und Dogmengeschichte, Bd. I., 2 und 3 Heft, 1900); H. F. **Müller**: *Dionysios, Proklos, Plotinus. Ein historischer Beitrag zur neuplatonischen Philosophie* (**Beiträge** zur Geschichte der Philosophie des Mittelalters,

Bd. XX., Heft 3-4, 1918); A. E. Taylor: *The Philosophy of Proclus* (Philosophical Studies, 1934, pp. 151-191). 프로클루스가 중세시대에 미친 직접적 영향을 살펴보려면 그랍만의 저서를 참고하시오. M. Grabmann: *Die Proklosübersetzungen des Wilhelm von MSrbeke und ihre Verwertung in der lateinischen Literatur des Mittelalters* (in M. Grabmann: Mittelalterliches Geistesleben. Abhandlungen zur Geschichte der Scholastik und Mystik, Bd. II., 1936, pp. 413-423).

6) πᾶν τὸ αἰτιατὸν καὶ μένει ἐν τῇ αὐτοῦ αἰτίᾳ καὶ πρόεισιν ἀπ᾽ αὐτῆς καὶ ἐπιστρέφει πρὸς αὐτήν. Elementatio theologica, 35; ed. Dodds, pp. 38, 9. 발출과 귀환에 대해선 ibid., 25-39, pp. 28-42. Cf. E. Zeller, *op. cit.*, pp. 787 ff.; Überweg-Præchter, *op. cit.*, pp. 629 ff.; W. Windelband: *Lehrbuch der Geschichte der Philosophie*, 9 & 10 Aufl., 1921, p. 211.

7) Cf. 본서 pp. 196 ff.

8) Procli in primum Platonis Alcibiadem commentarius, Procli Opera, ed. Cousin, tom. ii., 1820, pp. 141 f.: ἄνωθεν οὖν ὁ ἔρως τῶν νοητῶν μέχρι τῶν ἐγκοσμίων φοιτᾷ, πάντα ἐπιστρίφων ἐπὶ τὸ θεῖον κάλλος.

9) *Op. cit.*, 150.

10) *Op. cit.*, pp. 82-86.

11) Cf. 본서 p. 477.

12) Cf. e. g., Proclus in Parmenidem, ed. Cousin, tom. v., pp. 118, 155.

13) Cf. Elementatio theologica, 140; p. 124, 1: πᾶσαι τῶν θεῶν αἱ δυνάμεις ἄνωθεν ἀρχομεναι καὶ διὰ τῶν οἰκείων προϊοῦσαι μεσοτήτων μέχρι τῶν ἐσχάτω καθήκουσι καὶ τῶν περὶ γηῆ τόπων. 이 σειπά에 대하여 참조하려면, Elementatio theologica, 21, p. 24; & 129, p. 114.를 보시오.

14) In primum Platonis Alcibiadem, ed. Cousin, tom. ii., p. 13.

15) *Ibid.*, tom iii., pp. 103 ff.

16) 예컨대 데니플(H. S. Denifle)이 헌신적으로 편집한 책 *"Das Geistliche Leben,"* (6 Aufl., 1908)을 참고하시오. 그것에 의하면 세 가지 주요한 부분들이 다음의 제목들을 달고 있다. 1. 정화의 길, 2. 조명의 길, 3. 연합의 길. 서문에서는 이것이 "20세기에도 적절한 것"이라고 말해진다.

17) 우주의 응집적 요소로서의 에로스는 많은 다양한 용어로 묘사된다. 여기서 *Alcibiades* tom. ii.에 대한 주석으로부터 발췌한 몇가지를 소개하면 다음과 같다. δεσμός(p. 117), δύνδεσμος(p. 173), συνδετικός(p. 142, 189), συνάπτειν(p. 177), συναγωγός(p. 142), συνοχή(p. 190).

18) 이러한 연관성에서 우리는 스토아적 개념인 συγπάθεια와 σύνδεσμος를 생각해낼 수 있다. 이것들은 우주 안에 있는 만물을 결합시킨다.

19) *Op. cit.*, II., p. 153.

20) ὁ δεὶ [ἔρως] πάντα καὶ συνάγων εἰς τὴν τοῦ καλοῦ φύσιν. *Op. cit.*, II., p. 153.

21) *Op. cit.*, II., pp. 189 ff.

22) *Op. cit.*, II., p. 177.

제30장

디오니시우스 아레오파구스

제1절 기독교의 사랑 개념의 역사에서 위(僞)디오니시우스의 위치

우리는 주후 500년경에 특이한 인물을 한 사람 만난다. 그는 후속하는 발전에 가장 중요했던 네 권의 책을 쓴 사람이다. 그 책들은 「천상적 위계 질서론」(*On the Heavenly Hierarchy*), 「교회적 위계질서론」(*On the Ecclesiastical Hierarchy*), 「신의 명칭들」(*On the Divine Names*), 및 「신비주의 신학」(*On the Mystical Theology*) 등이다.[1] 그는 스스로 사도 바울의 직접적인 제자라고 고백한다. 즉 그는 자신이 사도행전 17장 34절에 언급된 아레오파구스의 디오니시우스(Dionysius the Areopagite)라고 주장한다. 하지만 그는 실제로 주후 500년경에 살았으며 본질적인 모든 요소에서 플로티노스와 프로클루스의 제자였다. 그는 프로클루스의 작품들의 많은 분량을 차용했는데 종종 그 원본들에 거의 유사할 정도였다. 근본적인 신플라톤주의가 형편없이 빈약한 기독교적 치장으로 허름하게 덮여졌을 뿐이다. 무명의 저자가 자신의 정체성에 관하여 기독교세계를 속이려고 하였으며, 그의 시도는 완벽하게 성공했다. 그리하여 그 위조된 작품들은 천년 동안이나 일반적으로 진짜로 간주되어 바울의 한 제자에 의해서 씌어진 것으로 인정

받고 거의 정경적인 권위를 누렸다.[2]

이것은 기독교의 사랑 개념 안에 심상치 않은 결과들을 가득 채웠다. 이와같이 사도적 권위를 덧입은 개념들은 상식적인 헬레니즘의 에로스 이론에 불과하였다. 이제 누구라도 디오니시우스의 기독교가 바울과 신약성경의 일반적인 기독교와 전적으로 다르다는 것을 간파할 수밖에 없었다. 디오니시우스의 견해가 기독교의 더 심오한 "신비적" 의미로 받아들여졌을 때, 이것은 더 이상 불안한 것이 아니었다. 신약성경은 단순한 사람들을 위하여 선포된 기독교를 담고 있었다. 디오니시우스는 그 사도가 완전한 자들 가운데서 선포했던(고전 2:6) 그 비밀스런 "지혜"를 제공하였다. 어거스틴은 자신의 카리타스 이론에서 에로스 동기와 아가페 동기의 융합을 일으켰다. 그러나 僞디오니시우스 안에서는 순결하고 순수한 에로스 동기가 기독교의 가장 심오한 영적 의미의 자리를 차지한다.

제2절 위 디오니시우스의 근본적인 개념

僞디오니시우스 사상에서 근본적인 개념은 프로클루스로부터 차용한 것이다. 그것은 온우주에 침투하여 만물을 연대시키는 에로스의 단일한 능력 개념이다. 에로스는 특정한 영역에 제한되지 않고 최고에서 최저까지 모든 수준에서 발견된다. 그것은 육체적인 존재들은 물론이고 神性 자체, 천사들, 영적인 존재들 안에서도 발견된다. 사실 에로스의 작용은 바로 육체적인 세계까지 확장된다. 그러나 에로스가 어디에서 발견되든지, 그것의 요지는 동일하다. 그것은 "연합하고 응집시키는 능력"이다.[3] 그것은 열등자를 위한 우월자의 염려를 일으키고, 우월자를 향한 열등자의 열망을 일으키며, 또한 동일한 수준의 존재들끼리 상호유인하도록 만든다. 그리고 이것이 모든 존재의 본성적인 自己愛의 근거이다.[4]

프로클루스처럼, 디오니시우스도 에로스가 신성 자신으로부터 발원(發源)한다고 말한다. 그것은 위로부터 아래로 실존의 극단적 한계까지 흘러

내려온다. 또한 그것은 모든 피조물들이 그 신성의 신비로운 능력에 참여하도록 허용한다. 그러나 동시에 그것은 모든 피조물들의 열망을 위에 계신 하나님을 향하도록 돌려논다.[5]

우리가 살아 가는 세상보다 높은 위쪽에, 다른 모든 실존보다 높은 위쪽에 신적인 일자(the divine One)가 존재한다. 신적 일자는 언제나 그 자신 안에 머물러 있기에 우리의 모든 인식으로 파악이 불가능하다. 그분은 언제나 초월적인 위엄과 절대적인 부동성과 안식 가운데서 왕좌에 좌정해 계신다. 하나님에 대해서 말할 수 있는 것은 실제로 아무것도 없다. 하나님은 이름이 없는 존재이다(the Nameless).[6] 그러므로 신적인 것에 관한 모든 언명은 부정적인 표현들(negations)로 구성되어 있어야 한다. 물론 그것은 신성 자체가 어떤 부정적인 것이라는 암시를 주어선 안된다. 이것은 우리의 감각영역 안에서 일어나는 것 뿐만 아니라[7] 우리의 사유(思惟)영역 내에서 일어나는 것에 대해서도 타당하다.[8] 우리는 신성에 대하여 숙고할 때 이러한 논리[신에 대한 부정적인 논의만이 가능하다는 논리]를 부정함으로써 그것의 "초실재적"(超實在的, super-substantial)이고 "초신적"(超神的, super-divine)이고 "초선적"(超善的, super-good)인 존재에게 접근한다.[9] 신성은 다른 모든 것들을 초월하며 동시에 모든 긍정과 부정도 초월한다.[10] 실제로 디오니시우스가 신성에 관하여 무제한으로 주장할 수 있다고 생각하는 단 한 가지가 있다. 그것은 만물의 원인(cause, ἀιτία) 즉 모든 선악의 원인이자 모든 실재의 원인이다.[11] 그러나 이 신적인 인과율(divine causality)은 작용인(作用因, causa efficiens)과 목적인(目的因, causa finalis)을 다 포함한다. 하나님은 만물의 기원이자 궁극목적이시다. 그분으로부터 만물이 흘러나왔고, 만물은 그분에게로 흘러들어간다.[12]

디오니시우스가 하나님을 선한 분(the Good), 광명(Light), 아름다운 분(the Beautiful)으로 부를 때, 그는 사실 동일한 것을 다른 방식으로만 말할 뿐이다.

하나님을 "선한 분"으로 묘사한 디오니시우스의 의도를 이해하기 위해서, 우리는 먼저 우리 자신에게서 모든 윤리적인 연상들을 제거해야 한다.

하나님의 "선하심"은 기독교적 의미에서 그분의 자비와 사랑과는 전혀 무관하다. 형이상학적 이론들에선 보통 그렇듯이, 디오니시우스에겐 "존재"와 "선"이 동일하다.[13] 하나님의 "선"은 단순히 앞에서 언급한 이중적인 의미로 그분의 "인과율"을 의미한다. 하나님은 아르케($\dot{\alpha}\rho\chi\dot{\eta}$, 기원)이자 페라스($\pi\acute{\epsilon}\rho\alpha\varsigma$, 끝) 혹은 텔로스($\tau\acute{\epsilon}\lambda o\varsigma$, 목적)이다. 그분은 만물의 제일근원이며 궁극목표이다. 하나님의 선, 즉 그의 실재의 충만함은 그저 자신 안에만 머무를 수 없다. 그것은 말하자면 그 제방들을 넘쳐흘러 다른 모든 실존을 생산한다. 태양이 그것의 광선을 모든 방향으로 내보내어 모든 것을 비추는 것은어떤 의지적 행동에 의한 것이 아니고 단순히 실존한다는 이유 때문에 그러는 것이다. 이와 마찬가지로 신적인 一者도 오직 그 자신의 실존과 그 존재의 넘치는 충만함에 의해서만 자신의 선이 다양한 수준의 세계로 흘러 내려와 그것의 기원이 되도록 하는 수밖에 없다.[14] 그것들의 실재와 "선"은 그 선의 신적인 제일원천에서 멀어질수록 감소한다.[15] 그러나 존재하는 모든 것들이 그 선한 존재의 유출을 통하여 존재하게 된다면,[16] 그 선한 존재는 만물이 애써서 얻으려고 하는 목적이기도 하다. 모든 피조물의 욕망은 선한 존재 안에 참여하는 것이다.[17] 모든 생명과 모든 실존은 신적 존재의 충만함으로부터 분출한다. 미분화된 一者로부터 무한한 다양성이 흘러나온다. 그러나 이 다양성은 낭비되지 않는다. 신적인 "선"이 이 모든 다양성을 모아서 그것들을 그것들의 원천으로 다시 데려간다. 우주의 전체과정은 영원한 순환(循環) 속에서 "선을 위하여, 선으로부터, 선 안에서, 선을 향하여" 움직인다.[18] 그 순환 안에서 응집력은 신적인 "선"이다. 그러므로 하나님은 "흩어진 것들을 모으는 제일존재"라고 불리울 수도 있다.[19]

동일한 이유에서, 신적인 본질(essence)은 "광명"이라고 불리울 수도 있다. 왜냐하면 빛도 역시 유출과 귀환의 두 가지 특징을 가지고 있기 때문이다. 빛의 원천은 그 안에 있는 모든 빛의 충만함을 감출 수 없다. 그것은 빛으로서 바로 그 본성에 의해서 그 광선을 모든 방향으로 방출할 수밖에 없다. 그러나 동시에 이 광선들은 모든 눈[目]들을 자신들로 유인하고 그것들을 다시 빛의 원천으로 인도한다. 그래서 빛에 대해서도 불러모으고 연합시키며 완전케하는 특징이 있다고 말할 수 있다.[20]

그러나 신적인 一者는 "아름다운 존재"라고 불리워진다. 그러나 이것은 이미 이야기된 것에 아무것도 덧붙이는 게 없다. 디오니시우스에 의하면, "존재"와 "선"이 동일한 것처럼 "선한 존재"와 "아름다운 존재"도 동일하다.[21] 그래서 우리는 완전히 동일한 것을 반복하게 되어도 놀라지 않는다. 아름다운 존재는 모든 것의 작용인(作用因, causa efficiens)이면서 목적인(目的因, causa finalis)이다. 만물은 아름다운 존재에 의해서 실존하게 된다.[22] 또한 그 아름다운 존재는 그것의 유인력에 의해서 만물을 그 자신을 향하여 움직이도록 만드는 것이기도 하다.[23] 이것이 바로 아리스토텔레스적인 '그는 (그것을) 사랑받는 것으로서 움직이게 한다'(κινεῖ ὡς ἐρώμενον)와 동일한 개념이다.[24]

이 모든 것은 디오니시우스가 단일한 기초개념에 지배되고 있음을 보여준다. 그 개념의 내용은 만물이 神으로부터 유래하여 神에게 복귀한다는 것이다. 디오니시우스가 神性을 一者, 광명, 선한 존재, 혹은 아름다운 존재라고 말한 모든 경우에 이 개념이 주장된다. 디오니시우스가 신적인 一者에게 에로스라는 이름을 부여할 때 그 개념은 극치에 도달한다.[25] 이것은 우주를 연합시키는 보편적인 신의 능력에 대한 적절한 용어이다.[26] 에로스는 "존재," "선한 존재," "아름다운 존재"와 상관되는 필수적인 명칭이다. 신적인 에로스 세력이 우주 곳곳에 두루 흩어져 있지 않다면, "선한 존재"나 "아름다운 존재"에 대해서 말하는 것이 불가능할 것이다. 왜냐하면 이 것들은 본질적으로 에로스 세력이 일으키는 열망과 욕망에 의해서 구성되기 때문이다. 즉 에로스가 선한 존재나 아름다운 존재를 구성한다.

우리는 어떤 운동이나 투쟁이 발견되는 곳이라면 세상의 어디서나 에로스가 바쁘게 활동하고 있음을 확신할 수 있다. 세상은 에로스들 즉 개별적인 에로스 세력으로 충만해 있다. 여기서 디오니시우스는 플로티노스와 프로클루스를 따르고 있다. 그러나 프로클루스처럼 그는 특히 이 다양성의 통일(unity)에 관심이 많다. 그는 모든 개별적 에로스들이 신적인 一者와 동일한 총괄적인 하나의 에로스로부터 파생된다는 것과[27] 그것들이 이것에 의해서 엄격하게 결정된 상호관계 속에서 연합되어 있다는[28] 점을 보여주려고 애쓴다. 에로스의 기원과 원천은 신적인 존재 자체에 있다. 그것은 영구적인 인과율이다. 그것으로부터 신적인 에로스 세력들이 인과관계의 사슬이나 에로스에 의해서 아래쪽의 최저영역까지 전달된다. 모든 피조물은 이 사슬의 한 고리처럼 고유한 결정적 위치를 가지고 있다. 그러한 고리는 자기사랑에 의해서 견고하게 자신 안에 에워싸여 있다. 그러나 각 고리는 사슬 안에서 차지한 위치에서 이중적 임무를 가진다. 그 임무는 신적인 에로스 세력들을 바로 위의 고리로부터 받아서 그것들을 바로 밑에 있는 고리에 전달해 주는 것이다.

이것이 디오니시우스가 단조롭게 되풀이하는 원리의 의미이다. 그의 원리는 우월자는 열등자를 돌보고, 열등자는 우월자를 향한 열망에 도달하며, 동일한 수준에 있는 것들은 서로서로 교제를 가지고, 모든 피조물은 자기사랑 속에서 스스로 갇혀있다는 것이다.[29] 이와같이 에로스는 우주 안에 있는 운동의 원리이다. 바로 이 에로스가 신적인 일자를 자신 안에 머무르지 못하게 하고 자신의 전능한 창조능력에 일치하여 행하도록 떼밀었던 것이다. 그리고 신적인 일자로부터 발생한 모든 것을 똑같은 곳으로 되돌아 가도록 떼미는 것도 에로스이다.[30]

그것이 바로 디오니시우스가 에로스를 몰아적(ecstatic)인 것으로 표현할 때 전달하고 싶어했던 내용이다.[31] 에로스는 연인이 그 자신 안에만 머물러 있는 것을 허락하지 않고 자신을 자기로부터 몰아내어 사랑받는 대상에게로 향하게 한다. 디오니시우스는 어떤 면에선 옛 에로스 전통에서 이것에 대한 지지를 발견할 수 있다. 구플라톤주의와 신플라톤주의의 지혜에 의하면, 신적인 것에 대한 사랑에 사로잡힌 영혼은 무아경적 행위 속에서만 神(Deity)과의 최종적 연합을 획득한다. 그러나 디오니시우스에게서 새로운 것은 그가 이 개념을 심지어 신성 자체에도 적용했다는 점이다. 물론 그 새로운 길은 프로클루스에 의해서 미리 예비되었다. 하나님은 에로스이다. 이것은 "모든 것을 향하는 선하고 아름다운 에로스를 통하여 만물의 원인이신 그분이 모든 실존을 위해 가진 염려 때문에 에로스-선의 넘치는 충만함으로 그 자신으로부터 나와서, 말하자면 선과 아가페($\dot{\alpha}\gamma\dot{\alpha}\pi\eta\sigma\iota\varsigma$)와 에로스($\ddot{\epsilon}\rho\omega\varsigma$)에 의해서 매혹된다"는 것을 의미한다.[32]

몰아적인 사랑은 하나님을 다른 모든 것들로부터 절대적으로 고립된 보좌가 있는 천상의 고등세계로부터 저등세계로 내려오게 만든다.[33] 이제 신의 하강을 묘사할 때 아가페 개념의 어떤 회상들이 이전에 프로클루스에게 그랬던 것처럼 디오니시우스에게도 영향을 준 것처럼 보인다. 그러나 그것이 어떻든지간에, 이 사랑의 방향이 이렇게 바뀌었을지라도 그것이 여전히 전체 구조에서 에로스의 특성을 유지한다는 것은 분명하다.

그러므로 僞디오니시우스의 이론에서 근본사상은 바로 사랑의 연결고리(Chain of Love) 개념이다. 사랑의 연결고리는 하늘과 땅을 연결하고 신적인 에로스 세력을 열등세계로 끌어내리고 저등세계의 모든 욕망을 다시 신적인 세계로 이끄는 것이다. 다른 방식으로 표현한다면, 그것은 신적인 一者의 $\mu o \nu \acute{\eta}$(內住), $\pi \rho \acute{o} o \delta o \varsigma$(流出), 및 $\dot{\epsilon} \pi \iota \sigma \tau \rho o \phi \acute{\eta}$(歸還)의 개념 즉 폐쇄된 퀴클로스($\kappa \acute{u} \kappa \lambda o \varsigma$, 圓) 개념이다. 그 원 안에서 신적인 생명은 그 자신의 내부에서 無始無終의 영원한 회전운행을 계속한다. 즉 신적인 생명은 영속적인 "무아경"(ecstasy) 속에서 자신으로부터 발생하고 영구적으로 자신으로 복귀하며 또한 동시에 영구적으로 그 자신 안에 머물러 있는 회전을 한다.[34]

제3절 천상적 위계질서와 교회적 위계질서

위에서 서술한 기본개념은 僞디오니시우스의 두 작품들인 「천상적 위계질서론」과 「교회적 위계질서론에서 세부적으로 전개된 것이다.

우리의 생명의 목표는 간략하게 신화(神化, deification)로 서술될 수 있다. 그것은 우리가 가능한 한 하나님을 가장 많이 닮은 모양과 그분과의 연합으로 발돋움한다는 것을 의미한다.[35] 디오니시우스의 구원 개념에 대하여 플로티노스의 공식문구보다 더 적절한 묘사는 거의 찾아보기 힘들다. 우리 안에 있는 신적인 것은 만유(萬有) 안에 있는 신적인 것으로 인도되어야 한다.[36] 신성에 대하여 유일하게 적당한 명칭은 "일자"(the One, τὸ ἕν)나 신적 일자(τὸ ἕν θεῖον)이다. 그러나 디오니시우스는 인간 안에 있는 일자(τὸ ἕν)에 대해서도 말할 수 있다. 그것은 인간의 본성 중에서 최고의 신적인 부분이다. (디오니시우스도 "닮음은 닮음을 유인한다."는 헬라적인 원리대로 그것을 인정했다.) 그 부분에 의해서 인간은 신과의 교제를 이해할 수 있고 나눌 수 있다. 그러므로 인간의 신화(神化)나 하나님과의 ἕνωσις(聯合)는 인간의 일자(ἕν)가 신적인 일자(τὸ ἕν 혹은 θεῖον ἕν)와 하나가 되는 것이다.

디오니시우스에게 있어서 하나님과의 친교는[37] 神의 수준에서 나누는 친교를 의미한다. 그리고 그것은 정화, 조명, 및 연합의 세 주요단계를 통한 영혼의 상승을 전제한다.[38] 우리는 그 일자와의 연합을 이룩하기 위하여 먼저 모든 잡다한 분열된 감각적 생명과의 접촉으로부터 우리 자신을 정화해야 한다. 산만하게 흩어진 생각들과 욕망들을 가다듬어야 한다. 영혼은 외부적인 것들로부터 돌아서서 그 자신의 깊이로 물러나야 한다. 신적인 일자가 無始無終의 영원한 순환 속에서 내부적으로 회전운행할 때, 영혼도 이것을 모방하여 그 자신의 내면으로 돌아서야 한다. "영혼의 순환운동은 그것이 외적인 것들로부터 그 자신에게 입성하여 자신의 영적인 능력들을 통일시킴을 의미한다. 영혼의 순환운동은 영혼이 (하나의 원 안에 있는 것처럼) 길을 잃지 않도록 예방하고, 그것이 외적인 것들의 다양함을 내버리게 만들며 무엇보다도 그 영혼을 그 자신에게 집중시킨다."[39] 이처럼 영혼이 그 자신의 내면의 깊은 밑바탕으로 끌어들여질 때, 혹은 더 높은 세계를 올려다 보는 전망대처럼 그것의 최고정상에 올라갔을 때,[40] 그 영혼은 신적인 조명과 만나게 된다. 계속해서 조명은 연합으로 인도한다. 그 연합은 무아경의 상태에서 성취된다. 이것이 완전의 단계이다. 즉 영혼은 그것의 목적인 θέωσις(神化)에 도달한 것이다. 영혼은 "신성한 모세"(divine Moses)처럼 신적인 "밝은 어두움"으로 올라가서[41] 신성(Deity) 그 자체를 주목한다. 하지만 神性을 주목하는 것은 "보지 않음으로써 보는 것"이며 "알지 않음으로써 아는 것"이다.[42]

이 목표의 성취를 가능케하기 위하여 하나님은 두 개의 위계질서를 세우셨다. 그것은 천상적 위계질서와 교회적 위계질서이다.[43] 그것들의 임무는 신적인 은사들(gifts)과 세력들을 우주를 통하여 아래로 전달해 주고 열등한 존재들을 ἕνωσις(聯合)와 θέωσις(神化)로 끌어올리는 것이다.[44]

천상적 위계질서(heavenly Hierarchy)는 신적인 존재 안에 그 원형을 가진다. 하나님이 삼위로 존재하시는 것처럼, 천상적 위계질서도 역시 세 개의 삼인조(three triads)로 된(3 X 3) 천사들의 합창대로 배열된다. 이들 중에서 최고위계(位階)는 신성과 직접 연결되어 있다.[45] "확고부동한 신적인 에로스" 속에서 그것은 일자를 향하여 뻗어있으며 제일원천으로부터 직접 조명을 받는다.[46] 이것으로부터 신적인 세력들이 한 계단씩 아래로 천사들의 열등한 계층으로 전달된다. 그리고 저등한 계층은 오직 바로 위의 계층의 중재를 통해서만 신성에까지 인도된다는 것이 고정원리이다.[47]

만약 천상적 위계질서가 πρόοδος(流出)과 ἐπιστροφή(歸還)를 수반하는 신적 존재의 복제품이라면, 교회적 위계질서는 천상적 위계질서의 복제품이다.[48] 여기서도 그 목적은 동일하다. 즉 神化가 그 목적이다.[49] 그리고 동일한 고정원리가 적용된다. 신적인 힘은 상위계층을 통하여 하위계층까지 흘러내린다. 이 하위계층들이 자신들의 능력에 따라서 선하고 아름다운 존재 안에 참여하게 될 때, 그것들은 더 고등한 계층들의 중재를 통하여 신적인 기원으로 인도된다.[50]

교회적 위계질서의 최고계층은 천상적 위계질서의 최저계층과 직접적으로 연결되어 있기 때문에, 두 위계질서들은 함께 연속적인 연결고리를 형성한다. 그 연결고리는 다음의 도표가 보여주듯이 천상의 최고계층에서 지상의 최저계층까지 뻗어있다.

그 사슬에서 가장 흥미로운 고리는 천상과 지상을 연결하고 있는 것이다. 그것은 감독(Bishop) 혹은 (디오니시우스가 좋아하는 표현대로) 대사제(hierach, 대제사장)이다. 대사제는 바로 그 명칭만으로도 교회적 위계질서

디오니시우스의 위계질서들		
일자(一者) (The One)		τὸ ἕν
천상적 위계질서	I. 세라핌(Seraphim) 케루빔(Cherubim) 보좌들(Thrones) II. 주권자들(Dominions) 능력들(Powers) 권세들(Authorities) III. 정사들(Principalities) 대천사장들(Archangels) 천사들(Angels)		σεραφίμ χερουβίμ θρονόι κυριότητες δυνάμεις ἐξουσίαι ἀρχαί ἀρχάγγελοι ἄγγεελοι
교회적 위계질서	I. 감독(주교, Bishop) 사제(신부, Priest) 집사(부제, Deacon) II. 수도사들(Monks) 세례받은 기독교인들 교리문답자들(Catechumens)		ἱεράρχης 大司祭 ἱερεύς λειτουργός μοναχοί, θεραπευταί ἱερὸς λαός 聖民 κατηχούμενοι

내에서 차지하는 지배자적 지위를 지칭한다.[51] 천상적인 능력들은 대사제에게 집중된다. 그리고 대사제는 자신의 넘치는 "선" 안에서 그 능력들이 자신의 성례전 집행과 상징적 행동들을 통하여 자신보다 하위에 위치한 모든 이들에게 흘러가도록 허용한다.[52] 그는 "하나님으로 충만한 신성한 인간"이며, 성스러운 그노시스(영적 지식)의 소유자이다. 대사제를 통하여 교회적 위계질서의 다양한 계층들이 정화되고 완전하게 된다.[53] 하나님이 천상적 위계질서에서 차지하는 지위와 동일한 위치를 교회적 위계질서 내에선 대사제가 차지하고 있다.[54] 말하자면 그는 지상의 신이다. "하나님으로 충만한" 대사제는 성만찬(eucharist)을 집례하는 도중에 하나님의 제단 옆에 있는 자기의 자리를 떠나서 성전 주위를 그것의 가장 한적한 부분까

지 진행하여 그곳으로부터 그 제단으로 돌아간다. 이것은 하나님 자신의 μονή(內住), πρόοδος(流出) 및 ἐπιστροφή(歸還)를 상징한다.[55] 그러나 그것은 단순히 하나의 상징에 불과한 것이 아니다. 왜냐하면 대사제는 이 상징적 행동에 의해서 실제로 신적인 일자가 유출하고 귀환할 때 수반하는 것과 동일한 일을 행하기 때문이다. 제단에서 그는 신적인 에로스의 힘들로 충만해진다. 그는 이것들을 회중(ἱερὸς λαός, 聖民)에게 전달한다. 그리고 나서 그는 제단으로 돌아오면서 다시 자신의 일자(ἕν)로 들어가서 신적인 일자(τὸ θεῖον ἕν)와 연합한다.[56]

두 개의 위계질서들에 의하여, 신적인 일자는 우리들과 의사소통을 개설한다. 신적인 일자는 언제나 자신만의 초월 속에 머무른다. 그러나 중간에 끼어있는 모든 "계층"들의 중재를 통하여 신의 능력들이 우리에게 전달되고 우리의 욕망이 신적인 세계로 인도된다. 하지만 우리도 우리들과 신적인 존재의 친교를 수립하려면 이렇게 제공된 수단을 사용하여 초자연적 계층으로 발돋움하는 것이 필요하다. 하나님과의 친교는 우리 수준에서 일어나지 않고 신적인 수준에서 일어난다.[57] 이것은 디오니시우스의 기도 개념에서 가장 잘 보여진다.[58] 우리는 기도 중에 하나님의 축복을 우리에게 끌어내린다고 볼 수 있다. 그러나 그것은 사실이 아니다. 하나님은 자신만의 초월 속에 머무른다. 기도의 효과는 우리가 하나님께 발돋움하여 그분과 연합되는 것이다. 이것을 선명하게 설명하기 위하여, 디오니시우스는 하늘로부터 우리에게로 뻗어있는 밝게 빛나는 사슬(chain)의 직유를 사용한다. 우리가 이것을 타고서 상승하려고 하면, 우리가 그것을 우리에게 끌어내리는 것처럼 보일지도 모른다. 하지만 사실은 우리가 더 빛나는 영토로 올라가야 한다.[59]

제4절 에로스가 아가페보다 "더 신성하다"

우리는 디오니시우스의 사상이 에로스 동기에 의해서 어떻게 지배되고 있는가를 보았다. 그는 신약성경이 아가페 사랑에 대하여 언급한 내용을 발견할 때, 그 배후에서 신플라톤적 에로스를 탐지하는 것 외에는 어떤 의미도 찾을 수 없었다. 디오니시우스의 아가페란 단어는 단순히 프로클루스적 의미의 에로스를 대용한 것에 불과하다. 사랑에 관한 한 에로스는 디오니시우스가 아는 유일한 실재였다. 그는 아가페에 대하여 말하지 않았다. 이 현상은 전적으로 그가 이 단어를 기독교적 전통에서 발견했다는 사실에 기인한다. 그리고 디오니시우스가 아가페에 대하여 말한 방식을 보면, 그가 그것을 불쾌한 것으로 생각하고 기꺼이 제거해 버렸다는 점을 분명히 알 수 있다.[60] 그러나 디오니시우스는 단지 아가페란 단어의 사용에 있어서만 불쾌한 것이 아니었다. 디오니시우스는 그것의 사용을 능동적으로 반대한다. 그는 자신의 사상에서 아가페를 단순히 에로스로 해석하지 않는다. 그는 공개적으로 아가페를 에로스로 대체한다.

기독교의 어휘에서 아가페를 축출하려던 이런 시도는 단순히 아가페가 나타내는 영적 실재가 디오니시우스에겐 전적으로 낯선 것이라는 사실을 입증한다. 사실 그는 자신이 무모한 발걸음을 취하고 있다는 것을 뚜렷하게 알고 있었다.[61] 디오니시우스는 자신이 아가페를 희생하여 에로스를 옹호하는 것이 성서의 의미를 곡해하는 것처럼 보인다는 것도 알고 있었다.[62] 또한 그는 자신이 교회 내부의 여러 진영들로부터 강력한 반대를 받으리라는 것도 예상할 수 있었다.[63] 그러나 디오니시우스는 자신의 독자들에게 그러한 어려움 때문에 에로스란 용어의 사용을 포기하지 말도록 권면한다.[64]

우리는 이미 디오니시우스가 에로스에 의해서 아가페를 대체할 때 어떤 긍정적인 관심을 가졌는가를 보았다. 이제 여기서도 우리는 마찬가지로 디오니시우스가 자기의 비판자들에 반대하여 이러한 대체를 요구하기 위해 예증할 수 있었던 지원 문제에 국한시켜 볼 수 있다. 특별히 세 가지 논증이 탁월하다.

1. 먼저, 에로스와 아가페는 동의어이다.[65] 자신의 비판자들이 아가페를 에로스로 대체하기를 거부할 때, 디오니시우스는 그들이 결국엔 그 의미가

동일한 단어들이나 문구들을 고집하며 한 단어 이상으로써 표현하는 것이 불가능한 듯이 행동한다고 하여 불합리하고 어리석다고 비아냥거린다.[66] "4"를 "둘곱하기 둘"로 기술하거나 "모국"을 "조국"이라고 기술하는 것이 허용할 수 없는 것인가?[67] 하지만 에로스와 아가페의 동일성은 단순히 디오니시우스 자신의 발명품이 아니다. 그는 심지어 성경 안에도 그것에 대한 증거가 있다고 믿는다.[68] 그가 인용하는 구절들은 오리겐이 유사한 목적을 위하여 사용한 것과 동일하다.[69] 오리겐에 의지하지만 동일하게 오역하면서, 디오니시우스는 이그나티우스(Ignatius)의 말을 인용했다. "나의 에로스는 십자가에 못박혔다."[70] 이러한 에로스와 아가페의 동일시는 에로스가 아가페를 대신하고 그것을 그 자리에서 몰아내는 것을 가능케 한다. 그러나 그것은 이렇게 되어야 한다는 어떤 명확한 이유를 제공하지 않는다.

2. 여기서 두번째 논증이 제기된다. 즉 에로스는 아가페보다 더 분명하고 더 명쾌하다. 어느 단어도 그 자체로는 다른 쪽보다 우월하지 않다. 모든 단어들과 숙어들은 저등한 감각계에 속한다. 영혼이 예지계(睿智界)에 올라가서[71] 더욱이 신적인 존재와 연합을 이룩한다면,[72] 영혼은 어떤 언어나 감각적 상징들도 필요로 하지 않는다. 그러나 영혼이 저등한 수준에 있으면서 언어가 없이는 지낼 수 없는 한, 당연히 불분명한 단어들보다 더 선명하고 명쾌한 단어들이[73] 선호된다. 디오니시우스는 이 원리를 에로스와 아가페 이 두 단어에 적용했다. 아가페가 무엇인지 정확하게 아는 사람은 아무도 없다. 그것은 공허한 소리(sound)이며 무의미한 글자들의 모음(collection)이다. 그것은 입술에 의해서 발생하며 귀로 포착되는 음성이다. 그러나 아가페란 소리는 영혼으로 들어갈 수 없다.[75] 하지만 에로스가 무엇인지는 모든 이가 알고 있다. 에로스는 하나님께 올라가고 싶어하는 영혼들을 위하여 분명한 개념과 확실한 안내를 제공한다.[76]

3. 그러나 디오니시우스는 아가페보다 에로스를 선호하는 이 교육학적 이유 자체만으론 만족하지 못하였다. 디오니시우스 자신이 충분히 알고 있었듯이, 그런 관점에서 옹호하는 것이라면 아가페도 동등하게 강점을 지닌다고 논증될 수 있기 때문이다. 디오니시우스는 에로스 사용을 지지하는

성서적인 근거를 추구하다가 자신이 성경과 직접적으로 대립하고 있음을 깨달을 수밖에 없었다. 분명히 성경은 에로스란 단어를 피하고 있으며 디오니시우스가 공격하는 아가페란 단어를 편애하고 있음을 보여준다. 그는 이 성가신 사실을 교육학적인 관점을 언급하여 설명하려고 한다. 디오니시우스의 주장에 의하면, 성서는 원리상으로 에로스를 말하는 것에 대해 전혀 염려하지 않는다고 한다. 그가 가진 어려움은 사실 에로스 개념이 모호하다는 점이었다. 에로스는 천상적 에로스를 의미할 수도 있고 통속적 에로스를 의미할 수도 있다. 후자의 의미로만 에로스를 알고 있는 단순한 대중들에겐 에로스에 대한 어떠한 언급도 완전히 오해될 수 있는 심각한 위험이 있다.[77] 성경도 이것에 대하여 언급하고 있다. 그리하여 성경은 "그러한 사람들의 어리석은 편견 때문에" 오해가 발생할 수 있는 문맥들에선 에로스를 말하는 것을 피하고 대신에 모호한 아가페란 단어를 사용한다.[78] 이제 이런 경우에 아가페가 모호하지 않고 분명한 단어라는 것에 주목하는 것은 흥미있다. 교육학적 관점에선 아가페가 에로스보다 더 바람직하다.

매우 분명한 사실은 디오니시우스가 아가페를 에로스로 대체하기 원할 때 교육학적 논증만으론 충분하지 못하다는 점이다. 디오니시우스는 에로스의 분명한 우월성도 역시 옹호해야만 하였다. 그는 자신의 세번째 주요 논증에서 이것을 실행한다. 에로스는 아가페보다 더 신성하다(divine).[79] 신적인 것들에 관한 한, 에로스가 유일하게 적절한 용어이다. 그리고 신적인 것들의 고귀한 본성은 오해가 불가능하게 만들기 때문에, 신적인 수준에선 아가페란 단어의 사용이 필요하지도 않고 당연하지도 않다. "에로스"란 명칭이 신의 지혜에 대하여 사용되었기 때문에, 우리는 에로스를 어떤 저열한 것이라고 생각하는 버릇에서 벗어나서 "참된 에로스" 즉 천상의 에로스에 대한 지식으로 인도받는다.[80] 그런데 기독교인으로서 상호간에 갚아야 할 의무가 있는 사랑이 문제가 될 경우엔, 우리는 이 저등한 지상적 수준에서 오해를 방지하기 위하여 아가페를 사용할 수 있다. 왜냐하면 아가페가 좀더 조심스럽고 완곡한(euphemistic) 용어이기 때문이다.[81]

주

1) 이것들 외에도 동일한 저자에 의하여 씌여진 열개의 서신들이 있다. 언급된 작품들의 참조는 다음과 같이 나타낼 것이다. CH, De coelesti hierarchia; EH, De ecclesiastica hierarchia; DN, De divinis nominibus; MTh, De mystica theologia. 사용한 본문은 Migne, PG, vol. iii.에서 가져왔다.

2) 그것들의 편집 시기는 합리적인 정확성을 가지고 485년과 515년 사이로 고정될 수 있다. 485년에 플로티노스가 죽었다. 위디오니시우스는 주로 그의 작품들에서 표절하였다. 디오니시우스의 저술들로부터 인용한 최초의 인용문은 단성론자인 세베루스(Severus)에게서 가져온 것이다. 그는 512년부터 518년까지 안디옥의 교부였다. 533년에 콘스탄티노플에 있던 세베루스 추종자들이 아레오바고의 디오니시우스의 작품들을 언급하였다. 정통측은 이것들이 위조된 것이라고 주장하였다. 그러나 반대의견들은 곧 그쳤고 6세기 말까지 그것들의 진정성에 대한 신뢰가 일반화되었다. 특별히 (662년에 사망한) 고백자 막시무스(Maximus Confessor)는 그것들에 대한 주석을 썼으며 그것들의 명성을 확고히 하는데 조력하였다. 라우렌티우스 발라(Laurentius Valla)와 에라스무스(Erasmus)가 문체에 근거하여, 또한 루터가 실증적인 종교적 근거에서 그것들의 진정성에 의심을 품기까지, 이것은 당연하게 남아 있었다. 그것들의 위조성은 궁극적으로 두명의 로마 가톨릭 학자들인 코흐(H. Koch)와 스티글마이르(J. Stiglmayr)에 의하여 증명된다. 그들은 동일한 해에(1895) 독자적으로 "신의 이름들"(De divinis nominibus)의 방대한 부분(제4장 §18-35)이 단순히 프로클루스의 한 작품의 발췌물에 불과하다는 것을 보여주었다. 그 작품은 라틴어역 "De malorum subsistentia"로 현존하고 있다. 게다가 연구조사들은 위디오니시우스가 다른 부분에서도 얼마나 방대하게 프로클루스에게 의존하였는가를 보여주었다. 그 문헌들 중에서 우리는 다음과 같은 것들을 언급할 수 있다. H. Koch: *Pseudo-Dionysius Areopagita in seinem Beziehungen zum Neuplatonismus und Mysterienwesen*, 1900 (Forschungen zur christlichen Litteratur- und Dogmen-geschichte, hrsg. v. A. Erhard und J. P. Kirsch, Bd. I.); J. Siglmayr: *Aszese und Mystik des og. Dionysius Areopagita* (Scholastik, II.) Jahrg., 1927, pp. 161-207); H. F. **Müller**: *Dionysios, Proklos, Plotinos. Ein historischer Beitrag zur neuplatonischen Philosphie*, 1918 (**Beiträge** zur Geschichte der Philosophie des Mittelalters, hrsg. v. C. **Bæumker**, Bd. XX.). 스티글마이르는 "*Der sog. Dionysius Areopagita und Severus von Antiochien*"(Scholastik, III. Jahrg., 1928, pp. 1-27, 161-189)이라는 제하(題下)의 두 논문들에서 위디오니시우스가 안디옥의 세베루스와 동일인물이라고 주장하였다. 이 논지는 르봉(J. Lebon)에 의하여 강하게 반박되었다 (*Reuve d'histoire ecclésiastique*, vol. xxvi., 1930, pp. 880-915). 그것을 지지하기 위하여 스티글마이르는 더욱 애썼다(*Scholastik*, VII. Jahrg., 1932, pp. 52-67.).

3) τὸν ἔρωτα, εἴτε θεῖον, εἴτε ἀγγελικόν, εἴτε ψυχικὸν, εἴτε φυσικὸν εἴποιμεν, ἑνωτικήν τινα καὶ συγκαρατικὴν ἐννοήσωμεν δύαμιν. DN, cap. iv. § xv.

4) *Ibid.* Cf. DN, cap. iv., § x.: καὶ τὰ ἥττω τῶν κρειττόνων ἐπιστρεπιτικῶς ἐρῶαι, καὶ κοινωνι κῶς τὰ ὁμόστοιχα τῶν ὁμοταγῶν, καὶ τὰ χρείττω

τῶν ἡττόνων προνοητικῶς, καὶ αὐτὰ ἑαυτῶν ἕκαστα συνελτικῶς. 놀라운 것은 그가 심지어 단어를 선택할 때에도 프로클루스와 일치한다는 사실이다.

5) μία τίς ἐστιν ἁπλῆ δύναμις ἡ αὐτοκινητικὴ πρὸς ἐνωτικην τινα κρᾶιν ἐκ τακγαθου μέχρι τοῦ τῶν ὄντων ἐσχάτου, καὶ ἀπ' ἐκείνου πάλιν ἑξῆς διὰ πάντων εἰς τἀγαθόν. DN, cap. iv., § xvii.

6) ἀνώνυμος. DN, cap. i., § vi. Cf. cap. i., § i.

7) MTh, cap. iv.

8) MTh, cap. v.

9) MTh, cap. i., § 1. DN, cap. vii., § iii.에서 디오니시우스는 우리가 신성(Deity)의 지식에까지 올라갈 수 있도록 하는 수단과 사닥다리로서 우주의 질서와 배열을 지적한다. 그러나 여기에서도 마지막 단어는 부정(negation)이다.

10) οὐδέ ἐστιν αὐτῆς καθόλου θέσις, οὔτε ἀφαίρεσις ··· ἐπεὶ καὶ ὑπὲρ πᾶσαν θέσιν ἐστιν ἡ παν τελῆς καὶ ἑνιαία τῶν πάντων αἰτία. MTh, cap. v.

11) ὡς αἰτᾶν δὲ τῶν ὄντων, ἐπειδὴ πάντα πρὸς τὸ εἶναι παρίχθη διὰ τὴν αὐτῆς οὐσιοποιὸν ἀγα θότητα. DN, cap. i., § iv.

12) ··· ὡς αἰτίας, ὡς ἀρχῆς, ὡς πέρατος. DN, cap. i.,

13) DN, cap. v., § iv.

14) DN, cap. iv., § 1.

15) DN, cap. iv., § ii. f.

16) DN, cap. iv., § iv.: καὶ τἀγαθόν ἐστιν, ἐξ οὗ τὰ πάντα ὑπέστη, καὶ ἐστιν, ὑς ἐξ αἰτίας παντελοῦς παρησμένα.

17) *Ibid.*

18) ὥσπερ τις ἀῖδιος κύκλος διὰ τἀγαθὸν, ἐκ τἀγαθοῦ, καὶ ἐν τἀγαθω., καὶ εἰς ταγαθόν. DN, cap. iv., § xiv.

19) ἀρχισυναγωγός ἐστι τῶν ἐσκεδασμένων. DN, cap. iv., § iv.

20) ἡ τοῦ νοητοῦ φωτὸς παρουσία συναγωγὸς καὶ ἐνωτικὴ τῶν φωτιζομένων ἐστι, καὶ τελειωτική, καὶ ἔτι ἐπιστρεπτικὴ πρὸς τὸ ὄντως ὄν. DN, cap. iv., § vi.

21) διὸ καὶ ταὐτόν ἐσι τἀγαθῷ τὸ καλόν. DN, cap. iv., § vii.

22) καὶ ἀρχὴ πάντων τὸ καλόν, ὡς ποιητικὸν αἴτιον. *Ibid.*

23) καὶ κινοῦν τὰ ὅλα, καὶ συνέχον τῷ τῆς οἰκείας καλλονῆς. *Ibid.* 디오니시우스에 의하면, "아름다운 것"은 모든 것을 그 자신에게로 부르기(καλεῖν) 때문에 그 이름(κάλλος)을 얻는다. καὶ ωῶ πάντα πρὸς ἑαυτὸ καλοῦν (ὅθεν καὶ κάλλος λέγεται) καὶ ὡς ὅλα ἐν ὅλοις εἰς ταυ τὸ συγάγον. DN, cap. iv., § vii. 일찍이 디오니시우스는 "빛"을 응집력이라고 말할 때 유사한 어원학적 사변에 의하여 자신의 견해를 지지하려고 애썼다. 그래서 태양(ἥλιος)은 그것이 "모든 것을 연합시키며(ἀολλής) 흩어진 것들을 한데 모으기" 때문에 그 이름을 얻었다고 말해진다. διὸ καὶ ἥλιος, ὅτι πάντα ἀολλῆς ποιεῖ, καὶ συνάγει τὰ

διεσχεδασμένα. DN, cap. iv., § iv.

24) DN, cap. Cf. 본서 p. 188.

25) 이것은 DN, cap. iv., § vii.-xvii.에서 전적으로 다루어진다.

26) καὶ ἐστι τοῦτο, [ὄνομα] δυνάμεως ἐνοποιοῦ καὶ συνδετικῆς, καὶ διαφερόντως δυγχρατικῆς ἐν τῷ καλῷ καὶ ἀγαθῷ. DN, cap. iv., § xii.

27) νῦν αὖθις ἀναλαβότες ἅπαντας εἰς τὸν ἕνα καὶ συνεπτυγμένον ἔρωτα ···. DN, cap. iv., § xvi.

28) ἐπειδὴ τοὺς ἐκ τοῦ ἑνὸς πολλοὺς ἔρωτας διετάξαμεν, ἑξῆς εἰρηκότες ···. Ibid.

29) Cf. DN, cap. iv., § vii.: § x.: § xii.: § xiii.: § xv.

30) αὐτὸς γὰρ ὁ ἀγαθοεργὸς τῶν ὄντων ἔρως, ἐν τἀγαθῷ καθ' ὑπερβολὴν προϋπάρχων, οὐκ εἴασεν αὐτὸν ἄγονον ἐν ἑαυτῷ μένειν, ἐκίνησε δὲ αὐτὸν εἰς τὸ πρατικεύεσθαι κατὰ τὴν ἁπάντων γενητικὴν ὑπερβολήν. DN, cap. iv., § x.

31) DN, cap. iv., § xiii.: ἔστι δὲ καὶ ἐκστατικὸ ὁ θεῖος ἔρως.

32) DN, cap. iv., § xiii.

33) Ibid.

34) ἐν ᾧ καὶ τὸ ἀτελεύτητον ἑαυτοῦ καὶ ἄναχον ὁ θεῖος ἔρως ἐνδείκνυται διαφερόντως, ὥσπερτις ἀΐδιος κύκλος. DN, cap. iv., § xiv.

35) ἡ δὲ θέωσις ἐστιν ἡ πρὸς θεὸν ὡς ἐφικτὸν ἀφομοίωσις τε καὶ ἕνωσις. EH, cap. i., § iii.

36) Cf. supra, p. 194.

37) ἡ κοινωνία πρὸς τὸ ἕν. EH, cap. ii., § v.

38) CH, cap. iii., § iii.

39) Ψυχῆς δὶ κίνησίς ἐστι, κυκλικὴ μιὲν εἰς ἑαυτὴν εἴσοδος ἀπο τῶν ἔξω, καὶ τῶν νοερῶν αὐτῆς δυνάμεων ἡ ἐνοειδης συνέλιξις, ὥσπερ ἕν τινι κύκλω τὸ απλανὶς αὐτῇ δωρουμένη καὶ ἀπο τῶν πολλῶν τῶν ἔξωθεν αὐτὴν ἐπιστρίφουαδ καὶ συνάγουσα, καὶ οὕτως ἐπὶ τὸ καλὸν καὶ ἀγαθὸν χειραγογοῦσα, τὸ ὑπὲρ πάντα τὰ ὄντα, καὶ ἕν καὶ ταὐτόν, καὶ ἄναρχον καὶ ἀτελεύτητον. DN, cap. iv., § ix.

40) 이것은 중세 신비주의에서 "영혼의 근거," "scintilla animæ"(영혼의 불꽃), "apex mentis"(영혼의 정점), "vertex mentis"(영혼의 頂上), "intimus mentis sinus"(영혼의 내적 深淵), "Fünklein"(섬광), "Seelenburg"(영혼의 山) 등에 대하여 가졌던 개념들의 원천이다.

41) ὁ θεῖος γνόφος, MTh, cap. i., § i.: ἡ τοῦ θείου σκότους ἀκτίς. Ibid.

42) MTh, cap. ii. 디오니시우스는 여기서 자신이 니사의 그레고리와 유별나게 비슷하다는 것을 보여준다. cf. supra, pp. 431 f.

43) σκοπὸς οὖν ἱεραρχίας ἐστίν ἡ πρὸς Θεόν, ὡς ἐφικτόν, ἀφομοίωσίς τε καὶ ἕνωσις. CH, cap. iii., § ii.

44) 「천상적 위계질서에 대해서」(*On the Heavenly Hierarchy*)는 야고보서 1장 17절을 인용함으로써 독특하게 시작한다. 이 인용부는 모든 선한 선물들은 위로부터 빛들의 아버지로부터 내려온다고 말한다. 디오니시우스는 이것을 프로클루스로부터 받아들인 발출(πρόοδος)과 귀환(ἐπιστροφή)개념들과 연결한다. 신적인 빛의 발광(radiance)은 그것의 발출(πρόοδος)에 의하여 우리에게 이르러 그것의 통합능력으로 우리를 채우며 그리하여 다시 신적인 일자(the divine One)에게로 우리를 이끌어 간다(ἐπιστρέφει πρὸς τὴν τοῦ συναγωγοῦ πατρὸς ἑνότητα, καὶ θεοποιὸν ἁπλότητα). CH, cap. i., § 1.

45) CH, cap. vii., § iii.: cf. § iv.

46) CH, cap. iv., § ii.: ὁ θεῖος καὶ ἀκλινὴς ἔρως.

47) τὸ διὰ τῶν πρώτων τὰ δεύτερα πρὸς τὸ θεῖον ἀνάγεσθαι. CH, cap. iv., § iii.

48) CH, cap. i., § iii. EH, cap. vi. 3, § v.

49) EH, cap. i., § iv.

50) EH, cap. i., § ii.

51) ὡς ἱεραρχίας ἐπώνυμος. EH, cap. i., § iii.

52) αὕτη γὰαρ ἡ καθολικὴ τῶν θείων εὐκοσμία καὶ τάξις, πρῶτον ἐν μετουσίᾳ γενέσθαι καὶ ἀποπληρώσει τὸν ἱερὸν καθηγεμόνα, τῶν δι' αὐτοῦ θεόθεν ἑτέροις δωπηθησουένων, οὕτω τε καὶ ἄλλοις μεταδοῦναι. EH, cap. iii. 3, § xiv.

53) οὕτως ἱεράρχην ὁ λέγων δηλοῖ τὸν ἔνθεόν τε καὶ θεῖον ἄνδρα τὸν πάσης ἱερᾶς ἐπιστήμονα λνῶεως, ἐν ᾧ καὶ καθαρῶς ἡ κατ' αὐτὸν ἱεραρχία πᾶσα τελεῖται καὶ γινώσκεται. EH, cap. i., § iii.: cf. EH, cap. v. 1, § v.

54) CH, cap. xiii., § iv. ὡς γὰρ ἅπασαν ἱεραρχίαν ὁρῶεν εἰς τὸν Ἰησοῦ ἀποπεραιομένην, οὕτως ἑκάστην εἰς τὸν οἰκεῖον ἔνθεον ἱεράρχην. EH, cap. v. 1, § v. 딤전 2장 4절에서 하나님에 대하여 말하여진 바는 EH, cap. ii. 2, § i.에서 대사제(hierarch)에게 적용된다.

55) EH, cap. iii. 3, § iii.

56) *Ibid.* Cf. EH, cap. iii. 3, § iii.

57) 디오니시우스는 간혹 (예컨대 EH, cap. ii. 2, § i.: cap. iii. 3, § xiii.에서) 성육신 개념에 대하여 감지하였다. 그러나 그 경우에도 그것은 여전히 테오시스(θεώσις, 성결)와 하나님의 수준에서 하나님과 갖는 친교에 관한 문제이다.

58) DN, cap. iii., § i.

59) ὥσπερ εἰ πολυφώτου σειρᾶς ἐκ τῆς οὐρανίας ἀκρότητος ἠρτημένης, εἰς δεῦρο δὲ καθηκούσης, καὶ ἀεὶ αὐτῆς ἐπὶ τὸ πρόσω χεσὶν ἀμοιβαίαις, δραττίμενοι, καθέλκειν μὲν αὐτὴν ἐδοκοῦμεν, τῷ ὄντι δὲ οὐ κατήγομεν ἐκείνην, ἄνω τ ε καὶ κάτω παροῦσαν, ἀλλ' αὐτοὶ ἡμεῖς ἀνηγόμεθα πρὸς τὰς ὑψηλοτέρας τῶν πολυφώτων ἀκτίνων μαρμαρυγάς. *Ibid.* 니사의 그레고리에 나오는 "사랑의 연쇄"에 대해선 cf. 본서 p. 458을 보시오. 프

로클루스에 대해선, 본서 pp. 605 f.를 보시오. 디오니시우스는 다른 직유(simile)도 가지고 있다. 즉, 우리가 만약 배를 타고서 바위에 동여맨 밧줄을 우리에게로 끌어당기면, 바위가 우리에게 끌려오는 것이 아니라 우리와 배가 그 바위로 끌려간다. Cf. Clem. Alex., Strom. Iv., cap. xxiii. 152, 2.

60) 혼(G. Horn)은 *Amour et extase d'après Denys l'Aréopagite* (in the *Revue d'Ascétique et de Mystique*, 6ᵉ *Année*, 1925, pp. 278ff.)라는 수필에서 무엇이 디오니시우스로 하여금 기독교적 용어인 아가페를 에로스란 용어로 대체하도록 만들었는가를 애써 설명하려고 하였다. 혼(Horn)에 의하면, 아가페란 단어는 사용되면서 점차 약화되었으며 디오니시우스의 시대까지 그 힘을 상실하였다고 한다. 그래서 디오니시우스는 신적인 사랑의 충만한 힘을 표현하기 위해선 에로스란 단어를 이용하는 것이 더 낫다고 생각하였다. "그 모든 힘과 모든 생명과 모든 감정이 분명한 그런 용어로써 신적인 사랑을 표현하기를 바랐던 디오니시우스는 자신이 아가페(ἀγάπη)보다는 에로스(ἔρως)에서 더 우아하고 인상적인 표현을 발견하였다고 생각하였을 것이다"(p. 279, n. 2). 그러나 이 표현은 피상적이며 오해의 소지가 있어 보인다. 심지어 아가페가 이 시대에 전반적으로 그 힘을 상실한 것이 사실이라고 하더라도, 그것 때문에 디오니시우스가 에로스에 대해 말하기를 선호한 것은 아니었다. 에로스는 그가 알고 있던 실체(reality)였다. 그래서 그는 자연스럽게 그것을 그것의 올바른 이름으로 부르기를 선호하였던 것이다. 이밖에 다른 어떤 설명도 필요없다.

61) παρρησιάσεται δὲ καὶ τοῦτο εἰπεῖν ὁ ἀληθὴς λόγος, ὅτι καὶ αὐτὸς πάντων αἴτιος δι' ἀγαθότητος ὑπερβολὴν πάντων ἐρᾷ. DN, cap. iv., § x.

62) καὶ μή τις ἡμᾶς οἰέσθω παρὰ τὰ λόγια τὴν τοῦ ἔρωτος ἐπωνυμίαν πρεσβεύειν. DN, cap. iv., § xi. πλὴν ἵνα μὴ ταῦτα εἰπεῖν δοκῶμεν, ὡς τὰ θεῖα λόγια παρακινοῦντες. ··· *Ibid.*

63) οἱ τὴν ἔρωτος ἐπωνυμίαν διαβάλλοντες. *Ibid.*

64) ὥστε τοῦτο δὴ τὸ τοῦ ἔρωτος ὄνομα μὴ φοβηθῶμεν, μηδέ τις ἡμᾶς θερουβείτω λόγος περὶ τούτου δεδιττόμενος. DN, cap. iv., § xii.

65) ταὐτὸ σημαίνοντες. Dn, cap. iv., § xi.

66) ἔστι μὲν γὰρ ἄλογον, ὡς οἶμαι, καί σκαιὸν, τὸ μὴ τῇ δυνάει τοῦ σκοποῦ προσέχειν, ἀλλὰ ταῖς λέξεσι. *Ibid.*

67) ὥσπερ οὐκ ἐξόν τὸν τέσσαρα ἀριθμὸν διὰ τοῦ δὶς δύο σημαίνειν ··· ἢ τὴν μητρίδα διὰ τῆς πατρίδος. *Ibid.*

68) ἐηοὶ γὰρ δοκοῦσιν οἱ θεολόγοι κοινὸν μὲν ἡγεῖσθαι τὸ τῆς ἀγάπης καὶ τὸ τοῦ ἔρωτος ὄνομα. Dn, cap. iv., § xii.

69) 잠언 4장 6절, 솔로몬의 지혜서 8장 2절. 오리겐에게서 이 구절들을 찾아보려면 cf. 본서 22장 주 109번을 보시오.

70) 그가 바울의 제자인 디오니시우스라는 가설을 지키기 위하여 그는 자연스럽게 오리겐을 인용하는 것을 삼간다. 그러나 부주의하게도 그는 "신성한 이그나티우스"(Dn, cap. iv., § xii.)를 인용한다. 이그나티우스는 바울의 제자인 디오니시우스가 적절하게 인용하기엔 너무나 후대에 살았던 인물이다. 이 치명적인 실수가 천년동안 그

저자의 정체를 폭로하지 않았다는 사실은 놀라운 일이다.

71) ἐπὶ τὰ νοητά. DN, cap. iv., § xi.

72) ⋯ ὅταν ἡ ψυχὴ θεοειδὴς γινομένη, δι' ἑνώσεως ἀγνώστου ταῖς τοῦ ἀπροσίτου φωτὸς ἀκτῖσιν ἐπιβάλλη, ταῖς ἀνομάτοις ἐπιβολαῖς. *Ibid.*

73) οἱ σαφέστεροι λόγοι. *Ibid.*

74) ἠχὴ ψιλή. *Ibid.*

75) ⋯ καὶ λέξεσιν ἀγνώστοις, μὴ διαβαινούσαις εἰς τὸ τῆς ψυχῆς αὐτῶν νοερόν, ἀλλ' ἔξω περὶ τὰ χείλη καὶ τὰς ἀκοὰς αὐτῶν διαβομβουμέναις. *Ibid.*

76) ὅταν δὴ ὁ νοῦς διὰ τῶν αἰσθητῶν ἀνακινεῖσθαι σπεύδη πρὸς θεωρητικὰς νοήσεις, τιμιώτεραι πάντως εἰσὶν αἱ ἐπιδηλότεραι τῶν αἰσθήαεων διαπορθμεύσεις, οἱ σαφέστεροι λόγοι. *Ibid.*

77) ἀχώρητον γὰρ ἐστι τῷ πληγθει τὸ ἑνιαῖον τοῦ θείου καὶ ἑνὸς ἔρωτος. DN, cap. iv., § xii.

78) διὰ τὴν ἄτοπον τῶν τοιούτων ἀνδρῶν πρόληψιν. *Ibid.*

79) καίτοι ἔδοξέ τισι τῶν καθ' ἡμᾶς ἱερολόγων καὶ θειότερον εἶναι τὸ τοῦ ἔρωτος ὄνομα τοῦ τῆς ἀγάπης. *Ibid.*

80) διὸ καὶ ὡς δυσχερίστερον ὄνομα τοῖς πολλοῖς δοκοῦν, ἐπὶ τῆς θείας σοφίας τάττεται πρὸς ἀναγωγὴν αὐτῶν καὶ ἀνάστασιν εἰς τὴν τοῦ ὄντως ἔρωτος γνῶσιν (더 오래된 역본들에 따른 것: Migne는 φπῶσιν을 잘못 철자한 것 같다.) καὶ ὥστε ἀπολυθῆναι τῆς ἐπ' αὐτῷ δυσχερείας. *Ibid.*

81) *Ibid.*

제31장

디오니시우스에서 에리게나까지

제1절 낙원의 사닥다리

에로스 경건에 특징적인 사닥다리-상징 체계는 아레오파구스의 디오니시우스 이래로 천년 동안 거의 의심없이 기독교적인 神과의 친교에 대한 일반개념에 영향을 미쳤다. 그러나 이것이 전적으로 디오니시우스의 영향만으로 야기된 것은 아니다. 어거스틴도 기독교적 삶을 미덕, 사변 및 신비주의의 사닥다리에 의해서 하나님께 상승하는 것으로 표현했다. 그러나 이점에 있어선 무엇보다도 수도원적 경건의 막대한 영향력을 무시할 수 없다. 수도사들의 금욕적인 계율은 지상에서 하늘까지 놓여있는 사닥다리로 간주된다.

이런 연관 속에서 베네딕트의 수도원 규칙(Monastic Rule of Benedict, c. 529)을 상기하는 것은 흥미있다. 여기서 야곱의 사닥다리 이야기는 수도원의 중심적인 미덕인 겸손(humility)에 적용된다. "우리는 현재의 삶의 겸손에 의해서 천상적 고양(exaltation)으로 상승해간다. 우리가 최고도의 겸손의 정상(pinnacle)에 도달하여 신속하게 그 천상적 고양에 도달하려면, 우리는 위를 향한 노력행위로써 야곱의 꿈 속에 계시되었던 그 사닥다리를 세워야만 한다." [1] 이 천상적 사닥다리의 곧추선 부분들(uprights)이 우리의 몸과 영혼이다. 그리고 우리가 타고 오르는 가로단들(rungs)은 겸손의 단계들이다.[2] 베네딕트는 그렇게 겸손의 열두 단계에 대하여 언급했다. 수도사가 이것들을 통과하여 겸손이 데려다 줄 수 있는 곳까지 여행하게 되면, 그는 신적인 카리타스에 알맞게 무르익는다. 그 수도사는 진정한 하나님 사랑을 성취한 것이다. 그 사랑 덕택에 그는 모든 것 가운데서 하나님의 뜻을 쉽게 완수한다.[3]

은둔적이고 수도원적인 경건을 바탕으로 금욕적인 천상의 사닥다리에 관하여 씌어진 탁월한 문서는 6세기 말에 시내산의 수도사였던 요한네스 클리마쿠스(Johannes Climacus)의 역작, 「낙원의 사닥다리」(κλῖμαξ τοῦ παραδεέσου)이다.[4] 그 문서는 주후 600년에 이들 금욕주의 집단에서 구원의 방법과 하나님과의 친교를 어떻게 이해했는가를 대단히 명쾌하게 보여준다. 우리는 우리의 목적을 위하여 그 문서의 명증성에 특별한 관심을 기울여야 한다. 영혼이 하나님께 상승하는 것은 야곱의 사닥다리 이야기에 기초하여(창 28:12) 묘사되었다.

영혼은 감각세계에 대하여 계속해서 죽어야만 하며 큰 노력으로 하나님께 통하는 서른 개의 계단(gradus) 위로 올라가는 길을 만들어야 한다. 첫 계단에서 수도사의 임무는 열등한 것들에 대한 애착으로부터 자신을 해방하는 것이다. 그의 마음은 이 세상과 그것의 공허한 쾌락에서 돌아서야 한다. 요한 클리마쿠스는 우리들이 하나님에 의해서 혼인잔치에 초대받은 것이 아니라 우리 자신들에 대하여 슬퍼하도록 부름받았다고 말한다.[5] "감옥에서 저주받은 자들에게는 어떤 환호도 있을 수 없다. 진정한 수도사들에겐 지상에서 어떠한 축제도 있을 수 없다."[6] 오직 애도하는 것만이 실제로 세상에 대한 모든 사랑을 마음으로부터 근절할 수 있으며 인간을 세속적인 것들로부터 해방할 수 있다.[7] 그러므로 "눈물의 은사"는 영광스러운 축복이다. "자신의 죽음과 자기 죄에 대하여 언제나 생각하고 끊임없이 자신의 볼을 살아있는 눈물로 적시는 자는 참으로 영원한 파멸에서 해방된 자다."[8] 그러나 다른 종류의 눈물도 있다. 어떤 눈물들은 기만적·독선적인 정신에서 나오며, 어떤 눈물은 순수한 하나님 사랑으로부터 흘러 나온다.[9]

후자만이 여기서 다루는 문제에 해당한다. 요한 클리마쿠스에게 있어선 "전적으로 거룩한 아가페"에 의해서 고무된 눈물만이 우리에게 큰 유익이 된다는 것을 의심할 여지가 없었다.[10] "눈물의 세례"는 평범한 기독교적 세례보다 더 효능이 있다. 만약 후자가 우리를 과거의 죄로부터 정화한다면, 전자는 그 이후로 범한 모든 죄로부터 우리를 정화시킨다.[11]

우리는 요한 클리마쿠스의 윤리적·종교적 이상을 이해하기 위해서 특별히 그의 천상의 사닥다리에서 최상위의 네 개의 가로단들("gradus" 27-30)에 주의를 기울여야 한다. 수도사의 노력의 목표는 하나님 자신의 안식에 대한 반성(反省)으로서의 안식(rest, ἡσυχία)과 평정(apathy)에 도달하는 것이다. 보통 사람은 그렇게 높이 성취하지 못한다. 평범한 수도사도 그렇게 하지 못한다. 단지 은수자(hermit)로서 절대적 고독 속에서 살아가는 사람만이 즉 진정한 "헤시카스트"(hesychast, ἡσιχαστής)만이 그렇게 높은 곳에 이른다. 그는 지상의 천사로서 존재한다.[12] 천사들이 아가페 안에서 성장하기를 결코 멈추지 않는 것처럼, 헤시카스트들도 계속하여 에로스 사닥다리를 더 높이 올라가는데 싫증내지 않는다. 그리하여 마침내 그들은 세라핌(Seraphim)의 수준에 도달하여 그들 스스로 지고지상(至高至上)한 의미의 천사들이 된다.[13] 이것을 성취하는 수단은 기도(28번째 gradus)이다. 그것은 본질적으로 인간과 하나님의 완전한 ἕνωσις(연합)이다.[14] 그러나 기도에 날개를 달아주는 것은 신앙이다. 신앙이 없이는 아무도 하늘로 날아오를 수 없다.[15]

29번째 계단(gradus)에서 헤시카스트는 천상적 완전의 단계에 도달했다고 말할 수 있다.[16] 그는 모든 정념으로부터 해방되어 신적인 평정을 소유한다. 그런데 그것 자체가 본래 모든 미덕들을 포함하고 있다. 헤시카스트는 아직도 육체 안에 살고 있긴 하지만 평정을 통하여 경계선을 넘어 다른 세계로 가서 천상적 삶을 살고 있다. 그는 자신 안에 거하고 있는 하나님의 본질을 가지고 있다. 왜냐하면 하나님이 ἀπάθεια(평정)이기 때문이다.[18] 이 ἀπάθεια를 소유하는 것은 인간의 마음 속으로 천국을 가져오는 것이다.[19] 그러므로 요한 클리마쿠스는 "지상의 천국"에 대하여 말한다.

(그 자신도 이것을 과감한 표현으로 느꼈다.) 이것을 향하여 올라가는 길을 개척하는 사람이 바로 헤시카스트이다.

이 "낙원의 사닥다리"를 지배하는 동기에 대해서는 아무 의심도 있을 수 없다. 그것의 요지는 인간을 신적인 존재로 들어올리는 것이다. 그것은 헬레니즘적 경건을 가진 평범한 에로스 사닥다리이며 미덕의 사닥다리요 신비적인 상승이다. 이 사닥다리에 의해서 성취되는 목표는 에로스 경건의 평상시 목표이다. 그것은 모든 정념들을 초월하는 영혼의 안식과 고양됨 즉 ἡσυχία(안식)와 ἀπάθεια(평정)이다. 평정 가운데서 헤시카스트는 "담을 뛰어 넘는 도약"을 취함으로써 천상세계에 착륙했다. 그곳은 "왕궁의 신혼방"인 셈이다.[21] 헤시카스트는 자신이 열망하던 목표에 도달한 것이다.

그러나 아직도 한 단계가 더 남아 있다. 평정의 단계인 29번째 가로단 위에는 30번째 가로단이 놓여 있다. 거기선 모든 것들이 아가페에 집중하고 있다.[22] 우리는 '이 마지막 계단을 첨가하는 이유'에 대해서 질문할 수밖에 없다. 그 목표는 이미 달성되었다. 헤시카스트는 천상적 사닥다리에서 자신이 천상적 실존으로 이행할 수 있는 지점에 도달한 것이다. 그러면 이 새로운 단계는 왜 존재하는가? 그 대답은 매우 단순하다. 야곱의 사닥다리의 꼭대기에는 하나님 자신이 서 계신다. 그분에 관하여 원시기독교 전통은 "하나님은 아가페"(요한일서 4:8, 16)라고 말한다. 인간이 하나님과의 온전한 교제와 ἕνωσις(연합)에 도달하려면, 그도 역시 아가페가 되어야만 한다. 바로 이것이 최고단계에서 일어난다. 헤시카스트는 지상의 천사라고 말해지는데, "천사들의 신분(status)은 아가페다."[23] 이것의 결과로써 에로스 사닥다리의 꼭대기에는 아가페가 왕좌를 차지하고 있다는 색다른 개념이 나타난다.

그러나 요한 클리마쿠스 자신의 정의가 보여주듯이, 이것은 당연히 원시기독교의 아가페가 아니다. 아가페는 본성상 "신을 닮음"(godlikeness)이며 그것이 영혼에 미치는 주요 효과는 어떤 "영혼의 술취함"을 만들어 내는 것이다.[24] 이제 이미 이것은 에로스의 방향으로 가리키고 있다. 또한 그것은 요한 클리마쿠스가 원시기독교적 의미에서 아가페를 알지 않았고 단순히 기독교 전통으로부터 그 단어만을 수용했다는 사실을 보여준다. 또한 요한 클리마쿠스 자신은 30번째 단계인 아가페가 실제로 새로운 것을 전혀 더해주지 않는다는 것을 알고 있다. "아가페"와 "아파테이아"는 동일한 것의 다른 이름들에 불과하다.[25] 헤시카스트가 평정의 단계에 도달할 때, 사실상 그는 자신의 목적을 달성한 셈이다. 한 가지 더 부연해야 할 것은 요한 클리마쿠스가 가장 높은 단계에서도 아가페와 에로스란 단어들을 동의어인양 무차별적으로 사용했다는 사실이다. 그러므로 "아가페"란 단어를 근절하려고 한 僞디오니시우스의 노력은 전적으로 실패한 것이 분명하다.

제2절 위계적–성례전적인 천상적 사닥다리와 실천적–금욕적인 천상적 사닥다리

僞디오니시우스와 요한 클리마쿠스를 비교해 보면, 기독교에 관한 그 두 견해들이 공통적으로 사닥다리 개념에 의해서 지배되고 있지만 매우 상이한 근거 위에 서 있다는 것을 보여준다. 僞디오니시우스의 상승 개념은 위계적–성례전적(hierarchical-sacramental)이다. 요한 클리마쿠스와 수도원 운동의 상승 개념은 실천적–금욕적(practical-ascetical)이다. 두 이론들에서 수도자들과 은수자(隱修者)들에게 할당된 위치를 보면 그 구분은 매우 분명해진다. 디오니시우스는 그들에게 매우 낮은 등급을 부여한다. 수도사들과 은수자들은 단순한 기독교인들 바로 위에 또한 교회적 직제 아래에 위치한다. 여기서는 하늘과 땅 사이의 고리를 형성하고 신적인 능력들을 저등세계에 끌어내리며 이것을 자신의 인격 안에서 천상적 완전으로 끌어올리는 이가 감독–대사제이다. 반면에, 요한 클리마쿠스에게선 은수자–헤시카스트가 최상의 지위를 차지한다. 그는 "지상의 천사"이다. 디오니시우스는 주로 고등세계와 우리를 연결하는 객관적인 위계적 사닥다리와 우리의 상승을 가능케하는 성례전적 효력들에 관심을 가졌다. 요한 클리마쿠스는 도

덕주의적-금욕적(moralistic-ascetic) 상승에 모든 강조점을 두었다.[26]

초기엔 이 두 관점들이 간혹 긴장도 있었지만 함께 공존했다.[27] 그러나 그것들은 점차로 수렴되어 합체된다. 이 수렴을 이루는데 가장 많이 공헌한 사람이 고백자 막시무스(Maximus Confessor, 662년 사망)이다. 그는 수도원적 경건의 대변인이자 僞디오니시우스의 열렬한 추종자였다. 막시무스와 僞디오니시우스의 관계에 관하여 두 가지를 주목해야 한다. 먼저, 디오니시우스의 작품들이 교회에서 받아들여지게 된 것은 주로 고백자 막시무스의 권위에 의거한 것이었다.[28] 그 작품들은 처음에 교회의 정통적인 진영들의 의심을 받았다. 그래서 정통성에 있어서 확고한 명성을 가진 막시무스와 같은 사람이 그것들이 참된 것이라고 주장하고 그것들에 대한 주석서들을 쓰는데 전념했다는 사실은 대단히 중요한 의미가 있다. 둘째로, 디오니시우스가 아가페란 단어를 기독교의 어휘에서 근절하려던 시도에서 실패했다는 사실을 가장 잘 입증해주는 사람도 고백자 막시무스이다. 막시무스의 작품들 중의 하나는 「아가페에 대한 400개의 장들」(*Four Hundred Chapters about Agape*, κεφάλαια περὶ ἀγάπης)이란 제목을 가지고 있다. 이 제목보다 더한 증거는 불필요하다.[29]

위에서 언급된 이중적인 영향은 막시무스의 사랑관(觀)을 보아도 분명하다.

"가장 거룩하고 사실상 신성한 해석자인 아레오파구스의 디오니시우스"로부터[30] 막시무스는 에로스와 아가페가 단순히 하나의 동일한 실재에 대한 다른 명칭들이며 에로스란 단어가 아가페보다 "더 신적"이라고 배웠다.[31] 디오니시우스를 따라서 막시무스도 "하나님은 아가페다."라고 말하는 것과 "하나님은 에로스이다."라고 말하는 것이 동일하게 정확하다고 주장했다.[32] 그리고 그는 하나님을 ἐπιθυμία(욕망)라고 부르는데 주저하지 않았다.[33] 일반적으로 고백자 막시무스는 아가페, 에로스, 아파테이아(평정), 에피튀미아(욕망) 등을 구분없이 사용한다.[34]

막시무스의 「금욕서」(*Liber asceticus*)는 간결하지만 특별히 중요한 작품이다. 이 작품에서 막시무스는 아가페 개념을 도덕주의적-금욕적으로 해석했다는 사실이 발견된다. 이로써 막시무스가 수도원적 경건의 영향을 받았음이 뚜렷하게 드러난다.[35] 여기에서 성육신과 사랑의 연결방식이 우리의 목적에 특별한 관심을 끈다. 그 출발점은 "하나님은 왜 인간이 되셨는가?"(Cur Deus Homo)하는 질문에 의해서 주어진다.[36] 막시무스는 사랑을 가리킴으로써 이 질문에 대답한다. 성육신은 아가페를 섬기는 수단이다. 하지만 그것을 주목해보면, 여기서 의미하는 사랑은 하나님이 우리에게 보여주는 사랑이 아니라 하나님이 우리에게 요구하는 사랑이다.

성육신은 본래 하나님의 사랑의 현현이 아니라 인간들이 미덕상의 최고 행위인 사랑을 실천하는데 필수적인 수단이다. 강조점은 계명으로 간주되는 사랑에 전적으로 주어진다. 먼저 이중적인 사랑의 계명을 수행하기 위하여 자신을 세속적인 것들 안에 있는 쾌락으로부터 해방시키고 자신의 욕망이 신적인 존재를 향하도록 만들어야 한다.[37] 게다가 이것은 우리의 가능성의 한계 안에 있다. 둘째로 우리를 미워하고 상해하는 원수까지 포함하는 확대된 이웃 사랑이 요구된다. 이것은 본성적인 인간의 가능성의 한계를 넘어서는 것이다. 비록 인간이 세상 속의 모든 것을 포기하기로 결심했다 하더라도 "주님의 의도"를 먼저 이해하지 않으면, 그가 자신의 원수들을 사랑하는 것은 여전히 불가능하다.[38] 여기서 성육신은 우리의 조력자가 된다. 그리스도는 본성상 神이지만 하나님의 사랑 때문에 인간이 되셨다.[39] 그는 "주님의 의도"를 알았고, 어떻게 악마가 인간들을 하나님과 이웃을 향한 사랑으로부터 멀어지게 하였고 그들을 자신의 권력으로 유혹했는가를 알았다.

그리스도의 성육신의 목적은 우리를 악마의 권세에서 구출하고 하나님과 이웃에 대한 사랑을 완벽하게 수행하여 "아담의 옛 저주를 제거하는" 것이었다.[40] 그리스도를 타락시키기 위하여, 악마는 자신의 모든 유혹들을 그분에게 던져보았다. 첫번째 유혹은 광야에서 있었다. 거기서 악마는 그리스도에게 하나님 사랑보다 세속적인 것들을 선택하라고 시험했다.[41] 여기에 실패하자, 악마는 다른 공격을 시도하여, 이웃 사랑의 계명을 위반하라고 그리스도를 유혹했다. 이 목적을 위하여 그는 바리새인들과 서기관들을 충동하여 그에게 대적하게 만들었다. 그러나 그리스도는 원수의 계략을 간파하고 자신이 양보하면 발생하게될 문제들의 진상을 알고 있었기에 바리새인들과 서기관들을 미워하는 시험에 빠지지 않도록 처신했다. "얼마나 놀라운 전쟁인가! 그는 증오 대신에 사랑을 보여 주었고, 선을 통하여 악의 조상을 패배시켰다. 그러므로 그리스도는 그들의 손에서 또한 그들을 위하여 많은 악을 견뎌냈고 사랑의 계명을 위하여 남자로서 죽기까지 싸웠다."[42]

하지만 그 똑같은 싸움은 늘 새롭게 수행되어야 한다. 처음엔 사도들이 싸웠고 지금은 우리들이 싸운다. 귀신들이 우리들을 기습하는 것은 이런저런 방법으로 우리들이 사랑의 계명을 깨뜨리도록 만드는데 목표가 있다.[43] 우리가 이것을 알고 그 투쟁이 무엇을 의미하는지를 깨달으며 그리스도를 통하여 "주님의 도"를 배우고 그분을 우리의 모범으로 삼을 때, 우리는 우리의 의지를 최대한 행사하여 하나님과 이웃에 대한 온전한 사랑을 수행하여 하나님의 사랑받는 자들이 되어야 한다.[44] 그러면 이전엔 우리가 할 수 없었던 일들이 가능해진다. 그래서 주님은 우리의 구원을 우리 자신의 손에 맡겼다. 모든 것이 우리 자신에게 의존한다. "이제 우리의 구원은 우리의 의지에 달려 있다."[45]

이 마지막 문장은 고백자 막시무스가 아가페를 말하고 있음에도 불구하고 그의 전체사상은 금욕적인 자기구원의 천상적 사닥다리에 의해서 형성되었음을 매우 선명하게 말해주고 있다. 그리스도가 인간이 되신 이유는 궁극적으로 우리가 神들(gods)이 되는 것이다.[46] 우리는 신적인 평정으로 상승해야 한다. 그것은 세상적인 유혹들에 의해서 변하지 않으며 인간들의 적개심에 의해서 당황하지 않는다. 오히려 그것은 자신의 평온함을 지키고 친구든 원수든 만인에 대하여 동등하게 행동한다.[47] 모든 외적인 유사들(analogies)에도 불구하고, 이 견해는 기독교의 아가페 동기와 전혀 무관하다. 여기서 구원은 (우리에게 내려오는) 하나님의 자비롭고 용서하시는 사랑에 있지 않고, 우리들에 의해서 실천되는 사랑과 평정 안에 있다. 그리고 그 평정 덕택에 우리는 하나님에게 올라간다. 고백자 막시무스는 우리에게 평정의 미덕에 근거하지 않은 상상된 죄용서를 전혀 신뢰하지 말라고 명시적으로 경고한다. "우리가 우리의 죄를 축소하고 그것들에 대한 용서를 선포하는 그런 생각들을 소중히 하지 않기를 …. 회개의 열매는 영혼의 평정이며, 그 평정은 죄를 지워낸다."[48]

제3절 본성의 순환(Cycle of nature)

300년이 넘는 기간 동안 僞디오니시우스의 영향은 주로 그리스 세계에 한정되어 있었다. 9세기 초부터 디오니시우스의 작품들에 대한 관심이 증대되었다. 고백자 막시무스의 주석서들도 그 현상에 상당히 공헌하였다. 그런데 827년에 비잔틴 황제 미카엘 2세(Michael II)가 디오니시우스 작품들 중에서 그리스어 본문의 한 사본(寫本)을 경건한 루이스(Lewis the Pious)에게 선물했다. 이 사건은 서방 기독교에 유별나게 중요한 의미를 갖는다. 수년 후에 이것들의 라틴역본이 서방을 통하여 僞디오니시우스의 승리의 행진로를 열어 놓았다.[49] 그러나 디오니시우스의 견해들을 서방에 도입하는데 가장 많이 애쓴 사람은 요한네스 스코투스 에리게나(Johannes Scotus Erigena)이다. 그는 디오니시우스의 작품들에 관한 새로운 번역본과 주석서를 저술하였다. 그리고 자기 자신의 작품 속에서 디오니시우스의 사상과 유사한 견해를 주창하였다. 특히 그의 대작인 「본성의 구분에 관하여」(De divisione naturae)는 그 대표적인 작품이다.[50]

에리게나는 그 작품의 시작 부분에서 네 가지 형태의 본성에 관한 원리를 주장했다. 그 유명한 원리는 그 작품의 전체를 지배하고 있다. 그 네 가지 본성은 (1) 창조되지 않았지만 창조하는 본성, (2) 피조되어 창조하는 본성, (3) 피조되어 창조하지 못하는 본성, (4) 창조하지 않으며 피조되지 않은 본성 등이다.[51] 그러나 이것은 만물이 하나님으로부터 유출하여 그분에게 귀환한다는 개념을 단순히 새롭게 위장하여 제시한다. 사실 그것은 프로클루스와 디오니시우스에 의해서 친숙해진 개념이다. 첫째 본성과 넷째 본성은 하나님 자신 외에 아무것도 아니다. 하나님은 만물의 원천으로서 창조하고 피조되지 않은 본성이다. 또한 그분은 만물의 목적으로서 창조하지 않으며 피조되지 않은 본성이다. 다른 두 본성들은 하나님에게서 발생하여 그분에게 귀환하는 우주이다. "마치 강 전체가 본래는 샘에서 유래하며 그 샘에서 솟아나오는 물이 언제나 중단되지 않고 강바닥이 아무리 멀리 뻗어있어도 그 강바닥을 따라서 연이어 흐르듯이, 신적인 善도 그러하다. 그리하여 신적인 본체와 생명과 지혜는 만물의 원천에 포함된 모든 것들과 함께 먼저 제일원인들(causae primordiales)에게 흘러가서 그것들에게 실존을 부여한다. 그리고 나서 그 신적인 것은 형용할 수 없는 방식으로 제일원인들을 통과하여 우주의 여러 단계들을 통하여 제일원인들의 결과를 향하여 아래로 흘러내린다. 그 신적인 것은 항상 우월자를 통과하여 열등자를 향하여 흐른다. 하지만 그 신적인 것의 하강은 궁극적으로 그것이 본성의 가장 신비한 구멍들을 관통하는 숨겨진 경로를 따라서 자신의 원천으로 귀환하려는 목적을 가지고 있다."[53]

이러한 본성의 순환에서, 인간은 중요한 위치를 차지한다. 에리게나는 르네상스적 개념을 예견하는 방식으로 인간을 소우주로 보는 오랜 개념을 집어든다. 인간은 홀로 그 자신 안에 실존의 모든 단계에서 발견되는 것을 포함한다. 인간은 천사들처럼 "지성"(intellectus)을, 사람들처럼 "이성"(ratio)을, 동물들처럼 감각을, 식물들처럼 생명을, 그리고 물질적인 사물들처럼 물질적인 육체를 소유하고 있다. 본성 안에 있는 어떤 것도 인간에겐 낯설지 않다. 그러나 그렇기 때문에 그가 하나님께 귀환하는 것은 신적인 제일원천으로 귀환하는 것과 동일하다.[54] 전체 감각세계가 그것의 기원으로 귀환하려는 성향을 가진 것처럼,[55] 이와 마찬가지로 인간 안에도 행복욕이 심겨있다. 행복을 추구하는 욕망은 하나님에 의해서 심겨진 것이기에 박멸될 수 없다. 그것은 인간이 자연적 필연성에 의해서 자신의 최고선을 자신의 기원 속에서 추구하도록 몰아댄다.[56] 그러므로 에리게나는 모든 합리적 존재가 실제로는 하나님을 추구하고 있다고 말한다. 합리적 존재는 자신의 사악함과 죄악 중에서도 사실상 하나님을 추구한다.[57] 타락한 인간 속에서도 행복의 욕구는 잔존하며, 이 욕망은 인간이 올바르게 즉 하나님께 귀환하도록 지도한다.

하나님의 부동성(immobility)과 불변성(immutability)의 문제에 관하여 에리게나의 사랑 이론은 僞디오니시우스의 사랑관에 매우 긴밀하게 의존하여 전개된다. 하나님은 모든 운동과 변화를 초월한 고귀한 분이므로, 엄격하게 말해서 그분이 사랑한다거나 사랑받는다고 말하는 것은 불가능하다. 왜냐하면 전자는 하나님 편의 행위를 암시하며 후자는 하나님이 외적인 영향에 좌우됨을 암시하게 되기 때문이다.[58] 그럼에도 불구하고 에리게나에 의하면, 하나님이 사랑하며 사랑받는다고 말하는 것과 그분이 실제로 사랑(에로스) 자체라고 말하는 것은 모두 진실이다. 그러나 이것은 그분이 모든 사랑의 원인이라는 것 이상을 의미하지 않는다.[59] "하나님은 사랑이다."라고 말하는 것은 단순히 그분이 "본성순환"의 本源[원리]임을 의미한다. 그분은 모든 것을 유출시키는 본성이며 모든 것은 그 본성으로 귀환한다.

하지만 하나님 안에는 움직임[移動性]을 가진 사랑이 있을 수 없다. 하나님 자신은 그 무엇에 의해서도 움직여지지 않는다. 그분은 오직 자신의 아름다움에 의해서 만물을 자기쪽으로 움직이도록 만들 뿐이다. 에리게나는 자석과 빛이란 두개의 계몽적인 직유들로써 이것을 예증한다. 자석 자체는 어떤 방식으로든 운동에 관여하지 않는다. 하지만 자석은 철의 영향을 받지 않으면서도 자신의 내재적인 힘에 의해서 철조각을 끌어당기고 그것을 자기쪽으로 움직이게 만든다. 이와 마찬가지로 신성도 만물의 원인으로서 전우주를 자기쪽으로 움직이도록 만든다. 그러나 우주 가운데서 이 운동을 일으키는 것은 하나님의 운동이 아니라 단지 신적인 아름다움의 자기력 즉 유인력일 뿐이다.[60] 동일한 것이 빛의 직유에 의해서 예증된다. 빛 자체는 움직일 수 없다. 그러나 그것은 모든 살아있는 피조들의 눈을 움직이게 만들며 그것들을 자신에게 이끈다. 그리하여 빛 자체가 움직인다는 착각이 나타난다. 하지만 실제로 움직이는 것들은 모두 "눈의 광선들"(rays of the eyes)이다.[61] 그것은 본질적으로 우리가 아리스토텔레스적인

'그는 (그것을) 사랑받는 것으로서 움직이게 한다'($\kappa\iota\nu\epsilon\hat{\iota}$ $\dot{\omega}\varsigma$ $\dot{\epsilon}\rho\dot{\omega}\mu\epsilon\nu\upsilon\nu$)에서 발견하는 것과 동일한 개념이다.

사랑은 존재하는 모든 것을 결합하는 접착제다.[62] 그리고 사랑의 가장 깊은 의미는 본성의 순환을 통하여 만물을 다시 하나님께 되돌리는 것이다. 모든 사랑의 근본적인 형태는 신의 自己愛다. 사랑으로 불려지는 것이 발견되는 곳이라면 어디서든, 그것은 궁극적으로 하나님이 자신을 사랑할 때 사용하는 수단으로서 사랑의 문제이다.[63] 사랑하는 자가 그것을 알든지 모르든지, 그의 사랑은 만유를 포함하는 신적 자아 안에서 하나의 국면에 불과하다.[64] 이것으로써 우리는 에리게나가 '하나님은 사랑한다고 말하는 것이 가능할 수도 불가능할 수도 있다'고 말한 이유를 무리없이 이해할 수 있다. 우리는 그것을 아리스테텔레스적·신플라톤적인 에로스의 의미에서 논할 수 있다. 그러나 우리는 기독교적 아가페의 의미로써 그것을 언급할 순 없다. 만약 우리가 사랑을 단지 '그것은 사랑 받음으로써 다른 것을 움직이게 한다'($\kappa\iota\nu\epsilon\hat{\iota}$ $\dot{\omega}\varsigma$ $\dot{\epsilon}\rho\dot{\omega}\mu\epsilon\nu\upsilon\nu$)는 개념에 일치하게 해석할 수 있다면, 아무런 어려움도 없다. 그러면 하나님의 사랑은 혹은 하나님이 사랑하고 사랑받는다는 사실은 단지 그분이 모든 사랑을 자기쪽으로 인도함을 의미할 뿐이다.[65] "그분은 사랑받기 위하여 사랑한다"하고 에리게나는 말한다.[66] 그리고 우리가 하나님을 사랑할 때, 그분을 사랑하는 주체는 실제로 우리가 아니라 우리 안에서 우리를 통하여 자신을 사랑하는 그분이시다.[67] 그 결과는 플로티노스가 유도한 결론과 매우 동일하다. 즉 하나님은 에로스이다. 그것도 그 자신을 향한 에로스(사랑)이다.[68]

이런 의미에서 에리게나는 주저없이 하나님의 사랑에 대하여 언급한다. 하지만 에리게나는 무슨 수를 써서라도 하나님의 사랑이 기독교적 의미의 실제적인 사랑을 의미하도록 허용하는 것을 회피해야 한다. 즉 사랑은 하강하는 자기희생적 사랑이어선 안된다. 그러한 개념은 에리게나의 형이상학적 체계와 모순된다. 그의 형이상학 체계는 시종일관 自己愛를 관철시킨다. 자기애는 성삼위일체 자체에 단단히 달라붙어 있다. "만약 그때 성삼위일체가 우리 안과 자신 안에서 자기를 사랑하면, 성삼위일체는 분명히 모든 피조물들에겐 알려지지 않은 영광스러운 방식으로 자신에 의해서 사랑 받는다." ⁶⁹⁾ 이와같이 우주적인 전과정이 자기사랑 안에서 하나의 고리가 된다. 그 자기사랑 안에서 신적 존재는 영원부터 영원까지 자체 내에서 운행한다. 이것은 에리게나가 僞디오니시우스로부터 전수받은 개념이다. 에리게나의 중요도는 그 자신의 긍정적인 교훈보다 그의 번역을 통하여 僞디오니시우스의 작품들이 중세에 알려졌다는 사실에 있다.

주

1) "Unde, fratres, si **summæ** humilitatis volumus culmen adtingere et ad exaltationem illam **cælestem**, ad quam per **præsentis vitæ** humilitatem ascenditur, volumus velociter pervenire, *actibus nostris ascendentibus scala illa erigenda est, quæ* in somnio Iacob apparuit." S. Benedicti Regula Monasteriorum, cap. vii.; Florilegium Patristicum XVII,(ed. B. Linderbauer), 1928, p. 27, 11.

2) "*Scala vero ipsa erecta nostra est vita in sæculo*, **quæ** humilitato corde a Domino erigatur ad **cælum**: latera enim eius **scalæ** dicimus nostrum esse corpus et animam, in qua latera diversos gradus humilitatis vel **disciplinæ** evocatio divina ascendendos inseruit." *Ibid.*, p. 27, 17.

3) "Ergo his omnibus humilitatis gradibus ascensis monachus mox ad caritatem Dei perveniet illam **quæ** perfecta foris mittit timorem, per quam umiversa **uqæ** prius non sine formidinem observabat, absque ullo labore velut naturaliter ex consuetudine incipiet custodire." *Ibid.*, p. 31, 131.

4) Joannis Climaci Scala paradisi, Migne, PG, vol. lxxxviii., pp. 632-1161.

5) οὐκ ἔστιν ἡμῖν ὦ οὗτοι ἐνταῦθα ἡ γάμου κλῆσις, οὐκ ἔστιν οὔκουν' πάντως δὲ εἰς πένθος ἑαυτῶν ὁ καλέσας ἡυᾶς ἐνταῦθα ἐκάλεσε. Scala paradisi, Graduds VII.

6) οὐκ ἔστι καταδίκοις ἐν φυλακῇ χαρμονή, καὶ οὐκ ἔστι μοναχοῖς, ἀληινοῖς ἐπὶ γῆς ἑορτή. *Ibid.*

7) πένθος ἐστὶ κέντρον χρύσεον ψυχῆς πανσης προσηλώσεος καί σχέσεως γυμνωθέν. *Ibid.*

8) *Ibid.*

9) κάθαρσις δὲ μᾶλλον καὶ ἀγάπης τῆς εἰς θὲν προσκοπή. *Ibid.*

10) ὅτι μὲν ἄπαντα τὰ κατὰ θὲν ἡμῶν δάκρυα ὠφέλημα, ὁ ἀντιλέγων οὐδεις. *Ibid.*

11) μείζων τοῦ βαπτίσματος μετὰ τὸ βάπτισμα τῶν δακρίων πηγὴ καθέστηκεν ⋯ τὰ δὲ [δάκρυα] τῆς παναγίας ἀγάπης, τὴν ἱκεσίαν

προσδεχθεῖσαν ἡμῖν ἐμφανίζουσιν. *Ibid.*

12) ἡσυχαστίς ἐστι τύπος ἀλλέλου ἐπίγειος. Grauds XXVII.

13) οὔποτε παύσονται τῇ ἀγάπῃ προκίπτοντες ἐκεῖνοι· οὐδὶ οὗτοι καθημέραν ἐκείνοις ἁμιλλώμενοι. οὐκ ἄγνωστος παρ' ἐκείνοις τῆς προκοπῆς ὁ πλοῦτος, οὐδὲ τούτοις τῆς ἀναβάσεως ὁ ἔρως. *Ibid.*

14) προσευχή ἐστι κατὰ μὲν τὴν αὐτῆς ποιότητα συνουσία καὶ ἔνωσις ἀνθρώπου καὶ θεοῦ. Grauds XXVIII.

15) πίωτις προσευχὴν ἐπτέρωσε· χωρὶς γὰρ ταύτης εἰς οὐρανὸν πετασθῆναι οὐ δύναται. *Ibid.*

16) αὕτη οὖν ἡ τελεία τῶν τελείων ἀτέλεστος τελειότης. ⋯ Gradus XXIX.

17) ὁ τοιαύυτης καταστάσεως ἠξιωμένος, ἔτι ὢν σαρί, αὐτὸν τὸν ἐνοικοῦντα. ⋯ *Ibid.*

18) σχολάσατε καὶ γνῶτε, ὅτι ἐγωβ εἰμι ὁ θεὸς καὶ ἡ ἀπάθεια. *Ibid.*

19) οὐδὲν γὰρ ἕτερόν τι ἔγωγε ἀπάθειαν ὑπείληφα εἶναι ἀλλ' ἢ ἐγκάρδιον νοὸς οὐρανόν. *Ibid.*

20) ⋯ περὶ τοῦ ἐπιγείου οὐπανοῦ ἐκ θρασύτητος φιλοσοφεῖν ἀρχόμεθα. *Ibid.*

21) δράμωμεν, ἀδελφοί, τῆς ἐν τῷ νυμφῶνι τοῦ παλατίου εἰσόδου τυχεῖν ⋯ ἐν τῷ θεῷ μου ὑπερβήσομαι τεῖχος. *Ibid.*

22) Gradus XXX.

23) ἀγάπη ἀγγέλων στάσις. *Ibid.*

24) ἀγάπη κατὰ ηὲν ποιότητα ὁμοίωσις αεοῦ, καθ' ὅσον βροτοῖς ἐφικτόν. κατὰ δὲ ἐνέργειαν μέθη ψυχῆς. *Ibid.*

25) ἀγάπη, καὶ ἀπάθεια, καὶ υίοθεσία, τοῖς ὀνόμασι, καὶ μόνοις διακέκριται. ὡς φῶς, καὶ πῦρ, καὶ φολξ εἰς μίαν συντρέχουσιν ἐνέργειαν, οὕτω καὶ περὶ τούτων νόει. *Ibid.*

26) 이 두 측면들은 사닥다리에 대한 플라톤의 심리학적-교육학적 개념과 아리스토텔레스와 신플라톤주의의 좀더 우주론적인 개념 사이의 차이점이 기독교의 토양 위에서 새로운 상황에 재현된 것으로 묘사할 수 있다.

27) Cf. e.g., Johannes Climacus: Scala paradisi, Gradus VII.: οὐχ ἁρμόζει πενθοῦσι θεολογία. διαλύειν γὰρ αὐτῶν τὸ πένθος πέφυκεν. ὁ ηὲν γὰρ τῷ ἐπὶ θρόνου καθημένω διδασκαλικῷ ἔοικεν.

28) 막시무스는 Prologus in opera Sancti Dionysii, Migne, PG, vol. iv., pp. 16 ff.에서 이 작품들의 진정성에 대한 반론들에 답변한다. 가장 인상적인 반대들 중의 하나는 위에서(p. 591, n. 1) 언급하였던 것처럼 그가 이그나티우스를 인용한다는 것이다. "나의 에로스는 십자가에 못박혔다." 그러나 막시무스는 자신이 이것까지도 만족스럽게 설명할 수 있다고 생각한다. cf. Maximi in librum De divinis nominibus scholia, cap. iv., § xii.: PG, vol. iv., p. 264 C, D.

29) Capita de caritate; PG, vol. xc.

30) Mystagogia, introduction; PG, vol. xci.

31) ὅτι ἡ ἀγάπη ἔρωτα δηλοῖ, καὶ ὅτι θειότερον ὄνομα τοῦ ἔρωτος. Scholia in lib. De divinis nominibus, cap. iv., § xii. ὅτι τὸ αὐτὸ δύναται ἀγάπη καὶ ἔρως. Ibid.

32) εἰ γὰρ ὁ ἔρως αὐτός ἐστιν ἡ ἀγάπη, ὡς προείρηται, γέγραπται δέ, ὅτι θεὸς ἀγάπη ἐστί, δῆλον ὅτι πάντων ἐνοποιὸς ἔρως ἤτοι ἀγάπη ἐστίν. Ibid., cap. iv., § xv.

33) ὁ Θεὸς ἀγάπη ἐστί, καὶ ἐν τῷ ᾄσματι ὁμοίως ἀγάπη εἴρηται· καὶ πάλιν γλυκασμὸς καὶ ἐπιθυμία, ὅ ἐστιν ἔστιν ἔρως. Ibid., cap. iv., § xiv.

34) Capita de caritate, Centuria i. 2. Cf. Centuria ii. 48. 게다가 에로스와 아가페는 직접적으로 연관되었다. ὁ ἔρως τῆς ἀγάπης(아가페의 에로스), Centuria i. 10. ὁ ἀγαπητικὸς ἔρως(아가페적 에로스), Schol. in lib. De div. nom., cap. iv., § xiv.

35) Liber asceticus (λόγος ἀσκητικός); PG, vol. xc.

36) τίς ὁ σκοπὸς ἦν τῆς τοῦ κυρίου ἐνανθρωπήσεως; Liber asceticus 1.

37) Ibid., 6.

38) ἀδύνατόν τινα ἀγαπῆσαι τὸν θλίβοντα … ἐὰν μὴ τὸν σκοπὸν τοῦ κυρίου ἐν ἀλκηθείᾳ γινώσκη. Ibid., 9.

39) 오리겐적 전통을 따라서 그는 그리스도의 사랑에 대하여 아가페가 아닌 필란트로피아(φιλανθρωπία, 인류애)를 사용한다. Ibid., 10.

40) Ibid.

41) … εἴ πως δυνηθῇ καὶ αὐτὸν ποιῆσαι τὴν τοῦ κόσμου προτιμῆσαι ὕλην τῆς εἰς θεὸν ἀγάπης. Ibid.

42) ὦ παραδόξου πολέμου ! Ibid., 12.

43) ἐὰν οὖν καὶ σύ, ἀδελφέ, τοῦτον κρατήσῃς τὸν σκοπόν, δύνασαι καὶ σὺ τοὺς μισοῦντας ἀγαπᾶν· εἰ δὲ μὴ γε, ἄλλως ἀμήχανον. Ibid., 15.

44) Ibid., 15, 30, 42.

45) ἐν τῷ θελήματι ἡμῶν ἐστι λοιπὸν ἡ σωτηρία ἡμῶν. Ibid., 42.

46) γενώμεθα θεοὶ δι' αὐτόν· διὰ γὰρ τοῦτο ἄνθρωπος γέγονε, φύσει ὢν θεὸς καὶ δεσπότης. Ibid., 43.

47) … πάντα ἄθρωπον ἐξ ἴσου ἀγαπῆσαι. Capita de caritate, Cent. ii. 10. ὁ τέλειος ἐν ἀγάπη, καὶ εἰς ἄκρον ἀπαθείας ἐλθών, οὐκ ἐπίσταται διαφοράν … πάντας ἐξ ἴσου θεωρεῖ, καὶ πρὸς πάντας ἴσως διάκειται. Ibid., Cent. ii. 30.

48) ἀπάθεια δὲ ἐξάλειψις ἁμαρτίας. Liber asceticus, 44.

49) 이전에 일반적으로 받아들여졌던 견해는 요한네스 스코투스 에리게나(Johannes Scotus Erigena)가 최초로 860년 무렵까지 라틴어로 번역하였다는 것이었다. 그러나 10년 전보다 더 일찍부터 테리(G. **Théry**)는 20여년이나 더 오래된 라틴어 역본을 발견하였다. 그것은 생 드니(Saint-Denis)의 수도원장이었던 힐두인(Abbot

Hilduin)에 의하여 만들어졌던 것이다. 나중에 디오니시우스의 작품들은 중세기를 통하여 여러 차례 라틴어로 번역되었다. 특별히 중요한 것은 요한네스 사라케누스(Johannes Sarracenus)의 번역이었다. 왜냐하면 위대한 알베르투스(Albertus Magnus)와 토마스 아퀴나스(Thomas Aquinas)가 그것의 본문을 자신들의 디오니시우스 주석의 기초로 취하였기 때문이다. 이 분야의 최신연구조사는 그랍만의 작품에서 발견된다(M. Grabmann: *Die mittelalterlichen lateinischen Übersetzungen der Schriften des Pseudo-Dionysius Areopagita.* In M. Grabmann: *Mittelalterliches Geistesleben,* Bd. I., 1926, pp. 449-468).

50) Migne, PL, vol. 122. 에리게나에 관한 더욱 최근의 문헌에 대해선 다음과 같은 것들이 있다. H. **Dörris**: *Zur Geschichte der Mystik. Erigena und der Neuplatonismus,* 1925. H. Bett: *Johannes Scotus Erigena,* 1925; P. Kletler: *Johannes Eriugena,* 1931.

51) De divisione **naturæ**, lib. I. 1. Cf. lib. II. 1.

52) "Quoniam vero ad eandem causam omnia, **quæ** ab ea procedunt, dum ad finem pervenient, reversura sunt, propterea finis omnium dicitur, et neque creare neque creari perhibetur." Lib. II. 2.

53) Lib. III. 4.

54) "Humana siquidem natura in universitate totius **conditæ naturæ** tota est, quoniam in ipsa omnis creatura constituta est, et in ipsa copulata est, et in ipsum reversura, et per ipsum salvanda. ⋯ Ibi intellectus, ibi ratio, ibi sensus, ibi seminalis vita, ibi corpus." Lib. IV. 5. "Ac per hoc non immerito dicitur homo creaturarum omnium officina, quoniam in ipso universalis creatura continetur. Intelligit quidem ut angelus, ratiocinatur ut homo, sentit ut animal irrationale, vivit ut germen, corpore animaque subsistit, nullius **creaturæ** expers. Extra **hæc** enim nullam creaturam invenis." Lib. III⟩ 37.

55) "Et non solum de partibus sensibilis mundi, verum etiam de ipso toto id ipsum intelligendum est. Finis enim ipsius principium suum est, quod appetit." Lib. V. 3.

56) "NIhil aliud appetit, nisi summum bonum, a quo veluti principio incipit moveri, et ad quod veluti finem motum suum accelerat." Lib. V. 26.

57) "Tota siquidem rationalis cratura, **quæ propriæ** in hominibus intelligitur subsistere, etiam in delictis suis perversisque anfractibus Deum suum, a quo est, et ad quem contemplandum condita est, semper **quærit**." *Ibid.*

58) "Vellem tamen apertius mihi suadeas, ut clare videam, dum audio Deum amare vel amari, ni aliud nisi ipsius naturam sine ullo motu amantis vel amati intelligam." Lib. I. 74. "Num ineptum incongruumque est, si quis putaverit, agere vel pati ipsi naturde accidere, **quæ** in seipsa nullum motum ad agendum, nullum habile ad patiendum percipit?" Lib. II. 28.

59) "Merito ergo amor[ἔρως] Deus dicitur, quia omnis amoris causa est, et per omnia diffunditur, et in unum colligit omnia, et ad seipsum ineffabili regressu revolvitur, totiusque **creaturæ** amatorios motus in seipso terminat." *Ibid.*

60) "Sicut ergo lapis ille, qui dicitur magnes, quamvis naturali sua virtute ferrum

sibimet propinquans ad se attrahat, nullo modo tamen, ut hoc faciat, se ipsum movet, aut a ferro aliquid patitur, quod ad se attrahit: ita rerum omnium causa omnia, **quæ** ex se sunt, ad seipsam reducit, sine ullo sui motu, sed sola **suæ** pulchritudinis virtute." Lib. I. 75. "Ipse enim solus vere amabilis est, quia solus summa ac vera bonitas et pulchritudo est." Lib. I. 74.

61) Lib. I. 75.

62) "Amor est connexio ac vinculum, quo omnium rerum universitas ineffabili amicitia insolubilique unitate copulatur. Potest et sic definiri: Amor est naturalis motus omnium rerum, **quæ** in motu sunt, finis quietaque statio, ultra quam nullus **creaturæ** progreditur motus." Lib. I. 74.

63) "Et ad se omnia attrahit: moveri quoque dicitur, quoniam seipsam ad seipsam movet, ac per hoc seipsam movet, ac veluti a seipsa movetur. Deus itaque per seipsum amor est." Lib. I. 75.

64) "Pati dicitur, quia vult ab omnibus amari, et seipsam amat in omnibus. Ipsa enim est substantialis et verus amor, et plusquam substantialis amor; et eum amant, **quæcunque** amant, sive sciant quia amant, sive nesciant." Lib. II. 28.

65) "… quia eum omnia appetunt, ipsiusque pulchritudo omnia ad se attrahit." Lib. I. 74.

66) Lib. I. 75. 여기에선 고백자 막시무스(Maximus Confessor)의 말이 인용된다. Cf. Lib. II. 28: "… quia vult ab omnibus amari, et seipsam amat in omnibus."

67) "Non vos estis, qui amatis. … Ipse amat … seipsum in vobis." Lib. I. 76. "Amat igitur seipsum et amatur a seipso, in nobis et in seipso." Lib. I. 75.

68) Cf. 본서 pp. 198 ff.

69) Lib. I. 76.

제4편
종합의 완성(Ⅲ)

중세의 사랑 이론

제32장

도입부

사람들은 오랫동안 습관적으로 중세시대(Middle Ages)와 그 지적인 작업에 대하여 약간 경멸적으로 말해왔다. 중세는 활력있는 영적 생활과는 무관한 지루한 이론들이나 보잘것 없는 스콜라주의(scholasticism)를 대변했다. 이러한 모욕은 부분적으론 개신교[福音主義] 진영에서 중세를 그 자체적인 근거에 입각하여 판단하기보다 종교개혁에 의해서 평가한다는 사실에 기인하는 것으로 보인다. 그러나 좀더 설득력 있는 이유는 아마 르네상스가 중세 스콜라주의의 가치를 부정적으로 평가하기 때문인 것 같다. 이러한 견해가 중세에 대한 일반적인 역사적 관점을 크게 압도하고 형성했다. 그러나 집약적인 현대적 연구는 중세의 영적 공헌에 대하여 매우 다르게 평가하게 되었다.[1] 중세의 사상가들은 사실 다음 시대를 위하여 극도로 중요하고 위대한 작업을 한 가지 하였다. 특별히 르네상스(Renascence)도 중세에 매우 큰 빚을 지고 있다. 비록 르네상스가 그 사실을 인정하지 않는다 하더라도 중세에 대하여 감사해야 한다.

우리는 중세의 사랑 이론을 기술하면서 처음부터 어려움에 직면한다. 중세 기독교 전체가 카리타스 종교이며 카리타스 윤리이기 때문이다. 중세적 사상에 의하면, 카리타스는 단순히 기독교의 한 요소가 아니고 전부이다. 원리상으론 아무것도 카리타스의 영역을 벗어날 수 없다. 중세의 사랑 이론을 신뢰할만하게 묘사하려면, 엄밀하게 중세의 종교·윤리사상을 철저하게 설명하는 것이 필요할 것이다. 그렇게되면 우리는 당면한 연구영역을 벗어나게 된다. 그래서 우리는 중세적인 사랑관을 매우 일반적으로 개관하는 것에 국한해야 한다. 하지만 우리가 그렇게 제한하는 이유는 단지 자료를 제한해야 할 필요성 때문만은 아니다. 더욱이 이 영역에서 좀더 세부적인 연구를 하기에는 중세신학의 작업이 너무 부족해서 그런 것도 아니다. 결정적인 이유는 좀더 세부적인 설명을 하게되면 중세시대가 기독교의 사랑 개념의 역사에 기여했던 의미심장한 공헌을 흐리게 하는 경향이 있기 때문이다. 이 공헌은 중세의 다양한 학파들 사이에 존재하던 견해차나 예리한 경쟁과는 매우 동떨어진 것이다. 이 차이점들이 중세에 관한 역사적인 묘사를 너무 지나치게 결정하고 왔다. 그것들은 경쟁적인 파당들에겐 충분히 활기있었으나 더 큰 관점에서 보면 단지 수면의 잔물결에 불과하다. 그 수면 아래에선 중세적인 영적 생활이 광범위한 균일성(均一性)을 보여준다.

중세시대의 신학은 종종 스콜라주의와 신비주의, 플라톤주의와 아리스토텔레스주의, 실재론(實在論)과 유명론(唯名論), 프란체스코파 사상과 토마스 사상 등과 같은 구분들에 기초하여 설명되어 왔다. 그러나 이러한 관점들이나 이와 유사한 전통적인 관점들이 우리의 연구를 지배해선 안된다. 그 이유는 앞서 언급된 바로부터 분명하다. 중세에 대한 많은 잘못된 생각들이 르네상스로부터 출발했듯이, 스콜라주의와 신비주의가 대립적인 영적 운동들이라는 생각도 르네상스에서 나왔다. 르네상스는 스콜라주의를 자신의 진정한 적수라고 간주하고 그것 안에서 단지 삶의 접촉이 없는 공허한 교조주의(dogmatism)만을 보았다. 반면에 신비주의는 종교생활 자체의 자유롭고 직접적인 표현으로서 수용되었다.

그러나 이러한 관점은 분명히 유지될 수 없다. 왜냐하면 위대한 알베르투스(Albertus Magnus), 토마스 아퀴나스(Thomas Aquinas) 및 보나벤투라(Bonaventura)와 같은 이름들이 우리에게 상기시키듯이, 으뜸가는 스콜라학자들(scholastics)이 신비주의 내에서 탁월한 지위를 차지하고 있기 때문이다.[2] 게다가 스콜라주의와 신비주의 안에서 공통으로 표현되는 근본적인 동기가 동일하기 때문이다. 또한 중세사상 내의 플라톤주의와 아리스토텔레스주의의 대립에도 비슷한 평가가 해당한다. 방법의 관점에선 그 구분이 중요할지 모른다. 그러나 우리가 기본적인 종교적·윤리적 동기에 주의를 기울인다면, 다시금 우리는 그것이 두 경우에 모두 동일하다는 것을 발견한다. 비록 언급된 모든 구분들이 어떤 긴장(어쩌면 대립)에 대하여 표현한다고 말할 수는 있겠지만, 그러나 그것은 항상 공통된 기초 위에 토대한 대립이라고 말할 수 있다. 그리고 가장 중요한 것은 분리하는 것이 아니라 공통적으로 유지되는 것이다. 우리가 발견하고 주의를 집중시켜야 하는 것은 이 공통근거이다. 그 공통근거는 중세기의 논쟁들에서 아무런 동요도 일으키지 않는다. 왜냐하면 그것은 모든 학파들에게 자명한 전제이기 때문이다.

중세시대는 전통의 시대이다. 신학적인 관심이 개별적인 공헌에 집중한다기보다 개별적 견해들이 거대체계(巨大體系)를 형성하는 종속요소가 되었다. 모든 것은 이 거대체계로 환원된다. 이 사실은 본연구의 발표에도 영향을 미칠 것이다. 지금까지 우리는 기독교의 사랑 개념의 역사를 역사적인 주요 대표자들의 이론들을 통하여 추적했다. 그러나 이 방법을 중세에 적용하는 것은 단지 무한한 반복만을 거듭하게 될 것이다. 게다가 그 방법은 중세신학의 진정한 공헌을 모호하게 만들 것이다. 그러므로 우리는 개인적 공헌이 아니라 관련문제들(problems)을 다룰 것이다. 중세시대의 작업재료는 대개 이미 전통 안에서 특히 어거스틴과 아레오파구스의 디오니시우스에서 주어졌던 것들이다. 그러나 그들이 이 자료들을 어떻게 다루며, 내재된 어려움을 어떻게 찾아내고 그것들을 극복하려고 어떻게 노력하는가를 보는 것은 흥미있다. 어떤 측면에선 중세시대도 역시 기독교의 사랑 이론에 대하여 고유한 공헌을 하였다. 그 공헌은 이전의 전통과 거의 전적으로 독립된 것으로 볼 수 있다.

그러므로 우리는 본 연구를 다음의 세 가지 주요 질문에 집중시킬 수 있다. (1) 중세적인 기독교 해석의 일반적 성격, (2) 카리타스 이론의 발전,

(3) 중세시대가 사랑 이론에 기여한 독창적 공헌.

주

1) 특별히 *Beiträge zur Geschichte der Philosophie des Mittelalters. Texte und Untersuchungen.* In Verbindung mit G. von Hertling, F. Ehrle, M. Baumgartner und M. Grabmann hrsg. von Cl. **Bæumker**.

2) M. Grabmann: *Die Geschichte der scholastischen Methode*, Bd. II., 1911, p. 94 f.: "스콜라주의와 신비주의가 정반대를 의미한다는 생각은 데니플(Denifle)의 획기적인 원전 연구에 의하여 과학적 신화임이 폭로되었다."

제33장

중세적인 기독교 해석

제1절 우주론과 상향성(上向性)

중세시대의 종교적 우주론은 웅장한 균일성(均一性)을 보여준다. 그것은 단순한 회화적 도식인 알렉산드리아적 세계도식, 사닥다리 개념 및 上向性에 의해서 지배되고 있다. 알렉산드리아적 세계도식이 어느 한도까지 전체를 형성했는지는 아마 토마스 아퀴나스가 자신의 「신학대전」(*Summa Theologiae*)을 구성할 때 바로 이 도식을 따랐다는 사실에서 가장 명확하게 보여진다. 그 도식에 의하면 만물은 두 가지 운동 방향을 가진다. 즉 만물은 神으로부터 유출(πρόοδος)하여 그분에게 귀환(ἐπιστρπφή)한다.

그러나 알렉산드리아적 세계-도식(圖式)은 스콜라주의뿐만 아니라 신비주의에 대해서도 적어도 동등하게 결정적이었다. 위대한 중세신비가들 중 어떤 사람도 이것에 대한 증거를 제공할 것이다. 그리고 여기에 한 실례를 들 수 있다. 하인리히 주조(Henry Suso)가 자신의 「자서전」(*Seuses Leben*)의 마지막 장에서 그것의 내용과 자신의 신비주의적 견해 일반을 간략히 요약하려고 할 때,[1] 그는 그것을 어떻게 영이 신적 존재로부터 나와서 다시 그것으로 흘러들어가는가에 집중시킨다.

게다가 그는 자신의 논증을 예시하기 위하여 한 그림(drawing)을 추가한다. 그것은 전적으로 원(κὐκλος) 개념과 μονή(內住), πρόοδος(流出) 및 ἐπιστροφή(歸還) 도식에 의해서 지배되고 있다.

하인리히 주조(H. Suso)가 예시한 중세 기독교

이 그림은 수소나 중세 신비주의의 전망 뿐만 아니라 중세시대의 특징적인 기독교 개념 전반을 탁월하게 잘 예시하기 때문에, 여기에 다시 복사하였다. 당신은 그것을 659쪽에서 발견할 수 있다. 다음의 설명은 그것에 대한 주석인 셈이다.

그 발생은 (그림의) 왼쪽 윗 구석에서 시작한다. 거기에는 영원한 신적 실체의 "깊이를 알 수 없는 심연"(fathomless abyss)이 세개의 동심원들 혹은 "고리들"로 보인다. 그리고 거기엔 다음과 같은 설명적인 주석이 첨부되어 있다. "Diz ist der ewigen gotheit wisloses abgruende, daz weder anvang hat noch kein ende"(이것은 無始無終의 깊이를 알 수 없는 영원한 신성이다). 이것으로부터 오른쪽 윗부분에 있는 신성(Godhead)의 세 위격들(three Persons)이 유래한다. 성령은 성부와 성자 사이에서 그들을 연합하는 사랑의 계약으로서 나온다. 위격들의 삼위일체는 본질적인 통일성 안에 있다. "Diz ist der personen driheit in wesenlicher einikeit, von dem cristanr gelob seit"(이것은 본질적인 일치 안에 있는 위격들의 삼위일체이다. 기독교인은 그것을 찬미한다).

삼위일체 바로 밑에는 한 천사의 모습이 있다. 그는 신성이 피조물에게 유출되는 "천사적 본성의 유출"의 제일단계를 나타낸다. "Disú figur ist der ussfluzz engelschlicher natur"(이 모습은 천사적 본성의 유출이다). 그 천사 곁에는 추락하는 귀신이 있다. 이것은 천사적 세계에서 일어났던 타락을 상징한다. 신적인 유출의 다음 단계는 "신성을 따라서 만들어진" 인간 본성이다. "Diz ist menschlichú geschaffenheit gebildet nach der gotheit"(이것은 신성을 따라서 형성된 인간의 창조이다). 그러나 여기서 그 길들이 갈라진다. 어떤 사람들은 자신들의 사랑을 세상과 세속적 정욕으로 향한

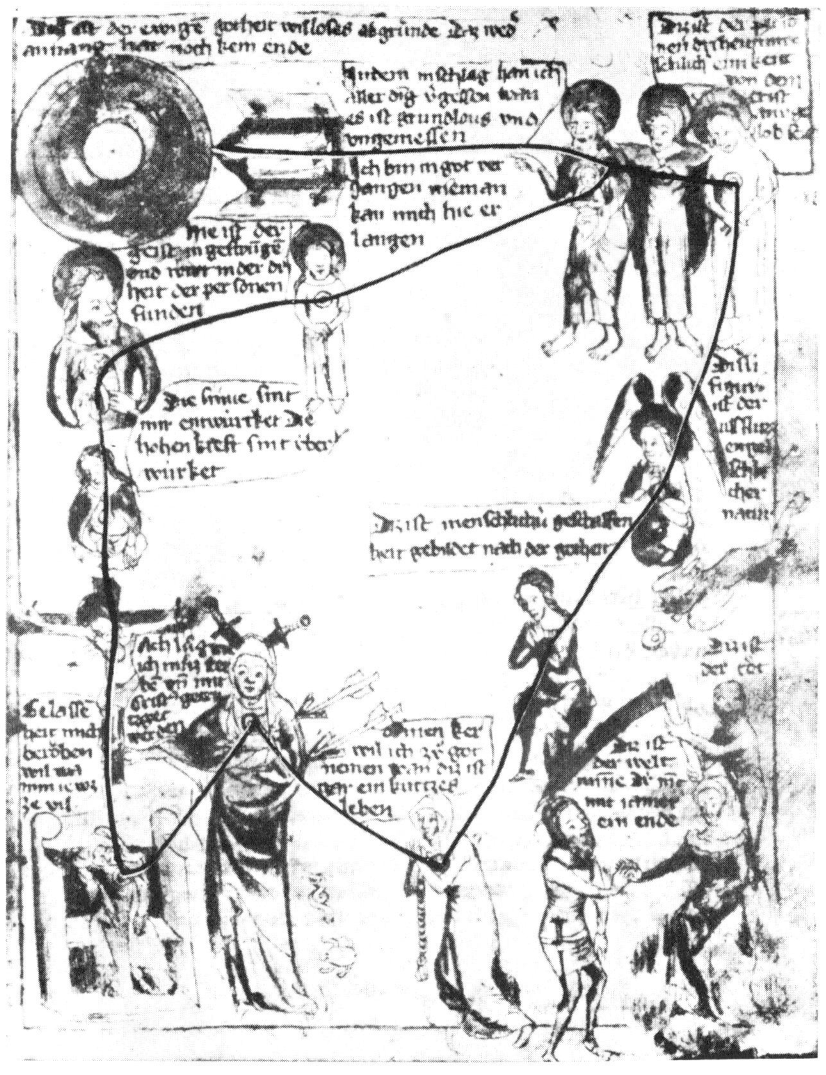

주조 : 성령의 유출과 귀환

다. 이렇게 불행으로 마감하는 세상 사랑은 (오른쪽 아래 구석의) 춤추는 한 쌍의 남녀에 의해서 상징화된다. "Diz ist der welt minne, dú nimt mit jamer ein ende(이것은 불행하게 끝나는 세상에 대한 연애이다). 그리고 이 것을 상기시키는 옛 추수꾼(Old Reaper) 즉 사망이 그 배경에 힐끗 비쳐진 다. "Diz ist der tot"(이것은 죽음이다). 그러나 다른 사람들은 생명의 짧음과 비영구성을 기억하고 하나님께 돌아가서 정화, 조명 및 연합의 길에 의해 서 완전에 도달한다. 이렇게 세상으로부터 하나님으로 전환하는 것은 (아 래 중간에) 무릎꿇고 있는 수녀에 의해서 묘사된다. 그녀는 이 생명이 짧 기 때문에 하나님을 추구하고 있다. "Minen ker vil ich zu got nemen, wan diz ist gar ein kurtzes leben"(이것은 짧은 생애이지만, 나는 오로지 하나님만 을 사랑할 것이다).

그 다음으로 왼쪽에 있는 그림들은 영혼의 상승경로를 예시한다. 한 위 대한 인물이 검(劍)들과 화살들에 의해서 꿰뚫어지고 뱀들과 전갈들에 의 해서 둘러싸여 있다. 그는 자신의 오른 손에 그리스도 수난상을 하나 들고 서 어떻게 인간이 죽어야 하며 그리스도와 함께 십자가에 달려야만 하는 가를 보여준다. "Ach lug, wie ich muz sterben und mit Cristus gecrutzget werden!"(아아, 내가 어떻게 죽어야 하는지 내가 십자가에서 어떻게 그리 스도와 함께 죽어야 하는가를 보라). 그리고나서 인간은 두 눈을 감은 채 의자 안에 쓰러져 앉아 있는 한 여인에 의해서 상징되는 "체념" (resignation)으로 이끌려진다. "Gelassenheit mich berovben vill, va min[=des Meinigen] ie waz ze vill"(체념이 나를 부를 것이다. 그 때에 그것이 바라는 바가 내 자신의 것이다).

십자가상의 인물은 觀想을 나타낸다. "Die sinne sint mir entwúrcket, die hohen kreft sint úberwúcket"(그 깨달음[觀想]은 나에게 영향을 미친다. 곧 고상한 능력이 생긴다). 하지만 아직 영혼과 하나님이 신비적으로 연합하 는 최고단계가 남아 있다. 맨 위의 인물은 인간의 영이 신의 도움으로 상 승하여 성부에게 들어갈 때 그 연합이 어떻게 시작되는가를 보여준다. "Hie ist der geist in geswungen und wirt in der driheit der personen funden"(여기서 그 영은 힘을 부여받고 위격들의 삼위일체 안에서 발견된다). 그러나 그 영은 성자와 자신의 연합을 통하여 (사랑의 계약인) 성령의 중재에 의해서 성부와의 합일도 획득한다. 이 성삼위 하나님과의 연합은 (왼쪽의) 성자로부터 (가운데) 성령을 통과하여 (오른쪽의) 성부에게로 흐르는 선에 의해서 묘사된다. 주조는(op. cit. p. 193, 11) 이것을 "영의 통로"(des Geistes überfahrt)라고 부른다. "왜냐하면 그 영이 연애적 관상으로써 하나님께 들어갔기 때문이다"(denn er ist mit minnereicher Schauung in Gott vergangen). 이 논점에서 우리는 다음과 같은 각인문구(inscription)를 발견한다. "Ich bin in got vergangen, nieman kan mich hie erlangen"(나는 하나님 안으로 넘어갔다. 아무도 여기 나에게 미칠 수 없다). 여기서 한 개인의 자아와 하나님 사이의 차별이 사라진다. 이것은 마치 신성의 위격들 사이에 차별이 없는 것과 마찬가지다. 영은 영원한 신적 실체에 흡수된다. 그것은 더 이상 어떤 독립성도 가지지 않는다. 오히려 그것은 단순히 하나님이 머무시는 거처 즉 하나님의 장막이다. 이것은 한 장막 그림에 의해서 예시된다. 그것은 한 지점에서 즉 영혼의 정점(apex mentis)에서 신적인 실체의 고리를 만진다. 그리고 여기서 만물은 망각된다. 왜냐하면 그것은 깊이를 알 수 없으며 경계가 없기 때문이다. "In dem inschlag han ich aller ding vergessen, wan es ist grundlous unt ungemessen"(이 영역에 있어서 나는 모든 것을 망각했다. 그것이 근거없고 무한한 것이기 때문이다). (그 그림에 대한 주조의 설명은 op. cit. pp. 190 ff.에서 발견된다. 각인문구들에 대한 해석을 위해선 빌마이어(K. Bihlmeyer)의 개론서 op. cit. pp. 52[*] ff.를 보시오.)

　이런 전반적인 사상의 행렬은 프로클루스와 僞디오니시우스가 부여한 형태를 가진 알렉산드리아적 세계-도식(圖式)에 기초하고 있다. 그것은 매우 분명하게 μονή(內住), πρόοδος(流出), 및 ἐπιστροφή(歸還)의 개념에 의해서 지배되는 이론을 예시한다. 영원한 신적 실체 안에서는 시작과 끝이 동시에 일어난다. "Daz begin und ende sind eins worden"(시작과 종말이 하나가 되었다). (Op. cit. p. 193, 24). 그러나 시작과 종말 사이에서 靈은 神으로부터 발생하여 그분으로 귀환한다. 즉 "영의 유출과 귀환"(des geistes usgeflossenheit und wideringeflossenheit, *op. cit.*, p. 190, 26)이 있다.

마지막으로 재미있는 세부항목을 하나 살펴보자. 신성 자체는 그 그림 속에서 큰 "고리"에 의해서 지시되므로, 피조된 존재들 안에 있는 최상의 신적인 요소는 조그만 "고리"에 의해서 지시된다. "Dar umbe usser dem grossen ringe, der da betútet die ewigen gotheit, flússent us nah biltlicher glichnúst kleinú ringluú dú och bezeichen mugen, den hohen adel ire vernúnftikeit"(*op. cit.*, p. 192, 3). 이 "고리"는 그림 안의 인물들의 위에 있는 마음의 영역에 그려지기 때문에 그래서 인간의 가장 내면의 존재, 인간의 가장 고상한 신적 부분, "영혼의 근거," 신적인 불꽃(spark), 인간 안에 있는 하나님 자신의 형상(image), "그의 합리성의 고귀함," 등등을 가리킨다. 이 것에 의해서 인간은 신적인 존재와 연결된다. 그리고 바로 여기서 신적 능력의 유입이 발생한다. 그러나 추락하는 귀신은 자신의 "고리"를 상실하였다. 그것은 그 안에는 더 이상 아무런 신적인 부분도 없다는 것을 의미한다.

중세시대의 종교적 기질은 "上向性"(upward tendency)이란 어구에 의해서 특징적으로 요약될 수 있다. 물론 종교생활을 부단한 상승으로 이해하고 신적 수준에서 나누는 하나님과의 친교를 목표로 삼는 것은 중세시대에 처음으로 나타난 게 아니다. 중세시대는 전통의 시대이다. 그 배후에는 플라톤주의의 두 세계 이론과 이데아의 세계로 고양되는 영혼 개념이 깔려 있다. 반면에 아리스토텔레스적인 사닥다리 개념, 에로스를 영적인 인력으로 보는 인식, 그리고 '그것은 사랑받음으로써 움직이게 만든다'(κινεῖ ὡς ἐρώμενον)는 원리에 기초하여 만물을 자신에게 끌어당기는 신적 존재의 능력에 대한 인식도 있다. 또한 고대 사상의 점성술적 관념, 서로 상하로 회전운행하는 천체들(spheres)에 대한 신플라톤적 개념, 어거스틴의 신비주의와 상승의 단계들에 대한 그의 사상들, 僞디오니시우스의 위계질서들과 요한 클리마쿠스의 낙원의 사닥다리도 역시 존재한다. 그

리고 이것들은 이제 거대한 강을 형성하기 위해 연합하는 개울들의 몇가지에 불과하다. 그 결과는 중세적인 기독교 인식에 그 특징적인 내용과 특색을 부여하는 열정적인 "上向性"(sursum)이다.

이것이 가장 감명깊고 영향력있게 표현된 곳은 단테의 「신곡」(*Divina Commedia*)이다. 그것이 제시하는 우주론은 그것의 사닥다리 개념과 상향성과 더불어 중세의 전형적인 사상이다. 전우주는 세 개의 주요한 부분들로 구성되어 있다. 즉 천국, 연옥이 딸린 지상 및 지옥으로 이루어진 전체 우주는 일련의 언덕들(terraces) 안에 건설된다. 우리는 단테와 동행하여 심연의 제왕(Prince of Abyss)이 세개의 턱을 가지고 세명의 대반역자들인 가롯 유다(Judas Iscariot), 브루투스(Brutus), 및 카시우스(Cassius)를 영원히 갈기갈기 찢고 있는 최하층인 지옥으로부터[2] 삼위일체 하나님이 감각과 사고로 접근할 수 없는 광명 안에서 보좌에 직접 앉아 계시는 최상층인 천국까지 이 모든 단계들을 지나간다.[3] 지옥을 관통하는 여행은 주로 실존의 일부에 관한 정보를 얻기 위하여 착수된 것이지, 구원의 방법의 일부가 아니다. 기독교적인 구원의 방법은 정화(purification)의 山오르기와 연옥(purgatory)으로 시작한다. 영혼이 막대한 노력을 기울여서 무수한 단계들을 통과하여 그것의 일곱 언덕들(terraces)을 넘었을 때, 그리고 각 언덕에서 일곱 가지 치명적인 죄를 한 가지씩 씻음받았을 때,[4] 그 영혼은 마침내 그 산의 정상에서 지상의 낙원(paradise)으로 간다. 최초의 인간들은 자신들의 죄 때문에 그 낙원에서 쫓겨났었다. 그러나 이제 영혼이 연옥의 불길을 통과한 지금 죄는 제거되었다. 영혼은 다시 순수하고 거룩해져서,[5] 천상의 별들에게 날아가 영광에 휩싸인 하나님을 바라볼 준비가 되었다.[6]

그러면 이 상승에서 영혼을 들어올리고 운반하는 것은 무엇인가? 단테는 영적인 인력(引力) 즉 우주 안의 모든 것을 뭉쳐놓는 그 질서에서 그것에 대한 설명을 발견한다. 프로클루스와 아레오파구스의 디오니시우스도 그것에 관하여 말한 적이 있었다.[7] 실존하는 모든 것은 그것의 원천으로 돌아가려고 애쓴다. 불이 본성상 위쪽으로 끌려가듯이, 인간의 영혼도 하나님께 이끌려 간다.

"우리의 예정된 자리로 가는 것처럼,
우리는 이제 그곳으로 운반되어진다
결코 풀리지 않는 튼튼한 밧줄의 힘에 의해."[8]

그것의 자유 의지 때문에 영혼은 사실상 거짓된 쾌락에 미혹되어 그것의 욕망을 아래쪽으로 향하면서 정해진 길에서 벗어날 수 있다. 그것은 마치 불꽃이 그 본성에 반대되게 바람에 의해서 우연히 아래쪽으로 불려질 수 있는 것과 같다. 그러나 그것은 하나님께 올라가는 것이 영혼의 본성에 속한다는 사실을 변경하진 못한다. 정화된 영이 천상세계에 올라가는 것은 강물이 산으로부터 계곡으로 흘러내리는 것처럼 당연하다. 모든 낯선 방해물로부터 해방된 영혼이 지상에 남아있기를 원한다면, 그것은 불이 땅 위에 남아있으려 하는 것처럼 이상할 것이다.[9] 우리는 여기서 프로클루스와 僞디오니시우스의 영향 외에도 그 이전의 전통에서 발견된 상당히 많은 개념들을 기억한다. 그 개념들은 상향적 카리타스에 의해서 불붙여진 영혼의 충동에 관한 어거스틴의 개념과 상승하는 불꽃과 활시위에 매겨져서 그 천상적 표적을 향하여 발사된 에로스나 아가페의 화살 개념에 대한 니사의 그레고리의 개념이 포함된다.

그러나 淨化의 산의 정상과 지상의 낙원에 도달한 단테는 자신의 여행의 절반만을 지나간 것에 불과하다. 이제 그는 영적인 引力에 의해서 운반되어 자신의 상승을 계속하여 직접적인 승천을 이룬다. 창공(sphere)에서 창공으로, 행복에서 행복으로 그는 나아간다. 그리고 그는 베아트리체(Beatrice)의 인도를 받아 영혼의 날개들을 휘저으며 다양한 행성들(planet spheres)로 올라간다. 이것들 중에서 최고인 토성(Satum)의 하늘에선 경이로운 눈으로 금빛찬란한 야곱의 사닥다리를 만난다. 복받은 영들이 광명의 불꽃을 지닌 무수한 무리의 형태로 그 사닥다리를 올라간다. 이들은 천상적인 명상 속에서 하나님의 보좌로 올라가는 수도사들과 은수사들의 무리이다.[10] 단테는 그들을 따라서[11] 고정된 별들의 하늘과 수정천(水晶天)을 통과하여 하나님 자신의 最高天(Empyreum)까지 간다. 거기엔 삼위일체께서 무한한 광명의 바다에서 복받은 자들에게 둘러싸여서 보좌에 직접 좌정해 계신다. 이 복된자들은 수천 개의 꽃잎들이 달려있는 장미의 형상으로 정렬하여 神의 아름다움을 영원히 관상(觀想)하고 향유한다.[12]

단테의 목적은 단순히 주관적인 자신의 무아경적 체험을 서술하는 것이 아니라 일반적인 인간 생명의 목적이 무엇인가를 지적하는 것이었다. 이 사실은 주목되어야 한다. 우리의 임무는 저열한 실존에 등을 돌리고 독수리같은 사랑의 날개를 타고 천상계에 올라가서 만물의 기원이자 궁극 목적인 神性의 주위를 영원히 맴도는 것이다.

제2절 기독교는 카리타스-종교이다

「신곡」(*Divina Commedia*)은 그 "上向性" 때문에 전형적으로 중세적일 뿐만 아니라 기독교를 카리타스-종교로 보는 중세적인 인식을 탁월하게 선명하게 표현한다. 그 시(詩)의 전체를 통하여 시종일관 "영원한 사랑," "첫사랑," 사랑의 제일근거 등과 같이 하나님을 사랑으로 보는 개념이 금실[金絲]처럼 통하고 있다.[13] 영원 전부터 지옥을 창조한 것은 신의 사랑이다.[14] 신적 사랑은 연옥(purgatory) 안에 있는 영혼들의 진보와 정화를 가능하게 만들었고 세상의 모든 것을 움직이게 하였다. 신적 사랑은 우리가 영원한 천국에서 갈망하고 향유할 목적이다. 사랑은 모든 미덕들의 뿌리이다. 그래서 우리는 연옥에서 사랑의 결핍을 보충해야 한다.

그러면 단테는 어떠한 종류의 사랑에 대하여 말하고 있는가? 그것은 에로스의 본질적 특색을 가지는가? 아니면 아가페의 특색을 가지는가? 이 질문에 대하여 단테가 제공하는 최선의 해답은 그가 사도 요한에 의해서 사랑의 본성에 관하여 질문받았을 때(Paradiso xxvi.) 답변한 것이다. 단테의 답변은 다음과 같다. 사랑을 자극하여 그것을 자기쪽으로 이끄는 것이 선의 본성이다. 그 "선"이 더 크면 클수록, 그것이 일깨우는 사랑도 더 커진다. 결과적으로 하나님은 자신 안에 모든 실재와 모든 "선"을 포함하기 때문에 존재하는 다른 모든 선은 그분의 "선"의 반사에 불과하다. 그러므로 하나님은 그 밖의 모든 것들보다 더 큰 유인력을 행사할 수밖에 없다. 이론상으로 인간의 통찰력만이 인간을 최고의 절대선이신 하나님을 사랑하도록 이끌 수 있다. 그러나 실제생활에서 이 사랑은 신의 은총의 도움에 의해서 존재하게 된다.

이렇게 사랑을 서술하면, 어거스틴적인 카리타스-종합이 쉽게 인식된다. 물론 그 종합 안에서 에로스가 강화되었다. 사랑을 우주내적인 결합력으로 보는 아리스토텔레스-디오니시우스적 개념과 하나님을 궁극적인 운동원리로 보는 개념이 혼합되어 있기 때문이다. 그러나 사랑이 신의 은총의 선물로서 간주되는 한, 중요한 아가페적 요소도 역시 존재한다.[15]

이미 말한 바를 따라서, 우리는 단테의 사랑 개념을 "카리타스"라고 부를 때 이 카리타스가 신약성경의 아가페와 동일시되면 안된다고 지적할 필요가 별로 없다. 간혹 양자가 동일하다고 생각했던 사람들이 있긴 했지만 말이다. 하지만 숄츠(H. Scholz)가 가정하듯이,[16] 어거스틴과 단테의 카리타스가 신약성경의 사랑 개념을 단순히 해석한 것으로 간주되면, 중세적인 카리타스 이론에 연관된 문제는 전적으로 흐려진다.

하일러(F. Heiler)의 판단이 더 건전하다. "그 피렌체 출신의 詩人은 어거스틴과 아퀴나스처럼 자신의 神 개념 안에서 플로티노스적 에로스($\H{\epsilon}\rho o\varsigma$)와 원시기독교의 아가페($\dot{\alpha}\gamma\acute{\alpha}\pi\eta$)를 대단히 조화롭게 결합했다. 사실 신비적 요소가 그것을 지배하고 있긴 하다. 단테 안에서도 신학적 금자탑의 정점은 플로티노스의 예민하고 섬세한 신비주의이다."[17]

이 에로스와 아가페의 종합이 단테의 사랑관을 구성한다. 그 사실 때문에 단테의 사랑관은 중세전체의 사랑 이론을 대변하여 인용될 수 있다. 그것은 순수한 아가페도 아니며 순수한 에로스도 아니고 단순히 카리타스일 뿐이다.

제3절 세 개의 천상적 사닥다리들

하나님과의 교제는 무엇을 의미하며 그것은 어떻게 달성되는가? 중세신학은 이 문제에 대한 인식을 표현하기 위하여 사닥다리-상징체계를 수단으로 사용하였다. 사닥다리-상징체계는 어거스틴과 아레오파구스의 디오니시우스 이래로 전통으로 인정받았다. 중세기의 사상에선 하나님과의 친교가 신적인 수준에서 누리는 친교임이 자명하다. 그 친교를 이루기 위해서는 인간이 자신의 현재신분을 초월하여 고등세계로 올라가서 어떤 식으로든 그 세계에 적응해야만 한다. 토마스 아퀴나스의 명시적인 단어를 사용하자면, 인간은 "神의 형상"(deiformis)이 되어야만 한다. 특히 중세시대에는 영혼의 상승에 기여하는 세개의 천상적 사닥다리들이 알려졌다. 이것들은 우리가 어거스틴의 이론에서 이미 발견한 것들과 동일하다.[18] 우리는 그것들을 (1) 공로의 사닥다리, (2) 사변의 유사적 사닥다리, (3) 신비주의의 유비적 사닥다리로 부를 수 있다.

1. 공로의 사닥다리 ― 공로와 은총.

중세신학은 공로의 신학이다. 그러나 이 말은 중세신학이 동시에 은총의 신학이 아니라는 것을 의미하지는 않는다. 개신교적(복음주의적) 관점에서 볼 때 이 두 가지는 단지 상호배타적인 것들이다. 그러나 중세신학은 그와 반대로 이 두 가지를 하나로 간주한다는 특징을 가지고 있다.

하나님과 영원한 행복으로 가는 길은 인간의 공로적 길이다. 이 공로에 관한한 중세적인 경건과 신학은 전적으로 일치한다. 토마스 아퀴나스는 "인간은 공로라고 불리우는 일련의 행동들에 의해서 행복을 성취한다."고 기록했다.[19] 그러나 이렇게 말하면서 아퀴나스는 신의 은총의 의미를 축소하거나 구원문제의 강조점을 신에게서 인간으로 옮기려고 의도하지 않았다. 그 반대로 아퀴나스는 인간이 자력으로 행복을 획득할 수 있으리라는 개념을 가장 맹렬히 거부한다.[20] 토마스에게 있어서 은총 개념과 공로 개념은 전혀 상호모순되지 않으며 그 각각이 다른 것의 조건이다. 인간은 공로를 제시하라는 요구를 받는다. 하지만 신의 은총이 인간을 도와주지 않으면 인간은 이 공로를 얻을 수 없다.

은총이 없으면 공로도 없다. 이것은 발전된 중세신학의 일반적인 견해이다. 중세신학은 주로 어거스틴적 원리를 성실하게 지지했다. "하나님이 우리의 공로들을 영예롭게 하실 때, 그분이 영예롭게 하시는 대상은 그분 자신의 선물일 뿐이다."[21] 이 어거스틴적 원리가 펠라기우스적 성향을 강하게 띤다고 말하는 것은 중세적인 은총 이론을 별로 정당하게 평가하는 것이 아니다. 그런데 개신교 교의사가들은 종종 그렇게 하였다. 결과적으로 중세신학과 어거스틴 사이의 일치의 정도는 일반적으로 상상하는 것보다 훨씬 더 크다. "오직 하나님께만 영광이"(soli Deo gloria)와 "오직 은총으로"(soli gratia)도 중세신학의 품질보증이다. 또한 중세신학은 어거스틴처럼 인간의 공로들에 대해서도 말할 수 있다. 왜냐하면 중세신학은 그 공로들 안에서 신적인 은총으로 발생한 결과들을 발견하기 때문이다. 그 결과들은 은총에 기초하지 않으면 존재할 수 없는 것들이다.

매우 복잡하고 다양한 중세의 은총론에서 기본적인 개념은 매우 간단하다. 하나님이 인간에게 요구하는 모든 것은 단일한 명령으로 요약될 수 있다. 그 명령은 인간이 그의 전심을 다바쳐 하나님을 사랑해야 한다는 것이다. 카리타스는 하나님께 전적으로 바쳐진 사랑이다. 이사랑에서 분출되는 행위만이 하나님을 흡족하게 한다. 그러나 인간에겐 타락사건 이후로 이 카리타스가 본성적으로 부족하다. 인간의 욕망과 열망은 하나님과 천상적인 것들이 아닌 세속적인 것들을 지향한다. 그러므로 그가 이 본성적 기질에 기초하여 행동할 때, 실제로 가치있는 결과는 아무것도 나올 수 없다. 인간이 가치있는 결과를 맺으려면 그의 속사람[내적 인간]이 변화되어야 한다. 그러나 그러한 변화는 그 자신의 가능성의 한계를 벗어난다. 인간은 스스로 사랑의 이런 성질 즉 사랑의 이런 "체질"(habitus)을 창출할 능력을 소유하지 못했다.

그런 능력은 오직 하나님의 은총에 의해서만 선물로서 그에게 주어질 수 있다. 하나님이 인간에게 자신의 성령을 주실 때 그 기적이 발생하며 하나님 자신의 카리타스가 그의 마음 안에 퍼진다. 은총의 가장 심오한 의미는 "사랑의 주입(注入)" 즉 "카리타스의 주입"(infusio caritatis) 혹은 "아모르의 주입"(infusio amoris)을 의미한다. 이런 신의 은총적 행위를 통하여 인간의 全실존은 완전히 변화된다. "사랑은 율법을 완성하는 것이다." 인간이 자신의 존재에 결합된 사랑을 가진다면, 또한 카리타스가 그의 삶에서 기초적인 힘이 되었다면, 그는 하나님이 그에게 뜻하는 대로 존재하는 것이다. 그는 하나님을 기쁘게 해드린다. 그리하여 하나님의 의지에 부합되는 삶을 위한 초석이 놓인다. 인간이 이 새로운 기질 즉 이 사랑의 "체질"(habitus)에 기초하여 행동할 때, 그의 행위들도 하나님께 기쁨이 되며 진정한 공로 즉 가치있는 자의 공로(meritum de condigno)가 된다. 하지만 인간의 행위들이 공로가 되는 것은 그것들이 인간 본성을 초월하며 은총에 의해서만 주어지는 의지(意志)의 카리타스-특성으로부터 흘러나오기 때문이다.[22] 이 사실은 주목할 만한 가치가 있다.

우리는 지면상의 부족으로 이 근본사상이 중세신학의 다양한 학파들에서 어떻게 근소한 표현상의 차이점을 가지게 되는지를 다 살펴 볼 수 없다. 그러나 이미 언급된 바는 중세의 은총론이 단지 어거스틴으로부터 전수받은 카리타스 이론의 일부이며 그것 안에서 특정한 성향들을 심화 발전한 것에 불과하다는 점을 보여준다. 은총의 기능은 인간이 하나님께 상승하는 것을 가능케하는 것이다. 은총이 없이는 어떤 공로도 없다. 그러나 은총이 주어지고 카리타스가 인간의 마음에 퍼지면, 인간은 새로운 자원을 가지고 자신의 상승을 시작한다. 인간의 목적은 하나님과의 교제와 영원한 행복이다.

중세적 은총론에 대하여 두 가지 주요반대가 개신교 측으로부터 제기되었다. 그 반대내용은 중세의 은총론이 비인격적·마술적이라는 것과 기독교적 삶의 최고위치를 은총에 부여하지 않으며 그것을 은총에서 독립된 다른 요소들로 대체한다는 것이다. 그러나 이 반대내용들의 어느 것도 중세적인 은총관의 중심적인 요점을 건드리지 못했다. 마술의 고발은 주로 은총의 주입(infusion) 개념에 퍼부어진다. 이 개념은 은총을 비인격적·비심리적인 하나의 "사물"로 이해할 수 있는 가장 분명한 증거물로 간주된다. 그러나 우리가 명심해야 할 것은 중세시대가 이 개념을 어거스틴처럼 로마서 5장 5절에서 직접 취했다는 점이다. 게다가 중세신학은 세상 사랑에 휩쓸린 영혼이 어떻게 야심찬 카리타스-사랑에 의해서 사로잡히며 또한 그리하여 어떻게 거룩한 삶을 위한 심리학적 기초가 놓여지는가를 심리학적으로 설명하려는 노력을 전혀 하지 않았다. "마술적이냐 심리적이냐." 이 양자택일은 이 주제에 전혀 적용될 수 없다. 기독교적 의미에서 은총은 신의 사랑 자체일 뿐이다. 그리고 우리가 은총을 마술적·비인격적 능력으로 생각하든지 심리학적으로 매개되어 분명하게 이해가능한 영혼 내(內)의 한 효능(effect)으로 생각하든지 상관없이 우리는 그 논점을 놓치고 만다.

그러나 인간의 공로로 묘사되는 다른 독립적 요인들에 의해서 은총이 대체된다는 두번째 반대도 마찬가지로 오도하고 있다. 여기서 공로가 의미하는 바는 그런 것이 아니다. 공로는 은총에 기초함으로써만 가능하다. 그래서 은총에서 독립된 공로는 없다. 모든 것이 은총이다. 심지어 공로조차도 결국엔 은총 외에 아무것도 아니다.

은총 개념에 관한 개신교와 중세기의 진정하고 심원한 대립은 다음과 같다. 중세는 은총을 본질적으로 인간의 상승 수단으로 간주한다. 반면에 개신교는 그러한 상승에 대해서 아는 바가 전혀 없다. 은총의 의미가 매우 다르다. 하나님과의 친교가 가톨릭적 방식에 의하면 신적인 수준에서 나누는 친교로 파악되고 개신교적 방식으로는 인간적 수준에서 나누는 친교로 파악되기 때문에, 분명히 은총의 의미도 매우 다르다. 가톨릭의 경우에 은총은 인간이 하나님께 상승할 수 있기 위하여 필요로 하는 神의 원조이다. 개신교의 경우엔 은총이 하나님의 자비로운 겸손(condescension)이다. 가톨릭의 경우엔, 은총과 하나님과의 교제가 두 개의 별개의 것이다. 즉 은총은 수단이고 하나님과의 친교가 목적이다. 개신교의 경우엔 그것들이 일치한다. 즉 은총은 하나님의 은혜로운 의지이며, 그것 덕택에 그분은 죄인인 우리들과 교제를 맺으러 오신다. 가톨릭의 경우엔 은총이 인간에게 수여되는 한 성질(性質)이다. 개신교의 경우엔 은총은 하나님에 의해서 의롭게 되어 살아가는 인간에게 영향을 주는 하나님의 참 기쁨이다. 가톨릭의 경우엔

은총이 인간의 상향적 사랑(에로스)을 움직이는 동력이다. 개신교의 경우
엔 은총이 하나님의 아가페와 동일하다.

은총이 없이는 어떤 공로도 없다. 이것은 중세신학에 자명한 것이다. 그
러나 방금 말한 것은 이것이 사태의 한 측면에 불과함을 보여준다. 공로
없이는 어떤 행복(blessedness)도 없다는 것도 마찬가지로 자명한 것이다.[23]
은총은 행복의 소유를 가능케한다. 그리고 공로는 행복을 얻을 수밖에 없
다. 은총은 말하자면 공로적 상승을 위한 출발점이다. 그것은 공로의 사닥
다리가 들려질 수 있도록 받쳐주는 견고한 근거이며 인간이 한계단씩 그
것을 올라갈 수 있도록 만들어 주는 효력있는 능력이다. 은총은 인간에게
필수적인 능력을 공급한다.

그러나 그것이 문제의 종결은 아니다. 인간이 하나님께 상승하기 위하여
필요한 장비가 주어졌다. 그리고 이제 모든 것은 그가 그 상승을 현실화하
는데 달려 있다. 은총에 의해서 카리타스가 인간의 마음에 주입되었다. 그
러나 이 주입 자체가 결코 목적이 아니다. 카리타스의 주입의 목적과 의미
는 인간이 이렇게 주어진 가능성을 하나님과 천상세계를 향한 사랑의 행
동을 지속적으로 갱신할 때에 발견된다. 그래서 "은총"이 모든 "공로"의
영구적인 기초라는 사실에도 불구하고, 중세적 경건은 주로 공로의 사닥다
리를 올라감을 특징으로 삼으며 영원한 행복을 그 목적으로 삼는다.

2. 사변의 유비적 사닥다리.

중세신학은 그 전반적인 구조상 사변적 신학이다. 이것은 또한 상향적인
성향의 표현이기도 하다. 신학은 종교적인 사변의 사닥다리에 의해서 감각
세계로부터 하나님께 올라가야 한다. 하나님과 세상의 관계는 주로 인과율
적 관점에서 인식된다. 그 인과율이란 결과 속에서 항상 그 원인을 상기시
키는 어떤 것이 발견된다는 일반원칙으로부터 출발한다.[25] 하나님은 "모든
존재의 보편적인 제일원인"이시다 그러므로 무엇이든 약간이라도 하나님
을 닮은 "존재"이기만 하다면 그 존재 안에서 하나님을 발견할 수 있다.[26]
이러한 신적인 "흔적들"(traces)을 우주 안에서 탐색하고 그것들을 힘입어

엄위한 神 자체의 관상(contemplation)까지 상승하는 것이 신학의 임무이다.

당연히 우리는 신적 존재에 대한 절대적 유비(類比)를 피조계에서 발견할 수 없다. 하지만 최고존재로부터 최저존재까지 실존의 모든 곳에 신적 생명과 유사한 것들(analogies)이 있다. 그러한 유비들은 상위수준에선 더 분명하고 하위수준에선 더 희미하다. 이러한 유비들을 관찰하여 그 결과로부터 그 제일원인으로 소급하는 작업을 함으로써(via causalitatis = 인과율의 길), 불완전한 것을 부정하고(via negationis = 부정의 길) 그 결과가 암시하는 완전한 것을 가정함으로써(via eminentiæ = 탁월의 길), 우리는 신의 본성에 대하여 불철저하고 부적절하긴 하지만 진정한 지식에 도달할 수 있다.[27]

사변적인 상승에 관한 고전적 언급은 보나벤투라(Bonaventura)의 「하나님을 향한 영혼의 여정」(*Itinerarium mentis in Deum*)에서 나타난다.[28] 이 작품은 간결하지만 보나벤투라의 전체사상을 요약하고 있다고 말할 수 있다.[29] 종교적 관점에서 그 작품은 중세신학이 산출한 가장 심오한 것들 중의 하나이다. 그러한 작업은 위대한 대전(大典)들(summæ)과 명제-주석서들(sententiae-commentaries)보다 중세시대의 신학의 지배정신에 대하여 훨씬 더 분명하고 직접적인 인상을 제공한다. 중세신학의 지배정신은 어거스틴과 僞디오니시우스로부터 전수된 전통에 전적으로 기초하고 있으며, 특히 베르나르 클레르보(Bernard of Clairvaux)와 생 빅토르 위고(Hugo of St. Victor)의 영향에 의해서 증대되었다. 그러나 하나님의 능력과 사랑의 흔적을 세계의 도처에서 발견한 성 프란체스코(St. Francis)의 생생한 영향을 받은 보나벤투라는 이 모든 전통적인 자료들을 독립된 단위로 융합할 수 있었다.

보나벤투라의 출발점은 성 프란체스코의 환상이었다. 성 프란체스코의 환상은 십자가에 달리신 분을 닮은 여섯 날개 달린 스랍(Seraph)에 대한 것이었다. 보나벤투라는 신에게 상승하는 영혼에 관한 자신의 명상에 비추어[31] 그 환상의 의미를 단순히 우리가 하나님께 가기 위해 올라가야 할 길과 단계들에 대한 교훈을 주기 위한 것으로 보았다. 스랍의 여섯 날개들은 영혼이 "기독교적인 지혜의 몰아적인 황홀경을 통과하여 평안에 이르기 위해서" 통과해야 할 여섯 단계들을 의미한다.[32] 스랍이 십자가에 달리신 분의 모양으로 나타났다는 것은 십자가에 달리신 이를 통하지 않고는 아무도 자신의 상승에 성공할 수 없다는 것을 의미한다. "그리스도는 우리의 사닥다리이다." 우리는 오직 십자가에 달리신 그분을 향한 열렬한 사랑을 통해서만 하나님께 갈 수 있다.[33] 여기서 보나벤투라는 성 프란체스코를 위대한 모본이라고 가리킨다. 성 프란체스코의 경우엔 십자가에 달리신 분에 대한 사랑이 프란체스코의 영을 완전히 흡수했기에 그 사랑이 심지어 외적으로 나타날 정도였다. 성 프란체스코의 생애 말년에 그의 몸은 성스러운 상처들을 지니게 되었다.[34]

보나벤투라의 관상적(contemplative) 정신에게 전 우주는 거대한 사닥다리로 계시된다.[35] 그리고 우리가 논의하는 작업의 목적은 최고존재와 최저존재를 포함하는 만물 안에서 우리가 하나님 자신에 관한 것을 발견할 수 있는가를 보여주는 것이다. 이제 세 가지 세계가 있다. "우리 밖에"(extra nos) 있는 감각세계, "우리 안에"(intra nos) 있는 우리 고유의 영혼의 생명, 그리고 "우리를 초월하여"(supra nos) 있는 영원세계 등이다.[36] 이것들의 각각은 우리에게 다양한 방법들을 통하여 또한 각각의 완전성의 정도에 따라서 하나님을 보여준다.

비합리적 세계는 우리에게 우주 안에 있는 하나님의 흔적(vestigia)을 보여준다.[37] 사물의 규모, 수량, 美 그리고 질서는 하나님을 자기들의 조물주라고 가리킨다.[38] "그러한 피조물들의 광채에 의해서 조명되지 않는 자는 장님이다." "그러므로 당신의 눈을 뜨라. 그리하면 당신은 모든 피조물들 안에서 당신의 하나님을 바라볼 수 있다. 오감(五感)의 대문들을 통하여 우리 주변의 全 세계가 우리의 인식과 판단으로 들어온다.[40] 특히 우리는 영원한 규정에 예속된 심판에서 모든 진리와 지혜의 원천이신 하나님의 흔적을 발견할 수 있다. 그러나 감각세계와 그것에 대한 인간의 인식은 저등한 질서의 유비들(analogies)만을 제공할 수 있다. "이러한 처음 두 단계에 의하여 우리는 발쪽으로 내려진 두 날개들의 거동처럼 신의 흔적 안에서 하나님을 주목하도록 인도받는다."[41]

그러나 아직까지 우리는 단지 앞마당에 있을 뿐이다. 우리는 우리 자신에게 들어가서 우리 자신의 영을 명상할 때 성소로 들어간다. 하나님은 여기에서 더 고상한 방법으로 우리를 만나신다. 우리는 단순히 그분의 흔적만을 보는데 그치지 않고 좀더 완전한 유비를 본다. 왜냐하면 우리는 하나님의 형상(形相, imago Dei)이기 때문이다. 우리의 자연적인 재능 자체가 하나님의 본성에 대한 유비를 담고 있다. 그러나 어거스틴과 僞디오니시우스처럼 보나벤투라도 신의 사랑을 일차적으로 신의 자기사랑(self-love)으로 본다. 그것은 삼위일체의 내적인 사랑이다. 그 사랑 덕분에 신적 존재 즉 사랑하는 주체(amans), 사랑받는 객체(quod amtur), 사랑 자체(amor)는 영원히 자신의 주위를 맴돌며 그 자신에게로 마음이 쏠린다.[42] 이것에 대한 유비는 인간의 자기사랑 안에 있다. 그래서 보나벤투라는 "그러면 당신 자신에게 들어가라. 그리고 당신의 영이 얼마나 열렬하게 자신을 사랑하는지 보라."고 권면한다.[43] 바로 이 인간의 영 안에서 보나벤투라는 가장 복된 삼위일체의 그림자(reflection)를 발견한다.

그러므로 하나님에 의해서 창조된 본래의 인간은 우주 안에서 특히 자기 자신의 영적인 재능 안에서 그가 스스로 아버지와 말씀과 사랑의 삼중적인 형태로 계시는 하나님을 명상하기 위하여 이용할 수 있는 사닥다리를 소유하고 있다.[44] 그러나 아담의 타락에 의해서 이 자연적인 사닥다리는 부서졌다. 인간의 영은 더 이상 하나님의 멀쩡한 복제품이 아니다. 인간의 기억(memoria), 지성(intellectus) 및 욕망(desiderium)은 더 이상 자신을 향하여 내면으로 향하지 않고 감각적인 사물들을 향하여 바깥으로 향한다.

이런 상황에 처한 우리를 돕기 위하여 인간의 접근도달이 불가능한 영원한 진리(Truth)가 스스로 그리스도 안에서 인간의 형상(form)을 입으셨다. 우리를 위하여 그분은 "한 사닥다리가 되었으며 아담 때문에 부서졌던 최초의 사닥다리를 회복했다."[45] 우리 안의 하나님의 형상이 세 가지 신학적 미덕들인 신앙, 소망, 및 사랑으로 옷입혀질 때, 우리는 상승의 가능성을 회복한다. 이것들은 우리의 영혼의 능력에 질서를 가져온다. 그래서 영혼은 "위계화(位階化)된다"(hierarchised). 다시 말하면, 그것은 정화되고 조명되고 완전해진다. 그리하여 영혼은 일곱대(隊)의 천사성가대를 보유한 천상계의 한 복제품이 된다. 이런 방법으로 우리의 영혼은 우리가 하나님께 올라갈 때 사용하는 사닥다리처럼 된다.[46] "이 두 개의 중간 단계들에 의해서 우리는 우리 자신에게 들어가며 하나님을 피조된 형상들의 거울 속에 있는듯이 주목한다. 그리고 이것은 말하자면 비행하기 위하여 활짝 펼친 두 날개들의 자세와 같은 것이다."[47]

그러나 여전히 최상층의 두 단계가 남아 있다. 하나님은 우주 안에서 그리고 우리의 영 안에서 우리를 만나지만 우리를 초월하는 영원한 세상 안에서도 우리를 만나신다. 그리고 여기서 하나님은 단지 흔적이나 형상 뿐만 아니라 좀더 적절한 빛(lumen)의 형태로 자신을 계시한다.[48] 우리가 우리 자신에게 들어가서 우리 자신의 영 안에 계시는 하나님을 주목할 때, 우리는 앞마당을 지나 성소로 들어간 것이다. 이제 우리는 지성소(至聖所, holy of holies)로 들어간다. 거기엔 "영광의 케루빔(cherubim)이 시은좌(施恩座, mercyseat)를 가리면서 언약궤 위에 서 있다."[49] 보나벤투라에 의하면, "두개의 날개가 들려진 자세를 취하고 있는" 이 두 케루빔은 우리에게 하나님의 자기계시가 어떠한가를 상징한다.[50] 그리고 이것은 하나님의 두 개의 주요명칭인 "존재 자체"(the Being)와 "선 자체"(the Good)에서 표현된다.[51] "존재 자체" 즉 "스스로 존재하는 자"(He who is)란 이름은 하나님의 통일성을 계시한다. 반면에 "선 자체"는 신적인 본성의 삼중성(triplicity)을 계시한다. 이 삼중성은 의사소통의 필수적 조건이다.

이와같이 열등하고 우월한 유비들에 의해서 우리는 종교적 사변의 최고 정상들에 도달했다. 신적 본성의 신비들이 탐구적인 관상에게 밝히 드러났다. 여섯개의 단계들이 횡단되었고 더 이상 추구할 게 없는 것처럼 보인다. 사변의 유비적인 상승은 그 목적을 달성하였다. 보나벤투라의 관심이 전적으로 사변적이었다면, 그는 여기서 마칠 수 있었다. 그러나 그는 한 장(章)을 더 보탠다. 왜냐하면 여섯 단계들 너머에 무언가가 있기 때문이다. 이것은 그 「여정」(Itinerarium)이 실제로 신비적인 저술로서 의도되었기 때문이다. 이미 그것에 대한 암시들이 도처에 있었다. 여기든 다른 곳이든 사변적 상승과 신비적 상승 사이에 예리한 구분이 그어질 수 있다.[52] 플라톤에게 있어서 최종목적은 논증적인 사상이나 변증법에 의해서 도달할 수 없고 다만 "신적인 광기"(divine madness)의 상태에서만 도달된다.[53] 그와 마찬가지로 보나벤투라도 우리를 우리의 목적으로 인도하는 것이 사변적인 관상이 아니라 神에게 신비적으로 흡수되는 것이라고 주장한다. 우리는 탐색적인 관상이 아니라 "황홀경을 통하여"(per raptum) 혹은 "신비적인 일탈(逸脫)을 통하여"(per excessum mysticum) 인간 실존의 목적인 안식(平安, quies)에 도달한다.[54] 지금까지 기술한 여섯 단계들은 솔로몬의 보좌로 올라가는 여섯 계단이나 또는 영혼이 마지막 일곱째날의 안식일의 휴식을 얻기 위하여 준비되어야 하는 처음의 6일과 같이 단지 예비적인 것이다.[55] 그리스도만이 이 마지막 상승을 위한 "사닥다리요 운송수단"(scala et vehiculum)이다.[56]

보나벤투라에 의하면, 그것은 성 프란체스코의 환상의 더 심오한 종교적 의미이다. "둘째 야곱처럼" 성 프란체스코는 천상적 사닥다리를 볼 수 있도록 허락받았다. 이제 하나님은 프란체스코를 통하여, 그의 말보다는 그의 모범에 의해서, 진정한 영적 관심을 가진 모든 사람들을 그러한 상승과 영적 몰아경으로 초대한다.[57] 보나벤투라는 삼위일체의 超실체적 · 超신적인 본성과 신적인 암흑으로의 상승에 관하여 僞디오니시우스의 "신비적 신학"에서 두 구절을 인용한다. 그리고 나서 보나벤투라는 다음과 같은 "권면"(exhortatio)으로 자신의 작품을 맺는다. "그러므로 죽어서 그 암흑 속으로 들어갑시다."[58] 이와같은 평범한 신비주의적 목적을 위하여 보나벤투라는 특출나게 철저한 사변의 토대를 갖춰놓았다.

3. 신비주의의 상승적 사닥다리.

이 부분에 대해선 이용가능한 자료가 방대하다. 하지만 우리는 이 부분을 매우 간단히 다루겠다. 신비주의는 중세의 사상 중에서 가장 잘 알려지고 가장 많이 논의된 요소들 중의 하나이다.[59] 게다가 우리는 이미 앞부분에서 그것과 관련된 수많은 문제들을 접하였다. 어거스틴과 僞디오니시우스를 아는 사람이라면 누구든지 모든 본질적인 것들에서 중세시대의 신비주의의 일반적인 구조를 안다. 신비주의의 ἀναγωγή(上昇)은 내적 상승을 의미한다. 신비가는 자신의 내부에서 하나님과 접촉할 수 있는 자리를 추구한다. 이 자리는 영혼 안에 있는 신과 유사하다.[60]

중세 신비가들은 그 자리에 다양한 여러 명칭들을 붙였다. 예컨대 "영혼의 정점"(apex mentis), "영혼의 정상"(vertex mentis), "마음의 불꽃"(scintilla animæ), "불꽃"(Fünklein), "빛"(Licht), "영의 거처"(Hütte des Geistes), "영혼의 山"(Seelenburg) 등이다.[61] 이것은 영혼 안에서 창조되지 않은 신적인 요소이다.[62] 그것은 인간이 하나님과 접촉하기 위해서 올라가야 할 영혼의 정점이다. 그것은 신적인 一者(τὸ ἕν θεῖον)와의 ἕνωσις(聯合)를 가능케 하는 신플라톤적 인간 안의 일자(ἕν)이다.[63] 그러나 이 높이는 철저한 준비없이는 도달하지 못한다.[64] 여기선 구원의 질서(ordo salutis)와 그것의 세 단계들인 정화, 조명, 및 연합을 주목해야 한다.[65] 중세신비가들은 종종 인간들이 너무나 일찍 스스로 완전하다고 상상한다고 주장한다. "그들은 깃털이 다 나기도 전에 날기를 원한다. 그들은 한 번의 비행(飛行)으로 천국으로 날아가고 싶어한다. 하지만 그리스도도 그렇게 하진 않으셨다."[66]

영혼의 신비적 상승의 유형으로서 그리스도의 승천(昇天)을 언급하는 것은 우연한 일이 아니다. 그것은 중세 신비주의에 있어서 전형적인 것이다. 그것은 아마 베르나르 클레르보에게 있어서 가장 뚜렷할 것이다. 예컨대 그는 이렇게 말한다. "우리의 주님이요 구원자인 예수 그리스도께서 우리에게 어떻게 천국에 올라가는지 가르치길 원했을 때, 그 분은 스스로 자신이 가르치신 바를 행하셨다. 그리스도는 하늘로 올라갔다. 그러나 그는 먼저 내려오지 않고는 올라가실 수 없었다. 또한 감소될 수도 증가될 수도 없고 다른 어떤 변화도 겪을 수 없는 그의 단순한 신적 본성은 그가 내려가거나 올라가도록 허락하지 않았다. 그렇기 때문에 그는 우리의 본성 즉 인간 본성을 그의 위격(位格)의 통일성 안으로 취하셨다. 바로 이 점에서 그리스도는 내려왔고 올라갔으며 우리가 올라갈 수 있는 길을 우리에게 보여주셨다."[67]

우리 안에는 본성적으로 상승하여 고양되고자 하는 근절될 수 없는 욕망이 있다.[68] 이 욕망은 하나님 자신에 의해서 우리 안에 이식되었다. 어거스틴처럼,[69] 베르나르는 창조 때에 인간에게 부여된 직립 형상에서 하나님이 인간의 욕망을 위쪽으로 향하도록 의도하셨다는 증거를 본다.[70] 그러나 본성적인 인간은 자신을 상승시키는 시도에서 뻔뻔스럽게 교만하고 그릇된 길을 택하여 아래로 점점 더 깊이 침몰한다. 그는 단지 그리스도께서 그에게 올바른 길을 보여주실 때만 구출될 수 있다. 우리는 그리스도의 추종자가 되도록 부름받았다. 이것의 일반적이고 주요한 의미는 우리가 지상에서 살 동안 겸손과 굴욕 가운데서 그분을 따라야 한다는 것이다.

하지만 그렇다고 해서 그것만이 전부는 아니다. 우리의 "그리스도를 본받음(Imitatio Christi)"은 굴욕과 고양을 모두 포함해야 한다. 우리는 그분이 성육신하여 하강하실 때만이 아니라 승천할 때 하늘로 올라갈 때에도 모든 면에서 그리스도를 뒤따라야 한다.[71] 베르나르는 누가복음 10:37의 "가서 당신도 이와같이 하시오."라는 말을 그 두 가지에 적용한다.[72] 성육신과 승천은 수단과 목적으로서 서로 상대방에게 귀속된다. 승천만이 성육신의 신비에 열쇠를 준다. "왜 하나님이 인간이 되셨는가?(Cur Deus homo?)" 즉 "왜 그리스도는 강림하셨는가?" 이 질문에 대하여 베르나르는 다음과 같이 대답한다. 자신의 하강과 후속적인 상승에 의해서 그리스도는 우리에게 어떻게 천국에 올라가는지를 보여주려고 하셨다.[73] 우리가 겸손과 굴욕의 방법으로 그분을 따르라고 권면을 받는다면, 이것의 목적은 우리가 그분처럼 천상세계로 올라갈 수 있다는 것이다. 심지어 그리스도에게 있어서도 굴욕은 단지 더 높이 올라가기 위한 하나의 길이요 수단이었다. 원래 천상적으로 고양되어 있었던 그리스도는 자신의 신적인 본성 때문에 더 높이 올라갈 수 없었다. 왜냐하면 신 위에는 아무것도 없기 때문이다. 그런데 그리스도는 스스로 하강함으로써 자신이 한층 더 성장할 수 있는 길을 발견했다.[74] 물론 이 길은 우리의 길도 되어야 한다. 그 길은 굴욕과 비하를 통해서 고양으로 간다(per humilitatem ad sublimitatem).[75]

이러한 입장에서 산상수훈(Sermon on the Mount)도 해석된다. 팔복(Eight Beatitudes)은 신비로운 천상적 사닥다리의 여덟개의 가로단들을 의미한다. 그 사닥다리의 발뿌리는 이곳 지상에 놓여있고 그 꼭대기는 하늘에 닿아 있다.[76] 우리는 이 사닥다리를 이용하여 우리 자신과 세상의 모든 것 위로 상승해야 한다. 오직 그때에만 우리는 우리의 "영혼의 상승"(ascensio animae, ascensiones in corde)의 목적을 달성한 것이다.[77] 그때 우리는 우리 영의 최상부(最上部)와 더불어 고등세계에 도달하고 하나님과의 온전하고 직접적인 연합에 이른다.[78] 그러나 이 최상의 행복은 고립된 무상(無常)한 순간들에만 인간에게 주어진다.[79]

주

1) 문제가 되고 있는 장(*Seuses Leben*, cap. liii.)은 "Diss buches meinunge ein beschlissen mit jurzen einvaltigen worten."이란 제목을 달고 있다. *Heinrich Seuse, Deutsche Schriften*, hrsg. von K. Bihlmeyer, 1907, p. 190, 22.

2) Divina Commeida, Inferno xxxiv. 55 ff., p. 413 f. 행들과 쪽들은 버틀러(A. J. Butler)의 판본으로부터 인용되었다. 이 판본은 그의 번역과 각주도 수록하고 있다 (Macmillan, 3 vols.: The Purgatory, 1880: The Paradise, 1891: The Hell, 1892).

3) Paradiso xxxiii., pp. 420 ff.

4) Purgatorio ix. 112 ff., p. 108.

5) 여기서 그는 마태복음 5장 8절을 인용한다. "심령이 가난한 자는 복이 있도다." Purgatorio xxvii. 8, p. 335.

6) Purgatorio xxxiii. 144 f., p. 421.

7) 이것과 그 수반사항을 보려면 Paradiso i., pp. 10 ff.를 참고하시오.

8) Paradiso i. 124 ff., p. 12. (위에서 인용된 것은 캐리(Cary)의 번역으로부터 온 것임.)

9) Paradiso i. 136, p. 13.

10) Paradiso xxi. 28ff., p. 276. Cf. xxii. 68 ff., p. 290.

11) Paradiso xxii. 100 f., p. 292.

12) 다양한 천상적인 영역들을 통한 상승을 그린 단테의 묘사는 위(僞)디오니시우스와 그의 아홉개의 천사적인 위계들(angelic orders)과 밀접하게 연관되어 있다. Cf. Paradiso xxviiii. 97-139, pp. 365 ff.; ii. 112-123, pp. 24 f. 행성의 영역들은 일곱개이다. 그는 여기에다 고정된 별들의 하늘과 수정 하늘(Primum mobile)을 추가함으로써 아홉개의 천상적 영역들을 얻는다. 그 각각은 진정한 신적인 하늘보다 밑에 있으며 그

자체의 천사들의 질서에 의하여 통제된다.

13) Inferno iii. 6, p. 28; Paradiso xxxiii. 144, p. 430. Cf. Paradiso xxix. 18, p. 372; xxx. 52, p. 390; xxxii. 142, p. 419.

14) Inferno iii. 6, p. 28.

15) Paradiso x. 83, p. 133. 우리가 상승을 시도하면서 천상의 여왕과 그녀의 은총을 무시하는 것은 날개없이 날고자 하는 것과 같다고 단테는 말한다. Paradiso xxxiii. 13 ff., pp. 421 f.

16) 숄츠(Scholz)는 다음과 같이 설명한다. "우리에게 있어서 기독교적인 의미의 사랑은 복음서에서 발견되는 사랑을 의미한다. 바울은 그 사랑을 신앙과 소망과 함께 삼중적인 현(chord)으로 결합시켰는데 거기선 사랑이 근본 색조이다. 그 사랑에 대한 고전적인 해석가들은 어거스틴, 단테 및 파스칼이다. 어거스틴의 고백록, 단테의 신곡, 및 파스칼의 기독교의 본질에 대한 단편들은 복음서들과 바울과 더불어 우리가 카리타스 형이상학을 구성하기 위하여 끌어올 수 있는 자료들을 제공한다." H. Scholz: *Eros und Cairtas*, 1929, p. 2. "에로스와 아가페" 문제와 "에로스와 카리타스" 문제의 사이의 차이점을 보려면, 본서 pp. 56 f.를 보시오.

17) F. Heiler: *Der Katholizismus*, 1923, p. 142. 벡슬러(E. Wechssler)는 단테의 에로스적 특징을 더욱 맹렬하게 강조하였다. "그가 여기서 의미하는 바는 리베(Liebe, 사랑)에 의하여 서투르게 재현되고 민네(Minne, 연애)에 의하여 더 저속하게 재현되지만 에로스(Eros)에 의하여 가장 잘 재생된다." *Vorträge der Bibliothek Warburg*, hrsg. von F. Saxl. **Vorträge**, 1921-1922, p. 90.

18) Cf. 본서 pp. 531 ff.

19) Summa **Theologiæ**, II. i., qu. v., art. vii.: "Homines autem consequuntur ipsam [beatitudinem] multis motibus operationum, qui merita dicuntur. Unde etiam, secundum Philosophum, beatitudo est **præmium** virtuosarum operationum." 논증은 다음과 같다. 하나님은 복(blessedness)을 획득할 필요가 없다. 왜냐하면 그분은 자신의 본성의 미덕 안에 그것을 소유하기 때문이다. 천사들은 하나의 공로적 행위에 의하여 그것을 획득한다. 인간들은 많은 공로적 행위들을 통하여 복을 획득한다. 토마스의 「신학대전」(*Summa Theologiae*)과 「이교도 반박 대전」(*Summa Contra Gentiles*)은 레오 13세(Leo XIII)의 역본에서 인용하였다.

20) "Unde nec homo, nec aliqua creatura, potest consequi beatitudinem ultimam per sua naturalia." S. th., II. i., qu. v., art. v., tom. vi., p. 51*b*. Cf. II. ii., qu. cxiv., art. ii., tom vii., p. 346.

21) Cf. 본서 p. 576 주 81.

22) "quidquid est in merito, est a Deo." S. Th., I., qu. lxiii., art. v. ad 3, tom. v., p. 131. "Si autem loquamur de opere meritorio secundum quod procedit ex gratia Spiritus Sancti, sic est meritorium vitæ æternæ ex condigno. Sic enim valor meriti attenditur secundum virtutem Spiritus Sancti moventis nos in vitam **æternam**.··· Attenditur etiam pretium operis secundum dignitatem **gratiæ**." S. Th., II. ii., qu. cxiv., art. iii., tom. vii., p. 347*b*.

23) "Homo ad beatitudinem pertingere non potest nisi per meritum." S. Th., I., qu. lxii., art. iv., tom. v., p. 113a.

24) "Si ergo volumus et nos cum eo ascendere, ascendendum nobis est in montes virtutum de vallibus vitiorum." Bernard of Clairvaux: Sermones de diversis, LXI. 1: Migne, PL, vol. clxxxiii.

25) "Habent enim effectus suarum causarum suo modo similitudinem, cum agens agat sibi simile." Auinas: Summa contra gentiles, lib. I., cap. viii., tom. xiii., p. 21a. "Cum enim omne agens agat sibi simile inquantum est agens, agit autem unumquoque secundum sam formam, necesse est quod in effectu sit similitudo **formæ** agentis." S. Th. I., qu. iv., art. iii., tom. iv., p. 54a.

26) "··· secundum aliqualem analogiam, sicut ipsum esse est commune omnibus. Et hoc modo illa **quæ** sunt a Deo, assimilantur ei inquantum sunt entia, ut primo et universali principio totius esse." *Ibid.*

27) "Cognoscitur [Deus] a nobis ex creaturis, secundum habitudinem principii, et per modum **excellentiæ** et remotionis." S. Th., I., qu. xiii., art. i. 여기서 "존재 유비" (analogia entis)라고 지칭된 개념은 토마스의 일반적인 신론을 이해하는 관문이다. "존재 유비" 개념과 그것이 가톨릭 사상에 미친 근본적 의미를 보려면, E. Przywara: *Religionsphilosophie katholischer Theologie*, 1927, pp. 22 ff.를 참고하시오.

28) 보나벤투라(Bonaventura)의 작품들은 콰라치(Quaracchi) 역본으로부터 인용되었다.

29) E. Gilson: *La philosophie de Saint Bonaventure*, 1924, p. 75: "그 작품은 그의 가장 심오한 직관들의 총체를 담고 있는 작품이다."

30) 그는 어거스틴으로부터 사변적 상승이란 기본개념을 취하였다. 또한 그는 거의 모든 논점에서 위디오니시우스의 영향도 보여준다. 그리하여 디오니시우스의 작품인 "천상적 위계질서에 관하여"처럼 "여정"(*Itinerarium*)은 "빛들의 아버지"에 대하여 말한 야고보서 1장 17절을 인용함으로써 시작한다. 바로 그분으로부터 모든 "발광체들"(illuminationes)이 우리들에게 내려왔다(Itin., Prologus, 1, tom. v., p. 295a). (좀 더 구체적인 예를 들자면) 보나벤투라는 영혼의 정화(purgatio), 조명(illuminatio), 및 완전(perfectio)을 통하여 영혼의 능력들의 "계층화"(hierarchisation) 개념에 주도적인 위치를 제공했다. 이 사실과 아홉개의 천사적 성가대들을 영혼의 모형으로 삼음으로써 디오니시우스의 영향이 암시된다. Cf. Itin., cap. iv. 4-7. (hierarchizatio) 개념을 위해선 In **Hexaëmeron**, collatio xx.-xxiii., tom. v., pp. 424-449를 참고하시오. 거기선 이것이 주도적인 개념이며 위디오니시우스에 대한 의존이 전반적이다. Cf. E. Gilson, *op. cit.*, pp. 431 ff.

31) "··· dum mente tractarem *aliquas mentales ascensiones in Deum*, inter alia occurrit illud mairaculum, quod in **prædicto** loco [monte Alvernæ] contigit ipsi beato Francisco, *de visione scilicet Seraph alati ad instar Crucifixi.*" Itin., Prologus 2, 295b.

32) "Nam per senas alas illas recte intelligi possunt sex illuminationum suspensiones, quibus anima quasi quibusdam *gradibus vel itineribus* disponitur, ut transeat ad pacem

per ecstaticos excessus **sapientiæ christianæ**." Itin., Prolog. 3, p. 295*b*. "gradibus vel itineribus"(계층들 혹은 여정들)라는 말들은 그 책의 목적과 제목을 설명해준다. 그것은 하나님께로 가는 도상에 있는 영혼을 위한 안내서이다. 그것의 의도는 여기 아래에 있는 피조물들 가운데서 출발하여 하나님께로 곧장 올라가는 길과 그 단계들을 묘사하는 것이다. "Effigies igitur sex alarum seraphicarum insinuat sex *illuminationes scalares, quæ a creaturis incipiunt et perducunt usque ad Deum*." *Ibid*. 어거스틴에게처럼, 보나벤투라에게도 "안식"(평화, quies, pax)이 최종적인 목표이다.

33) "… ad Deum, ad uem nemo intrat recte nisi per Crucifixum." *Ibid*. "… in Christo, *qui est scal nostra*." Cap. i. 3, p. 297*a*. "via autem non est nisi per ardentissimum amorem Crucifixi." Prologus 3, p. 295*b*.

34) *Ibid*.

35) "In hac oratione orando illuminamur ad cognoscendum divin ascensionis gradus, Cum enim secundum statum conditionis nostr *ipsa rerum universitas sit scala ad ascendendum in Deum*." Cap. i. 2, p. 297*a*. "Et sic patet, quod totus mundus est sicut unum speculum plenum luminibus **præsentantibus** divinam sapientiam, et sicut carbo effundens lucem." In **Hexaëmeron**, Collatio ii. 27; Bd. V., p. 340*b*.

36) Itin., cap. i. 2, p. 297*a*.

37) 이것은 "De gradibus ascensionis in Deum et de speculatione ipsius per vestigia eius in universo"라는 제목을 달고 있는 제1장(cap. i.)에서 다뤄진다.

38) Cap. i. 14, p. 299*a*.

39) Cap. i. 15, p. 299*b*.

40) Cap. ii. 3 ff., pp. 300*a* ff.

41) Cap. ii. 11, p. 302*b*.

42) Cf. 본서 pp. 553 f., 617, 618 f., 643 f. 여기서 우리는 주조의 독특한 어구를 기억해낼 수 있다. "widerboegung uf sin **götlich wesen**"; *Seuses Leben*, cap. li., p. 180, 20.

43) "… ubi ad modum candelabri relucet lux veritatis in facie **nostræ** mentis, in qua scilicet resplendet imago **beatissimæ** Trinitatis. Intra igitur ad te et vide, quoniam mens tua amat ferventissime semetipsam." Cap. iii. 1. p. 303*a*.

44) "Dum igitur mens se ipsam considerat, per se tanquam per speculum consurgit ad speculandam Trinitatem beatam, Patris, verbi et Amoris…" Cap. iii. 5, p. 305*b*.

45) "Non potuit anima nostra perfecte ab his sensibilibus relevari ad contuitum sui et **æternæ** veritatis in se ipsa, nisi veritas, assumta forma humana in Christo, fieret sibi scala reparans priorem scalam, **quæ** fracta fuerat in Adam." Cap. iv. 2, p. 306*a*.

46) Cap. iv. 3 f., pp. 306*b* f.

47) Cap. iv. 7, p. 307*b*.

48) "*Extra* per vestigium, *intra* per imaginem et *supra* per lumen." Cap. v. 1., p. 308*a*.

49) Cap. v. 1, p. 308. Cf. 히브리서 9장 5절.

50) Cf. 출애굽기 25장 19절 이하, 37장 7절 이하.

51) 이것에 대하여 보나벤투라는(cap. v. 2, p. 308*b*) 다음과 같이 말한다. "다마스케누스(Damascenus, 다메섹의 요한)는 모세를 따라서 하나님의 첫 이름은 '존재'(the Being, qui est)라고 말한다. 디오니시우스는 그리스도를 따라서 하나님의 첫 이름이 '선'(the Good, bonum)이라고 말한다." 첫번째 인용구절은 출애굽기 3장 14절이다. "하나님이 모세에게 이르시되 '나는 스스로 있는 자니라.' 또 이르시되 '너는 이스라엘 자손에게 이같이 이르기를 스스로 있는 자가 나를 너희에게 보내셨다.' 하라." 두번째 구절은 누가복음 18장 19절이다. "하나님 한 분 외에는 선한 이가 없느니라." 앞에서 주어진 설명으로부터 우리는 디오니시우스가 "선"이란 용어를 어떤 의미에서 사용하는지를 안다. 또한 우리는 그것이 기독교적인 것이 아니라는 점도 안다. 그것은 신플라톤주의적 동기를 숨기고 있다. 여기서 선(善)은 의사소통으로 표현된다. 그것은 충만한 실재의 범람을 의미한다. 그것은 기독교적 의미의 선(善)과는 아무런 관계도 없다.

52) E.g., 이것들이 어거스틴 안에서 어떻게 뒤섞이는가를 보려면 본서 p. 533을 참고하시오.

53) Cf. 본서 p. 170.

54) 제7장(cap. vii.)의 제목은 "De excessu mentali et mystico, in quo requies datur intellectui, affectu totaliter in Deum per excessum transeunte."

55) Cap. vii. 1, p. 312*a*.

56) Cap. vii. 2, p. 312*b*.

57) Cap. vii. 3, p. 312*b*.

58) Cap. vii. 6, p. 313*b*.

59) 일반적인 목적을 위해선 베른하르트의 작품을 보시오. J. Bernhart: *Die philosophische Mystik des Mittelalters*, 1922.

60) 영혼과 하나님의 유사함에 대한 쌍을 보려면 본서 pp. 277, 286, 307, 334, 451 f. 를 참고하시오. 쉥게네스(συγγενής, 동질적인) 개념과 그것과 에로스 개념의 연관성을 보려면, p. 287와 p. 467 주 106을 참고하시오.

61) 이것에 대한 고전적인 구절은 마이스터 에크하르트(Meister Eckhart, hrsg. von F. Pfeiffer, 4. unveranderte Aufl., 1924, pp. 46 f.)에 나온다. 또한 다음 서적들도 참고하시오. F. Meerpohl: *Meister Eckharts Lehre vom Seelenfünklein*, 1926; O Renz: *Die Synteresis nach dem hl. Thomas von Aquin*, 1911 (**Beiträge** zur Geschichte der Philosophie des Mittelalters, Bd. X.).

62) 1329년 3월 27일의 요한 22세의 교서(Bull) "In agro dominico"(주님의 땅에서)에 의하여 정죄된 명제들 중에서 27번째 것에 의하면, 에크하르트는 "Aliquid est in anima, quod est increatum et increabile"(영혼 안에는 창조되지 않고 창조될 수 없는 어떤 것이 들어있다.)라고 가르쳤다고 한다. 그러나 에크하르트 자신은 자신이 그러한 견해를 표명했다는 것을 부인한다.

63) "하나님이 한분이며 단순하듯이 그것은 유일하고 동일한 것이다." Eckhart, ed. Pfeiffer, p. 46, 12. "이 성채는 모든 길에서 단순한 하나이다." *Ibid.*, p. 46, 22. "보라, 그가 하나이면서 단순한 방식으로 그는 내가 여기서 영혼 안에 있는 성채라고 부르

는 그것에게 온다.… 영혼은 그 부분을 가짐으로써 하나님과 같다. 그렇지 않으면 영혼은 하나님과 같지 않다." *Ibid.*, p. 46, 40. Cf. J. Quint: *Die Überlieferung der deutschen Predigten Meister Eckeharts*, textkritisch untersucht, 1932, pp. 125-168. 거기선 여기 인용된 그 설교(No. VIII.)의 본문이 검토된다.

마이스터 에크하르트는 지금도 중세신비가들 중에서 가장 인기있는 인물이다. 그래서 중세시대의 신비주의의 대변자로서 그에게 더 많은 지면을 할애하는 것은 구미가 당기는 일이다. 그러나 우리는 몇가지 이유에서 그렇게 하지 않을 것이다. (1) 원전들의 상태는 그것들을 사용하기에 앞서서 대단히 주의하여 모든 개별적인 경우들을 철저히 검토할 것을 요한다. 에크하르트의 독일어 작품들과 설교들은 그의 청중들이 써놓은 단편적 기록들에 의존한다. 그래서 많은 위조된 자료들이 슬며시 침입했다. 좀더 최근의 조사는 파이퍼(Pfeiffer)가 편집한 본문이 극도로 믿을 수 없는 것임을 보여주었다. 퀸트(J. Quint)는 위에서 언급된 대작 속에서 대략 2000개의 교정이 필요하다는 것을 보여주었다. 뷔트너(H. Büttner)도 자신의 작품(*Meister Eckeharts Schriften und Predigten, aus dem Mittelhochdeutschen übersetzt und herausgegeben*, Bd. I.-II., 1903-1909)에서 신뢰성 문제에 미진한 점이 많다. 게다가 에크하르트의 라틴어 작품들은 그의 독일어 작품들과는 상당히 다른 사상적 묘사를 보여준다. 그래서 어떤 확신을 가지고 그의 사상을 설명하기에 앞서서 그의 전체 작품들에 대한 비평적 역본이 필요하다. 비평적인 역본인 「마이스터 에크하르트 전집」 (*Meister Eckharts sämtliche Schriften*)이 제베르크(E. Seeberg), 크리스트(K. Christ), 쉬파머(A. Spamer), 코흐(J. Koch) 및 퀸트(J. Quint)에 의하여 출판되고 있다. 또한 테리(G. Théry)와 다른 이들은 프랑스어 비평역본에 착수하였다. (2) 중세 시대에 에크하르트의 영향은 매우 제한되어 있었다. 베르나르 클레르보(Bernard of Clairvaux), 주조(Suso) 및 토마스 아 켐피스(Thomas à Kempis)의 영향력이 훨씬 더 컸다. Cf. H. Boehmer: *Loyola und die deutsche Mystik*, 1921, pp. 7 ff. "독일 신비주의의 특성을 우선적으로 결정하였던 종교적 천재는 플로티노스도 아니고 (결과적으로 동일한 것이지만) 마이스터 에크하르트도 아니었고 베르나르였다. 심지어 그의 생애 가운데서도 에크하르트의 영향력은 그 위대한 시토수도회(Cistercian)의 영향력만큼 방대하지 않았다." *Ibid.*, p. 10. 이런 관점에서 그를 대변자로 인용하는 것은 덜 적절한 것이다. (3) 최근에 에크하르트에 대하여 씌어진 것들(예컨대 *Mythus des XX Jahrhunderts*에서 로젠베르크(Rosenberg)가 논한 것) 중 많은 분량이 매우 피상적이며 "아리안"(Aryan) 낭만주의의 감정적 사고에 너무나 영향을 받았다. 그래서 에크하르트의 사상을 설명하면서 오해를 피하기 위해서는 철저한 정화작업에 착수해야 할 것이다. 하지만 본서는 그러한 작업을 위한 적절한 자리가 아니다. 이제 "북구적 영혼"(the Nordic soul, die nordische Seele)의 표현이자 "근본적인 게르만적 본성"의 직접적 충만함(elemental Germanic nature, urdeutsches Wesen)으로서 환영받는 것들 중에서 많은 것이 "찢겨지고 저질화된 비굴한 어거스틴"으로부터 또한 랍비 모세스 벤 마이몬(Rabbi Moses ben Maimon)과 기타의 유사 자료들로부터 (가끔은 거의 문자 그대로) 파생된 것임을 어렵지 않게 증명할 수 있다.

64) "아무도 하루만에 완전해질 수 없다." Theologia Germanica, cap. xiii., p.

45(Susanna Winkworth의 영역본은 Macmillan, 1937).

65) "이제 아무든지 먼저 씻겨지고 정화되고 벗겨지지 않으면 그는 조명될 (enlightened) 수 없다는 점을 확신하라. 그러므로 누구든지 먼저 조명되지 않으면 그는 하나님과 연합될 수 없다. 이리하여 세 단계들이 존재한다. 첫째단계는 정화, 둘째는 조명, 그리고 셋째는 연합이다. *Ibid.,* cap. xiv., pp. 46 f. 계속해서 이 장(章)은 이 세 가지 단계들의 각각이 어떻게 교대로 세 단계들을 포함하는지를 보여준다.

66) *Ibid.,* cap. xiii., p. 45.

67) Bernard of Calirvaux: Sermones de diversis, LX. 1: PL, vol. clxxxiii.: "Dominus et Salvator noster Jesus Christus volens nos docere quomodo in cSlum ascenderemus, ipse fecit quod docuit, ascendit in cSlum … viamque nobis, qua et nos·ascenderemus, ostenderet."

68) "cupidid quidem sumus ascensionis: exaltationem concupiscimus omnes. Nobiles enim **creaturæ** sumus, et magni cujusdam animi." In ascensione Domini, Sermo IV., p. 310 C. "Omnes ascendere nitimur, omnes tendimus in sublime, sursum aspiramus omnes, omnes conamur in altum.…" Sermones de diversis, XXXIII. 1, p. 626 C.

69) Cf. 본서 p. 508.

70) "Sunt autem qui alio modo sursum cor habeant, sicut fecit Deus hominem rectum." Serm. de div., XXXVI. 1, p. 637 D.

71) "Quis docebit nos ascensum salubrem? Quis nisis de quo legimus, quoniam qui descendit, ipse est et qui ascendit? Ab iso demonstranda nobis erat ascensionis via." sermones de tempore, In ascensione Domini, Sermo IV. 6, p. 312 A. Cf. Sermo. de div., XX., p. 592 ff.

72) "… veniens incarnari, pati, mori, ne moreremur in æternum: propter quod Deus exaltavit illum, quia resurrexit, ascendit, sedet a dextris Dei. *Vade, et tu fac similiter.*" In ascensione Domini, Sermo II. 6, p. 304 A.

73) "Sic per incarnationis **suæ** mysterium descendit et ascendit Dominus, relinquens nobis exemplum, ut sequamur vestigia ejus." Serm. de div., LX. 2, p. 684 A. "Sic etiam oportebat Christum descendere, ut nos ascendere doceremur." In ascensione Domini, Sermo IV. 3, p. 310 C.

74) "Christus enim cm per naturam divinitatis non haberet quo cresceret vel ascenderet, quia ultra Deum nihil est, per descensum quomodo cresceret invenit.… Neque enim ascendere potes, nisi descenderis." *Ibid.,* Sermo II. 6, p. 304 A. "Quia non erat quo ascenderet, descendit Altissimus, et suo nobis descensu suavem ac salubrem dedicavit ascensum." *Ibid.,* Sermo IV. 6, p. 312 A.

75) "… ut per humilitatem ad sublimitatem ascendatis: quia **hæc** est via, et non est alia **præter** ipsam. Qui aliter, cadit potius quam ascendit: quia sola est humilitas **quæ** exaltat, sola **quæ** ducit ad vitam." *Ibid.,* sermo II. 6, p. 304 a.

76) "Alterum proinde montem ascendas necesse est, in quo **prædicantem** audias, *scalam erigentem octo distinctam scalaribus, cujus summitas coelos tangit.*" *Ibid.,* Sermo

IV. 10, p. 314 C. 다른 곳에선 다른 숫자가 주어지는 반면에 여기선 그 사닥다리에 여덟개의 가로대가 있다는 사실은 별로 중요한 것이 아니다. 베르나르에게 있어서 핵심적인 것은 구원이 항상 상승의 형태로 파악된다는 것이다. Cf. Serm. de div., LXI., p. 685 f.: "De quatuor montibus ascendendis"; CIII., p. 728 D.: "De quatuor gradibus, quibus electorum profectus distinguitur"; CXV., p. 741 A: "Unde et quatuor gradus ascensiones esse dicimus"; CXVIII., p. 742 C: "De septem ascensionis gradibus." 베르나르의 유명한 삼중적인 입맞춤의 직유(Sermones in Cantica, III. 1; Pl, vol clxxxiii., p. 794.)도 여기에 속한다. Cf. Serm. de div., LXXXVII. 1, p. 704 C.: "Tria sunt oscula: primum pedum, secundum manuum, tertium oris." 또한 베르나르의 다른 작품인 "De gradibus humilitatis"(PL, vol. clxxxii. 941-958)도 참고하시오.

77) Serm. de div., CXV., p. 740 D. 이러한 연관 속에서 우리는 중세 후기에 나타난 "De ascensionibus"와 같은 제목들을 달고 있는 무수한 신비적인 논문들을 기억해낼 수 있다. 그리고 성 빅토르의 리차드의 저술도 참고하시오. Richard of St. Victor: De gradibus caritatis, PL, vol. cxcvi., p. 1195 ff.; Wilhelm of St. Thierry: De natura et dignitate amoris; PL, vol. clxxxiv., p. 379 ff.

78) "Nam ut in coelum coecendas, prius necesse est levare te super te." In ascensione domini, sermo IV. 12, p. 315 C. "Sequere etiam ascendentem in crucem, exaltatum a terra, ut non solum usper te, sed et super omnem quoque mundum *mentis fastigio* colloceris." *Ibid.*, Sermo IV. 13, p. 315 D. "sic affici *deificari* est." De diligendo Deo, cap. x.: Selected Treaties of St. Bernard of Clairvaux, ed. Watkin W. Williams, 1926, p. 50.

79) "Beatum dixerim et sanctum, cui tale aliquid in hac moratli uita raro interdum aut vuel semel, et hoc ipsum raptim atque unius uix momenti spacio experiri donatum est. Te enim quodammodo perdere tanquam qui non sis, et omnino non snetire te ipsum et a temetipso exinaniri et pene adnullari, celestis est conuersationis, non humane affectionis." *Ibid.*, p. 48.

제34장

카리타스 이론의 발전

제1절 어거스틴, 중세 및 루터

중세시대에 관한 일반적 평가는 그 시대 직전과 직후에 살았던 두 명의 강력한 종교적 인물들에 의해서 매우 자연스럽게 그늘졌다. 어거스틴과 루터는 높은 정점들로 간주되어 왔다. 적어도 개신교도들에게 있어선 그랬다. 그 정점들 사이의 중간시기는 쇠락의 시기였다. 대체로 중세적인 발전들은 결국 루터가 어거스틴보다 더 큰 명증성을 가지고 가장 심오한 종교적 질문들의 온전한 의미를 다시 제기할 때까진 어거스틴으로부터의 점진적인 이탈이었다고 해석되었다. 본질적인 내용들에선 어거스틴과 루터 사이에 일치가 있을 수밖에 없다는 것이 당연시되어 왔다. 그러나 이런 견해는 오직 어거스틴과 루터의 사상이 기초하고 있는 상이한 동기들이 무시되었기 때문에 가능했을 뿐이다. 우리는 어거스틴을 다루면서 이미 이러한 견해의 오류를 지적할 기회를 가졌다.[1] 어거스틴과 루터는 근본적으로 동일선상에 있지 않다. 어거스틴은 종합(synthesis)적인 인물이며, 루터는 혁신(reformation)적인 인물이다. 중세시대에 관해서 말하자면, 주로 어거스틴적 종합 즉 카리타스-종합이 유지되었다.[2]

전통적 견해에 대한 결정적인 반대는 어거스틴과 루터에 관한 홀(K.

Holl)의 연구에서 출현하였다. 어거스틴과 루터는 많은 점들에서 서로 연합한다. 하지만 그럼에도 불구하고 홀의 연구는 두사람이 바로 그 사상적인 기초에서 대단히 분리되어 있음을 보여주었다. 그러나 홀은 이것으로부터 자신의 중세관에 대한 어떤 결론도 끌어내지 못했다. 그는 여전히 중세가 점진적으로 어거스틴 밑으로 추락한다는 전통적 개념을 간직했다. 물론 홀은 그것을 수정하여 어거스틴이 처음부터 그 쇠락의 추진력을 제공했다고 말했다. 홀은 신약성경의 사랑 계명과 그것의 모든 절대적 힘에서 출발했다. 어거스틴에게선 이미 이것이 그의 행복론적 태도 때문에 널리 수정되었다. 하나님 사랑도 이웃 사랑도 예수께서 그것들에게 부여한 정도의 엄격함을 가지고 주장되지 않았다. 그래서 사랑의 요구가 상대적 의미로 이해되게 되었고 계속하여 중세를 통해서도 더욱 더 그렇게 이해되었다.[3]

물론 이런 견해에 대하여 언급할 점이 있다. 그러나 그것은 기독교의 사랑 개념의 역사에 기여한 중세의 공헌을 만족스럽게 묘사하지 못한다. 그것은 중세의 신학작업에 중심적인 문제를 전혀 설명하지 않고 남겨둔다. 즉 이타적인 사랑의 문제 자체가 배제된다. 여기서 홀(Holl)은 자신의 주제를 칸트 윤리학(Kantian ethics)의 표준으로 평가한 점에 대하여 대가를 치른다. 이 시험에 의해서 중세시대는 사랑의 계명을 진지하게 받아들이지 않았다는 한계점을 지녔던 시대로 보여진다. 반면에 루터의 공헌은 본질적으로 그가 사랑 계명의 아주 근본적인 본성을 파악했다는 사실에 있다.

그러나 이러한 접근방식은 우리에게 중세와 루터의 관계 뿐만 아니라 중세와 어거스틴의 관계에 대해서도 혼동스런 개념을 제공한다. 먼저, 우리는 어거스틴을 초월하는 중세신학의 요소를 놓친다. 그리고 이것은 특별히 방금 언급한 큰 문제 즉 이타적 사랑의 문제에 적용된다. 둘째로, 루터의 사상은 너무 지나치게 계명의 관점으로부터 고려된다. 즉 루터의 사상이 중세시대의 신학적 관점에서 고찰된다는 것이다. 루터는 사랑의 계명을 진지하게 받아들이기엔 아직도 중세신학의 계통에 있다. 중세시대엔 이타적 사랑이 중심적 위치를 차지했다. 우리가 그 이타적 사랑 문제에 중심적인 위치를 부여하고 이 문제에서 출발하여 중세의 사랑 이론을 서술하기 시작한다면, 우리는 좀더 역사적으로 정확한 견해를 얻게 된다. 그러면 중세신학이 사실은 사랑(카리타스)의 요구를 진지하게 받아들이지 않았다는 것이 분명해진다. 그리고 바로 이것 때문에 그것은 카리타스-종합이 루터에 의해서 파괴되어야 했던 그 논점으로 통한다는 것도 분명해진다. 중세신학은 카리타스-종합을 물려받았으나 그것의 내적인 어려움을 느꼈다. 그래서 중세신학은 정직하게 그 난관들을 극복하려고 노력했다. 사실, 그것은 그 문제를 어거스틴이 정해놓은 출발점에서 가능한한 멀리 끌어갔다. 중세신학은 카리타스 이론을 세련되게 하였지만 그렇게 함으로써 그것의 내적인 불가능성을 더욱 더 뚜렷하게 하였다. 이와같이 중세신학은 한 특정한 방법으로 종교개혁을 이롭게 하는 행동을 하였다.

어거스틴으로부터 중세까지 한 거대한 연속성의 기준이 있다. 또한 중세로부터 루터까지도 연속성의 기준이 있다.[4] 중세시대는 어거스틴적 종합을 관철하려고 가장 정력적으로 노력했다. 동시에 중세시대는 어거스틴적 종합 안에서 기독교의 고유한 사랑 개념에 가능한 한 큰 자리를 제공하려고 몹시 애썼다. 중세가 실패했다면, 그것은 그 종합의 내적인 불가능성 때문이다. 그러나 중세신학은 사랑을 지나치게 엄격하게 요구함으로서 종교개혁에서 필수적으로 요구될 건설적인 준비를 해주었다. 중세시대는 카리타스 개념을 최대로 이용했다. 즉 중세시대는 카리타스의 인도를 받아서 카리타스적 방법의 한계에 도달했다. 그러나 그 길이 실행불가함을 발견하고 카리타스 개념을 포기하고 원시기독교의 아가페를 기독교적 사랑 이론의 유일하게 정당한 출발점으로 재발견하는 위업은 루터에게 유보되었다.

제2절 이타적 사랑의 문제

중세신학은 어거스틴처럼 모든 사랑이 획득적 사랑이며 그러므로 결국 自己愛라는 가정으로부터 출발하였다. 바로 이런 이유 때문에 신에 대한 순수하고 이타적인 사랑의 가능성이 중세신학에 있어서 가장 중요한 문제가 되었다.

그러나 인간이 모든 사랑의 행위에서 자기 자신의 선(bonum)을 추구한다면, 그 선은 (고린도전서 8장 5절에 언급한) 기독교적 사랑과 같이 존재하는가? 바울 사도는 사랑은 그 자신의 것을 추구하지 않는다고 말했다. 특별히 하나님 사랑의 경우엔 그 사랑은 사실 하나님을 위한 순수한 사랑이어야 하고 단순히 위장된 자기사랑이어선 안된다. 어거스틴에게는 이 문제가 발생하지 않았다. 그는 하나님을 위한 사랑과 진실한 自己愛가 일치해야 한다고 확신했다. 自己愛는 오직 그것의 욕망을 최고선(summum bonum)이신 하나님께 향하게 함으로써만 참되고 지속적인 만족을 얻을 수 있다.

하나님에 대한 사랑이 이처럼 자기중심적 강조를 받는다는 사실은 어거스틴을 근심시키지 않는다. 그는 하나님이 어떤 다른 목적을 위한 수단으로 "이용되지" 않고 우리가 안식하게 될 최종 목적으로서 "향유되"는 한 만족한다. 어거스틴은 향유를 "하나님 자신을 위하여 하나님을 사랑하는 것"이라고 부른다. 그러나 그는 향유 자체가 궁극적으로 "우리 자신을 위한 것"이라는 사실을 결코 고려하지 않았다. 그러나 중세신학은 이 사실을 고려했다. 자기사랑이 카리타스와 공존할 수 있는지, 어떤 방식으로 공존할 수 있는지는 중세신학에 있어서 심각한 문제였다.[5] 우리는 뒤따르는 부분에서 이 문제를 다룬 시도 방식들의 세 가지 예를 들 것이다.

1. 먼저 우리는 토마스 아퀴나스를 다룰 것이다. 그는 어거스틴과 아레오파구스의 디오니시우스와 매우 근접하기 때문에 우리의 현재질문에 대해선 훨씬 더 흥미로운 인물이다.[6] 어거스틴처럼 토마스도 모든 사랑을 근본적으로 획득적 사랑으로 본다.[7] 사랑은 획득적 의지에 상응한다. 이 획득적 의지는 본성적인 행복추구에 상응한다. 모든 사람이 자신을 사랑하고 자기 자신의 행복을 원하는 것이 확실하듯이, 모든 사람이 본성에 의해서 그리고 이성에 일치하여 하나님을 사랑할 마음을 가지고 있는 것도 확실하다. 적절하게 이해된 자기사랑은 우리로 하여금 우리의 행복에 관계되는 모든

것들을 포함하고 있는 하나님을 최고선으로 사랑하도록 촉구한다.[8] 우리가 도대체 하나님을 사랑하는 이유는 우리가 그분을 우리의 선으로서 필요로 한다는 것이다.[9] 사실 토마스는 "불가능한 것을 가정한다치고 하나님이 인간의 선이 아니라고 가정해보자. 그러면 인간이 그분을 사랑할 이유가 하나도 없게 될 것이다."[10]

토마스는 어거스틴에게 동의하여 하나님을 사랑하지 않는 사람은 자신을 올바르게 사랑하는 법을 이해하지 못한다고 주장한다. 죄인이 영원한 최고선이신 하나님 앞에서 지상적·일시적인 선을 선택하고 좋아하면, 그는 가치에 대한 문맹으로 고통을 겪고 있기 때문에 그렇게 한다. 선한 자들과 악한 자들은 궁극적으로 상이한 결말에 도달한다. 즉 선한 자들은 자신의 본성과 그것의 행복을 위하여 요구되는 것을 정확하게 통찰함으로써 올바르게 자신을 사랑한다. 반면에 악한 자들은 자신들의 본성에 관한 그릇된 인식에 의해서 방해받으며 자신들을 올바르게 사랑할 수도 없고 자신들의 최상의 관심들을 발견할 수도 없다. 선한 자들은 자신들의 본성의 제일부분(第一部分)이 이성(ratio)이며 이 이성이 하나님에 대한 관상(visio Dei) 안에서만 만족하고 완전해짐을 알고 있다. 반면에 악한 자들은 몸과 감각을 자신들의 본성의 제일부분으로 보는 오류 속에서 산다. 또한 그들은 이것에 의해서 사물들을 평가한다. 그들의 사랑의 방향도 이것에 의해서 결정된다.[11] 이런 의미에서 죄인들은 자신들을 사랑하지 않는다. 왜냐하면 그들이 행하는 모든 것이 그들 자신을 상하게 하기 때문이다. 그러나 사랑은 우주 안에서 근본적인 힘이다. 그래서 사랑은 그들로부터 근절되지 못한다. 그들은 계속해서 자신들을 사랑한다. 다만 그들은 비뚤어진 방식으로 그렇게 하는 것 뿐이다.[12] 기독교는 언제나 실재했던 이러한 自己愛에 호소할 수 있다. 그것은 인간에게 그것의 참된 본성과 목적을 보여주고 그것에 의해서 그의 사랑을 하나님과 영원한 세계로 향하게 한다.

위에 언급된 모든 것은 어거스틴과 매우 긴밀하게 일치한다. 토마스도 어거스틴처럼 사랑의 범주에 포함되는 통합된 기독교관(觀)을 만들어 내는데 자신의 신학작업의 목표를 두었다. 아퀴나스의 기본개념은 두 문장으로 요약될 수 있다. (1) 기독교 내의 모든 것은 사랑으로 소급될 수 있다. (2) 사랑 안에 있는 모든 것은 자기사랑으로 환원될 수 있다. 토마스의 주장에 따르면, 인간은 그 자신을 위한 선(bonum suum)을 나타내는 것만을 사랑할 수밖에 없다고 한다. 이러한 측면에서 토마스의 사랑 이론의 출발점에는 자기사랑 외에 다른 아무 사랑도 없다고 하는 개념이 이미 포함되어 있다.

그러나 토마스 아퀴나스는 그의 기본적인 사랑관이 "그 자신의 것을 추구하지 않는" 기독교적 사랑과 잘 조화되지 않는다는 점을 회피하지 않는다. 아퀴나스는 자신의 평상시 방식대로 하나의 구분을 도입함으로써 이 어려움을 극복하려고 애쓴다. 그 구분은 그 이후로 가톨릭 신학에서 매우 중요해진다. 아퀴나스는 그의 스승인 위대한 알베르투스(Albertus Magnus)를 따라서 자신의 사랑 이론에 아리스토텔레스의 우정 이론을 도입한다.[13] 사실 그는 모든 사랑의 뿌리가 자기사랑(self-love)에 있다는 것을 계속하여 주장한다. 그러나 그는 그 결과로서 모든 사랑을 이기적(selfish)이라고 간주하는 것이 옳다고 생각하진 않는다. 우리는 두 종류의 사랑을 구분해야 한다. 사랑은 탐욕적(획득적) 사랑(amor concupiscentiæ)과 우정적 사랑(amor amicitaie)으로 구분된다.[14] 카리타스는 후자에 속한 사랑이다. 기독교인은 우정이나 박애의 사랑으로써(amor amicitiae sive benevolentiae) 하나님과 자신과 이웃을 사랑한다. 이것은 중세후기에 매우 중요한 "하나님과의 친교"에 대한 이론적 기초를 놓는다.[15] 이제 이러한 첨가(添加)에 의해서 토마스의 사랑 이론의 통일성이 고통을 겪게 되었다는 것은 부인할 수 없다.[16] 토마스는 "utrum amor sit in concupiscibili"(사랑이 탐욕적인 것들 안에 있는가?)라는 질문에 대해 긍정적으로 대답하고[17] 모든 사랑이 획득적 사랑이라는 자신의 원리를 포기하지 않으려고 하였다. 그러면서도 그가 바로 뒷부분에서 아리스토텔레스에 기초하여 "amare est velle alicui bonum."(사랑한다는 것은 다른 사람의 선을 원하는 것이다.)라는 새로운 사랑의 정의(定義)를 제시하는 것은 확실히 이상하다.[18]

그러나 우리에게 흥미로운 것은 이 어려움이 아니라 토마스가 에로스 동기와 기독교의 아가페 사랑 사이의 긴장을 느꼈으며 그가 우정적 사랑 (amor amicitiae) 개념을 힘입어서 해답을 발견하려고 애썼다는 사실이다. 이 시도가 실패할 운명에 있었다는 것은 말할 필요가 없을 것이다. 아가페의 의미를 낯선 "amicitia"(우정) 개념에 의해서 표현하려고 노력하는 것이 가망없다는 것은 별문제로 치더라도, 이 외부적인 교정은 확실히 토마스주의의 사랑 이론의 제일전제 자체에 묶여 있는 자아중심성을 중립화할 수 없다. 게다가 토마스는 아리스토텔레스로부터 "우정"의 개념을 채택할 때 분명히 만족하면서 아리스토텔레스도 궁극적으론 우정을 自己愛로부터 유도했다고 기술한다. 왜냐하면 비록 내가 나의 친구를 그 자신만을 위하여 사랑한다고 하더라도, 여전히 나는 내 자신을 위한 하나의 "선"(bonum)만을 사랑하기 때문이다. 이런 방식으로 토마스의 사랑 이론의 통일성은 보존된다. "우애 혹은 박애"(amor amicitiae sive benevolentiae)는 모든 사랑이 궁극적으로 자기사랑으로 거슬러 올라가며 인간은 오직 자신을 위하여 "선"한 것만을 사랑할 수 있다는 이론에 아무런 위협이 되지 않는다. 그와 동시에 '자기 자신의 것을 추구하지 않는' 기독교의 아가페 사랑이 피신할 만한 장소는 사라져 버렸다.

2. 이타적 사랑의 문제는 베르나르 클레르보의 저술 「사랑하시는 하나님에 관하여」(De diligendo Deo)에서 더욱 더 격렬한 공격을 받았다.[20] 이것도 평범한 어거스틴적 개념들로 시작한다. 사랑은 욕망이나 열망(appetitus)과 동일하다. 더 고상한 이득을 위하여 쉬임없이 투쟁하는 것은 모든 합리적 존재의 본성이다.[21] 처음에 우리는 우리의 욕망을 너무나 저열하고 무의미한 세속적인 것들에 두었다. 하지만 욕망은 그 자체가 본성상 저등한 것에 만족하지 못하는 역동성을 가지기에 결국 우리로 하여금 우리의 욕망을 하나님께 향하도록 강요한다. 하나님은 우리가 바라는 모든 유익함을 자체적으로 포함하고 있는 "최고선"(summum bonum)이기 때문이다. 욕망은 그 최고선 안에서만 쉴 수 있다. 인간이 모든 일시적인 향락과 이득들을 시도해보고 그것들의 무익함을 깨달았을 때, 그가 할 수 있는 것은 하나님

께 피신하는 것 외에 아무것도 없다.[22]

하지만 그것은 기나긴 우회로이다. 생명은 짧고 우리의 능력은 불충분하기 때문에, 우리는 그 우회로를 통해서는 결단코 목적지에 도달하지 못한다. 우리가 이 길을 따르길 고집하고 하나님께 돌아가길 거부하며 감각세계 속에서 배회하게 된다면, 베르나르는 우리가 적어도 우리 자신을 위하여 저열한 향락들의 실제체험을 하지 않고도 그것들을 상상과 생각으로만 경험함으로써 그 길[迂廻路]을 단축해야 한다고 권면한다.[23] 그러므로 自己愛는 인간 생명의 초석이기 때문에, 베르나르는 다음의 문제에 부딪힌다. 어떻게 우리는 인간의 본성적 自己愛로부터 순수한 하나님 사랑에 도달할 수 있는가? 베르나르는 상승(ascent)의 용어로 생각하는데 익숙한 한 신비가로서 사랑의 네 단계들(stages) 혹은 계단들(step)을 언급함으로써 이 질문에 대답한다.

어떤 사랑이든지 관계없이 모든 사랑의 출발점은 자기사랑이다. 그리고 이것은 피조물로서의 인간의 본성과 관련되어 있다. 사실 인간은 자신의 사랑을 우선 그의 창조주에게 기울여야 한다. "그러나 인간의 본성이 연약하고 허약하기 때문에, 인간은 스스로 환경의 힘에 의해서 할수 없이 자기 자신을 먼저 섬기게 된다. 이것은 육욕적인(carnal) 사랑이다. 그리고 그 육욕적 사랑에 의해서 인간은 자신을 위하여 자기를 사랑한다."[24] 이러한 自己愛는 본성적인 것이다. 그러나 그 육욕적 사랑이 무제한으로 발생하도록 허용되면, 그것은 파괴적인 힘이 되어 통제를 벗어나겠다고 위협한다.

하지만 그 육욕적 사랑의 진행경로는 "네 이웃을 네 자신처럼 사랑해야 한다."라고 요구하는 하나의 계명에 의해서 저지된다. "이와같이 본성적인 사랑은 일반적인 것으로 확대될 때 사회적이 된다."[25] 이것이 본성적·육욕적인 사랑에게 일어나는 첫번째 것이다. 그것은 확대되고 그것의 자기중심적 배타성의 일부를 상실하기 시작한다.

그런데 이웃 사랑이 완전해지려면, 그 사랑의 기초가 하나님과 하나님에 대한 사랑 안에 있어야 한다. 그것을 우리 안에서 일깨우기 위하여, 하나님은 우리에게 슬픔과 시련을 보내고 그것들로부터 우리들을 구출하신다. 그래서 우리는 우리 자신의 무능력과 우리가 하나님 안에서 소유하고 있는 바를 발견한다. 그래서 자기 외에 아무도 사랑하지 않는 육적인 마음을 가진 사람이 하나님을 이용하기 위하여 그분을 사랑하기 시작한다. 그러나 실제로 그 사람은 여전히 自己愛의 범주에 있는 것이다. 이 안에서 하나님 사랑은 하나의 가능성으로 나타났다. 이와같이 自己愛로부터 하나님 사랑으로 가는 도상에서 사랑의 제1단계(primus gradus amoris)가 취해진다. 하나님에 대한 우리의 사랑은 처음엔 전적으로 자기중심적이다.

하지만 하나님이 우리에 대한 자신의 친절함을 지속적으로 갱신하실 때 하나님에 대한 우리의 사랑도 심화된다. 우리의 마음은 그분의 善性에 의해서 부드러워지며, 우리는 더 이상 그분에게서 이득을 취하기 위해서가 아니라 그분 자신을 위하여 그분을 사랑한다. 이것이 사랑의 제2단계(secundus gradus amoris)이다.

그리고 우리가 하나님과의 이러한 교제에 더 친밀해지면 친밀할 수록, 심화된 사랑은 더욱 더 성공적이 되어 마침내 우리는 완전하게 순수한 하나님 사랑을 얻게 된다. 또한 하나님은 오직 그분 자신만을 위하여 사랑받게 된다. 이것이 사랑의 제3단계(tertius gradus amoris)이다.

그러나 여전히 최고단계가 남아있다. 거기선 영혼이 신의 사랑에 술취한 것처럼 완전히 그 자신을 망각하고 심지어 하나님 안에서만 그 자신을 사랑한다. 엄밀히 말하자면 이 상태는 천상적인 실존에만 속한다. 지상적 조건에선 그것이 드물고 고독한 순간들에만 달성된다. 이것이 사랑의 제4단계(quartus gradus amoris)이다.[26]

우리가 본성적인 자기사랑으로부터 사랑의 네 단계들을 통과하여 하나님을 위한 순수한 이타적 사랑으로 상승하기 위해 이용해야 하는 그 길은 이와같이 설명될 수 있다:

육욕적인 사랑(amor carnalis) : 자신을 위하여 자신을 사랑함(diligere se propter se)

사랑의 단계(gradus amoris) :
  1 : 자신을 위하여 하나님을 사랑함(diligere Deum propter se).
  2 : 자신뿐만 아니라 하나님 자신을 위해서 하나님을 사랑함(diligere Deum non propter se tantum, sed et propter Ipsum).
  3 : 하나님만을 위하여 순수하게 하나님만을 사랑함(diligere pure Deum porpter Ipsum).
  4 : 하나님을 위하여 자신을 사랑함(diligere se propter Deum).

승화(sublimation)와 정화에 의하여, 自己愛는 이처럼 그것의 정반대인 순수한 하나님 사랑으로 변화된다. 최고단계에서는 그릇된 自己愛에 대한 모든 암시가 사라졌다. 인간이 여전히 자신을 사랑한다고 말할 수 있다면, 그는 오직 하나님 안에서만 또한 하나님을 위해서만 그렇게 한다.

3. 이타적 사랑의 문제를 설명하면서, 우리는 중세 신비주의가 하나님에 대한 자기중심적 관계와 투쟁하면서 공헌한 업적을 망각해선 안된다.[27] 이것은 자아의 금욕(mortificatio)을 요구하는 데서 주로 표현한다. 무엇보다도 인간을 하나님으로부터 멀어지게 하는 것은 그릇된 자기사랑이다. 신비주의는 이 옛 개념을 고수하면서도 동시에 그 개념을 훨씬 더 광범위하고 엄격하게 적용한다. 자기사랑의 잘못된 점은 인간이 하나님에 대항하여 독립을 주장하는 것이다.[28] 이런 자기의지(self-will)의 어떤 것이 인간 안에 남아 있는 한, 그는 하나님과의 완전한 연합을 성취할 수 없다. 그는 자기의 본성을 파괴하고,[29] 자신에게서 자기 자신의 모든 것을 비우며 자신의 모든 자기의지를 제거해야 한다. 그의 삶은 "결핍되어감"(ein Entwerden)의 형태를 취해야 한다.[30] 그의 자아(ego)는 죽임당하여 근절되어야 한다.[31] 오직 그렇게 함으로써 인간은 하나님께 나아가서 그분과 하나가 될 수 있다.

이러한 인식에서 에로스 동기와 아가페 동기의 영역들에서 나온 요소들이 이상하게 뒤섞인다. 자기자신의 소유를 추구하지 않는 사랑에 대한 생각,[32] 이기심 자체를 본질로 보는 기독교의 기초적인 죄 개념,[33] 이런 것들은 분명하게 영향력을 행사하였다. 그래서 우리는 여기서 어떤 아가페적 특성에 대하여 말할 수 있다. 그러나 이 인식의 배후에 있어서 그것에 일관성과 의미를 부여하는 기본개념은 아가페 개념이 아니라 에로스 개념이라는 것도 분명하다. 만물이 유출되고 다시 귀환해야 한다고 하는 이론은 획일적인 一者로서의 하나님 개념이다. 이것은 본질적 존재와 최고선으로서의 神개념이다. 다른 모든 것들을 움직이는 것은 부동자(Unmoved) 神 개념이다.[34] 또한 이것은 위쪽을 향하여 노력하는 영의 개념과 아래쪽으로 끌려가는 육(flesh)의 개념도 포함한다.[35]

이 신플라톤적 배경은 이기적인 자아에 대항하는 투쟁에 비기독교적인 내용을 하나 보태준다. 그 내용은 이기심(selfishness)만을 공격하는 것이 아니라 개성(혹은 자아, selfhood, Ichheit, Selbstheit)까지도 공격한다. 그 결과로서 신비주의는 이타적 사랑을 위하여 투쟁하는 와중에 그 자체가 자기중심적 영성의 가장 세련된 형태이자 극치임을 입증한다.[36] 자아가 신성에 잠길 때, 그리고 신비주의의 전통적인 방식으로 우리가 단순하게 "神은 나[我]다." 혹은 "나는 神이다."라고 말할 수 있을 때, 그것은 한 개인의 자기의지의 최고의 승리이다.

이와같이 카리타스 문제에 대한 중세적 해답은 획득적 사랑 혹은 자기사랑이 하나님을 위한 순수한 사랑으로 승화되는 데 있다. 중세적인 사랑관의 전체구조는 고딕양식의 성당을 연상시킨다. 거기선 거대한 돌이 견고하게 지상 위에 놓여있지만, 모든 것이 위로 솟아오르는 것처럼 보인다. 이러한 사랑관의 기초는 자연적인 자기애와 같이 지상적이고 인간적인, 지나치게 인간적인 어떤 것이다. 그러나 이 자기사랑은 상승하고자 하는 일관된 속성을 담고 있다. 자기사랑은 인간을 자기 욕망의 만족을 추구하도록 몰아댄다. 그러나 이것은 본성상 만족할 줄 모르기 때문에, 저열하고 일시적인 선에 결코 만족할 수 없다. 자신을 적절하게 이해하는 사람은 이처럼 본성적인 자기사랑에 의해서 내적인 필연성을 가지고 자신의 욕망을 신적인 존재가 있는 위쪽으로 향하도록 인도된다. 자기사랑은 인간을 위쪽으로 몰아가는 힘이다. 그리고 그것은 하나님 사랑 안에서 그 극치에 도달한다.

그 하나님 사랑은 가장 완전한 최상의 만족을 제공한다.

이제 우리가 살펴보았듯이, 중세신학은 이것을 근거로 순수한 하나님 사랑(즉 그 자신의 것을 추구하지 않는 사랑)을 획득하는 것이 어렵다는 것을 분명하게 인식했다. 그러나 이것은 카리타스-종합에 대한 어떤 철저한 개정에 이르진 않았다. 토마스의 "우정적 사랑"(amor amicitiae)도 베르나르의 "사랑의 제4단계"(quatuor gradus amoris)의 신비주의적 "고행"(mortificatio)도 전통적인 사랑 이론을 그 근본으로부터 뒤흔들진 못했다. 그 해답은 승화(sublimation)의 방향에서 추구되었다. 인간이 하나님을 사랑할 때 신장된 순수성이 요구된다. 이 순수성은 초기의 자아중심성을 중립화한다. 이런 관점의 극단적인 결론은 오캄(Occam)과 비엘(Biel)에 의해서 파생된다. 이 두 사람은 불완전한 후회(penitence) 즉 공포와 획득적 사랑(amor concupiscentiæ)에 의존하고 있는 후회(attritio)를 거부한다. 그들은 용서와 하나님과의 친교의 조건으로서 완전한 후회(penitence)를 요구한다. 완전한 참회는 카리타스 즉 우정적 사랑(amor amicitiae)에 근거하여 분별되는 통회(痛悔, contritio)를 의미한다.[37]

더 나아가서 오캄과 비엘은 인간이 "순수한 자연적인 것들로부터"(ex puris naturalibus) 그러한 순수한 하나님 사랑을 실천하며 자신보다 하나님을 더 사랑한다는 것을 강조한다. 그러나 그들은 이것을 이용하여 카리타스 이론을 가장 세련된 형태로 이끌었다. 그리고 하나님을 위한 이타적 사랑의 문제에 관하여 그것 안에 포함된 동기들 간의 긴장이 견딜 수 없게 되는 지점에 도달한다. 그들은 기독교적 사랑을 위하여 가능한한 많은 자리를 발견하려는 바로 그 시도에 의해서 극도로 도덕주의적이며 아가페 사랑에서 가능한한 멀리 벗어난 사랑 이론을 산출하는데 성공하였다.

제3절 하나님은 자기애(amor sui)이다 — 하나님은 우애(amicitia) 이다

중세의 신학자들이 카리타스-종합에 있는 긴장을 매우 분명하게 느꼈다는 것은 더욱 놀랄 만한 일이다. 왜냐하면 그들은 일반적으로 원래 이 종합을 구성하였던 요소들에 대한 분명한 지식이 없었기 때문이다. 처음 수세기의 그리스어圈에선 에로스(ἔρως)와 아가페(ἀγάπη) 단어들 자체가 혼동될 수 없었다. 하지만 중세신학자들은 이러한 언어적 장점을 갖추지 못했다. 사랑에 대한 두 개의 다른 단어들이 있으면, 두 개의 다른 종류의 사랑이 있다는 사실이 쉽게 망각되지 않는다. 우리는 이것을 오리겐과 僞디오니시우스 안에서 발견한다. 이 두 사람이 에로스와 아가페를 동일시하거나 아가페를 에로스에 의해서 대체하려고 가능한 모든 시도를 다 하여도, 적어도 그들은 이 절차를 변호해야 한다.[38]

라틴어가 사용되는 상황은 매우 다르다. 에로스(ἔρως)가 "아모르"(amor) 안에 대단히 흡사한 것을 가지고 있다는 것은 사실이다. 그리고 아모르(amor), 딜렉티오(dilectio) 및 카리타스(caritas)가 동의어라고 주장한 어거스틴의 단언에서 우리는 여전히 에로스(ἔρως)와 아가페(ἀγάπη) 사이의 오랜 문제의 어떤 것을 탐지한다.[39] 그러나 어거스틴의 영향을 통해서 "아모르"(amor)란 용어는 말하자면 교회적인 품위를 적잖이 받았다. 신적인 것들에 대하여 그것을 사용하는데 어떤 변증도 필요하지 않았다. 에로스(ἔρως)는 모호한 의미를 가지고 있기에 설명하고 변호해야 할 필요가 있다. 하지만 아모르는 더 이상 에로스처럼 모호한 의미를 가지고 있지 않다. 중세시대엔 대개 두 단어들 사이의 연관성이 망각되었다. 에리게나는 교회적으로 인정된 "아모르"란 용어의 배후에 플라톤주의와 신플라톤주의의 에로스(ἔρως)가 숨겨져 있다는 것을 깨달은 소수 중의 한 사람이었다.[40]

변화가 있어났음을 보여주는 흥미로운 증거는 僞디오니시우스의 「신의 이름들에 관하여」(De divinis nominibus)에 대한 토마스의 주석에서 발견된다.[41] 디오니시우스가 70인역 성경에서 (에로스(ἔρως)란 단어는 아니더라도 적어도 유사한 단어가 있는) 두 구절을 인용함으로써 자신의 에로스(ἔρως)란 단어의 사용을 변호할 때, 토마스는 그것이 도대체 무엇을 의미하는지 이해하지 못한다. "아모르"와 같이 그렇게 인정받고 정확한 신학적 용어를 왜 변호해야 할 필요가 있는가? 이 문제는 토마스에게 있어서 하나의 수수께끼이다. 그러므로 아퀴나스가 해석한 디오니시우스의 의도는 성경의 저자들이 사랑에 대한 두 단어들(amor와 dilectio)을 구분없이 매우 일반적으로 사용했다는 것이다.[42] 그래서 아퀴나스는 분명히 성경의 두 구절에 관해서도 디오니시우스가 겨우 이 둘만을 골랐다는 것에 놀란다.[43]

"하나님은 에로스이다."와 "하나님은 아가페다."라는 오랜 이중적 공식문구는 중세시대에 그 묘미를 상실했다. 하지만 중세신학이 하나님의 사랑을 자기사랑과 우정적 사랑이라고 말하는 한, 여전히 그 이중적 공식문구에 상응하는 어떤 것이 다소간 남아 있다. 중세신학에선 "하나님은 사랑이다." 란 문장의 해석으로서 "하나님은 자기사랑(amor sui)."이라는 개념과 "하나님은 amicitia(友情)"라는 개념이 모두 발견된다.

중세의 사랑 이론이 인간적인 자기사랑을 극복하고 이타적인 하나님 사랑에 도달하려고 추구한다 하더라도, 그것은 아무런 주저없이 하나님의 사랑의 특징을 自己愛로 본다. 우리는 보나벤투라가 하나님의 사랑에 대한 유비를 위하여 어떻게 인간의 자기사랑으로 향할 수 있었는지 이미 보았다. "그러므로 당신 자신 안으로 들어가시오. 그리고 당신의 영이 얼마나 열렬히 당신 자신을 사랑하는지 보시오." 그는 여기서 우리가 가장 행복한 삼위일체의 한 그림을 가지고 있다고 생각한다.[44] 그리고 그 입장은 토마스 아퀴나스 안에서도 전혀 다르지 않다. 토마스는 僞디오니시우스로부터 하나님이 주로 그 자신에 대한 사랑이라는 것을 배웠다.[45] 이것은 여기에서 그 무엇보다도 더 분명하게 에로스 동기와 그것에 상응하는 가치척도가 지배적인 요인이라는 것을 보여준다. 어거스틴은 사랑은 이미 "질서잡힌 사랑"으로서 그것의 대상의 가치를 참작해야 한다고 가르쳤다. 그 교훈은 중세신학의 견해이기도 했다. "선"이 더 클수록, 사랑도 더 커진다.[46] 그러나 이것으로부터 "최고선"(summum bonum)으로서의 하나님은 모든 것 중에서 자기자신을 가장 사랑해야 한다는 결론이 뒤따른다.

중세신학에서 이 개념이 담당한 역할은 생 빅토르의 리차드(Richard of

St. Victor)에게서 가장 잘 보여진다. 그는 사랑 개념으로부터 삼위일체를 입증하는 자신의 유명한 증명에서 이것을 잘 보여준다. 증명의 전반적인 기초는 사랑이 "질서잡힌"(ordered) 것일 수 없다는 생각이다. 하나님이 사랑이시라면, 그분의 사랑의 대상은 인간일 수 없다. 왜냐하면 인간처럼 사랑받기에 부적합한 대상을 최고의 사랑으로 사랑하는 것은 "무질서한"(unordered) 사랑을 보여주게 되기 때문이다. 하지만 우리는 하나님에게서 그런 무질서를 가정하지 않아도 된다. "신의 위격(位格)은 최고의 사랑을 받을 가치가 없는 사람에 대해서 최상의 사랑을 가질 수 없다."[47] 그래서 신의 사랑이 무한히 기울여질 수 있는 한 대상이 존재하기 위해서, 신성 안에 둘째 위격이 요청되었다. 이 논증의 명백한 전제는 하나님의 사랑이 "무질서한" 사랑일 수 없다는 점이다. 하나님의 사랑은 아가페처럼 가치척도를 무시해선 안되며 오히려 에로스처럼 그 대상의 가치에 의해서 이끌려야 한다. 그런데 신약성경에서 최상의 사랑은 바로 그 사랑을 받을 가치가 없는 자들을 사랑하는 것(로마서 5:8)이다. 하지만 생 빅토르의 리차드는 그런 신약성경의 개념을 전혀 수용하고 있지 않았다. 다른 말로 하면, 리차드는 하나님의 사랑이 무동기적·자발적 아가페임을 시인하려 들지 않는다. 결과적으로 아가페는 단지 신적인 자기사랑 즉 하나님의 "自己愛(amor sui)로 이해될 수 있을 뿐이다.

그러나 리차드의 설명도 自己愛에 대한 어떤 평형개념(counter balance)을 amicitia(友情) 개념 안에 가지고 있다. 인간만이 하나님을 "amor amicitiae(우정적 사랑)로써 사랑하는 것은 아니다. "우정"은 상호적이다. 하나님조차 "우애"(amor amicitiæ)의 특징을 가진 사랑으로써 인간을 사랑한다.[48] 사실 우리는 하나님의 본성을 묘사하기 위하여 우정 개념을 가능한 한 최대한으로 이용할 수 있다. 시토수도회의(Cistercian) 수도원장인 앨레드 리보(Aelred of Rievaulx)는 주로 키케로의 「우정론」(De amicitia)에 의존하여 그것에 대한 기독교적 대응작품으로서 「영적인 우정론」(De spirituali amicitia)을 저술하였다. 이 작품에서 앨레드 리보는 약간 주저하긴 했지만 "하나님은 amicitia(友愛)이다."라고 선언했다.[49] 그러므로 우정도 역시 최선

의 천상적 사닥다리이다.[50]

제4절 Fides caritate formata(사랑으로 형성되는 신앙) — 신적인 수준에서 나누는 하나님과의 친교

중세적 경건은 사실상 하나님과의 친교가 신적인 수준에서 나누는 친교라고 가정한다. 이것이 중세적 경건의 가장 특징적인 것이다. 거룩하신 하나님과 죄악된 인간은 양립할 수 없다.[51] 그들이 상호적인 관계에 들어가려면, 인간이 먼저 하나님에게 순응해야 한다. 공로, 관상 및 신비주의의 사닥다리에 의하여, 인간은 하나님의 신성한 수준으로 올라가야 한다. 신비주의의 전문용어로 표현한다면, 인간은 "deiformis"(gottförmig, 신의 형상으)로 변화되어야 한다. 그러나 이 상승에서 원동력은 카리타스이다.[52] "그가 사랑하지 않으면, 그는 신같이(godlike) 되거나 神化되지(deified, vergottet) 못할 것이다."[53] 이 개념은 유별나게 적절하고 명시적인 공식문구에 간략하게 요약되어 있다. 그 공식문구는 "fides caritate formata"(카리타스에 의해서 형성되는 신앙)이다.

죄인의 義化(justification)와 하나님과 그 죄인의 친교에 관해서라면 바울적인 언어를 적용할 수 있다. 바울은 "신앙에 의한 의화"를 말한다. 그러나 신앙이 사랑에 의해서 완전해지는 한, 그것은 결코 단순하고 순수한 신앙에 대한 질문이 아니다.[54] 인간이 의로워지는데 결정적인 것은 신앙이 아니라 사랑 즉 카리타스이다. 그 점이 바로 아리스토텔레스적 "형상"(form)-"질료"(matter) 구분에 기초하여 "사랑(카리타스)에 의해서 형성되는 신앙"이란 공식문구가 사용될 때 의미하는 바이다. 아리스토텔레스 사상에서 형상(形狀)은 그것의 특성을 질료(質料)에 강하게 남김으로써 질료에 가치를 분여하는 가치있는 것이다. 이제 이 개념은 신앙(fides)과 사랑(caritas) 사이의 관계에 적용된다. 신앙은 질료이며 그 자체로서 실체가 없고 능력도 없다. 사랑은 형상(形狀) 즉 구성원리(formative principle)이다. 사랑은 신앙에 자신의 특성이나 "형상"(forma)을 부과함으로써 신앙에 진정한 존재와 가치를 부여한다.[55]

그래서 인간이 의롭게 되고 하나님과 교제를 맺게 되는 것은 궁극적으로 신앙에 의한 것이 아니라 사랑에 의한 것이다. 그리고 이것은 상당히 분명한 이유에서 전통적인 카리타스 개념의 결과일 수밖에 없었다. 율법의 모든 요구사항은 하나님 사랑과 이웃 사랑의 계명에 요약되어 있다. "사랑은 율법을 완성한다." 이 사랑이 인간 안에서 발견되면, 그것으로써 모든 의로움은 완성된다. 카리타스가 인간의 마음에서 발견되는 정도에 따라서, 인간은 더 이상 죄인이 아니고 근본적으로 거룩하다. 비록 아직도 카리타스에 의해서 그의 온생애를 성화하는 충만(permeation)으로써 실천해야 할 것이 상당히 많이 남아 있긴 하지만 말이다.

이와같이 하나님은 "fides caritate formata"(사랑으로 형성되는 신앙)에 입각하여 인간을 의롭게 하시고 그분이 그 인간 안에서 발견하시는 카리타스에 근거하여 그를 자신과 교제하도록 하신다. 그러므로 하나님이 스스로 이 카리타스를 인간의 마음에 주입하셨다는 것이 인정되지만, 여전히 하나님은 오직 의롭고 거룩한 자들과 관계를 맺으신다는 생각은 손상되지 않은 채 남아 있다. 이와같이 "fides caritate formata"(사랑으로 형성되는 신앙)은 가톨릭 사상에서 신적인 수준에서 성결에 기초하는 하나님과의 친교에 대한 고전적인 표현이 된다.[56] 하나님이 죄인과 관계를 맺을 수 있으려면 먼저 (말하자면) 그를 다시 만들어서(remake) 그가 과거의 그 자신과 다른 존재가 되도록 하여야 한다. 이 관점에 의하면 하나님과의 친교로 가는 길은 두 단계를 통하여 뻗어나간다. 먼저, 하나님은 죄인을 변화시키고(transform) "infusio caritatis"(사랑의 注入)에 의해서 그를 거룩한 사람으로 만들어야 한다. 그리고 나서 하나님은 이제 이 재형성되어 거룩해진 인간을 자신과의 친교로 받아들일 수 있다.

토마스 아퀴나스는 義化(justification)에 네 가지 요소들이 포함된다고 말한다. 그것은 (1) 은총 혹은 카리타스의 주입, (2) 하나님을 향한 자유 의지의 운동, (3) 죄를 벗어나는 자유의지의 운동, 및 (4) 죄의 용서[57] 등이다.

아퀴나스는 이 네 요소들이 시간적으로 동시에 일어나고 사유적으로만 구분될 수 있다고 주장한다. 비록 그렇다 하더라도, 사실의 문제에선 다른 요소들의 원인과 조건인 은총이나 카리타스의 주입이 그것들과의 관계에서 우선적이다. 이것은 토마스의 흔들릴 수 없는 확신이다.[58] 즉 그는 요소들의 동시성(simultaneity)과 은총의 주입의 우선성(priority)을 다 유지하고 있다. 토마스는 이 두 가지를 다음과 같이 조화시킬 수 있다고 생각한다. 사랑의 주입을 통하여, 영혼은 새로운 형태 혹은 새로운 성질을 수용한다. 그러나 이 형태가 현존하고 있는 바로 그 동일한 순간에, 그것에 일치하는 한 행위가 즉시 시작된다. 불이 켜지는 순간에 위로 껑충 뛰어오르는 것과 마찬가지로, 카리타스도 그렇다. 카리타스의 주입에 의해서 사랑의 불꽃이 인간의 마음 안에 붙여지면, 그것은 오직 높이 올라가는 것 외에는 아무것도 할 수 없다. 그런데 그것이 하나님께 올라가는 그 순간에 그것은 죄로부터 풀려난다. 이와같이 카리타스에 의해서 새롭게 창조된 인간에게는 네 번째 요소인 죄용서와 하나님과의 친교가 일어난다.[59] 그리고 이것으로써 義化(justification)의 목적이 달성된다. 즉 성결에 기초한 하나님과의 교제가 현실화된다.

주

1) Cf. 본서 p. 594 ff.

2) 중세의 사랑 이론을 직접적으로 다루는 문헌들 중에서 다음 작품들이 주목할 만하다. P. Rousselot: *Pour l'histoire du probléme de l'amour au moyen âge*, 1908; J. Klein: *Die Chritaslehre des Johannes duns Skotus*, 1926; J. Kaup: *Die theologische Tugend der Liebe nach der Lehre von der Gottesfreundschaft in der Scholastik und Mystik des 12. und 13. Jahrhunderts*, 1928.

3) K. Holl: *Augustins innere Entwicklung* (Gesammelte **Aufsätze** zur Kirchengeschichte III., 1928, pp. 54-116); cf. Gesammelte **Aufsätze** zur Kirchengeschichte I., Luther, 2. und 3. Aufl., 1923, pp. 161 f. 루터에 관한 홀의 첫 판(1921)은 이 어거스틴 부분을 담지 않고 있다.

4) 중세신학이 어느 정도까지 어거스틴적 카리타스-종합에 의존하여 존속하였는가는 캔터베리의 안셀무스(Anselm of Canterbury)와 페트루스 롬바르두스(Petrus Lombardus)에게서 이미 볼 수 있다. 후자의 "Libri quatuor Sententiarum"(명제집)은

특히 어거스틴의 영향력을 가장 다양한 사상적 계파들에게까지 전달하였다. 그가 lib. iii., dist. xxvii.-xxxii., ed. quaracchi, tom. ii, pp. 673-696에서 사랑 이론을 다루는 것처럼, 사랑 이론은 이 작품에 대한 많은 중세기의 주석서들의 해당하는 항목들에서 발견된다. 이 사실은 스콜라주의의 사랑 이론에 대한 조사를 매우 단순하게 해준다.

5) "Utrum amor sui possit stare cum caritate." Alexander de Hales: *Summa Theologica*, Inqu. iii., tract. vi., qu. ii., cpa. v., 714; ed. Quaracchi, iii., 1930, pp. 700 f.

6) 토마스의 작품들을 힐끗 보기만해도 그가 이 두 권위적 인물들에게 얼마나 많이 의존하는가를 알 수 있다. 뒤랑뗄(J. Durantel)은 자신의 역작인 「성 토마스와 위디오니시우스」(*Saint Thomas et le Pseudo-Denis*, 1919)에서 토마스와 위디오니시우스의 관계를 상세하여 보여 주었다.

7) "Amor est aliquid ad appetitum pertinens: cum utriusque obiectum sit bonum." S. Th., II. i., qu. xxvi., art. i., tom. vi., p. 188a.

8) "Sic necesse est quod omnis homo beatitudinem velit. Ratio autem beatitudinis communis est ut sit bonum perfectum, sicut dictum est. Cum autem bonum sit obiectum voluntatis, perfectum bonum est alicuius, quod totaliter eius voluntati satisfacit. Unde appetere beatitudinem nihil aliud est quam appetere ut voluntas satietur. Quod quilibet vult." S. Th., II. i., qu. v., art. viii., tom. vi., p. 54a.

9) "Non enim esset in natura alicuius quod amaret Deum, nisi ex eo quod unumquoque dependet a bono quod est Deus." S. Th., I., qu. lx., art. v. ad 2, tom. v., p. 104b.

10) "Dato enim, per impossibile, quod Deus non esset hominis bonum, non esset ei ratio diligendi." S. Th., II. ii., qu. xxvi., art. xiii. ad 3, tom. viii., p. 223b.

11) "Boni autem æstimant principale in seipsis rationalem naturam, sive interiorem hominem: unde secundum hoc æstimant se esse quod sunt. Mali autem æstimant principale in seipsis naturam sensitivam et corporalem, scilicet exteriorem hominem. Unde non recte cognoscentes seipsos, non vere diligunt seipsos, sed diligunt id quod seipsos esse reputant. Boni autem vere cognoscentes seipsos, vere seipsos diligunt." S. Th., II. ii., qu. xxv., art. vii., tom viii., p. 203a. Cf. S. Th., II. ii., qu. xxv., art. vii. ad 2, tom. viii., p. 204a.

12) "Naturalis amor, esti non totaliter tollatur a malis, tamen in es pervertitur." S. Th., II. ii., q. xxv., art. vii. ad 2, tom. viii., p. 204a.

13) 위대한 알베르투스(Albertus Magnus)는 다음과 같이 말한다. "Alii tamen aliter dicunt, distinguentes duplicem dilectionem, scilicet **amicitæ**, et **concupiscentiæ**." "우정의 사랑"(amor **amicitiæ**)이란 용어를 사용하여 자기사랑에 제약을 가하려는 관심은 이미 알베르투스에게서 나타난다. "Similiter non est bene dictum, quod aliquis se diligat dilectione **amicitiæ**: quia amicitia relatio est, **quærens** diveristatem in diligente et dilecto." Alberti Magni Opera omnia, ed. borgnet, vol. xxviii., 1894, p. 547. 어거스틴 자신도 한 단락에서 동일한 개념을 암시하고 있다는 것이 부연되어야 한다. "Quidquid ad cibandum amamus, ad hoc amamus, ut illud consumatur, et nos reficiamur. Numquid sic amandi sunt homines, tanquam consumendi? Sed amicitia **quædam benevolentæ** est."

In epist. Jn. ad Parthos, tract. viii. 5; PL, 35, p. 2038.

14) S. Th., II. i., qu. xxvi., art. iv., tom. vi., pp. 190 f.

15) Cf. R. Egenter: *Gottesfreundschaft*, 1928.

16) 에겐터(R. Egenter)는 다음과 같이 주석한다(*op. cit.*, p. 19). "토마스는 다른 곳에서처럼 여기서도 아리스토텔레스적인 사랑의 정의(定意)로 시작한다는 사실에서 어려움이 발생한다. 아리스토텔레스는 사랑을 자선(benevolence)과 동일시하였다.… 그 결과 토마스가 사랑의 본성을 지칭한다고 생각했던 것과 그 결과들을 지칭하는 것을 분명하게 구분하지 않았기 때문에, 토마스가 분명하게 구분하게 된 논점에 아리스토텔레스가 미쳤던 그러한 영향은 매우 불쾌하지만 두드러진다."

17) S. Th., II. i., qu. xxvi., art. i., tom. vi., p. 188.

18) *Ibid.*, art. iv., p. 190*b*. "사랑한다는 것은 어떤 사람이 잘되기를 바라는 것이다."

19) "Dictum est enim supra, quod unicuiqueest amabile, quod est ei bonum. Contra quod videtur esse, quod homo amat amicum illius gratia. Sed ipse [Aristoteles] respondet, quod illi, qui amant amicum, amant id, quod est bonum sibi ipsis. Nam quando ille, qui est bonus in se, est factus amicus alicui, fit etiam bonum amico suo. Et sic uterque, dum amat amicum, amat quod sibi bonum est." Eth. 8, 5.

20) Selected Treatises of St. Bernard of Clairvaux, de diligendo Deo, ed. Williams, 1926.

21) De dilig. Deo, cap. vii., p. 34.

22) *Ibid.*, p. 36.

23) *Ibid.*, p. 37.

24) "Et est amor carnalis, quo ante omnia homo diligit seipsum propter se ipsum." Cap. viii., p. 42.

25) *Ibid.*, p. 43: "sic amor carnalis efficutr et socialis cum in cummune protrahitur."

26) "Primus gradus amoris: … fit itaque hoc tali modo, ut homo animalis et carnalis, qui preter se neminem diligere nouerat, etiam deum uel propter se **amæ** incipiat, quod in ipso nimirum (ut sepe expertus est) omnia possit que posse tamen prosit, et sine ipso possit nichil. Secundus gradus amoris: … At si frequens ingruerit tribulatio ob quam et frequens ad deum conuersio fiat et a deo eque frequens liberatio consequatur, nonne et si fuerit ferreum pectus uel cor lapideum totiens liberati, emolliri necesse est ad gratiam liberantis quatinus deum homo diligat non propter se tantum sed et propter se ipsum? Tercius gradus amoris: Ex occasione quippe frequentium necessitatum, crebris necesse est interpellationibus deum ab homine frequentari, frequentando gustari, gustando probari quam suauis est dominus. Ita fit ut ad diligendum pure deum plus iam ipsius alliciat gustata suauitas, quam urgeat nostra necessitas.… Iste est tercius amoris gradus, quo iam propter se ipsum deus diligitur. Quartus gradus amoris: Felix qui meruit ad quartum usque pertingere, quatinus nec se ipsum diligat homo nisi propter deum." De dilig. Deo, cap. viii.-x., pp. 41-47.

27) "그러나 하나님은 일천명의 고용인들보다 참으로 사랑하는 한 사람에 대하여 더욱 기뻐하신다." Theologia Germanica, cap. xxxviii., p. 136.

28) "전적으로 극복되어야 할 것이 무엇이든지 거의 모든 것들은 이 죄(즉 인간이 너무나 무절제하게 자신을 사랑한다는 점)에 의존한다." Thomas à Kempis: De imitatione Christi, lib. Ⅲ., cap. liii. 16, ed. P. E. Puyol, 1886. "그밖에 마귀는 무엇을 하였는가? 혹은 그의 탈선과 타락은 무엇이었는가? 그가 스스로 어떤 것이라고 주장하고 어떤 것이 자신의 것이며 어떤 것이 자신에게 기인한다고 주장하는 것이 아니겠는가? 이렇게 주체적 자아(I)와 객체적 자아(Me)와 자기 소유(Mine)에 대한 주장을 제기하는 것이 바로 그의 탈선과 타락이다. 그래서 오늘날까지 이런 상황이 지속되는 것이다. 게다가, 아담도 이 동일한 것 외에 무엇을 하였는가? 아담이 상실된 것, 혹은 타락한 것은 아담이 사과를 먹었기 때문이라고 말하여진다. 나는 이렇게 말한다. 그 이유는 그가 그 자신을 위하여 어떤 것, 즉 주체적 자아, 객체적 자아, 및 자기 소유 등과 같은 것을 주장하였기 때문이다." Theol. Germanica, cap. ii. f., pp. 7 f. Cf. cap. xlix., pp. 191 f.

29) De imitatione Christi, lib. Ⅲ., cap. xlviii., 38, p. 289.

30) Seuses Leben, kap. IL; ed. K. Bihlmeyer, p. 164, 11. - "내 아들아, 네가 자신으로부터 벗어날 수 있는 만큼, 너는 네 자신에게로 들어갈 수 있게 될 것이다." Cf. De imit. Chr., lib. Ⅲ., cap. lvi., 1.

31) "어떠한 피조물에게서든지 이 완전자는 알려질 것이다. 그안에서 피조물-본성, 성품들, 주체적 자아(I), 본성적 자아(Self) 및 기타는 모두 상실되고 없어져야만 한다." Theol. Germanica, cap. i., p. 5. "영의 멸절: 그것이 신성(Godhead)으로 사라져 없어짐." Seuses Leben, cap. xlviii., p. 162, 26 f.

32) "그리고 한 피조물이 다른 피조물들이 가지고 있는 어떤 것 때문에 그것들을 사랑하거나 자기 자신의 어떤 것을 위하여 하나님을 사랑하면, 그것은 모두 잘못된 사랑이다. 이 사랑은 마땅히 본성에 속한다. 왜냐하면 본성으로서의 본성은 이것 외에 다른 어떤 사랑도 느끼거나 알지 못하기 때문이다. 만약 여러분이 그것을 엄밀하게 들여다보면, 본성으로서의 본성은 그 자신 외에는 아무것도 사랑하지 않는다는 것을 알게 될 것이다." Seuses Leben, cap. il., p. 165, 1.

33) "아담, 주체적 자아, 본질적 자아, 자기의지, 죄, 혹은 옛 사람, 하나님을 벗어남 혹은 떠나감은 모두 한 가지 동일한 것을 의미한다." Theol. Germanica, cap. xxxvi., p. 130.

34) Theol. Germanica, cap. i., pp. 2 ff.

35) "Dum spiritus sursum, et caro **quærit** esse deorsum." De imitat. chr., lib. Ⅲ., cap. xlviii. 20, pp. 287 f.

36) Cf. Anders Nygren: *Urkristendom och reformation.* 1932, pp. 108 f.

37) "attritio(후회)-contritio(痛悔)"문제에 관해선 다음의 책들을 참고하시오. M. Premm: *Das tridentinische "diligere incipiunt,"* 1925; J. **Périnelle**: *L'attrition d'après le concile de Trente et d'après S. Thomas d'Aquin,* 1927; C. Feckes: *Die Rechtfertigungslehre des Gabriel Biel und ihre Stellung innerhalb der nominalistischen Schule,* 1925.

38) Cf. 본서 pp. 397 ff., 623 ff. 또한 니사의 그레고리에 관해선 pp. 448 f.을 참고하

시오.

39) 본서 p. 565 f.

40) Cf. 본서 pp. 643 ff.

41) "In librum Beati Dionysii De divinis nominibus expositio"：여기에 인용된 것은 Thomas ab Aquino: Opera, tom. x.(Venetiis, 1593)에서 온 것임.

42) "Et dicit, quod sibi videtur, quod conditores **sacræ scripturæ** communiter et indifferener utuntur nomine dilectionis et amoris." Cap. iv., lectio ix., fol. 19 d.

43) "에로스"(eros)란 단어에 대한 디오니시우스의 증거를 인용한 뒤에, 토마스는 다음과 같이 덧붙인다. "Et multa alia dicuntur ad laudem amoris in scripturis." *Ibid.*, fol. 19 C.

44) Cf. 본서 p. 682 주 43.

45) "Deus dicitur amor et amabilis, quia ipse amat motu suiipsius, et adducit se ad seipsum." In lib. B. Dionysii De div. nom. expositio, cap. iv., lectio ix. "Deus est suus amor." *Ibid.*

46) "Sic Deus diligit bonum, et majus bonum magis diligit, et maxime bonum maxime diligit." Albertus Magnus: summa Theol., I., qu. lxiv., ad **quæst**. iii. ad 1；Opera omnia, ed. A. Borgne, vol. xxxi., p. 658. "Pater Filium summe diligit.··· In alis autem tanta est dilectio, quantum est bonum quod diligitur in eis." *Ibid.*, ad **quæst**. iii. ad 4, p. 658.

47) "Inordinata enim caritas esset. Est autem impossibile in illa **summæ sapientiæ** bonitate caritatem inordinatam esse. Persona igitur divina summam caritatem habere non potuit erga personam, quae summa dilectione digna non fuit.··· Certe solus Deus summe bonus est. Solus ergo Deus summe diligendus est. Summam ergo dilectionem divina persona exhibere non posset **personæ quæ** divinitate careret." De Trinitate, lib. III., cap. ii., PL, vol. cxcvi., pp. 916 f.

48) "Caritas ··· est **quædam** amicitia hominis ad Deum, per quam homo Deum diligit et Deus hominem；et sic efficitur **quædam** associatio hominis ad Deum." thomas Aquinas: Scriptum super Sententiis M. Petri Lombardi, lib. III., dis. xxvii., qu. ii., art. i, 108, ed. M. F. Moos, 1933, p. 857.

49) "O quid est hoc? dicamne de amicitia quod amicus Jesus Joannes de caritate commemorat：*Deus amicitia est?*" Beati AElredi Abbatis De spirituali amicitia, lib. I.；PL, vol. cxcv., p. 669 f.

50) "··· amicitia optimus ad perfectionem gradus existit." *Ibid.*, lib. II., p. 672 A. "Quomodo ad Dei dilectionem et cognitionem gradus quidam sit amicitia, paucis adverte." *Ibid.*, p. 672 B.

51) "Nec in uno domicilio pariter morabuntur tanta munditia, et immunditia tanta." Bernard of Clairvaux: Sermones de tempore, In festo pentecostes, Sermo III. 5, p. 332 B.

52) "Caritas causa est et mater omnium virtutum." Petrus Lombardus: Libri IV. Sententiarum, lib. III., dis. xxiii.；cap. ix.；ed. Quaracchi, vol. ii., 1916, p. 661.

53) Theol. Germanica, cap. xli., p. 159. 이 장(章)의 제목은 "어떻게 그가 참으로 신

적인 본성의 참여자(ein vergotteter Mensch)라고 불리울 수 있으며, 어떻게 빛과 지식이 사랑 없이는 아무런 가치가 없는가?"이다.

54) "Et ideo caritas dicitur forma fidei, inquantum per caritatem actus fidei perficitur et formatur." Thomas Aquinas: Summa Theol., II. ii., qu. iv., art. iii., tom. viii., p. 46b.

55) "Fides sine caritate non potest elicere actum meritorium quem caritate veniente elicit. Ergo caritas dat fidei aliquam vim.⋯ Sed fides fit decora, ut Deus eam acceptat, per caritatem. Ergo caritas format fidem." Thomas Aquinas: Scriptum super Sent. M. P. Lombardi, lib. III., dist. xxiii., qu. iii., art. 1, **quæstiuncula** i., p. 741. "Inquantum actus fidei est ex caritate, secundum hoc est Deo acceptus." *Ibid.*, solutio i. ad. 3, p. 744.

56) 이 문제를 전체적으로 보고 싶으면, 니그렌의 책을 보시오. Anders Nygren, *Försoningen*, 1932, chap. vi., pp. 27-44.

57) S. Th., II. i., qu. cxiii., art. vi., tom. vii., p. 336a.

58) "**Prædicta** quatuor **quæ** requiruntur ad iustificationem impii tempore quidem sunt simul, quia iustificatio impii non est successiva, ut dictum est: sed ordine **naturæ** unum eorum est prius altero. Et inter ea naturali ordine primum est **gratiæ** infusio; secundum, motus liberi arbitrii in Deum; terium est motus liberi arbitrii in peccatum; quartum vero est remissio **culpæ**." *Ibid.*, art. viii., p. 339b.

59) "In eodem instanti in quo forma acquiritur, incipit res operari secundum formam sicut ignis statim cum est generatus, movetur sursum." *Ibid.*, art. vii. ad 4, p. 338b.

제35장

사랑 이론에 기여한 새로운 공헌들

중세신학이 기독교의 사랑 이론에 공헌한 것 중에서 가장 중요한 것은 카리타스 이론을 발전시킨 점이다. 특히 이타적 사랑의 문제를 다룬 작업이 가장 중요한 공헌이다. 이것은 트렌트(Trent)에서 최종적으로 확정된 로마 가톨릭 교회의 이론들의 출발점일 뿐만 아니라 정적주의(Quietism)의 "무관심한 사랑"(disinterested love)의 출발점이다. 그리고 중세시대의 사랑 이론에 관한 작업은 르네상스 내의 에로스 동기의 갱신뿐만 아니라 종교개혁 내의 아가페 동기의 갱신을 위한 조건들도 다소 야기했다고 말할 수 있다.

그러나 중세신학은 기독교의 사랑 이론에 대해 좀더 독립적·독창적인 기여도 하였다. 특별히 눈에 띄는 두 가지는 "연애적" 경건(minne-piety)과 수난-신비주의(passion-mysticism)이다. 이것들은 상당히 의미있는 변화를 사랑 개념에 가져온다. 이 변화는 두 경우에 모두 지성적이라기 보다는 감성적인 내용의 문제였다.

제1절 연애적 경건

아가페와 그리스적·헬레니즘적 에로스의 본래형태는 "천상적 사랑"을 나타낸다. 물론 그 의미는 매우 상이하다. 아가페는 하늘로부터 자비 가운데 우리에게 하강하는 천상적인 神의 사랑이다. 그러나 에로스도 그 본래적 의미로는 천상적 사랑의 칭호를 주장할 권리가 있다. 왜냐하면 플라톤이 모든 下向的·관능적 사랑과 "천상적 에로스"를 구분하기를 몹시 원했기 때문이다. 플라톤적·신플라톤적 에로스는 하늘로 향하는 사랑이다. 비록 그것이 관능적 사랑과의 모든 연관성을 완전히 부정할 수는 없더라도, 그것은 승화되어서 사랑의 본성 자체가 급격한 변화를 겪는다. 통속적 에로스는 감각적인 대상들로 향하는 사랑이다. 천상적 에로스는 초감각적 대상들로 향하는 사랑이다. 하지만 이것만이 그 둘 사이의 차이는 아니다. 오히려 그와같이 사랑이 그 대상을 바꿀 때, 그것은 그 자체의 성격도 변화시킨다. 그것은 초보적인 관능적 충동의 자취들을 내버린다. 그것은 영적으로 정화된다. 그리고 실질적으로 사랑의 저등한 영역 전체가 제거된다. 에로스 동기의 맥락에서든 아가페 동기의 맥락에서든, 종교적 의미에서 사랑을 논의할 때 관능적 사랑은 아무런 자리도 차지하지 못한다.[1] 이 두 동기들을 종합(synthesis)하는 카리타스도 대체로 "천상적" 귀소본능(orientation)을 보존하였다. 그것은 그의 대상에 관해서는 위쪽으로 향하면서도 그 본성에 관해서는 영성화되길 갈망한다.

그러나 바로 이 논점에서 중세시대의 의미심장한 변화가 일어난다. 그 변화는 매우 급격하여 근본정신이 부분적으로 변화되게 만들었다. 이것은 중세의 궁중에서 민네-詩歌(Minne-poetry = 戀愛詩歌)라는 이름으로 번창했던 세속적인 연애시가의 영향에 기인한 것이었다.[2] 원래 이 戀愛詩들에서는 오로지 지상적·관능적 사랑만이 찬미되었다. 그러나 시간이 흐르면서 그것은 비록 늘 관능적인 사랑에 기초하긴 하였지만 점점 승화되고 영성화된 사랑과 가능한 한 그 대상을 희미한 이상의 빛으로 보는 낭만적인 동경과 사모로 변화한다. 적어도 실질적으론 전통적인 카리타스 이론의 영향 밑에서 이 승화의 과정이 진행되었다. 분명히 카리타스 이론의 특성들이 하나의 유형으로서 사용되었다.[3] 어거스틴과 중세신학에 입각하여 카리타스가 세개의 신학적 主要德들(cardinal virtues) 중에서 가장 중요한 중심적 미덕으로서 다른 모든 미덕들의 원천이듯이,[4] 이제 승화된 형태의 연애적-사랑(Minne-love)도 동일한 기능을 완수한다. "Minne ist aller Tugend ein Hort"(민네(Minne=戀愛)는 모든 미덕의 보물창고이다). *Die hohe Frauenminne*(귀부인들의 戀愛)가 *Marienminne*(마리아의 연애), *Christusminne*(그리스도의 연애) 및 *Gottesminne*(하나님의 연애)로 변화된다.

연애-시가(Minne-poetry)는 주로 기독교신학으로부터 전수받은 개념들을 다루었다. 그러나 이번에는 연애시가 측에서 이 신학에 반응하였다. 감각적인 것들과 초감각적인 것들의 혼합이 연애-시가의 특징이었다. 이 혼합은 특별히 신비가들의 특정집단들에서 기독교의 사랑 개념에 관능적인 색채를 부여함으로써 그 개념에 영향을 주었다. 그런데 대체로 그 관능성은 여태까지는 기독교에 낯선 것이었다. 어거스틴 이래로 줄곧 기독교는 보통 카리타스-종교로 간주되어왔다. 이제 이것은 기독교가 연애적 경건(Minne-piety)이라는 점을 의미하게 되었다. 기독교적인 하나님과의 관계는 이제 전적으로 방금 설명한 의미에서 하나님의 연애(Gottesminne)로서 인식된다.

하나님과의 친교를 추구하는 영혼 즉 "연애하는 영혼"(die minnende Seele)은 아름다운 여왕으로 묘사될 수 있다. 하나님과 그리스도는 그것에 대한 열렬한 욕망을 가지고 있다. 그리스도는 그 영혼의 신랑이다. 그분은 그 영혼을 향해 자신의 사랑의 화살들을 쏘아서 그것 안에 즐거운 아픔(pleasing smart)을 일으킨다. 그리스도와 영혼은 한쌍의 연인들로 묘사할 수 있다. 그들은 "사랑스런 속삭임과 부드러운 애무"(holdes Plaudern, sanftes Streicheln)로써 서로의 사귐을 즐긴다. 하나님과 영혼의 교제는 종종 옛 신비종교들에서 사용된 영적인 혼인(ιερòς γάμος)에 대한 그림에 의해서 묘사된다.

앞에서부터 분명해지는 것은 중세의 수녀원들에서 특히 열광적으로 장려되었던 이 민네-경건(Minne-Piety)이 에로스 동기의 강화를 의미했다는 점이다. 또한 이것은 통속적 에로스를 향한 어떤 성향을 띠고 있었다. 연애적 경건의 주요 문서는 주조(Suso)의 「영원한 지혜에 관한 소책자」

(*Büchlein der Ewigen Weisheit*)[5]였다. 이 소책자는 중세시대에 가장 널리 사용되었던 헌신에 관한 책들 중의 하나였다. 이러한 사실은 그 강력하게 관능적이며 허약하게 감상적인 에로스 개념이 중세기의 지성들에게 행사한 권력을 가장 잘 지적해 줄 것이다. 주조에 대하여 다음과 같이 말한 것은 적절하다고 인정되어 왔다. "하나님을 위한 그의 영적인 사랑은 철저하게 세속적인 연애-서정시를 연상시키는 형태들로 덧입혀져 있다. 그는 연애시인(minne-singer)이면서 수도사였다. 바커나겔(Wackernagel)은 그를 '산문체로나 영적인 면에서나 연애시인'이라고 부른다. 그의 판단은 정확했다."[6]

제2절 수난-신비주의(Passion-mysticism)

그러나 연애적 경건(Minne-Piety)이 중세신학이 기독교의 사랑 이론에 미친 유일한 독창적 공헌은 아니다. 베르나르 클레르보(Bernard of Clairvaux)에게서 주로 발견되는 중세적 수난-신비주의(Passion-mysticism)도 있다. 이것은 예를 들면 주조(Suso)와 타울러(Tauler)에게서도 발견되고, 토마스 아 켐피스(Thomas à Kempis)와 「독일 신학」(*Theologia Germanica*)에서도 약간 발견된다. 여기서도 우리는 근본적인 경건의 정신에 아마 연애적 경건의 경우에서보다 훨씬 더한 영향을 주는 독창적 공헌에 대하여 말할 수 있다. 여기에선 그리스도의 수난이 기독교 해석에 중심적이 된다. 이전에는 이런 예가 전혀 없었다. 인간들은 수난의 세부적인 모든 것과 거기에서 계시된 신의 사랑의 깊이에 몰두하게 된다. 기독교적 삶의 전부는 본질적으로 "그리스도의 삶에 대한 명상"(meditatio vitae Christi)이 된다. 거기서는 "그리스도를 본받기"(imitatio Christi) 위한 목적에서 수난과 죽음에 강조점이 놓여진다. 그리스도를 모방하는 것은 全생애를 변화시킬 것이다. 우리는 그리스도의 비천함과 굴욕으로부터 humilitas(겸손)를 배워야 하며, 그분의 사랑으로부터 하나님에 대한 觀想(vision)과 향유의 조건인 카리타스를 배워야 한다. 하나님을 보고 향유하는 것이 기독교적 삶의 최종목적이다. 그러므로 '이렇게 그리스도의 수난에 집중한다는 것은 기독교적 사랑 개념에 무엇을 의미하였는가?' 라는 질문이 일어난다.

처음부터 기독교는 그리스도의 수난과 죽음 안에서 하나님의 사랑의 가장 위대한 역사를 목도했다. 신의 사랑은 그리스도의 십자가에서 역설적인 심오함 속에서 십자가의 아가페로 나타난다(롬 5:8). 이제 중세적 수난-신비주의가 대단히 단호하게 그리스도의 십자가를 다시금 기독교의 중심에 놓을 때, 이것을 아가페 동기 측의 승리로 해석하고 더 이상 의혹을 제기하지 않으려는 경향이 쉽게 생겨날 것이다. 민네-경건(Minne-piety)은 에로스 영향이 강화됨을 의미했다. 그렇다면 그와 마찬가지로 수난-신비주의도 중세적 사랑 이론에서 아가페적 영향이 강화됨을 의미할 수 있을 것이다. 그리고 우리는 이것이 다소 그러하다고 말할 수 있다. 그리스도의 수난에 집중하는 것은 의심할 바 없이 자기희생적인 하나님의 사랑에 대한 이해를 심화시키는 데 도움을 주었다. 그러나 동시에 이것의 효과는 다양한 방식으로 중화되었다. 그래서 아가페적 관점에서 나온 결과가 오히려 작았다고 말할 수밖에 없다.

첫째로, 수난-신비주의가 동시에 新婦-신비주의(Bride-mysticism)였다는 점을 망각해서는 안된다. 신부-신비주의의 주요한 성경본문은 아가서이다.[7] 불안하게도 이것은 수난-신비주의를 민네-경건(Minne-piety)과 근접하게 인도한다. 이 둘은 더 이상 상대적으로 독립된 현상들로 간주될 수 없다. 민네-경건(Minne-Piety) 안에 있는 관능적이고 훨씬 감상적인 특징은 수난-신비주의를 침범하고 쇄도해 들어가서 수난-신비주의의 그리스도에 대한 명상과 사랑에 지나치게 인간적인 특질들을 부여한다. 그리스도의 사랑과 수난에 관한 한, 수난-신비주의는 신약성경의 정신에서 너무나 동떨어진 근본정신의 지배를 받는다. 왜냐하면 신약성경은 "나를 위하여 울지 말고 너희 자신들과 너희 자녀들을 위하여 울라."(눅 23:28)고 말하기 때문이다. 중세의 수난-신비주의의 이런 정신은 가톨릭 교회 뿐만 아니라 개신교회 안에서도 매우 크게 유행하였다. 이것은 우리의 수난 찬송가들의 많은 것들이 충분히 증거하고 있는 사실이다.

둘째로, 본받음(imitatio) 개념 자체가 아가페 동기를 온전히 이해하지 못하도록 방해한다. 심지어 중세신비가들은 십자가 위에서 죽는 그리스도까지도 "模本"(exemplum)으로 간주하였다. "십자가 안에 구원이 있고, 십자가 안에 생명이 있다." 그러나 그 십자가를 주목해 보면, 그것은 그리스도를 따르는 우리가 짊어지고 가는 십자가이다.[8]

주

1) 여기서 우리는 기독교의 사랑 개념의 역사에서 통속적 에로스가 영지주의에서처럼 침투하였던 고립된 경우들은 무시한다.

2) 특별히 벡슬러의 책을 참고하시오. E. Wechssler: *Das Kulturproblem des Minnesangs*, Bd. I.: *Minnesang und Christéntum*, 1909. 민네-시가의 기원은 매우 모호한다. 여러 학자들이 그것을 매우 다른 원천들에까지 소급시켰다. 그것들은 고대 연애-시가(Ovid, Horace)의 영향, 아라비아적 영향, 기타 등이다. 벡슬러 외에도 다음의 저서들을 참고하시오. K. Vossler: *Die göttlicher Komödie. Entwicklungsgeschichte und Erklärung*, Bd. I., 1907; K. Vossler: *Der Minnesang des Bernhard von Ventadour* (situngsberichte der **Königl**. Bayrischen Akademie der Wissenschaften, 1918); K. Burdach: *Über den Ursprung des mittelalterlichen Minnesangs, Liebesromans und Frauendienstes* (Sitzungsberichte der Preussischen Akademie der Wissenschaften zu Berlin, 1918; reprinted in K. Burdach: *Vorspiel. Gesammelte Schriften zur Geschichte des deutschen Geistes*, Bd. I. 1: Mittelalter, 1925, pp. 253-333); S. Singer: *Arabische und europäische Poesie im Mittelalter*, 1918; H. Brinkmann: *Geschichte der lateinischen Liebesdichtung im Mittelalter*, 1925; H. Brinkmann: *Entstehungsgeschichte des Minnesangs*, 1926. 그 문제에 대한 비평적 개관은 루트에 의하여 주어진다. E. Rooth: *Den provensalska trubadurpoesiens uppkomst. Gamla och nya teorier* (Vetenskaps-Societetens i Lund **årsbok**, 1927).

3) Cf. E. Wechssler, *op. cit.*, p. 386: "우리는 왕실의 주요덕(cardinal virtue)인 '민네'가 어떻게 많은 측면들에서 교회의 주요덕(主要德)인 카리타스에 접근하였는가를 보았다. 가수가 부인을 향해 갖는 사랑도 희생에 이바지하거나 희생을 위해서 예비된 사랑이었다. 이러저러한 이유들 때문에 상호작용이 가능하였다."

4) Cf. 본서 p. 476.

5) Seuse: Deutsche Schriften, ed. Bihlmeyer, 1907, pp. 196-325.

6) Deutsche Mystiker, Bd. I.: Seuse, hrsg. von W. Oehl, p. 20. Cf. 빌마이어(Bihlmeyer)가 주조의 작품들에 대하여 쓴 서론(p. 75)을 참고하시오. "그는 오직 지상적인 사랑만이 찬양의 방법으로 고안할 수 있는 바를 그것[영원한 지혜] 위에 쌓

는다. 그것은 그의 마음의 바람이고, 그의 마음의 여왕이며, 그의 유쾌한 부활절이고, 그 마음의 여름철 기쁨이며 그의 좋아하는 시간이다. 그는 아시시의 프란체스코 (Francis of Assisi)가 가난과 결혼하였던 것처럼 자신이 그 지혜와 결혼하였다고 믿는다. 그리고 그는 이 은총에 대한 자기 마음의 환희를 격렬하고 열광적인 말들로 쏟아낸다. 특히 그는 자신의 '꽃피는 청춘기' 때, 그의 안색이 아직 싱싱하고 피어날 때 그것에 헌신한다. 그것은 그의 시적이고 낭만적인 기질과 그의 기사도적 귀족적 훈련과 전적으로 조화를 이루는 감동적인 다정함으로 가득찬 봉사다. 그리고 이것 안에서 그는 자신이 말할 수 없이 축복받았다는 것을 느꼈다!"

7) Bernard of Clairvaux: Sermones in Cantica; Migne, PL, vol. clxxxiii., pp. 785 ff.; Hugo of St. Victor: Soliloquium de arrha **animæ**; PL., vol. clxxvi., pp. 951 ff.

8) Thomas à Kempis: De imitatione Christi, lib. II., cap. xii., p. 131.

제5편
종합의 파괴(Ⅰ)

르네상스의 에로스 동기 갱신

제36장

다시 태어난 에로스

중세시대 전반을 통하여 에로스는 생생한 실재였다. 하지만 그것은 카리타스-종합에 갇혀 있었다. 카리타스 종합에서 가장 중요한 요소는 에로스였다. 아마 이 에로스가 기독교에 대한 주된 해석을 형성하였을 것이다. 그런데 그것이 초래하는 기독교의 변화가 무엇인지 깨닫는 이가 없었다. 아가페나 에로스 전망을 위하여 그리스어 원전들을 직접 접촉하지 못했기에, 이 두 동기들이 각각 상대방을 수정하는 영향력은 일반적으로 눈에 띄지 않았다. 우리는 이미 토마스 아퀴나스가 僞디오니시우스의 「神의 이름들」(*De divinis nominibus*)에 대해서 쓴 주석서로부터 그 전형적인 실례를 인용했다. 토마스는 자신의 본문에 기초하여 매우 순진하게 '하나님의 본성을 설명하기 위해서, "딜렉티오"(dilectio)와 "아모르"(amor)란 단어들을 어느 정도까지 동일한 의미나 동등한 권리로 사용할 수 있는가'의 문제를 논의한다. 그리고 그는 그 번역본의 "딜렉티오"(dilectio)와 "아모르"(amor) 배후엔 원본의 아가페(ἀγάπη)와 에로스(ἔρως)가 숨겨져 있다는 것을 전혀 의심하지 않는다. 그래서 토마스는 사랑의 두 동기들을 타협하게 만드는 디오니시우스의 위대한 노력에 대하여 설명한다. 하지만 토마스는 그의 저자[디오니시우스]가 극복하려고 애썼던 어려움이 무엇인지도 모른다. 그는 신약성경에 근거하여 "하나님은 아가페다."라고 말하는 것이 어느 정도까지 가능한가 뿐만 아니라 신플라톤주의를 따라서 "하나님은 에로스이다." 라고 말하는 것과 그 주장의 모든 함축성들이 어느 정도까지 정당한가도 문제라는 사실을 결코 보지 못했다.

그러나 중세시대의 말기로 가면서 그 상황은 완전히 바뀐다. 14세기 중반에 투르크족(Turks)이 콘스탄티노플(Constantinople)을 정복했을 때, 그리스 피난자들이 이탈리아로 건너왔다. 이 그리스 피난민의 물결 덕분에 서방은 그리스 문화와 언어에 직접 접촉하게 되었다. 그 결과 고전어에 대한 연구가 크게 증대되었다. 고대철학에 대한 연구도 적잖이 증대되었다. "근원으로 돌아가자"(ad fontes). 원천들로 다시 돌아가자. 이것이 새로운 시대의 표어였다. 그러나 이 원천들은 더 상세하게 무엇이었는가? 이 물음에 대한 답변은 당시에 메디치(Medici)가의 후원 아래 "피렌체에 플라톤 아카데미"(Platonic Academy in Florence)가 설립되었다는 사실에 의해서 암시된다. 물론 우리는 이 "아카데미"의 규모를 과장해선 안된다. 그것은 한 대학이나 공적인 고등교육 장소와 비교할 수 없다. 그것은 과학적 탐구를 위한 학원도 아니었고 엄밀하고 철저한 연구를 위한 중심기관도 아니었다. 오히려 그것은 고대철학의 학파들을 모방하려는 한 시도였다. 그 학파들은 반쯤은 철학적 유파들이었고 반쯤은 신비적 회합들이었다. 아마 아카데미의 활동에서 가장 중요한 부분은 사교적 회합 즉 철학적 향연(토론회, symposium)이었을 것이다.[1]

이 플라톤적 아카데미의 중심인물은 마르실리오 피치노(Marsilio Ficino)였다. 그는 루터가 탄생하기 꼭 50년 전인 1433년에 출생했다. 피치노의 작품들의 주제[2]를 보면, 그가 갱신하기 원하는 것은 옛 에로스 전통임을 분명히 알 수 있다. 피치노의 작품들은 주로 플라톤(Platon), 플로티노스(Plotinus), 프로클루스(Proclus) 및 위(僞)디오니시우스(Pseudo-Dionysius)에 대한 번역서들과 주석서들로 구성되어 있다. 피치노의 관심은 주로 에로스 동기를 중세시대에 전달했던 그 승계(succession)에 집중한다. 여태까지 어거스틴의 영향이 에로스 개념을 카리타스-종합 안에 가두고 있었다면, 피치노는 이제 그 개념을 본연의 순수한 형태로 해방시키길 원한다.

이것은 우리를 카리타스-종합이 파괴의 위협을 받고 있는 중요한 논점으로 인도한다. 그 종합 안에 포함된 두 동기들 사이의 긴장이 너무 강해져서 그 종합은 해체되어야 한다. 그 해체의 결과는 다음과 같이 표현될 수 있다. 르네상스는 에로스 동기를 계승하고, 종교개혁은 아가페 동기를 계승한다. 르네상스적 관심에 대한 가장 분명하고 흥미로운 실례는 마르실리오 피치노에 의해서 제공된다.

피치노의 플라톤 찬미는 어떠한 한계도 모른다. 자신의 현존하는 첫째 책에서 피치노는 플라톤을 "철학자들의 신"이라고 부른다.[3] 그리고 그 동일한 관점이 그의 작품 전체에 흐르고 있다. 그의 모든 정력은 옛 플라톤주의 정신을 재현하는 데 바쳐졌다. 그리고 그는 미래가 이것에 달려 있다고 충분히 확신했다. 피치노가 자신의 새로운 복음을 설파할 때 보여준 그 열광과 확신은 아마 그가 추기경 베싸리온(Cardinal Bessarion)에게 보낸 편지에 가장 분명하게 나타날 것이다. (베싸리온은 피치노와 비슷한 정신을 가졌던 인물이다.) "베싸리온님, 그 시대가 왔습니다. 플라톤의 신적인 위엄이 환호하고 그의 모든 추종자들인 우리들이 스스로 엄청나게 기뻐하는 그 시대가 이미 왔습니다." [4] 하지만 피치노는 신플라톤주의적 시각에서 플라톤을 보았다. 그래서 그는 플라톤이 덜 명시적으로 말했었던 바를 논리적으로 전개한 것이 신플라톤주의라고 생각한다. 베싸리온에게 보낸 편지에서 피치노는 플라톤이 하나님으로부터 최초로 귀중한 황금을 받은 사람이었다고 말한다. 계속하여 그는 이렇게 말한다. "이 황금이 용광로에 던져졌을 때, 그 불의 혹독한 시험 속에서 처음엔 플로티노스의 불순물이, 다음엔 포르피리(Porphyry)와 얌블리쿠스(Iamblicus)의 것이, 그리고 마지막으론 프로클루스의 불순물이 사라졌다. 그리고 그 황금은 대단한 빛을 발산하여 온 세상을 놀라운 광채로 채웠다." [5]

그러한 상황에서 피치노의 사상 안에 플라톤적 이원론과 신플라톤적 신비주의가 커다란 자리를 차지한 것은 놀라운 일이 아니다. 영혼은 이 지상에서 하나의 이방인이자 나그네다. 그리고 이 신적인 불멸의 영혼이 필멸하는 육신에 갇혀있기에 인간은 불행한 것이다.[6] 구원은 영혼이 감각적인 것들로부터 구출되어 하나님과 연합하는 데 있다. 그러나 이승에서라도 우리는 그것을 위하여 스스로 준비해야 한다. 그리고 에로스 동기의 영역에서 가끔 그렇듯이, 여기에서 철학과 종교가 일치한다.[7] 철학은 구원의 방법 즉 에로스의 길이다.[8] 관상(觀想), 신비주의 및 무아경을 통하여 우리는 매일 우리를 감각계에 묶고 있는 사슬들을 끊어야 한다.

그러나 드레스(W. Dress)가 특별히 보여주었듯이, 이것으로부터 피치노가 신플라톤주의를 단순히 재생시킨다고 가정하는 것은 매우 잘못된 일일 것이다.[9] 사실 피치노 자신이 자신의 작품을 이런 시각에서 보기를 좋아했다. 그러나 그의 사상에는 매우 다른 방향을 가리키는 요소들도 있다. 그리고 좀더 면밀하게 조사해 보면 바로 이 요소들이 지배세력이라는 것을 알 수 있다. 즉 지배적인 세력은 엄격한 플라톤적·신플라톤적 요소들이 아니다. 일시적으로 실존하는 인간에게 주어진 문제는 새로운 강조점의 문제였다. 즉 경험적 인간이 (전혀 새로운 방식으로) 우주의 중심이 되었다. 한 마디로 말해서 그것은 인간적인 神(human god)의 문제이다.

주

1) Cf. Marsilio Ficino: In convivum Platonis, de amore, commentarius. 이 작품은 다음과 같이 시작한다. "철학자들의 아버지 플라톤은 81년의 생애를 마친 뒤 11월 7일 자신의 생일에 식사를 마치고 이렇게 떠났다. 이 연회는 그의 탄생과 그의 죽음을 기념하여 헌정된 것이다. 이 연회는 고대의 플라톤주의자들에 의해서 플로티노스와 포르피리의 시대까지 해마다 기념되었다. 그러나 포르피리 이후에 1200년동안 이 장엄한 식사들은 중단되었다. 그러다가 마침내 저명한 로렌초 데 메디치(Lorenzo de' Medici)가 우리 시대에 플라톤적 연회를 복원하기로 결심하였다." 이 부활한 향연(symposium)은 1474년 11월 7일에 처음으로 기념되었다. 이 때에는 뮤즈의 아홉여신들(Muses)의 수(數)가 채워지도록 아홉명의 플라톤주의자들이 초대되었다.

2) 피치노의 작품들은 M. Finici Opera, Parisiis, 1641, tom. i-ii,에서 인용되었다. 피치노의 일반적인 사상을 위해선 특히 드레스의 책을 보시오. W. Dress: *Die Mystik des Marsilio Ficino*, 1929 (Arbeiten zur Kirchengeschichte, hrsg. von E. hirsch und H. Lietzmann, 14). 피렌체의 플라톤주의와 그것이 다음 시대에 미친 영향력을 위해선 노르트쉬트룀의 저서를 보시오. J. **Nordström**: *Georg Stiernhielm, filosofiska fragment*, I. Inledning, 1924, pp. xliv ff.

3) De Voluptate, Prooemium, tom. i, 1990*a*: "Plato, quem tanquam Philosophorum Deum sequimur atque veneramur."

4) "Venerunt, iam venerunt **sæcula** illa, Bessarion, quibus et Platonis gaudeat et numen et nos omnis eius familia summopere gratularemur." Epist., lib. I, tom. i., 602*b*.

5) "Plato noster, venerande pater, cum in **Phædro**, ut te non latet, subtiliter et copiose de pulchritudine disputasset, pulchritudinem animi a Deo, quam sapientiam et aurum appelavit pretiosissimum, postulavit, aurum hoc Platoni a Deo tributum, Platonico in sinu utpote mundissimo fulgebat clarissime··· Verum in Plotini primum, Porphyrii deinde, et Jamblici, ac denique Proculi, officinam aurum illud inectum, exquisitissimo ignis examine excussis arenis enituit, usque adeo ut omnem orbem miro splendore repleverit." *Ibid.*, 602*a*.

6) "Immortalis animus in corpore morali semper est miser." epist., lib. ii., tom. i., 661*b*.

7) "··· neque legitima Philosophia quicquam aliud quam vera religio, neque aliud legtima religio quam vera Philosophia." Epist., lib. I., tom. i., 651*a*.

8) 에로스가 르네상스에 미친 영향력은 점성술(astrology)에 대한 열성적 관심에 의해서도 보여진다. 이것은 자주 단순히 당시의 일반적인 "미신"적 사건들로 받아들여졌다. 그래서 우리가 르네상스 종교에 대하여 지니고 있는 가장 중요한 증거들 중의 하나가 모호해져 버렸다. 이 학구적인 미신에는 과학적인 종교적 관심이 있다. 여기서 중요한 것은 후자이다. 모든 시대에 에로스-경건과 점성술적 종교성은 서로 협력하였다. 반면에 아가페는 점성술적 숙명론을 거부한다. 인문주의자 멜란히톤(Melanchthon)이 점성술적 가르침에 가장 큰 중요성을 부여한 반면에 루터가 그것들에 대하여 단지 경멸만을 퍼붓는 것은 우연이 아니다. "Es ist ein dreck mit irer junst"(그것은 네 젊음의 배설물이다). W. A. Tischreden, Nr. 5013, Bd. IV., p. 613, 6. 그것은 그들의 종교적 태도의 근본적인 차이점의 결과이다. Cf. A. Warburg: *Heidnisch-antike Weissagung in Wort und bild zu Luthers Zeiten* (Sitzuhngsberichte der Hekdelberger Akademie der Wissenschaften, Philos.-hist. Kl., Jahrg. 1920; reprinted in A. Warburg: *Gesammelte Schriften*, Bd. II., 1932, pp. 487-558). Cf. F. Boll und C. Bezold: *Sternglaube und Sterndeutung*, 4. Aufl., 1931, p. 117 f.; and W. Gundel: *Sternglaube, Sternreligion und Sternorakel*, 1933. "기독교는 최고신과 동등하거나 그보다 하위인 어떤 신들이나 운명적인 힘도 알지 않는다. 그것은 과학과 마찬가지로 하나님의 의지에 대한 어떠한 탐구나 계산도 거부한다." Gundel, *op. cit.*, p. 158.

9) W. Dress, *op. cit.*, pp. 76 ff.

제37장

인간적인 神(Human God)

"오 죽음의 의상을 입은 신성한 종족이여, 네 자신을 알라." 이것은 피치노가 "인류에게 보내는 서신"을 시작할 때 사용한 말이다.[1] 이 말들은 그의 사상적 요지를 더없이 완벽하게 표현하고 있다. 그는 그 자신과 자신이 속한 신성한 종족 앞에 가장 공손한 태도로 절한다.[2] 그가 선포하는 예배의 대상은 인간적인 신이다.

물론 인간을 신적인 존재로 보는 피치노의 개념 자체는 새로운 게 아니다. 에로스 경건의 신봉자들은 항상 그런 용어들을 사용했다. 관점에 따라서 신성한 불꽃이든 다른 무엇으로 부르든간에, 인간 안의 신적인 부분에 대한 개념이 에로스 이론의 토대 자체이다. 에로스 이론을 따르면, 구원은 우리 안의 신적인 부분이 하나님 안의 그 기원으로 귀환하는 데 있기 때문이다.

그러나 이 옛 개념은 피치노 안에서 새로운 외형과 의의를 취한다. 그것은 두드러지게 人間中心的인(anthropocentric) 형태를 취한다. 이제는 에로스 개념이 처음부터 자기중심적이었다고 말할 수 있다. 플라톤과 신플라톤주의는 에로스를 획득적 사랑으로 이해한다. 그래서 에로스는 自己中心的 본성을 가진다. 그러나 '자기중심적'이란 말과 '인간중심적'이란 말은 동일하지 않다. 다른 이론들의 무게중심이 어디에 있는가를 주목한다면, 이점이 분명해진다. 플라톤과 신플라톤주의의 무게중심은 이데아들이나 신적인 세계와 같이 객관적인 어떤 것에 놓여진다. 인간은 근본적으로 신적인 존재일지 모르지만 현재상황에선 비참한 죄수이다. 지배적인 생각은 인간이 소유하지 못한 것들에 대한 것이다. 게다가 인간은 자신의 고상한 신분을 스스로 소유하지 못한다. 오히려 그 신분은 단지 그가 고등세계에 참여한다는 사실로부터 파생될 뿐이다. 플라톤적·신플라톤적 사상의 중심은 바로 이 고등세계에 있다.

이제 객관적인 것으로부터 주관적인 것으로, 초월적인 것으로부터 내재적인 것으로 완전한 변화가 일어났다. 이 변화는 이미 에리게나(Erigena) 안에서 분명하게 시작되고 있었다.[3] 르네상스와 피치노 안에선 그것이 완성된 사실이었다. 르네상스의 일관적인 특징은 확실히 人間中心的인 태도이다.

이 이론의 주요 문서는 피치노의 철학적 주저인 「플라톤주의적 신학」(*Theologia Platonica*)이다. 그것은 「영혼들의 불멸에 관하여」(*De immortalitate animorum*)라는 부제를 달고 있다.[4] 이 작품의 서문에서 피치노는 자신의 주요 논제가 영혼의 신적인 본성(本性)이라고 공표한다.[5] 그는 여기에서 플라톤주의와 기독교가 공통으로 소유하는 근본적인 교의를 본다.[6] 그는 이것을 주석해가면서 "눈은 본성상 태양과 같다."는 옛 생각을 취한다.[7] 사실상 눈이 태양광선을 흡수하는 것은 그것이 스스로 태양과 동일한 본성을 가지고 있기 때문이다. 즉 "닮은 것은 닮은 것을 유인한다." 이와 마찬가지로 우리의 본성이 신적인 부분을 포함하고 있기 때문에 우리도 어떤 신개념을 가질 수 있다. 그러나 인간의 영혼이 그 컴컴한 육신의 감옥으로 포위되어 있는 한, 인간은 그 자신의 빛을 결코 보지 못하고 그 결과 종종 그 자신의 신성조차 의심한다. 우리는 세속적인 족쇄들을 끊어버리고 "플라톤적 날개들을 타고서 하나님의 인도를 받아 에테르(蒼空)의 공간으로 자유롭게 飛上하는 것 외에는 할 일이 없다. 그곳에서 우리는 금방 인간 본성의 극치를 배울 것이다."[8]

이러한 인간 본성의 극치는 무엇에 있는가? 그것은 무엇보다도 인간이 소우주(microcosm)로서 자신 안에 우주의 나머지를 모두 포함한다는 것을 의미한다. 이것은 피치노를 그의 사상적 핵심으로 인도한다. 이것은 피치노의 말의 어조에서도 드러난다. 그는 옛 습관에 의해서 플라톤적·신플라톤적 어법을 반복할 수 있다. 그러나 그가 그렇게 하는 한, 그것은 오히려 모두 전통적인 것처럼 들린다. 그런데 피치노가 자신의 인간중심적 주제와 세계포용적인 인간의 지위 문제를 다룰 때는 사정이 꽤 다르다. 그는 자기 자신의 생각에 대하여 말한다. 그러면 그의 혀는 풀려지고 연설이 흘러나온다. 그는 찬미가를 노래한다. 그 찬미의 내용을 주목해 보면, 그것은 경험적인 세속인간에 대한 찬미이다.

인간은 지상적·감각적 피조물이면서 하나의 小宇宙이다. 바로 이 능력으로 그는 소우주 안에 존재하는 모든 것을 포함한다고 말할 수 있다. 우주를 구성하는 다섯 단계들(stages) 중에서 인간은 중간단계를 차지한다. 그리하여 인간은 말하자면 세계의 중심에 있다. 그 밑에는 사물들과 품질들(qualities)이 있고, 그 위에는 천사들과 하나님이 있다. 그러나 그는 이 모든 것들을 자신의 인격 안에 포함한다. 실존하는 어떤 것도 그에겐 낯설지 않다. 그는 사물들과 "품질들"(qualities)을 다스린다. 또한 그는 자신을 천사들과 하나님에게 연합시킨다.[9] 인간은 네 요소들을 능가하는 영장(lord)이다. 즉 그는 지구[土]를 밟으며, 물[水]을 헤치고 지나가며, (다이달루스(Daedalus)와 이카루스(Icarus)의 날개들은 말할 것도 없이) 제일 높은 탑을 타고 허공[空氣]에까지 올라가며, 불[火]을 지피며, 지상에서 그것을 즐긴다. 그러나 그의 능력은 더욱 높은 곳까지 미친다. 그는 천상적인 능력으로 하늘까지 올라간다. 그리고 인간은 천상적 정신보다 우월한 것에 의해서 하늘보다 더 높이 올라간다.[10]

인간은 요소들의 신, 즉 사물들의 하나님이요 지상의 하나님이다. 그는 지상에서 신의 대리자일 뿐만 아니라 스스로 "땅 위의 하나님"(God upon earth)이다.[11] 인간은 사유(思惟)로써 우주의 구조를 간파하고 하나님의 창조와 법령들을 전부 재건할 수 있다. 그리고 인간의 영은 본질적으로 하나님의 영과 거의 동일하다. 사실 피치노는 인간이 필요한 연장들을 가지고 천상적 질료(material)에 접근할 수만 있었다면 하늘도 만들 수 있었을 것이라고 생각한다.[12] 피치노의 주장에 따르면, 누구든지 자기 눈 앞에 이 모든 것을 가지고 있으면서도 인간의 영혼이 하나님의 경쟁자라는 것을 인정하지 않는다면 그는 분명히 정신나간 자다.[13]

인간은 근본적으로 신적인 존재이기에 하나님 안에서 자기가 소유하지 못한 어떤 완전이나 능력을 차마 보지 못한다.[14] 그는 하나님과 경쟁하려는 욕망으로 불타오른다. 하나님의 모든 태도는 인간을 고무시켜서 그가 하나님을 닮도록 애쓰게 만든다. 하나님은 "제일진리와 善性 자체"(primum ipsum verum et bonum)이다. 그분은 "항상"(semper) "만물 안에서"(in omnibus), "만물을 초월하는"(super omnia) "우주의 조물주"(auctor universorum)이시다. 이것들은 단지 우리가 되고자 애쓰는 것들일 뿐이다.[15] 그런데 인간은 그저 하나님과 같이 되는 것에 만족하지 않는다. 그는 자신의 "위대한 영혼"(animi magnitudo) 안에서 하나님과 비슷하게 되는 것에 만족할 수 없다.[16] 이렇게 인간이 신적인 수준으로 자신을 높이려는 시도는 새[鳥]가 나는 것이 당연하듯이 자연스러운 것이다.[17]

그래서 피치노는 인간이 다른 모든 것들처럼 자신을 사랑할 뿐만 아니라 자신을 신으로서 숭배하고 예배하려는 성향도 가지고 있음을 본다.[18] 이 성향은 인간 본성에 매우 깊숙히 뿌리박혀 있다. 그래서 그것은 가장 광적인 사람들 안에서도 나타난다. 그 성향은 그들이 자신들의 의견을 "신성한 이론인양" 고수하는 완강하고 완고한 방식으로 나타난다.[19] 인류에게 특별한 봉사를 수행했던 이들은 모든 사람들에 의해서 신적인 존재로서 영화롭게 되어진다. 그리고 그들의 사후엔 그들에게 신적인 숭배가 부여되었다. (우리는 그것에 대한 대응부를 짐승들 가운데서 헛되이 추구했다.) 이러한 사실은 피치노에게 인간의 신적 본성과 가치에 대한 부가적인 증거를 제공한다.[20] 피치노에게 있어선, 이렇게 인간이 자신의 신성에 대해 가지는 신앙과 자기숭배(worship of himself)가 기독교의 본질적 내용을 형성한다.[21]

주

1) "Cognosce teipsum, divinum genus moratli veste indutum." Epist. lib. I., tom. i., 642a.

2) 피치노가 인류에게 보내는 편지는 "Congitio et *reverentia suiipsius* omnium optims."라는 독특한 제목을 달고 있다. *Ibid.*

3) Cf. 본서 p. 642.

4) M. ficini Opera, tom. i., 74-414.

5) Prooemium, p. 74a. "De divinitate animi"는 피치노의 서신들에서도 빈번하게 등장하는 주제이다. Cf. e.g., Epist., lib. I. 601*a* & 642b; lib. II. 681*b* & 685; lib. VI. 789b; lib VII. 891.

6) 이러한 연관 속에서 피치노는 어거스틴을 인용한다. 그 취지는 플라톤주의자들이 자신들의 견해를 기독교와 완전히 조화시키기 위해선 약간의 단어와 어구들만을 바꾸면 된다는 것을 보여주기 위한 것이었다. cf. 본서 pp. 249 f. 우리는 피치노가 "플라톤적 신학"을 제시하면서 기독교를 의식적으로 반대하려고 이렇게 하지 않았다고 부연할 수 있다. 그는 이 둘이 모든 본질적 측면에서 동일하다고 확신한다. 그가 "플라톤 아카데미"에서 처신한 행동은 기독교로부터의 어떤 의식적 일탈을 가리킨다. 그는 1473년에 서품을 받았고, "피렌체의 플라톤 아카데미"가 건설된 1474년에 그의 "플라톤 신학"(Theologia Platonica, 1474)을 완성하였고 동일한 해에 교회직책을 맡았다. 또한 피치노의 목표가 플라톤적 가르침과 기독교를 함께 융합하는 것이었거나 그들 간의 일치(agreement)를 증명하는 것이었다는 일반적인 생각은 오해한 것이라고 말해야만 한다. 이 개념은 플라톤주의와 기독교는 처음부터 두 개의 독립적인 형상들로서 나타났다고 하는 잘못된 관념에 기초하고 있다. 사실 그것들의 통일은 이미 피치노에게 확립되어 있었다.

7) Theologia Platonica, Prooemium, 74a. Cf. lib. XIV., cap. viii. 310b. Cf. 이것에 관해선 린드블롬의 저서를 보시오. J. Lindblom: *Det solliknande ögat.* (art. in Svensk teologisk kvartalskrift, 1927, pp. 230-247).

8) Theologia Platonica, lib. I., cap. i. 75.

9) "Proinde, cum ascenderimus, hos quinque rerum omnium gradus, corporis videlicet, molem, qualitatem, animam, angelum, Deum, invicem comparabimus. *Quoniam autem ipsum rationalis **animæ** genus inter gradus hujusmodi medium obtinens, vinculum natur totius apparet,* regit qualitates corpora, Angelo se iungit et Deo, ostendemus id esse prorsus indissolubile, dum gradus **naturæ** connectit, **præstantissimum**, dum mundi **machinæ præsidet**, beatissimum, dum se divinis insinuat." *Ibid.,* 76a. Cf. lib. III., cap. ii. 116a. 그 제목은 다음과 같다. "Anima est *medius rerum gradus,* atque omnes gradus, tam superores quam inferiores connectit in unum, dum ipsa et ad superos ascendit, et descendit ad inferos." 이 개념은 다음과 같이 전개된다. "Si a Deo descenderis, tertio descensuss gradu hanc reperis. tertio quoque ascensus gradu, si *supra* corpus ascenderis, huiusmodi essentiam in natura summopere necessariam arbitramur." *Ibid.*

10) "Terram calcat, sulcat acquam, altissimis turribus conscendit in ærem, ut pennas dædali vel Icari prætermittam. Accendit ignem, et foco familiariter utitur et delectatur præcipue ipse solus. Merito coelesti elemento solum coeleste animal delectatur. Coelesti virtute ascendit coelum, atque metitur. supercoelesti mente transcendit coelum." theol. Platonica, lib. XIII., cap. iii. 289 f.

11) "Deus est proculdubio animalium, qui utitur omnibus, imperat cunctis, instruit plurima. deum quoque esse constitit elementorum, qui habitat colitque omnia. deum denique omnium materiarum, qui tractat omnes, vertit et format. Qui tot tantisque in rebus corpori dominatur et immortalis dei gerit vicem, est proculdubo immortalis." *Ibid.*, 290. *Est utique Deus in terris.*" Lib. XVI., cap. vi. 369a. "Dei vicarii sumus in terra." Lib. XVI., cap. vii. 374a.

12) "Cum igitur homo coelorum ordinem unde moveantur, quo progrediantur, et quibus mensuris, quidve pariant, viderit, quis neget eum esse ingenio (ut ita loquar) pene eodem quo et author ille coelorum? ac posse quodammodo coelos facere, si instrumenta nactus fuerit, materiamque coelestem?" Lib. XIII., cap. iii. 290b.

13) "Quapropter dementem esse illum constat, qui negaverit animam **quæ** in artibus et gubernationibus est **æmula** dei, esse divinam." *Ibid.*, 291b.

14) 그러므로 니체는 "신들이 있다면, 어떻게 내가 신이 아니라는것을 견딜 수 있겠는가!"(*Thus Spake Zarathustra*, ii. 2)라고 생각한 최초의 인물이 아니었다. 이 생각에 새로운 것은 가설적인 출발과 부정적인 결론이다. "그러므로 신은 존재하지 않는다." 피치노로부터 니체와 포이에르바흐까지의 거리는 먼 것이 아니다. 니체는 신(神)을 초인(Superman)으로 대체하였고 포이에르바흐(Feuerbach)는 인간의 환각적 욕망의 투사를 신으로 파악한다.

15) Theol. Platonica, lib. XIV., cap. i. 299a.

16) Lib. XIV., 298-319 전체의 주제들은 다음과 같다. "Quod anima nitatur Deus fieri." "In quo apparebit mira animi magnitudo, cui non satis fuerit **æmulari** Deum iis miris quos diximus modis, nisi etiam fiat Deus." Lib. XIV., cap. i. 298b.

17) "totus igitur **animæ nostræ** conatus est, ut Deus efficatur. conatus talis naturalis est hominibus non minus quam conaturs avibus ad volandum." Lib. XIV., cap. i. 299a.

18) Cf. lib. XIV., cap. viii. 310a. 여기서 논의되는 주제는 다음과 같다. "*quod colimus nos ipsos ac Deum.*" "Primo, quod omnes non modo ut **cætera** faciunt cuncta, sediligunt et tuentur, verumetiam *colunt seipsos magnopere, et quasi quaedam numina venerantur.*" *Ibid.*

19) "Idem rursus, sed aliter agunt homines dementissimi, prout nimium placent ipsi sibi, pertinacissime in sua persistunt opinione, sententiam suam tanquam divinum decretum mordicus tenent." *Ibid.*, 310b.

20) "Cuncti denique homines, excellentissimos animos, atque optime de humano genere meritos in hac vita, ut divinos honorant, solutos a corporibus adorant, ut deos quosdam Deo summo clarissimos, quos prisci Heroas nominaverunt. Tanta vero ad se et ad suos

reverentia non apparet in bestiis, nedum vilioribus, sed neque etiam in maioribus. Atque hic primus est modus quo homines divinum imitantur cultum, videlicet quia seipsos ut deos colunt." *Ibid.*

21) 때때로 피치노의 사상은 독특하게 바울적인 어조를 지닌다는 견해가 제시된다. 이 매우 기묘한 생각의 이유는 아마 피치노가 쓴 로마서 주석 안에서 "믿음으로만"(sola fide)이란 공식구가 나타나기 때문인 것 같다. 그러나 피치노의 다른 작품들로부터 그의 사상을 알게되면 우리는 어떤 바울적인 영향의 가능성도 원천적으로 의심할 수밖에 없다. 그리고 드레스(W. Dress)의 연구조사는 이 의심을 충분히 정당화하였다. 앞에서 인용된 그의 작품에서 그는 방대한 부분(*op. cit.*, pp. 151-216)을 피치노의 로마서 주석에 할애하였다. 물론 피치노는 자신의 종교 개념과 기독교를 분리시키는 장벽을 깨닫지 못하였다. 단지 그는 자신의 플라톤주의가 단순히 교회의 기독교를 위하여 더 확고한 기초를 놓아준다고 믿고 있었다. 그러나 그의 로마서 주석 자체가 그가 실제로 바울을 얼마나 빈약하게 이해하고 있었는가를 분명히 입증한다. 피치노는 주로 아퀴나스의 로마서 주석을 따르고 있다. 그는 아퀴나스보다 그리스어에 더 숙달해 있었기에 분명한 강점을 지니고 있었다. 그것은 그로 하여금 특정한 논점들에서 원전으로 돌아갈 수 있도록 만들어 주었다. 또한 피치노는 더 정교한 심리학적 인식에서도 아퀴나스보다 유리하였다. 그러나 그는 자신의 본문의 신학적 문제를 파악하는데 있어서 확연하게 아퀴나스에 훨씬 못미친다. 그는 플라톤적 전제들을 가지고 성서 본문을 접근하여 그것을 (고대 신비종교들의 공식구들처럼) 비밀스런 교훈으로 가득찬 것인양 다룬다. 성경을 이해하는 방법도 밀교적 전승자인 바울을 안내자로 하는 신플라톤적-신비적 상승(ἀναγωγή)으로 묘사된다. "오직 믿음으로만"(sola fide)이란 공식구에 대해서도 피치노는 그것을 바울적인 의미로 받아들이고 루터에게 접근하지 않고 매우 동떨어진 접근을 택했다. 그는 그것을 이용하여 하나님과 인간의 관계에 대한 신플라톤적 개념을 표현한다. "fide sola, ut Platonici probant, ad Deum accedimus."(플라톤주의자들이 판단하듯이, 우리는 오직 피데스에 의해서만 하나님께 접근한다.) 이것은 틀림없이 "오직 관상의 방법에 의해서만, 영혼의 헌신을 통해서 우리는 하나님께 간다."고 번역되어야 한다. 피데스(fides)는 제일 행동자(primum agens)이기도 한 제일지성(prima intelligentia)과 유사한 우리의 기관을 대표하기 때문이다(*Op. cit.*, p. 200.). 게다가 피치노가 "오직 피데스"(sola fides)라고 말할 때 그는 오직 "사랑으로 형성되는 신앙"(fides caritate formata)만을 말하고 있다는 것도 부연되어야 한다. 그래서 피치노의 사상과 루터의 사상 사이의 유사성에 대한 모든 암시는 사라진다. 드레스는 피치노의 로마서 주석에 대한 자신의 결론을 다음과 같이 요약한다. "그의 작품 안에서 드러난 바는 이탈리아 종교적 인문주의의 최초의 대변자가 원시 기독교의 경건에 견주어 볼 때 놀랍게도 종교적·신학적으로 무기력하고 부정확하다는 것을 우리에게 보여준다"(*op. cit.*, p. 215). 이것과 함께 피치노의 바울주의의 신화는 시대적 순서로부터 제거될 수 있다. 피치노에게 남아있는 전부는 인간중심적이고, 행복주의적인 종교관념이다. 그것은 진정한 르네상스 정신으로 인간을 우주의 중심에 두고 그 자신의 존엄성(godlikeness)과 불멸성을 종교의 가장 깊은 중심으로 만든다.

제38장

신의 자기사랑

앞에서 논의한 내용을 모두 살펴 보면, 피치노의 사상에서 기독교적 의미의 사랑이 아무 자리도 차지하지 못하는 것은 별로 놀라운 게 아니다. 그가 아는 유일한 사랑은 에로스 사랑이기 때문이다. 피치노에 의하면, 하나님의 사랑이건 인간의 사랑이건 사랑은 모두 근본적으로 자기사랑(self-love)이다.

하나님이 "사랑"으로 불리운다면, 그것은 엄격한 뜻에서 그분이 사랑한다는 것을 의미하지 않는다. 그것은 단지 (1) 그분이 모든 사랑의 원인(cause)이시고, (2) 그분이 자신을 사랑한다는 것을 의미하는 것이다.[1] 여기서 피치노는 위(僞)디오니시우스가 부여한 형태를 취한 신플라톤주의적 사랑 개념을 받아들였다. 하나님은 에로스[2] 즉 자기 자신을 향한 에로스이다. 그분은 최고선으로서 자기 자신의 완전함을 영구히 즐긴다.[3] 삼위일체는 그 자신에게 집중하여 영원한 사랑으로 ― 사랑하는 주체(amans), 사랑 자체(amor), 사랑받는 객체(amatum)로서 ― 그 자신에게 쏠려 있다. 그와 마찬가지로 하나님으로부터 나와서 전우주에 침투하여 그것을 결합시키는 사랑은 단지 그분의 자기사랑의 한 표현일 뿐이다.[5] 그리고 하나님이 우리 인간들을 사랑하시는 것은 우리가 그분의 작품이기 때문이다. 또한 하나님은 우리 안에서도 자신 외에는 아무도 사랑하지 않는다.[6]

이처럼 하나님의 사랑의 마음이 그 자신에게 부단히 쏠리고 있다. 그러므로 모든 면에서 하나님을 모방하는 인간의 영도 그와 마찬가지로 자신에게 쏠리고 있다.[7] 여기서도 모든 것을 결정하는 능력은 자기사랑이다. 그리고 피치노는 실상이 그러할 뿐만 아니라 또한 마땅히 그래야 한다고 말한다.[8] 우리는 오직 이 기초 위에서만 다른 인격을 사랑하는 것에 대해 말할 수 있다. 왜냐하면 우리는 우리가 사랑하는 동료인간 안에서 우리 자신을 인식하고 우리 자신만을 사랑하기 때문이다.[9]

사실 피치노는 우리의 하나님 사랑을 전적으로 자기사랑으로 환원하는 것을 두려워하지 않는다. 하나님에 대한 사랑은 수단이고 자기사랑이 목적이다. (피치노는 이것을 명확하게 선언한다.) 물론 사랑 개념의 지나간 역사에서도 이런 방향을 지적한 사람들이 있었다. 어거스틴은 하나님 사랑과 참된 자기사랑이 일치한다고 주장했다. 그러나 자기사랑에 대하여 말하는 두 방법 사이에는 막대한 차이점이 존재한다. 어거스틴은 인간이 하나님 앞에서 자신을 낮추며 하나님 안에서 자신의 모든 것과 "선"(bonum)을 발견하는 인간의 자기사랑에 대하여 생각하고, "하나님에게 속하는 것이 나에겐 선이다."(Mihi adhaerere Deo bonum est)라고 말한다. 하지만 우리는 르네상스의 자기찬미적인 인간 안에서 매우 다른 종류의 자기사랑을 만난다. 르네상스적 인간은 스스로 하나님과 "경쟁"할 수 있다고 믿고 하나님을 인간적인 신의 재량대로 처분되는 수단으로 간주한다. 다른 어느 곳에서도 인간의 자기사랑은 이러한 직선적인 솔직성과 순진무구한 허영심을 가진 의미로 선포된 적이 없었다.

왜 우리는 하나님을 사랑하는가? 피치노는 "우리가 다른 것들보다 먼저 우리 자신들을 포옹(사랑)하기 위해서"(Ut nos ipsos prae caeteris amplectamur)라고 답변한다. 우리는 하나님 안에서 다른 모든 것들을 사랑해야 한다. 하지만 우리는 하나님 안에서 궁극적으로 우리 자신만을 사랑한다.[10] '어떻게 우리는 하나님을 사랑해야 하는가.'[11] 이것은 피치노가 직접 명명한 한 章의 제목이다. 그가 그 章에서 자기사랑에 대한 주장으로 결론을 내렸다는 사실이 이상하게 보일지도 모른다. 하지만 그것은 마땅히 그래야 하는 것이다. 왜냐하면 실제로 自己愛가 피치노의 궁극적인 말이기 때문이다.

주

1) "**Præterea** Deus appellatur amor[ἔρως], tum quoniam amorem in omnibus procreat, sicut a Peripateticis nominatur in sole calor, quoniam caloris est causa, tum etiam quia seipsum amat." In Dionysium Areopagitam de divinis nominibus, tom ii. 49a.

2) "Testantur hoc et Theologi veteres, qui amoris nomen [τὸ τοῦ ἔρωτος ὄνομα] deo tribuerunt. Quod etiam posteriores Theologi summopere confirmarunt." In convivium Platonis, de amore, commentarius, Oratio I., cap. iv., tom. ii. 286a.

「향연」(symposium)에 있는 플라톤의 본문과 그것에 대한 피치노의 주석을 비교하는 것은 대단히 흥미있는 일이다. 피치노는 단순히 플라톤의 말들을 설명하는데 만족하지 않는다. 그는 고대사상과 기독교로부터 플라톤에 기초한 전통 전체를 들여온다. 결과적으로 그는 시간이 경과하면서 플라톤적 에로스 이론에 귀착되어 그것에서 자양분을 얻었던 모든 것들에 대한 구체적 연구에 근사한 기회를 제공한다. 또한 그는 어떻게 이 이론이 일차적으로 기독교의 사랑 이론에 관련되었고 그 과정에서 어떻게 변형되어서 수정되었는가를 보여준다. 본서의 연구가 일차적으로 기독교의 사랑 개념에 관한 것이기 때문에, 자연히 우리의 주요 관심사는 기독교의 아가페가 에로스와 혼동됨으로써 겪은 그 변형에 있다. 그러나 그 문제는 다른 시각에서 볼 수도 있다. 이 혼동이 어떻게 본래적인 플라톤적 에로스 개념의 수정과 관계되었는가라는 질문은 극도로 흥미있다. 그러나 그것은 본서의 연구범위를 벗어난다.

3) "Quapropter ipsum bonum in primis hoc habet, ut se velit summopere, sibique placeat, et tale sit omnino, quale vult ipsum." Theol. Platonica, lib. II., cap. xii., tom. i. 197a.

4) "Est igitur penes deum, amans amor, amatum." In Dion. Areop. De div. nom., tom. ii. 49a. "⋯ primus amor penes primum bonum ex ipso in ipsum circulariter se revolvens." *Ibid.*

5) "divina vero **hæc** species in omnibus amorem, hoc est sui desiderium procreavit. Quoniam si Deus ad se rapit mundum, mundusquerapitur : unus quidem continus attractus est a deo incipiens, transiens in mundum, in Deum denique desinens : qui quasi circulo quodam in idem unde manavit iterum remeat." In convivium, Oratio II., cap. ii., tom ii. 287a.

6) "si Deus sbi ipse placet, si amat seipsum, profecto imagines suas et sua diligit opera. Diligit faber opera sua, **quæ** ex materia fecit externa. Amat multo magis filium genitor." Theol. Platonica, lib. II., cap. xiii., tom. i., 108b.

7) "Mens reflectitur in seipsam." theol. Platonica, lib. IX., cap. i. 198b. "⋯ per se

movetur, et in circulum." Lib. V., cap. i. 132.

8) "Carissima enim sua cuique esse debent." Epist., lib. I. 654b.

9) "Idcirco cum in amante se amatus agnoscat, amare illum compellitur." *Ibid.*, 655a.

10) "··· ut Deum primo in rebus coluisse videamur, quo res deinde in Deo colamus, resque in Deo ideo venerari, *ut nos ipsos præ coeteris amplectamur, et amando Deum nos ipsos videamur amavisse.*" In convivium, Oratio VI., cap. xxi., tom. ii. 315a.

11) Oratio VI., cap. xxi.은 "Quomodo Deus amandus."라는 제목을 가지고 있다 (315a).

제6편
종합의 파괴(Ⅱ)

종교개혁의 아가페 동기 갱신

제39장

루터의 코페르니쿠스적 혁명

제1절 신중심적 사랑

종교개혁에서 일어난 위대한 종교적 혁명의 가장 심오한 취지는 이 사건에서 神中心的인 종교가 자기천명을 하였다는 말로 간략히 요약될 수 있다. 루터는 가톨릭 기독교와의 투쟁에서[1] 전적으로 일률적인 하나의 의도에 의해서 지배되고 있다. 우리가 (그의 칭의 개념이나 사랑관(觀)이나 기타) 무엇을 출발점으로 삼든지, 우리는 항상 동일한 것으로 인도된다. 말하자면 우리는 항상 루터가 모든 종류의 자기중심적 종교에 반대하여 神에 대한 순전한 신중심적인 관계를 강조한다는 점에 직면한다. 그는 가톨릭적 경건에서 종교의 가장 심오한 의미를 완전히 왜곡하는 것으로 간주할 수밖에 없는 하나의 경향을 발견한다. 그것은 바로 자기중심적 경향이었다. 그 안에선 모든 것이 인간 자신, 즉 인간이 행하거나 인간에게 일어나는 사건에 중심을 둔다. 하나님이 그 자신에게만 유보하였고 그리스도를 통하여 완수하신 하나님의 고유사역인 구원도 다소간 인간의 일로 변화된다. 그래서 의로움(righteousness)은 하나님이 주시는 것에서 인간이 달성하는 것으로 변화된다. 동시에 모든 것은 인간 자신의 이해관계에 좌우된다. 인간이 행하는 선은 공로 개념을 통하여 영원한 복과 의도적으로 연관된다. 그래서 선은 하나님에 대한 복종으로 간주되기보다 그것이 인간에게 제공하는 이익의 관점으로부터 간주된다. 모든 것은 인간의 욕망의 기준에 의해서 평가되며 그것이 인간에게 미치는 중요성에 의해서 판단된다. 이것은 심지어 하나님 자신에게까지 적용된다. 하나님은 최고선으로서 찬미받는다. 그런데 인간적 욕망의 기준에 따라서 평가하면, 그것은 어쩌면 인간이 기대하는 바람직한 가능성들이 모두 하나님 안에 포함되어 있음이 판명되었다고 말하는 것과 마찬가지이다. 바로 이것 때문에 루터는 항상 가톨릭적 경건에 반대했다. 즉 그 주요근거는 가톨릭적 경건이 인간의 자아를 하나님의 자리에 놓는다[2]는 점이다. 만유를 주시고 만유에 대한 권리를 소유하시는 하나님께만 그 중심을 두는 하나님과의 참된 친교를 확보하려면 먼저 이러한 경향이 근절되어야 한다.

루터는 자신이 모든 종류의 자아중심성(egocentricity)과 투쟁하는 神中心的(theocentric) 종교의 使者라고 느낀다. 그는 자신의 「로마서 강연」(1515-1516)을 소개하는 선언(manifesto)에서 이러한 반대입장을 비길데 없이 명쾌하게 표명하였다. 루터는 "이 서신의 개요"(summarium huius epistole)를 제시하면서 부수고 파괴해야할 것과 반대로 건축되고 설립되어야 할 것이 있다고 선언한다. 부수고 파괴해야 할 것은 "우리 안에 있는" 모든 것들이다. 건축되고 설립되어야 하는 것은 "우리 밖에 그리고 그리스도 안에 있는 모든 것"이다. 하나님이 우리를 구원하는데 필요한 의로움은 우리들에 의해서 제공되지 않는다. 그것은 우리의 흙으로부터 파생된 것이 아니다. 그 의로움은 다른 곳으로부터 즉 하늘로부터 우리에게 온다.[3]

사랑의 개념에 있어서도 근본적으로 동일한 대비가 반복된다. 루터는 가톨릭의 사랑 교리 전체가 어떻게 자기중심적인 남용(perversion)을 보이는가를 주시하였다. 도덕주의와 행복주의(eudæmonism)는 (다른 곳에서 자주 발견되었듯이) 여기에서도 서로 나란히 동일한 결과를 양산해냈다. 사랑은 본질적으로 인간적 성취의 관점으로부터 고찰된다. 이 사실은 사랑 이론 안에서 도덕주의가 표현됨을 입증한다. 가톨릭 교회가 하나님의 사랑에 대해서 아무리 많이 말한다 하더라도, 하나님과 우리의 관계에서 무게중심은 일차적으로 우리가 하나님에게 빚지고 있는 사랑에 주어졌다. "하나님의 사랑"(*Die Liebe Gottes*)은 우리에게 주어진 하나님의 사랑이라기보다 하나님에 대한 우리의 사랑이다. 그래서 도덕주의적 태도는 동시에 자아중심적이 된다. 그런데 행복주의도 역시 동일한 자아중심적 결과에 도달한다. 가톨릭적으로 주창된 사랑은 획득적 사랑의 특징을 전혀 상실하지 않는다. 그러므로 그것이 결국 자기사랑으로 거슬러 올라가는 것은 매우 논리적이다.

이것은 기독교의 사랑 개념의 역사에서 루터의 중요성이 더할나위 없이 분명해지는 요점으로 우리를 인도한다. 가톨릭적 사랑 개념의 특색을 나타내게 되는 자아중심적 태도에 반대하여, 루터는 철저하게 신중심적인 사랑 개념을 제안한다. 기독교적 의미의 사랑이란 무엇인가? 이 문제에 답하기 위해서 루터는 자신의 그림을 우리의 사랑으로부터 즉 어떤 유의 인간적 사랑의 영역으로부터 끌어오지 않았다. 루터는 그것을 하나님의 사랑으로부터 이끌어 왔다. 이 사랑은 특히 그리스도 안에 이미 계시되었던 것이다. 그것은 획득적 사랑이 아니라 베푸는 사랑이다.

루터의 칭의론과 사랑관 사이에는 내적인 연관성과 정확한 상응성이 있다. 칭의 문제에서 루터를 개혁자로 만들었던 바로 그것은 그를 기독교적 사랑 개념에 대해서도 개혁자로 만들었다. 칭의는 하나님이 우리에게 요구하는 조건적 "의"(*iustitia*)의 문제가 아니고 그분이 우리에게 수여하는 [선물로서의] "의"(*iustitia*)의 문제이다. 그래서 기독교적 사랑은 엄격하게 우리가 하나님을 사랑하는 그 사랑이 아니라 본질적으로 하나님이 친히 사랑하시는 그 사랑에 관심이 있다. 루터 자신은 자신의 칭의론과 사랑관 사이의 이러한 병행을 분명하게 보았다. 이것은 「식탁담화」(*Table Talk*)에서 자주 인용되는 한 구절에 잘 나타나 있다. 거기서 그는 자신이 발견한 로마서 1장 17절의 참 의미에 대하여 말한다.[4]

제2절 인간적 수준에서 나누는 하나님과의 친교

"신중심적인 하나님과의 친교 대(對) 자아중심적인 하나님과의 친교." 이러한 일반적인 공식문구를 가지고 우리는 종교개혁의 의미를 예비적으로 주장해 보았다. 이것을 한 단계 더 명료하게 하기 위해서, 우리는 다음 주장을 부연할 수 있다. 고대교회에선 매우 일찍부터 하나님과의 친교가 신적인 성결의 수준에서의 친교로 파악되었다. 그리고 이 경향은 중세 교회에서 더욱 현저하게 발전했다. 하지만 루터에게서 코페르니쿠스적 혁명이 일어난다. 하나님과의 친교는 이제 인간적 수준에서의 친교가 된다. 예리하게 지적된 역설에서 루터의 개념은 "성결이 아닌 죄에 기초한 하나님과의 친교"라는 공식으로 표현될 수 있다.

하나님이 인간의 진지한 성찰의 객관적 실재가 되고 인간이 하나님과의 바른 관계를 가지려고 결단할 때, 인간은 당연히 자신의 행동과 노력에 의해서 자신과 하나님과의 관계를 어떻게 조정할 수 있는가를 질문하기 시작한다. 거룩한 존재인 하나님을 만날 수 있기 위해서 인간은 최대한도로 스스로 거룩해지기를 추구해야 한다. 그러나 루터는 자연인의 종교에서 근본적인 오류를 첫 눈에 발견한다. 그것은 말하자면 인간이 하나님 앞에서 자신을 위한 입지를 얻으려 한다는 것이다. 하나님은 "하나님으로부터 오는 의로움"(로마서 10:3)에 의해서 우리를 구원하시기 원하지만 인간은 "자기 자신만의 의로움을 산출하려고" 애쓴다. 자연인의 종교는 여기에 있다. 즉 그는 선하고 거룩해지려고 한다. 그리고 그는 이 수단에 의해서 하나님과의 친교에 들어가려고 한다. 그러나 이것은 바로 그 자연인의 모든 사악함(perverseness)의 원천인 것이다. 그것은 마귀의 유혹이다. 그래서 우리가 그 유혹에 굴복하면, 그것은 우리를 하나님으로부터 떼어내고 그리스도 안에 있는 하나님의 사랑을 받지 못하도록 방해한다.[5] 우리 인간들 안에는 하나님과 우리 자신의 관계를 지시하는 근절될 수 없는 의지가 있다. "나는 그분처럼 경건하기를 원한다." 그러나 이 의지 안에는 이미 그 오류 즉 하나님과의 잘못된 관계가 있다. 그것을 극복하는 것이 신학의 과제이다.[6] (분명히 매우 선하고 칭찬할만한) 이 의도의 가장 심오한 근거는 하나님의 "자비"(misericordia) 즉 그리스도 안에 있는 하나님의 아가페만을 전적으로 의지하여 살기를 거부하는 인간 안에 있다.[7] 하나님께 피신하기 전에 스스로 자신을 먼저 정화하려는 의지(意志)에는 은밀한 "무례"(praesumptio)가 도사리고 있다. 그렇게 함으로써 인간이 자신에게 귀속시키고자 하는 일은 정작 하나님이 그 자신에게 유보하였고 그리스도를 통하여 수행하는 것이다. 죄와 사망으로부터의 구원(deliverance)과 함께 은총, 죄 사함, 생명 및 의로움을 주는 것은 어떠한 피조물의 일도 아니며 단지 오로지 神의 주권에 속하는 것이다.[9] 그럼에도 불구하고 인간이 그것을 자기 자신의 것으로 만들려고 할 때, 이것은 하나님의 신성(divinity)에 대한 공격이다.

하나님 앞에서 자기 자신의 성결을 소유하고 있다는 생각은 분명히 매우 경건하지만 실제로는 너무나 불경스러운 말들이다. 루터는 하나님 앞에서 그러한 생각을 금하도록 우리에게 경고하는데 대단히 강력한 표현을 사용했다. "너 거룩한 마귀여, 너는 나를 성자로 만들려고 한다."[10] 하나님은 자신의 아들을 세상에 보내어 죄인들을 위해서 그를 사망에 내어주심으로써 우리에게 단번에 영속적으로 구원의 유일한 正道를 계시하셨다. 우리가 하늘에 계신 하나님께 올라갈려고 추구할 때 우리들은 잘못된 구원의 방법을 따르고 있다.[11] 왜냐하면 그분은 그리스도 안에서 우리에게 내려왔기 때문이다. "우리가 하나님의 나라에 도달하려면, 하나님의 은총과 미덕으로 가득한 나라가 우리에게 와야만 한다. 우리는 결코 그분에게 갈 수 없다. 그리스도께서 하늘로부터 땅 위의 우리들에게 오셨고, 우리가 땅으로부터 하늘에 계신 그분에게 올라가지 않았기 때문이다."[12] 이것에 의해서 하나님은 거룩한 사람들과 그분이 아무런 상관도 없다는 것을 우리에게 분명하게 보여주셨다. 거룩한 사람은 순전히 허구에 불과하며 인간적인 神인 척하는 자이다.[13]

마귀가 인간에게 성결의 수준에서 하나님과의 친교를 추구하라고 유혹하면, 우리는 다음과 같은 말로 마귀를 쫓아내야 한다. "너는 나를 거룩하게 만들려고 한다. 너는 그리스도가 거룩한 사람들을 위해 주어지지 않았다고 말하는 것을 듣지 못했느냐?… 만약 내가 아무런 죄도 없다면, 그렇다면 나에겐 그리스도가 필요없다." [14] 루터는 그렇게 자신의 목회적 조언을 제시했다. "당신이 죄인인 것이나 자신에게 죄인처럼 보이는 것을 거부할 정도로 그렇게 위대한 순결을 동경하지도 마시오. 왜냐하면 그리스도께서는 오직 죄인들 안에만 거하시기 때문이오. 이것 때문에 그분은 하늘로부터 내려오셨습니다. 그분은 하늘에서는 의로운 자들 안에 거하셨습니다만, 죄인들 가운데서도 거하시기 위하여 강림하셨습니다." [15] 그리스도께서 죽은 것은 상상을 위해서가 아니라 실제 죄인들을 위한 것이었다. [16]

그러면, 하나님과 우리의 친교는 우리편에서 보면 성결이 아닌 죄에 기초하고 있으며, [17] 하나님 편에선 그분의 전적으로 이유없는 무동기적 사랑에 기초하고 있다. 그 사랑은 이미 의로워진 聖人이 아니라 바로 罪人을 의롭게 한다. [18] 죄인의 칭의 이외에는 다른 어떤 칭의(justification)도 있지 않다. 하나님과의 친교는 오직 우리 자신의 죄와 하나님의 무동기적인 사랑에 기초할 뿐이다. 이 외에는 하나님과의 친교에 다른 어떤종류도 없다. 이런 의미에서 의로워진 기독교인은 "의인이면서 동시에 죄인"(simul iustus et peccator)이다. [19] 즉 그는 본질적으로 죄인이지만 신적 사랑에 의해서 칭의받아서 하나님과의 친교로 인도되었다. 즉 그는 본질상 의로운 사람이 인간적 판단에 의해서 대접받아야하는 바대로 대접받는다. 이것으로써 루터는 초기단계에 교회 내에서 단절되었던 원시기독교의 아가페 전통을 갱신하고 "내가 의인을 부르러 온 것이 아니요 죄인을 부르러 왔노라"(막 2:17)고 말씀하신 예수의 하나님과의 친교에 대한 메시지와 죄인의 칭의(justification)에 대한 바울의 복음을 회복한다.

루터는 이러한 개념의 혁명적 성격을 충분히 알고 있었다. 그는 그것에 의해서 자신이 가톨릭적인 "행위-의" 뿐만 아니라 "천하의 모든 종교들"에 대해서도 심판을 선포하고 있다는 것을 알았다. [20] 여기서 유대인들과 교황주의자들과 투르크인들(Turks) 사이엔 아무런 차이점이 없다. 우리는 그들 모두 안에서 동일하게 잘못된 종교적 태도를 발견한다. 그들의 기본개념은

"내가 이것 저것을 하면 하나님이 나에게 은혜를 베푸실 것이다."라는 이성적 특징을 가진다.[21] 궁극적으론 오직 두 가지의 종교만이 존재한다. 하나는 그리스도에 대한 신앙 위에 건설된 종교이며 다른 하나는 이성과 인간의 행위 위에 건축된 종교이다. 이것들은 절대적으로 상호대립된다. 만약 우리가 스스로를 죄로부터 구원하여 거룩한 사람들로서 하나님과의 친교에 들어갈 수 있다면, 그리스도는 불필요하다.[22] 그러므로 기독교는 이 거짓 종교를 그 진짜 적대자로 간주할 수밖에 없다. 自己聖化에 의해서 하나님에게 가려는 인간의 모든 시도는 그리스도의 자기희생(self-offering)의 메시지에 대적한다. 이 후자는 번개처럼 떨어져서 율법으로부터 오는 의로움을 근절시킨다.[23] 우리는 이 대포(artillery)로써 즉 그리스도께서 우리의 죄를 위하여 보냄받았다는 메세지로써 모든 거짓된 자아중심적 종교들을 분쇄해야 한다.[24]

이 논점에서 루터를 이해하기 위해서, 우리는 그가 종교적인 모든 것을 그 자체로 가치있다고 여기지 않았다는 점을 주목해야 한다. 한 사람이 감각적·세속적인 생명으로부터 돌아서서 스스로를 "영적인" 생명에 헌신한다고 하더라도, 더 이상의 노력 없이 그 사실만으로 그 사람이 기독교를 향하는 도상에 있다고 루터를 납득시키진 못한다. 루터에게 있어서 "육적인 것"과 "영적인 것"의 구분은 인간 본성의 상위부와 하위부인 이성과 감각의 전통적인 대립과 무관하다.[25] 자연인은 그의 모든 행위와 존재에 있어서 "육적"(fleshly)이다.[26] 인간의 감각적 부분 즉 보통 창피하고 나쁜 것으로 간주되는 부분 뿐만 아니라 인간 안의 최상의 최선마저도 "육(肉)"이다. 사실 이 부분이야말로 정녕 육(肉)이다.[27] 자연인의 의로움, 그의 종교 그리고 그가 하나님에게 드리는 예배마저도 "육"의 영역에 속한다.

그래서 우리는 이런 것들을 죄로부터 멀어져가는 한 단계로 간주하기는 커녕 그 반대로 그것들을 "갑절의 죄"로 간주해야 한다. 먼저, 인간의 가상적인(imaginary) 의로움에도 불구하고, 우리가 율법의 가장 심오한 의미를 숙고한다면 그는 율법의 위반자이다. 둘째로, 그는 이것에다가 은총을 경멸하는 죄 중의 죄를 더한다.[30] 인간은 그러한 의로움에 의해서 하나님을 섬긴다고 스스로 상상하지만 그런다고 해서 문제가 개선되진 않는다. 사실 그것은 사태를 더 심각하게 만들 뿐이다. 그리하여 루터는 성결의 수준에서 누리는 하나님과의 친교에 대해서 언급하면서, 어떤 것이 종교적이기 때문에 가치있다는 일상개념 대신에 어떤 것이 종교적이기 때문에 그것은 갑절로 죄악된 것이라고 선언했다. 이런 의미에서 "종교적인 사람이 되는" 것은 소름끼치도록 가증한 짓이다.[31] 그것은 잘못된 구원의 방법을 따르는 것이다. 그 방법은 인간을 하나님으로부터 더 먼 곳으로 떼어내어 그분의 은총에 더욱 더 둔감하게 만들 뿐이다. 우리는 하나님 앞에서 죄인 외에 다른 어떤 존재라고 주장할 수 없다.[32]

가톨리시즘과 루터 사이의 가장 심오한 차이점은 다음의 공식문구에 의해서 표현할 수 있다. 가톨리시즘은 신적인 수준에서 성결에 기초한 하나님과의 친교를 주장하고, 루터는 죄에 기초한 인간적 수준에서 하나님과 나누는 친교를 주장한다. 가톨리시즘에선 하나님과의 친교가 인간 안에서 발견되는 어떤 가치에 의해서 동기부여된다. 그 가치는 사실 카리타스에 의해서 주입된다. 하지만 루터에게선 하나님과의 친교가 전적으로 하나님의 무동기적 사랑에만 의존하고 칭의(justification)는 죄인들의 칭의이며, 기독교인은 "의인이면서 동시에 죄인"(simul iustus et peccator)이다. 무엇보다도 이 마지막 말 즉 의로워진 사람 안에도 죄악성이 잔존한다고 하는 루터의 주장이 가톨릭 진영에 반감을 일으켰다. "루터에 의하면, 하나님은 죄인을 그 죄인을 의롭다고 용납하시되 그가 여전히 죄인으로 남아 있도록 하신다"(데니플 Denifle). 이것은 가톨릭 기독교와 절대적으로 갈등한다. 가톨릭 기독교는 그 상향성과 일치하여 사람을 신적인 성결의 수준에서 하나님과의 친교로 이끌려고 한다.

주

1) "가톨릭"(Catholic)이란 용어가 신앙고백에서 사용되는 의미로 쓰여지지 않았다는 것은 다음 쪽들을 보면 분명할 것이다. - 영역자의 주.

2) Cf. Anders Nygren: *Urkristendom och reformation*, 1932, pp. 109-115, 120-133.

3) Römerbrief, ii., p. 3, 3 f.: 2, 4 ff.: "즉 우리 안에 있는 모든 것(즉 우리를 기쁘게 하는 우리 자신의 모든 소유와 모든 본성)을 '뽑아내고 부수고 파괴하고 전복하는 것'과 우리 외부에 그리고 그리스도 안에 있는 모든 것을 '세우고 건축하는 것.' … 왜냐하면 하나님은 내적인 의와 지혜가 아니라 외래적인 의와 지혜에 의하여 우리를 구원하기 원하시기 때문이다. 그 의와 지혜는 우리들로부터 솟아나오지 않으며 다른 곳에서 우리 안으로 들어오고, 우리의 지상에서 기원하지 않고 하늘로부터 내려오는 것이다. 그러므로 우리는 전적으로 낯설고 외부적인 의(義, righteousness)로 교훈을 받아야 한다. 그렇다면 먼저 우리 자신의 내재적인 의(義)가 반드시 근절되어야만 한다.

4) Tischreden, Nr. 5518(WA Tischreden, Bd. V, p. 210, 7 ff.): "나는 오랫동안 오류에 빠져 있었으며 내가 어떻게 거기에 있었는지도 몰랐다. 나는 어떤 것을 알았다. 하지만 나는 마침내 로마서 1장에서 '의인은 믿음으로 살리라.'는 구절을 발견하기까지는 그 무엇에 대해서 아무것도 몰랐다고 감히 말한다. 그것은 나를 도와주었다. 그리고 나서 나는 바울이 말한 의가 무엇인지 보았다. 그의 본문에 '의(義)'가 있었다. 그리고 나서 나는 추상적인 것과 구체적인 것을 결합시키고 나의 문제에 확신하게 되었고 율법의 의와 복음의 의를 구분하게 되었다. 이전에 내게 부족하였던 단 한 가지는 내가 율법과 복음 사이에 아무런 구분도 하지 않고 그것들이 모두 하나라고 주장하였고 그리스도는 시간과 완전성을 제외하고는 모세와 차이가 없다고 말하곤 하였다는 점이다. 그러나 내가 율법과 복음은 별개의 것으로 구분된다는 것을 발견하였을 때, 나는 뚫고 나왔다." 그 다음에 포메라누스 박사(Doctor Pomeranus)가 말했다. "나도 역시 하나님의 사랑(caritate)에 관하여 그것의 의미가 수동적이었고 그래서 우리는 하나님에 의하여 사랑받는다는 것을 읽었을 때 변화되기 시작하였다. 그전에는 나는 항상 사랑을 능동적인 의미에서 사용하곤 하였다." [루터] 박사가 말했다. "아무렴 그렇고 말고. 그것은 분명히 사랑에 의하여(charitate or dilectione) 그렇지! 내가 말하는 의미는 그것이 자주 하나님이 우리를 사랑하시는 그것에 대하여 이해된다는 것이다. 그러나 히브리어에서는 사랑의 속격들(genitives)이 어렵다." 그러자 포메라누스가 말했다. "하지만 그 뒤의 나머지 구절들은 여전히 그것들을 설명한다."

5) "우리 안에서 태어나는 것은 우리의 지혜, 본성, 종교에 의하여 도움을 받는 사탄이다." WA 40, 2, p. 337, 6 f. Cf. p. 336, 11 f.

6) "가장 생생한 탄식은 전 생애를 관통하여 지속된다. '나라면 그렇게 경건하게(fromm) 되기를 바랄 것이다.' 이 본성적 기질을 정복하는 것이 신학적 미덕이다." *Ibid.*, p. 339, 9 f.

7) "내가 차라리 'Misere mei'라고 말하지 않을 것인가? 왜냐하면 내가 경건하다면 나는 'Misere mei' 할 필요가 전혀 없기 때문이다." *Ibid.*, p. 333, 3 f.

8) "그는 자신의 수도사로서의 가정 속에서 걸으며 먼저 자신의 행위에 의하여 자신을 정화할 것이다. *Ibid.*, p. 333, 10 f. "내가 스스로 죄로부터 순결하다고 느끼지 않으면서 하나님께 달려가려는 뜻이 없는 것은 악마적인 것이다." *Ibid.*, p. 333, 1 f.

9) "Dare autem gratiam et remissionem peccatorum et vivificationem, iustificationem, liberationem a morte, peccatis non sunt opera **creaturæ** sed unius, solius maiestatis." WA

40, 1, p. 81, 4 ff.

10) *Ibid.*, p. 88, 1.

11) WA 40, 2, p. 329, 8 f.

12) WA 2, p. 98, 25 ff.

13) "하나님은 거룩한 사람들과는 아무 상관이 없다. 거룩한 인간은 인간-신, 인간-석(石), 인간-가축, 인간-목(木)과 같이 하나의 허구이다. WA 40, 2, p. 347, 9 f.

14) WA 40, 1, p. 89, 1 ff.

15) "Cave, ne aliquando ad tantam puritatem aspires, ut *peccator* tibi videri nolis, immo esse. Christus enim non nisi in peccatoribus habitat. Ideo enim descendit de cSlo, ubi habitabat in justis, ut etiam habitaret in peccatoribus." *Dr. Martin Luthers Briefwechsel* (Enders), Bd. I., 1884, p. 29.

16) "그분이 죽으신 것은 꾸며댄 허위의 죄 때문이 아니다." WA 40, 1, p. 88, 2 f. "하나님 아버지는 허위적 죄인들이 아니라 진짜 죄인들을 구원하신다. 이것은 성부 하나님의 가장 달콤한 자비이다." WA 1, p. 370, 9 f.

17) "그러나 자유의지를 격파한 나의 이사야(Isaiah)는 은총이 자유의지의 공로나 노력이 아니라 죄와 비공로에 주어진다는 것을 확고하게 고수한다." WA 18, p. 738, 25 f.

18) "하나님은 오직 죄인들을 원하신다. 그분이 정의롭게 하는 자라면, 의로움(iusticia)은 틀림없이 그분에게 있으며 그분은 불경건한 자들을 의롭게 하실 수 있다." WA 40, 2, p. 327, 5 ff.

19) "그래서 기독교인은 의인이며 동시에 죄인이다." WA 40, 1, p. 368, 26. "그래서 기독교인은 죄인이면서 성인이다." *Ibid.*, p. 368, 9. Cf. G. Ljunggren: *Synd och skuld i Luthers teologi*, 1928, cap. v.: Simul justus et peccator, p. 252 ff.; R. Hermann: *Luthers These "Gerecht und Sünder zugleich,"* 1930.

20) "그래서 수도원들과 하늘 아래 있는 모든 종교들은 정죄받는다. 모든 종파들은 그들이 의로움을 공급하려고 추구하는 만큼 정죄받는다." WA 40, 1, p. 366, 3 f.

21) "이성에 의하여 파악될 수 있는 것은 잘못된 종교이다. 그것은 '나는 십일조를 바칩니다. 나는 죄인이 아닙니다.'라고 말하는 어느 바리새인과 같은 교황, 유대인들, 투르크인들, 및 기타의 종교이다. 그는 더 이상 높이 갈 수 없다. 유대인, 교황주의자, 투르크족 사이엔 아무런 차이점도 없다. 사실상 그들의 의식들(rites)은 다양하지만 그들의 마음과 생각들은 동일하다. 즉 카르투지오회(Carthusian)가 생각하듯이 투르크족도 "내가 이렇게 하면, 하나님은 나에게 자비를 베풀것이다"라고 생각한다. 동일한 열정이 모든 인간들 안에 있다. 그리스도의 지식과 인간의 행위 사이에는 어떤 중도적 길도 존재하지 않는다. 그 다음에 한 인간이 교황주의자인지 투르크족인지 혹은 유대인인지는 문제되지 않는다." WA 40, 1, p. 603, 5 ff.

22) "만약 우리의 죄가 우리의 고행들(satisfactions)과 수도원들에 의하여 제거될 수 있다면, 하나님의 아들이 그들을 위하여 넘기워지는 것이 무슨 필요가 있었겠는가? WA 40, 1, p. 83, 12 f

23) "'그는 … 자신을 주었다.' 무엇 때문에? 죄 때문에. 그러나 [이 말들은] 매우 율법과 인간의 의로움에 대하여 하늘로부터 오는 청천벽력들이다. *Ibid.*, p. 83, 4 ff.

24) "이 포대로써 우리는 모든 수도원들과 종교들을 쏘아서 떨어뜨릴 수 있다." *Ibid.*, p. 83, 11 f. 동일한 구절의 인쇄된 본문은 좀더 완전하게 읽혀진다. "이러한 종류의 사격과 전쟁 기계들과 파괴용 해머로써 교황제는 파괴되어야만 하며 모든 종교들, 모든 밀교들, 모든 행위들과 모든 민족들의 공로들은 타도되어야만 한다." *Ibid.*, p. 83, 27 ff.

25) 쉬탕에(C. Stange)는 이 중심적 질문에 대한 루터와 중세신학 사이의 근본적인 차이점에 진지한 주의를 기울였다. 그래서 양자의 차이점이 루터의 일반사상에 미친 성과들을 이끌어낸 것은 쉬탕에에게 명예로운 성과였다. 이처럼 쉬탕에는 일련의 중요한 연구들에 의하여 홀(K. Holl)을 예기하였고 독일에서 루터 르네상스를 자극하는 실마리가 되었다. 우리의 목적을 위해선 특히 다음과 같은 작품들을 참고하시오. *Die Heilsbedeutung des Gesetzes*, 1904: *Lutehrs älteste ethische Disputationen*, 1904: *Religion und Sittlichkeit bei den Reformatoren*, 1905: *Luther und das sittliche Ideal*, 1919: *Die Unsterblichkeit der Seele*, 1925. 루터에 관한 쉬탕에의 연구조사 중에서 상당 부분이 이제는 그의 역작인 *Studien zur Theologie Luthers*(1928)에 수집되어 있다.

26) "… totum hominem esse carnem." WA 18, p. 742, 7. "자기 자신의 것만을 가진 채 하나님의 영광과 하나님의 영이 결여된 것은 모두 육의 향기다." *Ibid.*, p. 742, 19 f.

27) "인간에게서 주요한 부분은 육이다. 또는 인간 안에서 가장 뛰어난 부분은 육이다." WA 18, p. 741, 23 f.

28) "이와같이 최고의 의, 지혜, 의지, 이해는 육체다." WA 40, 1, p. 244, 2 f. "그러나 그는 여기서 그들이 성령을 저버림으로써 결국 육체(즉 율법에 의하여 정당화되기를 추구하는 육체와 이성의 의로움과 지혜)로 마치지 않는다고 말한다. - 인간 안에서 영과 동떨어진 것은 무엇이든지 아무리 뛰어나다 하더라도 육체로 불리운다. 심지어 종교 자체도 그러하다." *Ibid.*, p. 347, 8 ff.

29) "그러므로 그 의로움(righteousness)은 이중적 의로움이며 그 지혜는 이중적 어리석음이다." WA 40, 1, p. 95, 4 ff.

30) "그리스도에 의하여 의로위지는 것을 거절하는 것은 가장 끔찍한 죄이다. 하나님의 은총을 거절하는 것보다 더 통탄할 일이 무엇인가? 아니면 하나님의 율법을 거절한 것만으로 충분하지 않는가? 우리는 율법을 위반함으로써 충분히 죄를 범하지 않았는가? 우리는 그분의 은총도 거절함으로써 죄중의 죄를 보태야 하는가?" WA 40, 1, p. 300, 7 ff.

31) "수도사가 되는 것이 매우 끔찍한 범죄라는 것을 누가 믿을 수 있는가?" WA, 40, 1, p. 325, 1 f. 이 구절의 인쇄된 본문은 다음과 같이 읽을 수 있다. "그러나 누구인들 종교적이 되는 것이 매우 끔찍하고 가증스러운 범죄라고 믿거나 생각하였겠는가?" *Ibid.*, p. 325, 16 f.

32) "육체와 모든 것, 우리는 죄인으로 불리워야 한다." WA 40, 2, p. 340, 7. "그러므로 우리는 항상 기도해야만 한다. 왜냐하면 우리는 항상 죄인이기 때문이다.… 네 죄에 대하여 너는 'Miserere'(불쌍히 여기소서)라고 말하라." *Ibid.*, p. 339, 8 ff.

제40장

루터의 사활적인 문제: 에로스 동기와 아가페 동기 사이의 논쟁점 해결

제1절 종합과 개혁

어거스틴의 사상을 논할 때 우리는 에로스 동기와 아가페 동기 사이의 논점의 해결을 그의 생애의 중요한 문제로 기술했다. 원시기독교 전통과 신플라톤주의 전통이 균등하게 어거스틴의 기독교 해석을 형성했다. 어거스틴의 인격 안에서 에로스적 구원의 방법과 아가페적 구원의 방법이 만났다. 그 만남의 결과가 바로 어거스틴의 카리타스 이론이다. 이제 우리는 "에로스 동기와 아가페 동기 사이의 쟁점 해결"이란 동일한 문구를 사용하여 루터의 사활적인 문제를 묘사한다. 우리가 그렇게 하는 것은 그 문제가 바로 어거스틴이 이미 씨름하였고 이제 루터에게서 새로운 국면에 들어서서 새로운 해답을 받는 문제와 근본적으로 동일한 문제라고 지적하는 것이다. 에로스와 아가페 사이의 문제는 어거스틴에게선 종합의 편으로 결정되었지만 루터에게선 개혁의 편으로 결정된다. 어거스틴은 두 동기들을 카리타스-종합 안에서 통합했으나 루터는 그 종합을 분쇄한다.

아마 루터의 사활적인 문제를 에로스와 아가페 사이의 논쟁점이라고 정의하는 것이 이상하게 보일 수도 있을 것이다. 루터 자신은 이러한 용어들을 사용하지 않았다. 또한 그는 의식적으로 이러한 관점에서 사랑의 문제를 숙고해본 것 같지도 않다. 그러나 이것이 루터가 실제로 씨름했던 문제라고 보는 것은 어려운 일이 아니다. 루터는 에로스에 대해서 직접 말하진 않았지만 그 자신의 중요한 영적인 성장기 때 카리타스의 형태를 취한 에로스적 구원의 방법을 따랐다. 개인적으로 그는 중세적인 세 가지의 천상적 사닥다리들을 모두 시도해 보았다. 그리고 그는 카리타스 개념 안에 에로스 동기와 아가페 동기 사이의 전반적인 긴장이 존재함을 발견했다. 중세신학이 세련되게 정화한 카리타스 개념은 이 구원의 방법이 실행불가함을 깨닫는데 도움을 주었다. 그러나 그는 인간의 칭의에 관련된 의로움이 우리에게서 비롯되거나 우리 안에 있는 의로움이 아니라 "하나님으로부터 오는 의로움"이라는 것을 깨달을 때 비로소 그 난관을 해결하게 된다. 이 것은 그를 전혀 새로운 구원의 방법 위에 올려놓았다. 왜냐하면 "하나님으로부터 오는 의로움"은 하나님의 아가페와 동등하기 때문이다.

뒷 부분에서 우리는 이 질문이 루터의 개인적 발전과 얼마나 밀접한 연관을 맺고 있는지 간략하게 지적하고 루터의 사상에 있어서 그것의 중심적인 의미를 예시할 것이다. 특히 미사의 희생과 성만찬의 문제에 대한 루터의 이해를 살펴보자.

제2절 수도사의 투쟁과 통회(Contritio)

루터의 사활적인 문제는 카리타스 개념과 이것에 연루된 긴장에 관한 것이었다. 이것은 루터의 수도원 시절의 결정적 투쟁이 카리타스 문제와 그것이 기초한 완전한 회개[고해성사, penitence] 즉 통회(contritio)의 가능성에 집중되어 있다는 사실로부터 매우 분명해진다. 루터의 수도원 시절의 투쟁은 결국 그를 가톨릭적 구원의 방법으로부터 완전히 결별시켰다.

루터가 수도사 시절에 체험한 투쟁의 원인과 내용을 결정하기 위해서

학자들은 매우 다양한 과정들을 연구하고 각기 나름의 역할을 수행했을 거라고 여겨지는 일련의 어려운 상황들을 지적했다. 그러나 그 자료들은 주요논점에 관한 한 이 갈등의 가장 깊은 근거가 무엇이었는가에 대해선 우리에게 아무 의심도 남기지 않는다. 그것은 중세신학이 전개한 카리타스 이론의 세련화였다.[2] 그러한 세련화는 그 이론의 붕괴점까지 루터를 인도했다.

그는 이 고양된 카리타스 개념을 오캄(Occam)과 비엘(Biel)에게서 발견했다. 오캄과 비엘은 공포와 획득적인 사랑에만 의존하지 않고 하나님의 순수하고 이타적인 사랑에도 의거한 회개와 통회를 요구하였다. 그 저자들은 인간이 자신의 본성적 능력만으로(ex puris naturalibus) 다른 어떤 것보다 하나님을 더 사랑할 수 있다고 단언함으로써 그러한 요구를 더욱 더 첨예하게 만든다. 수도원 시절에 루터는 자기 자신의 삶에서 바로 그 이론을 실천하려고 하였다. 그것은 루터에게 있어서 단순히 하나의 이론적인 문제가 아니라 사활이 걸린 문제였다. 루터는 하나님을 위한 이타적인 사랑과 이것에 기초한 "痛悔"(contritio)를 얻으려고 시도했다. 하지만 그는 이러한 자신의 시도 안에서 카리타스-종합을 해체하게 되었다.

그가 자신의 전심을 다하여 하나님을 사랑하라는 계명을 더 진지하게 받아들일수록, 하나님을 위한 그의 사랑이 순수하고 이타적이 되도록 하라는 계명을 더 엄격하게 지킬수록, 그것은 더욱 더 불가능해진다. 루터는 단순히 외적인 율법주의만을 내적으로 불가능하다고 파악하지 않았다. 오히려 그는 모든 계명들 중에서 가장 고상하고 가장 심오하고 가장 내면적인 것을 염두에 두고 있다. 그것은 바로 사랑의 계명이다. 그런데 카리타스 이론이 그 계명에 부여한 의미는 그 계명을 가장 심오한 영적인 형태로 보이게 하면서 가능한 한 가장 무거운 부담으로 만들었다.[3] 이렇게 함으로써 카리타스 이론은 하나님과 인간을 격리시키는 그 어떤 것보다도 더 심하게 인간을 분리시킬 수 있다. 외적인 계명들은 다루기가 더 쉽다. 하지만 전심으로 사랑하라고 요구하는 [내적인] 계명은 저주의 법(law)일 수밖에 없다. 루터는 수도원에서 개인적 체험에 의해서 가장 격렬하고 내면적인 형태의 사랑 계명이 가장 포학한 법이라는 것을 깨달았다. 그것은 고뇌하는 양심에게 사실상 악마이다.

루터는 바울로부터 율법과 복음 사이의 올바른 구분짓기(discrimen inter legem et euangelium)를 배우고 나서야 비로소 이 사활적인 문제의 해답을 발견한다.[4] 성경의 증거로부터 루터는 전교회와 마찬가지로 자신도 잘못된 구원의 방법인 카리타스의 길을 가고 있었다는 것을 깨달았다. 인간의 카리타스는 하나님께 향해 가는 길이 아니다. 인간은 카리타스 안에서 하나님께 올라감으로써 의로워지지지 않는다. 우리는 그리스도 안에서 우리에게 내려오신 하나님의 사랑을 오직 신앙으로 받아들임으로써 의롭게 된다. 이로써 카리타스-종합은 하나님의 아가페에 의해서 정복되어 산산조각이 나버렸다.

제3절 미사의 희생과 성만찬

아가페 동기는 모든 논점에서 루터의 사상을 장식하고 있다. 이 사실을 증명하는 것은 어렵지 않다. 여기서 우리는 한 번 이 사실을 예증해 보고 루터의 성만찬 개념을 언급할 것이다.[5] 이 점에 있어서 루터는 두 전선에서 전투를 치러야만 한다. 그 두 상대는 화체설(化體說)과 미사의 희생(犧牲)을 보유한 가톨릭 교회와 "광신적인 靈들"(Schwärmer, fanatici spiritus)에 의해서 가르쳐진 심령화(spiritualising) 성만찬론이었다. 전자는 극단적인 마술적 입장을 취하였고 후자는 극단적인 심령화 견해를 취하였다. 자주 루터의 견해는 두 극단적인 견해들 사이에서 중도적 입장을 지향하려는 시도로서 해석되어 왔다. 루터는 전자에 반대하여 어떤 기적적인 변화를 거부한다. 반면에 그는 후자에 반대하여 성만찬에서 그리스도의 실제적 임재를 주장한다. 그러나 그러한 해석은 루터의 진정한 의도에 전혀 미치지 못한다. 그는 자신의 성만찬론을 중도의 길(via media)로 간주하지 않았으며 자신의 공격목표인 두 견해들이 극단적으로 상호대립된다고 여기지도 않았다. 오히려 그것들은 정반대라기보다 단순히 한 가지 동일한 것을 다르게 표현한 것들에 불과하다. 둘 다 동일하게 잘못된 구원의 방법의 범례들이다. 성만찬은 그리스도께서 우리에게 내려오신 것이다. 하지만 그 극단적인 이론들은 모두 성만찬을 우리 쪽에서 하나님께 상승해가려는 시도로 변질시켰다.

우리는 가톨릭의 미사의 희생에서 이 성만찬의 오용을 발견한다. 그리스도는 성만찬을 집례하면서 자신의 언약(testament)을 제정했다(instituted). 즉 그분은 거기서 우리에게 자신의 은사를 주기 원하신다. 교황주의자들은 이 은사를 희생으로 변질시켰다. 그러나 이 두 가지는 서로 배타적인 것이다. 즉 희생과 언약은 상호배타적이다. 우리는 전자를 바치고 후자를 받는다. 전자는 우리에게서 하나님께로 가고, 후자는 하나님으로부터 우리에게 온다.[6] 성만찬에서 그리스도를 통하여 우리에게 내려오는 분은 하나님이다. 미사의 희생에서 우리는 그분에게 올라가려고 노력한다.[7] 그래서 미사의 희생은 잘못된 구원의 방법을 표현한다. 하지만 성만찬은 진정한 구원의 방법을 표시한다. 성만찬에서 우리는 죄의 용서를 받게된다. 거기서 우리는 하나님의 자기시여적(自己施與的) 사랑 즉 하나님의 아가페와 만난다.

이제 루터는 "광신적인 영들"에 의해서 가르침받은 심령주의적 성만찬 개념에 대해서도 마찬가지로 동일한 반대를 제기한다. 무엇 때문에 그들은 성만찬에서 그리스도의 실재적 임재를 거부하게 되는가? 그 주된 이유는 바로 이것이 그리스도의 영광과 갈등을 빚을 것이라는 생각 때문이다. 그리스도의 영광을 고양시키기 위해서, 성만찬은 그 집례를 통하여 우리가 靈 안에서 하늘로 올라가고 거기서 영화로운 그리스도와의 친교에 들어가게 하는 수단을 의미하게 되었다. 루터는 자신의 적대자들의 입에 이런 말들을 둔다. "당신은 그리스도가 그 영광 가운데 좌정한 하늘이 저 위에 있다는 것과 그의 만찬이 베풀어지는 지상은 까마득한 저 아래에 있다는 것을 보지 못하는가? 어떻게 그의 몸이 영광 가운데 그렇게 높이 앉아있으면서 동시에 그 몸이 튀긴 소시지마냥 손과 입과 배로 만져지는 부끄러운 취급을 당하도록 저 아래에 있을 수 있는가? 그것이 찬란한 위엄과 천상의 영광을 유지하는 것일까?"[8] 하지만 "광신자들"은 그러한 논증들에 의해서 단지 자신들의 구원의 방법이 잘못되었다는 것과 자신들의 신학이 궁극적으로 위엄 가운데 계신 하나님께 올라가려고 추구하는 "영광의 신학"이라는 것을 입증한다. 그들은 십자가 안에서 정확하게 계시된 기독교의 가장 심오한 의미에 대해선 문외한들이다.

만약 그리스도가 성만찬 중에 우리에게 내려오셔서 죄인들에 의해서 수치스러운 취급을 당하신다는 것이 우리를 불쾌하게 한다면, 그러면 기독교는 우리가 비슷한 이유로 성내야 할 대상들로 가득차게 된다. 성육신의 신비는 이성에게 더 용인될 만한 것인가? 죄인들에 의해서 십자가에 못박히고 죽음을 당하도록 자신을 포기하는 것이 어떻게 신적 주권과 함께 유지되는가?[9] 그러나 그분이 우리를 위하여 그 깊은 곳까지 내려오셨다는 것, 즉 그분이 우리를 위하여 십자가와 제단 위에서 고난당하고 수치스러운 취급을 당하는 것은 오직 하나님의 가장 위대한 영광일 뿐이다.[10] 하나님의 영광은 그분이 우리에게 자신의 사랑과 은혜를 베푸신다는 데에 있다. "광신자들"은 하나님으로부터 이 영광을 도적질하였다.[11] 그들은 그리스도의 사랑과 은총을 거부하고 대신에 그분에게 "새장 안의 새처럼" 한 특정 장소에만 앉아 있는 "영광"을 부여한다.[12] 반면에, 루터에게 있어서 성만찬은 장엄한 하나님의 사랑의 복음을 가장 숭고하게 요약한 것이다.

*　　　*　　　*

위의 내용들은 에로스 동기와 아가페 동기 사이의 해결이 어떤 정당성을 가지며 어떤 의미를 가지고 루터의 사활적인 문제로 묘사될 수 있는가를 지적한다. 루터는 카리타스-종합에서 두 동기들의 연합을 발견했다. 그의 임무는 그것을 해체하는 것이었다. 그는 이 부정적 임무를 수행하면서 그 대신에 자신이 재발견한 아가페 동기에 의해서만 결정되는 사랑 이론을 제출하는 새로운 임무에 부딪힌다. 우리는 루터의 「로마서 강연」(1515-

1516)의 서론으로부터 이미 인용한 말들을 여기에 적용할 수 있다. 부수고 파괴해야 할 것이 있다. 반대로 건축되고 설립되어야 할 것도 있다. 우리 자신의 모든 것은 부숴지고 파괴되어야만 한다. 그리고 루터는 이것이 카리타스 이론 안에 응축되고 집약되어 있다고 본다. 그 이론에 따르면 인간의 사랑이 하나님께 가는 길이다. "우리 밖에 그리고 그리스도 안에 있는 모든 것은" 건설되고 세워져야 한다. 그리고 루터는 이것이 그리스도 안에서 우리에게 다가와서 우리를 통하여 우리의 이웃에게로 이르는 한 길을 발견하려고 애쓰는 사랑 안에 응축되어 있다고 본다. 다시 말하면 아가페-사랑 안에 이것이 응축되어 있다. 그러므로 우리는 다음의 제목들에 관하여 본 연구를 계속할 것이다. (1) 카리타스-종합은 어떻게 부숴지는가? 그리고 (2) 아가페-사랑은 어떻게 건설되는가?

주

1) 위에서 인용한 쉬탕에(C. Stange)의 작품들과 별도로 다음 저서들은 특히 루터의 사상의 일반적 구조를 결정하는데 중요하다. K. Holl: *Gesammelte Aufsätze zur Kirchengeschcite*, Bd. I.: Luther, 1921; E. Hirsch: *Luthers Gottesanschauung*, 1918; H. Boehmer: *Der junge Luther*, 1925; G. **Aulén**: *Den kristna gudsbilden*, 1927; G. Ljunggren: *Synd och skuld i Luthers teologi*, 1928; R. Bring: *Dualismen hos Luther*, 1929; W. von Leowenich: *Luthers Theologia crucis*, 1929; E. Vogelsang: *Die Anfänge von Luthers Christologie*, 1929; *Der angefochtene Christus bein Luther*, 1932; E. Seeberg: *Luthers Theologie*, i., 1929; P. Althaus: *Communio sanctorum*, 1929; R. Hermann: *Luthers These 'Gerecht und Sünder zugleich,'* 1930; P. Althaus: *Gottes Gottheit als Sinn der Rechtfertigungslehre Luthers* (Lutherjahrbuch, 1931); *Gottes Gottheit bei Luther* (Lutherjahrbuc, 1935).

루터에 관한 방대한 문헌중에는 다음과 같은 스웨덴어 작품들도 언급할 수 있다. E. Billing: *1517-1521*, 1917; A. Runestam: *Den kristliga friheten hos Luther och Melanchton*, 1917; Hj. Holmquist: *Luther, Loyola, Calvin,*, 3rd edn., 1926; T. Bohlin: *Gudstro och Kristustro hos Luther*, 1927; S. von **Engeström**: *Luthers trosbegrepp*, 1933; H. Olsson: *Grundproblemet i Luthers socialetik*, i., 1934.

2) Cf. 본서 pp. 697 f.

3) "그러나 이렇게 율법을 영적으로 이해하는 것은 훨씬 더 치명적이다. 왜냐하면 그것은 율법을 지키는 것을 불가능하게 만들고 그럼으로써 인간이 자신의 힘에 대해 절망하도록 만들고 그의 품격을 떨어뜨린다. 왜냐하면 분노도 정욕도 갖지 않는

사람은 아무도 없기 때문이다. 우리는 태어날 때부터 그런 존재들이다. 그러나 인간이 그렇게 불가능한 율법에 의하여 억압받을 때 그는 무엇을 할 것이며 어디로 갈 것인가?" WA 1, p. 105, 14 ff.

4) Cf. 본서 p. 745 주 4.

5) 이 주제에 대해선 브릴리옷의 작품을 참고하시오. Y. Brilioth: *Eucharistic Faith and Practice, Evangelical and Catholic,* 1930, pp. 94 ff.; P. Althaus: *Luthers Abendmahlslehre, Lutherjahrbuch,* Jahrgang XI., 1929, p. 2 ff.; E. *Sommerlath: Der Sinn des Abendmahls,* 1930; G. Ljunggren: *Luthers nattvardsläta* (Ordet och tron, Till E. Billing **på** hans **sextioåsdag,** 1931, p. 193 ff.).

6) "··· 미사는 희생(sacrifice)이 아니고 하나님의 선물이다." WA 8, p. 515, 7. "그러나 네가 이 성례를 분별한다면, 그것은 약속이지 희생이 아니다···," p. 518, 3. "이것으로부터 이제 스스로 사제들의 속임수를 주목하라. 그들은 언약(testament)을 희생으로 만들어 버렸다. 하나님은 우리에게 분여하시고 주신다. 그래서 그들은 희생을 드린다. 그런데 그것이 의미하는 바는 그들이 하나님을 거짓말장이라고 비난하고 그분을 바보로 만들어 놓는다는 것이다. 그분이 그것을 언약으로 부르기 때문이다. 그것을 희생으로 만드는 자는 그것이 언약이라고 주장할 수 없다. 왜냐하면 하나의 희생이 언약이 되는 것은 불가능하기 때문이다. 우리는 한 가지를 주고 다른 것을 받는다. 그 한 가지란 우리들로부터 하나님께 가는 것이다. 다른 것은 하나님으로 우리에게 온다." p. 521, 26 ff. "우리는 앞에서 미사가 어떻게 하나님이 우리와 자신을 결합시키고 우리에게 은총과 자비를 베푸시는 언약과 성례에 불과한가를 이야기하였다. 이제 나는 우리가 앞서 말한 것들을 올바르게 이해하였다면 우리가 그것을 선행이나 공로를 만들지는 않을 것이라고 단정한다. 왜냐하면 언약은 획득된 자선(beneficium acceptum)이 아니라 선물(datum)이기 때문이다. 그것은 우리들로부터 유익을 취하지 않고 우리에게 유익함을 가져다 준다. 언약을 받는 자가 선행을 한다는 말을 들어본 적이 있는 사람이 누구인가? 그는 분명히 자신을 위하여 유익을 받는다. 이와 같이 미사에서도 우리는 그리스도에게 아무것도 드리지 않고 그분으로부터 받기만 할 뿐이다." WA 6, p. 364, 16 ff. "미사가 도처에서 하나님에게 바쳐지는 희생으로 믿어졌다는 것은 훨씬 크고 가장 그럴듯한 걸림돌이었다. 이제 이 둘째 걸림돌도 제거되었다." 523, 8 ff. "그러므로 미사와 기도, 성례와 행위, 언약과 희생 등 이 두 가지를 서로 혼동해서는 안된다. 왜냐하면 전자는 하나님으로부터 나와서 사제의 집례를 통하여 우리에게 오고 후자는 우리의 신앙으로부터 나와서 사제를 통하여 하나님에게 가기 때문이다. 전자는 신앙을 필요로 하며 후자는 들음을(to be heard) 필요로 한다." p. 526, 13 ff.

7) "Illud descendit, hoc ascendit," WA 6, p. 526, 16 f.

8) WA 23, p. 115, 36 ff. "그분은 이처럼 불경한 악당들조차 제단 위에서 그분의 몸을 이리저리 내던지도록 내버려둔다. 그분은 훌륭한 영광의 왕이시다." *Ibid.,* 155, 9 f.

9) "사악한 악당들에 의하여 십자가에 달리는 고난을 겪어야 한다는 것이 어떻게 적절한 것인가? 오, 육체의 하나님이여, 피의 하나님이여, 죽으신 하나님이여," p.

127, 13 ff.

10) "그러나 우리 하나님의 영광은 이러하다. 그분은 우리를 위하여 가장 깊은 심연에까지 즉 육체로, 빵으로, 우리의 입, 심장 및 가슴으로까지 자신을 낮추신다. 게다가 그분은 우리를 위하여 십자가와 제단 위에서 불명예스럽게 취급되는 것을 스스로 감수하신다." p. 157, 30 ff.

11) "이제 우리 불쌍한 바보들은 어떤 사람이 그의 미덕과 선과 자선을 다른 사람들에게 드러낼 때 영광이 온다고 주장한다. 자신이 영예롭게 되고 구원받도록 하는 것은 값싼 종류의 영광이지 신적인 영광은 아니다. 그래서 광신자들은 학교로 보내져서 영광의 의미가 무엇인지 배우도록 하면 좋을 것이다." p. 157, 2 ff.

12) "먼저 그들은 그분에게서 사랑, 은총 및 자선을 거부하고 박탈한다. 하지만 그분은 그것들에 의하여 성만찬에서 자신의 몸이 육체적으로 우리의 음식이 되도록 원하신다. 그런데 그들은 그 응답으로 그분에게 특정한 자리를 부여하여 새장 안의 새처럼 동떨어져 앉도록 만든다." p. 159, 9. ff.

제41장

카리타스-종합은 어떻게 부숴지는가

제1절 "천상적 사닥다리들"에 대한 투쟁

중세적인 기독교 해석의 특징은 철저히 상향성(上向性)을 띤다. 이 경향은 대중적인 가톨리시즘의 도덕주의적 경건보다 스콜라주의의 합리적 신학과 신비주의의 몰아적 종교성에서 자신을 주장한다. 넓게 말하자면, 이 것들의 모든 차이점들에도 불구하고 그것들을 동일한 수준에 놓는 것은 상향성이다. 상향성이 그것들의 공통점이다. 그것들은 모두 인간이 하나님께 향해 갈 수 있는 하나의 공통된 방법(Way)을 알고 있다. 그것이 실천적 경건에 알려진 공로의 길(Way of merit)이건, 신비주의의 상승(ἀναγωγή)이건, "존재 유비"(analogia entis)에 의거한 사변적 사고의 길(Way of speculative thought)이건 상관없이, 그것들은 공통된 구원의 방법을 가지고 있다. 그래서 인간은 이 세 가지 천상적 사닥다리들 중에서 하나를 수단으로 삼고 하나님께로 올라가야 한다.

루터는 이러한 상향성 혹은 상승에 대하여 항의했다. 그는 그렇게 "하나님의 위엄으로 올라가는" 일에는 아무 관심이 없었다. 그는 이 "영광의 신학"(theologia gloriæ) 대신에 "십자가의 신학"(theologia crucis)을 요청한다.[1]

1. 상향성에 대한 루터의 투쟁의 중심에는 모든 공로적인 개념에 대한

그의 거부가 자리잡고 있다. 그는 가톨리시즘의 "선행들"을 비판하면서 그 행위 자체가 비난받을 것은 아니라고 빈번히 강조한다. 그 선행들은 그것들에 관련된 의도(intention) 때문에 비난받을 만하게 된다. 일반적인 가톨릭의 견해에 따르면, 선한 행동은 가장 심오한 의미에서 그것이 영원한 지복(blessedness)과 의도적으로 연관될 때에만 하나님 앞에서 선하고 공로를 지닌다고 볼 수 있다. 그렇다면 루터의 견해는 바로 이 의도 즉 이 동기가 그 선행에서 그 가치를 앗아간다고 본다. 사실 그것이 선행을 비난받을 만하게 만든다.[2] "공로"를 얻고 자기 자신의 행복을 진작시키기 위해 선행을 하는 사람은 아직도 선 그 자체에 전적으로 헌신된 사람이 아니다. 그는 그것을 신적 위엄에 올라가기 위한 수단으로써 이용하고 있을 뿐이다.[3] 이런 경향이 근절되고 오직 "하나님의 영광을 위하고 우리 이웃의 이익을 위하여" 자유롭고 솔직하게 선행이 이루어질 때에만, 비로소 그 선행은 참으로 선한 것이다.

이렇게하여 천상적 사닥다리로서의 선행의 개념은 거부되었다. "우리는 이러한 의미에서 우리의 선행들을 가르치고 칭찬하는 것이지, 우리가 그것에 의해서 천국에 올라갈 수 있기 때문에 그렇게 하는 것은 아니다. 이것이 선행이 실천되는 목적이 되어야만 하기 때문이다. 우리는 선행들이 죄를 무효화하고 사망을 정복하고 천국을 획득하는 것인양 생각해선 안된다. 선행의 목적은 우리의 유익을 위한 것이 아니다. 우리의 이웃에게 이익을 주고 필요를 공급하는 섬김을 위하여 선행이 이루어져야 한다. 이와 같이 우리가 그 둘을 하늘과 땅처럼 넓고도 멀리 분리시킬 때 그것들은 올바르게 구분된다. 왜냐하면 신적인 행위들은 위로부터 아래로 내려와 우리에게 영원한 천상의 축복들만을 제공하지만, 우리의 행위는 여기 아래에 남아 있고 오직 이 지상적 생애와 실존에 속하는 것만을 공급하기 때문이다."[4] 자신과 하나님의 관계 속에서 선행과 공로를 신뢰하는 사람은 실제로 자신을 하나님으로 만들고 "하나님을 그분의 보좌로부터 밀어내고 그분의 자리에 자신이 앉는다." 왜냐하면 그는 하나님에게만 속하는 행위를 자신에게 돌리기 때문이다.[5] 하나님은 그리스도 안에서 우리에게 구원을 주심으로써 우리 자신의 행위와 공로로 천국에 올라가려고 하는 모든 시도들을 무효화한다. "이전에 강림하셨고 지금은 하늘에 계시는 그리스도만이 하늘로 올라가시기 때문에, 베네딕트회나 어거스틴회나 프란체스코회나 도미니크회나 카르투지오회(Carthusian)나 기타 그러한 종류의 사람들이 하늘에 올라가는 것은 불가능하다."[6]

2. 루터는 이성과 사변(思辨)의 방법에 의해서 하나님께 올라가려는 모든 시도들을 거부하는 데에도 마찬가지로 관심을 가졌다. 그도 역시 수도원 시절에 이 길을 몸소 추구해 보았다. 그 당시 루터가 자신의 안내서로 택하였던 저술들 중의 하나는 보나벤투라의 「하나님께로 향하는 영혼의 여정」(*Itinerarium mentis in Deum*)이었다.[7] 루터는 그것으로부터 유비적인 사변의 사닥다리에 의한 상승에 대해서 배웠다. 그래서 그가 나중에 그러한 상승에 대한 모든 개념들을 그렇게 격렬하게 공격할 때, 그가 말한 내용들은 그 자신의 경험으로부터 알고 있었던 것이었다. 루터는 "신의 엄위(Majesty)에 관한 사변"에 대해서 경고했다. 하지만 그 경고는 단순히 신적인 예정(predestination)의 불가사의한 신비에 관한 것만은 아니다.[8] "사유에 의해서 천국에 올라가려고" 하는 시도는 무엇이든지 반드시 실패할 운명에 있다.[9]

인간이 하나님께 도달할 수 있는 수단이 될만한 길은 전혀 존재하지 않는다. 사변의 길도 공로의 길과 마찬가지로 통과할 수 없는 것이다. 비록 그렇다고 가정하여, 신과 인간 사이의 친교가 존재한다고 하더라도, 그것은 인간이 하나님께 올라갈 수 있는 능력을 소유하고 있기 때문이 아니다. (물론 "이성"(ratio)은 인간이 가지는 그 생각을 결코 완전히 포기하지 못한다.) 오히려 신과 인간의 친교는 하나님이 인간에게 내려오시기 때문에 가능하다.[10] 이것이 "이성"(ratio)에겐 어리석은 짓이다. 이성은 "오, 지존의 위엄이신 유일하신 하나님이 인간이 되다니, 얼마나 웃기는 일인가!"라고 떠들기 때문이다. 하지만 신과 인간 사이의 친교가 존재하는 것은 하나님이 그리스도를 통하여 아무런 길도 없었던 곳에 스스로 인간에게로 통하는 길을 만드시기 때문이다. 인간은 이성(ratio)에 의해서 하나님께 올라가려고 헛되이 노력한다. 하지만 하나님은 계시 안에서, "위에서 아래로 울려 퍼지는" 말씀 안에서,[11] 성육신 안에서 우리에게 강림하셨다. 이성은 베들레헴의 구유에서 자신의 파멸적 운명을 받는다. 이성은 "하늘로 날개치며 올라가 위엄 중에 계신 하나님을 만나려 한다." "그러나 그것은 여기 내 눈 아래로 추락한다.… 그러니 사실 모든 이성은 스스로 하늘로 상승하기를 추구하고 무엄하게 신적인 것들을 판단하려 하면서도 자기 눈 앞에 놓여있는 것조차 파악하지 못한다. 이런 점에서 이성은 자신의 무지함을 고백하고 패배를 시인해야만 한다."[12]

하나님은 오직 "성육하신 하나님이요 인간적인 하나님"(deus incarnatus et humanus deus)으로서 우리들을 만나기를 원하셨다.[13] 성육신은 개신교적 구원의 방법을 가장 강력하게 입증하는 증거이다. 우리가 하나님께 올라가는 것이 아니다. 그분이 그리스도 안에서 우리들에게 내려오셨다. 이것으로서 그분은 우리 내면의 상승욕구에 몸부림치는 경향을 끝장내고 우리의 모든 "날고 싶어하는 시도들"을 종결시키기 원하셨다. 우리가 하나님을 찾으려고 할 때, 그분은 자신의 비하와 십자가의 방법으로 "성육하신 하나님"(deus incarnatus)께 우리 눈을 고정시키기를 원하신다.[14]

여기서 이 완전한 혁명의 구체적 효과를 보기 위해서, 우리는 요한복음 14장 8절 이하의 구절들에 대한 루터와 어거스틴의 주해들을 비교해 볼 수 있다. 빌립이 예수께 "주여, 우리에게 아버지를 보여주소서. 그러면 충분하겠습니다."라고 말했다. 어거스틴은 이 말을 인간이 하나님께, 즉 "우리에게 충분한" "최고선"(summum bonum)이신 그분을 觀想(vision)하고 향유(enjoyment)하는 수준으로 올라가는 올바른 길의 한 예로서 사용한다.[15] 그와 반대로 루터는 빌립의 이 말들이 잘못된 신학의 전형적인 예라고 본다. 그 신학은 신적 위엄을 향하여 천국으로 날아올라가려고 노력하는 잘못된 "영광의 신학"(theologia gloriæ)이다. 그리고 루터는 그리스도의 답변 속에서 정답을 발견한다. 그리스도의 대답은 그 제자를 이러한 오류적인 길들로부터 참된 신학 즉 "십자가의 신학"(theologia crucis)으로 다시 되돌려 놓는다.[16]

3. 루터는 이렇게 공로와 사변의 사닥다리들에 의존하여 하나님께 올라가려는 시도들에 대해 반대했다. 이러한 반대들은 신비적 "상승"에 대해서도 적용될 수 있다. 여기서도 역시 루터는 자기 자신의 체험으로부터 말할 수 있다는 것을 상기시킨다. 그는 계시된 신적 위엄에 대한 이러한 사변들을 기독교에 도입했던 인물이 僞디오니시우스였음을 알았다. "이것이 최고의 신적 지혜라고 그들이 공표한 이론이다. 한때는 나도 역시 그것에 기만당했다. 물론 내 자신에게 큰 해가 없지 않았다. 나는 여러분들이 이 디오니시우스의 신비적 신학과 유사한 책들을 진짜 전염병처럼 혐오하도록 권면한다."[17]

디오니시우스에 대한 실질적인 반대는 루터의 시야를 밝혀 주어서 그의 정체를 폭로할 수 있게 만들었다.[18] 디오니시우스는 천년 동안 바울의 제자인 아레오파구스의 디오니시우스로서 존경받아왔다. 하지만 루터는 바울이 그렇게 영감없는 제자를 두었을리 없다고 공언했다. 루터는 디오니시우스가 누구였든지 간에 그를 그리스도의 제자라기보다 플라톤의 제자라고 말한다.[19] 그러므로 그의 작품들에 아예 관심을 갖지 않는 것이 더 좋을 것이다. "당신이 그리스도에 대해서 배울 내용은 거의 없고, 반대로 어쩌면 당신이 그분에 대하여 알고 있는 바마저 잃어버리게 될것이다." 여기에다가 루터는 "나는 내 자신의 경험에서 말한다."라고 덧붙인다.[20]

루터는 신비주의의 에로스-경건이 그 고유한 용도대로 취했던 성경 구절들을 어떻게 해석했는가? 이 부분에 주목하는 것은 유익하다. 마태복음 5장 8절을 예로 들어보자. "마음이 청결한 자는 복이 있나니, 저희가 하나님을 보게 될 것이다." 오래 전 에로스-경건은 이 본문을 자신의 것으로 삼아버렸다. 여기에선 성경 자체가 기독교적 삶의 최종목적을 하나님에 대한 신비적 관상(visio Dei)이라고 지적하는 것처럼 보인다. 그리고 그것은 그 목적에 이르는 길로서 정화에 대하여 말하지 않는가! 이것은 마치 플라톤이 自存的인 존재(Being)와 미(Beauty)에 대한 관상(vision)에 도달하는데 필수적인 정화에 대하여 말하는 것과 매우 흡사하다. 그러나 루터는 이것에 의해서 오도되지 않을 것이다. 그는 이 본문을 에로스가 아니라 아가페에 입각하여 주해한다. 그는 여기에 신비적 정화에 대한 문제가 전혀 없다고 주장한다. "당신은 하늘에 올라가지 않을 수도 있고 그것을 추구하려고 수도원으로 달려갈 수도 있다.… 그러나 하나님이 말씀하시는 바를 관찰하고 숙고하는 것은 청결한 마음이다." 그리고 여기서 그 봄(vision)은 하나님에 대한 신비적 관상(Vision)과 관계된 것에 대해서 거의 언급하지 않았다. "당신이 자기 사상을 가지고 뒤뚱대며 접근하여 하늘에 올라갈 때, 그것은 하나님에 대한 관상이 의미하는 것과 전혀 상관없는 문제이다.… 성경이 말하듯이, 그분의 얼굴을 보는 것은 정확하게 그분을 은혜로운 선한[frommen] 아버지로 인식하는 것을 의미한다. 우리는 그분에게서 모든 선행들을 기대할 수 있다."[21]

신비주의가 자신의 에로스 복음을 선포하는데 기꺼이 이용하는 다른 구절은 야곱이 자신의 꿈 속에서 보았던 천상의 사닥다리 이야기이다(창 28장).[22] 이것에 기초하여, 하나님을 위한 사랑은 영혼이 하나님께 올라갈 때 사용해야 하는 사닥다리로 여러차례 언급되었다. 그리고 그것이 통과해야 하는 단계들도 나열되었다. 우리가 위에서 살펴보았듯이, "천상적 사닥다리"는 신비주의적 "상승"의 전형적인 상징이다. 루터도 야곱의 사닥다리에 관심을 가졌다. 그러나 그가 취한 해석법은 그 사닥다리가 에로스 개념이 아닌 아가페 개념을 표현하도록 한다. 하나님은 우리들이 하나님께 올라가려고 사닥다리를 세우기를 원하지 않으시고 스스로 그 사닥다리를 준비하여 우리에게 내려오셨다. "Ipse descendit et paravit scalam"(그분이 친히 내려오셨고 사닥다리를 준비하셨다). 하나님이 그리스도 안에서 우리를 만나러 오셨다. 그리스도는 하나님에 의해 마련된 천상의 사닥다리며 그 "길"(the Way)이다.[23] 우리는 그리스도를 통하여 하나님께 자유로이 다가갈 수 있다. 신비주의는 헛되이 "상승"을 획득하려고 추구했지만, 그 상승은 그리스도를 통해서만 성취되었다.[24] 그러나 그리스도가 하나님께 향하는 우리의 길(our way to God)이라면, 그것은 무엇보다 그분이 먼저 우리에게 향하신 하나님의 길(God's way to us)이기 때문이다.

여기서 루터가 사용한 구분은 플라톤적·헬라적 구원의 방법과 기독교의 고유한 구원의 방법 사이의 구분과 다를 바 없다. 즉 그것은 에로스와 아가페 사이의 구분이다. 에로스 동기는 인간이 하나님께 향하는 길이고, 아가페는 하나님이 인간에게 향하는 길이다. 에로스는 하나님과의 자기중심적인 교제이며, 아가페는 하나님과의 신중심적인 교제이다. 루터 자신은 자신의 궁극적 관심사가 대립적인 이 견해들이었다는 점을 충분히 알고 있었다. 그는 기독교에 침입한 플라톤주의가 "그 위엄(Majesty)에 관한 이성적 사변들"의 원천이라는 것을 알고 있다. 플라톤주의는 기독교의 "십자가의 신학"(theologia crucis)을 "영광의 신학"(theologia gloriæ)으로 변화시켰고 신(神)중심적 기독교를 자기중심적인 것으로 변질시켰다.[25] 또한 루터는 이러한 전망이 가톨리시즘 내에서 널리 보급된 것에 일차적으로 책임이 있는 사람이 누구보다도 (그 자신도 다른 국면들에선 그렇게 많은 빚을 진) 어거스틴이었다는 사실까지 알고 있다.[26]

제2절 자기사랑에 대한 투쟁

우리가 위에서 보았듯이, 중세의 카리타스 개념마저도 그 나름대로 자기-사랑에 대한 공격을 담고 있다. 그런데 흥미롭고 특이한 점은 자기사랑이 공격을 당하고 있음에도 불구하고 사랑 이론 전체를 위한 토대(土臺)로서 유지되고 있다는 점이다. 지나치게 이기적인 자기중심주의는 자기사랑을 하나님을 위한 순수한 사랑으로 승화시킴으로써 극복해야 한다. 자기사랑에 대한 루터의 전투는 매우 다른 냉혹함과 맹렬함의 특징을 띤다. 자기사랑은 고상한 것도 우아한 것도 아니다. 그것은 고상하거나 우아하게 고양시켜선 안된다. 그것은 전적으로 폐기되어야만 한다. 루터의 새로운 견해는 중세시대의 작업을 위한 출발점이었던 어거스틴의 견해와 대비할 때 가장 잘 보여진다.

어거스틴은 「하나님의 도성」(De civitate Dei)에서 하나님의 나라와 세상 나라 사이의 대립을 하나님 사랑(amor Dei)과 자기사랑(amor sui) 사이의 대립으로 소급시키고 자기사랑이 만악(萬惡)의 근원임을 특별히 강조한다. 그러나 어거스틴의 자기사랑 개념을 유념해 보면, 그것은 하나님 이외의 다른 세속적·일시적인 대상들에서 그 만족을 추구하는 잘못되고 "무질서한"(inordinata) 자기사랑만을 언급한다. 이 비뚤어진 자기사랑 외에도, 어거스틴은 하나님 안에서만 자기만족을 추구하는 올바른 자기사랑에 대해서도 말한다. 이러한 종류의 자기사랑은 하나님을 위한 사랑과 전혀 대립하지 않으며 근본적으로 그것과 동등하다. 이리하여 어거스틴에게 있어선 분명히 자기사랑 그 자체가 아니라 단지 그것의 잘못된 사용만이 罪와 죄의 뿌리가 된다.

그래서 어거스틴은 죄의 표준을 다른 것에서 찾아야 한다. 다른 표준은 죄악이 감각적·물질적 대상들과 결부되어 있다는 생각에서 발견된다. 인간의 본성은 영적이면서 동시에 감각적이다. 그렇기 때문에 그는 두 세계에 속한 시민이다. 그래서 인간은 하나님의 위임에 의해서 자신을 초월하는 최고선을 가진다. 그러므로 그는 자신의 사상과 욕망을 위로 향하게 하여 영적인 초감각적 세계를 추구하도록 지시해야 한다. 그러나 지금 그의 존재의 감각적 측면이 저항하고 그를 타락시켜서 세속적인 재물에 얽매이게 하려고 애쓴다. 그러므로 어거스틴은 죄인을 특징화할 때 그가 "구부러졌다"(curvatus)고 말한다. 인간은 똑바로 위를 바라보는 존재가 되어야 하는데, 실제론 그렇지 못하고 구부러졌고 땅으로 기울어 있다.

이런 점들에 있어서 어거스틴과 루터는 외적으로 매우 유사하게 보인다. 그럼에도 불구하고 루터의 개념은 어거스틴의 이러한 개념들에 대한 직접적인 반대라고 묘사할 수 있다. 루터는 이기심, 自己愛를 죄와 죄의 죄악성의 본질로 낙인찍을 때 아무런 조건 없이 자신이 말한 문자 그대로를 의미한다. 그에게는 정당화될 수 있는 자기사랑이란 존재할 수 없었다. 어거스틴은 "네 이웃을 네 몸과 같이 사랑하라."는 계명에 사실 자기사랑의 계명이 암시되어 있다고 주장하였다. 왜냐하면 비록 자기사랑의 계명이 분리된 다른 계명에 의해서 명시적으로 언급될 필요는 없었더라도 인간이 본성적으로 그 방향으로 기우는 기질을 가지고 있었기 때문이다. 그와 반대로 루터는 사랑의 계명이 모든 종류의 자기사랑에 대한 거부와 정죄를 포함한다고 주장했다.

루터는 자신의 「로마서 강연」에서 어떻게 어거스틴적 관념으로부터 자신을 한 단계씩 해방시켰는가? 이 질문에 주목하는 것은 대단히 흥미있는 작업이다. 루터는 요한복음 12장 25절의 그리스도의 말씀에 기초하여 "사랑하는 것은 자기 자신을 미워하는 것과 동일하다."는 근본원리를 발견했다.[27] 그러나 이것에 대립하여 "질서잡힌 사랑은 자신에게서 시작된다."는 자명한 원리가 보편적으로 받아들여지고 있었다. 게다가 어거스틴의 막강한 권위도 루터의 근본원리에 대립하고 있었다. 그러나 루터에 의하면, 이것은 우리를 사랑으로부터 가장 멀리 떼어놓는 개념들 중의 하나이다.[28]

루터는 「로마서 강연」의 초반부에서 이웃 사랑의 계명에 대해서 두 가지 해석들이 모두 가능하다고 시인하였다. 그것은 두 가지가 모두 명령되었다는 것을 의미하는 것으로 받아들여질 수도 있다. 즉 그 계명에는 자기 이웃을 사랑하라는 명령과 자기 자신을 사랑하라는 명령이 다 포함될 수 있다. 아니면 그 계명에는 오직 자기 이웃에 대한 사랑만이 명령되었다고 이해할 수 있다. 그리고 우리가 우리의 이기적 본성에 복종하여 자신을 사랑하게 되는 방식은 하나의 모형(模型, pattern)으로 설명된다. 루터는 여기에다가 후자의 해석이 더 마음에 든다는 설명을 덧붙인다.[29]

나중에 루터는 이 질문을 다시 다루면서 그 계명의 올바른 해석에 대하여 더욱 더 확신한다. 이제 루터는 과감하고 꾸밈없이 "교부들에 대한 마땅한 존경심"을 여전히 가지고 있으면서도 어거스틴 이래로 널리 보급되었던 해석이 오류라고 선언한다.[30] 하나님은 사람으로 하여금 그 이웃을 자기 자신처럼 사랑하라고 명령함에 있어서 어떤 식으로든 인간이 자기 자신을 사랑해야 한다고 명령하진 않았다. 자기사랑은 사실 부도덕한 사랑(vitiosus amor)이기에 파괴되어야 한다. 그럼에도 불구하고 그것은 올바른 종류의 이웃 사랑을 위한 하나의 양식으로서 기여할 수 있다. 그것은 마치 바울이 아담을 그리스도의 예표(豫表)로서 사용했던 것과 마찬가지로 당연한 것이다. "마치 아담 안에서 우리가 악한 것처럼, 그리스도 안에서 우리는 선할 수밖에 없다."[31] 이 비교는 그것이 어떤 경우엔 악한 것의 문제이며, 또 다른 경우엔 선한 것의 문제라는 사실을 변경하지 않는다. 마찬가지로 여기서 예수는 우리의 죄악된 자기사랑을 우리가 우리의 이웃을 어떻게 사랑해야 하는가에 대한 하나의 범례로 사용한다. "당신은 당신의 이웃을 자기처럼 사랑해야 한다. 그러나 당신이 자신을 사랑하는 것을 마땅한 것으로 여겨서는 안된다. 왜냐하면 만약 그것이 마땅하다면 구체적으로 명령되었을 것이기 때문이다. 그러나 그와 반대로 자기사랑은 전혀 명령되지 않았다. 그렇기 때문에 이웃 사랑의 계명은 자기사랑에 대한 금지(prohibition)에 기초하고 있다. 그러므로 당신이 자신을 사랑하는 행위는 악한 것이다. 당신은 오직 당신의 이웃을 비슷한 방식으로 사랑할 때에만, 다시 말하면 당신이 스스로를 사랑하는 것을 그칠 때에만 이 악으로부터 구원받는다."[32] 전통적인 개념은 이웃 사랑의 계명 안에서 자기사랑의 계명을 발견한다. 하지만 루터는 그 개념으로부터 매우 멀리 떠났다. 그래서 그는 이웃 사랑의 계명이 모든 종류의 자기사랑에 대한 직접적인 금지를 담고 있다고 생각한다. 그는 이웃 사랑이 전적으로 자기사랑을 박탈하고 폐기하는 임무를 가지고 있다고 주장한다.

인간의 타락은 정확하게 무엇인가? 루터는 이것을 언급하면서 인간이 구부러졌거나 "굽어있다"(curvatus)는 어거스틴의 표현을 사용한다.[33] 그러나 이것은 루터가 어거스틴으로부터 이탈했음을 더 선명하게 말해준다. 왜냐하면 그가 어거스틴과 전혀 다른 의미로 이 용어를 사용했다는 사실이 곧 분명해지기 때문이다. 어거스틴은 인간이 "굽어 있고"(bent) "비뚤어졌고"(crooked) "구부러졌다"(curvus, curvatus)고 말했다. 어거스틴은 이렇게 말함으로써 인간이 세상으로 기울어져 있으며 오직 저열하고 세속적인 가치만을 알고 추구한다는 의미를 표현했다. 그러나 루터가 그 표현들을 사용하여 의미한 바는 인간이 본성적으로 이기적인 기질을 가지고 있고 솔직하게 행동하지 않으며 자신의 행동들이 자기에게 유용한가를 고려하여 행동한다는 것이다. 다른 말로 하면, 인간의 의지가 올곧지 않고 "굽어져 있다." 즉 그것은 궁극적으로 그 자신을 향하여 되돌아간다.[34] 이와같이 어거스틴이 인간은 "굽어 있다"라고 말할 때 그의 사상은 에로스 계열로 파악된다. 죄는 땅에 얽매여 있는 것을 의미한다. 반면에 루터도 동일한 표현을 사용했지만 그것은 아가페 계열로 파악된다. 그것에 따르면 죄는 일차적으로 자기 자신에 대한 이기적인 예속을 의미한다.

이처럼 루터의 죄 개념은 그의 사랑 개념에 의해서 지배되고 있다. "사랑은 자기 자신의 것을 추구하지 않는다." 이것에 대립하는 죄의 본질은 인간이 자기 자신의 것을 추구하는 것이다. 이 기준에 의해서 판단하면, 본성적인 인간의 삶은 온전히 죄의 영역 아래에 있다는 것이 증명된다. 왜냐하면 인간의 생명은 보편적으로 "그 자신의 것"을 추구하는(quaerere quae sua sunt) 특성을 가지고 있기 때문이다.[35] 이런 관점에서 보면, 죄는 전적으로 우주적인 한계를 가진다. 죄는 인간의 감각적 본성 안에만 그 보좌를 가진 것이 아니고 全人(whole person)을 다 둘러싸고 있다. 게다가 죄는 단순히 사람들 사이에서 일반적으로 악하다고 묘사되는 것만이 아니다. 이 기준에 입각하여 판단하면, 심지어 가장 위대하고 가장 칭찬받을 만한 행위조차 죄일 뿐이다. 왜냐하면 그것들은 인간 자신의 영광을 위하여 되어졌기 때문이다. 여기에서 "더 관대해 질수록 더욱 더 자기중심적이 된다."라는 법칙이 적용된다.[36]

그러나 루터는 한 걸음 더 나아간다. 심지어 인간이 획득하려고 추구할 수 있는 가장 최상의 것, 말하자면 하나님과의 친교 자체도 인간적인 모든 것에 내재되어 있는 자기중심성에 의해서 오염된다. 바로 이것이 가톨릭 경건에 대한 루터의 적대감을 불러일으키는 것이다. 가톨릭의 경건에서는 말하자면 하나님과의 자기중심적 친교가 하나의 체제로 환원되었다. 왜냐하면 그것이 자기사랑에 기초하여 하나님을 위한 사랑을 구축하려고 추구할 때, 이것이 바로 "하나님 안에서조차 자기 자신의 것을 추구하는 것"밖에 무엇이겠는가?[37] 인간이 자신을 세속적 욕망과 이익으로부터 해방했다고 쳐도, 그럼에도 불구하고 그는 여전히 굽어져 있다(curvatus). (물론 이 용어는 어거스틴적 의미가 아닌 루터적 용례를 의미한다) 심지어 인간은 하나님과 자신의 관계 속에서도 "그 자신에게로 기울어져 있다."[38]

　이제 루터는 가톨리시즘이 이미 이기적 사랑 개념을 극복하기 위한 진지한 시도를 하였다고 주장할 수 있었다는 사실에 대해서 알고 있었다. 그는 어거스틴이 향유(Frui)와 이용(Uti)을 나누는 구분에도 그러한 시도가 있었고 스콜라주의의 "우정의 사랑"(amor amicitiae) 이론에도 또 다른 시도가 있었다고 믿는다.[30] 그러나 그에게 있어서 이것들은 가톨릭의 사랑 이론 안에 있는 근본적인 왜곡을 중화하지 못한 채 고립된 노력들에 불과하다. 벌써 "학교[스콜라] 신학자들"(School theologians)과 어거스틴은 그것을 "아주 멀리서부터" 보았을 뿐이다. 그점에도 불구하고 그들의 사랑관의 토대는 여전히 변함이 없다. 루터는 스콜라주의와 중세 신비주의를 따르는데 만족할 수 없었다. 그래서 그는 심령화(spiritualization)와 승화(sublimation)의 방법을 통하여 이기심을 극복하려고 시도할 수 없었다.

　에로스는 아무리 심령화되고 승화되었다 하더라도 그것의 자기중심적 특성을 간직한다. 에로스를 하나님에게 바치고 그 사랑의 대상을 썩어질 지상적인 것들에서 불후의 것들로 바꿔주는 것만으론 충분하지 않다. 비록 그렇다 하더라도, 에로스는 그 이기적 특성을 계속 보유하면서 자신의 것을 추구하기 때문이다. 그것은 심지어 하나님 안에서도 자신의 것을 추구한다. 루터는 우리가 에로스를 세련되게 만들고 승화시킴으로써 아가페에 도달하지 못한다는 점을 분명하게 보았다. 어거스틴적인 중세적 사랑관이 자기사랑의 토대 위에서 기독교적 사랑을 건설하려고 추구한 것은 바로 이런 종류의 시도 외에 아무것도 아니었다. 우리는 그러한 시도를 하는 모든 이들에게 다음 질문으로 맞서야만 한다. "당신들은 가시나무에서 포도를 모으며 엉겅퀴에서 무화과를 모으는가?" 이기심의 나무에서 비이기적 열매를 얻을 수 있을까? 결코 그렇지 않다. 루터에 의하면, 참된 기독교적 사랑인 아가페가 우리 안에서 한 자리를 발견하기 위해선 자기사랑이 뿌리째 뽑혀져야 한다.

제3절 사랑으로 형성된 신앙에 대한 투쟁

루터는 "오직 믿음에 의해서만"(sola fide) 칭의(稱義, justification)가 일어 난다고 주장했고 칭의의 맥락에서 사랑을 완전히 제외시켰고 가톨리시즘 의 "사랑으로 형성되는 믿음"(fides caritate formata) 개념을 거부했다. 동시 에 이것은 카리타스-종합에 대한 루터의 공격의 절정에 해당한다. 가톨릭 적 견해는 (사랑을 더 강조하긴 하지만) 인간이 믿음과 사랑에 의해서 의 로워진다는 입장이라면, 루터는 이 맥락으로부터 사랑이 철저하게 제거되 어야 한다고 응답한다. 카리타스는 칭의론에(in loco iustificationis) 전혀 어울 리지 않는다. 즉 믿음만이 다시 말하면 오직 그리스도만이 다스린다. 바울 은 "사람은 율법의 행위 없이 믿음으로 의롭게 된다."고 말했다. 이 구절에 서 루터는 하나님과의 교제의 근거를 외적인 정당성에서 찾는 모든 시도 들을 거부하는 근거만 발견한 것이 아니다. 하나님과의 교제의 근거를 인 간 안에 있는 선한 기질(이것이 사랑으로 불리워지든 다른 어떤 것으로 불리워지든 상관없이)에서 찾는 것은 실수나 마찬가지다. 인간이 율법의 행위 없이 의로워진다면, 이것은 율법의 외적인 행위들에만 적용되는 것이 아니고 특별히 율법의 완성인 사랑에도 적용된다.

이러한 논점에 대한 루터의 입장은 신앙의 중요성을 강조하는데 치중하 느라 사랑을 상당히 제쳐둔 것처럼 받아들여졌다. 루터는 칭의(稱義) 문제 가 기독교의 핵심에 위치한다고 주장한다. 그래서 사랑이 그에게 어떤 중 심적 의미를 지니고 있다면, 우리는 바로 이 칭의론에서 그것을 발견하리 라고 기대할 수 있다. 그러나 이 인간의 칭의에 관한 문제에 관하여 루터 가 가진 전반적 관심은 실제로 사랑에 대한 생각을 철저하게 기각하는 것 임이 증명된다. 결국, 우리는 루터가 어거스틴과 중세시대에 대해서 어떤 관계를 취했는지 쉽게 추측할 수 있다. 루터는 그들이 선포하였던 "사랑의 종교"를 "신앙의 종교로" 대체하길 원했다. 가톨릭적 관점에서 보면 종종 그는 기독교적 사랑 개념의 파괴자로 간주되어왔다.[40] 복음주의자들[개신 교도들]이 별다른 저항없이 이 판단에 기꺼운 동의를 한 것은 아니지만, 매우 일반적으로 사랑에 관한 루터의 처신은 그의 사상의 최대취약점으로 간주되어 왔다. 그리고 그의 논증적 입장은 그로 하여금 사랑을 지나치게 뒷자리로 밀쳐내도록 만들고 말았다.

어쨌든 루터는 자신의 종교적 임무에 너무 몰입하여 기독교의 윤리적 측면을 다소 망각했다는 평가를 받았다. "오직 믿음으로만"(sola fide)의 개념을 끈질기게 반복해서 언급한 것은 루터의 종교적 장점이다. 하지만 이것이 그로 하여금 사랑의 행위 뿐만 아니라 하나님과의 근본 관계로부터 사랑 자체와 사랑의 기질까지 다소 분리하도록 만들었다는 점에서 동시에 그것은 그의 윤리적 취약성의 원인이라고 할 수 있다. "사랑은 신앙을 위하여 양보하여야 했다." 이런 견해가 이 문제에 대한 상당히 보편적인 입장이다.

이제 사랑의 행위와 사랑 자체를 구분하여 마치 칭의(稱義)의 맥락에서 후자가 아닌 전자만이 제외되어야 한다는 식으로 루터의 개념을 완화시키려는 시도는 루터의 근본원리들에 대한 완전한 포기임을 의미한다는 점이 지적되어야 한다. 우리는 앞에서 루터가 칭의론에서(in loco iustificationis) 카리타스를 반대했다는 사실을 살펴보았다. 루터가 그렇게 한 것은 외적인 율법주의뿐만 아니라 우리 안에 전제되어 있는 사랑의 특성이나 태도에도 동일하게 적용된다. 루터가 인간의 선한 행위에 기초한 인간과 하나님의 친교 개념을 모두 거부한다면, 그는 하나님과 인간의 친교가 인간의 선한 本性에 기초한다는 생각도 훨씬 더 강력하게 거부할 수밖에 없다. 가톨릭 비평가들은 이것을 훨씬 더 선명하게 파악했다. 그래서 그들은 루터가 하나님과의 친교를 칭의 안에서 확립할 때 논리적으로 사랑의 행위뿐만 아니라 사랑 자체를 위한 자리를 전혀 지니지 않았다고 말했다. 만약 카리타스-종합과 기독교적 사랑을 동일시하는 가톨릭의 이론이 옳았다면, 루터가 기독교적 사랑의 파괴자라고 말하는 것도 옳을 것이다. 그가 카리타스-종합의 파괴자라는 점에는 아무 의심도 있을 수 없기 때문이다.

위에서 언급된 견해들은 영적인 삶을 순전히 수량적으로만 고찰하고 있다. 바로 이 결점이 그것들의 근본적인 오류이다. 믿음과 사랑은 기독교 역사를 통하여 전반적으로 두 가지 실체들(entities)로 간주되었다. 그리고 다양한 전망들간의 차이는 기독교적 삶의 이러한 측면들 중의 이것이나 저것에 부여된 중요도의 차이로 환원된다. 이처럼 기독교적 사랑 개념에서 루터가 차지하는 의미를 묻는 질문의 본질은 그의 사상에서 사랑이 차지하는 자리가 얼마나 크고 중심적인가에 대한 수량적 문제로 환원된다. 한편에선 루터가 칭의와 신과 인간 사이의 친교 확립에서 사랑 개념을 철저히 제거하려 한다고 주장한다. 그래서 루터는 전반적으로 파괴적인 의미를 지닌다는 결론이 즉각 내려진다. 왜냐하면 그가 기독교적 삶의 중심이라고 간주한 것에는 사랑 개념을 위한 자리가 없기 때문이다. 다른 편에선 사랑 개념이 종교개혁적 기독교 안에서 안정된 자리를 가진다고 굳게 확신한다. 그러므로 우리는 그것이 당장 분명하게 드러나지 않는 곳에서도 현실적으로 실재한다는 것을 보여주기만 하면 되는 것이다. 특히 이것은 하나님과의 근본적인 관계에 적용된다. 그래서 여기에도 "오직 믿음"(sola fides) 대신에 사랑을 도입하려고 하는 것은 필수적이다.

그러나 기독교적 사랑 개념에서 루터가 차지하는 의미를 이해하기 위하여 우리는 먼저 위에서 언급된 잘못된 가정을 제거해야 한다. 사랑 개념은 우리가 기독교 전체 역사를 통하여 만나는 일정한 현상이 아니다. 그리고 그 차이점들은 단순히 이 개념에 부여된 다른 위치와 중요성으로 구성된 것만도 아니다. 루터는 스콜라주의의 "사랑으로 형성되는 믿음"(fides caritate formata)의 이론에 반대하고 "오직 믿음으로만"(sola fide)의 칭의를 강조한다. 그러나 우리가 이 대조를 신앙과 사랑 사이의 경쟁관계의 문제로 파악하고 그 안에서 루터는 신앙 쪽을 택하였고 가톨리시즘은 사랑 쪽을 택했다고 이해한다면, 우리는 그것을 전혀 이해하지 못한 것이다. 우리는 루터가 믿음과 사랑을 경쟁관계로 보았다고 간주할 필요가 없다. 오히려 그는 사랑을 칭의의 맥락으로부터 떼어냈다는 사실 때문에 신앙 못지않게 기독교적 사랑에도 흥미를 가졌다고 말하는 것이 더 정확하다. 사실상, "사랑으로 형성되는 믿음"(fides caritate formata)은 신앙만 위협하는 것이 아니다. 그것은 기독교적 사랑의 순수성까지 마찬가지로 위협한다. 루터는 이 공식문구가 표현하는 바가 기독교적인 사랑이 아니라 그것에 대립되는 사랑관(觀)이라는 것을 매우 정확하게 간파하였다.

얼핏보면 신앙과 사랑 사이의 대조로 보여지는 루터와 가톨리시즘 사이의 대조는 두 개의 근본적으로 상이한 사랑 개념들 사이의 대조인 셈이다. 우리는 이것을 주목할 때 왜 루터가 칭의를 고찰하는 곳에서 사랑을 배제하려고 노심초사했는지에 대한 최종해답을 얻을 수 있다. 얼핏보면 그것은 마치 사랑이 아닌 신앙만이 하나님과의 근본적인 관계 안에 자리잡을 수 있을만큼 충분히 탁월하다는 듯이 사랑을 경시하는 것으로 보여질 수도 있다. 그러나 그러한 개념은 루터가 의미하는 바를 완전히 잘못 이해한 것이다. 루터가 칭의로부터 사랑을 제외시키려고 하는 것은 분명 사랑이 충분히 고상하고 신성하지 않아서 그런 것이 아니다. 루터는 만약 사랑이 단지 그것의 지위와 탁월성에만 의존하였다면, 기꺼이 신앙을 제쳐두고 사랑을 더 높일 것이라고 스스로 선언한다. 사랑은 하나님 그분 외에는 아무것도 아니다. 그래서 루터는 "자신과 하나님이 한 덩어리가 되어" 사랑 안에 거하는 사람에 대하여 말할 수 있다.[41] 우리는 신앙으로 말미암아 하나님의 자녀들이다. 그러나 우리는 사랑으로 말미암아 "神들"(gods)이다. 왜냐하면 사랑 안에서 베푸는 것이 하나님의 고유한 본성이기 때문이다.[42]

이와같이 루터에게 사랑을 극소화하고 경시하는 경향이 있었다고 말하는 것은 절대적으로 불가능하다. 그렇다면 그는 사랑을 인간의 칭의로부터 떼어놓기 위하여 왜 그렇게 노력했는가? 매우 단순하게 말한다면, 그 반대로 행동하는 것이 사랑의 경시이며 기독교적 사랑의 거부를 의미하기 때문이다. 칭의의 자리에서(in loco iustificationis) 사랑을 말하는 것은 또 다른 저열한 종류의 사랑을 선포하는 것이다. 물론 그것은 기독교적인 사랑이 아니다. 그것은 아가페-사랑을 거부하고 파괴하는 것이다. 그것도 두 가지 방법으로 그렇다.

첫째로, 그것은 하나님의 "무동기적인"(unmotivated) 자발적인 사랑이란 의미의 사랑을 거부하는 것이다. 왜냐하면 만약 사랑이 인간 안에서 발견되는 한 특성으로서 하나님과의 교제의 토대에 어떤 자리를 가진다면, 만약 인간이 자기 안에서 발견되는 카리타스에 기초하여 의로워진다면, 그러면 그것은 그를 하나님과의 친교에 가치있게 만들어 주는 어떤 것이다. 이 친교는 하나님의 은총에만 의존하지 않는다. 이에 반해서 그리스도에 대한 신앙을 선포하는 것은 사랑 즉 하나님의 사랑을 선포하는 것에 불과하다.[43]

둘째로, 칭의론에서(in loco iustificationis) 사랑을 언급하는 것은 인간적 관점에서 볼 때 기독교적 사랑을 오염시킨다. 그것은 더 이상 그 순수성을 유지하지 못한다. 그것은 공로적이 되며 그 목적에 의해서 지배되는 수단이 된다. 칭의론에(in loco iustificationis) 위치한 사랑은 오직 에로스, 혹은 하나님께 향하는 인간의 길일 뿐이다. 그러한 사랑은 "자유롭지"(free) 못하다.[44] 루터는 에로스가 카리타스-종합의 특징을 이루고 있다는 것을 발견하였다. 그러므로 그는 기독교적 사랑의 자리를 마련하기 위해서 그것을 파괴해야만 하였다. 우리는 칭의론 안에서 그리스도만을 다루어야 한다. "그러나 그리스도는 나의 카리타스가 아니다."[45] 그리스도는 나의 에로스가 아니라 하나님의 아가페다.

우리는 루터가 가톨릭의 "사랑으로 형성되는 믿음"(fides caritate formata) 이론을 부숴뜨리고 가톨리시즘이 의화론(義化論)에서 사랑에게 부여했던 자리로부터 그것을 축출함과 동시에 아가페-사랑을 건설하고 있었다고 말할 수 있다. 왜냐하면 그 과정에서 그는 (1) 이유를 가지지 않는 절대적 주권을 가진 하나님의 아가페와 (2) 모든 자기중심적인 계산들로부터 자유로운 가장 순수한 기독교적 사랑을 주장하고 있었기 때문이다. 이것은 이미 우리에게 마지막 질문을 던져준다. 그 질문이 다음 장에서 다룰 내용이다.

주

 1) WA 1, p. 362. Cf. W. v. Loewenich: *Luthers Theologia crucis*, 1929.

 2) WA 40, 1, p. 263, 10 ff.: "우리는 이렇게 해야만 한다! 좋다! 그러면 당신은 구원받을 것이다! 아니다! 나는 그리스도와 그분의 피흘림을 닮아야 한다고 시인한다. 하지만 이것에 의하여 내가 구원받지는 않는다." WA 7, p. 33, 29 ff.: "이 모든 것으로부터 어떻게 선행을 거부하고 거부하지 않아야 하는지의 문제와 우리가 모든 선행 교리들을 어떻게 이해해야 하는가란 문제는 쉽게 이해할 수 있다. 그 교리들이 행위를 통하여 인간들이 신처럼 되고 지복을 누린다는 잘못되고 뒤틀린 견해를 부

가했다면, 그것들은 선하지 않을 뿐더러 전적으로 저주받을 것들이다." WA 2, p. 491, 35 ff.: "그러나 여기서 주목해야 할 것은 그 사도가 (율법의) 행위들을 정죄하지 않는다는 점이다. 심지어 제롬 박사(Dr. Hieronymus)조차도 이 점에 대하여 가르치면서 (율법의) 행위들을 신뢰한다. 즉 그는 행위를 부인하지 않았다. 하지만 그는 누구든지 그것들을 통하여 의로워질 수 있다는 주장을 부정한다."

3) WA 2, p. 493, 12 ff.: "우리의 의로움은 하늘로부터 나와서 우리에게 내려온다. 그러나 그 불경한 자들은 감히 그들 자신의 의로움에 의하여 하늘로 올라가고 우리들 가운데서 지상으로부터 기원한 진리를 거기서부터 가져온다고 생각하였다."

4) WA 37, p. 662, 18 ff.

5) WA 40, 1, p. 363, 22: "그들은 하나님을 그분의 보좌로부터 밀어내고 자신들을 그분의 자리에 앉힌다." Cf. p. 442, 22 ff.: "그들은 '내가 이 일이나 저 일을 하면 너는 죄와 사망과 하나님의 진노를 정복할 것이다.'라고 말함으로써 그 신적 미덕을 우리 행위의 덕분으로 돌렸다. 그들은 우리들을 참으로 본성적으로 하나님으로 만들었다. 그리고 이 사실에 의하여 교황주의자들은 스스로 그리스도의 이름을 빙자하여 이교도들보다 일곱배 더 심한 우상숭배자들이라는 것을 보여주었다." p. 404, 29 ff.: "그들은 신앙을 부인하고 자기 자신의 행위에 의하여 자신들을 복된 자로 만들기 위하여, 자신들을 의롭게 하기 위하여, 자신들을 죄와 사망으로부터 구원하고 악마를 정복하며 무력으로 천국을 빼앗기 위하여 노력한다. 그것은 단순히 하나님을 부인하고 자신을 하나님의 자리에 두는 짓이다. 그 모든 것들은 존엄한 하나님만의 행위들이다. 그것들은 천사든 인간이든 어떤 피조물의 행위도 아니다." p. 406, 17 ff.: "그러므로 모든 위선자들과 우상숭배자들은 하나님의 힘에만 속하고 오로지 그리스도에게만 전적으로 속하는 그러한 행위들을 하려고 시도한다. 그들은 사실 자신들의 입으로 '나는 하나님이다, 나는 그리스도다.'라고 말하지 않는다. 하지만 그들은 실상 스스로 신성을 사칭하며 그리스도의 직책을 사칭한다. 그래서 그들은 실제로 '나는 그리스도다, 나는 내 자신뿐만 아니라 다른 사람들의 구세주다.'라고 말한다. 그래서 수도사들은 이것에 대하여 자신들이 위선적인 성결함에 의하여 자신뿐만 아니라 자신들이 그것을 전달해 준 다른 이들까지도 의롭게 할 수 있다고 온 세상을 가르치고 설득하였다." p. 405, 15 ff.: "누구든지 신앙과 별개로 행위에 의하여 의를 추구하는 자는 하나님을 부인하고 자신을 하나님으로 만든다. 왜냐하면 그는 이렇게 생각하기 때문이다. '내가 이 일을 하면 나는 의롭게 될거야, 나는 죄와 사망과 악마와 하나님의 진노와 지옥을 이기고 영생을 얻게 될 거야.' 내가 묻노니, 이것이 하나님에게만 속하는 일을 자신의 것이라고 사칭하고 자신이 하나님이라고 선언하는 짓밖에 무엇이란 말이냐? 그래서 우리가 신앙으로부터 동떨어진 모든 자들에 관하여 쉽게 예언하고 가장 분명하게 판단할 수 있는 바는 그들이 우상숭배자들일뿐만 아니라 하나님을 부인하고 자신을 하나님의 자리에 앉히는 우상들이라는 점이다." "그러나 이것은 그리스도의 이름을 강탈하여 그것을 자신에게 부여하고 '나는 그리스도다.'라고 말하는 것밖에 무엇이란 말이냐? … 그리고 이 신성모독 외에 더 무엄한 것이 무엇이란 말인가? '나는 내 행위들을 통하여 구원받을 것이다.'라고 말하는 자는 '나는 그리스도다.'라고 말하는 것과 다를 바 없기 때문이다. 왜냐하면 그리스도

의 행위만이 구원받을 만한 이들을 모두 구원하기 때문이다." WA 8, p. 619, 14 ff. Cf. ibid., p. 599, 14 ff.

6) WA 8, p. 618, 25 ff.

7) Cf. WA. Tischreden I, Nr. 644, p. 302, 30 ff.: "신학자들의 사변적 학문은 단순히 허망한 것이다. 나는 그 주제에 관하여 보나벤투라를 읽었다. 그러나 그는 나를 거의 미치게 만들었다. 왜냐하면 나는 이해와 의지의 연합에 의하여 하나님과 내 영혼의 연합을 체험하기 원했기 때문이다. (그것에 관해서 보나벤투라는 무의미한 것만 말했다.) 그것들은 단지 광신적인 정신들이다." Cf. WA Tischreden, I, Nr. 153, p. 72, 27 ff.

8) WA 40, 1, p. 75, 9 f.: "… 우리는 그 위엄에 대한 사변을 삼가야 한다." p. 76, 9 ff.: "당신은 하나님에게 올라가지 말고 (모태에서 '인간이 되신') 그분이 시작한 곳에서 시작해야 한다. 그리고 당신은 사변에 대한 당신의 애착을 점검해야 한다. 당신이 마귀와 당신의 양심의 위험이 없이 안전하기를 바란다면, 이 인자(Man) 외에는 어떤 신도 없다는 것을 깨닫고 이 인간성(humanity)에 굳게 결합하시오. 그렇게 하면 당신이 이 인자를 받아들이고 당신의 전심을 다하여 그분에게 결합하면, 우리가 하나님과 함께 하나님을 향하여 어떻게 처신해야 하는가의 문제에 있어서 그 위엄에 대한 사변을 버리시오. 그리고 죄와 사망에 반대하는 행위를 할 때는 하나님을 버리시오. 왜냐하면 그분은 여기서 너그럽게 참지 않기 때문이다." Cf. WA 40, 2, p. 329, 8 ff.: "자신의 사변을 가지고 하늘에 올라가서 창조주 하나님에 대하여 사변하는 자들 … 당신은 그 하나님에 의하여 전혀 움직여지지 않을지어다. 구원받기 원하는 자는 하나님을 그분의 위엄 안에 내버려 두시오."

9) WA 37, p. 38, 16 f. Cf. p. 459, & p. 38, 35: "… 자신들의 사상으로써 신적 존재에게 날개치며 날아가려는 것."

10) WA 2, p. 98, 25 ff.: "… 우리가 하나님의 은총과 (모든 미덕들이 있는) 그분의 나라에 도달하려면 그것들이 우리에게 와야만 한다. 우리는 결코 그분에게 갈 수 없다. 이는 마치 그리스도께서 하늘로부터 지상에 있는 우리에게 오셨고 우리가 땅으로부터 하늘에 계신 그리스도에게 올라가지 않았던 것과 같은 이치이다."

11) WA 37, p. 39, 41; 40, 5 ff.

12) WA 27, p. 43, 6 ff.

13) WA 40, 1, p. 78, 6.

14) WA 1, p. 362, 15 ff. 때때로 특별히 리츨(Ritschl)의 영향을 받은 루터 연구에서 루터가 하나님을 추구하는 자들에게 "인간" 그리스도를 지적한다는 사실은 루터의 관심이 본래 예수의 인간성이었고 현대의 사상계파들의 여러 대변자들처럼 루터에게도 예수의 인간성이 신적인 것의 일차적인 계시였다고 암시하는 것으로 받아들여졌다. 그러나 이것은 그의 말들을 그것들의 정반대되는 의미로 해석한 것이다. 그에게는 그리스도를 단지 인간으로만 간주하는 일은 결단코 일어나지 않는다. 그분은 "성육하신 하나님"(deus incarnatus)이며 "인간적인 하나님"(humanus deus)이다. 그렇지 않으면, 그리스도를 통하여 하나님께 접근하는 것은 결국 인간적인 것으로부터 신적인 것으로 올라가는 것과 동일한 것이며 단순히 "하늘에 올라가는" 새로운 방

법이라고 해석되기도 하였다. 하지만 그것은 루터가 용인하기를 거절하는 바로 그것이다.

15) Cf. 본서 p. 571 주 36.

16) "그리고 나서 (다른 사도들보다 약간 더 지적이고 예리한) 사도 빌립(Philip)이 중요한 질문을 가지고 나온다. 모든 시대의 가장 위대하고 현명한 사람들은 그 질문에 매우 커다란 관심을 가졌으며 하나님이 어떤 존재이며 우리가 어떻게 하나님을 알고 하나님께 도달하는가에 대하여 열심히 탐구하고 질문한다. … 그는 자신의 생각을 가지고 구름 속으로 날개치며 가버린다. '오 우리가 그분을 천사들 가운데 앉아 계시는 그 모습대로 볼 수만 있다면!'" WA 45, p. 512, 6 ff., 29 ff. "네 사유(思惟)와 하늘을 향해 입벌리는 것이 네게 무슨 상관이 있느냐? 너는 내가 네게 하는 말을 듣지 않느냐? '나를 보는 자는 내 아버지도 보았느니라.' … 그리스도는 빌립을 책망한다. 너는 무엇을 말하는가? 너는 나를 보고 들으면서도 '우리에게 아버지를 보여주소서.' 라고 말하는가? 너는 네가 어떻게 하나님과 함께 서 있는가를 마귀의 이름으로 추측하려고 하다니 진짜 바보가 아닌가?" *Ibid.*, p. 518, 9 ff., 17 ff. Cf. p. 515, 21 ff.

17) WA 39, 1, p. 390.

18) "클레멘트의 책은 잘못된 제목을 달고 있는데, 그것은 클레멘트보다 훨씬 이후 시대에 한 교활한 친구에 의하여 만들어졌다. 디오니시우스의 이 동일한 책도 잘못된 제목을 달고 있는 새로운 시(詩)다." Art. Smalcaldici, ed. J. T. **Müller**: Die symbolischen **Bücher** der evangelisch-lutherischen Kirche, 11. Aufl., 1912, p. 342.

19) "Plus platonisans quam Christianisans." WA 6, 562, 9 f. "마찬가지로 디오니시우스의 신비적 신학은 순전히 우화와 속임수이다." Tischreden I., Nr. 153, p. 72, 33 f. "그래서 디오니시우스의 신비적 신학은 얄팍한 무의미이다. 플라톤이 자신의 '만물은 비존재이며 만물은 존재이다.' 라는 말로써 무의미를 말하고 그것을 그렇게 남겨둔 것처럼, 이 신비적 신학도 그것의 '의미와 이해는 남겨두고 존재와 비존재를 넘어서 상승하라. 이 어둠 속에도 존재가 있는가? 하나님은 만유이시다.' 라는 말로써 그렇게 한다." Tischreden, I., Nr. 644, p. 302, 35 ff. Cf. Tischreden II., Nr. 2779bb, p. 654, 24 ff.

20) WA 6, p. 562, 11 f.: "Expertus loquor."

21) WA 32, pp. 325-328.

22) "오, 이 본문이 무슨 오류를 야기하였으며 얼마나 많은 사람들을 속였는고!" WA 14, p. 386, 18. 이 구절에 대한 루터의 주해를 보려면 WA 9, pp. 407 ff.를 참고하시오.

23) WA 16, p. 144, 2 ff.: "만약 그분이 이 방법으로 당신을 그분에게로 들어올리려고 뜻하셨다면, 그분은 당신에게 다른 말씀을 주셨을 것이다. 그분은 스스로 강림하셨고 한 사닥다리를 제공하셨다. 성부는 그가 어린이가 되도록 하셨고 나중에는 성인으로 성장하여 십자가에 못박힌 후 다시 살아나도록 하셨다. … 당신은 신성은 내버려 두어라. 당신은 인간성과 충분한 상관이 있다. 만약 하나님이 그분을 동정녀의 태에 보내셨으면 그것을 그대로 놔두어라. 그분 자신은 '나는 길이요 진리이니

라.'고 말씀하셨다. 그러나 그들은 자신들이 예정되어 있는지를 알기 원한다. 하지만 그분은 우리를 천국으로 데려가지 않으셨다. 대신에 그분이 먼저 내려오셔서 젖먹이가 되셨고 나중에는 십자가에 매달렸다. 빌립이 성만찬 전에 무엇이라고 말했는지 보라. '우리에게 아버지를 보여주소서.' 그는 자신의 사유로써 얼마나 마음대로 배회하였는가! 빌립이여, 아버지는 여기에 계신다. 만약 네가 다른 곳에서 찾으려고 한다면, 너는 실수할 것이다. '아버지는 내안에 계시고 나는 …'. 이 말은 네가 아버지를 발견한다면 그것은 나를 통해서만 되어야 하며, 그렇지 않으면 그것이 이루어지지 않을 것이라는 뜻을 담고 있다. 나의 인간성이 아닌 다른 길로 찾으려고 하는 자는 실수할 것이다." Cf. 인쇄된 본문에서 동일한 구절을 참고하시오. "그분은 이렇게 당신을 올라가도록 만들지 않을 것이다. 반대로 그분이 당신에게 오시고 당신에게 향하는 한 사닥다리, 한 길, 한 다리를 만드셨다. … 누구든지 총명하고 지혜로운 자는 이 제공된 길에 머무를지어다. 그분이 먼저 우리에게 오시지, 우리가 먼저 하늘로 그분에게 올라가지 않는다. 그분은 아들을 육신으로 내려보내신다.… 당신은 다른 길로 하늘의 하나님께 올라가려는가? 그분은 말씀하신다. 형제여, 이 길이니라. '아버지는 내 안에 계시고 나는 아버지 안에 있다.' 네 눈을 나에게 고정시키라. 나의 인간성을 통해 아버지께로 가는 길이 있다." WA 16, p. 144, 16 ff.: 145, 15 ff., 25 ff.

24) WA 40, 1, p. 79, 9 ff.: "우리는 야곱의 사닥다리를 타고 상승해야 한다. 하나님은 그 사닥다리를 기대고 계신다. 당신이 당신의 구원에 대하여 생각하고 행동하려고 한다면, 모든 율법의 사상들과 철학의 전통들을 버리라. 그리고 구유(manger)로 날아가서 그분이 어머니의 품에서 젖을 빨고 성장하고 죽는 것을 주목하라." "그리스도의 겸손을 통하여 만들어진 길 즉 야곱의 사닥다리를 벗어나서 신지식에 이르고자 하는 모든 상승은 위험하다. 그 사닥다리를 통하여 그 상승은 이루어진다. 아들을 통한 길 외에는 아버지께로 가는 다른 어떤 길도 없다." WA 4, p. 647, 19ff. "자 바울에게 귀기울여 보자. 우리는 예수 그리스도를 배우고 그분이 십자가에 못박히셨다는 것을 배울 수 있다. 이분이 길이요 생명이요 진리이다. 그는 성부에게로 안내하는 사닥다리이다." WA 6, p. 562, 12 ff. 루터는 그리스도가 하나님께로 갈 때 타고오르는 사닥다리라고 말했다. 이 때 그는 하나님의 수준에서 하나님과의 친교 개념을 제안한 것이 전혀 아니다. 그는 하나님께 가는 길을 단순히 우리쪽에서 상승하는 것으로 파악하지 않는다. 단지 그는 그의 대적자들의 "사닥다리" 언어를 받아들였을 뿐, 우리에게 그리스도를 가리킴으로써 그것의 의미는 거부했다. 그가 다른 곳에서 "사변적 신학"을 공격할 때에도 그는 매우 비슷한 어투로 그리스도에 대한 신앙이 "참된 사변적 신학"이라고 말할 수 있다. Tischreden I., Nr. 153, p. 72, 32 f. 그가 의미하는 바는 당연히 그리스도에 대한 신앙이 사변적 신학을 본뜬 것이 아니고 참된 "신학"으로서 잘못된 "사변적 신학"을 축출하여야 한다는 것이다. 그러므로 여기서도 그렇다. 하나님은 그리스도 안에서 우리에게 강림하셨고, 그럼으로써 우리의 모든 천상적 사닥다리들을 깨뜨리셨다. 그분만이 길이요 "사닥다리"이시다. Römerbrief, ii., p. 132, 22 ff.: "그러므로 우리는 '신앙에 의하여 의로워지고' 죄를 용서받음으로써 들어감과 평안을 얻는다. 하지만 그것은 오직 '우리 주 예수 그리스도를 통해서만' 가능하다. 이것도 역시 신비적 신학에 동조하여 자신들의 마음의 눈이

성육하신 말씀에 의하여 의롭게 되고 정화되기 전에 내면적 흑암에 침입하고 그리스도의 수난에 대한 모든 사유들을 내버려두면서 피조되지 않은 말씀을 듣고 관상하기를 바라는 자들을 다루고 있다. 우선 마음의 정화를 위해선 성육하신 말씀(Word incarante)이 필수적이다. 그리고 우리가 이것을 가질 때에만 우리는 그분을 통한 상승을 통해서(per anagogen) 피조되지 않은 말씀(uncreated Word) 안으로 운반된다."

25) WA 10, 1, 1, p. 202, 7 ff.: "이 모든 것들은 여전히 인간적이고 플라톤적이며 철학적인 개념들이다. 그것들은 우리를 그리스도로부터 끌어내어 우리 자신에게로 인도한다. 반면에 복음전도자(Evangelist)는 우리를 우리 자신으로부터 끌어내어 그리스도에게로 인도한다. 그 전도자는 육신과 피를 입고서 지상을 거니셨던 그 신성하고 전능하고 영원한 하나님의 말씀만을 다루고 말할 것이다. 그는 우리를 그분이 창조하신 피조물들 속으로 흩뜨려 놓고 우리더러 플라톤주의자들처럼 그속에서 그분을 찾아다니면서 사변을 행하라고 하지 않을 것이다. 오히려 그는 그렇게 산만하고 방황하는 덧없는 생각들로부터 우리를 끌어내어 그리스도에게로 소집한다. 그가 마치 이렇게 말하는 것 같다. 왜 당신은 달아나서 그렇게 먼 곳에서 찾는가? 여기를 보시오. 인자(Man)이신 그리스도 안에 모든 것이 있다. 그분은 그것을 모두 만드셨다. 그분 안에 생명이 있다. 그분은 말씀이다. 그분에 의하여 만물이 창조되었다. 그 안에 머무르시오. 그러면 당신은 그것을 모두 발견할 것이다."

26) WA 10, 1, 1, p. 210, 14 ff.: "플라톤주의자들은 먼저 어거스틴이 이 본문에 대한 이 견해를 갖도록 만들었다. 비록 그것이 매우 훌륭하게 보여서 그것 때문에 그들이 신성한 철학자들로 불리운다고 하더라도, 그 견해는 그들의 무익하고 터무니없는 논의를 담고 있다. 그 다음에 어거스틴은 스스로 우리 모두를 이 논점으로 인도하였다."

27) Römerbrief, ii., p. 219, 8: "Est enim diligere se ipsum odisse."

28) *Op. cit.*, p. 336, 5 ff.: "내가 말한 주석에서 사랑(caritas)은 자신에 대한 사랑(amor)이 아니고 자기 이웃에 대한 사랑이다. … 이와같이 자기 이웃을 기쁘게 하는 것은 자신을 기쁘게 하는 것이 아니다. 그러나 그레고리와 우리가 제기하는 이 주장은 그 유명한 사랑의 구분과 질서(order)에 모순되는 것처럼 보인다. 복된 어거스틴에 의하면, 심지어 그 선생님(Master)도 '먼저 하나님을 사랑하라. 다음에는 우리 영혼을 사랑하라. 그 다음에 우리 이웃의 영혼을 사랑하라. 그리고 마지막으로 우리 육신을 사랑하라.'고 가르쳤다고 한다. 이처럼 질서지워진 사랑(charitas ordinata)은 그 자신에서 시작된다. 그 해답은 바로 이것이 우리를 사랑(charitate)으로부터 가로채가는 것들 중의 하나라는 것이다."

29) *Op. cit.*, p. 304, 1 ff.

30) *Op. cit.*, p. 336, 22 ff.: "그러므로 나는 다른 이들의 판단에 경의를 표하고 조상들에 대해서도 마땅한 존경심을 가지면서도 (내 말이 바보같지만) 이웃 사랑의 교훈에 관하여 단언되는 그 해석이 건전하게 보이지 않는다고 주장한다. 이웃을 사랑하라는 그 교훈이 말하려는 바는 그 교훈이 이웃을 사랑하되 '네 자신처럼'(as thyself) 사랑해야 한다고 말했다는 점에서 한 개인이 이웃을 사랑하는 그 애정의 형

태를 언급한다는 점이다. 그러므로 그들은 네가 먼저 네 자신을 사랑하고 그 다음에 네 자신을 위한 사랑의 유형을 따라서 네 이웃도 사랑해야 한다고 결론내린다."

31) Op. cit., p. 337, 8 ff.: "그러므로 나는 인간이 '네 자신처럼'(as thyself)이란 이 교훈에 의하여 자신을 사랑하라는 명령을 받은 것이 아니라고 믿는다. 오히려 그 교훈은 사람이 자신을 사랑할 때 실제로 갖게되는 그 사악한 사랑을 폭로한다고 믿는다. 다시 말하자면, 당신은 전적으로 당신 자신에게로 쏠려[구부러져] 있으며 당신 자신의 사랑으로 향하여 있다(curvus es totus in te et versus in tui amorem). 당신이 자신을 사랑하기를 온전히 멈추고 자신을 망각하고 당신의 이웃만을 전적으로 사랑하지 않는다면, 당신은 그것으로부터 곧바르게 되지 못할 것이다. 우리가 만인으로부터 사랑받기 원하고 모든 것 안에서 우리 자신의 것을 추구하는 것(quærere que nostra sunt)은 왜곡된 짓이다. 그러나 당신이 왜곡되게 대접받고 싶어하는 바를 모든 이들에게 베풀고 당신이 선행할 때처럼 동일하게 큰 열정을 가지고 악을 행하는 것은 정직한 일(rectitude)일 것이다. 물론 그것에 의하여 악을 행하라고 명령하는 것이 아니라 동일한 열정을 [보이라]고 한 것이다."

32) Op. cit., p. 337, 17 ff. Cf. WA 1, p. 654, 14 ff.: "그리고 이것은 그리스도의 말씀을 담고 있다. 나를 위하여 자기 생명을 버리는 자는 그것을 찾으리라. 그러므로 그리스도께서 우리는 우리 자신을 사랑하듯이 우리 이웃을 사랑하여야 한다고 말할 때, 내 판단으로는 그분은 왜곡되고 구부러진 사랑에 대하여(perverso et incurvo amore) 말씀하고 계신다. 인간은 그 왜곡된 사랑으로써 오직 자기 자신의 것(quæ sua sunt)만을 추구한다. 그 사랑이 자기 자신의 소유물을 추구하는 것을 멈추고 그 이웃의 것을 추구하지 않는 한, 그것은 곧바르게 되지 않는다. 이것은 복된 바울의 견해이다. 빌립보서 2장에 따르면 여러분 각자는 자기 자신의 일을 보지 말고 다른 이들의 일을 돌아봐야 한다. 고린도 전서 13장에 따르면 사랑(charitas)은 자기 자신의 것을 추구하지 않는다. 이 말씀들로써 바울은 자기 사랑을(amorem sui) 분명하게 금한다. 그래서 '네 이웃을 네 자신과 같이 사랑하라는 교훈의 의미는 다음과 같이 해석할 수 있다. 즉 당신은 자신만을 왜곡되게 사랑하지만, 당신이 이러한 종류의 사랑을 당신의 이웃에게로 향하게 하면 당신은 참으로 사랑하게 되는 것이다.' 그리고 이것은 그분이 우리에게 우리 자신을 사랑하라고 명령하지 않는다는 그 사실로부터 분명하다. 물론 자기 사랑(amor sui)이 선하다면 그분은 그렇게 말씀하셨을 것이다. 그러나 그분은 자기를 사랑하는 것(amorem sui)을 찾아내어 그것을 이웃에게 전이시킨다. 그리하여 그분은 그것을 바로잡는다."

33) WA 18, p. 504, 10 f.: "왜곡된(crooked) 영은 육체와 아담의 영이다. 그것은 만물 안에서 자신에게로 굽어(bent upon itself) 있으며 그 자신의 것만을 추구한다. 그것은 우리들 안에 타고난 것이다." Ibid., p. 491, 1: "하나님을 향하여 올바르고 그 자신이나 하나님 외의 다른 것들에게로 굽어져 있지 않은 마음은 영원한 것에 잘 근거하고 있으며 확고하게 서 있다.… 그러나 잘못된 견해와 현혹시키는 좋은 생각들을 가지고 스스로에게 구부러져 있는 편향된 영혼들은 하나님 안에서가 아니라 자기 자신을 자랑한다." WA 40, 2, p. 325, 7 f.: "… 모든 것은 안으로 구부러져 (incurvata) 있다. 나는 하나님 안에서 또한 모든 피조물 안에서 나 자신을 기쁘게

하는 것을 추구한다."

34) 여기서 루터의 개념은 다음과 같은 동일시에 의하여 특징지워진다. curvus = curvus in se = incurvatus in se (**Römerbrief**, ii., p. 184, 17 ff.) = versus in sui amorem; cf. 본서 p. 779 주 31.

35) WA 18, p. 742, 19 f.: "모든 것은 육체다. 왜냐하면 육체 즉 그들 자신의 것의 모든 향기는 하나님의 영광과 하나님의 영이 결여되어 있기 때문이다."

36) WA 18, p. 742, 36 ff.: "게다가 그들이 이 모든 것들을 자신들의 영광을 위하여 하였다는 것은 그 작업 방식에서 곧 분명해졌다. 그래서 그들은 부끄러워하지도 않으면서 그들이 자신들의 영광을 추구한다는 것을 고백한다. 로마인들은 타오르는 자기 영광을 가지고서 자신들의 증언에서 자신들이 행한 선행은 무엇이든지 실행하였다. 또한 그리스인들도 유대인들처럼 그렇게 하였으며, 모든 인류 종족이 그렇게 하였다. 그러나 이것이 인간들에게는 영예스러울지 몰라도, 하나님에게는 더 이상 불명예스러운 것이 없다. 사실 그것은 가장 불경건한 최고의 신성모독이다. 왜냐하면 그들은 하나님의 영광을 위하여 행동하지 않았기 때문이다. 그들은 그분을 하나님으로서 영화롭게 하지도 않았다. 그들은 하나님에게서 영광을 빼앗고 그것을 자신들에게 귀속시키는 가장 불경한 도적질을 범하였다. 그래서 그들은 자신들의 최고의 미덕들 안에서 스스로 빛났을 때보다 더욱더 불명예스럽고 더욱 비열해졌다.⋯ 그러므로 당신은 그것들이 그 최고의 미덕들에서 가장 영예롭고 혁혁하고 유명할 때 명예로운 일들을 추구하는 인간의 주요부분인 권위적 정신 — 신적인 영광의 도둑이자 위엄의 사칭자 — 을 가장 많이 지니고 있다. 이제 이것들이 육이며 그것들의 불경건한 마음에 의하여 황폐화된다는 것을 부인하라! Cf. pp. 709 f., 731. Cf. E. Brunner: *Das Gebot und die Ordnungen*, 1931, p. 55: "사람이 선(bonum)을 기다리는 것은 그것이 그에게 '좋기'(good) 때문이다. 그리고 인간인 그가 그것을 하는 것은 자신의 의무를 수행함으로써 자신과 자기의 가치와 자신의 인간성을 깨닫기 때문이다. 모든 것은 그에게 있어서 자신의 행복과 자신의 완전의 성취에, 즉 자기 자신에게 달려 있다."

37) WA 18, p. 694, 16 f.

38) Römerbrief, ii., p. 184, 17 ff.: "이것은 성경과 일치한다. 성경은 인간이 육체적 선행뿐만 아니라 영적인 선행에서도 자신의 이익으로 향하고(sibi inflectit) 만물 안에서 자기자신을 추구하는 방식으로 자기에게 쏠려 있다고(incurvatum in se) 묘사한다. 그리고 이 왜곡됨(curvitas)은 이제 자연스러운 것이다. 왜곡됨은 자연적 악덕이자 죄악이다." Cf. **Römerbrief**, ii., p. 189, 21 ff.

39) WA 46, p. 90, 3 ff.

40) Cf. e.g., J. Mausbach: *Die katholische Moral und ihre Gegner*, 5. Aufl., 1921.

41) WA 36, p. 423, 22 ff.에서 루터는 사랑에 관하여 말한다. 그것은 "동일하고 영원하고 불변하는 선(善)이며 최상의 보배이신 하나님 자신이다.⋯ 게다가 사랑 안에 거하는 자는 하나님 안에 거하고 하나님이 그 안에 거하신다. 그래서 그와 하나님은 하나의 떡덩어리(cake)가 된다." 이렇게 사랑의 신적인 본성을 찬양한 후에 루터는 계속하여 말한다. "자 그런 이야기는 교황주의자들뿐만 아니라 우리 자신들의 마음

까지 움직여서 신앙만이 의롭게 하는 것이 아니고 사랑도 그렇다고 말하도록 만든다. 그는 사랑 안에 거하는 자는 하나님 안에 거하고 하나님 자신을 소유한다는 명제에 너무나 많은 것을 귀속시킨다. 그러나 하나님을 소유하는 자는 아무것도 소유하지 못한 자다. 그런데 여기서 그는 어떻게 우리가 하나님 앞에서 의로워지고 은총으로 나오거나 사랑을 붙들게 되는가를 가르치려고 하지 않았다. 그 사랑은 하나님이 그리스도를 통하여 우리를 사랑하실 때 보여주신 것이다. 바로 그것은 오직 신앙으로만 일어날 수밖에 없다."

42) 루터는 사랑의 신적인 본성을 최고의 언어로 선포할 수 있다. 그것은 "행위적인 것도 인간적인 것도 아니고, 천사적인 것도 천상적인 것도 아니며 오직 하나님 자신이다." "우리들은 신앙을 통하여 하나님의 자녀들이다. 그 신앙은 우리를 모든 신적 축복의 상속자로 만든다. 하지만 우리는 사랑을 통하여 신들(gods)이 된다. 그 사랑은 우리들이 우리 이웃에게 자선을 베풀도록 만든다. 왜냐하면 신적인 본성은 바로 순수한 자선(beneficence)이며 (사도 바울이 여기서 말하듯이) 사람을 향한 친절과 사랑이다. 그 사랑은 매일 우리가 보듯이 자신의 축복을 모든 피조물에게 넉넉하게 쏟아붓는다. WA 10, 1, 1, p. 100, 17 ff.

43) WA 10, 1, 1, p. 11, 18 ff.: 그리스도의 복음, "보라, 그것이 우리를 사랑하시는 하나님의 위대한 불길이다."

44) 루터는 자신의 작품 "기독교인의 자유에 관하여"에서 이 두 가지 반대 의견들을 다음과 같이 요약한다. "그것들은 자유롭지 않으며 하나님의 은총을 모욕한다." WA 7, p. 33, 33 f.

45) WA 40, 1, p. 240, 29 f. Cf. p. 240, 12 f. "나는 하나님의 아들을 사랑하지 않았고 그분을 위하여 나를 드리지 않았다. 궤변가들은 자신들이 사랑한다고 공언한다." WA 40, 1, p. 291, 15 f.

제42장

아가페-사랑은 어떻게 건축되는가

제1절 Amor Dei와 Amor Hominis

카리타스-종합은 자기사랑과 그 上向性과 연관되어 에로스 동기와 친근함을 선언한다. 루터가 이러한 고전적인 가톨릭적 사랑 개념을 부수고 파괴하는 것을 자신의 주요 임무로 여겼다는 것은 의문의 여지가 없다. 그것에 대한 그의 비평은 근본적이고 반박할 수 없는 것이다. 루터의 비평은 카리타스 개념의 특색인 모호성이 상호구분되는 양립불가한 두 가지 근본동기들에 기초한다는 사실 때문이라는 것을 보여주었다. 에로스 동기와 아가페 동기는 천년이 넘도록 서로 연합하여 기독교적 사랑을 해석하는 기초를 형성하였다. 하지만 이제 그 두 동기들의 분리는 불가피해졌다. 카리타스 이론이 기독교의 고유한 사랑과는 별 관계가 없으며 그것의 특성들이 본질적으로 대립적인 근본동기들로부터 파생되었음이 분명해졌다.

루터는 자신의 파괴 임무에 성공하였다. 그의 비평은 부정적이면서도 아가페를 그 기독교 고유의 의미에서 주장하려는 목적을 가지고 긍정적인 관점에서도 수행되었다. 바로 이 사실이 그의 비평에 심오함과 궁극성을 부여한다. 그런데 이것은 우리를 둘째 질문으로 인도한다. 루터는 이 다른 사랑 개념을 건축하는데에도 역시 성공하였는가? 혹은 그에게 있어서 아가페 개념은 카리타스 개념을 비판해 나가기 위한 예비단계 이상의 아무 것도 아니었는가? 그는 자기중심적인 에로스 사랑에 대립되는 이 사랑을 구체적으로 묘사하는데 성공하였는가? 사실 자기-사랑의 기초 위에 건축 된 사랑 말고 그밖에 다른 사랑은 존재하는가? 그것은 현재 구성된 인간 의 삶처럼 인간적인 삶 가운데서 상상할 수 있거나 가능한 것인가?

만약 마지막 두 질문들이 루터에게 던져진다면, 그의 즉각적인 답변은 본질적으로 부정적일 것이다. 사실 본성적 인간의 삶의 자원들이 자기중심 적 사랑 안에서 또한 그 사랑과 더불어 고갈되고 있다. 자연인의 삶과 행 위 안에는 "자기자신의 것들을 추구하는"(quaere quaesua sunt) 특징을 보 유하지 않는 것이 아무것도 없다. 그러므로 그것은 전적으로 죄의 지배 아 래에 있다. 그리고 그것에 기초하여 액면 그대로 기독교적 의미의 사랑을 드러낼 가능성은 전혀 없다. 즉 자기 자신의 것을 추구하지 않고 마음을 다하여 하나님을 사랑하고 그 이웃을 그 자신처럼 사랑하는 것이 자연인 에겐 불가능하다.

하지만 가톨리시즘은 이것이 가능하다고 주장하였다. 물론 그 안에는 토 마스 아퀴나스(Thomas Aquinas)처럼 신의 은총의 도움이 필요하다는 주장 과 둔스 스코투스(Duns Scotus)처럼 인간은 "본성적인 것들로부터"(ex puris naturalibus) 이 사랑에 도달할 수 있다는 주장이 혼재한다.[1] 루터는 특별히 자기사랑으로부터 출발하는 둔스 스코투스의 논증에 대하여 이의를 제기 한다. 둔스 스코투스에 의하면, 인간은 본성상 너무 지나치게 자기자신, 즉 열등한 선을 사랑하기 때문에 자신의 본성적 능력에 의해서 모든 것들보 다 하나님을 더욱 더 사랑할 수 있어야만 한다. 그분은 최고선이며 그 자 체로서 가장 사랑받을 가치가 있기 때문이다. 루터는 이 논증에서 즉시 오 류를 발견한다. 오류의 내용은 그것이 기독교적 사랑을 인간적인 획득적 사랑의 양식대로 서술한다는 점이다. 이런 식으로 "인간적인 것들로부터 신적인 것들로 논증해가는 것"(arguere ab humanis ad divina)은 근본적인 오류이다. 게다가 그 논증의 첫 전제인 인간의 자기사랑은 악마적인 왜곡 (devilish perversion)이다.[2]

그러나 우리가 루터를 따라서 기독교적 사랑을 묘사하는데 인간적 사랑의 특징을 전혀 빌어올 수 없다 하더라도, 이것은 결코 아가페-사랑이 단지 공허한 말에 불과하다는 것을 의미하지 않는다.

기독교적 의미의 사랑은 일차적으로 하나님의 모든 은혜의 사역들 안에 나타난 하나님의 고유한 사랑이다. 특히 하나님은 자기 아들을 주심으로써 그 사랑을 보여주었다. 여기서 하나님과 사랑, 사랑과 하나님 사이에 온전한 일치가 있다. "누구든지 하나님을 적절하게 묘사하고 표현하려면, 그는 마치 신의 본성이 오직 하늘과 땅을 채우는 사랑의 용광로와 불길 뿐인 것처럼 순수한 사랑의 그림을 그려야만 한다. 그리고 만약 사랑을 묘사하고 표현하는 것이 가능하려면, 우리는 행위적이거나 인간적이지 않으며 천사나 천국에 대한 그림을 그리지 말고 하나님 자신만을 그려야 한다."[3] "그러면 그분은 해와 달도 아니고 하늘과 땅도 아닌 그분 자신의 마음과 그분의 가장 친애하는 아들을 내려주시고 심지어 聖子가 자기 피를 흘려서 부끄럽고 사악하고 배은망덕한 우리 인간들을 위하여 모든 죽음들 중에서 가장 수치스러운 죽음을 당하는 것까지 감수하신다. 우리는 여기서 하나님이 영원한 사랑의 심연 외에는 아무것도 아니라는 것 말고 다른 무엇에 대하여 어떻게 말할 수 있는가? "[4] 루터는 기독교적 사랑을 "묘사하기" 원할 때 자신의 그림[繪畵]을 위한 특징들을 이 신적 사랑으로부터 끌어온다.

그러면 이 신적 사랑과 평상적인 인간의 사랑 사이에 무엇이 가장 심오한 차이점인가? 루터는 1518년의 하이델베르크 논쟁(Heidelberg Disputation)의 제28번 논제에서 이 질문에 대하여 비할 데 없이 명쾌하게 답변했다. 그는 이 대비를 묘사하기 위하여 "에로스"와 "아가페"란 용어들을 사용하지 않았다. 이것은 정확한 사실이다. 그러나 그 단락에는 에로스와 아가페의 가장 분명한 한계선들 중의 하나가 포함되어 있으며 각각의 가장 심오한 특성이 가장 적절하게 묘사되어 있다고 말할 수 있다. 거기에는 다음과 같이 쓰여 있다. "하나님의 사랑은 자기 자신의 기쁨의 대상들을 발견하지 않고 창조(創造)한다. 인간의 사랑은 자신의 좋아하는 것들로부터 만들어진다"(Amor Dei non invenit sed creat suum diligibile, Amor hominis fit a suo diligibili).[5] 인간의 사랑은 획득적 사랑이기에 그 대상의 탐스러운 본성에 의해서 생겨난다. 하나님의 사랑은 그 자체가 창조적이다. 다시 말하면, 그것은 아무것도 아닌 것으로부터 어떤 것을 만들어낸다.

루터는 인간의 사랑에 관한 자신의 논제에서 단지 만인이 일반적으로 인정하고 신학자들과 철학자들이 시인하는 것만을 말했다고 자신했다. 그가 차용한 증인은 아리스토텔레스였다. (아리스토텔레스는 에로스 경향의 전형적인 대변자이다.) 인간의 사랑은 만물 가운데서 자기의 소유를 추구하며 자신의 善을 나눠주기보다 받는 것을 선호한다는 사실을 특색으로 삼고 있다.[6] 하나님의 사랑은 이것과 정반대이다. 그것은 무엇보다도 자신의 충만한 풍요로부터 나눠주기를 원한다. 그래서 그것은 악하고 어리석고 허약한 죄인들을 찾아 나서며 그들을 의롭고 선하고 지혜롭고 강하게 만듦으로써 자신의 창조적 능력을 그들 안에 보여준다. 하나님의 사랑은 상실되고 본질상 무가치한 것을 추구함으로써 그 자발적·창조적 본성을 가장 명료하게 보여준다. "왜냐하면 죄인들은 사랑받아서 사랑스러운 것이지, 사랑스러워서 사랑받는 것이 아니기 때문이다." 인간의 사랑은 죄인들을 기피하고 자기를 위하여 더 고상하고 더 가치있는 대상을 추구한다. 그러나 그리스도는 "내가 의인이 아니라 죄인들을 부르러 왔노라."고 말씀하신다.[7]

제2절 기독교적 사랑의 독특성

자기중심적이지 않는 다른 어떤 사랑은 어느 한도까지 존재하는가? 루터는 이 질문에 대하여 답변할 때 먼저 우선적으로 이 잃어버린 자들을 위한 하나님과 그리스도의 사랑을 가리킬 수 있다. 여기에 자기 자신을 추구하지 않으며 베풀면서 희생당하는 참된 사랑이 있다. 이것이 기독교적 사랑의 표준이다. 루터의 시대까지 기독교적 사랑의 특징들은 인간적 사랑으로부터 유도되었다. 인간적 사랑이 단순히 더 고상한 수준으로 고양되고 심령화되고 승화되었다. 그러나 루터는 기독교적 사랑이 본성상 인간적 사랑과 전적으로 다르며 그것의 원형(原形)은 하나님의 아가페 외에 다른 어떤 것도 아니라는 사실을 진지하게 받아들였다. 이처럼 하나님의 사랑은 이유없이 무동기적·자발적·창조적인 것이다. 루터에 의하면, 이것이 말해졌을 때 원리상으론 기독교적 사랑에 관한 모든 내용이 표현된 것이다. 여기서 우리는 루터가 묘사한 기독교적 사랑의 가장 본질적 특성들 중의 몇가지를 나열할 수 있다. 사실 그것들은 단순히 그것의 자발적·창조적 본성에 대한 주해일 뿐이다.

1. 기독교적 사랑은 행복론적(eudaemonistic) 동기를 가진 모든 행위에 대립되는 자발적인 것이다. 그리스도가 '자신을 기쁘게 하지 않고'(ohne eigen Geniess) "대가없이 자유롭게" 우리들을 섬겼던 것과 마찬가지로, 기독교적 사랑도 역시 모든 이기적 타산이나 미래적 동기로부터 자유롭다. 기독교적 사랑은 그 자신의 행복을 획득하거나 증진시키기 위하여 선을 행하지 않는다. 그것은 "자유로운 사랑으로부터 대가를 받지 않고" 다른 어떤 것도 고려하거나 추구하지 않고 하나님을 기쁘게 하기 위하여 사랑한다. 그러므로 결국 그것은 하나님을 기쁘게 한다."[8] 하지만 이것은 기독교적 사랑을 우리 이웃을 위한 자유로운 봉사로 만들기도 한다. 우리를 위한 하나님의 사랑이 무동기적이며 자유롭다는 사실은 우리가 어떤 이기적인 동기부여 없이도 우리 이웃까지 자유롭게 사랑하리라는 당연한 결론을 수반한다.[9]

2. 또한 기독교적 사랑은 모든 율법주의에 대조되는 자발적인 것이다. 율법의 한계는 결코 진정으로 자유롭고 자발적이며 기꺼운 행동을 호소할 수 없다는 것이다. 율법은 그 계명으로서 즉 명령법(imperative)으로서 우리를 만난다. 바로 이러한 이유 때문에 율법은 진정으로 선한 것은 결단코 아무 것도 산출해낼 수 없다. 율법은 본질상 비생산적이기 때문이다. 사실

그것은 근본부터 자기모순적이다. 그것은 하나님의 의지에 대한 자유로운 포기를 요구한다. 그러나 그것은 요구한다는 바로 이 사실 때문에 이 자유롭고 자발적인 포기를 가로막는 장애물이다. 율법은 인간에게 율법을 외면상으로 수행하도록 강요하기 위해서 두 가지 동기들을 임의대로 사용할 수 있다. 그 동기들은 바로 형벌에 대한 공포와 보상에 대한 욕망이다. 그러나 이 둘은 모두 어떤 행동으로부터 무동기성과 자발성을 앗아가며 그것이 율법의 가장 내밀한 의도를 자유롭고 진지하고 참되게 수행하지 못하도록 방해한다.[10]

  인간은 절대적으로 율법의 통치로부터 자유로울 때에만 가장 심오한 의미에서 하나님을 위해 살 수 있다.[11] 율법이 인간으로부터 강제로 탈취해야 했던 것은 이제 그의 자유롭고 자발적이며 기꺼운 행동으로 변화된다. 율법의 명령법(imperative)은 복음의 직설법(indicative)으로 교체된다.[12] 그러나 이것은 오직 그리스도에 대한 믿음을 통하여 또는 성령을 통해서 생긴다. (양자는 동일한 것을 의미한다.)[13] 인간이 율법 아래에 있는 한, 선은 아직 그에 대한 온전한 지배력을 얻지 못한 것이다. 그가 느끼는 속박은 그가 자기 마음 속에서 비밀리에 반대되는 욕구를 즐긴다는 증거이다.[14] 실제로 우리는 인간의 행동의 자발성의 예로 죄인을 취할 수 있다.[15] 그는 죄 가운데 자기의 기쁨을 가지며 내적 기질로부터 즐거이 그것을 수행한다. 그래서 그는 보상의 약속이나 형벌의 위협에 의해서 그 죄를 범하라는 미혹을 받을 필요가 없다. 마찬가지로, 인간은 내적인 기질로부터 자발적으로 선을 행할 때에만 선을 위하여 온전히 사로잡히며 율법에 명령되어 있지 않는 것까지도 실천할 것이다.[16]

  3. 지금까지 서술된 기독교적 사랑의 특징들은 주로 부정적이다. 그것은 자발적이다. 이것을 다시 말하자면, 기독교적 사랑은 행복론적인 동기나 도덕론적 동기들로 소급되지 않는다. 그렇다면 그것을 움직이도록 만드는 것은 무엇인가? 이 질문에 대한 루터의 답변은 사랑에 대한 유명한 묘사이다. 그는 기독교적 사랑을 "샘처럼 솟구치는 사랑"(quellende Liebe)으로

묘사한다. 그것은 자신을 움직이도록 하기 위하여 외부로부터 다른 어떤 것도 필요로 하지 않는다. 기독교적 사랑은 세상의 사랑처럼 그 대상의 탐나는 특성에 의해서 일으켜지는 사랑이 아니다. 세상의 사랑은 말하자면 파생(派生)되거나 차용된 사랑(geschöfte oder geborgte Liebe)일 뿐이다. 그러나 기독교적 사랑은 말하자면 그 자신의 원천인 하나님과의 친교로부터 솟구쳐 나온다.[17]

4. 그러나 루터는 이것으로부터 곧장 이 사랑이 "원숙하고 온전하며"(round and whole) 개인 편차에 상관없이 누구에게나 동일하다는 함축성을 얻는다.[18] 루터의 주장에 의하면, 사랑의 가치가 그 대상의 가치에 의해서 평가되는 것은 사랑이 겪을 수 있는 가장 비참한 왜곡들 중의 하나라고 한다. 기독교적 사랑이 경건한 자들이든 불경한 자들에게 향하여지든, 그 사랑은 "마치 금이 선한 사람이 소유하건 악한 자가 소유하건 간에 상관없이 여전히 금으로 남아 있는 것처럼" 동일하다.[19] 루터는 하나님의 아가페로부터 이런 특징도 추론하였다. 하나님은 인간의 가치나 무익함에 의해서 자기의 사랑이 결정되거나 제한되는 것을 허용하지 않으신다. "왜냐하면 그분은 자신의 태양이 악한 자들과 선한 자들 위에 떠오르도록 만드시고 의로운 자들과 불의한 자들에게 고루 비를 내리시기 때문이다(마태 5:45)." 이처럼 기독교적 사랑의 자발적 · 무동기적 · 창조적인 성격은 원수를 위한 사랑 안에서 탁월하게 표현된다. 이와같이 신약성경의 사랑 개념은 루터에게서 새 활력을 얻었다.[20]

5. 기독교적 사랑은 외부로부터 마주치게 되는 것과 무관하게 하나님과의 올바른 관계로부터 솟아나온다. 바로 이런 의미에서 루터는 기독교적 사랑을 자발적이라고 묘사하였다. 이렇게 말함으로써 루터는 기독교적 사랑 개념이 발전할 수 있는 최대가능성에 도달한 것 같다. 하지만 그는 여전히 더 부연할 것이 있다. 왜냐하면 심지어 (분명히 모든 사랑 중에서 동기가 가장 적게 부여된 사랑인) 죄인들과 원수를 위한 사랑의 이면에도

비밀스러운 동기가 감춰져 있을 수 있기 때문이다. 그 동기는 사랑으로부터 그 자발성을 앗아간다. 이것의 실례를 위하여 우리는 어거스틴을 참고할 수 있다. 어거스틴은 죄인을 위한 하나님의 사랑에 대하여 말할 때, 그 사랑은 엄밀하게 죄인 자신을 위한 사랑이 아니고 죄가 있음에도 불구하고 그 죄인 안에 아직도 잔존하는 선을 위한 것이고 또한 그가 여전히 도달할 수 있는 완전함을 위한 것이라고 설명하기 위하여 애쓴다. 이와같이 다른 모든 동기들이 사라질 때에도 사랑은 죄인 안에서 어떤 희망적인 것을 얻을 것으로 기대한다는 생각은 궁극적 동기를 공급한다. 그러나 루터는 이 마지막 동기마저 제거하기를 열망한다. 그는 궁극적으론 항상 사랑이 면류관을 쓴다는 암시를 주는 어떠한 환상도 용납하지 않는다. 그렇지만 그것이 기독교적 사랑에 한계를 부여하는 것인가? 사랑이 자기의 모든 노력들이 특정한 경우에 실패할 운명에 있다는 것을 깨달을 때, 그것은 그치게 되는가? 그렇다면, 결국엔 그것은 자발적이지 못하고 창조적이지도 않으며 주어진 상황에 대한 고려에 의해서 지배될 것이다. 루터는 이것에 항의할 수밖에 없었다.

기독교적 사랑은 그 본성상 "하나의 상실된 사랑"(eine verlorene Liebe)이다. 그것은 합리적인 타산과 정반대이다. 사랑은 비록 몇번이고 자신이 기만당하는 체험을 하더라도 그것 때문에 주저하거나 유보적이 되지 않는다. "왜냐하면 배신을 당하는 것이 사랑의 본성이기 대문이다."[21] 다시 한 번 루터에게 그 어려움을 해결해 주는 것은 하나님과 그리스도의 사랑이다. 왜냐하면 이 사랑도 배은망덕함으로 자기에게 보답하는 자들에게 쏟아부어진 극도로 상실된 사랑이기 때문이다. 열명의 문둥병자들 중에서 단 한 사람만이 그리스도에게 돌아와서 그분의 은혜에 대하여 감사드렸다. 그리고 나머지 모든 이들에게선 그것이 상실되었다.[22] 이것을 보건대 기독교적 사랑에 대해서도 동일한 것이 타당하다.[23] 그것은 "자유롭고 부단한 神的인 사랑이면서도 실상은 상실된 사랑이다."[24] 그 상실된 사랑은 자신의 친절함이 내던져지고 상실되더라도 그것을 기꺼이 또한 자유로이 감수한다. 그리스도께서도 그렇게 알았다.[25] 어떻게 이 세상에서 기독교적 사랑이 하나님과 그리스도의 사랑보다 더 낮게 되어 나갈 수 있겠는가?[26]

제3절 기독교인은 하나님이 쏟아붓는 사랑의 통로다

우리는 루터가 신중심적(神中心的) 아가페-사랑을 건설하는데 어느 정도 긍정적인 성공을 거두었는가에 대하여 살펴보았다. 앞에서 주어진 설명은 그가 성공했다는 것을 보여주는 것 같다. 그는 "자기 자신의 것만을 추구하는" 사랑에 정반대되는 사랑을 대단히 구체적으로 묘사할 수 있었다. 이 새로운 종류의 사랑의 특징들은 하나님의 사랑으로부터 파생된 것이다. 그러나 아직도 대답되지 않은 문제가 하나 남아 있다. 그 질문은 이 아가페 개념이 하나님의 사랑에서 유추된 그저 이상적인 그림에 불과하며 인간의 현실적 삶과는 전혀 무관한 것은 아닌가 하는 것이다. 과연 그러한 사랑은 가능할까?

루터는 이 질문에 대해서도 일차적으로 부정적인 것 같다. 그는 자신이 묘사한 사랑은 인간적인 사랑이 아니라는 것을 철저하게 의식하고 있다. 왜냐하면 그러한 사랑은 본성적인 기술도 아니고 우리의 정원에서 자라나는 것도 아니기 때문이다.[27] 기독교적 사랑은 우리들에 의해서 생산되지 않는다. 그것은 하늘로부터 우리에게 왔다.[28] 기독교적 사랑의 주제는 인간이 아니라 하나님 자신이다. 하지만 그것은 신의 사랑이 인간을 그 도구와 기관(organ)으로 이용한다는 점에서 그러하다. 기독교인은 하나님과 자기 이웃 사이에 놓여 있다. 그는 신앙 안에서 하나님의 사랑을 받는다. 그리고 그는 사랑 안에서 그 하나님의 사랑을 자기 이웃에게 계속 전해준다.[29] 기독교적 사랑은 말하자면 하나님의 사랑의 연장이다. 기독교인은 하나님과 대등하게 독립된 권력의 중심이 아니다. 그가 줄 수 있는 사랑은 자신이 하나님으로부터 받았던 것에 불과하다. 기독교적 사랑은 신의 사역을 통해서만 존재한다. 루터는 여기서 가장 당당하고 강력한 용어들로서 말할 수 있다. 기독교인은 "신적이고 천상적인 인간"이다.[30] 사랑 안에 거하는 자는 더 이상 "단순한 인간이 아니고 신이다.… 왜냐하면 하나님 자신께서 인간 안에 계시고 어떤 사람이나 피조물도 해낼 수 없는 일들을 하시기 때문이다."[31] 기독교인은 자기 이웃에게 그리스도를 닮은 존재(a Christ)가 되도록 부름받았다.[32]

기독교인들이 "세상의 신들과 구세주들"이 되리라는 루터의 말은 당연히 신비주의적 "신화"(神化, deification)와는 무관하다. 그것은 기독교적 사랑의 참된 주제는 인간이 아니라 하나님 자신이라는 사실을 가능한 한 가장 강하게 주장하려는 그의 강조법이다. 또한 이 생각은 루터가 이런 연관성 속에서 사용하기를 즐기는 직유(直喩)에서도 분명하게 표현된다. 기독교인은 하나님과 자기 이웃과의 관계에서 하나의 튜브[통로]에 비교될 수 있다. 그 튜브는 신앙에 의해서 위로 개방되어 있고 사랑에 의해서 아래로 개방되어 있다. 기독교인은 자신의 소유하는 모든 것을 하나님으로부터, 즉 하나님의 사랑으로부터 받았다. 그래서 그가 사랑 안에서 만의 모든 소유를 자기 이웃에게 전해준다. 그가 나눠줄 수 있는 자기만의 것은 아무것도 없다. 그는 단지 하나님의 사랑이 흘러 지나가는 튜브 즉 통로일 뿐이다.[33]

여기서 우리는 어거스틴의 사랑 개념을 생각하지 않을 수 없고 그것이 루터의 개념과 얼마나 철저하게 다른지 생각할 수밖에 없다. 어거스틴도 역시 인간의 중간적 입장에 대해서 말할 수 있다. 그러나 그가 의도하는 바는 인간이 자기 위에 초감각세계를 가지고 있으며 자기 아래에 감각세계를 가지고 있다는 의미이다. 그에게 있어선 사랑이 욕망의 범주에 있다. 그러므로 아래로 향하는 사랑은 잘못되고 정죄받아야 마땅하다. 그래서 그는 다음과 같이 권면한다. "하수도로 흘러가는 물을 대신 화원으로 유도하라. 그것이 세상에 대해 가졌던 그 강한 충동을 세상의 창조주에게 향하도록 만들자."[34] 그래서 이것도 역시 어거스틴의 이웃 사랑의 개념을 보증한다. 여기서도 사랑은 위로 향해져야 한다. 그래서 그것은 철저하게 이웃 자신에 대하여 관심을 가지는 것이 아니라 결국엔 실제로 "이웃 안에 계신 하나님"에 관심을 가진다.

루터는 완전히 정반대의 경로를 취한다. 그는 이미 감각계와 초감각계의 이원론을 극복하고 기독교적 사랑을 욕망의 범주로부터 구출하였기 때문이다. 그는 어거스틴처럼 "하나님을 향유하기 위하여 이웃을 이용하는 것"에 대하여 말하지 않는다. 그는 그 흐름을 위쪽으로 향하게 하는 것에 대하여 말하지 않는다. 사실 루터는 두려움 없이 사랑의 흐름은 아래로만 향해져야 한다고 주장한다. 왜냐하면 그가 말하는 사랑은 획득적 사랑이 아니라 아가페이기 때문이다. 아가페라고 불리울 수 있는 모든 것은 하나님으로부터 파생된다. 그분의 사랑은 위로부터 우리에게로 내려온다. 그리고 그것은 우리들을 통하여 우리 이웃에게로 전달되어야 한다. "Amor crucis ex curce natus"(십자가에서 태어난 십자가의 사랑)은 자기 자신의 것을 추구하지 않는다. 그리고 십자가의 사랑은 "향유"(fruitio)의 개념을 내버린다. 루터는 어거스틴의 향유적 사랑(fruitio-love)에 대한 분명하고 예리한 비판과 함께 다음과 같이 말한다. "그것은 자신이 향유할 선을 발견하는 곳이 아니라 가난하고 궁핍한 자들에게 선을 줄 수 있는 곳에서 자신을 시여(施與)한다." [35]

심지어 하나님에 대한 사랑도 아가페-사랑의 특징인 下向性을 취한다. "하나님을 사랑하는 것은 자기의 이웃을 사랑하는 것이다." [36] "바로 거기에서 우리는 하나님을 발견하고 사랑한다. 그분을 모시고 섬기기를 원하는 자는 누구든지 바로 그곳에서 그분을 섬기며 헌신할 수 있다. 그리하여 하나님 사랑의 계명은 통째로 이웃 사랑으로 끌어내려진다. 이제 그럼으로써 날아 다니는 영들[공중의 권세자들]에게 감독권이 주어지고 한계가 설정된다.… 그분이 하나님의 형상(form)을 벗고 종의 형상을 입으신 이유는 바로 그가 자기를 향하는 우리의 사랑을 끌어 내려서 그것을 우리 이웃들을 향하도록 붙들어 매기 위해서이다." [37]

종종 "인간이 선을 행할 수 있기 위해선 복을 받아야만 한다."는 루터의 주장이 인용되었다. 이 주장을 이해하기 위해서 우리는 먼저 루터가 보는 기독교적 사랑은 하나님 자신의 사랑이라는 것을 이해하여야 한다. 하지만 이것은 통상적으로 인간이 행복할 때에만 하나님의 은총을 확신하게 된다는 식으로 행복론적인(eudaemonistic) 방식으로만 해석되어왔다. 행복론적 해석에 따르면, 인간은 오직 복을 받을 때에만, 즉 하나님의 은총의 보증을 받아 자신의 관심과 이해를 보장받을 때에만, 동료 인간들을 사랑으로 섬기는데 자신의 행위들을 헌신할 수 있을 만큼 충분히 부유하고 자유로워진다고 한다. 이제 "지복"(blessedness)이 한 인간을 자기중심적 행위로부터 구원한다는 말이 진실된 것은 그럼으로써 모든 자기중심적 관심거리들이 충족되는 것이 아니라 오히려 그것들이 극복되고 파괴되기 때문이다.

그러나 루터에게 있어서 지복(至福)은 하나님과의 친교와 마찬가지이다. 그러므로 신앙에 의해서 하나님과의 복된 친교 안에서 사는 자만이 위로부터 오는 공급들을 받기 쉽다. 그리고 나서 그는 그것을 사랑 안에서 전달할 수 있다. 이 관점에서 보면, (리츨(Ritschl)의 시대 이래로 일반화된) 루터가 이웃 사랑을 위한 만족스러운 동인을 제공하는데 실패했다는 생각은 이상하게 보인다.[38] 사실 우리는 루터에게서 사랑의 목적론적 동기부여를 찾아보려는 공연한 시도를 한다. 하지만 우리가 그에게서 그러한 것을 찾아보려는 것은 정당하지 못하다. 그의 윤리의 전체구조는 목적론적이 아니라 인과론적(因果論的)이기 때문이다.

루터에게 있어서 사랑은 신앙처럼 신적인 것으로 보이지 않는다는 간헐적인 주장도 마찬가지로 오류다. 왜냐하면 루터처럼 사랑의 신적인 본성을 강조한 사람이 아무도 없었기 때문이다. 누가 사랑은 "행위나 인간이나 천사들이나 천상에 속한 것이 아니고 오직 하나님 자신이라고" 말하는가? 우리는 신앙과 사랑 중에서 어느 쪽이 더 신적일까라는 질문이 루터에게 어떤 의미가 있을까를 논의해 볼 수 있다. 하지만 만약 그 문제가 질문된다면, 사랑이 더 딸린다는 답변은 정당하지 못한 것이다. 우리는 신앙에 의해서 하나님의 자녀이며, 사랑에 의하여 실제로 "神들"(gods)이기 때문이다.[39]

주

1) Römerbrief, ii., p. 187, 21 ff. WA 1, pp. 224, 34-225, 12.

2) WA 40, 1, p. 459, 7 ff.: "만약 당신이 신적인 것과 인간적인 것을 비교하려고 하면, 어떤 사람은 이렇게 반론할 수 있을 것이다. 이 논증들은 매우 취약하다. 인간적인 것들로부터 신적인 것들로 논증해가는 것이기 때문이다. 그래서 스코투스(Scotus)는 이렇게 말한다. 인간이라면 누구나 만물보다 하나님을 더 사랑할 수 있다. 왜냐하면 그는 나를 사랑하기 때문에 그 다음에는 하나님을 더 사랑할 수 있다. 선이 더 커질수록 그것은 더욱 더 사랑받을 만하기 때문이다. 그리고 그는 한 인간이 자신의 본성적 능력에 의하여(ex naturalibus) '네 마음을 다하여 하나님을 사랑하라.'는 것과 같은 율법을 수행할 수 있다고 결론을 내린다. 왜냐하면 나는 더 작은 선(a lesser good)을 사랑할 수 있기 때문이다. 소작인이나 용병은 플로린 금화를 한 닢 얻기 위하여 자기 목이 잘려 나가는 위험을 감수할 것이다. 그렇다면 하나님을 위해선 훨씬 더 많은 것을 감수할 것이다. 물론 우리는 신적인 것들의 증거로서 인간적 상황을 지적할 수 있다. - 이러한 인간적인 것들을 신적인 법령(ordinatio)의 표현들로 본다면 말이다. 그러나 그것은 자기-사랑의 처지에는 적합하지 않은 것이다. "하지만 스코투스는 이렇게 논증한다. 나는 차선을 사랑한다 - 그것은 하나님의 법령(ordinatio)이 아니라 마귀의 변조(depravatio)이다." p. 461, 3 f. Cf. WA 40, 1, p. 226, 8 ff.: "이와같이 스코투스는 이렇게 논증한다. 탐욕스러운 인간은 돈을 좋아할 수 있다. 만약 그가 더 작은 선을 사랑할 수 있다면, 그는 더 큰 선도 사랑할 수도 있다. 인간이라면 그의 본성적인 능력에 의하여(ex naturalibus viribus) 피조물을 위한 사랑을 가지고 있다. - 왜 창조주를 위한 사랑은 안되겠는가? 이 문제는 어떤 소피스트도 해결할 수 없었다." WA 1, p. 224, 28 f.: "그 결과는 가장 우스꽝스럽다. 죄를 범한 인간은 피조물을 사랑할 수 있다. 그러므로 만물보다 하나님을 사랑할 수도 있다. Contra Sco. Gab."

3) WA 36, p. 424, 16 ff.

4) *Ibid.*, p. 426, 34 ff., 이것은 인쇄된 본문에 따른 것이다. Cf. **Rörers** Nachschrift, p 426, 9 ff.

5) WA 1, p. 354, 35 f.

6) WA 1, p. 365, 7 f.: "In omnibus querit **quæ** sua sunt et accipit potius bonum quam tribuit."

7) "Disputatio **Heildelbergæ** habita" xxviii.는 루터의 사랑 이론의 주요 구절들 중 하나이기 때문에 여기에 전부 인용하였다. "하나님의 사랑(amor Dei)은 그것의 사랑할 만한 대상을 발견하지 않고 창조한다. 인간의 사랑(amor hominis)은 그것의 사랑할 만한 대상에 의하여 야기된다. 둘째 절은 분명하다. 모든 철학자들과 신학자들은 사랑의 원인이 그 대상이라는 점에 동의한다. 그들은 아리스토텔레스와 함께 영혼의 모든 능력은 수동적인 '질료'이며 받음으로써 행동한다고 추정한다. - 그것에 의하여 아리스토텔레스는 자신의 철학이 신학에 반대된다는 것을 증언한다. 그의 철학에 따르면, 영혼은 만물 가운데서 그 자신의 것을 추구하고(quærit quæ sua sunt) 선을 베풀기보다는 받기 때문이다. 첫째 절은 분명하다. 인간 안에 살고 있는 하나님의 사랑(amorr Dei)은 죄인들, 악인들, 우매자들 및 약자(弱者)들을 사랑하여 그들을 의롭

고, 선하고 현명하고 강한 자들로 만들 수 있고 그리하여 선을 넘치도록 나눠주기 때문이다. 죄인들은 사랑받기 때문에 사랑스럽다. 그들이 사랑스럽기 때문에 사랑받는 것이 아니다. 인간의 사랑(amor hominis)은 죄인들과 악인들을 멀리한다. 그러나 그리스도는 '내가 의인을 부르러 온 것이 아니라 죄인을 부르러 왔다'고 말씀하신다. 이것이 십자가에서 태어난 십자가의 사랑이다(amor curcis). 그것은 향유할만한 선을 발견하는 곳이 아니라 악인들과 빈궁한 자들에게 선을 수여할 만한 곳에 전념한다. 받는 것보다 주는 것이 더욱 복되다고 사도는 말한다. 그리고 시편 41편도 '가난하고 빈궁한 사람들을 존중하는 자가 복이 있음이여.'라고 말한다. 그러나 이해의 대상은 자연히 아무것도 아닌 것(즉 가난하고 빈궁한 자들)이 될 수 없고 존재하는 것(즉 참되고 선한 것)이어야 하기 때문에, 그것은 외양에 따라서 판단하고 사람들 중에서 특정인을 받아들이며 보이는 것들에 따라서 판단한다." WA 1, p. 365, 1 ff.

8) WA 7, p. 31, 6 ff. Cf. WA 6, p. 207, 26 ff.: "그래서 하나님에 대하여 이러한 신뢰 속에서 사는 기독교인은 모든 것을 할 수 있고, 해야 할 모든 것에 도전할 수 있으며, 많은 선행과 공로를 축적하기 위해서가 아니라 하나님을 기쁘게 하는 것이 자신의 기쁨이기 때문에 모든 것을 유쾌하고 자유롭게 실천한다. 그리고 그는 아무것도 바라지 않고 절대적으로 하나님을 섬기면서 그것이 하나님을 기쁘게 한다는 사실에 만족한다."

9) WA 7, p. 35, 25 ff.: "… 그리고 그가 이제 매우 자유롭다면 [그 기독교인은] 자기 이웃을 돕고, 하나님이 그리스도를 통하여 자신에게 대해 주셨던 것처럼 그 이웃을 대접하기 위하여 기꺼이 다시 자신을 종으로 만들 것이다. 그리고 그는 보수도 없이 이 모든 것을 행하면서 그 안에서 신적인 기쁨 외에는 아무것도 구하지 않고 이렇게 생각할 것이다. 좋았어! 나는 무가치하고 버림받고 공로도 없는 인간이지만, 하나님은 그런 나에게 절대적으로 거저 순수한 자비심에서 그리스도를 통하여 그리스도 안에서 충만하고 부요한 모든 거룩함(Frömmigkeit)과 축복을 주셨다. 그러므로 나도 그것이 그러함을 믿는 것 밖에는 아무것도 필요하지 않다. 그렇다면, 나는 답례로 나에게 자기의 축복을 아낌없이 부어주신 그 아버지에게 기쁨이 될 일을 자유롭고 유쾌하고 보상을 바라지 않고 실천할 것이다. 그래서 나는 그리스도께서 나에게 하셨던 것처럼 내 이웃을 위한 기독교인이 될 것이다. 그리고 나는 내가 그에게 필요하고 유용하고 복된 것이라고 이해한 것만을 실천할 것이다. 왜냐하면 나는 사실 내 신앙을 통하여 그리스도 안에서 모든 것을 충분히 가지고 있기 때문이다. 보라, 이와 같이 사랑과 하나님을 기뻐하는 것은 신앙으로부터 흘러나온다. 그리고 아무 대가없이도 우리의 이웃을 섬길 수 있도록 자유롭고 자발적인 기쁨의 삶이 사랑으로부터 흘러나온다. 우리의 이웃이 결핍을 겪고 우리의 풍요함을 필요로 하듯이, 우리도 과거엔 하나님 앞에서 부족함을 겪었고 그분의 은총을 필요로 했었다. 그러므로 하나님께서 그리스도를 통하여 우리를 거저 도와주셨듯이 우리도 몸과 그 행위를 통하여 우리 이웃을 도와주는 일 외에는 아무것도 해서는 안된다."

10) WA 5, p. 33, 25 ff.: "그러나 이것은 예수 그리스도를 통한 하나님 신앙으로부터 온다. 그러나 형벌의 공포에 갇혀있는 의지는 비굴하고 폭력적이다. 반면에 보상의 욕망에 미혹된 의지는 돈에 고용된 가짜다. 하지만 이 의지는 자유롭고 쾌활하며

보수를 원치 않는다. 그것으로부터 그리스도의 사람들은 히브리어로 '느다봇' (Nedaboth) 즉 자발적이고(spontaneous) 자유롭고(liberal) 자원하는(voluntary) 자들로 불리운다." Cf. WA 2, p. 489, 27 ff., WA 3, p. 17, 1 ff., & WA 7, p. 800, 25 ff.: "우리는 모두 다 형벌과 수치를 두려워하여 마지못해 경건(fromm)하거나, 그 안에서 우리 자신의 목적과 쾌락을 추구한다는 점에서 여하튼 잘못된 의지를 가지고 있다. 순전히 하나님을 위해서만 경건한 사람은 아무도 없다. 혹은 하나님의 목적이 올바르고 경건하기 때문에 경건한 사람도 없다. 본성은 항상 왜 경건해야 하는가에 대한 어떤 이유를 찾으려 하고 또 당연히 그럴 수밖에 없다. 본성은 경건을 위하여 경건할 수도 없고 마땅한 도리대로 경건에 만족할 수도 없을 것이다. 대신에 본성은 그것에 의하여 공로를 추구하거나 어떤 것을 회피하고자 한다. … 우리는 어떤 것을 공로로 얻거나 회피할 목적에서 경건해져서는 안된다. 그런 사람들은 모두 다 돈에 팔린 종들이나 고용인들이지 경건 자체만을 위하여 — 즉 하나님만을 위하여 — 경건한 자발적인 자녀들과 상속자들이 아니다. 하나님은 의, 진리, 선, 지혜 및 경건 자체이시다. 그리고 경건만을 추구하는 자는 하나님 자신을 추구하고 발견한다. 그러나 보상을 추구하고 형벌을 회피하는 자는 결코 그분을 발견하지 못한다. 그는 보상을 자기 신으로 삼는 자다. 인간이 무슨 일을 하면서 기대하는 바로 그것이 그의 신(god)인 것이다."

11) WA 2, p. 499.

12) WA 2, p. 492, 33 ff.: "이제 우리는 율법에 속한 자가 아니다. 율법이 우리의 것이다. 우리의 행위들은 율법이 아닌 은총에 속한 것이다. 과거엔 율법이 가혹하고 무력적으로 강요한 것들이 이제 그 은총으로부터 자유롭고 달콤하게 흘러나온다." WA 2, p. 596, 18 f.: "그래서 의인은 잘 살아야할 의무가 없이 잘 살고 있다. 그에게는 잘 사는 법을 가르치는 율법이 필요하지 않다."

13) WA 2, p. 587, 28 f.: "이 쾌활한 기질은 율법도 본성도 아닌 그리스도 예수에 대한 신앙에 의해서 일으켜진다." WA 7, p. 801, 21 ff.: "신앙 안에서 그리스도를 의지하는 자는 그분의 이름을 갖고 있다. 그래서 성령도 확실하게 그에게 오신다. 그래서 성령이 오셔서 순수하고 자유롭고 쾌활하고 즐겁고 사랑스런 마음을 만드신다. 그러면 그 마음은 절대적으로 사심없이 경건하며(fromm), 아무런 보상도 추구하지 않고 어떠한 형벌도 두려워하지 않으며 오직 경건이나 의로움을 위해서만 경건하다. 그리고 그것은 기쁨으로 그것을 행한다." WA 10, 1, 2, p. 158, 25 ff.: "이제 그것을 믿는 자는 은총과 성령을 받는다. 그것은 마음을 하나님 안에서 기쁘고 즐겁게 만든다. 그리고 나면 그는 대가를 바라지 않고 형벌을 두려워하지 않고 보상을 구하지 않으며 자발적으로 율법을 행한다."

14) Römerbrief, ii., p. 170, 33 ff.: "육욕적인 인간은 이렇게 하지 않는다. 그는 항상 율법에 반대하고 (가능하다면) 율법이 없기를 바랄 것이다. 이와같이 그는 선을 의도하지 않고 악을 의도한다. 비록 그가 (내가 말한 것처럼) 선을 행한다 하더라도, 그는 그것에 대해 아무런 취미가 없다. 왜냐하면 그는 항상 그가 벌을 받지 않고 그것을 하기를 바라는 반대되는 욕망을 가지고 있으면서도 노예적인 공포에 의해 강요받아 일하기 때문이다. WA 10, 1, 2, p. 156, 18 ff.: "만약 그가 자기 마음을 정확히

들여다 보았다면, 그는 어떻게 자신이 혐오와 불만을 가지고 그런 모든 것들을 행하는지 발견할 것이다. 왜냐하면 그는 — 명예, 선, 건강 등과 같은 훨씬 덜한 어떤 것을 추구하지 않으면서 수치나 상처나 근심을 두려워할 때 — 지옥을 두려워하고 천국을 추구하기 때문이다. 간단히 말해서 그는 그 삶의 결과들이 그를 제지하지 않는다면 스스로 다른 방식으로 살겠다는 것을 고백해야만 할 것이다. 그는 순전히 율법을 위해서만 그렇게 하지 않을 것이기 때문이다.… 그는 — 즐겁고 자유롭고 유쾌한 의지를 가지고 수행되어지기를 바라는 — 율법의 의도를 파악하지 못했다."

15) Römerbrief, ii., p. 172, 3 ff.: "그러나 육신은 이것을 성취한다. 왜냐하면 그것은 혐오와 불평이 없이 기쁨을 가지고 그 정욕에 의하여 행동하기 때문이다."

16) WA 10, 1, 2, p. 156, 28 ff.: "마치 당신이 음란한 사람에게 왜 그가 그런 일을 하느냐고 질문할 때 그는 '그가 그 일에서 가지는 쾌락을 위해서' 그렇게 한다고 대답할 수밖에 없다. 그는 보상이나 형벌을 위해서 그 일을 하지 않는다. 또한 그는 그것에 의하여 어떤 것도 얻을 생각도 하지 않고 그것에 의하여 어떤 악을 벗어나리라고 생각하지도 않는다. 그러한 기쁨은 우리 안에서도 율법을 발견하기 원한다. 그래서 당신이 정숙한 사람에게 왜 그가 정숙한가를 질문하면, 그는 다음과 같이 말할 것이다. '천국이나 지옥 때문도 아니고 명예나 수치 때문도 아니며 단지 그것이 특별히 뛰어나다고 생각되고 그것이 나를 진심으로 기쁘게 한다는 점 때문에' 정숙하다고 답할 것이다."

17) WA 36, p. 360, 8 ff.: "그것이 한 개인 안에서 보는 그 선(善)에 외적으로 부착되어 있는 것은 모두 파생된 혹은 빌어온 사랑이다. 그래서 그것은 오직 그 동일한 것이 거기에 있고 향유될 수 있을 때에만 지속된다. 그러나 이것은 계속 흐르고 중단되거나 고갈되거나 끊어질 수 없는 마음으로부터 솟아나오는 신선한 개울이나 개천처럼 솟아나는 사랑(eine quellende Liebe)이어야만 한다. 나는 당신이 선하거나 [fromm] 악하기 때문에 당신을 사랑하는 것이 아니다. 나는 낯선 샘에서처럼 당신의 선[Frömmikeit]으로부터 나의 사랑을 끌어내지 않는다. 대신에 나는 내 자신의 우물로부터 즉 내 마음에 접붙여진 말씀으로부터 내 사랑을 끌어낸다."

18) WA 10, 1, 2, p. 180, 3 ff.: "성 바울은 여기서 그러한 불공평한 단편적 친절에 반대하고 기독교적 친절은 서로서로에게 원만하고 온전하고 동일해야 한다고 말한다. 친구든 원수든 개인이나 공로에 상관없이 모든 이를 관용하며 모든 이를 용서해야 한다." Cf. WA 3, p. 77, 3 ff.: "그러나 하나님의 눈에는 한 인간이 선한 자들과 자신의 친구들에게만 선을 행하는 것으론 충분하지 않다. 그는 원만하고 보편적으로 만인에게 즉 선한 자들과 악한 자들 모두에게, 친구와 원수 모두에게 동일하여야 한다. 만인에게 동일하게 대하고 사람에 따라서 또한 육신의 호의에 따라서 차별하지 않는 것, 이것이 기독교적 경건(pietas)이다. 무화과나무는 가시들 가운데 심겨있든지 장미들 사이에 서 있든지 상관없이 무화과를 열매맺듯이, 포도나무도 그러하다. 좋은 나무는 나쁜 열매를 생산할 수 없다. 그러나 친구들에게만 친구인 사람들은 혼합되어 있다. 그들에 대하여 주님은 '엉겅퀴에서 무화과를 얻느냐?'고 반문하신다. 아무도 무화과나무에서 가시를 얻지 않는다. 그들은 원수들에게 가시같이 고통을 주고 친구들에게 상냥하기 때문에 모든 이들에게 온전하고 원만하고 동일하지 않다. 그래

서 그는 덧붙인다. 만약 내가 그들에게 보복하였다면, 그것은 나에게 악으로 보답한다. 그래서 주님은 마태복음 5장에서 '너희는 완전하라.' (Be ye perfect)고 즉 원 (circle)처럼 원만하고 온전하라고 무수하게 가르치신다. 반원이나 호(弧, arc)와 같은 이들은 어떤 이들에겐 원만하고 다른 이들에겐 터져 있다. 이것이 '탐구' (enquiry)라는 단어가 의미하는 것이다. 그는 개인들을 존경하고 구분하지 않고 모든 이들에게 동일하게 공평하기(equus) 때문이다."

19) WA 10, 1, 2, p. 180, 8 ff.: "배신자 유다가 은을 취하였을 때, 그 은이 재로 변한 것은 아니다. 이와 같이 모든 피조물들과 하나님께 속한 모든 것은 언제나 타고난 대로 모든 이들에게 동일하다. 또한 성령 안에서 얻어지는 관용(forbearance)은 친구에게든 원수에게든, 부자에게든 가난한 자에게든 관용으로 남아 있다. 그러나 가짜 본성은 그 금이 성 베드로의 손에서는 금으로 남아있지만 그러나 가룟 유다의 손에서는 재로 변하는양 행동한다. 이와같이 합리적이고 본성적인 관용은 부자와 위인, 낯선자와 친구에게 관용하면서도 모든 이들에게 그렇진 않다. 그러므로 그것은 하나님 보시기에 가짜요 허무요 오류투성이인 위선이며 순전한 기만과 협잡이다."

20) WA 36, p. 17 ff.: "그렇다면 그것은 그것을 필요로 하는 모든 이에게 아낌없이 개방되어 흘러 나가며, 선인과 악인, 친구와 원수를 모두 만난다. 그것은 가장 가까이에 있는 원수들을 위하여 준비되어 있다. 사실 그들이야말로 자신들의 불행과 죄로부터 빠져나오는데 나의 도움을 더 필요로 한다. 나는 특히 그들의 최고선을 위하여 기도해야 하고 또한 그들이 경건해지고(fromm) 죄와 마귀로부터 구원받을 수 있도록 최선을 다 해야 한다. 자, 이러한 사랑은 마음으로 끌려들어가는 것이 아니다. 그것은 마음으로부터 솟구쳐 나오는 사랑이다. 왜냐하면 그는 [사랑받는] 그 사람에게서 사랑을 발산하는 어떤 것도 발견하지 못하기 때문이다. 하지만 그는 자신이 기독교인이며 자신 안에 있는 매우 순전하고 동일한 말씀을 쥐고 있기 때문에 동일한 것이 그의 마음을 순결하고도 정직한 사랑으로 가득차도록 만들어서 자신의 사랑이 (신분과 직업에 상관없이) 모든 이들을 향하여 방해받지 않고 흘러나오도록 만든다."

21) WA 18, p. 652, 4 ff.: "그것이 오류일 만한 어떤 위험도 없다. 배신을 당하는 것이 사랑의 본성이기 때문이다. 왜냐하면 그것은 모든 인간들의 모든 이용과 남용에 노출되며 선과 악, 신자와 불신자, 진실과 오류의 일반적인 종이기 때문이다."

22) WA 37, p. 148, 1 ff.: " 그래서 당신은 '나는 그것을 감수하고 배신을 당할 것이다' 라고 말해야 한다. 그래서 그리스도는 당신이 여기 복음서에서 보는 것처럼 하셨다. 그래서 성부는 여전히 그분의 태양이 그렇게 오랜 세월동안 빛나도록 하신다. 그런데 인간들은 이 친절을 깨닫지 못한다. 그들은 감사할 줄 모른다. 나라면 그 태양이 더 이상 빛나지 않도록 했을 것이며, 그들이 죽도록 하였을 것이다."

23) WA 37, p. 148, 7 ff.: "그래서 기독교인도 그렇게 해야 한다. … 당신은 다음과 같이 말하시오. 나는 그 사람에 대한 내 친절함을 상실하였다. 여기 다른 사람이 있고 나는 그에게 잘 대하였다. 그리고 그도 역시 사라진다. 그러면 세번째 사람이 오게 하라. 그리고 그리스도와 함께 '다른 아홉은 어디 있느냐?' 라고 말하시오. 이것이 그분의 보상이다. 열번째가 와서 친절을 깨닫고 감사한다. 주님은 이것에 만족하신

다."

24) WA 36, p. 435, 30 ff.: "물러가서 손을 거두는 것은 그리스도인들의 길이 아니다. 기독교인의 길은 사랑 안에 계속하여 남아 있음으로써 사람들에게 신적인, 자유롭고 부단한 즉 잃어버린 사랑과 그래서 내팽개쳐진 친절이 …."

25) WA 36, p. 435, 13 f.

26) WA 37, p. 148, 33 f.: "그리스도는 사람들이 그렇게 위대한 친절에 대해 감사한다고 생각하지 않는다. 당신이라면 그분보다 더 나은 감사를 받겠는가?" Cf. WA 36, p. 460, 6 ff.: "이것은 우리에게 즐거운, 명랑한 마음을 준다. 그래서 우리는 다음과 같이 말한다. '왜 나는 내 주님보다 그것을 더 잘 받아야만 하는가? 그분은 모든 인간들에게 태양과 나라들과 민족들과 모든 것들을 주신다. 그런데 그분은 무엇을 받는가? 그들은 그분을 저주하고 그분의 아들을 십자가에 못박았다. 그것은 검은 잉크로 씌어진 감사이다. 그리스도는 피눈물을 흘렸다. 등등.' 그리고 나서, 오 그분은 받지 말아야 할 보상을 받았다. 그들은 '우리가 그리스도에 의해서가 아니라 우리의 행위에 의하여 구원받는다.'고 말한다." p. 458, 18 ff.: "그러나 올바른 사랑은 그렇게 하지 않는다. 그것은 선한 것이든 악한 것이든, 유쾌하든 고통스럽든 아무것도 그것을 감추지 못하게 한다. 하지만 그것은 그 사랑으로써 계속 지속하며 세상이 하는 일이나 세상의 가치를 보지 않고 하나님이 하시는 바와 그분이 자신의 사랑을 위하여 당하시는 바를 본다. 그리고 그것은 그 작은 노래를 계속 노래한다. '나는 하나님을 찬미하고 당신의 행복(best weal)을 위한 것 외에는 당신을 위하여 아무것도 하지 않았다.' 라고."

27) WA 37, p. 436, 23 f.

28) Cf. 본서 p. 745 주 3.

29) 루터에 의하면 이것이 기독교의 전체 내용이다. "이 두 가지, 즉 신앙과 사랑, 혹은 하나님으로부터 친절을 받는 것과 우리 이웃에게 친절을 보여주는 것." WA 10, 1, p. 99, 20 ff. Cf. WA 45, p. 540, 7 ff.: "첫번째 것은 그들을 하나님과 화해하게 만들고 그들을 위하여 그들이 필요로 하는 모든 것을 가지게 한다. 그들은 이것을 가지고 나면 기도를 통하여 세상의 신들(gods)이요 구세주들(saviours)이 된다. 그리고 은혜의 성령을 통하여 스스로 하나님의 자녀가 된다. 그리고 나서 그들은 하나님의 자녀들로서 하나님과 자기 이웃 사이에서 중재하고 다른 이들도 그들도 이렇게 되도록 그들을 섬기고 도와야 한다."

30) WA 36, p. 43, 35. Cf. p. 437, 30 ff.: "이제 그가 사랑에게 줄 수 있는 최고의 위로와 찬미는 그것이 하나님과 한 덩어리인 신적 인간을 생산한다는 것이다. 그 사람은 자기 이웃을 사랑하고 그 이웃이 그의 친절에도 불구하고 그를 거절하고 괴롭혀도 그의 배은망덕함과 괴롭히는 행위들을 용서한다. 그리고 그는 자신이 하나님처럼 행동하였다는 것 때문에 영광을 돌릴 수 있다." Cf. p. 437, 6 ff.(Rörer): "만약 당신이 그렇게 산다면, 이것은 신적인 삶, 즉 하나님 자신이시다. 그는 그것을 어떻게 더욱 더 높여 찬미할 수 있는가? 그가 만약 '당신은 당신의 이웃의 무례함과 부정행위 등을 용서할 수 있는가?' 라고 질문한다면? 당신이 그에게 여전히 친절하게 군다면, 당신은 당신 안에 계신 하나님처럼 행동한 것이다."

31) WA 36, p. 438, 20 ff. Cf. p. 438, 4 (**Rörer**): "당신이 당신의 마음을 유지하게 할 수 있다면, 당신은 모든 피조물보다 더 위대한 한 신(a god)이다."

32) WA 7, 66, 34 ff.: "우리는 그분을 믿고 그리스도께서 우리에게 하신 것처럼 우리 이웃들에게 행함으로써 서로 호혜적으로 다른 사람의 그리스도이다." Cf. p. 66, 3, f.: "그래서 말하자면 나는 그리스도께서 나에게 직접 보여주신 것처럼 내 이웃에게 그리스도가 되도록 내 자신을 내어줄 것이다."

33) WA 10, 1, 1, p. 100, 9 ff.: " … 인간은 신앙과 사랑에 의하여 하나님과 그의 이웃 사이에서 위로부터 받아서 다시 아래로 넘겨주는 매개체(medium)로서 놓여진다. 신앙과 사랑은 신적인 축복의 흐름이 중단없이 다른 이들에게 흘러갈 수 있도록 하는 용기나 튜브와 같다. 자, 그러면 그들은 참으로 신과 같은[gottformige, deiformis] 사람들이 되어서 하나님으로부터 그분이 그리스도 안에서 가지고 계신 모든 것을 받으며 또한 스스로가 그들의 선행에 의하여 말하자면 자기 이웃들의 신들(gods)임을 보여준다." Cf. WA 45, p. 591, 29 ff.

34) Augustine, Enarr. in Ps. xxxi. ii. 5; cf. 본서 p. 515.

35) WA 1, p. 365, 13 ff. Cf. 본서 p. 794 주 7.

36) "Amare Deum est amare proximum." WA, Tischreden, Nr. 5906, Bd. 5, p. 397, 7.

37) WA 17, 2, p. 99, 18 ff. WA 10, 1, 2, p. 122, 19 ff.에서 루터는 우리에게 "그리스도를 섬기고 하나님을 섬기는 것"과 같은 표현들은 일차적으로 "우리가 아닌 그리스도로부터 나와서 그리스도가 아닌 우리에게 향하는 섬김"을 의미한다고 상기시켰다. 그리고 그는 다음과 같이 부연한다. "하지만 그가 그 자체보다 위쪽의 하나님께 나아가는 섬김에 대해서 생각하는 경우는 드물다. 그러나 그가 그 자체보다 아래의 인간에게 나아가는 섬김에 대해서 생각하는 경우가 월등하게 일반적이다.

38) A. Ritschl: *Die christliche Lehre von der Rechtfertigung und Versöhnung*, III., Bd., 4. Aufl., 1895, pp. 481 ff. (Eng. trans.: Justificatio and Reconciliation, 190). W. Herrmann: *Der Verkehr des Christen mit Gott*, 7. Aufl., 1921, pp. 264 ff. (Eng. trans..: Communion with God, reprinted 1930). J. Gottschickt: *Luthers Theologie*, 1914, pp. 57 ff.

39) WA 10, 1, 1, p. 100, 17 ff..

결론

　　기독교의 사랑 개념의 역사에서 루터가 차지하는 의미는 무엇인가? 이 질문에 대하여 가톨릭적 경건은 그 중심을 사랑에 두는 반면 루터에게 있어선 신앙이 중심에 있다고 대답한다면, 그것은 매우 잘못된 이해이다. 사실 순전히 형식적인 관점으로부터 보면, 루터가 가톨리시즘의 "사랑으로 형성되는 신앙"이란 공식문구에 반대하여 "신앙만으로"란 공식문구를 주장했다는 점에서 위와 같은 답변이 지지되는 것처럼 보일 수도 있다. 그러나 그러한 해석은 사실 가장 중요한 것을 불명료하게 만들고 만다. 그 해석은 여기서 상충하는 것들이 결국 상이한 두 사랑관(觀)들이라는 점을 파악하는데 실패한다. 루터는 가톨릭의 사랑 이론을 공격하면서 사랑에 종지부를 찍을 생각은 추호도 하지 않았다. 그가 파괴하려고 한 것은 카리타스 개념에서 표현되는 기독교적 사랑에 대한 해석이었다. 카리타스 개념은 근본적으로 원시기독교의 아가페-사랑보다 더 헬라적인 에로스-사랑을 담고 있기 때문이다. 다른 곳에서처럼 여기서도 가톨리시즘은 대립적인 근본 동기들의 종합(complexio oppositorum)이다. 이에 반하여 루터는 그것들을 분명하게 구분한다. 루터의 사랑 개념은 전반적으로 기독교의 아가페 동기에 의해서 결정된다. 우리가 여기서 에로스 동기의 어떤 특징 하나라도 찾아보려는 것은 헛된 시도이다. 또한 루터가 발견하지 못하고 사용하지 않은 아가페 개념의 어떤 가능한 표현에 대하여 생각하려는 시도도 헛된 일이다.

두 출발점들의 각각으로부터 포괄적이고 보편적인 사랑 이론이 건설되어왔다.

한편으로, 가톨리시즘에선 획득적 사랑의 개념이 그 전체를 궁극적으로 결합시키는 결속력(bond)이다. 여기서 자기사랑이 그 중심에 있다는 사실은 自己愛가 실제로 성삼위일체 하나님 안에서 발견된다는 점에서 가장 분명하게 보여진다. 하나님은 자기충족적 지복과 위엄 가운데 세계 위에 좌정하여 계신다. 하나님의 사랑은 우선적으로 신적 존재가 그 자체 안에서, 즉 自己愛 안에서 운행한다는 것을 의미한다. 하나님의 사랑의 둘째 의미는 그것이 다른 모든 것들의 욕망을 自己쪽으로 유도한다는 것을 의미한다. 자연적인 자기사랑 덕분에 모든 것은 위를 향하여 노력한다. 그러므로 실존의 전체는 부단히 상승하고 고상한 것을 향해 끊임없이 추구하려고 하는 장관을 연출한다. 지복을 위하여 피조된 존재들의 욕망은 오직 하나님 안에서만 안식에 이를 수 있다. "당신 안에서 안식하기 전까지 우리의 마음에는 평안이 없습니다"(inquietum est cor nostrum, donec requiescat in te).[1]

다른 한편으로, 우리는 루터에게서 아가페의 종교와 정신(ethos)을 만난다. 하나님은 아가페다. 바로 그것 때문에 그분은 자신의 아들 안에서 우리에게 오셨다. 우리는 오직 십자가에서만 하나님을 발견한다. 바로 거기에서 우리는 그분을 실제로 발견한다. "십자가의 신학"(theologia crucis)은 진정하고 유일한 신학이다. 이 방법으로 그분은 자신의 마음을 우리에게 계시하셔서 자신이 "순수한 사랑"(eitel Liebe)이자 "사랑의 심연(ein Abgrund der Liebe)이라는 것을 보여주셨다. 게다가 이 신적 사랑은 神的인 경륜(dispensation)으로부터 파생된 세상 안의 모든 것들도 보증한다. 창조 안의 모든 것은 사랑의 법에 복종한다. 어떤 나무도 자기의 소용을 위하여 열매를 맺지 않는다. 태양은 그 자신을 위하여 빛을 발하지 않는다. 오직 인간과 마귀만이 매사에 자기의 것을 추구한다.[2] 자기사랑은 본성적으로 하나님의 자연법령이 결코 아니다. 오히려 그것은 악마적인 왜곡이다. 만사에 자기 자신의 것만을 추구하는 것은 그럼으로써 하나님에 대하여 닫혀진다.

그러나 인간이 신앙을 통하여 하나님께 열려질 때, 위로부터 내려오는 사랑은 그에게 지향하고 그를 통과하는 자유로운 통로를 얻는다. 그는 하나의 "튜브"가 된다. 그 튜브는 신앙에 의해서 모든 것을 하나님의 사랑으로부터 받아들여서 하나님의 사랑이 세상으로 흘러나가도록 허용한다. 하나님의 사랑은 상실된 인류에게 내려오는 새로운 길을 스스로 만들었다. 이것은 그리스도를 통해 단호하고 결정적으로 전달되어야 한다. 그분은 종의 형상으로 비천하게 우리에게 오셨다. 하지만 그리스도의 위엄은 그것에 의해서 미약해지지 않았다. 오히려 그리스도는 자신의 위엄을 더욱 더 위대한 영광 가운데서 계시하셨다. 그 위엄은 희생적이고 자기시여적(自己施與的)인 사랑의 위엄이다.

주

1) Augustine, Conf. lib. I., i. 1.

2) WA 5, p. 38, 11 ff.: "그리고 열매를 내는 것은 이 복된 사람이 (우리가 주님의 모든 율법에서 명령된다고 보는) 사랑 안에서 자신이 아니라 자기 이웃들을 섬긴다는 점을 지적한다. 어떤 나무도 그 스스로 열매를 추수하지 못하고 다른 이들에게 자신의 열매를 준다. 사실 인간과 마귀 외에는 어떤 피조물도 스스로를 위하여 살거나 스스로를 섬기지 않는다. 태양은 스스로를 위하여 빛나지 않는다. 물은 스스로를 위하여 흐르지 않는다. 그래서 모든 피조물은 사랑의 율법을 준수한다. 그리고 피조물의 온전한 존재는 주님의 율법 안에 있다. 인간의 몸의 지체들조차도 스스로를 섬기지 않는다. 오직 마음의 기질만이 불경건하다. 왜냐하면 이것은 그 고유한 것을 어떤 다른 이에게도 주지 않으며 아무도 섬기지 못하며 아무도 잘되기를 바라지 않기 때문이다. 대신에 그것은 매사에 만물 안에서, 심지어 하나님 자신 안에서도 자기 자신의 것(quærens quæ sua sunt)을 추구하면서 그 스스로를 위하여 모든 것을 사로잡는다."

아가페와 에로스

초판 발행 1998년 10월 25일
중쇄 발행 2013년 5월 25일

발행처 **크리스챤다이제스트**
발행인 박명곤
주소 경기도 고양시 일산동구 정발산동 1193-2
전화 031-911-9864, 070-7538-9864
팩스 031-911-9824
등록 제 396-1999-000038호
판권 © 크리스챤다이제스트 1998
총판 (주) 기독교출판유통
　　　전화 031-906-9191~4
　　　팩스 0505-365-9191